حوليات إسلامية

Annales islamologiques

47 • 2013

Responsable de la publication
Nicolas Michel

La revue *Annales islamologiques* est annuelle.
Les manuscrits, ainsi que le dossier thématique définitif rédigés en langue française, arabe ou anglaise,
doivent être adressés au directeur des études de l'Ifao **avant le 31 janvier** de chaque année. Passé cette date, les manuscrits seront réservés pour le numéro suivant.
Tous les articles sont évalués anonymement.

Contact éditeur: contact@ifao.egnet.net

L'Institut universitaire de France a rendu possible par son soutien financier l'organisation en mai 2012, à l'université Paul-Valéry Montpellier-3, de la table ronde préparatoire au dossier de ce numéro des Annales islamologiques.

ISBN 978-2-7247-0652-9 ISSN 0570-1716

حوليات إسلامية

Annales islamologiques

47 • 2013

INSTITUT FRANÇAIS D'ARCHÉOLOGIE ORIENTALE

AnIsl 47 - 2013

DOSSIER
sous la direction de
Julien Loiseau

Histoires de famille

Système de translittération

consonnes

ء	ʾ	ز	*z*	ق	*q*
ب	*b*	س	*s*	ك	*k*
ت	*t*	ش	*š*	ل	*l*
ث	*ṯ*	ص	*ṣ*	م	*m*
ج	*ǧ*	ض	*ḍ*	ن	*n*
ح	*ḥ*	ط	*ṭ*	هـ	*h*
خ	*ḫ*	ظ	*ẓ*	و	*w*
د	*d*	ع	ʿ	ى	*y*
ذ	*ḏ*	غ	*ġ*		
ر	*r*	ف	*f*		

voyelles

longues : ا *ā* ى *ī* و *ū*
diphtongues : *aw, ay*

autres conventions

tāʾ marbūṭa = *a, at* (état construit)
article : *al-* et *l-* (même devant les «solaires»)

Histoires de famille

Dossier sous la direction de
Julien Loiseau

JULIEN LOISEAU

Introduction

Histoire de la famille, histoires de famille

Une histoire sociale des pays d'Islam au Moyen Âge serait-elle à nouveau à l'ordre du jour ? Nul n'ignore plus aujourd'hui, alors que se multiplient éditions et études de sources, la richesse documentaire léguée par les sociétés du monde islamique médiéval – actes légaux et correspondance sur papyrus ou sur papier, provenant en grande majorité d'Égypte – là où l'on avait longtemps voulu voir le règne sans partage de la littérature, qu'elle fût technique ou distrayante, édifiante ou normative[1]. Documents de la pratique ou papiers privés, ces pièces sont certes le plus souvent dépareillées, conservées par hasard et retrouvées hors contexte, privées en somme de la capacité démonstrative dont sont investis les documents une fois mis en archive (dans un recueil, un carton, un registre). En outre, les historiens savent aujourd'hui mieux se méfier du document, lequel, loin d'ouvrir une simple fenêtre sur la vie sociale du passé, en propose une mise en forme, en est déjà une mise en ordre : quoi de plus normatif, par exemple, qu'un contrat de mariage [2] ? Mais les précautions de méthode qui s'imposent

1. La diversité typologique de ces documents a été récemment illustrée dans Regourd (éd.), *Documents et Histoire. Islam, VIIe-XVIe s.*, 2013. Mais le chantier est rouvert depuis les années 1980 : voir Rāġib (éd.), *Documents de l'Islam médiéval : nouvelles perspectives de recherches*, 1991. Le renouveau de la papyrologie arabe a été à ce titre déterminante : voir par exemple Sijpesteijn (éd.), *From Andalus to Khurasan: Documents from the Medieval Muslim World*, 2007. La richesse documentaire des derniers siècles du Moyen Âge en Égypte et en Syrie est enfin à souligner : voir Bauden, « Mamluk Era Documentary Studies », 2005.
2. La plupart des documents connus sont de provenance égyptienne. Voir par exemple Rāġib, « Un contrat de mariage sur soie d'Égypte fatimide » ; Goitein, *A Mediterranean Society*, vol. 3, *The Family*, p. 95-114 ; Dietrich, « Ein arabische Eheurkunde aus der Aiyūbidenzeit » ; ʿAbd al-Rāziq, « ʿAqdā nikāḥ min ʿaṣr al-Mamālīk al-baḥriyya ». Il faut leur ajouter désormais un corpus d'une trentaine de contrats de mariage et autant de documents relatifs au mariage et à la séparation, issus des « papiers de Damas » retrouvés dans la mosquée des Omeyyades : voir Mouton, Sourdel et Sourdel-Thomine, *Mariage et séparation à Damas au Moyen Âge*, 2013.

à l'étude des documents n'enlèvent rien à la force de suggestion que leur (re)découverte a introduite dans le champ des études sur l'Islam médiéval. Alors qu'un courant hypercritique avait ébranlé, dans le droit fil du *linguistic turn*, jusqu'aux certitudes les mieux établies sur les premiers siècles de l'Islam, le retour en force des études documentaires depuis deux décennies a redonné confiance aux historiens dans leur capacité à restituer une vérité, aussi parcellaire fût-elle, des sociétés du monde islamique médiéval. Pour le dire en d'autres termes, l'intérêt renouvelé pour les papyri ou les ostraca, pour les lettres, les contrats ou les actes de *waqf*, a constitué une incitation collective à reprendre avec d'autres questions, avec d'autres grilles d'analyse, la lecture de sources narratives dont on pensait avoir tiré déjà tout le suc. Les études réunies dans le dossier que l'on va lire plus loin en sont à leur manière une illustration.

Entre temps, l'ambition d'une histoire générale des sociétés islamiques, censée rendre compte de leurs caractères de longue durée et qui avait trouvé dans la pensée marxiste ses principaux outils, a laissé place à un champ de recherche bien plus fragmenté, privilégiant les cas d'étude voire la microhistoire, préférant la juxtaposition des motifs à l'explication globale. Cette mutation qui dépasse de très loin le seul cas des études islamiques a sans doute entraîné une perte de sens ; mais elle a permis également de reconquérir des territoires que les historiens avaient abandonnés à d'autres sciences sociales. C'est ainsi que la famille en Islam, envisagée longtemps sous le seul prisme ou presque de l'anthropologie de la parenté [3], a progressivement retrouvé son histoire. Les études sur les femmes, plus exactement sur le genre, tel que l'envisagaient en particulier le droit et la pratique judiciaire en Islam, ont contribué les premières à ce renouvellement [4]. D'une galerie de portraits individuels, les médiévistes sont passés à leur tour à une histoire sociale du genre en Islam, revisitant à cette aune des pratiques sociales telles que l'éducation, la propriété, le travail, le mariage [5]. À ce titre, l'ouvrage de Yossef Rapoport, *Marriage, Money and Divorce in Medieval Islamic Society* (2005) a marqué un jalon historiographique majeur, démontrant au passage tout ce que l'étude de la documentation léguée en Égypte et en Syrie par l'époque mamelouke (milieu XIIIe-début XVIe siècle) est susceptible d'apporter à l'histoire sociale des pays d'Islam au Moyen Âge. Un renouvellement d'un autre ordre a également été apporté par l'essor récent de l'histoire culturelle. Les travaux

3. Approche qui occupe une place déterminante, à parts égales avec l'analyse du discours normatif, dans le bref essai de synthèse publié en 1986 par Bianquis, « La famille en Islam arabe », dans *Histoire de la famille*, vol. 1, *Mondes lointains, mondes anciens*. Ce texte a été réédité indépendamment sous le titre *La famille arabe médiévale*, 2005.

4. L'exploitation des registres des tribunaux ottomans a été à ce titre déterminante : voir par exemple Tucker, *In the House of Law. Gender and Islamic Law in Ottoman Syria and Palestine*, 1998 ; Peirce, *Morality Tales. Law and Gender in the Ottoman Court of Aïntab*, 2003. La question du genre a également été envisagée dans le contexte médiéval de la formation du droit islamique et de l'élaboration d'un système de normes encadrant théoriquement le comportement social des femmes : Spectorsky, *Women in Classical Islamic Law. A Survey of the Sources*, 2009 ; voir également Chapoutot-Remadi, « Femmes dans la ville mamluke », 1995.

5. Rappelons le caractère pionnier de l'étude de Lutfi, « al-Sakhāwī's *Kitāb al-Nisā'* as a Source for the Social and Economic History of Muslim Women during the Fifteenth Century A.D. », 1981. Sur l'éducation, voir par exemple Berkey, « Women and Islamic Education in the Mamlūk Period ». Pour un premier bilan des travaux sur le genre à l'époque mamelouke, voir Rapoport, « Women and Gender in Mamluk Society ».

d'Avner Giladi sur l'enfance et l'attitude à l'égard des enfants, menés principalement à partir de la littérature normative d'époque mamelouke, ont ainsi ouvert un tout nouveau champ de recherche, dont les résultats modifient aussi sensiblement l'appréhension de la famille en Islam à la fin du Moyen Âge que les études de Y. Rapoport sur la fréquence du divorce par consentement et, plus généralement, la capacité d'initiative des femmes [6]. Sans doute est-il encore trop tôt pour brosser un tableau général. À cet égard, le remarquable livre collectif *La famille en islam d'après les sources arabes*, tout récemment publié, ménage un subtile équilibre entre les synthèses qu'il est d'ores et déjà possible de dresser (sur les catégories d'analyse, le discours normatif, plus largement sur la famille dans les sociétés islamiques du XVIIIe siècle à nos jours) et les thèmes d'étude qui relèvent encore de la recherche en train de se faire (sur l'onomastique ou les « saintes familles ») [7].

Le dossier d'articles rassemblé ici n'a pas l'ambition de dresser un tableau de la famille, pas même une typologie des groupes familiaux, dans les différents contextes historiques dont leurs auteurs sont familiers – d'al-Andalus à l'Asie centrale, des premiers siècles de l'Islam jusqu'au XVIe siècle – mais bien plutôt d'explorer des *situations* familiales telles qu'elles se révèlent à la faveur de la mise en œuvre d'un corpus de sources. La nature de ce corpus présente une grande hétérogénéité d'un cas d'étude à l'autre : l'image ou la poésie, les écrits du for privé ou les traditions eschatologiques ajoutent, en effet, leurs ressources propres à l'apport plus attendu des actes de la pratique, des dictionnaires biographiques et, dans une moindre mesure, des chroniques. Serait-ce que la famille imprimait partout sa marque ou son modèle de relations dans l'ensemble du champ social et de ses représentations ?

La visibilité de la famille dans les traces laissées par les sociétés du monde islamique médiéval mérite d'être fortement nuancée. La surexposition des familles souveraines est certes de l'ordre du truisme – encore que cette évidence ne dispense pas d'un travail d'élucidation des mises en scène dans lesquelles trônent le prince, sa ou ses femmes (épouses et concubines) et leur descendance. La mise en ordre dynastique (qu'examine Anna Caiozzo dans l'iconographie timouride, que décèlent également Brigitte Foulon et Emmanuelle Tixier dans la poésie andalouse), l'image idéalisée du bon souverain, père modèle et époux aimant (que décrypte Abbès Zouache dans les chroniques syriennes du XIIe siècle), les stratégies matrimoniales enfin (que Kristof D'hulster et Jo Van Steenbergen débusquent jusque dans la succession non dynastique des sultans mamelouks au XVe siècle), sont autant de discours complexes sur la famille qui éclairent des configurations singulières et le plus souvent non reproductibles. D'autres familles se donnent pourtant à voir avec une semblable force d'évidence, bien qu'étant moins exceptionnelles et, partant, plus souvent représentées. Mais ces familles dont parlent si ouvertement les textes du Moyen Âge ne se réclament d'aucun lien de sang, d'aucune parenté naturelle. Les familles les plus visibles dans le champ social sont des familles de substitution, qui empruntent au modèle familial son lexique et ses relations idéalisées : paternel, le lien que

6. Giladi, « Concepts of Childhood and Attitudes Towards Children in Medieval Islam », 1989 ; *id.*, *Infants, Parents and Wet Nurses. Medieval Islamic Views on Breastfeeding and Their Social Implications*, 1999.
7. Benkheira, Giladi, Mayeur-Jaouen et Sublet, *La famille en islam d'après les sources arabes*, 2013.

la transmission du savoir établit entre un maître et ses disciples, comme entre un père et ses enfants (comme le rappelle Anne-Marie Eddé pour le milieu des oulémas du Bilād al-Šām entre le XIIe et le XVe siècles) ; parentale également, l'autorité que le cheikh exerce tel un père ou mieux, telle une mère, sur les soufis qui fréquentent sa *zāwiya* (comme le souligne Adam Sabra à propos du soufisme égyptien des XVe-XVIe siècles) ; fraternelle, enfin, la fidélité qui unit en principe les hommes de guerre dans l'adversité des combats, d'autant plus si, anciens esclaves soldats (*mamlūk*), ils ont grandi ensemble sous l'autorité paternelle de leur maître (A. Zouache). La fréquence du vocabulaire familial dans la qualification des relations sociales témoigne de l'idéalisation de la famille et de sa prégnance comme modèle social – un modèle d'autant plus stable que le droit islamique en définit strictement les contours sur des fondements scripturaires explicites, ne serait-ce que pour établir les règles du partage successoral. Pilier de l'ordre social, la famille peut dès lors être prise à témoin de la course du monde. Dans l'eschatologie islamique des premiers siècles, le désordre des familles – le laxisme des hommes envers leurs épouses, l'homosexualité et l'obésité des femmes – est un signe annonciateur de la Fin des temps (comme le montre Mateusz Wilk à partir des recueils de traditions andalous).

Ce premier constat dit toute la difficulté de l'enquête historique dès lors qu'elle se donne pour objet non pas la famille modélisée (par le droit) ou idéalisée (par la morale sociale), mais la famille réelle, et plus précisément la « parenté pratique », cet « ensemble d'obligations et de sentiments qui donne leur efficacité aux liens officiels de parenté ou qui crée d'autres liens » [8]. À la lecture des articles rassemblés plus loin, cependant, deux catégories d'enquête se révèlent particulièrement fructueuses pour approcher la réalité sociale de cette « parenté pratique » dans les sociétés du monde islamique médiéval et entrer effectivement dans l'ordre des familles : l'étude des mariages et de la construction des alliances, d'une part ; l'étude des patrimoines et de la formation des maisons, d'autre part.

De tous les « liens officiels de parenté », l'alliance est sans doute celui qui met le mieux en lumière l'efficacité sociale de la famille dans des milieux où les positions des individus, au demeurant fort instables, reposaient très largement sur la réputation et la recommandation. C'est ainsi que l'étude des alliances nouées par un administrateur copte converti à l'islam au début du XIVe siècle, par l'intermédiaire du mariage de ses six filles dans de grandes familles d'oulémas ou d'administrateurs damascènes, permet à Mathieu Eychenne de caractériser une véritable stratégie familiale de consolidation sociale – du reste impuissante face aux forces dévastatrices de la disgrâce politique. Mais c'est dans le milieu des oulémas que les logiques de l'alliance se donnent à voir avec la plus grande évidence. Vanessa Van Renterghem montre ainsi comment des mariages bien choisis permirent à l'ambitieux savant bagdadien Ibn al-Ǧawzī (m. en 1201) de renforcer sa position dans le milieu hanbalite, sans négliger pour autant la protection de la cour abbasside. *A contrario*, René du Grandlaunay suggère combien le traditionniste al-Saḫāwī (m. en 1497), voué par ses origines familiales comme par son mariage à embrasser une modeste carrière de commerçant, dut s'appuyer sur des recommandations extérieures au groupe familial

8. Weber, *Le sang, le nom, le quotidien. Une sociologie de la parenté pratique*, p. 9, cité par Fine, Klapisch-Zuber et Lett, « Liens et affects familiaux », p. 10.

pour trouver sa place dans le milieu des oulémas du Caire. Si la carrière des lettres pouvait offrir dans certains contextes de remarquables opportunités d'ascension sociale [9], la réussite d'un savant n'en consistait pas moins à consolider sa position sur plusieurs générations, à transmettre aux hommes (et parfois aux femmes) de son lignage un savoir-faire et une réputation, ainsi que l'accès à des charges institutionnelles et à leurs prébendes. On sait que le règlement intérieur (*šurūṭ*) de la plupart des institutions pieuses du Caire à l'époque mamelouke recommandait ainsi que le fils succédât au père dans son emploi (*waẓīfa*) [10]. L'efficacité sociale des liens de parenté explique aussi pourquoi se nouaient si fréquemment des alliances dans l'ombre de cette famille de substitution par excellence qui unissait le maître à ses disciples, au point de faire se recouvrir progressivement filiation naturelle et filiation spirituelle. Anne-Marie Eddé reconstitue ainsi sur plus de trois siècles l'histoire d'une famille de savants hanbalites, les Yūnīnī, qui réussirent à faire de la transmission du savoir une véritable tradition familiale, grâce à des alliances matrimoniales prudentes (privilégiant souvent le mariage entre cousins germains) et à un ancrage ininterrompu dans le paysage social de Baalbek. À la fin du Moyen Âge, c'est peu ou prou l'ensemble du soufisme égyptien qui se réorganisa également autour de saints lignages, où l'autorité spirituelle se transmettait de manière héréditaire (A. Sabra).

L'étude des alliances matrimoniales et, plus largement, la reconstitution des arbres généalogiques, se heurtent cependant fréquemment à l'anonymat des femmes. Des six filles du vizir Ġibriyāl, on ne connaît pas d'autre nom que celui de leur époux (M. Eychenne). Nombre de femmes recensées dans le douzième volume (le *Kitāb al-nisā'*) du grand dictionnaire qu'al-Saḫāwī a consacré aux « gens du IXᵉ siècle [de l'hégire] » n'apparaissent que sous le nom de leur père, de leur époux, de leur fils ou, dans le cas des femmes esclaves, du maître qui les a affranchies [11]. L'anonymat des femmes a longtemps régné jusque dans les familles princières : on ignore ainsi le nom de la mère de quelques-uns des dix-sept fils, et de la plupart des filles, du sultan d'Égypte et de Syrie al-Nāṣir Muḥammad b. Qalāwūn (1310-1341) [12]. Les raisons d'un tel constat documentaire sont multiples. Elles tiennent, en partie, à la moindre visibilité des femmes dans la plupart des milieux – celui des oulémas faisant partiellement exception : si l'on ignore le nom de la (ou des) première(s) épouse(s) d'Ibn al-Ǧawzī, on connaît en revanche celui de la concubine qui lui donna son fils dernier né, et surtout les noms de chacune de ses six filles (V. Van Renterghem). Elles tiennent également à la pratique de la polygamie et à celle, certainement plus répandue, du recours aux concubines – lesquelles n'échappaient dans certains cas à l'anonymat qu'à la condition de porter l'enfant de leur maître et d'accéder par là au statut d'*umm walad*, promesse d'affranchissement. L'anonymat si fréquent des femmes tient enfin pour une part à la forte mortalité féminine et à la fréquence des remariages, y compris

9. Ce fut ainsi le rôle, aux XIIIᵉ-XIVᵉ siècles, des *madrasa*-s établies dans certaines villes de Haute-Égypte, par où des oulémas d'une modeste origine rurale parvenaient à s'élever jusqu'aux institutions de la capitale : Garcin, *Un centre musulman de la Haute-Égypte médiévale : Qūṣ*, p. 287-357.

10. Berkey, *Transmission of Knowledge in Medieval Cairo*, p. 121-127.

11. Saḫāwī, *al-Ḍaw' al-lāmiʿ li-ahl al-qarn al-tāsiʿ*, vol. 12, p. 133-167.

12. Bauden, « The Sons of al-Nāṣir Muḥammad and the Politics of Puppets », p. 58. Voir également Bauden, « The Qalāwūnids: A Genealogical Database » (en ligne).

dans des familles où la monogamie (qui n'était pas exclusive du recours aux concubines) était de règle : le père de l'historien Quṭb al-Dīn Mūsā al-Yūnīnī eut ainsi successivement six épouses (A.-M. Eddé).

Quelque chose a-t-il changé pour que l'on puisse connaître au XVe siècle le nom de la plupart des épouses et des filles des sultans mamelouks ? Les alliances que les souverains nouaient avec la famille de leur prédécesseur – en épousant l'une de ses femmes, de ses sœurs ou de ses filles – renforçaient en effet leur position, acquise de manière précaire dans un régime de succession non dynastique (K. D'hulster & Jo Van Steenbergen). Mais cette pratique peut être rapprochée de celle, plus ancienne, de l'atabégat, quand les souverains seldjoukides confiaient l'éducation de leurs fils à l'un de leurs seconds qui épousait sa mère. Ces femmes investies à leur corps défendant d'une continuité politique apparaissaient déjà au XIIe siècle en pleine lumière (A. Zouache), pour le meilleur (Saladin et ʿIṣmāt al-Dīn, la veuve de Nūr al-Dīn) comme pour le pire (Zangī et Zumurrud Ḫātūn, la fille du prince d'Alep). Quant aux princesses mongoles, premières épouses ou épouses favorites, leur présence active dans l'espace publicisé du pouvoir se manifestait avec éclat jusque dans l'iconographie des manuscrits copiés à la cour timouride, qui les faisait figurer aussi bien dans les scènes de réception ou d'intronisation que lors du rassemblement hautement politique du *quraltay* (A. Caiozzo).

S'il est une visibilité plus grande des femmes à la fin du Moyen Âge, c'est par conséquent dans d'autres milieux et, partant, dans d'autres sources, qu'il faut en chercher la preuve et, éventuellement, l'explication. À ce titre, le tableau extraordinairement fouillé qu'al-Saḫāwī délivre de sa propre famille dans son autobiographie savante – trente-sept individus, dont quatorze femmes individuellement nommées (R. du Grandlaunay) – pourrait passer pour un *apax*, s'il ne participait d'une curiosité plus large de l'auteur pour les femmes de son temps, également à l'œuvre dans son grand dictionnaire biographique [13]. Bien que l'écriture autobiographique eût été depuis longtemps investie par les oulémas [14], comme le démontre le cas emblématique d'Ibn al-Ǧawzī (V. Van Renterghem), jamais on n'avait accordé autant de place aux femmes de la famille et de la parenté que ne le fit al-Saḫāwī. La longue *tarǧama* qu'il consacra également à son maître Ibn Ḥaǧar (m. en 1449) en apporte une preuve supplémentaire. Or la vie conjugale de ce dernier met en lumière deux facteurs qui pourraient bien expliquer la visibilité sociale inédite des femmes à la fin du Moyen Âge, dont Yossef Rapoport s'est fait l'historien. L'indépendance patrimoniale des femmes, la stricte séparation entre les biens des époux, garanties par le droit et traduites dans l'usage par la pratique du trousseau et du cadeau nuptial, n'étaient certes pas nouvelles. En revanche, renforcées par une valorisation sociale sans précédent de la monogamie et de la relation conjugale, dont l'institutionnalisation des mariages clandestins apporte également la preuve *a contrario*, elles conférèrent alors aux femmes une capacité d'action inusitée que les démêlés d'Ibn Ḥaǧar avec son épouse et sa concubine illustrent à son corps défendant (Y. Rapoport).

13. Voir également Giladi, « Toutes les femmes d'al-Sakhāwī : quelques remarques sur le *Kitāb al-Nisā'* ».
14. Voir Reynolds (dir.), *Interpreting the Self: Autobiography in the Arabic Literary Tradition*, 2001 et, pour la littérature d'époque mamelouke, les références citées par Yossef Rapoport dans sa contribution à ce volume.

Le poids de l'esclavage dans les sociétés du monde islamique médiéval, l'omniprésence des concubines jusque dans les foyers aux revenus moyens, conduisent également à envisager la « parenté pratique » dans le cadre plus large de la maison (*bayt*), où se déploient non seulement les « liens officiels de parenté », mais également d'autres relations que l'on ne peut considérer sous le seul angle légal de la « clientèle » (*walāʾ*) et qui relèvent parfois bel et bien de l'ordre de la famille [15]. Les fonctions nourricières et éducatives assumées au Caire au XVIe siècle par la *zāwiya* d'un cheikh soufi, véritable maison dirigée par ce dernier comme par un chef de famille, en sont une illustration supplémentaire (A. Sabra).

À cet égard, l'étude du patrimoine des grandes maisons, les seules bien souvent à avoir laissé suffisamment de traces dans la documentation, éclaire la « parenté pratique » d'une lumière inattendue. Élodie Vigouroux reconstitue ainsi, à partir de la fin du XIVe siècle, l'établissement à Damas d'une famille d'*awlād al-nās* – les descendants d'un émir mamelouk, qui, sans pouvoir prétendre aux mêmes charges que leur père ou aïeul, n'en héritaient pas moins de sa fortune, de ses relations et d'un peu de son prestige : sur neuf générations, les Banū Manǧak parvinrent à consolider leur position sociale, adossée à un important patrimoine et ancrée par leur activité édilitaire dans le paysage institutionnel de Damas ; la gestion prudente de leurs *waqf*-s, ou fondations pieuses perpétuelles, réorganisés et considérablement enrichis par l'un des petits-fils de l'émir, assura jusqu'au XVIIe siècle la pérennité de la famille et la notabilité de son nom. Que le *waqf* ne fût pas toujours un rempart suffisant contre l'échec et la mort du chef de famille – comme le rappelle M. Eychenne à propos du vizir Ġibriyāl, dont la postérité se réduisit à Damas à un mausolée où certains de ses gendres furent inhumés – ne change rien au constat : le patrimoine de bon nombre de grandes maisons était, à la fin du Moyen Âge, au moins en partie géré et transmis dans un cadre distinct de celui de l'héritage prévu par la Loi [16]. Il est très probable que le caractère contraignant du droit islamique en matière successorale et les conséquences de ses principales dispositions – l'éparpillement rapide du patrimoine entre un nombre considérable d'ayants droit ; la protection des intérêts de la parenté par les femmes, bénéficiaires des parts réservataires (*farāʾiḍ*), au détriment des agnats [17] – aient incité depuis longtemps les chefs de famille à chercher des modes de transmission patrimoniale alternatifs à l'héritage. Au demeurant, les solutions adoptées (*waqf* associant à ses revenus des bénéficiaires choisis par le fondateur, *milk* transmis par héritage ou par legs) n'étaient pas exclusives les unes des autres. Mais le recours très répandu au *waqf*, que la documentation égyptienne

15. On sait toute l'importance qu'a pris le concept de « maison » (l'*oikos* grec, plus largement vulgarisé par l'anglais *household*) dans l'historiographie des sociétés islamiques médiévales : voir par exemple Chamberlain, *Knowledge and Social Practice in Medieval Damascus*. Pour l'époque mamelouke, voir également Richards, « Mamluk Amirs and Their Families and Households » ; Winter, « Mamluks and Their Households in Late Mamluk Damascus: A Waqf Study » ; Eychenne, « Le *bayt* à l'époque mamelouke. Une entité sociale à revisiter ».
16. Sur cette question, voir en particulier Garcin, « « Le waqf est-il la transmission d'un patrimoine ? ».
17. Pour une illustration concrète de l'effet des parts réservataires (*farāʾiḍ*) sur la transmission d'un patrimoine, voir par exemple Loiseau, « Un bien de famille », p. 280-291.

met en pleine lumière au XVᵉ siècle, dessine les contours d'une « famille choisie » [18] bien différente de la « famille légale » : une famille le plus souvent réduite à la descendance directe du fondateur, parfois élargie en seconde intention à ses esclaves affranchis, où les droits sur les revenus du patrimoine constitué en *waqf* sont partagés et transmis à égalité par les hommes et les femmes d'une même génération – en contradiction flagrante avec les principes du droit successoral (J. Loiseau).

De toutes les facettes de la « parenté pratique » que les articles rassemblés plus loin tentent d'éclairer, il en est une dernière qui ouvre des perspectives de recherche particulièrement prometteuses. Dissimulée sous l'avalanche des discours normatifs, cachée jusque dans le pli des actes légaux, c'est l'histoire des sentiments telle qu'ils se déploient dans le cadre des relations familiales [19]. Le surgissement de l'affectif dans un ordre de discours le plus souvent normatif et stéréotypé emprunte dans les sources médiévales deux media principaux : la poésie et l'écriture autobiographique. C'est ainsi qu'on lira dans les poèmes du prince andalou al-Muʿtamid Ibn ʿAbbād (étudiés par B. Foulon et E. Tixier) la figure terrible du père, celle du compagnon de jeunesse devenu amant puis rival, celle enfin de l'épouse passionnément aimée, que l'art de la poésie arrache à la force des archétypes pour donner à entendre l'expression singulière des sentiments. C'est ainsi qu'on lira également, dans un *ġazal* composé par le traditionniste Ibn Ḥağar, l'expression inhabituelle d'un amour conjugal exclusif, d'autant plus singulière que le poète y désigne nommément son épouse et qu'il inscrit l'absence de l'aimée dans le contexte autobiographique d'un voyage au Hedjaz. Replacé par Y. Rapoport dans la perspective des déboires intervenus quelque temps plus tard dans la vie conjugale d'Ibn Ḥağar, le « *ġazal* de la mer Rouge » interroge la possibilité pour l'historien d'accéder à l'intimité des sentiments des hommes et des femmes de la fin du Moyen Âge.

À ce titre, l'écriture autobiographique telle que la pratiquaient les oulémas ouvre également parfois, au détour de notations plus convenues sur la formation intellectuelle de l'auteur, de véritables espaces d'intimité. Ainsi les différents textes où Ibn al-Ǧawzī parle de sa personne ou de ses proches (rassemblés et étudiés par V. Van Renterghem), ne définissent pas seulement par touches successives une véritable morale pratique de la sexualité et de la vie conjugale. Ils révèlent également les contradictions, les doutes et les regrets que des échecs personnels ont nourris chez cet atrabilaire – tout particulièrement les espoirs déçus que le père avait plaçés en son fils. Au XVᵉ siècle, cependant, cette écriture autobiographique prend des proportions inédites chez des auteurs comme al-Biqāʿī, Ibn Ṭawq ou al-Saḫāwī [20]. La monumentale autobiographie que ce dernier composa au soir de sa vie ne se réduit pas à un plaidoyer *pro domo*,

18. Étudiant le patrimoine des grands négociants du Caire et les stratégies dont ils investissaient leurs *waqf*-s au tournant du XVIIIᵉ et du XIXᵉ siècle, Pascale Ghazaleh préfère parler à cet égard de « famille rêvée » : Ghazaleh, *Fortunes urbaines et stratégies sociales. Généalogies patrimoniales au Caire*, vol. 2, p. 448-452.
19. Cette thématique de recherche connaît d'ailleurs une forte actualité dans l'historiographie de la famille en Occident : voir Fine, Klapisch-Zuber et Lett, « Liens et affects familiaux », *Clio* 34, 2011, p. 7-16.
20. Sur al-Biqāʿī, voir Guo, « Tales of Medieval Cairene Harem: Domestic Life in al-Biqāʿī's Autobiographical Chronicle », et les remarques de Rapoport dans sa contribution à ce volume. Sur Ibn Ṭawq, voir Wollina, « Ibn Ṭawq's *Taʿlīq*. An Ego-Document for Mamlūk Studies ».

où l'histoire familiale ne serait mise en scène que pour mieux exalter l'accomplissement de sa vocation de traditionniste. Al-Saḫāwī y donne également libre cours à son penchant pour les histoires de famille, les drames familiaux qui marquèrent l'existence de sa tante paternelle bien-aimée comme les mauvais traitements dont fut victime la nièce qu'il avait pris soin de marier[21]. Sans doute cette intimité crûment décrite n'était-elle pas du goût de tous les membres de sa famille, puisque ce dernier passage fut soigneusement caviardé sur l'un des deux manuscrits conservés de sa *tarǧama* (R. du Grandlaunay).

L'histoire de la famille n'est qu'un chantier parmi d'autres de cette nouvelle histoire sociale que s'emploient aujourd'hui à écrire les historiens de l'Islam médiéval. Mais elle est emblématique du renouvellement provoqué par la (re)découverte des documents médiévaux, en ce qu'elle assume désormais comme une incitation heuristique et non plus comme un défaut le caractère fragmentaire et parcellaire des sources disponibles. Le dossier d'articles que l'on va lire n'est rien d'autre qu'une collection de cas d'étude, voire de cas d'école, adaptant le questionnaire historique à la documentation sans dissimuler sa discontinuité profonde. Il n'est pas sûr, en effet, que l'on puisse jamais écrire d'un seul jet l'histoire de la famille dans l'Islam médiéval. Mais à tout prendre, les histoires de famille rassemblées ici disent chacune séparément, avec bien plus d'efficacité que ne le ferait l'étude des discours normatifs, un peu de la vérité passée des sociétés du monde islamique médiéval.

Bibliographie

ʿAbd al-Rāziq, Aḥmad, « ʿAqdā nikāḥ min ʿaṣr al-Mamālīk al-baḥriyya », *al-Maǧalla al-ʿarabiyya li-l-ʿulūm al-insāniyya* (Kuwayt) 6, 1986, p. 68-88.

Bauden, Frédéric, « Mamluk Era Documentary Studies: The State of the Art », *MSRev* 9/1, 2005, p. 15-60.

—, « The Sons of al-Nāṣir Muḥammad and the Politics of Puppets: Where Did It All Start? », *MSR* 13/1, 2009, p. 53-81.

—, « The Qalāwunids: A Genealogical Database », http://mamluk.uchicago.edu/qalawunids/

Benkheira, Mohammed Hocine ; Giladi, Avner ; Mayeur-Jaouen, Catherine ; Sublet, Jacqueline, *La famille en islam d'après les sources arabes*, Les Indes Savantes, Paris, 2013.

Berkey, Jonathan P., « Women and Islamic Education in the Mamlūk Period », dans Nikki Keddie et Beth Baron (éd.), *Women in Middle Eastern History: Shifting Boundaries in Sex and Gender*, Yale University Press, New Haven, 1991, p. 143-157.

—, *The Transmission of Knowledge in Medieval Cairo. A Social History of Islamic Education*, Princeton University Press, Princeton, 1992.

Bianquis, Thierry, « La famille en Islam arabe », dans André Burguière, Christiane Klapisch-Zuber, Martine Segalen et Françoise Zonabend (dir.), *Histoire de la famille* vol. 1, *Mondes lointains, mondes anciens*, Paris, Armand Colin, 1986, p. 557-601.

—, *La famille arabe médiévale*, Bruxelles, Éditions Complexe, 2005.

21. La curiosité d'al-Saḫāwī pour « l'histoire intime » des femmes (A. Giladi) et les sentiments à l'œuvre dans la vie familiale s'étend d'ailleurs au-delà du cercle de sa propre famille : Giladi, « Toutes les femmes d'al-Sakhāwī : quelques remarques sur le *Kitāb al-Nisāʾ* », p. 552-562.

Chamberlain, Michael, *Knowledge and Social Practice in Medieval Damascus, 1190-1350*, Cambridge University Press, Cambridge, 1994.

Chapoutot-Remadi, Mounira, « Femmes dans la ville mamluke », *JESHO* 38/2, 1995, p. 145-164.

Dietrich, Albert, « Ein arabische Eheurkunde aus der Aiyūbidenzeit », dans J. Fück (éd.), *Documenta Islamica Inedita*, Akademie Verlag Berlin, Berlin, 1952, p. 121-154.

Eychenne, Mathieu, « Le *bayt* à l'époque mamlouke. Une entité sociale à revisiter, *AnIsl* 42, 2008, p. 275-295.

Fine, Agnès ; Klapisch-Zuber, Christiane ; Lett, Didier, « Liens et affects familiaux », *Clio* 34 (*Liens familiaux*), 2011, p. 7-16.

Garcin, Jean-Claude, *Un centre musulman de la Haute-Égypte médiévale : Qūṣ*, Ifao, *TAEI* 6, Le Caire, 1976.

—, « Le waqf est-il la transmission d'un patrimoine ? », dans Joëlle Beaucamp et Gilbert Dagron (éd.), *La transmission du Patrimoine : Byzance et l'aire méditerranéenne* (Paris, 24-25 novembre 1995), *TravMem* 11, De Boccard, Paris, 1998.

Giladi, Avner, « Concepts of Childhood and Attitudes Towards Children in Medieval Islam: A Preliminary Study with Special Reference to Reaction to Infant and Child Mortality », *JESHO* 32/2, 1989, p. 121-152.

—, *Infants, Parents and Wet Nurses. Medieval Islamic Views on Breastfeeding and Their Social Implications*, Brill, Islamic History and Civilization 25, Leyde, 1999.

—, « Toutes les femmes d'al-Sakhāwī : quelques remarques sur le *Kitāb al-Nisā'* (« le Livre des femmes ») comme source de « l'histoire intime » des sociétés musulmanes médiévales », dans Christian Müller et Muriel Roiland-Rouabah (dir.), *Les non-dits du nom. Onomastique et documents en terres d'Islam*, Mélanges offerts à Jacqueline Sublet, Ifpo, Damas, 2013, p. 547-566.

Ghazaleh, Pascale, *Fortunes urbaines et stratégies sociales. Généalogies patrimoniales au Caire, 1780-1830*, Ifao, Raph 32, Le Caire, 2010.

Goitein, Shelomo D., *A Mediterranean Society. The Jewish Communities of the Arab World as Portrayed in the Documents of the Cairo Geniza*, vol. 3, *The Family*, University of California Press, Berkeley, Los Angeles, 1978.

Guo, Li, « Tales of Medieval Cairene Harem: Domestic Life in al-Biqāʿī's Autobiographical Chronicle », *MSRev* 9/1, 2005, p. 101-121.

Loiseau, Julien, « Un bien de famille. La société mamelouke et la circulation des patrimoines, ou la petite histoire d'un moulin du Caire », *AnIsl* 37, 2003, p. 275-314.

Lutfi, Huda, « Al-Sakhāwī's *Kitāb al-Nisā'* as a Source for the Social and Economic History of Muslim Women during the Fifteenth Century A.D. », *The Muslim Word* 71/2, 1981, p. 104-124.

Mouton, Jean-Michel ; Sourdel, Dominique ; Sourdel-Thomine Janine (publiés et présentés par), *Mariage et séparation à Damas au Moyen Âge. Un corpus de 62 documents juridiques inédits entre 337/948 et 698/1299*, Documents relatifs à l'histoire des croisades publiés par l'Académie des inscriptions et belles-lettres 21, Paris, 2013.

Peirce, Leslie P., *Morality Tales. Law and Gender in the Ottoman Court of Aïntab*, Berkeley, Los Angeles, University of California Press, 2003.

Rāġib, Yūsuf, « Un contrat de mariage sur soie d'Égypte fatimide », *AnIsl* 16, 1980, p. 31-37.

Rāġib, Yūsuf (éd.), *Documents de l'Islam médiéval : nouvelles perspectives de recherches*, actes de la table ronde CNRS (1988), Ifao, *TAEI* 29, Le Caire, 1991.

Rapoport, Yossef, *Marriage, Money and Divorce in Medieval Islamic Society*, Cambridge University Press, Cambridge, New York, 2005.

—, « Women and Gender in Mamluk Society: An Overview », *MSRev* 11.2, 2007, p. 1-48.

Regourd, Anne (éd.), *Documents et Histoire. Islam, VIIe-XVIe s.*, actes des journées d'études musée du Louvre/EPHE (mai 2008), Droz, École pratique des hautes études, Sciences historiques et philologiques II, Hautes Études Orientales – Moyen et Proche-Orient, 5/51, Genève, 2013.

Reynolds, Dwight Fletcher (dir.), *Interpreting the Self: Autobiography in the Arabic Literary Tradition*, University of California Press, Berkeley, Los Angeles, 2001.

Richards, Donald S., « Mamluk Amirs and Their Families and Households », dans Thomas Philipp et Ulrich Haarmann (éd.), *The Mamluks in Egyptian Politics and Society*, Cambridge University Press, Cambridge, 1998, p. 32-54.

Sijpesteijn, Petra M. (éd.), *From Andalus to Khurasan: Documents from the Medieval Muslim World*, Brill, Islamic History and Civilization 66, Leyde, 2007.

Spectorsky, Susan A., *Women in Classical Islamic Law. A Survey of the Sources*, Brill, Themes in Islamic Studies 5, Leyde, 2009

Tucker, Judith. E., *In the House of Law. Gender and Islamic Law in Ottoman Syria and Palestine*, The American University in Cairo, Le Caire, 1998.

Weber, Florence, *Le sang, le nom, le quotidien. Une sociologie de la parenté pratique*, Aux lieux d'être, La Courneuve, 2005.

Winter, Michael, « Mamluks and Their Households in Late Mamluk Damascus: A waqf Study », dans Amalia Levanoni et Michael Winter (éd.), *The Mamluks in Egyptian and Syrian Politics and Society*, Brill, Leyde, Boston 2004, p. 297-316.

Wollina, Torsten, « Ibn Ṭawq's *Taʿlīq*. An Ego-Document for Mamlūk Studies », dans Stephan Conermann (éd.), *Ubi sumus? Quo vademus? Mamluk Studies – State of the Art*, V & R unipress, Bonn University Press, Bonn, 2013, p. 337-362.

Familles guerrières, familles princières

ABBÈS ZOUACHE*

La famille du guerrier

(Égypte, Bilād al-Šām, fin v^e/xie-vi^e/xiie siècle)[1]

RÉSUMÉ

Cet article se propose de comprendre comment, au vi^e/xiie siècle, au Proche-Orient, le guerrier se représente la famille et appréhende les relations et les sentiments familiaux. Les sources montrent que le groupe familial du guerrier, turc, kurde ou arabe, servile ou non, ne se limite pas aux liens du sang. La « maison » du guerrier réunit sa famille de sang, ses proches et tous ceux qui sont à son service.

Les historiographes arabes ont tendance à décrire, à propos de l'esclave militaire (*ġulām* ou *mamlūk*) une parenté fictive. En effet, même après son affranchissement, le *mamlūk* est lié à son ancien maître et aux camarades aux côtés desquels il a été formé. Mais la parenté fictive ne s'inscrit pas dans le temps long. Le sang scelle des liens plus forts encore, et surtout plus durables. Dans tous les cas, la parenté constitue une matrice des rapports sociaux.

Les sources dénotent aussi la complexité des relations intrafamiliales. Dans la classe militaire dominante turque, ces relations sont régies par la violence lorsque les enjeux politiques sont décuplés. Mais ces relations sont aussi marquées par l'amour filial et/ou fraternel. Les souverains turcs et kurdes sont d'ailleurs présentés par les auteurs arabes comme des pères et des époux aimants et responsables. Leur attitude modérée, leur sobriété et leur respect des normes islamiques s'expriment dans le cadre de l'unité familiale, qui apparaît comme le soubassement de la société.

* Abbès Zouache, Ciham-Umr 5468, abizouache@yahoo.fr

1. Je remercie Thierry Bianquis et Mathieu Eychenne pour leur relecture d'une première version de cet article, ainsi que Julien Loiseau et Nicolas Michel pour leurs suggestions.

Dans la famille, la femme occupe une place particulière. Dominée, elle ne se conforme pas toujours à l'attitude qu'on en attend. En particulier, les femmes turques exercent parfois un pouvoir politique et militaire. Mais elles ne le font qu'au nom de l'homme auquel elles sont rattachées, père, époux ou fils.

Mots-clés
Famille – guerrier – parenté –relations intrafamiliales – Bilād al-Šām – Miṣr – XIIe siècle – *mamlūk*

ABSTRACT

This article aimes to understand how, during the 12th century, the Near Eastern warrior imagined the family and apprehended family relationships and family feelings. The sources show that the family group of the warrior (Turkish, Kurdish or Arabic, enslaved or not) is not limited to blood ties. The warrior's household gathered his blood family, relatives and all those in his service.

Arab historians tend to describe a fictive kinship for the military slave. In fact, the *ġulām* or *mamlūk* was linked to his former master even after emancipation. He also kept strong ties with his former comrades, with whom he had been raised. But fictive kinship was not as durable as forged blood ties which were even stronger. In all cases, kinship was a matrix of social relationships.

The sources indicate also the complexity of family relationships. In the Turkish dominant military class, these relationships were governed by violence when political issues were magnified. But these relationships were also marked by filial and, or fraternal love. Arab authors also described Turkish and Kurdish rulers as loving and responsible fathers and husbands. According to them, they were moderate, sober and pious. They respected the Islamic standards within the family unit, which was the bedrock of society.

Women had a special status in the family. They were dominated, but they did not always comply with the attitude that was expected from them. Sometimes, Turkish women had political and military power. But this power was exercised in the name of the man to whom they were attached, their father, husband or son.

Keywords
Family – warrior – kinship –family relationships – Bilād al-Šām – Miṣr – 12th century – *mamlūk*

Excusons icy ce que je dy souvent, que je me repens rarement, et que ma conscience se contente de soy : non comme de la conscience d'un Ange, ou d'un cheval, mais comme de la conscience d'un homme. Adjoustant tousjours ce refrein, non un refrein de ceremonie, mais de naifve et essentielle submission : Que je parle enquerant et ignorant, me rapportant de la resolution, purement et simplement, aux creances communes et legitimes. Je n'enseigne point, je raconte.
Michel de Montaigne, *Essais*, III, 2 (« Du repentir »).

ANTIOCHE, début juin 1098. La ville a peur. Un an déjà que les croisés tentent de s'en emparer. Une éternité, pour les habitants. Certes, une armée de secours est annoncée. Mais elle s'est enferrée au loin, en Djézireh. La solidarité s'effrite parmi les défenseurs. L'un des chefs francs, Bohémond de Tarente, le comprend, soudoie un soldat à qui une des tours des remparts a été confiée, enfin pénètre dans la cité. La panique s'y propage. Elle gagne jusqu'à l'émir Yāġī Siyān, qui dirige la défense. Alors que les combats font encore rage, il s'enfuit, entouré de quelques dizaines d'hommes. Selon Ibn al-Aṯīr (m. 631/1233), qui livre un récit circonstancié de sa fuite, il ne retrouve ses esprits que le lendemain[2]. Peut-être se doute-t-il que son destin est scellé, qu'il n'ira pas loin, que des paysans – des Arméniens, selon plusieurs chroniqueurs – se dresseront sur son chemin, le décapiteront et rapporteront sa tête aux chrétiens qui triomphent à Antioche[3]. Toujours est-il qu'il hurle et se lamente. Regrette tout haut sa couardise. Ne peut empêcher ses larmes de couler et pleure, pleure encore d'avoir abandonné sa famille, ses enfants « et les musulmans »[4]. Oubliés, ses frères d'armes. Oubliés, ses soldats qui, depuis des mois, font face à la moindre alarme. Seuls, dans le récit d'Ibn al-Aṯīr, comptent les liens du sang et ceux créés par l'unité de foi.

Peut-on prêter foi à ce récit ? Ibn al-Aṯīr, qui, certes, s'appuie sur des sources plus anciennes, écrit un siècle après la première croisade. Comment a-t-il pu être informé des derniers mots prononcés par un émir turc ayant certes joué un certain rôle militaire en Syrie du nord, à la fin du ve/xie siècle, mais sans marquer l'histoire autrement que par sa fuite d'Antioche ? Sa narration ne dénote-t-elle pas plutôt les seules représentations d'un lettré arabe pour qui un guerrier musulman en souffrance est forcément préoccupé par sa famille nucléaire et par l'ensemble de ses coreligionnaires ? Sans doute. Elle n'en rappelle pas moins que le guerrier appartient à d'autres groupes sociaux que l'armée qui l'a façonné, notamment au groupe familial qu'il a en charge.

2. Ibn al-Aṯīr, *al-Kāmil fī al-ta'rīḫ* VIII, p. 417-418.
3. C'est l'une des versions de la mort de Yāġī Siyān rapportée par les chroniqueurs arabes, d'après le *Ḏayl ta'rīḫ Dimašq* d'Ibn al-Qalānisī (m. 555/1160), p. 220. Noter qu'al-ʿAẓīmī (m. 556.1161), contemporain d'Ibn al-Qalānisī, affirme qu'il meurt de soif pendant sa fuite : *Ta'rīḫ Ḥalab*, p. 309.
4. Ibn al-Aṯīr, *ibid.* Comparer à Ibn al-Aṯīr, *al-Ta'rīḫ al-bāhir*, p. 41 (an 524/1130), à propos des Francs sur le point d'être défaits, à al-Aṯārib, près d'Alep, qui combattent, désespérés, au nom de leurs enfants (fils, filles, pères, mères, frères et sœurs), mais non de la religion.

De ce groupe – ou plutôt, comme nous le verrons, de ces groupes –, nous savons bien peu de choses, d'abord parce que la famille n'a, jusqu'à il y a peu[5], guère suscité l'attention des médiévistes arabisants, du moins dans une perspective d'histoire sociale imposant de ne pas se contenter des textes juridico-religieux islamiques, les plus nombreux, tous compilés par des membres de l'élite culturelle urbaine[6]. Ces recueils énoncent des normes de comportement dont on ne sait pas toujours si (et dès lors, jusqu'à quel point et selon quelles modalités) elles sont appliquées[7]. L'énoncé de ces normes – qui fait généralement fi des particularismes – porte à penser qu'il existe une « matrice unique des modalités culturelles et sociales de la famille » dont les historiens et les anthropologues occidentalistes ont montré, au cours des dernières décennies, à quel point elle est illusoire[8]. En outre, ces normes constituent très largement, pour les hommes de religion qui les édictent, des outils de diffusion d'un modèle familial, patrilinéaire, qui consacre la domination masculine dont ils sont les ardents défenseurs[9].

De la famille du guerrier, il n'est pas question directement, dans de telles sources, si ce n'est de celle du *muǧāhid*, encore sans ancrage dans le temps, l'espace ou même une culture donnée. Sans doute cette absence – en sus du désintérêt général des médiévistes arabisants déjà évoqué – explique-t-elle le peu d'intérêt que lui ont prêté jusqu'ici les spécialistes du fait militaire médiéval. Non que, dans leurs travaux, il ne soit parfois question de famille ; en particulier, les alliances matrimoniales de la classe militaro-politique dominante[10] ont retenu l'attention de certains d'entre eux, et notamment de ceux, toujours plus nombreux, qui se consacrent

5. Si ce n'est Thierry Bianquis, *La famille arabe médiévale*. Aussi : Rapoport, *Marriage, Money and Divorce in Medieval Islamic Society* ; Bray, « The Family in the Medieval Islamic World », p. 731-742.
6. Sur lesquelles voir Schacht, *Introduction to Islamic Law*, p. 161-174 ; Omran, *Family Planning in the Legacy of Islam* ; Tucker, *Women, Family, and Gender in Islamic Law*, *passim* ; les articles de l'*EI²*, de l'*Encyclopaedia Iranica* et de l'*Encyclopedia of Women and Islamic Cultures*, consacrés à la famille, au mariage, au divorce, aux enfants, etc.
7. Bianquis, *La famille arabe médiévale*, p. 14 ; Bray, « The Family in the Medieval Islamic World » ; Bouquet, « Famille, familles, grandes familles : une introduction », p. 189-190.
8. Solinas, « La famille », p. 81-120, cité par Bouquet, « Famille, familles : une introduction ».
9. Sur ce point, voir l'une des conclusions de Rapoport, *Marriage, Money and Divorce in Medieval Islamic Society*, p. 114. Toujours stimulant : Bourdieu, *La domination masculine*.
10. Le concept « d'élite militaire » ou « élite militaro-politique » qui s'est imposé depuis quelques décennies, pose question lorsqu'il s'agit de nommer le petit nombre d'hommes (et parfois de femmes, comme on le verra), qui constituent ce qu'avec Pierre Bourdieu on peut appeler « classe dominante », seule à même d'exercer le pouvoir (politique, symbolique, et en partie économique). Cette classe dominante peut être divisée en fractions incluant les guerriers mais aussi l'élite civile et religieuse. Cf. Bourdieu, *La Distinction*, p. 128 ; Joly, *De la sociologie à la prosopographie des élites*, p. 15.

à l'époque mamelouke (1250-1517)[11]. Mais généralement, ils préfèrent se concentrer sur l'activité essentielle des guerriers – combattre – et sur les armées dont ils font partie[12].

Il faut dire que la documentation narrative dont ils font généralement leur miel (chroniques arabes ou latines, dictionnaires biographiques arabes) n'est pas beaucoup moins stéréotypée que les textes juridico-religieux, et ne dit pratiquement rien des guerriers qui n'appartiennent pas à la classe dominante (d'origine turque ou kurde) qui s'impose au Proche-Orient à la fin du ve/xie siècle et au vi^e^/xiie siècle. Pourtant, cette documentation a l'avantage d'apporter sur les groupes familiaux des guerriers des informations d'un autre ordre que celles livrées par les textes juridico-religieux ; en particulier, elle ne réduit pas systématiquement leur culture à leur religion. Ce sont ces informations que je me propose de réunir ici, en limitant mon propos à des sociétés et à un espace (Bilād al-Šām et Égypte) qui sont alors bouleversés par la guerre, afin de comprendre comment les guerriers qui s'y imposent se représentent la famille et appréhendent les relations, voire les sentiments familiaux.

Le guerrier, la famille : des notions floues

Guerrier ?

La notion même de « guerrier » pose problème. Encore aujourd'hui, les spécialistes ne s'entendent guère sur ce vocable tant il est chargé de sens. C'est pour les uns un simple soldat qui tirerait sa qualité de guerrier du simple fait qu'il participe à des combats, c'est pour les autres, dans une perspective plus nietzschéenne[13], un combattant d'exception du fait de son goût pour la guerre et des qualités qu'il déploie pendant les combats[14]. Au vi^e^/xiie siècle, au Proche-Orient, le guerrier professionnel est un cavalier, qui tire de son activité militaire les subsides et la légitimité nécessaires pour dominer la société dans laquelle il vit. Avec ses pairs, il forme le cœur des armées, car ils sont considérés comme les seuls capables d'emporter la décision sur le champ de bataille. Ils sont porteurs, au dire de chroniqueurs arabes ambivalents, de valeurs de discipline, de courage et de dévouement, mais aussi, lorsqu'ils n'appartiennent pas à des armées régulières, comme les Turcomans, de violence et de désordre[15].

11. Broadbridge, « Sending Home for Mom and Dad : The Extended Family Impulse in Mamluk Politics », p. 1 : « With the exception of references to harem politics or marriage ties, scholars rarely spend much time discussing biological family in connection with the Mamluks ». David Ayalon a, à plusieurs reprises, étudié la famille des *mamlūk*-s. Cf. ses « Mamlūkiyyāt », p. 321-349. Dans un ouvrage récent (*Liens personnels, clientélisme et réseaux de pouvoir dans le sultanat mamelouk*), Mathieu Eychenne montre combien les familles militaires (ou selon son expression les « maisons militaires ») mameloukes sont ouvertes sur les sociétés qu'elles dominent.
12. Voir par exemple mon *Armées et combats*. Il n'en va pas autrement des médiévistes occidentalistes.
13. « Je vois beaucoup de soldats : puissé-je voir beaucoup de guerriers ! » : Nietszche, *Also sprach Zarathoustra*, p. 32.
14. Cf. Barrois, *Psychanalyse du guerrier*.
15. Zouache, *Armées et combats, passim*, en particulier la conclusion.

Le plus souvent, les chroniqueurs les nomment *fawāris* ou *fursān* (sg. *fāris*) ; les auteurs latins utilisent quant à eux le plus souvent le vocable *milites* (sg. *miles*), par assimilation avec les *milites* francs qui parviennent progressivement à former, tout au long du VIᵉ/XIIᵉ siècle, une élite nobiliaire. Ce sont pour l'essentiel des Turcs, nés libres ou esclaves et dès lors dits *ġilmān* (sg. *ġulām*) et de plus en plus souvent, au fil du temps, *mamālīk* (sg. *mamlūk*)[16]. Les *fawāris* arabes de l'époque précédente n'ont cependant pas complètement disparu, incarnés par des hommes comme Usāma b. Munqiḏ (m. 584/1188), qui se charge, dans le *Kitāb al-iʿtibār*, de chanter sa propre gloire, ou comme Dubays Ibn Ṣadaqa (m. 539/1135), aventurier chiite dont les chroniqueurs arabes n'hésitent pas à faire un héros magnifique[17].

Ces cavaliers lourds forment, dans le Bilād al-Šām puis en Égypte, l'élite peu nombreuse des armées seldjouqides, bourides, zangides et ayyoubides. Ils sont entourés de combattants occasionnels, qui les rejoignent ponctuellement : d'abord des guerriers nomades arabes ou surtout turcomans ; ensuite des hommes d'origine sociale et géographique variée (*aḥdāṯ*[18], montagnards, paysans parfois), démobilisés à la fin de la campagne.

En Égypte, l'armée fatimide est tout aussi composite, avant la conquête du pays par Saladin, qui met fin au califat chiite en 567/1171. Elle est constituée de plusieurs corps spécialisés, semble-t-il ethniquement homogènes, et où les statuts sont divers. Hommes libres et esclaves s'y mêlent. Les *Sūdān* (« Noirs », pour la plupart esclaves) et les nomades arabes y jouent un rôle important, en particulier lors de la déliquescence du régime fatimide, dans la première moitié du VIᵉ/XIIᵉ siècle. Comme en Syrie, les cavaliers lourds, turcs, kurdes ou arméniens, constituent l'élite des combattants, notamment à partir de la réforme de l'armée menée par le vizir al-Afḍal (m. 515/1121), au tout début du VIᵉ/XIIᵉ siècle, et plus encore après la conquête de l'Égypte par Saladin[19].

Des groupes familiaux aux contours flous

À quelque ethnie qu'ils appartiennent et quel que soit leur statut, nous connaissons mal la vie de la plupart de ces *fawāris*. Ils apparaissent, dans les sources médiévales, en tant que membres de l'armée (*al-ʿaskar*) ou parfois d'une tribu/d'un clan (*al-Ġuzz* ; *al-Hākariyya* ; *al-Yārūqiyya*, etc.), sans guère de détail, si ce n'est pour les guerriers arabes dont la généalogie est la plupart du

16. Le terme de *mamlūk* est massivement employé par les auteurs arabes à partir du VIIᵉ/XIIIᵉ siècle. Contrairement à ce qu'affirme Deborah Tor (« Mamlūk Loyalty », p. 768 : « The word "*mamlūk*" virtually never appears in sources written before the thirteenth century »), qui a en revanche raison de souligner que c'est le plus souvent de *ġilmān* qu'il est question dans les textes les plus anciens, il est bien utilisé au siècle précédent. Dans la deuxième moitié du VIᵉ/XIIᵉ siècle, il désigne clairement des esclaves militaires d'élite, qui forment la garde rapprochée de Saladin, ainsi que l'atteste Guillaume de Tyr (m. 1184), *Chronicon* L. XXI, 23.
17. Zouache, « Dubays Ibn Ṣadaqa (m. 539/1135), aventurier de légende. Histoire et fiction dans l'historiographie arabe médiévale », p. 87-130.
18. Membres des milices urbaines qui jouent un rôle militaire non négligeable, au XIIᵉ siècle.
19. Cf. *infra*, sur les réformes d'al-Afḍal. Pour plus de détail, voir Zouache, *Armées et combats...*, en particulier le chapitre III ; Hamblin, *The Fatimid Army During the Early Crusades.*

temps précisée. Par exemple, nous ne savons presque jamais si le nom du *ġulām/mamlūk* lui a été donné par ses parents de sang, alors même qu'il est encore libre, ou attribué au moment de sa capture ou de son achat. Et il est rarement possible de déterminer son origine géographique[20]. Cependant, l'ancien mamelouk peut généralement être repéré car il est aussi désigné par le nom du maître qui l'a affranchi. Ainsi, l'émir Ǧāwalī, seigneur de Mossoul au début du VIe/XIIe siècle, est un ancien *mamlūk* d'Āq Sunqur al-Bursuqī (m. 519/1126), lui-même ancien *mamlūk* de Bursuq, qui a occupé la même fonction auprès du sultan seldjouqide – *mamlūk al-amīr Bursuq mamlūk al-sulṭān*[21]. En Égypte, Saʿd al-Dawla al-Ṭawāšī, qui en 496/1102-1103 prend la tête d'un corps expéditionnaire allant combattre les Francs en Syrie, est un ancien mamelouk de Badr al-Ǧamālī (m. 487/1094)[22].

Encore n'est-il question, dans ces sources, que de ceux qui forment une fraction de la classe militaire dominante, sultans, princes et émirs de très haut rang : sur les autres émirs, qui constituent les cadres de l'armée, les sources médiévales s'étendent peu, voire très peu[23]. Elles livrent cependant quelques informations : leur ascendance est régulièrement mentionnée, les liens germains parfois soulignés, plus rarement les liens utérins. L'épouse apparaît d'abord en tant que mère d'un enfant mâle, la ou plutôt les concubines des souverains peu. La polygamie est fréquente, mais non systématique. Saladin (m. 589/1193) ne se marie qu'une seule fois (en 1176), avec ʿIṣmat al-Dīn, l'épouse de son ancien maître Nūr al-Dīn, alors qu'il dispose de nombreuses concubines, dont quelques-unes seulement sont connues – celles qui lui ont donné un fils[24]. La polygamie est-elle répandue en dehors de la classe dominante ? Les sources sont trop pauvres pour répondre à cette question. Nous pouvons simplement supposer que la famille nucléaire du guerrier, nomade ou non, est peu nombreuse[25], d'une part pour des raisons économiques, d'autre part parce que la mortalité infantile est alors élevée[26].

20. Bosworth, « Notes on Some Turkish Personal Names in Seljūq Military History », p. 98.
21. Ibn al-ʿAdīm, *Buġyat al-ṭalab fī ta'rīḫ Ḥalab* IV, p. 1963.
22. Les exemples peuvent évidemment être multipliés. La graphie al-Ṭawāšī (Ibn al-Aṯīr, *al-Kāmil fī al-ta'rīḫ* VIII, p. 489) est incertaine. Ibn al-Qalānisī, *Ḏayl ta'rīḫ Dimašq*, an 496/1102-3, p. 227, le nomme Saʿd al-Dawla *al-maʿrūf bi-l-Qawāmisī*, et Ibn Muyassar (*Aḫbār Miṣr*, p. 74) Saʿd al-Dawla *al-Qawwāṣī*.
23. Du moins jusqu'au XIIIe siècle : c'est beaucoup moins le cas ensuite, dans la production pléthorique d'époque mamelouke.
24. Saladin laisse à sa mort dix-sept fils et une fille en bas âge : ʿImād al-Dīn al-Iṣfahānī, *al-Fatḥ al-qussī fī-l-fatḥ al-qudsī*, p. 327. Cf. l'énumération de leur nom par le même ʿImād al-Dīn al-Iṣfahānī, *al-Barq al-šāmī* III, p. 76-79. Sur ses concubines, voir Eddé, *Saladin*, p. 203. Noter que tous les princes ne laissent pas autant d'enfants. Par exemple, Zangī semble le seul enfant (au moins le seul enfant mâle – Ibn al-Aṯīr, *al-Ta'rīḫ al-bāhir*, p. 15) à survivre lors de la mort de son père Āq Sunqur ; il laisse lui-même cinq enfants (quatre garçons et une fille).
25. Peacock, *Early Seljūq History. A New Interpretation*, p. 5, 87, où il suppose sans convaincre que la famille nucléaire turcomane (*khzina*) moyenne est composée de quatre personnes (père, mère, deux enfants). Il s'appuie curieusement sur les réflexions (sur les nomades kazakhs et kirghizs des XVIIIe et XIXe siècles) de Khazanov, *Nomads and the Outside World*, p. 30 et 126-130, et sur les estimations (à propos des Mongols) de May, *The Mongol Art of War, Chinggis Khan and the Mongol Military System*, p. 28.
26. Mais une mortalité infantile élevée peut dynamiser la fécondité, et inciter à la polygamie.

Le groupe familial, dont on ne perçoit pas toujours les contours, est souvent désigné par des termes génériques, le plus souvent *ahl*, *bayt* et *usra*, secondairement (et avec un sens souvent plus large encore de « clan » ou de « tribu ») *āl*, *qawm*, *ʿā'ila*[27]. Nous comprenons parfois, au détour d'une phrase, que ces termes désignent un groupe très large, comportant l'ensemble des proches d'un émir, depuis sa famille de sang (en particulier sa/ses épouses et ses enfants, quelquefois ses cousins germains) aux serviteurs qui l'accompagnent depuis la plus tendre enfance. Dans le *Kitāb al-iʿtibār*, Usāma b. Munqiḏ emploie ainsi à deux reprises l'expression, « *ahlī wa-wālidatī wa-awlādī* »[28]. Assurément, le groupe familial du guerrier – arabe, kurde ou turc – ne se limite pas aux liens du sang. La « maison » (*bayt*, pl. *buyūt*, bien rendu par l'anglais *household*) réunit sa famille de sang (dont sa/ses femmes légitimes, ses concubines et ses enfants), ses proches et tous ceux qui sont directement à son service[29]. Les membres de cette « maison » sont liés à leur maître par des relations d'intimité – compagnonnage, amitié, fraternité, amour, dépendance et service (*ḫidma*).

À la fin du Ve/XIe siècle et au VIe/XIIe siècle, cette « maison » suit encore parfois le prince lors de ses déplacements. Sa tente est alors réservée à sa femme ou à ses enfants, dans la continuité de la pratique seldjouqide[30]. La famille des souverains zangides et ayyoubides ne loge pas toujours près de lui. Lors de la mort de Nūr al-Dīn, son épouse se trouve ainsi « chez elle », dans la citadelle de Damas, selon ʿImād al-Dīn al-Iṣfahānī[31]. Quant à la famille de Saladin, elle demeure au Caire ou à Damas – du moins ses épouses, ses concubines et ses enfants en bas âge.

Parenté fictive, parenté de sang

La parenté fictive et ses limites

Les *mamlūk*-s existent socialement par leur insertion dans l'armée, sous le commandement d'un chef dont on imagine qu'il a sur eux pouvoir de vie et de mort. Ils ont probablement été achetés ou razziés dans leur prime jeunesse ; ils reçoivent ensuite une formation technique et idéologique dispensée par des *muʿallimūn* et des *ustāḏ*-s[32], sous le contrôle et dans la proximité de leur maître – le souverain ou un émir de haut rang. Nous sommes encore mal renseignés sur cette formation et sur les liens qu'elle est censée créer, pour l'époque et dans l'espace qui nous intéressent : les sources font défaut. Il faut souvent se contenter de ce que disent des sources

27. *ʿĀ'ila*, qui désigne plus souvent la famille au sens restreint du terme dans les textes narratifs du XVe siècle, apparaît peu. *Āl* est souvent utilisé pour les lignages arabes.
28. Usāma b. Munqiḏ, *Kitāb al-iʿtibār*, p. 23, 34. Cf. aussi p. 25-27.
29. Voir Chamberlain, « The Crusader Era and the Ayyūbid Dynasty », p. 240-241.
30. Cela n'est pas toujours le cas parmi les Seldjouqides. Alp Arslān prend ainsi soin d'envoyer ses bagages et ses épouses à Tabrīz, lorsqu'il part en campagne contre les Byzantins, qu'il bat à Mantzikert (1071). En revanche, lorsqu'il est défait par les Qarā Ḫiṭay lors de la bataille dite de Qaṭwān, en 536/1141, Sanǧar est accompagné par sa famille, sa femme Terken Ḫātūn étant capturée après la bataille puis relâchée (voir par exemple Barhebraeus, *Chronographie*, an 536 : sa femme et la fille de sa femme sont emmenées en captivité, ainsi que quatre mille autres femmes).
31. Al-Bundārī, *Sanā al-barq al-šāmī*, p. 113.
32. Dont un certain nombre sont certainement des eunuques qui n'ont pas d'enfant et peuvent servir de père.

antérieures ou postérieures, tel le *Siyāsat Namah* (484/1091) de Niẓām al-Mulk (m. 485/1092), les manuels de *furūsiyya* et les chroniques d'époque mamelouke.

À la fin du XIe siècle, Niẓām al-Mulk insiste sur la force du lien qui unit l'esclave militaire et son maître, lorsqu'il explique dans quelles conditions un dynaste peut se maintenir :

> « Les sages ont dit qu'un bon esclave et un bon serviteur valent mieux qu'un fils. Quand on les possède, il ne faut pas les laisser échapper. Le poète a dit : "Un serviteur obéissant est préférable à cent fils : le fils désire la mort de son père et le serviteur souhaite une longue vie à son maître"[33] ».

Les sources narratives d'époque fatimide, zangide et ayyoubide sont moins explicites. Cependant, leurs auteurs paraissent partager les conceptions de Niẓām al-Mulk. Ils ont tendance à décrire, au moins en creux, à propos de ces *mamlūk*-s, une parenté fictive, sans doute parce qu'ils se représentent le paradigme mamelouk à l'aune des valeurs familiales qu'ils portent aux nues : solidarité, fidélité, respect de l'aîné. En outre, en islam, l'esclave est un proche que son maître doit nourrir, habiller et éduquer ; on en attend obéissance et loyauté, au même titre que des individus ayant des liens de parenté par le sang. Quant aux chroniqueurs d'époque mamelouke, ils vont plus loin encore. Ils utilisent volontiers un vocabulaire appartenant au champ lexical de la famille (*walad ; ibn ; wālid ; ab ; aḫ ; iḫwa ; bayt ; ʿā'ila*), lorsqu'ils évoquent les relations du *mamlūk* avec son maître[34].

Les valeurs familiales rejoignent ici harmonieusement les valeurs militaires, puisque, dans toute armée, la question fondamentale qui se pose à l'encadrement de haut rang est celle de la fidélité et de la loyauté des hommes destinés à se battre et à mourir pour lui. C'est pour pallier une déficience en la matière qu'au IIIe/IXe siècle « le système mamelouk » (David Ayalon) aurait été mis en place. Les califes abbassides auraient voulu façonner une armée suffisamment loyale pour leur permettre de résister aux tensions de plus en plus vives affaiblissant leur pouvoir[35]. Ce « système » aurait eu l'avantage de couper les jeunes esclaves de tous liens originels (tribaux et surtout familiaux[36] ; le paradigme est poussé à l'extrême avec les eunuques).

La culture de la servilité militaire gagne ensuite l'ensemble du Proche-Orient, où elle s'épanouit pendant le sultanat mamelouk (1250-1517), essentiellement en Égypte et en Syrie. Les Seldjouqides, qui disposent pourtant d'autres viviers de recrutement (en particulier les Turcomans), semblent choisir très tôt de s'appuyer sur des esclaves militaires, peut-être dès le règne de Ṭoġrīl Beg[37]. En Syrie, leurs épigones bourides et zangides les imitent. En Égypte,

33. Niẓām al-Mulk, *Siyāsat Nāmah*, chap. XXVII, « De l'organisation des esclaves du prince et des mesures à prendre pour ne pas les fatiguer quand ils sont de service ».
34. Ayalon, *Islam and the Abode of War*, p. 65.
35. Voir Ayalon, « The Wafidiya in the Mamluk Kingdom », p. 89-104 ; *id.*, « L'esclavage du mamelouk », p. 1-66 ; *id.*, *Le phénomène mamelouk dans l'Orient islamique*. Ses idées sont prolongées et (en partie) remises en cause par Amabe, *The Emergence of the ʿAbbasid Autocracy* ; Gordon, *The Breaking of a Thousands Swords* ; De la Vaissière, *Samarcande et Samarra*.
36. Ayalon, « Mamlūkiyyāt », p. 327-328, dont la reconstruction apparaît cependant bien théorique.
37. Peacock, *Early Seljuq History : A New Interpretation*.

où la servilité militaire est pratiquée de longue date, les défaites contre les croisés, à la fin du Ve/XIe siècle, convainquent les vizirs militaires d'y avoir plus recours encore qu'auparavant ou, à défaut, de s'inspirer de leur formation. Tel est le sens des réformes entreprises au début du VIe/XIIe siècle[38] par al-Afḍal b. al-Ǧamālī (m. 515/1121), qui crée un corps de guerriers d'élite nommé al-Ḥuǧariyya[39]. Ce corps intègre des enfants (*ṣibyān al-ḥuǧar*), dès lors enlevés à leur famille et encasernés, les meilleurs d'entre eux étant destinés à devenir émirs et à se voir confier un gouvernement[40]. Ibn Muyassar (m. 677/1278) évoque, quant à lui, l'enrôlement, la formation et l'encasernement des fils de soldats et officiers servant la dynastie fatimide, nommés *ṣibyān al-ḫāṣṣ*, à qui est dispensée une formation complète[41].

En Syrie comme en Égypte, les esclaves militaires forment une partie de la garde personnelle du prince ou de l'émir – ses *familiares*, parfois dits *ḫawāṣṣ*, en arabe. Ces *familiares*, parmi lesquels se mêlent hommes libres et esclaves, prennent le nom de leur maître/chef : *ḫalafa ǧamāʿa min al-ġilmān ḫamsami'at mamlūk wa-hum al-Asadiyya*, apprend-on par exemple dans les quelques lignes d'obituaire consacrées à Asad al-Dīn Šīrkūh (m. 564/1169) par Abū Šāma (m. 630/1232-1233)[42]. Il faut dire que les *mamlūk*-s sont censés conserver à jamais des rapports très étroits avec le maître qui les a élevés et auquel ils doivent leur élévation sociale. À l'époque mamelouke, la vie en collectivité doit créer des liens filiaux ainsi que d'amitiés, de solidarité et de fraternité entre compagnons d'esclavage et d'affranchissement (*ḫušdāšiyya*)[43]. Pourtant, des tensions très vives peuvent aussi opposer ces guerriers à leurs maîtres/anciens maîtres ou aux descendants de ceux-ci. La vie en collectivité peut exacerber des sentiments de jalousie nés du désir de plaire au maître. En outre, le *mamlūk* peut s'élever contre l'autorité de son maître ou souhaiter s'en défaire, fût-ce par la violence[44].

À l'époque qui nous intéresse, de telles tensions ne sont pas rares. Pourtant, plusieurs récits dénotent la solidité des liens entre des *mamlūk*-s et leurs maîtres. Ainsi, en 504/1110-1111[45], Sukmān al-Quṭbī (ou al-Quṭubī), maître du Diyār Bakr[46], s'éteint de maladie lors

38. Sur ces réformes, voir Beshir, « Fatimid Military Organization », p. 46-48 ; Hamblin, *The Fatimid Army During the Early Crusades*, p. 42-58 ; Lev, *State and Society in Fatimid Egypt*, p. 101-102.

39. Le calife abbasside al-Muʿtaḍid (r. 892-902) avait fondé un corps d'élite du même nom – les *ġilmān al-ḥuǧariyya*.

40. Ibn al-Ṭuwayr, *Nuzhat al-muqlatayn fī aḫbār al-dawlatayn*, p. 57-58 ; Ibn Ḫallikān, *Wafayāt al-aʿyān wa-anbā' abnā' al-zamān*, p. 418-419.

41. Ibn Muyassar, *Aḫbār Miṣr*, p. 143.

42. Abū Šāma, *ʿUyūn al-rawḍatayn* II, p. 114, 158. Voir aussi Ibn al-Furāt, *Ta'rīḫ al-duwal wa-l-mulūk* IV/1, p. 56.

43. La vie dans des baraquements a aussi dû favoriser des relations érotiques ou sexuelles. Cf Rowson, « Homoerotic Liaisons among the Mamluk Elite in Late Medieval Egypt and Syria », p. 226 ; Irwin, « Ali al-Baghdadi and the Joy of Mamluk Sex », p. 45-57.

44. Voir par exemple le récit par Abū Šāma, *Tarāǧim*, p. 180, de l'exécution d'un *mamlūk* turc ayant assassiné son maître, en rabīʿ II 646/8 août 1248.

45. Selon Ibn al-Qalānisī, *Ḏayl ta'rīḫ Dimašq*, p. 278-283. Ibn al-Aṯīr place l'expédition sous l'année 505/1111-1112 : *al-Kāmil fī al-ta'rīḫ* VIII, p. 597-588. Voir les commentaires de Carole Hillenbrand dans Ibn Azraq al-Fāriqī, *Ta'rīḫ* I, n°1 p. 128.

46. *Mamlūk*, fondateur de la dynastie dite des Šāh-Armān (493-604/1100-1207), mort en 505/1111-1112 ou en 506/1112-1113. Il s'empare de Mayyāfāriqīn en 502/1108-1109 : Ibn al-Azraq, *Ta'rīḫ al-Fāriqī*, éd. ʿAwaḍ,

d'une expédition en Syrie. Ses hommes ramènent son corps à Aḫlāṭ. Tout à coup, l'Artuqide Naǧm al-Dīn Īl-Ġāzī (m. 516/1122) surgit[47]. Les hommes de Sukmān font face et se rangent en ordre de bataille. La bière (*tābūt*) est placée au centre (*qalb*) de l'armée. L'impétrant est mis en fuite, le corps de Sukmān préservé[48].

Encore les hommes de Sukmān sont-ils probablement aussi motivés par son trésor. L'attachement apparaît plus désintéressé encore dans les récits qui retracent les débuts de Zangī b. Qasīm al-Dawla Āq Sunqur (m. 541/1146). Après l'exécution d'Āq Sunqur par Tutuš, en 488/1095, Zangī, alors âgé d'environ dix ans[49], ne doit sa survie qu'à la protection des *mamlūk*-s de son père, puis à celle d'anciens émirs ou *mamlūk*-s du sultan Malik Šāh (m. 485/1092-1093), tous frères d'armes d'Āq Sunqur. Karbūqā (m. 495/1102) d'abord, qui, enfin sorti de la geôle où Tāǧ al-Dawla Tutuš l'avait jeté, à Ḥimṣ, se rend maître de la Djézireh[50] :

> « Lorsqu'il se fut rendu maître des territoires (*al-bilād*), il fit venir les *mamlūk*-s de Qasīm al-Dawla Āq, leur ordonna de lui amener ʿImād al-Dīn Zangī, et dit :
> – C'est le fils de mon frère, *huwa ibn aḫī*, et je suis le premier de ceux à qui il incombe de l'élever.
> Alors ils le firent venir auprès de lui, et il leur distribua des *iqṭāʿ*-s de bon rapport. Il les regroupa autour de ʿImād al-Dīn Zangī, et s'appuya sur eux lors des guerres (*ḥurūb*) qu'il mena. Ils faisaient preuve du plus grand courage, et ils ne le quittèrent plus[51] ».

Restés auprès de Zangī et donc de Karbūqā, qui en agissant ainsi ne fait évidemment pas preuve de désintéressement (il a tout à gagner en récupérant au moins une partie des hommes du puissant Āq Sunqur, dont il se proclame l'héritier), ces *mamlūks*-s font preuve d'une affection sans borne à l'égard du premier. Au point que lorsqu'il se trouve en difficulté face à Sukmān b. Artuq (ou Suqmān, m. 498/1104-1105)[52] et à sa multitude de Turcomans, près d'Āmid, Karbūqā, qui pressent la défaite, a une idée :

> « Lorsqu'il vit combien les Turcomans étaient nombreux, il prit peur. Alors il se saisit de ʿImād al-Dīn Zangī, le jeta devant les *mamlūk*-s de leur père et leur dit :
> – Combattez pour le fils de votre maître, *ṣāḥib* !

p. 274-275 ; *id.*, *Taʾrīḫ* 1, éd. et trad. Hillenbrand, p. 163.

47. Second fils de l'émir Artuq, considéré comme le fondateur de la branche artuqide de Mārdīn, qu'il possède à partir de 502/1108-1109. Sa carrière est résumée par Hillenbrand, « The Career of Najm al-Dīn Īl-Ghāzī », p. 250-292.

48. Ibn al-Aṯīr, *Kāmil* ; Ibn al-Furāt, *Taʾrīḫ al-duwal*, ms. Vienne AF 117, I, f. 54v° ; Ibn Azraq al-Fāriqī, *Taʾrīḫ* 1, éd. et trad. Hillenbrand, p. 163-164. Selon cette dernière, « This was not merely an attempt to obtain plunder but was a deliberate move to destroy Sukmān's troops and thereby weaken the power of the principality nearest his own ».

49. Selon Ibn al-Aṯīr, *al-Taʾrīḫ al-bāhir*, p. 15.

50. Les extraits suivants sont traduits du *Taʾrīḫ al-bāhir* d'Ibn al-Aṯīr, p. 15 et suivantes. Ils sont repris *in extenso* ou non par nombre d'historiens postérieurs (Abū Šāma, Nuwayrī, etc.).

51. Ibn al-Aṯīr, *al-Taʾrīḫ al-bāhir*, p. 15-16.

52. Sukmān est le frère aîné d'Īl-Ġāzī, dont il a été question ci-dessus.

Alors ils se jetèrent à cœur perdu dans le combat (*qitāl*), et la guerre s'alluma de toutes parts. Ainsi, ils firent fuir Sukmān et firent prisonnier son neveu (*ibn aḫīhi*) Yāqūtī, que Karbūqā emprisonna ; plus tard il le libéra. C'était la première bataille à laquelle le *šahīd* ʿImād al-Dīn assistait, après la mort de son père. ʿImād al-Dīn demeura auprès de Karbūqā jusqu'à ce que ce dernier meure, en 494[53]. »

Après la mort de Karbūqā, en 495/1102, Ǧakarmiš, autre ancien *mamlūk* du sultan Malik Šāh, va plus loin encore, créant – selon Ibn al-Aṯīr – un rapport filial avec celui qui allait abattre le comté d'Édesse, un demi-siècle plus tard, d'où son titre de *šahīd* :

« Il prit ʿImād al-Dīn *al-šahīd*, l'installa près de lui, l'aima et en fit un fils (*walad*), car il savait à quel point son père avait été puissant. [Zangī] resta auprès de lui jusqu'à ce qu'il se fasse tuer, en 500/1106-1107[54]. »

Ibn al-Aṯīr considère donc que l'adoption de Zangī par Ǧakarmiš est motivée par le rang éminent de son père dans l'État seldjouqide. Un lien très fort est incontestablement créé, que Zangī, devenu plus puissant encore que ne l'avait été son père, approfondit par la suite : d'abord en enrichissant et en élevant à de hautes fonctions le fils de Ǧakarmiš, qu'il dote de nombreuses *iqṭāʿ*-s, ensuite en le prenant pour gendre (*wa-ttaḫaḏahu ṣihr^{an}*, selon le même auteur[55]). Au lien ethnique (tous deux sont Turcs) et social s'ajoute donc l'alliance familiale. La parenté fictive est consolidée par une parenté de sang.

C'est que quelle que soit la solidité des liens nés de l'amitié, de la camaraderie ou de l'appartenance à un même groupe social, le sang scelle des liens plus forts encore. Nous touchons là à l'une des limites de la parenté fictive à laquelle les réseaux de patronage donnent naissance. Qu'elle soit ou non d'origine servile, la classe militaire dominante ne cherche jamais à se créer une mémoire commune, un ancêtre mythique ou tout autre outil permettant de créer des liens aussi solides que ceux fondés sur le sang. Sans doute cela change-t-il quelque peu avec le temps : aux VIIe-IXe/XIIIe-XVIe siècles, les pratiques distinctives des Mamelouks (costume, musique militaire, langue dans une certaine mesure, *furūsiyya* surtout[56]) dénotent la formation d'un groupe ayant conscience de lui-même, tenant au moins symboliquement à affirmer son unité. Mais il n'est alors question ni de famille, ni de redéfinition des limites de la parenté[57]. Ces pratiques culturelles révèlent simplement qu'alors, les Mamelouks forment un groupe social complexe et évolutif, qui ressent le besoin de se doter de repères constitutifs d'une identité à laquelle tous ceux qui le rejoignent peuvent adhérer sans trop de difficultés. La projection sur

53. L'éditeur souligne en note 8 p. 16 que selon le même Ibn al-Aṯīr, dans le *Kāmil fī al-ta'rīḫ*, Karbūqā s'éteint l'année suivante, en ḏū al-qaʿda 495/17 août-15 septembre 1102.
54. Ibn al-Aṯīr, *al-Ta'rīḫ al-bāhir*, p. 15-16.
55. *Ibid.*
56. Voir Carayon, *La* furūsiyya *des Mamlūks*.
57. Je m'appuie ici sur les analyses éclairantes de la redéfinition des limites de la parenté par l'Église, par Brown, *Le culte des saints*, p. 46. Aussi : Rivoal, *Les Maîtres du secret*, p. 32-33 et *passim*.

le groupe des valeurs (solidarité, fidélité, amour – *maḥabba*) et des obligations découlant de l'appartenance à un groupe familial ne remplace jamais réellement les liens du sang.

D'ailleurs, les affranchis et leurs descendants qui occupent une place éminente dans les sociétés bouride, zangide et ayyoubide, n'hésitent pas à s'entredéchirer et même à lutter contre le maître à l'origine de leur élévation sociale[58]. Doit-on être surpris du fait que les auteurs arabes, qui se plaisent à les conter inlassablement, ne s'étendent pas en récriminations contre ces luttes ? N'est-ce pas qu'ils ne croient pas vraiment à la parenté fictive qui constitue surtout, pour eux, un modèle conceptuel commode ? N'est-ce pas, également, que ces luttes correspondent à leur vision du monde ? Après tout, à leurs yeux, l'islam est marqué, depuis son apparition, par des oppositions/combats/tiraillements qui se répètent sans cesse. La nouvelle religion a marqué une rupture entre les membres d'une même tribu et surtout d'une même famille[59]. Effaçant les liens du sang et de la parenté, elle a inauguré une nouvelle distinction, entre ceux qui croient et ceux qui refusent la vraie foi, et mis en avant – fût-ce symboliquement –, l'individu au détriment du groupe familial. Lors de la bataille de Badr (2/624), le père (Abū Bakr) combat le fils (ʿAbd al-Raḥmān), et le neveu (ʿUmar) tue son oncle maternel. Pourtant, le prophète Muḥammad souligne, dans le Coran, la nécessité d'éviter de combattre sa propre famille (de sang). L'histoire de l'islam en gestation est marquée par une tension entre l'attachement à la vraie foi et l'affection pour son clan, ses proches, son sang. Croyance en Dieu et piété filiale sont certes associés, dans le Coran ; mais le respect des parents est érigé en principe absolu[60], et la famille nucléraire est le modèle d'organisation sociale. Les conflits très violents entre les Seldjouqides, leurs proches, leurs descendants et/ou leurs épigones, participent d'un ordre presque naturel, qui ne s'oppose pas à une conception familiale du pouvoir ancienne en terre d'islam[61], longtemps portée par des Arabes ou par des Iraniens, et consubstantielle aux Kurdes et aux Turcs qui dominent le Proche-Orient.

Famille de sang

Il est difficile de minimiser les liens de sang, nés d'un mariage ceux-là, parmi les guerriers – notamment les *mamlūk*-s[62]. Que ces derniers aient créé des familles au sens le plus strict du terme, en prenant femme, ne fait aucun doute. Dans un texte maintes fois commenté parce qu'il est censé révéler les conceptions ethniques des Abbassides, al-Yaʿqūbī (m. 284/897), le seul

58. Pour la fin de l'époque seldjouqide, les luttes « fratricides » sont recensées par Tor, « Mamlūk Loyalty ». Son argumentaire (cependant peu convaincant) la conduit à affirmer que « *the slave system also produced its own additional peculiar and inherent limitations on loyalty* ».

59. Je suis ici Gril, « Pratiques, rituels communautaires, conduites personnelles, apparition du soufisme ».

60. *Ibid.*

61. Cf. par exemple les Marwānides, sous les Omeyyades, ou le système familial mis en place par le deuxième calife abbasside al-Manṣūr. Voir Kennedy, « Central Government and Provincial Élites in the Early ʿAbbāsid Caliphate », p. 26-38 ; *id.*, *The Early Abbasid Caliphate. A Political History*, p. 52.

62. Comme le reconnaît en passant David Ayalon, « Mamlūkiyyāt », p. 329, 338. Cf. aussi Tor, « Mamlūk Loyalty », n° 9 p. 770.

auteur arabe à quelque peu s'étendre sur l'installation des *mamlūk*-s à Samarra, affirme que le calife abbasside al-Muʿtaṣim (m. 227/842) prend la précaution d'acheter des esclaves turques afin de les marier à ses futurs soldats, avec l'intention d'isoler des autres groupes la nouvelle communauté ainsi créée[63]. La pratique paraît avoir été reprise en Égypte par Ibn Ṭūlūn (m. 270/884), qui aurait déclaré espérer qu'en fournissant des esclaves femmes à ses *ġilmān*, ces derniers allaient fonder de nouvelles familles[64]. S'est-elle perpétuée jusqu'à l'époque des croisades ? Sans doute, si l'on suit Ibn ʿAsākir (m. 571/1176), dans un passage du *Ta'rīḫ madīnat Dimašq* consacré à Nūr al-Dīn Maḥmūd b. Zangī (m. 569/1174)[65]:

> « Lorsque ses *mamlūk*-s devenaient pubères (*iḥtalama*), il les affranchissait. Il mariait les [*mamlūk*-s] mâles (*ḏikrān*) avec les esclaves de sexe féminin (*ināṯ*), et il leur allouait un salaire pour subvenir à leurs besoins journaliers. »[66]

Dans tous les cas, il semble que l'on se marie prioritairement avec une femme de son ethnie, sans pour autant s'interdire les mariages pluriethniques, comme le laisse penser la pratique de la classe dominante militaire turque ou kurde, qui parfois, par pragmatisme, s'allie avec une famille arabe[67]. Il n'en va sans doute pas autrement des guerriers libres, Arabes, Kurdes ou Turcomans, dont on apprend accessoirement qu'ils se marient avec une congénère[68]. Peut-être la première génération de Turcomans arrivés en Syrie, dans la deuxième moitié du vᵉ/xiᵉ siècle, avait-t-elle dérogé à la tradition : comme ils n'étaient pas accompagnés de leur famille, ceux qui s'installaient durablement ne pouvaient que prendre femme en dehors de leur clan[69]. En revanche, la deuxième génération de Turcomans ne doit pas faire face à la même difficulté. Leur famille les accompagne. Certains se sédentarisent et fondent des quartiers, par exemple à Alep, sous Nūr al-Dīn, à l'extérieur des murailles. Le quartier prend le nom d'al-Yārūqiyya, d'après l'émir Yārūq, « l'un des émirs turcomans qui y campait avec son armée, sa force et ses hommes ». Les auteurs arabes qui rapportent cette fondation soulignent qu'ensuite, leurs femmes n'ont plus à se transporter à l'intérieur des remparts, comme c'était le cas auparavant en cas de siège[70]. Lorsqu'ils se rendent en Égypte, les guerriers arméniens auxquels fait appel Bahrām, parvenu au vizirat en 529/1135, emmènent aussi leurs familles avec eux. À Fusṭāṭ, puis hors de la muraille du Caire,

63. Al-Yaʿqūbī, *Kitāb al-buldān*, p. 259.
64. Cf. Gordon, *The Breaking of a Thousand Swords*, p. 69.
65. Ibn ʿAsākir, *Ta'rīḫ madīnat Dimašq* LVII, p. 123 (l'ensemble de la notice : n° 7255, p. 118-124).
66. *Wa razaqahum* : littéralement, procurer le pain quotidien/de quoi subvenir à ses besoins, par la grâce de Dieu, et par extension allouer une pension afin d'entretenir un agent/serviteur.
67. Sulṭān, oncle d'Usāma b. Munqiḏ, épouse ainsi l'une des filles du prince seldjouqide Tutuš.
68. Cf. par exemple Ibn al-Aṯīr, *al-Kāmil fī al-ta'rīḫ* x, p. 11 (mariage d'un Turcoman avec une femme turcomane, an 581 H.).
69. Voir Bianquis, *Damas et la Syrie sous la domination fatimide* II, p. 600 *sq.*
70. Yāqūt, *Muʿǧam al-buldān* v, p. 425. Autres références dans Zouache, *Armées et combats*, p. 270.

sous les Fatimides et encore sous les Ayyoubides, des guerriers et leurs familles, arméniens mais pas seulement, donnent leur nom aux *ḥārāt* (quartiers) où ils sont installés[71].

Il arrive que les guerriers soient aussi nourris par celui dont ils dépendent, même en dehors des temps de service. Ainsi, à Mossoul, Sayf al-Dīn Ġāzī (m. 544/1149) aurait offert somptueusement le couvert à tout soldat régulier, matin et soir[72]. Mais c'est généralement au guerrier de nourrir sa famille, soit grâce à la solde qui lui est versée[73], soit, pour ce qui est des émirs, grâce à *l'iqṭā'*, qui permet parfois de constituer un lien durable entre une terre et une famille.

Féminités

La priorité du guerrier est de veiller au bien-être des siens. Sa mort ou sa défaite est la leur. Tomber dans l'oubli, connaître les affres de l'esclavage ou pis, la mort : telle est alors leur destinée. Le puissant n'hésite pas, aussi, à faire sienne la famille de l'homme qu'il entend remplacer. Épouser la femme (libre) de son prédécesseur procure un surcroît de légitimité dont peu de guerriers peuvent se passer.

L'échange : stratégies matrimoniales

Dans la culture des nouveaux détenteurs du pouvoir turcs (et kurdes), les femmes constituent un moyen d'échange, un outil contribuant à nouer des alliances diplomatiques, et même un adjuvant non négligeable lorsqu'il s'agit de conquérir une cité ou un territoire convoités. Les stratégies matrimoniales doivent permettre de conserver et consolider un pouvoir parfois fragile et souvent disputé. Toutes les femmes appartenant aux maisons régnantes sont concernées, épouses légitimes, concubines[74], mères ou sœurs du détenteur du pouvoir. La règle est de s'unir avec une femme issue de sa famille[75] – l'union de deux cousins germains est commune[76] – ou d'une famille régnante voisine, lors de cérémonies fastueuses, et ainsi de multiplier les alliances matrimoniales, sans toutefois hésiter, parfois, à donner une fille à un seigneur moins puissant (tels les Bourides dans la première moitié du VIe/XIIe siècle[77]), appartenant même à une autre ethnie

71. « De même que celles de l'intérieur d'al-Qāhira, fondées dès l'arrivée du *qā'id* Ǧawhar » : Sayyid, *La capitale de l'Égypte jusqu'à l'époque fatimide*, p. 177. Des *ḥārāt* « militaires » prennent le nom d'un vizir (ex. : *al-Yānisiyya*, d'après Abū al-Fatḥ Yānis, vizir en 526/1132, ancien affranchi d'al-Afḍal b. Badr al-Ǧamālī).

72. Ibn al-Aṯīr, *al-Ta'rīḫ al-bāhir*, p. 93.

73. Cf. l'extrait du *Ta'rīḫ madīnat Dimašq* d'Ibn 'Asākir, t. LVII, p. 123, traduit plus haut (à propos de Nūr al-Dīn).

74. Voir par exemple dans le *Kāmil fī al-ta'rīḫ* d'Ibn al-Aṯīr (t. IX, p. 102), l'utilisation par Nūr al-Dīn d'une concubine de Mu'īn al-Dīn Anur, qui en est particulièrement amoureux : son père Zangī s'en était emparée et l'avait épousée ; après sa mort, Nūr al-Dīn la renvoie à Anur. C'est selon le chroniqueur une des principales causes de leur amitié.

75. « Usually cousins », precise Carole Hillenbrand, « Women in the Seljuq Period », p. 103-120, ici p. 108.

76. Nūr al-Dīn a ainsi marié sa fille à 'Imād al-Dīn Zangī, l'aîné des enfants de son jeune frère Quṭb al-Dīn.

77. Voir Mouton, *Damas et sa principauté sous les Saljoukides et les Bourides*, p. 164-167.

que la sienne[78]. On n'épouse pas une non musulmane qui conserve sa foi[79], même si le mariage du frère de Saladin, al-ʿĀdil (m. 615/1218), avec Jeanne d'Angleterre, sœur de Richard Cœur de Lion et veuve du roi de Sicile, aurait été envisagé lors de la Troisième croisade[80]. Plus largement, les règles islamiques du mariage semblent être respectées, même si la passion exige parfois d'avoir recours à des pratiques peu orthodoxes – ainsi de forcer une épouse à abjurer sa foi musulmane de manière à ensuite l'épouser ou lui donner l'époux que l'on souhaite[81].

La pratique de l'atabégat, qui consiste à confier l'éducation et la protection d'un des fils du souverain à l'un de ses seconds, qui épouse sa mère[82], perdure à la fin du vᵉ/xɪᵉ siècle et au vɪᵉ/xɪɪᵉ siècle[83]. Par exemple, à la fin du vᵉ/xɪᵉ siècle, le *mamlūk* de Tutuš b. Alp Arslān, Ṭuġtakīn (futur fondateur de la dynastie bouride), est nommé atabeg de Duqāq b. Tutuš et épouse sa mère, alors qu'Aytakīn occupe la même charge auprès de Riḍwān, autre fils de Tutuš[84]. Mais les puissants ne se contentent pas de l'atabégat. Régulièrement, semble-t-il, les souverains choisissent l'épouse des guerriers de haut rang qui les entourent – ainsi, le sultan Maḥmūd annonce-t-il à ʿImād al-Dīn Zangī qu'il a décidé de l'unir à la veuve de l'émir Kundġudī, « l'un des plus grands émirs du sultan Muḥammad et du sultan Maḥmūd »[85]. L'union est même envisagée par Saladin comme un moyen de rendre plus forts encore les liens qui l'unissent avec ses émirs, à qui il offre ses sœurs[86].

78. Voir l'exemple de l'oncle d'Usāma b. Munqiḏ cité *supra*. Rappelons aussi que les Ayyoubides ne se marient pas seulement entre Kurdes. Par exemple, en 635/1238, pour marquer la paix et l'alliance entre le sultanat seldjouqide de Rūm et la principauté ayyoubide d'Alep, on s'entend pour que le sultan Kayḫusraw épouse Ġāziyya Ḫātūn, fille du prince ayyoubide al-ʿAzīz tout juste décédé et d'une concubine, et sœur du jeune al-Nāṣir Yūsuf (successeur du précédent), pendant que ce dernier fait de même avec la sœur du sultan seldjouqide de Rūm, Malika Ḫātūn, dont la mère est par ailleurs la sœur de Ḍayfa Ḫātūn, mère d'al-Nāṣir Yūsuf et régente d'Alep. Cf. surtout Ibn al-ʿAdīm (il participe activement aux négociations, en tant qu'ambassadeur alépin), *Zubdat al-ṭalab fī ta'rīḫ Ḥalab*, p. 494-496. Récit circonstancié dans Eddé, *La principauté ayyoubide d'Alep*, p. 115-116.

79. Cf. par exemple Coran, II (*Sūrat al-baqara*), 221.

80. En 587/1191. Notons que les sources latines ne disent mot de ce mariage. Les sources arabes (en particulier Ibn Šaddād, *al-Nawādir al-sulṭāniyya*, p. 292-293, dont la prolixité doit être comparée à la sécheresse d'Ambroise, *Estoire de la guerre sainte* I, p. 132) rapportent une proposition formulée par Richard Cœur de Lion, qui négocie alors avec Saladin l'accession des chrétiens à Jérusalem. Devant le refus de Jeanne, Richard aurait invité al-ʿĀdil à se faire chrétien. Cf. Lyons et Jackson, *Saladin*, p. 342-344 ; Frenkel, « Muslim Responses to the Frankish Dominion in the Near East, 1098-1291 », p. 31-32.

81. Cf. le récit par Ibn al-Aṯīr, *al-Kāmil fī al-ta'rīḫ* IX, p. 321-322, du conflit entre le sultan seldjouqide de Rūm Qiliǧ Arslān II (r. 551-c. 5/1156-1192) et Yāġī Arslān Ibn Dānišmand, « seigneur de Malaṭya et des territoires du Bilād al-Rūm qui la jouxtent ». Le second aurait forcé l'épouse du premier à renoncer à l'islam de manière à ce que son mariage soit annulé et qu'il puisse ainsi lui faire épouser son neveu, Ḏū al-Nūn Ibn Muḥammad Ibn Dānišmand (an 560/1164-1165).

82. Plus à l'Est, tous les princes seldjouqides ne sont pas confiés à un atabeg, qui n'est pas forcément marié à leur mère : Lambton, *Continuity and Change in Medieval Persia*, p. 231-232.

83. Plus tard, le titre d'atabeg perd son sens premier et prend un sens strictement militaire.

84. La chronologie de ces faits, bien connus, est incertaine, par suite d'une divergence des sources arabes. Voir les références citées par Jean-Michel Mouton, *Damas et sa principauté*, p. 164. Ajouter : Ibn al-Azraq al-Fāriqī, *Ta'rīḫ*, éd. B. ʿAwaḍ, p. 13 ; el-Azhari, « The Role of Salǧuqid Women in Medieval Syria », p. 119 et nº 302.

85. Ibn al-Aṯīr, *al-Ta'rīḫ al-bāhir*, p. 27-28. Les événements rapportés se déroulent en 518/1124-1125.

86. Sibt Ibn al-Ǧawzī, *Mir'āt al-zamān*, p. 756.

Le mariage d'un des membres de la famille régnante représente donc bien « l'équivalent d'un coup dans une partie de cartes » [87]. Il en va de même pour les émirs qui l'entourent, qui n'entretiennent certes pas une maison aussi importante, mais qui s'inscrivent dans le même type de stratégies que leurs maîtres – certains réussissent d'ailleurs à s'imposer comme leurs successeurs (Ṭuġtakīn à Damas ; Saladin au Caire puis à Damas, etc.). En Égypte, la militarisation du califat fatimide, à partir du vizirat de l'*amīr al-ǧuyūš* Abū al-Naǧm Badr al-Ǧamālī (m. 487/1094), donne également lieu à des alliances matrimoniales destinées à légitimer et inscrire dans une lignée le pouvoir des vizirs militaires [88]. Ces derniers tentent d'unir leur famille à celle des califes, parfois sans succès. Sitt al-Mulk bint Badr al-Ǧamālī est ainsi mariée au fils du calife al-Mustaʿlī (r. 487-495/1094-1102) lors d'une cérémonie grandiose [89] qui, par delà celle des deux époux, marque l'union de deux familles, l'une royale, l'autre d'origine servile [90]. Par la suite, le fils et successeur d'al-Afḍal n'aura de cesse de consolider ces liens familiaux – mais son projet de marier sa fille au calife al-Āmir b. al-Mustaʿlī (m. 524/1130), bien que mené à bien, semble avoir été considéré comme un mariage forcé (selon le témoignage des historiographes arabes tardifs comme Ibn al-Ṭuwayr et Ibn Ḫaldūn), et n'est pas consommé [91]. Un demi-siècle plus tard, le vizir fatimide Ṭalāʾiʿ b. Ruzzayk (m. 556/1161) n'agit pas différemment : il force le tout jeune calife al-ʿĀḍid (m. 567/1171) à épouser sa fille, n'hésitant pas à le cloîtrer jusqu'à ce qu'il donne son accord [92].

Domination masculine

De tels récits, et plus généralement le fait que les femmes (légitimes, concubines) doivent se plier à la volonté du sultan ou de l'émir, confirment « l'appropriation initiale par les hommes du pouvoir spécifique de reproduction des femmes de leur groupe, comme de celles qui leur sont données en échange des leurs » [93]. Elles sont d'ailleurs théoriquement confinées dans des harems (pour ce qui est des femmes de sultans) ou dans les demeures ou les tentes de leurs maris et maîtres. Dans la tradition islamique [94], elles ne peuvent apparaître le visage découvert que devant les parents proches – Ibn al-Aṯīr rapporte ainsi que l'épouse turque du

87. Bourdieu, « Les stratégies matrimoniales dans le système de reproduction », p. 1109.
88. Des antécédents sont connus, ainsi que me le fait remarquer Thierry Bianquis : en 272/892, le mariage somptueux du calife abbasside al-Muʿtaḍid avec la fille de Ḫumārawayh Ibn Ṭūlūn, Qaṭr al-Nadā, qui avait sans doute fait scandale.
89. Cortese et Calderini, *Women and the Fatimid in the Worlds of Islam*, p. 55-56.
90. Même si les sources ne s'accordent pas toutes pour considérer que Badr al-Ǧamālī est un ancien *mamlūk* arménien converti à l'islam.
91. Ibn al-Ṭuwayr, *Nuzhat al-muqlatayn fī aḫbār al-dawlatayn*, p. 6 ; Ibn Ḫaldūn, *Taʾrīḫ* IV, p. 88. Cf. Cortese et Calderini, *Women and the Fatimid in the Worlds of Islam*, p. 56.
92. Derenbourg, *ʿOumâra du Yémen* II, p. 147-150, d'après l'*Histoire des patriarches d'Alexandrie* et l'œuvre de ʿUmāra.
93. Héritier, « Le sang du guerrier et le sang des femmes. Notes anthropologiques sur le rapport des sexes », p. 190. À relier à Coran, IV (*Sūrat al-nisāʾ*), 34 ; Coran, II (*Sūrat al-baqara*), 223.
94. Cf. par exemple Coran, XXIV (*Sūrat al-nūr*), 31 et *passim*.

Zangide Quṭb al-Dīn Mawdūd, al-Ḫātūn bint Timurtāš, ne peut ôter son voile (*ḫimār*) que devant quinze « princes » (*mulūk*), qui tous appartiennent à sa famille de sang [95]. Quant aux femmes de la famille de Saladin, le shaykh chargé de leur éducation religieuse dispense ses cours derrière un paravent, de manière à ne pas les voir [96].

En va-t-il ainsi des épouses des simples soldats réguliers ? Il est difficile de répondre à une telle question. Tout au plus peut-on penser qu'elles doivent respecter les normes (en partie islamiques) de la société où elles vivent, même si l'éloignement fréquent de leur époux quand ils sont en campagne leur procure une certaine liberté. C'est ce que révèle en creux une anecdote rapportée par Ibn al-Aṯīr dans le long obituaire qu'il consacre à ʿImād al-Dīn Zangī, dans *al-Ta'rīḫ al-bāhir fī al-dawla al-atābakiyya (bi-l-Mawṣil)*. Le chroniqueur rapporte cette anecdote pour démontrer combien Zangī prenait soin, de son vivant, de ses soldats. Il veillait même sur leur famille, ou plutôt sur leurs épouses, si souvent seules et dont l'honneur le préoccupait au plus haut point [97]:

> « Ainsi, le *šahīd* [ʿImād al-Dīn Zangī] – que Dieu Très Haut l'ait en sa miséricorde – était particulièrement zélé (*šadīd al-ġayra*) vis-à-vis des épouses (*al-ḥarīm*), en particulier les femmes des soldats (*nisā' al-aǧnād*). Les outrager [98] était l'un des crimes (*ḏunūb*) qu'il ne pardonnait pas. Il disait : "Mes soldats (*ǧundī*) ne me quittent jamais pendant mes campagnes ; ils ne restent pas auprès de leur famille (*ahl*). Si nous ne veillons pas à ce que leurs épouses ne soient pas séduites [99], elles seront souillées et corrompues."
>
> Voici un [exemple] de son zèle et de sa sévérité dans un tel cas : il avait confié la forteresse (*qalʿa*) d'al-Ǧazīra à un *dizdār* [100] nommé Ḥasan, dont le *laqab* était Ṯiqat al-Dīn, et qui était connu comme al-Barbaṭī. C'était l'un de ses *ḫawāṣṣ*, l'un des hommes les plus proches de lui. Or, il avait une conduite inconvenante. [Zangī] fut informé qu'il déshonorait les femmes (*yataʿarraḍu li-l-ḥaram*). Dès lors, il ordonna à son *ḥāǧib* Ṣalāḥ al-Dīn al-Yāġīsiyānī de se rendre sur le champ à al-Ǧazīra, d'y pénétrer à l'improviste, de se saisir d'al-Barbatī, de l'émasculer (*qaṭʿ ḏakarihi*) et de lui arracher les yeux, afin de le punir d'avoir [trop] regardé les femmes (*al-ḥaram*). Ensuite, [il devait] le crucifier. Ṣalāḥ al-Dīn se mit immédiatement en route ; et al-Barbaṭī n'apprit son arrivée qu'au moment où il arrivait dans la cité (*al-balad*). [Al-Barbaṭī] sortit à sa rencontre, Ṣalāḥ al-Dīn l'honora et entra dans la place à ses côtés, en lui disant : "Le seigneur (*al-mawlā*), l'atabeg, te salue. Il veut augmenter ta force et élever ton rang (*manzila*) en te confiant la citadelle (*qalʿa*) d'Alep et [en te nommant] *wālī* de l'ensemble des provinces syriennes (*ǧamīʿ al-bilād al-šāmiyya*). Ainsi, tu y occuperas la même position que Naṣīr al-Dīn [Ǧakar] ici [101]. Prépare-toi, envoie ce que tu possèdes

95. Ibn al-Aṯīr, *al-Ta'rīḫ al-bāhir*, p. 94-95 (s'appuyant sur l'exemple de la famille omeyyade).
96. Eddé, *Saladin*, p. 408, d'après al-Yūnīnī, *Ḏayl mir'āt al-zamān*, ms. Istanbul, Aya Sofya, 3199, fol. 227r°.
97. Ibn al-Aṯīr, *al-Ta'rīḫ al-bāhir*, p. 84.
98. *Al-taʿarruḍ ilayhinna.*
99. Le même terme – *taʿarruḍ* –, ainsi traduit en fonction de la suite de la phrase.
100. Selon Ibn al-Furāt, *Ta'rīḫ al-duwal wa-l-mulūk* IV, p. 51, le terme vient du persan et associe *diz*, qui signifie « la citadelle » (*al-qalʿa*), et *dār*, « celui qui garde » (*al-ḥāfiẓ*). Le *dizdār*, c'est donc « le gardien de la citadelle » (*ḥāfiẓ al-qalʿa*), le « gouverneur » (*al-wālī*).
101. *Stricto sensu* : « Tu seras là-bas commme Naṣīr al-Dīn [Ǧakar] est ici ».

à Mossoul, par la voie d'eau (*fī al-mā'*), et va te mettre au service (*ḫidma*) [de Zangī]. Cela enchanta le pauvre homme (*ḏalika al-maskīn*), qui ne laissa rien qu'il ne fît charger dans des bateaux pour être expédié à Mossoul par le Tigre. Mais lorsqu'il en eut terminé, Ṣalāḥ al-Dīn se saisit de lui, lui fit subir tout ce qu'il lui avait été ordonné de faire, et s'empara de tout ce qui lui appartenait – pas une miette ne manqua. Après lui, personne ne se laissa aller à avoir une telle conduite ».

Dans une certaine mesure, la norme juridique (déterminée par des *ʿulamā'* sunnites ou chiites[102]) et la pratique se rejoignent, même si un certain écart entre l'une et l'autre peut être observé[103]. De même, il y a loin entre les imprécations de Niẓām al-Mulk, qui tiennent de la théorie politique[104], et ce que l'on sait du rôle politique joué par les épouses des puissants, en terre d'islam. Pourtant, les femmes des guerriers appartiennent bien au domaine privé et relèvent de l'autorité masculine. Même celles – dont il va être question – qui exercent des responsabilités politiques et militaires ne le font qu'au nom de l'homme auquel elles sont rattachées, père, époux vivant ou décédé, fils, le plus souvent très jeune. Les sources médiévales – arabes mais aussi latines[105], toutes rédigées par des hommes, dénotent un inconscient androtique justifiant la domination masculine. Les femmes y sont d'abord réduites à leur fonction reproductrice, qui leur permet d'atteindre un nouveau statut, d'*umm* (mère)/de *wālida* (génitrice), si important que les princesses ayyoubides, par exemple, en font une épithète honorifique[106] – Šağar al-Durr se fait ainsi appeler *al-Malika ʿIṣmat al-Dīn Wālidat* (ou *Umm*) *Ḫalīl*[107].

102. Tous ne sont pas dans le même registre (du confinement) que le hanbalite Ibn al-Ğawzī (m. 597/1200), au VIe/XIIe siècle. Cf. ses *Aḥkām al-nisā'*, p. 69 (*al-Bāb al-sābiʿ wa-l-ʿišrūn fī ḏikr faḍl al-bayt li-l-mar'a*), p. 73 (*al-Bāb al-tāsiʿ wa-l-ʿišrūn fī nahy al-mar'a iḏā taṭayyabat an taḫruğa*), p. 98 (*al-Bāb al-ṯāliṯ wa-l-arbaʿūn fī ḏikr al-ḥağğ*).
103. Les médiévistes orientalistes qui abordent la question féminine s'interrogent tous sur cet écart entre la norme et la pratique. Cf. par exemple Nègre, « Les femmes savantes chez Ḏahabī », p. 119-126 ; Eddé, « Images de femmes en Syrie à l'époque ayyoubide », p. 65-78 ; Hillenbrand, « Women in the Seljuq Period » ; El-Cheikh, « Women's History : A Study of al-Tanūkhī », p. 129-148.
104. Il vilipende, en particulier, l'aptitude des femmes à faire naître « la mésintelligence et la discorde » et conseille de ne pas les mêler à la gestion de l'État : Niẓām al-Mulk, *Siyāsat Namah*, trad. Charles Schefer, p. 271-272. Il faut dire qu'il a eu affaire à forte partie, Terken Ḫātūn, l'épouse de Malik Šāh, n'ayant pas hésité à s'opposer à lui. On retrouve le même registre imprécatoire dans *al-Tibr al-masbūk fī naṣīḥat al-mulūk* attribué à al-Ġazālī (m. 505/1111), p. 158-173, où il considère par exemple que la faiblesse d'esprit des femmes impose de ne pas suivre leurs conseils. Hillenbrand, « Women in the Seljuq Period », p. 104, considère que le ton d'al-Ġazālī n'est pas vraiment hostile aux femmes, dans l'*Iḥyā ʿulūm al-Dīn*, mais le chapitre qu'elle cite aborde le mariage et les qualités de la femme idéale (en particulier la beauté physique). Voir par ailleurs Ḥuğğa, *Orthodoxie, subversion et réforme en islam*, p. 138-239, 241.
105. Maier, « Historiographical Essay. The Roles of Women in the Crusade Movement : A Survey », p. 61-82.
106. Tabbaa, « Ḍayfa Khātūn, Regent Queen and Architectural Patron », p. 20.
107. Cf. par exemple al-Maqrīzī, *al-Sulūk li-maʿrifat duwal al-mulūk* I, p. 459 :
وكان الخطباء يقولون في الدعاء: اللهم أدم سلطان الستر الرفيع، والحجاب المنيع، ملكة المسلمين، والدة الملك الخليل، وبعضهم يقول، بعد الدعاء للخليفة: واحفظ اللهم الجبة الصالحية، ملكة المسلمين، عصمة الدنيا والدين، أم خليل المستعصمية صاحبة الملك الصالح.
Voir également al-Maqrīzī, *Ḫiṭaṭ* III, p. 413 ; Ibn Ṭağrībirdī, *al-Nuğūm al-zāhira* VI, p. 374.

Relations conjugales

Pour autant, les femmes du guerrier sont loin de se conformer à l'attitude attendue d'elles. Dotées et consultées, elles peuvent refuser d'épouser un homme qui leur est imposé, et leurs parents poser des conditions drastiques au mariage, en termes matériels et, exceptionnellement, de règles de vie de couple[108]. Même un sultan seldjouqide peut éprouver des difficultés à imposer à une femme le mari qu'il lui a choisi. Zangī, par exemple, ne s'unit pas aisément à la veuve de Kundġudī que le sultan Maḥmūd lui offre comme signe de son intégration parmi les hommes les plus proches de lui[109] :

> « Quant à ce qui se passa en ce moment[110] : [le sultan] dit à ʿImād al-Dīn [Zangī] "tu l'épouseras", et fit dire [à la veuve de Kundġudī] "je viens de te marier avec ʿImād al-Dīn Zangī". Mais [de prime abord], elle refusa ; puis elle donna son consentement.
>
> Il dit (*fa-qāla*[111]) : le lendemain du mariage, Zangī fit une sortie à cheval accompagné du fils de Kundġudī et suivi d'un cortège majestueux (*mawkib ʿaẓīm*), composé de ses compagnons (*aṣḥāb*) et de ceux de Kundġudī. Et son épouse mit à sa disposition un nombre de tentes (*ḫiyām*) et de chameaux (*bark*) dont personne, dans l'armée (*al-ʿaskar*), ne disposait. »

Que de tels mariages soient consommés est dans l'ordre des choses. Une épouse se doit d'enfanter, tout particulièrement un enfant mâle. Cependant, ce n'est pas toujours le cas. Ainsi, ʿIṣmāt al-Dīn, que Saladin épouse alors qu'elle est déjà âgée (elle a probablement plus de quarante ans), ne lui donne pas d'enfant. Certes avant tout politique et symbolique, leur mariage est pourtant bien consommé – les auteurs arabes ne laissent planer aucun doute sur ce point[112]. Les chroniqueurs prennent aussi soin de faire de Saladin un mari respectueux et heureux, au sein d'un couple harmonieux. Son secrétaire particulier et compagnon de fortune, ʿImād al-Dīn al-Iṣfahānī, explique d'ailleurs avec une émotion non dissimulée que lui et les autres compagnons les plus proches du prince prennent soin de ne pas l'informer du décès de ʿIṣmat al-Dīn à Damas, en 1186 : il est alors très malade, à Ḥarrān, et ils craignent qu'en l'informant, son état ne s'aggrave. Dès lors, il continue à lui écrire de longues lettres (*kitāb ṭawīl*), comme chaque jour depuis que la maladie l'a accablé[113].

108. Du moins lorsqu'elles sont suffisamment puissantes pour le faire. Cf. dans le *Kāmil fī al-ta'rīḫ* d'Ibn al-Aṯīr VIII, p. 278, les précautions prises par l'épouse du sultan Malik Šāh lorsque le calife demande la main de sa fille : instruite par Arslān Ḫātūn, l'épouse d'al-Qā'im bi-Amr Allāh (r. 422-457/1031-1075), de ses déboires, elle exige notamment qu'elle soit sa seule épouse et qu'il ne partage que sa couche (en sus d'une somme d'argent).
109. Ibn al-Aṯīr, *al-Ta'rīḫ al-bāhir*, p. 28.
110. Ibn al-Aṯīr vient de faire une incise dans son récit afin de présenter Kundġudī.
111. Il semble que l'anecdote soit rapportée par le père d'Ibn al-Aṯīr, cité nommément auparavant.
112. ʿImād al-Dīn al-Iṣfahānī dans al-Bundarī, *Sanā al-barq al-šāmī*, p. 113 ; Abū Šāma, *Kitāb al-rawḍatayn fī aḫbār al-dawlatayn* I, p. 47. Les auteurs arabes signalent parfois la non consommation d'un mariage – par exemple Ibn al-Aṯīr, *al-Ta'rīḫ al-bāhir*, p. 93-94, à propos de Quṭb al-Dīn Mawdūd, seigneur de Mossoul, qui succède à son frère Sayf al-Dīn, dont il épouse la veuve (al-Ḫātūn bint Ḥusām al-Dīn Timurtāš).
113. Al-Bundārī, *Sanā al-barq al-šāmī*, p. 272. Autres références : Anne-Marie Eddé, *Saladin*, n° 56, p. 659.

Époux aimant donc que Saladin, de même que l'avait été Nūr al-Dīn avec la même femme (dont elle était l'épouse unique, symbole d'une sexualité maîtrisée qui constitue une preuve de sobriété[114]), comme si la continuité entre l'un et l'autre pouvait également se lire dans l'intimité. Dans ce cadre, que ʿIṣmat al-Dīn ait accouché de deux garçons nés de son union avec le prince zangide Nūr al-Dīn (al-Ṣāliḥ Ismā ʿīl, qui lui succède à Alep, et Aḥmad, né à Ḥimṣ et mort à Damas enfant[115]) importe peu : l'essentiel est que Nūr al-Dīn comme Saladin ont été des époux aimants selon les préceptes de la tradition islamique, bons avec leur épouse, respectueux de son bien-être et de son rang. Ibn al-Aṯīr rapporte même que Nūr al-Dīn, qui vire à l'ascétisme, à la fin de sa vie, accorde à ʿIṣmat al-Dīn les revenus des quelques biens immobiliers qu'il possède en propre, lorsqu'elle lui fait annoncer qu'elle est dans le besoin[116]. Dans l'intimité, ʿIṣmat al-Dīn est tout à son service. Une place lui est réservée dans ses appartements, où Nūr al-Dīn vient s'asseoir lorsqu'il lui rend visite. Attentive et patiente, elle s'approche de lui lorsqu'il l'autorise à le déshabiller. Puis elle s'écarte, l'attend pendant qu'il vaque à ses occupations, lisant, écrivant et priant. Il la rejoint alors[117].

De tels témoignages, peu nombreux, participent de la construction de l'image de souverains idéaux élaborée par les historiographes arabes du vivant même de Nūr al-Dīn et Saladin ou peu après leur mort. Selon eux défenseurs acharnés des musulmans, pour qui ils sont de véritables pères, ces princes ont rompu avec les mœurs dissolues parfois prêtées à leurs prédécesseurs ou à leurs contemporains seldjouqides qui n'ont plus, au VIᵉ/XIIᵉ siècle, le lustre de leurs ascendants. La vie familiale de Nūr al-Dīn et de Saladin est à l'image de leur vie politique et militaire : l'une comme l'autre tracent un modèle (islamique) pour leurs successeurs potentiels comme pour l'ensemble de leurs sujets. Hommes craints et respectés que ces souverains, dont l'attitude modérée et la sobriété en toute chose s'expriment d'abord dans le cadre de l'unité familiale, soubassement d'une société bouleversée où ils constituent des repères unificateurs. Ils permettent à cette société de ne pas être désintégrée par l'arrivée et l'installation des Turcs et des Kurdes, qui investissent progressivement tous les champs de la société en assimilant les normes islamiques qui constituent son ciment.

Conforme aux préceptes islamiques[118], une telle sobriété n'est qu'une facette de vies intimes plus complexes. Les textes évoquent parfois la passion amoureuse et sexuelle qui peut les habiter. Comme tous les hommes, les guerriers disposent en toute légalité d'esclaves féminines (généralement *ǧāriya*, pl. *ǧawārī*) pour assouvir une telle passion – des esclaves dont il est peu fait état dans les sources, si ce n'est lorsqu'elles donnent naissance à un enfant mâle, ce qui leur

114. Sobriété qui compte, pour Ibn al-Aṯīr. Par exemple, il souligne, à propos de Ṣadaqa b. Mazyad (m. 501/1108), l'un des émirs mazyadites auxquels les sources arabes adressent le plus d'éloges, que « sa sexualité était retenue. Il ne prit qu'une seule femme, et il n'avait aucune concubine » : *al-Kāmil fī al-ta'rīḫ* VIII, p. 556.

115. Voir le long obituaire qu'Ibn al-Aṯīr consacre à Nūr al-Dīn dans *al-Ta'rīḫ al-bāhir*, p. 164 sq.

116. Non sans avoir d'abord vertement rappelé sa pauvreté à l'homme venu lui exprimer sa demande.

117. Ibn al-Aṯīr, *al-Ta'rīḫ al-bāhir*. Ces anecdotes, édifiantes, ont pour objectif d'ériger l'attitude de Nūr al-Dīn en modèle de comportement.

118. Coran, XXIII (*Ṣūrat al-mu'minūn*), 1-5.

permet d'être affranchies[119]. La passion dévore parfois leur corps et leur âme : le corps d'Alp Arslān b. Riḍwān, dont Ibn al-ʿAdīm, qui en livre un portrait peu flatteur, rapporte que lors d'une sortie dans les environs d'Alep, quarante concubines (*ǧāriya*) l'accompagnent, qu'il honore toutes une fois les tentes dressées[120] ; le corps et le cœur (*qalb*) du haut dignitaire (et des femmes de soldats qu'il séduit ?) qui se laisse aller à l'adultère si durement puni par la loi islamique, dont j'ai évoqué le châtiment que lui inflige Zangī ; le corps de Nūr al-Dīn lui-même, qui ne parvient pas à réprimer ses pulsions et succombe à la tentation d'acheter un jeune *mamlūk* dix fois son prix, sans cependant, apparemment, se damner, le jeune esclave mourant soudainement, signe de la volonté de Dieu de préserver sa pureté[121] ; le corps et l'âme de Zayn al-Dīn ʿAlī Kūǧak, l'un des émirs zangides[122] qui, le cœur brisé, doit laisser s'en aller la jeune captive dont il s'est saisie, à l'occasion de la prise d'Édesse, en 541/1144, mais il a l'heureuse surprise de la retrouver lorsque, deux ans plus tard, Nūr al-Dīn, qui vient de reconquérir la cité tout juste révoltée, la lui offre en cadeau de son soutien – il laisse alors sur le champ ses soldats en plan, émerveillé et riant, en proie à un besoin irrépressible de lui imposer l'acte sexuel, car il craint de la perdre à nouveau[123]. Le cœur de Zumurrud Ḫātūn, si amourachée du *ḥāǧib* de Damas Yūsuf b. Fīruz qu'elle le prend comme amant sans se soucier de sa réputation[124]. Celui, aussi, de Nūr al-Dīn Muḥammad Ibn Qarā Arslān, seigneur de Ḥiṣn Kayfā et d'une partie du Diyār Bakr, à la fin du VIe/XIIe siècle, qui épouse la fille du sultan seldjouqide de Rūm Qiliğ Arslān II mais tombe fou amoureux d'une chanteuse, peut-être une prostituée[125], qu'il prend pour femme et laisse libre d'administrer ses États ; l'affaire devient sérieuse, Qiliğ Arslān décide d'intervenir et de récupérer les territoires cédés à Qarā Arslān lors du mariage de sa fille, ce qui provoque l'ire de Saladin, qui vole au secours de l'impétrant et empêche le souverain seldjouqide de mener son projet à bien, faisant fi de l'honneur d'une femme de sang sultanal humiliée par une moins que rien[126].

119. Ziadeh, *Urban Life in Syria Under the Early Mamluks*, p. 137. Sur le statut d'*umm al-walad*, voir Aḥmad, *al-Mar'a fī Miṣr fī-l-ʿaṣr al-fāṭimī*; Kīra, *al-Ǧawārī wa-l-ġilmān fī Miṣr fī al-ʿaṣrayn al-fāṭimī wa-l-ayyūbī*.
120. Ibn al-ʿAdīm, *Zubdat al-ḥalab fī ta'rīḫ Ḥalab*, p. 261.
121. Sibt Ibn al-Ǧawzī, *Mir'āt al-zamān* VIII, p. 318-320. Cf. Ayalon, *Eunuchs, Caliphs and Sultans*, p. 320, et Rowson : « Homoerotic Liaisons Among the Mamluk Elite in Late Medieval Egypt and Syria », p. 210-211.
122. *Allaḏī kāna nā'ib al-šahīd* (i.e. Zangī) *wa-awlādihi bi-qalʿat al-Mawṣil* : Ibn al-Aṯīr, *al-Kāmil fī al-ta'rīḫ* IX, p. 145. Sur lui, Élisséeff, *Nūr ad-dīn* III, index, s. v.
123. Ibn al-Aṯīr, *al-Kāmil fī al-ta'rīḫ* IX, p. 145-146 (l'anecdote est rapportée par Zayn al-Dīn ʿAlī lui-même : *fa-radadtuhā wa-qalbī mutaʿalliq bihā… fa-waṭi'tuhā ḫawfan an yaqaʿ radd tilka al-dufʿa*) ; Abū Šāma, *Kitāb al-rawḍatayn fī aḫbār al-dawlatayn* I, p. 176 (*ǧāriya mālat nafsī ilayhā… fa-waṭi'tuhā ḫawfan min al-ʿawd*).
124. Ibn al-ʿAdīm, *Zubdat al-ḥalab*, p. 311, qui ne s'étend guère. El-Azhari, « The Role of Salǧuqid Women in Medieval Syria », p. 123, cite aussi (d'après le *Kāmil* d'Ibn al-Aṯīr) le cas d'Anur, le régent de Damas, follement amoureux d'une concubine que Zangī capture en 1139 et épouse à Alep ; Nūr al-Dīn la lui renvoie après la mort de son père, en 1146, ce qui scelle leur amitié.
125. Les auteurs arabes camouflent régulièrement les prostituées derrière cette profession.
126. Ibn al-Aṯīr, *Kāmil, sub anno* 576/1180-1181, consacre un long développement à toute l'affaire. Noter qu'une telle plainte n'est pas rare ; c'est par exemple la raison avancée par Arslān Ḫātūn pour quitter son époux, le calife abbasside al-Qā'im bi-Amr Allāh : Ibn al-Aṯīr, *al-Kāmil fī al-ta'rīḫ* VIII, p. 183, 278 ; Ibn al-Ǧawzī, *al-Muntaẓam fī ta'rīḫ al-umam wa-l-mulūk* XVI, p. 281. Voir aussi al-Ḥusaynī, *Aḫbār al-dawla al-salǧūqiyya*,

Au combat

Ces quelques exemples montrent que les femmes des guerriers, certes dominées, sont loin d'être réduites au silence, en particulier celles des guerriers turcs, dont les pratiques diffèrent substantiellement de celles de leurs coreligionnaires arabes[127]. Celles qui font partie des groupes sociaux dominants bénéficient d'une certaine autonomie financière. Un certain nombre d'entre elles multiplient les fondations pieuses, et participent parfois activement à la vie intellectuelle ou religieuse des cités où elles vivent[128]. Mais endossent-elles l'attribution la plus exclusive du guerrier : le combat ? La donne change-t-elle, aux ve-vi^e^/xie-xiie siècles, avec l'arrivée de nouveaux peuples au Proche-Orient ? Faut-il prendre pour argent comptant l'image poétisée de la femme courageuse se muant en guerrière pour suppléer son époux ou fils absents ou morts, véhiculée dans des sources littéraires, en particulier dans le *Kitāb al-iʿtibār* d'Usāma b. Munqiḏ ?

Il semble que non. Comme les autres femmes, les épouses des guerriers – ou leurs mères, sœurs, ou filles –, se jettent parfois dans la bataille, risquent leur vie et la perdent. Mais cela est rare, et parce qu'alors, nécessité fait loi : la menace est si forte qu'il faut en passer par cette dernière extrémité. C'est d'ailleurs lors de sièges ou de combats urbains[129] qu'il est question de femmes combattantes : des femmes de peu, réduites au rôle d'auxiliaire ; parfois des femmes de soldats réguliers, telle Naṣra bint Būz Ramāṭ (ou Būzramāt), une Turque, qui se distingue à Šayzar, dans la première moitié du xiie siècle[130]. Mais il y a loin entre de tels cas et les archers féminins – de véritables amazones – que signale Guibert de Nogent dans l'armée de Karbūqā, devant Antioche, à l'occasion de la première croisade. Sans doute sont-elles sorties de son imagination ; il les compare d'ailleurs à la chasseresse Diane[131].

p. 174-175 (récriminations d'Īnanǧ Ḫātūn, épouse de Pahlawān, qui se plaint du fait que ses fils sont lésés en faveur de celui qu'il a eu avec une esclave) ; Hillenbrand, « Women in the Seljuq Period », p. 13.

127. Avant l'arrivée au pouvoir des Turcs, des princesses arabes endossent parfois des responsabilités politiques, mais, à une échelle bien moindre que les femmes turques dont il va être question. Sur le rôle politique de certaines femmes en contexte de pouvoir arabe, voir Bianquis, *La famille arabe médiévale*, p. 52-53.

128. Tabbaa, *Constructions of Power and Piety in Medieval Aleppo*, p. 28-30, 46-48, 164-182 ; *id.*, « Ḍayfa Khātūn, Regent Queen and Architectural Patron » ; Humphreys, « Women as Patrons of Religious Architecture in Ayyubid Damascus », p. 35-54.

129. Voir par exemple les jets de pierre qui visent Usāma b. Munqiḏ et ses compagnons, au Caire, en 549/1154, *Kitāb al-iʿtibār*, p. 22.

130. *Kitāb al-iʿtibār*, p. 129. Concernant le rôle d'auxiliaire, voir l'histoire, contée par le même auteur, de la vieille esclave nommée Burayka (*ʿağūza yuqālu lahā Burayka mamlūka*), qui sert ʿAlī b. Maḥbūb, l'un des hommes kurdes des Munqiḏites. Son attitude dit tout de son courage : alors que les Francs chargent, nombre de combattants se débandent mais elle reste là, stoïque, insensible à la peur, alors que déjà les lances sont pointées vers les corps.

131. Guibert de Nogent, *Dei gesta per Francos* V, 716, p. 225.

La plupart du temps, les femmes musulmanes sont absentes même des combats contre l'ennemi en religion. Non que certaines d'entre elles n'aient participé aux combats saints qui marquent l'expansion de l'islam, sous la conduite du prophète Muḥammad[132] ; ʿAbd al-Ġanī al-Maqdisī (m. 600/1203) en distingue quelques-unes, dans ses *Manāqib al-nisā' al-ṣaḥābiyyāt*[133]. Mais il semble bien qu'elles étaient peu nombreuses, et souvent réduites à un rôle d'auxiliaires chargées d'étancher la soif des *muǧāhidūn* et de les soigner. Par la suite, les traditionnistes et les juristes sunnites et chiites s'entendent pour considérer que les femmes ne peuvent combattre au nom du djihad. À l'époque qui nous concerne, Ibn al-Ǧawzī (m. 598/1201) soutient que le hadj tient lieu de djihad, pour les femmes[134]. Le hanbalite Ibn Qudāma (m. 630/1223), présent à Ḥaṭṭīn (1187), affirme quant à lui que la masculinité (*al-ḏukūriyya*) est une des conditions permettant d'être *muǧāhid*[135], seules les vieilles femmes pouvant intervenir sur les lieux de combat pour apporter de l'eau ou soigner les blessés[136].

Lorsqu'il est question de femmes amenées à participer à des combats, des violences qu'elles font subir et *a fortiori* du sang qu'elles sont susceptibles de faire couler, les sources ne disent rien, comme si la transgression de l'interdit anthropologique qui les toucherait en la matière n'était que toute relative[137]. Le récit déjà évoqué des exploits de Naṣra bint Būr Ramāṭ, au VIe/XIIe siècle, est à cet égard particulièrement instructif. Cette fille de guerrier[138] participe aux combats qui opposent les Munqiḏites à des Francs égarés jusqu'à Šayzar. Les habitants assaillent ces derniers, dont Naṣra, qui se saisit d'un Franc, puis d'un autre, puis d'un autre encore. Tous trois sont introduits dans sa maison, où elle les dépouille de leurs biens, mais sans les tuer : pour cela, elle appelle des voisins, qui accourent[139].

132. Sur cette question, voir Cook, « Women Fighting in Jihad? », p. 376-377 ; *id.*, *Understanding Jihad. Fighters in Classical and Contemporary Islam*, p. 17-18.

133. Par exemple Nuṣayba bint Kaʿb (témoignage de la grand-mère de Ḍumra b. Saʿīd, présente à Uḥud), blessée treize fois (*Manāqib al-nisā' al-ṣaḥābiyyāt*, p. 59). Cf. d'autres exemples dans l'article de David Cook cité dans la note précédente. Ce dernier signale un ouvrage de ʿAliyya Muṣṭafā Mubārak intitulé *Ṣaḥābiyyāt muǧāhidāt* (Beyrouth, Dār al-kutub al-ʿilmiyya, 1999) que je n'ai pu me procurer. Selon Cook, l'auteur y dresse la liste de 67 femmes ayant combattu pendant les guerres dirigées par le prophète Muḥammad ou lors des combats du tout début de l'expansion de l'islam, mais l'examen de cette liste montre que la très grande majorité d'entre elles jouent un simple rôle d'auxiliaires.

134. Ibn al-Ǧawzī, *Aḥkām al-nisā'*, p. 98.

135. Ibn Qudamā, « Kitāb al-ǧihād. Mas'alat duḫūl al-nisā' maʿa al-muslimīn fī al-ḥarb », *Kitāb al-Muġnī* IX, p. 63-64 : « Faṣl : wa-yuštaraṭu li-wuǧūb al-ǧihād sabʿat šurūṭ ». Les conditions pour pouvoir mener le *ǧihād* sont les suivantes : l'islam (être musulman) ; être post-pubère ; l'intelligence/la raison ; la liberté (ne pas être esclave) ; la masculinité (*al-ḏukūriyya*) ; l'absence de handicap corporel ; le fait de pouvoir verser la *nafaqa*. Les trois premières conditions sont absolues (*fa-hiya šurūṭ li-wuǧūb sā'ir al-furūʿ*).

136. *Ibid.*, p. 174-175. Voir aussi *Le précis de droit d'Ibn Qudāma*.

137. Voir Héritier, « Le sang du guerrier et le sang des femmes. Notes anthropologiques sur le rapport des sexes », p. 7-21 ; *id.*, *Masculin/Féminin I. La pensée de la différence* et *II. Dissoudre la hiérarchie*.

138. Būr Ramāṭ semble avoir été un des guerriers turcs au service des Munqiḏites.

139. Usāma b. Munqiḏ, *Kitāb al-iʿtibār*, p. 129.

Tuer au combat est bien un acte éminemment masculin, qui doit être effectué en dehors du cercle familial, et *a fortiori* sans que les femmes ne portent le coup fatal (du moins, ce coup n'est pas signalé). Une telle règle n'est qu'exceptionnellement transgressée. Et lorsqu'elle est évoquée, la transgression est associée par les auteurs arabes à un travestissement, comme si la femme se muant en guerrier ne pouvait le faire qu'au prix de sa féminité :

> « C'est alors qu'un individu (*insān*) entra dans la maison, couvert d'une cotte de maille (*zardiyya*) et d'un casque (*ḫūḏa*) et muni d'une épée et d'un bouclier (*turs*). Lorsqu'il le vit, [mon cousin Šabīb b. Ḥamīd b. Ḥumayd] se crut perdu. C'est alors que [l'homme] retira son casque, et [on se rendit compte] que c'était la mère de son cousin (*id. est* : le fils de son oncle paternel) Layṯ al-Dawla Yaḥyā – que Dieu l'ai en pitié. Elle dit :
>
> – Mais que veux-tu faire ?
>
> Il répondit :
>
> – Prendre tout ce que je pourrai, descendre du château (*ḥiṣn*) à l'aide d'une corde et vivre ma vie.
>
> Elle dit :
>
> – Quelle monstruosité ! Tu laisserais tes cousines, ta famille (*ahl*), à la merci de bandits (*ḥalāǧūn*) et tu t'en irais ? Quelle existence serait la tienne, déshonoré aux yeux des tiens (*ahl*) que tu auras abandonnés ! Cours plutôt au combat pour eux, et fais-toi tuer au milieu d'eux ! Que Dieu te punisse, et te punisse encore !
>
> C'est ainsi qu'elle – que Dieu l'ait en miséricorde – l'empêcha de fuir, et il devint par la suite l'un des *fursān* les plus estimés. »

Les événements ici relatés se déroulent à Šayzar, en 502/1109, alors que les Ismaéliens tentent de s'en emparer[140]. Cette femme équipée de pied en cap[141] est accoutrée, agit et s'exprime comme l'aurait fait le héros en lequel un temps elle s'est muée. Une telle masculinisation, évidemment temporaire, est méliorative, contrairement à celle que les lettrés arabes évoquent *via* le vocable *al-mutaraǧǧilāt*, qui désigne les femmes vêtues comme les hommes, peut-être pendant les combats[142]. Elle a son pendant, au Proche-Orient, dans le domaine franc, où quelques épouses de guerriers participent parfois à la guerre[143] , là aussi présentée par les chroniqueurs (des clercs) avant tout comme une affaire d'hommes. Ces clercs évoquent parfois des travestissements permettant à une femme comme Margaret de Beverly de se muer en héros.

140. *Ibid.*, p. 124. Le chapitre s'intitule « *Imra'a tuqātilu fī Šayzar* ».
141. Autre exemple, dans le même ouvrage (page précédente), à propos de Fanūn qui, le même jour, se munit probablement d'un camail (le verbe utilisé, *talaṯṯamat*, traduit généralement par « se voiler », renvoie au *liṯām*, camail porté par les combattants pour se protéger le visage), se munit d'une épée et s'en va combattre les Francs.
142. Al-Buḫarī, *Ṣaḥīḥ*, n° 2879. Cf. en général Cook, « Women Fighting in Jihad ? », p. 376. Ces femmes sont souvent considérées comme lesbiennes : Rowson, « The Effeminates of Early Medina », p. 671-693.
143. Les auteurs arabes en font parfois mention. Cf. par exemple ʿImād al-Dīn al-Iṣfahānī, *al-Fatḥ al-qussī fī al-fatḥ al-qudsī*, p. 265, à propos du siège d'Acre par Richard Cœur de Lion, pendant la Troisième croisade. L'auteur vient de conter les exploits d'un Franc, qu'il a fallu incendier au moyen de *naft* pour qu'il cesse le combat ; il passe ensuite à une femme.

Dans le récit en vers de son étonnante (et romancée) expédition en Terre sainte, dans les années 1180, pendant laquelle elle assume les combats avec vigueur, Margaret est « une femme qui feint d'être un homme, comme un tufa qui prétend être un saphir » (*Femina fingo virum, tophus pretendo saphirum*)[144].

Maîtresses du pouvoir

Généralement exclues du champ de bataille, les mères et les épouses du guerrier ne le sont pas, ainsi que nous l'avons vu, des arcanes du pouvoir. N'y a-t-il pas là une contradiction, entre une exclusion affichée (mais dans les faits, incomplète) de la sphère publique et l'exercice – qui implique une certaine mobilité et de la visibilité – d'un pouvoir politique et militaire ? Sans doute, au moins en partie – elle est alors due aux sources narratives arabes, dont les auteurs décrivent un monde à l'aune de leurs propres représentations, où les femmes sont présumées plus strictement recluses qu'elles ne le sont en réalité.

Cependant, le pouvoir demeure dans la « maison » du prince, où certaines femmes jouent ou peuvent jouer le premier rôle. Déjà, lors de la période précédente, dans les dynasties arabes (Ḥamdānides puis Mirdāsides en Syrie ; Fatimides en Égypte), certaines femmes se distinguent et influencent largement le souverain. En particulier, elles assument le rôle d'intermédiaire/d'ambassadeur que leur époux leur confie[145]. Mais si elles représentent aussi leurs fils ou leurs époux auprès de l'ennemi, les femmes turques jouent régulièrement un rôle politico-militaire bien plus important, à partir du ve/xie siècle. Dans le domaine seldjouqide, les épouses de sultans, dont certaines disposent de leur propre *dīwān* et vizir, possèdent leurs *mamlūk*-s et sont capables, comme Terken Ḫātūn (la soeur de Malik Šāh), de réunir une armée puissante[146].

Le pouvoir des femmes de la famille princière est aussi très important en Syrie, en période de tension et/ou de transition politique, alors que le pouvoir est fragile (notamment parce qu'il échoit à un enfant) et/ou en mal de légitimité, comme sous les Bourides de Damas. Mère(s)

144. Thomas de Froidmont, *Hodoeporicon et pericula Margartie Iherosolimitane*, p. 478, vers 44-47 : « Impleo pro posse seva virago virum / Assimilata viro galeam gero, menia giro, / In cervice lebes cassidis instar habet / Femina fingo virum, tophus pretendo saphirum. » Ces vers sont cités par Maier, « Historiographical Essay. The Roles of Women in the Crusade Movement : A Survey », p. 64-67. Cf. aussi Hodgson, *Women, Crusading and the Holy Land in Historical Narrative*, p. 40, 48 et 149.
145. Voir par exemple le récit quelque peu émerveillé d'Ibn al-ʿAdīm contant l'entrevue d'al-Sayyida (« la Maîtresse ») ʿAlawiyya bint Waṯṯāb al-Numayriyya, épouse du seigneur d'Alep Ṯimāl b. Mirdās, à Fusṭāṭ, avec le calife fatimide al-Mustanṣir, au milieu du ve/xe siècle : Ibn al-ʿAdīm, *Zubdat al-ḥalab fī ta'rīḫ Ḥalab*, p. 150-151. Noter que la princesse est envoyée par Ṯimāl en Égypte avec son fils, alors tout jeune, et qu'elle joue ce rôle d'intermédiaire à plusieurs reprises. Thierry Bianquis, « Historiens arabes face à islam et arabité du xie au xxe siècle », p. 52, compare brièvement le récit d'Ibn al-ʿAdīm à celui du voyageur persan Nāṣir i-Ḫusraw, alors présent à Fusṭāṭ.
146. Lambton, « The Internal Structure of the Seljuq Empire », p. 224, considère même qu'« it appears to have been usual for the sultan's wives to have personal states ».

ou épouse(s) y exercent même parfois l'essentiel du pouvoir[147] : ainsi Ṣafwat al-Mulk, l'épouse de Tutuš qui l'a mariée à son *mamlūk* Ṭuġtakīn, aurait provoqué ou du moins cautionné l'assassinat de son fils Duqāq, précipité la chute de la maison seldjouqide et facilité la naissance de la dynastie bouride[148]. Zumurrud Ḫātūn b. Ǧāwālī, fille de la précédente et femme de Būrī b. Tuġtakīn, louée pour sa connaissance du Coran et de la tradition prophétique, devient le véritable co-souverain de la principauté de Damas[149]. C'est à elle que les émirs font appel lorsque la principauté est en danger[150], en 529/1135, et c'est elle qui fait assassiner le prince, son fils Ismāʿīl, par ses propres *ġilmān/mamlūk*-s[151]. Elle est alors si puissante que les émirs, les dignitaires et les soldats doivent tout autant lui prêter serment qu'au nouveau souverain, un autre de ses fils, Maḥmūd[152].

Les liens paternels, maternels et fraternels

Que l'une ou l'autre de ces princesses participent à la perte de l'un de leur fils (il est vrai au bénéfice d'un autre ou de leur époux) laisse augurer de la complexité et de la violence de certains rapports intrafamiliaux. Cependant, de tels assassinats, dictés par les circonstances et par des enjeux de pouvoir démesurés, ne sont pas si communs, et ne me semblent pas pouvoir résumer les rapports du guerrier et de son épouse avec leur progéniture. Au contraire, les mères comme les pères mènent généralement un combat acharné pour que leurs enfants puissent accéder au rang auquel ils peuvent prétendre. Cela est vrai de tous les enfants, les filles n'étant pas délaissées : il est régulièrement fait état, dans les sources, de l'amour particulier d'un souverain ou d'un émir pour l'une de ses filles. Même mariées, elles peuvent d'ailleurs toujours faire appel à lui, comme le montre l'exemple du sultan seldjouqide de Rūm Qiliǧ Arslān II déjà évoqué.

147. Yared-Riachi, *La politique extérieure de la Principauté de Damas*, p. 278 et *passim* ; el-Azhari, « The Role of Salǧuqid Women in Medieval Syria », p. 112.
148. Les sources majeures sont le *Ḏayl ta'rīḫ Dimašq* d'Ibn al-Qalānisī, p. 234-235, p. 321, et le *Ta'rīḫ madīnat Dimašq* d'Ibn ʿAsākir, t. XVII, p. 304, notice n°2086 (reproduit dans les *Wulāt Dimašq*, p. 20). L'exposé des faits est confus et prête à interrogation. Voir aussi l'interprétation de Taef el-Azhari, « The Role of Salǧuqid Women in Medieval Syria », p. 113-114.
149. Ibn ʿAsākir, *Wulāt Dimašq*, p. 10.
150. Ibn al-ʿAdīm, *Zubdat al-ḥalab fī ta'rīḫ Ḥalab*, p. 211. Noter que les auteurs arabes divergent. Ibn ʿAsākir (*Wulāt Dimašq*), Ibn al-ʿAdīm (*Buġya* IV, p. 1630), Ibn Ḫallikān (*Wafāyāt al-aʿyān* I, p. 296, ou Ibn Kaṯīr (*al-Bidāya wa-l-nihāya* XII, p. 184, p. 306) disent simplement « elle tua » son fils.
151. Voir notamment Ibn al-ʿAdīm, *Zubdat al-ḥalab fī ta'rīḫ Ḥalab*.
152. Ibn al-Qalānisī, *Ḏayl ta'rīḫ Dimašq*, p. 390 (qui confond de manière inexplicable Ṣafwat al-Mulk et Zumurrud Ḫātūn – il peut s'agir d'une erreur de copiste, Ibn al-Qalānisī étant généralement très bien informé) ; Ibn al-Aṯīr, *al-Kāmil fī al-ta'rīḫ* IX, p. 59.

Transmettre

Ce souci de préserver l'avenir de leurs enfants[153] s'exprime notamment dans le désir des guerriers de leur transmettre un héritage. À cet égard, que les *iqṭāʿ*-s des militaires deviennent de plus en plus souvent héréditaires n'est en rien anodin. Depuis longtemps déjà, si l'on suit les *Aḥkām al-sulṭāniyya* d'al-Māwardī (m. 450/1058), les enfants d'un *muqṭāʿ* mort ont droit à une pension[154]. Le mouvement semble ensuite s'amplifier, notamment du fait de la pression exercée par les guerriers. C'est ce que révèle un passage du *Taʾrīḫ al-bāhir* d'Ibn al-Aṯīr, qui traduit l'attachement très fort des guerriers à leurs enfants : c'est parce qu'ils peuvent leurs transmettre leurs biens qu'ils sont efficaces sur le champ de bataille[155].

La tendance à l'hérédité de l'*iqṭāʿ* perdure pendant le règne de Saladin, en Syrie au moins, mais non sous ses successeurs[156]. Dès lors, elle ne donne que rarement naissance à des lignages militaires dont les droits de propriété seraient incompressibles[157], susceptibles de constituer dans la longue durée une aristocratie militaire fondée sur le sang. Des familles de militaires s'imposent certes, qui s'appuient sur un territoire déterminé et avec lesquelles le prince a parfois fort à faire dans la première moitié du VIe/XIIe siècle, tels les Banū Qarāǧā de Ḥimṣ, que Ḫirḫān gouverne avec ses fils ; mais peu y parviennent dans la durée, comme les Banū Munqiḏ à Šayzar puis les Banū Dāya dans cette même ville et à Alep, ou les descendants d'Asad al-Dīn Šīrkūh (m. 564/1169) à Ḥimṣ[158].

C'est que les familles souveraines qui parviennent à s'imposer (Bourides à Damas ; Zangides à Alep puis à Damas ; Ayyoubides dans l'ensemble du Proche-Orient) se méfient des émirs de haut rang qui les entourent. Elles rechignent à leur donner les moyens de contester leur autorité. Le territoire que chacune de ces familles contrôle directement ou indirectement est considéré comme la propriété de l'ensemble de ses membres, et est divisé en apanages après la mort de son chef[159]. Selon cette conception familiale du pouvoir, d'essence nomade, tout membre masculin de la famille a la possibilité (et la légitimité) de gouverner, en particulier

153. Voir par exemple, à propos de Nūr al-Dīn, Ibn ʿAsākir, *Taʾrīḫ madīnat Dimašq* LVII, p. 124.

154. Al-Māwardī, *al-Aḥkām al-sulṭāniyya*, chap. XVII, cité par Claude Cahen, « L'évolution de l'iqtâ du IXe au XIIIe siècle : contribution à une histoire comparée des sociétés médiévales », p. 34.

155. Ibn al-Aṯīr, *al-Taʾrīḫ al-bāhir*, p. 169.

156. Humphreys, *From Saladin to the Mongols*, p. 17, 27, 312, 421 n° 3 ; Rabie, *The Financial System of Egypt*, p. 29-30 et 58-60 ; Satô, *State and Rural Society in Medieval Islam*, p. 159.

157. Irwin, « Iqṭāʿ and the End of the Crusader States », p. 62-77 ; Chamberlain, *Knowledge and Social Practice in Medieval Damascus, 1190-1350*, p. 42.

158. Les Banū Munqiḏ possèdent Šayzar de 474/1081 (certains auteurs arabes, d'après Ibn al-Aṯīr, faisant remonter cette date à 1029) à 552/1157. Voir la mise au point d'Abū al-Fidāʾ, *al-Muḫtaṣar fī aḫbār al-bašar* III, p. 31-33 (il s'appuie sur le *Taʾrīḫ* disparu d'Usāma b. Munqiḏ) ; Ibn al-ʿAdīm, *Buġya* I, p. 145. Sur les descendants de Šīrkūh (en 570/1174-1175, Saladin alloue Ḥimṣ à Muḥammad b. Šīrkūh, puis au fils de ce dernier, Asad al-Dīn Šīrkūh), voir al-Ḫazraǧī, *Taʾrīḫ dawlat al-Akrād wa-l-Atrāk*, ms. Istanbul, Süleymaniye, Hekimoğlu Ali Paşa, n° 695, fol. 12v°, et Sato, *State and Rural Society in Medieval Islam*, p. 70-71. Sur les Banū Dāya, voir *infra*.

159. Sur ce point, voir Arjomand, « Legitimacy and Political Organization : Caliphs, Kings and Regimes », p. 237.

les collatéraux – d'abord les frères, puis les cousins et les neveux. Or, cette conception se heurte à la volonté des souverains de voir leur descendance directe mâle leur succéder – en général leur fils aîné. La tension entre cette conception et la pratique pose de nombreuses difficultés et provoque le démembrement (et finalement la disparition) des États que le fondateur d'une dynastie parvient à créer, souvent dans le sang. Les émirs de haut rang se rangent derrière l'un des prétendants déclarés, lorsqu'ils n'œuvrent pas pour leur propre compte, fondant dès lors une nouvelle dynastie. C'est en vain que les sultans seldjouqides nomment un successeur désigné (*walī-al-ʿahd*)[160]. Leurs descendants de Syrie s'entredéchirent avant d'être éliminés, au début du VIe/XIIe siècle. Ceux de Zangī parviennent à s'entendre, mais non sans mal ni interventionnisme de celui qui se considère comme le chef de famille, Sayf al-Dīn Ġāzī puis Nūr al-Dīn. Les querelles intrafamiliales minent même les Ayyoubides, qui font pourtant preuve de solidarité parentale. Si le pouvoir est conservé à l'intérieur du cercle familial, aucune lignée directe ne parvient durablement à s'imposer.

De telles tensions ne sont pas réservées aux Ve-VIe/XIe-XIIe siècles ni aux Turcs et aux Kurdes. C'est ce que tient à montrer Ibn al-Aṯīr, au VIIe/XIIIe siècle, qui analyse le destin des familles à l'origine des dynasties « islamiques ». À ses yeux, toutes subissent le même sort : elles chutent du fait des violences perpétrées par leurs fondateurs[161] :

> « J'ai lu attentivement nombre de livres d'histoire (*tawāriḫ*), et vu nombre [d'événements] de l'histoire islamique qui peuvent être documentés, et j'ai vu un grand nombre de ceux par qui un pouvoir (*mulk*) est né [être dépossédés, et] la dynastie (*dawla*) être transférée de leur descendance immédiate (*ṣulb*) à d'autres membres de la famille et à leurs proches (*ilā baʿḍ ahlihi wa-aqāribihi*). Parmi eux, au tout début de l'islam, Muʿāwiya b. Abī Sufyān : ce fut le premier de sa famille (*min ahl baytihi*) à exercer le pouvoir (*malaka*) ; il passa alors de sa lignée directe (*aqāribihi*) aux Banū Marwān – les fils de son oncle paternel (*min banī ʿammihi*). Plus tard, al-Saffāḥ fut le premier des Abbassides à exercer le pouvoir, qui passa de sa lignée à son frère al-Manṣūr. Ensuite, le premier des Samanides (*al-Sāmāniyya*) à commander (*istabadda*) fut Naṣr b. Aḥmad, puis le pouvoir (*mulk*) passa à son frère Ismāʿīl b. Aḥmad et à sa lignée. De même, Yaʿqūb al-Saffār : ce fut le premier membre de sa famille (*min ahl baytihi*) à exercer le pouvoir, puis il passa à son frère ʿAmr et à sa descendance directe (*aqāribihi*). Aussi ʿImād al-Dawla b. Buwayh, le premier de la famille (*min ahlihi*) à exercer le pouvoir, qui passa ensuite à ses frères Rukn al-Dawla et ʿIzz al-Dawla, puis aux descendants (*aʿqāb*) de Rukn al-Dawla et Muʿizz al-Dawla, avant d'échoir aux seuls descendants de Rukn al-Dawla. Ensuite, la dynastie seldjouqide (*al-dawla al-salǧūqiyya*) : le premier à régner (*man malaka minhum*) fut Ṭuġril Beg, puis le pouvoir (*mulk*) passa aux fils de son frère Dāwūd.

160. Malik Šāh, qui doit faire face à la prétention de Qāwurd de succéder à Alp Arslān en tant que son frère le plus âgé, justifie son pouvoir en arguant qu'un frère ne peut hériter si le souverain a un fils (*Aḫbār al-dawla al-salǧūqiyya*, p. 56), ce qui a été interprété par Lambton comme une prévalence affirmée d'une « loi islamique » sur la « loi tribale » (« The Internal Structure of the Seljuq Caliphate », p. 220). Malik Šāh l'emporte finalement, mais par la suite, tous les sultans sont confrontés aux mêmes difficultés que lui. Voir aussi Peacock, *Early Seljūq History. A New Interpretation*, p. 60-68 et *passim*.

161. Ibn al-Aṯīr, *al-Kāmil fī al-ta'rīḫ* IX, p. 344-345.

Ensuite, ce Šīrkūh – ainsi que nous l'avons dit : le pouvoir (*mulk*) passa aux descendants de son frère Ayyūb, et de même Saladin, lorsqu'il[162] établit la dynastie (*al-dawla*) et la renforça, devenant, en quelque sorte, son fondateur (*wa-ṣāra ka'annahu awwal lahā*) : le pouvoir passa aux descendants de son frère al-ʿĀdil, seule Alep demeurant aux mains des siens.

Ces dynasties (*duwal*) sont les plus puissantes des dynasties islamiques. Si je ne craignais pas d'être trop long, j'en aurais cité un plus grand nombre encore. Ce que je pense être la cause de tout cela, c'est que celui qui est le premier d'une dynastie multiplie [les exécutions (? [163])] et prend le pouvoir, alors que les cœurs de ses prédécesseurs lui étaient attachés. C'est pourquoi Dieu, pour le punir, en prive sa descendance, ainsi que tous ceux au bénéfice desquels il agit. »

Éduquer, former

Mais les rapports de filiation ne sont pas seulement déterminés par des enjeux de reproduction sociale. Il s'agit aussi, pour le père et/ou la mère, de transmettre des valeurs religieuses et familiales. Il faut se défier de l'opinion selon laquelle les pères font montre d'indifférence[164] envers leurs enfants en bas âge[165]. Cependant, avant la puberté, l'éducation incombe largement à la mère, ainsi qu'à la nourrice, qui semble toujours rester proche de l'enfant qu'elle a en charge[166]. C'est le cas dans la famille d'Usāma b. Munqiḏ, qui souligne sa proximité, pendant son enfance, avec sa grand-mère paternelle, sa mère et une vieille servante dont il loue l'attention et la patience. Quant à son éducation littéraire, elle est confiée à d'autres, des savants dont il se plaît à vanter les qualités. Il n'en va pas autrement dans la classe militaire dominante turque et kurde, qui tient à ce que ses enfants soient éduqués par les meilleurs *ʿulamā'*. Un biographe de Saladin rappelle ainsi que ce dernier tenait à ce que ses enfants puissent assister aux séances de lecture de hadith animées par l'un des plus brillants d'entre eux. Il le décrit également en train de lire à ses enfants la *ʿaqīda* rassemblant tout ce qu'il faut savoir en matière de conduite religieuse, composée à son intention par l'imam Quṭb al-Dīn al-Nīsābūrī. Cette attitude, dont nous ne savons pas si elle est représentative de celle de la majorité des guerriers, dénote un souci de modeler l'âme des plus jeunes membres de la famille[167].

162. Le texte ne permet pas de déterminer si la troisième personne du singulier désigne Šīrkūh ou Saladin, mais la suite (*ka'annahu awwal lahā*) montre qu'il s'agit bien du second.
163. *Al-halǧ ? Al-Qatl ?* Le texte paraît comporter une lacune, ou une référence à un hadith (par exemple *Sunan Ibn Māǧah* II, p. 1343, n° 4047 ; *Ṣaḥīḥ al-Buḫārī* I, p. 28, n° 85, t. II, p. 33 (n° 1036), t. VIII, p. 14 (n° 6037), t. IX, p. 48 (n° 7061), t. IX, p. 48 (n° 7062). Nicolas Michel se demande quant à lui si le manuscrit n'a pas été mal lu (*yakburu* au lieu de *yukṯiru*), à moins que l'on ne se contente de *yukṯiru* dans le sens « il exagère » ou « il abuse ».
164. Comme le soutient par exemple Abdelwahab Bouhdiba, *Sexuality in Islam*, p. 219-220 (il fait notamment appel à Jacques Lacan). Voir Giladi, «"The child was small... not so the grief for him": Sources, Structure, and Content of al-Sakhawi's Consolation Treatise for Bereaved Parents », p. 367-386 ; *id.*, « Herlihy's Thesis Revisited : Some Notes on Investment in Children in Medieval Muslim Societies », p. 235-247 ; *id.*, « Ṣaghīr », p. 821-827.
165. Voir au contraire Bahā' al-Dīn Ibn Šaddād, *al-Nawādir al-sulṭāniyya*, p. 32 (à propos de Saladin).
166. Calderini et Cortese, *Women and the Fatimids in the World of Islam*, p. 82 (à propos de l'Égypte fatimide).
167. Bahā' al-Dīn Ibn Šaddād, *al-Nawādir al-sulṭāniyya*, p. 33, 36.

D'autres exemples de l'affection d'un père pour ses enfants sont parfois rapportés. La mort de l'un d'entre eux est un drame dont même les plus puissants des guerriers ont des difficultés à se remettre. Celle de Dā'ūd b. Malik Šāh, en ḏū al-ḥiǧǧa 474 / mai 1082, constitue un tel choc pour son père qu'il ne parvient pas à l'accepter. Bouleversé, il refuse que l'on éloigne son corps afin de le laver avant de l'inhumer, ne cédant que lorsque le corps commence à dégager une odeur pestilentielle. La douleur étant trop vive, il ne peut assister à l'enterrement, et s'en va chasser pour oublier son chagrin[168]. Plusieurs décennies plus tard, Saladin est à son tour décrit comme un père attentionné et aimant, se délassant avec ses enfants en bas âge dans le jardin (*bustān*) attenant à sa demeure, à Damas. Il prend sur ses genoux l'un de ses fils (Abū Bakr) « auquel il était fortement attaché », et n'hésite pas, lorsqu'un visiteur franc se présente, à lui demander de quitter les lieux sans même l'avoir entendu. En effet, son fils s'était mis à crier, effrayé par l'aspect rebutant d'un type d'homme qu'il n'avait pas l'habitude de rencontrer[169]. Saladin est alors déjà malade (l'anecdote se situe le 14 ṣafar 589/18 février 1193 ; il meurt treize jours plus tard). Souvent éloigné de ses foyers, comme tous les guerriers, il fait cette fois passer sa vie de famille avant son devoir de souverain, à l'image du père bon et aimant qu'il a toujours été, selon Bahā' al-Dīn Ibn Šaddād. Qu'une telle scène – édifiante et dont on ne peut vérifier la véracité – soit rapportée par un des thuriféraires du sultan ayyoubide n'a rien d'étonnant : il le dépeint à l'image du prophète Muḥammad, qui apparaît lui-même en père modèle, bon et aimant, dans les sources islamiques[170]. D'ailleurs, les absences de Saladin, contraintes, s'expliquent seulement, selon Ibn Šaddād, par son amour du djihad[171].

De telles absences ne facilitent pas la formation militaire des enfants mâles, qui revient au guerrier dans le cadre du groupe familial étendu (grands-pères, oncles, cousins mais aussi *mamlūk*-s et autres guerriers dont le père est proche). En effet, le fils est censé embrasser la même carrière que son père[172], même si, pour les savants musulmans (qui s'intéressent à tous les enfants musulmans, et non pas seulement à ceux des guerriers), il s'agit de respecter les goûts et les aptitudes de l'enfant[173]. En contexte arabe, Usāma b. Munqiḏ multiplie les anecdotes qui le mettent en situation de disciple auquel son grand-père, son père Muršid, l'un de ses oncles ou un compagnon de la famille transmettent un savoir théorique ou pratique, à charge pour lui de l'appliquer pour devenir un guerrier de valeur et un homme averti[174].

168. Ibn al-Aṯīr, *al-Kāmil fī al-ta'rīḫ* VIII, p. 280, qui affirme même que le sultan aurait « souhaité se tuer à plusieurs reprises, mais ses *ḫawāṣṣ* l'empêchèrent de le faire ». Exprimer sa douleur lors du décès d'un enfant chéri est conforme à une attitude prophétique (cf. par exemple Giladi, *Children of Islam : Concepts of Childhood in Medieval Muslim Society*, p. 88, à propos des funérailles du fils de Muḥammad, Ibrāhīm).
169. Ibn Šaddād, *al-Nawādir al-sulṭāniyya*, p. 358.
170. Giladi, « Ṣaghīr » ; *id.*, *Children of Islam : Concepts of Childhood in Medieval Muslim Society*, p. 48, p. 64.
171. Ibn Šaddād, *al-Nawādir al-sulṭāniyya*, p. 53.
172. Cela changera à l'époque suivante, sous les Mamelouks.
173. Ainsi que le soulignent Ibn Sīna (m. 428/1037), *Kitāb al-siyāsa*, p. 83-88 ; Ibn al-Ǧawzī (m. 597/1201), *Laftat al-kabid fī naṣīḥat al-walad*, p. 88 ; Ibn Qayyim al-Ǧawziyya (m. 751/1350), *Tuḥfat al-mawdūd bi-aḥkām al-mawlūd*, p. 353-354. Voir aussi Giladi, « Individualism and Conformity in Medieval Islamic Educational Thought : Some Notes with Special Reference to Elementary Education », p. 115-116.
174. Usāma b. Munqiḏ, *Kitāb al-i'tibār*, *passim*.

En effet, l'apprentissage au combat mêle en permanence théorie et pratique, avant d'être empirique, aux côtés de membres de la famille, plus spécialement le père ou un oncle. Dès l'enfance, Usāma écoute les récits de batailles contés par un de ses proches ou mis en vers par un poète, qui mettent en scène des membres de la famille ou des héros musulmans passés à la postérité – ainsi peut-il se représenter aisément la vie à laquelle il est destiné et s'identifier à des figures qu'il lui incombera d'imiter ou mieux de dépasser. La représentation du guerrier prend corps – ou plutôt se précise – très tôt, dès l'âge de dix ans parfois, lorsqu'il assiste à des combats en spectateur, sans réellement connaître le danger. Les fils et le neveu de Saladin, al-Muʿaẓẓam Tūrānšāh, al-Ašraf Muḥammad et al-Ṣāliḥ Ismāʿīl Ibn al-ʿĀdil, ont entre dix et douze ans lorsqu'ils assistent à des combats devant Acre assiégée, à l'occasion de la Troisième croisade[175].

L'enfant s'initie ensuite progressivement au maniement des armes et à l'équitation, en accompagnant les adultes lors des parties de chasse dont ils raffolent. La puberté (*ḥulm*, *iḥtilām*, etc.[176]) constitue une étape importante de la vie, dont on pense qu'elle survient à un âge variable, entre douze et seize ans, selon les enfants. Les *ṣibyān al-ḥuǧar* égyptiens dont il a déjà été question sont incorporés pendant cet âge de la vie. C'est alors que les *mamlūk*-s subissent une formation intensive et peuvent commencer à évoluer dans leur carrière, en fonction de leurs aptitudes et de leur expérience[177]. Pubère, le guerrier est sinon un guerrier accompli (seule l'expérience permet de l'être), du moins entraîné au combat, auquel il est initié aux côtés d'un membre de sa famille plus expérimenté : Usāma b. Munqiḏ découvre le combat, qui lui procure des émotions uniques[178] ; le fils de Yāġī Siyān a sans doute autour de seize ans lorsque, à la mort de ce dernier près d'Antioche, en 497/1098, il s'en retourne vers l'Est pour assumer la succession de son père[179] ; al-Afḍal, le fils de Saladin, en a dix-sept lorsqu'il participe à la campagne syrienne de 583/1187. Après plusieurs années d'expériences, le jeune homme peut être considéré comme un guerrier accompli, capable d'assumer des responsabilités sur le champ de bataille[180].

175. Eddé, *Saladin*, p. 409-410 et n° 72.
176. Cf. par exemple Ibn Qayyim al-Ǧawziyya, *Tuḥfat al-mawdūd bi-aḥkām al-mawlūd*, p. 318-319. Sur les termes utilisés dans les sources arabes pour désigner la puberté (et les autres étapes de l'enfance), voir Giladi, « Ṣaghīr ».
177. Niẓām al-Mulk, *Siyāsat Namah*, p. 176-195.
178. Usāma b. Munqiḏ, *Kitāb al-iʿtibār*, *passim*, en particulier, p. 40-42, le « premier combat » auquel il participe (contre les Francs).
179. Il meurt à vingt-cinq ans environ lors d'une bataille qui oppose le sultan seldjouqide à Ṣadaqa b. Mazyad.
180. Même si le contexte joue probablement un rôle fondamental en la matière. Pour mémoire, Nūr al-Dīn est âgé de vingt-neuf ans lorsqu'il succède à son père Zangī, à Alep ; il le suit depuis longtemps déjà lors de ses campagnes. Zangī a sans doute (sa date de naissance est incertaine) sept ou dix ans ans après la mort du sien (Qasīm al-Dawla Āq Sunqur, m. 487/1094), vingt-deux ou vingt-cinq ans lorsqu'il combat Tancrède aux côtés de Ǧawālī Saqāwā, seigneur de Mossoul, environ trente-six ou trente-neuf en 516/1122-1123, date à laquelle il est nommé *šiḥna* de Baṣra et de Wāsiṭ (sa première fonction importante), quarante et un ou quarante-quatre ans lorsqu'il entre à Mossoul, et un an de plus lorsqu'il s'empare d'Alep. Saladin a une quinzaine d'années lorsqu'il quitte son père et rejoint son oncle Šīrkūh à Alep pour se mettre au service de Nūr al-Dīn, vingt-sept ou vingt-huit ans lors de la première expédition égyptienne des troupes zangides, pendant laquelle

Relations fraternelles

C'est donc avant tout (mais pas exclusivement) dans le cadre familial étendu que le guerrier est amené à se forger une personnalité. Il y entretient des relations plus complexes que celles évoquées par les auteurs arabes, qui usent souvent du stéréotype et caractérisent de façon binaire (attachement/rejet) les rapports père ou mère/fils ou fille. D'autres figures de l'attachement sont d'ailleurs tout aussi sommairement caractérisées, dans leurs écrits. C'est le cas, en particulier, de la nourrice (*al-dāya*), qui est toujours envisagée sous un angle positif et qui peut occuper une place éminente dans la famille de l'enfant qu'elle a eu en charge[181]. Être allaité par une nourrice crée des liens si forts entre des enfants qu'ils ne peuvent se marier, même s'ils n'ont pas de parenté de sang[182]. De tels liens ne se rompent jamais, ainsi ceux qui unissent Sadīd al-Mulk ʿAlī b. Munqiḏ et Tāǧ al-Mulūk Maḥmūd b. Naṣr, dont on apprend que même leur brouille ne les efface pas complètement[183]. Quant à Nūr al-Dīn, il fait de son frère de lait Maǧd al-Dīn Abū Bakr, dit Ibn al-Dāya (« le Fils de la nourrice »), le premier de ses émirs et son lieutenant à Alep[184].

Le(s) frère(s) et la/les sœur(s) constituent aussi, pour les guerriers, d'importantes figures de l'attachement. Là encore, il n'est pas toujours aisé de reconstituer la complexité des relations au sein de la fratrie. Sans doute la nature de ces relations varie-t-elle selon que frères et sœurs sont consanguins[185] ou utérins, ou selon la famille d'appartenance. Elles ne sont pas aussi marquées par la violence, dans les fratries zangides et ayyoubides, que parmi les Seldjouqides, même si des dissensions peuvent naître en son sein. Le cas extrême, déjà évoqué, est celui où un souverain fait mettre à mort un de ses frères, ou même plusieurs d'entre eux : le prince seldjouqide d'Alep, Riḍwān (m. 507/1113), fait exécuter ses frères Abū Ṭālib et Bahrām ; son

il se distingue. Dubays Ibn Ṣadaqa, enfin, qui combat aux côtés de son père depuis quelques années, semble avoir eu trente-sept ans (âge incertain) lorsqu'il est fait prisonnier à la bataille d'al-Nuʿmāniyya, en 501/1108.

181. Ainsi de la nourrice du sultan Malik Šāh, que ce dernier marie à Qāsim al-Dawla Āq Sunqur (le père de Zangī), dont il est très proche.

182. Bianquis, *La famille arabe médiévale*, p. 88.

183. Noter que l'un est arabe, l'autre turc, ce qui explique peut-être qu'Ibn al-ʿAdīm, *Zubdat al-ḥalab fī ta'rīḫ Ḥalab*, p. 182, généralement hostile aux Turcs, insiste sur leur brouille ; Derenbourg, *Ousâma Ibn Mounkidh*, p. 17.

184. Toute la famille en tire bénéfice : outre Maǧd al-Dīn, ses deux frères Šams al-Dīn ʿUṯmān et Badr al-Dīn Ḥasan. Cette famille joue un rôle très important sous Nūr al-Dīn, ainsi que sous Saladin et ses successeurs. Elle conserve Šayzar de 1157 (Nūr al-Dīn la donne à Maǧd al-Dīn Abū Bakr), à 630/1233, lorsque les Ayyoubides l'enlèvent à Šihāb al-Dīn Ibn al-Dāya. Maǧd al-Dīn prend notamment en charge les captures de Josselin, maître de ce qui reste du comté d'Édesse (en 546/1151-1152) et de Renaud de Châtillon (sans doute en 1160 ; il reste emprisonné pendant seize ans). Sur les Banū Dāya, voir notamment Ibn al-ʿAdīm, *Buġya* IV, p. 1823 ; t. X, p. 4368 ; Ibn al-Aṯīr, *al-Kāmil*, *sub anno* 546/1151-1152, 564/1168-1169, 565/1169-1170 (son obituaire : « Cette année-là, moururent : Maǧd al-Dīn Abū Bakr Ibn al-Dāya, le frère de lait de Nūr al-Dīn, un émir estimé. Il possédait un *iqṭāʿ* à Alep, Ḥārim et Qalʿat Ǧaʿbar. Après sa mort, Nūr al-Dīn transféra toutes ses possessions à son frère, Šams al-Dīn ʿAlī Ibn al-Dāya ») ; Élisséeff, *Nūr ad-dīn* III, index.

185. Le fait de le préciser n'est pas anodin pour les auteurs arabes. Outre l'exemple ci-dessous à propos des enfants de Riḍwān, voir ʿImād al-Dīn al-Iṣfahānī, *al-Barq al-šāmī* III, p. 77-79.

fils Alp Arslān agit à l'identique lorsque Riḍwān meurt[186], s'en prenant même, ainsi qu'Ibn al-Aṯīr et Ibn al-ʿAdīm tiennent à le préciser, à un consanguin[187] :

Ibn al-Aṯīr, *al-Kāmil fī al-ta'rīḫ*

« L'un d'entre eux, nommé Malik Šāh, était de même père et de même mère [que lui], l'autre, nommé Mubārak Šāh, étant de même père. »

Ibn al-ʿAdīm, *Zubdat al-ḥalab fī ta'rīḫ Ḥalab*

« Il se saisit de ses frères Mālik Šāh et Mubārak – Mubārak était né d'une concubine (*ǧāriya*) et Malik Šāh de sa [propre] mère –, et il les tua. »

De telles extrémités ne sont évidemment pas représentatives des relations dans la fratrie, d'autant qu'elles ne concernent qu'une fraction des guerriers turcs, ceux qui appartiennent à la caste dirigeante. Même si l'on se limite à ces derniers, les sources convergent. La méfiance n'empêche pas la solidarité, le respect ou l'amour entre frères ou entre frères et soeurs. L'extrait suivant, qui vise certes à magnifier l'esprit de mesure et de justice qui anime la famille zangide, dont les membres sont capables de transcender des intérêts divergents, décrit ainsi deux frères qui finissent par se retrouver, malgré la crainte que l'aîné inspire au cadet:

Barhebraeus, *Chronographie*

« Comme Nūr al-Dīn craignait son frère Sayf al-Dīn, il lui montrait, par des présents et d'autres hommages, qu'il avait peur de le rencontrer. Lorsque, après avoir prêté serment, Sayf al-Dīn se rendit en Syrie, Nūr al-Dīn vint à sa rencontre. Quant ils furent face à face, Nūr al-Dīn descendit de cheval et baisa la terre devant son frère. Sayf al-Dīn descendit aussi et les deux frères s'embrassèrent en pleurant. Sayf al-Dīn dit à Nūr al-Dīn : "Pourquoi n'étais-tu pas venu auprès de moi, était-ce que tu avais peur de moi ? Crois-moi, mon frère, les pensées que tu imagines ne me sont jamais venues à l'esprit. À quoi me serviraient la vie et les contrées si je faisais du mal à mon frère ?" Après qu'ils se furent ainsi réconciliés, chacun rentra chez soi. »[188]

186. Voir Ibn al-ʿAdīm, *Buġya* VIII, p. 3659-3667 ; t. IV, p. 1984-1986 (Alp Arslān b. Riḍwān b. Tutuš), en particulier p. 1986 (assassinat de ses frères Malik Šāh et Mīr Yaǧā (ou Mīrīǧā) ; al-ʿAẓīmī, cité par le même Ibn al-ʿAdīm p. 1987, le nomme Ibrāhīm, mais Ibn al-ʿAdīm affirme qu'il se trompe), p. 1986-1987 (Ibn al-ʿAdīm soulignant que Riḍwān et son fils Alp Arslān tuent deux de leurs frères lorsqu'ils parviennent au pouvoir). Les assassinats ont lieu alors que le pouvoir effectif est aux mains de l'atabeg d'Alp Arslān, l'eunuque (*al-ḫādim*) Lū'lū'.

187. Ibn al-Aṯīr, *al-Kāmil fī al-ta'rīḫ* VIII, p. 598 ; Ibn al-ʿAdīm, *Zubdat al-ḥalab fī ta'rīḫ Ḥalab*, p. 259.

188. Barhebraeus, *Chronographie*, à paraître.

Et Ibn al-Aṯīr, à qui Barhebraeus emprunte une partie de ce récit, d'ajouter :

> « Mon frère, l'homme qui m'est le plus cher. »[189]

D'une certaine manière, l'aîné se pose ici comme une figure de l'attachement subsidiaire pour le cadet, alors que leur père n'est plus. Bien après la mort de Sayf al-Dīn, Nūr al-Dīn n'agit pas différemment. Il déclare à un envoyé de l'atabeg Šams al-Dīn Īldegiz, alors l'homme fort du sultanat seldjouqide, qui lui demande de ne pas intervenir à Mossoul, que lui seul est légitime pour gérer les affaires des fils de ses frères[190]. Comme si Nūr al-Dīn, lors de cette entrevue, rappelait que la famille, pour un guerrier de son rang, était avant tout un lieu de pouvoir.

Conclusion

En va-t-il différemment dans les autres groupes familiaux ? On peut en douter, même si l'importance prise par les guerriers dans les sociétés du Proche-Orient jette une lumière crue, parfois aveuglante de violence, sur les comportements engendrés par la lutte pour le pouvoir. Comme toutes les familles, celles des guerriers – de sang, étendue ou fictive – sont englobées dans des parentèles plus larges, et entretiennent des liens d'interdépendance avec d'autres groupes.

Nulle originalité, non plus, quant aux exigences fondamentales qui guident la vie familiale des guerriers : vivre et survivre en toute sécurité, se reproduire. Certes orientées et ne révélant bien souvent que les propres représentations de leurs auteurs, les sources médiévales laissent entrevoir des hommes animés tout autant que leurs congénères par des sentiments familiaux contradictoires, peur, haine, solidarité, amour. Sans doute l'habitude de connaître le danger, d'être blessé et de donner la mort repousse-t-elle chez eux les limites de l'acceptable. D'où la cruauté dont ils peuvent faire preuve vis-à-vis d'un proche, d'autant plus lorsqu'on s'éloigne du cercle conjugal. Ce proche n'est alors qu'un rival parmi d'autres. Dès lors, les souvenirs communs s'évaporent, quand ils existent[191]. L'assassinat rôde, que les chroniqueurs arabes paraissent avides d'évoquer, d'autant plus qu'ils concernent des Turcs, ces nouveaux installés si longtemps méprisés.

Certains ont la particularité de naviguer dans deux groupes familiaux. L'un, fictif, est par essence militaire. Née de la guerre, la parenté fictive traduit la nécessité, pour ses promoteurs, de créer des liens forts, quasi familiaux, entre des individus appelés à verser leur sang et risquer leur vie pour leurs maîtres. À première vue, l'entreprise est une réussite. Pour les *mamlūk*-s, l'armée semble une famille, son chef un père. L'une comme l'autre sont leur raison de vivre et

189. Ibn al-Aṯīr, *al-Kāmil fī al-ta'rīḫ* IX, p. 159. Les relations de Nūr al-Dīn avec son frère cadet Nuṣrat al-Dīn Amīr Amīran ne sont pas plus simples. Cf. Élisséeff, *Nūr ad-dīn* III, index, s. v., résumé dans l'article « Nūr al-Dīn Maḥmūd b. Zankī » du même auteur.

190. Ibn al-Aṯīr, *al-Kāmil fī al-ta'rīḫ* IX, p. 359-360 (année 566).

191. Tous les membres d'une même famille ne sont pas élevés ensemble. Les atabegs diffèrent ; un membre d'une famille princière peut être confié au sultan (ainsi le frère aîné de Nūr al-Dīn, Sayf al-Dīn Ġāzī, élevé à la cour seldjouqide), etc.

de mourir. Ils les nourrissent, leur permettent de satisfaire les exigences fondamentales que je viens d'évoquer – survie, sécurité, reproduction. Mais il suffit de gratter la surface de la toile peinte par les auteurs arabes pour mettre au jour une autre réalité : tensions, oppositions et violences apparaissent alors en pleine lumière. Surtout, ces hommes appartiennent aussi à un autre groupe familial, qu'ils ont eux-mêmes créé et dont on cerne mal les contours. Ils se marient, fût-ce avec une femme que leur maître leur a choisie, engendrent et s'inquiètent pour leur progéniture. Ils doivent entretenir une famille de sang, où ils forgent leur identité.

Doit-on s'étonner de cette évidence ? Réelle et fondée sur le sang, fictive et née de la création de liens quasi familiaux, la parenté constitue, dans le Proche-Orient des Vᵉ-VIᵉ/XIᵉ-XIIᵉ siècles, une matrice des rapports sociaux. Chacune de ces parentés participe de la dynamique sociale et encadre les individus, même si des institutions qui échappent au moins en partie à la famille jouent aussi un rôle important dans la formation, l'épanouissement et l'intégration sociale de ces individus : au VIᵉ/XIIᵉ siècle, les madrasas se multiplient, qui constituent autant de lieux où les membres de la famille des guerriers peuvent échapper au cercle familial et préparer leur intégration dans la société par d'autres voies que celles que leurs familles leur proposent.

La particularité de la parenté fictive est qu'elle ne paraît pas s'inscrire dans le temps long ni permettre de surmonter la division de la société par groupes essentiellement fondés sur la parenté de sang. Même si les sources sont trop pauvres pour rien affirmer, les guerriers ne paraissent pas, tels les simples soldats démobilisés et déclassés de la période précédente (IVᵉ/Xᵉ siècle – deux premiers tiers du Vᵉ/XIᵉ siècle), s'insérer dans des groupes durables où la solidarité de classe primerait sur toute autre solidarité (liée à l'origine géographique ou ethnique, à la profession, à la famille)[192]. Sans doute un tel constat doit-il être modulé : l'expérience du combat donne naissance à une solidarité – plus encore qu'à un sentiment de camaraderie – dont il est difficile de croire que les guerriers peuvent se détacher, une fois la campagne terminée. En outre, il ne fait guère de doute qu'à partir du VIᵉ/XIIᵉ siècle, l'accélération de la professionnalisation de la guerre/des armées et l'évolution des techniques de combat à cheval favorise la création d'unités restreintes très cohésives, au sein desquelles les relations de coopération, d'assistance et de sacrifice sont nécessairement portées aux nues. Cette cohésion s'exprime sur le champ de bataille, ainsi que dans les casernes. Mais on voit mal jusqu'à quel point elle relèverait, pour les hommes qui la vivent, du champ familial, ni quel rôle elle joue durablement dans leur vie sociale.

Il faut dire que les auteurs arabes s'intéressent peu à la façon dont vivent et pensent ces guerriers. Si l'on en croit leurs représentations des pratiques de la classe militaire dominante – la seule à laquelle ils portent un intérêt continu –, l'institution majeure qui ouvre à la solidarité entre groupes est le mariage, d'où l'attention particulière que les sources lui accordent. Ces sources – ou du moins quelques anecdotes qui y sont consignées – confirment que le mariage, et plus largement la famille nucléaire qui en est issue, donnent au guerrier l'occasion de vivre des expériences analogues à celles de tous les hommes ordinaires : amour, déchirement, passion, parfois haine.

192. Voir Bianquis et Sanagustin, « Zuʿʿār » (les mauvais garçons), p. 187-188.

La famille y apparaît comme un espace dynamique, où l'on peut s'épanouir comme se dessécher, où il faut lutter parfois pour exister, véhiculant même une mémoire dont il est difficile de se détacher. Par exemple, c'est parce qu'il est porteur d'une mémoire familiale que Zangī répudie Zumurrud Ḫātūn bint Riḍwān, l'ancien prince seldjouqide d'Alep, qu'il venait d'épouser après s'être emparé de cette ville. À ses yeux, le sang de son père, que le grand-père de Zumurrud, Tutuš, avait fait exécuter, a entâché à jamais sa lignée. Il le fait d'ailleurs cruellement payer à Zumurrud, qu'il jette en pâture aux plus vils de ses hommes[193].

Les chroniqueurs arabes, qui paraissent obnubilés par la question du pouvoir, n'entrent que trop rarement dans l'intimité des guerriers. Le mariage tel qu'ils le décrivent s'intègre avant tout, à leurs yeux, dans des stratégies d'alliances qui sont un outil de conquête, de contrôle, de conservation et d'extension du pouvoir. Qu'elle distribue des *iqṭāʿ* ou qu'elle divise son empire entre les membres d'une même famille, qu'elle pratique l'alliance matrimoniale au sein de son clan, de sa tribu ou de son ethnie ou qu'elle se décide à s'ouvrir à d'autres groupes ou ethnies, la classe militaire dominante conserve le même objectif : étendre son emprise sur les sociétés qu'elle domine. L'échange des femmes, qui savent s'affranchir de la tutelle masculine[194], est dès lors non seulement échange de vie, mais aussi moyen de perpétuer son pouvoir. L'endogamie à laquelle les guerriers de haut rang tendent est alors dépassée. Les guerriers d'un rang plus modeste les imitent-ils ? Nous l'ignorons : de la vie familiale de la masse de guerriers dont l'action a largement déterminé l'évolution des sociétés proche-orientales au VIᵉ/XIIᵉ siècle, nous ne savons presque rien.

193. À ma connaissance, Ibn Abī Ṭayy (dont on n'a pas conservé d'ouvrage et qui est cité par Ibn al-Furāt, *Taʾrīḫ al-duwal wa-l-muluk* II, p. 132) est le seul auteur à rapporter cet événement, qui a lieu selon lui en 524/1129-1130.

194. Ce qui va dans le sens des analyses de Julie Scott Meisami, « Writing Medieval Women : Representations and Misrepresentations », p. 57-88.

Bibliographie

Instruments de travail

The Encyclopedia of Islam, 2nd Edition, Brill, Leyde 1960-2005.

Bianquis, Thierry et Sanagustin, Floréal, « Zuʿʿār », XI, p. 187-188.

Élisséeff, Nikita, « Nūr al-Dīn Maḥmūd b. Zankī », VIII, p. 127-133.

Giladi, Avner, « Ṣaghīr », VIII, p. 821-827.

Sources

Abū al-Fidāʾ, *al-Muḫtaṣar fī aḫbār al-bašar*, al-Maṭbaʿa al-ḥusayniyya al-miṣriyya, éd. Le Caire, s. d., vol. III.

Abū Šāma, *Tarāǧim riǧāl al-qarnayn al-sādis wa-l-sābiʿ*, éd. al-Sayyid ʿIzzat al-ʿAṭṭār al-Ḥusaynī, Dār al-Ǧīl, Beyrouth, 1974 (1re éd. 1947).

—, *ʿUyūn al-rawḍatayn fī aḫbār al-dawlatayn al-nūriyya wa-l-ṣalāḥiyya*, éd. Ibrāhīm al-Zaybaq, Muʾassassat al-risāla, Beyrouth, 1997, 2 vols.

Ambroise, *Estoire de la guerre sainte*, éd. et trad. Marianne Ailes, annotée par Malcom Barber, Boydell Press, Woodbridge, 2003.

Al-ʿAẓīmī, *Taʾrīḫ Ḥalab*, éd. I. Zaʿrūr, Damas, 1984.

Barhebraeus, *Chronographie*, trad. Georges Bohas, Dominique Gonnet *et al.*, Paris, à paraître.

Al-Buḫārī, *Ṣaḥīḥ*, éd. Muḥammad Zuhayr b. Nāṣir al-Nāṣir, Dār Ṭūq al-naǧāt, Beyrouth, 1422 H.

Al-Bundārī, *Sanā al-barq al-šāmī, iḫtiṣār min Kitāb al-barq al-šāmī li-l-ʿImād al-Kātib al-Iṣfahānī*, éd. Fatīḥa al-Nabrāwī, Maktabat al-Ḫānǧī, Le Caire, 1979.

Al-Ġazālī, *al-Ṭibr al-masbūk fī naṣīḥat al-mulūk wa-l-wuzarāʾ wa-l-wulāt*, trad. F. R. C. Bagley, Oxford University Press, Londres, New York et Toronto, 1964.

Guibert de Nogent, *Dei gesta per Francos*, éd. R. B. C. Huygens, Brepols, Turnhout, 1996.

Guillaume de Tyr (m. 1184), *Chronicon*, éd. R. B. C. Huygens, Brepols, Turnhout, 1996.

Al-Ḥazraǧī, *Taʾrīḫ dawlat al-akrād wa-l-atrāk*, ms. Istanbul, Süleymaniye, Hekimoğlu Ali Paşa, n°695.

Al-Ḥusaynī, *Aḫbār al-dawla al-salǧūqiyya*, éd. Muḥammad Iqbāl, Lahore, 1933.

Ibn al-ʿAdīm, *al-Darārī fī ḏikr al-ḏarārī*, éd. ʿAlāʾ ʿAbd al-Wahhāb Muḥammad, Dār al-salām, Le Caire, 1984.

Buġyat al-ṭalab fī taʾrīḫ Ḥalab, éd. Suhayl Zakkār, Damas, 1995, 12 vols.

—, *Zubdat al-ṭalab fī taʾrīḫ Ḥalab*, éd. Ḫalīl al-Manṣūr, Dār al-kutub al-ʿilmiyya, Beyrouth, 1999.

Ibn ʿAsākir, *Taʾrīḫ madīnat Dimašq*, éd. ʿAmr b. Ġarāma al-ʿAmrawī, Dār al-fikr li-l-ṭibāʿa wa-l-našr wa-l-tawzīʿ, Beyrouth, 1995-2001, 80 vols.

—, *Wulāt Dimašq*, éd. Ṣalāḥ al-Dīn al-Munaǧǧid, Damas, 1965.

Ibn al-Aṯīr, *al-Taʾrīḫ al-bāhir fī al-dawla al-atābakiyya (bi-l-Mawṣil)*, éd. ʿAbd al-Qādir Aḥmad Ṭulaymāt, Dār al-kutub al-ḥadīṯa, Le Caire, 1963.

—, *al-Kāmil fī al-taʾrīḫ*, éd. ʿUmar ʿAbd al-Salām Tadmūrī, Dār al-kitāb al-ʿarabī, Beyrouth, 1997, t. VIII et IX.

Ibn al-Azraq, *Taʾrīḫ al-Fāriqī*, éd. B. A. L. ʿAwaḍ, Le Caire, 1959.

—, *Taʾrīḫ*, éd. et trad. Carole Hillenbrand, *The History of the Jazīra 1100-1150 : the Contribution of Ibn Azraq al-Fāriqī*, Thesis presented for the Degree of Doctor of Philosophy, University of Edinburg, 1979, 2 vols.

Ibn al-Furāt, *Taʾrīḫ al-duwal wa-l-mulūk*, ms. Vienne AF 117, I.

—, *Taʾrīḫ al-duwal wa-l-mulūk*, éd. al-Šammāʿ, t. IV/1, Baṣra, 1967.

—,*Taʾrīḫ al-duwal wa-l-mulūk*, t. II, éd. M. F. Elshayyal, *A Critical Edition of Volume II of Tārīkh al-Duwal wa'l Mulūk by Muḥammad b. ʿAbd al-Raḥīm b. ʿAlī Ibn al-Furāt*, PhD, Université d'Edimbourg, 1986.

Ibn al-Ǧawzī, *Aḥkām al-nisāʾ*, éd. Ziyād Ḥamdān, Dār al-fikr, Beyrouth, 1989.

—, *al-Muntaẓam fī taʾrīḫ al-mulūk wa-l-umam*, éd. Muḥammad ʿAbd al-Qādir ʿAṭṭā et Muṣṭafā ʿAbd al-Qādir ʿAṭṭā, Dār al-kutub al-ʿilmiyya, Beyrouth, 1992, 19 vols.

—, *Laftat al-kabid fī naṣīḥat al-walad*, éd. Dār al-Qāsim, www.ktibat.com, s. d.

Ibn Ḫaldūn, *Taʾrīḫ Ibn Ḫaldūn*, t. IV, éd. Ḫalīl Šaḥāda, Dār al-fikr, Beyrouth, 1988 (2e éd.).

Ibn Ḫallikān, *Wafayāt al-aʿyān wa-anbāʾ abnāʾ al-zamān*, éd. Iḥsān ʿAbbās, Dār Ṣādir, Beyrouth, t. I, 1968 ; t. III, 1971.

Ibn Kaṯīr, *al-Bidāya wa-l-nihāya* , éd. ʿAlī Šīrī, Dār iḥyā, al-turāṯ al-ʿarabī, Beyrouth, 1988, 15 vols.

Ibn Māǧah, *Sunan*, éd. Muḥammad Fuʾād ʿAbd al-Bāqī, Dār iḥyāʾ al-kutub al-ʿarabiyya/Fayṣal ʿĪsa al-Bābī al-Ḥalabī, Le Caire, 1925, t. II.

Ibn Muyassar, *Aḫbār Miṣr*, éd. Ayman Fuʾād Sayyid, Ifao, Le Caire, 1983.

Ibn al-Qalānisī, *Ḏayl taʾrīḫ Dimašq*, éd. Suhayl Zakkār, Damas, 1983.

Ibn Qayyim al-Ǧawziyya, *Tuḥfat al-mawdūd bi-aḥkām al-mawlūd*, éd. ʿUṯmān b. Ǧumʿa Ḍumayriyya, Dār ʿālim al-fawāʾid li-l-našr wa-l-tawzīʿ,La Mecque, 1431 H.

Ibn Qudāma, *Kitāb al-Muġnī*, éd. Dār iḥyāʾ al-turāṯ al-ʿarabī, Beyrouth, 1985, 10 vols.

—, *Le précis de droit*, trad. Henri Laoust, PIFD, Damas, 1950.

Ibn Šaddād, *al-Nawādir al-sulṭāniyya wa-l-maḥāsin al-yūsufiyya (aw Sīrat Ṣalāḥ al-Dīn)*, éd. Ǧamāl al-Dīn al-Šayyāl, Maktabat al-Ḫānǧī, Le Caire, 1994 (1re éd., 1964).

Ibn Sīna, *Kitāb al-siyāsa*, éd. ʿAlī Muḥammad Isbar, Bidāyāt li-l-ṭibāʿa wa-l-našr, Ǧabala, 2007.

Ibn Taġrībirdī, *al-Nuǧūm al-zāhira fī mulūk Miṣr wa-l-Qāhira*, éd. Wizārat al-Ṯaqāfa wa-l-iršād al-qawmī, Dār al-kutub, Le Caire, s.d., 16 vols., dans *al-Maktaba al-šāmila, al-iṣdār 3.48*, s.l.n.d.

Ibn al-Ṭuwayr, *Nuzhat al-muqlatayn fī aḫbār al-dawlatayn*, éd. Aymān Fuʾād Sayyid, Steiner, Beyrouth et Stuttgart, 1992.

ʿImād al-Dīn al-Iṣfahānī, *al-Barq al-šāmī*, éd. Fāliḥ Ḥusayn, Muʾassasat ʿAbd al-Ḥamīd Šūmān, Amman, 1987, t. III.

—, *al-Fatḥ al-qussī fī al-fatḥ al-qudsī*, éd. Dār al-manār, Beyrouth, 2004.

Al-Maqdisī (ʿAbd al-Ġanī), *Manāqib al-nisāʾ al-ṣaḥābiyyāt*, éd. Ibrāhīm Ṣāliḥ, Dār al-bašāʾir, Damas, 1994.

Al-Maqrīzī, *Kitāb al-sulūk li-maʿrifat duwal al-mulūk*, éd. Muḥammad ʿAbd al-Qādir ʿAṭṭā, Dār al-kutub al-ʿilmiyya, Beyrouth, 1997, 8 vols.

—, *al-Mawāʿiẓ wa-l-iʿtibār bi-ḏikr al-ḫiṭaṭ wa-l-aṯār*, éd. Ḫalīl al-Manṣūr, Dār al-kutub al-ʿilmiyya, Beyrouth, 1998, 4 vols.

Al-Māwardī, *al-Aḥkām al-sulṭāniyya*, trad. Edmond Fagnan, *Les statuts gouvernementaux ou règles de droit public et administratif*, Adolphe Jourdan, Alger, 1915.

Miʿmar al-Azdī, *al-Ǧāmiʿ*, éd. Ḥabīb al-Raḥman al-Aʿẓamī, al-Maǧlis al-ʿilmī bi-Bākistān/ al-Maktab al-islāmī bi-Bayrūt, 1403 H.

Niẓām al-Mulk, *Siyāsat Nāmah*, trad. Charles-Henri Auguste Schéfer, *Traité de gouvernement*, Paris, Ernest Leroux, 1891.

Sibt Ibn al-Ǧawzī, *Mirʾāt al-zamān*, éd. Hyderabad, vol. VIII/2, 1951-1952.

Thomas de Froidmont, *Hodoeporicon et pericula Margartie Iherosolimitane*, éd. Paul Gerhard Schmidt, « 'Peregrinatio periculosa'. Thomas von Froidmont über die : Jerusalemfahrten seiner Schwester Margareta », dans U. J. Stache *et al.* (éd.), *Kontinuität und Wandel. Lateinische Poesie von Naevius bis Baudelaire. Franco Munari zum 65, Geburgstag*, p. 472-485.

Usāma b. Munqiḏ, *Kitāb al-iʿtibār, ṭabʿa ǧadīda ʿalā al-nusḫa allatī ḥarrarahā al-Duktūr Fīlīb Ḥittī*, éd. Muḥammad ʿAlī Bayḍūn, Dār al-kutub al-ʿilmiyya, Beyrouth, 1999.

Al-Yaʿqūbī, *Kitāb al-buldān*, éd. M. J. De Goeje, Leyde, 1892.

Yāqūt al-Ḥamawī, *Muʿǧam al-buldān*, éd. Beyrouth, s. d.

al-Yūnīnī, *Ḏayl mirʾāt al-zamān*, ms. Istanbul, Aya Sofya, 3199.

Études

Aḥmad, Nurīmān ʿAbd al-Karīm, *al-Marʾa fī Miṣr fī al-ʿaṣr al-fāṭimī*, al-Hayʾa al-miṣriyya al-ʿāmma li-l-kitāb, Le Caire, 1993.

Amabe, Fukuzo, *The Emergence of the ʿAbbasid Autocracy: The ʿAbbasid Army, Khurasan and Adharbayjan*, Kyoto UP, Kyoto, 1995.

Arjomand, Saïd, « Legitimacy and Political Organization : Caliphs, Kings and Regimes », dans Robert Irwin (éd.), *The New Cambridge History of Islam* IV, Cambridge University Press, Cambridge, 2010, p. 225-273.

Ayalon, David, « L'esclavage du mamelouk », *Oriental Notes and Studies* 1, Jérusalem, 1951, p. 1-66.

—,« The Wafidiya in the Mamlūk Kingdom », *Islamic culture 25. An English Quarterly*, 1951, p. 89-104.

—, « Mamlūkiyyāt », *Jerusalem Studies in Arabic and Islam* 2, 1980, p. 321-349.

—, *Islam and the Abode of War : Military Slaves and Islamic Adversaries*, Ashgate, Aldershot, 1994.

—, *Le phénomène mamelouk dans l'Orient islamique*, PUF, Paris, 1996.
—, *Eunuchs, Caliphs and Sultans : A Study in Power Relationships*, The Hebrew University Magnes Press, Jérusalem, 1999.
Barrois, Claude, *Psychanalyse du guerrier*, Hachette, Paris, 1993.
Beshir, B. J., « Fatimid Military Organization », *Der islam* 55, 1978, p. 46-8.
Bianquis, Thierry, *Damas et la Syrie sous la domination fatimide (359-468/968-1076). Essai d'interprétation de chroniques arabes médiévales*, PIFD, Damas, 1986-1989, 2 vols.
—, « Historiens arabes face à islam et arabité du XIe au XXe siècle », dans Dominique Chevallier (dir.), *Les Arabes et l'histoire créatrice*, PUPS, Paris, 1995, p. 41-58.
—, *La famille arabe médiévale*, Éditions Complexe, Paris, 2005 (1re éd. 1986).
Bouhdiba, Abdelwahab, *Sexuality in Islam*, Routledge, New York, 2008 (1re éd. en français, 1975).
Bouquet, Olivier, « Famille, familles, grandes familles : une introduction », dans id. (dir.), *Les grandes familles en Méditerranée orientale, Cahiers de la Méditerranée* 82, 2011, p. 189-211.
Bosworth, Clifford E., « Notes on Some Turkish Personal Names in Seljūq Military History », *Der Islam* 89/2, 2012, p. 97-110.
Bourdieu, Pierre, « Les stratégies matrimoniales dans le système de reproduction », *Annales. Économies, Sociétés, Civilisations* 27, 1972, p. 1105-1127.
—, *La Distinction. Critique sociale du jugement*, Éditions de Minuit, Paris, 1979.
—, *La domination masculine*, Seuil, Paris, 1998.
Bray, Julia, « The Family in the Medieval Islamic World », *History Compass* 9/9, 2011, p. 731-742.
Broadbridge, Anne F., « Sending Home for Mom and Dad : The Extended Family Impulse in Mamluk Politics », *Mamluk Studies Review* 15, 2011, p. 1-18.
Brown, Peter, *Le culte des saints. Son essor et sa fonction dans la chrétienté latine*, Éd. du Cerf, Paris, 1984.
Cahen, Claude, « L'évolution de l'iqtâ du IXe au XIIIe siècle : contribution à une histoire comparée des sociétés médiévales », *AESC*, 8e année, no 2, 1953, p. 25-52.
Carayon, Agnès, *La furūsiyya des Mamlūks. Une élite sociale à cheval*, thèse de doctorat (dir. S. Denoix), Univ. de Provence, 2012, 2 vols.
Chamberlain, Michael, *Knowledge and Social Practice in Medieval Damascus, 1190-1350*, Cambridge University Press, Cambridge, 2002 (1re éd., 1994).
—, « The Crusader Era and the Ayyūbid Dynasty », dans Carl F. Petry (éd.), *The Cambridge History of Egypt, I, Islamic Egypt*, Cambridge University Press, Cambridge, 1998, p. 211-241.
Clifford, Winslow Williams, *State Formation and the Structure of Politics in Mamluk Syro-Egypt, 648-741/1250-1340*, Vandenhoeck & Ruprecht, Göttingen, 2013.
Cook, David, *Understanding Jihad. Fighters in Classical and Contemporary Islam*, University of California Press Berkeley, Los Angeles, Londres, 2005.
—, « Women Fighting in Jihad? », *Studies in Conflict and Terrorism* 28, 2005, p. 375-384.
Cortese, Delia et Calderini, Simonetta, *Women and the Fatimid in the Worlds of Islam*, Edinburgh University Press, Edinburg, 2006.
De la Vaissière Étienne, *Samarcande et Samarra. Élites d'Asie centrale dans l'empire abbasside*, Cahiers de Studia Iranica 35, Association pour l'avancement des Études iraniennes, Paris, 2007.
Derenbourg, Hartwig, *ʿOumâra du Yémen. Sa vie et son oeuvre* II, *Vie de ʿOumâra du Yémen*, Ernest Leroux, Paris, 1909.
Dernbecher , Christine, *"Deus et virum suum diligens". Zur Rolle und Bedeutung der Frau im Umfeld der Kreuzzüge*, St Ingbert, 2003.
Eddé, Anne-Marie, *La principauté ayyoubide d'Alep (579/1183-658/1260)*, Franz Steiner, Stuttgart, 1995.
—, « Images de femmes en Syrie à l'époque ayyoubide », dans Patrick Henriet et Anne-Marie Legras (éd.), *Au cloître et dans le monde. Femmes, hommes et sociétés (IXe-XVe siècle). Mélanges en l'honneur de Paulette L'Hermite-Leclercq*, PUPS, Paris, 2000, p. 65-78.
—, *Saladin*, Flammarion, Paris, 2010.
El-Azhari, Taef Kamal, « Influence of Eunuchs in the Ayyubid Kingdom », dans U. Vermeulen et J. Van Steenbergen (éd.), *Egypt and Syria in the Fatimid, Ayyubid and Mamluk Eras* IV, Proceedings of the 9th and 10th International Colloquium organized at the Katholieke Universiteit Leuven in May 2000 and May 2001, *OLA* 4, Peeters, Louvain, Dudley, 2005, p. 127-142.
—, « The Role of Salǧuqid Women in Medieval Syria », dans U. Vermeulen et J. Van Steenberger (éd.), *Egypt and Syria in the Fatimid, Ayyubid and Mamluk Eras* IV, Proceedings of the 9th and 10th International Colloquium organized at the Katholieke Universiteit Leuven in May 2000 and May 2001, *OLA* 4, Uitgeverij Peeters, Louvain, Dudley, 2005, p. 111-126.

—, « Gender and History in the Fatimid State : The Case of Eunuchs 909-1171 », *Online International Journal of Arts and Humanities* 2/1, janv. 2013, p. 9-21.

El-Cheikh, Nadia, « Women's History : A Study of al-Tanūkhī », dans Manuela Marin et Randi Deguilhem, *Writing the Feminine. Women in Arab Sources*, I. B. Tauris, Londres et New York, 2002, p. 129-148.

—, « Gender and Politics in the Harem of al-Muqtadir », dans Leslie Brubaker et J. M. H. Smith (éd.), *Gender in the Early Medieval World*, Cambridge, 2004, p. 147-164.

—, « Revisiting the ʿAbbāsid Harems », *Journal of Middle Eastern Women's Studies* 1, 2005, p. 1-19.

Élisséeff, Nikita, *Nūr ad-dīn. Un grand prince musulman de Syrie au temps des croisades (511-569/1118-1174)*, PIFD, Damas, 1967, 3 vol.

Eychenne, Mathieu, *Liens personnels, clientélisme et réseaux de pouvoir dans le sultanat mamelouk (milieu XIIIe – fin XIVe siècles)*, Ifpo, Beyrouth, 2013.

—, « David Ayalon et l'historiographie de l'armée mamelouke », dans *id.* et Abbès Zouache (éd.), *Historiographie de la guerre dans le Proche-Orient médiéval (X^{e}-XVe siècle). État de la question, lieux communs, nouvelles approches*, Ifao-Ifpo, Le Caire, sous presse.

Frenkel, Yehoshua, « Muslim Responses to the Frankish Dominion in the Near East, 1098-1291 », dans Conor Kostick (éd.), *The Crusades and the Near East*, New York, 2011, p. 27-54.

Geldsetzer, Sabine, *Frauen auf Kreuzzügen, 1096-1291*, Darmstadt, 2003.

Giladi, Avner, *Children of Islam: Concepts of Childhood in Medieval Muslim Society*, MacMillan, Houndmill et Londres, 1992.

—, *Infants, Parents and Wet Nurses. Medieval Islamic Views on Breastfeeding and Their Social Implications*, Brill, Leyde, 1999.

—, « Individualism and Conformity in Medieval Islamic Educational Thought : Some Notes with Special Reference to Elementary Education », *Al-Qanṭara* 36/1, 2005, p. 99-121.

—, « Herlihy's Thesis Revisited : Some Notes on Investment in Children in Medieval Muslim Societies », *Journal of Family History* 36/3, 2011, p. 235-24.

—, « Infants, Children and Death in Medieval Muslim Societies », dans Heidi Morrison (éd.), *The Global History of Chilhood Reader*, Routledge, New York, 2012, p. 92-102.

—, « "The Child Was Small… Not So the Grief for Him" : Sources, Structure, and Content of al-Sakhawi's Consolation Treatise for Bereaved Parents », *Poetics Today* 14/2, 2013, p. 367-386.

Gordon, Matthew, *The Breaking of a Thousand Swords. A History of the Turkish Military of Samarra (A. H. 200-275/813-889 C. E.)*, State of University of New York Press, New York, 2001.

—, « ʿArīb al-Maʾmūniyya : a Third/Ninth-Century ʿAbbāsid Courtesan », dans Neguin Yevari *et al.* (éd.), *Views from the Edge : Essays in Honor of Richard W. Bulliet*, New York, 2004, p. 86-100.

—, « The Place of Competition : The Careers of ʿArīb al-Maʾmūniyya and ʿUlayya bint al-Mahdī, Sisters in Song », *Occasional Papers of the School of ʿAbbāsid Studies, Cambridge, 2002*, Louvain, 2004, p. 61-81.

Gril, Denis, « Pratiques, rituels communautaires, conduites personnelles, apparition du soufisme » dans Thierry Bianquis *et al.* (éd.), *Les débuts du monde musulman (VIIe-Xe siècle)*, PUF, Paris, 2012, chap. XX.

Hamblin, William J., *The Fatimid Army During the Early Crusades*, Ph. D., Université de Michigan, 1984.

Héritier, Françoise, « Le sang du guerrier et le sang des femmes. Notes anthropologiques sur le rapport des sexes », *Les Cahiers du GRIF* 29, 1984.

—, *Masculin/Féminin I. La pensée de la différence*, Odile Jacob, Paris, 1996, et *II. Dissoudre la hiérarchie*, Odile Jacob, Paris, 2002.

Hillenbrand, Carole, « The Career of Najm al-Dīn Īl-Ghāzī », *Der Islam* 58/2, 1981, p. 250-292.

—, « Women in the Seljuq Period », dans Guity Nashat et Lois Beck (éd.), *Women in Iran from the Rise of Islam to 1800*, University of Illinois Press, Urbana et Chicago, 2003, p. 103-120.

Hodgson, Natasha R., *Women, Crusading and the Holy Land in Historical Narrative*, The Boydell Press,Woodbridge, 2007.

Ḥuǧǧa, Muṣṭafā, *Orthodoxie, subversion et réforme en islam : Ġazālī et les Seljūqides*, Vrin, Paris, 1993.

Humphreys, R. Stephen, *From Saladin to the Mongols. The Ayyubids of Damascus, 1193-1260*, SUNY Press, New York, 1977.

—, « Women as Patrons of Religious Architecture in Ayyubid Damascus », *Muqarnas* 11, 1994, p. 35-54.

Irwin, Robert, « *Iqṭāʿ* and the End of the Crusader States », dans Peter Malcom Holt (éd.), *The Eastern Mediterranean Lands in the Period of the Crusades*, Aris and Phillips, Warminster, 1977.

—, « Ali al-Baghdadi and the Joy of Mamluk Sex », dans Hugh Kennedy (éd.), *The Historiography of Islamic Egypt (c. 950-1800)*, Brill, Leyde, 2001, p. 45-57.

Joly, Hervé, *De la sociologie à la prosopographie des élites : regards croisés sur la France et l'Allemagne. Mémoire de synthèse présenté pour l'habilitation à diriger les recherches*, EHESS, Paris, 2008.

Kennedy, Hugh, « Central Government and Provincial Élites in the Early ʿAbbāsid Caliphate", *BOAS* 44/1, fév. 1981, p. 26-38.

—, *The Early Abbasid Caliphate. A Political History*, Croom Helm, Londres, 1981.

Khazanov, Anatoly M., *Nomads and the Outside World*, The University of Wisconsin Press, Madison, 1994.

Kīra, Nağwā Kamāl, *al-Ǧawārī wa-l-ġilmān fī Miṣr fī al-ʿaṣrayn al-fāṭimī wa-l-ayyūbī, 358-648/969-1250. Dirāsa siyāsiyya iğtimāʿiyya*, Maktabat Zahrā' al-Šarq, Le Caire, 2007.

Lambton, Ann K. S., « The Internal Structure of the Seljuq Empire », *The Cambridge History of Iran, V. The Saljuq and Mongol Periods*, Cambridge University Press, Cambridge, 1968, p. 203-282.

—, *Continuity and Change in Medieval Persia : Aspects of Administrative, Economic and Social History, 11th-14th Century*, State University of New York Press, New York, 1988.

Lev, Yaacov, *State and Society in Fatimid Egypt*, Brill, Leyde, 1991.

Lyons, Malcom Cameron et Jackson, Donald E. P., *Saladin: The Politics of Holy War*, Cambridge University Press, Cambridge, 1982.

Maier, Christoph T., « Historiographical Essay. The Roles of Women in the Crusade Movement : A Survey », *Journal of Medieval History* 30, 2004, p. 61-82.

May, Timothy, *The Mongol Art of War, Chinggis Khan and the Mongol Military System*, Westholme, Yardley, 2007.

Meisami, Julie Scott, « Writing Medieval Women : Representations and Misrepresentations », dans Julia Bray (éd.), *Writing and Representation in Medieval Islam. Muslim Horizons*, Routledge, New York, 2006, p. 47-88.

Mouton, Jean-Michel, *Damas et sa principauté sous les Saljoukides et les Bourides (468-549/1076-1154)*, Ifao, Le Caire, 1994.

Nègre, Arlette, « Les femmes savantes chez Ḏahabī », *BEO* 30/2, 1978, p. 119-126.

Nietzche, Friedrich Wilhelm, *Also sprach Zarathoustra*, trad. Maurice Betz, *Ainsi parlait Zarathoustra*, Gallimard, Paris, 1961.

Northedge, Alastair, *The Historical Topography of Samarra. Samarra Studies I*, The British School of Archaeology in Iraq – Fondation Max Van Berchem, Londres, 2007 (1re éd. 2005).

Omran, Abdel Rahim, *Family Planning in the Legacy of Islam*, Routledge et United Nations Population Fund, Londres et New York, 1992.

Peacock, Andrew C. S., *Early Seljūq History. A New Interpretation*, Routledge, New York et Abingdon, 2010.

Rabie, Hassanein, *The Financial System of Egypt A. H. 564-741/A. D. 1169-1341*, OUP, Londres, 1972.

Rapoport, Yossef, *Marriage, Money and Divorce in Medieval Islamic Society*, Cambridge University Press, Cambridge, 2005.

Richard, Donald S., « A Consideration of Two Sources for the Life of Saladin », *Journal of Semitic Studies* 25, p. 46-65.

Rivoal, Isabelle, *Les Maîtres du secret. L'Identité communautaire et ses manifestations au Proche-Orient : le cas des Druzes en Israël*, thèse de doctorat (dir. Lucette Valensi) EHESS, Paris, 2013.

Rowson, Everett, « The Effeminates of Early Medina », *JAOS* 111, 1991, p. 671-693.

—, « Homoerotic Liaisons among the Mamluk Elite in Late Medieval Egypt and Syria », dans Kathryn Babayan et Afsaneh Najmabadi (éd.), *Islamicate Sexualities : Translations Across Temporal Geographies of Desire*, Harvard Univ. Press, 2008, p. 204-238.

Sayyid, Ayman Fu'ād , *La capitale de l'Égypte jusqu'à l'époque fatimide. Al-Qāhira et al-Fusṭāṭ. Essai de reconstitution topographique*, Franz Steiner, Beyrouth et Stuttgart, 1998.

Schacht, Joseph, *Introduction to Islamic Law*, Clarendon Press, Oxford, 1964,

Solinas, Piergiogio, « La famille », dans Fernand Braudel et Georges Duby (dir.), *La Méditerranée. Les hommes et les héritages*, Flammarion, Paris, 1986.

Tabbaa, Yasser, *Constructions of Power and Piety in Medieval Aleppo*, Pennsylvania state Univeristy Press, Pennsylvanie, 1997

—, « Ḍayfa Khātūn, Regent Queen and Architectural Patron », dans D. Fairchild Ruggles, *Women, Patronage, and Self-Representation in Islamic Societies*, State University of New York Press, Albany, 2000, p. 17-34.

Tor, Deborah, « Mamlūk Loyalty : Evidence from the Late Seljuq Period », *Asiatische Studien/Études asiatiques* LXV/3, 2011, p. 767-796.

Satô, Tsugitaka, *State and Rural Society in Medieval Islam : Sultans, Muqta'ʿs and Fallahun*, Brill, Leyde, etc., 1997

Tucker, Judith E., *Women, Family, and Gender in Islamic Law*, Cambridge University Press, Cambridge, 2008.

Yared-Riachi, Mariam, *La politique extérieure de la Principauté de Damas 468-549/1076-1154*, Ifpo, Damas, 1997.

Ziadeh, N. A., *Urban Life in Syria Under the Early Mamluks*, American University Press, Beyrouth, 1953.

Zouache, Abbès, *Armées et combats en Syrie de la première croisade à la mort de Nūr al-Dīn (497/1095-569/1174). Analyse comparée des chroniques latines et arabes médiévales*, Ifpo, Damas, 2008.

—, « Dubays Ibn Ṣadaqa (m. 539/1135), aventurier de légende. Histoire et fiction dans l'historiographie arabe médiévale », *BEO* 58, 2009, p. 87-130.

—, « Saladin, l'histoire, la légende », dans Denise Aigle (éd.), *Le Bilād al-Šām face aux mondes extérieurs (XIe-XIVe siècle). La perception de l'autre et la représentation du souverain*, Ifpo, Damas, 2011, p. 41-72.

KRISTOF D'HULSTER & JO VAN STEENBERGEN*

Family Matters

The "Family-In-Law Impulse" in Mamluk Marriage Policy**

✦ **RÉSUMÉ**

Le débat qui divise les chercheurs sur la question du mode de succession au sein du sultanat mamelouk d'Égypte et de Syrie (1250-1517) est ancien et très controversé. Le présent article entend y contribuer en proposant une nouvelle perspective, celle de "l'appel à la belle-famille". En étudiant empiriquement la politique de mariage menée entre 784/1382 et 872/1467 par les sultans mamelouks (de Barqūq à Ḫušqadam) – avec qui se mariaient-ils ? –, l'enquête suggère que bien que n'ayant aucun lien de parenté entre eux, ces sultans étaient néanmoins liés par le mariage. L'article entreprend ensuite d'interpréter cette observation, en analysant les significations possibles de ces liens de mariage. L'argument qui prime est que ces liens matrimoniaux représentent une des nombreuses stratégies visant à la reproduction sociale : en épousant une personne issue de la famille de leur prédécesseur, les nouveaux sultans, entre 1382 et 1467, épousaient en fait un capital symbolique. Ils établissaient de la sorte un lien et une parenté de belle-famille avec leur prédecesseur. En reconstituant ainsi le rôle des femmes mameloukes et

* Kristof D'hulster, Universiteit Gent, kristof.dhulster@ugent.be; Jo Van Steenbergen, Universiteit Gent, Jo.VanSteenbergen@UGent.be

** Research for this article was conducted under the auspices of the project "The Mamlukisation of the Mamluk Sultanate: Political Traditions and State Formation in 15th-Century Egypt and Syria", based at Ghent University, Belgium, with funding made possible by a grant from the European Research Council (2009-14, ERC StG 240865 MMS). We wish to thank J. Loiseau (Montpellier) for inviting us to present a first draft of this article at an international round table organized at Montpellier 2012 ("Repenser l'histoire de la famille dans l'Islam mediéval, Montpellier), as well as Y. Rapoport (London) and A. Sabra (Santa Barbara) for their feedback.

des liens matrimoniaux au sein du processus de succession, deux des paradigmes dominants au sein des études mameloukes sont remis en question: la division de l'espace politique selon le sexe et le fondement servile de l'État mamelouk.

Mots-clés : Femmes mameloukes et capacité d'action politique – sultans circassiens – stratégies matrimoniales – mode de succession sultanienne – Impulsion dynastique, de famille étendue et de belle-famille – division de l'espace selon le sexe – fondement servile de l'État mamelouk

ABSTRACT

The academic debate on the ideas and practices that organized succession to the sultanate of Mamluk Egypt and Syria (1250-1517) is long-standing and vexed. This article adds to this debate by bringing in a novel perspective: the "Family-In-Law Impulse." First, an empirical identification of whom Mamluk sultans between Barqūq (784 AH/1382 CE) and Ḫušqadam (872 AH/1467 CE) married is presented, suggesting that many of these unrelated sultans were connected nonetheless through marriage. The hermeneutics of this observation are then dealt with, by reviewing the possibilities of what these marital ties might mean. It is argued that they reflect one of many strategies aiming at social reproduction: by marrying into their predecessor's family, new sultans between 1382 and 1467 married into symbolic capital first and foremost, thus obtaining an "in-law tie" and "in-law pedigree" to a predecessor. By thus reconsidering the role of Mamluk ladies and of marital ties within the Mamluk mode of succession, two dominant paradigms of Mamluk studies are simultaneously challenged: gendered political space and the Mamluk slave state.

Keywords: Mamluk women and political agency – Circassian sultans – marriage strategies – mode of sultanic succession – Dynastic, Extended Family and Family-In-Law Impulse – public/male and private/female gendered space – Mamluk slave state

* * *

FULLY IN LINE with the well-known *ḥadīṯ*, *Lan yufliḥa qawmun wallaw amrahum imra'atan*, "Those who entrust power to a woman will never enjoy prosperity"[1], Mamluk society of late medieval Egypt and Syria (1250-1517) was a gendered society, the public and "visible" sphere being dominated by the male element, and the female element being secluded inside

1. For references to the hadith collections, see Wensinck, *A Handbook of Early Muhammad Tradition*, p. 255, sub "Woman, Women". This *ḥadīt* is often quoted, see, e.g., Abbot, "Women and the State in Early Islam", p. 120; Mernissi, *The Veil and the Male Elite*, p. 49-61; Spellberg, *Politics, Gender, and the Islamic Past*, p. 138-140 (superbly reviewed, together with two other works on medieval Islamic women, in Meisami, "Writing Medieval Women," p. 55-56); and Jawad, *The Rights of Women in Islam*, p. 88-96.

the private and "invisible" sphere.[2] M. Chapoutot-Remadi rightly observed, however, that "il y a en effet un discours idéologique qui propose, et une société qui dispose":[3] this gendered division of space and power, and the patriarchalism linked to it were ideal states, rather than social realities. Neither in Mamluk society itself, nor in the sources that have come down to us, were women as "invisible" as this *ḥadīṯ* might suggest.[4] However low their visibility may have been in society, and however androcentric the sources may appear, we do find glimpses of Mamluk women. Indeed, ever since A. ʿAbd al-Rāziq's seminal work on Mamluk women, *La femme au temps des Mamlouks en Égypte*,[5] scholars have made great progress in making Mamluk women as "visible" as the sources allow them to.

Yet, this progress notwithstanding, the paradigm of "rigidly separate public/male and private/female spheres"[6] still looms large. In this article, we wish to add more color and texture to our evolving picture of Mamluk women and to further challenge this gender paradigm. We will call attention to matrimonial ties as an aid to socio-political (re)production, by rethinking women as custodians and transmitters of capital that was valued in the male public sphere, and, hence, as politically valuable.

Mamluk Women, Mamluk Paradigms and Bourdieusian Capital

A most suitable lens through which to look at Mamluk women we have found in the various *forms of capital*, as conceptualized by the French sociologist Pierre Bourdieu.[7] In Bourdieu's terms, the concept of capital extends far beyond its usual economic meaning, to include all forms of power, whether material, cultural, social or symbolic. Thus broadly defined, capital is any valued resource that functions as a "social relation of power", that becomes the object of struggle, and that one can turn to in order to maintain and enhance one's position in the social order. While such resources can be embodied in a wide variety of forms, including religious and statist capital, most often, four generic types are considered:

2. For the dyadic public/private distinction in general, see Weintraub, "The theory and politics of the public/private distinction." More in particular, see Denoix, "Les notions de 'privé' et de 'public' dans le monde musulman sunnite médiéval."
3. Chapoutot-Remadi, "Femmes dans la ville mamluke," p. 164. For the discrepancy between the theoretical and actual restrictions on women, and the question of whether so-called "descriptive" sources may have a normative inkling, see also Lufti, "Manners and Customs of Fourteenth-Century Cairene Women"; and Booth (ed.), *Harem Histories. Envisioning Places and Living Spaces* ("I. Normative Images and Shifting Spaces," p. 21-84).
4. See Hambly, "Becoming Visible: Medieval Islamic Women in Historiography and History." Other introductions are provided by Keddie, "Problems in the Study of Middle Eastern Women"; *id.*, "Introduction: Deciphering Middle Eastern Women's History"; *id.*, *Women in the Middle East: Past and Present*; and Fay, "Methodologies, Paradigms and Sources for Studying Women and Islamic Cultures."
5. ʿAbd ar-Rāziq, *La femme*. Even though outdated, this is still a useful collation of many sources.
6. Pierce, *The Imperial Harem*, p. 149.
7. Swartz, *Culture & Power*, p. 73-74. The basic ideas were developed by Bourdieu in his "Ökonomisches Kapital, kulturelles Kapital, soziales Kapital". For his importance for gender studies, see, e.g., Adkins and Skeggs, *Feminism After Bourdieu*.

– *Economic capital* (money and property);
– *Cultural capital* (educational credentials, training, literacy, savoir-vivre);
– *Social capital* (membership in a network of varying relationships);
– *Symbolic capital* (any form of power not perceived as such but as legitimate demands for recognition, obedience, or the service of others: philanthropy, charisma, pedigree, etc.).

What makes this conceptualization of capital such a powerful tool is the fact that it allows us to consider different assets (as widely diverging as patron-client ties, charisma, charity and language skills) simultaneously and as equal means of power resources to be obtained, protected, lost or passed on. Apart from being equally important, these forms of capital are moreover mutually convertible: just as the symbolic capital of charisma can be converted into social capital, as it allows for the construction of a large network, so can the cultural capital of a good education be cashed in as economic capital, as it leads to a well-paid job.

When reviewing past studies on Mamluk women[8] from the perspective of Bourdieusian capital, it appears that mostly aspects of their cultural and economic capital have been dealt with. Women's education, their role in the transfer of *ḥadīṯ*, their founding or supervising of *waqf*-s and their trousseaus are discussed, —often in confrontation with the patriarchal ideal—, by scholars such as Berkey, Petry, and Rapoport.[9] In terms of symbolic and especially social capital, Mamluk women seem to have fared considerably less well, with only a handful of relevant publications, such as those by Behrens-Abouseif, Johnson and Staffa.[10] One issue that is conspicuously absent from the studies referred to above, however, is politics. While Mamluk women are increasingly recognized as stake-holders to various forms of capital, next to men, we rarely meet any women who by virtue of any type of such capital are considered to be *a factor in the political power process*. If their political role is referred to in the secondary literature, this happens mostly as an afterthought or between the lines.[11] In this, these studies are obviously informed by the primary sources at our disposal. Apart from the unique *sulṭān(a)*

8. While a general introduction into the subject is provided by Kortantamer, "Woman in Mamluk Society," an excellent survey is given by Rapoport, "Women and Gender," including valuable work by M. Shatzmiller, A. Sayeed, A. Layish, H. Kilpatrick, etc. See also Ahmed, *Women and Gender in Islam*, p. 104-120 (reviewed in Meisami, "Writing Medieval Women").
9. Berkey, "Women and Islamic Education in the Mamluk Period"; Petry, "A Paradox of Patronage"; *id.*, "Class Solidarity Versus Gender Gain"; *id.*, "Conjugal Rights Versus Class Prerogatives"; *id.*, "The Estate of al-Khuwand Fāṭima al-Khāṣṣbakiyya"; Rapoport, "Divorce and the Elite Household"; *id.*, *Marriage, Money and Divorce in Medieval Islamic Society*; *id.*, "Women and Gender."
10. Behrens-Abouseif, "The *Mahmal* Legend and the Pilgrimage of the Ladies of the Mamluk Court"; Johnson, "Royal Pilgrims: Mamluk Accounts of the Pilgrimage to Mecca of the Khawand al-Kubra"; Staffa, "Dimensions of Women's Power." The former two focus on symbolic capital (their seclusion as proof of the sultan's patriarchal authority, their richly furbished pilgrimage as a token of the household's economic capital; their performance of the Hadj as a Hadj-by-proxy for the sultan, thus adding to the sultan's (religious) symbolic capital.
11. Petry, "Class Solidarity Versus Gender Gain," p. 123-125; *id.*, "A Paradox of Patronage," esp. n. 39 and 43; Rapoport, "Divorce and the Elite Household", p. 211-212; and *id.*, "Women and Gender," p. 45 ("the gendered spheres of women were complementary, rather than subordinate, to those of men. This was true in most

Šağar al-Durr (r. 1250), widow of the Ayyubid sultan al-Ṣāliḥ Ayyūb, Mamluk primary sources do not hint at women of political power, whether in- or outside the mainstream of formalized power. Hence, while the gender paradigm is increasingly reviewed in terms of capital, its revision in terms of political power remains largely wanting.[12]

One of the main reasons for this perseverance surely is the long-standing monopolization of the study of Mamluk politics by the equally androcentric notion of the Mamluk sultanate as a self-conscious and continuous (male) slave state, "a *Colluvies* of slaves, the scum of all the East, who, having treacherously destroyed the Jobidae, their Masters, reigned in their stead"—to quote from the more cartoonesque representation of Reverend Humphrey Prideaux (1722).[13] This resilient paradigm has been and remains rooted in the undeniable reality of the discontinuous transitions of rule that characterized much of the pedigree of Mamluk sultans between 1250 and 1517. The succession of the eighteen sultans between Barqūq's accession in 1382 and Ḫušqadam's demise in 1467 in particular does not reveal any consanguineous continuity: apart from six short and unsuccessful "father-to-son" sultanic successions, the sultanate is passed on from one former military slave (*mamlūk*) to another, without any blood tie connecting them. The normative nature of the Mamluk slave state is then commonly offered as the rationale behind such a discontinuous mode of succession, and this is explained by the idea of a continuous priority in the Mamluk socio-political space of bonds of solidarity inculcated through (exclusively male) military slavery and of anti-dynastic and one-generational attitudes. *Mamlūk*-s were imported from their homeland, purchased by their *ustāḏ*, trained, subsequently manumitted and then enrolled into the Mamluk establishment; as a rule (called "Joseph's Law" by contemporary observers), the *mamlūk*-s' sons or *awlād al-nās* were systematically excluded from office, so that time and again new generations of *mamlūk*-s needed to be imported in order to fill all the ranks. Being commonly imported and traded individually, *mamlūk*-s were moreover thought to have substituted whatever blood relatives they had left behind in their homeland with artificial relatives in their new home: their *ustāḏ* or manumitting master, their fellow-slaves or *ḫušdāšiyya*, etc. Translated to the Mamluk mode of succession, this meant that sultans' sons were "as a rule" cut off from office: their sultanates were transitional and "abnormal" periods only, during which the battle for the "normal" sultanate was fought among all those worthy of that title, i.e., *mamlūk*-s, who were related not by blood, but by *mamlūk* ties at most. *Mamlūk*-dom being a prerequisite for the sultanate, there *could be no* dynasty, and there *could only be* sultanic succession without consanguineous continuity.

political, economic, and social aspects of public life"). Notable exceptions are ʿAbd ar-Rāziq, *La femme*, p. 27-33; Staffa, "Dimensions of Women's Power"; and Koby, "Ethnic Groups, Social Relationships and Dynasty."

12. Cf. Pierce, *The Imperial Harem*, p. 149: "Only when the paradigm of rigidly separate public/male and private/female spheres is discarded can we begin to appreciate the ways in which the structure of the Ottoman ruling class enabled women to participate in the political life of the empire. Conversely, by understanding how women were able to acquire and exercise power, we obtain a clearer picture of the structure of Ottoman politics and society in the early modern period."

13. Anon., *The Life of Reverend Humphrey Prideaux, D.D., Dean of Norwich*, London 1748, p. 268-269; quoted from Holt, "The Position and Power of the Mamluk Sultan," p. 237.

Just as the paradigm of gendered space has long bedazzled us, blinding us to the role that women actually played, we might wonder whether explanations emphasizing the historical and anthropological exceptionalism of an exclusive Mamluk "slave state" might not also be blinding us, this time from seeing trans-generational continuity (as only one-generationality is expected) and relevant blood ties (as only artificial ties are expected to be relevant). Fortunately, scholars such as A. Broadbridge, U. Haarmann, Y. Koby, A. Levanoni and J. Loiseau[14] increasingly question the validity of such explanations. Of all these challenges, the one posed by Broadbridge is especially relevant here.[15] She in fact identified two "impulses" that go diametrically against any exclusive "slave state" notion:

– The "Dynastic Impulse"[16]: against the apparent one-generational attitudes, Broadbrige—amongst others—argues that sultans indeed aimed at founding a dynasty, by putting their son on the throne. Instead of a succession of non-related "normal" *mamlūk* sultans, separated from one another by "abnormal", transitional and typically short reigns of non-*mamlūk* sultans' sons, she sees a succession of short-lived nascent dynasties, which, time and again, were aborted prematurely at the onset of the second generation, by non-relative *mamlūk*-s, who then founded a dynasty themselves.

– "Extended Family Impulse": rather than *mamlūk*-s being reprogrammed as to make tabula rasa with whatever blood ties they had, it appears that certain high-profile *mamlūk*-s were less forgetful regarding their relatives than commonly assumed; indeed, quite some of them made conscious efforts to have these come over to the Mamluk domains.[17]

Not coincidentally, a prime example for Broadbridge's "Dynastic Impulse" and "Extended Family Impulse" is to be found in the person of sultan al-Ẓāhir Barqūq. It was he who ended the Qalāwūnid dynasty, and we have many reasons to believe that he consciously sought to reproduce socially, that is, to found his own, Barqūqid, dynasty. After all, by importing relatives and appointing them to offices, he greatly boosted his Bourdieusian social and symbolic capital. He thus provided his reign and that of his offspring with the much more solid and diversified

14. Broadbridge, "Sending Home for Mom and Dad"; Haarmann, "The Sons of Mamluks as Fief-Holders in Late Medieval Egypt"; *id.*, "Joseph's Law"; Koby, "Ethnic Groups, Social Relationships and Dynasty"; *id.*, "Mamluks and Their Relatives"; Levanoni, "The Sultan's *laqab*"; Loiseau, *Reconstruire la Maison du sultan*, p. 197-199. For the 14th century, see Van Steenbergen, *Order Out of Chaos*, p. 76-94, esp. p. 82-85, and *id.*, "Mamluk Elite on the Eve of al-Nāṣir Muḥammad's Death."

15. As Koby "Ethnic Groups, Social Relationships and Dynasty" is in Hebrew and remains unpublished, we have been able to consult only its four-page English summary, which proves very relevant: "(…) blood ties, marital ties and ethnic solidarity were more important than it is commonly believed (…) Blood and marital ties had great importance in transferring status, privileges and property." The English summary available online (see bibliography) and Koby, "Mamluks and their relatives," appeared only after finishing this article.

16. Called the "Dynastic Reflex" by Van Steenbergen, "'Is anyone my guardian…?'"; Broadbridge, *Kingship and Ideology*; and Bauden, "The Sons of al-Nāṣir Muḥammad and the Politics of Puppets."

17. See Ayalon, "The Circassians in the Mamlūk Kingdom," p. 144 ("One of the most characteristic features of the Circassian period is the practice of the sultans and *amīr*-s to bring over their relatives from their country of origin in numbers unprecedented in the earlier period."); Broadbridge, "Sending Home for Mom and Dad"; Levanoni, "The Sultan's *laqab*", p. 104, n. 122; and Loiseau, *Reconstruire la Maison du sultan*, p. 198-199.

basis of a founder backed by at least seven relatives, father included. No longer a "nobody's son" (*ibn ʿAbd Allāh*)[18], as were other contestants for the throne, Barqūq was "somebody's son", he was the son of Anaṣ (*ibn Anaṣ*). Indeed, this pedigree must have mattered, for it was carried down for many generations to come. In their obituaries, e.g., two of Barqūq's grandsons were referred to as *al-maqām al-Ġarsī Ḫalīl b. al-sulṭān al-malik al-Nāṣir Farağ b. al-sulṭān al-Ẓāhir Barqūq b. amīr Anaṣ*, and *amīr Zayn al-Dīn Farağ b. al-sulṭān al-malik al-Nāṣir Farağ b. al-sulṭān al-malik al-Ẓāhir Barqūq b. al-amīr Anaṣ*[19].

Mamluk Ladies, Politics and the Sultans' Marriage Policies

The relevant question for this article on Mamluk women and political power now is whether this surprisingly complex Mamluk socio-political space, unlike that of the Mongols, the Timurids, the Ottomans and the Mughals[20], truly was that gendered: was it the exclusive domain of men, whether they were former slaves or not? Or could the political role of women have been downplayed in the primary sources by their androcentric/misogynistic authors?[21] Of those hundreds of women we come across in the primary sources, an obvious choice now is to zoom in onto those who were closest to the sultans as foci of political power, either through blood, marital or slavery ties: Mamluk ladies (by which is meant here: daughters, sisters, mothers, and wives of sultans). As a way to retrieve their political power, we will try to validate the various forms of capital held by them within the specific context of the sultans' marriage policy and ask whether this capital yielded any political agency to anyone. While, admittedly, such an approach may come somewhat as a surprise, as it entails a fairly instrumental approach to women, the rationale behind it follows from the two organizing questions that will be answered in the remainder of this article:

– The basic question is a straightforward and empirical one: whom did the sultans marry, and to whom did they marry off their sons and daughters?[22]

18. This somewhat flippant translation of *Ibn ʿAbd Allāh* is not to imply that this *nasab* carried no meaning whatsoever or that it was disparaging in any way. By hinting at the common—but questionable—assumption that a *mamlūk*'s pedigree was considered irrelevant and/or unknown, what this translation implies is the fact that this *nasab*, while indeed a marker of identity, could hardly be considered a truly individualizing one.
19. Ibn Taġrībirdī, *Nuğūm* 7, p. 457, 574.
20. See the references in Balabanlilar, "The Begims of the Mystic Feast"; Brack, "A Mongol Princess Making *hajj*", esp. p. 334-335; Gabbay, "In Reality a Man"; Togan, "Turkic Dynasties: 9th to 15th Century"; *id.*, "Islam: Early Expansion and Women. Central Asia and Eurasia"; and Ansari, "Islam: Early Expansion and Women. Iran to South Asia."
21. See Spellberg, "Niẓām al-Mulk's Manipulation of Tradition." Most relevant is A. Afsaruddin's comparison of some entries relating to female Companions of the Prophet as found in the biographical dictionaries of Ibn Saʿd (9th cent.) and Ibn Ḥağar al-ʿAsqalānī (15th cent.), which reveals an increased anxiety about female conduct in the public sphere (Afsaruddin, "Methodologies, Paradigms and Sources for Studying Women and Islamic Cultures"; *id.*, "Early Women Exemplars and the Construction of Gendered Space," esp. p. 32-43).
22. Various aspects of the Mamluk marriage are dealt with in ʿAbd ar-Rāziq, *La femme*, p. 123-174.

– The second question is more challenging, from an epistemological and a hermeneutical point of view[23]: through these marriages, what did they "marry into"[24] in terms of Bourdieusian capital? Did they first and foremost marry into money, thus extending their own economic capital? Or did the spouse's network (social capital) or lineage (symbolic capital) perhaps matter most?

For the time being, we hope to answer these questions for the eighty odd years stretching between 1382 to 1461, starting with the end of the Qalāwūnīd dynasty and the first sultan of the Circassian Mamluks, al-Malik al-Ẓāhir Barqūq (r. 1382-1399), up to al-Malik al-Ẓāhir Ḫušqadam (r. 1461-1467), who was then followed by the better-studied al-Ašraf Qāytbāy. Many of their marital ties have been mapped already, and their importance long acknowledged:

– Intra-household marriages: *Mamlūk*-s married either an *umm walad* of their own, one of their *ustāḏ*'s (in order to recuperate some of the latter's capital following his death), or one of the latter's daughters (in order to cement the household's internal cohesion)[25];

– Extra-household marriages: they married into other Mamluk households,[26] into families that dominated the administrative apparatus (such as the families of Kātib al-Ğakam and al-Kuwayz)[27], or into foreign dynasties (such as the Ottoman princess Šāhzādah).

Of all these marriages, one group stands out as particularly relevant (and so far unnoticed) for the purpose of this article: ladies linked via ties that include marriage to two or more different sultans, who are otherwise unrelated by blood, marriage or patronage. As appears from the sources, such a "marriage-plus link" did not go unnoticed. For example, it is explicitly stated that, by marrying Zaynab, daughter of al-Ẓāhir Barqūq and sister of al-Nāṣir Farağ, al-Mu'ayyad Šayḫ made her "a sultan's daughter, a sultan's sister, and a sultan's wife" (*ibnat sulṭān wa-uḫt sulṭān wa-zawğ sulṭān*)[28]. When he married off his son, Sīdī Ibrāhīm, to Satīta, sultan Šayḫ organized a huge feast "because he had married (*bi-sabab tazawwuğihi*) the daughter of sultan al-Nāṣir (Farağ)."[29] Further limiting our present scope of inquiry, we will deal with precisely those ladies who display such a "marriage-plus link".

23. Rather than being dictated by love or romance, marriages entailed transaction of the utmost importance: "The union of two properties, the joining of two households, the creation of a web of affinal relations, the perpetuation of a family's symbolic patrimony – its name and reputation" (Gutiérrez, "Honor Ideology, Marriage Negotiation, and Class Gender Domination," p. 86). In order to limit the inherent risks and making it as profitable as possible, marriages were subjected to a carefully wrought marriage policy, with the future spouse being carefully screened in terms of the capital that he/she would bring into the family.

24. French "faire le gendre", Arabic "tazawwuğ fī" (see, e.g., al-Sahāwī, *al-Ḍaw' al-lāmiʿ* 11, p. 195, *sub* al-Ğamālī: *Ğamāl al-Dīn al-Ustādār Aḥmad b. Muḥammad mutazawwiğ fī bayt Banī al-Ğīʿān*).

25. See, e.g. *La Femme* 151; *Ḍaw'* 414, 89/622, and 1069. For sake of convenience, in the following, women are referred to by their respective entry number (not by page number!) in ʿAbd al-Rāziq, *La femme*, p. 269-302; and al-Sahāwī', *al-Ḍaw' al-lāmiʿ* 12: *Kitāb al-Nisā'*.

26. See, e.g., *Daw'* 192: Ḫadīğa, a wife of al-Mu'ayyad Šayḫ, who was bequeathed by him (*waraṯahā zawğuhā*) following his death to the *amīr šikār*, Urkmās al-Ğāmūs.

27. See, e.g., Martel-Thoumian, *Les civils et l'administration*, p. 365-372.

28. *Ḍaw'* 234.

29. *Ḍaw'* 1029.

Whom Did the Sultans Marry?

As demonstrated above, two dominant paradigms of Mamluk studies and the challenges posed to these by recent scholarship have informed our decision to question the political agency of Mamluk ladies, and to zoom in onto those ladies who display a "marriage-plus link". Before dealing with the hermeneutics of the relevant marriages and returning to the issue of women's political power, we start with our first, empirical question: who are these "marriage-plus" ladies, i.e., those ladies who are linked to two unrelated sultans, either by a (marriage + marriage tie), by a (blood + marriage tie) or by a (patronage + marriage tie). Having culled the sources, we have retrieved the following ten ladies:[30]

Name	Relations	Sources
Hāğar bt. Manklī Buġā al-Šamsī (d. 1430)	Granddaughter of al-Ašraf Šaʿbān, wife of al-Ẓāhir Barqūq	*La femme* 96, *Ḍaw'* 808
Zaynab bt. al-Ẓāhir Barqūq (d. 1423)	Daughter of al-Ẓāhir Barqūq, wife of al-Mu'ayyad Šayh	*La femme* 188, *Ḍaw'* 234
Satīta bt. al-Nāṣir Farağ b. Barqūq (d. 1416)	Daughter of al-Nāṣir Farağ, wife of Ibrāhīm b. al-Mu'ayyad Šayh (married 5/10/1413)	*La femme* 152, *Ḍaw'* 1029
Saʿādat bt. Ṣirġitmiš (d. 1430)	Wife of al-Mu'ayyad Šayh (married before 1419), mother of al-Muẓaffar Aḥmad, wife of al-Ẓāhir Ṭaṭar (married 4/8/1421)	*La femme* 131, *Ḍaw'* 376
Fāṭima bt. al-Ẓāhir Ṭaṭar (d. 1469-1470)	Daughter of al-Ẓāhir Ṭaṭar, wife of al-Ašraf Barsbāy (married after 2/12/1421)	*La femme* 53, *Ḍaw'* 572
Zaynab bt. Ğarbāš Qāšiq (d. 1459)	Relative of al-Ẓāhir Barqūq (great-granddaughter of Barqūq's sister) and granddaughter of Šukrbāy (wife of al-Ẓāhir Hušqadam), wife of al-Ẓāhir Ğaqmaq	*La femme* 189, *Ḍaw'* 237, 621, Ibn Taġrībirdī, *Ḥawādiṯ*, p. 154 (cf. *La femme* 51, *Ḍaw'* 621)
Šāhzādah bt. Ibn ʿUṯmān (d. 1455)	Wife of al-Ašraf Barsbāy (married between 1436 and 1438), wife of al-Ẓāhir Ğaqmaq (married between 1438 and 1451)	*La femme* 141, *Ḍaw'* 213
Hadīğa bt. Āqṭuwah	Relative of al-Ašraf Barsbāy (daughter of "someone who came together with" his relatives (*ğumlat aqārib*) from the Circassian domains), wife of Muḥammad b. Ğaqmaq	Ibn Taġrībirdī, *Manhal* 3, p. 5-6, 279-282
Bint Sulaymān bt. Dulġādir (d. 27/4/1460)	Wife of al-Ẓāhir Ğaqmaq (married after 6/8/1450), wife of al-Mu'ayyad Aḥmad (married after 12/2/1453 before his sultanate)	*Ḍaw'* 1018, Ibn Taġrībirdī, *Ḥawādiṯ*, p. 85, 393
Šukrbāy al-Ğarkasiyya al-Nāṣiriyya al-Aḥmadiyya (d. 1466)	Manumitted slave girl of al-Nāṣir Farağ, wife of al-Ẓāhir Hušqadam (married before 1442-1443), grandmother of Zaynab (wife of Ğaqmaq)	*La femme* 150, *Ḍaw'* 417, 621

30. For all primary sources (except for al-Saḫāwī, *al-Ḍaw' al-lāmiʿ*, vol. 12: *Kitāb al-Nisā'*) the reader is referred to ʿAbd ar-Rāziq, *La femme*. References to other primary sources are given only when the woman is not recorded in *La Femme* or if especially relevant. For the importance of al-Saḫāwī's *Kitāb al-Nisā'*, see Lufti, "Al-Sakhāwī's *Kitāb al-Nisā*.""

While anecdotal references to these ladies are available in the sources, these are not brought in here, as our aim lies elsewhere: to position these ladies within the Mamluk mode of succession. When we thus reshuffle the empirical data, organizing it this time around the sultans rather than their ladies, and indicating their ties to their predecessors, a surprising and novel "Family-In-Law Impulse" reveals itself: sultans, if unrelated by blood to a previous sultan, often married the latter's daughter, widow or slave girl, thus rendering these into "marriage-plus" ladies.

Sultan	Blood ties?	Marital ties?
Barqūq	/	Married to Hāğar, a granddaughter of al-Ašraf Šaʿbān
Farağ	Son	/
ʿAbd al-ʿAzīz	Brother	/
Šayh	/	Married to Zaynab, daughter of Barqūq and sister of Farağ and ʿAbd al-ʿAzīz; married to Satīta, daughter of Farağ
Aḥmad	Son	/
Ṭaṭar	/	Married to Saʿādat, wife of Šayh and mother of Aḥmad
Muḥammad	Son	/
Barsbāy	/	Married to Fāṭima, daughter of Ṭaṭar and sister of Muḥammad
Yūsuf	Son	/
Ğaqmaq	/	[Married to Šāhzādah, wife of sultan Barsbāy; married to Zaynab, a relative of Barqūq; married off his son Muḥammad to Ḫadīğa, a relative of Barqūq
ʿUṯmān	Son	/
Īnāl	/	/
Aḥmad	Son	Married to Bint Sulaymān bt. Dulġādir, widow of Ğaqmaq
Hušqadam	/	Married to Šukrbāy, manumitted slave girl of Farağ and grandmother of Zaynab, wife of Ğaqmaq

The "Family-In-Law Impulse" clearly reveals itself from Barqūq up to Yūsuf b. Barsbāy: either of these sultans, if not the son of the previous one (except for ʿAbd al-ʿAzīz, brother of Farağ), married into the latter's family. While the cases of Ğaqmaq, Īnāl and Ḫušqadam seem to represent ruptures in this respect, these should not cause us too much concern. After all, the "Family-In-Law Impulse" is an "impulse" rather than a "rule". As such, it is much more capable of accommodating exceptions. Apart from this first observation, which will be taken up again in the conclusion, there is the fact that against their lack of "direct marital links" (i.e., to their immediate predecessor), "indirect links" and other "mitigating circumstances" can be called in:

– Perhaps in order to make up his lack of "direct tie" to his predecessor, al-ʿAzīz Yūsuf, Ğaqmaq married Šāhzādah (a wife of Yūsuf's father, Barsbāy) and Zaynab bt. Ğarbāš Qāšiq (a remote relative of Barqūq; yet, in spite of the remote relation, still buried in the latter's madrasa!). Moreover, he is said to have wanted to marry a daughter of al-Ẓāhir Ṭaṭar, who turned down the offer, and he married off one of his sons, al-Nāṣirī Muḥammad, to Ḫadīğa bt. Āqṭuwah (a relative of Barsbāy).[31]

31. Petry, "Class Solidarity Versus Gender Gain," p. 131.

– Al-Ašraf Īnāl had only one wife, Zaynab (d. 1479),[32] a Mamluk woman, yet unrelated to any previous sultan, whom he had married over thirty years before his sultanate, and who outlived him. Whether Zaynab, allegedly a strong-willed woman of great ambition, power and influence, was the reason for him not yielding into the "Family-In-Law Impulse", or whether this was due to the ongoing transformation of the royal household from a polygamous to a monogamous institution,[33] or to some other reason, we cannot tell. Significantly, and perhaps in order to make up for this lack of "direct tie", Īnāl married off his son, the future sultan al-Mu'ayyad Aḥmad, to one of Ǧaqmaq's widows, Bint Sulaymān, already before Aḥmad's accession to the throne.

– Parallel to al-Ašraf Īnāl's matrimonial status, Ḫušqadam had only one wife for a long time, Šukrbāy al-Ǧarkasiyya, who was said to have been exceptionally strong-willed, and whom he had married already some twenty years before his sultanate. While she shows a weak link to al-Nāṣir Farağ, being a Nāṣiriyya Farağ manumitted slave girl, she offers no "direct link" to al-Ašraf Īnāl and son. It was only after Šukrbāy's death in 1466 that Ḫušqadam took another wife, this time one of his own slave girls, the *umm walad* Sūrbāy.[34] Having been sultan for five years already at this point, marrying "wisely", i.e., marrying into the family of the previous sultan, may well have become less urgent.

The visualization of the sultanic mode of succession in accordance with the prevalent paradigm, even while validating the "Dynastic Impulse" (table 1), reveals a strong discontinuity and can only be read as a succession of mutually unrelated stretches of father-son successions. Visualizing this succession while also validating the "Extended Family" and "Family-In-Law" impulses (table 2), however, yields a different picture and clearly reveals the significance of the "Family-In-Law Impulse".[35] Discontinuity is now substituted with continuity, cognatic rather than agnatic, and one that incorporates both biological and matrimonial ties, consanguine continuity and in-law continuity.

32. *La femme* 187, *Ḍaw'* 261.

33. Rapoport, "Women and Gender," p. 30-32.

34. *La femme* 165.

35. For sake of clarity, the interim reigns of Ḥağğī (1389) and al-Mustaʿīn (1412) are left out, and the two reigns of Barqūq (1382-1389 and 1390-1399) and Farağ (1399-1405 and 1405-1412) are merged. The right column records the relation of a sultan to the immediately preceding one.

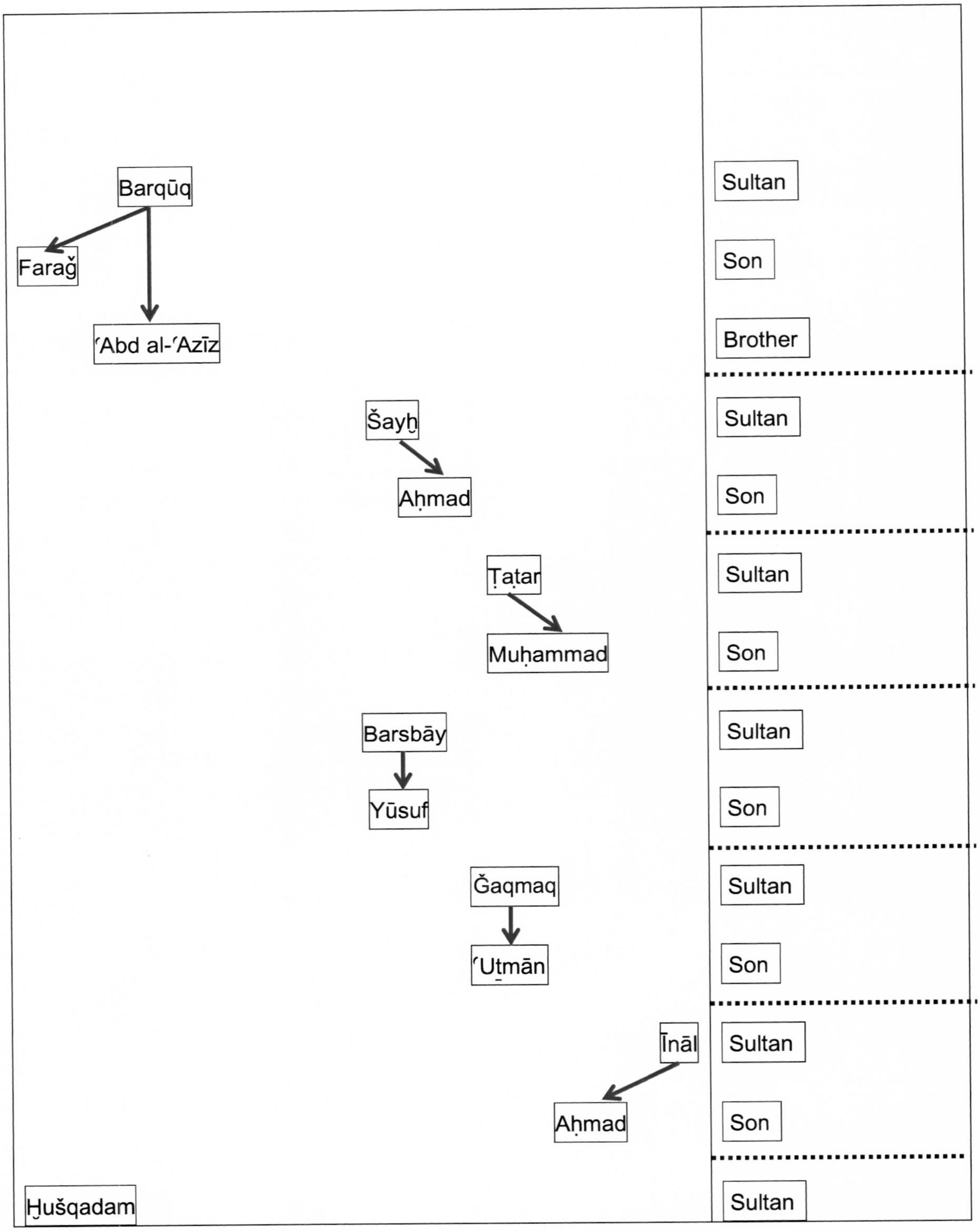

Table 1. The Mamluk mode of succession taking into account the Dynastic Impulse (⟶ parental tie).

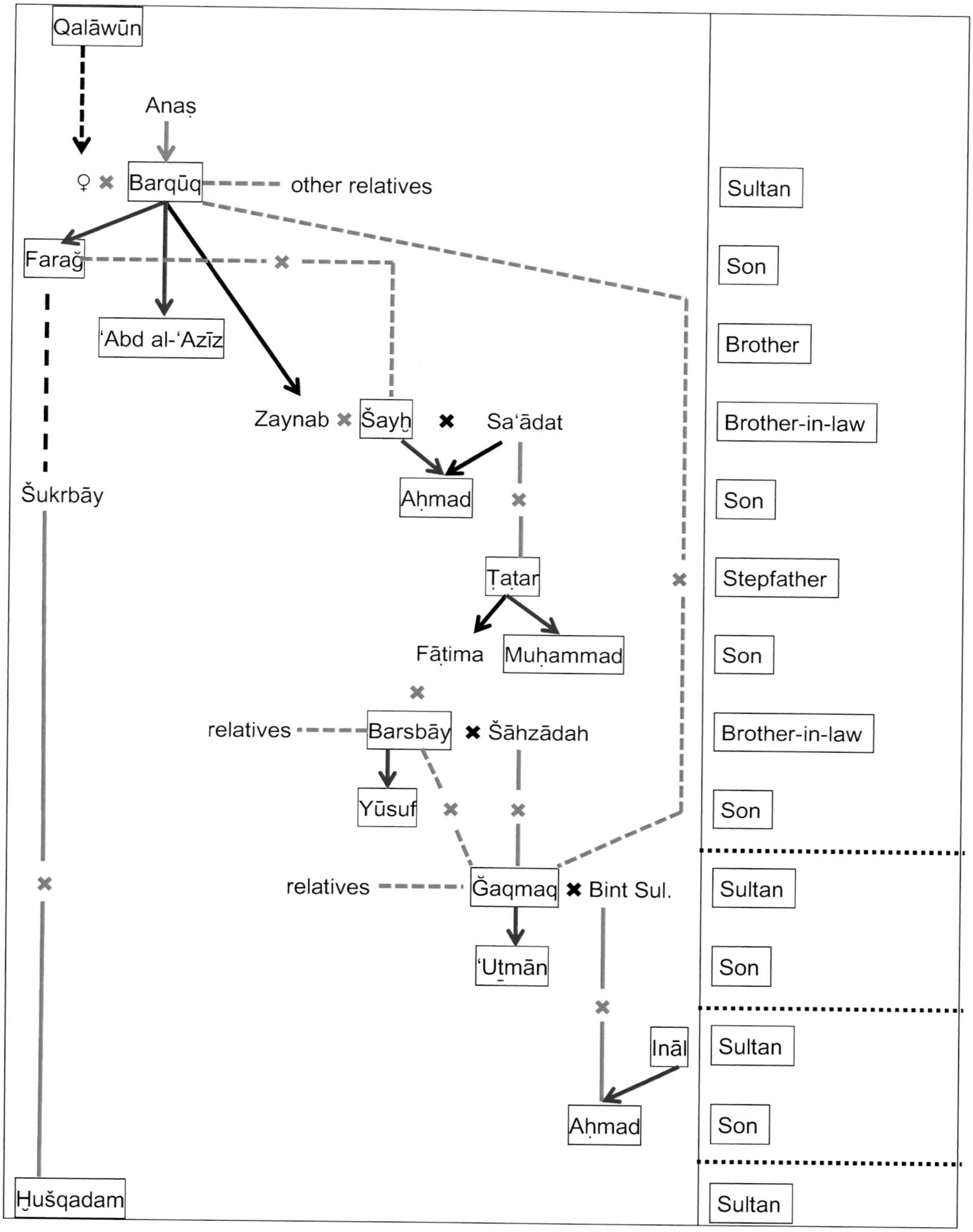

Table 2. The Mamluk mode of succession taking into account the Dynastic, Extended Family and Family-In-Law Impulse (✖ marriage, ⟶ parental tie, – – – indirect tie).

What Did the Sultans Marry Into?

Until now, we have answered our first, empirical question, and have established the fact that sultans often were matrimonially linked to a previous sultan, a link we have labeled the "Family-In-Law Impulse". Having thus revealed a hitherto uncharted undercurrent of continuity, the question remains as to what was actually being passed on along this line. We now return to Bourdieu's "forms of capital"[36], in order to answer the second, hermeneutically more challenging question: what does all this mean? Said otherwise: by marrying these ladies, what did the sultans actually marry into? What kind of capital was it that made late sultans' widows, daughters or slave girls sought after by later sultans?

– Economic capital: As argued by Rapoport, Mamluk women were financially independent. The often considerable dowry (mostly strongly gendered capital) they received from their parents at marriage was theirs and theirs alone. Exceptions notwithstanding, it appears that the ladies' financial resources could not be appropriated by their husband-sultans. Another argument in favor of assuming economic capital was not a significant motive is the fact that means other than marriage were available to the sultan to appropriate the economic capital of the widow of a late sultan: downright expropriation. Ḫušqadam, e.g., appropriated the great fortune of al-Ašraf Īnāl's widow, Zaynab, after her husband's demise not through marriage but by "oppressing her ceaselessly", thus "taking all her wealth".[37] Finally, social sciences teach us that the divorce rate is inversely proportional to partners' economic interdependence.[38] The increased divorce rate of fifteenth-century Mamluk society could indicate that divorce was not a costly affair, and, hence, that the individual's property remained his or her own. While the possibility of economic capital playing its role cannot be ruled out, and evidence in favor of this can indeed be called to the front,[39] it appears rather unlikely for this to have been the major rationale behind the sultan's "Family-In-Law Impulse".

– Social capital: Rather than money, did the sultans perhaps marry into their spouse's social capital? By marrying her, could a sultan perhaps directly link up her network to his, and thus indirectly recuperate whatever that was left of the network of her late father, husband or master? This is not unlikely, as the importance of social capital in the run for the sultanate can hardly be overestimated, especially when dynastic legitimation was lacking. Regarding the Mamluk ladies' counterparts in early Ottoman Egypt, Hathaway concluded that these acted as custodians to their husband's social capital: following the *ustāḏ*'s demise, his widow anchored the household as a family matriarch and stopped it from disintegrating. As such, she was the key par excellence for any other Mamluk to the household of the late *ustāḏ*.[40] As a consequence, networks in Ottoman

36. Assuming cultural capital to have played no significant role in this respect, this is not discussed here.

37. See Ibn Taġrībirdī, *Ḥawādiṯ*, p. 407; and Petry, "Class Solidarity versus Gender Gain," p. 126-129.

38. Gathorne-Hardy, *Love, Sex, Marriage and Divorce*, p. 176.

39. See, e.g., the case of Ibnat Sīdī (*Ḍaw'* 1019), a widow with such fortunes that "more than one" tried his luck at her (*wa-lahā ṯarwa zā'ida wa-ğihāt mawqūfa ʿalayhā bi-ḥayṯu raġiba ġayr wāḥid fī al-ittiṣāl bihā*).

40. Hathaway, "Marriage Alliances"; *id.*, *The Politics of Households in Ottoman Egypt*, p. 109-124. See also Staffa, "Dimensions of Women's Power", p. 78-83; Ayalon, "Studies in al-Jabartī I", esp. p. 288-299. Fay ("Women

Egypt were much less prone to the one-generational cyclicalism of Mamluk Egypt, instead being transferred over several generations, with ladies being an important channel of transfer in this respect. As Fay has it, "Far from being irrelevant or peripheral members of the neo-Mamluk households of Ottoman Egypt, women were crucial to its maintenance and reproduction because they added important elements of cohesion, stability, and continuity to an inherently unstable system."[41] However, social capital in Mamluk times appears to have been much more gendered than it was in Ottoman Egypt. Of course, Mamluk ladies held social capital, that of the *ḫawand al-kubrā* often comprising several hundreds of slaves and eunuchs and extending far in society through *iḫtiṣāṣ* and other connections.[42] Yet, the sources do not portray them as custodians to the social capital of their late fathers, husbands or masters. Concluding, whereas Ottoman Mamluk ladies come to the fore as true *matres familias*, it remains doubtful whether Mamluk ladies equally functioned as "mothers" to their husbands' extended households, and, consequently, as readily available keys to these.

– Symbolic capital: There is good reason to believe that the sultans married these women first and foremost, not because of the money or clients that came with them, but simply because "they were who they were": daughters, widows, or sisters of the late sultan. Whereas the late sultan's citadel was automatically turned into the residence of the new one, as "institutionalized booty," his women might have been considered as "un-institutionalized booty". Yet, these women were more than trophies to a triumphant victor. After all, one of the Mamluk sultans' weak spots, both on the international theatre and vis-à-vis the home audience, was their lack of pedigree. In a world where *nasab* mattered a great deal,[43] being a "nobody's son" (*ibn ʿAbd Allāh*) was a symbolic deficit indeed, and one way to make up for this lack of pedigree was to marry into one. When the Mamluk sultan thus married a widow or a daughter of the late sultan, he gained both

and Waqf"), observing the fact that "(women) have also been seen as inconsequential and irrelevant to the reproduction of a system, the Mamluk or neo-Mamluk, heretofore depicted as entirely male" (p. 33), highlights the role played by the women in contributing to the cohesion of the Neo-Mamluk household, its stability and continuity, by transmitting property and political legitimacy: "Real and fictive kinship ties interlocked within the household, acting as a cohesive force to counterbalance the tendency toward fragmentation. What has been overlooked in the past is the role that women played in creating and strengthening the ties of kinship and legitimizing the victors in the struggles for power" (p. 45).

41. Fay, "Women and waqf," p. 34.

42. For female networking, see, e.g., Ḫadīǧa bt. Amīr Ḥāǧǧ (*Ḍaw'* 144), who is said to have had great *iḫtiṣāṣ* with al-Ašraf Īnāl's *ḫawand al-kubrā*, and who was sought for by the people to intercede on their behalf with her son and others (*wa-ntafaʿa al-nās bi-šafāʿatihā wa-sifāratihā ʿindahu wa-ʿinda ġayrihi*); and ʿĀʾiša bt. Ǧānbirdī (*Ḍaw'* 464), said to have had "connections with the princesses and others" (*lahā ittiṣāl bi-l-ḫawandāt wa-ġayrihinna*). For Ottoman Egypt, see Fay, "Women and Waqf," p. 47 ("Women used their former slaves to expand their influence and power (...). Women were active in constructing patronage networks of their own by placing their freed slaves in the households of the Mamluk elite and arranging their marriages. As a patroness, a woman would have a continuing claim to the loyalty of her former slaves and an independent source of information and influence").

43. Hence the importance of bibliographical dictionaries and their strong attention to lineages. For an approach of these and other types of sources as documents that provide proof of someone's identity, see Chamberlain, *Knowledge and Social Practice*, p. 17, 156-159 ("biographical collections were designed as a record of a person's status in the city"); and Berkey "Al-Subkī and his Women."

a pedigree, albeit only an in-law pedigree, and a tie to the late sultan, albeit only an in-law tie,[44] and thus boosted his legitimacy and provided the discontinuous line of succession with some continuity. Indeed, Al-Mu'ayyad Šayḫ remained a "nobody's son" throughout his life, yet he was more: by marrying Zaynab bt. Barqūq, he was a son-in-law of Barqūq, and a brother-in-law of the two previous sultans, Farağ and ʿAbd al-ʿAzīz. An observation that tallies neatly with our assumption that symbolic capital mattered most, is the fact that, apart from Aḥmad b. Īnāl, no other sultan-son married into the family of his father's predecessor. As these were "somebody's sons", already, we could assume "profitable" marital ties to have mattered less for them.[45]

We have apparently answered the second, hermeneutical question in general terms only, as the primary sources do little more than record the actual marital ties and mostly remain mute on the rationale behind these and on the boost these gave to the new sultans.[46] If the sources had provided more circumstantial detail, we might have been able to move beyond the sweeping categorization of "Family-In-Law Impulse" and to discern more specifically the complexity of the forms of capitals playing. Specifics that might have allowed us to do so would include the date of marriage (pre- or post-accession to the throne)[47], as well as the status of the woman involved

44. Apart from the short reference to the importance of in-laws in Ayalon, "The Circassians in the Mamlūk Kingdom," p. 144 ("Indeed, it would be no exaggeration to call the second half of the Circassian period 'the period of rule by brothers-in-law and relatives,'" quoted in Loiseau, *Reconstruire la Maison du sultan*, p. 199), Koby appears to be the only scholar to date who has drawn significant attention to the category of in-laws in his PhD ("Ethnic Groups, Social Relationships and Dynasty"): "In this period, the status of female members of the sultan's family devolved to those emirs who married them, and who were often buried in the mausoleums of the sultans, together with their sons. It is also common to find in sources from the Circassian period references to the sons of emirs who married daughters of sultans as descendants in a cognate line of the sultan (*asbāṭ*), and these sons were even given a royal title (*sīdī*) (…) Family and marital ties were a factor that counterbalanced the erosion in the importance of biological family (sic), as well as the decline of the agnate lines and of the dynasty and hereditary practices." Unfortunately, we had recourse to the English abstract of his PhD only (see n. 15).
45. As tempting as this may be, we should take into account the fact that sultan-sons were much younger at their accession than the "true" sultans were and remained on the throne for a short period only.
46. Against this, marriages of non-sultans into the sultans' family are sometimes explicitly (yet vaguely!) said to have boosted the husband's power. Qāḍī Fatḥ Allāh b. Mustaʿṣim b. Nafīs and Īnāl Bāy b. Quğmās al-Ẓāhirī, e.g., are said to have become powerful by marrying into the families of al-Mu'ayyad Šayḫ and al-Nāṣir Farağ (al-ʿAynī, *ʿIqd*, vol. 1, p. 193: *zawwağahu Šayḫ wālidatahu fa ʿaẓuma bi ḏalika ğiddan*; Ibn Taġrībirdī, *Manhal*, vol. 3, p. 218: *wa ṣāra lahu kalima nāfiḏa fī al-dawla li zawāğihi bi uḫt al-sulṭān*).
47. A pre-accession marriage could be considered as a preparatory manoeuvre, a way of paving the road to the citadel, while post-accession marriages might have aimed at consolidating or legitimizing the rupture posed by the new sultan's accession. Unfortunately, with few exceptions, the timing of marriages eludes us. Īnāl, e.g., married off his son, the future sultan Aḥmad, to one of Ğaqmaq's widows, already *before* his son's accession to the throne. Timing has also been referred to already as a possible explanation for the ruptures posed by the sultans Īnāl and Ḫušqadam. Finally, there is one notable case, where timing seems to have been crucial: al-Ẓāhir Ṭaṭar's marriage to Saʿādat, al-Mu'ayyad Šayḫ's widow and mother to his successor-son, Aḥmad. Following Šayḫ's death, Ṭaṭar acted as a regent to young Aḥmad, during the latter's short-lived reign. Then, "the *amīr kabīr* Ṭaṭar married the mother of sultan Aḥmad (…) thus becoming the sultan's uncle (sic!), being married to his mother, as well as his *niẓām al-mulk*" (Ibn Taġrībirdī, *Nuğūm*, vol. 6, p. 500). However, they didn't live long and happily ever after: before long, Ṭaṭar deposed his stepson, seized the throne for himself and divorced Saʿādat.

(slave girl, *umm walad, ḫawand al-kubrā*, etc.)[48] and the make-up of the sultan's core household (the presence of other women and of male offspring), both pre- and post-marriage. Yet, we have to work with the scant material at hand, and while no form of capital can be ruled out as an incentive, this material does suggest symbolic capital to have mattered first and foremost.

Mamluk Ladies and Political Power

Whereas scholars such as Broadbridge, Loiseau and Koby have called attention to the category of blood ties and ethnicity as understudied elements in Mamluk culture, we have called attention to the category of matrimonial ties as an aid to socio-political (re)production, hereby challenging the validity of two prevalent paradigms. We have argued that the Mamluk sultans' marriage policy reveals a "Family-In-Law Impulse", as they marry into the family of the preceding sultan. While the heuristics of this impulse remain elusive, we tentatively consider these marriages to be marriages into symbolic capital first and foremost, as these provided the new sultan with an in-law pedigree an in-law tie to the previous sultan, both strong legitimizing tools. Not only does this impulse challenge the paradigm of gendered space, by rethinking women as transmitters of capital that was valued in the male public sphere, hence, as politically significant; but also that of Mamluk one-generationalism and the prevalence of artificial ties. As such, this impulse might help us to come to terms with the discontinuous mode of Circassian sultanic succession: competitive ruptures that separated stretches of two-/three-generational agnatic dynastic continuity (provided by the "Dynastic Impulse", and preferably anchored by a broader family basis, provided by the "Extended Family Impulse"), are smoothened by the "Family-In-Law Impulse". This impulse aimed at carrying one or various forms of capital, sought after by the new sultan, over these ruptures, thus providing an undercurrent of trans-generational or trans-dynastic continuity. Mamluks gained the sultanate through a competitive mode of succession, and then tried to substitute this very mode that had won them the throne with a dynasty, the chances of which they tried to enhance through an "Extended Family Impulse" and a "Family-In-Law Impulse".

In order to further elaborate on these matters, a wider net should be cast: first by including the later period up to the Ottoman conquest of 1517 (during which, it appears, the three

48. One could assume slave girls to have been valued less by later sultans than free women, as the sources yield only one such girl, the manumitted Šukrbāy, who, moreover, offers but a weak link. Further, even though the capacity to reproduce biologically is very much a coveted capital in its own right (especially given the heavy toll of the Black Death, and as Mamluk society was marked not by lateral but by vertical inheritance), there is the fact that only Saʿādat bt. Ṣirġitmiš appears to have been an *umm walad* to her previous husband. Tentatively, one could assume concubinage and polygamy to have devaluated this "biological capital" as a rationale behind the sultans' marriages. Compare to Balabanlilar's observation on the Timurids ("The Begims of the Mystic Feast," p. 138): "'Maternity was not in itself a path to power'; it was a woman's personal pedigree that allowed her to develop a prestigious dynastic position."

impulses were very much at play[49]), and second, by including ladies linked to only one sultan. A good acid test to the validity of our assumptions would be to zoom in on amirs who made a failed run for the sultanate. Do these perhaps display more marital ties to sultanic households than their more compliant peers? A notable example could be Qurqumās, who competed with Ǧaqmaq for the throne, following the death of Barsbāy and during the reign of the latter's son, Yūsuf. Could this Qurqumās' marriages to a daughter of Faraǧ and one of Šayḫ perhaps be seen as preparatory manœuvres?

As challenging as these impulses may be vis-à-vis the two paradigms referred to, we should be cautious not to substitute these paradigms with fresh ones. Indeed, it would be unwise to replace the notion of one-generational cyclicalism with one of trans-generational continuity, for there is no reason to assume that one of two possible assets, *mamlūk nisba* and consanguineous *nasab*, played in the socio-political field to the exclusion of the other. Nor should Mamluk ladies be hailed as saviors, who, at last, have ridded us from that enigmatic "Mamluk phenomenon", by providing us with a full-fledged dynasty that runs along both consanguine and marital ties. Neither these women nor the "Family-In-Law Impulse" are the one key to understanding this phenomenon. Moreover, it is important for the "Family-In-Law Impulse", as well as Broadbridge's "Dynastic Impulse" and "Extended Family Impulse" to be properly understood, as tools, not as "rules of succession". These impulses are social strategies, neither always available nor always turned to, and used to obtain, preserve, reproduce or legitimize office, network, status, money, in short, Bourdieusian capital in its widest forms.[50] The game of Mamluk politics was played through brokerage: in order to win over to his side the different factions and households, to integrate these into one system intimately linked to his person, and to legitimize the resulting power constellation, a Mamluk amir turned to a broad spectrum of social strategies, either triggering existing ties of solidarity based on kinship, ethnicity, *ḫušdāšiyya* or others, or forging new ones based on, e.g., *ṣaḥāba* or a clever marriage policy.

It is within this highly diversified socio-political field that Mamluk ladies performed. Perhaps they didn't always do so by actively operating in the public sphere; yet this doesn't rule out their significance in politics. As rightfully observed by Meisami, against "the modern assumption that politics involves the public sphere only (...) in the medieval Islamic world, politics must be seen as a continuum between public and private."[51] Hence, wherever women may have been positioned along this continuum, they had power nonetheless, influencing

49. After validating the three impulses, the sequence of sultans following Ḫušqadam reads as follows: // al-Ašraf Qāytbāy (rupture with the previous sultan, yet married to a daughter of al-Ašraf Īnāl [Ibn Taġrībirdī, *Nuǧūm*, vol. 7, p. 684]; also had two sisters in the sultanate [*Ḍaw'* 1041 and 1042]) > his son al-Nāṣir Muḥammad > his uncle al-Ẓāhir Qānṣūh (i.e., the brother of Muḥāmmad's mother, Aslbāy [*La femme* 12]; also married to a wife of Muḥammad, Miṣrbāy [*La femme* 120]) > his brother-in-law al-Ašraf Ǧānbulāṭ (married to Aslbāy) // al-ʿĀdil Ṭūmānbāy (rupture, yet married to Fāṭima [*La femme* 45], a wife of Qāytbāy) > his uncle al-Ašraf Qānṣūh (i.e., a brother of al-ʿĀdil Ṭūmānbāy's father) // al-Ašraf Ṭūmānbāy (rupture, yet married to a niece [*La femme* 45, 57, 58] of the aforementioned Fāṭima).

50. See, e.g., Bourdieu, "Les strategies matrimoniales"; and *id.*, "Stratégies de reproduction."

51. Meisami, "Writing medieval women," p. 63.

action through a political significance that derived from holding highly valued capital and from transmitting such capital from one sultan to the other. As Staffa has it, "Although women's political power was rarely obvious, it was a continuous undercurrent in the mainstream of formalized power exercised by men."[52] While Petry considered women "custodians of property" (i.e., economic capital), we believe that we may expand this, by considering them custodians and transmitters of capital in all its forms. As such, they provide an undercurrent of continuity, which we are starting to appreciate only now.

Bibliography

Sources

al-ʿAynī, *ʿIqd al-ǧumān fī taʾrīḫ ahl al-zamān*, ed. M.M. Amīn, vols. 1-4, al-Hayʾa al-Miṣriyya al-ʿĀmma li-l-Kitāb, Cairo, 1987-1992.

Ibn Taġrībirdī, *Ḥawādiṯ al-duhūr fī madā l-ayyām wa-l-šuhūr*, ed. W. Popper, University of California Press, Berkeley-Los Angeles, 1930-1942.

—, *al-Manhal al-ṣāfī w-l-mustawfā baʿda al-wāfī*, ed. M.M. Amīn, vols. 1-13, al-Hayʾa al-Misiyya al-ʿĀmma li-l-Kitāb, Cairo, 1984-2009.

—, *al-Nuǧūm al-zāhira fī mulūk miṣr wa-l-qāhira*, ed. W. Popper, vols. 6, 7, University of California Press, Berkeley, 1915-1929.

al-Saḫāwī, *al-Ḍawʾ al-lāmiʿ li-ahl al-qarn al-tāsiʿ*, ed. ʿA.Ḥ. ʿAbd al-Raḥmān, vols. 1-12, Dār al-Kutub al-ʿIlmiyya, Beirut, 2003.

Studies

Abbot, N., "Women and the State in Early Islam. I. Mohammed and the First Four Caliphs," *JNES* 1/1, 1942, p. 106-126.

ʿAbd ar-Rāziq, A., *La femme au temps des Mamlouks en Égypte. Thèse pour le doctorat d'État ès-lettres et sciences humaines*, Université de Paris I, Paris, 1972.

Adkins, L. and Skeggs, B., *Feminism After Bourdieu*, Blackwell Pub., Oxford, UK-Malden, MA, 2004.

Afsaruddin, A., "Methodologies, Paradigms and Sources for Studying Women and Islamic Cultures: Thematic Entries. Islamic Biographical Dictionaries: 11th to 15th Century," *Encyclopedia of Women & Islamic Cultures*, vol. I: *Methodologies, Paradigms and Sources*, Brill, Leiden-Boston, 2003.

Afsaruddin, A., "Early Women Exemplars and the Construction of Gendered Space. (Re-)defining Feminine Moral Excellence," in M. Booth (ed.), *Harem Histories. Envisioning Places and Living Spaces*, Duke University Press, Durham-New York, 2010.

Ahmed, L., *Women and Gender in Islam. Historical Roots of a Modern Debate*, Yale University Press, New Haven, 1992.

52. Staffa, "Dimensions of Women's power," p. 71. See also p. 95: "It was the feminine connection that continually eroded the exclusive boundaries of the successive military elites that ruled Egypt (...) an integrative force in a society that desired, yet feared, integration."

Ansari, S., "Islam: Early Expansion and Women. Iran to South Asia," *Encyclopedia of Women & Islamic Cultures*, vol. V: *Practices, Interpretations and Representations*, Brill, Leiden-Boston 2007.

Ayalon, D., "The Circassians in the Mamlūk Kingdom," *JAOS* 69/3, 1949, p. 135-147.

—, "Studies in al-Jabartī I. Notes on the Transformation of Mamluk Society in Egypt under the Ottomans," *JESHO* 3/3, 1960, p. 275-325.

Balabanlilar, L., "The Begims of the Mystic Feast: Turco-Mongol Tradition in the Mughal Harem," *JAS* 69/1, 2010, p. 123-147.

Bauden, F., "The Sons of al-Nāṣir Muḥammad and the Politics of Puppets: Where Did It All Start?," *MSRev* 13/1, 2009, p. 53-81.

Behrens-Abouseif, D., "The *Mahmal* Legend and the Pilgrimage of the Ladies of the Mamluk Court," *MSRev* 1, 1997, p. 87-96.

Berkey, J.P., "Women and Islamic Education in the Mamluk Period," in N.R. Keddie and B. Baron (eds.), *Women in Middle Eastern History. Shifting Boundaries in Sex and Gender*, Yale University Press, New Haven-London, 1992.

Berkey, J.P., "Al-Subkī and his Women", *MSRev* 14, 2010, p. 1-17.

M. Booth (ed.), *Harem Histories. Envisioning Places and Living Spaces*, Duke University Press, Durham-New York, 2010.

Bourdieu, P., "Les stratégies matrimoniales dans le système de reproduction," *Annales: Économies, Sociétés, Civilisations* 27/4-5, 1972, p. 1105-1127.

—, "Ökonomisches Kapital, kulturelles Kapital, soziales Kapital," in R. Kreckel (ed.), *Soziale Ungleichheiten*, Schwartz, Göttingen, 1983.

—, "Stratégies de reproduction et modes de domination," *Actes de la recherche en sciences sociales* 105, 1994, p. 3-12.

Brack, Y., "A Mongol Princess Making *hajj*: The Biography of El Qutlugh Daughter of Abagha Ilkhan, *JRAS* 3rd series, 3, 2011, p. 331-359.

Broadbridge, A.F., *Kingship and Ideology in the Islamic and Mongol Worlds*, Cambridge University Press, Cambridge, 2008.

—, "Sending Home for Mom and Dad: The Extended Family Impulse in Mamluk Politics", *MSRev* 15, 2011, p. 1-18.

Chamberlain, M., *Knowledge and Social Practice in Medieval Damascus, 1190-1350*, Cambridge University Press, Cambridge, 1994.

Chapoutot-Remadi, M., "Femmes dans la ville mamluke," *JESHO* 38, 1995, p. 146-164.

Denoix, S., "Les notions de 'privé' et de 'public' dans le monde musulman sunnite médiéval," in M. Kerrou (ed.), *Public et privé dans l'Islam. Espaces, autorités et libertés*, Maisonneuve, Paris, 2002.

Fay, M.A., "Women and Waqf: Toward a Reconsideration of Women's Place in the Mamluk Household," *IJMES* 29/1, 1997, p. 33-51.

—, "Methodologies, Paradigms and Sources for Studying Women and Islamic Cultures: Disciplinary Entries. History: Middle East and North Africa," *Encyclopedia of Women & Islamic Cultures*, vol. I: *Methodologies, Paradigms and Sources*, Brill, Leiden-Boston, 2003.

Gabbay, A., "In Reality a Man: Sultan Iltutmish, His Daughter, Raziya, and Gender Ambiguity in Thirteenth Century Northern India," *Journal of Persianate Studies* 4, 2011, p. 45-63.

Gathorne-Hardy, J., *Love, Sex, Marriage and Divorce*, J. Cape, London, 1981.

Gutiérrez, R.A., "Honor Ideology, Marriage Negotiation, and Class Gender Domination in New Mexico, 1690-1846," *Latin American Perspectives* 12/1, 1985, p. 81-104.

Haarmann, U., "The Sons of Mamluks as Fief-Holders in Late Medieval Egypt," in T. Khalidi (ed.), *Land Tenure and Social Transformation in the Middle East*, American University of Beirut, Beirut, 1984.

Haarmann, U., "Joseph's Law – The Careers and Activities of Mamluk Descendants before the Ottoman Conquest of Egypt," in Th. Philipp and U. Haarmann (eds.), *The Mamluks in Egyptian Politics and Society*, Cambridge University Press, Cambridge, 1998.

Hambly, G.R.G., "Becoming visible: Medieval Islamic Women in Historiography and History," in G.R.G. Hambly (ed.), *Women in the Medieval Islamic World. Power, Patronage and Piety*, St. Martin's Press, New York, 1998.

Hathaway, J., "Marriage Alliances among the Military Households of Ottoman Egypt," *AnIsl* 29, 1995, p. 133-149.

—, *The Politics of Households in Ottoman Egypt. The Rise of the Qazdağlıs*, Cambridge University Press, Cambridge, 1997.

Holt, P.M., "The Position and Power of the Mamluk Sultan," *BSOAS* 38/2, 1975, p. 237-249.

Jawad, H.A., *The Rights of Women in Islam. An Authentic Approach*, Macmillan, London, 1998.

Johnson, K., "Royal Pilgrims: Mamluk Accounts of the Pilgrimage to Mecca of the Khawand al-Kubra (Senior Wife of the Sultan), *StudIsl (P)* 91, 2000, p. 107-131.

Keddie, N.R., "Problems in the Study of Middle Eastern Women," *IJMES* 10/2, 1979, p. 225-240.
—, "Introduction: Deciphering Middle Eastern Women's History," in N.R. Keddie and B. Baron (eds.), *Women in Middle Eastern History. Shifting Boundaries in Sex and Gender*, Yale University Press, New Haven-London, 1992.
—, *Women in the Middle East: Past and Present*, Princeton University Press, Princeton, 2007.
Koby, Y., "Ethnic Groups, Social Relationships and Dynasty in the Mamluk Sultanate (1250-1517)," unpublished PhD, Tel Aviv 2011 (for an English summary, see *Annemarie Schimmel Kolleg Working Paper*, 6 (2012), available at *www.mamluk.uni-bonn.de/...paper/ask-wp-6.pdf*).
—, "Mamluks and Their Relatives in the Period of the Mamluk Sultanate (1250-1517)", *MSRev* 16, 2012, p. 55-69.
Kortantamer, S., "Woman in Mamluk Society," in H.C. Güzel, C.C. Oğuz and O. Karatay (eds.), *The Turks*, vol. 1, Yeni Türkiye, Ankara, 2002.
Levanoni, A., "The Sultan's *laqab* – aSign of a New Order in Mamluk Factionalism?," in M. Winter and A. Levanoni (eds.), *The Mamluks in Egyptian and Syrian Politics and Society*, Brill, Leiden, 2004.
Loiseau, J., *Reconstruire la Maison du sultan. Ruine et recomposition de l'ordre urbain au Caire (1350-1450)*, Ifao, Cairo, 2010.
Lufti, H., "Al-Sakhāwī's *Kitāb al-Nisā'* as a Source for the Social and Economic History of Muslim Women During the Fifteenth Century," *Muslim World* 71, 1981, p. 104-124.
—, "Manners and Customs of Fourteenth-Century Cairene Women: Female Anarchy Versus Male Sharʿi Order in Muslim Prescriptive Treatises," in N.R. Keddie and B. Baron (eds.), *Women in Middle Eastern History. Shifting Boundaries in Sex and Gender*, Yale University Press, New Haven–London, 1992.
Martel-Thoumian, B., *Les civils et l'administration dans l'état militaire mamlūk (IXᵉ/XVᵉ siècle)*, Ifpo, Damascus, 1991.
Meisami, J.S., "Writing Medieval Women. Representations and Misrepresentations," in J. Bray (ed.), *Writing and Representation in Medieval Islam, Muslim Horizons*, Routledge, London-New York, 2006.
Mernissi, F., *The Veil and the Male Elite. A Feminist Interpretation of Women's Rights in Islam*, Perseus Books, Reading, Mass., 1991.
Petry, C.F., "A Paradox of Patronage in the Later Mamluk Period," *Muslim World* 73, 1983, p. 182-207.
—, "Class Solidarity versus Gender Gain: Women as Custodians of Property in Later Medieval Egypt," in N.R. Keddie and B. Baron (eds.), *Women in Middle Eastern History. Shifting Boundaries in Sex and Gender*, Yale University Press, New Haven-London, 1992.
—, "Conjugal Rights Versus Class Prerogatives: A Divorce Case in Mamlūk Cairo," in G.R.G. Hambly (ed.), *Women in the Medieval Islamic World. Power, Patronage and Piety*, St. Martin's Press, New York, 1998.
—, "The Estate of al-Khuwand Fāṭima al-Khāṣṣbakiyya: Royal Spouse, Autonomous Investor," in A. Levanoni and M. Winter (eds.), *The Mamluks in Egyptian Politics and Society*, Brill, Leiden, 2004.
Pierce, L.P., *The Imperial Harem: Women and Sovereignty in the Ottoman Empire*, Oxford University Press, New York, 1993.
Rapoport, Y., "Divorce and the Elite Household in Late Medieval Cairo," *Continuity and Change* 16/2, 2001, p. 201-218.
—, *Marriage, Money and Divorce in Medieval Islamic Society*, Cambridge University Press, Cambridge, 2005.
—, "Women and Gender in Mamluk Society: An Overview," *MSRev* 11/2, 2007, p. 1-47.
Spellberg, D., "Niẓām al-Mulk's Manipulation of Tradition. ʿĀ'isha and the Role of Women in the Islamic Government," *Muslim World* 78/2, 1988, p. 111-117.
—, *Politics, Gender, and the Islamic Past. The Legacy of ʿA'isha Bint Abi Bakr*, Columbia University Press, New York, 1994.
Staffa, S.J., "Dimensions of Women's Power in Historic Cairo," in R. Olson (ed.), *Islamic and Middle Eastern Societies: A Festschrift in Honor of Professor Wadie Jwaideh*, Amana Books, Brattleboro, VT, 1987.
Swartz, D., *Culture & Power. The Sociology of Pierre Bourdieu*, University of Chicago Press, Chicago, 1997.
Togan, I., "Turkic Dynasties: 9th to 15th Century," *Encyclopedia of Women & Islamic Cultures*, vol. I: *Methodologies, Paradigms and Sources*, Brill, Leiden-Boston, 2003.
—, "Islam: Early Expansion and Women. Central Asia and Eurasia," *Encyclopedia of Women & Islamic Cultures*, vol. V: *Practices, Interpretations and Representations*, Brill, Leiden-Boston 2007.

Van Steenbergen, J., "Mamluk Elite on the Eve of al-Nāṣir Muḥammad's death (1341): A Look Behind the Scenes of Mamluk Politics," *MSRev* 9/2, 2005, p. 173-199.

—, *Order Out of Chaos. Patronage, Conflict and Mamluk Socio-Political Culture, 1341-1382*, Brill, Leiden-Boston, 2006.

—, "'Is Anyone My Guardian…?' Mamluk Under-Age Rule and the Later Qalāwūnids," *al-Masāq* 19/1, 2007, p. 55-65.

Weintraub, J., "The Theory and Politics of the Public/Private Distinction," in J. Weintraub and K. Kumar (eds.), *Public and Private in Thought and Practice. Perspectives on a Grand Dichotomy*, The University of Chicago Press, Chicago-London, 1997.

Wensinck, A.J., *A Handbook of Early Muhammad Tradition Alphabetically Arranged*, Brill, Leiden, 1927.

ANNA CAIOZZO*

La conception de la famille d'après la copie illustrée du *Ǧāmiʿ al-tawārīḫ* de Paris

(BnF, supplément persan 1113)

◆ **RÉSUMÉ**

Le *Ǧāmiʿ al-tawārīḫ* de Paris (BnF, supplément persan 1113) est une partie de l'*Histoire universelle* de Rašīd al-Dīn (m. 1318) dédiée à l'Histoire des Mongols. Elle fut illustrée sous le sultan Šāh Ruḫ, fils de Tamerlan dans l'atelier de son fils Bāysonġor Mirza, gouverneur d'Hérat. Le manuscrit est en partie consacré à la représentation des familles mongoles de la lignée des Ilkhanides de Perse, mais son programme iconographique est largement marqué par la quête des origines, du rôle de Čingiz Ḫān comme modèle de chef de clan, de la filiation patrilinéaire et l'importance en politique des femmes de khans. Les miniatures évoquent en filigrane les préoccupations lignagères des Timourides en quête de légitimité dynastique, mais aussi leurs querelles familiales, et, surtout l'affirmation de la branche cadette issue du quatrième fils de Tīmūr, Šāh Ruḫ. L'insistance du peintre sur la glorieuse lignée de Tūluī dont étaient issus les Ilkhanides évoque la nécessité d'une concorde familiale, une image idéale dont les enfants de Šāh Ruḫ pouvaient encore s'inspirer dans les années 1425-1430 pour affirmer leurs prétentions politiques et leur attachement aux traditions mongoles, y compris par le biais des politiques matrimoniales.

Mots-clés: Histoire des Mongols – Čingiz Ḫān – mythes – mariage – Rašīd al-Dīn – Supplément persan 1113 – Tīmūr

* Anna Caiozzo, université Paris Diderot (Paris 7), ICT-EA 337, anna.caiozzo@univ-paris-diderot.fr

ABSTRACT

The manuscript *Ǧāmiʿ al-tawārīḫ* of Paris (BnF, Supplément Persan 1113) is part of the *Universal History* of Rašīd al-Dīn (d. 1318) dedicated to the History of the Mongols. It was illustrated during the reign of Sultan Šāh Ruḫ, one of Tamerlane's sons, in the workshop of his son Bāysonġor Mirza, governor of Herat. The manuscript is partly devoted to the representation of Mongol families of the line of Persian Ilkhanids, but its iconography is largely marked by the quest for origins, the role of Ǧingiz Ḫan as a model of clan chief, the patrilineal filiation, and the importance of khans' wives in politics. Most of the miniatures evoke the Mongol lineage that show the Timurid quest of legitimacy, and the political growth of Tīmūr's fourth son lineage. We can observe the insistence of the painter on the Ilkhanids' lineage and the need of peaceful relations between the members of the same family. Thus, during the years 1425-1430, the miniatures build an ideal image of the ruling family to assert their political claims and their attachment to the Mongolian traditions, including through political marriages.

Keywords: Mongols' History – Čingiz Ḫān – myths – marriage – Rašīd al-Dīn – Supplément persan 1113 – Tīmūr

* * *

Faḍl Allāh ibn al-Ḫayr al-Hamadānī Abū al-Faḍl Rašīd al-Dīn (1247-1318) [1], fut le vizir des khans mongols Ġāzān (1295-1304), arrière-petit-fils de Hūlāgū Ḫān [2], puis de son oncle Ulǧāytū (1304-1316), et enfin, du dernier Īlḫān de Perse Abū Saʿīd (1316-1318). On le connaît aussi pour son action culturelle et de mécène à Tabriz, et surtout pour son œuvre d'historien. En effet, il est l'auteur d'un *Compendium des Histoires, Ǧāmiʿ al-tawārīḫ* [3], une compilation de l'histoire de tous les peuples de l'Orient, depuis la création du monde jusqu'aux Mongols. L'œuvre possède originellement quatre parties. La première, *al-tārīkh-i ghāzānī*, est dédiée, aux peuples turcs et mongols, puis au règne de Čingiz Ḫān jusqu'à Ġāzān [4]. La seconde partie comporte deux chapitres dont le premier consacré au règne d'Ulǧāytū a disparu tandis que le deuxième exposant l'histoire du monde jusqu'aux Salǧūqides est bien connu par une copie enluminée réalisée au début du XIVe siècle, du vivant même de l'auteur, aujourd'hui dispersée entre la bibliothèque d'Édimbourg et la Khalili Collection [5]. La troisième partie, le *Šoʿāb-e panǧānab* ou « Cinq généalogies » (Arabes, Juifs, Mongols, Francs et Chinois) inspira les généalogistes timourides [6], et la quatrième, un compendium de géographie, semble définitivement perdue.

1. Morgan, « Rašīd al-dīn », p. 180-188.
2. Fondateur de la dynastie des Īlḫāns de Perse.
3. Sur ce manuscrit entré à la BnF, voir Richard, *Splendeurs*, notice 40, p. 76.
4. Togan, « The Composition ».
5. Blair, *A Compendium*.
6. Istanbul, TSL, Ahmet III 2937, Tabriz, 1300, dans *The Turks*, n° 164, p. 216, et Woods, *Timurid's Geneaology*, p. 4.

La première partie, centrée sur les Mongols, semble avoir été illustrée dès le XIVe siècle comme le montrent les fragments d'albums Diez étudiés par Karin Rührdanz [7]; mais on en possède également une copie plus tardive, celle conservée à la Bibliothèque nationale de France à Paris, cotée supplément persan 1113 [8].

Comme l'a montré Francis Richard, le manuscrit supplément persan 1113 fut sans doute peint aux alentours des années 1425-1430, car la miniature représentant Bagdad est signée du nom de Sayf al-Dīn Wāḥidī al-Iṣfahānī, peintre qui œuvrait dans l'atelier du prince Bāysonġor Mirza (1397-1433) [9], son probable commanditaire [10] à l'époque où ce mécène notoire des arts gouvernait la cité de Hérat au nom du sultan Šāh Ruḫ (1377-1447), son père [11].

Copie de grande taille (320 × 230 mm), composée de 285 feuillets, elle en aurait compté originellement près de 400; elle comporte 113 illustrations, dont quelques-unes sans doute plus anciennes (folios 9, 126v°); plusieurs mains auraient réalisé l'iconographie à des époques différentes, mais le manuscrit fut vraisemblablement calligraphié antérieurement aux peintures; on observe aussi que certains visages ont été effacés et d'autres repeints [12]. Ce riche programme iconographique offre des scènes de majesté (13 illustrations), des épisodes des guerres et des conquêtes mongoles (60 scènes), un tableau complet du lignage gengiskhanide des origines mythiques à Ġāzān (40 miniatures), et, de fait, une mise en scène des familles de chacun des khans concernés [13]. Excepté la copie conservée à Calcutta à l'Asiatic Society of Bengal, non datée, naguère signalée par Basil Gray qui en publia quelques folios [14], celle de Paris est l'unique copie enluminée connue d'époque timouride [15].

L'histoire universelle de Rašīd al-Dīn est une source importante pour les princes timourides soucieux d'inscrire leur histoire dans la continuité de celle des Mongols, leurs prédécesseurs et principaux modèles politiques et militaires [16]. L'historiographe Ḥāfiẓ-i Abrū au service de Šāh Ruḫ et de Bāysonġor y puisa largement pour écrire un compendium historique,

7. Rührdanz, « Illustrationen ».
8. Melville donne toutes les éditions de l'œuvre, voir, http://www.iranicaonline.org/articles/jame-al-tawarik Il existe différentes éditions/traductions de l'*Histoire des Mongols* dont celle historique de Quatremère et récemment de Wheeler Thackston.
9. Richard, « Un des peintres », p. 307-320, retrace l'histoire complexe du manuscrit, évoque sa foliotation initiale et les diverses hypothèses formulées par les savants sur les dates de sa confection, calligraphie et peintures. Il précise qu'il fut calligraphié à deux mains et souligne les divers styles de peintures qui montrent là encore diverses mains, ou même, comme pour le folio 9, une origine ǧalayride. Il est probable cependant que la plupart des illustrations sont d'une seule main, peut-être celle de Pīr Aḥmad Bāġ Šimālī.
10. Richard, *Splendeurs*, p. 76.
11. Roemer, http://www.iranicaonline.org/articles/baysongor-gia-al-din-b
12. Richard, « Un des peintres », p. 308.
13. Le titre de khan signifie « noble », mais aussi seigneur; voir Lane, *Daily Life*, p. 282.
14. Gray, « An Unknown Fragment ».
15. Blair, http://www.iranicaonline.org/articles/jame-tawarikh-ii
16. Forbes-Manz, « Tamerlane and the Symbolism », p. 105-106.

al-Maǧmāʿ [17]. De plus, les miniatures des anciennes copies du *Ǧāmiʿ al-tawārīḫ* servirent, comme le dit G. Inal, « de modèles et d'archétypes » pour illustrer les thèmes historiques des manuscrits timourides [18], surtout ceux enluminés à Hérat [19].

Mais si les anciennes histoires des peuples, comme les mythes épiques, étaient fort appréciées des Timourides, ces derniers allaient comme leurs prédécesseurs devoir construire leurs propres légendes familiales pour glorifier le fondateur de la lignée ou ses différents membres [20]. Tīmūr Leng fut longtemps présenté [21] comme un chef de bande vivant de pillages, une image transmise par l'un de ses biographes, le syrien Ibn ʿArabšāh [22]. Plus récemment, les travaux de divers chercheurs [23] ont nuancé ce portrait peu flatteur proposant celui d'un ambitieux appartenant à l'aristocratie d'un clan notoire, les Bārlās, des Mongols turquisés de la région de Kish [24]. Il arrive au pouvoir dans les années 1370 alors que les dynasties mongoles de Perse (Ǧalayrides de Bagdad) ou vassales (Muẓaffarides du Fars) s'étiolent ; veillant dans un premier temps à maintenir la fiction d'un souverain mongol suprême, il s'en émancipe vingt ans plus tard en devenant le seul souverain d'un empire allant de l'Anatolie aux portes de la Chine. À sa mort, en 1405, le fils cadet de Tīmūr, Šāh Ruḫ, s'impose aux dépens de Mīranšāh (m. 1408), et surtout des héritiers des deux autres aînés, Ǧahāngīr (m. 1378) et ʿUmar Šayḫ (m. 1394). Šāh Ruḫ procède, entre 1414 et 1430, à la mise en place d'un État timouride, installant ses fils au pouvoir comme gouverneurs des villes stratégiques [25], châtiant les révoltes familiales des neveux et cousins, réprimant l'agitation religieuse et combattant l'arrivée des Turcs Qaraqoyunlu [26]. Il doit donc s'affirmer comme dynaste légitime et faire triompher l'orthodoxie dont il est le garant, tout en maintenant certaines des traditions instaurées et maintenues par Tīmūr, son père [27]. Dans cette tâche peu aisée, la concorde familiale, celle de ses fils, était la condition *sine qua non* pour maintenir l'empire aux mains de sa lignée, mais la propagande officielle jouait aussi un rôle non négligeable.

Et, de fait, l'historiographie de cour, comme l'ont montré entre autres, J. Woods et B. Forbes-Manz, servit ouvertement la propagande des Timourides dans leur œuvre de construction dynastique et de légitimation [28]. Concernant Tīmūr, entre autres œuvres, le *Zafar nāma*,

17. Woods, « The Rise », p. 97 ; Inal, « Miniatures », p. 103, le *Maǧmaʿ al-tawārīḫ* de Ḥāfiẓ-i Abrū complété en 1427 par leur propre règne.
18. Inal, « Miniatures », p. 103.
19. Roxburgh, « Baysunghur's Library ».
20. Comme le dit Denise Aigle, « Figures mythiques », ligne 20 : « Il n'est donc pas surprenant que la légitimation du pouvoir soit à l'origine d'une créativité mythique foisonnante. »
21. Suivant Barthold, *Fours Studies* 1, p. 58-59.
22. Ibn ʿArabšāh, *Tamerlane*, p. 6.
23. Aigle, « Les transformations »; Bernardini, *Mémoire*; Forbes-Manz, « Tamerlae's Career », p. 1.
24. Voir *infra* Melville « Keshiq in Iran ».
25. Uluġ Beg à Samarkand, Ibrāḥīm Sulṭān à Chiraz, Bāysonġor à Hérat.
26. Forbes-Manz, *Power*, p. 13-48.
27. Sur tous ces aspects voir Forbes-Manz, *Power*.
28. Woods, « The Rise ».

ou *Livre des victoires*, débuté de son vivant par ʿAlī Šāmī [29] ou plus tard, les *Ġazavāt-e Hindūstān* [30], exaltaient le guerrier et le chef de clan ; les *Futūḥat-i Mīranšāh* furent quant à elles écrites pour le troisième fils de Tīmūr [31]. Ḥāfiẓ-i Abrū composa, à la demande de Bāysonġor, un *Maǧmaʿ al-tawārīḫ* surnommé la *Crème des histoires*, s'achevant sur le règne de Šāh Ruḫ (1427) [32]. Enfin, ʿAlī Yazdī rajouta au *Zafar nāma* des épisodes du règne de Šāh Ruḫ (1428) [33], et l'ouvrage fut enluminé en 1436 pour Ibrāhīm Sulṭān en intégrant des miniatures dédiées à son père [34]. Cette surenchère traduisait certes des aspirations variées à contrôler le pouvoir, mais aussi des tensions dans le propre clan de Šāh Ruḫ. Bāysonġor qui servait fidèlement son père à Hérat, partant régulièrement en campagne entre 1420 et 1429, semblait être l'héritier pressenti, mais sans jamais être ouvertement désigné face à ses frères aînés Uluġ Beg à Samarkand depuis 1409 ou Ibrāhīm Sulṭān à Chiraz en 1414.

En outre, dans un milieu lettré où les manuscrits circulaient, une partie de la propagande s'effectuait aussi par le biais de la culture littéraire et visuelle [35], et l'atelier de Bāysonġor était productif [36]. Toutefois, sa copie du *Šāh nāma* de Firdawsī, véritable programme de gouvernement, n'était pas encore achevée (vers 1430) contrairement à celle d'Ibrāhīm Sulṭān (vers 1420) [37].

De ce fait, on peut comprendre qu'en attendant des œuvres littéraires et artistiques plus spécifiquement centrées sur la famille timouride, la copie parisienne du *Ǧāmiʿ al-tawārīḫ* pouvait déjà indiquer la perspective historique dans laquelle se plaçait la branche régnante. Aussi, l'image de la famille mongole se trouve affectée d'une double lecture, sorte d'intertexte où se superposent et le clan gengiskhanide et le clan timouride, ce qui n'est pas sans rappeler celui de l'*Abū Saʿīd nāma*, ou Grand *Šāh nāma* mongol, peint vers 1330, où sous les héros de l'Iran ancien se cachaient les drames de la cour de Tabriz [38].

Les thèmes iconographiques évoquent d'ailleurs explicitement une triple préoccupation : la valorisation de la lignée mythique comme source de légitimation du pouvoir, les liens agnatiques indispensables à une forte solidarité familiale, et la place des femmes qui rappelait le rôle central des épouses mongoles, génitrices, conseillères, mécènes, et garantes de la paix familiale, à l'instar de Gowhar-šād [39], l'incontournable épouse de Šāh Ruḫ, mère d'Uluġ Beg et de Bāysonġor...

29. *Ibid.*, p. 85.
30. *Ghiyāsoddīn ʿAlī di Yazd, Le gesta di Tamerlano.*
31. Woods, « The Rise », p. 83.
32. *Ibid.*, p. 97-98.
33. *Ibid.*, p. 84-85.
34. Sims, « Ibrāhīm Sulṭān's Illustrated Zafarnama », la naissance de Šāh Ruḫ, puis son adolescence, son départ en campagne.
35. Caiozzo, « Propagande dynastique ».
36. Roxburgh, « Baysunghur' Library », p. 19-22.
37. Ce manuscrit, classé par l'Unesco aux chefs d'œuvre de l'Humanité, est conservé au Gulistan Palace ; il fut achevé vers 1430, voir http://www.iranicaonline.org/articles/baysongori-sah-nama#pt1
Sur la copie d'Ibrāhīm Sulṭān conservée à Oxford, voir Melville, Abdullaeva, *The Persian Book of Kings*.
38. Soudavar, « The Saga ».
39. Forbes-Manz, « Gowhar-šād », http://www.iranicaonline.org/articles/gowhar-sad-aga

Entre mythe ethnogénique et affirmation d'un lignage, la nécessité d'un mythe d'origine

La première partie de l'*Histoire universelle* présente l'histoire des peuples turcs et mongols en débutant par leurs ancêtres communs, descendants de Japhet, comme le dit plus tard Ḫwandamir, l'historien de la cour timouride, ancêtres d'ailleurs réduits aux deux grands chefs, Qara Ḫān (fol. 9-10v°) et Oġūz Ḫān [40], mais dont la célèbre Alān Qūʾā était l'arrière-arrière-petite-fille [41].

Le lignage cognatique et l'ancêtre mythique comme moyen de légitimation

En effet, tout comme les rois kayānides, ancêtres mythiques des rois de Perse que les Timourides connaissaient bien, en commanditaires du *Šāh nāma* de Firdawsī [42], les Mongols avaient un ancêtre féminin [43]. Chez les Mongols, la légendaire ancêtre, Alān Qūʾā, apparaît au fol. 14v° dans une scène de lamentations devant le corps de son époux Dūbūn Nuyān tué par une tribu rivale, peut-être en présence de leurs deux fils Bälgünüt et Bügünüt. Puis Alān Qūʾā réapparaît au folio 15v°, représentée en majesté cette fois, couronnée et trônant aux côtés de ses trois autres fils, ceux qu'elle aurait conçus après la mort de son époux, fécondée par un rayon lumineux et céleste : Buqun Qataqi, Buʾutu Salji, et enfin Būdūnchar [44], l'ancêtre de Čingiz Ḫān, qui est assis de façon plus rapprochée, vêtu de bleu, couleur portée par les souverains dans les *Šāh nāma* timourides [45].

40. http://visualiseur.bnf.fr/Visualiseur?Destination=Mandragore&O=07817123&E=1&I=87826&M=imageseule
http://visualiseur.bnf.fr/Visualiseur?Destination=Mandragore&O=07817124&E=1&I=87827&M=imageseule
41. Ḫwandamir, *Habibu*, p. 4-6.
Oġūz Ḫān et ses six fils, Gūn, Ai, Yüldüz, Kük, Tāq et Dinqiz. Cette miniature est d'une facture particulière rappelant les trônes peints au XIVe siècle ; les personnages sont allongés rappelant le style ǧalayride ou mużaffaride.
42. Sims, « The Illustrated Manuscripts ».
43. Un folio du *Šāh nāma* Big Head de 1494 conservé à Istanbul expose une scène où le vieux roi Farīdūn, après la mort de son fils Irāǧ assassiné par les deux aînés, Ṭūr et Salm, s'aperçoit qu'une de ses belles-filles attendait un enfant ; ce fut une fille dont la fille ou l'arrière-petite-fille aurait porté Manūčihr, le fondateur de la dynastie kayānide. Le père de l'enfant n'est pas connu ; on voulut y voir les propres œuvres de Farīdūn selon la tradition du mariage incestueux pratiqué dans le monde iranien ancien, cf. Skjærvø, art. « Next-of-Kin or Close-Kin Marriage, Nuclear Family Incest », *Encyclopaedia Iranica*, online, http://www.iranica.com/articles/marriage-next-of-kin.
Shāh nāma, Istanbul, musée des arts turcs et islamiques, ms. 1978, 1494, fol. 33v°.
http://shahnama.caret.cam.ac.uk/new/jnama/card/ceillustration:1828072258
44. *Rashiduddin Fazlullah's Jamiʿuʾt-tawarikh* 1, p. 26, p. 114-117.
45. La miniature a visiblement été repeinte et les traits d'Alān Qūʾā sont masculins.
http://visualiseur.bnf.fr/Visualiseur?Destination=Mandragore&O=07817126&E=1&I=87829&M=imageseule

Les généalogies jouaient certes un rôle central chez les Mongols [46], mais la mise en scène de la lignée mythique a pour but de rappeler l'origine commune et singulière du clan Bārlās et des Gengiskhanides [47], où l'élément céleste occupe une place de choix. Comme l'explicite l'*Histoire secrète des Mongols* [48], le clan gengiskhanide accéda au pouvoir par la conjonction de trois facteurs : la naissance d'une lignée d'essence surnaturelle, le rôle des femmes, et enfin l'action personnelle des hommes (les victoires militaires), thèmes omniprésents dans l'illustration du manuscrit.

La tutelle du ciel, « père » de la lignée sous la forme du rayon de lumière, renvoie certes au concept de *tangrï*, que J.-P. Roux avait particulièrement bien analysé [49] et auquel J. Fletcher accorde une place centrale dans la conception du pouvoir mongol [50]. Mais, selon R. Hamayon, son rôle doit être revisité et sans doute atténué [51]. D. Sinor [52] insiste également sur la juste place qu'il convient de lui attribuer dans la conception de la royauté des peuples altaïques : Čingiz Ḫān, dont la lignée est divine, devient khan suprême grâce à ses actions d'éclat et à sa grande valeur, et une fois la cérémonie d'investiture achevée. Toutefois, le ciel accompagne et aide le khan dans ses entreprises victorieuses en lui octroyant le *quṭ*, une forme de grâce ou de fortune [53]. Par la suite, la légitimité repose essentiellement sur les qualités et le choix du meilleur de ses héritiers par le *quraltay*, l'assemblée des chefs (et par les manœuvres politiques) [54]. Les Timourides, quant à eux, mirent en exergue le concept de charisme – *quṭ* – également bien connu dans le monde iranien préislamique, qui fut le trait dominant de leur idéologie et sur lequel repose une grande part de leur légitimité [55]. En effet, en Iran préislamique, les souverains investis des dieux étaient parés du *khvarnah* ou du *farr* [56], la divine gloire, qui leur octroyait force et victoire [57] et que l'on représentait, entre autres, par un nimbe de feu [58]. Dans ce dernier cas, la souveraineté est bien d'émanation céleste, elle s'accompagne des bienfaits octroyés par les cieux [59].

46. Comme le souligne Denise Aigle, « Le Grand *Jasaq* », p. 39, n. 34, à la fois source de la mémoire du peuple ou de la tribu, l'histoire ayant été longtemps orale, mais aussi dans le cadre du système de vengeance et des atteintes portées aux membres de la famille.
47. Voir les généalogies de l'Album Hazine 2152 pour Ḫalīl Sulṭān, Samarkand, 1405-1409, TSM, H 2152, fol. 33b-34a, p. 217 dans *The Turks*, n° 167.
48. *Histoire secrète*.
49. Roux, « Tängri » et « Notes additionnelles ».
50. Fletcher, « The Mongols », p. 30-31, et Roux, « L'origine céleste ».
51. Aubin, Hamayon, *Alexandre*, p. 80-84.
52. Sinor, « The Acquisition », p. 41-45, p. 51-52, en somme l'aide du ciel au dynaste investi n'est pas un mandat céleste.
53. Sinor conteste le concept de royauté charismatique chez les Mongols qu'il dit être surtout présent dans les actes diplomatiques, *ibid.*, p. 45-50.
54. *Ibid.*
55. Subtelny, *Timurid in Transition*, p. 11-15 et notes additionnelles.
56. Souvavar, *The Aura* ; Frye, « Charisma ».
57. Caiozzo, *Les imaginaires du roi Glorieux. Une lecture des copies du Shāh nāma d'époque timouride* (à paraître).
58. Milstein, « Light, Fire ».
59. Soudavar, *The Aura*.

On assiste donc à un double héritage où, à la conception de la royauté mongole, par la valeur et les victoires, se mêlent des traits iraniens – l'intervention céleste – permettant la construction d'un chef, Tīmūr, doté de talents exceptionnels et quasi magiques, comme l'ont souligné ses biographes [60]. On peut d'ailleurs observer que l'habituel symbole du *farr*, le *dastār*, ou étoffe blanche, que tient le souverain dans le *Zafar nāma* de 1436 par exemple [61], est absent dans le manuscrit de Paris ; en revanche d'autres symboles de la divine gloire, la flamme récurrente sur certains trônes, et surtout le faucon [62], sont visibles sur divers trônes, mais ce sont les chapeaux à plumes des princes qui pourraient en être les signes les plus parlants, relevant de la culture mongole où ils symbolisent l'âme, et évoquant l'oiseau porteur de gloire dans le monde iranien préislamique [63].

La lignée jusqu'à Qabūl Ḫān

À partir d'Alān Qūʾā, sont figurés de façon non exhaustive les descendants de son fils Būdūnchar jusqu'à Qabūl Ḫān, en somme la lignée gengiskhanide [64]. Le parti pris systématique de l'enlumineur est de respecter globalement le texte sommaire de Rašīd al-Dīn relatif à la composition familiale et de représenter, selon les indications données, chaque khan assis aux côtés de son épouse principale et de ses fils, parfois d'une ou deux épouses secondaires ; les enfants sont, eux, parfois noyés dans le groupe de courtisans et familiers : ainsi, Būdūnchar et ses fils Buqa et Buqtai [65] ou encore Yesügaï, père de Čingiz Ḫān, qui figure en compagnie d'Öëlün Fuǧin, son épouse, une figure féminine remarquable [66].

Pourtant, l'ancêtre de la lignée commune gengiskhanide et Bārlās, Tüminaï Ḫān, l'arrière-arrière-grand-père de Čingiz Ḫān n'est pas représenté. On peut supposer, entre autres hypothèses, que le copiste n'avait pas reçu d'instructions visant à l'exhaustivité, mais surtout que les modèles du XIVe siècle n'insistaient pas encore sur ce personnage qui ne devint central qu'à partir des Timourides et des généalogies extrapolant l'origine commune des deux clans [67].

En effet, dépassant les généalogies de Rašīd al-Dīn, l'historiographie timouride allait dès lors s'efforcer d'expliciter l'origine et les fonctions du clan Bārlās. L'ancêtre commun figure dans les généalogies élaborées vers 1427-1428 sous Šāh Ruḫ, par exemple le *Muʿizz al-ansāb* [68]. Par ailleurs, son fils Uluġ Beg offrit un cénotaphe de marbre noir ornant le Gūr-i Amīr – Tombeau de l'émir – gravé d'une généalogie mythique et syncrétique alliant ancêtres mongols

60. Forbes-Mane, « Tamerlane », p. 117-118.
61. Soudavar, *The Aura*, p. 13, et Blair, « Timurid Signs », p. 552.
62. Shahbazi, « On Vārəγna ».
63. Bazin, « Survivances ».
64. Voir sur Gallica, les fol. 15v°, 16, 17v°, 20v°, 22v°.
65. *Rashiduddin Fazlullah's Jamiʿuʾt-tawarikh* I, p. 118.
66. *Ibid.*, p. 134 et 153.
http://visualiseur.bnf.fr/Visualiseur?Destination=Mandragore&O=07817135&E=1&I=87838&M=imageseule
67. Woods, « Timurid's Genealogy », p. 8-9 et figure 1 : généalogie du *Muʿizz al-ansāb*.
68. Voir Aigle, « L'histoire », p. 19-20 ; Quinn, « The Muʿizz al-Ansāb ».

et ancêtres alides, islamisant l'intervention céleste lumineuse qui devenait la figure de ʿAlī [69]. En revanche Ḫalīl Sulṭān, l'un des neveux de Šāh Ruḫ, qui aspirait à des fonctions politiques, commandita les généalogies schématiquement enluminées, conservées dans l'Album Hazine 2152 à Istanbul, où figurent sa lignée et les ancêtres totémiques de Dūbūn Nuyān, Biche fauve et Loup bleu, géniteurs des Mongols [70], rappelant dans la pure tradition mongole le mythe ethnogénique des origines [71]. Les généalogies servaient ainsi de terrains d'affrontement à la famille timouride, chaque commanditaire revendiquant la direction du pouvoir [72].

Toutefois, Tüminaï Ḫān [73], l'absent du manuscrit, fut le grand-père d'Erdemchū Bārūlā père du clan Bārlās, dont récemment Charles Melville révélait la fonction éminente qu'il avait toujours occupée, ses membres étant titulaires de la garde d'honneur de Čingiz Ḫān et de ses héritiers [74]. Les Timourides avaient donc usé de leur position traditionnelle au sein de la hiérarchie militaire mongole pour maintenir une présence politique avant de s'approprier le pouvoir. Ce changement d'état n'étant cependant pas aisé à assumer, aux mythes communs d'origine s'ajoutèrent les rôles de pilier de l'État et de gardiens de la légitimité et des traditions [75].

La place centrale de Čingiz Ḫān

Mais, hormis les ancêtres, le personnage central qui occupe 36 miniatures, soit un tiers des illustrations, est Čingiz Ḫān, le fondateur de la nation mongole, véritable héros du programme iconographique, représenté en majesté, en famille, ou guerroyant contre les peuples qu'il soumit.

Un certain nombre de scènes évoquent ses mariages (avec des épouses venues d'autres clans ou d'autres pays pour sceller des alliances), des scènes d'intimité, des entrevues avec ses fils ou petits-enfants, avant la scène finale des funérailles du grand chef. Rašīd al-dīn expose d'ailleurs la propre vision de Čingiz Ḫān sur la famille et la fonction du chef de famille dont l'autorité assure l'ordre social [76] :

> « S'il y a des gens dont les fils n'entendent pas la sagesse de leurs pères, dont les jeunes frères ne tiennent pas compte des paroles de leurs aînés, dont les maris ne croient pas les femmes, dont les femmes n'obéissent pas aux maris, dont les belles-mères n'aiment pas les belles-filles, dont

69. Vers 1425, voir Denise Aigle « La transformation », qui a analysé cette généalogie en détail.
70. *Histoire secrète des Mongols*, p. 43-44, et Istanbul, TSL, ms. H. 2152, fol. 32v° à 42r°, Thackston, *A Century*, « Genealogical Charts », *Mongol-Timurid Genealogy as Given in Istanbul, TSM H.2152*, p. XVI.
71. Roux, « Tängri » et *id.*, « Notes additionnelles ».
72. C'est aussi le cas d'un tableau synoptique conservé à Istanbul, ms. B.411, fol. 159r°, fait à la demande du prince Iskandar Sulṭān pour justifier sa prétention au sultanat, voir Thackston, *A Century*, p. 23-46.
73. Khwandamir, *Habibu's-siyar*, p. 7.
74. Melville, « Keshig in Iran ».
75. Subtelny, *Timurid in Transition*, p. 15-23.
76. *Rashiduddin Fazlullah's Jamiʿuʾt-tawarikh* 2, p. 293.

les belles-filles ne respectent pas les belles-mères, dont les jeunes n'acceptent pas les conseils des aînés, dont les maîtres n'ont pas l'affection des esclaves et qui n'appliquent pas leur loi avec compréhension et intelligence alors [...] ces personnes sont incompétentes et mauvaises. »

La famille forme un tout, où mari, femmes, enfants sont liés par des règles d'obéissance et d'affection. En outre, la valeur de l'épouse principale fonde la réputation d'un homme [77]. Rašīd al-Dīn n'a de cesse de souligner l'amour de Čingiz Ḫān pour ses épouses et la force sur laquelle repose son autorité, ses quatre fils. En somme, posséder une famille exemplaire est une condition essentielle pour exister en tant qu'homme et en tant que chef dans la société mongole [78].

Cette image de la famille est étonnamment semblable à celle que développe ʿAlī Yazdī, dans le *Zafar nāma*, corroborée par d'autres témoignages, celui par exemple du Castillan Clavijo, en visite à la cour de Tamerlan [79]. Une étroite similitude s'instaure entre Čingiz Ḫān et Tīmūr, qui eut aussi quatre fils, et dont enfants et petits-enfants lui manifestaient également une obéissance aveugle sous peine de sanctions. Čingiz Ḫān siège selon les codes de la cour timouride [80] tel Tīmūr dans le *Zafar nāma* de 1436 : assis sous un parasol, couronnés, et vêtus de semblable façon [81]. Car si Tīmūr, pour sa part, veilla à l'écriture de sa propre légende, il la fit construire en regard de celle de son modèle, Čingiz Ḫān [82]. Il fit ainsi cohabiter le code de loi mongole, le *Yasa*, avec la *Šarīʿa* [83]. En outre, des princesses mongoles devinrent les épouses de ses fils et petits-fils, ancrant les Bārlās dans ce lignage d'élection [84].

Ainsi, l'une des vocations des lignages mythiques est d'asseoir la légitimité politique des Timourides tout en jouant sur l'identification de Tīmūr à la figure de Čingiz Ḫān [85]. Mais, comme le dit Denise Aigle [86], la réécriture des mythes était en permanente évolution et c'est vers un autre héros qu'allait se déplacer le centre d'intérêt iconographique, héros adapté au temps des Timourides et aux coutumes, aux lois et à la religion dominante de ses peuples, l'islam.

77. *Ibid.*, p. 295.
78. *Ibid.*, p. 298.
79. Clavijo, *La route*, p. 175, 199 sq.
80. Blair, « Timurid Signs ».
81. Il est à noter comme le dit Sinor, « The Acquisition », p. 51, que les Mongols, eux, n'ont pas d'emblème de la souveraineté ou *regalia*.
82. Forbes-Manz, « Mongol History ».
83. Subtelny, *Timurid in Transition*, p. 24-27.
84. Forbes-Manz, « Tamerlane and the Symbolism », p. 111.
85. Woods, « The Rise », p. 102.
86. Aigle, « Figures mythiques ».

Les parents agnatiques ou la promotion d'une lignée

En effet, c'est bien conformément, cette fois, au droit islamique [87] que s'instaure la promotion visuelle de la lignée mâle du clan des genghiskhanides, centrée sur celle issue du troisième fils de Čingiz Ḫān, Tūluī, et dont est issu le premier grand khan musulman de l'empire des Ilḫāns : Ġāzān.

La naissance des héros

Le manuscrit ne possède qu'une seule scène de nativité, exceptionnelle par les enseignements qu'elle délivre. Au premier plan, deux astrologues, dont l'un pourrait être Naṣīr al-Dīn al-Ṭūsī, sont en train de calculer le thème astral de l'enfant nouveau-né, Ġāzān, fils d'Arġūn, petit-fils d'Abāqā Ḫān, né le 4 novembre 1271, qui sera le sixième khan de la dynastie des Īlḫāns de Perse fondée par Hūlāgū. Au second plan, la concubine du khan, Qultuq Egači, est alitée sur un vaste trône, portant la *boqta*, coiffure des femmes mariées ; à ses côtés, la nourrice Moġalčin [88], femme d'un Chinois, allaite un bébé emmailloté, Ġāzān [89]. Un garde veille, debout. Les règles, à la naissance, confinaient la mère et l'enfant, qui était régulièrement baigné ; la mère devait, peu après la naissance, être purifiée en passant par-dessus un grand feu dans lequel brûlait de l'encens [90] ; quant à la nourrice, elle était choisie parmi les suivantes, ou même parfois parmi les concubines – ainsi une concubine de Tūluī fut la nourrice de Mongkā [91]. Mais la mère pouvait aussi allaiter son enfant, comme en témoigne le célèbre incident, rapporté par l'*Histoire secrète des Mongols*, évoquant la mère de Čingiz Ḫān découvrant ses seins de colère, pour faire honte à ses fils de leur inimitié, et prêchant la concorde entre frères [92].

Cet épisode, alliant ainsi naissance et allaitement, évoque la solidarité du clan entre agnats, nécessaire au maintien d'un empire fort et prospère. Mais bien mieux, la naissance d'un prince met en scène la branche dotée de la légitimité dynastique, et évoque une autre scène mentionnée dans le *Zafar nāma*, la naissance de Šāh Ruḫ [93]. La rareté des scènes de nativité permet d'entrevoir l'importance accordée au personnage dont la naissance est célébrée : prophète, ou héritier d'un empire. On connaît deux autres scènes de nativité datant du XIVe siècle. L'une, conservée dans les albums Diez de Berlin, sans doute destinée à une copie de l'*Histoire universelle*, où la mère et l'enfant, couchés côte à côte, reçoivent des visites féminines, alors que

87. Excluant les femmes de la transmission du pouvoir, le cas de Fāṭima, la fille du Prophète, et des Alides étant le cas le plus célèbre.
88. *Rashiduddin Fazlullah's Jami'u't-tawarikh* 3, p. 590.
89. Par la suite, elle fut renvoyée car elle attendait un autre enfant, ce qui fit tourner son lait.
90. Kler, « Birth », p. 58-66.
91. *Rashiduddin Fazlullah's Jami'u't-tawarikh* 2, p. 69.
92. Grousset, *L'empire*, p. 275. Ce thème est d'ailleurs fort répandu dans le folklore mongol ; voir Moses, « The Quarrelling Sons ».
93. Yazdī, *Zafar nāma* 1, p. 289, et illustration dans Sims, « Ibrāhīm Sulṭān's Illustrated Zafarnama », fig. 4, p. 185.

trois astrologues œuvrent et qu'une servante apporte de l'encens à des fins purificatrices [94]. L'autre appartient au *Ǧāmiʿ al-tawārīḫ* d'Édimbourg et expose la naissance de Muḥammad, offerte comme une transposition d'une scène de nativité du Christ [95].

Par conséquent, les deux manuscrits timourides, le supplément persan 1113 et le *Zafar nāma* de 1436 insistent sur cette comparaison qui se pratiqua à l'époque de Šāh Ruḫ lui-même, entre son règne et celui du grand khan Ġāzān, célébrés l'un pour sa piété, l'autre pour sa conversion à l'islam [96]. Ce parallèle induisait un précédent dans les changements de lignage et assurait la légitimité d'une branche cadette qui, *a priori*, n'aurait pas dû régner, car, si de son vivant le choix de Tīmūr s'était porté sur Ǧahāngīr et sa descendance, à sa mort en 1405 Šāh Ruḫ évinça le fils de son frère aîné, Muḥammad b. Ǧahāngīr, et s'empara du pouvoir après une guerre civile dont il sortit vainqueur [97].

« La famille nucléaire »

Père et fils

Les scènes filiales sont limitées à Čingiz Ḫān et aux siens. Mais les quatre fils de Čingiz Ḫān et de Börtä (m. 1206), ceux même qui se partageront l'empire [98], ne sont jamais explicitement représentés tous ensemble à leurs côtés. À des fins dynastiques et politiques bien ciblées, se déroule une scène de majesté au folio 116v°, où les protagonistes sont présentés par le texte : sous un grand parasol, emblème hérité de l'Iran ancien dont les Timourides assureront la promotion, Čingiz Ḫān, dont l'âge est souligné par la barbe et la chevelure blanches, reçoit l'hommage de son fils Ūkatāy (1181-1261), à genoux devant lui, tendant ses mains jointes, alors que Čaġatāy se tient à sa gauche. Il s'agit du fameux épisode de Onqulun Talan Ojdun en 1227, au cours duquel l'héritier fut désigné par le khan malade [99] : la descendance de Joči, l'aîné, n'eut en partage que les terres de chasse, peut-être en raison des soupçons pesant sur sa paternité réelle [100]. Čaġatāy (m. 1242) fut chargé de faire appliquer la loi, le fameux *Yasa*, et Tūluī, le plus jeune, eut l'armée ; quant à Ūkatāy, il reçut la souveraineté. Les deux hommes portent le chapeau mongol à plumes, signe distinctif des princes dans le manuscrit, et leur taille est légèrement inférieure à celle de leur père (planche 1) .

94. Scène de naissance, Album, Berlin, Staatsbibliothek, Orientabteilung, Diez A fol. 70, S.8 n° 1, fig. 134, p. 116, dans *The Legacy of Gengis Khan*.
95. La naissance de Muḥammad, illustration dans Blair, *A Compendium*, fig. 33, p. 68.
96. Voir Amitai-Press, « Ghazan, Islam », et Aigle, « Le grand *Jasaq* de Gengis-Khān ».
97. Forbes-Manz, *Power*, p. 16-33.
98. Grousset, *L'empire*, p. 316-319.
99. *Rashiduddin Fazlullah's Jamiʿuʾt-tawarikh* 2, p. 299, et vol. 3, p. 381.
100. Grousset, p. 317, Börte Fuğin avait en effet été enlevée par une tribu ennemie et, une fois libérée, elle donna le jour à Joči ; Joči mourut six mois avant son père, en février 1227.

Les fils mis en scène

Lorsque se posa, après la mort d'Ūkatāy en 1241, et celle prématurée de son fils Güyük (1246-1248), le problème de la régence autoritaire de son épouse Oġul Qaymish (1248-1251), ce fut le fils aîné de Tūluī, Mongkā, qui fut choisi comme khan par le *quraltay* de 1251, grâce aux manœuvres habiles de sa mère Sorqaḫtānī Beki (M. 1252). Cette dernière avait su élever ses enfants dans le souci de la solidarité et de l'affection fraternelle, un trait que les chroniqueurs rapporteront longtemps [101]. Le tableau de la famille de Tūluī, qui eut dix fils de ses diverses épouses, offre en effet l'exemple parfait de la concorde familiale, y compris lorsque les fils ne sont pas de la même mère (fol. 162v°) [102]. De la première épouse, Sorqaḫtānī Beki, il eut Mongkā, le futur khan, qui trône en bleu, couronné, barbu, se distinguant par son attitude souveraine ; en dessous, ses trois frères utérins, Qubilāy Ḫān, Hūlāgū et Ariq-Bögä ; à ses côtés, Jörika, fils de Jaruk Ḫātūn, Qutuqtu, fils de Lingum Ḫātūn, et enfin Böčök, Mögä, Sübügätaï ou Sögätaï, fils de concubines. Tous ces princes sont couronnés, vêtus semblablement et aucune préséance véritable n'apparaît entre eux (planche 2).

Le père, ses épouses et leurs enfants mâles

Une autre scène représente cette fois Mongkā (1251-1259) et sa famille : ses fils, petits-fils, arrière-petits-fils (et ses épouses) au folio 169v° [103]. Au centre, le khan, et, à ses côtés, Baltu et Ürüng Tash, fils de Qutuqtai Ḫātūn, Shirägi, et peut-être Ulus-Buqa, fils de Baya'ujin. Puis les fils de Küiteni fils d'Asutai : Öhai, Hulacha, Hautun, Öljaï Buqa nés de Küï Yäbä. Le khan est entouré de ses héritiers directs ; la concorde règne entre épouses de divers rangs, et tous les enfants vivants sont présents, en somme une vision idéalisée de la famille, justifiant le choix du nouveau khan et de sa lignée dans le contexte des guerres familiales au sein du clan d'Ūkatāy, où le fils de Güyük, Shirämun, fut exécuté pour avoir comploté contre son père. La première épouse, Oġul Qaymish II, « dame Chirina », n'a pas d'enfant, et Qutuqtaï Ḫātūn est l'une des petites-filles de Čingiz Ḫān.

Les familles des divers khans sont présentées dans les scènes d'intronisation, de festivités ou de mariage, l'objectif étant de montrer, outre la filiation et la concorde entre parents et enfants, une conception de la majesté étendue à toute la famille qui est présentée publiquement au monde. Mais cette présentation du père, de ses fils et petits-fils pourrait indiquer la coexistence de deux types de successions contradictoires, à la fois patrilinéaire et collatérale. Dans les traditions mongoles, le père désignerait son fils mais la succession devait être ensuite dévolue au frère le plus âgé, d'où des luttes bien compréhensibles [104].

101. Voir Ḫwandamir, *Habibu*, p. 32.
102. *Rashiduddin Fazlullah's Jami'u't-tawarikh* 2, p. 381.
http://visualiseur.bnf.fr/Visualiseur?Destination=Mandragore&O=07817177&E=1&I=87884&M=imageseule
103. http://visualiseur.bnf.fr/Visualiseur?Destination=Mandragore&O=07817181&E=1&I=87887&M=imageseule
104. Fletcher, « The Mongols », p. 17. D'ailleurs, il ajoute que le meilleur moyen pour les clans de se choisir un khan était la guerre civile qui donnait le pouvoir au meilleur guerrier, p. 28.

Et de fait c'est bien ce problème que l'on retrouve lors de la succession de Tīmūr, l'héritier désigné par le père ayant disparu avant lui [105]. La branche cadette, celle de Šāh Ruḫ, à l'instar de celle de Tūluī, s'empara du trône aux dépens de Mīranšāh, ivrogne, cruel et incompétent, qui évoque le règne désastreux de Güyük, fils d'Ūkatāy. Mais sous le visage de Mongkä et de sa lignée se cache celui de Bāysonġor [106], fils de Šāh Ruḫ soutenu par sa mère, l'intrigante Gowhar-šād, qui n'avait pas cependant les talents de la célèbre Sorqaḫtānī Beki [107].

Les fils dans leurs relations aux parents agnatiques

Grands-parents et petits-enfants

Outre Mongkā, évoqué avec ses petits-fils, Čingiz Ḫān est représenté en compagnie de deux de ses petits-enfants, Hūlāgū et Qubilāy, en 1224, trois ans avant sa mort au retour de Mongolie (fol. 85v°), chassant un lièvre et une chèvre sauvage [108]. L'épisode est connu : de façon traditionnelle, lorsque les enfants effectuaient leur première chasse, le membre adulte de la famille, ici le grand-père, procédait à l'initiation en graissant le pouce, geste qu'il effectue ici auprès de l'un d'eux, et qui porte le nom de *yaghlamishi* [109]. Il s'agit également d'une scène authentique de majesté : le trône est situé devant une tente, et des domestiques et des gardes se tiennent à proximité. Les enfants sont ceux de Tūluī, certes écarté en apparence du trône, mais dont la famille entoure le khan.

Père, fils et petit-fils

Au fol. 211v°, une autre scène encore plus suggestive réunit Abāqā Ḫān (1265-1282), son fils cadet Arġūn (1284-1291) et l'enfant Ġāzān. Lorsque l'enfant eut trois ans, Arġūn envoya un émir à la cour de son père pour lui donner des nouvelles de l'enfant qui montait déjà à cheval, et le khan demanda qu'on lui apportât l'enfant pour lui apprendre à chasser à l'épervier [110]. En 1275, le grand-père Abāqā fit la connaissance de l'enfant, et le fit asseoir sur sa propre selle, et le khan demanda à ce qu'il restât à la cour comme son fils et successeur [111]. La scène témoigne d'un fait réel : l'attachement du khan pour son petit-fils, alors qu'il avait un enfant du même âge, Ğayḫātū. Attaché à Ġāzān, il demanda à son fils de le lui apporter pour que son épouse Buluġān Ḫātūn, qui n'avait pas d'enfant, s'en occupe (planche 3). Cette scène trouve un parallèle étonnant dans *le Zafar nāma* de 1436, lorsque la première épouse conduit à Marand en 1387 auprès de Tīmūr deux enfants, dont l'un est Šāh Ruḫ [112]. Dans les deux cas, il s'agit de souligner l'affection entre père et fils ou grand-père et petit-fils, dans un dessein qui

105. Yazdī, *Zafar nāma* 2, p. 269, vol. 4, p. 69.
106. Melville, « Baysonġor ».
107. Lane, *Daily Life*, p. 239-243.
108. http://gallica.bnf.fr/ark:/12148/btv1b8427170s/f182.item
109. Boyle, « An Eurasian », p. 11-12.
110. *Rashiduddin Fazlullah's Jamiʿu't-tawarikh* 3, p. 590.
111. *Ibid.*, p. 591.
112. Sims, « Ibrāhīm Sulṭān's Illustrated Zafarnama », fig. 6, p. 186.

n'échappe pas aux objectifs politiques : Ġāzān sera le « grand » khan mongol de Perse, malgré un rang défavorable pour régner ; son grand-père avait vu en lui « la gloire » qui pare les rois. D'ailleurs, la scène suivante met en relief l'une des qualités majeures des rois, l'habileté à la chasse, qui donne aussi lieu au *yaghlamishi*. On peut y voir le jeune prince chasser la gazelle, tout comme dans certaines scènes du *Šāh nāma* de la même époque présentant les princes héritiers exposant leurs talents à la chasse, tels Siyāvuš [113] ou encore Ardašīr [114].

Le *Zafar nāma* rappelle combien Tīmūr Leng affectionnait ses petits-fils, veillant à leur éducation et à leurs unions ; la seule miniature dévoilant ses sentiments est la scène de deuil devant le cercueil de Muḥammad Sulṭān, le fils de Ǧahāngīr, mort prématurément en 1403 (fol. 373v°-374) [115]. Toutefois, la scène regroupant Abāqā, Arġūn et Ġāzān enfant pourrait évoquer les liens entre Šāh Ruḫ, Bāysonġor et ʿAlā' Al-Dawla, fils de ce dernier que Gowhar-šād aimait beaucoup et auquel elle aurait voulu confier l'empire à la mort de Šāh Ruḫ [116].

Les rapports entre frères et entre oncles et neveux

Les successions dynastiques donnèrent lieu, dans le monde turco-mongol, à bon nombre de conflits, d'intrigues, de guerres intestines. Si l'assemblée des chefs et des nobles, le *quraltay*, validait la succession à la mort d'un khan, en général, la volonté du souverain et ses choix étaient respectés. Ainsi, après la mort de Čingiz Ḫān en 1227, Ūkatāy, devenu le grand khan, reçoit ses frères Tūluī et Čaġatay (fol. 132v°). La scène se déroule dans sa tente, et les trois frères sont assis sur le même tapis sans protocole ; le nouveau khan tient son jeune frère par la main dans un geste apaisant et réconfortant, alors que le plus âgé lui tend la main gauche, à demi agenouillé, comme discourant. La véritable scène de prestation de serment se déroule au folio 133v° où, cette fois assis en majesté, couronné, portant un manteau bleu, Ūkatāy reçoit la prestation d'hommage de Čaġatay effectuant visiblement le *tägishmishi*, ou présentation du cadeau d'intronisation [117].

Une autre scène (fol. 234v°) concerne cette fois Ġāzān (1295-1304) et son frère Ḫarbanda, le futur Ulǧāytū (1316-1335) : en 1229, assis sur le trône côte à côte, un moment qui se tint lors d'un *quraltay*, le prince boit le *qumis*, ou lait de jument fermenté [118], qui est remis à l'invité d'honneur.

Cette scène d'authentique fraternité fait pendant à une autre scène beaucoup plus problématique où au fol. 198v°, Arġūn est assis aux côtés de son oncle Aḥmad Tagüder. En effet, après la mort du khan Abāqā, son fils Arġūn arriva en retard à l'intronisation de son oncle

113. Firdawsī, *Shāh nāma*, Londres, BL, ms. or 12688, Mazandéran, 1446, fol. 148v° et voir http://shahnama.caret.cam.ac.uk/new/jnama/card/ceillustration:-420700962
114. Firdawsī, *Shāh nāma*, Londres, Keir Collection, III, 133-175, fol. 331r°. Voir http://shahnama.caret.cam.ac.uk/new/jnama/card/cescene:1407223524
115. Sims, « Ibrāhīm Sulṭān's Illustrated Zafarnama », fig. 27-28, p. 192.
116. Forbes-Manz, *Power*, p. 46-48.
117. *Rashiduddin Fazlullah's Jamiʿu't-tawarikh* 2, p. 375.
118. Lane, *Daily Life*, p. 150-154.

qui néanmoins le prit dans ses bras, comme l'expliciterait aussi la scène du Grand *Šāh nāma* mongol déchiffrée par Soudavar [119]. Ici, le jeune homme est présenté sur le trône mais à genoux en geste de soumission et d'allégeance [120].

On notera que certains membres de la famille sont exclus de toutes ces visions idylliques : Joči ou Güyük, voire Ūkatāy qui, bien que khan, n'est jamais représenté avec sa famille, notamment sa première épouse, la terrible Törägänä. Si l'image rejoint en partie l'historiographie ou les informations distillées par Rašīd al-Dīn lui-même, les khans les moins prestigieux, ou ayant peu de rapport avec la Perse, sont ici écartés, puisque seule compte en effet la lignée des Īlḫāns, prédécesseurs des Timourides dans cette aire géographique.

Et, de fait, à l'époque timouride les relations furent problématiques entre oncles et neveux, mais aussi entre frères. Si Tīmūr, à plusieurs reprises, rappela à l'ordre certains de ses enfants ou petits-enfants, ce fut Šāh Ruḫ qui dut affronter les révoltes familiales, la plus célèbre et tragique étant celle d'Iskandar Sulṭān b. ʿUmar Šayḫ. Cultivé, brillant militaire, volontaire, le jeune homme était aimé de Tīmūr qui n'hésita pas cependant à le faire publiquement bastonner pour insubordination. Alors gouverneur de la ville de Chiraz, et sur le point de rejoindre Šāh Ruḫ en campagne en juillet 1414, ce dernier, convaincu de la révolte imminente de son neveu, le soumit, le fit emprisonner et mutiler. Son fils Ibrāhīm Sulṭān le remplaça à Chiraz [121]. En revanche, le fils de son frère ʿUmar Šayḫ, Pīr Muḥammad, soutenu par les notables de Yazd se rebella en 1406-1407 mais finit par faire allégeance à son oncle, renonçant au sultanat [122].

Il est difficile de re-contextualiser toutes les scènes mais la plupart indiquent la préoccupation de Šāh Ruḫ d'instaurer une paix familiale, et surtout entre ses fils, Uluġ Beg, Ibrāhīm Sulṭān, Bāysonġor, ou Muḥammad Jūkī, sans toutefois y parvenir: ainsi en 1427, Uluġ Beg, défait par les Ouzbeks, refusa de recevoir Bāysonġor à Samarkand, car ce dernier accompagnait Šāh Ruḫ venu le réprimander [123], et dès lors, jusqu'à la mort de Bāysonġor en 1433, la défiance régna.

Le mariage et la place des épouses

L'un des faits les plus notables du manuscrit est sans aucun doute la présence publique des épouses, contrairement à celle des souverains du monde musulman médiéval qui demeuraient méconnues, l'exercice du pouvoir et de la guerre étant exclusivement l'apanage des hommes [124].

119. Soudavar, « The Saga ».
120. Sup. persan 1113, fol.198v°.
http://gallica.bnf.fr/ark:/12148/btv1b8427170s/f1.image.r=suppl%C3%A9ment+persan+1113.langFR.swf
C'est ainsi que Ḫwandamir, *Habibu*, décrit celle faite à Čingiz Ḫān par ses fils, ils s'agenouillèrent, p. 26, et les princes desserrèrent leur ceinture devant Ūkatāy, p. 28.
121. Soucek, « Eskandar ».
122. Forbes-Manz, *Power*, p. 29.
123. Barthold, *Ulugh Beg*. Sur tous ces points, p. 102-103. Quoique l'un des plus attachés aux traditions mongoles, il développa un gouvernement quasi autonome jusqu'à sa mort, assassiné par l'un de ses fils, ʿAbd al-Laṭīf que sa propre mère Gowhar-šād avait d'ailleurs soutenu contre lui en 1449.
124. Voir les travaux de Nabia Abbott, « Women and the State ».

En outre, si les femmes des califes, sultans et autres dignitaires ont pu jouer un rôle parfois important dans les États musulmans comme mères, épouses, régentes, œuvrant dans les successions mais aussi comme bienfaitrices et mécènes [125], peu d'entre elles émergeaient sur la scène publique, écartées du pouvoir par la loi et les règles de vie sociale [126], et n'occupant aucune place publique dans le protocole de la cour [127].

Les miniatures mettent ici en évidence le régime matrimonial, la polygamie, le rôle politique des épouses et leur sociabilité.

La polygamie

Les khans mongols avaient plusieurs épouses, issues de leur clan mais aussi d'autres clans pour sceller une alliance, ou acquises comme esclaves, des prisonnières, issues du butin. Les épouses de premier rang [128] avaient leur *ordu*, leur campement, avec domestiques et possessions [129]. Les alliances de Čingiz Ḫān offrent l'exemple de cette diversité, composée d'épouses mongoles et étrangères, de premier rang, et d'innombrables concubines. Börtä [130], sa première épouse, une Qunqirat, fut la mère de ses quatre fils et de ses cinq filles ; on la voit ici dans une ou deux scènes (fol. 126v°) [131]. Sa seconde épouse, Qūlān Ḫātūn, une Markit, était la fille de sa bru Törägänä, issue d'un premier mariage [132] ; elle est représentée dans une scène privée, accueillant l'épouse d'un petit-fils du khan (fol. 28v°) [133]. Et sa quatrième épouse, en 1212, fut Qunǧi Ḫātūn [134], une princesse chinoise que l'on voit arriver au campement (fol. 65r°). Il rend également visite à ses concubines (fol. 100), Quhri Ḫātūn, Turanǧi Ḫātūn [135], Mukay Ḫātūn (fol. 51v°) [136] qui portent toutes un voile blanc sur la tête à la mode timouride.

La polygamie est certes un régime matrimonial connu dans le monde musulman, mais, chez les Mongols, elle n'est pas régie selon les mêmes règles, le nombre d'épouses étant illimité. En outre, si le mariage incestueux avec la mère, la sœur, la fille est interdit, épouser la veuve de son père ou de son frère ne l'est pas.

125. Hambly, « Becoming Visible », p. 3-28.
126. Benkheira, *L'amour de la loi.*
127. Sourdel, « Question de cérémonial ».
128. Voir Shir, *The Chief Wife.*
129. Secenmönke, « The Role of Women », p. 250-251.
130. Lane, *Daily*, p. 234-236.
131. Sup. persan 1113, fol. 126v°, http://gallica.bnf.fr/ark:/12148/btv1b8427170s/f264.item
132. *Rashiduddin Fazlullah's Jami'u't-tawarikh* 2, p. 303.
133. Sup. persan 1113, fol. 28v°, http://gallica.bnf.fr/ark:/12148/btv1b8427170s/f68.item
134. *Ibid.*, vol. 1, p. 146.
Sup. persan 1113, fol. 65r°, http://gallica.bnf.fr/ark:/12148/btv1b8427170s/f141.item
135. *Rashiduddin Fazlullah's Jami'u't-tawarikh* 1, p. 146.
http://gallica.bnf.fr/ark:/12148/btv1b8427170s/f211.item
136. Sup. persan 1113, fol. 51v°, http://gallica.bnf.fr/ark:/12148/btv1b8427170s/f114.item

Les femmes représentées dans le manuscrit, notons-le, sont souvent les premières épouses, les épouses préférées, ou les mères des héritiers, qui n'ont d'ailleurs parfois, que le rang de concubines. Toutes les grandes figures féminines sont présentes : Öëlün, la mère de Čingiz Ḫān, Börtä son épouse, Sorqaḫtānī Beki, femme de Mongkā, Doquz Ḫātūn, femme d'Hūlāgū, Buluġān Ḫātūn I, femme d'Abāqā, Buluġān Ḫātūn II, femme de Ġāzān. Rašīd al-Dīn, Juwaynī, Mirḫwand, Ḫwandamir et d'autres encore ont, dans leurs chroniques, souligné l'influence de ces figures emblématiques sur les khans, leur rôle de conseillères, y compris dans les affaires politiques et militaires. Toutefois, les femmes honnies de l'historiographie n'ont pas été représentées : ni Törägänä, femme de Mongkā, pour son exercice tyrannique du pouvoir, ni Oġul Qaymish, femme de Güyük, accusée de l'avoir empoisonné et exécutée par noyade [137].

La princesse la plus célèbre, la première épouse de Tūluī, Sorqaḫtānī Beki, apparaît dans une miniature en présence de ses fils Mongkā et Qubilāy (fol. 162r°) [138], dans une autre (fol. 164v°) [139] en compagnie de Linqum Ḫātūn acquise en esclavage, et de Saruq Ḫātūn ou de Belksäräk des Naiman, mère de Mögä mais surtout nourrice du futur khan Mongkā [140]. Épouse parfaite, appréciée de l'historiographie, louée par Rašīd al-Dīn [141] pour ses qualités de mère, son intelligence, son dévouement, refusant une fois veuve d'épouser Güyük pour élever ses fils, elle réussit avec habileté à orienter le pouvoir en leur faveur, leur apprenant à se respecter mutuellement, et à honorer l'aîné, khan de la Horde d'Or, Bātū.

Une seconde figure notable est celle de l'épouse préférée du khan Hūlāgū. Doquz Ḫātūn [142], une Karāyit, était fiancée à Tūluī lorsqu'il mourut en 1233, et son fils Hūlāgū l'épousa en 1256-1257, comme le veut la tradition ; son frère Mongkā en épousa, lui, une autre, Oġul Qaymish II, qui devint sa première épouse. Il était en effet habituel que les fiancées du père soit épousées par le fils (le frère, ou le neveu), tout comme certaines épouses. Mais sur les 21 enfants d'Hūlāgū, dont 14 fils, Doquz Ḫātūn n'en eut aucun. Elle siège cependant en majesté à ses côtés au fol. 174v° [143], et on la voit également dans le campement (fol. 174) [144] accompagnant son époux à la guerre. On connaît son influence sur le souverain, plaidant notamment en faveur des chrétiens lors de la chute de Bagdad [145].

Arġūn, fils d'Abāqā, épousa selon la tradition l'une des épouses préférées de son père, Buluġan Ḫātūn I [146], qui avait élevé son fils et héritier, Ġāzān, né d'une concubine, Qultuq Egači ;

137. Sur ces deux femmes, cf. Lane, *Daily Life*, p. 237-239.
138. *Ibid.*, p. 239-243.
http://gallica.bnf.fr/ark:/12148/btv1b8427170s/f335.item
139. http://gallica.bnf.fr/ark:/12148/btv1b8427170s/f340.item
140. *Rashiduddin Fazlullah's Jamiʿuʾt-tawarikh* 2, p. 69.
141. *Ibid.*, p. 386-388.
142. *Ibid.*, p. 471.
143. http://gallica.bnf.fr/ark:/12148/btv1b8427170s/f360.item
144. http://gallica.bnf.fr/ark:/12148/btv1b8427170s/f359.item
145. Melville, « Dokuz (Doquz) Khātūn ».
http://www.iranicaonline.org/articles/dokuz-doquz-katun
146. Melville, « Boloġan Khātun ».

il prit également deux concubines de son père, Tödaï et Qultuq Agänä, mais il eut pour épouses Qultuq Ḫātūn (la première), mère d'Ulğāytū, et Örüq Ḫātūn, mère de Yesün Temür, représentées au fol. 203v° [147].

Ġāzān, selon la tradition qui permettait au cadet d'épouser les veuves de son père, épousa Buluġan Ḫātūn II, mais, comme il se convertit à l'islam en 1294, cette union devint problématique, condamnée par les ulemas, car au degré prohibé. Comme il ne voulait pas y renoncer, un subterfuge fut trouvé : il fut décidé que, comme Arġūn, son père, était païen, le mariage qu'il avait contracté n'était pas légal, ce qui permit à Ġāzān de conserver la jeune femme comme épouse [148].

Les miniatures relatives à Ġāzān montrent la présence des religieux musulmans à la cour, dans les scènes d'audience, d'intronisation et dans ses quartiers, témoignant ainsi d'un tournant religieux dans la monarchie mongole, que l'historiographie récente nuance grandement compte tenu de son attachement aux lois mongoles (*yasa* de Čingiz Ḫān) dont l'usage perdura jusqu'à l'époque timouride, sous Šāh Ruḫ [149], ou à Samarkand sous son fils Uluġ Beg [150]. Le folio 235 présente enfin sa dernière union, la septième, avec Kärämün Ḫātūn [151].

Vie publique

La place des femmes dans la société mongole a été soulignée par la plupart des voyageurs étrangers aux XIIe et XIIIe siècles, entre autres Plan Carpin, Rubrouck et Marco Polo, qui ont montré combien les mœurs des Mongols étaient différentes de celle des Musulmans. Les femmes – surtout celles de l'aristocratie – y jouissent d'une liberté, d'une autonomie assez singulière : elles participent aux assemblées politiques, assurent les régences, reçoivent les ambassadeurs, paraissent en public à diverses occasions [152]. Au XVe siècle, le voyageur castillan Clavijo apporta son témoignage qui recoupait ceux de ces prédécesseurs sur la cour timouride de Samarkand, où le souverain avait d'ailleurs épousé une princesse mongole comme certains de ses petits-fils [153]. Cette image, comme le dit Lane, doit être tempérée par le fait que les femmes sont aussi considérées comme du cheptel, objets d'échanges entre tribus, vendues, données [154], etc.

147. Sup. persan 1113, fol. 203v°.
http://gallica.bnf.fr/ark:/12148/btv1b8427170s/f418.item
148. Cet aspect est analysé en détail par Amitai-Press, « Ghazan », p. 2-3, et Aigle, « Grand *Jasaq* », p 38.
149. En 1411, il le fit interdire, mais il composa surtout dans les faits les deux lois auraient plutôt continué à coexister, voir Subtelny, *Timurid*, p. 25-33.
150. Aigle, « Grand *jasaq* ».
151. Sup. persan 1113, fol. 235r°, http://gallica.bnf.fr/ark:/12148/btv1b8427170s/f481.item
152. Sečenmönke, « The Role ».
153. Clavijo, *La Route*, p. 213, 233, 237 sq.
154. Lane, *Daily Life*, p. 228.

Les miniatures insistent sur la place de la femme mariée [155], et sur son rôle public qui choqua tant le Maghrébin Ibn Baṭṭūṭa lorsqu'il traversa la Perse [156]. Les seules femmes représentées en dehors des domestiques sont toutes, en effet, des épouses de rang divers ou des concubines, comme le montre le port fréquent de la *boqta*, cette haute coiffe faite de liège, de plumes, symbole distinctif des femmes mariées, que l'on trouve représentée dans toute l'aire turco-mongole jusque sur les peintures murales de Turfan [157]. Certes, une partie des épouses portent le voile dans certaines scènes, telle Börtä, la première épouse de Čingiz Ḫān, au folio 126v°, dans une miniature d'un grand raffinement.

Les femmes sont présentes à diverses occasions : intronisations, *quraltay* (assemblées politiques), et fêtes publiques. Ces pratiques sociales sont représentées dans les folios d'albums du XIVe siècle, du matériel épars qui, sans doute, servait de modèle, voire fournissait des scènes, aux manuscrits de l'*Histoire universelle*. On voit par exemple, dans un folio de l'album Diez [158] ou Hazine 2153, un khan et sa première épouse en majesté, tenant symboliquement à deux la tasse de *qumis*, les autres dames (épouses, princesses) étant assises par terre, à la gauche de la première épouse [159]. Une scène semblable est visible dans le frontispice du *Mu'nis al-aḥrār* [160].

On possède les scènes d'intronisation d'Abāqā (fol. 194) [161] d'Arġūn (fol. 203v°) [162], et de Ġāzān (fol. 227v°-228), accompagnés de leurs épouses. L'intronisation de Ġāzān est la plus remarquable : sur un double folio, la première épouse Yidi Qurtqa à ses côtés partage le *qumis*; les autres épouses seraient Buluġān Ḫātūn II, Ešil Ḫātūn, Kököšin Ḫātūn et Buluġān Ḫātūn III et elles se tiennent à sa gauche assises sur le sol [163] (planche 4). Sont présents les gardes et les grands officiers, des musiciens, serviteurs, scribes, et on notera que le peintre a pris soin de différencier les couleurs des robes, des coiffes et les attitudes des dames pour marquer la singularité de chacune.

Si la polygamie est de tradition, la première épouse jouit d'un statut particulier, puisque seule figurant aux côtés du khan. En revanche, elle n'est pas nécessairement l'épouse préférée ; ici, c'est Buluġān Ḫātūn II qui montre le ciel de sa main droite pour insister sur l'investiture divine du Khan [164].

Certes les épouses organisent également les réceptions, comme le montre le folio d'un album Diez [165], mais surtout, comme le montrent les scènes d'intronisation, elles participent activement, reçoivent les invités, boivent le *qumis* en leur compagnie [166]. Čingiz Ḫān, Börtä et leurs enfants

155. Sur le mariage mongol, voir la thèse inédite de Rodica Pop, *Mariage*.
156. Ibn Baṭṭūṭa, *Voyages* 2, p. 192, Sinor, « Some Observations », p. 266-267.
157. Illustrations dans *The Turks*, p. 59, Turfan, Cave 3, vallée 3, III, 8618.
158. Berlin, Preussischer Kulturbesitz, Orientabteilung, Diez A, fol. 70, S.22, fig. 84, p. 80, dans *The Legacy*.
159. Scène d'intronisation, Istanbul, TSM, Hazine 2153, fol. 148v°, dans un ms. perdu de l'histoire universelle de Rašīd al-Dīn, vers 1330, dans *The Legacy*, fig. 85, p. 82.
160. Scène de préparatifs de festivités, fol. 2r°, Koweit, al-Sabah Collection, LSN 9, dans *The Legacy*, fig. 262, p. 214.
161. http://gallica.bnf.fr/ark:/12148/btv1b8427170s/f399.item
162. http://gallica.bnf.fr/ark:/12148/btv1b8427170s/f418.item
163. Sup. persan 1113, fol. 227v°. http://gallica.bnf.fr/ark:/12148/btv1b8427170s/f466.item
164. Subtelny, *Timurids in Transition*, p. 11, la conception turco-mongole du pouvoir basé sur le principe du *quṭ*.
165. Staatsbibliothek, Diez 1, fol. 70, S18 n°1, dans *The Legacy*, p. 82, n°86.
166. Guillaume de Rubrouck, *Voyage dans l'empire mongol*, p. 95.

président une fête ; de même, Hūlāgū, en compagnie de son fils Arġūn, Doquz Ḫātūn et Uljāy Ḫātūn en 1256 (fol. 174v°) [167].

Cette tradition n'est toutefois pas de mise dans la représentation des princesses timourides. Le *Zafar nāma* les cantonne à des scènes privées [168] et, dans la copie d'Istanbul datant de 1486, on peut voir le quartier des femmes derrière la tente de tissu, le *saraparde* [169]. D'ailleurs, les scènes du *Zafar nāma* les occultent totalement de ces occasions : lors du mariage de Ǧahāngīr en 1374 (fol.139v°) [170], puis lors du mariage de ses petits-fils en 1401 [171], Tīmūr est seul. Ce parti pris « pictural » est à nuancer car, comme le confirme Clavijo, les épouses paraissaient bien à ses côtés lors des réceptions et des festivités [172]. Sans doute les commanditaires ont-ils voulu donner la prééminence à la seule figure du patriarche, d'autant que la première épouse, Sarāy Mulk Ḫānīm, n'avait pas eu d'enfant. Pourtant, rappelons-le, c'était cette première épouse de Tīmūr qui était en charge des héritiers suivant la conception mongole de la famille où les épouses préférées éduquent les enfants et en prennent soin; et c'est elle qui les conduit à la rencontre du khan dans une scène du *Zafar nāma* [173]. Enfin, on connaît et l'action publique de mécénat à Hérat et les manœuvres de Gowhar-šād, la première épouse de Šāh Ruḫ, pour influer sur la vie politique et les choix de succession [174].

Les petits-fils de Tīmūr sont également attachés aux usages mongols : Uluġ Beg est représenté en majesté avec ses épouses assises sur des tapis à proximité, la première portant la *boqta* [175]; de même, Iskandar Sulṭān [176] se fait représenter dans une scène de jardin en compagnie des siennes. Diverses scènes relevant des registres poétiques, tel le frontispice du *Šāh nāma* de Cleveland [177], montrent encore le prince et ses compagnes en majesté, le prince et sa première épouse assis de conserve sur le même tapis et sous le même parasol dans la tradition mongole.

Les femmes sont aussi représentées lors des scènes de justice et d'exécution, mais dans un contexte de vengeance privée, car plusieurs princesses mongoles sont connues pour avoir vengé leur proche tué : au fol. 114, la reine des Tongqayit, Qūtūqtaï Härilči, fait exécuter l'assassin de son mari roi des Tatars [178]. On connaît un autre exemple fameux, celui de la princesse

167. Sup. persan 1113, fol. 174v° http://gallica.bnf.fr/ark:/12148/btv1b8427170s/f360.item
168. Sims, « Ibrāhīm Sulṭān's Illustrated Zafarnama », fig. 5, p. 186; fig. 32, p. 193.
169. *Zafar nāma*, Istanbul, musée des arts turcs et islamiques, 1964, Iran, 1486, *The Turks*, fig. 172, p. 220.
170. Sims, « Ibrāhīm Sulṭān's Illustrated Zafarnama », fig. 3, p. 185.
171. *Ibid.*, fig. 34-35, p. 194.
172. Clavijo, *La route*, p. 237.
173. Soucek, « Women », p. 204-205, ce qu'elle appelle les « familles artificielles ».
174. Voir *supra* note 39.
175. Uluġ Beg dans son jardin avec son épouse mongole, Washington, Smithsonian Institution, Freer Gallery of Art, 46.26, Samarkand, 1400, dans Lentz, *Timur*, fig. 32, p. 90.
176. Iskandar Sulṭān, Anthologie, Lisbonne, Chiraz, 140-11, Lisbonne, Callouste Gulbenkian Foundation, inv. I.A.161 dans Blair, *A Compendium*, fig. 68, p. 103.
177. *Šāh nāma*, Cleveland, Cleveland Museum of Art, 45.169 et 56.10, Shiraz, 1444, p. 115, n° 32 probablement pour le fils d'Ibrāhīm Sulṭān, ʿAbdallāh, illustration dans Gray, *Peinture*, p. 102-103. http://shahnama.caret.cam.ac.uk/new/jnama/card/cemanuscript:2143526642
178. Sup. persan 1113, fol. 114. http://gallica.bnf.fr/ark:/12148/btv1b8427170s/f239.item

Qutluġ Ḫātūn (m. 1282), fille d'Abāqā Ḫān, une pieuse musulmane, cavalière émérite, qui tua de sa main le meurtrier de son époux et fit pendre sa tête à sa selle [179]. Ce rôle de justicière évoque la place active des reines et des régentes dans la société turco-mongole, mais aussi l'éducation des femmes qui montent à cheval et dont certaines ont été des combattantes, maniant les armes, tout comme certaines héroïnes du *Šāh nāma*, Gurdāfarīd ou Banū Guštāsp, sœur de Rustam. Mais l'exemple le plus célèbre est celui de la princesse Qutulun Ḫātūn, fille de Qāydu, fils d'Ūkatāy, une femme de légende dont parle Marco Polo, promettant de choisir son époux parmi les hommes plus forts qu'elle au combat [180].

Vie privée des épouses

Le manuscrit expose peu de scènes d'intimité ou dépassant les conventions protocolaires, comme on le voit dans d'autres miniatures timourides illustrant poèmes ou épopées. Les femmes demeurent des personnages publics, que l'on présente officiellement dans leur fonction d'épouse et de mère des héritiers. La seule scène d'intimité est la réception d'Ertul Ḫātūn, l'une des épouses de Güyük fils d'Ūkatāy et héritier du trône, en compagnie de son frère, Ǧamal Ḫwaja, par Qūlān Ḫātūn, la seconde épouse de Čingiz Ḫān. Quant aux scènes d'émotions présentes dans le manuscrit, elles sont liées aux funérailles des khans, celles de Čingiz Ḫān (fol. 117) [181], ou celles de Čaġatay en 1242 (fol. 159) [182]. L'expression publique des sentiments est donc limitée ici aux hommes : outre Tīmūr pleurant son petit-fils dans le *Zafar nāma* [183], Čingiz Ḫān et ses petits-enfants, puis Abāqā accueillant Arġūn et Ġāzān [184].

Le supplément persan 1113 expose donc une vision particulière de la famille, liée aux traditions mongoles, tant dans la composition que dans les usages vestimentaires et sociaux, une vision que les Timourides aspiraient à imiter et dont, comme le dit P. Soucek, ils se voulaient les continuateurs [185].

Au-delà des modèles historiques exposés, on y lit la volonté de la nouvelle dynastie d'inscrire son histoire dans un parallèle étroit avec celle des Gengiskhanides ; placés sous les mêmes auspices divins et totémiques, soucieux de développer une royauté charismatique, fondée en partie sur la force guerrière et sur des pratiques de gouvernement empruntées aux Mongols, dont l'usage du *yasa* par Tīmūr, Šāh Ruḫ ou Uluġ Beg [186]. Les miniatures insistent sur la lignée paternelle, la concorde des enfants de la branche cadette, celle de Šāh Ruḫ, un souverain que l'historiographie voulut aussi charismatique que son célèbre père, mais résolument musulman comme son modèle Ġāzān [187].

179. Brack, « Mongol Princess ».
180. Lane, *Daily Life*, p. 248-250.
181. http://gallica.bnf.fr/ark:/12148/btv1b8427170s/f245.item
182. http://gallica.bnf.fr/ark:/12148/btv1b8427170s/f329.item
183. *Ibid.*, fig. 28, p. 192.
184. Paris, BnF, sup. persan 1113, fol. 211v°. http://gallica.bnf.fr/ark:/12148/btv1b8427170s/f434.item
185. Soucek, « Timurid Women », p. 199.
186. Forbes-Manz, « Tamerlan and the Symbolism », p. 105-114, et Bernardini, *Mémoire*, p. 58.
187. Forbes-Manz, *Power*, « Political Dynamics in the Realm of Supernatural », p. 178-207.

Enfin, s'élaborait progressivement un imaginaire visuel et culturel reflétant des pratiques de sociabilité nouvelles, des modèles diffusés par la circulation d'ouvrages entre princes et dignitaires timourides, mais aussi par le biais des albums circulant entre ateliers. Ainsi, à partir des années 1420-1430, on assiste à une multiplication de scènes associant le prince et ses femmes, et se déroulant généralement dans un jardin, témoignant du goût de la dynastie pour ces espaces ouverts aménagés qu'appréciaient déjà avant eux les Mongols [188]. À cela s'ajoute la spécificité des usages culturels mongols dont la consommation du *qumis* à laquelle Uluġ Beg ne voulait renoncer, et que reproduisent les scènes de majesté tout au long de l'époque timouride, dans un monde pourtant islamisé où régnaient d'autres lois et d'autres pratiques familiales [189].

Mais l'intérêt de cet ouvrage est surtout d'appartenir à une période clef où l'historiographie timouride œuvrait pour donner légitimité et identité à la nouvelle dynastie, fondée sur des généalogies, des ouvrages historiques et une production visuelle que les ateliers de Chiraz et Hérat allaient rendre célèbre. Dans cette optique, le manuscrit supplément persan 1113 demeure plus qu'un ouvrage de transition, prémisses de l'art de cour timouride, et sa datation se trouve resserrée aux années 1420-1425, celles où régnait encore un semblant de paix familiale entre Šāh Ruḫ et ses fils.

Bibliographie

Sources

Blair, Sheila (éd.), *Rashid al-Din. A Compendium of Chronicles, Rashid al-Din's Illustrated History of the World*, vol. XXVII Collection of Islamic Art, J. Raby (éd.), The Nasser Khalili, The Nour Foundation, Oxford University Press, Oxford, 1995.

Clavijo, *La route de Samarkand au temps de Tamerlan, Relation du voyage de l'ambassade de Castille à la cour de Timour Beg, Ruy Gonzáles de Clavijo, 1403-1406*, L. Kehren (éd.), Imprimerie nationale, Paris, 1990.

Ghiyāsoddīn ʿAlī di Yazd, *Le gesta di Tamerlano*, M. Bernardini (éd. et trad.), Arnoldo Montadori Editore, Milan, 2009.

Histoire secrète des Mongols, Chronique mongole du XIIIe siècle, M.-D. Even, R. Pop (éd.), Gallimard, Paris, 1994.

Ḫwandamir, *Habibu's-siyar, Tome Three, Part one, Gengis Khān – Amir Temür*, Sinasi Tekin, Gönül Alpay Tekin (éd.), Harvard University Press, Harvard, 1994.

Ibn ʿArabšāh, *Tamerlane or Timur the Great Amir*, J.H. Sanders (éd.), Lahore, 1976.

Ibn Baṭṭūṭa, (1304-1369?), *Voyages. II, De La Mecque aux steppes russes et à l'Inde*, éd. Charles Defremery (1822-1883), Beniamino Raffaelo Sanguinetti (1811-1883), Stéphane Yerasimos (1942-2005), F. Maspéro, Paris, 1982.

Quatremère, *Histoire des Mongols de la Perse*. Tome I, M. Quatremère (éd. et trad.), Impr. royale, Paris, 1836 (réédité Amsterdam, Oriental Press, 1968).

Rashiduddin Fazlullah's Jamiʿu't-tawarikh, Compendium of Chronicles: a History of the Mongols, (éd.) W.M. Thackston, Harvard University, Dept. of Near Eastern Languages and Civilizations, 1998, 3 vol.

Rašīd al-Dīn : voir Blair, Quatremère et *Rashiduddin*.

Rubrouck, Guillaume (de), *Voyage dans l'empire mongol 1253-1255*, Claude et René Kappler (éd.), Payot, Paris, 1985.

188. Gronke, « The Persian Court ».
189. Aigle, « Grand Yasaq »; *id.*, « Loi mongole ».

Šāmī, Niẓām al-Dīn ʿAlī, *Ẓafar-nāma*, F. Tauer (éd.), 2 vol., Prague, 1937-1956.

Thackston, W. M., *A Century of Princes, Sources on Timurid History and Art*, selected and translated by W.M. Thackston, Cambridge (Mass.), 1989.

Yazdī, Šaraf al-Dīn ʿAlī (m. 1454) : voir Ghiyāsoddīn et *Ẓafar nāma*.

Ẓafar nāma : Pétis de la Croix, François, *Histoire de Timour Bec connu sous le nom du Grand Tamerlan, Empereurs des Mogols et Tartares, Cherefeddin Ali, natif de Yazd*, Antonin Deshayes, Paris, 1722, 4 vol.

Études

Abbott, Nabia, « Women and the State in the Eve of Islam », *AJSL* 58/3, 1941, p. 259-284.

—, «Women and the State in Early Islam», *JNES* 1/2, 1942, p. 106-126.

Aigle, Denise (éd.), *Figures mythiques des mondes musulmans, REMMM* 89-90, 2000. [En ligne] http://remmm.revues.org/1333

—, « Introduction : Le mythe créateur d'histoire », dans *Figures mythiques des mondes musulmans, REMMM* 89-90, 2000, p. 7-38. [En ligne] http://remmm.revues.org/271

—, « Les transformations d'un mythe d'origine : L'exemple de Gengis Khân et de Tamerlan », *REMMM* 89-90, 2000, p. 151-168. Article augmenté dans « The Transformation of an Origin Myth from Shamanism to Islam », dans *The Mongol Empire Between Myth and Realities: Historic Anthropoligical Studies*, Brill, Leyde, in print, 2010 hal.archives-ouvertes.fr/docs/00/38/70/56/PDF/Tamerlan.pdf

—, « Le Grand Jasaq de Gengis-Khān, la culture mongole et la sharīʿa », *JESHO* 47/1, 2004, p. 31-79.

—, « Loi mongole vs loi islamique. Entre mythe et réalité », *Annales. Histoires, sciences sociales* 2004 /5-6, 59e année, p. 971-996.

—, « L'Histoire sous forme graphique en arabe, en persan et en turc ottoman. Origines et fonctions », *BEO* 58, 2008-2009, p. 11-50.

Amitai-Preiss, Reuven, « Ghāzān, Islam and Mongol Traditions : A View from the Mamluk Sultanate », *BSOAS* 59/1, p. 1-10.

Aubin, Françoise, Hamayon, Roberte, « Alexandre, César, Gengis Khan dans les steppes d'Asie centrale », *Les civilisations dans le regard de l'autre*, K. Matsuura *et al.*, Unesco, Paris, 2002, p. 73-106.

Bartold, Vladimir V., *Four Studies on the History on Central Asia*, vol. I, II, V. & T. Minorsky (trad.), E. J. Brill, Leyde, 1959-1962.

Bazin, Louis, « Survivances pré-islamiques dans l'épigraphie funéraires des turcs musulmans », dans *Cimetières et traditions funéraires dans le monde islamique, islâm dünyasinda mezarliklar ve defin gelenekleri* I, Türk tarih kurumu, J.-L. Bacqué-Grammont, Aksel Tibet (éd.), Ankara, 1996, p. 110-122.

Benkheira, Mohamed H., *L'amour de la loi essai sur la normativité en Islam*, Paris, PUF, 1997.

Bernardini, Michele, *Mémoire et propagande à l'époque timouride*, Paris, Société pour l'avancement des études iraniennes, 2008.

Blair, Sheila, « Timurid Signs of Sovereignty », *OrMod* 15/2, 1996, p. 551-576.

—, http://www.iranicaonline.org/articles/jame-tawarikh-ii

Boyle, John Andrew, « A Eurasian Hunting Ritual », *Folklore* 80/1, 1969, p. 12-16.

Brack, Yoni, « A Mongol princess Making hajj : The Biography of El Qutlugh Daughter of Abagha Ilkhan (r. 1265-82) », *JRAS* 3/21/3, 2011, p. 331-359.

Caiozzo, Anna, « Propagande dynastique et célébrations princières : mythes et images à la cour timouride », *BEO* IX, 2011, p. 177-201.

Choksy, Jamsheed K., « Gesture in Ancient Iran and Central Asia II. Proskynesis and the Bent Forefinger », *Bulletin of Asia Institute* 4, 1990, 1992.

Fletcher, Joseph, « The Mongols : Ecological and Social Perspectives », *Harvard Journal of Asian Studies* 46/1, 1986, p. 11-50.

Forbes Manz Beatrice, « Tamerlan, and the Symbolism of Sovereignety », *IrSt* XXI, 1-2, 1988, p. 107-118.

—, « Mongol History Rewritten and Relived », *REMMM* 89-90, 2000, p. 129-149.

—, « Tamerlane's Career and Its Uses », *Journal of World History* 13/1, 2002, p. 1-25.

—, *Power, Politics and Religion in Timurid Iran*, Cambridge University Press, Cambridge, 2007.

Forbes-Manz, Beatrice, art. « Gowhar-Šād », *Encyclopaedia iranica* online, http://www.iranicaonline.org/articles/gowhar-sad-aga

Franke, Herbert, « Women under the Dynasties of Conquest », dans H. Franke (éd.), *China under Mongol Rule*, Aldershot, 1994.

Frye, Richard N., « The Charisma of Kingship in Ancient Iran », *IranAnt* 4, 1964, p. 36-54.

Gray, Basil, «An Unknown Fragment of the "Jāmiʿ al-Tawārīkh" in the Asiatic Society of Bengal, *ArsOr*. 1, 1954, p. 65-76.

Gronke, Monika, « The Persian Court Between Palace and Tent: From Timur to ʿAbbas I », dans L. Golombek, M. Subtelny (éd.), *Timurids Art and Culture: Iran and Central Asia in the Fifteenth Century*, *Muqarnas*, suppl. 6, 1992, p. 18-22.

Hambly, Gavin R.G., « Becoming Visible: Medieval Islamic Women in Historiography and History », dans Gavin Hambly (éd.), *Women in Medieval Islamic World: Power, Patronage and Piety*, New York, St Martin Press, Houndmills, 1998, p. 3-28.

Inal, Günar, « Miniatures in Historical Manuscripts from the Time of Shahrukh in the Topkapi Palace Museum », dans L. Golombek, M. Subtelny (éd.), *Timurid Art and Culture, Iran and Central, Asia in the Fifteenth Century*, Brill, Leyde, p. 103-115.

Kler, Joseph, « Birth, Infancy and Childhood among the Ordos Mongols », *Primitive Man* 11, 3/4, 1938, p. 58-66.

Lane, George, *Daily Life in the Mongol Empire*, Greenwodd Press, Cambridge, 2006.

Lentz, Thomas W., Lowry, Glenn D., *Timur and the Princely Vision*, County Museum of Art, Washington, 1989.

Melville, Charles, « Boloġan Khātun », *Encyclopaedia iranica* 4, 1990, p. 338-339.

—, « Dokuz (Doquz) Khātūn », *Encyclopaedia iranica* 7, 1996, p. 475-476.

—, « Keshig in Iran, The Survival of the Royal Mongol Household », dans Linda Komaroff. (éd.), *Beyond the Legacy of Gengis Khan*, Brill, Leyde, 2006, p. 150-155.

Melville, Charles, Abdullaeva, Firuza, *The Persian Book of Kings: Ibrahim Sultan's Shahnama*, Oxford, 2008.

Milstein, Rachel, «Light, Fire and the Sun in Islamic Painting », *Studies in Islamic History and Civilization: in Honour of Prof. David Ayalon*, M. Sharon (éd.), Cana, E. J. Brill, 1986, p. 533-552.

Morgan, David, « Rašīd al-Sīn und Ġazan Khaan », dans D. Aigle (éd.), *L'Iran face à la domination mongole*, IFRI, Téhéran, 1997, p. 179-188.

Moses, Larry, «The Quarrelling Sons in the Secret History of the Mongols », *The Journal of American Folklore* 100/395, 1987, p. 63-68.

Pop, Rodica, *Le mariage chez les Mongols. Rites et textes*, thèse EPHE, s/d R Hamayon, Paris, 2001.

Quinn, Sholeh A., « The Muʿizz al-Ansāb and Shuʿab-i Panjgānah as Sources for the Chaghatayid Period of History: A Comparative Analysis », *CAJ* 33/3-4, 1989, p. 229-253.

Richard Francis, « Un des peintres du manuscrit *supplément persan 1113* de l'Histoire des Mongols de Rašīd al-Dīn identifié », dans Denise Aigle (éd.), *L'Iran face à la domination mongole*, Téhéran, IFRI, 1997, p. 307-320.

—, *Splendeurs persanes. Manuscrits du* XIIe *au* XVIIe *siècle*, Bibliothèque nationale de France, Paris, 1999.

Roemer, Hans R., « Bāysonġor », *Encyclopaedia iranica* online, http://www.iranicaonline.org/articles/baysongor-gia-al-din-b

Roux, Jean-Paul, « Tängri. Essai sur le ciel-dieu des peuples altaïques », 1956, *RHR* 149/1, p. 49-82, *RHR* 149/2; p. 197-230; *RHR* 150/1, p. 27-54; *RHR* 150/2, p. 173-212.

—, « Notes additionnelles à Tängri, le ciel-dieu des peuples altaïques », *RHR* 154/1, 1958, p. 32-66.

—, « L'origine céleste de la souveraineté dans les inscriptions paléo-turques de Mongolie et de Sibérie », dans *The Sacral Kingship, Contributions to the Central Theme of the VIIIth International Congress for the History of Religions*, Rome, April 1955, *La regalità sacra, Contributi al tema dell' VIII congresso internazionale di storia delle religioni, Roma, Aprile 1955*, Brill, Leyde, 1959, p. 231-241.

Roxburgh, David J., « Baysunghur's Library: Questions Related to its Chronology and Production », *Journal of Social Affairs* 18, 2001, p. 11-41.

—, (éd.), *The Turks: A Journey of Thousand Years, 600-1600*, Londres, 2005.

Rührdanz, Karin, « Illustrationen zu Rašīd al-dins *Ta'riḫ-i Mubārak-i Ġāzānī in den berliner Diez-Alben* », dans Denise Aigle (éd.), *L'Iran*, p. 295-306.

Sečenmönke, Peking, « The Role of Women in Traditional Mongolian Society », dans Veronika Veit (éd.) *The Role of Women in the Altaic World*, p. 227-251.

Shahbazi, Shapur A., « On Vāraəγna the Royal Falcon », *ZDMG* 134/2, 1984, p. 314-317.

Shir, Shai, '*The Chief Wife' at the Courts of the Mongol Khans during the Mongol World Empire (1206-1260)*, M.A. Thesis, The Hebrew University of Jerusalem, 2006.

Sims, Eleanor, « Ibrāhīm Sulṭān's Illustrated Zafarnama of 839/1436 », *IslArt* 4, 1990-91, p. 175-235.

—, « The Illustrated Manuscripts of Firdausi's Shahnama Commissioned by Princes by The House of Timur », *ArsOr* 22, 1993, p. 48-54.

—, *Peerless Images, Persian Painting and Its Sources*, Yales, Londres, 2002.

Sinor, Denis, « Some Observations on Women in Early and Medieval Inner Asian History », dans Veronika Veit (éd.), *The Role of Women in the Altaic World*, Wiesbaden, 2007, p. 266-267.

—, « The Acquisition, The Letimization, The Confirmation and the Limitations of Political Power in Medieval Inner Asia », dans *Representing Power in Ancient Inner Asia: Legitimization, Transmission and the Sacred*, vol. I, I. Charleux *et al.* (éd.), Western Washington University, 2010, p. 37-60.

Skjærvø, Prods Oktor, art. « Next-of-Kin or Close-Kin Marriage, Nuclear Family Incest », *Encyclopaedia Iranica, online.*

Soucek, Priscilla P., « Eskandar B. ʿOmar Shaykh B. Timur : A Biography », *OrMod* 15/76 1996, p. 73-87.

—, « Women in the Medieval Islamic World », dans R.G. Hambly (éd.), *Women in the Medieval Islamic World*, New York, St Martin's Press, 1999, p. 199-226.

Soudavar, Abalola, « The Saga of Abu-Saʿid Bahādor Khān. The *Abu-Saʿid nāmé* », *Oxford Studies in Islamic Art* 12 : *The Court of the Il-khans 1290-1340*, Oxford, 1996, p. 95-218.

—, *The Aura of the Kings : Legitimacy and Divine Sanction in Iranian Kingship*, Costa Mesa, Mazda Publisher, 2003.

Sourdel, Dominique, « Question de cérémonial abbasside », *REI* 28/1, 1960, p. 121-148.

Subtelny, *Timurid in Transition*, Subtelny, Maria E., *Timurid in transition. Turko Persion Politics and Acculturation in Medieval Iran*, Leyde, Brill, 2007.

Togan, Zeki Velidi, « The Composition of the History of the Mongols by Rashīd al-Dīn », *CAJ* 8, 1963, p. 60-72.

Veit, Veronika, (ed.) *The Role of Women in the Altaic World*, Harrassowitz Verlag, Wiesbaden, 2007.

Woods, J. E., « The Rise of Timurid Historiography », *JNES* 46/2, 1987, p. 81-108.

—, « Timur's Genealogy », in *Intellectual Studies on Islam : Essays Written in Honor of Martin B. Dickson* , Michel M. Mazzaoui, Vera B. Moreen (éd.), University of Utah Press, Utah, 1990, p. 85-125.

Pl. 1. Čingiz Ḫan et ses fils, fol. 116v°. © Bibliothèque nationale de France.

Pl. 2. La famille de Tūluī, fol. 162 v°. © Bibliothèque nationale de France.

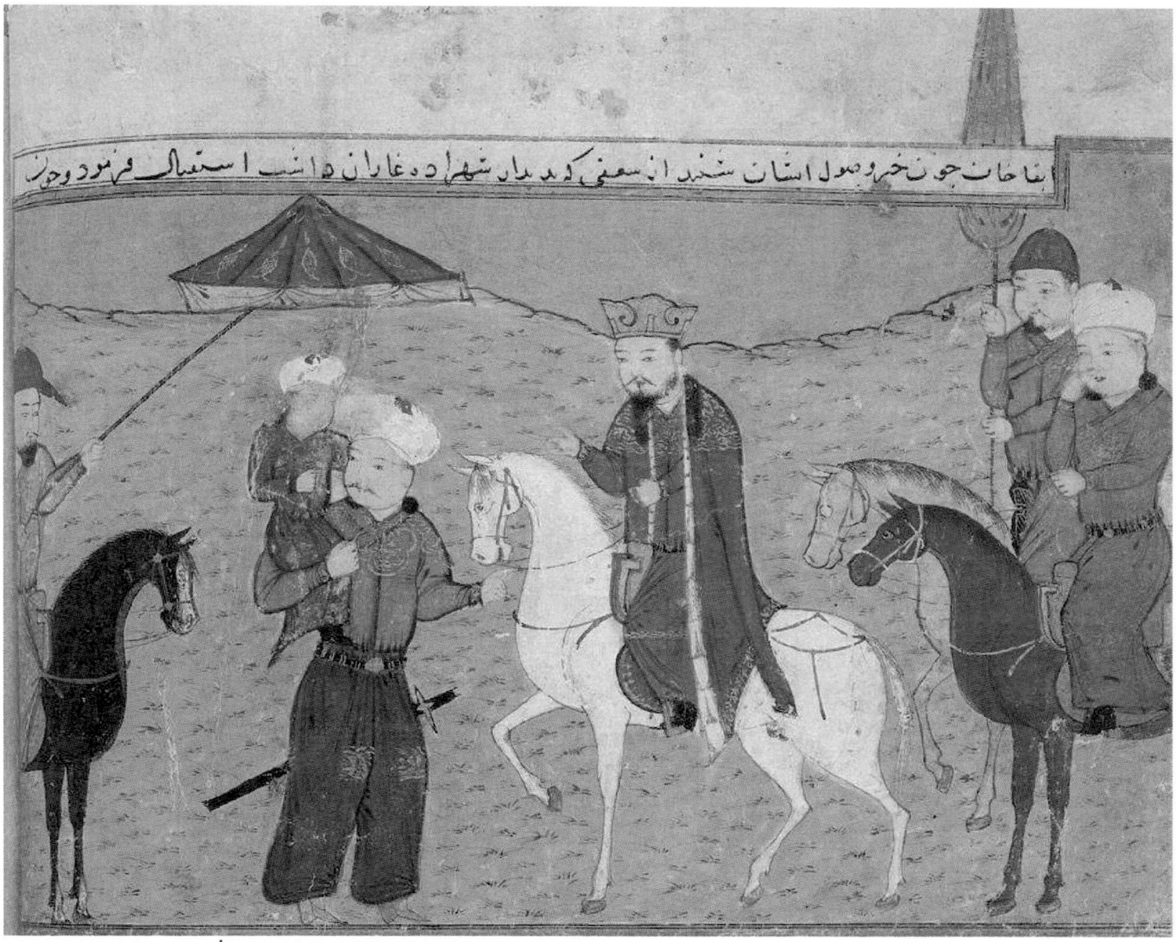

Pl. 3. Abāqā, Arġūn et Ġāzān, fol. 211 v°. © Bibliothèque nationale de France.

Pl. 4. Intronisation de Ġāzān en compagnie de ses épouses, fol. 227 v°. © Bibliothèque nationale de France.

Familles spirituelles, familles charnelles

ANNE-MARIE EDDÉ*

Stratégies familiales et transmission du savoir

Les Yūnīnī dans le Bilād al-Šām de la fin du XIIe au milieu du XIVe siècle

♦ RÉSUMÉ

L'histoire des Yūnīnī – des hanbalites originaires de la région de Baalbek – est assez bien documentée dans les sources arabes des VIIIe/XIVe et IXe/XVe siècles. Elle peut être intéressante à étudier sous l'angle de l'histoire familiale car elle est représentative, d'une part, des liens qui s'établissaient souvent entre maîtres et élèves sur le mode familial des relations pères-fils et, d'autre part, de l'importance de l'héritage familial dans la transmission du savoir dont les femmes n'étaient pas exclues. Enfin, elle nous renseigne sur les stratégies matrimoniales qui tantôt privilégiaient le modèle du mariage entre cousins germains et tantôt visaient à resserrer des alliances avec d'autres grandes familles d'oulémas, voire avec des familles d'émirs.

Mots-clés : Famille – Syrie – Damas – Baalbek – hanbalites – hadiths – maîtres – élèves – transmission du savoir – femmes – mariages

♦ ABSTRACT

The history of the Yūnīnī—a Hanbali family from the region of Baalbek—is rather well documented in the Arabic sources of the fourteenth and fifteenth centuries and is well worth studying from the viewpoint of family history. It is representative of the links between teachers and students, which were often compared to relations between fathers and sons. It is also indicative of the transmission of knowledge within families of scholars including women. Finally,

* Anne-Marie Eddé, Université Paris-1 Panthéon-Sorbonne, anne-marie.edde@univ-paris1.fr

it tells us something of the matrimonial strategies which sometimes favored the marriage between first cousins and sometimes sought to strengthen alliances with other important families of scholars or even with families of emirs.

Keywords: Family – Syria – Damascus – Baalbek – Hanbalis – hadiths – teachers – students – transmission of knowledge – women – marriages

* * *

Les Yūnīnī tirent leur nom d'un village appelé Yūnīn, situé à 12 km au nord de Baalbek, sur le flanc ouest de l'anti-Liban [1]. Baalbek fut, avec Damas, un prestigieux centre d'enseignement du hanbalisme entre le XIIe et le XVe siècles et Yūnīn était un lieu connu pour abriter des ascètes vénérés [2]. La famille des Yūnīnī, qui comptait de nombreux savants, doit surtout sa renommée à Quṭb al-Dīn Mūsā (m. 726/1326), historien et auteur d'une célèbre chronique intitulée *Ḏayl Mir'āt al-zamān* qui est une continuation de l'ouvrage de Sibṭ Ibn al-Ǧawzī (m. 654/1256) [3]. Son récit couvre une période allant du milieu du VIIe/XIIIe au début du VIIIe/XIVe siècle (654/1256 à 711/1311-1312). Il est organisé chronologiquement et les événements de chaque année sont suivis des obituaires correspondants. La vie et l'œuvre de cet historien ont été déjà bien étudiées [4], mais la famille dans son ensemble n'a jusqu'ici fait l'objet que de quelques mentions éparses [5]. Il serait, d'ailleurs, plus juste de parler de deux familles al-Yūnīnī, étroitement liées entre elles, celle de l'historien d'une part, celle du cheikh ʿAbd Allāh (m. 617/1221), un ascète bien connu de la fin du VIe/XIIe et du début du VIIe/XIIIe siècle, d'autre part (fig. 1 et 2).

Le cas des Yūnīnī est représentatif à la fois de la transmission du savoir au sein des grandes familles syriennes, du poids des traditions familiales et de l'importance des stratégies matrimoniales. Il illustre aussi la vitalité du hanbalisme ainsi que de la vie ascétique et mystique dans la région de Baalbek et vaut d'autant plus d'être étudié que cette famille est connue sur au moins sept générations, du VIe/XIIe siècle jusqu'au milieu du IXe/XVe siècle. Les informations que nous possédons sur elle sont en majeure partie extraites de la chronique d'al-Yūnīnī lui-même. Sont très utiles également l'histoire de Sibṭ Ibn al-Ǧawzī (m. 654/1256) qui vécut une grande partie de sa vie à Damas où il fréquenta les princes ayyoubides et fut

1. Ce village libanais, aujourd'hui peuplé d'environ 20 000 habitants, fait partie des sites retenus par le programme européen EUROMED héritage (MEDA-Corpus, architecture traditionnelle méditerranéenne). Cf. http://www.meda-corpus.net/arb/fitxes/F1SITES/FRN/lb_s13.pdf.
2. Cf. Laoust, « Le Hanbalisme », p. 48-49. Sur l'un de ces ascètes du VIe/XIIe siècle, qui faisait des miracles dans la région de Yūnīn, voir Ibn al-ʿAdīm, *Buġya* X, p. 4411-4419.
3. Sibṭ Ibn al-Ǧawzī, *Mir'āt al-zamān* VIII.
4. Cf. Li Guo, *Early Mamluk Syrian Historiography* I, p. 1-96.
5. Cf. Sublet, « al-Yūnīnī » ; Pouzet, *Damas au VIIe/XIIIe siècle* (index, Yūnīnī).

un temps disciple du cheikh ʿAbd Allāh[6]; les ouvrages d'al-Ḏahabī (m. 748/1348) qui fut l'élève de l'historien al-Yūnīnī, ainsi que les livres des auteurs qui, tel Ibn Raǧab (m. 795/1392), s'en inspirèrent[7]; l'œuvre d'al-Ṣafadī (m. 764/1362) qui occupa des fonctions administratives importantes à Damas et au Caire[8]; sans oublier les ouvrages de deux auteurs égyptiens, Ibn Ḥaǧar al-ʿAsqalānī (m. 852/1449), juriste et grand spécialiste du hadith, en particulier d'al-Buḫārī – ce qui explique en partie son intérêt pour les Yūnīnī – et son élève le biographe al-Saḫāwī (m. 902/1497), lui aussi historien et spécialiste des hadiths[9].

À partir de l'exemple des Yūnīnī, nous étudierons ici la famille dans les milieux savants, en examinant successivement l'importance de la famille spirituelle et de la filiation savante, la transmission de père en fils ou la construction d'une tradition familiale, ainsi que les stratégies et les alliances matrimoniales.

Famille spirituelle et filiation savante

Les relations de maître à élève reproduisaient souvent le modèle familial, d'où les rapports personnels et souvent intimes, comparables à ceux d'un père et d'un fils, qui les unissaient. La parenté par le savoir était comparée par certains à la parenté par le sang : « Si quelqu'un ignore le savoir, c'est comme s'il ignorait son père. Le savoir pour celui qui le cherche est comparable à un père, en mieux », déclarait ʿUṯmān Ibn al-Ṣalāḥ al-Šahrazūrī, l'un des grands muftis shafiites de Syrie, mort à Damas en 643/1245[10].

L'idée que le savoir pouvait tenir lieu de famille est également perceptible dans l'attitude de certains religieux à l'égard de la « vraie » famille. Parmi les conseils donnés aux étudiants par le grand cadi shafiite d'Égypte, Badr al-Dīn Ibn Ǧamāʿa (m. 733/1333), il y avait celui-ci[11] : « L'étudiant se doit d'être autant que possible célibataire afin que ses devoirs d'époux et sa quête de moyens de vivre ne l'éloignent pas de ses études. » Une déclaration qui n'est pas sans rappeler l'opinion d'un juriste irakien antérieur de quelques siècles, Sufyān al-Ṯawrī (m. 161/778), selon lequel « celui qui se marie navigue en pleine mer et s'il engendre un enfant, il fait naufrage ».

La « famille » composée du maître et de ses étudiants pouvait donc, d'une certaine façon, remplacer les liens du sang. Dans la pratique, toutefois, les savants (et même les ascètes les plus rigoureux comme le cheikh ʿAbd Allāh) se marièrent et engendrèrent des enfants. Le père de l'historien, Muḥammad Taqī al-Dīn al-Yūnīnī (m. 658/1260), pour ne citer que lui, eut ainsi successivement six femmes et de nombreux enfants.

6. Cf. Sibṭ Ibn al-Ǧawzī, *Mir'āt al-zamān* II, p. 612-617.
7. Al-Ḏahabī, *Ta'rīḫ*, sections 61 (ans 601-610), 62 (ans 611-620), 63 (ans 621-630), 64 (ans 631-640) et *id.*, *al-ʿIbar fī ḫabar man ʿabar*.
8. Al-Ṣafadī, *Wāfī* II ; XV ; XXI.
9. Ibn Ḥaǧar al-ʿAsqalānī, *Inbā' al-ġumr bi-anbā' al-ʿumr* ; al-Saḫāwī, *al-Ḍaw' al-lāmiʿ li-ahl al-qarn al-tāsiʿ*.
10. Cf. Chamberlain, *Knowledge and Social Practice*, p. 108-110. Al-Ṣafadī, *Wāfī* XXI, p. 342, fait dire aussi à un poète du VIe/XIIe siècle, Ibn Buṣāqa, que « la parenté du savoir est supérieure à la parenté du sang ».
11. Cf. Ibn Ǧamāʿa, *Taḏkira*, p. 114.

Les relations qu'entretint ce dernier avec le cheikh ʿAbd Allāh (m. 617/1221) sont caractéristiques des liens de maître à élève construits sur le modèle familial. Le cheikh ʿAbd Allāh[12], surnommé le « Lion de Syrie », ascète et soufi hanbalite, était un personnage hors du commun. Vénéré par les populations et longuement décrit par les sources, on lui prêtait des grâces mystiques (*karāmāt*) qui le rapprochaient d'un modèle de sainteté. Toutes les vertus habituellement prêtées aux « saints » en islam lui furent attribuées : don d'ubiquité, maîtrise des animaux sauvages, pouvoir de convertir les gens à l'islam, prédiction de l'avenir. Vêtu très modestement et connu pour son zèle au jihad, il se nourrissait de presque rien, se montrait incorruptible et n'hésitait pas à admonester les puissants qui venaient solliciter ses prières[13].

Le cheikh vivait à Baalbek mais se retirait parfois au mont Liban où il côtoyait les ascètes chrétiens. En hiver, il s'installait dans un petit oratoire situé près des sources chaudes des environs du village de Dūma, au nord-est de Damas, où les gens venaient lui rendre visite. À Damas, il avait pour habitude de résider au pied du mont Qāsyūn dans le quartier hanbalite d'al-Ṣāliḥiyya où vivait aussi la grande famille des Maqdīsī (Banū Qudāma en particulier).

Le « Lion de Syrie » mourut à plus de 80 ans et fut enterré en 617/1221 à l'endroit qu'il avait lui-même choisi, au flanc de la colline dominant les ruines de Baalbek, sous l'amandier où il avait coutume de venir prier. Al-Amǧad, le prince ayyoubide de Baalbek, voulut lui faire construire un mausolée, mais fut contraint d'abandonner ce projet après qu'on lui eut dit qu'il était contraire à la *sunna*. ʿAbd Allāh al-Yūnīnī n'en devint pas moins le « saint » de la région. Les ascètes aimaient se faire enterrer à ses côtés et son tombeau se transforma rapidement en lieu de pèlerinage où l'on venait implorer, en particulier, sa protection contre les dangers extérieurs[14].

Taqī al-Dīn Muḥammad (le père de l'historien), *faqīh* et traditionniste, fut l'un de ses fidèles élèves avant de devenir son disciple[15]. Le cheikh lui porta suffisamment d'intérêt et d'affection pour lui accorder la main de sa belle-fille (une fille que sa femme avait eue d'un premier mariage), faisant ainsi de son élève son gendre. D'après l'historien Ibn al-ʿAdīm (m. 660/1262), ce serait Muḥammad qui demanda la belle-fille de son maître en mariage. Sa démarche se heurta aux

12. Cf. Sibt Ibn al-Ǧawzī, *Mir'āt al-zamān* II, p. 612-617, repris en grande partie par al-Ḏahabī, *Ta'rīḫ*, section 62, p. 304-312 (avec les passages perdus de la biographie qu'Ibn al-ʿAdīm avait consacrée au cheikh ʿAbd Allāh dans sa *Buġya*) ; Abū Šāma, *Tarāǧim*, p. 126-127 ; Ibn Kaṯīr, *Bidāya* IX, p. 24 ; Pouzet, *Damas au* VIIe/XIIIe *siècle*, p. 240-241.

13. Sibṭ Ibn al-Ǧawzī a interrogé son serviteur ʿAbd al-Ṣamad qui lui a raconté comment – tel Don Quichotte accompagné de Sancho – le cheikh avait aperçu au loin, alors qu'il traversait un territoire sous contrôle franc, un nuage blanc qu'il avait pris pour un détachement d'Hospitaliers. Il s'était alors élancé, armé de son épée, en criant « Allāhu Akbar » sous les yeux effarés de son serviteur, avant de s'apercevoir qu'il avait affaire à un troupeau d'onagres.

14. La menace mongole en particulier. Cf. al-Yunīnī, *Ḏayl* IV, p. 93. Voir *infra* les nombreux membres et proches de la famille des Yūnīnī qui se firent enterrer près de la tombe du cheikh ʿAbd Allāh : Ṣadr al-Dīn Aḥmad (m. 658/1260), Muḥammad Taqī al-Dīn (m. 658/1260), Yaʿqūb Ibn Sanī al-Dawla (m. 665/1267), Nūr al-Dawla ʿAlī (m. 670/1272), Ḫadīǧa bt Muḥammad (m. 680/1281).

15. Sur Taqī al-Dīn Muḥammad, voir la longue nécrologie que lui consacre son fils Quṭb al-Dīn Mūsā al-Yūnīnī, *Ḏayl* II, p. 38-72.

réticences de la mère de la jeune fille qui objecta que ce jeune homme était désargenté (*faqīr*)[16] et dépourvu de tout bien. Et d'ajouter : « Or je souhaite que ma fille soit heureuse ». Le cheikh lui répondit qu'elle pouvait sans crainte la donner en mariage à Muḥammad car « il la voyait » installée dans l'*īwān* d'une très belle maison avec un bassin rempli d'eau, tandis que les princes viendraient se mettre au service de son mari. La mère se laissa convaincre et Muḥammad épousa donc en premières noces la belle-fille de son maître[17]. On notera, au passage, que le critère invoqué ici pour donner une fille en mariage était davantage le bien-être matériel que la piété ou la richesse intellectuelle, ce qui indique que même dans les milieux religieux on ne perdait pas tout à fait le sens des réalités.

Dans une autre anecdote, Ibn al-ʿAdīm raconte qu'après la mort de sa première épouse (belle-fille du cheikh), Muḥammad fut l'objet des convoitises d'une autre femme qui désirait à tout prix l'épouser. Celle-ci alla jusqu'à demander à la femme du cheikh ʿAbd Allāh d'intercéder en sa faveur. Muḥammad s'en plaignit au cheikh qui lui fit cette réponse : « Patiente encore deux ou trois jours et tu ne la verras plus. » Quelque temps plus tard, la jeune femme épousa, en effet, son cousin, un grand émir venu d'Égypte, et Muḥammad n'entendit plus parler d'elle. Cette anecdote fut authentifiée dans l'une des copies de la *Buġya* d'Ibn al-ʿAdīm par la signature du petit-fils de Muḥammad, qui écrivit en marge : « Ceci est vrai, Muḥammad b. Abī l-Ḥusayn l'atteste. »[18] L'intervention du cheikh dans les affaires matrimoniales de Muḥammad confirme, en tout cas, la nature des rapports « père-fils » qui s'étaient instaurés entre les deux hommes et témoigne, on ne peut plus clairement, de la confiance et de l'affection qui les unissaient.

Muḥammad eut à son tour de nombreux élèves. Autour de lui se constitua à Baalbek une école de traditionnistes et de jurisconsultes hanbalites qui entretint des liens forts avec Damas[19]. Il connut l'invasion mongole de la Syrie et mourut le 19 ramaḍān 658/28 août 1260, quelques jours seulement avant la bataille de ʿAyn Ǧālūt (25 ramaḍān/3 septembre 1260) qui redonna des couleurs à l'Islam. Il fut enterré aux côtés de son ancien maître, à l'extérieur de la cité de Baalbek.

Les liens très forts qui unissaient Muḥammad et le cheikh ʿAbd Allāh n'empêchèrent pas ce dernier d'avoir sa propre descendance (cf. fig. 2) : son fils, également prénommé Muḥammad (m. 651/1253), devint, comme lui, un ascète vénéré[20]. À la mort du cheikh ʿAbd Allāh, sa succession à la *mašyaḫa* des hanbalites de Baalbek provoqua quelques divergences parmi ses proches. Certains soutenaient le *faqīh* Taqī al-Dīn Muḥammad, d'autres le cheikh Tawba (un autre de ses élèves), ou encore ʿAbd Allāh b. ʿAbd al-ʿAzīz, un novice soufi (*murīd*). Selon certaines sources[21], le cheikh ʿAbd Allāh apparut alors en songe au *faqīh* Muḥammad et lui

16. Un terme qui peut signifier aussi bien une personne démunie qu'un ascète.
17. Ibn al-ʿAdīm cité par al-Ḏahabī, *Taʾrīḫ*, section 62, p. 311 ; cf. aussi al-Yūnīnī, *Ḏayl* II, p. 44.
18. Cf. al-Ḏahabī, *Taʾrīḫ*, section 62, p. 312.
19. Ce fut le cas par exemple de Muḥammad b. Dāʾūd al-Baʿlī ou al-Baʿlabakkī (m. 679/1281), ʿAbd al-Raḥmān b. Yūsuf al-Baʿlī (m. 688/1289), Muḥammad b. ʿAbd al-Walī (m. 701/1302), Muḥammad b. Abī al-Fatḥ al-Baʿlī (m. 709/1309), etc. Cf. Laoust, « Le hanbalisme », p. 49-50.
20. Cf. al-Ḏahabī, *ʿIbar* V, p. 210 et *Taʾrīḫ*, éd. Tadmurī, p. 107-108.
21. Cf. al-Ḏahabī, *Taʾrīḫ*, éd. Tadmurī, p. 108.

dit : « Toi et Tawba vous êtes mes disciples, ʿAbd al-ʿAzīz est mon novice, mais Muḥammad est mon fils et ce n'est plus un enfant. » Il fut donc décidé de reconnaître Muḥammad comme successeur de son père. Les liens du sang se révélèrent ici plus forts que les liens du savoir. Mais il semble qu'après sa mort en 651/1253, la fonction de chef des hanbalites passa dans la famille de Taqī al-Dīn Muḥammad puisque les deux fils de ce dernier, Šaraf al-Dīn ʿAlī et l'historien Quṭb al-Dīn Mūsā, l'exercèrent [22].

Bien d'autres exemples de cette filiation spirituelle entre maîtres et élèves pourraient être évoqués dans l'histoire de la Syrie à cette époque. On se contentera de rappeler celui du cadi Ibn Šaddād (m. 632/1234), biographe et conseiller de Saladin, qui s'installa à Alep après la mort du sultan. Il eut pour élève un membre de la grande famille alépine des Banū ʿAlwān al-Asadī, Zayn al-Dīn ʿAbd Allāh (m. 635/1238). Celui-ci fut ensuite son disciple et son répétiteur avant de devenir son fils adoptif, Ibn Šaddād n'ayant pas eu d'enfant [23]. En signe de reconnaissance, Zayn al-Dīn donna le nom et le *laqab* d'Ibn Šaddād (Bahā' al-Dīn Yūsuf) à l'un de ses fils. Les deux hommes étaient aussi beaux-frères, Ibn Šaddād ayant épousé successivement les deux sœurs de Zayn al-Dīn. Ce dernier recueillit, enfin, l'héritage intellectuel de son maître et père adoptif, puisqu'il lui succéda comme grand cadi d'Alep [24].

La notion de filiation savante se manifestait, en outre, dans le désir qu'avaient les traditionnistes de s'inscrire dans une généalogie du savoir, c'est-à-dire dans les chaînes de transmission du hadith. Une généalogie du savoir qu'ils considéraient comme aussi importante que la généalogie familiale [25]. Ainsi Taqī al-Dīn Muḥammad al-Yūnīnī et ses fils jouèrent un rôle important dans la transmission du *Ṣaḥīḥ* d'al-Buḫārī (194-256/810-870), du *Musnad* d'Ibn Ḥanbal (m. 241/855) et du *Ǧamʿ bayn al-Ṣaḥīḥayn* d'al-Ḥumaydī (m. 488/1095) [26], comme l'a déjà souligné

22. Cf. Ibn Ḥağar, *Durar* III, p. 171 ; V, p. 153. Dans la descendance du cheikh ʿAbd Allāh, on connaît encore son petit-fils prénommé ʿAbd Allāh comme lui, mort en 680/1281. Il est lui aussi décrit comme un homme très dévot, généreux et courageux (même si on ne lui attribue pas de *karāmāt*). Il participa à la grande bataille entre musulmans et Mongols à Homs en 680/1281 et y mourut en martyr après s'être vaillamment battu (al-Yūnīnī, *Ḏayl* IV, p. 111, 112).

23. L'expression employée par les sources pour dire qu'Ibn Šaddād adopta Zayn al-Dīn est : « *ittaḫaḏahu waladan* » (il le prit pour fils). Cf. al-Ǧazarī, *Ta'rīḫ*, 66r° et al-Subkī, *Ṭabaqāt* VIII, p. 155-156. On sait que l'adoption (*al-tabannī*), pratiquée en Arabie pré-islamique, fut interdite par le Coran et la loi musulmane. Cf. Chaumont, « Tabann^{in} » et Powers, « Adoption ». Malgré son interdiction théorique, elle restait donc parfois pratiquée, même s'il est difficile, dans le cas présent, d'établir les conséquences légales d'une telle adoption. Cf. aussi al-Azhary Sonbol, « Adoption in Islamic Society » ; Landau-Tasseron, « Adoption, Acknowledgement of Paternity and False Genealogical Claims ».

24. Cf. Eddé, *Principauté ayyoubide d'Alep*, p. 352-353, 380-381, 641. On peut citer aussi l'exemple de Faḫr al-Dīn ʿAbd al-Raḥmān Ibn ʿAsākir (m. 620/1223) neveu de l'historien bien connu et cheikh des shafiites de Damas. Il fut l'élève de Quṭb al-Dīn al-Naysābūrī (m. 578/1183), considéré comme le deuxième fondateur du *maḏhab* shafiite à Damas, dont il épousa la fille. Al-Naysābūrī, nous dit-on, le considérait « comme son fils ». Faḫr al-Dīn donna lui aussi à son propre fils le nom de son maître et beau-père, Quṭb al-Dīn Masʿūd. Cf. Abū Šāma, *Tarāǧim*, p. 136 ; Pouzet, *Damas au VIIe/XIIIe siècle*, p. 25, 27.

25. Cf. Chamberlain, *Knowledge and Social Practice*, p. 110.

26. Savant andalou, élève d'Ibn Ḥazm, qui émigra en Orient et mourut à Bagdad. Cf. Huici-Miranda, « al-Ḥumaydī ».

Louis Pouzet[27]. Le *Ṣaḥīḥ* d'al-Buḫārī fut, on le sait, placé dès le IVe/Xe siècle avec le *Ṣaḥīḥ* de Muslim (m. 261/875), en tête des six recueils reconnus de hadiths par les sunnites. Le frère aîné de l'historien, Šaraf al-Dīn ʿAlī al-Yūnīnī, ne se contenta pas, comme son père avant lui, de s'inscrire dans la chaîne de ses transmetteurs. Avec l'aide de son maître en sciences grammaticales, Ibn Mālik (600-672/1203-1274), de vingt ans son aîné, un Andalou malékite converti au shafiisme, il établit la version du texte du *Ṣaḥīḥ* encore utilisée de nos jours[28].

De père en fils : la construction d'une tradition familiale

La famille biologique joua un rôle tout aussi important que la famille spirituelle dans la transmission du savoir en Syrie à cette époque. Au sein d'une même famille, les connaissances se transmettaient d'une génération à l'autre ou à l'intérieur d'une même génération et concernaient en priorité les garçons mais pas seulement. De nombreux cas de femmes savantes sont aussi répertoriés.

Dans la famille de l'historien al-Yūnīnī, c'est le *faqīh* Muḥammad Taqī al-Dīn qui inaugura la génération de savants. Né à Baalbek d'un père marbrier[29], il se forma et s'initia au soufisme à Baalbek puis à Damas. Il fut notamment l'un des premiers, en Syrie, à adhérer à la confrérie des Qādiriyya par l'intermédiaire du cheikh ʿAbd Allāh al-Baṭā'iḥī[30]. L'absence de tradition savante au sein de sa propre famille fut sans doute l'une des raisons pour lesquelles il se choisit une famille de substitution en s'attachant au cheikh ʿAbd Allāh al-Yūnīnī qui – nous l'avons vu – non seulement le forma mais lui servit aussi de second père.

Lui-même enseigna les hadiths à ses enfants. À ses fils tout d'abord : ʿAlī, traditionniste et *faqīh*, Mūsā, traditionniste et historien, et Abū al-Ḫayr qui nous est moins bien connu. Leurs centres d'intérêt reflètent bien les liens très forts qui unissaient *fiqh* et hadiths, hadiths et histoire. Ḫadīǧa, sœur utérine de ʿAlī, qui nous est décrite comme une femme dévote et charitable, profita elle aussi de l'enseignement de son père. Décédée en 680/1281 à Baalbek, elle fut enterrée à côté de son père, dans la *turba* du cheikh ʿAbd Allāh, signe du respect qu'on lui portait. Son cas, pour original qu'il fût, n'était pas unique – loin s'en faut. On sait, en effet, que les femmes jouèrent un grand rôle dans la transmission du hadith même si cette science était souvent appelée *ʿilm al-riǧāl* (« science des hommes »). Une importance qui s'expliquait par le fait que de nombreuses traditions, surtout celles qui ont trait à la vie privée du Prophète, ont pour source l'autorité de ʿĀ'iša, son épouse préférée[31]. Bien d'autres femmes également, appelées « compagnons » (*ṣaḥābiyyāt*) du Prophète, parce qu'elles l'avaient approché de près ou de loin, ont transmis des traditions. Nombreuses dans la première génération de transmetteurs, elles le furent moins dans les générations suivantes, mais revinrent sur le devant

27. Cf. Pouzet, *Damas au VIIe/XIIIe siècle*, p. 431, 434, 436.
28. Cf. Pouzet, « Deux grammairiens à Damas », p. 779-780.
29. Cf. al-Ṣafadī, *al-Wāfī* II, p. 121.
30. Cf. Pouzet, *Damas au VIIe/XIIIe siècle*, p. 226-227.
31. Cf. Scarcia Amoretti, « ʿIlm al-Riḏǧāl » ; Berkey, « Women and Islamic Education » ; Roded, *Women in Islamic Biographical Collections* ; Schimmel, *L'islam au féminin*, p. 10.

de la scène à partir du VIe/XIIe siècle. En Syrie, aux VIe/XIIe et VIIe/XIIIe siècles, on en connaît un certain nombre qui s'illustrèrent dans l'enseignement des hadiths ou dans la construction de monuments religieux. La plupart étaient formées au sein de leur famille mais suivaient aussi l'enseignement de maîtres prestigieux qu'elles contribuaient ensuite à diffuser [32].

Taqī al-Dīn Muḥammad et ses fils acquirent une solide réputation de traditionnistes. Muḥammad connaissait par cœur le *Ṣaḥīḥ* d'al-Buḫārī, celui de Muslim et la plus grande partie du *Musnad* d'Aḥmad b. Ḥanbal [33]. Sa mémoire phénoménale lui permit d'apprendre le *Ṣaḥīḥ* de Muslim en quatre mois seulement. Les princes venaient le voir et attendaient sur le seuil de sa porte qu'il les autorise à entrer. Il se montrait capable de réciter des hadiths de mémoire sur n'importe quel sujet et était profondément respecté par les souverains ayyoubides, notamment par le sultan d'Égypte al-Kāmil (615-635/1218-1238) et surtout par son fils al-Ašraf, prince de Damas de 626/1229 à 635/1238. Ce dernier voulut honorer Muḥammad en lui offrant la possession du village de Yūnīn, une proposition que le cheikh rejeta catégoriquement comme il refusa tous les cadeaux précieux que voulurent lui donner ses visiteurs. Lorsqu'en 625/1228, al-Ašraf acquit la sandale du Prophète (conservée jusque là dans une grande famille de Damas, les Banū Abī l-Ḥadīd) [34], la mère de Muḥammad demanda à son fils d'aller, de sa part, se recueillir sur cette relique. Al-Ašraf l'ayant appris, envoya aussitôt la précieuse relique à Baalbek afin qu'elle puisse la contempler de ses propres yeux [35]. L'historien Quṭb al-Dīn Mūsā ne tarit pas d'éloge sur son père auquel il attribue de nombreuses grâces mystiques (*karāmāt*). Il vante notamment sa grande générosité à l'égard des membres de sa famille qu'il n'hésitait pas à prendre en charge lorsqu'ils étaient dans le besoin [36].

ʿAlī et Mūsā suivirent les traces de leur père et, pour perpétuer sa mémoire, donnèrent tous deux le nom et le titre de Muḥammad Taqī al-Dīn à leur fils. De leur père, ils reçurent aussi le froc initiatique (*ḫirqa*) de la confrérie soufie al-Qādiriyya [37]. L'aîné, ʿAlī Abū al-Ḥusayn Šaraf al-Dīn (m. 701/1302), était le demi-frère de l'historien [38]. Traditionniste, grammairien, *faqīh* et *muftī*, respecté de tous ses contemporains, il joua un grand rôle dans la transmission du hadith au sein et à l'extérieur de sa famille [39]. Il enseignait à Baalbek et à Damas et fut l'auteur de nombreux ouvrages. Les historiens al-Ḏahabī et al-Birzālī furent notamment ses élèves.

32. Cf. Humphreys, « Women as Patrons of Religious Architecture » ; Eddé, « Sitt al-Kataba », p. 7-11.
33. Il avait aussi appris la grammaire et la langue arabe avec Tāğ al-Dīn al-Kindī, et avait une très belle calligraphie.
34. Cf. Mouton, « De quelques reliques conservées à Damas ».
35. Cf. al-Yūnīnī, *Ḏayl* II, p. 45-46.
36. *Ibid.*, p. 52.
37. *Ibid.*, p. 41 ; Pouzet, *Damas au VIIe/XIIIe siècle*, p. 227.
38. Cf. Ibn Kaṯīr, *Bidāya* VIII, p. 8 ; Ibn Rağab, *Ḏayl* II, p. 345-347.
39. Outre son père, il eut de très nombreux maîtres en Syrie (Baalbek, Damas) et en Égypte où il se rendit à cinq reprises. Parmi eux, au moins une femme : Zaynab Umm Muḥammad al-Ḥāğğa fille de ʿUmar Ibn Kindī b. Saʿīd b. ʿAlī. D'origine damascène, mariée au *muʿtamid* de la citadelle de Baalbek, cette *muḥaddiṯa* résidait à Baalbek où elle fit construire un *ribāṭ* (Pouzet, *Damas au VIIe/XIIIe siècle*, p. 400 ; Ṣafadī, *Wāfī* XV, p. 66). Elle enseigna aux enfants de ʿAlī et à ses proches et eut aussi pour élève l'historien al-Ḏahabī.

À la mort de son père, en 658/1260, ʿAlī prit en charge la formation de son demi-frère Mūsā qui n'avait alors que 17 ans, soit 20 ans de moins que lui. Il l'emmena, entre autres, en Égypte où il lui fit rencontrer de nombreux savants. ʿAlī devait mourir à 80 ans, de manière tragique. Roué de coups par un déséquilibré qui le blessa également à la tête avec un couteau, alors qu'il se trouvait dans la bibliothèque de la mosquée des hanbalites à Baalbek, il mourut quelques jours plus tard des suites de ses blessures. Il fut enterré dans le principal cimetière de Baalbek, celui de Bāb Saṭḥā, situé à l'extérieur de la ville, près de la Porte de Damas.

Son frère Quṭb al-Dīn Mūsā (m. 726/1326) lui succéda au poste de cheikh des hanbalites à Baalbek[40]. Formé, entre autres, par son père et son frère, il fut comme eux un éminent traditionniste. Mais alors qu'eux s'étaient dévoués exclusivement aux hadiths et au *fiqh*, Mūsā consacra à partir des années 1280 une grande partie de son temps à la rédaction de son œuvre historique : d'une part un abrégé en quatre volumes du *Mir'āt al-zamān* de Sibṭ Ibn al-Ǧawzī et d'autre part une continuation de cet ouvrage, intitulée *Ḏayl Mir'āt al-zamān*, pour les années 654-711/1256-1312. Cette activité d'historien ne l'empêcha pas d'être considéré par ses contemporains, vers la fin de sa vie, comme un ascète pieux et vertueux, se consacrant à la lecture du Coran et inspirant le respect. Lorsqu'il mourut, il fut enterré dans le cimetière de Bāb Saṭḥā où reposaient déjà sa mère et son demi-frère ʿAlī.

La génération suivante hérita de cette tradition d'enseignement du hadith, en particulier dans la descendance de Šaraf al-Dīn ʿAlī[41]. Ce dernier accorda la plus grande attention à la formation de ses enfants, garçons et filles. L'aînée des filles, Amat al-ʿAzīz, fut même surnommée « al-Šayḫa »[42]. Née en 658/1260, quelques mois avant la mort de son grand-père, et morte à Baalbek en 745/1344 à 84 ans, elle suivit les cours de très nombreux professeurs, accomplit deux fois le pèlerinage, et rapporta elle-même de nombreux hadiths. Au nombre de ses élèves figurait al-Birzālī qui lui consacra une notice dans la recension de ses professeurs (*mašyaḫa*). Ses deux frères Muḥammad Abū ʿAbd Allāh (m.737/1336) et ʿAbd al-Qāḍir Muḥyī al-Dīn (m. 747/1346) furent aussi de distingués traditionnistes et des figures du hanbalisme syrien[43].

Le fils de ʿAbd al-Qādir nommé Muḥammad Abū al-Ḥasan al-Yūnīnī (m. 777/1376)[44] après avoir suivi l'enseignement des hadiths de son père, de son grand-oncle l'historien Mūsā et de sa tante, Amat al-ʿAzīz, devint imam de la mosquée des hanbalites à Baalbek. Il fit construire à côté de cette mosquée une madrasa hanbalite où il enseigna le *fiqh* avant de se retirer du monde vers la fin de sa vie. Plusieurs de ses petits-fils se distinguèrent également à Baalbek :

40. Sur lui, voir l'étude complète de Li Guo, *Early Mamluk Syrian Historiography* I, p. 6-21.

41. L'historien eut un fils, Muḥammad (m. 765/1364), qui se forma avec ses cousins et cousines. Cf. Ibn Ḥaǧar, *Durar* V, p. 38, et Li Guo, *Early Mamluk Syrian Historiography* I, p. 15-16.

42. Cf. Ibn Ḥaǧar, *Durar* I, p. 441 ; Ibn Rāfi ʿ al-Sallāmī, *Wafayāt* I, p. 485-482.

43. Al-Ḏahabī a connu Muḥammad et le cite à propos des biographies de certains savants (sous le nom de Abū ʿAbd Allāh Muḥammad al-Yūnīnī pour ne pas le confondre avec son grand-père). Il fut enterré à Damas, au pied du Qāsyūn. Cf. Ibn Ḥaǧar al-ʿAsqalānī, *Durar* IV, p. 200 ; Ibn Rāfiʿ al-Sallāmī, *Wafayāt* I, p. 140-142. Sur ʿAbd al-Qādir (à qui al-Ḏahabī aurait consacré un volume), cf. Ibn Ḥaǧar, *Durar* III, p. 4 ; Vajda, « La *mašyaḫa* de ʿAbd al-Qādir al-Yūnīnī », p. 223-246.

44. Cf. Ibn Haǧar al-ʿAsqalānī, *Inbā'* I, p. 186 et *Durar* IV, p. 139.

ʿAbd al-Ġanī b. al-Ḥasan (m. vers 843/1439-1440), professeur dans plusieurs madrasas et considéré comme l'un des principaux chefs religieux de la ville d'après al-Saḫāwī qui suivit son enseignement [45]; Muḥammad b. Muḥammad (m. 853/1449) et son fils ʿAbd al-Qādir (m. 864/1460) qui furent tous deux cadis hanbalites de Baalbek (fig. 1) [46]. Cette branche de la famille des Yūnīnī, en occupant des fonctions officielles ou quasi-officielles (professeur de madrasa, cadi), semble avoir été, davantage que d'autres, intégrée dans les institutions sunnites de la ville.

Construire une tradition familiale, c'était aussi parfois se réclamer d'une ascendance prestigieuse. Nous avons vu que l'ancêtre de la famille était un artisan marbrier de Baalbek. Pourtant l'historien al-Yūnīnī entendit un jour son demi-frère ʿAlī raconter que leur père Muḥammad lui avait confié avant de mourir que leur famille descendait de Ǧaʿfar al-Ṣādiq b. Muḥammad (m. 148/765) (par son fils Isḥāq), dernier imam reconnu à la fois par les duodécimains et par les septimains [47]. Leur père ne s'en était jamais vanté, d'après ʿAlī, mais avait tenu à le révéler à son fils afin de l'inciter à ne jamais accepter de quiconque la moindre aumône volontaire (*ṣadaqa*) [48]. Prudent, l'historien al-Yūnīnī à qui nous devons de connaître cette histoire, conclut avec la formule convenue « Dieu seul sait [la vérité] », tout en laissant entendre que son frère ʿAlī se réclamait de cette ascendance. Pour nous, il importe moins de savoir si l'invention de cette généalogie fut l'œuvre de Muḥammad ou de ʿAlī que de relever leur volonté de rattachement à cette prestigieuse ascendance. Ǧaʿfar al-Ṣādiq, qui descendait non seulement par son père de ʿAlī, cousin et gendre du Prophète, mais aussi par sa mère du premier calife Abū Bakr, était considéré comme une autorité en matière de hadiths par les sunnites comme par les chiites. Il était, en outre, connu pour avoir fortement encouragé le don de l'aumône aux pauvres. Vérifiée ou non, cette prétention familiale eut quelques échos, puisque des historiens aussi éminents qu'Ibn Kaṯīr (m. 774/1373) et al-Saḫāwī (m. 902/1497) accordent aux Yūnīnī le titre de *baqiyyat al-salaf* (descendants du Prophète) ou d'*al-Ḥusaynī* [49]. Notons aussi que dans la famille des Yūnīnī les noms de Muḥammad, ʿAbd Allāh, Mūsā, ʿAlī et Ḥasan, réapparaissent souvent et évoquent la famille de Ǧaʿfar al-Ṣādiq dont les fils étaient appelés ʿAbd Allāh et Mūsā. Il n'était pas rare, en effet, qu'au sein d'une famille l'attribution des noms (*ism*) donnât des indices sur ses sympathies religieuses ou dynastiques.

Dans le cas présent, cette revendication généalogique, qui peut surprendre au premier abord de la part d'une famille réputée pour son attachement au hanbalisme, avait sans aucun doute

45. Cf. al-Saḫāwī, *al-Ḍaw'* IV, p. 248.

46. Cf. *ibid.*, p. 295.

47. Avec la filiation suivante : Muḥammad b. Aḥmad b. ʿAbd Allāh b. ʿĪsā b. Aḥmad b. ʿAlī b. Muḥammad b. Muḥammad b. Aḥmad b. Muḥammad b. Ḥusayn b. Isḥāq b. Ǧaʿfar al-Ṣādiq. Cf. al-Yūnīnī, *Ḏayl* II, p. 56-57.

48. Il s'agit ici de l'aumône volontaire, à distinguer de l'aumône obligatoire désignée le plus souvent sous le nom de *zakāt*. Les soufis ont eu des attitudes différentes face à la *ṣadaqa* : certains, comme ici Muḥammad, la refusaient catégoriquement pour éviter de faire concurrence aux pauvres, considérant qu'ils étaient eux-mêmes spirituellement riches. D'autres pensaient au contraire qu'en acceptant la *ṣadaqa*, ils conféraient un bienfait au donateur. Cf. Weir, « Ṣadaḳa ».

49. Cf. Ibn Kaṯīr, *Bidāya* XIV, p. 126 ; al-Saḫāwī, *Ḍaw'* IX, p. 228.

pour objectif de souligner l'autorité des Yūnīnī dans le domaine des hadiths, de l'ascétisme et du respect des préceptes religieux. Un domaine dans lequel les divisions entre sunnites et chiites étaient reléguées au second plan. Le père de l'historien al-Yūnīnī ne semble pas avoir accordé beaucoup plus d'importance aux divisions entre les quatre écoles juridiques du sunnisme, comme en témoigne cette réponse qu'il fit un jour à son fils : « Cette mosquée dans laquelle nous sommes a quatre portes. Quelle que soit la porte qu'une personne empruntera, elle entrera dans la mosquée. Il en va de même pour les imams, chacun étant dans la vérité. » [50]

Stratégies et alliances matrimoniales

Les informations que nous donnent les sources montrent qu'il existait au sein de la famille des Yūnīnī différentes stratégies matrimoniales qui tantôt privilégiaient le modèle du mariage entre cousins germains et tantôt visaient à resserrer des alliances avec d'autres grandes familles d'oulémas, voire avec des familles d'émirs.

Les Yūnīnī ne dérogèrent pas à la coutume des mariages entre cousins germains, non seulement fréquents mais souvent jugés préférentiels en pays arabo-musulman. Nous savons, par exemple, que l'une des tantes paternelles de l'historien Quṭb al-Dīn Mūsā se maria avec son cousin germain ʿUmar, fils de son oncle paternel (fig. 1). Leur fils, Nūr al-Dawla ʿAlī (m. 670/1272), épousa à son tour successivement les trois filles de son oncle maternel, qui étaient aussi les sœurs de l'historien. Dans ce cas, l'endogamie patrilatérale (le père de Nūr al-Dawla étant le cousin germain du père des jeunes filles) se doublait d'une endogamie matrilatérale. Nūr al-Dawla, nous dit-on, fut traité comme son propre fils par son oncle maternel (et futur beau-père) Muḥammad Taqī al-Dīn qui l'éduqua et le forma aux hadiths. Il passait pour être un homme bienveillant, courageux et généreux. Excellent chasseur, il pourchassait en particulier les ours, ayant vu son petit frère, nous dit-on, se faire dévorer par un ours que le prince ayyoubide al-Amǧad Bahrāmšāh abritait dans la citadelle de Baalbek. Il mourut à plus de 60 ans et fut enterré près du mausolée du cheikh ʿAbd Allāh.

L'exogamie – dans certains cas relative – était aussi pratiquée par la famille des Yūnīnī. Nous avons déjà souligné l'importance du lien matrimonial qui unissait, par exemple, la famille de Muḥammad à celle de son maître dont il épousa la belle-fille. L'alliance entre ces deux familles originaires de Yūnīn se reproduisit deux générations plus tard lorsque l'une des filles de ʿAlī (petite-fille de Muḥammad) épousa Abū al-Qāsim, un arrière petit-fils du cheikh ʿAbd Allāh (fig. 2), c'est-à-dire aussi l'un de ses cousins issus de germains [51].

La mortalité des femmes étant, à cette époque, très élevée, en raison sans doute d'une forte mortalité en couches, le remariage des hommes était de règle. Taqī al-Dīn Muḥammad

50. Cf. al-Yūnīnī, *Ḏayl* II, p. 65.

51. Cf. Ibn Rāfiʿ al-Sallāmī, *Wafayāt* I, p. 365-366 ; Ibn Ḥaǧar, *Durar* IV, p. 266-267. Ce dernier confond Abū al-Qāsim et son père ʿAbd Allāh (m. 680/1281) comme on peut le déduire de la nécrologie qu'al-Yūnīnī consacre à ʿAbd Allāh (*Ḏayl* IV, p. 112) dans laquelle il attribue à ce dernier la *kunya* de Abū Muḥammad et non celle de Abū al-Qāsim.

eut ainsi six femmes et de nombreux enfants dont certains moururent de son vivant. Toutes ses femmes, sauf la mère de l'historien, moururent avant lui. Il ne se sépara d'aucune d'elles et n'eut jamais deux épouses en même temps. Avec une femme turcomane, Ibnat al-Humām, il engendra ʿAlī, Ḫadīǧa et Āmina, tandis que Mūsa et sa sœur Amat al-Raḥīm eurent pour mère la sixième épouse de Muḥammad, Zayn al-ʿArab bint Naṣr Allāh. Ce dernier mariage souligne l'importance des alliances entre grandes familles syriennes. Zayn al-ʿArab appartenait, en effet, à la famille damascène des Banū Sanī al-Dawla qui donna trois grands cadis shafiites à Damas entre 631/1234 et 679/1281[52]. Beaucoup plus jeune que son mari – elle avait 40 ans de moins que lui –, elle lui survécut et mourut à plus de 80 ans, en 693/1294, au domicile de son fils Mūsā à Baalbek. On l'enterra dans le cimetière de Bāb Saṯḥā situé à l'extérieur de la Porte de Damas[53].

Zayn al-ʿArab ne fut pas la seule de sa famille à nouer d'étroites relations avec la région de Baalbek. Son frère aîné Yaʿqūb Ibn Sanī al-Dawla (m. 665/1267), fut témoin assermenté et occupa d'importantes fonctions dans l'administration de Baalbek et de sa région dont celle d'inspecteur des impôts (*nāẓir*). Il mourut à Baalbek et fut enterré près du cheikh ʿAbd Allāh. De même, son cousin Ṣadr al-Dīn Aḥmad (m. 658/1260), qui fut cadi de Damas durant quinze ans, choisit de finir ses jours à Baalbek. Avec Muḥyī al-Dīn Yaḥyā Ibn al-Zakī, il négocia la reddition de Damas aux Mongols, mais ces derniers ayant confié la judicature shafiite à Ibn al-Zakī, Ṣadr al-Dīn Aḥmad se retira à Baalbek. Il y arriva déjà malade et y mourut peu de temps après. Il fut enterré, lui aussi, près de la tombe du cheikh ʿAbd Allāh[54].

Ces exemples montrent que l'appartenance à une école juridique donnée (hanbalite pour les Yūnīnī, shafiite pour les Banū Sanī al-Dawla) n'était aucunement un obstacle aux unions et aux rapprochements entre les familles. On en trouve un témoignage supplémentaire avec le hanbalite Šaraf al-Dīn Muḥammad Ibn ʿAṭāʾ, ami du cheikh ʿAbd Allāh al-Yūnīnī, dont le fils Šams al-Dīn ʿAbd Allāh (m. 673/1274) devint grand cadi hanafite de Damas de 664 à 673/1266 à 1274[55].

Parmi les autres grandes familles qui s'unirent aux Yūnīnī, on peut encore citer les Banū al-Naḥḥās. Cette famille d'origine alépine[56] émigra en Égypte après l'invasion mongole de 658/1260. Certains de ses membres revinrent ensuite s'installer à Damas, tel ʿAlī b. al-Ḥasan (m. 706/1307), également connu sous le nom d'Ibn ʿAmrūn, qui épousa la fille de Muḥammad al-Yūnīnī (mort en 737/1336) et petite-fille de ʿAlī (fig. 1). Ils eurent deux fils, Aḥmad (m. 764/1362-1363) et ʿAbd Allāh (m. 741/1340), qui jouèrent un rôle important dans la vie religieuse et administrative à Damas et Baalbek[57].

52. Elle était la nièce de Yaḥyā Šams al-Dīn (grand cadi de 631/1234 à sa mort en 635/1238). Cf. Pouzet, *Damas au VIIe/XIIIe siècle*, p. 413.
53. Cf. al-Yūnīnī, *Ḏayl* II, p. 71-72.
54. Cf. Ibn Kaṯīr, *Bidāya* IX, p. 107.
55. Cf. Pouzet, *Damas au VIIe/XIIIe siècle*, p. 55, 416.
56. Descendante de Abū Naṣr Muḥammad (m. 487/1094) qui avait été secrétaire du prince mirdasside Maḥmūd ibn Naṣr puis vizir de ses deux fils.
57. Cf. Ibn Ḥaǧar, *Durar* I, p. 221 ; III, p. 108-109 ; Ibn Rāfiʿ al-Sallāmī, *Wafayāt* I, p. 354-355.

Même si les mariages se pratiquaient de préférence au sein du clan des Yūnīnī ou avec de grandes familles d'oulémas, il arriva aussi qu'un père accordât la main de sa fille à un puissant émir. Ce fut le cas de l'historien Quṭb al-Dīn Mūsā qui donna en 673/1274-1275 sa fille à ʿIzz al-Dīn Aybak al-Iskandarī al-Ṣāliḥī (m. 674/1276), alors commandant de la citadelle de Baalbek. Ce puissant émir – qu'il ne faut pas confondre avec son célèbre homonyme, le sultan al-Muʿizz, ni avec l'émir ʿIzz al-Dīn Aybak al-Muʿaẓẓamī, seigneur de Ṣarḫad et grand père de l'historien Ibn al-Dawādārī – était beaucoup plus âgé que la jeune fille. Il jouissait cependant d'une grande aura militaire. Gouverneur de Šawbak sous al-Ṣāliḥ Ayyūb, il fut nommé par Baybars commandant de la citadelle de Baalbek où il resta quatre ans, avant d'être rappelé au Caire, puis envoyé, un peu malgré lui, dans la région de l'Euphrate gouverner Raḥba et sa province[58]. Une fois en poste, il s'appliqua néanmoins à combattre avec zèle les Mongols, entretenant ainsi sa réputation de vaillant guerrier.

L'histoire de ce mariage, racontée par al-Yūnīnī, est intéressante à plus d'un titre. Elle témoigne d'abord de l'âge précoce auquel les filles pouvaient être mariées. Al-Yūnīnī affirme, en effet, qu'il n'avait que 33 ans à la mort de son gendre, un an après le mariage. Si à cet âge il pouvait déjà marier sa fille, il faut en déduire que lui-même s'était marié très jeune et que sa fille ne pouvait avoir alors plus de 14 ou 15 ans. Son gendre, d'autre part, avait une trentaine d'années de plus que lui, ce qui veut dire que cet homme épousa à plus de 60 ans une jeune fille qui avait quelque 45 années de moins que lui. Ce mariage n'est pas sans rappeler celui de la mère de l'historien, Zayn al-ʿArab, qui épousa elle aussi un homme beaucoup plus âgé qu'elle. Toutefois, dans le cas de sa petite-fille, le mari appartenait, en outre, aux milieux militaires et non religieux. Est-ce la raison pour laquelle l'historien met tant d'insistance à décrire, dans la nécrologie qu'il consacre à son gendre, ses qualités d'homme pieux et cultivé ? Féru d'astronomie et d'autres sciences, nous dit-il, il aimait fréquenter les savants. D'une grande générosité, c'était un homme d'honneur qui ne décevait jamais ceux qui s'adressaient à lui, vénérait les ascètes et les justes et croyait en leur grâces mystiques (*karāmāt*). Il mourut au mois de ramaḍān 674/févier-mars 1276 dans la citadelle de Raḥba où sa jeune femme accompagnée de sa grand-mère, Zayn al-ʿArab, l'avait suivi. Al-Yūnīnī, qui était venu rendre visite à sa fille, à Raḥba, s'occupa des funérailles et ramena toute la famille (sa mère, sa fille, le fils du défunt) et leurs serviteurs à Damas.

Du début du VIIe/XIIIe jusqu'au milieu du IXe/XVe siècle, les Yūnīnī ne cessèrent de jouer un rôle de premier plan dans la vie religieuse de Baalbek. Leur histoire, brièvement retracée ici, confirme l'existence de liens très étroits entre Baalbek et Damas, tant au niveau de la transmission du savoir, des solidarités au sein de la communauté hanbalite, des rapports avec les autorités, qu'au niveau des alliances matrimoniales. On notera, par ailleurs, que nombreux furent les savants de Baalbek qui décidèrent aux XIVe et XVe siècles d'aller s'installer à Damas. Il est intéressant de constater, par exemple, que sur la quarantaine de personnages morts entre 737/1336

58. L'émir rebelle ʿAlam al-Dīn Sanǧar al-Ḥalabī s'y était réfugié en fuyant Damas ; il accepta de se rendre, en ṣafar 659/janvier 1261, et Baybars confia le gouvernement de Raḥba à ʿIzz al-Dīn Aybak. Cf. Ibn Šaddād, *Aʿlāq*, p. 53 ; Ibn Taġrībirdī, *Nuǧūm* VII, p. 248 ; et surtout Yūnīnī, *Ḏayl* III, p. 131-133 ; Li Guo, *Early Mamluk Syrian Historiography*, p. 12.

et 774/1372-1373, désignés dans le dictionnaire d'Ibn Rāfiʿ al-Sullāmī (m. 774/1372) sous la *nisba* d'al-Baʿlabakkī (ou son équivalent al-Baʿlī), près de la moitié est décrite comme résidant à Damas [59]. Les Yūnīnī, en revanche, tout en gardant d'étroites relations avec Damas, continuèrent, pour la plupart, de résider à Baalbek où ils ne cessèrent d'exercer leurs activités juridiques et religieuses.

L'importance de l'héritage familial dans la transmission du savoir, si manifeste dans le cas des Yūnīnī, caractérisait bien d'autres familles d'oulémas au sein desquelles les jeunes gens commençaient souvent par recevoir une formation de leur père, grand-père, oncle ou frère, avant de suivre l'enseignement d'autres savants. Ce long cycle de formation, au cours duquel ils parcouraient parfois de grandes distances, concernait surtout les hommes, mais les femmes n'en étaient pas exclues comme le montrent les exemples de Ḫadīǧa et d'Amat al-ʿAzīz, respectivement sœur et nièce de l'historien Quṭb al-Dīn Mūsā. L'héritage familial jouait également un rôle important dans la transmission de certaines fonctions telles que chef d'une communauté – en l'occurrence les hanbalites –, professeur de *madrasa* ou bien cadi. Même dans le domaine beaucoup moins institutionnalisé de la vie ascétique, il existait une forte tradition familiale qui poussait les jeunes gens à marcher sur les traces de leurs parents et grands-parents.

Au Moyen Âge, en Syrie comme ailleurs dans le monde musulman, le mariage fondait la cellule familiale de base, mais n'excluait pas l'existence de ce que nous appellerions aujourd'hui des familles recomposées. Sans parler de la polygamie, dont il est difficile de mesurer l'ampleur exacte hors des cours princières, la mortalité élevée des femmes entraînait souvent le remariage des hommes. Pour avoir des enfants, ceux-ci se remariaient avec des femmes jeunes, ce qui avait pour effet, au fil des ans, d'accroître leur écart d'âge. Ces jeunes femmes se retrouvaient donc parfois veuves très tôt (telle la fille de l'historien) et se remariaient elles-mêmes. Les remariages fréquents avaient pour conséquence la présence dans de nombreuses familles de demi-frères et sœurs qui avaient parfois une grande différence d'âge. Ce fut le cas, par exemple, de l'historien Mūsā et de son demi-frère ʿAlī. Dans cette même fratrie, vingt-quatre ans séparaient aussi Amat al-ʿAzīz et ʿAbd al-Qādir.

L'exemple des Yūnīnī a permis, enfin, de mettre l'accent sur une conception de la famille qui allait bien au-delà des liens de sang. Un maître pouvait se prendre d'affection pour un élève dont il souhaitait faire son héritier et successeur. Il arrivait même qu'il l'adoptât ou qu'il en fît son gendre, l'intégrant ainsi dans sa famille. Une attitude que n'aurait sûrement pas désavouée le juriste shafiite Ibn Ǧamāʿa selon lequel « le maître doit avoir à cœur les intérêts de son étudiant et le traiter avec autant de tendresse, d'affection, de bonté et de patience à l'égard de ses torts, qu'il le ferait avec le plus cher de ses enfants [60]. »

59. Cf. Ibn Rāfiʿ al-Sallāmī, *Wafayāt*, n° 55, 59, 71, 91, 93, 110, 115, 117, 154, 159, 186, 206, 208, 233, 240, 248, 252, 262, 338, 343, 377, 401, 458, 469, 482, 488, 503, 547, 550, 551, 577, 700, 737, 741, 787, 817, 851, 921, 922 ; une constatation similaire peut être faite pour les années 776-850/1374-1447 dans l'ouvrage d'Ibn Ḥaǧar al-ʿAsqalānī, *Inbāʾ al-ġumr* (l'édition que j'ai utilisée ne comportant pas d'index, la recherche sur les *nisba*-s a été faite sur le site http://www.alwaraq.net).
60. Ibn Ǧamāʿa, *Taḏkira*, p. 99.

Bibliographie

Instruments de travail

Encyclopédie de l'Islam, 2e éd., 12 vol., Brill, Leyde, 1960-2007
Chaumont, E., « Tabannin », XII, p. 794-795.
Huici-Miranda, A.,« al-Ḥumaydī », III, p. 593-594.
Scarcia Amoretti, B., « ʿIlm al-Ridjāl », III, p. 1179-1180.
Sublet, J., « al-Yūnīnī », XI, p. 374-376.
Weir, T. H., [A. Zysow], « Ṣadaḳa », VIII, p. 729-736.
Encyclopédie de l'Islam, 3e éd., Brill, Leyde-Boston, 2007-2009
Powers, D. S., « Adoption », p. 72-76.

Sources

Abū Šāma, *Tarāǧim riǧāl al-qarnayn al-sādis wa l-sābiʿ*, éd. al-Kawṯarī, Le Caire, 1947.
Al-Ḏahabī, *al-ʿIbar fī ḫabar man ʿabar*, éd. M. Zaġlūl, 4 vol., Beyrouth, 1985.
Al-Ḏahabī, *Taʾrīḫ al-Islām wa-wafayāt al-mašāhīr wa-l-aʿlām*, sections 61 (ans 601-610), 62 (ans 611-620), 63 (ans 621-630), 64 (ans 631-640), éd. B.ʿA Maʿrūf, Š. al-Arnaʾūṭ et Ṣ.M. ʿAbbās, 4 vol., Beyrouth, 1988.
—, éd. ʿU. ʿAbd al-Salām Tadmūrī, Beyrouth, 53 vol., 1415-11423/1994-2002.
Al-Ǧazarī, *Taʾrīḫ ḥawādiṯ al-zamān wa-anbāʾihi wa-wafayāt al-akābir wa-l-aʿyān min abnāʾihi*, ms. Erfurt-Gotha, 1559.
Ibn al-ʿAdīm, *Buġyat al-ṭalab fī taʾrīḫ Ḥalab*, éd. S. Zakkār, 11 vol., Damas, 1988.
Ibn Ǧamāʿa, *Taḏkirat al-sāmiʿ wa-l-mutakallim fī adab al-ʿālim wa-l-mutaʿallim*, éd. ʿAbd al-Amīr Šams al-Dīn, Beyrouth, 1986.
Ibn Ḥaǧar al-ʿAsqalānī, *al-Durar al-kāmina fī aʿyān al-miʾa al-ṯāmina*, éd. M. Sayyid Ǧād al-Ḥaqq, 5 vol., Le Caire, 1966.
Ibn Ḥaǧar al-ʿAsqalānī, *Inbāʾ al-ġumr bi-anbāʾ al-ʿumr*, éd. M. ʿAbd al-Muʿīd Ḫān, 9 tomes en 5 vol., 2e éd., Beyrouth, 1986.
Ibn Kaṯīr, *al-Bidāya wa-l-nihāya*, éd. Ṣ. Al-ʿAṭṭār *et al.*, 11 vol., Beyrouth, 1998-2001.
Ibn Rāfiʿ al-Sallāmī, *al-Wafayāt*, éd. Ṣ. Mahdī ʿAbbās et B. ʿAwwād Maʿrūf, 2 vol., Beyrouth, 1982.
Ibn Raǧab, *al-Ḏayl ʿalā ṭabaqāt al-ḥanābila*, 2 vol., éd. M.Ḥ. al-Faqī, Le Caire, 1952-1953.
Ibn Šaddād, *al-Aʿlāq al-ḫaṭīra fī ḏikr umarāʾ al-Šām wa-l-Ǧazīra. Taʾrīḫ Lubnān wa l-Urdun wa-Filisṭīn*, éd. S. Dahān, Damas, 1962.
Ibn Taġrībirdī, *al-Nuǧūm al-zāhira fī mulūk Miṣr wa-l-Qāhira*, 16 vol., 1963-1972.
al-Ṣafadī, *al-Wāfī bi-l-wafayāt*, t. II, éd. S. Dedering, Istanbul, 1949 ; t. XV, éd. B. Radtke, Wiesbaden, 1979 ; t. XXI, éd. M. Al-Ḥuǧayrī, Stuttgart, 1988.
al-Saḫāwī, *al-Ḍawʾ al-lāmiʿ li-ahl al-qarn al-tāsiʿ*, 12 tomes en 4 vol., éd. Maktabat al-Qudsī, Le Caire, 1934-1936.
Sibṭ Ibn al-Ǧawzī, *Mirʾāt al-zamān*, t. VIII (parties 1 et 2), 2 vol., éd. Hyderabad, 1951-1952.
Al-Subkī, *Ṭabaqāt al-šāfiʿiyya al-kubrā*, Le Caire, 10 vol., 1964-1970.
Al-Yūnīnī, *Ḏayl Mirʾāt al-zamān*, éd. Hyderabad, 4 vol., Hyderabad, 1951-1961 ; éd. et trad. partielle (années 697-701/1297-1302) dans Li Guo, *Early Mamluk Syrian Historiography. Al-Yūnīnī's Dhayl Mirʾāt al-zamān*, 2 vol., Brill, Leyde-Boston-Cologne, 1998.

Études

Al-Azhary Sonbol, Amira, « *Adoption* in Islamic Society. A Historical Survey », dans Elizabeth Warnock Fernea (ed.), *Children in the Muslim Middle East*, Austin, 1995, p. 45-67.

Berkey, Jonathan P., « Women and Islamic Education in the Mamluk period », dans Nikki R. Keddie et Beth Baron (eds.), *Women in Middle Eastern History: Shifting Boundaries in Sex and Gender*, New Haven, 1991, p. 143-157.

Chamberlain, Michael, *Knowledge and Social Practice in Medieval Damascus, 1190-1350*, Cambridge, 1994.

Eddé, Anne-Marie, *La principauté ayyoubide d'Alep (579/1183-658/1260)*, Freiburger Islamstudien, XXI, Stuttgart, 1999.

—, « Sitt al-Kataba, portrait d'une femme savante à Damas au XIIIe siècle », dans *Portraits de maîtres offerts à Olga Weijers*, éd. Claire Angotti, Monica Brînzei Calma, Mariken Teeuwen, Porto, 2012, p. 469-483.

Humphreys, R. Stephen, « Women as Patrons of Religious Architecture in Ayyubid Damascus », *Muqarnas* 2, 1994, p. 35-54.

Landau-Tasseron, Ella, « Adoption, Acknowledgement of Paternity and False Genealogical Claims in Arabian and Islamic Societies », *BSOAS* 66/2, 2003, p. 169-192.

Laoust, Henri, « Le Hanbalisme sous les Mamlouks Bahrides (658-784/1260-1382) », *REI* 28, 1960, p. 1-71.

Li Guo, *Early Mamluk Syrian Historiography. Al-Yūnīnī's Dhayl Mir'āt al-zamān*, 2 vol., Brill, Leyde-Boston-Cologne, 1998.

Mouton, Jean-Michel, « De quelques reliques conservées à Damas au Moyen Âge. Stratégie politique et religiosité populaire sous les Bourides », *AnIsl* 27, 1993, p. 245-254.

Pouzet, Louis, « Deux grammairiens à Damas au VIIe/XIIIe siècle », *MUSJ* 49, 1975-1976, p. 767-784.

—, *Damas au VIIe/XIIIe siècle. Vie et structures religieuses dans une métropole islamique*, Beyrouth, 1988.

Roded, Ruth, *Women in Islamic Biographical Collections. From Ibn Saʿd to Who's Who*, Boulder (Colorado)-Londres, 1994.

Schimmel, Annemarie, *L'islam au féminin. La femme dans la spiritualité musulmane*, Paris, 2000.

Vajda, Georges, « La *mašyaḫa* de ʿAbd al-Qādir al-Yūnīnī », *JA* 259, 1971, p. 223-246.

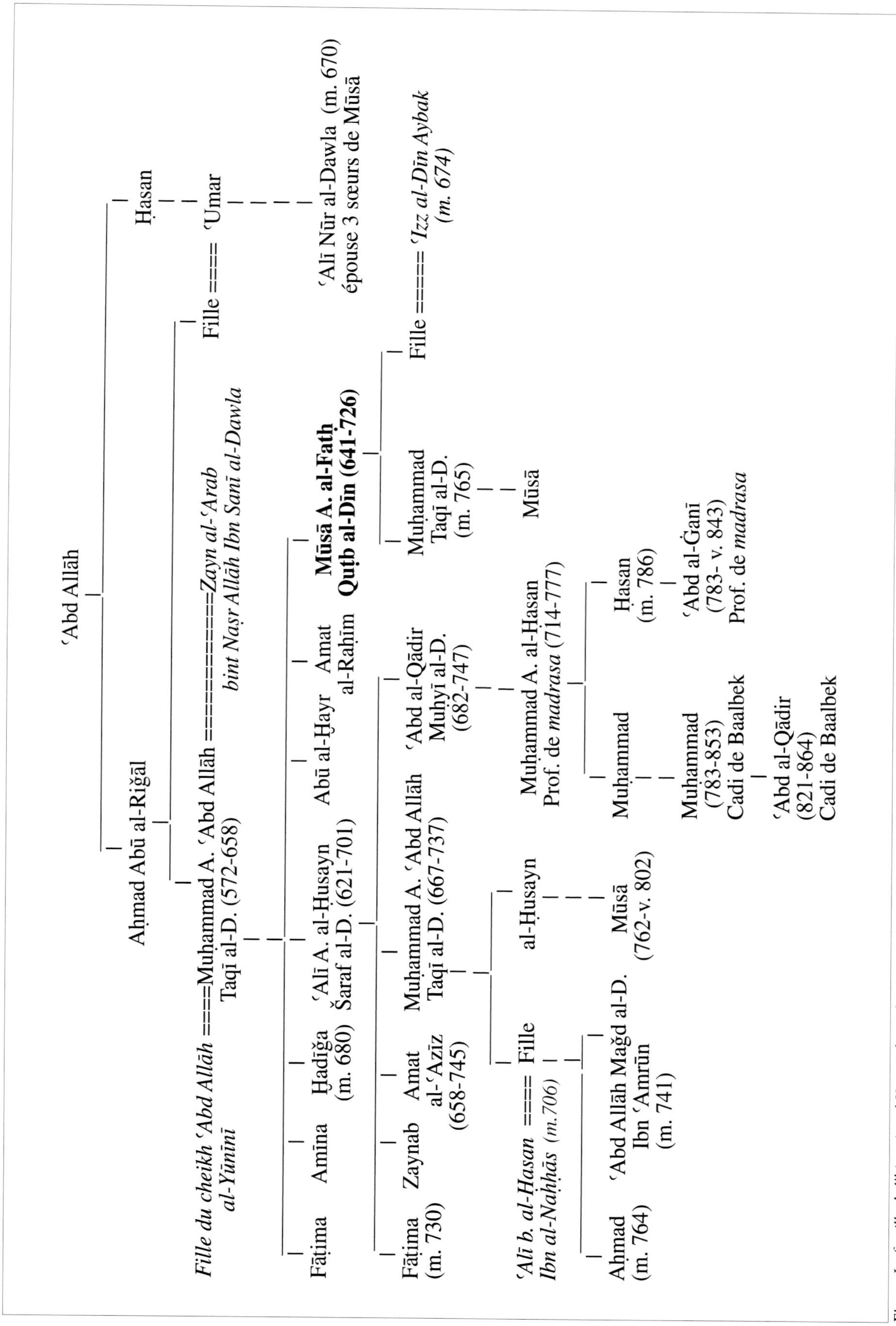

Fig. 1. La famille de l'historien al-Yūnīnī du VIe/XIIe au IXe/XVe siècle.

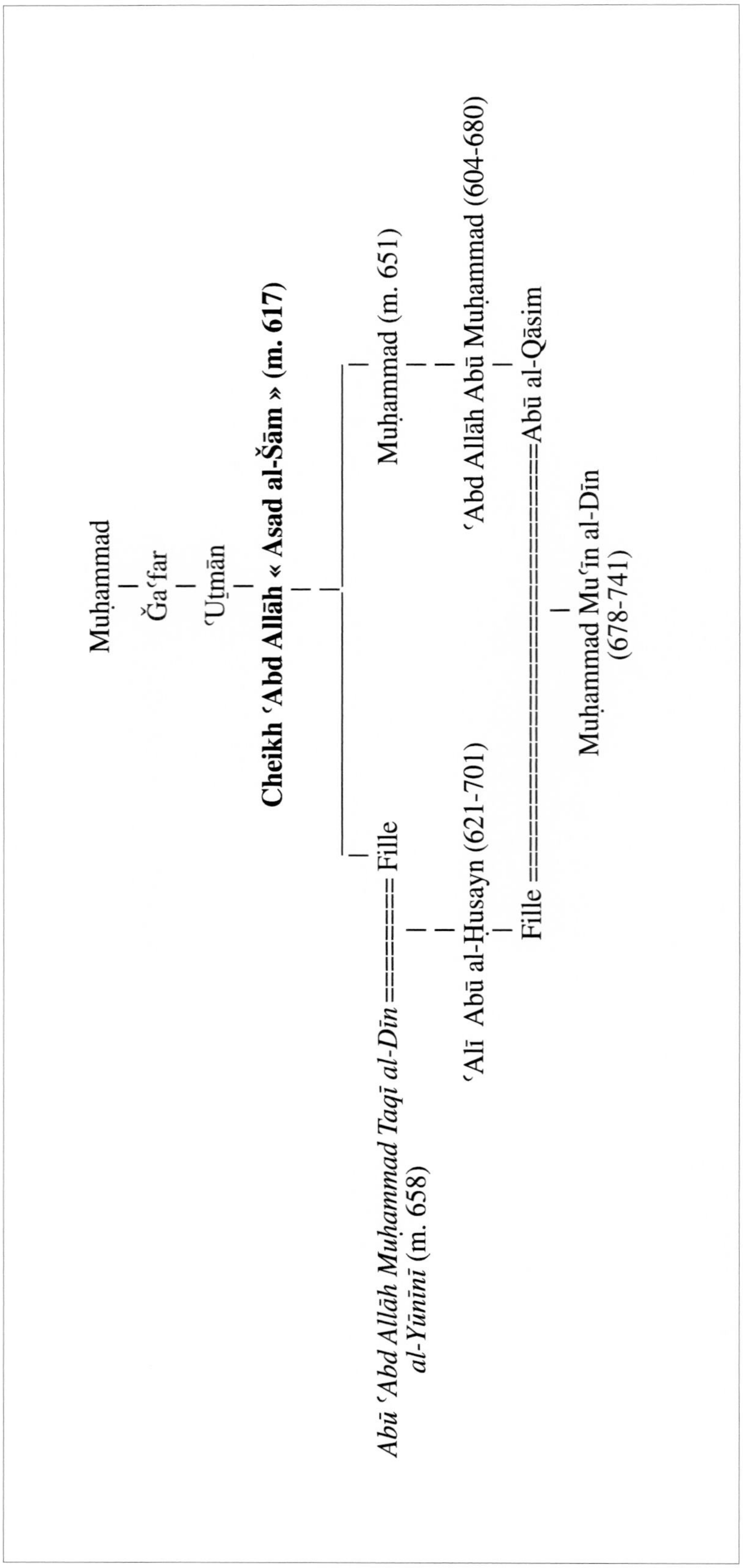

Fig. 2. La famille du cheikh ʿAbd Allāh al-Yūnīnī.

ADAM SABRA*

The Age of the Fathers

Gender and Spiritual Authority in the Writings of ʿAbd al-Wahhāb al-Šaʿrānī

✦ **RÉSUMÉ**

Dans la littérature soufie du Moyen Âge, on rencontre fréquemment le terme « lignage » employé de manière métaphorique pour qualifier une relation de dépendance spirituelle. Le cheikh était représenté sous les traits d'un père spirituel, parfois même sous ceux d'une mère, pour ses disciples. Dans l'Égypte de la fin du Moyen Âge, cependant, de plus en plus de cheikhs soufis associaient lignage spirituel et lignage biologique : le soufisme était devenu une affaire de famille. À ce titre, les écrits de ʿAbd al-Wahhāb al-Šaʿrānī montrent à quel point la communauté tout entière d'une *zāwiya* était pensée comme une maisonnée. Le cheikh était devenu le chef de cette maisonnée et présidait à l'existence de ses disciples masculins, lesquels gouvernaient à leur tour leurs familles. À partir du XVIe siècle, les cheikhs exercèrent ainsi une autorité patriarcale sans précédent sur leurs disciples et leurs familles.

Mots-clés : soufisme – genre – ʿAbd al-Wahhāb al-Šaʿrānī – lignage – autorité patriarcale – *zāwiya*

✦ **ABSTRACT**

In medieval Sufi texts, one often encounters the term "lineage" used in a metaphorical sense to indicate a relationship of spiritual dependence. The shaykh is portrayed as the spiritual father, or even mother, of his disciples. In late medieval Egypt, however, it was increasingly the case that Sufi shaykhs combined spiritual and biological lineage. Sufism was a family affair.

* Adam Sabra, University of California, Santa Barbara, asabra@history.ucsb.edu

Moreover, the works of ʿAbd al-Wahhāb al-Šaʿrānī demonstrate that the entire community of a *zāwiya* was conceptualized as a household. The shaykh became the head of this household, and presided over the male disciples, who in turn governed their families. By the 16th century, shaykhs held unprecedented patriarchal authority over their disciples and their families.

Keywords: Sufism – gender – ʿAbd al-Wahhāb al-Šaʿrānī – lineage – patriarchy – *zāwiya*

* * *

Introduction

The Egyptian Sufi shaykh and writer ʿAbd al-Wahhāb al-Šaʿrānī (898 or 899-973/1493 or 1494-1565) tells the story of how an *amīr* whom he had befriended and offered spiritual advice was experiencing difficulties. In solidarity with his friend, al-Šaʿrānī deprived himself of sweets and other licit pleasures for a period of fifty days. This practice, known as seeking God's protection (*iḥtimāʾ*), involved renouncing worldly pleasures in the hope that one's prayers on behalf of troubled individual would be answered. Finally, the shaykh's appetitive soul (*nafs*) induced him to give in to his desires once again. Al-Šaʿrānī then noticed that his wife, Umm ʿAbd al-Raḥmān, had deprived herself of worldly pleasures for five months on behalf of their infant child. Saying to himself "Shame on one whom women exceed in spiritual ambition (*himma*) and chivalry (*futuwwa*)," he returned to self-denial until the *amīr* was relieved from his suffering.[1]

This anecdote raises a number of important questions about the nature of spiritual leadership and its connection to ideologies of gender and the family. The Sufi shaykh appears in the role of the concerned parent of his friend. Self-denial is associated with masculinity, here referred to as chivalry (care for women, children, and the weak in general), and elsewhere in al-Šaʿrānī's writings as manliness (*muruwwa*).[2] Yet it is a "virile woman," to borrow Barbara Newman's phrase, who shows greater self-denial and willingness to sacrifice in her role as mother.[3] Although a number of scholars have noted the importance of gendered language in medieval Sufism, the connection between the discursive changes and social and organizational changes remains unexplored.[4]

1. Al-Šaʿrānī, *Iršād al-muġaffalīn*, p. 38; *id.*, *Muḫtaṣar iršād al-muġaffalīn*, p. 115-116.
2. Al-Šaʿrānī, *Iršād al-muġaffalīn*, p. 65.
3. Newman, *From Virile Woman to WomanChrist*. The fact that Sufi women are often described in masculine terms has already been noted in Dakake, "Walking upon the Path of God Like Men?"
4. Two important studies on the role of gender in medieval Sufism, especially its theological component, are Murata, *The Tao of Islam*, and Shaikh, *Sufi Narratives of Intimacy*.

No historian of Islam can fail to notice the increased significance of the family in the practice and rhetoric of Sufism in the late Middle Ages (roughly the 13th to early 16th century). Increasingly, Sufi shaykhs were succeeded by their sons, and the control over Sufi networks (*ṭarīqa*) and convents (*zāwiya*) was passed within families. This shift was enabled by the use of pious endowments (*waqf*) to finance the construction of lasting Sufi institutions. The *zāwiya* in particular grew in importance in the 15th century as a Sufi institution organized around a specific shaykh, his family, and his disciples.[5] Accompanying this change in the social organization of Sufism was an increased emphasis on the role of the shaykh as the spiritual father of his disciples and on the organization of these people into spiritual households. One can also observe an increased use of gendered language in Sufi sources in this period. Shaykhs are said to exhibit both paternal and maternal qualities, and there is a clear distinction between gender as a social and discursive category and biological sex.

The increased emphasis on familial relations is also evident in the visibility of domestic life in many Sufi works, especially in works of hagiography. Since Sufi shaykhs were regarded as models of emulation in all aspects of life, even the most pedestrian affairs of their daily life were relevant to the hagiographers. In this respect, Sufi hagiography was influenced by the genre of *Sīra*, or prophetic biography, and by the *ḥadīṯ* literature. Just as the Prophet was an example to be followed in the minutest affairs of daily life, so too was the saint. Since the Sufi saint was increasingly seen as an heir to the Prophet, this development is logical.[6] As a result, the hagiographical literature reveals much more about domestic life than the more conventional biographical literature, which is often silent on the private lives of scholars and powerful people.

There is a reciprocal relationship between Sufi concepts of the ideal family and widely held assumptions about family roles. Sufi writers drew on existing ideas about fatherhood, motherhood, childhood, and other family relationships to construct their concept of a holy family. We can expect, therefore, that Sufi texts reflect familial concepts whose resonance extended well beyond the limits of literate Sufi circles. This implies that Sufi sources may be able to tell us a lot about how medieval Islamic societies viewed the family and that the literature on gender and the family can help us understand Sufi discourse.

This article principally draws on Sufi works written in Egypt from the mid-13th to mid-16th century. These texts include religious manuals and hagiographical works, among others. Most originated in or were influenced by the Šāḏilī Sufi network, which produced some of the earliest and most influential works on Sufism in medieval Egypt. All of these texts were produced by men. This fact makes it extremely difficult to recover distinctively feminine modes of piety, in the manner done by Western medievalists for late medieval Catholicism,

5. Little, "The Nature of *Khānqāhs*, *Ribāṭs*, and *Zāwiyas* under the Mamluks."
6. On the relationship between prophecy and sainthood in Ibn al-ʿArabī's highly influential theory, see Chodkiewicz, *Seal of the Saints*. The idea that the saints are the heirs to the Prophet has a long history. See Gril, "Prophetic Model;" Cooperson, *Classical Arabic Biography*, addresses the debate over who should be identified as the Prophet's heirs.

for example. Nonetheless, by reading carefully, we can detect certain gender distinctions in the modes of piety adopted by medieval Muslims, but we must never lose sight of the fact that these modes of piety are mediated by the male authors of the texts available to us. In particular, the figure of ʿAbd al-Wahhāb al-Šaʿrānī looms large over the Sufi literature of this period. He is its most prolific author, and he has a lot to say about gender roles and the family. There is a risk, therefore, of exaggerating the significance of his ideas. On the other hand, al-Šaʿrānī was the most influential writer of the period and he has continued to exercise a dominant influence over Egyptian Sufi thought up to the present time.[7]

Sex and Gender in Medieval Sufism

As we have seen, medieval Egyptian Sufi writings describe Sufi shaykhs and their relationships with their disciples using both paternal and maternal language. In addition, these texts sometimes present the Sufi shaykh as males, while disciples are described as behaving in a feminine manner. The use of gendered language is quite flexible, however, and at times shaykhs display feminine, especially maternal, characteristics, while some women are the exemplars of self-denial, a quality usually seen as masculine by our authors. Let us examine each of these gender roles in turn, beginning with some commonly held theories about sex and gender which were often taken for granted in medieval Islamic society.

Medieval Muslim authors, like their Christian contemporaries, inherited a number of theories of the physical and intellectual capacities of men and women from the philosophical and scientific literature of Antiquity.[8] It is not my intention to examine this literature in detail, but the basic parameters can be defined as follows. Both men and women possess bodies which generate physical desires. They also both possess intellects which, properly utilized, restrain the influence of these physical desires. Men, however, possess stronger intellects, and can be expected to exercise greater control over their bodies. In so doing, men are better able to free themselves from the inferior world of matter and concentrate on the superior world of the intellect or spirit, including the contemplation of God. Thus, not only are men better qualified to act as religious leaders, they exercise a natural precedence over women based on their superior rational faculty.

In Sufi thought, this gender distinction is often theorized as a struggle between the appetitive soul (*nafs*) and the spirit (*rūḥ*) or intellect (*ʿaql*). Although both sexes possess both parts of the psyche, women are supposed to be dominated by the appetitive soul, and men by the upper soul or intellect. Thus, men are characterized by greater self-denial, and women by greater selfishness or materialism. For this reason, al-Šaʿrānī warns men against consulting women.[9] Husbands and fathers are tasked with teaching religion to their wives and children, and to seeing that they obey the dictates of religious law. There is an obvious parallel between

7. For an introduction to al-Šaʿrānī's life and thought, see Winter, *Society and Religion in Early Ottoman Egypt*.
8. The basics can be found in Bullough, "Medieval Medical and Scientific Views of Women."
9. Al-Šaʿrānī, *al-Baḥr al-mawrūd*, p. 84.

the shaykh as a spiritual guide, especially for men, and the role of the husband/father as the religious guide of his family.

The role of spiritual guide was understood to be derived from the Prophet. According to Ibn al-ʿArabī's system, the saints are the heirs to the Prophets.[10] Ibn al-ʿArabī, following Ibn Ḥazm of Cordoba allowed for the possibility of female prophets.[11] In part, this position is a product of Ibn al-ʿArabī's extension of the concept of prophecy to include any inspired individual, including a saint. As such, prophecy (*nubuwwa*) is distinct from messengerhood or legislative prophecy (*risāla*). Women could receive divine inspiration, but not act as legislative prophets. This distinction is also derived from the active role of the masculine and the passive role of the feminine.[12] Nonetheless, the positive assertion that women could receive prophecy is unusual among medieval male authors. Other interpreters of his system were less generous in their assessment of women's spiritual capabilities. The Persian Sufi ʿIzz al-Dīn al-Kāšānī explicitly rejected the idea of female prophets, thereby seemly precluding the existence of female saints.[13]

> The birth of the form of the male derives from the form of the Universal Spirit, but mixed with the attributes of the Soul. The birth of the form of the female derives from the form of the Universal Soul, but mixed with the attribute of the Spirit. Hence no prophet was sent in the form of a woman, for prophecy is related to masculinity because it controls human souls and exercises effects within the World of Creation. Moreover, the means of manifestation of the prophets is the Spirit, and the Spirit gives rise to the masculine form. But God knows best.

In al-Šaʿrānī's *al-Ṭabaqāt al-kubrā*, there are virtually no female saints. The few he acknowledges all belong to the early period of Islam.[14] These women fall into one of two categories: women ascetics and female members of the Prophet's family, of whom two, Sayyida Nafīsa and Sayyida ʿĀʾiša, were widely revered in al-Šaʿrānī's Cairo. It is indicative of al-Šaʿrani's attitude towards women that he includes no women among the saints whom he knew personally. There does not seem to have been a Cairene parallel to the Tunisian female saint ʿĀʾiša al-Mannūbiyya, who is said to have received the Muḥammadan Reality (*Ḥaqīqa Muḥammadiyya*).[15] Nor does al-Šaʿrānī, or any other Egyptian Sufi hagiographer to my knowledge, produce a list of pious women similar to that of al-Sulamī for 11th century Khurasan.[16] The fact that al-Šaʿrānī did not write about contemporary female saints in *al-Ṭabaqāt al-kubrā* does not necessarily mean that they did not exist, but their virtual absence from contemporary writings suggests diminishing prestige in the eyes of the male arbiters of sanctity. The space that existed in early Sufism for women to play a role as spiritual leaders and exemplars seems to have narrowed considerably by the time al-Šaʿrānī wrote.

10. Chodkiewicz, *Seal of the Saints*.
11. Murata, *The Tao of Islam*, p. 180.
12. *Ibid.*
13. *Ibid.*, p. 309 translating ʿIzz al-Dīn al-Kāšānī, *Miṣbāḥ al-hidāya*, p. 96.
14. Al-Šaʿrānī, *al-Ṭabaqāt al-kubrā* 1, p. 56-58.
15. Amri, *La sainte de Tunis*, p. 113-114.
16. Al-Sulamī, *Early Sufi Women*.

The Shaykh as Father

Given the importance of masculinity to sainthood it is not surprising to see the Sufi shaykh portrayed as a father and head of a family which includes his worldly relations, but also his spiritual children, his disciples. The question, "whose child are you" could be interpreted as "whose disciple are you?"[17] When Muḥammad al-Šinnāwī authorized al-Šaʿrānī to initiate and teach disciples, he referred to him as "my son."[18] Al-Šaʿrānī expected a disciple to reciprocate the shaykh's paternal love and care by loving him more than a son or obedient wife.[19] Biological children are physical and spiritual extensions of their fathers, while mothers are noticeably absent from the discussion.[20] Al-Šaʿrānī quotes the tradition where the Prophet says "Fāṭima is a piece of my own flesh" as evidence that the *ašrāf* must be treated with the same respect that one would reserve for the Prophet himself.[21] A wife from a šarīfian family must be treated with special respect. It is particularly heinous to mistreat her, be miserly with her, or deprive her of any licit wish, much less to take a second wife.[22]

When encountering the children of one's shaykh, one must honor them as one would honor their father. One should even prefer them to one's own wife and children.[23] All of the shaykh's family are due deference, even after the shaykh's death. Although it is licit to do so under Islamic law, one should never marry one's shaykh's widow.[24] Al-Šaʿrānī does not explicitly compare the shaykh's widow to the Mothers of the Believers, the Prophet's widows who were forbidden to remarry after his death, but the parallel is implied. At very least, such a marriage would violate the proper *adab* between a disciple and his shaykh. One should not even go to greet one's relatives without one's shaykh's permission, although al-Šaʿrānī makes an exception for the disciple's mother.[25] For the shaykh, the respect accorded to his family posed certain problems. For example, al-Šaʿrānī forbade his children to accept gifts from his admirers since this would be interpreted as his having received the gifts himself.[26]

Although al-Šaʿrānī often expresses respect for the descendants of prominent Sufi lineages, he also takes the view that spiritual parentage takes precedence over biological parentage. He is critical of the almost universal tendency for sons to succeed their fathers as shaykhs; one's true shaykh is given to one by God, not one's father or grandfather.[27] This argument does not preclude the two roles being combined in a single exceptional individual. He quotes

17. Al-Šaʿrānī, *al-Baḥr al-mawrūd*, p. 230.
18. Al-Šaʿrānī, *al-Minan al-wusṭā*, p. 417.
19. Al-Šaʿrānī, *Muḫtaṣar iršād al-muġaffalīn*, p. 137.
20. Given that all of the *ašrāf* are descended from Fāṭima, this omission is particularly glaring.
21. Al-Šaʿrānī, *al-Anwār al-qudsiyya*, p. 330.
22. Al-Šaʿrānī, *al-Baḥr al-mawrūd*, p. 144.
23. Al-Šaʿrānī, *al-Anwār al-qudsiyya*, p. 327; *id.*, *Muḫtaṣar iršād al-muġaffalīn*, p. 156.
24. Al-Šaʿrānī, *al-Anwār al-qudsiyya*, p. 336.
25. *Ibid.*, p. 340-341.
26. Al-Šaʿrānī, *Iršād al-muġaffalīn*, p. 60.
27. Al-Šaʿrānī, *al-Kawkab al-šāhiq*, p. 29.

Yūsuf al-ʿAǧamī to the effect that a shaykh's son must first prove his worthiness before assuming his father's spiritual position. Regrettably, al-ʿAǧamī says, most are too proud to receive the path from their father's disciples. Increasingly, in the later Middle Ages, spiritual and biological succession merged in figures of heirs to Sufi family lineages. Among the early examples of this phenomenon were the Wafā, Ḥanafī, and Bakrī lineages.[28] These lineages departed from the previous practice of the Šāḏilī network, which emphasized that spiritual heirship is distinct from physical heirship. Non-hereditary heirship never died out among Sufis, but it lost ground to the powerful families who came to dominate Egyptian Sufism in the 15th and 16th centuries. The pattern began with purely spiritual heirship and was quickly translated into the realm of biological heirs. Ibn ʿAṭāʾ Allāh describes how the spirit of Abū al-Ḥasan al-Šāḏilī entered the body of his disciple Abū al-ʿAbbās al-Mursī. One author, in a hagiographical work dedicated to ʿAlī Wafā and his sons, suggests that both sons were manifestations of their father's spirit.[29] Sacred lineage also played an important role in the Bakrī family in the 16th century. Muḥammad al-Bakrī emphasized the existence of a Bakrī lord (*sayyid*) in every generation who would possess intercessory powers.[30] In this version of hereditary sainthood, sons are not merely substitutes for their fathers, they literally are their fathers (or forefather) in another physical guise, derived from the same metaphysical archetype. The analogy between spiritual adviser and intercessor on the one hand, and father on the other, is complete.

Al-Šaʿrānī describes the spiritual progress of a disciple under the direction of his shaykh as a passage from childhood to adulthood. The disciple "flowers" under the Shaykh's instruction, and the assignment of a *ḏikr* through *talqīn*.[31] Although it is possible for an unusual individual to progress through self-cultivation, most disciples require the cultivation of a shaykh. One must restrict oneself to a single master. Just as the universe can only obey one God, a woman can only obey one husband, and a patient can only obey the instructions of a single physician, the disciple can only obey a single physician of the soul.[32] This stark assertion of the absolute authority of a spiritual advisor and of a father reflects a normative discourse, but is nonetheless quite remarkable. Al-Šaʿrānī often compares a disciple to a child or woman who is under legal interdiction (*ḥağr/taḥğīr*), meaning that he is not capable of acting independently of supervision.[33] In particular, he compares the disciple to a wife, whose actions are subject to her husband's supervision and education (*tarbiyya*).[34]

28. See McGregor, *Sanctity and Mysticism in Medieval Egypt*; Sabra, "From Artisan to Courtier;" and *id.*, "Household Sufism."
29. Abū al-Laṭāʾif Fāris al-Wafāʾī, *al-Minaḥ al-ilāhiyya*, 3b.
30. Sabra, "Household Sufism," p. 116-117.
31. Al-Šaʿrānī, *al-Anwār al-qudsiyya*, p. 63.
32. *Ibid*, p. 93; *id.*, *Iršād al-muġaffalīn*, p. 71-72.
33. Al-Šaʿrānī, *Muḫtaṣar iršād al-muġaffalīn*, p. 134.
34. Al-Šaʿrānī, *al-Anwār al-qudsiyya*, p. 244.

Margaret Malamud has suggested that we interpret this assignment of gender roles, a way of establishing and reinforcing social hierarchies.[35] Males should dominate females and fathers children; thus, by analogy, gendered language can be seen as way of assigning dominant and subordinate roles in a variety of social situations. Although Malamud's emphasis on gender as a language of hierarchy has its merits, I do not think that this interpretation exhausts or fully explains the significance of paternal (and paternalistic) language and its increased frequency in late medieval Sufism. As we have already noted, family was not just a metaphor for spiritual hierarchy in late medieval Egypt, it was crucial for the creation of stable social networks of spiritual leadership. In some families, fathers literally were sacred, and sons derived their spiritual precedence from their biological ancestors.

Of equal importance is way in which shaykhs, acting as spiritual fathers, provided for and nurtured their disciples and the disciples' families alongside their own. In many ways, this was the ultimate responsibility of a father as the head of a family and of a larger household. In her study of marriage and slavery in early Islamic law, Kecia Ali notes that men received what she calls dominion over their wives, in exchange for the dower and the right to financial maintenance (*nafaqa*).[36] This dominion gave the husband certain rights, such as exclusive sexual access to his wife, but only so long as he provided her with financial support at a certain level. Similarly, the head of the household was also responsible for providing for other dependents, such as servants and slaves.

The Spiritual Household

In the Sufi sources, the role of the shaykh is closely related to the practice of providing for one's dependents (*infāq*), an obvious parallel to the husband/father's obligation to provide for his wife and children, among others. Ṣafī al-Dīn b. Abī al-Manṣūr describes one shaykh as the "father of the poor" because he distributed alms to both Sufi mendicants and other poor persons.[37] Providing for one's disciples placed the shaykh in a paternal relationship to them and to their families. As a result, the *zāwiya* became more than just a ritual space or an educational institution; it took on aspects of a domestic space, with the shaykh at the head of a spiritual household. The best example of this phenomenon was al-Šaʿrānī's *zāwiya* in Cairo's Bāb al-Šaʿriyya neighborhood.[38] The residents of the *zāwiya* included old women, widows, unemployed blind persons, and orphans. Some of these people were no doubt the relatives of al-Šaʿrānī's disciples, but others were persons in need of charity. The spiritual household that al-Šaʿrānī headed numbered dozens and, at times, hundreds of persons.[39]

35. Malamud, "Gender and Spiritual Self-Fashioning."
36. Ali, *Marriage and Slavery in Early Islam*, p. 50-51, 168.
37. Ṣafī al-Dīn b. Abī al-Manṣūr, *Risāla*, p. 70.
38. For a pioneering study of this subject, see Garcin, "L'insertion sociale de Shaʿrānī".
39. Al-Dālī, *al-Zāwiya wa al-muǧtamaʿ*.

The transformation of the *zāwiya* into a multi-faceted institution meant that it came to play the role of a number of different charitable institutions. A number of scholars have noted the tendency for *waqf* institutions in the 15th century to consolidate into multi-functional institutions that are hard to differentiate from one another.[40] The *zāwiya* was a Sufi residence and place of worship. Orphans and the children of disciples received a basic education there, just as they would have in the *maktab* (Qurān school, where reading and writing and other basic skills were taught). Food was prepared and distributed to the residents and their families, but also to poor people from outside the *zāwiya*. Peasants visiting from the countryside used the *zāwiya* as a place to shelter while in the city. Among the inhabitants of the *zāwiya* were blind persons, the lame, and widowed women.[41] The presence of the latter suggests that the *zāwiya* performed the same function as the female religious house (*ribāṭ*) in providing a shelter for unmarried, especially elderly, women.[42] An important distinction, however, is that in the female *ribāṭ*, spiritual leadership was provided by a female teacher (*šayḫa*). Even if in the religious education offered there was of a more limited character than in a madrasa or *ḫānqāh*, the *ribāṭ* provided an opportunity for women to assume spiritual leadership over other women. Yossef Rapoport has noted that the number and size of female *ribāṭ*-s declined in the 15th century.[43] To my knowledge, *ribāṭ*-s were no longer built in the 16th century, although institutions such as the *tekke* or *ʿimaret* had similar charitable functions, minus the female spiritual leadership.[44] If women continued to found charitable and religious institutions in early modern Egypt, the opportunity to lead them seems to have disappeared. The fact that *zāwiya*-s led by male shaykhs took on some of the functions associated with a female religious house suggests that the patrimonial turn in Sufism amplified the role of men as spiritual leaders and mediators of charitable giving at the expense of women.

To maintain a household of the size and complexity of al-Šaʿrānī's *zāwiya*, a shaykh needed help. His *naqīb*, in addition to assisting in religious functions, organized the domestic chores of the *zāwiya* on a daily basis. Among the tasks that had to be assigned were fetching firewood, gathering kindling, taking wheat to the mill to be ground, and taking the uncooked loaves to the bakery to be baked.[45] The blind, in particular, required daily care, including cleaning their clothes, removing lice from their beards, escorting them to the bathroom, and cooking for them.[46] Other important chores included cleaning the bathrooms and fountains.[47] All of these chores had to be assigned to specific mendicants (*faqīr*), although some tasks, such as bread making, were undertaken by the mendicants' wives. Among a father's responsibilities

40. An obvious example of this is the consolidation of the madrasa, *ḫānqāh*, and mosque into a single institution in some cases. See Berkey, *The Transmission of Knowledge in Medieval Cairo*.
41. Al-Šaʿrānī, *Taṭhīr ahl al-zawāyā*, p. 208.
42. On the female *ribāṭ*, see Rapoport, *Marriage, Money, and Divorce*, chapter 2.
43. *Ibid.*, p. 42.
44. See in particular, Singer, *Constructing Ottoman Beneficence*.
45. Al-Šaʿrānī, *al-Anwār al-qudsiyya*, p, 349, 417.
46. *Ibid.*, p. 437.
47. *Ibid.*, p. 450.

was to provide for the marriage of his children. Al-Šaʿrānī reports that he married off some forty residents of his *zāwiya*.[48] He provided the men with the dower (*mahr*) and he paid for the marriage feast for each couple. The children of his disciples he treated as if they were his own.

Within the *zāwiya* community, people were expected to work together as a family, insofar as this was possible. This meant that basic goods such as food were to be shared among all inhabitants of the *zāwiya* and all work was to be done without expectation of receiving remuneration.[49] Even the children being educated in the *zāwiya* were forbidden to conceal any private property such as an inkwell, pen, or needle.[50] Since work was shared among the members of the community, al-Šaʿrānī writes, a mendicant or his wife who was ill or whose child was ill should receive help. It is unacceptable to expect the mendicant's wife to serve in her husband's place when he is ill; to do so would show a lack of manliness or chivalry (*muruwwa*).[51] In any case, every mendicant must be prepared to perform another's tasks. It is not acceptable to say, "This is someone else's job."[52] Similarly, well-to-do mendicants and their wives must continue to perform their duties for the collectivity. They cannot use their wealth to avoid sharing in the common labor.[53]

The religious hierarchy within the *zāwiya* took the form of a pyramid. The shaykh was at the top, of course, followed by his *naqīb*, and then the male heads of each nuclear family. It is these family heads who referred to in al-Šaʿrānī's works as *muǧāwir*-s, although not all of the latter married. Thus, when the shaykh received alms on behalf of the *zāwiya*, it was the responsibility of the *naqīb* to distribute these alms to the *muǧāwir*-s in accordance with the number of persons in each *muǧāwir*'s family.[54] Within each nuclear family, each *muǧāwir* must instruct his wife to perform the *zāwiya*'s household chores.[55]

The responsibility to raise and discipline children differed in that it was shared between the parents and the officials of the *zāwiya*, especially the *naqīb*. The children of the *zāwiya*, some of them orphans, others children of the *muǧāwir*-s, were expected to be educated to a higher standard of religious observance and ethics than ordinary people. In the space of the *zāwiya* and outside it, however, they came into contact with the children of peasants and other ordinary people. It was up to their teacher (*faqīh*) to make sure the children of the *zāwiya* were taught to perform their ablutions and to pray.[56] Al-Šaʿrānī is concerned that contact with children from outside the "household" of the *zāwiya* will corrupt the morals and habits of the *zāwiya*'s young residents. He instructs the *naqīb* to accompany the children, especially orphans, when they leave the *zāwiya* to take part in holiday celebrations. He is worried that

48. Al-Šaʿrānī, *al-Minan al-wusṭā*, p. 363; *id.*, *Taṭhīr ahl al-zawāyā*, p. 249, where the number is fifty.
49. Al-Šaʿrānī, *Taṭhīr ahl al-zawāyā*, p. 254, 335.
50. *Ibid.*, p. 317.
51. *Ibid.*, p. 163.
52. *Ibid.*, p. 187.
53. *Ibid.*, p. 255.
54. *Ibid.*, p. 154.
55. *Ibid.*, p. 162.
56. *Ibid.*, p. 99-100.

otherwise the children may be exposed to such sins as drinking, gambling, and prostitution.[57] In the case of orphans, the *zāwiya* is responsible for their upbringing as they are "in God's care" (*fī kafālat al-Ḥaqq*).[58] If a boy is corrupted by the company of dandies (*ʿā'iq*), leading him to visit places where drinking and prostitution take place, it is the responsibility of the shaykh to expel him permanently from the *zāwiya*. Apparently, al-Šaʿrānī assumes that the boy in question is orphaned of his father because he comments that if the mother is unhappy with this decision, she can leave the *zāwiya* too and arrange for the boy to take up a trade.[59] In general, al-Šaʿrānī advises the *zāwiya*'s teachers (*faqīh*) against allowing the children of the *zāwiya* to come into contact with the children of financial officials (*mubāšir*) and artisans because such children do not adhere to the superior conduct (*adab*) of the Sufis.[60]

The fact that so many families lived in close proximity within the *zāwiya* created certain problems. The expectation of privacy that a family would have in a private home would be difficult to maintain in the common residence of the *zāwiya*. Still, such an expectation of privacy was largely a privilege of the upper classes. Poor, and even lower middle class, people must have been used to sharing access to lavatories, wells, and other utilities. Al-Šaʿrānī worries about the consequences of the close interaction between men and women in the domestic space of the *zāwiya*. He instructs the resident mendicants to avoid gazing at their neighbor's wife. The wife may prefer the appearance of a young handsome mendicant over her husband, which could lead to illicit sex.[61] The pious *muǧāwir* should not even recognize his neighbor's wife's voice, much less her face.[62] Although he does not say so explicitly, al-Šaʿrānī clearly envisages the women of the *zāwiya* performing household tasks together. He worries that their gossiping will cause disputes among their husbands. In particular, women tend to repeat what their husbands say about their fellow mendicants, which can lead to a man being informed of another man's unflattering comments about him. Al-Šaʿrānī instructs the mendicants to avoid listening to their wives' gossip.[63] Should a dispute occur, it should be referred to the shaykh to mediate a resolution.[64]

If the shaykh as father is characterized by dominion and patronage, his disciples are expected to be the passive recipients of his gifts. Al-Šaʿrānī warns against reversing the relationship. The shaykh should never allow an *amīr* to feed or clothe him; this would put him in the role of the wife. In addition to being a feminine role, accepting such support is cause for humiliation (*iḏlāl*).[65] Similarly, no *amīr* should rely on his shaykh to perform important tasks on his behalf. Placing one's burden on another is characteristic of women, who live a life

57. *Ibid.*, p. 305.
58. *Ibid.*
59. *Ibid.*, p. 352.
60. *Ibid.*, p. 354.
61. *Ibid.*, p. 253.
62. *Ibid.*, p. 254.
63. *Ibid.*, p. 141.
64. *Ibid.*, p. 142.
65. Al-Šaʿrānī, *Iršād al-muġaffalīn*, p. 10.

of laziness and ease.[66] In all of these examples, the feminine is associated with passivity and dependence. Although dependence on one's shaykh for spiritual guidance is regarded as the lot of a disciple, al-Šaʿrānī has little respect for "feminine" men who become burdens on their shaykh, the paragon of masculinity and paternal care.

The Shaykh as Mother

If the use of paternal language to describe the master-disciple relationship is unexceptional in Sufi texts, the use of maternal language is more unusual. In her study "Jesus as Mother and Abbot as Mother," Caroline Walker Bynum suggests that the increased use of maternal language and imagery in 12th century Cistercian writing results from a need to temper spiritual authority as to distinguish between false dependency on the material world and true dependence on God.[67] In both cases, maternal language is associated with the idea of nurturing and with what she calls "affective spirituality." The Cistercian authors demonstrate a deep ambivalence towards feminine gender roles, associating them both with weakness and materiality and with spiritual nurturing and a more emotionally satisfying relationship with God.[68] There are many parallels between the Cistercian writings described by Bynum and the Sufi writings in late medieval Egypt and the Middle East. For the Sufi writers, the mother is an important figure entitled to love and respect, but she can also symbolize the hold that worldly attachments, including family, have over young men whose proper task is to devote themselves totally to their spiritual development under a master. Mothers are both nurturers and impediments to spiritual development.

This ambivalence towards motherhood has been noted by Shahzad Bashir in his recent study *Sufi Bodies* where he points out that on the one hand, a shaykh could be described as a mother who nurtures his spiritual children by having them suckle at his breast, while on the other hand, mothers hesitated to turn over their sons to spiritual masters.[69] It is not uncommon for Sufi texts to describe a struggle between the earthy father and the spiritual father, that is, between the biological father and the Sufi shaykh, but here we can see the struggle between matter and the spirit envisaged as a struggle between two competing mothers.[70]

The image of the shaykh breastfeeding his disciple reflects this tendency to describe the master-disciple relationship in maternal language.[71] Under Islamic law, breast feeding a child not one's own results in the creation of a relationship of fictive kinship. Mothers who nurse other women's children acquire the status of a second mother, with the accompanying status of *maḥram*, a subject about which there has been considerable discussion in the contemporary

66. *Ibid.*, p. 67-68, 84.
67. Bynum, *Jesus as Mother*, p. 162-165.
68. *Ibid.*, p. 129.
69. Bashir, *Sufi Bodies*, p. 152. For similar language, see al-Šaʿrānī, *al-Anwār al-qudsiyya*, p. 221; al-Šaʿrānī, *Muḫtaṣar iršād al-muġaffalīn*, 156b, uses the imagery of a lioness protecting her cub, p. 143.
70. Bashir, *Sufi Bodies*, p. 153.
71. Malamud, "Gender and Spiritual Self-Fashioning," p. 96.

juridical literature. Al-Šaʿrānī notes an additional aspect to this relationship, namely that the children breastfed by the same mother acquire the status of milk brothers.[72] Applied to the Sufi master-disciple relationship, this implies that the "children" of a single shaykh become brothers through their common source of spiritual nurture.

The attitude of the Sufi literature to maternal love is ambivalent. The love of a mother for her child is unconditional, as a shaykh's love for his disciple should be.[73] As such, mothers forgive their children's slights and missteps. This refusal to be angered by a child's misdeeds is presented by al-Šaʿrānī as a model for the Sufi who refused to be angered by or retaliate against someone who has done him harm. A mother's love for her child can also be synonymous with over-indulgence. Mothers are known to make excuses for their sons' bad behavior.[74] Interestingly, this quality of mercy is also portrayed as a paternal characteristic. A mendicant should be more merciful to his fellow human beings than a father is to his child.[75] Similarly, al-Šaʿrānī councils Sufis to forgive their enemies, and be more merciful towards them than a mother with her child.[76] This is not to say that mercy is always equivalent to tolerance. A mother whose child is disobedient may be forced to punish him to save him from a greater harm.[77] According to al-Batanūnī, Muḥammad al-Ḥanafī's son-in-law and successor, Ibn Katīla, struck the perfect balance. He treated his companions with a father's kindness, was merciful towards all people, but never ignored a violation of *šarīʿa*.[78]

Patriarchy and Spiritual Authority

We have seen that it was not uncommon for male Sufis to be described with feminine characteristics. The use of female tropes in a gendered discourse does not necessarily imply increased opportunities for women to express their spirituality or to act as religious leaders.

Holy women do appear in the late Medieval hagiographical literature on occasion, and it is important to ask what function they play in the discourse on sainthood. At times, the presence of women among the saints is portrayed positively. Ṣafī al-Dīn b. Abī Manṣūr writes that he and his children experienced his wife's *baraka*. He describes her as a true saint who was at times able to predict the future. Since she was the wife of Ṣafī al-Dīn's shaykh and predecessor, attributing saintly status to her reaffirms the continuity within the Sufi lineage, something that could be passed on to the couple's children.[79] Although Sufi authors show a clear preference for patrilineal descent, holy mothers are not uncommon characters in hagiographical narratives.

72. Al-Šaʿrānī, *al-Kawkab al-šāhiq*, p. 44.
73. Al-Šaʿrānī, *Muḫtaṣar iršād al-muġaffalīn*, p. 98.
74. Al-Šaʿrānī, *Iršād al-muġaffalīn*, p. 9.
75. Al-Šaʿrānī, *al-Minan al-wusṭā*, p. 213.
76. *Ibid.*, p. 176.
77. *Ibid.*
78. Al-Batanūnī, *al-Sirr al-ṣafī* 2, p. 64.
79. Ṣafī al-Dīn b. Abī Manṣūr, *Risāla*, p. 18.

One can cite another example from a 17th century source, which describes an event which is supposed to have taken place in the early 16th century. Abū al-Ḥasan al-Bakrī was accustomed to wearing fine clothes and performing the pilgrimage in a litter, among other displays of luxury. His mother, a pious ascetic in the model of the early Sufi women, spent some 18 years living in a cell on the roof of the White Mosque, which was controlled by the Bakrī family. The hagiographer does not refer to her marital status, but it is probable that she was a widow during this time. She disapproved of his luxurious lifestyle and frequently censured him for it. Finally, she experienced a dream in which saw her son, decked out in his finery, in the Prophet's mosque in Medina facing the Prophet himself. Realizing that the Prophet disapproved of her criticism of her son, she immediately repented.[80] The son whose authority is derived from the Prophet and ultimately from God himself is not subject to his mother's rebuke, even if she is a pious ascetic in her own right. The contrast between the mother who practices years of self-denial and her son who enjoys God's favor and lives a luxurious, yet saintly, life could not be greater.

The theme that is common to the numerous anecdotes we have cited from the late medieval hagiographical literature is that of male authority. Another anecdote from al-Batanūnī's hagiography of Muḥammad al-Ḥanafī reaffirms this authority and spells out the consequences of challenging it. In a series of passages, the reader learns that al-Ḥanafī's *zāwiya* contained a pious serving woman named Baraka, who practiced her religious rituals with uncommon devotion.[81] One then learns that she was a slave.[82] Another anecdotes indicates that al-Ḥanafī secretly married her, and instructed her not to reveal this fact to the other inhabitants of the *zāwiya*. When she grew old, he divorced her. Angry at being treated in this manner, she informed the women of the shaykh's household of what had happened. As punishment for her violating her promise of secrecy, she found herself unable to rise, and remained immobilized until she died. The shaykh turned away entreaties from Baraka's friend Maryam al-Ṭawīla to intercede on her behalf and restore her health.[83]

Here we see the patriarchal authority of the shaykh over his household on full display. He marries whom he wishes, without informing his existing wife and family. Then, when the second wife is too old to be attractive, he divorces her. From the hagiographer's point of view, none of this is cause for censure. Indeed, al-Batanūnī takes it for granted that the shaykh has every right to behave as he does. When Baraka revolts against this high-handed treatment by telling the truth to the women of the household, her act of rebellion is brutally punished. The shaykh even refuses the requests of Maryam that he intercede on Baraka's behalf. Since intercession on behalf of the weak is exactly what al-Ḥanafī is known for, the absence of mercy in this case is particularly shocking. The reader cannot help but feel sympathy for Baraka's plight, yet her sin of rebellion against the sacred patriarchy of the *zāwiya* leads her to a terrible fate.

80. Ibn Abī al-Surūr al-Bakrī, *al-Kawkab al-durrī*, 14a-b.
81. Al-Batanūnī, *al-Sirr al-ṣafī* 1, p. 30.
82. *Ibid.* 1, p. 32.
83. *Ibid.* 1, p. 33.

One senses that al-Batanūnī may have been shocked by Baraka's fate himself. In a subsequent anecdote, he relates that sometime later Muḥammad al-Ḥanafī arranged for Baraka's grandson to serve al-Šarīf al-Nuʿmānī. When al-Nuʿmānī died without a son, Baraka's grandson became his successor (*ḫalīfa*).[84] Al-Batanūnī seems to want to assure the reader that the shaykh was not a vindictive man. If Baraka was fated to suffer for her rebellion against his authority, al-Ḥanafī made sure that her grandson found his way in the world.

There was nothing new in late medieval Egypt about male authority, whether familial or religious. The power of a man to rule over his family and household members, and of the inspired religious teacher to rule over his disciples, were enshrined in the portrayals of the person of the Prophet Muḥammad. Islamic law gave dominion to a man over his wife, children, and household slaves, while encouraging him to temper this authority with mercy and forgiveness. In rare cases, men recognized the exceptional "masculinity" of spiritually devoted women, who rejected the material world and placed their trust in God. What changed in late medieval Egypt (and likely in other parts of the Muslim world) was the combination within Sufism of paternal authority with a patrimonial system of social organization that gave the heads of sacred lineages the resources to govern large spiritual communities as if they were families and households. This power was often passed down hereditarily, creating a religious aristocracy. Shaykhs became fathers, and occasionally metaphorical mothers, to dozens or even hundreds of men, women, and children. Although individual women continued to be recognized as spiritual exemplars, participation by women in religious leadership diminished significantly. It would not be wrong to call this the age of the fathers.

Bibliography

Sources

Abū al-Laṭā'if Fāris al-Wafā'ī, *al-Minaḥ al-ilāhiyya fī manāqib al-sādāt al-Wafā'iyya*, Dār al-kutub al-miṣrīya, ms. Tārīḫ 1151.

al-Batanūnī, ʿAlī b. ʿUmar, *al-Sirr al-ṣāfī fī manāqib al-sulṭān al-ḥanafī Quṭb al-Ġawṯ Šams al-Dīn Muḥammad al-Taymī al-Bakrī al-Šāḏilī al-Ṣiddīqī*, n. p., Cairo, 1306 [1889].

Ibn Abī al-Surūr al-Bakrī, *al-Kawkab al-durrī fī manāqib Sayyidī Muḥammad al-Bakrī*, al-Azhar, ms. Maǧāmīʿ 1827.

Ibn ʿAṭā' Allāh, *Laṭā'if al-minan*, n. p., Cairo, 2006.

Kāšānī, ʿIzz al-Dīn, *Miṣbāḥ al-hidāya va miftāḥ al-kifāya*, ed. Ǧalal al-Dīn Humaāyī, Maǧlis, Ṭahrān, 1946.

Safī al-Dīn ibn Abī al-Manṣur, *La risāla de Ṣafī al-Dīn ibn Abī l-Manṣūr ibn Ẓāfir: biographies des maîtres spirituels connus par un cheikh Égyptien du VIIe/XIIIe siècle*, Denis Gril (ed.), Ifao, Cairo, 1986.

Al-Šaʿrānī, ʿAbd al-Wahhāb, *al-Anwār al-qudsiyya fī bayān qawā'id al-Ṣūfiyya*, Dār Ṣādir, Beirut, 2006.

84. *Ibid.* 1, p. 43.

—, *al-Baḥr al-mawrūd fī al-mawāṯīq wa al-ʿuhūd*, Muḥammad Adīb al-Ǧādir (ed.), Dār al-kutub al-ʿilmiyya, Beirut, 2006.
—, *al-Kawkab al-šāhiq fī al-farq bayna al-murīd al-ṣādiq wa-ġayr al-ṣādiq*, Aḥmad Farīd al-Mazīdī (ed.), Dār al-kutub al-ʿilmiyya, Beirut, 2008.
—, *al-Minan al-wusṭā*, Aḥmad Farīd al-Mazīdī (ed.), Dār al-kutub al-ʿilmiyya, Beirut, 2010.
—, *Kitāb iršād al-muġaffalīn min al-fuqahāʾ wa al-fuqarāʾ ilā šurūṭ ṣuḥbat al-umarāʾ wa Muḫtaṣar iršād al-muġaffalīn min al-fuqahāʾ wa al-fuqarāʾ ilā šurūṭ ṣuḥbat al-umarāʾ*, Adam Sabra (ed.), Ifao, Cairo, 2013.
—, *al-Ṭabaqāt al-kubrā*, Dār al-Ǧīl, Beirut, 1988.
—, *Taṭhīr ahl al-zawāyā min ḫabāʾiṯ al-ṭawāyā*, Aḥmad Farīd al-Mazīdī (ed.), Dārat al-karaz, Cairo, 2012.
al-Sulamī, Abū ʿAbd al-Raḥmān, *Early Sufi Women: Ḏikr an-niswa al-mutaʿabbidāt aṣ-Ṣūfiyyāt*, Rkia Elaroui Cornell (ed.), Fons Vitae, Louisville, 1999.

Studies

Ali, Kecia, *Marriage and Slavery in Early Islam*, Harvard University Press, Cambridge, 2010.
Bashir, Shahzad, *Sufi Bodies: Religion and Society in Medieval Islam*, Columbia University Press, New York, 2011.
Amri, Nelly, *La sainte de Tunis: présentation et traduction de l'hagiographie de ʿÂisha al-Mannûbiyya (m. 665/1267)*, Sindbad, Paris, 2008.
Berkey, Jonathan, *The Transmission of Knowledge in Medieval Cairo: A Social History of Islamic Education*, Princeton University Press, Princeton, 1992.
Bullough, Vern L., "Medieval Medical and Scientific Views of Women," Viator 4/4, 1973, p. 485-501.
Bynum, Caroline Walker, *Jesus as Mother: Studies in the Spirituality of the High Middle Ages*, University of California Press, Berkeley, 1982.
Chodkiewicz, Michel, *Seal of the Saints: Prophethood and Sainthood in the Doctrine of Ibn ʿArabī*, Islamic Texts Society, Cambridge, 1993.
Cooperson. Michael, *Classical Arabic Biography: The Heirs of the Prophets in the Age of al-Maʾmūn*, Cambridge University Press, Cambridge, 2000.
Dakake, Maria Massi, "'Walking upon the Path of God like Men'? Women and the Feminine in the Islamic Mystical Tradition," in Jean-Louis Michon and Roger Gaetani (eds.), *Sufism: Love and Wisdom*, World Wisdom, Bloomington, 2006, p. 131-151.
Al-Dālī, Muḥammad Ṣabrī, *al-Zāwiya wa al-muǧtamaʿ al-miṣrī fī al-qarn al-sādis ʿašar: dirāsat ḥāla: Zāwiyat al-Šaʿrānī*, Mašrūʿ Dirāsat al-Ḥaḍārah al-Islāmiyya, Tokyo, 2000.
Garcin, Jean-Claude, "L'insertion sociale de Shaʿrānī dans le milieu cairote (d'après l'analyse des Ṭabaqāt de cet auteur)," in *Colloque international sur l'histoire du Caire, 27 mars-5 avril 1969*, Wizārat al-Ṭaqāfa, Cairo, n.d., p. 159-168.
Gril, Denis, "The Prophetic Model of the Spiritual Master in Islam," in Jean-Louis Michon and Roger Gaetani (eds.), *Sufism: Love and Wisdom*, World Wisdom, Bloomington, 2006, p. 63-87.
Little, Donald P., "The Nature of *Khānqāhs*, *Ribāṭs*, and *Zāwiyas* under the Mamlūks," in *Islamic Studies Presented to Charles J. Adams*, Wael B. Hallaq and Donald P. Little (eds.), E. J. Brill, Leiden, 1991.
Malamud, Margaret, "Gender and Spiritual Self-Fashioning: The Master-Disciple Relationship in Medieval Islam," *JAAR* LXIV/1, 1996, p. 89-117.
McGregor, Richard J., *Sanctity and Mysticism in Medieval Egypt: The Wafāʾ Sufi Order and the Legacy of Ibn ʿArabī*, State University of New York Press, Albany, 2004.
Murata, Sachiko, *The Tao of Islam: A Sourcebook on Gender Relationships in Islamic Thought*, State University of New York Press, Albany, 1992.
Newman, Barbara, *From Virile Woman to WomanChrist: Studies in Medieval Religion and Literature*, University of Pennsylvania Press, Philadelphia, 1995.
Rapoport, Yossef, *Marriage, Money and Divorce in Medieval Islamic Society*, Cambridge University Press, Cambridge, 2005.

Sabra, Adam, "From Artisan to Courtier: Sufism and Social Mobility in Fifteenth-Century Egypt," in Roxani Margariti, Adam Sabra and Petra Sijpesteijn (eds.), *Histories of the Middle East: Studies in Middle Eastern Society, Economy and Law in Honor of A. L. Udovitch*, Brill, Leiden, 2010.

—, "Household Sufism in Sixteenth-Century Egypt: The Rise of al-Sâda al-Bakrîya," in Rachida Chih and Catherine Mayeur-Jaouen (eds.), *Le soufisme à l'époque ottomane, XVIe à XVIIIe siècle*, Ifao, Cairo, 2010.

Shaikh, Sa'diyya, *Sufi Narratives of Intimacy: Ibn 'Arabī, Gender and Sexuality*, University of North Carolina Press, Chapel Hill, 2012.

Singer, Amy, *Constructing Ottoman Beneficence: An Imperial Soup Kitchen in Jerusalem*, State University of New York Press, Albany, 2002.

Winter, Michael, *Society and Religion in Early Ottoman Egypt: Studies in the Writings of 'Abd al-Wahhab al-Sharani*, Transaction Books, New Brunswick, 1982.

Famille et stratégies sociales

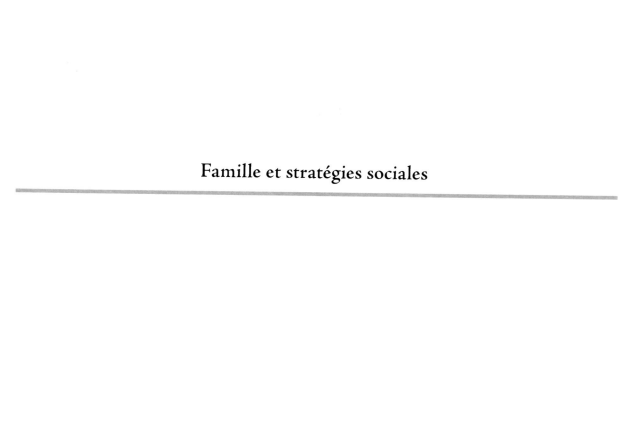

MATHIEU EYCHENNE*

Les six filles du vizir Ġibriyāl

Familles et alliances matrimoniales dans le milieu des administrateurs à Damas au XIVe siècle

✦ **RÉSUMÉ**

L'ascension et l'exercice du pouvoir d'un administrateur des services financiers du sultanat mamelouk sont bien souvent le résultat d'une entreprise menée collectivement dans laquelle les liens familiaux jouent un rôle primordial. Le cas étudié dans cet article, celui de Ġibriyāl, vizir de Damas dans le premier tiers du XIVe siècle, a ceci de singulier que nous ne connaissons rien des influences familiales qui ont pu contribuer à son entrée et à son avancement dans la carrière administrative. En revanche, les sources narratives nous renseignent sur sa descendance – un fils et six filles – et nous permettent de reconstituer le réseau d'alliances matrimoniales qu'il fut amené à tisser avec quelques-unes des plus prestigieuses familles d'oulémas et d'administrateurs civils au Caire et à Damas. Ce faisant, l'objet de cette étude est de contribuer à mieux apprécier la place et le rôle des femmes dans les stratégies de consolidation du pouvoir, ainsi que de mettre en évidence les limites de la transmission et de la pérennisation des fortunes, des patrimoines et des positions sociales des élites civiles à Damas au XIVe siècle.

Mots-clés : Égypte – Damas – sultanat mamelouk – administration – femmes – alliances matrimoniales – patrimoine – héritage

* Mathieu Eychenne, Ifpo, mathieu.eychenne@gmail.com

✦ **ABSTRACT**

In the Mamluk Sultanate, family ties mostly play a crucial role in the rise and the exercise of power—seen as a collective dynamic—of a financial administrator. This paper deals with the case study of Ġibriyāl, vizier of Damascus in the first third of the 14th century. If Ġibriyāl's ascendants' influence and role in his career are unknown, the narrative sources provide useful datas on his offspring—a son and six daughters. By reconstructing Ġibriyāl's network of marriage alliances contracted with some of the most prestigious families of ulamas and civilian administrators in Cairo and Damascus, this paper seeks to provide a better understanding of the place and role of women in the strategies by which individuals tried to consolidate their positions. Through such a case study, the aim of this paper is also to contribute to bring out the limits of the transmission and the sustainability of wealth, patrimony, and social positions among the civilian elites in 14th century Damascus.

Keywords: Egypt – Damascus – Mamluk Sultanate – Bureaucracy – Women – Marriage alliances – Patrimony – Legacy

* * *

« Il faisait partie d'une maison de pouvoir et d'écriture et la mention de l'ensemble des gens de sa maison viendra dans cette histoire, chacun à sa place » (*huwa min bayt al-riyāsa wa-kitāba wa-saya'tī ḏikr ǧamāʿa min ahl baytihi fī haḏā al-ta'rīḫ li-kull waḥīd fī makānihi*) »[1]. Par ces mots, bien souvent, les auteurs de dictionnaires biographiques de l'époque mamelouke, après avoir mentionné le nom d'un secrétaire ou d'un administrateur, en préambule au récit plus ou moins détaillé de son existence, le rattachent au groupe familial auquel il appartient. La famille entendue ici est d'abord celle des hommes, celle que l'on retrouve dans le nom, qui, à rebours, égraine les ascendants mâles selon la règle de la filiation patrilinéaire, celle qui confère à un individu une position sociale, une notabilité. Car, n'avoir « ni origine, ni maison »[2], cela signifie ne pas avoir de famille, en d'autres termes ne pas avoir le capital social, relationnel et symbolique qui facilite la carrière des individus et ce, même dans une société, qui, gouvernée par des déracinés, les Mamelouks, permet peut-être plus que toute autre, la promotion et l'ascension sociale hors des cadres de la reproduction des notabilités urbaines[3].

Bien souvent donc, dans les sources narratives, la famille d'un administrateur civil ou d'un *ʿālim* n'est qu'une succession d'hommes. Au-delà des liens entre père et fils, les liens de fraternité ou ceux entre oncle paternel (*ʿamm*) et neveu, et, par extension, entre cousins du côté paternel, nous permettent au mieux d'enrichir le tableau d'une famille tronquée dans lequel une fille,

1. Al-Ṣafadī, *Aʿyān* I, p. 31.
2. Voir Ibn al-Dawādārī, *Kanz*, p. 350.
3. Voir Eychenne, *Liens personnels*, notamment chapitres 1 et 6.

une mère, une épouse n'émergent de l'anonymat qu'en de très rares circonstances. À moins de s'être illustrée par ses qualités de savante (*ʿālima*), ou d'être l'épouse ou la fille d'un sultan ou d'un prince, une femme n'apparaîtra dans ce type de documentation, que si elle constitue l'un des termes d'un échange entre deux familles, une alliance matrimoniale [4]. En creux, la mention d'un oncle maternel (*ḫāl*) apporte, certes, une identité à la mère d'un individu, à l'épouse d'un père, sans que, la plupart du temps, il soit possible de lui assigner un nom. De même, le lien entre beau-père et gendre révèle l'existence d'une fille, un aspect généralement éludé dans les dictionnaires biographiques dont le but est de reconstruire des lignées d'hommes, administrateurs, militaires, juges, commerçants ou lettrés. Car, de manière générale, la pauvreté des informations relatives aux femmes demeure un frein à notre connaissance des groupes familiaux d'administrateurs et d'oulémas [5]. Il faut garder aussi à l'esprit qu'à partir d'un tel corpus biographique, un certain nombre de données qualitatives sur les liens de parenté viennent à manquer pour nous permettre d'obtenir une vision d'ensemble des groupes familiaux que l'on cherche à étudier. Il n'est ainsi presque jamais possible de savoir si des frères sont issus de la même mère ; de manière générale, les auteurs ne prennent qu'à titre anecdotique le soin de mentionner le nombre total d'enfants, garçons et filles, d'un individu.

Le présent article prend pour cadre le milieu des administrateurs à Damas dans la première moitié du XIVe siècle, et plus spécifiquement, le cas particulier du *ṣāḥib* Ġibriyāl, « vizir » de Damas, sans le titre, pendant plus de vingt ans, sous le gouvernement de l'émir Tankiz al-Nāṣirī (1313-1339). À travers l'étude de la famille de cet administrateur, cas atypique s'il en est puisqu'il eut six filles et un seul fils, – et unique en son genre dans notre documentation pour les XIIIe et XIVe siècles [6] – nous chercherons ainsi à mettre en lumière le caractère éminemment familial de l'exercice du pouvoir d'un grand commis de l'État mamelouk. La nature même des informations à notre disposition concernant Ġibriyāl nous permettra, en outre, d'étudier les stratégies matrimoniales mises en place pour tenter de développer et consolider son pouvoir. Enfin, nous aborderons, à travers la transmission de son patrimoine et de sa fortune, la question de la capacité des administrateurs à pérenniser et à transmettre à leur descendance leur position sociale.

4. En dépit de cet état de fait, il ne faut toutefois pas renoncer à élaborer une histoire sociale des femmes à cette époque, notamment grâce à la documentation juridique. Voir Rapoport, « Women and Gender », p. 1-47.
5. Voir les remarques de J. Escovitz concernant le milieu des secrétaires de chancellerie à partir du *Durar al-kāmina* d'Ibn Ḥağar al-ʿAsqalānī. Escovitz, « Vocational Patterns », p. 46.
6. Pour des éléments de comparaison avec les principaux groupes familiaux d'administrateurs des finances du XIVe siècle que nous avons reconstitués, voir Eychenne, *Liens personnels*, chap. 5 « Des familles en réseau ».

Un administrateur copte à Damas

L'amitié avec l'émir Qarāsunqur al-Manṣūrī

Šams al-Dīn ʿAbd Allāh Ġibriyāl b. al-Ṣanīʿa Abū Saʿīd b. Abū al-Surūr[7] est la version la plus complète de son nom. Difficile cependant d'en tirer des renseignements concernant son ascendance, un sujet sur lequel, par ailleurs, les sources historiques restent totalement muettes. Il est le plus souvent caractérisé par la *nisba* « al-Miṣrī » (l'Égyptien), mais on lui en attribue régulièrement d'autres : « al-Qibṭī »[8] (le copte), « al-Naṣrānī » (le chrétien), « al-Muslimānī »[9] (le converti à l'islam), ou encore « al-Asmarī »[10] (le brun, le bronzé, le hâlé). Il est donc originaire d'une famille copte, sans que l'on puisse dire avec certitude qu'elle soit du Caire. Par ailleurs, al-Maqrīzī le désigne comme « Kātib Qarāsunqur »[11], le secrétaire de l'émir Qarāsunqur al-Manṣūrī.

En l'absence de toute autre information sur les débuts de carrière de Ġibriyāl, comme sur un éventuel rôle de l'un des membres de sa famille dans sa formation, cette dernière indication revêt une certaine importance. Al-Ǧazarī relate qu'en 693/1294, pendant près de cinq mois, Ġibriyāl cache dans sa demeure l'émir Qarāsunqur, en fuite, recherché pour sa participation active au meurtre du sultan al-Ašraf Ḫalīl. Cette promiscuité fait naître entre les deux hommes une profonde amitié qui ne fut pas sans conséquence sur la carrière du secrétaire[12]. Finalement, l'émir Qarāsunqur est gracié par le sultan al-Nāṣir Muḥammad, sur l'insistance de l'émir Kitbuġā al-Manṣūrī, et reprend sa place parmi les grands émirs du sultanat. Moins de deux ans plus tard, Qarāsunqur est de ceux qui contribuent à renverser al-ʿĀdil Kitbuġā, devenu sultan, pour installer al-Manṣūr Lāǧīn sur le trône[13]. Pour le récompenser de sa fidélité, le nouveau sultan le nomme, en muḥarram 696/novembre 1296, *nā'ib al-salṭana* d'Égypte[14]. Moins d'une année plus tard toutefois, en ḏū l-qaʿda 696/septembre 1297, il est destitué, arrêté, et ses biens en Égypte et au Bilād al-Šām sont mis sous séquestre. Son secrétaire, Šaraf al-Dīn Yaʿqūb décède sous les coups et la torture, et l'ensemble de ses assistants (*nuwwāb*) et des fonctionnaires de

7. Al-Ǧazarī, *Ḥawādiṯ* III, n° 929, p. 735.
8. Ibn Ḥaǧar al-ʿAsqalānī, *Durar* II, n° 2148, p. 159.
9. Al-Ḏahabī, *Ḏuyūl* IV, p. 99.
10. Al-Nuʿaymī, *Dāris* II, p. 7.
11. Al-Maqrīzī, *Sulūk* II/1, p. 111.
12. Al-Ǧazarī, *Ḥawādiṯ* III, n° 929, p. 730. La carrière de Qarāsunqur al-Manṣūrī débute lorsque Qalāwūn, qui n'est encore qu'un émir, l'achète et le forme. Accédant au sultanat, Qalāwūn le nomme gouverneur d'Alep, charge qu'il occupe pendant près de dix années, entre ramaḍān 681/décembre 1282 et ǧumādā I 691/mai 1292 (al-Maqrīzī, *Sulūk* I/3, p. 708, 778). Destitué par le sultan al-Ašraf Ḫalīl, il retourne au Caire où on lui confie le commandement des *mamlūk*-s du sultan (*muqaddam al-mamālīk al-sulṭāniyya*) (*ibid.*, p. 780). Il fait partie des assassins du sultan al-Ašraf Ḫalīl (*ibid.*, p. 789-790). Pourchassé pour cette raison par l'émir Kitbuġā al-Manṣūrī, tout comme l'émir Lāǧīn al-Manṣūrī, il est forcé de fuir et de se cacher au Caire pendant plus de cinq mois.
13. *Ibid.*, p. 819-820.
14. *Ibid.*, p. 823.

son bureau sont traités avec une extrême rigueur[15]. À cette époque, Ġibriyāl n'est déjà plus secrétaire de Qarāsunqur. Entré dans l'administration sultanienne, il occupe la fonction de secrétaire du Trésor (*kātib al-ḫizāna*), sans doute sous l'effet de la bienveillance de l'émir.

Comme de nombreux administrateurs chrétiens, Ġibriyāl est contraint de se convertir à l'islam, en 701/1302, alors qu'il occupe la fonction de chargé des comptes à la suite du sultan (*mustawfī l-ṣuḥba*), comme le rapporte al-Ǧazarī :

> « Je me rendis en voyage en Égypte, vers l'année 700 de l'Hégire et je logeais chez l'émir Sayf al-Dīn Ibn al-Miḥfadār qui, après la fête des chrétiens en 701, me dit la chose suivante : "aujourd'hui, Amīn al-Mulk et Ġibriyāl, le ʿ*āmil al-ḫizāna*, se sont rendus à la citadelle, se sont convertis à l'islam, ont reçu une robe d'honneur (*ḫilʿa*), ont été confirmés dans leur service et leurs gens (*ahlihim*) ont été libérés. Tous les deux ont pris pour nom ʿAbd Allāh". »[16]

Après cet épisode, Ġibriyāl poursuit sa carrière au Caire dans l'administration, peut-être toujours comme agent du Trésor (ʿ*āmil al-ḫizāna*). Le retour au pouvoir d'al-Nāṣir Muḥammad pour un troisième règne, en 709/1310, entraîne le transfert de l'émir Qarāsunqur, d'Alep, où il occupe la charge de gouverneur depuis une dizaine d'années, à Damas, où il est nommé gouverneur le 25 ḏū l-qaʿda 709/26 avril 1310. Ġibriyāl accompagne l'émir ; la longue histoire entre le secrétaire copte et la ville de Damas débute alors. Elle durera plus de vingt ans.

Ġibriyāl, « vizir » de Damas

Al-Ǧazarī, tout comme al-Maqrīzī, font remonter le début de la charge de *nāẓir* de Syrie de Ġibriyāl au dimanche 16 muḥarram 710/15 juin 1310[17]. En réalité, l'accession de Ġibriyāl à la tête de l'administration de la ville ne fut pas aussi immédiate et le chemin qui l'y mena est bien plus difficile à reconstituer. Le 9 muḥarram 710/8 juin 1310, Ġibriyāl se voit confier les charges d'administrateur de la mosquée des Omeyyades (*nāẓir al-ǧāmiʿ al-umawī*), administrateur des *waqf*-s (*nāẓir al-awqāf*) de la ville, administrateur des *waqf*-s fondés pour le rachat des prisonniers (*nāẓir awqāf al-asrā*) avec un salaire mensuel de 700 dirhams[18]. Il inaugure sa charge la semaine suivante, vêtu d'une robe d'honneur (*ḫilʿa*) blanche et d'un voile (*ṭarḥa*)[19].

Mais, la disgrâce de l'émir Qarāsunqur, sa fuite d'abord à Alep puis en territoire mongol en rabīʿ I 712/juillet 1312, entraînent un premier coup d'arrêt dans la carrière damascène de Ġibriyāl. Il rentre alors au Caire et réintègre l'administration sultanienne dans la fonction

15. *Ibid.*, p. 829.
16. Al-Ǧazarī, *Ḥawādiṯ* III, n° 929, p. 730.
17. *Ibid.*, II p. 530 ; al-Maqrīzī, *Sulūk*, II/1, p. 86.
18. Al-Ǧazarī, *Ḥawādiṯ* III, n° 929, p. 730 ; al-Ṣafadī, *Aʿyān* II, p. 899. Selon al-Ǧazarī, il débute dans la charge de *nāẓir* de Damas le 16 muḥarram 710/15 juin 1310 : voir al-Ǧazarī, *Ḥawādiṯ* II, p. 530.
19. Al-Birzālī, *Muqtafī* III, p. 454. Sur la *ṭarḥa*, pour les hommes, sorte de « voile empesé, fait de mousseline, qu'on pose sur le turban, ou seulement sur les épaules, et qui retombe sur le dos », voir Dozy, *Dictionnaire*, p. 254-257.

d'administrateur des maisons du sultan (*nāẓir al-buyūt al-sulṭāniyya*)[20]. Al-Maqrīzī précise qu'alors il ne cesse d'intriguer afin de retrouver un poste à Damas[21].

L'occasion se présente quelques mois plus tard lorsqu'il accompagne le sultan al-Nāṣir Muḥammad dans son voyage au Hedjaz. Faisant halte à Damas, en muḥarram 713/mai 1313, le souverain décide de nommer Ġibriyāl à la charge de *nāẓir al-dawāwīn* de la ville avec le titre de *ṣāḥib* « selon l'usage des vizirs »[22], ce qui, justement en l'absence de vizir, lui confère l'autorité sur l'administration des finances. À la fin de l'année, il part au Caire, pendant le mois de ramaḍān, puis rentre à Damas au début du mois de muḥarram 714/fin avril 1314, où, accueilli par ses compagnons (*aṣḥāb*), il est confirmé dans sa charge de *nāẓir al-dawāwīn* de la ville[23]. Quelques mois plus tard, en ḏū l-ḥiǧǧa 714/avril 1315, il se voit remettre une robe d'honneur lui conférant l'administration des *awqāf al-Manṣūrī* à Damas, les biens *waqf*-s du sultan al-Manṣūr Qalāwūn et de ses descendants. À cette occasion, s'il ne fait plus de doute qu'il dirige l'administration, et bien qu'al-Birzālī le qualifie de *wāzir Dimašq*, « vizir de Damas », il ne peut toujours pas être à proprement parler considéré comme tel[24]. En rabīʿ II 719/mai-juin 1319, il se rend à une convocation au Caire et reçoit une robe d'honneur en qualité de *nāẓir* de Syrie[25].

En dépit des liens étroits qu'il entretient avec le *nāẓir al-ḫāṣṣ (administrateur des biens personnels)* Karīm al-Dīn al-Kabīr[26], il ne subit en rien les conséquences de sa disgrâce. En ramaḍān 724/septembre 1324, suite à la destitution du vizir d'Égypte, Ibn al-Ġannām, le sultan décide de nommer un émir à ce poste et de lui adjoindre deux aides pour administrer sa charge. Ġibriyāl est alors convoqué au Caire et, le 22 ramaḍān 724/12 septembre 1324, il est nommé administrateur de l'État (*nāẓir al-nuẓẓār*, « administrateur des administrateurs ») et administrateur à la suite du sultan (*nāẓir al-ṣuḥba*) et reçoit une robe d'honneur[27]. Son séjour loin de Damas durera un an et demi et, en ṣafar 726/février 1326, il rentre à Damas pour y retrouver son ancienne fonction à la tête de l'administration[28]. Son retour dans la ville est l'occasion pour la population de manifester publiquement sa joie. Notables et émirs se pressent pour venir le saluer et il reçoit une robe d'honneur munie d'un *ṭaylasān*[29].

20. Al-Ǧazarī, *Ḥawādiṯ* II, p. 736 ; al-Nuwayrī, *Nihāyat* XXXII, p. 205.
21. Al-Maqrīzī, *Sulūk* II/1, p. 111.
22. Ibn Abī l-Faḍā'il, *Nahǧ* III, p. 232 ; Ibn Kaṯīr, *Bidāya* XIV, p. 74 ; al-Birzālī, *Muqtafī* IV, p. 127 ; al-Maqrīzī, *Sulūk* II/1, p. 123.
23. Al-Birzālī, *Muqtafī* IV, p. 127 ; Ibn Kaṯīr, *Bidāya* XIV, p. 74, 75.
24. Al-Birzālī, *Muqtafī* IV, p. 172.
25. Al-Maqrīzī, *Sulūk* II/1, p. 193.
26. Voir Eychenne, *Liens personnels*, p. 426-427.
27. Al-Nuwayrī, *Nihāyat* XXXIII, p. 73.
28. Al-Ǧazarī, *Ḥawādiṯ* II, p. 104-105 ; al-Nuwayrī, *Nihāyat* XXXIII, p. 198 ; al-Maqrīzī, *Sulūk* II/1, p. 256.
29. Al-Ǧazarī, *Ḥawādiṯ* II, p. 104-105. Sur la définition du *ṭaylasān*, voir Dozy, *Dictionnaire*, p. 278-280. Selon Dozy, la *ṭarḥa* et le *ṭaylasān* sont deux vêtements identiques.

La famille au prisme de la disgrâce

La disgrâce est bien souvent la meilleure occasion de voir surgir dans les textes historiques plusieurs membres de la famille d'un administrateur mais également ses amis et ses relations [30]. On comprend alors que la détention d'une charge élevée par un individu est une entreprise collective, clientéliste et familiale dans laquelle tous les membres de sa maison (*ahl al-bayt*) sont liés, du moins temporairement, à sa destinée et mus en grande partie, bien que de façon conjoncturelle, par des intérêts communs. Le cas de Ġibriyāl ne déroge pas à la règle et, bien au contraire, nous fournit un exemple original de reconstitution des contours de l'environnement familial d'un administrateur.

Quoique pouvant se targuer d'une longévité exceptionnelle à la tête des bureaux de l'administration des finances de Damas, plus de vingt ans, Ġibriyāl, homme puissant et très riche, ayant survécu à tous les changements à la tête de l'État au Caire, apprécié de la population et proche des grands émirs, et en particulier du gouverneur de Damas, l'émir Tankiz, ne peut cependant pas échapper à la disgrâce ; il entraîne dans sa chute sa maison (*baytihi*), ses relations (*taʿalluqātihi*), ses proches (*aqāribihi*) et ses secrétaires (*kuttābihi*) [31]. Sans que personne ne s'y attende vraiment, le 21 šawwāl 732/16 juillet 1332, les chevaux de la poste apportent à Damas un rescrit sultanien (*marsūm sulṭānī*) donnant ordre de le faire arrêter. Convoqué à la Dār al-Saʿāda, le palais du gouverneur, il est alors placé sous bonne garde, tandis que l'inspecteur des bureaux (*šādd al-dawāwīn*), le *wālī l-bilād* et le *naqīb al-nuqabā'*, accompagnés de nombreux soldats, perquisitionnent son domicile. Sans ménagement les femmes sont expulsées de la demeure et de nombreux biens sont saisis. Sa maison, comme celles de ses gendres et de ses filles, ainsi que l'ensemble des biens et objets qui s'y trouvent, sont placés sous séquestre [32]. Deux jours plus tard, le samedi 23 šawwāl 732/18 juillet 1332, Ġibriyāl est transféré à la Madrasa al-Nāǧibiyya [33] où il est sommé de prendre ses dispositions pour verser d'importantes sommes d'argent, ce qu'il fait dès le lendemain en faisant apporter 37 000 dirhams. L'émir ʿAlā' al-Dīn Muġulṭāy al-Martīnī est installé dans sa maison pour administrer la vente de ses biens et, le lundi, ses chevaux (*ḫayl*), ses mulets (*biġāl*) et ses chameaux (*ǧimāl*) sont mis en vente. Les femmes qui se trouvaient dans son *ribāṭ* sont appelées dans la maison et l'on vend le reste de ses affaires [34].

Dès le vendredi 29 šawwāl/24 juillet 1332, quatre de ses gendres sont à leur tour appréhendés et mis aux arrêts, à savoir Šaraf al-Dīn Ḫālid al-Qaysarānī, ʿImād al-Dīn, le fils du cadi Naǧm al-Dīn Ibn Ṣaṣrā, Ṣalāḥ al-Dīn Ibn al-ʿAssāl et al-Asʿad Ibn Maškūr. Par ailleurs, al-Muʿallim Abū Ḥinnā Ibn Amīn al-Mulk b. Waǧīh Al-Muqirr, le neveu de Ġibriyāl du côté de sa sœur (*ibn uḫt al-ṣāḥib*) et al-Makīn, le délégué de Ġibriyāl (*nā'ib al-ṣāḥib*) [35], sont eux aussi placés en détention.

30. Voir Eychenne, *Liens personnels*, chapitre 6, « Des familles en réseau. »
31. Ibn Abī l-Faḍā'il, *Nahǧ*, p. 52 (texte arabe).
32. Al-Ǧazarī, *Ḥawādiṯ* II, p. 530-531 ; al-Maqrīzī, *Sulūk* II/2, p. 353.
33. Sur cette *madrasa* fréquemment utilisée, au cours de la première période mamelouke, comme lieu de détention provisoire, voir al-Nuʿaymī, *Dāris* I, n° 87, p. 359-361.
34. Al-Ǧazarī, *Ḥawādiṯ* II, p. 530-531.
35. *Ibid.*, p. 531.

Ce sont désormais sur ses gendres que vont se concentrer les persécutions dans le but de leur faire révéler des informations permettant de saisir la fortune de Ġibriyāl mais également pour obtenir d'eux le paiement d'imposantes amendes. Ainsi, le lundi 2 ḏū l-qaʿda/26 juillet 1332, Ṣalāḥ al-Dīn Ibn al-ʿAssāl est passé à la torture. « Je ne lui connais aucune fortune et je suis étranger chez lui », n'a de cesse de clamer le gendre de Ġibriyāl, selon al-Ǧazarī, n'atténuant en rien les mauvais traitements qui lui sont infligés. Puis, c'est le tour d'un autre de ses gendres, al-Asʿad Ibn Maškūr, de son neveu et de son délégué (*nā'ib*) d'être violentés et pressés de fournir des informations et accessoirement d'importantes sommes d'argent [36].

L'emprisonnement de Ġibriyāl et de l'ensemble des membres de sa famille et de ses partisans se prolonge plusieurs semaines. Finalement, le 8 muḥarram 733/29 septembre 1332, Ġibriyāl, libéré, est autorisé à rejoindre sa demeure. Le lendemain, trois de ses gendres encore emprisonnés, Šaraf al-Dīn Ḫālid Ibn al-Qaysarānī, ʿImād al-Dīn Ibn Ṣaṣrā et Ṣalāḥ al-Dīn Ibn al-ʿAssāl, sont à leur tour libérés – sans que l'on puisse dire si le quatrième gendre, al-Asʿad Ibn Maškūr, également arrêté, est encore en détention ou s'il a été préalablement remis en liberté – tout comme les assistants (*nuwwāb*) et partisans (*atbāʿ*) de Ġibriyāl, ainsi que tous ceux qui avaient été emprisonnés à cause de lui [37].

Le premier acte de la disgrâce du *ṣāḥib* Ġibriyāl se clôt ainsi. Le puissant administrateur doit ce sursis à l'intercession de l'émir Baktimur al-Sāqī auprès du sultan. Le répit est malheureusement de courte durée. L'assassinat de l'émir, quelques jours plus tard, le prive d'un important soutien et, tout juste rentré de pèlerinage, al-Nāṣir Muḥammad le fait appeler au Caire. Ainsi, dans la nuit du dimanche 17 ṣafar 732/7 octobre 1332, Ġibriyāl quitte sa *turba*, située dans le voisinage de la mosquée Karīm al-Dīn, en dehors de Damas [38], et part en direction de l'Égypte. À peine a-t-il quitté la ville que sa maison (*dār*) est mise sous séquestre et ses gens (*ahlihi*) à nouveau arrêtés et spoliés. L'ensemble des biens, bijoux et pierres précieuses, saisis, sont transportés à la Ḫizāna al-sulṭāniyya à Damas.

Ġibriyāl arrive au Caire une dizaine de jours après son départ de Damas, et, conduit à la Citadelle, il est immédiatement arrêté [39]. Après deux mois d'emprisonnement, il est libéré sur intervention de l'émir Qawṣūn al-Nāṣirī sans avoir subi de mauvais traitements mais en ayant toutefois dû acquitter une amende d'un million de dirhams [40]. Il s'installe dès lors dans sa demeure, sans doute sous surveillance. Une lettre est envoyée à Damas pour prévenir de sa remise en liberté et le samedi 25 ǧumādā II 733/13 mars 1333, les membres de sa maison (*ahl al-bayt*) quittent sa demeure damascène et s'installent dans sa *turba*. Puis, après deux ou trois jours, ils sont envoyés au Caire où ils finissent par le rejoindre et s'installent avec lui [41].

36. *Ibid.*
37. *Ibid.*, p. 587-588.
38. Sur cette mosquée, dont Ġibriyāl a personnellement supervisé la construction, voir, par exemple, al-Nuwayrī, *Nihāyat* XXXII, p. 288 ; al-Nuʿaymī, *Dāris* II, p. 321-323.
39. Al-Ǧazarī, *Ḥawādiṯ* III, p. 590.
40. *Ibid.*, p. 593.
41. *Ibid.*, III, p. 597.

Ġibriyāl meurt en šawwāl 734/juin 1334, treize jours après son épouse, laissant un fils unique et six filles. Son corps est inhumé le jour même dans la *turba* de son ancien maître et ami, l'émir Qarāsunqur al-Manṣūrī, à Bāb al-Naṣr, en dehors d'al-Qāhira [42].

Six filles à marier, six alliances à contracter

Une grande partie des membres de sa famille nous est donc apparue à la faveur de sa destitution et de sa disgrâce, nous permettant ainsi de reconstituer le réseau familial particulièrement étendu qu'il avait su constituer. Nous n'avons guère de renseignement sur son seul fils, Ṣalāḥ al-Dīn Muḥammad [43]. Les noms de ses six filles ne sont même pas connus mais chacune d'entre elles, en étant donnée en mariage à quelques-unes des plus influentes familles damascènes ou cairotes de l'époque, sont partie prenante de la stratégie d'alliances matrimoniales du puissant administrateur. Aux quatre gendres déjà mentionnés lors de son arrestation, Šaraf al-Dīn Ḫālid Ibn al-Qaysarānī, ʿImād al-Dīn Ibn Ṣaṣrā, Ṣalāḥ al-Dīn Ibn al-ʿAssāl et al-Asʿad Ibn Maškūr, il faut rajouter deux autres noms : Šams al-Dīn Mūsā b. Isḥāq al-Miṣrī et Ṣalāḥ al-Dīn Yūsuf Ibn Šayḫ al-Sallāmiyya. Ainsi, les six filles de Ġibriyāl lui apportent six gendres et, par la même occasion, six familles par alliance qui sont autant d'alliances politiques.

Selon al-Ǧazarī, Ġibriyāl avait « trois filles chrétiennes et trois filles musulmanes » [44] et Ibn Ḥaǧar al-ʿAsqalānī a précisé que « l'on dit que certaines de ces filles n'étaient pas converties à l'islam [45] », lui reprochant de concevoir encore de la bienveillance et de l'affection à l'égard des chrétiens (*naṣārā*) bien que converti à l'islam depuis 701/1301 sous la pression. On ne sera donc pas surpris, en examinant l'identité des six gendres de Ġibriyāl, de constater que trois d'entre eux sont des coptes convertis à l'islam tandis que les trois autres sont issus de grandes familles de *ʿulamāʾ*.

Les Banū Ṣaṣrā

Connaissant les sympathies de Ġibriyāl à l'égard d'Ibn Taymiyya et de ses partisans, le mariage de l'une de ses filles avec ʿImād al-Dīn, le fils du *qāḍī l-quḍāt al-šāfiʿī* Naǧm al-Dīn Aḥmad Ibn Ṣaṣrā, fervent opposant au penseur ḥanbalite, peut surprendre. Nul doute cependant que le prestige des Banū Ṣaṣrā et le pouvoir de Naǧm al-Dīn contrebalancent largement d'éventuels désaccords doctrinaux, sans doute accessoires pour un homme aussi fraîchement converti à l'islam. De 702/1302, date de sa nomination à la judicature šāfiʿite jusqu'à sa mort en 723/1322, Aḥmad Ibn Ṣaṣrā apparaît comme le plus influent juge du premier quart du VIIIe/XIVe siècle à Damas [46]. Formé au *fiqh*, à la calligraphie et à la grammaire, il débute

42. *Ibid.*, p. 677 ; n° 929, p. 735.
43. Al-Ṣafadī, *Aʿyān* II, p. 902 ; al-Ǧazarī, *Ḥawādiṯ* III, p. 867.
44. Al-Ǧazarī, *Ḥawādiṯ* III, p. 677-678 ; n°929, p. 735.
45. Ibn Ḥaǧar al-ʿAsqalānī, *Durar* II, n° 2148, p. 160.
46. Sur l'illustre famille des Banū Ṣaṣrā, voir Brinner, « The Banū Ṣaṣrā » et sur la carrière de Naǧm al-Dīn Aḥmad, voir plus spécifiquement, Brinner, « The Banū Ṣaṣrā », n°15, p. 190-192.

sa carrière dans le Dār al-Inšā', la chancellerie, avant d'obtenir ses premières charges de professeur dans différentes institutions damascènes à partir du règne d'al-Manṣūr Qalāwūn (1279-1290). Quelques années plus tard, le sultan al-ʿĀdil Kitbuġā le nomme, en 694/1295, juge de l'armée (*qāḍī l-ʿaskar*). Sa renommée et son influence sont telles qu'il est désigné comme médiateur, chargé de négocier avec l'envahisseur mongol, au moment de l'occupation de Damas par les troupes de Ġāzān, en 699/1300. Peu de temps après, devenu un personnage incontournable, il se fait nommer *qāḍī l-quḍāṭ al-šāfiʿī* de Damas. Farouche opposant d'Ibn Taymiyya, il va même jusqu'à donner sa démission, qui toutefois est refusée, lorsque le pouvoir mamelouk commence à se montrer trop conciliant avec le penseur ḥanbalite. Soutenu par les milieux soufis de Damas, qui militent auprès du sultan al-Nāṣir Muḥammad en sa faveur, il est nommé *šayḫ al-šuyūḫ* de Damas et prend la direction de la Ḫānqāh al-Sumayṣāṭiyya, la plus importante institution soufie de la ville[47].

Les Banū al-Qaysarānī

Le mariage de Šaraf al-Dīn Ḫālid al-Qaysarānī al-Maḫzūmī al-Šāfiʿī avec l'une des filles de Ġibriyāl a déjà eu lieu en 717/1317, date à laquelle Ḫālid arrive à Damas, accompagnant son père, tout juste nommé secrétaire enregistreur (*muwaqqiʿ al-dast*)[48]. Son père poursuit sa carrière dans la chancellerie à Damas jusqu'à sa mort en 736/1336. Dès l'année suivante, sur ordre du gouverneur Tankiz, Ḫālid intègre la chancellerie parmi les *kuttāb al-inšā'*. À partir de cette date, il semble avoir été très lié à son beau-père. Il le suit au Caire, lorsqu'en 724/1324, celui-ci est appelé par le sultan pour assister l'émir et vizir Muġulṭāy al-Ǧamālī en tant que *nāẓir al-dawla* et rentre deux ans plus tard à Damas avec lui, lorsqu'il est réinvesti dans ses fonctions de *nāẓir*[49].

Arrêté, au cours de l'été de 732/1332, Ḫālid survit à la disgrâce de son beau-père et poursuit une brillante carrière jusqu'à devenir *kātib al-sirr* de Damas, en 740/1339, grâce au gouverneur Alṭunbuġā al-Faḫrī, qui lui ajoute les fonctions de *wakīl bayt al-māl* et de *muwaqqiʿ al-dast*. L'émir Arġūn al-Kāmilī, avec lequel il se lie d'amitié lors de son deuxième séjour en Égypte, devient son nouveau protecteur. Entrant à son service comme chargé de pouvoir (*wakīl*), il administre ses affaires et, pendant plusieurs années, le suit au gré de ses mutations comme gouverneur à Alep, à Damas puis à nouveau à Alep, avant de rentrer avec lui au Caire, où il meurt[50].

Au-delà du patronage de Ġibriyāl, Ḫālid dispose de sérieux atouts : une maîtrise parfaite de la langue turque, de solides amitiés et d'utiles soutiens au sein de l'élite militaire mamelouke, et une famille prestigieuse. En donnant sa fille à Ḫālid, Ġibriyāl s'allie à une famille

47. Sur la Ḫānqāh al-Sumayṣāṭiyya, voir al-Nuʿaymī, *Dāris*, n° 166, p. 118-126.
48. Ibn Ḥaǧar al-ʿAsqalānī, *Durar* I, n° 956, p. 220-221. Ḫālid a appris le métier de secrétaire au contact de son père qui fut *muwaqqiʿ al-dast* en Égypte avant d'être nommé, en 714/1314, à la tête de la chancellerie à Alep, en qualité de *kātib al-sirr*. Il reste à ce poste jusqu'en 717/1317, date à laquelle il est transféré à Damas comme *muwaqqiʿ al-dast*.
49. Al-Ṣafadī, *Aʿyān* II, p. 659.
50. *Ibid.*

de scribes, les Banū l-Qaysarānī, puissante et bien enracinée, depuis plus d'un siècle et demi, dans l'administration des différents États qui se sont succédés en Égypte et au Bilād al-Šām. Selon al-Ṣafadī, les Banū al-Qaysarānī doivent leur bonne fortune à un certain Muwaffaq al-Dīn Muḥammad b. Naṣr Ibn al-Qaysarānī, vizir du sultan Nūr al-Dīn, mort à Alep en 588/1192, à partir duquel la maison se ramifie (*wa huwa aṣl saʿādat Banī l-Qaysarānī wa minhu tafarraʿa l-bayt*)[51]. Dès lors, on ne compte plus les membres du groupe familial qui se succèdent à la chancellerie ou dans l'administration, à Alep, Damas ou au Caire. Ainsi, l'arrière-grand-père de Ḫālid, Fatḥ al-Dīn ʿAbd Allāh, fut *kātib al-inšā'* avant de devenir vizir d'Égypte sous le court règne du fils de Baybars, al-Saʿīd Baraka Ḫān (676/1277-678/1279). Du côté de sa mère, Ḫālid peut également se prévaloir d'une ascendance prestigieuse, puisque son père, Ismāʿīl a épousé la fille du vizir Tāǧ al-Dīn Muḥammad Ibn Ḥinnā, et arrière-petite-fille du grand vizir de Baybars, Bahā' al-Dīn ʿAlī Ibn Ḥinnā[52].

Les Banū Šayḫ al-Sallāmiyya

En ǧumādā II 718/août 1318, Ġibriyāl donne l'une de ses filles comme épouse à Ṣalāḥ al-Dīn Yūsuf Ibn Šayḫ al-Sallāmiyya[53]. De son gendre, nous ne savons rien, si ce n'est que, très apprécié du gouverneur Tankiz, il acquiert auprès de lui prestige et fortune jusqu'à sa mort prématurée en 730/1330. Il laisse un fils, dont la mère est la fille de Ġibriyāl[54].

Par ce mariage, Ġibriyāl s'allie avec une famille d'oulémas très influente à Damas. L'oncle du marié, Faḫr al-Dīn ʿAbd al-ʿAzīz, tout comme Ġibriyāl, a été administrateur de la mosquée des Omeyyades[55] avant d'être nommé, en ǧumādā I 719/juin 1319, prévôt des marchés (*muḥtasib*) de Damas[56]. Quṭb al-Dīn Mūsā, le père du marié, sera, quant à lui, pendant deux décennies, l'administrateur de l'armée (*nāẓir al-ǧayš*) de Syrie[57]. Il occupe plusieurs fonctions dans l'administration de la ville avant d'entrer au bureau de l'armée (*dīwān al-ǧayš*) de Damas sous le gouvernement de l'émir Āqūš al-Afram (1301-1309), parvenant à être nommé chef du bureau (*ṣāhib dīwān al-ǧayš*). Fidèle au sultan al-Nāṣir Muḥammad pendant son exil à Karak, il est récompensé dès le début du troisième règne de ce dernier en étant nommé administrateur de l'armée (*nāẓir al-ǧayš*) de Syrie. Brièvement appelé au Caire par le sultan pour administrer le bureau de l'armée en Égypte, avec entre autres, Ġibriyāl, il est chargé de mener à bien la révision cadastrale des terres cultivées au Bilād al-Šām (*rawk*) pour laquelle il est renvoyé à Damas en ḏu l-ḥiǧǧa 713/mars 1314. Par la suite, un temps destitué de ces fonctions, pendant quatre mois, il retrouve rapidement sa charge qu'il doit toutefois partager avec un autre administrateur

51. Al-Ṣafadī, *Wāfī* V, n° 2131, p. 76-82.
52. Sur cette famille, voir Eychenne, « Les Banū Ḥinnā à Fusṭāṭ-Miṣr », p. 91-118.
53. Al-Ṣafadī, *Aʿyān* IV, p. 2224 ; Ibn Ḥaǧar al-ʿAsqalanī, *Durar* IV, n° 5296, p. 295.
54. Al-Ǧazarī, *Ḥawādiṯ* II, n° 488, p. 448.
55. Il est nommé en muḥarram 713/8 mai 1313. Le même jour, Ġibriyāl devient *nāẓir al-dawāwīn* de Damas. Voir Ibn Kaṯīr, *Bidāya* XIV, p. 74.
56. *Ibid.*, p. 99 ; al-Ṣafadī, *Aʿyān* II, p. 974.
57. Al-Ṣafadī, *Aʿyān* IV, p. 2098-2099 ; Ibn Ḥaǧar al-ʿAsqalānī, *Durar* IV, n° 4990, p. 227.

jusqu'en 728/1328. Après cette date, son collègue ayant été rappelé en Égypte, Mūsā demeure seul administrateur de l'armée de Damas jusqu'à sa mort en 732/1332 [58]. Il existe une certaine similitude entre la longévité de sa carrière et celle de Ġibriyāl avec lequel il est amené à travailler en étroite collaboration. Sans doute, ce dernier n'est-il pas totalement étranger au fait que Mūsā soit resté pendant environ vingt ans – avec quelques courtes interruptions – à la tête du bureau de l'armée.

Les Banū al-ʿAssāl

On ne compte décidément plus les gendres de Ġibriyāl à avoir fait carrière dans la chancellerie de Damas. Dans le cas de Ṣalāḥ al-Dīn Yūsuf, son entrée au bureau de la correspondance (*dīwān al-inšāʾ*) est clairement le fait de l'intercession de son beau-père, grâce auquel un décret de nomination (*tawqīʿ*) du sultan lui octroie un salaire (*maʿlūm*) important en espèces (*ʿayn*), des céréales (*ġalla*), du pain (*ḫubz*), de la viande (*laḥm*), du fourrage (*ʿalīq*) et des vêtements (*kiswa*).

Auréolé d'une tutelle aussi bienveillante, il ne peut échapper aux conséquences de l'arrestation de Ġibriyāl. Une fois libéré, il est rappelé au Caire et reste en disponibilité de la *kitābat al-inšāʾ* jusqu'à sa mort en 739/1338 [59].

Au sujet de sa famille, al-Ǧazarī précise :

> « Le Ṣalāḥ al-Dīn Ibn al-ʿAssāl mentionné ici n'appartient pas aux Banī al-ʿAssāl [60] mais il est le fils de Asʿad Barṣūmā b. ʿAlam al-Suʿadāʾ, le fils du frère d'Amīn al-Dīn Farağ Allāh, le *ṣāḥib dīwān al-Šām* décédé en 730 [de l'Hégire]. » [61]

De son père, nous ne savons que son nom Saʿd al-Dīn Asʿad Barṣūmā b. ʿAlam al-Suʿadāʾ, mais sans doute fut-il un administrateur de l'État mamelouk. ʿAlam al-Suʿadāʾ, le grand-père de Ṣalāḥ al-Dīn, occupa la fonction de comptable du bureau du *ḫāzindār* (*mustawfī dīwān al-ḫāzindār*) et fut à l'origine de la formation au métier de secrétaire de son oncle Farağ Allāh [62], et sans doute également de son père Asʿad.

Nous disposons de plus de détails concernant la carrière de son oncle Amīn al-Dīn Farağ Allāh b. ʿAlam al-Suʿadāʾ Ibn al-ʿAssāl [63]. Nous savons qu'en 695/1296 il occupe la fonction de *ʿāmil* du bureau de la banlieue (*dīwān al-barr*) de Damas. Lorsque le sultan al-ʿĀdil Kitbuġā se rend à Damas, cette année-là, accompagné de son vizir, Farağ Allāh est accusé par les soufis de

58. Al-Ǧazarī, *Ḥawādiṯ* II, n° 703, p. 577.
59. Al-Ṣafadī, *Aʿyān* IV, p. 2187.
60. Les Banū al-ʿAssāl étaient une grande famille copte du Caire ayant fourni bon nombre de secrétaires et de hauts fonctionnaires à l'administration égyptienne pendant plusieurs générations aux XIIe et XIIIe siècles. Sur les Banū al-ʿAssāl, voir Khalil, *al-Ṣafī Ibn al-ʿAssāl*, p. 622-632.
61. Al-Ǧazarī, *Ḥawādiṯ* II, p. 531.
62. *Ibid.*, n°579, p. 502.
63. Al-Ṣafadī, *Aʿyān* III, p. 1401-1402 ; al-Ǧazarī, *Ḥawādiṯ* II, n°579, p. 501-502 ; Ibn Ḥağar al-ʿAsqalānī, *Durar* III, n° 3210, p. 137.

leur avoir prélevé indûment une somme de 30 000 dirhams. Le père de Farağ Allāh, le grand-père de Ṣalāḥ al-Dīn Yūsuf, se rend alors chez l'émir Sayf al-Dīn Ibn al-Miḥfadār, qu'il avait connu en Égypte, et obtient qu'il intercède en faveur de son fils auprès du vizir. Les plaintes des soufis sont ainsi écartées moyennant le paiement de 3 000 dirhams[64].

Farağ Allāh poursuit alors sa carrière dans l'administration damascène en exerçant la fonction de chargé des comptes (*mustawfī*). En 697/1298, l'inspecteur des bureaux (*šādd al-dawāwīn*) lui inflige une lourde amende, ainsi qu'à d'autres fonctionnaires. Il est alors spolié de tous ses biens[65]. De confession chrétienne, il n'échappe pas, quelques années plus tard, aux persécutions qui se produisent en rağab 700/mars-avril 1301 au Caire et à Damas et il se convertit à l'islam, tout comme son frère, Saʿd al-Dīn Asʿad Barṣūmā[66], la même année que Ġibriyāl.

Farağ Allāh est par la suite transféré à la fonction de chef de l'administration (*ṣāḥib al-dīwān*) de Damas. L'émir Tankiz, gouverneur de Damas, le nomme ensuite pour remplacer l'administrateur de son bureau (*nāẓir dīwān nā'ib al-salṭana*), charge qu'il occupe en même temps que celle d'administrateur (*nāẓir*) du Māristān al-Nūrī, le principal hôpital de la ville. Il reste quelque temps en fonction, avant de retourner à son ancienne charge de chef de l'administration qu'il occupe jusqu'à sa mort, en 730/1330[67]. Il laisse une importante fortune.

Šams al-Dīn Mūsā, fils de Tāğ al-Dīn Isḥāq al-Miṣrī

Lorsque survient la disgrâce de Ġibriyāl, Šams al-Dīn Mūsā, un autre des gendres du *ṣāḥib*, est déjà emprisonné au Caire et méthodiquement passé à la torture depuis plusieurs semaines. Son épouse, une des filles de Ġibriyāl, enceinte et affaiblie par sa grossesse, subit elle aussi les sévices infligés par les bourreaux et, sous la torture, donne naissance à un fils, qui, selon Ibn Taġrī Birdī, « a vécu jusqu'à un âge avancé » (*ʿāša waladuhā ḥattā kibar*)[68].

À l'époque, Šams al-Dīn Mūsā vient tout juste de succéder à son père, Tāğ al-Dīn ʿAbd al-Wahhāb/Isḥāq al-Miṣrī, dans la charge d'administrateur des biens personnels du sultan (*nāẓir al-ḫāṣṣ al-sulṭāniyya*). À peine trois semaines après sa nomination, il est arrêté avec son frère ʿAlam al-Dīn Ibrāhīm. Šams al-Dīn Mūsā est déjà un administrateur puissant au Caire. Après avoir débuté dans la chancellerie, comme *kātib al-inšā'*, il entre avec la bienveillance et l'appui de son père, dans les services de l'administration financière. En ḏū l-ḥiğğa 725/novembre 1325, il est envoyé à Karak pour accompagner le gouverneur fraîchement nommé de la place forte, l'émir Bahādur al-Badrī al-Nāṣirī. Mūsā est alors investi de la charge de *nāẓir*, avec rang de vizir, de Karak et de sa province[69]. On le retrouve en ğumādā II 729/avril 1329, nommé administrateur du Trésor (*nāẓir al-ḫizāna*) à la place de son frère ʿAlam al-Dīn Ibrāhīm qui

64. Al-Ğazarī, *Ḥawādiṯ* II, n° 579, p. 502.
65. *Ibid.*, I, p. 389.
66. Al-Ṣafadī, *Aʿyān* III, p. 1401. Sur les persécutions des chrétiens en 700/1301, voir al-Yūnīnī, *Ḏayl* I, p. 177-179 ; Ibn Abī al-Faḍā'il, *Nahğ* 20/1, p. 38-40.
67. Al-Ğazarī, *Ḥawādiṯ* II, n° 579, p. 502 ; al-Ṣafadī, *Aʿyān* III, p. 1401-1402.
68. Ibn Taġrī Birdī, *Nuğūm* XI, p. 111-112.
69. Al-Ğazarī, *Ḥawādiṯ* II, p. 83.

vient d'être transféré à la fonction de *nāẓir al-dawla*[70]. Peu après la mort de leur père, les deux frères sont arrêtés et contraints de verser plus de 20 000 dinars[71]. Leur détention dure « un an, un mois et cinq jours »[72], selon al-Ǧazarī ; ils sont libérés en ramaḍān 733/juin 1333[73]. Leur carrière ainsi que celle de leur frère, Saʿd al-Dīn Māǧid, subit alors un coup d'arrêt de plusieurs années avant de connaître un renouveau à partir de la toute fin du règne d'al-Nāṣir Muḥammad, au Caire, à Alep ou à Damas où il sera d'ailleurs vizir à plusieurs reprises, charge qu'il occupe une dernière fois de 770/1369 à sa mort en ḏū l-qaʿda 771/mai 1370, à plus de soixante-dix ans[74].

Mais, pour Ġibriyāl, ce mariage est surtout l'occasion de nouer alliance avec le père de Mūsā, Tāǧ al-Dīn ʿAbd al-Wahhāb/Isḥāq al-Miṣrī[75], un secrétaire copte converti à l'islam, ancien administrateur du bureau de l'émir Salār al-Tatarī, nommé *mustawfī al-dawla* en 711/1311, avant d'être transféré à la charge de *nāẓir al-dawla*. Il fait partie, comme Ġibriyāl, de l'entourage du puissant *nāẓir al-ḫāṣṣ*, Karīm al-Dīn al-Kabīr[76], auquel d'ailleurs il succède en 723/1323. Il conserve cette charge pendant près de huit années, jusqu'à sa mort en 731/1331.

Les Banū Maškūr

Le dernier des gendres de Ġibriyāl, al-Asʿad Ibn Maškūr, est sans aucun doute le moins prestigieux. Il est difficile de l'identifier : nous savons qu'il a été le secrétaire (*kātib*) de l'émir Qiǧlīs al-Nāṣirī[77] et qu'il est encore désigné ainsi au moment de l'arrestation de Ġibriyāl. Il s'agit vraisemblablement d'un administrateur copte ou d'un *musālima*, un converti à l'islam. On pourrait être tenté d'en faire éventuellement l'un des descendants de Šaraf al-Dīn Muḥammad Abū ʿAbd Allāh Ibn Maškūr (m. 675/1276), qui fut *nāẓir al-dawāwīn* puis *nāẓir al-ǧayš* sous le règne d'al-Ẓāhir Baybars, et qui fut l'un des gendres du grand vizir d'Égypte Bahā' al-Dīn ʿAlī Ibn Ḥinnā. Toutefois, aucun élément tangible ne nous permet d'accréditer une telle hypothèse.

70. Al-Maqrīzī, *Sulūk* II/2, p. 311.
71. Al-Ǧazarī, *Ḥawādiṯ* II, p. 523 ; Ibn Kaṯīr, *Bidāya* XIV, p. 164.
72. Selon le calendrier lunaire. « Un an et demi » selon Ibn Kaṯīr. Voir également Ibn Abī l-Faḍā'il, *Nahǧ*, p. 54 (texte arabe).
73. Al-Ǧazarī, *Ḥawādiṯ* II, p. 602 ; Ibn Kaṯīr, *Bidāya* XIV, p. 169.
74. Voir Ibn Qāḍī Šuhba, *Tārīḫ* II, p. 120, 408, 541 ; III, p. 159.
75. Al-Ǧazarī, *Ḥawādiṯ* II, n°553, p. 494 ; al-Ṣafadī, *Aʿyān* I, p. 293. Tāǧ al-Dīn ʿAbd al-Wahhāb Abū Isḥāq b. ʿAbd al-Karīm al-Miṣrī que les sources nomment plus volontiers al-Tāǧ Isḥāq. Il meurt en ǧumādā II 731/mars 1331.
76. Sur lui, voir Eychenne, *Liens personnels*, chap. VIII, p. 391-433 ; *id.*, « Réseau, pratiques et pouvoir(s). »
77. Il s'agit sans doute de l'émir Qiǧlīs al-Nāṣirī al-Silāḥdār, mort en 731/1330. Sur lui, voir al-Ṣafadī, *Aʿyān* III, p. 1424-1425.

L'impossible transmission d'un patrimoine ?

Une fortune très convoitée

Les sources s'accordent pour dire que Ġibriyāl est spolié d'une somme d'un million de dirhams. Pour al-Ṣafadī, 400 000 dirhams sont saisis à Damas immédiatement après son arrestation. Lorsqu'il est transféré au Caire, le sultan lui demande de compléter la somme déjà versée pour atteindre un total d'un million de dirhams, ce que Ġibriyāl s'engage à faire par écrit. Mais, tandis qu'il lui reste encore 200 000 dirhams à apporter, l'émir Qawṣūn al-Nāṣirī obtient que Ġibriyāl soit dispensé de verser cette dernière somme[78].

La mort de Ġibriyāl engendra des conflits entre son fils unique, Ṣalāḥ al-Dīn Muḥammad, et ses sœurs – et peut-être leurs époux. Ainsi, ʿAbd Allāh se rendit un jour à la Citadelle, au Caire, et demanda audience au sultan dans le but de calomnier ses sœurs. Ce désaccord n'eut pour autre conséquence que d'attirer encore un peu plus la convoitise du sultan, et de nombreux bijoux leur furent confisqués. Pour cette raison, il se disait qu'une somme d'un million de dirhams leur fut, en tout et pour tout, confisquée. Le conflit au sein de la famille débouchant sur le risque toujours plus grand d'être spolié, le frère et les sœurs finirent, dans leur intérêt, par apaiser leur différend.

Lorsqu'à Damas, la nouvelle de la mort de Ġibriyāl fut connue, son chargé d'affaires (*wakīl*), le *šayḫ* Aḥmad Ibn al-ʿAṭṭār et son secrétaire, un samaritain, furent convoqués et passés à la question pour obtenir des renseignements sur sa fortune, et plus particulièrement sur ses récoltes et sur d'éventuels dépôts que Ġibriyāl aurait dissimulés chez des clients ou des hommes de confiance. Les deux hommes affirmèrent ne rien connaître d'autre à son sujet que l'état de ses propriétés et de ses *waqf*-s et rédigèrent en ce sens une lettre qui fut envoyée au sultan. Ils furent tout de même arrêtés dans l'attente d'une décision du sultan sur leur sort[79].

La recherche de la fortune de Ġibriyāl s'étendit à d'autres personnes que ses propres employés. Ainsi, le vendredi 4 ḏū l-ḥiǧǧa 734/6 août 1334, le gouverneur de Damas, l'émir Tankiz, convoqua le prédicateur de la mosquée de Karīm al-Dīn al-Kabīr au sujet d'un dépôt (*wadīʿa*) au nom du *ṣāḥib* Ġibriyāl, qu'il cachait chez lui. Produisant une lettre manuscrite signée du *šayḫ*, mentionnant le dépôt en question, ce dernier partit aussitôt à son domicile et rapporta somme dans son intégralité. Une femme qui possédait chez elle quatre paquets d'étoffe (*baqaǧ*[80] *qumāš*), parmi lesquelles un tissu brodé (*zarkaš*) destiné à la maison du *ṣāḥib* Ġibriyāl, fut également convoquée et contrainte de l'apporter au gouverneur[81]. Deux jours plus tard, on retrouva un affranchi (*ʿatīq*) du *naqīb al-ʿaskar* de Damas, Nūr al-Dawla ʿAlī b. al-Ṣanīʿa, pendu dans son écurie. Convoqué au sujet de Ġibriyāl et menacé, de peur d'être torturé, il avait décidé de se suicider. La plus grande partie de sa fortune fut transférée au *Bayt al-māl*[82].

78. Al-Ṣafadī, *Aʿyān* II, p. 901 ; Ibn Ḥaǧar al-ʿAsqalānī, *Durar* II, p. 160.
79. Al-Ǧazarī, *Ḥawādiṯ* II, p. 678.
80. Le terme *buqǧah* est tiré du mot turc, *boghtcha*, qui désigne un paquet de marchandise (étoffes, par exemple). Voir Kazimirski, *Dictionnaire* I, p. 148.
81. Al-Ǧazarī, *Ḥawādiṯ* II, p. 683.
82. *Ibid.*

Un point d'ancrage familial : la maison et le ribāṭ à Bāb al-Ṣaġīr

Nous ne connaissons pas le lieu de résidence de Ġibriyāl et de sa famille au Caire. En revanche nous savons qu'il possédait une demeure à Damas, à l'intérieur de Bāb al-Ṣaġīr. Al-Ǧazarī rapporte que dans le voisinage de sa demeure existait une ruelle (*zuqāq*) qui débouchait directement sur Bāb al-Ṣaġīr, dans laquelle, la nuit, régnait une certaine insécurité : on y volait notamment les turbans (*ʿamā'im*) et l'on détroussait les passants. Pour y remédier, Ġibriyāl décida d'acheter une maison adjacente à la sienne qui couvrait le chemin et obscurcissait le lieu, la fit abattre et fit jaillir la lumière dans la ruelle.

Dans le même quartier (*ḥāra*), il décida de racheter plusieurs maisons (*dūr*) qui avait été construites au profit de la vieille église (*kāna fī l-ḥāra al-latī fīhā al-dūr al-latī ʿammarahā lahu kanīsa li-l-naṣārā ʿatīqa qadīma*) et ordonna de les faire détruire. Sur leur emplacement, il fit bâtir un *ribāṭ* pour les veuves (*ribāṭ li-l-nisā' al-arāmil*) au nom de son épouse et lui assigna les revenus nécessaires à son fonctionnement en instituant de nombreux *waqf*-s [83].

Nous ne savons pas quel fut le devenir de la demeure familiale, ni d'ailleurs celui du *ribāṭ*. La demeure a-t-elle été saisie, vendue ou est-elle restée la propriété du fils de Ġibriyāl puis de ses descendants ? Une indication d'al-Ṣafadī nous permet d'en douter : la maison (*bayt*) de Ġibriyāl fut ultérieurement habitée par l'émir Sayf al-Dīn Ṭuqtimur al-Šarīqī al-Silāḥdār, mort en 750/1349. Cette demeure, visiblement assez vaste, ayant attiré la convoitise de certains émirs mamelouks, a donc pu être saisie et vendue à la mort de Ġibriyāl mais rien ne l'indique clairement.

Une empreinte sur la ville : la mosquée à Bāb Šarqī

Le *ṣāḥib* Ġibriyāl apporta sa pierre à la rénovation urbaine de Damas en faisant ériger à partir de šaʿbān 718/octobre 1318 une mosquée (*ǧāmiʿ*), au sortir de Bāb Šarqī [84], qui fut inaugurée, à peine plus de quatre mois après le début des travaux, le vendredi 17 ḏū l-ḥiǧǧa 718/9 février 1319. Al-Nuʿaymī la désigne sous le nom de Ǧāmiʿ al-Mallāḥ [85] et la situe à côté du Qabr Ḍarār Ibn al-Azwar [86], près de Maḥallat al-Mallāḥ [87], « c'est-à-dire al-Qaʿāṭala ». Ġibriyāl choisit

83. *Ibid.*, p. 736-737. Dans le contexte damascène, qui plus est aux XIIIe et XIVe siècles, le *ribāṭ* désignait une institution plus particulièrement réservée aux femmes. Sur la fonction spirituelle autant que sociale des *ribāṭ*-s pour femmes, voir Pouzet, *Damas*, p. 211, et Rapoport, « Women and Gender », p. 41-45. Ces « couvents », souvent fondés par des femmes riches, épouses ou filles de notables civils ou de membres de l'élite militaire, offraient à des femmes, pauvres pour la plupart, divorcées, veuves ou célibataires, autant un refuge qu'un lieu de vie et de résidence et un cadre pour l'exercice de la piété. Ce *ribāṭ* n'est mentionné ni par Ibn Zafar al-Irbilī (m. 726/1326), ni par al-Nuʿaymī (m. 927/1520).

84. Voir al-Nuʿaymī, *Dāris* II, p. 324.

85. Al-Nuʿaymī, *Dāris* II, p. 324. Voir al-Nuwayrī, *Nihāyat* XXXII, p. 288.

86. Sur Ḍarār Ibn al-Azwar, voir Sauvaire, « *Description de Damas* », p. 270, note 116. Cavalier poète, il aurait pris part à la conquête de la Syrie, et serait mort lors de la prise de Damas. Son corps fut enterré au bord du chemin, à l'extérieur de Bāb Šarqī.

87. M. Meinecke donne le plan de l'édifice. Voir Meinecke, *Die mamlukische Architektur* I, p. 67, fig. 40. Ce plan est identique à celui du Bayt Naʿmān, une maison qui existait encore au début du XXe siècle. Voir

d'installer sa mosquée aux portes des quartiers chrétiens et juifs de la ville *intra-muros*, dans une zone qui n'a pourtant jamais connu de réel développement démographique au cours de la période médiévale, notamment en raison de l'implantation de métiers traditionnellement polluants (potiers notamment) mais aussi du fait de la présence d'une léproserie. Peu d'éléments matériels pouvaient donc justifier l'établissement d'une mosquée pour la prière du vendredi à cet endroit. Sur le plan idéologique, en revanche, Ġibriyāl étant un converti, ce choix ne manquait pas de revêtir une forte valeur symbolique[88].

Au sud de sa mosquée, au début du Couvent des lépreux (Dayr al-Ǧuḏamā'), il fit encore construire un hammam qu'il mit en location pour quatre dirhams par jour sans compter l'entrée des lépreux qui venaient tous se laver en ce lieu. Il institua un *waqf* à leur profit qui rapportait autant que le reste des autres *waqf*-s institués, par ailleurs, pour eux. Il veilla également à l'approvisionnement en eau. Il existait à cette époque dans les environs de Bāb al-Ǧābiya, un canal appelé Qanāt al-Fallāḥīn, le Canal des paysans, qui se trouvait au milieu de la route. Il en détourna le cours en le transférant à côté du fossé (*ḫandaq*) et fit creuser trois bassins (*ḥawḍ*) pour lesquels il acheta des droits d'eau. Par ces travaux, il prolongea le canal jusqu'à Bāb al-Ṣaġīr[89]. Notons par ailleurs qu'al-Ṣafadī lui attribue la possession d'un *māristān* dans la ville de Raḥba, peut-être un bien de rapport au profit de sa mosquée, et la construction d'un bassin à ablution (*ṭahāra*), alimenté par l'eau d'un canal, dans la plaine de la Bekaa, à Karak Nūḥ[90].

La matérialisation des liens matrimoniaux : la turba de Ġibriyāl à Qubaybāt

Mort au Caire, Ġibriyāl est enterré, à l'extérieur de Bāb al-Naṣr, dans la *turba* de l'émir Qarāsunqur al-Manṣūrī, son ami[91], restée vide, puisque l'émir était mort en exil à al-Marāġa, en territoire ilḫānide, quelques années auparavant, en 727/1328. Les liens d'amitié et de clientélisme qui unissaient l'émir et l'administrateur trouvèrent donc un prolongement symbolique bien après leur mort.

Ġibriyāl, dont la carrière se déroula pendant plus de vingt ans à Damas, s'y était fait édifier une *turba*, dans le quartier de Qubaybāt, près de la mosquée de Karīm al-Dīn al-Kabīr.

Wulzinger et Watzinger, *Damaskus*, p. 76, fig. 13. Cette similarité nous conduit à assimiler le Bayt Naʿmān à l'ancienne mosquée de Ġibriyāl, et, par conséquent, à la suite de Wulzinger et Watzinger, à localiser l'édifice au nº 1, en M4 sur le plan intitulé « Plan der Alt-Stadt von Damaskus », fourni en annexe.

88. Il fit appointer un imam rémunéré, un prédicateur (*ḫaṭīb*) pour la prière du vendredi, des muezzins qui venaient le vendredi. Il institua la lecture du Coran après le matin, un pupitre (*kursī*) pour la lecture des Hadiths après la prière du vendredi, ainsi qu'une fontaine à ablutions (*ṭahāra*) à côté. Voir al-Ǧazarī, *Ḥawādiṯ* II, p. 736-737. Un *šayḫ* ḥanbalite, compagnon d'Ibn Taymiyya, fut le premier à y prononcer la *ḫuṭba*, en présence de Ġibriyāl, des juges et de nombreux notables. Voir al-Nuʿaymī, *Dāris* II, p. 324.

89. Al-Ǧazarī, *Ḥawādiṯ* II, p. 736-737.

90. Al-Ṣafadī, *Aʿyān* II, p. 902.

91. Al-Ǧazarī, *Ḥawādiṯ* III, p. 677 ; nº 929, p. 735 .

Cette *turba* dont on a vu qu'elle servit de repli à Ġibriyāl et à sa famille avant leur transfert définitif au Caire, resta donc sans pensionnaire. Tout comme la *turba* de Qarāsunqur al-Manṣūrī au Caire, l'édifice devint également le symbole des liens matrimoniaux contractés par Ġibriyāl en leur conférant une matérialisation et un ancrage physique *post mortem*. En effet, selon al-Ṣafadī, la *turba* servit de lieu d'inhumation à l'un de ses gendres, Ḫālid Ibn al-Qaysarānī, à sa mort en 759/1357 [92], alors que son père et son frère avaient été tous deux enterrés au cimetière soufi de la ville. Par ailleurs, un autre de ses gendres, Šams al-Dīn Mūsā, prit place à ses côtés dans la *turba*, à sa mort en 771/1370 [93]. Toutefois, Ibn Qāḍī Šuhba, en contradiction avec al-Ṣafadī, mentionne, pour sa part, qu'un certain Tāǧ al-Dīn ʿAbd Allāh Ibn Maškūr, ancien *nāẓir al-ǧayš* d'Alep puis de Damas fut enterré, en 778/1376, dans la *turba* qu'il se fit construire à Qubaybāt, « près de la turba d'Ibn Qaysarānī, dans laquelle il y a le *ṣāḥib* Ġibriyāl et le fils d'al-Tāǧ Isḥāq (c'est-à-dire Šams al-Dīn Mūsa) [94] ». Sans doute une simple coïncidence puisqu'il nous est impossible de rattacher cet ʿAbd Allāh Ibn Maškūr à al-Asʿad Ibn Maškūr, un autre gendre de Ġibriyāl.

L'échec de la procédure juridique d'invalidation des waqf-s

Au-delà de la fortune de Ġibriyāl à proprement parler, c'est l'ensemble des biens qu'il a constitués en *waqf*-s qui suscite l'intérêt du pouvoir. Comme souvent dans le cas des grands administrateurs des finances de l'époque mamelouke, qui firent carrière en gérant tout à la fois le bien public, les biens privés du sultan et leurs propres affaires, la procédure juridique, qui est lancée en vue d'accaparer des biens théoriquement constitués pour être inaliénables, repose sur des accusations d'utilisation de l'argent du *Bayt al-māl*. Ainsi, le 23 šawwāl 734/27 juin 1334, deux semaines après le décès de Ġibriyāl au Caire, sur ordre du sultan, un acte authentifié par des témoins (*maḥḍar*) est dressé pour attester qu'en réalité l'administrateur ne possède rien car il a acheté, avec l'argent du *Bayt al-māl*, un grand nombre de propriétés (*amlāk*) qu'il a constituées en *waqf* et dont il a touché, indûment, les bénéfices pour son compte personnel (*yataṣarrafu fīhā taṣarruf al-mullāk li-nafsihi*). Les principaux notables de Damas acceptent de témoigner en ce sens [95]. Seul l'un des témoins sollicités refuse. Il s'agit de ʿIzz al-Dīn Muḥammad Ibn al-Qalānisī [96], le *muḥtasib* et administrateur du Trésor (*nāẓir*

92. Al-Ṣafadī, *Aʿyān* II, p. 659.

93. Ibn Qāḍī Šuhba, *Tārīḫ* III, p. 527. Selon Ibn Qāḍī Šuhba, Šams al-Dīn Mūsa, fut également inhumé « dans la *turba* d'Ibn al-Qaysarānī », c'est-à-dire dans celle de son beau-père, Ġibriyāl, restée inoccupée, et sans doute connue, à l'époque d'Ibn Qāḍī Šuhba, au début du XVe siècle, comme celle d'Ibn al-Qaysarānī.

94. Ibn Qāḍī Šuhba, *Tārīḫ* III, p. 527.

95. Ibn Kaṯīr, *Bidāya* XIV, p. 173 ; al-Ǧazarī, *Ḥawādiṯ* II, p. 678.

96. Sur ce personnage, voir, al-Ṣafadī, *Aʿyān* III, p. 1536-1537 ; al-Ǧazarī, *Ḥawādiṯ* II, nº 1108, p. 898-899. Il s'agit de ʿIzz al-Dīn Aḥmad b. Muḥammad Abū l-ʿAbbās al-ʿUqaylī Ibn al-Qalānisī (m. 736/1335). Né en 673/1275, il est nommé administrateur du Trésor (*nāẓir al-ḫizāna*) à la citadelle de Damas en 709/1310, destitué et renommé une seconde fois le 4 ṣafar 710 / 3 juillet 1310 et occupe cette fonction jusqu'à sa mort en 736/1335. Par ailleurs, il est nommé *muḥtasib* de Damas, le 25 rabīʿ I 724/22 mars 1324 et destitué en šawwāl 734/juin 1334.

al-ḫizāna), qui, tandis qu'on lui demande d'attester que Ġibriyāl était pauvre (*faqīr*) et qu'il a constitué son patrimoine à partir du *Bayt al-māl*, s'insurge et réplique :

> « Comment [pourrais]-je témoigner [en ce sens] alors que chaque mois, il recevait en rétribution (*ǧāmakiyya*) du Bayt al-māl, une somme de dix mille dirhams, et ce pendant un très long moment ? Qui serait [considéré comme] pauvre dans de telles conditions ? » [97]

Son refus entraîne sa mise aux arrêts dans la Madrasa al-ʿAḏrāwiyya [98] pendant environ un mois avant qu'il ne soit libéré. Il est destitué de sa charge de *muḥtasib* mais conserve celle de *nāẓir al-ḫizāna*. Étonné de sa réaction, le gouverneur de Damas, l'émir Tankiz, loue son sens moral et informe le sultan al-Nāṣir Muḥammad de la situation. Dès lors, le sultan décide de ne pas se saisir des propriétés constituées en *waqf* par Ġibriyāl, dont le principal objet était sans doute de transmettre ses revenus à ses héritiers. Al-Ṣafadī attribue à l'émir Qawṣūn al-Nāṣirī un rôle décisif dans la préservation des biens de Ġibriyāl au profit de sa descendance [99].

Finalement, en raǧab 736/février 1336, son fils, Ṣalāḥ al-Dīn Muḥammad, se rend à Damas muni de deux lettres émanant du sultan, à l'attention du gouverneur Tankiz. L'une a pour objet la restitution des *waqf*-s et des propriétés de son père qui avaient été mis sous séquestre lors de son arrestation ; l'autre lui accorde une concession fiscale (*iqṭāʿ*) dans la *ḥalqa* de Damas. Le gouverneur Tankiz ordonne donc la restitution des *waqf*-s et des propriétés à la descendance du *ṣāḥib* et l'octroi d'un *iqṭāʿ* à Muḥammad, dès qu'un soldat de la *ḥalqa* viendrait à mourir.

Selon al-Ǧazarī, l'héritage de Ġibriyāl fut partagé entre son fils et ses six filles, conformément aux principes du droit successoral du *fiqh* développé par le *maḏhab šāfiʿī*, selon lequel « si le défunt laisse des fils et des filles, ils héritent conjointement, la part d'un fils étant le double de celle d'une fille [100] » :

> « On partagea son héritage en huit parts. Deux parts pour Muḥammad et pour chaque fille, une part. Pour les filles qui étaient à Damas, à savoir : une pour l'épouse de Šaraf al-Dīn Ḫālid Ibn al-Qaysarānī, une pour l'épouse de ʿImād al-Dīn Ibn Ṣaṣrā et une pour l'épouse de Ṣalāḥ al-Dīn Ibn al-ʿAssāl ; et une part pour chacune des trois autres filles qui étaient en Égypte, dont je ne connais pas le nom. » [101]

97. Al-Ṣafadī, *Aʿyān* III, p. 1536-1537.
98. Sur cette *madrasa* fréquemment utilisée, de même que la Madrasa al-Naǧībiyya, comme lieu de détention provisoire au cours de la première période mamelouke, voir al-Nuʿaymī, *Dāris* I, n° 65, p. 283-290.
99. Al-Ṣafadī, *Aʿyān* II, p. 902.
100. Voir Schacht, « Mīrāth – Période pré-moderne », p. 110.
101. Al-Ǧazarī, *Ḥawādiṯ* III, p. 867.

Conclusion

Le hasard a bien fait les choses en donnant à Ġibriyāl six filles et un unique fils. Car, paradoxalement, une telle particularité, qui aurait sans doute pu être légitimement conçue comme une faiblesse dans la mise en place d'un réseau de pouvoir efficace par l'administrateur, s'est transformée, par une stratégie d'alliances matrimoniales, en atout politique et clientéliste.

Par sa nature et son caractère unique, l'exemple de Ġibriyāl nous permet bien d'atteindre quelques contours habituellement passés sous silence dans les textes narratifs, mais il ne nous autorise toutefois pas à aller au-delà de certaines limites dans notre compréhension du fonctionnement du groupe familial. Ainsi, les femmes restent ici plongées dans l'anonymat et leur rôle n'est malheureusement pas clairement déterminé dans l'affermissement de la position sociale du chef de famille. Par ailleurs, certaines informations, habituellement fréquentes dans les sources textuelles concernant les administrateurs, sont, dans le cas de Ġibriyāl, totalement absentes et font cruellement défaut à notre analyse. En effet, nulle trace de son ascendance. Qui est son père ? Est-il issu d'une famille de secrétaires et d'administrateurs de laquelle il aurait pu recevoir sa formation ? A-t-il bénéficié du soutien d'un membre de sa famille, son père ou un oncle par exemple, pour débuter sa carrière ? Nous ne lui connaissons par ailleurs aucun frère. Nous savons seulement qu'il avait une sœur, qui, elle-même, avait un fils, au service de Ġibriyāl.

De plus, les informations sur son fils, Ṣalāḥ al-Dīn Muḥammad, s'avèrent tout aussi incomplètes. Alors qu'il est habituellement fréquent qu'un administrateur des finances associe étroitement son fils aîné dans la gestion de sa charge en lui conférant la fonction de délégué (*nā'ib*) [102], dans le cas de Ġibriyāl, rien ne permet d'aller dans ce sens. Au contraire, son délégué, au moment de son arrestation, est un certain al-Makīn et non son fils. D'autre part, alors que Ġibriyāl n'a pas hésité à promouvoir la carrière de ses gendres, et même celle de son neveu, il ne semble pas que son fils Muḥammad ait détenu de charge dans l'administration ou à la chancellerie sous son « vizirat » [103]. L'octroi d'une concession fiscale dans la *ḥalqa* et la restitution des *waqf*-s, qu'il gérait vraisemblablement en qualité de *nāẓir* et en tant qu'*aršad* [104], conjuguée à l'absence de toute mention de son nom dans les sources historiques, laissent penser que sa carrière ne se fit pas au service de l'État après la mort de son père. Ġibriyāl n'est donc

102. Eychenne, *Liens personnels*, p. 301.

103. Sur le poids des réseaux familiaux dans l'administration sultanienne à cette époque, voir Eychenne, *Liens personnels*, chap. VI. D'autre part, l'entrée d'un individu dans la chancellerie pouvait également se trouver grandement facilitée par la présence d'un ou plusieurs membres de sa famille dans une tout autre branche de l'administration de l'État, les bureaux des finances par exemple. Voir Escovitz, *Vocational Patterns*, p. 49, 50. Par ailleurs, contrairement à la justice ou à l'enseignement, rares dans l'administration sont les cas de transmission directe d'une charge (*nuzūl*) d'un détenteur à son fils. Sur le *nuzūl* en tant que pratique judiciaire légale, voir Rapoport, *Marriage, Money and Divorce*, p. 21.

104. En instituant un *waqf*, plus spécifiquement dans le cas d'un *waqf ahlī*, bénéficiant à sa famille dès sa constitution, le fondateur pouvait spécifier que son contrôle et son administration restent entre les mains de ses descendants après sa mort. Le plus apte (*al-aršad fa-l-aršad*) d'entre eux était généralement désigné. Voir Sabra, *Poverty and Charity*, p. 70.

pas parvenu à constituer une lignée familiale d'administrateurs dont le nom se serait enraciné dans l'État mamelouk. Son souvenir ne s'est toutefois pas totalement effacé de la mémoire de ses contemporains, et à travers sa *turba*, les liens politiques et affectifs qu'il avait su tisser avec certains de ses gendres, et donc une partie de l'histoire familiale, se sont inscrits dans le paysage damascène.

Bibliographie

Instruments de travail

Dozy, Reinhart, *Dictionnaire détaillé des noms de vêtements chez les Arabes*, Jean Müller, Amsterdam, 1845.

Kazimirski, A. de Biberstein, *Dictionnaire arabe-français contenant toutes les racines de la langue arabe, leurs dérivés, tant dans l'idiome vulgaire que dans l'idiome littéral*, Maisonneuve, Paris, 1860.

Schacht, Joseph, « Mīrāth – Période pré-moderne », *EI*[2] VII, Brill, Leiden, p. 108-113.

Sources

Birzālī (al-), *al-Muqtafī ʿalā kitāb al-rawḍatayn*, éd. ʿU. ʿAbd al-Salām Tadmurī, al-Maktaba al-ʿaṣriyya, Sayda-Beyrouth, 2006.

Ḏahabī (al-), *Ḏuyūl al-ʿibar fī ḫabar man ʿabar*, éd. M. Zaġlūl, Dār al-kutub al-ʿilmiyya, Beyrouth, 1985.

Ǧazarī (al-), *Taʾrīḫ ḥawādiṯ al-zamān wa anbāʾih wa-wafayāt al-akābir wa-l-aʿyān min ibnāʾih*, éd. ʿU. ʿAbd al-Salām Tadmurī, al-Maktaba al-ʿaṣriyya, Sayda-Beyrouth, 1998.

Ibn Abī l-Faḍāʾil, *al-Nahǧ al-sadīd wa-l-durr al-farīd fī mā baʿda Taʾrīḫ Ibn al-ʿAmīd*, éd. et trad. E. Blochet dans « *Histoire des sultans mamlouks* », *PatrOr* 12/3, 1919, p. 343-550 ; 14/3, 1920, p. 373-672 ; 20/1, 1929, p. 1-270.

Ibn al-Dawādārī, *Kanz al-durar wa-ǧāmiʿ al-ġurar. Al-durr al-fāḫir fī sīrat al-Malik al-Nāṣir* IX, éd. H. Roemer, Deutsches Archäologisches Institut Kairo, Le Caire, 1960.

Ibn Ḥaǧar al-ʿAsqalānī, *al-Durar al-kāmina fī aʿyān al-miʾa al-ṯāmina*, éd. ʿA. M. ʿAlī, al-Dār al-ʿilmiyya, Beyrouth, 1997.

Ibn Kaṯīr, *al-Bidāya wa-l-nihāya*, Dār al-taqwā, Le Caire, 1999.

Ibn Qāḍī Šuhba, *Taʾrīḫ Ibn Qāḍī Šuhba* II/1 et III/2, éd. A. Darwish, Institut français de Damas, Damas, 1994.

Ibn Taġrī Birdī, *al-Nuǧūm al-zāhira fī mulūk Miṣr wa-l-Qāhira* XI, Maṭbaʿat Dār al-kutub wa-l-waṯāʾiq al-Qawmiyya, Le Caire, 2006.

Kortantamer, Samira, *Ägypten und Syrien zwischen 1317 und 1341 in der Chronik des Mufaḍḍal b. Abī l-Faḍāʾil*, Freiburg, 1973.

Maqrīzī (al-), *Kitāb al-Sulūk li-maʿrifat duwal al-mulūk*, éd. M. M. Ziyāda, Dār al-Kutub, Le Caire, Maṭbaʿat Dār al-Kutub al-Miṣriyya, Le Caire, 1934-1958.

Nuʿaymī (al-), *al-Dāris fī taʾrīḫ al-madāris*, éd. Ibrāhīm Šams al-Dīn, Dār al-kutub al-ʿilmiyya, Beyrouth, 1990.

Nuwayrī (al-), *Nihāyat al-arab fī funūn al-adab*, vol. XXXII, éd. M.ʿA. Šaltūt, Maṭbaʿat Dār al-kutub wa-l-waṯāʾiq al-Qawmiyya, Le Caire, 2002.

Ṣafadī (al-), *al-Wāfī bi-l-wafayāt* IV, éd. Aḥmad al-Arna'ūṭ & Turkī Muṣṭafā, Dār Iḥyā' al-Turāṯ, Beyrouth, 2000.

—, *Aʿyān al-ʿaṣr wa aʿwān al-naṣr*, Dār al-fikr, Beyrouth, 1998.

Yūnīnī (al-), *Ḏayl mir'āt al-zamān*, éd. L. Guo, Brill, Leiden-Boston-Cologne, 1998.

Études

Brinner, William M., « The Banū Ṣaṣrā: A Study in the Transmission of a Scholarly Tradition », *Arabica* 7, 1960, p. 167-195.

Escovitz, Joseph H., « Vocational Patterns of Mamlūk Scribes », *Arabica* 23, 1976, p. 42-62.

Eychenne, Mathieu, *Liens personnels, clientélisme et réseaux de pouvoir dans le sultanat mamelouk (milieu* XIII*e-fin* XIV*e siècle)*, Presses de l'Ifpo, Beyrouth-Damas, 2013.

—, « Les Banū Ḥinnā à Fusṭāṭ-Miṣr. Pouvoir et implantation urbaine d'une famille de notables à l'époque mamelouke », *Médiévales* 64, 2013, p. 91-118.

—, « Réseau, pratiques et pouvoir(s) d'un administrateur civil au début du XIVe siècle. L'exemple de Karīm al-Dīn al-Kabīr », *AnIsl* 46, 2012.

Khalil, Samir, *al-Ṣafī Ibn al-ʿAssāl. Brefs chapitres sur la Trinité et l'Incarnation*, *PatrOr* 42, 1985.

Meinecke, Michael, *Die mamlukische Architektur in Ägypten und Syrien (648/1250 bis 923/1517)*, Gluckstadt, Verlag J.J. Augustin Gmbh, 1992, 2 tomes.

Pouzet, Louis, *Damas au* VII*e*/XIII*e s. Vie et structures religieuses dans une métropole islamique*, Dar el-Machreq, Beyrouth, 1991.

Rapoport, Yossef, *Marriage, Money and Divorce in Medieval Islamic Society*, Cambridge University Press, Cambridge, 2005.

—, « Women and Gender in Mamluk Society: An Overview », *MSR* XI/2, 2007, p. 1-47.

Sabra, Adam, *Poverty and Charity in Medieval Islam. Mamluk Egypt, 1250-1517*, Cambridge University Press, Cambridge, 2000.

Sauvaire, Henri, « Description de Damas », *JournAs* 7, 1896, p. 185-285 et 369-459.

Wulzinger, Karl, et Watzinger, Carl, *Damaskus. Die Islamische Stadt*, Walter de Gruyter & Co., Berlin-Leipzig, 1924.

JULIEN LOISEAU*

Choisir sa famille

Waqf et transmission patrimoniale en Égypte au xve siècle

RÉSUMÉ

Repenser la famille comme objet d'histoire sociale suppose d'en reconsidérer la définition en fonction du contexte et de la documentation. On a choisi ici de prendre à témoin de l'histoire de la famille les actes de *waqf* établis par les « gens de l'État » dans l'Égypte du xve siècle, émirs mamelouks mais aussi administrateurs civils. Le fondateur d'un *waqf* pouvait en effet désigner librement les bénéficiaires du revenu excédentaire de sa fondation, une fois acquittées ses pieuses dépenses. Or, ces ayants droit étaient très souvent choisis au sein de la descendance du fondateur, selon un ordre de transmission et des règles de partage qui se retrouvent à l'identique ou presque d'un acte de *waqf* à l'autre. L'étude de ce formulaire type révèle une « famille choisie » fort différente de la « famille légale » telle que la définissent les règles du droit islamique en matière successorale. L'écart le plus manifeste réside dans la stricte égalité des droits des femmes et des hommes sur le revenu qui leur est transmis par l'intermédiaire du *waqf*. Mais la souplesse de la procédure permet aussi au fondateur d'ajuster ses dispositions à sa situation familiale du moment, faisant ainsi de l'acte de *waqf*, par delà le caractère stéréotypé du document, une véritable archive de l'intime.

Mots-clés : Mamelouks – *šarīʿa* – *waqf* – héritage – patrimoine – femmes – intime.

* Julien Loiseau, université Paul-Valéry Montpellier-3, julien.loiseau@univ-montp3.fr

✦ **ABSTRACT**

In order to rethink the family as a topic in social history, one assumes that its definition should be re-examined in accordance with context and sources. Here family is considered through the reading of *waqf* deeds related to the pious foundations established in 15th-century Egypt by Mamluk officers and civil servants. A founder was entitled to freely designate the rightholders of the surplus income of his *waqf* that may remain after the payment of its pious expenses. Indeed these recipients were often chosen among the founder's descent according to a way of transmission and to sharing rules that were almost identical in Cairene *waqf* deeds. The analysis of this current form reveals that the "chosen family" was in this context very different from the "legal family" as defined by the Islamic law of inheritance. The most striking difference lays in the full equality of rights of male and female descendants to the *waqf*'s surplus income. The softness of the *waqf* procedure allowed also the founder to adjust the provisions of his *waqf* to his family's circumstances. How stereotyped they are, Cairene *waqf* deeds are also in some way an archive of intimacy.

Keywords: Mamluks – *šarīʿa* – *waqf* – inheritance – patrimony – women – intimacy.

* * *

Repenser la famille comme un objet d'histoire sociale, l'extraire de la fausse évidence dans laquelle l'inscrit le sens commun, en un mot la dénaturaliser : pareil programme suppose d'en reconsidérer la définition, en fonction du contexte documentaire, en interrogeant l'une ou l'autre des pratiques sociales que celui-ci permet d'éclairer. Or, les pratiques sont multiples qui engagent à la fois la représentation collective qu'une société se fait de la famille, le faisceau de normes parfois très contraignantes dans lesquelles elle l'inscrit, mais également le devenir physique et l'existence matérielle de celles et ceux qui s'y reconnaissent, enfin l'irréductible singularité des choix et des destins personnels – que l'on songe au mariage, à la natalité, ou encore aux modes de vie et de résidence du groupe familial. On a choisi ici de reconsidérer la famille, dans le contexte social et documentaire de l'Égypte du XVe siècle, à l'aune d'une pratique moins largement partagée mais mieux documentée : celle de la transmission patrimoniale au sein des grandes maisons militaires et civiles.

La transmission d'un bien ou d'un revenu, les modalités de son partage entre plusieurs ayants droit, dessinent en effet avec précision les contours d'un groupe social où la position relative des individus est définie par la part qu'ils transmettent ou qu'ils reçoivent, et par la place qu'ils occupent dans l'ordre de transmission. La manière dont le patrimoine se transmet dans un milieu social raconte quelque chose sur le groupe auquel un individu appartient (ou auquel il est supposé appartenir), sur les personnes dont il se préoccupe d'assurer la subsistance et l'avenir (ou dont il est supposé le faire). Ceux dont on s'estime comptable ou ceux dont la société attend qu'on le soit : voilà une première définition, évidemment expérimentale et parmi d'autres possibles, de la famille. Dans cette perspective, la famille serait le groupe formé, au-delà ou en deçà des liens de parenté, par ceux qui, en raison d'une obligation légale, d'un impératif moral, d'un choix délibéré ou d'une sollicitude particulière, sont associés à la jouissance partagée d'un bien ou d'un revenu.

Or, en matière de transmission patrimoniale, la société islamique a produit un discours normatif qui, très tôt, a pris la forme d'un dispositif légal fort détaillé et particulièrement stable. On sait combien le droit islamique était précis en matière d'héritage, dans quelle mesure ses dispositions reposaient en grande partie sur des éléments explicites de la révélation coranique (voir en particulier Coran, IV, 11-12 : les *āyāt al-mīrāṯ* ou « versets de l'héritage ») qui conféraient en ce cas à la norme une force d'évidence considérable [1]. On sait aussi qu'il s'agissait d'un droit très contraignant, dont les effets potentiels – l'éparpillement rapide du patrimoine entre un nombre considérable d'ayants droit ; la protection des intérêts de la parenté par les femmes, bénéficiaire des parts réservataires (*farā'iḍ*), au détriment des agnats (*ʿaṣaba*) – pouvaient être jugés, dans certaines circonstances, indésirables [2].

Le droit islamique en matière de succession offrait à lui seul une véritable définition du groupe familial. Mais aussi précis et contraignant qu'il fût, les individus cherchaient à s'y adapter, à le contourner voire à s'y soustraire en adaptant leurs choix de vie en terme de mariage, de natalité, mais également de transmission et de partage du patrimoine au sein du groupe familial. Ce sont ces choix, peut-être même ces stratégies, de conformité ou de contournement de la norme légale en matière de transmission patrimoniale, que l'on entend interroger ici sur les réalités sociales de la famille, en prenant à témoin une documentation exceptionnelle : les actes de *waqf* d'époque mamelouke conservés dans les archives du Caire [3].

La famille dans les documents d'archives

Il y a un paradoxe apparent à rechercher des traces de l'histoire des familles, par définition éphémère, dans des documents conservés des siècles durant par les fondations pieuses perpétuelles de la capitale égyptienne. De fait, si la plupart des actes d'époque mamelouke conservés dans les archives du Caire sont liés à la constitution, à la gestion ou à la liquidation de fondations en *waqf*, tous ne sont pas des actes de fondation (*waqfiyya*), mais, par exemple, des actes de vente (*waṯīqat bayʿ*) de biens, fonciers ou immobiliers, versés par la suite au patrimoine d'une fondation pieuse [4]. Or la vente d'un bien intervenait parfois à l'issue d'une succession : un état descriptif du partage figure alors en préambule de l'acte de vente, véritable photographie instantanée d'une famille. De telles trouvailles sont cependant trop aléatoires pour pouvoir établir une image médiane de la composition des familles cairotes au XVe siècle – même pour l'aristocratie militaire,

1. Chaumont, « Droit successoral ». Pour une lecture critique de la genèse du droit islamique en matière de succession, voir Powers, *Formation of the Islamic Law of Inheritance*.
2. Chaumont, « Legs et successions ». Loiseau, « Un bien de famille », p. 280-291.
3. Une réflexion générale sur ce thème a déjà été proposée par Garcin, « Le waqf est-il la transmission d'un patrimoine ? » Voir également Amīn, *Al-Awqāf*, p. 73-77 ; Denoix, « Les waqfs mamelouks du Caire », p. 43.
4. Sur ce type de document, voir Ibrāhīm, «Waṯīqat bayʿ», p. 135-214, et Maḥfūẓ Hanā, *Waṯā'iq al-bayʿ*.

le milieu social le mieux documenté dans les actes légaux d'époque mamelouke [5]. Deux exemples suffiront à donner la mesure des écarts constatés d'un cas d'étude à l'autre.

À sa mort en 1389, l'émir Ǧahārkas al-Ḫalīlī ne laissait que deux enfants, une fille et un fils, lequel décéda bientôt, faisant hériter à son tour sa sœur et sa fille unique, comme en témoigne un acte de vente conclu en 1396 au bénéfice de ces dernières. Afin d'éviter qu'un tiers de la succession ne tombât en déshérence et ne revînt au Bayt al-māl, puisqu'en l'absence d'héritier mâle les parts réservataires (*farā'iḍ*) des femmes ne pouvaient excéder les deux tiers de l'héritage, le *de cujus* avait pris la précaution de léguer le reliquat par testament (*muwaṣṣā bihi*) à sa sœur et à sa fille [6]. Un tel contournement, au demeurant tout à fait légal, de la règle des parts réservataires était sans aucun doute monnaie courante. À sa mort en 1398, l'émir Qadīd al-Qalamṭāwī laissait pour sa part treize héritiers : trois coépouses, trois filles et sept fils, entre lesquels ses biens furent partagés ; l'ordre de succession, établi du vivant même de l'émir devant témoins, et rapporté dans l'acte de vente par lequel l'un de ses fils racheta les parts des autres héritiers sur la moitié d'un modeste moulin, précise que le *de cujus* avait dû déplorer quelques années plus tôt la perte d'un fils aîné [7]. La famille restreinte de l'émir Ǧahārkas, qui contraste si nettement avec la postérité nombreuse de l'émir Qadīd, était-elle l'effet d'une mortalité infantile que l'on devine forte, ou d'une monogamie délibérément choisie ? S'il est évidemment impossible de privilégier l'une ou l'autre de ces hypothèses dans ce cas précis, on sait en revanche que la polygamie a nettement régressé dans les maisons émirales entre le XIVe et le XVe siècles. Le foyer de l'émir Ǧahārkas anticipait peut-être une évolution plus générale de la société égyptienne [8].

Ces instantanés d'archive livrent en outre une matière inestimable sur le nom propre (*ism*) choisi par ces officiers d'origine allochtone et servile pour leurs enfants nés musulmans en Égypte. L'émir Ǧahārkas avait ainsi choisi, dans une veine éminemment musulmane, de nommer sa fille Ḫadīǧa et son fils Muḥammad. L'émir Qadīd, quant à lui, avait donné à chacun de ses fils un *ism* arabe choisi dans le même répertoire (Aḥmad, Abū Bakr, ʿUmar, Ḥamza, Ibrāhīm, ʿAbd Allāh, Ḥasan et Ḥusayn) ; à ses filles, pour l'une un *ism* arabe neutre (Faraǧ, nom propre porté aussi bien par des hommes que par des femmes, d'où l'usage d'un surnom d'explicitation, Satīta, au demeurant très fréquent), pour la deuxième un *ism* mixte arabe et turc (Aṣl Bāy, littéralement Origine princière), pour la troisième un *ism* turc (Tatar Lamar)

5. Se fondant sur un examen systématique des actes de *waqf* d'émirs établis à Damas à la fin de l'époque mamelouke, tels qu'ils sont résumés dans les premiers registres ottomans, Michael Winter pense à l'inverse possible de dresser le portrait d'une famille moyenne de l'aristocratie militaire : l'émir a généralement deux femmes, dont une esclave affranchie, et compte entre trois et quatre enfants. Winter, « Mamluks and Their Households », p. 314.

6. WA, doc. 67 *ǧadīd* (Amīn, *Catalogue*, n° 340).

7. WA, doc. 517 *ǧadīd* (Amīn, *Catalogue*, n° 344). Loiseau, « Un bien de famille », p. 281-284.

8. Sur ce sujet, voir les travaux de Yossef Rapoport : tout particulièrement Rapoport, « Women and Gender », p. 30 et sa contribution au présent volume.

doublé d'un surnom arabe (al-Ǧiha, la Noble[9]) dûment rapporté dans l'acte légal. Sur le plan de l'onomastique également, les deux émirs avaient fait pour leur famille des choix différents.

Les actes de vente ne sont pas, cependant, les seuls documents légaux qui aient gardé la trace de l'histoire des familles. Celle-ci se laisse également apercevoir au détour d'un acte de *waqf*, dans les dispositions prises parfois par le fondateur au profit des siens.

On sait en effet que le *waqf*, dans ses formes les plus anciennes attestées dès la seconde moitié du VIIIe siècle, consistait en une simple donation familiale – le fondateur attribuant à ses héritiers la jouissance collective d'un bien qui, après leur extinction, revenait à une œuvre charitable. Les hommes de loi prirent l'habitude d'appeler ces fondations familiales *waqf ahlī* ou *waqf ḏurrī* afin de les distinguer commodément des fondations de bienfaisance (*waqf ḫayrī*) prenant à leur charge une œuvre d'intérêt public, tel que le pèlerinage des plus démunis ou le rachat des captifs – sans pour autant établir une différence de nature entre les deux catégories[10]. Le recours au *waqf ḫayrī* se fit, quant à lui, plus fréquent à compter du XIe siècle, finançant à l'initiative d'un riche particulier, parfois le souverain lui-même, les institutions et les équipements collectifs dont l'État supportait auparavant le coût. La distinction usuelle entre *waqf ahlī* et *waqf ḫayrī* s'est cependant estompée à mesure que les élites urbaines se saisissaient du *waqf* à des fins toujours plus diverses – l'entretien d'une mosquée ou l'établissement d'une fontaine, la réparation des remparts ou la distribution de têtes de bétail lors du *ʿīd al-aḍḥā* – tout en y investissant leurs intérêts propres. Parallèlement aux fondations familiales dont l'usage s'était étendu à l'ensemble de la société, jusque dans les villages, la plupart des grandes fondations urbaines bénéficiaient désormais, simultanément, à une œuvre pieuse monumentale et à des ayants droit privés[11].

De manière significative, dans l'Égypte mamelouke, les « legs pieux » (*aḥbās*) se répartissaient empiriquement en trois grandes catégories : terres de mainmorte (*rizaq iḥbāsiyya*) administrées par un *dīwān* placé sous l'autorité du *dawādār* du sultan ; fondations « judiciaires » (*awqāf ḥukmiyya*), constituées des œuvres de charité confiées à la gestion du grand *qāḍī* šāfiʿite, la plus haute autorité judiciaire du pays ; fondations « familiales » (*awqāf ahliyya*), enfin, regroupant toutes les autres fondations pieuses, quel que soit leur objet, dès lors qu'elles étaient confiées à un administrateur particulier (*nāẓir ḫāṣṣ*) – que ce dernier fût un *qāḍī*, un officier civil ou militaire, et/ou un membre de la descendance du fondateur[12]. La caractérisation du *waqf* n'était donc plus fonction de l'identité de ses bénéficiaires immédiats (l'ensemble de

9. Employé à l'état construit, sans l'article défini *al-*, et suivi d'un nom masculin, le mot *ǧihat* signifie « l'épouse de » – ce qui n'est pas le cas ici : ʿAbd al-Rāziq, *La femme au temps des Mamlouks*, p. 92-94.
10. Cahen, « Réflexions sur le Waqf ancien ».
11. Amīn, *al-Awqāf*, p. 72-73. Garcin, « Le waqf est-il la transmission d'un patrimoine ? », p. 103. Winter, « Mamluks and Their Households », p. 299. Voir surtout la synthèse proposée par Sabra, « Public Policy or Private Charity? ». Pour des exemples de *waqf ahlī* en milieu villageois, voir *The Waqf Document of Sultan al-Nāṣir Ḥasan*, p. 16-55 (description de la Qaryat Dāriyā).
12. Maqrīzī, *Ḫiṭaṭ*, éd. de Būlāq, vol. 2, p. 295-296 ; A. Fu'ad Sayyid éd. vol. 4/1, p. 175-178 (*Ḏikr al-aḥbās*). Behrens-Abouseif, « Waḳf. In Egypt », p. 65. Sur la désignation du *nāẓir* et l'évolution des usages aux XIVe et XVe siècles, voir Loiseau, *Reconstruire la Maison du sultan* 2, p. 441-445.

la communauté pour un *waqf ḫayrī*, des ayants droit particuliers pour un *waqf ahlī*), mais de celle de son administrateur.

Or, l'étude des *waqfiyyāt* d'époque mamelouke laisse à penser que dans bon nombre de cas – bien qu'il ne soit pas toujours possible de le démontrer positivement – le revenu annuel du patrimoine des grandes fondations excédait largement les dépenses charitables et les frais de fonctionnement prévus par le fondateur [13]. Aussi celui-ci établissait-il, dans le règlement de sa fondation (les *šurūṭ*), à la suite des dépenses de fonctionnement, la liste des bénéficiaires potentiels du revenu excédentaire de son *waqf*. De manière presque systématique, le fondateur s'attribuait à lui-même, de son vivant, l'intégralité de cet excédent – ce que seuls certains docteurs de l'école ḥanafite, privilégiée non sans raison par les élites urbaines du sultanat mamelouk, autorisaient en matière de *waqf* [14]. Le *waqf* constituait ainsi un véritable outil de gestion patrimoniale, alternatif à la simple détention d'un bien en pleine propriété (*milk*) – ce qui n'excluait ni l'usage simultané du *waqf* et du *milk* sur un même bien, ni d'éventuels allers-retours du même bien d'un statut légal à l'autre [15].

Quant à l'usage ou à l'attribution éventuelle du revenu excédentaire du *waqf*, après la mort du fondateur, plusieurs solutions se présentaient à celui-ci au moment d'établir l'acte de fondation. Soit que l'administrateur du *waqf*, le *nāẓir*, fût chargé de le réinvestir dans l'achat de nouveaux biens de rapport, une fois atteint un certain seuil d'épargne ; soit qu'il fût invité à le dépenser au profit d'œuvres charitables choisies par ses soins ; soit, enfin, qu'il dût le reverser à des particuliers selon une règle de partage et un ordre de transmission précisément définis par le *wāqif*. Le fondateur avait en effet toute latitude pour choisir les ayants droit (*mustaḥiqqūn*) de sa fondation, à condition que ces derniers fussent juridiquement capables de posséder un bien – ce qui excluait par exemple les esclaves [16]. Aussi prestigieuse que fût l'œuvre pieuse qui légitimait sa mise en œuvre, le *waqf* pouvait ainsi être utilisé comme un outil légal de transmission patrimoniale, afin de faire bénéficier des personnes librement choisies du revenu excédentaire de la fondation. Cette

13. Maqrīzī l'affirmait à propos du *waqf* de la mosquée fondée par le sultan al-Nāṣir Muḥammad à la Citadelle, ainsi que pour la fondation du sultan al-Ẓāhir Barqūq au profit de sa *madrasa* funéraire édifiée à Bayn al-qaṣrayn : Maqrīzī, *Ḫiṭaṭ*, éd. de Būlāq, vol. 2, p. 325; A. Fu'ad Sayyid éd. vol. 4/1, p. 318 et vol. 4/2, p. 686. Jean-Claude Garcin et Mustapha Taher ont pu le démontrer précisément au sujet du *waqf* de Ǧawhar al-Lālā : Garcin et Taher, « Enquête sur le financement d'un waqf égyptien ».
14. Al-Asyūṭī, *Ǧawāhir al-ʿuqūd* 1, p. 254 ; Peters, « Waḳf. In Classical Islamic Law », p. 61.
15. Le *waqf* de l'*ustādār* Faḫr al-Dīn Ibn Abī al-Faraǧ offre plusieurs exemples de biens partiellement constitués en *waqf*, le *wāqif* conservant le reste du bien en *milk*. Ainsi avait-il constitué en *waqf* un moulin, situé à Madīnat al-Maḥalla al-kubrā, à raison de 13 parts et 3/5 de parts sur 24 parts (*sahm*) : DW, doc. 12/72 (Amīn, *Catalogue*, n° 78) ; Loiseau, *Reconstruire la Maison du sultan* 2, p. 564-566. Autre forme de dissociation, le choix de l'émir Qarāquǧā al-Ḥasanī de constituer en *waqf* un immeuble d'habitation, tout en conservant en *milk* les droits d'usage (*manāfiʿ*) de la parcelle sur laquelle il s'élevait : WA, doc. 748 *ǧadīd* (Amīn, *Catalogue*, n° 368) ; Loiseau, *Reconstruire la Maison du sultan* 2, p. 562-563. Enfin, il est toujours possible pour un *wāqif* de revenir sur son choix de gestion : l'émir Quṭlūbuġā al-Šaʿbānī opéra ainsi une mutation légale (*munāqala šarʿiyya*) afin de reprendre en *milk* et de revendre à son profit quatre maisons qu'il avait, dix ans plus tôt, constituées en *waqf* : WA, doc. 1143 *qadīm* (Amīn, *Catalogue*, n° 325), acte de *waqf* au nom de l'émir Aytamiš al-Baǧǧāsī.
16. Peters, « Waḳf. In Classical Islamic Law », p. 61.

transmission, restreinte au fruit et à l'usufruit des biens *waqf*, échappait par définition aux règles du droit de succession qui s'appliquaient au partage des biens détenus en *milk*.

Ainsi est-ce dans ces dispositions particulières, définies avec soin dans chaque acte de *waqf*, qu'une trace de l'histoire des familles peut être retrouvée. Soit que certains héritiers légaux, ceux dont la loi garantissait les droits sur le patrimoine familial, fussent exclus par le fondateur de ce dispositif, au bénéfice d'autres catégories de personnes extérieures au périmètre légal de l'héritage. Soit que les héritiers légaux fussent associés au bénéfice du *waqf*, mais selon une règle de partage et un ordre de transmission laissés entièrement à la discrétion du fondateur. Ainsi le *waqf* faisait-il partie des options à la disposition d'un chef de famille désireux de préparer l'avenir des siens, au même titre que le legs (*muwaṣṣā bihi*), mais sans les contraintes de ce dernier qui ne pouvait légalement excéder un tiers de la succession.

Un tel usage patrimonial du *waqf* était-il limité au milieu bien particulier de l'aristocratie militaire ? L'idée est aussi ancienne que le régime mamelouk lui-même[17]. Transmettre un revenu par l'intermédiaire d'une fondation permettait en effet à ces officiers, d'origine allochtone et servile, de préparer l'avenir de leurs descendants nés libres et musulmans, lesquels étaient par conséquent exclus, sauf exception, des plus hautes charges militaires et privés des sources de revenus dont avaient joui temporairement leurs pères[18]. Mais le recours au *waqf* comme mode de transmission patrimoniale semble bien avoir été d'un usage social plus étendu, à tel point que les notions de *waqf* et d'héritage n'étaient pas loin d'être synonymes pour les contemporains. C'est du moins ce que suggère un passage de la chronique d'Ibn Ḥaǧar – sans doute le chroniqueur le mieux informé des choses légales dans l'Égypte du XVe siècle :

> « En raǧab [de l'année 815/octobre 1412], le frère de Ǧamāl al-Dīn al-Ustādār et sa famille (*ʿā'ilatuhu*) vinrent se plaindre de la mauvaise fortune que leur avait fait subir [le défunt sultan] al-Nāṣir en les privant de leurs *waqf*-s. Ṣadr al-Dīn Ibn al-Admī [le grand *qāḍī* ḥanafite] ordonna par jugement l'annulation de ce qu'avait établi al-Nāṣir, le rétablissement du *waqf* de Ǧamāl al-Dīn dans son état premier et le versement du revenu excédentaire (*al-fā'iḍ min al-rayʿ*) aux héritiers (*waraṯa*) de Ǧamāl al-Dīn. »[19]

17. Ibn Ḫaldūn écrivait ainsi à la fin du XIVe siècle : « Les Turcs font construire des édifices et les dotent de terres agricoles pour l'entretien des étudiants et des pauvres en Dieu. Lorsque le revenu de celles-ci dégage un excédent (*in istafḍala al-rayʿ šay'an*), ils en laissent la jouissance à leurs descendants (*aʿqābihim*), en espérant de cette façon soustraire à l'indigence les plus pauvres d'entre eux (*al-ḏurriyya al-ḍiʿāf*) ». Ibn Ḫaldūn, *Taʿrīf*, éd. p. 279/trad. p. 179.
18. Certes, on connaît bien quelques exemples d'*awlād al-nās* ayant un temps hérité de la position et de l'*iqṭāʿ* de leur père. Voir Richards, « Mamluk Amirs and Their Families », p. 43, 46 et 49. Mais ces exceptions n'en confirment pas moins la règle d'un régime fondé sur la succession des classes d'âge. Sur le *waqf* comme réponse à la précarité des carrières et les limites de cette interprétation, voir Garcin, « Le waqf est-il la transmission d'un patrimoine ? » ; Denoix, « Le *waqf*, un mode d'intervention sur la ville mamelouke », p. 26 ; Behrens-Abouseif, « Waḳf. In Egypt », p. 65.
19. Ibn Ḥaǧar, *Inbā' al-ġumr* 2, p. 516.

Que le périmètre du *waqf* et celui de l'héritage puissent se superposer exactement était sans doute alors un cas de figure très ordinaire. L'acte de *waqf* de Ǧamāl al-Dīn al-Ustādār, tel qu'il fut rétabli à l'issue du jugement de 1412, le confirme sans embage : les « héritiers » (*waraṯa*) du *wāqif* y attestaient en effet devant témoins avoir été contraints par l'ancien sultan de renoncer au *waqf* qui constituait pourtant « leur héritage » (*mawraṯuhum*) [20].

Ainsi le *waqf* constituait-il un outil de plein droit dans la gestion des patrimoines, concurremment avec l'héritage et le legs. Mais il pourrait bien être également un remarquable révélateur de la « famille choisie », le groupe formé par celles et ceux que décidait de favoriser le fondateur au moment de définir le règlement de son *waqf* – sa famille de cœur par opposition à la famille légale protégée par le droit successoral.

La famille choisie : un profil type

Il est sans doute téméraire d'affirmer, à l'issue de simples coups de sonde dans une documentation foisonnante, qu'une véritable norme sociale s'était imposée en matière de transmission patrimoniale dans le milieu des « gens de l'État » (*ahl al-dawla*). Toujours est-il qu'un même formulaire revient à l'identique, ou presque, dans bon nombre de documents qu'il nous a été donné de dépouiller, pour définir le partage et la transmission éventuels du revenu excédentaire du *waqf* après le décès du fondateur [21]. Or ce formulaire type se distingue clairement, tant par sa nomenclature que par les effets légaux de ses dispositions, des modèles proposés dans un recueil de formulaires notariés comme le *Kitāb Ǧawāhir al-ʿuqūd* compilé au milieu du XVe siècle par al-Asyūṭī [22]. L'adoption de ce formulaire type dans les actes de la pratique n'est donc pas la conséquence d'un travail d'uniformisation des modèles notariés. À titre d'hypothèse provisoire, on l'envisagera comme le témoignage d'un conformisme assez largement partagé dans le milieu des grandes maisons militaires et civiles, dont relèvent en effet la plupart des documents conservés. La famille choisie semble avoir présenté souvent le même profil au sein des élites égyptiennes du XVe siècle. On a choisi ici d'illustrer cette pratique médiane par les dispositions prises en 1441 par l'émir Qarāquǧā al-Ḥasanī, grand connétable (*amīr āḫūr kabīr*) du sultan (annexe n° 1) [23].

20. *Waṯīqat waqf Ǧamāl al-Dīn*, éd. ʿUṯmān, l. 421. Sur la ténébreuse affaire du *waqf* de Ǧamāl al-Dīn, voir Loiseau, *Reconstruire la Maison du sultan* 1, p. 294-311.
21. Voir par exemple DW, doc. 7/47 (Amīn, *Catalogue*, n° 51) ; DW, doc. 11/66 (Amīn, *Catalogue*, n° 72) ; WA, doc. 68 *ǧadīd* (Amīn, *Catalogue*, n° 342) ; WA, doc. 64 *ǧadīd* (Amīn, *Catalogue*, n° 343) ; WA, doc. 140 *ǧadīd* (Amīn, *Catalogue*, n° 350) ; WA, doc. 938 *qadīm* (Amīn, *Catalogue*, n° 352). *Waṯīqat waqf Ǧamāl al-Dīn*, éd. ʿUṯmān. Voir également les exemples présentés en détail *infra*.
22. Sur vingt-trois modèles (*ṣūra*) d'actes de *waqf* compilés par al-Asyūṭī, trois comportent des *šurūṭ* relatives à l'attribution éventuelle du revenu excédentaire de la fondation : la « *ṣūrat waqf ǧāmiʿ anšaʾahu baʿḍ al-mulūk* », la « *ṣūrat waqf masǧid Allāh taʿālā* » et la « *ṣūrat waqf insān ʿalā nafsihi* ». Des trois modèles, c'est le dernier qui s'éloigne le moins du formulaire type identifié dans les actes de la pratique, avec lequel il partage une partie de la nomenclature relative aux degrés de parenté. Al-Asyūṭī, *Ǧawāhir al-ʿuqūd* 1, p. 259-264, 269-271 et 300-302.
23. WA, doc. 92 *qadīm*, éd. Ibrāhīm, «Waṯīqat Qarāquǧā al-Ḥasanī», l. 179-198.

L'acte de *waqf* de Qarāquǧā prévoit d'attribuer le revenu excédentaire éventuel de la fondation au *wāqif* en personne jusqu'à sa mort (l. 178-179), puis à ses enfants, aux enfants de ses enfants et à leurs propres enfants (l. 180-181), et ainsi de suite pour leurs descendants, génération après génération jusqu'à leur extinction (« *ilā ḥīn inqirāḍihim* »)[24]. Le formulaire utilise le pluriel neutre *awlād* (« les enfants ») décliné sur trois générations (« *li-awlādihi ṯumma li-awlādihim ṯumma li-awlād awlādihim* »), ainsi que trois autres termes. D'une part, les mots pluriel *ansāl* et *aʿqāb*, employés comme synonymes redoublés dans l'expression « *li-ansālihim wa-aʿqābihim* » (l. 181-182), où ils signifient tous deux : « leurs descendants ». D'autre part, les mots singuliers *ṭabaqa* et *nasl*, lequel prend un sens distinct de son pluriel *ansāl*, dans l'expression « *ṭabaqat*^{an} *baʿd ṭabaqat*^{in} *wa-nasl*^{an} *baʿd nasl*^{in} » : « classe d'âge après classe d'âge et lignée après lignée »[25].

Le *wāqif* prévoit en outre (l. 180-181) que le partage du revenu se fera, au sein d'une même classe d'âge, à égalité entre hommes et femmes (« *al-ḏakar wa-l-unṯā fī ḏalika sawāʾ, lā yafḍalu ḏakar ʿalā unṯā wa-lā unṯā ʿalā ḏakar* ») ; à égalité également (l. 181) entre la descendance consanguine (*walad al-ẓahr*) et la descendance utérine (*walad al-baṭn*), autrement dit entre les descendants du fondateur par les hommes et ses descendants par les femmes. De plus, le *wāqif* établit (l. 182) qu'au sein d'une même lignée, les droits ne se transmettent à la classe d'âge suivante qu'après extinction de la classe d'âge précédente (« *taḥǧibu al-ṭabaqa al-ʿulyā abad*^{an} *minhum al-ṭabaqa al-suflā* »). Dès lors (l. 190-193), si l'un de ses descendants vient à mourir avant d'avoir pu exercer ses droits sur le *waqf* (« *qabl duḫūlihi fī haḏā l-waqf wa-istiḥqāqihi li-šayʾ min manāfiʿihi* »), autrement dit avant l'extinction de la classe d'âge précédente, sa place dans l'ordre de succession revient à ses propres descendants, s'il en a.

Le *wāqif* précise enfin la règle de transmission lorsqu'un ayant droit (*mustaḥiqq al-waqf*) décède sans descendance : sa part (*naṣīb*) revient en indivision à ses frères et sœurs (l. 186-187) ; à défaut (l. 188), aux personnes qui occupent le même degré de parenté que lui (« *min daraǧatihi* ») dans la même classe d'âge que lui (« *ḏawī ṭabaqatihi* ») ; à défaut (l. 189), aux classes d'âge les plus proches du défunt (« *ilā aqrab al-ṭabaqāt ilā al-mutawaffā* »)[26]. On notera le souci du fondateur de ne laisser aucune part sans ayant droit, de réserver toujours un bénéficiaire potentiel parmi ses descendants, quitte à attribuer la totalité du revenu à un seul d'entre eux (l. 183). En d'autres termes, de ne rien laisser en déshérence.

24. L'extinction de la descendance est décrite au moyen de plusieurs phrases redondantes (l. 194-195). Mais la phrase qui conclut cette section dans chacun des trois modèles proposés par al-Asyūṭī (« *wa-lam yabq aḥad mimman yantasibu ilā al-wāqif al-mušār ilayhi bi-ab min al-abāʾ wa-lā min umm min al-ummahāt* ») ne se retrouve ni dans l'acte de *waqf* de Qarāquǧā, ni dans aucun acte qu'il nous a été possible de dépouiller jusqu'à présent. Al-Asyūṭī, *Ǧawāhir al-ʿuqūd* I, p. 264, 271 et 301.

25. L'expression « *li-ansālihim wa-aʿqābihim* » se retrouve presque à l'identique (« *ʿalā ansālihi wa-aʿqābihi* ») dans l'un des modèles d'al-Asyūṭī. En revanche, en lieu et place de l'expression « *ṭabaqat*^{an} *baʿd ṭabaqat*^{in} *wa-nasl*^{an} *baʿd nasl*^{in} », on trouve employée dans deux modèles la formule « *baṭn*^{an} *baʿd baṭn*^{in} *wa-qarn*^{an} *baʿd qarn*^{in} *wa-ṭabaqat*^{an} *baʿd ṭabaqat*^{in} » (« génération après génération, âge après âge, classe d'âge après classe d'âge »). Al-Asyūṭī, *Ǧawāhir al-ʿuqūd* I, p. 264 et 301.

26. L'expression « *ʿalā man huwa fī daraǧatihi wa-ḏawī ṭabaqatihi* » ne se rencontre que dans un seul modèle. Al-Asyūṭī, *Ǧawāhir al-ʿuqūd* I, p. 301.

Famille choisie *vs.* famille légale

La réitération de ce dispositif d'un document à l'autre – même si, comme on le verra, rien n'interdisait à un fondateur de l'ajuster à sa situation particulière – dessine les contours d'une famille choisie en décalage avec la famille légale telle que la définit le droit successoral.

Une première différence est marquée par l'absence de certaines catégories d'héritiers pour lesquels le droit prévoit des parts réservataires (*farā'iḍ*) : la mère, la sœur ou les sœurs, et surtout l'épouse ou les coépouses – ces dernières se partageant en principe un quart de la succession lorsque le défunt n'a pas d'enfant et un huitième lorsqu'il a un enfant ou un petit-enfant. Il est vrai qu'un *waqf* se projette dans un avenir où la classe d'âge du fondateur aura disparu. Mais, de ce fait, se trouvent également exclus les enfants qu'une épouse pourrait avoir d'un autre mariage, après un divorce ou le décès de son époux. C'est en effet la principale raison d'être des parts réservataires que de protéger les intérêts des épouses, y compris après un éventuel remariage, et de garantir à leurs enfants issus d'une nouvelle union des droits sur l'héritage de leur premier mari, en cas de décès de leurs demi-frères utérins. À l'inverse, le *wāqif* privilégie ici de manière exclusive sa propre descendance, avec un scrupule particulier pour l'ordre de succession entre les classes d'âge, de manière à limiter l'éparpillement trop rapide des droits sur le revenu excédentaire du *waqf*.

Une deuxième différence entre cette famille choisie et la famille légale est marquée par l'égalité des droits entre fils et filles du fondateur, égalité entre les sexes que le formulaire étend à toute sa descendance. C'est bien évidemment l'écart le plus important à la norme légale, qui prévoit qu'à la première génération le fils hérite du double de la part réservée à la fille. Cet écart à la norme est d'autant plus remarquable que, dans d'autres contextes historiques, le *waqf* a davantage été utilisé au détriment de la descendance féminine, afin de contourner un droit successoral jugé excessivement favorable à la parenté par les femmes. Ainsi, dans les fondations familiales (*ahliyya*) établies en droit mālikite, au Maghreb à l'époque mérinide, la descendance féminine du *wāqif* se trouvait bien souvent reléguée au rang de second bénéficiaire, ne se partageant le revenu du *waqf* qu'après l'extinction éventuelle de la descendance masculine[27]. En outre, la plupart des juristes, à l'exception de certains représentants de l'école ḥanafite, considéraient par défaut que les femmes n'entraient pas dans le groupe des ayants droit d'un *waqf* établi par le fondateur « au profit de [sa] descendance » (« *ʿalā ʿaqbī* ») ou « au profit de l'enfant de [son] enfant » (« *ʿalā walad waladī* »)[28]. Quant aux trois modèles proposés par al-Asyūṭī dans son recueil de formulaires notariés, ils précisent tous que le partage du revenu excédentaire entre les enfants ou descendants du fondateur doit s'effectuer « selon la règle de la part [réservataire] légale qui attribue à l'homme la part de deux femmes » (« *baynahum ʿalā*

27. Powers, « Maliki Family Endowment », p. 385-386 ; Powers, « Waḳf. In North Africa to 1914 », p. 71.
28. Al-Asyūṭī, *Ǧawāhir al-ʿuqūd* I, p. 254-255.

ḥukm al-farīḍa al-šarʿiyya li-l-ḏakar miṯl ḥaẓẓ al-unṯatayn »)[29]. On mesure mieux, dès lors, la singularité du modèle adopté en Égypte au XVe siècle par les grandes maisons militaires et civiles, dont les *waqfiyyāt* reconnaissaient le plus souvent une place égale aux filles et aux fils, aux descendances féminine et masculine, utérine et consanguine, dans le partage du revenu excédentaire de la fondation[30].

Le constat est sans aucun doute d'une importance majeure pour apprécier les choix patrimoniaux des « gens de l'État » à l'époque mamelouke. Mais il reste très difficile d'en identifier les motifs. Le souci de la descendance féminine aurait-il été le propre d'une société militaire endogame (les Mamelouks), reproduisant en contexte islamique (l'Égypte) des usages en matière de mariage et de patrimoine hérités de leur passé païen (la steppe Qipchaq) ? Ou, pour caricaturer davantage encore les termes du débat, la famille choisie des Turcs aurait-elle été plus favorable aux femmes que la famille légale des Arabes ? Encore faudrait-il, pour que cette explication culturaliste tienne tant soit peu, que l'ethnicité fût effectivement au coeur de l'identité collective de la société militaire mamelouke. Or, elle ne le devint qu'au moment précis (la fin du XIVe siècle) où de nouvelles générations d'esclaves soldats, au sein même de « régime des Turcs » (*dawlat al-atrāk*), se revendiquèrent d'une origine différente – en l'occurrence circassienne (*ǧarkasī al-ǧins*). Encore faudrait-il également que l'adhésion aux usages (supposés) du pays d'origine résistât à la force de l'acculturation. Or, les dispositions prises, par exemple, par la princesse ʿĀʾiša, la sœur du défunt sultan al-Ẓāhir Barqūq arrivée comme son frère des montagnes du Caucase, dans un *waqf* établi en 1414, relèvent d'une autre logique : le revenu excédentaire de sa fondation devait être partagé entre les deux enfants de son défunt fils, à raison des deux tiers pour son petit-fils Muḥammad et d'un tiers pour sa petite-fille Fāṭima, ce qui revenait à respecter scrupuleusement l'ordre de grandeur prévu par le droit successoral ; après leur mort, seuls les descendants de Muḥammad devaient bénéficier de ce revenu, à égalité, cette fois-ci, entre hommes et femmes, entre descendants par les femmes et descendants par les hommes, ce qui constituait cependant un moindre écart à la norme légale[31]. Encore faudrait-il enfin que cette famille choisie, qui faisait part égale entre la descendance masculine et la descendance féminine, fût l'apanage exclusif des maisons militaires. Or, en 1427, par exemple, le *nāẓir al-ǧayš* ʿAbd al-Bāsiṭ ibn Ḫalīl, le plus haut fonctionnaire civil du règne d'al-Ašraf Barsbāy, issu d'une famille damascaine, prévoyait de répartir le revenu excédentaire de son *waqf* à égalité entre ses trois enfants, ses fils Aḥmad et Ibrāhīm et sa fille Satīta ; celle-ci verrait cependant sa part réduite à la moitié de celles de ses frères en cas de mariage, la recouvrant dans sa totalité

29. *Ibid.*, p. 263, 271 et 301. De même – et ce n'est pas une surprise – les modèles d'actes de *waqf* copiés dans les recueils de *fatāwā* s'alignent explicitement, pour la répartition des revenus entre hommes et femmes, sur les prescriptions de la *šarīʿa* en matière d'héritage : Rapoport, « Women and Gender », p. 20 et note 88.
30. Michael Winter fait un constat semblable pour les *waqf*-s des émirs de Damas à la fin de l'époque mamelouke : « *In many documents the portions of what women obtained from the estate through* waqf *were explicitly higher than what they would have received by the Qurʾānic laws of inheritance.* » Winter, « Mamluks and Their Households », p. 311.
31. WA, doc. 140 *ǧadīd*, l. 74-87 (Amīn, *Catalogue*, n° 350).

en cas de divorce ; aux générations suivantes, seule la descendance consanguine (*walad al-ẓahr*) de ses trois enfants devait se partager cette rente [32].

En définitive, rien ne laisse penser que le souci de la descendance féminine dans les choix patrimoniaux des « gens de l'État » fût lié à l'origine ethnique de l'aristocratie mamelouke, qu'il fût l'effet d'un *habitus* « turc » en décalage avec la norme islamique et dont l'exemple aurait été imité dans le milieu des administrateurs civils. En revanche, la convergence des usages patrimoniaux entre maisons civiles et militaires, le souci partagé de la descendance féminine (selon d'infinies variations de détail), sont peut-être à mettre en rapport avec ce que l'on devine de l'essor, au xve siècle, des mariages entre les membres de l'aristocratie militaire et les femmes des grandes familles de la notabilité égyptienne. Une enquête systématique reste à faire sur les alliances matrimoniales des « gens de l'État » dans l'Égypte du xve siècle, pour infirmer ou confirmer cette hypothèse. Quoiqu'il en soit, cette attitude nouvelle des élites égyptiennes semble bel et bien s'inscrire dans une évolution globale de la société, plus favorable que par le passé à l'égalité patrimoniale entre garçons et filles d'une même famille [33].

La famille choisie telle que la donnent à voir les actes de *waqf* d'époque mamelouke apparaît ainsi ramenée au lignage du fondateur, à sa seule descendance, excluant les collatéraux comme les affins. Une descendance où la lignée agnatique n'est pas privilégiée, où les femmes reçoivent et transmettent les mêmes droits que les hommes sur le patrimoine de leur aïeul commun. Mais cette famille choisie était également très souvent élargie, dans son principe, à une catégorie d'ayants droit exclus du périmètre légal de l'héritage. C'était en effet une stipulation fréquente dans les actes de fondation que de prévoir dans un second temps, en cas d'extinction de la descendance naturelle, d'attribuer le revenu excédentaire du *waqf* aux esclaves affranchis par le fondateur (*ʿutaqāʾihi*) [34].

Peut-être ne faut-il y voir qu'une œuvre pieuse supplémentaire, à laquelle invitait en effet la morale islamique : affranchir ses esclaves et assurer leur avenir matériel. Mais les affranchis

32. WA, doc. 189 *ǧadīd*, acte de *waqf* n° 3, *išhād* des 8 et 9 ṣafar 831, l. 128-145 (Amīn, *Catalogue*, n° 356). Sur ʿAbd al-Bāsiṭ b. Ḫalīl b. Ibrāhīm, voir Ibn Taġrī Birdī, *Manhal* 7, n° 1358, p. 136-142 ; al-Saḫāwī, *Ḍawʾ* 4, n° 81, p. 24-27. L'affirmation ambiguë d'Ibn Iyās, faisant l'éloge d'un autre de ses fils, Abū Bakr, comme « une exception parmi les fils des gens » (*nādira fī abnāʾ al-nās*) ne suffit pas à faire de ʿAbd al-Bāsiṭ un descendant de mamelouk : Ibn Iyās, *Badāʾiʿ* 3, p. 179. Cf. Martel-Thoumian, *Les civils et l'administration*, p. 130.

33. Rapoport, « Women and Gender », p. 18.

34. Voir par exemple DW, doc. 7/47 (Amīn, *Catalogue*, n° 51) ; DW, doc. 11/66 (Amīn, *Catalogue*, n° 72) ; DW, doc. 13/83 (Amīn, *Catalogue*, n° 88) ; WA, doc. 68 *ǧadīd* (Amīn, *Catalogue*, n° 342) ; WA, doc. 71 *ǧadīd* (Amīn, *Catalogue*, n° 341) ; WA, doc. 938 *qadīm* (Amīn, *Catalogue*, n° 352). Voir également Winter, « Mamluks and Their Households », p. 302-303, 305-306 et 309-310. Al-Asyūṭī rappelle, dans l'introduction de son chapitre sur la rédaction des actes de *waqf*, que les « gens de l'État » établissent fréquemment leur *waqf* « au profit de leur descendance et de leurs affranchis, puis des pauvres et des miséreux, des veuves, des orphelins et des nécessiteux » (« *ʿalā ḏurriyyatihi wa-muʿtaqīhi ṯumma ʿalā al-fuqarāʾ wa-l-masākīn wa-l-arāmil wa-l-aytām wa-l-muḥtāǧīn kamā ǧarat bihi ʿādat al-mulūk wa-l-salāṭīn wa-l-mutaqaddimīn* »). En revanche, aucun des modèles d'acte qu'il propose ne comprend de disposition en faveur des affranchis. Al-Asyūṭī, *Ǧawāhir al-ʿuqūd* 1, p. 256.

semblent bien avoir formé une véritable famille seconde. Seconde, dans la mesure où ses droits ne s'ouvraient qu'au jour où la famille première (la descendance naturelle) s'était éteinte – dans une position semblable, en somme, à celle de la descendance féminine dans bien des fondations familiales en droit mālikite. Famille véritable, cependant, en ce sens que certains *wāqif*-s – ainsi l'émir Qarāquǧā al-Ḥasanī (annexe n° 1, l. 195-198) – prévoyaient que leurs affranchis puissent transmettre leurs droits sur le revenu excédentaire du *waqf* à leurs propres descendants, selon un ordre de succession identique à celui qui prévalait au sein de la descendance naturelle du fondateur (« *ʿalā al-ḥukm wa al-tartīb al-mašrūḥayn fī ḥaqq awlād al-wāqif* »).

Or cette provision n'était pas un simple vœu pieux. Dans une société où la peste était une menace récurrente, aggravant les conséquences d'une mortalité infantile élevée, il n'était pas rare que la descendance naturelle s'éteignît brutalement malgré la pratique encore répandue, quoique déclinante, de la polygamie. Ainsi, lors de l'épidémie particulièrement meurtrière de mars 1449, le même jour, l'émir Qarāquǧā et son fils unique moururent de la peste ; ils furent inhumés le lendemain dans la même tombe. Deux mois plus tard, comme en atteste un procès-verbal (*maḥḍar*) copié au verso de l'acte de fondation, les ayants droit du *waqf*, au nombre de dix-huit, s'étaient faits connaître : il y avait là douze de ses mamelouks, trois de ses eunuques et trois de ses concubines, tous affranchis[35]. La famille seconde de l'émir héritait ainsi, si l'on peut dire, du revenu excédentaire de son *waqf*.

L'acte de *waqf*, une archive de l'intime ?

La *waqfiyya* de l'émir Qarāquǧā al-Ḥasanī présente ainsi un ensemble de dispositions que l'on retrouve peu ou prou, au XVe siècle, dans nombre d'actes de fondation des « gens de l'État ». La famille choisie, si tant est que ces documents en délivrent une image véridique, était ainsi bien souvent la même dans l'aristocratie militaire, la haute administration civile et les lignages princiers. Cette convergence des usages témoigne sans doute d'une intégration inédite des élites du pouvoir dans l'Égypte mamelouke, dont on trouverait d'autres indices dans le choix des alliances matrimoniales. Mais en-deçà de cette pratique médiane, le plus intrigant réside plutôt dans la nuance parfois infime qui vient adapter le dispositif ordinaire et le personnaliser, dans ce jeu des différences qui fait de chaque *waqf* une réponse singulière à une situation unique. On en jugera par quelques exemples.

En 1386, le sultan al-Ẓāhir Barqūq décide d'attribuer le revenu excédentaire de son *waqf* à ses enfants et à leurs descendants, ainsi qu'à ses sœurs et à leur descendance, à égalité entre hommes et femmes. Cinq ans plus tôt, en effet, ses deux sœurs avaient quitté le Caucase en même temps que leur père et de nombreux parents, l'une avec son fils et sa fille, l'autre avec son petit-fils, pour rejoindre en Égypte leur frère devenu sultan. Le souci de ce dernier pour les lignées collatérales de sa famille élargie s'étend aux générations suivantes, avec une certaine restriction cependant : les descendants de ses sœurs ne pourront prétendre qu'au quart de

35. Ibn Taġrī Birdī, *Manhal* 9, n° 1860, p. 50-51. Al-Saḫāwī, *Ḍaw'* 6, n° 722, p. 216. WA, doc. 748 *ǧadīd*, recto (Amīn, *Catalogue*, n° 368). Le *maḥḍar* est édité dans Loiseau, « Les attestations de *waqf* de l'émir Qarāquǧā ».

la part leur revenant théoriquement dans le cadre d'un partage égal entre les ayants droit du *waqf*; les trois autres quarts seront reversés au bénéfice des descendants en ligne directe du fondateur[36]. Ainsi l'acte de *waqf* d'al-Ẓāhir Barqūq enregistre-t-il, au moins partiellement, le regroupement familial inédit réalisé par le sultan[37].

En 1402, l'émir Sūdūn min Zādah prévoit de verser à ses enfants et à leurs descendants, chaque mois, la somme globale de deux mille dirhams *nuqra*, prélevée sur les revenus de son *waqf*. Si cette disposition ne s'éloigne guère des usages déjà constatés, le fondateur entend cependant qu'elle soit mise en œuvre à la fois pour les enfants déjà nés et pour les enfants à naître (« *al-mawǧūdīn wa-l-ḥādiṯīn* ») – en contradiction avec l'opinion de la plupart des juristes, lesquels considéraient, à l'exception notable des mālikites, que les bénéficiaires immédiats d'un *waqf* devaient exister à la date de sa fondation[38]. En outre, le partage devait se faire à égalité, non seulement entre hommes et femmes (« *lā yafḍala ḏakar ʿalā unṯā* »), mais également entre aînés et cadets (« *wa-lā kabīr ʿalā ṣaġīr* ») et entre classes d'âge (« *wa-lā ṭabaqa ʿulyā ʿalā ṭabaqa suflā* »). Enfin, la somme globale devait être versée au début de chaque mois et partagée entre tous les ayants droit, au prorata de leur nombre au jour du versement. De telles dispositions s'avéraient sans doute nécessaires aux yeux du fondateur, compte tenu de l'écart d'âge important qui séparait ses enfants. C'est du moins ce que l'on peut déduire de la mention de ces derniers dans l'acte de *waqf* lui-même :

> « Le fondateur susmentionné, que Dieu le Très Haut préserve sa santé, a déclaré avoir à ce jour cinq enfants, à savoir : Faraǧ l'aîné (*al-ʿaẓīm*), Manṣūr, ʿAbd al-Qādir, Ramaḍān qui est encore au sein (*al-raḍīʿ*) et Satīta, que l'on appelle Faraǧ, laquelle est allaitée (*al-murḍaʿ*) également. »

Ainsi l'émir Sūdūn min Zādah faisait-il enregistrer dans l'acte la situation exacte de sa famille à la date de la fondation de son *waqf*[39].

36. DW, doc. 9/51, l. 1026-1042 (Amīn, *Catalogue*, n° 55).
37. Sur les deux sœurs du sultan, ʿĀʾiša et Qānqaz, et leurs enfants et petit-enfant, voir Ibn Taġrī Birdī, *Manhal* 3, n° 726, p. 481-483 et vol. 6, n° 1130, p. 111-115 ; al-Saḫāwī, *Ḍawʾ* 12, n° 458, p. 74 et n° 703, p. 116. Sur le regroupement de la famille d'al-Ẓāhir Barqūq au Caire, voir Loiseau, *Reconstruire la Maison du sultan* 1, p. 198. À plusieurs reprises depuis la fin du XIIIe siècle, des émirs mamelouks avaient fait venir au Caire des membres de leur famille depuis leur lointain pays de naissance : Broadbridge, « Sending Home for Mom and Dad » ; Yosef, « Mamluks and Their Relatives ». Malgré ces précédents, le regroupement opéré par Barqūq, de manière systématique et sur plusieurs années, est inédit par son ampleur et sa durée. Voir Loiseau, *Les Mamelouks*.
38. Peters, « Waḳf. In Classical Islamic Law », p. 61. Cette opinion négative de la plupart des juristes n'empêche pas al-Asyūṭī de proposer un modèle d'acte où le fondateur se réserve la possibilité d'étendre le bénéfice du *waqf* aux enfants, garçons et filles, qu'il est susceptible d'avoir à l'avenir : « *wa man ʿasāhu an yūlada min al-ḏukūr wa l-ināṯ* ». Al-Asyūṭī, *Ǧawāhir al-ʿuqūd* 1, p. 301.
39. DW, doc. 10 /58, éd. Ḥusnī Nuwayṣar, *Madrasa ǧarkasiyya*, p. 107-108, l. 327-335 (Amīn, *Catalogue*, n° 63). La mention nominale des enfants du *wāqif* est requise, d'après al-Asyūṭī, dans le cadre d'un *waqf* bénéficiant immédiatement à ces derniers. En outre, lorsqu'ils sont encore mineurs, sous la protection légale de leur

En 1413, enfin, l'acte de *waqf* de Ǧamāl al-Dīn Yūsuf al-Ustādār, l'ancien intendant du sultan, prévoit d'attribuer le revenu excédentaire de la fondation aux enfants du *wāqif* et à leurs descendants, selon la règle de partage et l'ordre de transmission que l'on a étudiés plus haut. Mais une catégorie de bénéficiaires curieusement définie est également introduite en second rang, qui ne verra ses droits ouverts qu'à l'extinction de la lignée du *wāqif* : à savoir, « les plus proches parents du fondateur par les pères et par les mères, hommes et femmes » (« *aqrab al-nās ilā al-wāqif al-maḏkūr kāna min al-abā' aw kāna min al-ummahāt min ḏakar aw unṯā* »). À cette date, en effet, le fondateur est mort depuis plus de trois ans ; son *waqf* a été annulé par le sultan et ses biens confisqués ; à la faveur de la mort de ce dernier et de l'avènement d'un nouveau souverain, lequel s'estime redevable à l'égard de l'ancien intendant, la fondation vient d'être rétablie selon des dispositions (*šurūṭ*) en partie réécrites. Les artisans de cette restitution, qui profite avant tout à la fille unique du fondateur défunt, entendent bien ne pas être oubliés dans la redistribution du revenu excédentaire de la fondation. Ils apparaissent d'ailleurs nommément dans l'acte (re)dressé en février 1413, lequel désigne comme coadministrateurs (*nāẓir*) de la fondation les deux frères consanguins (*šaqīq*) du *wāqif* et les deux fils de sa sœur. Ainsi l'acte de *waqf* posthume de Ǧamāl al-Dīn enregistre-t-il, à sa manière, le rôle de ses proches parents dans le rétablissement des droits de sa descendance[40].

La souplesse du *waqf*, sa plasticité presque infinie, expliquent sans doute pour une grande part le recours très large à cette procédure comme mode de transmission alternatif, afin de minimiser, voire d'abolir les contraintes très strictes du droit successoral. Mais au-delà de ce constat, si l'on veut bien admettre que les choix du *wāqif* reflètent à la fois sa situation familiale et ses inclinations, alors chaque *waqfiyya*, sous la sécheresse apparente de l'acte légal, est un véritable document intime, une archive familiale qui donne à voir à un instant précis la réalité humaine et affective de l'entourage du *wāqif*.

L'acte de *waqf* de l'émir Taġrī Birdī al-Maḥmūdī révèle ainsi la sollicitude particulière de cet émir pour la mère de ses enfants, al-Sayyida Narǧis (annexe n° 2)[41]. À cette concubine qu'il a affranchie puis épousée, le fondateur attribue un huitième du revenu excédentaire de sa fondation, réservant les sept autres huitièmes à leurs deux enfants, Muḥammad et Fāṭima, puis à leurs descendants. Mais cette préoccupation, aussi sincère qu'elle soit, ne s'étend pas au-delà de leur communauté de vie : la part de Narǧis doit en effet revenir à sa mort à leurs deux enfants, excluant ainsi la descendance qu'elle pourrait avoir à la faveur d'un éventuel remariage[42]. Mieux encore, la sollicitude du fondateur n'excède pas la norme légale qui s'impose

père (« *inna kānū ṣiġār^an taḥta ḥaǧrihi* »), c'est ce dernier qui perçoit la somme qui leur est allouée. Al-Asyūṭī, *Ǧawāhir al-ʿuqūd* 1, p. 301.

40. *Waṯīqat waqf Ǧamāl al-Dīn*, éd. ʿUṯmān, l. 365-381. Loiseau, *Reconstruire la Maison du sultan* 1, p. 307.

41. WA, doc. 606 *ǧadīd* (Amīn, *Catalogue*, n° 355).

42. À l'inverse, l'émir Asanbuġā al-Ṭayyārī attribue la moitié du revenu excédentaire de sa fondation à son épouse ; une part qui, après sa mort, doit être partagée entre tous les enfants de celle-ci, que le *wāqif* soit leur père ou non, conformément au principe des *farā'iḍ*. Mais il est vrai que son épouse, Fāṭima dite Satīta, est une femme de naissance libre et non son ancienne concubine. DW, doc. 13/83, l. 78-82 (Amīn, *Catalogue*, n° 88).

à l'époux, l'exact montant d'une part réservataire : ce huitième d'une succession qui revient de droit à l'épouse du *de cujus*. Ce n'est qu'à la faveur de circonstances particulières – l'extinction de tous les autres ayants droit, descendants puis affranchis du fondateur – que l'ancienne concubine pourra prétendre aux trois quarts du revenu excédentaire de la fondation de son époux. Ainsi, dans la maison de Taġrī Birdī, par un curieux détour de l'affection conjugale, la famille choisie de l'émir, qu'il place à l'abri de son *waqf*, rejoint dans son principe la famille légale que protège le droit successoral.

Bibliographie

Sources

1. Documents d'archives inédits

[DW = Dār al-waṯā'iq al-qawmiyya, Le Caire ; WA = Wizārat al-awqāf, Le Caire]

DW, doc. 7/47 : acte de *waqf* de Ḫawand Baraka Umm al-Sulṭān Šaʿbān (25 ḏū l-qaʿda 771)

DW, doc. 9/51 : actes de *waqf* du sultan al-Ẓāhir Barqūq (années 788, 789, 794, 795, 797)

DW, doc. 11/66 : acte de *waqf* du sultan al-Nāṣir Faraǧ (7 muḥarram 812)

DW, doc. 12/72 : acte de *waqf* de Faḫr al-Dīn Ibn Abī al-Faraǧ (20 ramaḍān 820)

DW, doc. 13/83 : acte de *waqf* d'Asanbuġā al-Ṭayyārī (20 ǧumādā II 833)

WA, doc. 1143 *qadīm* : actes de *waqf* d'Aytamiš al-Baǧǧāsī (années 786, 789, 790, 801)

WA, doc. 67 *ǧadīd* : actes de vente successifs (20 šaʿbān 798, 5 rabīʿ I 799)

WA, doc. 64 *ǧadīd* : acte de *waqf* de Ḫawand Qānqaz (14 šaʿbān 804)

WA, doc. 71 *ǧadīd* : acte de *waqf* de Ḫawand Šīrīn (7 šawwāl 802)

WA, doc. 68 *ǧadīd* : acte de *waqf* du sultan al-Nāṣir Faraǧ (26 rabīʿ II 804)

WA, doc. 517 *ǧadīd* : actes de vente successifs (s.d., 20 ramaḍān 812, s.d.)

WA, doc. 140 *ǧadīd* : acte de *waqf* de Ḫawand ʿĀ'iša bt. Anaṣ (19 rabīʿ I 817)

WA, doc. 938 *qadīm* : acte de *waqf* du sultan al-Mu'ayyad Šayḫ (4 ǧumādā II 823)

WA, doc. 606 *ǧadīd* : acte de *waqf* de Taġrī Birdī al-Maḥmūdī (15 ḏū l-qaʿda 827)

WA, doc. 189 *ǧadīd* : actes de *waqf* de ʿAbd al-Bāsiṭ b. Ḫalīl (s.d., 829, 831, 832)

WA, doc. 748 *ǧadīd* : actes de *waqf* de Qarāquǧā al-Ḥasanī (années 845, 846, 850)

2. Documents d'archives édités

Al-Harithy, Howayda N., *The Waqf Document of Sultan al-Nāṣir Ḥasan b. Muḥammad b. Qalāwūn for His Complex in al-Rumaila*, in Kommission bei Das Arabische Buch, Berlin, Bibliotheca Islamica 45, Beyrouth, 2001.

Ibrāhīm ʿAlī, ʿAbd al-Laṭīf, « Waṯīqat al-amīr āḫūr kabīr Qarāquǧā al-Ḥasanī », *Maǧallat kulliyyat al-ādāb*, Ǧāmiʿat al-Qāhira, 18/2 (décembre 1956), 1959, p. 183-251.

Nuwayṣar, Ḥusnī, *Madrasa ǧarkasiyya ʿalā namaṭ al-masāǧid al-ǧāmiʿa. Madrasat al-Amīr Sūdūn min Zādah bi-sūq al-silāḥ*, Maktabat Nahḍat al-šarq, Le Caire, 1985.

ʿUṯmān, Muḥammad ʿAbd al-Sattār, *Waṯīqat waqf Ǧamāl al-Dīn Yūsuf al-Ustādār. Dirāsa ta'rīḫiyya aṯariyya waṯā'iqiyya*, Alexandrie, 1983.

3. Textes

Al-Asyūṭī, *Ǧawāhir al-ʿuqūd wa-muʿīn al-quḍā wa al-muwaqqiʿīn wa al-šuhūd*, éd. ʿAbd al-Ḥamīd Muḥammad al-Saʿdanī, 2 vol., Dār al-kutub al-ʿilmiyya, Beyrouth, 1996.

Ibn Iyās, *Badāʾiʿ al-zuhūr fī waqāʾiʿ al-duhūr*, éd. Muḥammad Muṣṭafā, 2ᵉ éd., 5 vol., Al-Hayʾa al-miṣriyya al-ʿāmma li-l-kitāb, Le Caire, 1982-1984.

Ibn Ḥaǧar, *Inbāʾ al-ġumr bi-anbāʾ al-ʿumr*, Ḥasan Ḥabašī éd., Wizārat al-awqāf, 4 vol., 1994-1998.

Ibn Ḫaldūn, *Kitāb al-Taʿrīf*, éd. Muḥammad b. Tawīt al-Ṭanjī, Le Caire, 1951 ; trad. Abdesselam Cheddadi, *Le Livre des Exemples*, I, *Autobiographie, Muqaddima*, Gallimard, Bibliothèque de la Pléiade, Paris, 2002.

Ibn Taġrī Birdī, *al-Manhal al-ṣāfī wa al-mustawfī baʿd al-wāfī*, éd. Markaz taḥqīq al-turāṯ, 13 vol., al-Hayʾa al-miṣriyya al-ʿāmma li-l-kitāb, Le Caire, 1956-2009.

Al-Maqrīzī, *al-Mawāʿiẓ wa-l-iʿtibār fī ḏikr al-ḫiṭaṭ wa-l-āṯār*, édition de Būlāq, 2 vol., 1853 ; A. Fuʾad Sayyid (éd.), al-Furqān Islamic Heritage Foundation, Londres, 5 vol., 2002-2004.

Al-Saḫāwī, *al-Ḍawʾ al-lāmiʿ li-ahl al-qarn al-tāsiʿ*, 12 vols., Maktabat al-Qudsī, Le Caire, 1934-1936.

Études

ʿAbd al-Rāziq, Aḥmad, *La femme au temps des Mamlouks en Égypte*, Ifao, Le Caire, 1973.

Amīn, Muḥammad Muḥammad, *Al-Awqāf wa l-ḥayāt al-iǧtimāʿiyya fī Miṣr (648-923 H./1250-1517)*, Dār al-Nahḍa al-ʿarabiyya, Le Caire, 1980.

Amīn, Muḥammad Muḥammad, *Catalogue des documents d'archives du Caire de 239/853 à 922/1516*, Ifao, Le Caire, 1981.

Behrens-Abouseif, Doris, « Waḳf. In Egypt », *EI²* XI, Leyde, Brill, 2002, p. 63-69.

Broadbridge, Anne F., « Sending Home for Mom and Dad: The Extended Family Impulse in Mamluk Politics », *MSRev* 15, 2011, p. 1-18.

Denoix, Sylvie, « Pour une exploitation d'ensemble d'un corpus : les waqfs mamelouks du Caire », dans Randi Deguilhem (éd.), *Le waqf dans l'espace islamique, outil de pouvoir socio-politique*, Ifd, Damas, 1995, p. 29-44.

—, « Fondations pieuses, fondations économiques. Le *waqf*, un mode d'intervention sur la ville mamelouke », dans Sylvie Denoix, Jean-Charles Depaule et Michel Tuchscherer (dir.), *Le Khan al-Khalili. Un centre commercial et artisanal au Caire du XIIIᵉ au XXᵉ siècle*, Ifao, Le Caire, 1999, p. 19-26.

Cahen, Claude, « Réflexions sur le Waqf ancien », *StudIsl* 14, 1961, p. 37-56.

Chaumont, Éric, « Legs et successions dans le droit musulman », dans Joëlle Beaucamp et Gilbert Dagron (éd.), *La transmission du Patrimoine : Byzance et l'aire méditerranéenne* (Paris, 24-25 novembre 1995), *TravMem* 11, De Boccard, Paris, 1998.

Chaumont, Éric, « Droit successoral », dans Mohammad Ali Amir-Moezzi (dir.), *Dictionnaire du Coran*, Robert Laffont, Paris, 2007.

Garcin, Jean-Claude, « Le waqf est-il la transmission d'un patrimoine ? », dans Joëlle Beaucamp et Gilbert Dagron (éd.), *La transmission du Patrimoine : Byzance et l'aire méditerranéenne* (Paris, 24-25 novembre 1995), *TravMem* 11, De Boccard, Paris, 1998.

Garcin, Jean-Claude et Taher, Mustafa Anouar, « Enquête sur le financement d'un waqf égyptien du XVᵉ siècle : les comptes de Jawhar al-Lālā », *JESHO* 38/3, 1995, p. 262-304.

Ibrāhīm, ʿAbd al-Laṭīf, « Waṯīqat Bayʿ », *Maǧallat Kulliyyat al-ādāb* 19/2, décembre 1957, Le Caire, 1961, p. 135-214.

Loiseau, Julien, « Un bien de famille. La société mamelouke et la circulation des patrimoines, ou la petite histoire d'un moulin du Caire », *AnIsl* 37, 2003, p. 275-314.

—, *Reconstruire la Maison du sultan. Ruine et recomposition de l'ordre urbain au Caire (1350-1450)*, Ifao, Le Caire, 2 vol., 2010.

—, « Les attestations de *waqf* de l'émir Qarāquǧā al-Ḥasanī. Documents et histoire urbaine dans l'Égypte mamlouke », dans Anne Regourd (éd.), *Documents et Histoire. Islam, VIIe-XVIe siècles*, Actes des journées d'études musée du Louvre/EPHE (mai 2008), Genève, Droz (École pratique des hautes études, Sciences historiques et philologiques II, Hautes études orientales – Moyen et Proche-Orient, 5/51), 2013, p. 211-238.

—, *Les Mamelouks, XIIIe-XVIe siècles. Une expérience du pouvoir dans l'Islam médiéval*. Seuil, Paris, à paraître.

Maḥfūẓ Hanā, Zaynab Muḥammad, *Waṯā'iq al-bayʿ fī Miṣr ḫilāl al-ʿaṣr al-mamlūkī*, thèse de doctorat de documentation inédite, soutenue à l'université du Caire, nº 1623, 3 vol., 1976.

Martel-Thoumian, Bernadette, *Les civils et l'administration dans l'État militaire mamlūk (IXe/XVe siècle)*, Ifead, Damas, 1991.

Peters, Rudolph, « Waḳf. In Classical Islamic Law », *EI²* XI, Leyde, Brill, 2002, p. 59-63.

Powers, David S., *The Formation of the Islamic Law of Inheritance*, University of California Press, Los Angeles, 1986.

—, « The Maliki Family Endowment : Legal Norms and Social Practices », *IJMES* 25, 1993, p. 379-406.

—, « Waḳf. In North Africa to 1914 », *EI²* XI, Leyde, Brill, 2002, p. 69-75.

Rapoport, Yossef, « Women and Gender in Mamluk Society: An Overview », *MSRev* 11.2, 2007, p. 1-47

Richards, Donald S., « Mamluk Amirs and Their Families and Households », dans Thomas Philipp et Ulrich Haarmann (éd.), *The Mamluks in Egyptian Politics and Society*, Cambridge University Press, Cambridge, p. 32-54.

Sabra, Adam, « Public Policy or Private Charity? The Ambivalent Character of Islamic Charitable Endowments », dans Michael Borgolte (éd.), *Stiftungen in Christentum, Judentum und Islam vor der Moderne: Auf der Suche nach ihren Gemeinsamkeiten und Unterschieden in religiösen Grundlagen, praktischen Zwecken und historischen Transformationen*, Akademie Verlag, Berlin, 2005, p. 95-108.

Winter, Michael, « Mamluks and Their Households in Late Mamluk Damascus: A waqf Study », dans Amalia Levanoni et Michael Winter (éd.), *The Mamluks in Egyptian and Syrian Politics and Society*, Brill, Leiden, Boston, 2004, p. 297-316.

Yosef, Koby, « Mamluks and Their Relatives in the Period of the Mamluk Sultanate (1250-1517) », *MSRev* 16, 2012, p. 55-69.

Annexe 1

Extrait de l'acte de *waqf* de l'émir Qarāquǧā al-Ḥasanī du 1er šaʿbān 845 (Wizārat al-awqāf, doc. 92 *qadīm*, éd. ʿA. Ibrāhīm, « Waṯīqat Qarāquǧā al-Ḥasanī », p. 214-216 : attribution des revenus du *mawqūf* après la mort du *wāqif*.

١٧٧. وما فضل بعد ما عيّن صرفه فيه من ريع الموقوف المذكور

١٧٨. المحدود فيه يتناوله المقرّ الأشرف الواقف المشار إليه فيه أعزّ الله تعالى أنصاره لنفسه الكريمة حرّسها

١٧٩. الله تعالى أيّام حياته أحياه الله تعالى حياة طيّبة من غير مشارك له في ذلك ولا في شيء منه فإذا توفّاه الله تعالى

١٨٠. بعد عمر طويل يكون ذلك مصروفًا لأولاده الذكر والأنثى في ذلك سواء لا يفضل ذكر على أنثى ولا أنثى

١٨١. على ذكر ثمّ من بعدهم لأولادهم كذلك من ولد الظهر ومن ولد البطن ثمّ لأولاد أولادهم كذلك ثمّ لأنسالهم

١٨٢. وأعقابهم كذلك طبقة بعد طبقة ونسلًا بعد نسل تحجب الطبقة العليا أبدًا منهم الطبقة السفلى إلى حين

١٨٣. إنقراضهم يستقلّ به الواحد منهم أجمعين إذا انفرد ويشترك فيه الإثنان فما فوقهما عند الإجتماع على أنّه

١٨٤. من توفّي منهم وترك ولدًا أو ولد ولد أو أسفل من ذلك من ولد الولد على الحكم والترتيب المشروحين فيه

١٨٥. إنتقل نصيبه من ذلك لولده ثمّ إلى ولد ولده وإن سفل على الحكم والترتيب المشروحين فيه فإن لم يكن

١٨٦. له ولد ولا ولد ولد ولا أسفل من ذلك لا من ولد الظهر ولا من ولد البطن إنتقل نصيبه من ذلك

١٨٧. لأخوته وأخواته المشاركين له في الإستحقاق من أهل هذا الوقف مضافًا إلى ما يستحقّونه من ذلك

١٨٨. فإن لم يكن له أخوة ولا أخوات فلمن هو من درجته وذوي طبقته من أهل هذا الوقف

١٨٩. فإن لم يكن كذلك فإلى أقرب الطبقات إلى المتوفّى من أهل هذا الوقف وعلى أنّه

١٩٠. من توفّي منهم أجمعين قبل دخوله في هذا الوقف واستحقاقه لشيء من منافعه وترك ولدًا أو ولد ولد

١٩١. أو أسفل من ذلك من ولد الولد على الحكم والترتيب المشروحين فيه آل الوقف إلى حال لو كان

١٩٢. المتوفّى حيًّا باقيًا لا يستحقّ ذلك أو شيء منه قام ولده أو ولد ولده وإن سفل مقامه في الإستحقاق

١٩٣. واستحقّ ما كان أصله يستحقّه من ذلك إن كان حيًّا باقيًا يتداولون ذلك بينهم كذلك سلفًا عن خلف

١٩٤. إلى حين انقراضهم فإذا انقرضوا بأسرهم وأبادهم الموت عن آخرهم ولم يبق منهم أحد

١٩٥. وخلت الأرض منهم أجمعين يكون ذلك مصروفًا لعتقاء الواقف المشار إليه فيه من الفحول

١٩٦. والخصي والإناث من سائر الجنوس بالسوية بينهم ثمّ من بعدهم لأولادهم كذلك ثمّ من بعدهم لأولاد أولادهم

١٩٧. كذلك ثمّ لأنسالهم وأعقابهم كذلك على الحكم والترتيب المشروحين في حقّ أولاد الواقف المشار

١٩٨. إليه فيه وأولادهم وذريّتهم ونسلهم وعقبهم يتداولون ذلك بينهم كذلك سلفًا عن خلف إلى حين انقراضهم

١٩٩. فإذا انقرضوا بأسرهم وأبادهم الموت عن آخرهم ولم يبق منهم أحد وخلت الأرض منهم أجمعين وتعذّر

٢٠٠. الصرف إلى من عيّن له الصرف فيه صرف ريع الموقوف فيه الموصوف المحدود بأعاليه للفقراء والمساكين

٢٠١. والأرامل والأيتام والعاجزين المتّصفين بالفقر والفاقة أهل الحاجة المقيمين بمكّة المشرّفة ومدينة الطيّبة...

Annexe 2.

Extrait de l'acte de *waqf* de l'émir Sayf al-Dīn Taġrī Birdī al-Maḥmūdī du 15 ḏū l-qaʿda 827 (Wizārat al-awqāf, doc. 606 *ǧadīd*) : attribution des revenus du *mawqūf* après la mort du *wāqif*.

١٢٧ . ثمّ ما فضل بعد ذلك يكون الثمن من ريع الموقوف المذكور مصروفًا لزوجة الواقف

١٢٨ . المشار إليه عتيقته السيّدة المصونة المحجّبة الكبرى نرجس المرأة الكامل ابنة عبد الله والدة ولديه أصليه هما

١٢٩ . سيّدي محمّد الرباعي العمر والسيّدة المصونة فاطمة المرضع ثمّ من بعد وفاة المصونة نرجس المسمّاة فيه يكون

١٣٠ . ذلك مصروفًا لأولاد مولانا المقرّ الأشرف السيفي تغري بردي الواقف المشار إليه أعلاه أعزّ الله أنصاره

١٣١ . بالسوية بينهما الذكر والأنثى في ذلك سواء ثمّ من بعدهم على الجهات الآتي ذكرها فيه على ما سيشرح ويفصّل فيه

١٣٢ . والنصف والربع والثمن من ريع الموقوف المذكور يكون ذلك وقفًا مصروفًا ريعه لولدي الواقف المشار إليه

١٣٣ . أعلاه أعزّ الله أنصاره وهما سيّدي محّمد والمصونة فاطمة المشار إليهما أعلاه [..........] للمقر الأشرف

١٣٤ . الواقف المشار إليه أعلاه أعزّ الله أنصاره من الأولاد الذكر والأنثى في ذلك سواء يستقلّ به الواحد منهم

١٣٥ . عندالإنفراد ويشرك فيه الإثنان فما فوقهما عند الإجتماع ثمّ من بعدهم على أولادهم كذلك من ولد الظهر والبطن

١٣٦ . الذكر والأنثى في ذلك سواء ثمّ من بعدهم على أولادهم كذلك ثمّ على أولاد أولاد أولادهم كذلك ثمّ على أولاد

١٣٧ . أولاد أولاد أولادهم كذلك ثمّ على أنسالهم وأعقابهم كذلك من ولد الظهر والبطن الذكر والأنثى في ذلك سواء

١٣٨ . طبقة بعد طبقة ونسلًا بعد نسل أبدًا ما تناسلوا ودائمًا ما تعاقبوا تحجب الطبقة العليا أبدًا منهم الطبقة

١٣٩ . السفلى إلى حين انقراضهم على أنّه من مات منهم وترك ولدًا أو ولد ولد أو أسفل من ذلك من ولد الولد من ولد الظهر والبطن

١٤٠ . ذكرًا كان أو أنثى انتقل نصيبه من ذلك إلى ولده ثمّ إلى ولد ولده وإن سفل ذكرًا كان أو أنثى على الحكم والترتيب المشروحين فيه

١٤١ . فإن لم يكن للمتوفّى ولد ولا ولد ولد ولا أسفل من ذلك ولا نسل ولا عقبة ولا من ولد الظهر ولا من ولد البطن انتقل النصيب من ذلك

١٤٢ . إلى أخوته وأخواته المشاركة له في الإستحقاق مضافًا إلى ما يستحقّونه من ذلك فإن لم يكن له أخوة ولا أخوات فلمن هو في درجته

١٤٣ . وذوي طبقته فإن لم يكن كذلك لأقرب الطبقات إلى المتوفّى المذكور على أنّه من مات منهم أجمعين قبل دخوله في هذا

١٤٤ . الوقف واستحقاقه لشيء من منافعه وترك ولدًا أو ولد ولد أو أسفل من ذلك من ولد الولد من ولد الظهر والبطن

١٤٥ . ذكرًا كان أو أنثى آل الوقف إلى حال لو كان المتوفّى حيًّا باقيًا لا يستحقّ ذلك أو شيء منه قام ولده أو ولد ولده

١٤٦ . أو أسفل مقامه في الإستحقاق واستحقّ أصله يستحقّه من ذلك لو كان حيًّا باقيًا يتداولون ذلك بينهم كذلك أبد

١٤٧ . الآبدين ودهر الداهرين إلى أن يرث الله الأرض ومن عليه وهو خير الوارثين فإذا انقرضوا أولاد الواقف وذرّيّته بأسرهم

١٤٨. وأبادهم الموت عن آخرهم ولم يبق منهم أحد وخلت الأرض منهم أجمعين صرف ريع الموقوف الموصوف المحدود بكماله ما كان

١٤٩. مختصًّا بزوجته عتيقة المصونة نرجس المسمّاة أعلاه وما كان مختصًّا بأولاد الواقف على ما يفصّل فيه فيصرف من ذلك الريع لمن

١٥٠. يجد من عتقاء الواقف المشار إليه تقبّل الله [...........] الفحول والخصي والإناث بينهم بالسوية لا يفضل أحد

١٥١. منهم على أحد يستقلّ به الواحد منهم إذا انفرد ويشرك فيه الإثنان فما فوقهما عند الإجتماع فإذا انقرضوا بأسرهم وأبادهم

١٥٢. الموت عن آخرهم ولم يبق منهم أحد صرف ربع الريع المذكور في مصالح الحرمين الشريفين وفقرائهما على الحكم الآتي شرحه فيه ويصرف ريع

١٥٣. النصف والربع من ريع الموقوف الموصوف المحدود أعلاه لجهته المصونة نرجس المذكورة فيه ثمّ من بعدها لمصالح الحرمين الشريفين وفقرائهما

١٥٤. المجاورين بهما حرم مكّة المشرّفة وحرم مدينة الطيّبة بالسوية بين الحرمين المشار إليهما وفقرائهما

Élodie Vigouroux*

Les Banū Manǧak à Damas

Capital social, enracinement local et gestion patrimoniale d'une famille d'*awlād al-nās* à l'époque mamelouke

Résumé

L'histoire de Damas au xve siècle est relativement méconnue en raison du manque de chroniques locales et de documents d'archives. Toutefois, en faisant appel à d'autres sources, il est possible de reconstituer l'histoire de quelques familles de notables. Le présent article traite d'un groupe particulier, celui des *awlād al-nās*, les enfants de *mamlūk*-s, à travers l'exemple d'une célèbre famille : les Banū Manǧak, descendants du puissant émir Manǧak al-Yūsufī (m. 1375). Grâce aux données fournies par les auteurs égyptiens et par certaines archives datant du début de la période ottomane, cette étude propose de combler le manque des sources syriennes et de reconstruire l'histoire des membres de cette famille et celle de leurs fondations pieuses à la fin de l'époque mamelouke. Il vise à mettre en lumière leurs stratégies d'insertion – tant dans la société que dans le paysage urbain de Damas –, ainsi que certaines modalités de la gestion de leur « patrimoine » familial, en vue d'éclairer la persistance de cette lignée au sein des élites damascènes.

Mots-clés : Damas – xve siècle – *mamlūk*-s – *awlād al-nās* – *waqf* – archives ottomanes.

* Élodie Vigouroux, Aga Khan Program for Islamic Architecture, Massachusetts Institute of Technology, elodie.vigouroux@gmail.com

✦ **ABSTRACT**

The history of Damascus in the 15th century is still underestimated due to the shortage of local documents, Mamluk chronicles and archives. However, it is possible to rebuild the history of some notables' families calling for other sources. The present paper treats of a particular group, the *awlād al-nās*—the children of Mamluks—, through the example of a famous family: the Banū Manǧak, descendants of the powerful amir Manǧak al-Yūsufī (d. 1375). It proposes—using data supplied by the Egyptian authors and by archives dating from the beginning of the Ottoman period also—to make up the lack of Syrian sources and to reconstruct the history of this family's members and to focus on the destiny of their pious foundations at the end of the Mamluk period. This paper aims at bringing to light Banū Manǧak's strategies of insertion – both in the society and in the townscape of Damascus, as well as their methods in the management of their family estates, in order to enlighten the longevity of this lineage within the Damascene elites.

Keywords: Damascus – 15th century – *mamlūk*-s – *awlād al-nās* – *waqf* – ottoman archives.

* * *

JANVIER 1492, l'émir Qāsim Ibn Manǧak se rend en grande pompe dans le quartier de Masǧid al-Ḏubbān, à Damas [1], pour visiter la tombe de son arrière-grand-père, le fils du grand émir Sayf al-Dīn Manǧak al-Yūsufī. Accompagné d'une cohorte d'oulémas, de juristes, de témoins et d'un architecte, en présence du grand cadi hanéfite, c'est en qualité d'administrateur qu'il vient examiner l'état du *waqf* qui fut attaché à l'édifice, à la mort de son aïeul, un siècle plus tôt [2].

Si cet épisode peut sembler anecdotique, il est, en réalité, d'importance. D'après ce passage, le *waqf* des Banū Manǧak à Damas semble bien vivace à la fin du XVᵉ siècle, et à même de leur conférer une certaine notabilité. Le cas de cette famille est remarquable, car, si jusqu'à la fin du XIVᵉ siècle, les *awlād al-nās*, ces descendants d'émirs *mamlūk*-s, avaient figuré en bonne place dans la hiérarchie militaire, au XVᵉ siècle, en revanche, ils peinaient souvent à maintenir un statut social élevé. De plus, la longévité de la fondation pieuse évoquée semble inhabituelle, car les *waqf*-s, faisant souvent à cette époque l'objet de malversations, voyaient ainsi leur durée de vie écourtée [3]. Au-delà du prestige de l'ancêtre éponyme de la famille, l'émir Manǧak, qui

1. Il s'agit d'un quartier situé à l'ouest du cimetière de Bāb al-Ṣaġīr, se trouvant à l'extérieur de cette même porte. Al-Nuʿaymī, *Dāris* II, p. 163.

2. Ibn Ṭūlūn, *Mufākahat*, p. 148-149. Sur le *waqf* en tant qu'institution voir Peters, « Waḳf », p. 63-69 ; Denoix, « A Mamluk Institution », p. 191-193.

3. Les *awlād al-nās* sont à l'époque mamelouke les descendants d'anciens esclaves militaires, souvent détenteurs de dotations foncières, théoriquement privés par leur statut non-servile d'un accès aux sphères du pouvoir et, par conséquent, éloignés des hautes fonctions militaires. Au XIVᵉ siècle, ils intègrent souvent la *ḥalqa*, un corps de l'armée composé de soldats non-*mamlūk*-s. Sur la notion de *awlād al-nās* voir Ayalon, « Studies on

fut émir, vice-roi et vizir dans la seconde moitié du XIVe siècle, l'exemple des Banū Manǧak, est donc intéressant à plus d'un titre. Au regard des pratiques de l'époque, la conservation de leur nom et de leur capital social sur la longue durée, notamment par le biais de leurs fondations en *waqf* paraissent exceptionnelles [4]. En outre, issue d'un *mamlūk*, par essence déraciné, dont la carrière fut particulièrement itinérante, cette famille établie en province s'illustre par un profond ancrage damascène. Le destin des Banū Manǧak et celui de Damas furent même d'ailleurs étroitement liés, comme en témoigne le rôle considérable qu'ils jouèrent dans la renaissance de la ville après le passage des troupes turco-mongoles de Tamerlan en 1400-1401 [5].

Il est certes délicat d'aborder l'histoire de Damas et des Banū Manǧak au XVe siècle, en raison d'une pénurie d'archives et de chroniques locales contemporaines [6]. Néanmoins, l'importance de cette famille permet d'en suivre les principaux membres jusque dans les sources égyptiennes, comblant partiellement le déficit de documentation pour la seconde moitié du XVe siècle. En outre, comme l'ont montré M. Winter et T. Miura, le recours à certaines archives ottomanes du XVIe siècle apporte de précieux éléments relatifs aux *waqf*-s de l'époque mamelouke [7]. En combinant ces sources différentes et complémentaires, nous pourrons mettre en lumière les mécanismes d'intégration de cette famille d'*awlād al-nās*, dans la société locale et dans le paysage urbain damascènes à l'époque mamelouke. Ainsi, nous nous pencherons sur la position sociale et les alliances des membres de cette lignée, puis sur leur enracinement à Damas, avant d'examiner les modalités de gestion de leurs fondations pieuses, dans le but d'éclairer la remarquable longévité de cette famille.

Position et alliances des Banū Manǧak à l'époque mamelouke

L'ancêtre éponyme

Ancien *mamlūk* du sultan al-Nāṣir Muḥammad b. Qalāwūn, l'émir Manǧak al-Yūsufī fit carrière durant la période troublée qui suivit la mort du souverain, en 1341, au cours de laquelle ses fils se succédèrent sur le trône [8]. Son ascension fulgurante le conduit en quelques années à devenir l'un des émirs les plus puissants, dominant le sultanat aux côtés des émirs Baybuġā,

the Mamluk Army », p. 456-459; et sur leurs statuts et carrières, voir Haarmann, « The Sons of Mamluks »; *id.*, « Joseph's Law » ; Richards, « Mamluk Amirs » ; Conermann et Saghbini, « Awlād al-Nās as Founders » ; Hamza « Some Aspects of the Economic and Social Life » ; Levanoni, « The Ḥalqa », p. 42-43.

4. J.-Cl. Garcin avait déjà soulevé l'intérêt d'une étude portant sur la période pendant laquelle les descendants continuaient à bénéficier des revenus émanant des *waqf*-s fondés par leurs ancêtres. Voir Garcin, « Le *waqf* », p. 109.
5. Vigouroux, *Damas après Tamerlan*.
6. Ibn Qāḍī Šuhba meurt en 1448 et, la chronique de celui qui se présente comme son continuateur, Ibn al-Ḥimṣī, ne commence réellement qu'en 1479, la même année que celle qui fut rédigée par Ibn Ṭūlūn.
7. Voir Winter, « Mamluks and Their Households » ; Miura, « The Salihiyya Quarter of Damascus ». Je tiens à remercier vivement le Professeur Toru Miura pour m'avoir communiqué son article.
8. Sur cette période troublée voir Van Steenbergen, *Order Out of Chaos*.

Šayḫū al-ʿUmarī et Ṭāz al-Nāṣirī, à la fin des années 1340 [9]. Mais les heures instables que connaît l'empire, entre agitation politique et luttes de factions rivales, le mènent à plusieurs reprises en prison [10]. Avec le retour au pouvoir du sultan al-Nāṣir Ḥasan, la carrière de Manğak se poursuit hors d'Égypte, dans différentes villes du Bilād al-Šām où il devient tour à tour *nā'ib al-salṭana* de Tripoli en décembre 1354, d'Alep, puis de Damas, jusqu'à sa destitution en décembre 1358 [11]. Sa carrière entre alors dans une nouvelle zone de turbulences, qui se solde, au début du règne d'al-Ašraf Šaʿbān, en mai 1363, par un emprisonnement qui durera près de cinq ans [12]. Finalement libre, il est nommé *nā'ib al-salṭana* de Tripoli en septembre 1367 [13], avant d'être investi, pour la seconde fois, du poste de *nā'ib* de Damas, fonction qu'il occupe pendant plus de six années, de janvier 1368, à mars 1374 [14]. À cette date, Manğak voit sa carrière couronnée par une nomination au poste de *nā'ib al-salṭana* en Égypte, où il meurt un an plus tard, le 31 mai 1375 [15].

Les fils du mamlūk

À sa mort, Manğak laisse au moins une fille et quatre fils [16] : ʿAlī, Ibrāhīm,ʿUmar et Farağ. Installés à Damas alors que leur père y est *nā'ib*, ils le suivent au Caire lors de sa nomination au poste de *nā'ib al-salṭana* en 1374 [17]. Le fils aîné, **ʿAlī [2]** [18] ne suit pas ses frères qui regagnent la Syrie à la mort de leur père en 1375. Il devient émir de quarante dans la *ḥalqa* en 1376 et

9. *Silaḥdār* en 1342 (al-Maqrīzī, *Sulūk* II/2, p. 662), émir de *ṭablaḫāna* à partir d'août 1344 (al-Šuğāʿī, *Ta'rīḫ*, p. 270), avant d'être nommé émir de cent et *ḥāğib* (chambellan) à Damas, en novembre 1347 (al-Maqrīzī, *Sulūk* II/2, p. 738). Deux mois plus tard, il atteint le grade de *muqaddam alf* (commandant de mille) et *ustādār* (intendant de la maison du sultan) ; al-Maqrīzī, *Sulūk* II/2, p. 748.
10. Al-Maqrīzī, *Sulūk* II/2, p. 849, 867-870, 917.
11. *Ibid.*, III/1, p. 7 ; Ibn Kaṯīr, *Bidāya* XIV, p. 261 ; Ibn Qāḍī Šuhba, *Ta'rīḫ* II, p. 131 ; al-Maqrīzī, *Sulūk* III/1, p. 40 ; Van Steenbergen, « The Office of *nā'ib al-salṭana* », p. 446.
12. Al-Maqrīzī, *Sulūk* III/1, p. 43, 47, 53, 67.
13. *Ibid.*, p. 149.
14. Ibn Qāḍī Šuhba, *Ta'rīḫ* II, p. 434 ; Ibn Ṣaṣrā, *Durra*, 186a ; al-Maqrīzī, *Sulūk* III/1, p. 156-157 ; Ibn Taġrī Birdī, *Nuğūm* V, 281 ; Laoust, *Gouverneurs*, p. 12-13 ; Sauvaire, « Description » IV, p. 286 et n. 209-216, p. 325-326 ; Van Steenbergen, « The Office of *nā'ib al-salṭāna* », p. 447.
15. Accompagné de sa famille et de son entourage, il parvient au Caire en ḏū l-ḥiğğa 775/mai 1374. Al-Maqrīzī, *Sulūk* III/1, p. 224-225. Sur sa mort voir al-Maqrīzī, *Sulūk* III/1, p. 242, 247 ; al-Maqrīzī, *Ḫiṭaṭ* IV/1, p. 296-308. Il est inhumé dans la *turba* de sa mosquée du Caire. *RCEA XVII*, n° 776 005, p. 227.
16. Nous avons mention de l'une de ses filles en 1373, à l'occasion de la mort de son époux, l'émir Arus al-Baštakī (al-Maqrīzī, *Sulūk* III/1, p. 230). Une des filles de Manğak épouse le sultan al-Ẓāhir Barqūq en 1384. (Ibn Qāḍī Šuhba, *Ta'rīḫ* III p. 132). Il est probable que celle-ci s'appelait Fāṭima, elle est mentionnée à l'occasion de l'achat d'une demeure au Caire en 1393. Al-Maqrīzī, *Ḫitaṭ* II, p. 53 ; Ibn Taġrī Birdī, *Nuğūm* VII, p. 594. Je ne parlerai ici que de liens du sang ou de liens matrimoniaux, et je n'évoquerai donc pas celui que Manğak considérait pourtant comme un fils, son *mamlūk*, adopté avant la naissance de ses enfants, Ğaraktimur al-Manğakī (m. 1373), cité dans les sources sous le nom de Ibn Manğak. Ibn Qāḍī Šuhba, *Ta'rīḫ* III, p. 490.
17. Al-Maqrīzī, *Sulūk* III/I, p. 224.
18. Il n'est mentionné parmi les fils de Manğak, ni par al-Nuʿaymī, ni par Mignanelli. Al-Nuʿaymī, *Dāris* II, p. 343 ; Fischel, « Ascensus I », p. 65-66 ; II, p. 155. Les n^os^ entre crochets renvoient à l'arbre généalogique.

accompagne le sultan al-Ašraf Šaʿbān lors de son départ pour le pèlerinage la même année[19]. Il mourra en Égypte en 1386[20].

Selon Bertrando di Mignanelli, commerçant siennois installé à Damas à la fin du XIVe siècle qui connut personnellement les fils de Manğak, ce dernier aurait lui-même demandé à celui qui n'était alors qu'un *mamlūk* à son service, Barqūq al-ʿUmarī al-Yalbuġāwī, de veiller personnellement sur ses enfants, s'il parvenait un jour à se hisser dans les hautes sphères du pouvoir. Barqūq ému, aurait alors fait le serment de toujours les considérer comme ses maîtres[21].

Quand ce même Barqūq monte sur le trône en 1382, sous le nom d'al-Ẓāhir, trois des fils de Manğak sont émirs de la *ḥalqa* à Damas et en 1384, le nouveau sultan épouse l'une de leurs sœurs[22]. Quand en 1389 survient la rébellion des émirs de Syrie dont les combats les plus violents se déroulent à Damas et dans ses faubourgs, c'est tout naturellement que les fils de Manğak s'engagent aux côtés du souverain[23]. **Ibrāhīm** [3] est émir de cent quand il périt au combat en 1391[24]. Son titre et la dotation foncière (*iqṭāʿ*) qui l'accompagne sont alors transmis à son frère **ʿUmar**[25] [4] (m. 1398), qui était émir de *ṭablaḫāna*[26]. Le troisième frère, **Farağ** [5], a progressivement gravi les échelons, puisqu'il fut successivement émir de dix, de vingt, de *ṭablaḫāna*, puis de cent en 1391 et enfin, en 1393, inspecteur des bureaux de l'administration (*šādd al-dawāwīn*) à Damas, où il mourut en 1404[27].

*Une famille d'*awlād al-nās

[figure 1]

Si les fils de Manğak étaient encore des « hommes de guerre », la deuxième génération sera celle de l'insertion de la famille parmi les notables damascènes. Le **fils de Farağ** [6], émir de dix dans le corps de la *ḥalqa*, épouse la fille d'un très riche marchand établi à Damas, ʿAlā' al-Dīn ibn al-ʿAnbarī, proche des grands émirs locaux, mais il meurt prématurément, le 2 juin 1423[28].

19. Fischel, « Ascensus I », n. 2, p. 68.
20. Al-Nuʿaymī, *Dāris* II, p. 343 ; Sauvaire, « Description » V, p. 280. n. 163 ; Ibn Qāḍī Šuhba, *Ta'rīḫ* III, p. 201 ; Ibn Taġrī Birdī, *Manhal* VI, p. 242.
21. Fischel, « Ascensus I », p. 67.
22. Ibn Qāḍī Šuhba, *Ta'rīḫ* III, p. 132
23. Ibn Ṣaṣrā, *Durra*, 70a, 93b, 141b, 227b ; Ibn Qāḍī Šuhba, *Ta'rīḫ* III, p. 680.
24. Ibn Qāḍī Šuhba, *Ta'rīḫ* III, p. 680 ; Ibn Ṣaṣrā, *Durra*, 93b (se méprend sur l'identité du défunt, annonce la mort de ʿUmar b. Manğak)
25. Ibn Qāḍī Šuhba, *Ta'rīḫ* III, p. 680.
26. Ibn Ṣaṣrā, *Durra*, 70a; Fischel, « Ascensus I », p. 65-66 ; Ibn Qāḍī Šuhba, *Ta'rīḫ* III, p. 390, 680. Ibn Qāḍī Šuhba, *Ta'rīḫ* III, p. 680 ; Ibn Ṭūlūn, *Mufākaha* I, p. 287-289. Sur sa mort voir Ibn Qāḍī Šuhba, *Ta'rīḫ* III, p. 680 ; Ibn Ṭūlūn, *Mufākaha* I, p. 287-289.
27. Ibn Taġrī Birdī, *Manhal* II, p. 483 ; IV, p. 171, 385 (pas de notice) ; Ibn Taġrī Birdī, *Nuğūm* VI, 28, 30, 33, 243, mentionné comme émir de cent. Ibn Taġrī Birdī, *Nuğūm* VI, 33 ; Fischel, « Ascensus I », p. 65-66. Sur sa mort voir Ibn Qāḍī Šuhba, *Ta'rīḫ* IV, p. 384.
28. Nous ne connaissons pas le nom du fils de Farağ [5] ; al-Nuʿaymī, citant un texte disparu d'Ibn Qāḍī Šuhba, mentionne un certain Karīm al-Dīn Bardak [ibn ?] Manğak (al-Nuʿaymī, *Dāris* II, p. 339). De son côté, H. Sauvaire, a proposé la lecture « Taġrī Birdī » (Sauvaire, « Description » VI, p. 268). Il est toutefois probable que cet émir ait porté un nom arabe en raison des coutumes en vigueur à cette époque dans les familles d'*awlād*

Quant au fils d'Ibrāhīm [3], **Muḥammad** [7], il semble être le personnage central, grâce auquel les Banū Manğak ne sombrent pas dans l'oubli comme tant d'autres, mais voient leur fortune et leur capital social, renforcés jusqu'à devenir de véritables piliers de la société damascène [29]. Né vers 1378 à Damas, Muḥammad [7] se voit octroyer l'*iqṭā'* de son oncle Farağ [5], ainsi que son ancien émirat de *ṭablaḫāna*, en 1396, alors qu'il n'a que 18 ans [30]. Ayant perdu son père très jeune, il semble donc avoir bénéficié des largesses du sultan al-Ẓāhir Barqūq, fidèle à son serment. En 1396, Muḥammad épouse la fille d'un émir rebelle défunt, Muḥammad Šāh b. Baydamur, issue, comme lui, d'une famille d'*awlād al-nās* damascènes [31]. Émir à Damas pendant le règne du sultan al-Nāṣir Farağ (1399-1412), Muḥammad se lie d'amitié avec l'émir Šayḫ al-Maḥmūdī, plusieurs fois *nā'ib* de la ville [32]. Selon Ibn Taġrī Birdī, en 1412, quand ce dernier monte sur le trône sous le nom d'al-Mu'ayyad Šayḫ, Muḥammad [7] devient particulièrement prospère [33]. Il occupe une position éminente et son importance est telle que plus tard, au cours du règne d'al-Ašraf Barsbāy (1422-1435), il se voit même régulièrement octroyer des robes d'honneur et convié à siéger aux côtés des émirs *mamlūk*-s [34]. Il se rend au Caire une fois par an, au début de l'été et quand il assiste au conseil du sultan, celui-ci, pour l'honorer, ne parle qu'à lui, sauf en cas de besoin [35]. Son contemporain, Ibn Taġrī Birdī semble s'étonner de sa proximité avec les souverains car, pour lui, rien chez Muḥammad ne justifiait qu'il jouisse de cette extrême faveur. Bien que l'historien le présente même comme assez inculte et ignare [36], cet émir fit cependant preuve tout au long de sa vie d'une réelle intelligence politique [37]. En 1440, il n'a rien perdu de son influence puisqu'il est en mesure d'intercéder auprès du sultan al-Ẓāhir Ğaqmaq, en faveur de l'ancien *nāẓir al-ğayš* (intendant de l'armée) – damascène comme lui et beau-père de son fils Ibrāhīm [8] –, Zayn al-Dīn 'Abd al-Basīṭ b. Ḫalīl [38], alors exilé à La Mecque dont il parvient à obtenir le retour [39]. Ibn Taġrī Birdī décrit Muḥammad [7] comme un homme beau, facile à vivre ; il ajoute qu'il était agréable de s'entretenir avec lui, qu'il était adroit dans ses gestes, le meilleur joueur de balle et le plus grand chasseur de fauves [40]. Mais il lui attribue aussi une avarice devenue proverbiale… Muḥammad [7] meurt à Damas, le dimanche 14 août 1440.

al-nās. Ibn Qāḍī Šuhba, cité par al-Nu'aymī précise qu'il « fréquentait les Turcs ». Al-Nu'aymī, *Dāris* II, p. 339. Sur sa mort voir Nu'aymī, *Dāris* II, p. 334.

29. Ibn Taġrī Birdī, *Manhal* III, p. 261 ; IV, p. 15 ; IX, p. 205-207.
30. Ibn Qāḍī Šuhba, *Ta'rīḫ* III, p. 584.
31. *Ibid.*, p. 572. Baydamur fut nommé six fois gouverneur de Damas entre 1374 et 1387 (Ibn Ṣaṣrā, *Durra*, 187b, 189a ; Van Steenbergen, « The Office of *nā'ib al-salṭana* », p. 146, 147, 148). Son fils Muḥammad Šāh b. Baydamur fut l'un des principaux opposants au sultan al-Ẓāhir Barqūq à Damas ; il fut exécuté en septembre 1391.
32. Sur ce personnage voir Ibn Taġrī Birdī, *Manhal* VI, n° 1194, p. 263-312.
33. Ibn Taġrī Birdī, *Nuğūm* VII, 270.
34. Ibn Taġrī Birdī, *Manhal* IX, p. 205-207 ; al-Saḫāwī, *Ḍaw'* VI, p. 281.
35. Ibn Taġrī Birdī, *Nuğūm* VII, 270 ; al-Saḫāwī, *Ḍaw'* VI, p. 281.
36. Ibn Taġrī Birdī, *Nuğūm*, VII, 270.
37. Sur ses rapports avec les sultans successifs voir Ibn Taġrī Birdī, *Nuğūm* VI, 351, 542, 675 ; VII, p. 258.
38. Ibn Taġrī Birdī, *Manhal* IX, p. 205-207 ; al-Saḫāwī, *Ḍaw'* VI, p. 281.
39. Ibn Taġrī Birdī, *Nuğūm* VII, 128.
40. Ibn Taġrī Birdī, *Manhal* IX, p. 205-207 ; al-Saḫāwī, *Ḍaw'* VI, p. 281.

À ses obsèques, qui furent d'une grande solennité, assistèrent le *nā'ib*, les émirs, la majorité des habitants de la ville et même un envoyé du prince Šāh Ruḫ Mirzā, fils de Tamerlan, alors présent à Damas [41].

De la troisième génération de descendants de l'émir Manğak nous ne connaissons qu'un seul représentant, **Ibrāhīm** [8], fils de Muḥammad [7], né de d'une concubine éthiopienne vers 1429 [42]. Al-Saḫāwī nous apprend que le sultan al-Ẓāhir Ḫušqadam lui confie un émirat de dix à Damas en l'année 1465 [43]. Il épouse la fille du puissant administrateur damascène, Zayn al-Dīn ʿAbd al-Basīṭ b. Ḫalīl, appartenant probablement lui aussi à une famille d'*awlād al-nās* [44] et qui fut un temps l'homme le plus puissant du Caire [45]. Ibrāhīm [8], est désigné par son contemporain, al-Badrī (m. 1489), par l'expression *al-amīr al-aṣīl*, que l'on peut comprendre comme « émir de noble origine locale » [46]. Il est effectivement, comme son père, un grand notable damascène. Le sultan al-Ašraf Qāytbāy le considère comme un puissant et fidèle émir et l'emploie comme intermédiaire local [47]. L'historien égyptien Ibn Iyās (m. après 1522) signale d'ailleurs qu'il est à son époque l'une des personnalités les plus estimées et les plus écoutées [48]. Il meurt le jeudi 21 février 1483.

Les sources mentionnent trois fils d'Ibrāhīm [8]. Le premier, **Abū Bakr** [9], fréquente les grands émirs mamelouks et les administrateurs civils de Damas. Comme son père, il est en relation avec le sultan al-Ašraf Qāytbāy. Il meurt prématurément en 1483, seulement quatre mois après son père [49]. Son frère, l'émir **Qāsim** [10] fait également partie des puissants notables de la ville [50]. Administrateur du *waqf* de la famille – nous avons évoqué sa visite à la *turba* de son ancêtre –, il décède le 10 décembre 1501 [51]. Le troisième frère, **Aḥmad** [11], est encore désigné en 1512 dans les sources historiques par le titre de « Sa Haute Excellence » (*al-ğanāb al-ʿālī*) démontrant qu'il s'agit de l'un des personnages les plus éminents de Damas. Il hérite de son frère Qāsim [10] en 1501 et meurt le 31 mars 1512 [52]. De la cinquième génération, nous ne connaissons que **ʿAbd al-Qādir** [12], fils d'Abū Bakr [9] : encore considéré comme l'une des figures majeures de la cité, il devient administrateur des *waqf*-s de la famille au décès de son oncle Qāsim en 1501 et meurt en 1533 [53].

Cette continuité dans la destinée des Banū Manğak, contraste avec la plupart des autres familles d'*awlād al-nās* dont les membres occupaient souvent des fonctions religieuses ou

41. Ibn Ṭūlūn, *Qalā'id* I, p. 255.
42. Al-Nuʿaymī, *Dāris* II, p. 82 ; al-Saḫāwī, *Ḍaw'* I, p. 125 ; Özkan, *Mısır vakıfları*, p. 117.
43. Ibn Taġrī Birdī, *Nuğūm* VI, 733.
44. Sur ce personnage voir Martel-Thoumian, *Les civils et l'administration*, p. 344.
45. Al-Nuʿaymī, *Dāris* II, p. 211 ; Devonshire, « Extrait », p. 21.
46. Al-Badrī, *Nuzha*, p. 45.
47. Devonshire, « Relation », p. 28.
48. Wiet, *Histoire*, p. 221.
49. Ibn Ṭūlūn, *Mufākaha* I, p. 8, 19, 20, 61.
50. *Ibid.*, p. 250.
51. *Ibid.*, p. 148. Ibn al Ḥimṣī date sa mort du 30 décembre 1501 (Ibn al Ḥimṣī, *Ḥawādiṯ* II, p. 138).
52. Ibn Ṭūlūn, *Mufākaha* I, p. 250 ; Ibn al Ḥimṣī, *Ḥawādiṯ* II, p. 231.
53. Al-Ġazzī, *Kawākib* I, p. 129-130 ; Bakhit, « The Ottoman Province », p. 189.

administratives, et ne parvenaient pas à conserver sur la longue durée une position sociale élevée [54]. Par quels moyens cette famille, issue d'un ancien esclave militaire déraciné, est-elle parvenue à préserver son identité et sa situation tout en s'ancrant si profondément à Damas ?

Lieux de résidence des Banū Manğak : une identité « turque »

Dépourvus de charges et de fonctions au sein de l'armée et de l'administration, les Banū Manğak, n'effectuent que de courts séjours au Caire, où leur présence n'est pas indispensable : ils résident à Damas [55].

Dār al-Qaramānī

Alors que Manğak était gouverneur de la ville, il avait fait bâtir à Damas une somptueuse demeure, le Dār al-Qaramānī [56]. Lorsqu'en 1396, Muḥammad [7] épouse la fille de Muḥammad Šāh b. Baydamur, la fête se déroule près de la maison des Banū Manğak, dans le jardin de l'émir Faḫr al-Dīn Iyās, dans le voisinage de sa maison et de sa *turba* [57]. Cette dernière, aujourd'hui disparue, s'élevait dans le quartier actuel de Ṣārūğā [58]. Le Dār al-Qaramānī était donc situé dans le faubourg nord-ouest de Damas, dans un quartier situé au pied de la citadelle, et désigné par les auteurs de l'époque mamelouke par l'expression « Taḥt al-Qalʿa » (Sous la Citadelle) [59]. Al-ʿUmarī nous précise qu'au XIVe siècle ce quartier est connu pour abriter les membres du *ğund*, c'est-à-dire à cette époque les *mamlūk*-s [60]. Il se situe à proximité de la citadelle bien sûr, de son cérémonial et de ces casernes, mais aussi près des terrains d'entraînement des cavaliers et c'est logiquement qu'est alors installée ici la majorité des émirs.

Dār Farağ b. Manğak

Farağ [5], l'un des fils de Manğak, fera lui aussi bâtir un palais, cette fois dans le faubourg ouest, dans le quartier d'al-Qanawāt. Incendié pendant la révolte des émirs syriens au cours du règne d'al-Ẓāhir Barqūq, il est restauré avant 1411, puis encore mentionné en 1461 [61]. Il semble qu'en effet au XVe siècle, les émirs *mamlūk*-s aient commencé à ériger des demeures à

54. Haarmann, « Joseph's Law », p. 77-83.
55. Pour la localisation des quartiers de Damas voir la figure 2 et pour celle des demeures voir la figure 3.
56. Ibn Ṣaṣrā, *Durra*, 187 a.
57. Ibn Qāḍī Šuhba, *Ta'rīḫ* III, p. 572.
58. Talas, *Masāğid*, n°227, p. 243. Son identification est erronée.
59. Il existe encore un Ḥammām al-Qaramānī dans le faubourg nord-ouest. Ecochard et Le Coeur, *Les bains de Damas* I, p. 55.
60. Al-ʿUmarī, *Masālik*, p. 114.
61. Sur cet incendie voir Ibn Qāḍī Šuhba, *Ta'rīḫ* III, p. 377. Cette maison est mentionnée, tout comme le Dār al-Qaramānī en 1411 : des émirs y logent. (Ibn Tagrī Birdī, *Nuğūm* VI, 243). Dernière mention dans Laoust, *Les gouverneurs de Damas*, p. 28.

l'extérieur de la zone de « Taḥt al-Qalʿa », loin de l'agitation de ses grands marchés. Le quartier d'al-Qanawāt se développa considérablement au xve siècle, notamment sous l'impulsion des élites militaires [62].

Dār Muḥammad b. Ibrāhīm b. Manǧak

Muḥammad [7] meurt en 1440, à Damas dans le quartier d'al-Munaybaʿ à l'ouest de l'enceinte, lieu où il disposait vraisemblablement d'une résidence [63]. Cette hypothèse se trouve confirmée par le fait que son fils, Ibrāhīm [8], y possède une demeure, sans doute héritée de Muḥammad [64]. À la fin du xve siècle, selon al-Badrī, le quartier d'al-Munaybaʿ est la résidence des Turcs (ici les *mamlūk*-s) [65] et ce quartier, non loin de l'hippodrome occidental, le Maydān al-Aḫḍar, était au xve siècle bordé de palais somptueux [66]. C'est déjà dans cette partie de la ville, au Ḫalḫal, que Manǧak avait lui-même choisi de fonder une madrasa, participant ainsi au développement de ce secteur [67].

Bayt Ibrāhīm b. Muḥammad b. Ibrāhīm b. Manǧak

Ibrāhīm [8] a, quant à lui, fait bâtir une demeure à l'est de la Mosquée des Omeyyades [68]. Il a vraisemblablement profité de l'opportunité unique offerte par la ruine qui persistait dans cette zone prestigieuse, depuis l'incendie de la Mosquée par les troupes de Tamerlan en 1401 [69]. Nous pouvons localiser ce palais exactement car Ibn al-Ḥimṣī, dans son récit d'un nouvel incendie touchant la Mosquée en 1479, indique que l'émir Ibrāhīm est présent sur les lieux et qu'il fait ôter quelques poutres de la charpente de la Mosquée en flammes, empêchant ainsi le feu de se propager à sa propre maison. Il précise que l'édifice est situé près de Bāb al-Saʿāt, la porte orientale de la Mosquée [70]. Or il existe aujourd'hui à l'angle nord-est de la Mosquée des Omeyyades, une demeure comportant un majestueux portail ainsi qu'une façade sur cour constituée d'arcades fermées [71] (**figure 4**). Malgré un parement alternant calcaire et basalte, qui la rend typiquement damascène, cette structure est semblable aux salles de réception, les *maqʿad*-s, construites au Caire durant le règne d'al-Ašraf Qāytbāy (1468-1496) [72]. Elle pourrait donc dater de la fin du xve siècle. De là à identifier cette demeure avec la résidence d'Ibrāhīm [8], il n'y aurait qu'un pas, aisément franchissable. En effet, cette construction

62. Notamment autour de la Madrasa al-Šaḏbakiyya (fondée en 1453), Sack, *Dimašq*, no 3. 32, p. 129.
63. Al-Nuʿaymī, *Dāris* II, p. 82 ; Ibn Ṭūlūn, *Qalā'id* I, p. 250.
64. Laoust, *Les gouverneurs de Damas*, p. 28 ; al-Badrī, *Nuzha*, p. 45. Ce quartier se trouvait au sud-ouest du cimetière des soufis à l'ouest de l'enceinte. Sauvaire, « Description » IV, p. 286.
65. Al-Badrī, *Nuzha*, p. 44.
66. Gaulmier, *La zubda*, p. 67.
67. Al-Nuʿaymī, *Dāris* II, p. 462.
68. Ibn al-Ḥimṣī, *Ḥawādiṯ* I, p. 212, 232.
69. Vigouroux, *Damas après Tamerlan*, p. 299-302.
70. Ibn al-Ḥimṣī, *Ḥawādiṯ* I, p. 232.
71. Wulzinger et Watzinger, *Damaskus* II, G.3.6, p. 66, pl. 23, fig. b.
72. Garcin *et al.* (dir.), *Palais et maisons* I, p. 128.

est aujourd'hui connue sous le nom de Bayt ʿAǧlānī [73]. Or, les ʿAǧlānī étaient une puissante famille damascène d'*ašrāf*-s, liée par mariage aux Banū Manǧak à l'époque ottomane [74]. De plus, Ibn Ṭūlūn, à la fin du XVᵉ siècle, précise que la maison d'Ibrāhīm [8], occupe l'emplacement du Ḥammām al-Ṣaḥn [75]. Or, la localisation de ce bain, détruit à la fin du XIVᵉ siècle dans un incendie, correspond exactement à celui de cet édifice [76]. Cette maison, intégrée à la fin du XVᵉ siècle au *waqf* de la famille était louée aux personnages importants de passage à Damas [77]. D'après la configuration de la demeure, cette salle de réception était, comme les *maqʿad*-s construits par les émirs *mamlūk*-s du Caire, associée aux écuries – espace symbolique dans cette société de cavaliers – et permettait de jouir de la vue des précieux chevaux de l'hôte [78].

Leur titre d'émir, au XVᵉ siècle, n'est pas associé à une carrière militaire ; pourtant il semble que les Banū Manǧak élisent domicile à Damas dans les quartiers majoritairement occupés par les émirs *mamlūk*-s. En choisissant de résider au milieu des élites militaires, tout au long du XVᵉ siècle, ils ont œuvré à la conservation du souvenir de leur origine mamelouke et par la même, à celle de leur nom turc. Les membres de la famille ont par ailleurs fait preuve d'une volonté d'intégration progressive dans la société locale, comme en témoignent les mariages contractés avec des familles d'*awlād al-nās* ou de puissants damascènes. Toutefois, s'ils sont devenus de grands notables de la ville, c'est avant tout grâce à leur activité édilitaire et à leur importante fortune.

Activité édilitaire des Banū Manǧak : un ancrage damascène

Au XVᵉ siècle, le nombre de dotations foncières accordées aux *awlād al-nās* diminua, entraînant une baisse de leurs revenus [79]. Pour autant, ce phénomène ne signifia en aucun cas une paupérisation de cette catégorie de la population car beaucoup d'émirs mamelouks détenteurs d'*iqṭāʿ* étaient parvenus à acheter une partie des biens de leurs dotations foncières – appartenant au Bayt al-Māl –, pour les intégrer à leurs fondations en tant que *waqf* [80]. De nombreux *waqf*-s

73. Weber, *Damascus* XVI, p. 162, nord-est, p. 900-901.
74. Schatkowski-Schilcher, *Families in Politics*, p. 201-204. Des documents d'archives relatifs à des *waqf*-s damascènes confirment les liens existant entre ces deux familles. Boqvist, *Architecture*, p. 56 ; Marino, *Le faubourg du Mīdān*, p. 327-332.
75. Ibn Ṭūlūn, *Mufākaha* I, p. 84.
76. Ibn Qāḍī Šuhba, *Taʾrīḫ* III, p. 550. Toujours en ruine en 1413 d'après un manuscrit inédit fournissant l'inventaire des biens *waqf*-s de la Mosquée des Omeyyades à cette date (limite est du bien nº 13).
77. Sur l'intégration de la maison au *waqf* voir Ibn Ṭūlūn, *Mufākaha* I, p. 143. Sur les séjours d'émirs et de notables voir Ibn Ṭūlūn, *Mufākaha* I, p. 84, 124, 140. À l'époque mamelouke, au Caire, il est fréquent que les administrateurs de *waqf* louent ces grandes demeures à des officiers (Loiseau, « Les demeures de l'empire », p. 378). La maison de Manǧak au Caire était, elle aussi, *waqf* et était utilisée pour loger des émirs (*ibid.*, p. 389, fig. 9 et 10 ; Loiseau, *Reconstruire*, p. 227, 337, 345, 349-350 ; 432). À Damas au XIVᵉ siècle, le parc des anciens palais ayyoubides avait été utilisé pour accueillir les émirs en poste dans la ville, ou simplement de passage. Eychenne, « Topographie », p. 246-260.
78. Loiseau, « Les demeures de l'empire », p. 379.
79. Haarmann, « The Sons of Mamlūks », p. 161.
80. Garcin, « Le *waqf* », p. 103 ; Haarmann, « Joseph's Law », p. 71 ; Heidemann & Saghbini, « *Awlād al-nās* as Founders », p. 27.

furent ainsi instaurés, permettant à ces richesses d'échapper à la fiscalité et au droit successoral. Un célèbre passage de l'œuvre d'Ibn Ḫaldūn (m.1406) vient résumer le poids du système du *waqf* dans la société syro-égyptienne à l'époque mamelouke :

> « Les émirs turcs craignant l'inimitié du sultan pour leurs progénitures multiplièrent les constructions de mosquées, de madrasas, de *zāwiya*-s, de *ribāṭ*-s, etc. et firent des *waqf*-s à forts revenus. Ils désignèrent leurs fils comme administrateurs et intendants de ces *waqf*-s et leur garantirent une partie de leurs biens en guise de revenus. Les riches et autres membres de la société les imitèrent. C'est ainsi que les *waqf*-s furent nombreux et leurs revenus et profits énormes. Le nombre des étudiants, enseignants, *ʿulamā'* et soufis, devint considérable eu égard aux bénéfices provenant des biens de mainmorte. » [81]

L'ancrage des Banū Manǧak à Damas passe inévitablement par l'établissement de fondations pieuses qui, si elles offrent la possibilité de marquer durablement le paysage urbain et d'affirmer leur piété, permettent aussi, par le biais du *waqf*, à ces descendants de *mamlūk*-s de créer de nouvelles racines dans une société dans laquelle ils ont été récemment importés [82].

Manǧak

À Damas, le gouverneur Manǧak fonde une madrasa dans le quartier de Ḫalḫal à l'ouest de l'enceinte, et lui attribue pour biens (*waqf*), le bain qu'il avait construit à Bāb al-Farādīs, inauguré en 1372, ainsi qu'un four et un habitat locatif (*rabʿ*) situés à proximité [83].

ʿUmar b. Manǧak

En 1391, ʿUmar [4] fait édifier une *turba* pour abriter la sépulture de son frère Ibrāhīm [3] se trouvant près d'un pressoir, à l'ouest de Masǧid al-Ḏubbān, près du cimetière de Bāb al-Ṣaġīr [84]. L'inscription résumant son acte de *waqf*, aujourd'hui disparue, confirme sa situation puisqu'elle précisait que la limite sud de la *turba* était constituée par le *qalīṭ*, canal qui charriait les eaux

81. Ibn Ḫaldūn, *Muqaddima* II, p. 384 ; Cheddadi, *Autobiographie*, p. 169.
82. Garcin et Taher, « Enquête » ; *id.*, « Le *waqf* », p. 108 ; Sur les 900 documents d'archives liés aux *waqf*-s mamelouks du Caire, 200 sont dus à des fils, petits-fils et petites-filles de *mamlūk*-s. Haarmann, « Joseph's Law », p. 73.
83. Le quartier se trouvait au sud-ouest du cimetière des soufis (Sauvaire, « Description » IV, p. 286). Sur le bain voir Ibn Qāḍī Šuhba, *Ta'rīḫ* III, p. 412 ; Ibn Ṣaṣrā, *Durra*, 187a ; Ecochard et Le Coeur, *Les bains de Damas*, p. 55. Sur la madrasa voir al-Nuʿaymī, *Dāris* I, p. 462.
84. Sur la sépulture d'Ibrāhīm [3] voir Ibn Qāḍī Šuhba, *Ta'rīḫ* III, p. 390 ; al-Nuʿaymī, Dāris I, p. 462-463 ; Certaines sources précisent que son corps ne put être identifié. Nuʿaymī, *Dāris* II, p. 342. Pour la localisation de l'édifice voir al-Nuʿaymī, *Dāris* II, p. 163 et 343. Une inscription de fondation qui se trouvait au dessus d'une porte d'un monument disparu, le « mausolée de Sitt al-Šām » à l'extérieur de Bāb al-Ṣaġīr, dans le quartier de Bāb al-Ǧābiya, indique qu'elle abrite la tombe de ʿUmar b. Manǧak. *RCEA* XVIII, n° 800 019, p. 268-269.

usées à l'extérieur de Bāb al-Ṣaġīr [85]. Le monument achevé comprenait selon al-Nuʿaymī, qui l'a visité en 1492, quatre salles (s. *qāʿa*) et deux cellules (s. *ḫalwa*) [86].

D'après l'inscription de fondation (vers 1395), qui figurait sur le linteau de l'édifice, l'émir ʿUmar [4] avait instauré un *waqf* permettant de couvrir les frais de sa propre inhumation, de financer une lecture du Coran, de rétribuer l'imam, un enseignant et dix orphelins. Les dispositions du *waqf* prévoyaient aussi une distribution quotidienne de pain aux pauvres, pour un montant de dix dirhams, ainsi qu'une somme consacrée à assurer l'accueil de pieux visiteurs [87]. D'après Ibn Ṭūlūn, le *waqf* rétribuait un récitateur chargé de lire le *ḥadīṯ* sans discontinuer durant les trois mois saints, une année à partir du texte d'al-Buḫārī, l'autre à partir du *Ṣaḥīḥ* de Muslim. De plus, il finançait également l'achat, durant les fêtes, de pâtisseries et de bêtes dont la viande était partagée [88]. Incendiée lors de troubles, la *turba* est restaurée par Muḥammad [7] à une date inconnue. Il y place alors cinq pensionnaires et un *šayḫ* chargé de leur apprendre à lire le Coran [89].

Farağ b. Manğak

Farağ [5] est inhumé dans la *turba* qu'il avait fondée au sud de la Madrasa al-ʿAğamī, derrière (*ḫalf*) cette dernière, c'est-à-dire dans le faubourg sud-ouest de Damas, à l'extérieur de Bāb al-Ğābiya et de Bāb al-Ṣaġīr [90]. Le fils de Farağ [6] est également inhumé dans ce mausolée en 1423 [91].

Les mausolées des trois frères s'élevaient donc dans le quartier du cimetière de Bāb al-Ṣaġīr [92], zone de sépulture traditionnelle et prestigieuse où reposent notamment des compagnons du Prophète [93]. L'emplacement de la tombe de ʿUmar b. Manğak [3] était particulièrement convoité. Destiné tout d'abord à accueillir la dépouille de son premier commanditaire, un commerçant, le mausolée, alors en construction, avait été confisqué par un chambellan (*ḥāğib*) avant d'être enfin accaparé par l'émir ʿUmar [3] [94]. En choisissant de fonder ici leurs *turba*-s, les fils du converti affirment leur identité musulmane et inscrivent durablement leur famille dans le paysage religieux et urbain damascène. Le rayonnement des édifices assurant des fonctions religieuses ou d'enseignement renforce ainsi le capital social de la famille, en générant une clientèle d'ulémas, d'étudiants et d'employés [95]. Dès l'hiver 1400 alors que Tamerlan assiège Damas, Ibn Ḫaldūn déclare que le chef tatar a dressé ses tentes « près du cimetière

85. Al-Badrī, *Nuzha*, p. 35.
86. Ibn Ṭūlūn, *Mufākaha* I, p. 150.
87. *RCEA* XVIII, nº 800 019, p. 268-269.
88. Ibn Ṭūlūn, *Mufākaha* I, p. 148-149 ; Frenkel, « Awqāf », p. 164.
89. Al-Nuʿaymī, *Dāris* II, p. 343 ; Sauvaire, « Description », VII, n. 263, p. 280.
90. Ibn Qāḍī Šuhba, *Ta'rīḫ* IV, p. 384. Elle était située en face de la *turba* de Bahadur Aṣ et localisable à l'extrémité nord du cimetière de Bāb al-Ṣaġīr (Ibn Ṭūlūn, *Mufākaha* I, p. 191 ; Sack, *Dimašq*, 3.51, p. 131).
91. Sauvaire, « Description » VI, p. 268. Al-Nuʿaymī ne consacre aucune notice à cette *turba*.
92. Ory & Moaz, *Inscriptions arabes de Damas*, p. 11.
93. Al-Badrī, *Nuzha*, p. 221.
94. Ibn Ṭūlūn, *Mufākaha* I, p. 237-238.
95. Haarmann, « Joseph's Law » p. 77-82.

de Manǧak, près de la Porte du Bassin (Bāb al-Ǧābiya) » [96]. S'agit-il de la *turba* de Ibrāhīm [3] et ʿUmar [4] ou de celle qui fut fondée par Faraǧ [5] ? Le fait que l'auteur mentionne l'un de ces monuments, pourtant récents, en tant que repère spatial démontre indubitablement son importance et sa notoriété d'alors.

Muḥammad b. Ibrāhīm b. Manǧak

À la fin du XIVe siècle, Damas avait été considérablement endommagée par les combats survenus lors de la révolte des émirs syriens contre le sultan al-Ẓāhir Barqūq (1389-1393). À peine commence-t-elle à se relever qu'elle est occupée et dévastée par les troupes du chef tatar Tamerlan, au cours de l'hiver 1401 [97]. Le début du XVe siècle correspond à une période de ruine de la ville qui sera suivie d'une intense activité de reconstruction, à partir du début du règne d'al-Mu'ayyad Šayḫ (1412) [98]. Dans un tel contexte, l'émir Muḥammad [7], restaure plusieurs édifices religieux et accroît leurs revenus. Ainsi, dans le faubourg d'al-Ṣāliḥiyya, il enrichit le *waqf* de la Madrasa al-Mārdīniyya et, avant 1418, il fait agrandir la Madrasa al-ʿUmariyya et dote son *waqf* [99]. Par ailleurs, il fonde une *zāwiya* dans la Mosquée de Yalbuġā al-Yaḥyāwī, à l'ouest de la citadelle et rénove la Madrasa al-Šāmiyya située à l'intérieur de l'enceinte [100]. Il étend ainsi son influence sur les principaux quartiers de la ville.

Mosquée Ibn Manǧak à Maydān al-Ḥaṣā

Muḥammad [7] construit surtout une nouvelle mosquée dans le faubourg sud de Maydān al-Ḥaṣā, dans le quartier de Ǧisr al-Fiǧl, le long d'une voie prestigieuse : le chemin emprunté par la caravane du Pèlerinage [101]. D'après un recueil de résumés de *waqfiyyāt* établi au XVIe siècle, nous savons que l'important *waqf* qu'il lui adjoint en 1427 rémunère un imam, un prédicateur (*ḫaṭīb*), un portier, un gardien, neuf muezzins, un lecteur de *ḥadīṯ* pour la mosquée, un collecteur de revenus et un administrateur. Il assure aussi l'entretien d'une école élémentaire pour dix orphelins

96. Ibn Ḫaldūn, *Autobiographie*, p. 235.
97. Sur la révolte des émirs sous le règne de Barqūq à Damas et sur l'occupation de la ville par Tamerlan voir Vigouroux, *Damas après Tamerlan*, p. 70-137.
98. Sur le rôle de ce souverain dans la reconstruction de Damas voir Loiseau, « Les investissements », p. 166-178 ; Vigouroux, « La Mosquée des Omeyyades », p. 134-141.
99. Al-Nuʿaymī, *Dāris* I, p. 455. Sur la Madrasa al-Mārdīniyya voir al-Nuʿaymī, *Dāris* II, p. 343. Sur la Madrasa al-ʿUmariyya voir Meinecke, « Der Survey », n°38, p. 222. Muḥammad [7] fait agrandir la Madrasa al-ʿUmariyya vers l'est (al-Nuʿaymī, *Dāris* II, p. 482 ; Ibn Ṭūlūn, *Qalā'id* I, p. 254-255). Sur un mur situé de ce côté, elle porte un décret daté de 1418 (Sauvaget, « Décrets mamelouks de Syrie I », p. 6-10). Cet élément nous fournit un *terminus ante quem* pour ces travaux.
100. Al-Nuʿaymī, *Dāris* II, p. 327. Sur la mosquée de Yalbuġā voir Sack, *Dimašq*, n° 3. 17, p. 101. Al-Nuʿaymī, *Dāris* I, p. 235-236. Sur la Madrasa al-Šāmiyya, voir Sack, *Dimašq*, n° 2.35, p. 123.
101. Al-Nuʿaymī attribue la fondation de cet édifice à son père Ibrāhīm [3] mort en 1391. Nuʿaymī, *Dāris* II, p. 342-343. Toutefois le résumé du *waqf* daté de 1427 précise que le monument est connu sous le nom de Mosquée Neuve (Ǧāmiʿ al-Ǧadīd). TD 862 n° 29/Özkan, *Mısır vakıfları*, p. 115. Sur la localisation de la mosquée voir Ibn Ṭūlūn, *Qalā'id* I, p. 255 ; Nuʿaymī, *Dāris* II, p. 342-343. Sur ce quartier à l'époque médiévale voir Marino, *Le faubourg du Mīdān*, p. 63-87 et Dayoub, « Nouvelles découvertes », p. 67-90.

(*maktab al-aytām*) et leur *šayḫ*, de dix soufis et de leur enseignant, ainsi que de vieillards logés dans un *ribāṭ*. Le *waqf* permet de financer une lecture de *ḥadīṯ*, une distribution de sucreries, et l'achat des bêtes dont la viande sera distribuée lors du *ʿīd al-aḍḥā*. L'édifice abrite également une *zāwiya* [102].

C'est dans une *turba* attenante à cette mosquée que son fondateur est inhumé en 1440 [103], tout comme son fils Ibrāhīm [8] et son petit-fils Abū Bakr [9] en 1483 [104], sa belle-fille en 1491 [105] et son petit-fils Qāsim [10] en 1501 [106]. Son petit-fils Aḥmad [11], bien qu'il soit décédé à Tripoli en 1512 [107], voit même sa dépouille transportée jusqu'à Damas, afin d'être enterrée dans la *turba* familiale quatre jours après son décès [108]. Le voyage de ce corps, retardant l'inhumation, témoigne du souhait de ses proches et, sans doute du défunt lui-même, de reposer dans la tombe collective, démontrant ainsi le poids symbolique du mausolée et de la mosquée dans l'identité familiale.

Masğid al-Qaṣab

Vers 1408, le Masğid al-Qaṣab, construit au XIIIe siècle, situé au nord de l'enceinte, doit être agrandi [109]. Sans doute est-il devenu trop étroit pour accueillir les fidèles ne pouvant fréquenter les lieux de culte ruinés de la médina – notamment la Mosquée des Omeyyades [110]. Toutefois, le terrain qui le borde au sud est un *waqf* au profit du *ḫān* de l'émir Fāris et ne peut donc être vendu. Après une polémique survenue entre les deux cadis mālikī et šāfiʿī, ce dernier s'oppose à l'achat de la parcelle nécessaire aux travaux. Malgré ce refus, Muḥammad [7] s'empare du terrain, il reconstruit et agrandit l'édifice [111]. D'après le recueil de *waqfiyyāt* établi au XVIe siècle, nous savons qu'en 1429, Muḥammad [7] dote cette institution d'un riche *waqf* permettant de rémunérer un imam et un prédicateur, cinq soufis, leur *šayḫ*, dix muezzins, un serviteur, un portier, un ouvrier, un collecteur de revenus, un inspecteur (*šādd*) et un administrateur [112].

Reconstruire une si vénérable mosquée à Damas est une occasion unique pour l'émir de marquer le territoire de la cité et bénéficier du capital symbolique du monument. À l'issue de ces transformations, le Masğid al-Qaṣab, pourtant de fondation ancienne, est désormais connu comme la mosquée de Muḥammad [7], qui l'a restaurée et agrandie au début du XVe siècle [113].

102. TD 862 n° 29/Özkan, *Mısır vakıfları*, p. 115-116.
103. Ibn Ṭūlūn, *Qalā'id* I, p. 255.
104. Ibn Ṭūlūn, *Mufākaha* I, p. 59 ; Ibn al Ḥimṣī, *Ḥawādiṯ* II, p. 231.
105. Ibn Ṭūlūn, *Mufākaha* I, p. 143.
106. *Ibid.*, p. 250; Ibn al Ḥimṣī, *Ḥawādiṯ* II, p. 138.
107. Ibn al Ḥimṣī, *Ḥawādiṯ* II, p. 231.
108. *Ibid.*, p. 231.
109. Sur son histoire voir Sauvaire, « Description » VI, p. 264. Sack, *Dimašq*, n°3.13, p. 127.
110. Sur l'état de la Mosquée des Omeyyades après le passage des troupes tatares, voir Vigouroux, « La Mosquée des Omeyyades », p. 125-134.
111. Al-Nuʿaymī, *Dāris* II, p. 331; Sauvaire, « Description » VI, p. 23. Il semble effectivement qu'il ait acquis des terres voisines à cette occasion puisqu'en 1488 un Ḥikr Manğak situé près de la mosquée Masğid al-Qaṣab est détruit par un incendie. Ibn al-Ḥimṣī, *Hawādīṯ* I, p. 217.
112. TD 862 n° 29/Özkan, *Mısır vakıfları*, p. 117.
113. Dans un registre établi en 1535, la mosquée Masğid al-Qaṣab est désignée par le nom Mosquée de Manğak. TD 401, introduction p. 39.

En effet, la dédicace figurant sur le fragment de Coran[114] qui fut offert en tant que *waqf* du Masǧid al-Qaṣab à la fin du xve siècle, par l'émir Ibrāhīm [8], désigne l'édifice comme étant « la mosquée de son père (*ǧāmiʿ wālidih*), le Masǧid al-Qaṣab ».

Sans charge administrative et sans fonction militaire réelle, au xve siècle les Banū Manǧak devaient vivre en grande partie grâce aux revenus de leurs *waqf*-s. Pourtant la durée de vie de telles fondations semble souvent limitée[115]. Comment cette famille a-t-elle pu maintenir ses *waqf*-s qui, lui assurant de confortables revenus, lui permirent de conserver son train de vie, sa clientèle et son influence ?

Les Banū Manǧak et leurs *waqf*-s

En combinant les sources narratives, épigraphiques et archivistiques[116], il est possible d'appréhender l'importance des *waqf*-s fondés par les Banū Manǧak au niveau régional[117], certains aspects de leur mode d'administration mais aussi leur devenir.

Le waqf *de la Turbat ʿUmar b. Manǧak*

La *turba* de ʿUmar b. Manǧak [4] accueillit, en premier lieu, en 1391, la dépouille d'Ibrāhīm [3], frère du fondateur, mort au champ d'honneur[118]. Le récit d'al-Nuʿaymī (m. 1521), témoin oculaire de la visite de l'émir Qāsim Ibn Manǧak [10][119] au tombeau de son arrière-grand-père en 1492,

114. Il est conservé au Musée national à Damas, n° inventaire 13615. http://www.discoverislamicart.org/database_item.php?id=object;ISL;sy;Mus01;35;fr&cp
115. Garcin, « Le *waqf* », p. 103.
116. L'étude des *waqf*-s d'époque mamelouke de Damas est une tâche particulièrement délicate en raison du cruel manque d'archives datant de cette période. La presque totalité des manuscrits a disparu depuis plusieurs décennies déjà. Nous connaissons toutefois l'existence de quelques documents, qui sont aujourd'hui dispersés ou inaccessibles. Il faut donc se tourner vers les autres sources d'informations que sont les inscriptions de fondation de *waqf* et les archives ottomanes. L'intérêt de ces dernières pour l'étude des *waqf*-s mamelouks de Damas a été souligné par B. Lewis dès 1951 (Lewis, « Ottoman Archives », p. 153-154) et démontré plus récemment par M. Winter (Winter, « Mamluks and Their Households ») et T. Miura (Miura « The Salihiyya Quarter of Damascus », p. 272-274). Nous utiliserons deux ensembles d'archives : le *vakif tahrir defter* 862 (TD 862) recueil de résumés d'actes de *waqf*, conservé à la Bibliothèque Ataturk d'Istanbul et daté de la première moitié du xvie siècle (après 1529) édité en turc et en arabe (voir Özkan, *Mısır vakıfları*) et le *tapu tahrir defter* 401 (TD 401), daté de 1535, conservé aux Archives ottomanes du Premier ministre (Başbakanlık Osmanlı Arşivileri) à Istanbul et édité en turc (*401 numarali Şam livâsi mufassal tahrîr defteri (942/1535)*, 2 vol., Direction générale des Archives nationales, Ankara, 2011) et contenant une liste géographique de biens et de villages se trouvant dans la province ottomane (*liwāʾ*) de Damas précisant leur statut (*waqf* ou non) et les revenus qu'ils génèrent.
117. La présente étude se limite aux *waqf*-s des Banū Manǧak dont les biens se trouvaient dans la province ottomane (*liwāʾ*) de Damas. Il existait également des *waqf*-s gérés par la famille au Caire, à Jérusalem, à Tripoli, sans doute à Safad et ailleurs. Pour la liste des districts qui composent la province ottomane de Damas voir Bakhit, *The Ottoman Province*, p. 35-90.
118. Ibn Qāḍī Šuhba, *Taʾrīḫ* III, p. 390 ; Ibn Ṣaṣrā, *Durra*, 93b. Ibn Ṣaṣrā se méprend ici sur l'identité du défunt et annonce la mort de ʿUmar b. Manǧak [4].
119. Ibn Ṭūlūn, *Mufākaha* I, p. 149.

nous apprend que le *waqf* de la *turba* n'a pas été établi par ʿUmar b. Manğak en 1391, mais seulement en 1395, date qui coïncide avec l'apaisement de la révolte des émirs contre le sultan al-Ẓāhir Barqūq [120].

D'après le texte de l'inscription, l'administration du *waqf* est confiée à « *al-aršad* » parmi les enfants du fondateur, puis à « *al-aršad* » parmi les enfants de son frère Ibrāhīm [3] [121]. L'expression « *al-aršad* » désigne le chef de famille, son personnage le plus éminent, en général l'aîné [122]. Ibn Ṭūlūn précise qu'en 1501, Qāsim [10] est *aršad* et ajoute qu'il est celui qui parle au nom du *waqf* des Banū Manğak [123]. Cette condition de transmission, stipulée par le texte [124], garantit que la fonction ne sortira pas de la famille dans le sens le plus large. L'acte de *waqf* établi par ʿUmar [4] ne mentionne pas le troisième frère, Farağ [5]. Ce détail nous éclaire sur le lien particulier existant entre Ibrāhīm et ʿUmar, frères utérins, tandis que Farağ [5], né d'une mère différente, s'est vu écarté de la gestion de cette institution et a fondé sa propre *turba* et donc sans doute, son propre *waqf* [125].

ʿUmar b. Manğak [4] intègre au *waqf* de sa *turba* (**tableau 1** et **figure 5**) les biens suivants :

> « La totalité de la boutique et des huit pièces (*ṭibāq*) à l'extérieur de Bāb al-Ğābiya ; la totalité du village d'al-Maʿmūra [126] de Ğubbat ʿAssāl ; la totalité du *ḫān* de Ṣafad la bien gardée ; la totalité du lot du village d'al-Ḥarīma [127] d'al-Baqāʿ dont la valeur est de cinq *qīrāt*-s ; la totalité des terres du village d'al-Šaʿīra [128] également à al-Baqāʿ ; la totalité du lot dans le village d'al-Kabrī (*sic*) [129] de Ğubbat ʿAssāl dont le total est de neuf parts et demi et un quart de part sur vingt-quatre parts et la totalité du logement d'étage avoisinant ce lieu. » [130]

Un siècle après la fondation du *waqf*, en 1492, le *nāẓir* Qāsim [10] vient inspecter le monument, examiner l'acte de *waqf* et l'inscription gravée dans le linteau de la *Turbat* ʿUmar b. Manğak (**tableau 2**). On apprend que sont encore attachés à la *turba* « la moitié du Sūq al-Hawā', le verger (*bustān*) dans la Mahāğiyya, le *sūq* à al-Munaybaʿ et le four qui s'y trouve ». Ainsi, le *waqf* a subi des modifications, et l'on ne trouve plus désormais, parmi les biens *waqf*-s, qu'un seul

120. Sur les conséquences de cette révolte à Damas voir Vigouroux, « La *fitna* du règne d'al- Ẓāhir Barqūq ».
121. Ibn Ṭūlūn, *Mufākaha* I, p. 149.
122. Sabra, *Poverty and Charity*, p. 70.
123. Ibn Ṭūlūn, *Mufākaha* I, p. 250.
124. Manğak al-Yūsufī aurait déjà précisé, pour les *waqf*-s qu'il avait lui-même établis, que l'administration de la fondation devait être confiée à ses descendants, et il avait de plus ajouté qu'une fois les frais de fonctionnement réglés, le surplus devait leur revenir. Burgoyne, *Mamluk Jerusalem*, p. 387.
125. Ibn Qāḍī Šuhba, *Ta'rīḫ* III, p. 680.
126. Au nord de Damas, au-delà de Sadnaya : cette localité ne figure pas sur les cartes réalisées par René Dussaud car elle est située entre l'emprise de la IV et de la VI.
127. Dans la Bekaa, au nord de Ḥammara. Dussaud, *Topographie*, p. 301.
128. Nous pouvons le localiser dans la Bekaa au village de Mağdal ʿAnğar. Dussaud, *Topographie* III C 2.
129. Le *RCEA* indique al-Kubrā ; nous pensons qu'il s'agit du village d'al-Kabrī, se trouvant au Ğubbat ʿAssāl ; ce massif s'élève au nord de Damas, au nord-est de Zabadanī. Dussaud, *Topographie*, p. 293.
130. *RCEA XVIII*, n° 800 019, p. 268-269.

verger. De plus, il ne subsiste plus de trace des villages (al-Ḫarīma, al-Maʿmūra, Šaʿīra, al-Kubrā) pourtant mentionnés par l'inscription de la fondation du *waqf* établi en 1395. Privée des revenus considérables provenant de ces terres agricoles, peut-être allouées à une autre fondation, la *turba* aurait été appelée à péricliter, ce qui pourrait être attesté par le fait qu'un registre fiscal, établi en 1535, ne mentionne même pas l'existence de ce *waqf*[131].

Quant aux marchés relevant du *waqf* en 1492, il est peut-être possible d'identifier le Sūq al-Hawāʾ[132] aux boutiques mentionnées dans l'inscription de 1395. Toutefois, le deuxième marché mentionné, le *sūq* d'al-Munaybaʿ, ne figurait pas dans le *waqf* d'origine[133]. Il y a été ajouté dans le courant du xvᵉ siècle.

Les waqf-s *fondés par Muḥammad Ibn Manǧak* [figure 6]

Waqf *de la Mosquée Ibn Manǧak à Maydān al-Ḥaṣā*

D'après un registre du xviᵉ siècle, nous savons qu'en 1427, Muḥammad [7] dote la mosquée qu'il a construite à Maydān al-Ḥaṣā d'un *waqf* comprenant les biens suivants[134] **(tableau 3)** : une partie (2/60) des revenus du village de Dayr al-Ḫabiya dans le Wādī ʿAǧam[135], une portion (1/9) d'une plantation (*mazraʿa*) dans le Marǧ[136], une partie (1,25/9) du village de Dayr al-ʿAṣāfir dans le Marǧ[137], une plantation à Kāniya[138], deux vergers (s. *bustān*) à [...][139], une parcelle de terre (*arḍ*) à Zibdīn dans la Ġūṭa[140], la totalité d'une plantation à Mizza[141], des boutiques (s. *dukkān*) à Mizza, quatorze boutiques à la porte du Ḫān al-Sulṭān[142] à Bāb al-Ǧābiya à Damas, la moitié des revenus du Ḥammām al-Šams[143] se trouvant à Ǧisr al-Fiǧl à Damas [dans le quartier de la fondation]. La *waqfiyya* précise qu'une fois les dépenses acquittées, le surplus revenait à la famille du *wāqif* et à ses descendants[144].

131. TD 401, introduction, p. 39-43.
132. Marché mentionné par Ibn ʿAbd al-Hādī dans al-Ḫaymī, *Rasāʾil*, p. 72-88. On y vend les harnachements pour chevaux, à la porte du Dār al-Saʿāda, palais du gouverneur de la ville situé immédiatement au sud de la citadelle.
133. Al-Badrī, *Nuzha*, p. 45.
134. TD 862 nº 29/Özkan, *Mısır vakıfları*, p. 115-116.
135. À l'ouest de Kiswa. Dussaud, *Topographie*, p. 320.
136. Le Marǧ (la prairie) est la région à l'est de Damas, là où cessaient les espèces cultivées dans la Ġūṭa. Dussaud, *Topographie*, p. 293.
137. Dussaud, *Topographie*, p. 297, IV A 2.
138. Situé dans la Ġūṭa.
139. Localisation indéchiffrable, peut-être au Šaraf al-ʿAlā à l'ouest de l'enceinte de Damas ? TD 862 nº 29/Özkan, *Mısır vakıfları*, p. 116.
140. Dussaud, *Topographie*, IV A 2, p. 301, 313.
141. *Ibid*. Actuellement quartier occidental de l'agglomération de Damas.
142. Yahya, *Inventaire*, nº 69, p. 268-269.
143. Nous ne connaissons aucun bain portant ce nom. Peut-être s'agit-il du Ḥammām al-Rifāʿī (datant, dans sa forme actuelle, du xviᵉ siècle) situé à proximité de la Mosquée Ibn Manǧak à Maydān al-Ḥaṣā. Roujon & Vilan, *Actualité d'un faubourg ancien*, p. 89 ; Marino, *Le faubourg du Mīdān*, cartes 18 et 20.
144. TD 862, nº 29/Özkan, *Mısır vakıfları*, p. 116.

Waqf *du Masğid al-Qaṣab*

En 1429, Muḥammad [7] fonde un *waqf*, pour le Masğid al-Qaṣab qu'il avait fait agrandir vers 1408, comprenant dix boutiques contiguës à l'édifice et la totalité d'un village dans la région de Ḫarnūb[145] **(tableau 4)**. La *waqfiyya* précisait qu'une fois les dépenses acquittées, le surplus était, ici encore, destiné à la famille du *wāqif* et à ses descendants[146].

Waqf *au profit d'Ibrāhīm [8]*

Enfin en 1429, Muḥammad [7] instaure un *waqf* **(tableau 5)** dont les revenus sont destinés tout d'abord au financement de l'une de ses constructions (*ʿimārat*) puis à son fils Ibrāhīm **[8]**, alors nourrisson (*raḍīʿ*), et à ses enfants, les enfants de ses enfants et leurs descendants, puis à la Madrasa al-ʿUmariyya à al-Ṣāliḥiyya (édifice qu'il avait restauré) et au profit du chemin des pèlerins se rendant à La Mecque et à Médine[147]. Il y attache les revenus provenant d'une parcelle (12/24) et d'une partie d'une plantation (9/24) à Maymūna, dans le Marğ.

Les *waqf*-s fondés par Muḥammad [7] témoignent de la richesse de l'émir, et de sa volonté de la pérenniser en assurant l'avenir de la famille. Toutefois on peut s'interroger sur l'origine des nombreux biens dont les revenus assurent le fonctionnement de ses fondations. L'état des lieux des *waqf*-s familiaux au XVIe siècle peut nous aider à éclairer à la fois leur composition et leur histoire.

Devenir des waqf-s *de la famille au début du* XVIe *siècle* [figure 7]

Le *mufassal tahrîr defteri* n° 401, est un registre fiscal ottoman consacré à la province (*liwā'*) de Damas daté de 1535. Il s'agit d'une liste organisée géographiquement énumérant les propriétés et leurs revenus pour chaque district (*nāḥiya*), village par village. Le document mentionne des *waqf*-s au nom de Muḥammad [7], établis au profit du Masğid al-Qaṣab, de sa mosquée au Maydān al-Ḥaṣā et de sa famille. À la lecture de cet inventaire, il est possible de reconstituer une partie de ces *waqf*-s, en compilant les biens qui leur appartiennent dans les différentes *nāḥiya*-s de la province de Damas[148]. Ces *waqf*-s ont probablement été enrichis tout au long du XVe siècle et nous ne disposons pas de documents d'archives permettant d'identifier la date d'intégration de tous les biens cités. Toutefois, il est possible de reconnaître la provenance de certains d'entre eux.

Waqf *des deux mosquées*

Il semble qu'il existait, à la fin du XVe siècle un *waqf* commun au Masğid al-Qaṣab et à la mosquée de Maydān al-Ḥaṣā, administré par les Banū Manğak, car Ibrāhīm [8] (m. 1483) y avait intégré son palais, situé à l'est de la Mosquée des Omeyyades[149]. Le *mufassal tahrîr defteri* n° 401, confirme

145. TD 862 n° 30/Özkan, *Mısır vakıfları*, p. 117.
146. TD 862 n° 30/Özkan, *Mısır vakıfları*, p. 117.
147. TD 862, n° 31/Özkan, *Mısır vakıfları*, p. 117.
148. Nous avons pu consulter le *tapu tahrir defter* contemporain pour la province d'Alep (TD 397) : il ne mentionne aucun bien appartenant au *waqf* établi par Muḥammad [7].
149. Ibn Ṭūlūn, *Mufākaha* I, p. 143. Tout d'abord au profit de son épouse puis, à la mort de celle-ci qui survint en 1491, au profit du *waqf* des deux mosquées.

l'existence d'un tel *waqf* et nous renseigne sur sa composition au début du XVIe siècle (**tableau 6**). L'on pourrait croire que ce *waqf* commun regroupait les biens des deux *waqf*-s établis séparément par Muḥammad [7] en 1427 et 1429. Nous y reconnaissons en effet le village de Dayr al-ʿAsāfir dans le Marǧ[150] et une partie (2/60) du village de Dayr al-Ḫabiya dans le Wadī ʿAǧam[151] (**tableau 7**), biens qui relevaient du *waqf* de la Mosquée de Maydān al-Ḥaṣā dès 1427[152] (**tableau 3**). Toutefois, témoignant de la mobilité des biens *waqf*-s attachés aux fondations d'une même famille, nous trouvons également dans cet inventaire établi en 1535, les revenus du village d'al-Maʿmūra à Ǧubbat ʿAssāl[153], et la totalité des revenus du lot situé dans le village d'al-Ḥarīma[154] (**tableau 6**), biens qui, en 1395, relevaient du *waqf* de la Turbat ʿUmar b. Manǧak[155] (**tableau 1**).

Waqf *du Masǧid al-Qaṣab*

Quant au *waqf* établi par Muḥammad [7] au profit du seul Masǧid al-Qaṣab, il comprend notamment en 1535, la plantation d'al-Šaʿīra à Maǧdal dans la Bekaa[156] (**tableau 8**), qui elle aussi, relevait en 1395 du *waqf* de la Turbat ʿUmar b. Manǧak (**tableau 1**)[157].

Waqf *de Muḥammad Ibn Manǧak*

Par ailleurs, le *mufassal tahrîr defteri* n° 401 mentionne également un *waqf* au nom de Muḥammad [7] (**tableau 9**) qui, en 1535, comporte notamment, la totalité du village de Išhim, dans le district de Ḫarnūb. Or, celui-ci relevait auparavant du *waqf* du Masǧid al-Qaṣab fondé en 1429[158] (**tableau 7**). De plus, le document de 1535 cite aussi une partie (9/24) de la plantation de Mubāraka à Riḥān[159] (**tableau 9**) ; or, celle-ci avait été intégrée au *waqf* établi en 1429 par l'émir Muḥammad [7] pour son fils Ibrāhīm [8] alors nourrisson (**tableau 5**).

Quand, pourquoi et par qui ces *waqf*-s théoriquement inaliénables ont-il été modifiés ? Et comment a-t-on pu intervenir dans leur composition ?

Le nāẓir *Muḥammad Ibn Manǧak et sa gestion des* waqf*-s*

En 1391, à la mort d'Ibrāhīm [3], la responsabilité des *waqf*-s de la famille échoit à son frère, ʿUmar [4]. Quand celui-ci disparaît à son tour en 1399, l'administration des *waqf*-s fondés par Manǧak est alors confiée à Faraǧ [5] dernier de ses fils encore vivant[160]. Toutefois,

150. Dussaud, *Topographie*, p. 297, IV A2.
151. TD 401, p. 340. À l'ouest de Kiswa. Dussaud, *Topographie*, p. 320.
152. TD 862 n° 29/Özkan, *Mısır vakıfları*, p. 115-116
153. TD 401, p. 131. Se trouve au nord de Damas, au-delà de Sadnaya.
154. TD 401, p. 257. Les éditeurs du manuscrit le localisent au nord de Ḥammāra.
155. *RCEA* XVIII, n° 800 019, p. 268-269.
156. TD 401, p. 301. Dussaud, *Topographie* III C2 (Maǧdal ʿAnǧar).
157. *RCEA* XVIII, n° 800 019, p. 268-269.
158. TD 862 n° 30/Özkan, *Mısır vakıfları*, p. 117.
159. TD 401, p. 110. Dussaud, *Topographie*, p. 311, IV A1.
160. Ibn Qāḍī Šuhba, *Taʾrīḫ* IV, p. 385.

l'administration du *waqf* fondé par ʿUmar n'est pas attribuée à Farağ [5] car, comme il est stipulé dans la *waqfiyya*, elle doit être confiée aux descendants du fondateur ou, à défaut, à ceux de son frère utérin, Ibrāhīm [3]. Or aucun enfant de ʿUmar [4] n'est mentionné par les sources historiques : sa descendance masculine, si elle a existé, s'est éteinte. L'administration a donc vraisemblablement été confiée à un descendant de son frère Ibrāhīm [3] : le fils de ce dernier, Muḥammad [7] qui prend donc, à vingt ans, la tête de ce *waqf*.

Alors qu'il devient administrateur du *waqf* de la *turba* de son père et de son oncle en 1399, Muḥammad [7] restaure le monument et redéfinit ses fonctions en y plaçant cinq orphelins et un *šayḫ* chargé de leur apprendre à lire le Coran [161]. Cette institution qui accueillait auparavant dix lecteurs et dix orphelins, voit ses activités diminuer, probablement en raison d'une baisse de ses revenus. Or Muḥammad [7], en 1427, intègre au *waqf* de sa mosquée de Maydān al-Ḥaṣā des boutiques situées à la porte du Ḫān al-Sulṭān [162] à Bāb al-Ğābiya à Damas, que l'on pourrait identifier à celles qui relevaient initialement du *waqf* de la Turbat ʿUmar b. Manğak. C'est donc probablement Muḥammad [7], alors qu'il est administrateur du *waqf* familial qui redistribue les biens à sa guise. Ainsi, pour combler le manque né du transfert de certains biens, du *waqf* de la Turbat ʿUmar b. Manğak vers sa propre fondation, il y aurait intégré « la moitié du Sūq al-Hawā', le verger dans la Mahāğiyya et le *sūq* à al-Munaybaʿ et le four qui s'y trouve », biens mentionnés en 1492… Le transfert de ces éléments vers les *waqf*-s fondés par Muḥammad [7] explique, d'une part, le fait qu'ils ne figurent déjà plus en 1492 parmi ceux du *waqf* de la Turbat ʿUmar b. Manğak lors de la visite de Qāsim [10] [163] et d'autre part, à plus long terme, la disparition du *waqf* de cette *turba* des registres ottomans, *waqf* qui avait déjà été considérablement réduit avant la fin du XVe siècle.

Ces mutations touchant les différents *waqf*-s qu'il administre – les siens propres et ceux de sa famille – n'ont qu'un seul but : optimiser les revenus des fondations gérées par Muḥammad [7]. Il faut en effet garder à l'esprit qu'une fois les dépenses acquittées, le surplus lui revient. Il n'est certes qu'un émir sans charge, mais il possède, nous l'avons évoqué, une fortune importante, comme en témoigne son activité édilitaire. Il semble avoir – grâce à sa proximité avec le gouverneur devenu sultan, al-Mu'ayyad Šayḫ – pu profiter du contexte de la ruine de Damas au début du XVe siècle [164] pour investir dans les quartiers commerçants de la ville [165], notamment autour des monuments qu'il restaurait, mais également dans les zones rurales de la province.

En homme d'affaire avisé, Muḥammad [7] a intégré aux *waqf*-s qu'il fondait des villages potentiellement producteurs de blé dès 1429 [166] mais il a aussi drainé, vers ses fondations, les revenus

161. Al-Nuʿaymī, *Dāris* II, p. 343 ; Sauvaire, « *Description* » VII, n. 263, p. 280.
162. Yahia, *Inventaire*, n° 69, p. 268-269.
163. Ibn Ṭūlūn, *Mufākaha* I p. 149.
164. Vigouroux, *Damas après Tamerlan*.
165. La *waqfiyya* de la fondation cairote du sultan al-Mu'ayyad Šayḫ comprend un bien dont une limite (*ḥadd*) est constituée par la propriété d'un certain émir Nāṣir al-Dīn Muḥammad que nous proposons d'identifier à Muḥammad [7]. Loiseau, « Investissements », ligne 377, p. 184.
166. La culture du froment (*ḥinṭa*) est attestée en 1535, dans les villages de Dayr al-ʿAṣāfir et de Dayr al-Ḫabiya (TD 401, p. 108, 340), appartenant au *waqf* de la mosquée depuis 1429 (TD 862 n° 36-37/Özkan, *Mısır vakıfları*,

de villages appartenant auparavant au *waqf* de la *turba* de son oncle ʿUmar [5], dans lesquels le blé est déjà probablement cultivé [167]. L'émir hâtivement jugé inculte par Ibn Taġrī Birdī semble être un fin connaisseur en matière d'agriculture, puisque Ibn Ḥiǧǧī nous rapporte que, lors d'une prière à la Madrasa al-Ḫātūniyya [168] de Damas, il fut abordé par l'émir Muḥammad [7], qui lui montra une gerbe de blé d'une variété possédant un rendement exceptionnel [169]. À la lumière des variations du prix du blé au début du xvᵉ siècle et la tendance des émirs à spéculer sur cette ressource, il est évident qu'une partie de sa fortune devait provenir de la culture et de la vente de céréales [170]. À la fin du xvᵉ siècle, Ibn ʿAbd al-Hādī localise le marché au blé de Damas dans le quartier de Maydān al-Ḥaṣā [171]. À la lumière de l'intérêt de l'émir Muḥammad pour cette denrée, l'emplacement de sa mosquée et de sa *turba* – situées à la fois sur la route du *Ḥaǧǧ* et près du marché au blé, sur le chemin qu'empruntent les convois de grain en provenance du Ḥawrān –, apparaît alors comme doublement symbolique…

Muḥammad [7] a donc semble-t-il considérablement modifié le *waqf* établi par son oncle et l'on peut légitimement s'interroger sur la procédure autorisant de telles mutations. Il n'avait pas hésité, nous l'avons évoqué, à réquisitionner des terres *waqf* pour réaliser les travaux du Masǧid al-Qaṣab, au mépris des avis émis par les autorités. Dans le cas des transferts de biens *waqf*, il s'est certainement arrangé pour rendre sa démarche légale, sans doute par le biais de la procédure d'échange (*istibdāl* [172]). Dans le cas qui nous occupe, il s'agissait d'un « recyclage » de biens, à l'intérieur de *waqf*-s gérés par une même famille, le dépouillement de l'un permettant de faire vivre l'autre. C'est au début du xvᵉ siècle, que la procédure d'échange de biens *waqf* (*istibdāl*) s'est répandue au Caire [173] comme à Damas [174], sous l'impulsion même du sultan al-Muʿayyad Šayḫ et de ses proches [175]. Parmi eux, l'émir Muḥammad [7] qui semble avoir tiré profit des ressources du patrimoine familial pour alimenter sa propre fondation, n'hésitant pas ainsi à condamner, à plus ou moins long terme, l'édifice construit par son oncle.

p. 118), mais aussi à Bayt Nāʿil et ʿAyn al-Ğar, intégrés postérieurement. Elle se pratique également dans les villages de Qāʿa et ʿArrād appartenant au *waqf* familial fondé par Muḥammad [7].

167. Il s'agit des villages d'al-Maʿmūra et d'al-Ḥarīma al-Kubrā. TD 401, p. 131, 257.

168. Il existait deux « Ḫātūniyya » à Damas. Toutefois al-Badrī localise à la fois la maison de l'émir d'Ibrāhīm [8] (ancienne demeure de Muḥammad [7]) et la Ḫānqāh al-Ḫātūniyya à al-Munaybaʿ : al-Badrī, *Nuzha*, p. 45. Nous pensons donc que Muḥammad devait fréquenter la Ḫatūniyya située à proximité de sa demeure, c'est-à-dire l'édifice fondé au Šaraf. À propos de cette Ḫānqāh al-Ḫātūniyya, voir al-Nuʿaymī, *Dāris* II, p. 113-115.

169. Massoud, *The Chronicles*, p. 431-432.

170. Lapidus, « Grain Economy », p. 10 ; Ashtor, « Quelques problèmes », p. 209, 214 ; Garcin, « Enquête sur le financement », p. 288 ; Shoshan, « Grain Riots », p. 467 ; Meloy, « Economic Intervention », p. 89-95.

171. Al-Ḥaymī, *Rasā'il*, p. 78.

172. Il s'agit en principe d'échanger au sein d'un *waqf* un bien ruiné par un bien en état de fournir des revenus à l'institution. Très peu répandue jusqu'à la fin du xivᵉ siècle, cette procédure a été détournée à la faveur de la ruine du Caire et de Damas au xvᵉ siècle pour manipuler les biens *waqf*-s théoriquement inaliénables et incessibles.

173. Denoix, « A Mamluk Institution », p. 196-198 ; Fernandes « *Istibdal* », p. 205-207 ; Denoix, « Topographie », p. 45-46 ; Loiseau , *Reconstruire*, p. 128-130.

174. Vigouroux, *Damas après Tamerlan*, p. 255-257.

175. Fernandes « *Istibdal*: The Game of Exchange », p. 207.

Enfin, le fait que Muḥammad [7] fonde ses *waqf*-s à partir de 1427 est remarquable ; on pourrait voir là le signe d'une augmentation de ses revenus. N'oublions pas que la gestion du *waqf* de Manğak lui-même avait été confiée à Farağ [5], et peut être échut-elle, à la mort de ce dernier en 1406, à son fils [6], qui meurt à son tour en 1423. ʿUmar [4] n'ayant pas de descendance masculine et le fils de Farağ [5] ayant disparu, la responsabilité du *waqf* de Manğak et de celui de la *turba* de Farağ [5] a pu aussi être confiée en 1423 à Muḥammad [7], seul héritier masculin, expliquant en partie son enrichissement, l'essor de son activité édilitaire ainsi que la transmission du statut de *nāẓir* du *waqf* familial à ses descendants. Au cours du xve siècle, les manipulations des *waqf*-s, pourtant théoriquement inaliénables, sont légion et les grands oulémas damascènes, voyant dépérir de nombreuses fondations religieuses, le déplorent [176]. Cette possibilité d'un démantèlement des anciennes fondations de la famille pour alimenter les nouveaux *waqf*-s pourrait expliquer d'une part, l'absence de la *turba de* Farağ [5] de l'inventaire des mausolées de la ville établi par al-Nuʿaymī (m. 1521), ainsi que la lente décrépitude de la Madrasa al-Manğakiyya de Damas, ayant conduit à sa disparition [177]. En effet, cette madrasa, à la fin du xvie siècle est devenue un jardin, « un lieu vide de science », et son *waqf* a été spolié par des usurpateurs [178]... Ainsi, comme le signalait J.-Cl. Garcin, c'est ici moins un patrimoine qu'un revenu que l'on a cherché à préserver afin d'assurer l'avenir du groupe familial [179].

Grâce aux talents d'homme d'affaires et à l'opportunisme de leur aïeul, les descendants de Muḥammad [7], même dépourvus de charge administrative ou religieuse, de rôle militaire ou encore de talent littéraire, demeurent en bonne place dans les sources historiques de la fin de l'époque mamelouke. En effet, chacun y figure parce qu'il est *aršad*, chef de famille, administrateur de ce qui est désormais un immense *waqf* et bénéficiant de revenus considérables. Ainsi, son fils, Ibrāhīm [8], occupe cette position, et, à sa mort en 1483, elle est transmise à son fils Abū Bakr [9], mais celui-ci décède prématurément la même année [180]. La responsabilité est alors confiée au frère du défunt, Qāsim [10] et au décès de celui-ci en 1501, elle ne revient pas à son frère encore vivant, Aḥmad [11], mais à ʿAbd al-Qādir [12], le fils d'Abū Bakr [181], alors en âge de l'assumer, qui la conserve jusqu'à sa mort en 1533 [182]. Au décès de ʿAbd al-Qādir, la responsabilité du *waqf* est confiée à son fils Abū Bakr [13] qui meurt en 1566, puis à son second fils, Ibrāhīm [14] qui décède à son tour en 1583. La charge revient au neveu de ce dernier, ʿAbd al-Laṭīf [16] ; toutefois il meurt la même année. Son neveu, l'émir Muḥammad b. Manğak [17], devient alors administrateur et ce jusqu'à sa mort en 1623 [183]. Au milieu du xviiie siècle, un registre du tribunal de Damas

176. Al-Badrī, *Nuzha*, p. 190.
177. Dans le registre établi en 1535, il n'y a aucune trace des revenus, ni même aucune mention de la Madrasa al-Manğakiyya dans la liste des édifices d'enseignement. TD 401, introduction, p. 40-41.
178. Al-ʿIlmāwī dans Sauvaire, « Description » VII, p. 251-252.
179. Garcin, « Le *waqf* », p. 106.
180. Ibn Ṭūlūn, *Mufākaha* I, p. 61; Ibn al Ḥimṣī, *Ḥawādiṯ* I, p. 284.
181. Ibn Ṭūlūn, *Mufākaha* I, p. 250.
182. Bakhit, *The Ottoman Province*, p. 189.
183. Al-Muḥibbī, *Ḫulāṣat* IV, p. 409-423 ; Mourani, *New Documents*, II, p. 1033.

fait encore mention d'un ensemble de douze *waqf*-s gérés par les Banū Manǧak, parmi lesquels figurent notamment six *waqf*-s de Manǧak al-Yūsufī, trois de son petit-fils Muḥammad [7], un *waqf* attribuable à Ibrāhīm [8] et un *waqf* établi par Abū Bakr [**9** ou **13**] [184].

Conclusion

Un rapport privilégié avec le pouvoir savamment cultivé, un attachement particulier à leur origine mamelouke et à leur nom turc, mais également une terre d'élection, des stratégies matrimoniales, une activité édilitaire et surtout une fortune conséquente, alimentée par un patrimoine familial judicieusement exploité – tous ces éléments expliquent donc l'étonnante longévité des Banū Manǧak. Cette étude sur la longue durée nous a conduit à nous pencher sur l'histoire de leurs *waqf*-s et sur la notion même de *waqf*, et à mettre en évidence la plasticité de cette institution qui, habilement administrée par une lignée d'économes notoires, peut s'avérer durable. Hommes de guerre, hommes d'affaires, fin politiques et gestionnaires audacieux, les Banū Manǧak se sont progressivement imposés à Damas et dans sa région, par un jeu d'alliances et d'investissements et sont devenus, à la fin de l'époque mamelouke, des notables fortunés, sans responsabilité militaire ni charge dans l'administration. Opportunistes et inamovibles, ils continuèrent malgré la conquête ottomane en 1516 à porter le titre d'émir. À la tête d'un très riche ensemble de *waqf*-s parmi lesquels figurent ceux de deux grandes mosquées de Damas, les descendants de Manǧak sont alors de puissants édiles et sont, désormais, chargés de l'administration des plus importants *waqf*-s de la ville : celui des sanctuaires de La Mecque et de Médine, et ceux des fondations damascènes des sultans Salīm et Sulaymān [185]. Néanmoins, après la disparition de Muḥammad [**17**] qui fut même gouverneur d'une province de l'empire [186], plus de deux siècles et demi après son célèbre ancêtre, la fortune familiale décline. Son fils, Manǧak [187] [**18**] (m. 1669), tout en étant l'administrateur des *waqf*-s familiaux [188], est un célèbre poète, lié par mariage à une vénérable lignée d'*ašrāf*-s de Damas [189]. Toutefois, en dépit de cette prestigieuse alliance, le nom des Banū Manǧak résiste encore et se refuse à disparaître. La famille portera désormais le nom de Manǧak-ʿAǧlānī [190].

184. Weber, « The Restoration Project », p. 294.

185. Bakhit, *The Ottoman Province*, p. 189; Zawareh, *Religious Endowments*, p. 112-113, 182-183. Boqvist, *Architecture*, p. 57, n. 235.

186. Il fut gouverneur de Karak-Šawbak, puis de Tadmur, puis de Ruhā' et Raqqa. Bakhit, *The Ottoman Province*, p. 190.

187. Al-Muhibbī, *Ḫulāṣat*, IV, p. 422 ; Burgoyne, *Mamluk Jerusalem*, p. 387.

188. Bakhit, *The Ottoman Province of Damascus*, p. 189.

189. Weber *et al.*, « The Restoration », p. 278.

190. Weber *et al.*, « The Restoration », p. 278 ; Marino, *Le faubourg du Mīdān*, p. 328-329 ; Schatkowski-Schilcher, *Families in politics*, p. 201-204.

Bibliographie

Archives inédites

Inventaire des biens *waqf*-s de la mosquée des Omeyyades de Damas établi en 816/1413, photocopie conservée à l'Ifpo.

Archives éditées

Özkan, Aydin, *Mısır vakifları*, Isvar, Istanbul, 2005.

401 numarali Şam livâsi mufassal tahrîr defteri (942/1535), 2 vol., Direction générale des Archives nationales, Ankara, 2011.

Sources historiques en langue arabe

Badrī (al-), *Nuzhat al-anʿām fī maḥāsin al-Šām*, Dār al-rā'id al-ʿarabī, Beyrouth, 1980.

Ġazzī (al-), *al-Kawākib al-sā'ira bi-aʿyān al-mi'ah al-ʿāšira*, éd. Ğ.S. Ğabbūr, 3 vol., al-Maṭbaʿa al-amrīkāniyya, Beyrouth, 1959.

Ḫiyamī (al-), Ṣalāḥ M., *Rasā'il dimašqiyya*, Beyrouth, 1988.

Ibn al-Ḥimṣī, *Ḥawādiṯ al-zamān wa wafayāt al-šuyūḫ wa-l-aqrān*, éd. ʿAbd al-Salām Tadmurī, 3 vol., Beyrouth, 1999.

Ibn Kaṯīr, *al-Bidāya wa-l-nihāya*, Dār al-taqwā, Le Caire, 1999.

Ibn Qāḍi Šuhba, *Ta'rīḫ Ibn Qāḍī Šuhba*, tome II (1) et III (2), éd. A. Darwish, Ifead, Damas, 1994.

Ibn Ṭaġrī Birdī, *al-Manhal al-Ṣāfī wa-l-Mustawfā baʿd al-Wāfī*, éd. Muḥammad Muḥammad Amīn, 13 vol., al-Hay'a al-miṣriyya al-ʿāmma li-l-Kitāb, Le Caire, 1984-2009.

—, *al-Nuğūm al-zāhira fī mulūk Miṣr wa-l-Qāhira*, Maṭbaʿat Dār al-kutub wa-l-waṯā'iq al-qawmiyya, Le Caire, 2006.

Ibn Ṭūlūn, *Mufākahat al-ḫillān fī ḥawādiṯ al-zamān*, 2 vol., éd. M. Muṣṭafā, 1962 & 1964, Le Caire.

—, *Al-Qalā'id al-ğawhariyya fī ta'rīḫ al-Ṣāliḥiyya*, Muḥammad Aḥmad Daḥmān, (éd.), 2 vol., Damas, 1980.

Maqrīzī (al-), *al-Mawāʿiẓ wa-l-iʿtibār fī ḏikr al-ḫiṭaṭ wa-l-āṯār*, éd. de Būlāq, 2 vol., Maṭbaʿat Dār al-kutub al-miṣriyya, Le Caire, 1853.

—, *Kitāb al-Sulūk li-maʿrifat duwal al-mulūk*, éd. M.M. Ziyāda, Dār al-kutub, Le Caire, 1934-1958.

Muḥibbī (al-), *Ta'rīḫ ḫulāṣat al-aṯar fī aʿyān al-qarn al-hādī ʿašar*, Le Caire, 1869.

Nuʿaymī (al-), *al-Dāris fī ta'rīḫ al-madāris*, éd. Ibrāhīm Šams al-Dīn, Dār al-kutub al-ʿilmiyya, Beyrouth, 1990.

Saḫāwī (al-), *al-Ḍaw' al-lāmiʿ li-ahl al-qarn al-tāsiʿ*, Dār Maktabat al-Ḥayyā, 6 vol., Beyrouth, 1966.

Šuğāʿī (al-), *Ta'rīḫ al-Malik al-Nāṣir Muḥammad b. Qalāwūn al-Ṣāliḥī wa awlādi-hi*, éd. Barbara Shaëfer, Deutsches Archäologishes Institut Kairo-Franz Steiner Verlag, Wiesbaden, 1977.

ʿUmarī (al-), *Masālik al-abṣār fī mamālik al-amṣār: Mamālik al-šarq al-islāmī wa-l-Turk wa-Miṣr wa-l-Šām wa-l-Ḥiğāz*, 3, al-Mağmaʿ al-Ṯaqāfī, Abou Dhabi, 2003.

Sources historiques traduites

Brinner, William, *A chronicle of Damascus, 1389-1397, The Unique Bodleian Library Manuscript of al-Durra al-Muḍī'a fī l-Dawla al-Ẓāhiriya (Laud or. MS 112)*, 2 vol., University of California, Berkeley, 1963.

Cheddadi, Abdessalem, *Le Voyage d'Occident et d'Orient. Autobiographie*, Sindbad, Paris, 1980.

Devonshire Henriette, « Relation d'un voyage du Sultan Qâitbây en Palestine et en Syrie », *Bifao* 22, 1922, p. 1-43.

—, « Extrait de l'histoire de l'Égypte, volume II, par Ahmed ibn Iyâs el Hanafy al-Maçry (Boulaq, 1311A.H.) », *Bulletin de l'Institut français d'archéologie orientale du Caire* 25, 1925, p. 113-145.

Fischel, Walter J., *Ibn Khaldūn and Tamerlane: Their Historic Meeting in Damascus, 1401 A.D. (803 A.H.): A Study Based on Arabic Manuscripts of Ibn Khaldūn's "Autobiography", with a Translation into English, and a Commentary*, University of California Press, Berkeley, 1952.

—, « Ascensus Barcoch (I) and (II): A Latin Biography of the Mamlūk Sultan Barqūq of Egypt (d. 1399) Written by B. de Mignanelli in 1416 », *Arabica* 6, 1959, p. 57-74; 152-172.

Gaulmier Jean (éd.), *La Zubda kachf al-mamālik de Khalīl az-Zāhirī* (trad. Venture de Paradis), Ifpo, Beyrouth, 1950.

Laoust, Henri, *Les gouverneurs de Damas sous les Mamelouks et les premiers Ottomans, Traduction des Annales de Ibn Ṭūlūn et Ibn Ǧumaʿ*, Ifpo, Damas, 1952.

Massoud, Sami G., *The Chronicles and Annalistic Sources of the Early Mamluk Circassian Period*, Brill, Leyde-Boston, 2007.

Popper, William (trad.), *History of Egypt*, University of California Press, Berkeley et Los Angeles, 8 vol., 1954-1963.

Sanders, John H., *Tamerlane or Timur the Great Amir*, Luzac & Co, Londres, 1936.

Sauvaire, Henry, « Description de Damas », *JA* IXe série, III, 1894, p. 251-318 et 385-501 ; IV, 1894, p. 242-331 et 465-503 ; V, 1895, p. 269-315 et 377-411 ; VI, 1895, p. 221-313 et 409-484 ; VII, 1896, p. 185-285 et 369-459.

Wiet, Gaston, *Histoire des mamelouks circassiens*, Ifao, Le Caire, 1945.

Sources épigraphiques

Recueil Chronologique d'Épigraphie Arabe, XVII, établi par Ludvik Kalus, Ifao, Le Caire, 1982.

Recueil Chronologique d'Épigraphie Arabe, XVIII, établi par Ludvik Kalus, Ifao, Le Caire, 1991.

Herzfeld, Ernst, *Matériaux pour un Corpus Inscriptionum Arabicarum, deuxième partie : Syrie du Nord : Inscriptions et monuments d'Alep*, Ifao, Le Caire, 1954-1955.

Sauvaget, Jean, « Décrets mamelouks de Syrie », *BEO* 2, 1932, p. 1-52.

Études

Ashtor, Eliyahu, « Quelques problèmes que soulèvent l'histoire des prix dans l'Orient médiéval », dans Myriam Rosen-Ayalon (éd.), *Studies in Memory of Gaston Wiet*, Institute of Asian and African Studies, Jérusalem, 1977, p. 203-234.

Ayalon, David, « Studies on the Structure of the Mamluk Army », (I), *BSOAS* 15/2, 1953, p. 203-228 ; (II), *BSOAS* 15/3, 1953, p. 448-476 ; (III), 16/1, 1954, p. 57-90.

—, « Awlād al-Nās », *EI*[2] I, Brill, Leyde, 1960, p. 775.

Bakhit, Adnan, *The Ottoman Province of Damascus*, Librairie du Liban, Beyrouth, 1982.

Boqvist, Marianne, *Architecture et développement urbain à Damas*, thèse de doctorat en histoire de l'art et archéologie, université Paris IV-Sorbonne, 2005.

Burgoyne, Michael H. (with additional historical research by DS Richards), *Mamluk Jerusalem: An Architectural Study*, British School of Archaeology in Jerusalem & World of Islam Festival Trust, Jérusalem, 1987.

Conermann, Stephan & Saghbini, Suad, « Awlād al-Nās as Founders of Pious Endowments: The *Waqfiyya* of ibn Tughan al-Hasani of the Year 870/1465 », *MSR* 6, 2002, p. 21-50.

Dayoub, Bassam, « Nouvelles découvertes dans le quartier du Mīdān », dans Mathieu Eychenne & Marianne Boqvist (éd.), *Damas médiévale et ottomane. Histoire urbaine, société et culture matérielle, BEO* 61, 2012, p. 67-90.

Deguilhem, Randi (éd.), *Le waqf dans l'espace islamique: outil de pouvoir socio-politique*, Ifead, Damas, 1995.

Denoix, Sylvie, « Pour une exploitation d'ensemble d'un corpus: les *waqfs* mamelouks du Caire », dans Randi Deguihem (éd.), *Le waqf dans l'espace islamique: outil de pouvoir socio-politique*, Ifead, Damas,1995, p. 29-44.

—, « Topographie de l'investissement du personnel politique mamlouk », dans Sylvie Denoix *et al.* (dir.), *Le Khan al-Khalili et ses environs. Un centre commercial et artisanal au Caire du* XIII*e au* XX*e siècle*, Ifao, Le Caire, 1999, p. 33-49.

—, « A Mamluk Institution for Urbanization: The *Waqf* », dans Doris Behrens-Abouseif (éd.), *The Cairo Heritage: Essays in Honor of Laila Ali Ibrahim*, The American University in Cairo Press, Le Caire-New York, 2000, p. 191-202.

Dussaud, René, *Topographie historique de la Syrie antique et médiévale*, Geuthner, Paris, 1927.

Écochard, Michel & Le Coeur, Claude, *Les bains de Damas*, 2 vol., Ifpo, Beyrouth, 1942-1943.

Eychenne, Mathieu, « Toponymie et résidence urbaines à Damas au XIVe siècle » dans Mathieu Eychenne & Marianne Boqvist (éd.) *Damas médiévale et ottomane. Histoire urbaine, société et culture matérielle in BEO* 61, 2012, p. 245-270.

Fernandes, Leonor, « *Istibdal*: The Game of Exchange and Its Impact on the Urbanization of Mamluk Cairo », dans Doris Behrens-Abouseif (éd.), *The Cairo Heritage. Essays in Honor of Laila Ali Ibrahim*, American University in Cairo Press, Le Caire, 2000, p. 203-222.

Frenkel, Yehoshua « Awqāf in Mamluk Bilād al-Shām », *MSR* 13, 2009, p. 149-166.

Garcin, Jean-Claude (dir.), *Palais et maisons du Caire, I: Époque mamelouke (*XIII*e-*XVI*e siècles)*, CNRS, Paris, 1982.

—, « Le système militaire mamluk et le blocage de la société musulmane médiévale », *AnIsl* 24, 1988, p. 93-110.

—, « Le *waqf* est-il la transmission d'un patrimoine ? », dans Joëlle Beaucamp & Gilbert Dagron (éd.), *La transmission du Patrimoine: Byzance et l'aire méditerranéenne* (Paris, 24-25 novembre 1995), De Boccard, Paris, 1998, p. 101-109.

Garcin, Jean-Claude et Taher, Mustafa Anouar, « Enquête sur le financement d'un *waqf* égyptien du XVe siècle: les comptes de Jawhar al-Lālā », *JESSO* 38, 1995, p. 262-304.

Haarmann, Ulrich, « The Sons of Mamluks as Fief-holders in Late Medieval Egypt », dans Khalidi, Tarif (éd.), *Land Tenure and Social Transformation in the Middle East*, American University in Beirut, Beyrouth, 1984, p. 141-168.

—, « Joseph's Law—the Careers and Activities of Mamluk Descendants Before the Ottoman Conquest of Egypt », dans Thomas Philipp & Ulrich Haarmann (éd.), *The Mamluks in Egyptian Politics and Society*, Cambridge University Press, Cambridge, 1998, p. 55-84.

Hamza, Hani, « Some Aspects of the Economic and Social Life of Ibn Tagribirdi Based on an Examination of His Waqfiyah » , *MSR* 12, 2008, p. 139-172.

Irwin, Robert, *The Middle East in the Middle Ages: The Early Mamluk Sultanate 1250-1382*, Croom Helm-Southern Illinois University Press, Londres-Carbondale, 1986.

Lapidus, Ira M., « The Grain Economy of Mamluk Egypt », *JESHO* 12, 1969, p. 1-15.

Levanoni, Amalia, « The Ḥalqah in the Mamluk Army: Why Was It Not Dissolved When it Reached Its Nadir? », *MSR* 15, 2011, p. 37-65.

Lewis, Bernard, « Ottoman Archives as Sources for the History of the Arab Lands », *JRAS*, 1951, p. 139-155.

Loiseau, Julien, « Les demeures de l'empire. Palais urbains et capitalisation du pouvoir au Caire (XIVe-XVe siècle) », dans *Les villes capitales au Moyen Âge*, actes du XXXVIe congrès de la SHMESP, Publications de la Sorbonne, Paris, 2006, p. 373-390.

—, *Reconstruire la maison du sultan, 1350-1450. Ruine et recomposition de l'ordre urbain au Caire*, Ifao, Le Caire, 2010.

—, « Les investissements du sultan al-Mu'ayyad Šayḫ à Damas », dans Mathieu Eychenne & Marianne Boqvist (éd.), *Damas médiévale et ottomane. Histoire urbaine, société et culture matérielle*, in *BEO* 61, 2012, p. 163-189.

Marino, Brigitte, *Le faubourg du Mīdān à Damas à l'époque ottomane. Espace urbain, société et habitat (1742-1830)*, Ifead, Damas, 1997.

Martel-Thoumian, Bernadette, *Les civils et l'administration dans l'état militaire Mamluk, IXe/XVe siècle*, Ifead, 1991.

Meier, Astrid, « Waḳf. II, en Syrie » Supplément *EI²*, Brill, Leyde, 2004, p. 823-828.

Meinecke, Michael, « Der Survey des Damaszener Altstadtviertels aṣ-Ṣāliḥīya » *Damaszener Mitteilungen* 1, 1983, p. 189-241, pl. 54-56.

—, *Die mamlukische Architektur in Ägypten und Syrien (648/1250 bis 923/1517)*, *ADAIK*, Verlag J.J. Augustin GMBH, Islamische Reihe 5, Glückstadt, 1992.

Meloy, John, « Economic Intervention and the Political Economy of the Mamluk State under al-Ashraf Barsbay », *MSR* 9, 2005, p. 89-95.

Miura, Toru, « The Salihiyya Quarter in the Suburbs of Damascus, Its Formation, Structure, and Transformation in the Ayyubid and Mamluk Periods », *BEO* 47, 1995, p. 129-181.

—, « The Salihiyya Quarter of Damascus », dans Peter Sluglett & Stefan Weber (éd.), *Syria and Bilad al-Sham under Ottomna Rule: Essays in Honour of Abdul-Karim Rafeq*, Brill, Leyde-Boston, 2010, p. 269-291.

Moaz, Khaled & Ory, Solange, *Inscriptions arabes de Damas, les stèles funéraires I – Cimetières d'al-Bāb al-Ṣaġīr*, Ifead, Damas, 1977.

Peters, Rudolph, « Waḳf., I., In Classical Islamic Law », Encyclopaedia of Islam, 2nd Edition. Brill Online, 2013. Reference. 13 June 2013 <http://referenceworks.brillonline.com/entries/encyclopaedia-of-islam-2/wakf-COM_1333>

Reinfandt, Lucian, « Religious Endowments and Succession to Rule: The Career of a Sultan's Son in the Fifteenth Century », *MSR* 6, 2002, p. 51-62.

Richards, Donald, « Mamluk Amirs and Their Families and Households », dans Thomas Philipp et Ulrich Haarmann (éd.), *The Mamluks in Egyptian Politics and Society*, Cambridge University Press, Cambridge, 1998, p. 34-54.

Sabra, Adam, *Poverty and Charity in Medieval Islam. Mamluk Egypt, 1250-1517*, Cambridge University Press, Cambridge, 2000.

Sack, Dorothée, *Dimašq: taṭawwur wa-bunyān madīna mashriqiyya islāmiyya*, Ifead, Damas.

Schatkowski-Schilcher, Linda, *Families in Politics. Damascenes Factions and estates of the 18th and the 19th Centuries*, Stuttgart, 1985.

Shoshan, Boaz, « Grain Riots and the Moral Economy: Cairo 1350-1517 », *Journal of Interdisciplinary History* 10/3, 1980, p. 459-478.

Van Steenbergen, Jo, *Order Out of Chaos: Patronage, Conflict and Mamluk Socio-Political Culture, 1341-1382*, Brill, Leyde-Boston, 2006.

—, « The Office of Nā'ib al-Salṭana of Damascus: 741-784/1341-1382, a Case Study », in *Egypt and Syria in the Fatimid, Ayyubid and Mamluk Era III*, Peters, Louvain, 2001.

Vigouroux, Élodie, *Damas après Tamerlan*, thèse de doctorat en histoire de l'art et archéologie islamique, université Paris-Sorbonne, 2011.

—, « La Mosquée des Omeyyades après Tamerlan », dans Mathieu Eychenne & Marianne Boqvist (éd.), *Damas médiévale et ottomane. Histoire urbaine, société et culture matérielle*, in *BEO* 61, 2012, p. 123-159.

—, « La *fitna* du règne d'al-Ẓāhir Barqūq à Damas (1389-1393): troubles et conséquences », dans, Mathieu Eychenne, Stéphane Pradines, & Abbès Zouache (éd.), *Guerre et paix dans le Proche-Orient médiéval (Xe-XVe siècle). Histoire, anthropologie et culture matérielle*, Ifao-Ifpo, Le Caire (à paraître).

Weber, Stefan, *Damascus. Ottoman Modernity and Urban Transformation, 1808-1918*, Aarhus University Press, Aarhus, 2009.

Weber Stefan, *et al.*, « The Restoration Project of Sūq al-Ḥarāj in Tripoli: History, Archaeology and Rehabilitation », *Baal* 10, 2006, p. 267-335.

Winter, Michael, « Mamluks and Their Households in Late Mamluk Damascus: A *Waqf* Study », dans Amalia Levanoni et Michael Winter, *The Mamluks in Egyptian and Syrian Politics and Society*, Brill, Leyde, 2004, p. 297-316.

Wulzinger, Karl, & Watzinger, Carl, *Damaskus. Die Islamische Stadt*, Walter de Gruyter & Co., Berlin-Leipzig, 1924.

Yahia, Fouad, *Inventaire archéologique des caravansérails de Damas*, thèse de doctorat d'Histoire, université de Provence Aix-Marseille I, 1979.

Zawareh, Taisīr K.M., *Religious Endowment and Social Life in the Ottoman Province of Damascus*, Mu'tah University, Karak, 1992.

Ressources en ligne

Muḥammad al-Ğabarat, « Waqfiyyat Manğak Bāšā (784-1382) : dirāsa wa taḥqīq », al-Mağalla al-urduniyya li-l-tārīḫ wa-l-aṯār 3/1, 2009. http://journals.ju.edu.jo/JJHA/article/viewFile/826/821

Alexander al-Mourani, *New Documents on the History of Mt Lebanon and Arabistan in the 10th and 11th century*, 2010.

Mona al-Moadin/Jacques Bosser/Museum With No Frontiers http://www.discoverislamicart.org/database_item.php?id=object;ISL;sy;Mus01;35;fr&cp&cp

Annexe

Région	Localisation	Nature du bien
Damas	Bāb al-Ğābiya	boutiques et étages
Damas	Masğid al-Ḏubbān	étage voisin de la *turba*
Safad		*ḫān*
Ğubbat ʿAssāl	Maʿmūra	totalité du village
Ğubbat ʿAssāl	Kubrā	totalité du lot de 9,75/24
Bekaa	Ḥarīma	totalité du lot de 5/24
Bekaa	Šaʿīra/Mağdal	totalité des terres

Tableau 1. Biens *waqf* de la Turbat ʿUmar b. Manğak lors de sa fondation en 1395.

Région	Localisation	Nature du bien
Damas	Masğid al-Ḏubbān	environs du pressoir
Damas	Sūq al-Hawāʾ	moitié du marché
Damas ?	Mahāğiyya	verger
Damas	Munaybaʿ	marché
Damas	Munaybaʿ	four

Tableau 2. Biens *waqf* de la Turbat ʿUmar b. Manğak lors de la visite de Qāsim Ibn Manğak [10] en 1492.

Région	Localisation	Nature du bien
Damas	Bāb al-Ğābiya	14 boutiques
Damas	Maydān al-Ḥaṣā	bain, moitié du revenu
Damas	Bāb al-Ğābiya ?	boutique et magasins
Damas	Mizza	plantation
Damas	Mizza	6/24 de 16 boutiques
Damas	Šaraf?	verger
Ġūṭa	Kāniya	plantation
Ġūṭa ?	Mahza ?	verger
Ġūṭa	Zibdīn	parcelle 12/24
Marğ	Dayr al-ʿAṣāfir	parcelle 1,25/24
Marğ	Imāma ? (Šammāmiyya ?)	plantation 1/9
Wādī ʿAğam	Dayr al-Ḫabiya	parcelle 2/60

Tableau 3. Biens appartenant au *waqf* fondé par Muḥammad Ibn Manğak [7] au profit de sa mosquée de Maydān al-Ḥaṣā en 1427 [1].

1. TD 862 nº 29/Özkan, *Mısır vakıfları*, p. 115-116.

Région	Localisation	Nature du bien
Damas	Masǧid al-Qaṣab	10 boutiques et 5 pièces
Ḫarnūb	Išḫim ?	totalité du village

Tableau 4. Biens appartenant au *waqf* fondé par Muḥammad Ibn Manǧak [7] au profit du Masǧid al-Qaṣab en 1429[2].

Région	Localisation	Nature du bien
Marǧ	Maymūna	parcelle 12/24
Marǧ	Maymūna	plantation 9/24

Tableau 5. Biens appartenant au *waqf* fondé par Muḥammad Ibn Manǧak [7] au profit de son fils Ibrāhīm [8] en 1429[3].

Région / *Nāḥiya*[4]	Localisation	Origine des revenus
Ǧubbat ʿAssāl	Maʿmūra	totalité du village [5]
Baʿalbak	Raʿyān	plantation [6]
Karak Nūḥ	Bayt Nāʿil	totalité du village [7]
Qūrna	Ḥarīma al-Kubrā	6/24 des récoltes [8]
Ḥammāra	ʿAyn al-Ǧar	3/24 des récoltes [9]
Wādī al-Taym	ʿAqaba	totalité du village [10]
Šūf	Niḥa	totalité du village [11]
Šūmar	Bābliya	totalité du village [12]

Tableau 6. *Waqf* destiné aux mosquées de Maydān al-Ḥaṣā et Masǧid al-Qaṣab et à la famille du fondateur, au nom de Muḥammad Ibn Manǧak [7], biens situés dans le *liwāʾ* de Damas en 1535.

2. TD 862 nº 30/Özkan, *Mısır vakıfları*, p. 117.
3. TD 862 nº 31/Özkan, *Mısır vakıfları*, p. 117.
4. Sur les différentes *nāḥiya*-s qui composent alors le *liwāʾ* de Damas voir Bakhit, *The Ottoman Province of Damascus*, p. 35-89.
5. TD 401, p. 131. Se trouve au nord de Damas, au-delà de Saydnaya, cette localité ne figure pas sur les cartes réalisées par René Dussaud car située entre l'emprise des cartes IV et VI.
6. TD 401, p. 198. Toponyme non localisé dans le district concerné, se trouve dans la Bekaa. Dussaud, *Topographie*, p. 411, VI A 2, B2, C2.
7. TD 401, p. 244. Ce village se trouvant au nord de Zahle, ne figure pas sur la carte établie par René Dussaud. Dussaud, *Topographie*, III C 1.
8. TD 401, p. 257. Les éditeurs du TD 401 le localisent au nord de Ḥammara donc dans la région de la Bekaa (il ne figure pas sur la carte de Dussaud. Dussaud, *Topographie*, p. 301.
9. TD 401, p. 296. Toponyme non localisé exactement, situé dans la région de la Bekaa, il appartient au district de Ḥammara. Dussaud, *Topographie*, III C 2 ou 3.
10. TD 401, p. 373. Dussaud, *Topographie*, p. 390, III C 3.
11. TD 401, p. 471. Au nord de la ville actuelle de Jezzine. Dussaud, *Topographie*, p. 58, III B3.
12. TD 401, p. 509. Se trouve entre Sidon et Tyr. Dussaud, *Topographie*, p. 39, III, A3.

Région / *Nāḥiya*	Localisation	Origine des revenus
Marğ	Qāsimiyya	6/24 des récoltes[13]
Marğ	Dayr al-ʿAsāfir	1,25/24 des récoltes[14]
Wādī al-ʿAğam	Dayr al- Ḫabiya	2,5/24 des récoltes[15]

Tableau 7. *Waqf* établi par Muḥammad Ibn Manğak [7] au profit de la Mosquée de Maydān al-Ḥaṣā, biens situés dans le *liwā'* de Damas en 1535.

Région / *Nāḥiya*	Localisation	Origine des revenus
Ḥammāra	Mağdal	totalité de la plantation[16]
Qūrna	ʿIllīn	12/24 des récoltes[17]

Tableau 8. *Waqf* établi par Muḥammad Ibn Manğak [7] au profit de la Mosquée du Masğid al-Qaṣab, biens situés dans le *liwā'* de Damas en 1535.

Région / *Nāḥiya*	Localisation	Origine des revenus
Marğ	Nišabiyya	1,5/9 d'une plantation[18]
Marğ	Maymūna	12/24 des récoltes[19]
Marğ	Riḥān	9/24 d'une plantation[20]
Baʿalabak	Qāʿa	totalité du village[21]
Billān	Ğudayda	16/24 des vignes[22]
Billān	ʿArrād	16/24 d'un verger[23]
Ḫarnūb	Išhim	totalité du village[24]
Ḥūla	Luysia	12/24 d'une plantation[25]

Tableau 9. *Waqf* au nom de Muḥammad b. Ibrāhīm b. Manğak [7] , biens situés dans le *liwā'* de Damas en 1535.

13. TD 401, p. 107. Dussaud, *Topographie*, p. 309, IV B2.
14. TD 401, p. 108. Dussaud, *Topographie*, p. 297, IV A2.
15. TD 401, p. 340. À l'ouest de Kiswa. Dussaud, *Topographie*, p. 320.
16. TD 401, p. 301. Il s'agit du village de Majdal ʿAndjar. Dussaud, *Topographie*, p. 400, III C 2.
17. TD 401, p. 264. Toponyme non localisé exactement, appartient au district de Qūrna se trouve dans la région de la Bekaa à proximité du village de Ḥarīma al-Kubrā (Dussaud, *Topographie*, III C 2).
18. TD 401, p. 102. À Nišabiyya. Dussaud, *Topographie*, p. 308, IV B2.
19. TD 401, p. 107 non localisé .
20. TD 401, p. 110. Dussaud, *Topographie*, p. 311, IV A1.
21. TD 401, p. 186-187. Se trouve au nord de la Bekaa. Dussaud, *Topographie*, p. 411, VI A 2.
22. TD 401, p. 329. Au nord-ouest de Damas, entre Damas et Zabadānī. Dussaud, *Topographie*, III D 3.
23. TD 401, p. 329. Toponyme non localisé dans le district concerné, il existait un village ce nom au sud du Wādī al-ʿAğam. Dussaud, *Topographie*, p. 322.
24. TD 401, p. 513. Actuel village de Chiim écrit « Sheḥim » sur la carte établie par René Dussaud (Dussaud, *Topographie*, p. 39, III B3).
25. TD 401, p. 566. Non localisé, se situe dans la région du Lac de Ḥūla , dans le Ğawlān.

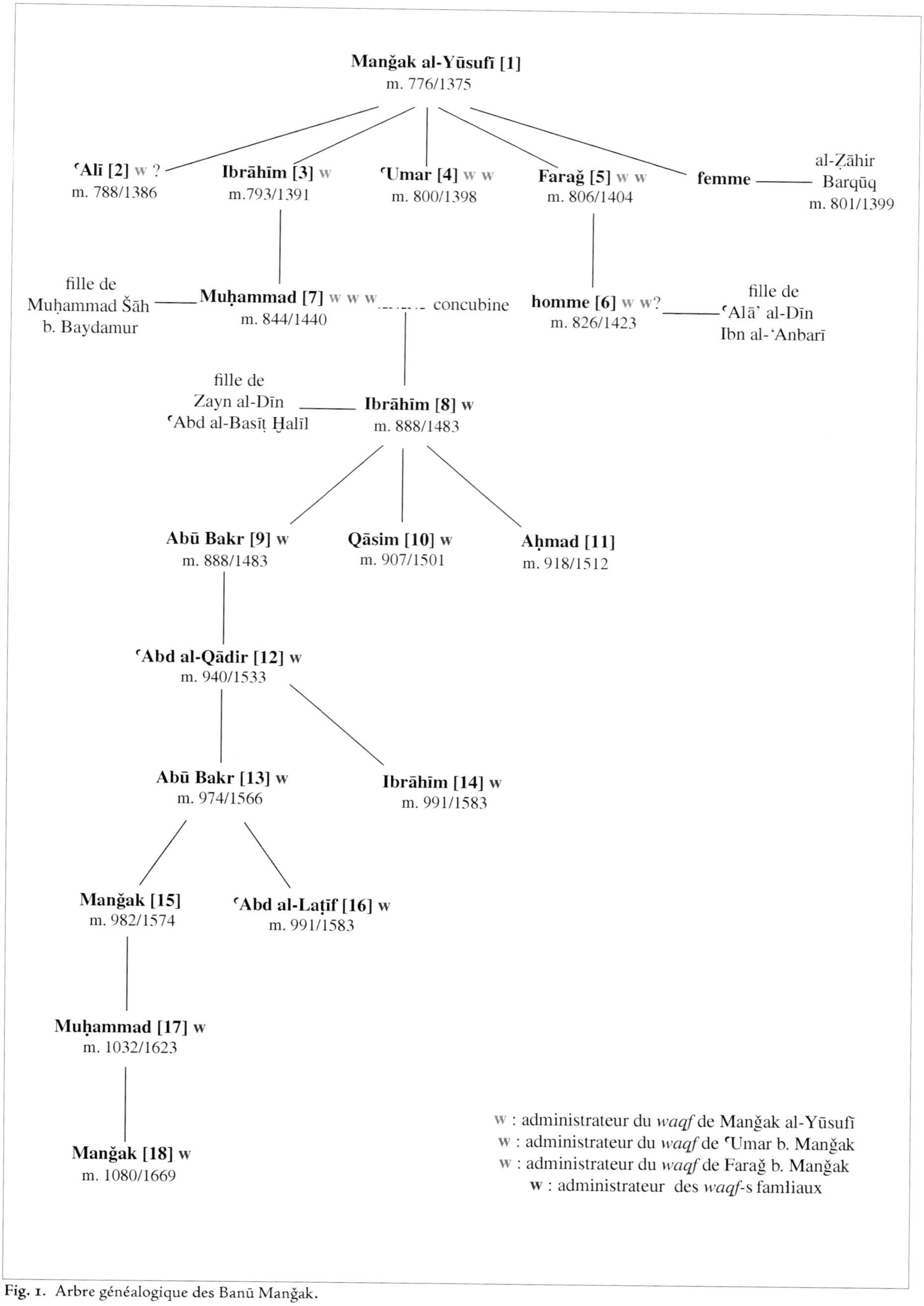

Fig. 1. Arbre généalogique des Banū Manǧak.

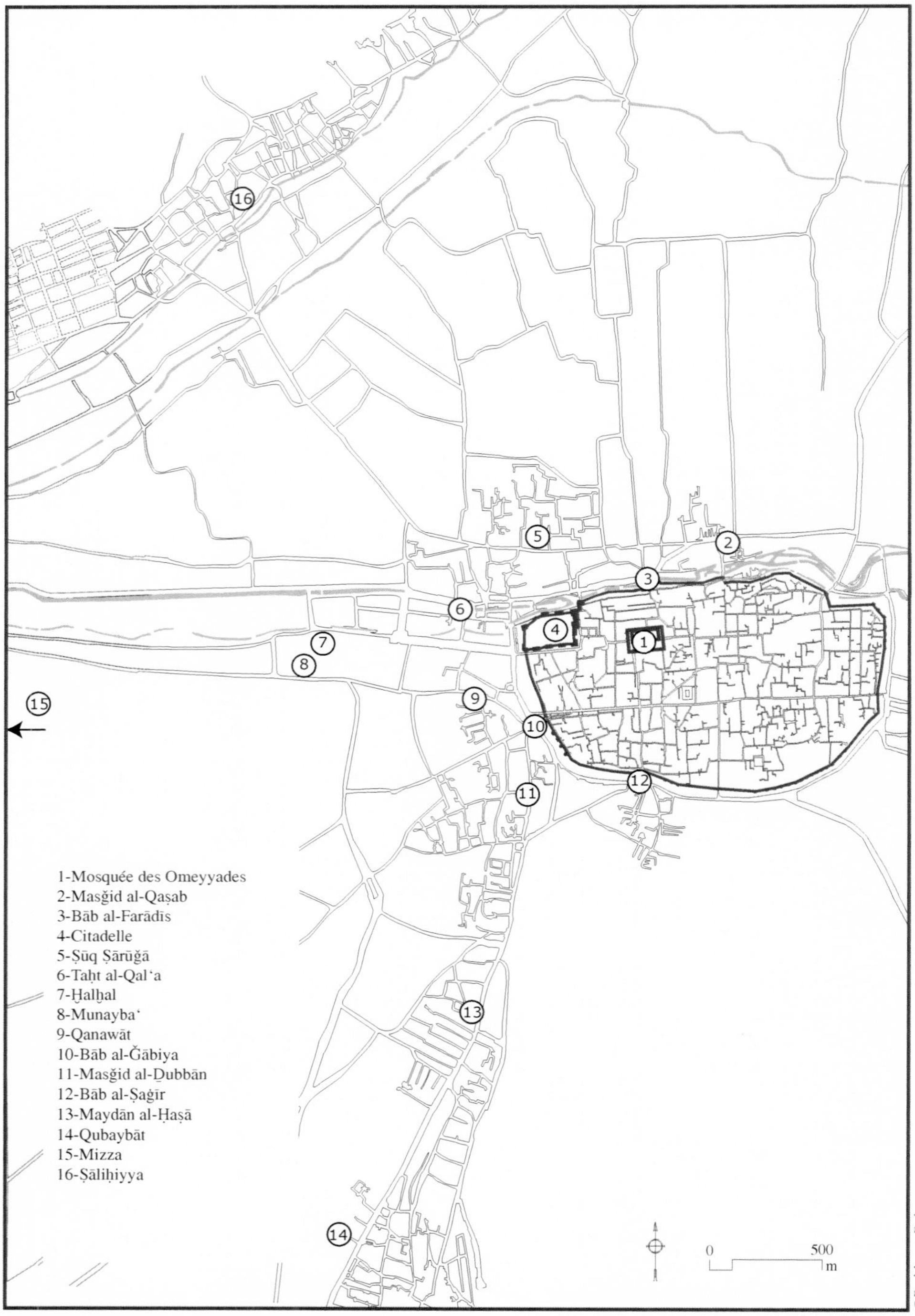

Fig. 2. Localisation des quartiers de Damas mentionnés.

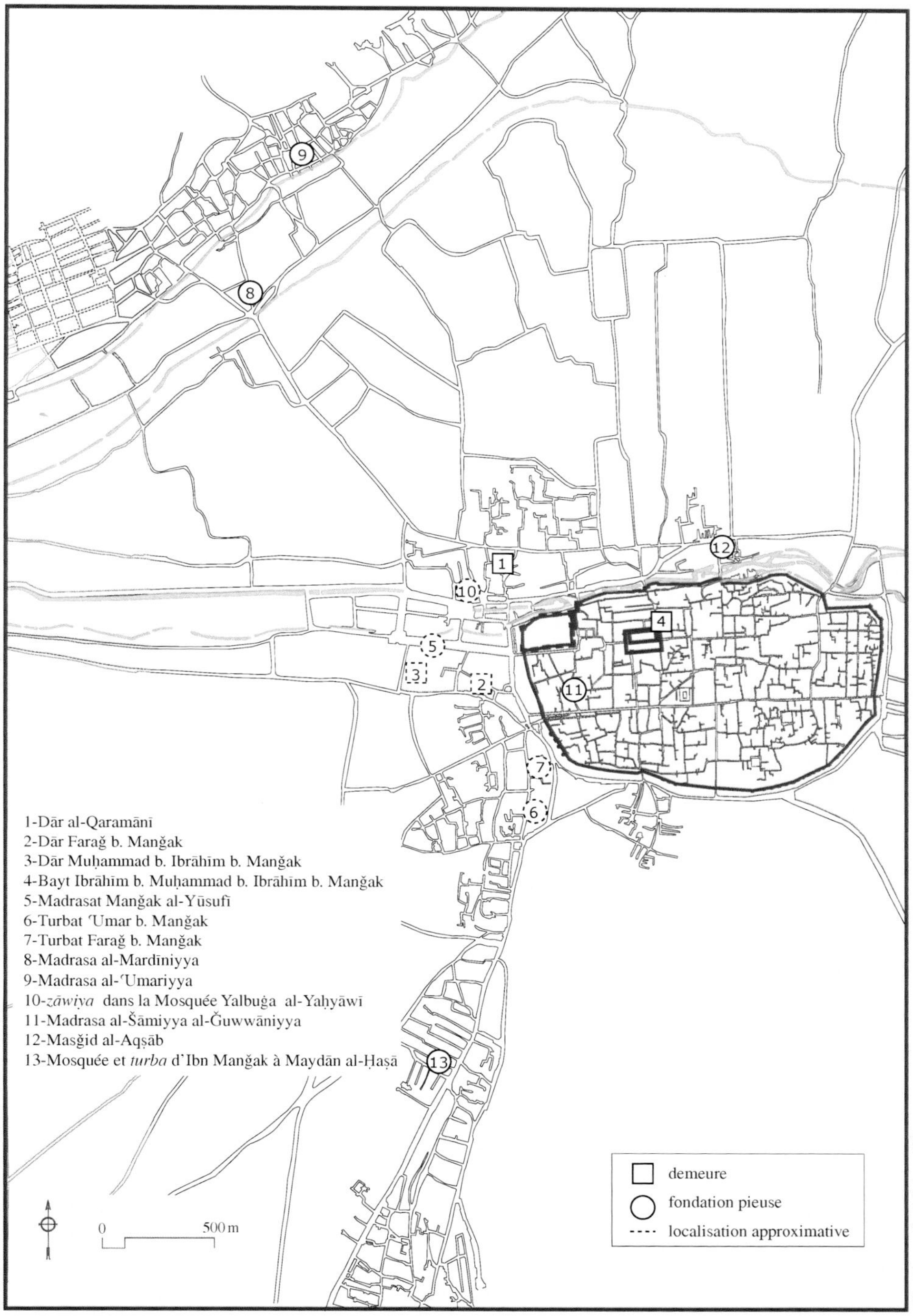

Fig. 3. Lieux de résidence et activité édilitaire des Banū Manğak à l'époque mamelouke à Damas.

Fig. 4. Façade nord du Bayt ʿAğlānī.

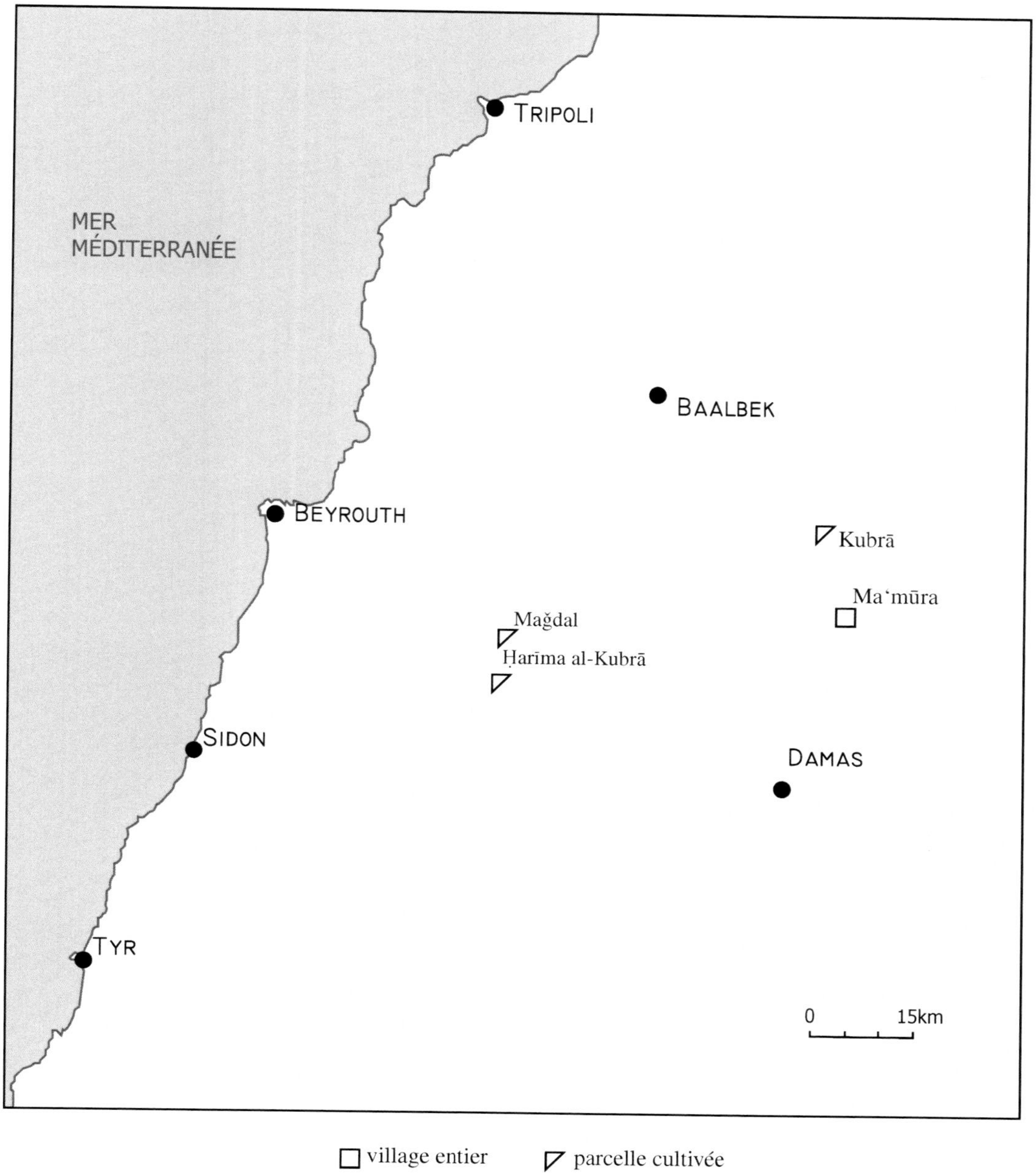

Fig. 5. Localisation des biens ruraux relevant du *waqf* de la Turbat ʿUmar b. Manǧak en 1395 à l'échelle de la région de Damas.

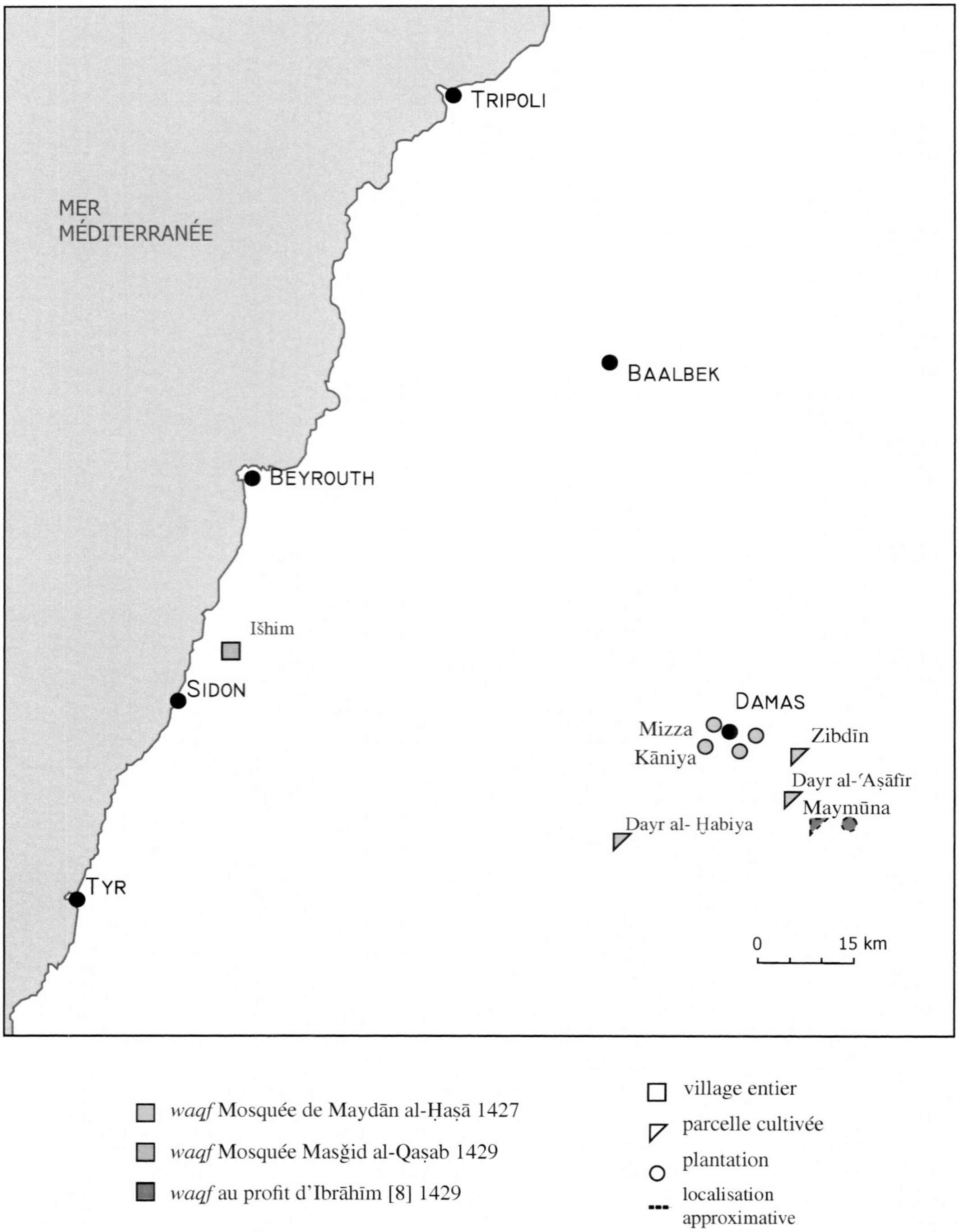

Fig. 6. Localisation des biens ruraux relevant des *waqf*-s fondés par Muḥammad [7] à l'échelle de la région de Damas.

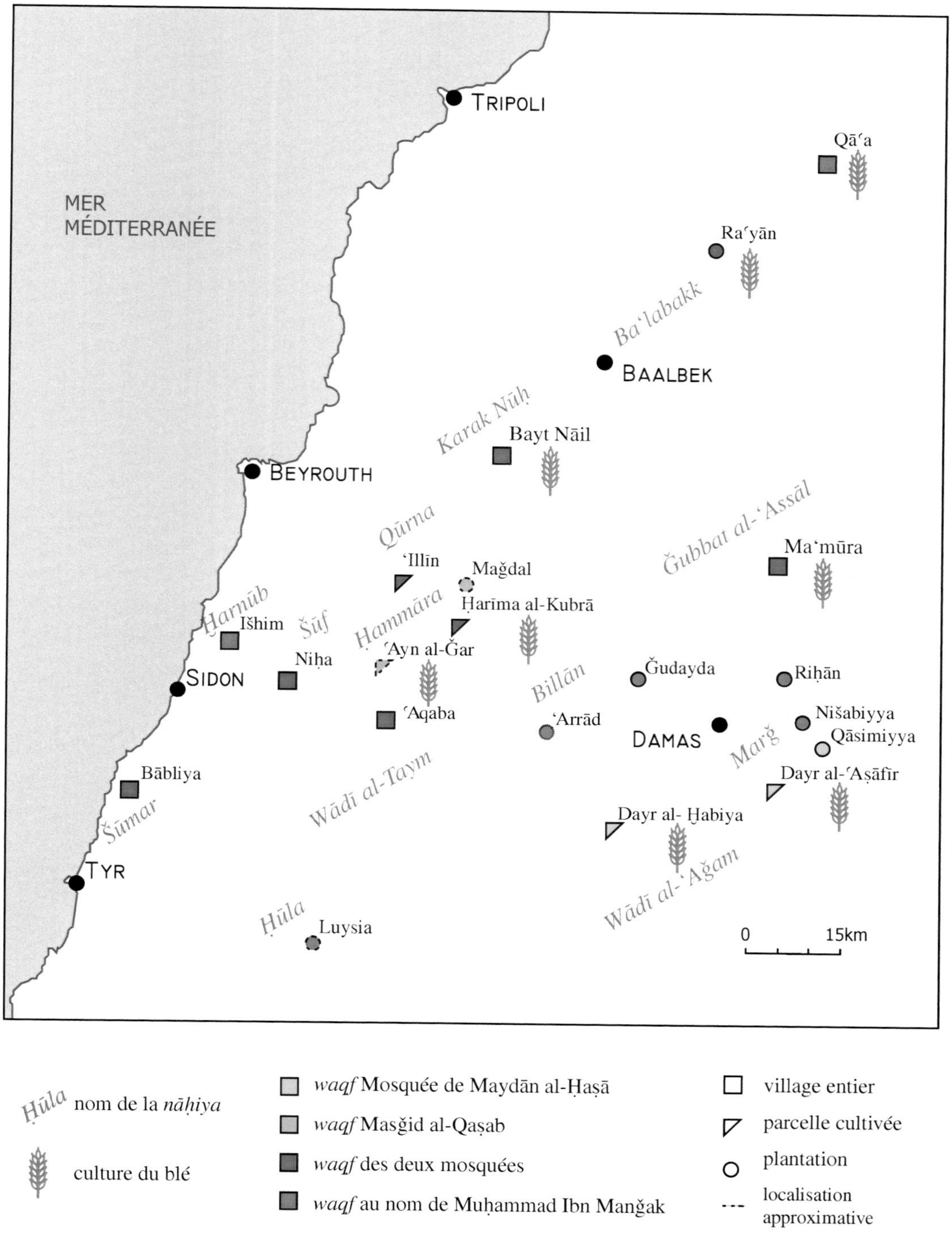

Fig. 7. Localisation des biens ruraux relevant des *waqf*-s des Banū Manǧak en 1535 à l'échelle de la région de Damas.

Le désordre des familles

MATEUSZ WILK*

Women, Families and Lesbianism in the Andalusi Eschatology in the 3rd/9th Century

✦ **RÉSUMÉ**

Le présent article analyse la place des femmes, des familles et de l'éthique sexuelle dans les compilations du *ḥadīṯ* apocalyptique réalisées en al-Andalus. En général, ces sources présentent les femmes comme un facteur important de la corruption graduelle de la religion et la moralité qui aura lieu avant la fin du monde. Une importance spéciale y est accordée à l'obésité des femmes et au lesbianisme. Le présent article passe en revue les traditions en question et les situe dans le contexte des angoisses collectives de la société musulmane au IIIe/IXe siècle.

Mots-clés : eschatologie – traditions apocalyptiques – *ḥadīṯ* – femmes – famille – lesbianisme – homosexualité – obésité

✦ **ABSTRACT**

The present paper discusses the place of women, families and sexual ethics in the Andalusi compilations of apocalyptic *ḥadīṯ*. These sources tend to present women as instrumental in the gradual corruption of religion and morality that is to come at the end of time, putting special emphasis on obesity of women and lesbianism. The present article contains an overview of the relevant traditions aiming to put them into the context of the collective fears of the 3rd/9th century Muslim society.

Keywords: eschatology – apocalyptic – *ḥadīṯ* – women – family – lesbianism – – homosexuality – obesity

* Mateusz Wilk, University of Warsaw, wilkmat@gmail.com

Introductory Remarks

Families and family life are one of the most prevalent, yet understudied subjects in Islamic apocalyptic literature. In these sources one often finds a recurring theme: the gradual decay of social and religious norms, culminating at the end of times, when all religion and morality are forgotten and the Prophetic tradition is entirely replaced by harmful innovations. An important element of this process is the decay of families, often pictured as changes in their way of life, which can be seen as signs of the impending end of the world. Furthermore, the corruption of women, traditionally perceived as prone to frivolousness, is considered by the apocalyptic traditions as an important aspect of this decay. One of such changes is lesbianism which is portrayed as an unprecedented evil and a portent of the Last Hour (*al-sāʿa*).

Eschatological traditions concerning women and families can be of scholarly interest for several reasons. First of all, they can shed some light on the manner in which these questions were viewed in early Malikism, which is especially useful because our knowledge of the beginnings of the schools of law in al-Andalus remains limited in many aspects, despite considerable advances in recent years. Secondly, they can contribute to our understanding of collective fears present in the Andalusi (and in a broader sense, Muslim) society in the 3rd/9th century.

The aim of the present paper is to provide an introductory study of women, families, and lesbianism in the Andalusi compilations of eschatological traditions in the 3rd/9th century by exploring the place of families in the collective Andalusi imagination during this formative period. As this is an introductory essay, further study concerning these complex problems is certainly necessary.

Presentation of Sources

The majority of the preserved Andalusi sources written in the 3rd/9th century was compiled by two authors, ʿAbd al-Malik b. Ḥabīb (d. 238/853) and Muḥammad b. Waḍḍāḥ (d. 287/900).

Both of them can be considered early Malikis or, to employ a term used in more recent studies, "Proto-Malikis."[1] Ibn Ḥabīb is one of the outstanding figures of the intellectual life of al-Andalus in the 3rd/9th century and our knowledge of his life and works has greatly improved in the last twenty years, since the first full critical edition of his *Kitāb al-taʾrīḫ*.[2] Being one of

1. On this term see principally: Fierro, "Proto-Malikis". On the beginnings of Malikism in al-Andalus see, for example, Carmona, "The Introduction of Malik's Teachings in al-Andalus". I have recently tried to discuss the latter problem from a different, ideological and historiographical, angle in Wilk, "Le malikisme et les Omeyyades".
2. ʿAbd al-Malik b. Ḥabīb, *Kitāb al-taʾrīḫ*. (On the life and work of Ibn Ḥabīb see a very useful editor's introduction, especially p. 15-75). Earlier bibliography on Ibn Ḥabīb is rather scarce and often obsolete, but (despite the fact that some of Makkī's views have since been disproven by Aguadé or other scholars) see also the remarks of M. ʿA. Makkī on the links of Ibn Ḥabīb's chronicle with Egyptian historiography in the article constituting the most thorough study consecrated to this author before Aguadé's edition: Makkī, "Egipto y los origenes de la historiografía arabigo-española".

the trusted lawyers of ʿAbd al-Raḥmān II (ruled 206-238/822-852), Ibn Ḥabīb played a crucial role in the spreading of the Maliki doctrine in al-Andalus in the 3rd/9th century.[3] He left a relatively high number of texts, almost exclusively collections of *ḥadīṯ*. Apart from the already mentioned *Kitāb al-ta'rīḫ* constituting the oldest preserved Andalusi chronicle,[4] the extant works of Ibn Ḥabīb include: *Muḫtaṣar fī-l-ṭibb*,[5] *Kitāb waṣf al-firdaws*, *Kitāb adab al-nisā'* and *Ašrāṭ al-sāʿa*. Apart from these compilations generally preserved in their integrality, we are in possession of fragments of other works, of which the most extensive are the preserved excerpts of the *Kitāb al-waḍīḥa*. Apparently, Ibn Ḥabīb also compiled some works that have not been preserved to our times,[6] but in the situation where so many texts from the 3rd/9th century have been lost, it may reasonably be concluded that the number of his extant works is relatively high, constituting the majority of preserved Andalusi texts from this period.

The case of Muḥammad b. Waḍḍāḥ (d. 287/900) is drastically different. He was a Cordoban *muḥaddiṯ*, ascetic and pious man. Although his biographers (compilers of biographical dictionaries) attribute to him a number of texts,[7] only the *Kitāb al-bidaʿ*, not mentioned in these biographies and compiled by Ibn Waḍḍāḥ's student, Abū al-Qāsim Aṣbaġ b. Mālik, is extant. Ibn Waḍḍāḥ also enjoyed a certain renown in the circles of Andalusi *ḥadīṯ* folk,[8] transmitted from many masters and had a very great number of disciples.[9] The *Kitāb al-bidaʿ* was known to later scholars, constituting the earliest known example of a treatise against innovations and influencing the later Andalusi tradition of this genre,[10] but it does not seem that Ibn Waḍḍāḥ enjoyed similarly high position and prestige as Ibn Ḥabīb. It is, however, worth noting that, generally speaking, their compilations have much in common, both in terms of the authorities present in the *isnād*-s (comprising such important figures as Asad b. Mūsā[11] or Layṯ b. Saʿd) and the ideas conveyed by many of these traditions.

One of the principal common points between many of Ibn Ḥabīb's compilations (including the *Kitāb al-ta'rīḫ*) and Ibn Waḍḍāḥ's *Kitāb al-bidaʿ* is the underlying eschatological and apocalyptic preoccupation. While this point is certainly too broad to be fully discussed in the present

3. See, for example, the recent article by Arcas Campoy, "La autoridad doctrinal de ʿAbd al-Malik b. Ḥabīb".
4. Generally speaking, the *Kitāb al-ta'rīḫ* is a universal history compiled in its extant form by Ibn Ḥabīb's student, al-Maġāmī, and consisting of some *ḥadīṯ*-s containing Islamic "salvation history", brief historical traditions on the life of the Prophet, early Islamic period and the conquest of al-Andalus, as well as eschatological predictions. The last preserved part is a fairly incoherent compilation on various subjects, with no apparent links to the preceding parts.
5. Bibliographical references to Ibn Ḥabīb's works can be found in the bibliographical section of this paper.
6. On this see Aguadé's introduction to the *Kitāb al-ta'rīḫ*, p. 57-75.
7. On this see the introduction to the edition of the *Kitāb al-bidaʿ*: Ibn Waḍḍāḥ, *Kitāb al-bidaʿ*, p. 39-44.
8. I employ here the term used by Melchert in his article "The Piety of the Hadith Folk".
9. Fierro proves that he had more than 150 masters (*Kitāb al-bidaʿ*, introduction, p. 15-23) and gives a full list of his 216 disciples (*ibid.*, p. 46-57).
10. Apart from the pages 117-119 of the introduction to Ibn Waḍḍāḥ's compilation, see: Fierro, "The Treatises against Innovations (*kutub al-bidaʿ*)".
11. This important Egyptian *muḥaddiṯ* (b. 132/750, d. 212/827) is the principal source of both the *Kitāb al-waraʿ* of Ibn Ḥabīb and the *Kitāb al-bidaʿ* of Ibn Waḍḍāḥ.

paper, a perfunctory analysis of Ibn Ḥabīb's *Ašrāṭ al-sāʿa* (which seems to be his only compilation devoted entirely to the end of times, which is evident already in its title) or the *Kitāb al-ta'rīḫ* is sufficient to confirm this point. The *Ašrāṭ al-sāʿa* is a fairly short compilation (comprising only 43 traditions) containing various *ḥadīṯ*-s on the portents of the end of the world and the Hour of the Judgment (*al-sāʿa*). As to the *Kitāb al-ta'rīḫ*, it gives an overview of the history of the world from the moment of its creation, through the series of prophets and the coming of Islam. The age of the end times comes with the conquest of al-Andalus—the narrative in itself ends with apocalyptic predictions concerning the ill fate that will befall some of the cities of al-Andalus.[12]

As to the *Kitāb al-bidaʿ* of Muḥammad b. Waḍḍāḥ, very many traditions from this compilation convey the view of Islam as a decaying religion. Its demise progresses gradually, as piety and the Prophetic tradition (*sunna*) are being replaced by innovations (*bidaʿ*, sing. *bidʿa*) i.e. religious ideas not based upon the Qur'ān or the Prophetic tradition:[13]

> Asad [b. Mūsā] transmitted: Ismāʿīl b. ʿIyāš transmitted the following from ʿUqayl b. Mudarrik al-Sulāmī from Luqmān, from Abū Idrīs al-Ḫawlānī who said: "I prefer to hear that one of the sides of a mosque is on fire, rather than hear of an innovation in that mosque that nobody intends to correct.[14] No community comes up with an innovation without God taking away from this community a corresponding *sunna*[15]."
>
> Abū Ayyūb told me from Saḥnūn[16] who said: "Someone who heard it from al-Awzāʿī[17] informed me that the latter narrated from Ḥassān al-ʿAṭiya the following: 'Innovators[18] never introduce any novelty to their religion without God taking a similar *sunna* away from them, which He will not return to them until the Day of Resurrection.'"[19]

This spread of harmful novelties contributing to the distortion or disappearance of correct religious practices taught by the Prophet or his Companions results in the pillars of religion

12. Various narratives on cities (including the ones on their destruction) are one of the most prevalent themes in classical Islamic apocalyptic. See, for example, Cook, *Studies in Muslim Apocalyptic*, especially p. 254-268.

13. On the notion of *bidʿa* see Fierro's introduction to the *Kitāb al-bidaʿ*, p. 92-117.

14. *Bi-bidʿa fī-hi laysa la-hā muġayyir.*

15. *Kitāb al-bidaʿ* V/1, p. 181 (Spanish translation: p. 301).

16. Saḥnūn b. Saʿīd al-Tanūḫī (d. 240/854-855). On this important early Maliki jurist from Qayrawān who exerted a certain influence in the spread of Malikism in al-Andalus, see: Carmona, "The Introduction of Malik's Teachings in al-Andalus", p. 49, Fierro, "Proto-Malikis" esp. p. 59-60. For his *Mudawwana*, one of the most important compilations in the Malikī *maḏhab*, see: Saḥnūn, *al-Mudawwana al-kubrā*, [no name of the editor], Cairo 1905, 16 vols.

17. Abū ʿAmr ʿAbd al-Raḥmān b. ʿAmr al-Awzāʿī (d. 157/774) was an important jurist whose students created a separate school of law (*maḏhab*). According to older theories the Awzāʿī school was supposedly dominant in al-Andalus before the advent of Malikism. I analyse certain weaknesses of such view, as well as some links of Andalusi "Proto-Malikis" to Awzāʿism in Wilk, "Le malikisme et les Omeyyades" (on *fiqh* in al-Andalus before Malikism, see esp. p. 102-110 and the references indicated therein). On al-Awzāʿī and his *maḏhab* see for example Judd, "Al-Awzāʿī and Sufyān al-Thawrī".

18. *Qawm al-bidʿa.*

19. *Kitāb al-bidaʿ* V/4, p. 182 (Spanish translation: p. 301). For other traditions in this compilation referring to the idea of *sunna* being replaced by *bidʿa* see *ibid.*, V/5, 6, 9, 10; XII/28.

falling into oblivion[20] to the extent that, as it is often said in these traditions, the Prophet or a Muslim from his times would not have recognised the Islamic community from later times.[21] Simultaneously, the people able to teach true religion and to discern right from wrong will gradually die out and Islam will be subject to ultimate corruption (*fasād*) and destruction. Traditions of this kind in Ibn Waḍḍāḥ's compilation are too numerous to be fully quoted here and thus I only limit myself to one of the most characteristic passages:

> Ibrāhīm b. Muḥammad told me from ʿAwn, from Ibrāhīm b. Nāfiʿ al-Qurašī that ʿAbd Allāh b. al-Mubārak[22] said: Know, my brother, that to die today is a grace for every Muslim, for he meets God in accordance with *sunna*.[23] Verily, we belong to God and to Him we shall return! To God we bewail our solitude, the passing of our brothers, the scarcity of those which can aid us and the appearance of innovations. To God we bewail the terrible things which happened to this community, namely the passing of scholars and those who knew *sunna*, as well as the appearance of innovations.[24] It befell us to live in very harsh times and during terrible, violent disorder.[25] The Messenger of God (on whom be peace and prayers) feared lest we fall in error and what would become of us. He warned us of what would come as it is transmitted by Abū Hurayra: The Messenger of God (on whom be peace and prayers) said: "Conflicts (*fitan*) shall come upon you like the darkest part of night, where a believer at dawn shall be an infidel in the evening and an infidel at dawn shall be a believer in the evening and where people shall sell their religion for the glamour of this world."[26]

This moral decay is an utterly deterministic process that seems to be independent from human beings and inherent to history itself. It also begins already in the primeval times of Islam, as it is attested by this tradition:

> Muḥammad b. Waḍḍāḥ told me:[27] Muḥammad b. Saʿīd transmitted: Asad transmitted from Muḥammad b. al-Fuḍayl, from Hārūn b. Abī Wakīʿ from his father who said: The verse "This day have I perfected your religion for you"[28] was revealed on the day of greater pilgrimage[29] and

20. See *ibid.*, XI/1, 3, 11, 23, 24, 26, 29; XII/14, 38, 39a.
21. See *ibid.*, XI/7-9, 28-30, 32.
22. Abū ʿAbd al-Raḥmān ʿAbd Allāh ibn al-Mubārak (d. 181/797), a scholar originating from Merv and said to be a disciple of, among others, Abū Ḥanīfa and Mālik b. Anas, is one of the most important authorities in the *ʿilm al-ḥadīṯ* of the 2nd/8th century and left two preserved early compilations of *ḥadīt*, i.e. the *Kitāb al-ǧihād* and the *Kitāb al-zuhd wa-l-raqāʾiq*. He appears as a transmitter of numerous traditions to be found in the compilation of Ibn Waḍḍāḥ (I/4; II/4; V/11; XI/26, 32, 40; XII/11, 23, 27, 52, 60).
23. *Laqiya Allāh ʿalā sunna.*
24. *Ilā Allāh naškū ʿaẓīm mā ḥalla bi-hāḏihi al-umma min ḏihāb al-ʿulamāʾ ahl al-sunna wa-ẓuhūr al-bidaʿ.*
25. *Wa-qad aṣbaḥnā fī-zamān šadīd wa-harǧ ʿaẓīm.* Ibn al-Mubārak may refer here to the Abbasid revolution of which he was a contemporary, but it is worth noticing that disorders, conflicts and massacres (*fitan*, sing. *fitna*, *malāḥim*, sing. *malḥama*) which are to come in the final days are one of the most important Muslim apocalyptic themes (see Cook, *Studies in Muslim Apocalyptic*, p. 19-25 and the numerous references quoted therein).
26. *Kitāb al-bidaʿ*, XII/27, p. 222 (Spanish translation p. 349-350). For other traditions in this compilation warning against disappearance of scholars see III/26; XI/45; XII/25, 26, 30, 37, 37a.
27. I.e. the final compiler, Abū al-Qāsim Aṣbaġ b. Mālik, disciple of Ibn Waḍḍāḥ.
28. The Qurʾān 5:3 in M. Pickthall's translation.
29. I.e. on the Day of Sacrifice (10 of ḏū al-ḥiǧǧa).

> ʿUmar[30] burst into tears. The Messenger of God (on whom be peace and prayers) said: "What is making you cry, O ʿUmar?" and ʿUmar responded: "O, Messenger of God! We have been living in times when our religion was growing. Now it is perfected and nothing is ever perfected that does not begin to diminish at this very moment!"[31] The Prophet (on whom be peace and prayers) said: "You have spoken the truth."[32]

It is then possible to conclude that the works of both Andalusi authors convey a strong sense of historicity. In Ibn Ḥabīb's *Kitāb al-ta'rīḫ* the history of the world enters the eschatological age with the conquest of al-Andalus, which in some way completes the age of conquests and ends the "salvation history[33]." Other eschatological compilations of Ibn Ḥabīb do not provide a coherent narrative as in case of the *Kitāb al-ta'rīḫ*, nor do we find in them recurrent or dominant themes that could serve to support a vision of history as strong as in case of Ibn Waḍḍāḥ's *Kitāb al-bidaʿ*. Although it is evident that as a compilation of Prophetic traditions it generally lacks any kind of formal chronological or narrative arrangement, its thematic coherence is so strong that it is possible to perceive a certain concept of history in this material, which is much more difficult in a case such as that of Ibn Ḥabīb's *Ašrāṭ al-sā*
ʿa, even though this compilation deals specifically with the portents of the end of the world.

It is also crucial to note that the culmination of this decay of religion is, according to the compilers, visible in the corruption of morals and social life. While such traditions are virtually absent from the *Kitāb al-ta'rīḫ*, they are very numerous in the *Ašrāṭ al-sāʿa* and the *Kitāb al-bidaʿ*—in both of these compilations they are signs of imminent doom, the end of religion and the impending Hour of Judgment.[34] One of the themes often appearing in this category is the conduct or life of women.[35] The present paper intends to discuss the place of women and families in the Andalusi eschatology of the 3rd/9th century.

Women and Families in Andalusi Eschatology in the 3rd/9th Century

A cursory glance at the preserved Andalusi texts from the 3rd/9th century reveals that the most extensive source dealing with women is a vast compilation by ʿAbd al-Malik b. Ḥabīb entitled *Kitāb adab al-nisāʾ*. Given its compiler and his other works, it may be somewhat surprising that eschatological traditions are rather scarce in this text, as their majority concerns

30. I.e. ʿUmar b. al-Ḫaṭṭāb, the future second caliph.
31. *Innā kunnā fī ziyāda min dīninā fa-ammā iḏ kumila fa-lam yukmil šay' qaṭṭ illā naqaṣa.*
32. *Kitāb al-bidaʿ*, XI/34, p. 210-211 (Spanish translation p. 336). See also the tradition directly preceding this one (i.e. XI, 33), where ʿAbd Allāh b. al-Mubārak states that Islam is decaying like a colour fading on a textile and like a thinning pack animal.
33. To some extent, it is possible to view the conquest of al-Andalus in Ibn Ḥabīb's chronicle as a "historical apocalypse" as defined by David Cook (*Studies in Muslim Apocalyptic*, p. 34-84, esp. 54-66).
34. Thus, these traditions fall into the category of "moral apocalypse" introduced by D. Cook (*Studies in Muslim Apocalyptic*, p. 230-254, see also introductory remarks on the ubiquitousness of such themes on p. 13-14).
35. Cf. *ibid.*, p. 9-10, 14, 99-100 and in numerous other places.

individual piety, as well as family life and sexual ethics with no eschatological content other than individual salvation or condemnation. In other words, it is quite striking that seldom do we find in these traditions[36] any references to the last days or descriptions of women or their customs as portents of the end. The only tradition explicitly pointing to the final days concerns the practice of severe correction of women and family members:

> From Rāḍī b. ʿAṭāʾ who said: the Messenger of God (on whom be peace and prayers) said: "One of the portents of the Last Hour is the abandonment of correction, so change your attitude towards your families," which means severity in correction.[37]

While this is certainly an eschatological tradition stressing the corruption of moral norms in the final days (i.e. women will no longer be chastised by their husbands and will become corrupted), it is coherent with the general themes of the compilation focusing upon general ethics and conduct of women. Other examples that may be relevant to our discussion include prohibitions on women to adopt male clothing[38] and recommendations for them to use henna, *kuḥl* and perfumes in order to distinguish themselves from men.[39] One tradition also prohibits the sharpening of teeth (*wašr*), tattooing (*wašm*), depilation (*namṣ*) and artificial prolongation of hair (*waṣl al-šaʿr*) by women,[40] though another one authorizes such prolongation by means of wool, but not natural hair.[41] It is true that Islamic apocalyptic often evokes the image of women similar to men and men to women, cross-dressing, etc., as a sign of debauchery which is to come in the final days;[42] it has to be noted, however, that traditions in Ibn Ḥabīb's *Kitāb adab al-nisāʾ* dealing with these questions do not explicitly mention the end of the world or the final days. Apart from the tradition on the castigation of women quoted above, the only ones in the *Kitāb adab al-nisāʾ* which may implicitly refer to eschatology deal with lesbian practices and I will return to them later on. It can, however, be safely concluded that eschatology constitutes at best a secondary theme in this compilation, though one can ask to what extent

36. The compilation contains 264 separate paragraphs containing one or several traditions (in Turkī's edition paragraphs 265 and 266 belong to the colophon of the work) which makes it relatively vast in comparison with other Andalusi sources of this genre and from this period, second only to the *Kitāb al-bidaʿ*.
37. *Min ašrāṭ al-sāʿa an yarǧiʿa al-adab fa-tanakkarū li-ahlikum, yaʿnī šiddat al-adab. Kitāb adab al-nisāʾ*, 183, p. 251. One of the meanings of *tanakkara* in Lane's dictionary is "to become changed or altered" and *tanakkara lī* is defined as "Such a one [became changed, or altered, in countenance to me by anger so that I did not know him; or] met me in a morose manner". The second reason why I translate this linguistically obscure tradition in this particular way is the fact that it belongs to a series of much clearer traditions on beating of women and families and to a chapter dedicated to this question (*Bāb mā yaǧūzu li-l-riǧāl bi-ḍarb nisāʾihim, ibid.*, p. 247-251.)
38. *Ibid.*, 112, p. 206-207.
39. *Ibid.*, 113-117, p. 207-210.
40. *Ibid.*, 141, p. 224.
41. *Ibid.*, 142, p. 226.
42. See, for example, similar traditions in the *Kitāb al-bidaʿ* XI/6, 43 with clear eschatological elements (in the latter one men use perfumes, though some traditions do authorize the use of adornments by men in order to please their wives, cf. *Kitāb adab al-nisāʾ* 48, p. 167-168).

the concern with good conduct of women stems from eschatological anxieties prevalent in other compilations of Ibn Ḥabīb, as well as in the *Kitāb al-bidaʿ* of Ibn Waḍḍāḥ and the texts of many of their contemporaries from the Islamic East. In other words, it is possible that this preoccupation with womanly piety and marital and sexual ethics originates from the desire to denounce the real or imagined perversions which may bring about the end of times—as David Cook has it, there is a direct connection between the apocalyptic events and the moral attitudes of the society.[43]

In the *Kitāb ašrāṭ al-sāʿa*, Ibn Ḥabīb's short compilation focusing on the end of the world, we find very few mentions on women and families. One of the traditions states that the Last Hour will not come before, among other things, women become partners in trade for their husbands,[44] which can be perceived as yet another example of the previously discussed undesirable confusion of social roles of men and women directly preceding the last days. Another one draws the familiar picture of open debauchery committed even in public places, with somewhat disturbing description of the adulterers' laughter:

> Abū Muġīra told me from al-Huzayl b. Šuraḥbīl from Ibn Masʿūd: the Hour will come upon the worst of men,[45] who will neither command right nor forbid wrong[46] and who will mate like wild animals.[47] This will reach such degree that when a woman goes about her business, a man will rise and have his way with her. They will laugh to one another and their laughter will be like bubbling of water unsuitable for drinking because of its bitterness.[48]

The only two other instances where women actually appear in this short compilation counting 41 *ḥadīṯ*-s is when it is predicted that men will be very scarce, to the point where women having husbands will be rare,[49] and it is said that one of the portents of the Hour and the fulfillment of the verses 9 and 10 of the surah 75 of the Qur'ān[50] will be when the sun and the moon rise in the West and set in the East. On that day mothers will abandon their children and pregnant women will miscarry.[51] When we add to this a brief mention from the *Kitāb al-ta'rīḫ* predicting that during the massacre of Córdoba before the end of times neither

43. Cf. Cook, *Studies in Muslim Apocalyptic*, p. 14.
44. Ibn Ḥabīb, *Ašrāṭ al-sāʿa* 2, p. 79. This seems to be a *topos* in Islamic apocalyptic (cf. Cook, *ibid.*).
45. I.e. those will be the worst men in the entire history of humanity.
46. The abandonment of the duty of commanding right and forbidding wrong (*al-amr bi-l-maʿrūf wa-l-nahy ʿan al-munkar*) is another very frequently mentioned portent of the Hour. For similar traditions see for example Ibn Waḍḍāḥ's *Kitāb al-bidaʿ* XI/5, 14 – this compilation also contains other traditions on commanding right and forbidding wrong, not referring explicitly to eschatology. On the duty of commanding right and forbidding wrong see Cook, *Commanding Right and Forbidding Wrong in Islamic Thought*, especially the first part of this very thorough study (p. 3-82 of the first edition).
47. *Yatahāraǧū kamā tatahāraǧu al-bahā'im.*
48. *Fa-yaḍḥaku ilayhā fa-taḍḥaku ilayhi ka-raġraġat al-mā' lā yuṭʿamu yaʿnī min marāratihi. Ašrāṭ al-sāʿa* 9, p. 92.
49. *Ibid.*, 10, p. 94. This paucity of men is another *topos* of Islamic apocalyptic (cf. Cook, *Studies in Muslim Apocalyptic*, p. 14).
50. In Pickthall's translation: "And sun and moon are united // On that day man will cry: Whither to flee!"
51. Ibn Ḥabīb, *Ašrāṭ al-sāʿa* 17, p. 109.

women nor children will be spared and warning the inhabitants of the city against letting their families live near the "congregation of the house of iniquity" (*maǧmaʿ bayt al-ẓulm*) or near the principal mosque, for the worst slaughter is supposed to take place there,[52] we can conclude that although eschatology plays an eminent role in many of the preserved compilations of ʿAbd al-Malik b. Ḥabīb, women and families are only a minor theme in his apocalyptic imagery (or, to be more precise, the imagery of the traditions he transmitted). Ibn Ḥabīb's unambiguously apocalyptic traditions concerning women are rather scarce and place themselves within the scope of well-known apocalyptic *topoi* evoking the idea of corruption of family and society, either for "natural" reasons (as in case of paucity of men or the sun and the moon rising in the West) or due to the progressive dissolution of all morality which is to take place in the last days.

As we have seen, such gradual corruption of all norms (*fasād*) is one of the underlying ideas in the *Kitāb al-bidaʿ* of Muḥammad b. Waḍḍāḥ. Traditions on women included in this compilation fully inscribe themselves in the vision of deterministic degeneration of society and disappearance of religion. On the whole, in the *Kitāb al-bidaʿ* there are seven eschatological traditions mentioning women (which makes this question rather secondary for Ibn Waḍḍāḥ, but given the considerable variety of subjects discussed in the compilation, it is hardly the least important theme, either). Of these, four are quite thematically disparate, except, of course, for the common theme of *fasād*. One foretells the gradual disappearance of the pillars of Islam and one of the signs of this process will be women praying during their menstruation (i.e. with no regard to the required ritual purity).[53] Another one states that in the end of times the number of ignorant ones[54] will increase, "women will rebel"[55] and the duty of commanding right and forbidding wrong will disappear.[56] The third tradition from this group merely predicts that in the year 140 there will be corruption of women and children and if there is someone alive in 179, he had better take his horse and sword and save himself.[57] In the last one we encounter a dark vision of abandoned religion, where the believers turning away from it are compared to "a woman who gives herself to anyone who wants it."[58]

This leaves us with the last three traditions on women, which are quite peculiar to Ibn Waḍḍāḥ's compilation because of their insistence upon lesbian practices (present in two of them) and obesity of women (present in all three). The idea that underlies the view of lesbianism (which, together with obesity of women and the practice of exhumations, form a rather curious "triad" in this respect) is that although the Islamic community is bound to repeat all the errors

52. Ibn Ḥabīb, *Kitāb al-ta'rīḫ* 450, p. 153.
53. *Kitāb al-bidaʿ* XI/3, p. 202 (Spanish translation: p. 325).
54. *Ǧuhhāl*, i.e. people with no knowledge of religion.
55. *Ṭāġat nisā'ukum*.
56. *Kitāb al-bidaʿ* XI/5, p. 205 (Spanish translation: p. 327). On the disappearance of commanding right and forbidding wrong cf. *supra*, n. 46.
57. *Kitāb al-bidaʿ* XI/16, p. 206 (Spanish translation: p. 330-331). Maribel Fierro points out that although these dates do not seem to have any particular sense or refer to particular events, traditions of this kind are common in Islamic apocalyptic of this period, especially in the important *Kitāb al-fitan* of Nuʿaym b. Ḥammād.
58. *Kitāb al-bidaʿ* XII/12, p. 219 (Spanish translation: p. 345-346).

and perversions of the religious communities which preceded it and ultimately will share their fate, these three practices are abominations without precedents, as it is evident from these two traditions:

> Muḥammad b. Waḍḍāḥ told me:[59] Muḥammad b. Saʿīd transmitted the following: Nuʿaym b. Ḥammād transmitted from ʿUṯmān b. Kaṯīr, from Muḥammad b. Muhāǧir who said: Ayyūb b. Ǧundub b. Bišr transmitted from Ḥuḏayfa who said: "The pillars of Islam will disappear one by one, until there is no believer who would say: 'O Most High! O Most High!'[60] You will follow step by step the path of the communities before you and you will not be able to go astray. Even if there were a community before you in which fresh or dried excrements were eaten, you would eat them too, but you would surpass them by three grades. In the previous communities there were no exhumations from graves, nor fattening of women—[now] a young woman is fattened almost to death from obesity. This will reach such extremes that men will satisfy themselves with men, disdaining women and women will satisfy themselves with women, disdaining men. I swear by God that these things are happening! If any of the preceding communities had practiced this, God would have wiped them from the face of the Earth and stoned them like he had done with the people of Lot. By God, this is not my own opinion, but the evident truth".[61]
>
> Ibn Waḍḍāḥ informed me:[62] "There are things in this community which have not taken place in others, namely the fattening of slim women,[63] exhumations from graves and lesbianism." He said: "It is said that fattening of young girls before they reach puberty leads to tuberculosis."[64]

In addition, in the compilation in question we find a tradition stating that on the Day of Resurrection, obese (literally "fattened" – *al-mutasammināt*) women shall be fed with mud.[65] There is one more tradition on obese women, where ʿĀʾiša refuses to pray over a little girl saying to her parents that they have fattened her with *sawīq*,[66] but it does not contain any explicit eschatological elements.[67]

This insistence upon obesity and lesbianism can be perceived as a certain peculiarity of the *Kitāb al-bidaʿ* (I deliberately leave out the problem of exhumations as it is beyond the scope of the present article). On the practice of "fattening" of slim women in order to make them obese not much can be found either in Andalusi texts from this period, or in earlier Eastern compilations of *ḥadīṯ*. Of the two most important compilations of the earliest known *ḥadīṯ*: the *Muṣannaf*-s of ʿAbd al-Razzāq (d. 211/826-827, so he can be situated a generation earlier

59. Cf. *supra*, n. 27.
60. I follow here the translation of Maribel Fierro.
61. *Kitāb al-bidaʿ* XI/ 41, p. 212 (Spanish translation: p. 338).
62. Cf. *supra*, n. 27.
63. *Tasmīn al-ḫāmišāt*.
64. *Kitāb al-bidaʿ* XI/46a, p. 213 (Spanish translation: p. 340).
65. *Ibid.*, XI/50, p. 214 (Spanish translation, p. 341).
66. In classical Islamic texts this word seems to be used to describe many kinds of dishes, but in general it is a dish composed of wheat and fat.
67. *Ibid.*, XI/47 (Spanish translation p. 340). For examples of obese men castigated in the traditions see: XI/48, 49, 51, with no apparent eschatological elements.

than Ibn Ḥabīb)[68] and Ibn Abī Šayba (d. 235/849-850), only the first one contains any traditions on obesity and, while both contain several on lesbianism, it hardly can be qualified as a very important theme in these sources. On the whole, there are four traditions on obesity in ʿAbd al-Razzāq's *Muṣannaf*:[69] one, where the Prophet predicts that every generation after him will be worse than the previous one and in the end obese men will appear,[70] seems to convey an idea of deterministic decay similar to the one present in Ibn Waḍḍāḥ's compilation. Nothing, however, is explicitly said on female obesity.

As to lesbianism, in both ʿAbd al-Razzāq's and Ibn Abī Šayba's *Muṣannaf*, traditions dealing with it are very scarce, especially when one considers the very considerable dimensions of these compilations. None goes beyond saying that it is an abomination loathed by God,[71] with no apparent eschatological senses and without open religious qualification of lesbianism (*siḥāq*) as *bidʿa* (innovation). However in the *Kitāb adab al-nisā'*, we find traces of a similar view of lesbianism. There are six traditions on lesbianism in this compilation, grouped in a separate chapter[72] and two refer to eschatology. In the first one the Prophet states that five things in his community will bring doom (*fa-ʿalayhim al-damār*): mutual cursing (*al-talāʿun*), alcohol, silk (i.e. luxury clothing), cymbals (*al-maʿāzif*, i.e. music), and men satisfying themselves with men and women with women.[73] This tradition assimilates lesbianism to male homosexual practices in the same way as one of the traditions from the *Kitāb al-bidaʿ* quoted above. But it remains an open question whether lesbianism is something that appears only in Islam as *bidʿa* and was unknown in earlier communities, as we are told in traditions gathered in the *Kitāb al-bidaʿ*. Although this exceeds the scope of the present work, it is worth noting that this seems to pertain only to lesbianism, not to homosexuality in general, as in classical Islam it was generally held that male homosexuality was the "sin of Lot's people" (*liwāṭ*).[74] The second tradition in question is even more explicit:

> From al-Ḥasan [al-Baṣrī]: The Messenger of God (on whom be peace and prayers) said: "After me there will be people whose hearts will be prone to novelty. Their dreams will be turned to dust and their deeds will turn away from them[75]. They will be expert in many kinds of falsity! Men will satisfy themselves with men and women with women. And when they do this they shall see the punishment from God Most High"[76].

68. On this author and his compilation see: Motzki, "The Muṣannaf of ʿAbd al-Razzāq al-Ṣanʿānī".
69. ʿAbd al-Razzāq, *al-Muṣannaf*, no. 19994-19998, vol. XI, p. 84-89.
70. *Ibid.*, no. 19996.
71. *Ibid.*, vol. VII, no. 13382-13384, p. 334-335. Ibn Abī Šayba, *al-Muṣannaf*, vol. XIV, no. 29622, 29623, p. 604.
72. *Kitāb adab al-nisā'* 109, 110, p. 204-205.
73. *Ibid.*, 109, p. 204.
74. *And Lot! (Remember) when he said unto his folk: Lo! ye commit lewdness such as no creature did before you.// For come ye not in unto males, and cut ye not the road (for travellers), and commit ye not abomination in your meetings ? But the answer of his folk was only that they said: Bring Allah's doom upon us if thou art a truthteller!// He said: My Lord! Give me victory over folk who work corruption.* (The Qur'ān, 29; 28-30 in M. Pickthall's translation). See also "Liwāṭ".
75. *Qawm tuḥdiṯu qulūbuhum wa-tadiqqu aḥlāmuhum wa-tatawallā aʿmāluhum.* (I.e. their good deeds will be worthless in the eyes of God).
76. *Kitāb adab al-nisā'* 109, p. 204.

We can notice obvious similarities with Ibn Waḍḍāḥ's traditions because of the common elements like the decay of religion which is to come after the Prophet, the overall propensity to luxury and dissolution of morals, the impending divine punishment and, perhaps most importantly, homosexuality (at least lesbianism) viewed as an innovation (the quoted tradition speaks of "people whose hearts will be prone to novelty"). In my opinion, this view of women and lesbianism makes for a certain peculiarity of the Andalusi eschatological tradition.

Conclusions

Debauchery and homosexuality certainly constitute common themes in Islamic eschatology as signs of the moral corruption of the last days. Obesity seems to occur less frequently in these traditions, but it seems that when it does, it can be viewed as another aspect of the sinful luxury of the eschatological age. However, it is interesting to note that the role of women in Andalusi eschatology of the 3rd/9th century is almost exclusively (we have seen the exceptions above) reduced to obesity and lesbianism, which are aspects of the gradual deterministic corruption of morality and religion (*fasād*) caused by the appearance of innovations (*bidaʿ*). This impression is further strengthened when one notices that two of the only three traditions in Ibn Ḥabīb's rather vast *Kitāb adab al-nisāʾ* explicitly referring to eschatology mention lesbianism.[77] Of course, all those portents of the Hour are signs of the corruption of families, as in the classical Islamic world (at least in normative texts) women are subject to family control. The traditions in question describe either the loss of this control (the abandonment of castigation of women by heads of families, lesbianism) or its corruption (the obesity of young girls and women resulting from fattening them, presumably by family members). Another interesting aspect is the idea that lesbianism and fattening of women (together with exhumation from graves) will appear at the end of times and will constitute an innovation (*bidʿa*) in the sense that they will be the only abominations appearing in the Muslim community unprecedented in religions which came before, thus in a way constituting the worst perversities of all.

General conclusions are, however, somewhat difficult to draw and the question of the extent to which this view of women, families and lesbianism is peculiar to al-Andalus should be discussed with utmost caution. While it is true that a vast majority of preserved Andalusi texts from the 3rd/9th century are compilations of more or less eschatological traditions, the overall number of sources preserved from this period is scarce and it is difficult to apprehend their role, diffusion and reception. It is also impossible to determine what percent they constituted of the entire Andalusi literary output of that period. In other words, while on the basis of preserved sources one has an impression that eschatological preoccupations were highly prevalent in al-Andalus in the 3rd/9th century, it is far from certain. Perhaps further studies on pre-canonical *ḥadīṯ* will shed more light on the problem of this supposed peculiarity of

77. We have seen that the third one concerns castigation of women and family members. Cf. *supra*. However, the possible eschatological preoccupation of the entire *Kitāb adab al-nisāʾ* should be taken into account, as mentioned above.

al-Andalus and on the question of the role of women and families in Islamic eschatology of the 3rd/9th century.

Lastly, it can be concluded that the present work might contribute to a better understanding of the status of lesbianism in classical Islamic culture. This is an understudied topic[78] and the studies that do exist seem to approach this problem on the basis of medical and literary texts, as well as from the point of view of manuals of *ars amatoria*.[79] Camilla Adang dedicates to homosexuality in *ḥadīṯ* a short paragraph of her valuable study on homosexuality in Ibn Ḥazm's writings and the Zahiri school of law and provides some insight on the status of lesbianism in Zahirism,[80] but on the whole the lack of detailed studies in this field is sorely felt. The present work can then be treated as an introductory study to the status of women in pre-canonical *ḥadīṯ* and Islamic apocalyptic, as well as lesbianism in classical Islamic culture and society.

78. See: Juynboll, "Siḥāḳ". The book on lesbianism in classical Islam G.H.A. Juynboll announces at the end of this article (in its bibliography) has, to my best knowledge, never seen the light of day, neither has the monograph on homosexuality in traditional Islam announced by E. K. Rowson.
79. See primarily: Amer, "Medieval Arab Lesbians and Lesbian-like Women;" see also Roscoe, Murray, "Introduction" and Murray "Woman-Woman Love in Islamic Societies" in Murray, Roscoe (eds.), *Islamic Homosexualities. Culture, History and Literature*, p. 3-13 and 97-106, respectively, but these studies (as well as many others in this volume) generally discuss questions outside the scope of classical Islam.
80. Adang, "Ibn Ḥazm on Homosexuality". (On *ḥadīṯ*, p. 8-9, on lesbianism p. 25-28).

Bibliography

Working Tools

EI[2], *Encyclopedia of Islam* (2nd edition), Brill, Leiden, 1960-2005.
Réd., "Liwāṭ," V, p. 776-779.
Juynboll, G.H.A., "Siḥāḳ," XI, p. 588-589.
Lane, Edward William, *Arabic-English Lexicon*, Williams & Norgate, London, 1863.

Sources

ʿAbd al-Razzāq, *al-Muṣannaf*, ed. Ḥabīb al-Raḥmān al-Aʿzamī, Maǧlis ʿilmī, Beirut, 1984.
Ibn Abī Šayba, *al-Muṣannaf*, ed. Muḥammad al-ʿAwwām, [no name of the publishing house], Beirut, 2006.
Ibn Ḥabīb, *Ašrāṭ al-sāʿa wa-ḏihāb al-aḫyār wa-baqā' al-ašrār*, ed. Muḥammad al-Idrīsī, Dār aḍwā' al-salaf, Riyad, 2005.
—, *Kitāb adab al-nisā' al-mawsūm bi-Kitāb al-ġāya wa-l-nihāya*, ed. ʿAbd al-Maǧīd Turkī, Dār al-ġarb al-islāmī, Beirut, 1992.
—, *Kitāb al-ta'rīḫ*, ed. Jorge Aguadé, CSIC, Madrid, 1991.
—, [*Kitāb al-waḍīḥa*], Beatrix Ossendorf-Conrad, *Das "K. al-waḍīḥa" des ʿAbd al-Malik b. Ḥabīb: Edizion und Kommentär zu Ms. Qarawiyyīn 809/40*, Steiner Verlag, Stuttgart 1994; María Arcas Campoy, *Kitāb al-waḍīḥa = Tratado jurídico. Fragmentos extraídos del "Muntajab al-aḥkām" de Ibn Abī Zamanīn (m. 399/1008)*, CSIC, Madrid, 2002.
—, *Kitāb waṣf al-firdaws*, [no name of the editor], Dār al-kutub al-ʿilmiyya, Beirut, 1987. (Spanish translation: Monferrer Sala, Juan Pedro, *Kitāb waṣf al-firdaws (la descripción del paraíso)*, Grupo de Investigación "Ciudades Andaluzas bajo el Islam," Granada, 1997).
—, *Muḫtaṣar fi-l-ṭibb*, ed. Camilo Álvarez de Morales, Fernando Girón Irueste, CSIC, Madrid, 1992.
Ibn al-Mubārak, *Kitāb al-ǧihād*, ed. Nazīh Ḥammād, Dār al-nūr, Beirut, 1971.
—, *Kitāb al-zuhd wa-l-raqā'iq*, ed. Ḥabīb al-Raḥmān al-Aʿzamī, Dār al-kutub al-ʿilmiyya, Beirut [undated].
Ibn Waḍḍāḥ, *Kitāb al-bidaʿ (Tratado contra las innovaciones)*, ed. Maribel Fierro, CSIC, Madrid, 1988.
Saḥnūn, *al-Mudawwana al-kubrā*, [no name of the editor and of the publishing house], Cairo, 1905.

Studies

Adang, Camilla, "Ibn Ḥazm on Homosexuality. A Case Study of Ẓāhirī Legal Methodology," *Al-Qanṭara* 24, 2003, p. 5-31.
Amer, Sahar, "Medieval Arab Lesbians and Lesbian-Like Women", *Journal of the History of Sexuality* 18, 2009, p. 215-236.
Arcas Campoy, María, "La autoridad doctrinal de ʿAbd al-Malik b. Ḥabīb (m. 238/853) frente a los cadíes y alfaquíes de su tiempo," in Rachid El Hour, Rafael Mayor (eds.) *Cadíes y cadiazgo en al-Andalus y el Magreb medieval*, CSIC, Madrid, 2012.
Carmona, Alonso, "The Introduction of Malik's Teachings in al-Andalus," in Peri Bearman, Rudolph Peters, Frank E. Vogel (eds.), *The Islamic School of Law, Evolution, Devolution and Progress*, Harvard University Press, Cambridge (Massachusets), 2005.
Cook, David, *Studies in Muslim Apocalyptic*, The Darwin Press, Princeton, 2002.
Cook, Michael, *Commanding Right and Forbidding Wrong in Islamic Thought*, Cambridge University Press, Cambridge, 2000 (re-issued in 2010).
Fierro, Maribel, "Proto-Malikis, Malikis and Reformed Malikis in al-Andalus," in Peri Bearman, Rudolph Peters, Frank E. Vogel (eds.), *The Islamic School of Law, Evolution, Devolution and Progress*, Harvard University Press, Cambridge (Massachusets), 2005.

—, "The Treatises Against Innovations (*kutub al-bidaʿ*)," *Islam* 69, 1992, p. 204-246.

Judd, Steven, "Al-Awzāʿī and Sufyān al-Thawrī: the Umayyad Madhhab?," in Peri Bearman, Rudolph Peters, Frank E. Vogel (eds.), *The Islamic School of Law, Evolution, Devolution and Progress*, Harvard University Press, Cambridge (Massachusets), 2005.

Makkī, Maḥmūd ʿAlī, "Egipto y los origenes de la historiografía arabigo-española," *RIEM* 5, 1957, p. 157-248.

Melchert, Christopher, "The Piety of the Hadith Folk", *IJMES* 34, 2002, p. 425-439.

Motzki, Harald, "The Muṣannaf of ʿAbd al-Razzāq al-Ṣanʿānī as a Source of Authentic *Aḥādīth* of the First Century A.H.," *JNES* 50, 1991, p. 1-21.

Murray, Stephen, Roscoe, Will (eds.), *Islamic Homosexualities. Culture, History and Literature*, New York University Press, New York, 1997.

Wilk, Mateusz "Le malikisme et les Omeyyades en al-Andalus. Le droit et l'idéologie du pouvoir," *AnIsl* 45, 2011, p. 101-122.

Famille et écriture de soi

VANESSA VAN RENTERGHEM*

Ibn al-Ǧawzī, ses femmes, ses fils, ses filles et ses gendres : théorie et pratique de la vie familiale chez un Bagdadien du VIe/XIIe siècle

✦ **RÉSUMÉ**

Cet article s'intéresse à la vie conjugale et familiale du lettré hanbalite bagdadien Ibn al-Ǧawzī (m. 597/1201). Fondé sur des passages autobiographiques de ses œuvres (*Ṣayd al-ḫāṭir, Laftat al-kabad, Kitāb al-Muntaẓam*) ainsi que sur des sources biographiques variées, il retrace tout d'abord l'univers familial au sein duquel évoluait Ibn al-Ǧawzī, orphelin de père tôt dévolu aux études, et lui-même père de famille nombreuse dont la descendance peut être suivie sur plusieurs générations. Des mariages stratégiquement choisis permirent à cet influent *wāʿiẓ* de renforcer ses liens avec les milieux du pouvoir abbasside ainsi que sa position éminente dans le milieu hanbalite bagdadien. Dans un second temps, l'analyse se porte sur la théorie de la vie familiale formulée par Ibn al-Ǧawzī dans le *Ṣayd al-ḫāṭir* et cherche à confronter conseils pratiques, principes éthiques et recommandations livrées par ce *ʿālim* avec les éléments connus par ailleurs de sa vie personnelle. Choix de l'épouse, recettes pour une vie conjugale harmonieuse, satisfaction sexuelle des époux, devoirs du père de famille et éducation des enfants sont notamment au cœur des réflexions du célèbre hanbalite de Bagdad, lui-même père d'au moins douze enfants.

Mots-clés : Famille – hanbalisme – Ibn al-Ǧawzī – mariage – concubinage – esclaves domestiques – enfants – démographie historique – anthropologie historique.

* Vanessa Van Renterghem, IFPO Beyrouth, Inalco Paris, vanessa.vanrenterghem@gmail.com

ABSTRACT

This article analyses the family life of the Hanbali scholar of Baghdad Ibn al-Ğawzī (d. 597/1201). Based on autobiographical material included in some of his works (*Ṣayd al-ḫāṭir, Laftat al-kabad, Kitāb al-Muntaẓam*) and on biographical sources, the study first considers Ibn al-Ğawzī's family. Having lost his father at a young age, the Hanbali master founded a family of many children, which destiny can be traced over several generations. Matrimonial strategies helped him to enforce his links with the ʿAbbasid milieu and to strengthen his leading position in the Hanbali Baghdadi circles. The second part of the study focuses on the theory of family life as contained in Ibn al-Ğawzī's *Ṣayd al-ḫāṭir*. It aims to confront the practical advices, ethical principles and varied recommendations given by the famous Hanbali preacher with the known facets of his private life. Among the questions addressed by Ibn al-Ğawzī, himself the father of twelve children or more, appear the choice of the right wife, advices for an harmonious cohabitation, sexual satisfaction of both spouses, husband and father duties and children's education.

Keywords: Family – Hanbalism – Ibn al-Ğawzī – marriage – concubinage – domestic slaves – children – historical demography – historical anthropology.

* * *

VIE conjugale et parentale, sentiments, sexualité : pour entrer dans l'intimité des familles du monde islamique médiéval, l'historien doit élargir l'horizon de ses sources habituelles. Chroniques et autres textes historiographiques ou même biographiques offrent rarement un point de vue personnel et ne s'intéressent que peu à la sphère des relations privées ; quant aux traités juridiques ou éthiques et aux textes légaux, plus nombreux à évoquer les relations familiales, plane sur eux le soupçon de la normativité prescriptive et théorique, déconnectée des pratiques et donc historiquement invérifiable. Il est cependant possible de fonder une analyse sur les témoignages et récits personnels que l'on trouve dans le corpus, plus abondant qu'on ne l'a longtemps cru, des textes autobiographiques arabes médiévaux[1]. Cependant, même ces textes n'offrent pas tous une plongée au cœur de la sphère privée. La plupart des autobiographies d'ulémas se focalisent sur l'éducation et la formation de leur auteur (le rôle des maîtres surpassant souvent celui des pères ou des autres membres de la famille proche dans l'orientation du futur *ʿālim*), sur sa carrière de savant et sur les étapes de sa vie publique à l'âge adulte. Les mariages et la descendance, mâle surtout, y sont parfois signalés en raison de leur importance dans les stratégies familiales de reproduction et d'ascension sociale, mais les confidences y restent rares et l'expression des sentiments aussi.

1. Les textes autobiographiques arabes de la période médiévale ont fait l'objet d'études renouvelées depuis les années 1990. Voir par exemple Kilpatrick, « Autobiography », et surtout Reynolds (dir.), *Interpreting the Self*.

On trouve cependant, dans certaines de ces autobiographies, des passages plus personnels, qui mettent en scène leurs auteurs dans les moments les plus privés de leur vie intime et reflètent leurs sentiments envers leurs proches. C'est le cas pour l'un des lettrés les plus prolixes du VIe/XIIe siècle, le hanbalite bagdadien Ibn al-Ǧawzī (m. 597/1201), polygraphe accompli qui laissa plusieurs centaines d'ouvrages touchant à de nombreux domaines du savoir, de la médecine au *waʿẓ* (sermon public) et de l'histoire à la littérature. Parmi cette œuvre abondante, au moins trois textes sont, entièrement ou partiellement, de nature autobiographique et retiendront ici notre attention. D'une part, de nombreux passages de sa monumentale Histoire universelle, le *Kitāb al-Muntaẓam fī ta'rīḫ al-mulūk wa-l-umam*, sont consacrés à sa carrière de *ʿālim*, à ses rapports avec le milieu du pouvoir mais aussi à certains événements de sa vie familiale, comme les fiançailles et le mariage de sa fille. Ces événements couvrent le milieu de la vie d'Ibn al-Ǧawzī, de l'âge de 30 ans à celui de 60 ans environ [2]. D'autre part, deux autres de ses ouvrages contiennent des éléments autobiographiques plus développés. Le premier, intitulé *Laftat al-kabad ilā naṣīḥat al-walad*, est un court traité d'admonestation écrit vers la fin de sa vie, adressé à l'un de ses fils qui n'avait pas suivi l'exemple paternel ; Ibn al-Ǧawzī y retrace son histoire familiale, son itinéraire et sa formation, avant de passer à une série de conseils et d'exhortations destinés au fils récalcitrant. Le second, beaucoup plus important en volume, est le *Ṣayd al-ḫāṭir*, ouvrage dans lequel l'auteur hanbalite note ses pensées les plus personnelles et les plus disparates, sans se soucier des répétitions ou des contradictions. Une place importante y est dévolue à sa vie conjugale et familiale, sujet lui tenant visiblement à cœur. Les informations livrées par ces passages parfois très personnels peuvent aussi être comparées aux détails concernant la vie d'Ibn al-Ǧawzī contenus dans les abondantes notices biographiques qui lui sont consacrées [3]. Son petit-fils Sibṭ ibn al-Ǧawzī (m. 654/1256), en particulier, offre des informations de première main sur son grand-père maternel dans sa chronique et obituaire, le *Mir'āt al-zamān fī ta'rīḫ al-aʿyān* [4].

Il devient ainsi possible, en croisant les données offertes par ces différentes sources, de retracer la morphologie de la cellule familiale au sein de laquelle vivait Ibn al-Ǧawzī. Par ailleurs, le *Ṣayd al-ḫāṭir* regorge de considérations sur les questions conjugales (âge au mariage, choix et nombre des épouses, rôle des relations sexuelles, recettes pour une bonne entente conjugale…)

2. Voir les années 552-555/1157-1160 et 570-574/1174-1178 de la chronique (XVIII, p. 111-143 et 211-253). Les références complètes des sources utilisées sont présentées en bibliographie, en fin d'article.

3. Notamment dans les ouvrages hanbalites comme le *Ḏayl ʿalā ṭabaqāt al-ḥanābila* d'Ibn Raǧab (m. 795/1392 ; I, p. 399-433, notice n° 205). Voir aussi Ibn Ḫallikān (m. 681/1282), *Wafayāt al-aʿyān* III, p. 140-142, notice n° 370 ; al-Ḏahabī (m. 748/1347), *Taḏkirat al-ḥuffāẓ*, *ṭabaqa* 17/2, IV, p. 1342-1347, notice n° 1098 ; Ibn al-Dimyāṭī, *al-Mustafād min ḏayl ta'rīḫ Baġdād* XXI, p. 116, notice n° 110 ; Ibn Kaṯīr (m. 774/1373), *al-Bidāya wa-l-nihāya* XVI, p. 706-711 ; Ibn al-ʿImād (m. 1089/1678), *Šaḏarāt al-ḏahab* VI, p. 537-540. Toutes ces sources ont été utilisées par Merlin Swartz pour reconstituer le parcours de vie d'Ibn al-Ǧawzī : « Ibn al-Jawzī : A Biographical Sketch », 2002. Swartz y donne aussi une liste des études récentes sur la vie d'Ibn al-Ǧawzī (p. 4, n. 6). Certaines des informations qu'il livre sur la famille d'Ibn al-Ǧawzī sont cependant à corriger (voir ci-dessous). Sur la vie, la carrière et l'œuvre d'Ibn al-Ǧawzī, voir également Hartmann, « Les ambivalences d'un sermonnaire hanbalite ».

4. Voir notamment l'évocation d'Ibn al-Ǧawzī à la date de sa mort : *Mir'āt al-zamān*, éd. Hyderabad, p. 481-503.

et familiales (objectif de l'enfantement, éducation des enfants, amour filial, responsabilités matérielles du chef de famille...). À l'image d'une bonne partie de l'œuvre d'Ibn al-Ğawzī, et sans doute de sa personnalité, ces recommandations sont parfois contradictoires, mais semblent presque toujours inspirées par la situation personnelle, vécue, du célèbre savant hanbalite. Il est donc instructif d'utiliser ces textes afin de confronter la théorie et la pratique de l'équilibre conjugal et familial chez Ibn al-Ğawzī. Il est cependant difficile de se prononcer sur la valeur d'exemple des remarques que l'on peut formuler à son propos : son appréciation complexe et changeante de sa vie familiale laisse plutôt subodorer la singularité radicale du personnage. Il n'en reste pas moins que la vie privée d'Ibn al-Ğawzī s'inscrit, sans soupçon d'excentricité, dans le contexte social de son époque, et témoigne en cela de situations et de pratiques fort certainement partagées par ses contemporains. Seule l'analyse qu'en fait le lettré bagdadien lui reste sans aucun doute personnelle, sans qu'il soit possible de déterminer si de telles vues étaient ou non répandues.

Morphologie d'une famille nombreuse

Dans ses différents écrits, Ibn al-Ğawzī évoque les principaux protagonistes de son entourage familial : sa famille paternelle, ses nombreux enfants et leurs conjoints, et, de façon plus évasive, son ou plutôt ses épouses. Il mentionne en tout une quinzaine de personnes, dont huit femmes, et quelques autres peuvent être identifiées grâce à des sources postérieures.

Un orphelin de père, tôt dévoué aux études

L'histoire familiale d'Ibn al-Ğawzī, retracée par lui-même, est également bien connue de ses biographes. Issu d'une famille de commerçants d'objets en cuivre, parmi lesquels, de son propre aveu, personne n'avait jusque-là montré de véritable aptitude à l'étude[5], Abū al-Farağ ʿAbd al-Raḥmān ibn al-Ğawzī naquit à Bagdad vers 510 ou 511/1116-1117[6]. Il perdit très tôt son père, Abū al-Ḥasan ʿAlī, à l'âge de trois ans, et fut confié à sa mère et à sa tante paternelle (*ʿamma*)[7]. Cette tante prit en charge son éducation : ce fut elle qui porta le jeune Abū al-Farağ auprès du *ʿālim* Abū al-Faḍl ibn Nāṣir[8]. Ce dernier accepta de l'instruire en *ḥadīṯ* et sciences coraniques et resta son maître jusqu'à ce qu'il mourût, en 550/1155[9]. Dans ce récit, la tante

5. *Laftat al-kabad*, p. 58.
6. Sa date de naissance exacte est discutée par ses biographes, voir en particulier Ibn Rağab, *Ḏayl* I, p. 400.
7. Ibn Rağab, *Ḏayl* I, p. 400-401.
8. *Ibid.*, p. 401. Célèbre lettré bagdadien, Ibn Nāṣir avait commencé sa carrière en tant que šāfiʿite ašʿarite avant de se rallier au *maḏhab* hanbalite. Voir ses biographies chez Ibn al-Ğawzī, *al-Muntaẓam* XVIII, p. 103-104, notice nº 4201 ; Ibn al-Aṯīr, *al-Kāmil* IX, p. 401 ; Sibṭ ibn al-Ğawzī, *Mir'āt al-zamān*, éd. Hyderabad, p. 225-226 ; Ibn Ḫallikān, *Wafayāt al-aʿyān* IV, p. 293-294, notice nº 624 ; Ibn al-Dimyāṭī, *al-Mustafād min ḏayl ta'rīḫ Baġdād* XXI, p. 27, notice nº 30 ; Ibn Rağab, *Ḏayl* I, p. 225-229, notice nº 113 ; al-Ḏahabī, *Taḏkirat al-ḥuffāẓ*, *ṭabaqa* 16/1 IV, p. 1289-1292, notice nº 1079 ; Ibn Kaṯīr, *al-Bidāya wa-l-nihāya* XVI, p. 374-375 ; Ibn al-ʿImād, *Šaḏarāt al-ḏahab* VI, p. 256-258.
9. Dans la notice qu'il consacre à Ibn al-Ğawzī, Ibn al-ʿImād ajoute qu'Ibn Nāṣir était l'oncle maternel d'Ibn al-Ğawzī (*wa-huwa ḫāluhu*, *Šaḏarāt al-ḏahab* VI, p. 538). En dehors de cette précision, ce passage est

paternelle joue le rôle traditionnellement dévolu au père, celui de l'initiateur des études de l'enfant [10]. Pour autant, le nom de cette femme reste inconnu.

Les renseignements concernant la mère d'Ibn al-Ǧawzī sont encore plus ténus, puisque la seule information que l'on possède est qu'elle était encore en vie lors de la mort de son époux et qu'elle partagea avec sa belle-sœur le soin d'élever l'enfant et, sans doute, ses deux frères [11]. Elle ne semble, par contre, avoir joué aucun rôle précis dans l'incitation aux études de son jeune fils ni de ses autres enfants. Cette veuve, sans doute encore assez jeune, se remaria, car certains biographes mentionnent l'existence d'une sœur utérine d'Ibn al-Ǧawzī, Fāṭima Umm al-Bahā', qui transmit le *ḥadīṯ* et mourut à un âge avancé, en 605/1208 [12]. Au vu de cette date, il est difficile de penser qu'elle était née avant Ibn al-Ǧawzī. Son père, le second époux de la mère d'Ibn al-Ǧawzī, était

calqué mot pour mot sur un extrait de la notice biographique d'Ibn al-Ǧawzī chez Sibṭ ibn al-Ǧawzī (*Mir'āt al-zamān*, éd. Hyderabad, p. 481), également repris par Ibn Raǧab (*Ḏayl* I, p. 401), et l'on peut donc penser qu'il s'agit d'un ajout d'Ibn al-ʿImād ou d'un copiste. Il est par ailleurs surprenant, si Ibn Nāṣir était véritablement l'oncle d'Ibn al-Ǧawzī, qu'aucune des sources plus anciennes ne mentionne ce lien familial, et au premier titre Ibn al-Ǧawzī et Sibṭ ibn al-Ǧawzī eux-mêmes. Dans les nombreuses occasions où Ibn al-Ǧawzī évoque Ibn Nāṣir, il le désigne sous le terme de *šayḫunā*, « mon maître », et n'évoque en aucun cas un quelconque lien de famille avec lui. Le *wāʿiẓ* hanbalite aurait pourtant certainement tiré gloire d'un lien de proximité familiale avec son maître bien-aimé ; il semble donc qu'on ne puisse tenir pour acquis qu'Ibn Nāṣir ait été son oncle. Swartz reprend pourtant cette affirmation, sans citer de source à l'appui (« Ibn al-Jawzī: A Biographical Sketch », p. 6, et p. 9, n. 24). Il en déduit qu'Ibn al-Ǧawzī était de triple ascendance : arabe par son père, turque et persane par sa mère, qui aurait donc été la sœur d'Ibn Nāṣir (p. 6-8). Il fait ainsi des membres connus de la famille d'Ibn Nāṣir (sa mère Rābiʿa (m. 512/1119), sa tante maternelle Fāṭima (m. 534/1140) et son grand-père maternel Abū Ḥakīm ʿAbd Allāh b. Ibrāhīm al-Ḫabrī (m. 489/1096)), les ascendants d'Ibn al-Ǧawzī par sa mère (voir l'arbre généalogique joint à son étude, p. 7). Swartz insiste sur la triple appartenance culturelle ainsi assignée au hanbalite bagdadien et sur les conséquences qu'elle put avoir sur lui et sur son œuvre, allant jusqu'à affirmer que « the most important religious and intellectual influences that shaped the young Ibn al-Jawzī where a legacy inherited from the mother's side of the family » (p. 8). Outre les critiques que l'on pourrait adresser à cette déclaration quelque peu essentialiste, une preuve supplémentaire du caractère spéculatif de ce rattachement familial peut être vue dans le fait qu'Ibn al-Ǧawzī, qui consacre une notice biographique à chacun de ces trois personnages (par ordre de décès : Abū Ḥakīm : *al-Muntaẓam* XVII, p. 34, notice n° 3661 ; Rābiʿa : XVII, p. 167, notice n° 3869 ; Fāṭima : XVIII, p. 7, notice n° 4064) et cite les deux femmes, ainsi qu'Ibn Nāṣir, dans sa *mašyaḫa*, ne mentionne aucun lien de famille avec eux. Enfin, faire des descendants d'Abū Ḥakīm al-Ḫabrī, tous transmetteurs de *ḥadīṯ*, des parents d'Ibn al-Ǧawzī, est contradictoire avec l'affirmation de ce dernier qu'il fut le premier de son lignage à s'intéresser à la science. Il me semble donc nécessaire de réfuter l'idée d'une parenté entre Ibn Nāṣir et Ibn al-Ǧawzī. L'arbre généalogique fourni en fin d'article tient compte de ce point.

10. Ibn al-Dimyāṭī, lui, attribue ce rôle à un certain Abū al-Barakāt, qui aurait été l'oncle (*ʿamm*) d'Ibn al-Ǧawzī (*al-Mustafād* XXI, p. 116). Je n'ai pu identifier ce dernier personnage.

11. Ces derniers, ʿAbd Allāh et ʿAbd al-Rāziq, qui ne semblent pas avoir fait carrière comme lettrés, ne sont qu'incidemment mentionnés par Ibn Raǧab, *Ḏayl* I, p. 400. D'après l'ordre de présentation des noms, il semblerait qu'Ibn al-Ǧawzī ait été le cadet de sa fratrie. L'arbre généalogique dressé par Swartz attribue à Ibn al-Ǧawzī quatre frères et une sœur, sans cependant citer ses sources (« Ibn al-Jawzī », p. 7).

12. Mentionnée sous le nom de Fāṭima bint al-Nā'ir ibn al-Ṭarīra *al-bazzāz*, Sitt al-Aʿadd (*sic.* ; sans doute Sitt al-Aʿazz) par Sibṭ ibn al-Ǧawzī (*Mir'āt al-zamān*, éd. Hyderabad, p. 540), et sous celui de Fāṭima bint Abī al-Fā'iz ʿAbd Allāh b. Aḥmad b. Ṭuwayr *al-bazzāz*, Umm al-Bahā', par al-Ḏahabī (*Ta'rīḫ al-islām* XLIII, p. 186, notice n° 260).

sans doute, tout comme le premier mari de celle-ci, issu d'un milieu commerçant, car il porte la *nisba* professionnelle d'*al-bazzāz* (« le vendeur d'étoffes ») et ne fait l'objet d'aucune notice dans les ouvrages de l'époque, ce qui laisse penser qu'il ne s'illustra ni dans le domaine des sciences ou de la littérature, ni dans la sphère politico-administrative ou militaire.

L'itinéraire de lettré d'Ibn al-Ğawzī est encore mieux connu que son entourage familial, et ressemble au parcours classique de l'apprenti *ʿālim*, tel qu'il nous est décrit par les biographies et autobiographies de l'époque[13]. Le jeune orphelin fut tôt incité à l'étude : d'après Ibn Rağab, ses premières séances d'audition du *ḥadīṯ* (*samāʿa*) eurent lieu alors qu'il était âgé de cinq ou six ans[14]. Ibn al-Ğawzī recommande d'ailleurs dans le *Ṣayd al-ḫāṭir* d'enseigner Coran, *ḥadīṯ* et *fiqh* aux enfants de cinq à quinze ans, pour éviter la distraction qui accompagne l'arrivée de « l'âge nubile »[15]. Lui-même évoque dans le *Laftat al-kabad* son enfance dédiée à l'étude, et indique avoir fréquenté l'école coranique à l'âge de six ans et commencé l'étude du *ḥadīṯ* à sept ans[16]. Avec l'immodestie qui lui est coutumière, il trace son autoportrait sous les traits d'un jeune garçon déjà doté d'un esprit brillant, « dépassant celui de bien des hommes mûrs »[17], ne s'attardant pas pour jouer dans les rues avec les enfants de son âge, et passant ses journées sur l'esplanade de la mosquée, à écouter le *ḥadīṯ* puis à le mettre par écrit une fois rentré chez lui. Tandis que les autres enfants se divertissaient le long du Tigre ou sur le pont, lui-même se plongeait dans la lecture et dans l'étude, au milieu des adultes[18]. Dans toute cette description, il n'est pas fait mention de ses frères ou sœurs, et le rôle principal est joué par son premier maître, Ibn Nāṣir, figure quasi-paternelle comme c'est souvent le cas dans les autobiographies de savants de l'époque[19]. C'est en effet Ibn Nāṣir qui conduisit le jeune Ibn al-Ğawzī auprès d'autres maîtres réputés pour qu'il en entendît le *ḥadīṯ* et d'autres sciences traditionnelles[20], et qui alla jusqu'à changer son nom (*ism*) d'al-Mubārak en ʿAbd al-Raḥmān[21].

13. Sur les étapes de la formation d'Ibn al-Ğawzī en sciences traditionnelles et pour le détail de ses principaux maîtres, voir la synthèse dressée par Swartz, « Ibn al-Jawzī », p. 8-14.
14. Ibn Rağab, *Ḏayl* I, p. 401.
15. *Iḏā balaġa* ; *Ṣayd al-ḫāṭir*, éd. arabe, § 172, p. 241 ; trad. Reig, § 104, p. 217.
16. *Laftat al-kabad*, p. 35-36.
17. *Yazīd ʿalā ʿaql al-šuyūḫ*. *Ibid.*, p. 36.
18. *Ibid.*
19. Comparer par exemple avec l'autobiographie du lettré ʿAbd al-Laṭīf al-Baġdādī (m. 629/1231), qui, au contraire d'Ibn al-Ğawzī, insiste sur les difficultés qu'il éprouvait, très jeune enfant, à se consacrer à l'étude. Son récit autobiographique est inséré dans le dictionnaire des médecins dû à Ibn Abī Uṣaybiʿa (m. 668/1270), *ʿUyūn al-anbāʾ*, p. 683-686, trad. F. Micheau dans *L'Orient au temps des Croisades*, p. 280-286. Sur la récurrence du motif de l'échec et des difficultés d'apprentissage enfantines dans les autobiographies arabes médiévales, voir Reynolds, *Interpreting the Self*, p. 83-88. Ibn al-Ğawzī, lui, se démarque nettement de cette tradition en insistant au contraire sur ses succès.
20. Ce détail est livré par Ibn al-Ğawzī lui-même dans sa *mašyaḫa*, citée par Ibn Rağab, *Ḏayl* I, p. 401.
21. Ibn al-Ğawzī, cité par Ibn Rağab, précise qu'Ibn Nāṣir lui attribua un *ism* ainsi qu'à ses deux frères, qu'il nomma ʿAbd Allāh et ʿAbd al-Rāziq, alors que jusque-là, on ne les désignait que par leur *kunya* ; d'après Ibn al-Qaṭīʿī, cité au même endroit, Ibn al-Ğawzī aurait porté le *ism* d'al-Mubārak jusqu'à l'âge d'environ neuf ans, en 520/1126 (Ibn Rağab, *Ḏayl* I, p. 400). On ne connaît pas la motivation de ce changement de nom, mais on peut en noter la portée symbolique, le *ism* étant, si l'on en croit Jacqueline Sublet, l'élément le

Un père de famille nombreuse

Une fois adulte, Ibn al-Ǧawzī mena une carrière brillante et écrivit de nombreux ouvrages [22]. Il fonda également une famille nombreuse, sur laquelle des fragments de son œuvre et des biographies qui lui sont consacrées nous renseignent. Il indique dans le *Laftat* avoir « obtenu de Dieu » dix enfants, cinq filles et cinq garçons, dont six moururent de son vivant [23] ; à l'époque de rédaction de cette épître, ne restaient en vie que trois filles et un unique garçon, Abū al-Qāsim ʿAlī, à qui l'opuscule était destiné afin de le remettre dans le « droit chemin » de l'étude et de la piété [24]. Un garçon et une fille supplémentaires naquirent après l'époque de rédaction du *Laftat*, alors qu'Ibn al-Ǧawzī était âgé d'environ 70 ans [25], ce qui porte à au moins douze le nombre total de ses enfants. On connaît le nom de chacune de ses filles, mais pas leur ordre de naissance. L'aînée était nommée Sitt al-ʿUlamā' *al-kubrā* (« l'aînée »), les suivantes Rābiʿa (nom porté par la mère de son *šayḫ* bien aimé, Ibn Nāṣir), Šaraf al-Nisā', Zaynab, Ǧawhar et Sitt al-ʿUlamā' *al-ṣuġrā* (« la benjamine ») [26]. En dehors de leur destin matrimonial, on ne connaît pas grand chose de leur vie, mais Sibṭ ibn al-Ǧawzī précise que son grand-père eut soin que toutes ses filles reçoivent un enseignement en *ḥadīṯ* [27].

Le nom de ses trois fils morts en bas âge n'est pas précisé dans les sources, mais on connaît le nom et la carrière des trois qui survécurent [28]. L'aîné, Abū Bakr ʿAbd al-ʿAzīz, suivit des études de *fiqh* hanbalite et étudia auprès des maîtres de son père. Comme celui-ci, il prêchait le *waʿẓ*. Il mourut tôt mais déjà adulte, alors que son père n'était âgé que de 43 ans, en 554/1159 ; son neveu Sibṭ ibn al-Ǧawzī affirme qu'il fut empoisonné à Mossoul par la famille des Šahrazūrī [29], jalouse de son succès. Le deuxième fils, Abū al-Qāsim ʿAlī, futur destinataire du *Laftat al-kabad*, avait été poussé par son père à entendre le *ḥadīṯ*, mais ne montra aucune inclination pour les études. Copiste de condition modeste, il s'illustra en dérobant les livres de son père pour les revendre à

plus intime du groupe onomastique arabe (*Le voile du nom*). Annemarie Schimmel suppose qu'un événement malheureux dans l'histoire de la famille pouvait conduire à modifier le *ism* d'un enfant (*Islamic Names*, p. 72). Ce pourrait être le cas ici, le *ism* al-Mubārak (« le béni ») ayant pu être considéré comme ironique ou de mauvais augure, porté par un orphelin.

22. Sur ces aspects, voir Swartz, « Ibn al-Jawzī », p. 16-23.
23. Voir l'arbre généalogique de la famille d'Ibn al-Ǧawzī, en fin d'article.
24. *Laftat al-kabad*, p. 21.
25. Il s'agit de 70 années du calendrier hégirien, donc lunaires, correspondant à environ 67 années du calendrier solaire.
26. Le nom Sitt al-ʿUlamā' peut être traduit par « Maîtresse des savants », Šaraf al-Nisā' signifie « Honneur des femmes » et Ǧawhar « Joyau ». Zaynab était le prénom de deux des femmes et de l'une des filles de Muḥammad.
27. *Mir'āt al-zamān*, éd. Hyderabad, p. 503.
28. Sauf précision contraire, les renseignements sur les fils d'Ibn al-Ǧawzī sont tirés d'un passage intitulé « Les enfants de mon grand-père » chez Sibṭ ibn al-Ǧawzī, *Mir'āt al-zamān*, éd. Hyderabad, p. 502-503.
29. Sur ce lignage de juristes et cadis šāfiʿites du VIe/XIIe siècle, voir Ben Abdesselem, « al-Shahrazūrī », p. 219.

bas prix, ce qui lui valut la disgrâce paternelle[30]. Il devait être né peu de temps avant le décès de son frère aîné, car Sibṭ ibn al-Ğawzī précise qu'il mourut en 630/1232, âgé de 80 ans[31].

Enfin, le troisième fils survivant d'Ibn al-Ğawzī portait pour nom Abū Muḥammad Yūsuf[32] ; il naquit en 580/1185, alors que son père allait bientôt devenir septuagénaire. Il dut faire la joie de celui-ci en suivant la carrière de lettré qu'il avait rêvée pour ses fils : ayant suivi une solide formation en sciences religieuses et juridiques, comprenant l'étude du Coran, du *ḥadīṯ* et du *fiqh* hanbalite (*uṣūl* et *ḫilāf*), il enseignait ces dernières matières, pratiquait la discussion juridique (*munāẓara*), rendait des fatwas, et fut rapidement certifié comme témoin instrumentaire du droit musulman (*šāhid*)[33]. Il prêchait aussi le *waʿẓ*, et reçut de ses contemporains le surnom honorifique de Muḥyī al-Dīn (« Revivificateur de la religion »). Ses biographes précisent qu'Ibn al-Ğawzī, pourtant déjà âgé à sa naissance, s'occupa en personne de son instruction, lui faisant entendre le *ḥadīṯ* et l'entraînant lui-même au *waʿẓ*[34]. Ayant grandi, à l'âge de 15 ans, Abū Muḥammad Yūsuf obtint l'aide de Zumurrud Ḫātūn, la mère du calife abbasside al-Nāṣir. Elle intercéda auprès de son fils afin d'obtenir la libération d'Ibn al-Ğawzī qui, tombé en disgrâce, avait été exilé de Bagdad et assigné à résidence à Wāsiṭ quelques années plus tôt[35]. Ibn al-Ğawzī mourut en 597/1201, deux ans après son retour à Bagdad. Muḥyī al-Dīn n'avait alors que 17 ans, et continua à jouir de la protection de Zumurrud Ḫātūn, qui l'installa comme *wāʿiẓ* dans la *turba* qu'elle s'était fait construire sur la rive occidentale de Bagdad, et où avait prêché son père avant lui, à son retour en grâce[36].

Muḥyī al-Dīn effectua par la suite une brillante carrière dans les milieux abbassides : il fut successivement *muḥtasib* des deux rives de Bagdad à l'âge de 23 ans[37], inspecteur des *waqf*-s (*nāẓir al-awqāf*)[38], envoyé du calife auprès des princes ayyoubides et, à la fin de sa carrière, chambellan (*ustāḏ al-dār*) d'al-Mustaʿṣim, le dernier calife abbasside de Bagdad[39]. Malgré quelques années de disgrâce[40], il s'enrichit considérablement et put fonder une madrasa

30. Voir entre autres Ibn Kaṯīr, *al-Bidāya wa-l-nihāya* XVI, p. 710.
31. Voir l'obituaire qu'il lui consacre dans le *Mir'āt al-zamān*, éd. Hyderabad, p. 678-679.
32. Sur ce personnage, voir Ibn Ḫallikān, *Wafayāt al-aʿyān* III, p. 142 ; al-Yūnīnī, *Ḏayl Mir'āt al-zamān* I, p. 332-340 ; Ibn Rağab, *Ḏayl* II, p. 258-261, notice n° 365 ; Ibn Kaṯīr, *al-Bidāya wa-l-nihāya* XVI, p. 710, et Ibn al-ʿImād, *Šaḏarāt al-ḏahab* VII, p. 494-496. La source principale d'Ibn Rağab et d'Ibn Ḫallikān est Ibn al-Sāʿī (m. 674/1275), dont l'œuvre est malheureusement perdue.
33. Ibn Rağab, *Ḏayl* II, p. 258.
34. *Ibid.*, p. 259, et Ibn al-ʿImād, *Šaḏarāt al-ḏahab* VII, p. 495.
35. Ibn Rağab, *Ḏayl* I, p. 427 ; al-Ḏahabī, *Taḏkirat al-ḥuffāẓ* IV, p. 1346. La disgrâce et l'exil d'Ibn al-Ğawzī, présentés par ses biographes comme une « mise à l'épreuve » (*miḥna*), durèrent de 590/1194 à 595/1198. Sur le détail de cet épisode et sur la fin de la vie d'Ibn al-Ğawzī, voir Swartz, « Ibn al-Jawzī », p. 23-27.
36. Ibn Rağab, *Ḏayl* II, p. 259, et Ibn al-ʿImād, *Šaḏarāt al-ḏahab* VII, p. 495.
37. Al-Yūnīnī, *Ḏayl* I, p. 334, et Ibn Rağab, *Ḏayl* II, p. 258-259.
38. Ibn Rağab, *Ḏayl* II, p. 258.
39. Al-Yūnīnī, *Ḏayl* I, p. 333 ; Ibn Rağab, *Ḏayl* II, p. 258-259 ; Ibn al-ʿImād, *Šaḏarāt al-ḏahab* VII, p. 494.
40. De 609/1212 à 615/1218 ; voir Ibn Rağab, *Ḏayl* II, p. 258, et Sibṭ ibn al-Ğawzī, *Mir'āt al-zamān*, éd. Hyderabad, p. 592.

hanbalite à Damas[41], une autre à Bagdad (qui resta cependant inachevée) ainsi qu'un lieu d'étude du Coran (*dār Qur'ān*) jouxtant son futur tombeau (*madfan*), dans le quartier d'al-Ḥarbiyya, sur la rive occidentale[42]. Il enseignait également le droit hanbalite à la prestigieuse madrasa Mustanṣiriyya[43]. Ses biographes précisent qu'il mourut en martyr en même temps que ses trois fils, de l'épée des Mongols infidèles, lors de la prise de Bagdad par les troupes d'Hülegü, en 656/1258[44]. Il est difficile de savoir ce que serait devenue la famille d'Ibn al-Ǧawzī sans la fin brutale qui fut donnée à sa branche bagdadienne par la conquête mongole, mais le fait que l'on puisse suivre sur trois générations la carrière de ses descendants prouve le succès du lignage de lettrés et hauts dignitaires engendré par le *ʿālim* hanbalite.

Épouse, concubine et domestiques

Malgré son intérêt certain pour les questions conjugales, Ibn al-Ǧawzī donne très peu de renseignements sur les femmes qui lui offrirent cette abondante progéniture. Il est cependant possible de comprendre que ses nombreux enfants étaient issus d'au moins deux femmes : une épouse légitime et une esclave-concubine.

Qu'il ait fallu au moins deux mères à ces enfants nés à un très grand intervalle de temps, c'est une évidence. Le fils aîné d'Ibn al-Ǧawzī, Abū Bakr ʿAbd al-ʿAzīz, mourut adulte en 554/1159, alors que son père n'était qu'un jeune quadragénaire. Au vu de ses activités de *wāʿiẓ* et *faqīh*, et de son départ pour Mossoul, on peut déduire qu'il avait plus de 20 ans et qu'Ibn al-Ǧawzī avait donc une vingtaine d'années à sa naissance. Il en avait près de 70 lorsque naquit son dernier fils, Abū Muḥammad Yūsuf, en 580/1184, ce qui implique déjà l'existence de plusieurs mères. De plus, Ibn al-Ǧawzī évoque très brièvement son (ou sa première) épouse légitime (*zawǧa*), avec qui il accomplit le pèlerinage à La Mecque, en compagnie de leurs enfants (*al-aṭfāl*), en 541/1147[45]. Il ne précise malheureusement pas combien d'enfants lui étaient déjà nés, alors qu'il avait lui-même à peine trente ans ; mais si l'on en croit la forme plurielle, plusieurs (au moins trois ?) étaient déjà en âge d'accompagner leurs parents pour ce long voyage.

41. La madrasa al-Ǧawziyya, située dans Damas *intra-muros*, signalée par Ibn Kaṯīr, *al-Bidāya wa-l-nihāya* XVI, p. 710, et par Ibn al-ʿImād, *Šaḏarāt al-ḏahab* VII, p. 495. Ibn Qayyim al-Ǧawziyya (m. 751/1350), célèbre disciple d'Ibn Taymiyya, était le fils du directeur (*qayyim*) de cette madrasa.
42. Ibn Raǧab, *Ḏayl* II, p. 259.
43. Ibn Ḫallikān, *Wafayāt al-aʿyān* III, p. 142, et Ibn Raǧab, *Ḏayl* II, p. 259.
44. Ibn Raǧab, *Ḏayl* II, p. 259 ; Ibn al-ʿImād, *Šaḏarāt al-ḏahab* VII, p. 495. Les biographes de Muḥyī al-Dīn Yūsuf livrent quelques informations sur ses trois fils, qui moururent en même temps que lui, et qui tous trois avaient enseigné le *fiqh* hanbalite (al-Yūnīnī, *Ḏayl* I, p. 340-341 ; Ibn Raǧab, *Ḏayl* II, p. 261-262 ; Ibn al-ʿImād, *Šaḏarāt al-ḏahab* VII, p. 495). L'aîné, Ǧamāl al-Dīn Abū al-Faraǧ ʿAbd al-Raḥmān, était *wāʿiẓ* et *muḥtasib* comme son père et avait enseigné à la Mustanṣiriyya ; il mourut à plus de 50 ans. Le cadet, Šaraf al-Dīn ʿAbd Allāh, fut également *muḥtasib* de Bagdad ; lorsqu'il abandonna cette fonction, il fut remplacé par son jeune frère Tāǧ al-Dīn ʿAbd al-Karīm, qui mourut alors qu'il n'avait pas encore vingt ans. Šaraf al-Dīn avait été envoyé par le calife al-Mustaʿṣim comme émissaire auprès de Hülegü lors de la marche de ce dernier sur Bagdad.
45. Ibn al-Ǧawzī, *al-Muntaẓam* XVIII, p. 50.

La mère de son dernier fils Abū Muḥammad Yūsuf, elle, était, du témoignage de Sibṭ ibn al-Ğawzī, une *umm walad* ou « mère d'enfant », à savoir une esclave-concubine susceptible d'être affranchie à la mort de son maître en raison de la naissance de ce fils[46]. Sibṭ indique même son nom : Ḫātūn bint ʿAbd Allāh. Le bref *nasab* confirme son caractère d'esclave (ou d'ancienne esclave) sans doute convertie à l'islam, et le *ism* Ḫātūn peut (sans aucune certitude) la laisser penser d'origine turque[47]. Sibṭ précise que son grand-père éprouvait une vive attirance pour elle, et qu'elle mourut un jour et une nuit exactement après le décès de son maître. Il ajoute que tout l'entourage de sa famille en fut fortement étonné, au point de considérer son décès comme un effet des *karāmāt* d'Ibn al-Ğawzī, car elle se trouvait en très bonne santé, ce qui peut laisser penser qu'elle était beaucoup plus jeune que lui.

Dans la très sérieuse notice biographique consacrée à Ibn al-Ğawzī par le hanbalite Ibn Rağab, celui-ci recopie une citation de son disciple ʿAbd al-Laṭīf al-Baġdādī indiquant qu'il était difficile de séparer l'illustre hanbalite d'une « belle esclave-concubine » (*ğāriya ḥusnā*)[48]. Sibṭ ibn al-Ğawzī, de son côté, précise qu'il était « plein de désir » (*muġrā bihā*)[49] pour la concubine qui lui donna ses derniers enfants. Malgré ces détails, aucune indication précise, dans les sources, ne permet de savoir si Ibn al-Ğawzī possédait plus d'une concubine. On ne sait pas non plus si d'autres enfants d'Ibn al-Ğawzī, en particulier sa dernière fille, Sitt al-ʿUlamāʾ *al-ṣuġrā*, étaient eux aussi issus de Ḫātūn bint ʿAbd Allāh, de même que l'on ignore si d'autres épouses ou concubines furent les mères de quelques-uns de ses autres enfants. Si c'est fort probable, en raison notamment de la longue période de fertilité d'Ibn al-Ğawzī (un demi-siècle environ), il est cependant impossible d'en acquérir la certitude au vu du peu de détails que les textes offrent sur ses femmes. Tout au plus peut-on déduire du silence des sources qu'aucune de ses épouses ne fut versée en sciences traditionnelles, car une femme lettrée aurait sans doute fait l'objet d'une notice dans les dictionnaires biographiques de l'époque[50].

Il est particulièrement difficile de comprendre si Ibn al-Ğawzī eut plusieurs épouses et/ou concubines de façon contemporaine ; tout au plus peut-on noter la récurrence, dans un texte à forte résonance autobiographique comme le *Ṣayd al-ḫāṭir*, des interrogations et des conseils concernant la gestion par un époux des situations de polygamie.

On ne sait rien non plus, en dehors de cette concubine qui accompagna les vieux jours d'Ibn al-Ğawzī, des éventuels domestiques qui auraient pu vivre à son foyer. Tout au plus comprend-on que le savant hanbalite, à l'instar sans doute de la plupart de ses semblables, n'était pas familier des tâches domestiques, puisque ses biographes soulignent avec indignation que, lorsqu'il fut assigné à résidence à Wāsiṭ pendant les cinq années que dura sa disgrâce

46. Sibṭ ibn al-Ğawzī, *Mirʾāt al-zamān*, éd. Hyderabad, p. 501.

47. Le terme *ḫātūn*, d'origine sogdienne, était porté comme titre par les femmes des familles régnantes turques, et notamment par les princesses seldjoukides (Boyle, « Khātūn », p. 1133).

48. Ibn Rağab, *Ḏayl* I, p. 412, et al-Ḏahabī, *Taḏkirat al-ḥuffāẓ*, t. 4, p. 1347.

49. *Mirʾāt al-zamān*, éd. Hyderabad, p. 501.

50. Comme c'est le cas d'une douzaine de femmes bagdadiennes décédées au cours du VIe/XIIe siècle et mentionnées par les sources biographiques arabes, et au premier titre par Ibn al-Ğawzī lui-même, pour leurs connaissances en *ḥadīṯ* ou, plus rarement, en sciences coraniques.

politique, ce vieil homme âgé de plus de 80 ans devait s'occuper lui-même de sa lessive, de sa cuisine et même de tirer l'eau du puits [51]. Cependant, rien n'indique si en temps ordinaire ces tâches étaient assumées par son ou ses épouses ou concubines ou si le foyer disposait de serviteurs, qu'ils soient de condition libre ou esclaves. Ce dernier cas est cependant le plus probable, dans le cadre du foyer relativement aisé d'Ibn al-Ǧawzī. Ce dernier donne d'ailleurs dans le *Ṣayd al-ḫāṭir* des conseils sur le choix des esclaves [52] et y évoque ses serviteurs (*ḫādim*, pl. *ḫadam*) aux côtés de ses fils et de ses disciples [53].

Il reste en définitive difficile de se faire une idée du nombre de personnes, membres de la famille et domestiques, résidant au foyer d'Ibn al-Ǧawzī. On ignore, notamment, si les enfants adultes continuaient à vivre sous le toit de leurs parents jusqu'à leur mariage : c'était très certainement le cas des filles, mais pas nécessairement celui des garçons qui pouvaient poursuivre leurs études en madrasa ou les compléter par des voyages dans d'autres villes. Au final, rien ne nous indique combien de personnes, adultes, vieillards ou enfants, hommes ou femmes, membres de la famille ou domestiques, libres ou esclaves, partageaient l'espace de vie du lettré hanbalite.

Alliances matrimoniales et stratégie sociale : gendres, belles-filles et beaux-frères

Au-delà de la famille proche peuplant la sphère domestique, il faut, pour donner une vision complète de l'étendue des relations nouées par Ibn al-Ǧawzī à travers sa descendance, reconstituer le réseau d'alliances stratégiques dessiné par les mariages de ses fils et de ses filles [54]. Le *wāʿiẓ* bagdadien choisissait visiblement avec soin les familles auxquelles ses propres rejetons seraient alliés, afin de renforcer sa position personnelle au sein de deux milieux différents : celui des ulémas hanbalites, d'une part, et celui des dignitaires politiques favorables à son *maḏhab*, d'autre part.

Grâce aux passages autobiographiques de ses œuvres, et grâce également aux informations apportées par son petit-fils Sibṭ ibn al-Ǧawzī, on connaît cinq des conjoints des six enfants d'Ibn al-Ǧawzī ayant dépassé la puberté (deux garçons et quatre filles). Sa fille aînée, Sitt al-ʿUlamāʾ *al-kubrā*, épousa un riche *faqīh* hanbalite, Abū al-ʿAbbās ibn Bakrūs al-Ḥamāmī [55], qui était le voisin d'Ibn al-Ǧawzī dans son quartier de Darb al-Qayyār, sur la rive orientale de Bagdad. La date de cette union n'est pas connue, mais les sources notent l'opulence du mari, suffisamment aisé pour avoir été le fondateur d'une madrasa hanbalite et d'un oratoire (*masǧid*) dans ce même quartier. On ne sait pas grand chose de plus de ce *ʿālim* bagdadien versé

51. Ibn Raǧab, *Ḏayl* I, p. 426-27 ; al-Ḏahabī, *Taḏkirat al-ḥuffāẓ* IV, p. 1346.
52. « Les esclaves jeunes sont les meilleurs, – il en est de même des épouses d'ailleurs – car ils ont ainsi le temps de s'habituer au caractère de l'acquéreur » (*Ṣayd al-ḫāṭir*, éd. arabe, § 172, p. 241 ; trad. Reig, § 104, p. 216).
53. *Ibid.*, éd. arabe, § 241, p. 333 ; trad. Reig, § 137, p. 257.
54. Voir l'arbre généalogique joint.
55. Sur ce *faqīh* qui mourut en 573/1177, voir Ibn al-Ǧawzī, *al-Muntaẓam* XVIII, p. 243, notice n° 4319 ; Ibn Raǧab, *Ḏayl* I, p. 338, notice n° 158 ; Ibn al-ʿImād, *Šaḏarāt al-ḏahab* VI, p. 406 ; Sibṭ ibn al-Ǧawzī, *Mirʾāt al-zamān*, éd. Hyderabad, p. 344.

en *fiqh*, en Coran et en *ḥadīṯ*, si ce n'est qu'il avait huit à neuf ans de plus qu'Ibn al-Ğawzī et que tous deux, ainsi que le frère cadet d'Abū al-ʿAbbās, avaient étudié le droit hanbalite auprès d'Abū Bakr al-Dīnawarī [56]. Il était donc nettement plus âgé que sa femme (et cela, malgré les recommandations répétées données par Ibn al-Ğawzī dans le *Ṣayd al-ḫāṭir* de ne pas marier un homme âgé à une jeune femme [57]), et il s'agit fort évidemment d'un mariage arrangé par le père de Sitt al-ʿUlamā' afin de s'allier à l'un des puissants hanbalites de son voisinage, qui plus est sans doute anciennement compagnon d'études [58]. Il s'agit là d'une alliance de proximité, à la fois communautaire (par l'appartenance au *maḏhab* hanbalite) et géographique (par la résidence dans le même petit quartier de la rive orientale de Bagdad), autant que d'intérêt.

Toujours dans le même milieu, une autre des filles d'Ibn al-Ğawzī (on ignore laquelle) épousa un récitateur du Coran (*muqri'*) hanbalite nommé ʿAbd al-Wahhāb ibn al-ʿIyabī [59]. Né vers 543/1148, il n'était pas de la génération d'Ibn al-Ğawzī et avait étudié le Coran, le *ḥadīṯ* et le droit hanbalite (*uṣūl* et *ḫilāf*) auprès des plus grands maîtres bagdadiens de son époque, dont certains avaient également eu son futur beau-père comme disciple. Ibn al-ʿIyabī avait des connaissances en *waʿẓ*. S'il n'enseignait pas en madrasa, il dirigeait la prière en tant qu'imam à l'oratoire (*masğid*) du marché des boulangers (*sūq al-ḫabbāzīn*), sur la rive orientale. Il avait été nommé à ce poste par le calife al-Mustaḍī' lui-même, qui avait commandité la construction de ce grand *masğid* en 573/1177 et demandé à Ibn al-Ğawzī d'y tenir une séance nocturne pour en célébrer l'ouverture [60]. Lorsqu'Ibn al-ʿIyabī mourut, son beau-frère Muḥyī al-Dīn Yūsuf, fils d'Ibn al-Ğawzī, dirigea la prière funéraire qui eut lieu dans sa propre madrasa. Ibn al-ʿIyabī était pauvre, et partageait avec son beau-père un goût pour l'ascétisme ; il dut visiblement son ascension auprès du calife abbasside à la renommée d'Ibn al-Ğawzī. Son alliance avec la famille de ce dernier n'en était pas moins fondée sur l'appartenance au même *maḏhab* et, sans doute, sur sa réputation de lettré.

Les autres alliances connues des enfants d'Ibn al-Ğawzī se firent, de façon plus ou moins directe, avec la famille de l'influent vizir pro-hanbalite Ibn Hubayra. Ce personnage [61], plus âgé qu'Ibn al-Ğawzī d'une dizaine d'années, avait étudié les sciences traditionnelles (Coran et *ḥadīṯ*), le *fiqh* hanbalite et plusieurs matières littéraires (grammaire, *adab*, histoire et poésie) ; Ibn al-Ğawzī et lui avaient en commun plusieurs maîtres. Ibn Hubayra était également l'auteur de plusieurs traités,

56. *Faqīh* hanbalite bagdadien mort en 532/1138 ; voir Ibn al-Ğawzī, *al-Muntaẓam* XVII, p. 328-329, notice n° 4030 ; Ibn Rağab, *Ḏayl* I, p. 190-191, notice n° 89 ; Ibn al-Aṯīr, *al-Kāmil* IX, p. 308 ; Ibn Kaṯīr, *al-Bidāya wa-l-nihāya* XVI, p. 316-317 ; Ibn al-ʿImād, *Šaḏarāt al-ḏahab* VI, p. 162-163.

57. Voir par exemple Ibn al-Ğawzī, *Ṣayd al-ḫāṭir*, éd. arabe, § 235, p. 324 et § 244, p. 336 ; trad. Reig, § 133, p. 250 et § 139, p. 260 ; éd. arabe, § 368, p. 491 (paragraphe ne figurant pas dans la traduction de D. Reig).

58. Si l'on sait que les deux lettrés avaient étudié avec le même maître, on ignore s'ils le firent de façon contemporaine.

59. Décédé en 612/1216. Voir Ibn al-Naǧǧār (qui fut son disciple), *Ḏayl ta'rīḫ Baġdād* XVI, p. 329-331, notice n° 199 ; Ibn Rağab, *Ḏayl* II, p. 88-89, notice n° 250 ; Ibn al-ʿImād, *Šaḏarāt al-ḏahab* VII, p. 95.

60. Ibn al-Ğawzī, *al-Muntaẓam* XVIII, p. 239.

61. Sur lequel voir notamment Ibn al-Ğawzī, *al-Muntaẓam* XVIII, p. 166-170, notice n° 4257 ; Ibn Ḫallikān, *Wafayāt al-aʿyān* VI, p. 230-244, notice n° 807 ; Sibṭ ibn al-Ğawzī, *Mir'āt al-zamān*, éd. Hyderabad, p. 255-262 ; Ibn al-Dimyāṭī, *al-Mustafād* XXI, p. 197, notice n° 202 ; Ibn Rağab, *Ḏayl* I, p. 251-289, notice n° 131 ; Ibn Kaṯīr, *al-Bidāya wa-l-nihāya* XVI, p. 415-417 ; Ibn al-ʿImād, *Šaḏarāt al-ḏahab* VI, p. 319-327.

dont un imposant commentaire des recueils de *ḥadīṯ*-s d'al-Buḫārī et de Muslim. Parmi les nombreux disciples qui en entendirent le *ḥadīṯ*, on retrouve Ibn al-Ǧawzī lui-même. Outre son itinéraire de lettré, il fit carrière dans les *dīwān*-s califaux où il occupa plusieurs postes, dont ceux de chargé du Trésor public (*mušrif al-maḫzan*) et de secrétaire du bureau de supervision des services califaux (*kātib dīwān al-zimām*). En 544/1149, le calife al-Muqtafī le nomma vizir, poste qu'il conserva sous son successeur al-Mustanǧid, jusqu'à son propre décès en 560/1165. Durant son vizirat, il se montra très favorable aux hanbalites en général et à Ibn al-Ǧawzī en particulier, et fonda à Bāb al-Baṣra, sur la rive occidentale, une madrasa dédiée au *maḏhab* d'Aḥmad ibn Ḥanbal. Ayant souffert de la pauvreté au début de sa carrière, il s'était par la suite considérablement enrichi au service du calife, et ses biographes soulignent à l'envi la libéralité de ses aumônes [62].

Ibn al-Ǧawzī, qui entretenait déjà avec ce puissant personnage des liens intellectuels, puisqu'il fréquentait régulièrement le cercle d'études (*maǧlis*) du vizir [63], fit épouser la fille de ce dernier à son fils rétif aux sciences, Abū al-Qāsim ʿAlī, qui était alors âgé d'une vingtaine d'années et occupait la modeste position de copiste. Le mariage eut lieu en rabīʿ II 571/octobre 1175, au sein des palais califaux, en présence de hauts dignitaires parmi lesquels le *qāḍī al-quḍāt*, le *naqīb al-nuqabā'* et d'autres notables bagdadiens [64] ; il représentait pour Abū al-Qāsim une importante ascension sociale, rendue possible par le prestige intellectuel de son père. Le même jour, sa sœur Rābiʿa se fiançait à un dénommé Abū al-Fatḥ ibn al-Rašīd al-Ṭabarī [65] ; le mariage à proprement parler eut lieu quelques mois plus tard, en muḥarram 572/juillet 1176 [66]. La jeune fille avait été richement dotée par la concubine du calife al-Mustaḍī', Banafšā (« violette », en persan) [67], qui fut à de nombreuses reprises mécène de son père, à qui elle avait, deux ans plus tôt, confié la direction de la madrasa hanbalite dont elle était la fondatrice [68]. Le mariage eut lieu dans le palais de la concubine, à Darb al-Dawābb, sur la rive orientale de Bagdad. Abū al-Fatḥ al-Ṭabarī devait mourir peu de temps après, et Ibn al-Ǧawzī remaria alors sa fille à l'un des mamelouks turcs affranchis d'Ibn Hubayra, du nom de Ḥusām al-Dīn Kizuġlī (du turc Kızoğlu, « fils d'une femme ») [69].

62. Par exemple : en ramadan 552/1157, le vizir offrit aux pauvres pour 3000 dinars de plats d'*ifṭār*, surpassant largement les offrandes de ses prédécesseurs (Ibn al-Ǧawzī, *al-Muntaẓam* XVIII, p. 119) ; l'année suivante, il dépensa 5000 dinars en aumônes dans l'espoir de guérir de la maladie qui l'avait frappé (*ibid.* XVIII, p. 125).
63. Plus encore, si l'on en croit Ibn al-Ǧawzī lui-même, Ibn Hubayra instaura à son propre domicile un *maǧlis* hebdomadaire dédié au célèbre hanbalite, après que celui-ci lui eut expliqué un *ḥadīṯ* qu'il ne comprenait pas. Le vizir, précise orgueilleusement Ibn al-Ǧawzī, assistait en personne à ce *maǧlis*, qu'il avait également ouvert au grand public (*al-Muntaẓam* XVIII, p. 168).
64. *Ibid.* XVIII, p. 219.
65. Je n'ai pu identifier ce personnage dans les dictionnaires biographiques de l'époque.
66. Ibn al-Ǧawzī, *al-Muntaẓam* XVIII, p. 226.
67. Quelques notices sont dédiées à cette *ǧāriya* du calife qui mourut en 598/1201 ; la plus détaillée est celle d'Ibn al-Sāʿī, *Nisā' al-ḫulafā'*, p. 111-115. Voir aussi Ibn al-Aṯīr, *al-Kāmil* X, p. 280 ; Sibṭ ibn al-Ǧawzī, *Mir'āt al-zamān*, éd. Hyderabad, p. 510-511, et Ibn Kaṯīr, *al-Bidāya wa-l-nihāya* XVI, p. 719-720. Ces notices peuvent être complétées par les passages qu'Ibn al-Ǧawzī lui consacre dans sa chronique, aux années 570-573/1174-1178 (XVIII, voir en particulier les p. 214, 220 et 238).
68. Ibn al-Ǧawzī, *al-Muntaẓam* XVIII, p. 214 et 220.
69. Le remariage de Rābiʿa est évoqué par son fils Sibṭ ibn al-Ǧawzī, *Mir'āt al-zamān*, éd. Hyderabad, p. 332, et par le biographe de ce dernier, al-Yūnīnī, *Ḏayl* I, p. 39-40.

Ibn al-Ğawzī reste discret sur la qualité d'ancien mamelouk du second époux de sa fille, tout comme sur son ascendance turque[70]. Avait-il accepté de gaîté de cœur cette union ? Si l'on en croît al-Yūnīnī (m. 726/1326), Kızoğlu était particulièrement proche d'Ibn Hubayra, qui le considérait comme son fils[71] et l'avait affranchi. Lorsque Rābiʿa perdit son mari, le vizir demanda à Ibn al-Ğawzī qu'elle prenne son ancien mamelouk pour époux, et le célèbre hanbalite (dont le fils, rappelons-le, avait épousé une fille du vizir, mécène et protecteur de son *maḏhab*) ne put refuser[72]. Il est difficile de savoir si la réticence du savant bagdadien envers son gendre était de nature sociale, ethnique, ou encore découlait du fait que Kızoğlu n'avait rien d'un lettré. Il n'en reste pas moins que le mariage fut célébré ; si l'on n'en connaît pas la date, on en connaît le fruit, puisque de cette union devait naître vers 581/1185 le plus célèbre descendant du savant hanbalite, son petit-fils Šams al-Dīn Abū al-Muẓaffar Yūsuf, plus connu sous le nom de Sibṭ ibn al-Ğawzī[73]. L'enfant avait à quelques mois près l'âge de son benjamin Muḥyī al-Dīn Yūsuf ; lorsqu'il fut en âge d'étudier, Ibn al-Ğawzī le prit en charge et lui fit entendre le *ḥadīṯ* comme il l'avait fait pour ses fils et ses filles[74]. Il lui fit également étudier le *fiqh* hanbalite et, par la suite, Sibṭ devint un *wāʿiẓ* aussi renommé que son grand-père. Celui-ci était entre-temps décédé en 597/1201, et quelques années après sa mort, Sibṭ se fixa à Damas où il embrassa, sur les instances du souverain ayyoubide de cette ville, al-Malik al-Muʿaẓẓam, le *maḏhab* hanafite[75].

Cas particulier ou valeur d'exemple ?

La famille proche d'Ibn al-Ğawzī était ainsi une famille nombreuse, avec pour particularité une très grande amplitude de l'âge de procréation du chef de famille (environ 50 ans), un nombre élevé d'enfants (au moins douze, ce qui ne représente après tout qu'une naissance tous les 4 ans en moyenne sur cette longue durée), nés de plusieurs mères, dont au moins une épouse légitime et une esclave-concubine. Il faut aussi noter la forte proportion (50 %) d'enfants décédés avant d'accéder à l'âge adulte ou bien dans la fleur de l'âge, comme son premier fils, dont le décès, il est vrai, ne fut pas naturel.

Ce cas particulier a-t-il valeur d'exemple ? Plusieurs éléments doivent être pris en compte pour répondre à cette question. D'une part, les données sont biaisées par la longévité du personnage qui atteignit l'âge de 86 années lunaires (environ 83 années solaires) ; cependant, cet âge respectable

70. Il en reste cependant une preuve onomastique chez Ibn al-ʿImād, qui décerne la double *nisba* d'al-Turkī al-Hubayrī (« le Turc, mamelouk d'Ibn Hubayra ») à Sibṭ dans la notice qu'il lui consacre (*Šaḏarāt al-ḏahab* VII, p. 460). Le nom du gendre d'Ibn al-Ğawzī et sa qualité de mamelouk du vizir sont aussi précisés par Ibn Ḫallikān, *Wafayāt al-aʿyān* VI, p. 239, dans la notice dédiée à Ibn Hubayra, et par al-Yūnīnī, *Ḏayl* I, p. 39.

71. *Kāna ʿindahu fī manzilat al-walad*, al-Yūnīnī, *Ḏayl* I, p. 39.

72. *Ibid.*, p. 40.

73. Pour la biographie de Sibṭ ibn al-Ğawzī, voir Ibn Ḫallikān, *Wafayāt al-aʿyān* III, p. 142 ; al-Yūnīnī, *Ḏayl* I, p. 39-43 ; Ibn al-ʿImād, *Šaḏarāt al-ḏahab* VII, p. 460-461.

74. Al-Yūnīnī, *Ḏayl* I, p. 40.

75. Ibn al-ʿImād, *Šaḏarāt al-ḏahab* VII, p. 461.

n'est pas excessivement plus élevé que l'âge moyen au décès des lettrés bagdadiens de l'époque[76]. D'autre part, les familles nombreuses n'étaient pas rares, et les hommes voyaient fréquemment des enfants leur naître alors qu'ils étaient déjà quinquagénaires, voire plus âgés. Le benjamin d'Ibn al-Ǧawzī, Abū Muḥammad Yūsuf, avait lui-même près de soixante ans lors de la naissance de son dernier fils Tāǧ al-Dīn ʿAbd al-Karīm[77]. Plus largement, les exemples de familles nombreuses et de paternités tardives fourmillent parmi les ulémas bagdadiens de la période. Sept fils sont par exemple signalés au *naqīb al-nuqabāʾ* Abū al-Ḥasan al-Zaynabī, mort en 428/1036[78] ; trois fils et une fille sont mentionnés parmi la descendance du célèbre hanbalite Abū Yaʿlā ibn al-Farrāʾ, mort en 458/1066[79], le père étant âgé de respectivement 63, 71 et 77 ans à la naissance de ses fils ; quatre fils sont connus au vizir Abū al-Fatḥ ibn al-Muslima, mort en 491/1098[80] ; quatre fils et une fille du *qāḍī al-quḍāt* hanafite Abū al-Ḥasan al-Dāmaġānī, mort en 513/1119[81], sont signalés, et ainsi de suite. Encore faut-il rappeler que ne sont mentionnés, dans les sources biographiques qui sont les nôtres, que des enfants ayant atteint l'âge adulte : fils ayant connu une carrière intéressante, filles ayant transmis le *ḥadīṯ* ou fait un mariage digne d'être noté. On peut donc supposer que, comme dans le cas d'Ibn al-Ǧawzī pour lequel des détails sont donnés à propos de trois de ses fils seulement, alors qu'il eut au moins douze enfants, les naissances étaient en réalité beaucoup plus nombreuses que les sources biographiques ne nous le laissent entrevoir.

En effet, les décès d'enfants, d'adolescents et même de jeunes adultes étaient fréquents à l'époque[82], et il est probable qu'un nombre important de savants avaient enduré de leur vivant la perte d'un ou de plusieurs de leurs enfants. Le cas le plus connu, car explicitement évoqué dans les sources, est celui du lettré hanbalite Abū al-Wafāʾ ibn ʿAqīl, qui perdit en 488/1095 et 510/1116 deux fils âgés respectivement de 13 et de 28 ans. Le premier mourut suite à une longue

76. Un corpus de plus de 1000 ulémas mentionnés par les dictionnaires biographiques avec précision de leur âge, décédés entre le milieu du Vᵉ/XIᵉ et la fin du VIᵉ/XIIᵉ siècle, donne un âge moyen au décès de 75,3 années lunaires, soit environ 72 années solaires. Ce chiffre, en revanche, n'informe en aucun cas sur l'espérance de vie à Bagdad à cette époque, car il s'agit de l'âge moyen au décès de personnages ayant survécu à la mortalité infantile et ayant atteint l'âge de la transmission des sciences traditionnelles, sans quoi ils ne feraient pas l'objet d'une notice biographique.

77. Puisque lui-même était né en 580/1184 et que son fils mourut, âgé de moins de vingt ans, en 656/1258 ; voir note 32.

78. Évoqué par Ibn al-Ǧawzī, *al-Muntaẓam* XV, p. 260, notice nº 3207.

79. Sur lequel voir Ibn al-Ǧawzī, *al-Muntaẓam* XVI, p. 98-99, notice nº 3390 ; al-Ḫaṭīb al-Baġdādī, *Taʾrīḫ Baġdād* II, p. 252, notice nº 730 ; Ibn Abī Yaʿlā, *Ṭabaqāt al-ḥanābila* II, p. 166-195 ; Ibn al-Aṯīr, *al-Kāmil* VIII, p. 378 ; Ibn Kaṯīr, *al-Bidāya wa-l-nihāya* XVI, p. 10-11 ; Ibn al-ʿImād, *Šaḏarāt al-ḏahab* V, p. 252.

80. Ibn al-Ǧawzī, *al-Muntaẓam* XVII, p. 46, notice nº 3681 ; Ibn al-Aṯīr, *al-Kāmil* IX, p. 17 ; Sibṭ ibn al-Ǧawzī, *Mirʾāt al-zamān* I, éd. La Mecque, p. 317 ; Ibn Kaṯīr, *al-Bidāya wa-l-nihāya* XVI, p. 165.

81. Ibn al-Ǧawzī, *al-Muntaẓam* XVII, p. 175-179, notice nº 3881 ; Ibn al-Naǧǧār, *Ḏayl taʾrīḫ Baġdād* XIX, p. 3, notice nº 804 ; al-Qurašī, *al-Ǧawāhir al-muḍiyya* II, p. 599-600, notice nº 1001 ; Ibn al-Aṯīr, *al-Kāmil* IX, p. 189 ; Sibṭ ibn al-Ǧawzī, *Mirʾāt al-zamān* II, éd. La Mecque, p. 685-691 ; Ibn Kaṯīr, *al-Bidāya wa-l-nihāya* XVI, p. 242-243 ; Ibn al-ʿImād, *Šaḏarāt al-ḏahab* VI, p. 66.

82. Voir à ce sujet Giladi, *Children of Islam*, en particulier la troisième partie.

maladie ; le second, qui commençait à peine sa carrière de *ʿālim*, était né alors que son père avait plus de 50 ans. Lui-même mourut peu de temps après ce second fils, en 513/1119 [83].

Plusieurs des caractéristiques de la famille d'Ibn al-Ğawzī étaient donc partagées par nombre de ses contemporains. Par ailleurs, le fait que le prédicateur hanbalite ait laissé, à travers ses textes « intimes » (le *Ṣayd al-ḫāṭir*, le *Laftat al-kabad*) comme dans les passages autobiographiques insérés dans d'autres œuvres, des évocations directes de sa situation personnelle et familiale et ses réflexions sur celle-ci, permet une plongée dans son univers intime. Les considérations d'Ibn al-Ğawzī sur sa vie familiale, qui réfèrent visiblement à des situations pratiques, y sont mêlées à des réflexions d'ordre éthique ou religieux, et assorties de conseils inspirés de sa propre expérience, bien que parfois contradictoires avec celle-ci ou même entre eux. Le *Ṣayd al-ḫāṭir*, en particulier, inclut un grand nombre de réflexions et de recommandations pour réussir sa vie conjugale et familiale, ou en éviter les écueils les plus douloureusement ressentis ou observés par l'auteur à partir de son propre cas et de l'étude de ses contemporains.

Recettes pour la vie conjugale : théorie et pratique

À la fin de sa monumentale Histoire universelle, parmi les événements de l'année 574/1178, Ibn al-Ğawzī se livre à un auto-satisfecit concernant sa carrière de *wāʿiẓ* et de lettré. Il est, déclare-t-il, le seul de ses contemporains à avoir obtenu d'enseigner dans cinq madrasas de façon concomitante ; ses sermons (*waʿẓ*) ont entraîné le repentir de plus de 100 000 personnes, et il ajoute fièrement qu'il est le seul *wāʿiẓ* à avoir réuni dans son cercle d'étude (*mağlis*) le calife, le vizir, le responsable du Trésor public (*ṣāḥib al-maḫzan*) et les plus grands ulémas de son époque [84]. Dans le *Ṣayd al-ḫāṭir*, il affirme également vivre, au sein de sa famille, dans une parfaite sérénité [85]. Pourtant, ailleurs dans le même ouvrage, il porte ce regard amer sur sa vie personnelle :

> Quand je réfléchis sur moi-même, je constate que je suis plongé dans un échec total. Je cherche à m'appuyer sur mon épouse, mais elle n'est pas comme je le voudrais, si son aspect est agréable, son caractère n'est pas parfait et s'il l'est, elle aspire à satisfaire son intérêt plutôt que le mien et peut-être même attend-elle ma mort ! / Lorsque c'est sur mon fils que je désire m'appuyer, il en est de même ainsi que pour mon esclave et mon disciple: (*sic*) s'ils ne trouvaient en moi une utilité quelconque, ils ne me suivraient pas ! / Quant à l'ami ? Il n'est pas là ! Au frère en Dieu ? Il est plus rare que le griffon fabuleux ! Aux relations que cherchent les gens de bien et croient les trouver en elles-mêmes (*sic*) ? Il n'y en a plus ! / Et je reste seul ! [86]

83. Sur Ibn ʿAqīl et ses fils, voir Ibn al-Ğawzī, *al-Muntaẓam* XVII, p. 179-182, notice n° 3882 ; Ibn al-Dimyāṭī, *al-Mustafād* XXI, p. 145, notice n° 147 ; Ibn Abī Yaʿlā, *Ṭabaqāt al-ḥanābila* II, p. 222, notice n° 705 ; Ibn Rağab, *Ḏayl* I, p. 142-164, notice n° 66 ; Ibn al-Aṯīr, *al-Kāmil* IX, p. 190 ; Sibṭ ibn al-Ğawzī, *Mir'āt al-zamān* II, éd. La Mecque, p. 691-700 ; Ibn Kaṯīr, *al-Bidāya wa-l-nihāya* XVI, p. 241-242 ; Ibn al-ʿImād, *Šaḏarāt al-ḏahab* VI, p. 58-66. La notice la plus détaillée, qui évoque la perte de ses fils, est celle donnée par Ibn Rağab.
84. Ibn al-Ğawzī, *al-Muntaẓam* XVIII, p. 249-250.
85. Ibn al-Ğawzī, *Ṣayd al-ḫāṭir*, éd. arabe, § 21, p. 36 ; trad. Reig, § 16, p. 67.
86. *Ibid.*, éd. arabe, § 241, p. 333 ; trad. Reig, § 137, p. 257.

Ce qui le conduit à conclure, quelques paragraphes plus loin, qu'« il ne faut pas mettre sa confiance dans une femme, ni dans l'affection d'un être humain ! » [87].

En raison du peu d'informations disponibles, il est difficile de savoir quelles furent les sources de difficultés ou de conflits dans la vie privée d'Ibn al-Ǧawzī ayant pu le conduire à formuler un si sombre constat. On peut en revanche reconstituer, à travers le cheminement discontinu de ses pensées, son raisonnement concernant le fonctionnement théorique d'une famille, les conseils à suivre et les écueils à éviter. Ce raisonnement, imprégné d'exigences éthiques plus encore que de pensée légale [88], se fonde sur l'expérience propre de l'auteur hanbalite en matière familiale, ce qui lui confère une importante dimension à la fois pragmatique et personnelle. Si, en matière de vie familiale et conjugale, les thèmes traités par Ibn al-Ǧawzī n'ont rien de différent par rapport aux traités juridiques produits par ses contemporains [89] ou même par lui-même [90], c'est l'approche subjective et la construction décousue (voire même l'absence de construction) du *Ṣayd al-ḫāṭir* qui en font un texte profondément original, offrant au lecteur d'aujourd'hui un point de vue unique sur la vie intime de son auteur.

Licéité du mariage et de la reproduction, mais dangers du mariage précoce

Tout d'abord, Ibn al-Ǧawzī, à l'instar de ses collègues juristes [91], défend le droit de l'homme à se marier, que le but de cette union soit de lui assurer une descendance ou même simplement de lui garantir l'accès licite aux plaisirs de la chair :

87. *Ibid.*, éd. arabe, § 245, p. 338 ; trad. Reig, § 140, p. 262.

88. La pensée légale, bien entendu, est loin d'être absente du *Ṣayd al-ḫāṭir*, mais elle n'y est pas centrale ; le droit (*fiqh*) n'y est que rarement convoqué, et si injonctions coraniques ou traditions prophétiques sont utilisées pour rappeler les contraintes imposées aux croyants dans leurs actes, la réflexion d'Ibn al-Ǧawzī conserve un aspect pragmatique et intégrant son expérience personnelle. En conséquence, la Loi y constitue un repère fixant des limites, ou même un élément d'argumentation, au même titre que les arguments médicaux par exemple, mais n'est pas au fondement de la réflexion de l'auteur. Ce fait est logique si l'on considère la nature même de l'ouvrage ; voir à ce propos l'introduction de D. Reig à sa traduction du *Ṣayd*, p. 11-38.

89. Les thèmes abordés, moins d'un siècle plus tôt, par al-Ġazālī (m. 505/1111) dans le douzième livre du *Iḥyā' ʿulūm al-dīn*, le *Kitāb al-nikāḥ* ou « Livre du mariage », sont semblables à ceux qui intéressent Ibn al-Ǧawzī dans le *Ṣayd al-ḫāṭir* : caractère licite et recommandé du mariage, rôle du mariage dans l'apaisement des désirs charnels, choix et missions domestiques de l'épouse, devoirs des époux l'un envers l'autre, etc. Cependant, malgré cette proximité thématique, la construction structurée du *Iḥyā'*, son argumentation juridique fondée sur les versets coraniques, les traditions prophétiques et les exemples des Compagnons, l'objectif même de l'ouvrage, tout le sépare du *Ṣayd* en termes de nature et de style.

90. Comparer par exemple avec l'un des traités juridico-éthiques d'Ibn al-Ǧawzī, le *Aḥkām al-nisā'* (« Règles concernant les femmes »), dont les préoccupations sont proches, bien que plus variées car réglementant l'ensemble du comportement féminin, mais dont les recommandations sont beaucoup plus restrictives que l'approche du *Ṣayd*.

91. Voir la discussion sur les avantages et les inconvénients du mariage chez al-Ġazālī, *Iḥyā'*, livre 12, chapitre 1. À la différence d'Ibn al-Ǧawzī, al-Ġazālī offre aussi des arguments contre le mariage, avant de conclure que dans la majorité des cas, il est recommandé de se marier.

> Si l'on se marie pour avoir des enfants, c'est là la forme la plus parfaite de la dévotion et si c'est pour y chercher le plaisir et la jouissance, la loi l'autorise[92].

Plus encore qu'un droit, le mariage est même un devoir du croyant ; il a alors pour but ultime l'enfantement, afin de donner naissance à des créatures révérant Dieu[93]. Le croyant qui enfante est enfin assuré de laisser une trace de son passage sur terre, comparable, selon le raisonnement d'Ibn al-Ǧawzī, au fait de fonder un *waqf*, de creuser un canal, de planter un arbre ou d'écrire un livre[94] : il s'agit d'engendrer une postérité bénéfique, utile à la communauté, autant que d'assurer la survie de l'espèce[95].

Ibn al-Ǧawzī met cependant en garde le jeune lettré qui éprouve souvent le désir de se marier trop tôt, car il supporte mal d'être célibataire. L'éminent hanbalite, également auteur de plusieurs traités de médecine, justifie ce désir de façon physiologique. En effet, indique-t-il, il est nécessaire à l'homme d'éliminer régulièrement le sperme que son corps produit, sans quoi l'excédent de substance risquerait de monter au cerveau et d'en troubler le fonctionnement :

> Une grande accumulation de liquide séminal et sa longue rétention causent en effet de graves maladies car les vapeurs du sperme montent au cerveau et y causent des troubles et parfois même un empoisonnement[96].

Il s'agit là d'un thème classique de la médecine gréco-arabe[97], bien connu donc d'Ibn al-Ǧawzī. L'auteur du *Ṣayd* ajoute qu'en fonction de son tempérament, l'homme a plus ou moins besoin d'évacuer son sperme. Si l'on en croit son propre témoignage, il se situait lui-même du côté des hommes aux appétits conséquents, car son âme le sermonne ainsi : « Toi tu n'as qu'un seul penchant qui te porte à manger des plats appétissants et à faire l'amour à de jolies femmes »[98]. En effet, l'éjaculation parfaite, et donc l'élimination complète du sperme, seule à même de garantir un bon fonctionnement cérébral, ne s'obtiennent, selon la théorie d'Ibn al-Ǧawzī, que lors du rapport charnel entretenu avec une jolie femme[99] ; c'est donc certainement pour cette raison que notre auteur recherchait de préférence des partenaires d'aspect plaisant.

Le paradoxe est ici que le jeune lettré qui se marierait trop tôt risquerait de se retrouver très vite soutien de famille, et de ne plus pouvoir se consacrer intégralement à la science car

92. *Ṣayd al-ḫāṭir*, éd. arabe, § 19, p. 28 ; trad. Reig, § 14, p. 56.

93. Puisqu'il constitue le cadre licite du coït qui vise l'enfantement : *ibid.*, éd. arabe, § 316, p. 424 ; trad. Reig, § 170, p. 291. Sur le thème de l'enfantement comme étant l'objectif premier du mariage pour les juristes musulmans médiévaux, voir Giladi, « Ṣaghīr », p. 822.

94. Ibn al-Ǧawzī, *Ṣayd al-ḫāṭir*, éd. arabe, § 14, p. 23, et § 114, p. 183 ; trad. Reig, § 10, p. 50, et § 77, p. 179.

95. *Ibid.*, éd. arabe, § 28, p. 46, § 75, p. 127, § 316, p. 423, et § 348, p. 361 ; trad. Reig, § 23, p. 80, § 60, p. 152, § 170, p. 290, et § 182, p. 299.

96. *Ibid.*, éd. arabe, § 28, p. 46 ; trad. Reig, § 23, p. 81.

97. Je remercie Pauline Koetschet pour ses précisions à ce propos.

98. Ibn al-Ǧawzī, *Ṣayd al-ḫāṭir*, éd. arabe, § 82, p. 133 ; trad. Reig, § 63, p. 156.

99. *Ibid.*, éd. arabe, § 82, p. 133 ; trad. Reig, § 63, p. 157.

contraint de subvenir aux besoins matériels de sa progéniture. Ibn al-Ǧawzī met donc en garde ses jeunes confrères, leur conseillant d'attendre le plus longtemps possible avant de se marier :

> Je conseille au novice dans la recherche de la science de ne se marier que le plus tard possible. / Ahmad b. Hanbal ne se maria que lorsqu'il eut atteint quarante ans pleins. Cela pour conserver sa concentration d'esprit. / Mais, s'il ne peut faire autrement, que le jeune homme se marie donc en s'efforçant de résister au désir de l'acte sexuel, pour consacrer l'intégrité de ses forces à l'étude [100].

Effort sans aucun doute considérable, puisqu'il ramène le jeune marié à son ancienne situation de célibataire, avec cependant une bouche de plus à nourrir, à savoir son épouse.

Choix de la bonne partenaire et recettes pour une bonne entente conjugale

Reste à savoir comment choisir l'épouse idéale. Le sujet devait tenir à cœur à Ibn al-Ǧawzī, qui lui consacre de longs développements dans le *Ṣayd al-ḫāṭir*. Il est nécessaire, affirme-t-il, de trouver un juste milieu entre la passion, qui disparaît vite avec la vie commune, et le manque d'inclination [101]. Pour cela, il faut aimer sa femme, non seulement pour sa beauté – car il faut qu'elle soit belle, pour garantir un coït de bonne qualité et donc une bonne évacuation du sperme –, mais aussi pour son esprit [102]. L'élue doit aussi posséder des qualités qui lui permettront de répondre aux attentes de son époux, à savoir de lui donner des enfants et de s'occuper du « gouvernement de son foyer » [103]. Elle ne doit donc être ni prodigue, ni stérile, mais belle, intelligente et chaste [104], pour éviter à son mari de souffrir de la jalousie et de passer son temps à la surveiller. La femme idéale, aux yeux d'Ibn al-Ǧawzī, possède de nombreuses qualités, parmi lesquelles il cite la religion (*dīn*) et l'intelligence (*ʿaql*), la tendresse (*maḥabba*) et l'initiative (*tadbīr*), la décence (*sitr*) et la modération (*qanāʿa*) [105]. Toutes ces qualités semblent, à ses yeux, garantir ou du moins favoriser la fondation d'un ménage harmonieux.

100. *Ibid.*, éd. arabe, § 121, p. 181 ; trad. Reig, § 83, p. 186.
101. *Ibid.*, éd. arabe, § 169, p. 234-235 ; trad. Reig, § 103, p. 214.
102. *Ibid.*, éd. arabe, § 28, p. 49 ; trad. Reig, § 23, p. 84.
103. *Tadbīr al-manzil* ; *ibid.*, éd. arabe, § 172, p. 240 ; trad. Reig, § 104, p. 215. Le thème de la responsabilité de l'épouse en matière de gouvernement du foyer est récurrent dans les traités arabes médiévaux concernant le mariage en islam ; sur ces questions, voir Rapoport et Swain, « The Islamic Family », p. 354-358. Ces auteurs voient dans la diffusion de ce thème dans les textes arabo-musulmans à partir du IVe/Xe siècle l'influence de la version arabe du traité d'économie domestique de Bryson, l'*Oikonomikos Logos*, texte grec du premier siècle de l'ère chrétienne. Le thème du *tadbīr al-manzil*, absent du corpus des traditions prophétiques, se retrouve en effet sous la plume d'auteurs comme al-Māwardī (m. 450/1058) ou al-Ġazālī (voir le *Kitāb al-nikāḥ* déjà cité), comme étant l'un des buts premiers du mariage, aux côtés du fait de s'assurer une descendance. Ibn al-Ǧawzī s'inscrit donc ici dans une tradition déjà longue concernant les objectifs du mariage.
104. Ibn al-Ǧawzī, *Ṣayd al-ḫāṭir*, éd. arabe, § 172, p. 240 ; trad. Reig, § 104, p. 216.
105. *Ibid.*, éd. arabe, § 216, p. 297-298 ; trad. Reig, § 125, p. 239. Les termes français sont ceux de D. Reig, qui a ici choisi de traduire par « initiative » le mot arabe *tadbīr*, rendu dans la référence citée précédemment

Ce n'est là que théorie, et si l'on en croît les nombreux conseils visant à assurer une bonne entente au sein du couple contenus dans le *Ṣayd al-ḫāṭir*, l'équilibre conjugal se révèle fragile et difficile à conserver. La recommandation principale d'Ibn al-Ğawzī est de conserver une certaine distance entre les époux : éviter de trop se côtoyer permettrait d'éviter la lassitude inhérente à la vie commune. Cependant, ici encore, tout est affaire de juste milieu, et les époux doivent éviter une trop grande familiarité autant qu'un trop grand éloignement qui pourrait conduire à l'adultère[106].

Afin de garantir des interactions agréables, époux comme épouse doivent soigner leur hygiène corporelle et en particulier veiller à conserver une odeur plaisante. Il est probable qu'Ibn al-Ğawzī avait l'odorat sensible, car il déclare également dans le *Ṣayd* qu'il est insupportable de fréquenter ses contemporains en raison de leur mauvaise haleine[107]. Au sein du foyer conjugal, précise le savant hanbalite, l'homme comme la femme doivent toujours chercher à se présenter sous un parfum agréable. Certaines femmes possèdent à merveille cet art ; « quant aux sottes elles ne s'en préoccupent pas, aussi leurs maris se détournent-ils vite d'elles ![108] ». De son côté, l'homme doit suivre les recommandations d'hygiène corporelle suivantes : « se couper les ongles, s'épiler les aisselles, se raser le pubis. Il faut éviter de manger de l'ail et l'oignon frais (*sic*) à cause de l'odeur...[109] ». Le modèle convoqué est, cela n'est pas pour surprendre, le Prophète en personne qui, rappelle Ibn al-Ğawzī, prenait soin de lui, se lavait les dents et se parfumait agréablement[110].

Odeurs plaisantes et pilosité maîtrisée ne suffisent cependant pas à garantir sur la durée le caractère agréable de la vie commune. Afin d'éviter toute familiarité trop grande, nuisible, selon notre auteur, au respect mutuel que les époux se doivent, mari et femme(s) doivent faire lit à part, s'apprêter tout spécialement pour l'amour, et ne pas chercher à voir les parties intimes de l'autre[111]. Quant à l'acte sexuel, il ne doit pas se dérouler ailleurs que dans un lit, sans doute pour mieux garantir la pudeur des époux et la dissimulation des parties honteuses.

> Le corps humain est laid : les époux ne devront pas se montrer entièrement dénudés, et l'accouplement n'aura lieu que dans un lit. / [...] Chacun des deux époux doit dormir dans un lit séparé et ils ne doivent s'unir qu'étant, l'un et l'autre, parfaitement préparés. Certains qui trouvent que ces choses n'ont aucune importance s'exposent à s'entendre dire par leur femme: « Comment ? C'est ça le père de mes enfants ? » car ils sont, l'un et l'autre, négligés et chacun voit dans l'autre des choses repoussantes, alors le cœur se détache et la vie continue, sans amour. / C'est là un chapitre qu'il faut examiner de près et dont il faut s'inspirer car il est essentiel[112].

par « gouvernement du foyer ».

106. *Ibid.*, éd. arabe, § 28, p. 49 ; trad. Reig, § 23, p. 83.

107. *Ibid.*, éd. arabe, § 21, p. 38 ; trad. Reig, § 16, p. 71.

108. *Ibid.*, éd. arabe, § 28, p. 49 ; trad. Reig, § 23, p. 83.

109. *Ibid.*, éd. arabe, § 108, p. 164 ; trad. Reig, § 73, p. 169.

110. *Ibid.*, éd. arabe, § 52, p. 89-91 ; trad. Reig, § 41, p. 122-124.

111. Sur ce dernier point, voir *ibid.*, éd. arabe, § 141, p. 201 ; trad. Reig, § 93, p. 198.

112. *Ibid.*, éd. arabe, § 369, p. 491 ; trad. Reig, § 189, p. 304-305.

On ne sait rien, cependant, du nombre, de la taille et de la configuration des pièces de la maison habitée par Ibn al-Ǧawzī[113], ni de la façon dont elles étaient occupées par les différents membres de la famille.

La satisfaction sexuelle : un droit des deux époux

L'insistance sur l'acte sexuel, dans le *Ṣayd al-ḫāṭir*, s'explique par le fait que la satisfaction des appétits charnels est présentée comme l'un des buts premiers du mariage et de l'union avec les concubines. Ce point est loin de concerner le seul époux, et l'épouse possède aussi des droits sur son mari, en particulier celui de la satisfaction sexuelle. C'est pourquoi, précise Ibn al-Ǧawzī, un homme ne doit jamais épouser une femme qu'il ne pourrait satisfaire. Deux cas en particulier sont à proscrire : celui du vieillard impuissant épousant une très jeune femme ou achetant une jeune esclave[114], et celui du dévot ayant choisi l'abstinence et l'imposant indûment à son épouse[115]. Ibn al-Ǧawzī, lui-même déjà âgé alors qu'il rédige l'ouvrage et visiblement préoccupé par le sujet, donne les conseils suivants aux époux de soixante ans et plus :

> Il est dangereux, pour un homme qui a passé la soixantaine, de s'embarrasser de nombreuses femmes. Si, par chance, il a déjà une compagne pieuse, il devra lui conserver son intimité et compenser ce qu'il ne peut lui donner en lui faisant des cadeaux, ou en lui témoignant de l'affection[116].

Par ailleurs, il n'est pas interdit à l'homme d'âge mûr de continuer à procréer, ce qui, d'après Ibn al-Ǧawzī, constitue une façon efficace d'occuper sa jeune épouse afin, peut-être, qu'elle exige moins de son mari :

> Et s'il peut, par une grossesse, lui donner de l'occupation, et l'empêtrer dans les soins à donner à un enfant, il réussira à récupérer ses forces pendant qu'elle sera ainsi distraite. / S'il a un rapport avec elle, qu'il se retienne d'éjaculer pour conserver sa force et satisfaire le plaisir auquel elle a droit[117].

La différence majeure entre l'époux et l'épouse réside dans le fait que l'homme peut prendre d'autres femmes si son désir reste insuffisamment satisfait. Ibn al-Ǧawzī conseille cependant à ses lecteurs de se contenter d'une seule épouse légitime, car la cohabitation n'est pas toujours aisée, et d'avoir recours à des concubines serviles, qu'il considère comme plus faciles à vivre et plus à même de respecter le chef de famille :

113. Ibn al-Ǧawzī résidait sur la rive orientale de Bagdad, à l'intérieur de l'enceinte construite sous le règne du calife al-Mustaẓhir en 488/1095. Il signale dans le *Muntaẓam* que la maison (*dār*) qu'il habitait à Darb al-Qayyār s'effondra lors de l'inondation qui suivit la grande crue du Tigre en 554/1159 (XVIII, p. 135).
114. *Ṣayd al-ḫāṭir*, éd. arabe, § 244, p. 337 ; trad. Reig, § 139, p. 260-261.
115. *Ibid.*, éd. arabe, § 162, p. 221 ; trad. Reig, § 100, p. 207.
116. *Ibid.*, éd. arabe, § 235, p. 324 ; trad. Reig, § 133, p. 250.
117. *Ibid.*, éd. arabe, § 235, p. 325 ; trad. Reig, § 133, p. 251.

> Si l'homme craint la jalousie, il devra prendre des esclaves concubines car elles sont moins jalouses et éprouvent, plus facilement que les épouses, de l'admiration pour les hommes[118].
>
> [...] S'il découvre en sa nature un vif désir de se livrer au commerce charnel, qu'il choisisse des concubines car les épouses légitimes sont le plus souvent des carcans. / Qu'il se contienne quand il aura des rapports charnels avec les esclaves jusqu'au moment où il aura pu avoir une expérience de leur caractère et de leur foi. S'il en est satisfait, il en aura des enfants sinon il pourra facilement en changer. / Il n'épousera une femme de condition libre que lorsqu'il saura qu'elle peut accepter de lui voir prendre une autre femme ou des concubines[119].

Il est par ailleurs impossible de savoir si ces conseils se fondent sur des pratiques personnelles de l'auteur ou représentent de simples recommandations théoriques.

De la difficulté d'être un lettré soutien de famille

Une fois marié, à moins qu'il ne suive les conseils d'abstinence dédiés au jeune lettré à la situation économique précaire, et par ailleurs contradictoires avec le droit de son épouse à une vie sexuelle satisfaisante, l'époux, quel que soit son âge, se trouvera bientôt doté d'une progéniture qu'il lui incombe de faire vivre, ainsi que l'ensemble de la maisonnée. Ibn al-Ğawzī insiste en effet sur le fait que le chef de famille se doit de pourvoir à l'entretien matériel des membres de la famille, citation prophétique à l'appui :

> Comme a dit le Prophète : « *C'est un péché suffisant pour l'homme que d'abandonner ceux qu'il doit nourrir*[120]. »

La situation du lettré devient alors difficile, car la science rémunère peu, et le jeune père de famille doit s'humilier devant les puissants pour faire subsister sa famille, ou se trouver réduit à faire subir à ses proches les rigueurs de la pauvreté[121]. Il n'est pas question de se livrer à la mendicité, comme ces ascètes pratiquant le *tawakkul*, qu'Ibn al-Ğawzī dénonce[122]. La seule solution est donc de chercher à restreindre le nombre d'enfants du ménage en pratiquant l'abstinence[123] :

> Le croyant qui connaît la modicité de ses ressources doit tout faire pour éviter les rapports conjugaux et, si des enfants lui arrivent, pour limiter ses dépenses et se contenter du minimum[124].

118. *Ibid.*, éd. arabe, § 28, p. 49 ; trad. Reig, § 23, p. 85.
119. *Ibid.*, éd. arabe, § 120, p. 179 ; trad. Reig, § 82, p. 184.
120. *Ibid.*, éd. arabe, § 34, p. 60 ; trad. Reig, § 28, p. 96.
121. *Ibid.*, éd. arabe, § 21, p. 37-38 ; trad. Reig, § 16, p. 70.
122. *Ibid.*, éd. arabe, § 34, p. 59 ; trad. Reig, § 28, p. 94.
123. Seul moyen de contraception ouvertement prôné dans l'ouvrage, aux côtés du *coitus interruptus* implicitement évoqué dans le passage cité ci-dessus à propos des esclaves concubines.
124. *Ibid.*, éd. arabe, § 296, p. 397 ; trad. Reig, § 159, p. 278.

L'auteur de ces lignes eut lui-même, comme signalé plus haut, au moins douze enfants, répartis il est vrai sur plus d'un demi-siècle d'activité conjugale. Faut-il en déduire son incapacité à appliquer ses propres conseils, ou bien y lire le signe de la prospérité de sa situation financière, lui permettant d'entretenir une descendance nombreuse ?

Ibn al-Ǧawzī provenait d'une famille de commerçants aisés, mais les renseignements qu'il donne sur sa situation matérielle ne sont pas dépourvus de contradictions. Enfant, il hérita de son père plusieurs milliers de dinars, mais tout fut dépensé pour l'élever et, lorsqu'il fut devenu adulte, son patrimoine se réduisait à deux maisons : il habitait l'une et touchait le loyer de la seconde [125]. Tantôt il insiste sur le très petit patrimoine qui lui revint sur la fortune paternelle (vingt dinars, dépensés en achat de livres, et deux maisons qu'il vendit afin de poursuivre ses études) [126] et sur la nécessité qu'il connut, assez tôt, de gagner sa vie, tantôt il se félicite de n'avoir pas dû s'humilier dans des tâches ingrates afin de nourrir sa famille [127]. Ces passages autobiographiques contradictoires obéissent cependant à la recommandation formulée dans le *Ṣayd al-ḫāṭir* : l'homme sage ne doit pas informer son épouse ou ses enfants de l'étendue de sa fortune, sous peine de les voir devenir intéressés, attendant impatiemment sa mort pour toucher leur héritage [128]. On ne sait d'ailleurs rien de la transmission du patrimoine matériel d'Ibn al-Ǧawzī à ses fils et filles. Tout au plus sait-on que son dernier fils, Muḥyī al-Dīn Yūsuf, avait amassé suffisamment d'argent pour financer la fondation de trois institutions scientifiques ; mais il est plus que probable que ce capital fut réuni au cours de sa carrière politico-administrative marquée par le succès. Il n'en reste pas moins que les questions financières et matérielles contribuent à déterminer, dans la pensée d'Ibn al-Ǧawzī, la nature des relations entre époux d'une part, entre parents et enfants d'autre part. L'auteur du *Ṣayd al-ḫāṭir* évoque notamment le cas d'un époux ne pouvant divorcer d'avec sa femme en raison des dettes qu'il avait contractées envers elle [129].

De l'amour paternel et de la difficulté de réussir une éducation

Les devoirs matériels du chef de famille envers ses femmes et ses enfants s'accompagnent de sentiments puissants, dont le plus fort est sans doute l'amour inconditionnel qui saisit le jeune père presque malgré lui :

> Des choses qui ne sont pas de son fait s'emparent de lui, comme l'amour de la famille, [ou] l'attachement aux enfants par toutes les fibres du cœur [130].

125. *Laftat al-kabad*, p. 59-60.
126. *Ibid.*, p. 47.
127. *Ibid.*, p. 37-38.
128. *Ṣayd al-ḫāṭir*, éd. arabe, § 186, p. 259, et § 245, p. 338 ; trad. Reig, § 111, p. 224, et § 140, p. 262.
129. *Ibid.*, éd. arabe, § 297, p. 399 ; trad. Reig, § 160, p. 279. Sur les rapports entre patrimoine de l'époux, patrimoine de l'épouse, mariage et divorce à l'époque mamelouke, voir Rapoport, *Marriage, Money and Divorce*.
130. Ibn al-Ǧawzī, *Ṣayd al-ḫāṭir*, éd. arabe, § 42, p. 73 ; trad. Reig, § 33, p. 107.

Ibn al-Ǧawzī ne s'étend pas sur l'affection qu'il ressentait pour ses propres enfants, mais plusieurs indices attestent la puissance de ses sentiments paternels. D'après son biographe Ibn Raǧab, au cours de la période de disgrâce qu'il subit à la fin de sa vie, Ibn al-Ǧawzī, exilé à Wāsiṭ et séparé de tous les membres de sa famille, récitait chaque jour une version entière du Coran. Il omettait cependant la sourate de Joseph, en raison du chagrin que lui inspirait la séparation d'avec son plus jeune fils, Yūsuf (Joseph), alors âgé d'entre 10 et 15 ans[131]. Quelques années plus tôt, dans le *Ṣayd al-ḫāṭir*, il classait parmi les injustices qui pourraient faire douter le croyant de la bonté divine les souffrances infligées aux enfants, le sacrifice des animaux[132], et la douleur des parents ayant perdu un enfant. Au nombre des choses impossibles à comprendre, il citait :

> [...] le cas de cet enfant arraché aux bras de ses parents qui se débattent vainement dans leur douleur, car la raison de cet enlèvement ne leur apparaît pas puisque Dieu pouvait se passer de le prendre et qu'eux-mêmes avaient le plus grand besoin de sa présence[133].

Si l'amour pour ses jeunes enfants s'empare du père dès leur naissance, il lui reste à prendre en charge l'éducation de sa progéniture. Ibn al-Ǧawzī donne de nombreux conseils en la matière, de l'âge auquel il faut commencer à donner de l'instruction aux enfants aux méthodes éducatives à suivre, une alternance de récompenses et de punitions physiques étant prônée[134]. Un sujet douloureux sous-tendait visiblement ces recommandations : celui des mauvaises relations qu'Ibn al-Ǧawzī entretenait avec le seul fils qui lui restait, avant la naissance de son benjamin Yūsuf en 580/1184. En effet, son deuxième fils, Abū al-Qāsim ʿAlī, né en 551/1156, avait provoqué le courroux de son père au point de susciter une rupture définitive. Comme signalé plus haut, Abū al-Qāsim avait commencé une carrière de lettré, étudiant le *ḥadīṯ* et gagnant sa vie en tant que copiste ; adulte, il déroba pour les revendre les livres de son père. Ce geste lui valut la vindicte paternelle, et Ibn al-Ǧawzī le tint à distance et mourut sans l'avoir revu. Il lui avait entre-temps dédié le *Laftat al-kabad*, qui ne parvint visiblement pas à le remettre dans le droit chemin, ni tout au moins à le réconcilier avec son père. Son neveu Sibṭ ibn al-Ǧawzī, qui avait étudié le *ḥadīṯ* auprès d'Abū al-Qāsim, prit sa défense et mit son action sur le compte de son extrême pauvreté : le fils d'Ibn al-Ǧawzī n'aurait en effet possédé que son nécessaire de copiste, refusant les dons que le calife souhaitait lui faire[135]. Son père lui avait pourtant assuré un beau mariage, puisque, comme précisé plus haut, il avait épousé, âgé d'à peine vingt ans, la fille du vizir Ibn Hubayra, mais on ne sait rien de la postérité de ce mariage, de ses conséquences sociales ou du statut matériel qu'il put assurer au fils du célèbre hanbalite.

Il n'en reste pas moins qu'Ibn al-Ǧawzī considérait visiblement l'évolution de ses relations avec ce fils comme un échec et qu'il en éprouvait une profonde contrariété. Il se dédouane de

131. Ibn Raǧab, *Ḏayl* I, p. 427.
132. Ibn al-Ǧawzī, *Ṣayd al-ḫāṭir*, éd. arabe, § 13, p. 22, § 21, p. 36, et § 54, p. 93 ; trad. Reig, § 9, p. 49, § 16, p. 68, et § 43, p. 126.
133. *Ibid.*, éd. arabe, § 27, p. 45 ; trad. Reig, § 22, p. 79.
134. *Ibid.*, éd. arabe, § 172, p. 241 ; trad. Reig, § 104, p. 217.
135. Sibṭ ibn al-Ǧawzī, *Mirʾāt al-zamān*, éd. Hyderabad, p. 678-679.

cet échec dans le *Ṣayd al-ḫāṭir*, en précisant que les desseins divins sont plus puissants que les efforts d'un père pour éduquer son enfant :

> Par Dieu, l'éducation que donne un père à son fils sera vaine si elle n'est précédée du choix qu'a fait Dieu de cet enfant[136].

L'œuvre d'Ibn al-Ǧawzī, on l'aura compris, mêle de façon tellement intriquée expérience personnelle, perceptions contradictoires de celle-ci et principes théoriques, moraux et même médicaux ayant cours à son époque, qu'il est difficile de se forger une image univoque de son expérience familiale, qu'il s'agisse de sa situation concrète ou de l'appréciation visiblement mouvante que lui-même s'en faisait. Jeune lettré tôt marié et soutien de famille, amateur de belles femmes et apôtre de la bonne entente conjugale, père de famille nombreuse aimant profondément ses enfants mais ulcéré et déçu par son fils adulte : cette complexité, voire ces contradictions, mettent en lumière une facette profondément humaine et singulière du prédicateur hanbalite, par ailleurs fort strict dans ses condamnations des conduites jugées mauvaises ou excessives de ses contemporains.

Le témoignage que les textes d'Ibn al-Ǧawzī offrent sur sa situation familiale et personnelle dessine ainsi la configuration d'une famille qui ne peut être considérée comme un modèle, mais que rien non plus ne permet de penser exceptionnelle ou hors normes dans son contexte. Seule la comparaison avec d'autres études détaillées permettrait de juger de la singularité de la famille d'Ibn al-Ǧawzī ou, au contraire, de sa « normalité » pour l'époque. Ce qui n'empêche pas que le personnage au centre de cet univers, lui, se caractérise par l'originalité de sa pensée ou peut-être plus encore de son caractère, sans se démarquer pour autant du contexte intellectuel et religieux dans lequel il s'épanouit, à savoir le courant hanbalite bagdadien du VIe/XIIe siècle.

Ibn al-Ǧawzī, si satisfait de sa carrière de *ʿālim* et de son influence auprès du pouvoir califal, était-il heureux en ménage et en famille ? Il est difficile d'en juger, mais il est tentant de laisser le dernier mot à notre sévère et éminent hanbalite, pour une fois optimiste et confiant dans les relations conjugales, malgré d'autres jugements parfois amers sur sa propre situation :

> L'homme heureux, lorsqu'une femme ou une concubine lui est donnée, est celui qui a de l'affection pour elle et qui est payé de retour, qui connaît sa conduite et sa foi, l'homme heureux est celui qui sait apprécier sa compagnie à sa juste valeur[137].

136. Ibn al-Ǧawzī, *Ṣayd al-ḫāṭir*, éd. arabe, § 180, p. 250 ; trad. Reig, § 108, p. 219.
137. *Ibid.*, éd. arabe, § 235, p. 323 ; trad. Reig, § 133, p. 249.

Bibliographie

Instruments de travail

Encyclopédie de l'Islam, 2e éd., 12 vol., Brill, Leyde, 1960-2007

Ben Abdesselem, A., « al-Shahrazūrī », IX, p. 219.

Boyle, J. A., « Khātūn », IV, p. 1133.

Giladi, Avner, « Ṣaghīr », VIII, p. 821-827.

Laoust, Henri, « Ibn al-Djawzī », III, p. 751-752.

Sources

Al-Ḏahabī (M. 748/1347), *Taḏkirat al-ḥuffāẓ*, sans nom d'éditeur, Dā'irat al-ma'ārif al-'uṯmāniyya, Hyderabad, 1376/1957, 4 vol.

—, *Ta'rīḫ al-islām*, éd. 'Umar 'Abd al-Salām Tadmurī, Dār al-kitāb al-'arabī, Beyrouth, 1410-1421/1990-2000, 52 vol.

Al-Ġazālī (m. 503/1111), *Iḥyā' 'ulūm al-dīn*, éd. Sayyid Ibrāhīm, Dār al-ḥadīṯ, Le Caire, 1414/1994, 4 vol. (livre 12 : *Kitāb al-nikāḥ*) ; trad. fr. annotée par L. Bercher et G.-H. Bousquet, *Ghazâlî, Le livre des bons usages en matière de mariage (extrait de l'Ih'ya' 'ouloûm ed-Dîn ou : Vivification des Sciences de la foi)*, Maisonneuve-Thornton, Paris-Oxford, 1953.

Al-Ḫaṭīb al-Baġdādī (m. 463/1071), *Ta'rīḫ Baġdād aw madīnat al-salām*, éd. Muṣṭafā 'Abd al-Qādir 'Aṭā, Dār al-kutub al-'ilmiyya, Beyrouth, 1997, 14 vol.

Ibn Abī Uṣaybi'a (m. 668/1270), *'Uyūn al-anbā' fī ṭabaqāt al-aṭibbā'*, éd. Nizār Riḍā, Dār maktabat al-ḥayā, Beyrouth, 1965, 1 vol.

Ibn Abī Ya'lā (m. 526/1132), *Ṭabaqāt al-ḥanābila*, éd. Abū Ḥāzim Usāma b. Ḥasan et Abū al-Zahrā' Ḥāzim 'Alī Bahğat, Dār al-kutub al-'ilmiyya, Beyrouth, 1997, 2 vol.

Ibn al-Aṯīr (m. 630/1232), *al-Kāmil fī al-ta'rīḫ*, éd. Muḥammad Yūsuf al-Daqqāq et Ibrāhīm Šams al-Dīn, Dār al-kutub al-'ilmiyya, Beyrouth, 1474/2003, 11 vol.

Ibn al-Ḍimyāṭī (m. 749/1348), *al-Mustafād min ḏayl ta'rīḫ Baġdād li-l-ḥāfiẓ Ibn al-Naǧǧār al-Baġdādī*, éd. Muṣṭafā 'Abd al-Qādir 'Aṭā, Dār al-kutub al-'ilmiyya, Beyrouth, 1997, 1 vol. (*Ḏuyūl Ta'rīḫ Baġdād*, vol. 21).

Ibn al-Ğawzī (m. 597/1201), *Laftat al-kabad ilā naṣīḥat al-walad*, éd. 'Abd al-Ġaffār Sulaymān al-Bundārī, Dār al-kutub al-'ilmiyya, Beyrouth, 1407/1987, 1 vol.

—, *Ṣayd al-ḫāṭir*, éd. 'Abd al-Qādir Aḥmad 'Aṭā, Dār al-kutub al-'ilmiyya, Beyrouth, 1412/1992, 1 vol. ; trad. fr. partielle de Daniel Reig, *Ibn al-Jawzî, La pensée vigile, Sayd al-Khâtir*, Sindbad, Paris, 1986.

—, *al-Muntaẓam fī ta'rīḫ al-mulūk wa-l-umam*, éd. Muḥammad et Muṣṭafā 'Abd al-Qādir 'Aṭā, Dār al-kutub al-'ilmiyya, Beyrouth, 1412/1992, 18 vol.

Ibn Ḫallikān (m. 681/1282), *Wafayāt al-a'yān wa-anbā' abnā' al-zamān*, éd. Iḥsān 'Abbās, Dār al-ṯaqāfa, Beyrouth, s. d. [1968], 8 vol.

Ibn al-'Imād (m. 1089/1678), *Šaḏarāt al-ḏahab fī aḫbār man ḏahab*, éd. 'Abd al-Qādir et Maḥmūd al-Arnā'ūṭ, Dār Ibn Kaṯīr, Damas-Beyrouth, 1410/1989, 10 vol.

Ibn Kaṯīr (m. 774/1373), *al-Bidāya wa-l-nihāya*, éd. 'Abd Allāh b. 'Abd al-Muḥsin al-Turkī, Dār Hağr, Le Caire, 1417-1419/1997-1998, 17 vol.

Ibn al-Naǧǧār (m. 643/1245), *Ḏayl ta'rīḫ Baġdād*, éd. Muṣṭafā 'Abd al-Qādir 'Aṭā, Dār al-kutub al-'ilmiyya, Beyrouth, 1997, 5 vol. (*Ḏuyūl Ta'rīḫ Baġdād*, vol. 16-20).

Ibn Rağab (m. 795/1392), *Ḏayl 'alā ṭabaqāt al-ḥanābila*, éd. Muḥammad Ḥāmid al-Fiqī, Maṭba'at al-sunna al-nahḍiyya, Le Caire, 1372-1373/1952, 2 vol.

Ibn al-Sā'ī (m. 674/1276), *Nisā' al-ḫulafā'* (*Ğihāt al-a'imma al-ḫulafā' min al-ḥarā'ir wa-l-imā'*), éd. Muṣṭafā Ğawād, Dār al-ma'ārif, Silsilat Ḏaḫā'ir al-'Arab 28, Le Caire, s. d., 1 vol.

Al-Qurašī (m. 775/1375), *al-Ğawāhir al-muḍiyya fī ṭabaqāt al-ḥanafiyya*, éd. 'Abd al-Fattāḥ Muḥammad al-Ḥalū, Dār Hağr, Le Caire, 1413/1993, 5 vol. [2e édition].

Sibṭ ibn al-Ğawzī (m. 654/1256), *Mir'āt al-zamān fī ta'rīḫ al-a'yān* :
- éd. sans lieu ni date ni nom d'éditeur [Hyderabad, 1955], 1 vol.
- éd. Musfir b. Sālim b. 'Arīğ al-Ġāmirī, Ğāmi'at Umm al-qurā, Silsilat buḥūṯ iḥyā' al-turāṯ al-islāmī 9, La Mecque, 1407/1987, 2 vol.

Al-Yūnīnī (m. 726/1326), *Ḏayl Mir'āt al-zamān*, sans nom d'éditeur, Maṭba'at Mağlis dā'irat al-ma'ārif al-'uṯmāniyya, Hyderabad, 1374-1380/1954-1960, 3 vol.

Sources traduites

L'Orient au temps des Croisades, textes présentés par A.-M. Eddé et F. Micheau, Paris, Garnier-Flammarion, 2002.

Études

Bray, Julia, « Men, Women and Slaves in Abbasid Society », in Leslie Brubacker, et Julia M. H. Smith, *Gender in the Early Medieval World, East and West, 300-900*, Cambridge University Press, Cambridge, 2004, p. 121-146.

Enderwitz, Susanne, « From *curriculum vitæ* to Self-Narration. Fiction in Arabic Autobiography », in Stefen Leder (dir.), *Story-telling in the Framework of Non-fictional Arabic Literature*, Otto Harrassowitz Verlag, Wiesbaden, 1998, p. 1-19.

Gil'adi, Avner, *Children of Islam. Concepts of Childhood in Medieval Muslim Society*, Palgrave Macmillan, St Antony's College Series, Basingstoke-Londres, 1992.

Hartmann, Angelika, « Les ambivalences d'un sermonnaire hanbalite – Ibn al-Ǧawzī (m. 597/1201), sa carrière et son ouvrage autographe, le *Kitāb al-Ḫawātīm* », *AnIsl* XXII, 1986, p. 51-115.

Kilpatrick, Hilary, « Autobiography and Classical Arabic Literature », *JAL* 22/1, 1991, p. 1-20.

Rapoport, Yossef, *Marriage, Money and Divorce in Medieval Islamic Society*, Cambridge University Press, Cambridge, 2005.

Rapoport, Yossef, et Swain, Simon, « The Islamic Family: Aspects of Bryson's Influence », in Simon Swain (dir.), *Economy, Family and Society from Rome to Islam. A Critical Edition, English Translation, and Study of Bryson's Management of the Estate*, Cambridge University Press, Cambridge, 2013, p. 349-362.

Reig, Daniel, « Le *Ṣayd al-ḫāṭir* d'Abū l-Faraǧ ibn al-Ǧawzī », *StudIsl* 34, 1971, p. 89-123.

Reynolds, Dwight Fletcher (dir.), *Interpreting the Self: Autobiography in the Arabic Literary Tradition*, University of California Press, Berkeley-Los Angeles, 2001.

Schimmel, Annemarie, *Islamic Names*, Edinburgh University Press, New Edinburgh Islamic Surveys Series 25, Edimbourg, 1989.

Sublet, Jacqueline, *Le voile du nom. Essai sur le nom propre arabe*, PUF, Écriture, Paris, 1991.

Swartz, Merlin, « Ibn al-Jawzī: A Biographical Sketch », in Merlin Swartz, *A Medieval Critique of Anthropomorphism*, Brill, Leyde, 2002, p. 3-32.

Van Renterghem, Vanessa, *Les élites bagdadiennes au temps des Seldjoukides*, thèse de doctorat en Histoire, université Paris 1 – Panthéon Sorbonne, 2004 (à paraître, Presses de l'Ifpo, Beyrouth, 2014).

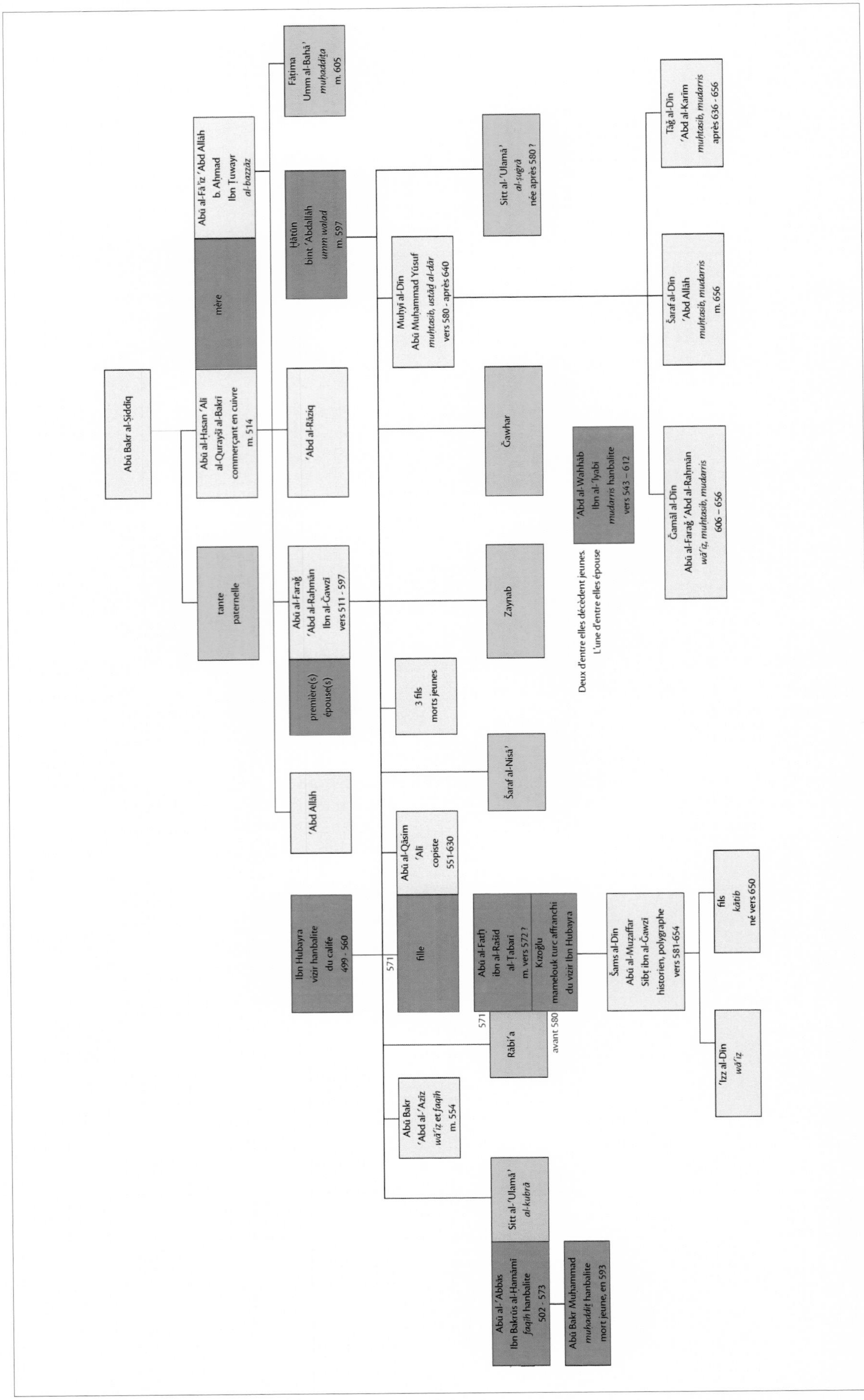

Fig. « La famille d'Ibn al-Ǧawzī (Baġdād-Damas, VIe-VIIe/XIIe-XIIIe siècles) : descendance et alliances matrimoniales. »

RENÉ GUÉRIN DU GRANDLAUNAY*

Le milieu familial de Šams al-Dīn al-Saḫāwī

Quelques aspects d'une lecture autobiographique

✦ **RÉSUMÉ**

Le traditionniste et historien Šams al-Dīn Muḥammad al-Saḫāwī (831-902/1427-1497) écrivit à la fin de sa vie une longue autobiographie encore inédite. Contesté et amer, il n'hésite pas à y faire, sur plus de 640 pages, son propre éloge. Pour cela, il reprend la notice qu'il avait insérée auparavant dans son très célèbre dictionnaire biographique *al-Ḍaw' al-lāmiʿ*. Le chapitre qu'il consacre à sa famille est ainsi l'occasion de montrer le chemin personnel qu'il a suivi pour devenir un savant exemplaire. Car ses origines familiales semblaient le destiner à un avenir de marchand. Mais ni son père, ni son édifiante tante Fāṭima ne l'empêcheront de consacrer son temps à l'étude encouragée par la toute proximité de la famille Bulqīnī et celle d'Ibn Ḥağar al-ʿAsqalānī. Un point d'analyse onomastique montre enfin comment le milieu familial a conduit Saḫāwī naturellement à celui des savants.

Mots-clés : Égypte – Le Caire – al-Saḫāwī – autobiographie – éloge de soi – famille – alliance matrimoniale – marchands – soufisme – onomastique – généalogie

✦ **ABSTRACT**

The traditionist and historian Šams al-Dīn Muḥammad al-Saḫāwī (831-902/1427-1497) wrote at the end of his life a yet unpublished autobiography. Contested and bitter, he does not hesitate to do, over 640 pages, his own praise. For this, he uses the information he had

* René Guérin du Grandlaunay, Institut dominicain d'études orientales, rene.dugrandlaunay@ideo-cairo.org.

previously inserted into his famous biographical dictionary *al-Ḍaw' al-lāmiʿ*. The chapter devoted to his family is the opportunity for showing the personal path he followed to become an exemplary scholar. His family background was indeed leading him to be a future merchant. But neither his father nor his inspiring aunt Fāṭima prevent him from devoting his time to the study which was encouraged by the immediate vicinity of the Bulqīnī's family and that of Ibn Ḥağar al-ʿAsqalānī. A short onomastic analysis finally shows how, naturally, his family led Saḫāwī towards the scholars circle.

Keywords: Egypt – Cairo – al-Saḫāwī – autobiography – self-praise – family – matrimonial alliance – merchants – sufism – onomastics – genealogy

* * *

Introduction

Šams al-Dīn Muḥammad al-Saḫāwī (831-902/1427-1497) a composé deux versions fort différentes de son autobiographie (*tarğama*). La première, courte, est très connue. Elle fut écrite vers 871/1466 [1] en réponse à une demande formulée par un savant de Tunis, Ibn ʿAzam (m. 891/1486) [2]. Réutilisée un peu avant 900/1494 par Saḫāwī lui-même dans son *opus magnum* [3] : *al-Ḍaw' al-lāmiʿ li-ahl al-qarn al-tāsiʿ* [4], elle devint la plus longue notice de l'ouvrage et malheureusement l'unique source biographique sur notre traditionniste-historien.

1. Cette version courte est contemporaine de la longue *tarğama* sur son maître par excellence Ibn Ḥağar al-ʿAsqalānī (m. 852/1448) et dont le titre est *al-Ğawāhir wa-l-durar fī tarğamat šayḫ al-islām Ibn Ḥağar*.
2. Muḥammad b. ʿUmar b. Muḥammad al-Tūnusī al-Makkī, Ibn ʿAzam, né en šawwāl 816 (déc. 1413 - jan. 1414) à Tunis, commença une *riḥla* au début de rağab 837 (fév. 1434) à Alexandrie puis au Caire, fin 839 (juin 1436), à La Mecque, en 840 (1436/1437), puis à Médine et dans le Bilād al-Šām. Il vivait de la reliure et de la vente des livres. Il s'installa à La Mecque où il composait ou copiait des ouvrages biographiques. Il est une des principales sources de Saḫāwī pour le *Ḍaw'*. Vers la fin de sa vie, parce qu'il se mettait à l'école d'Ibn ʿArabī, il reçut de vigoureux blâmes de la part de Saḫāwī. Le *mağmūʿ* 766 de la bibliothèque Köprülü (fonds Mehmet Paşa) est un recueil d'ouvrages d'Ibn ʿArabī copié de sa main, décrit dans Yahyā, « Mission en Turquie », p. 37. Saḫāwī, *Ḍaw'* VIII, p. 255-256, n° 695 ; *id.*, *Wağīz* II, p. 412 ; *GAL* II, p. 173 ; *GALS* II, p. 222-223.
3. Expression utilisée par Donald P. Little, « Historiography of the Ayyūbid and Mamlūk Epochs », p. 443.
4. La *tarğama* de Saḫāwī s'étend sur 21 pages (538 lignes dont les cinq dernières, vides, attendent, selon le format convenu des *tarğama*-s, qu'on y inscrive la date de mort et les circonstances de l'enterrement du savant), Dublin, Chester Beatty 5236, III, 66-87. Dans l'unique édition du *Ḍaw'* dont nous disposons la notice de Saḫāwī occupe 31 pages, Saḫāwī, *Ḍaw'* VIII, p. 2-32.

La seconde version reste beaucoup moins connue[5], car encore inédite[6]. La rédaction de cette gigantesque *tarǧama* est celle d'un homme âgé mais toujours très actif. L'*Iršād al-ǧāwī bal isʿād al-ṭālib wa-l-rāwī li-l-iʿlām bi-tarǧamat al-Saḫāwī*[7] (*Orientation de l'égaré et, plus encore, réconfort de l'étudiant et du transmetteur : de la connaissance de la biographie d'al-Saḫāwī*) est une œuvre indépendante dont le titre étendu laisse deviner les exigeantes motivations pédagogiques de l'auteur. Conçu comme un développement de la version courte[8], l'*Iršād* s'étale sur plus de 640 pages manuscrites[9]. C'est un long ouvrage qui adopte la structure qu'il avait utilisée trente ans auparavant pour la *tarǧama* d'Ibn Ḥaǧar al-ʿAsqalānī (m. 852/1449)[10].

Parmi les multiples motivations qui poussèrent Saḫāwī à construire sa vaste autobiographie, outre l'éloge de soi-même vanté dans l'introduction, le secret désir de faire davantage que son maître absolu Ibn Ḥaǧar n'est pas des moindres : apprendre le Coran plus précocement, avoir plus de maîtres, plus de disciples, plus de lieux visités lors de la *riḥla fī ṭalab al-ʿilm*, plus de membres de famille présentés, etc. Mais Saḫāwī est un savant contesté. Il y a donc plus que cette seule émulation zélée.

La version courte ne possède que de très rares données familiales. Celles-ci, il est vrai, sont largement distribuées dans le reste du *Ḍaw'*, au gré du classement alphabétique[11] des diverses *tarǧama*-s que Saḫāwī composa sur les membres de sa famille. Ces notices séparées dans le *Ḍaw'* se retrouvent agencées dans l'*Iršād*. Là, Saḫāwī a fait du chapitre premier[12] une construction littéraire unifiée centrée sur sa famille.

Il est très rare de bénéficier d'une masse aussi abondante d'informations relatives au milieu familial d'un savant. Ce fait nous pose directement la question de l'intention de l'auteur à l'écriture de ce chapitre. Pourquoi Saḫāwī donne-t-il autant d'importance à sa famille ?

5. Même Šams al-Dīn Ibn Ṭūlūn (m. 953/1546), qui connaissait la *tarǧama* écrite par Saḫāwī, ignore l'autobiographie indépendante. C'est pourquoi, parlant de ceux qui écrivent des *tarǧama*-s, il estime que ce que fait Saḫāwī est meilleur (*wa-huwa aḥsan*) que ceux qui écrivent des autobiographies ! Ibn Ṭūlūn, *al-Fulk al-mašḥūn*, p. 22. Reynolds, *Interpreting the Self*, ne cite pas l'*Iršād* dans la liste des écrits autobiographiques en langue arabe du IXe au XIXe siècle recensés p. 255-288.

6. Nous travaillons à l'édition de ce texte dans le cadre d'un doctorat dirigé par M. le Prof. Abdallah Cheikh-Moussa de l'université Paris IV.

7. Désormais désigné par le simple terme *Iršād*.

8. Dans le préambule de l'*Iršād*, Saḫāwī, après avoir mentionné les circonstances de l'écriture de la version courte, s'exprime ainsi : « Une trentaine d'années après, il m'apparut que je devais développer mes propos… », Istanbul, Süleymaniye, Ayasofya 2950, f. 2r° l. 6.

9. Il en existe deux *codices* : 1. Istanbul, Süleymaniye, Ayasofya 2950 ; 2. Leyde, Or. 2366.

10. Saḫāwī colle tellement à cette structure que le chapitre dixième, consacré à la maladie et au décès d'Ibn Ḥaǧar dans *al-Ǧawāhir wa-l-durar*, est également prévu pour son propre décès mais laissé vide (Leyde Or. 2366 f. 316r° l. 24-316v°), tout comme les cinq dernières lignes de la notice du *Ḍaw'* (Chester Beatty 5236, III, p. 87 l. 13 sq.). Seule apparaît la mention *al-bāb al-ʿāšir* (Leyde Or. 2366 f. 316r° l. 23). Comme personne n'a jugé bon de combler cette lacune, nous ne connaîtrons jamais les circonstances de la mort de Saḫāwī.

11. Sur le classement alphabétique des dictionnaires biographiques chez Ibn Ḥaǧar et Saḫāwī, je me permets de renvoyer aux quelques informations de notre article « La liste des autorités de Šams al-Dīn al-Saḫāwī », p. 86-89.

12. Mais les autres chapitres ne sont pas en reste. Le deuxième, sur la formation de Saḫāwī, donne de très nombreux éléments sur la cellule familiale que nous ne pourrons que suggérer ici.

Il nous semble qu'aborder les traits principaux des deux groupes familiaux du père puis de la mère de Saḫāwī, apporte un premier élément de réponse. Le chapitre est en effet principalement construit sur la présentation de l'alliance de la famille commerçante du père avec celle plus savante de la mère. Une observation plus attentive du cas de la personne de Fāṭima, tante paternelle, nous fera comprendre également la portée édificatrice du discours de Saḫāwī. Enfin il nous a semblé important de montrer comment le chapitre premier était inscrit dans l'ensemble de l'*Iršād*. Et comment, par un dédoublement du *nasab*, le milieu familial trouve chez Saḫāwī un complément nécessaire dans le milieu constitué par les savants dont il s'estime être au final un éminent représentant.

Les deux familles de Saḫāwī

La *tarǧama* (notice biographique) est un texte composé d'éléments traditionnellement convenus[13]. Le premier d'entre eux est la chaîne onomastique par laquelle le biographe définit le nom de celui dont il parle (*ṣāḥib al-tarǧama*). De nombreuses notices du *Ḍaw'* proposent à la fin de cette chaîne onomastique la mention de personnes affiliées à la même famille renvoyant à une notice antérieure ou postérieure à celle du *ṣāḥib al-tarǧama*. Ceci est parfaitement logique dans un dictionnaire biographique, comme le *Ḍaw'*, dans lequel se succèdent plus de 12000 notices. D'ailleurs pour aider l'utilisateur du *Ḍaw'*, Saḫāwī, qui fait preuve d'une grande discipline méthodologique, a rassemblé à la fin de son dictionnaire plusieurs *bāb*-s dans lesquels il donne sous une seule entrée les noms de différents personnages participants d'une même *kunya*, d'un même *laqab* ou d'une même *nisba*.

Pour une biographie autonome[14] il en va tout autrement puisqu'on ne peut utiliser cette méthode de renvoi. Pour son *Iršād*, Saḫāwī a donc jugé important de rassembler en un seul chapitre les informations familiales utiles à la définition du *ṣāḥib al-tarǧama*. En faisant ainsi, Saḫāwī semble suggérer que le traditionnel *nasab* patrilinéaire, qu'il donne comme il se doit au tout début du chapitre, ne suffit pas à intégrer l'histoire d'un personnage. Celle-ci nécessite en plus une mise en contexte familial complète.

La comparaison des préambules respectifs des deux grandes *tarǧama*-s indépendantes écrites par Saḫāwī, *al-Ǧawāhir wa-l-durar* et l'*Iršād*[15], montre que le chapitre premier est semblablement composé de deux parties similaires. La première concerne l'identité de l'auteur avec des développements sur les éléments de la chaîne onomastique. La seconde aborde les membres de la famille. L'expression *wa-fīhi* (souligné dans la note 15) établit un lien factice

13. Martel-Thoumian, « Le dictionnaire biographique », p. 15-16 ; Reynolds, *Interpreting the Self*, p. 42-43.
14. Saḫāwī avait une conscience vive de la différence méthodologique à faire entre une biographie incluse dans un dictionnaire et une biographie autonome, cf. la conclusion en *al-Ǧawāhir wa-l-durar* III, p. 1263-1278.
15. Extrait du préambule d'*al-Ǧawāhir wa-l-durar* concernant le chapitre premier :

فالأول في ذكر نسبه ونسبته ومولده وبلدته وبشارة أبيه به وشهرته ، **وفيه** نبذة من تراجم من وقفت عليه من أسلافه وإخوته.

Extrait du préambule de l'*Iršād* :

فالباب الأول في ذكر النسب والنسبة واللقب والكنية الموضوعة لعليّ الرتبة والمولد والبلدة وما وقعت البشارة به حينئذ من بعض أولي القرب والمودّة ، **وفيه** نبذة من تراجم كثير ممّن سلف أو خلف ، من الجدّين والجدّتين والعمّين والأبوين والأخوين والأخوال ، من النساء والرجال ، وولد مع الإشارة لفقده مع من فقد ، ومن تأخّر الآن من الأقارب ممّن يعدّ من الصالحين أو يقارب.

entre les deux parties tout en les distinguant. Le contexte familial paraît ainsi juxtaposé à l'élément traditionnel et, tout compte fait, mal articulé[16].

Nous l'avons dit, Saḫāwī rassemble dans le chapitre premier de l'*Iršād* de nombreux éléments de *tarǧama*-s du *Ḍaw'* touchant aux membres de sa famille. Il ajoute ou retire des informations. Des personnages apparaissent. Il renvoie à l'occasion au *Ḍaw'* ou à son *Muʿǧam*[17]. C'est au total une impressionnante famille de près de quarante personnes que nous sommes invités à découvrir. Nous ne connaissons pas d'autres exemples, à la même époque, d'une telle profusion d'informations. Le tableau qui suit donne la liste de ces personnes. Nous avons gardé l'ordre de leur traitement dans le chapitre afin d'en montrer la structure. Une colonne montre ceux et celles qui bénéficiaient d'une *tarǧama* dans le *Ḍaw'*.

Il nous a paru également suggestif de donner un arbre généalogique de la famille de Saḫāwī (renvoyé à la fin de l'article). Dans ce graphique, les chiffres orphelins correspondent aux lignes du tableau.

Les limites de cette contribution ne permettent pas d'aborder tous les personnages mentionnés par Saḫāwī. Nous renvoyons là-dessus à l'étude introductive de notre édition de l'*Iršād*.

Nº	**Personnages de l'*Iršād***	**Degré de parenté**	**Notice du *Ḍaw'***	
*	Muḥammad al-Saḫāwī	L'auteur	VIII, 2-32	Chaîne onomastique
2	Ibn al-Bārid	Aïeul paternel	VII, 175-7 nº 424	Famille paternelle
1	Abū Bakr	Arrière-grand-père	Sans notice	
2	Muḥammad, Ibn al-Bārid	Grand-père	VII, 175-177 nº 424	
3	ʿAbd al-Raḥmān	Père	IV, 124-125 nº 332	
4	Abū Bakr	Oncle paternel	XI, 73 nº 202	
5	Fāṭima	Tante paternelle	XII, 102 nº 643	
6	Ḥalīma	Aïeule paternelle	Sans notice	
7	Mention anonyme	Père de (6) ; Arrière-grand-père paternel	Sans notice	
8	Salmā, Umm Qāsim	Sœur de (6) ; Arrière-grande-tante	XII, 148 nº 917	
9	Faqīh Ḥusayn	Mari de (5)	III, 135 nº 540	

16. Il serait possible de montrer que dans le cas de l'*Iršād* l'articulation est plus élaborée.

17. Comme tout savant traditionniste scrupuleux et conscient de lui-même, Saḫāwī avait archivé, rangé et écrit (en suivant l'exemple d'Ibn Ḥaǧar) un *muʿǧam* dans lequel il avait consigné, par ordre alphabétique des noms de ses maîtres, des notices complètes de tout ce qu'il avait reçu d'eux : *Buġyat al-rāwī bi-man aḫaḏa ʿanhu al-Saḫāwī*. Ce *muʿǧam* gigantesque contenait plus de 1300 *šayḫ*-s et faisait, selon la description de Saḫāwī, trois gros volumes ; ce qui correspond à 60 % du volume du *Ḍaw'*. Cela laisse penser que certaines notices de ce *muʿǧam* devaient être particulièrement longues. Du Grandlaunay, René, « La liste des autorités de Šams al-Dīn al-Saḫāwī », p. 82-85.

Nº	**Personnages de l'*Iršād***	**Degré de parenté**	**Notice du *Ḍaw'***	
10	Āmina	Mère	XII, 4-5 nº 20	Famille maternelle
11	Ibn Nudayba	Aïeul maternel	IX, 16 nº 46	
12	Aḥmad al-Qimanī	Premier mari de (10)	II, 4 nº 6	
13	ʿAzīza	Tante maternelle	XII, 83 nº 507	
14	ʿAbd al-Wāḥid	Oncle maternel	Sans notice	
15	ʿAlī	Oncle maternel	V, 323-324 nº 1070	
16	Hāǧar	Aïeule maternelle	XII, 131 nº 805	
17	ʿAbd al-Wāḥid al-Wīšī	Arrière-grand-père maternel	Sans notice	
18	Fāṭima	Fille de (13) ; cousine maternelle	XII, 104 nº 659	
19	Muḥammad al-Ṭūḫī	Mari de (13)	Sans notice	
20	Zaynab	Fille de (18) ; cousine issue de germaine	XII, 44 nº 259	
21	ʿAlī al-Kuraydī	Mari de (18)	VI, 3-4 nº 8	
22	ʿAbd al-Qādir	Frère	IV, 270-271 nº 715	Famille proche
23	Ḫadīǧa	Femme de (22) ; belle-sœur	XII, 32 nº 184	
24	Muḥammad al-Badrašīnī al-ʿAǧwī	Père de (23)	XII, 32 nº 184	
25	Muḥammad Badr al-Dīn	Fils de (22) ; neveu	VIII, 67 nº 116	
26	Abū Bakr	Frère	XI, 44-46 nº 117	
27	Umm awlādihi	Femme de (26) ; belle-sœur	Sans notice	
28	Muḥammad Zayn al-ʿĀbidīn	Fils de (26) ; neveu	XI, 172 nº 546	
29	Muḥammad ʿIzz al-Dīn	Fils de (26) ; neveu	VII, 171 nº 414	
30	Qurrat al-ʿAyn	Fille de (26) ; nièce	XII, 116 nº 704	
*	Ṣāḥib al-tarǧama	L'auteur	VIII, 2-32	Famille
31	Aḥmad	Fils	II, 120-121 nº 360	
32	Umm al-Ḫayr	Épouse	XII, 144-145 nº 895	
33	ʿAlī b. Muḥammad b. Yūsuf al-Umyūṭī	Beau-père	Sans notice	
34	ʿĀʾiša bt ʿAbd al-Raḥmān (Ibn Maʿrūf)	Belle-mère	XII, 76-77 nº 474	
35	Aḫū ʿĀʾiša b. ʿAbd al-Raḥmān (Ibn Maʿrūf)	Frère de (34)	Sans notice	
36	ʿAbd al-Raḥmān	Fils	IV, 133 nº 348	
37	Ǧuwayriyya	Fille	XII, 19 nº 98	
38	11 autres enfants	Fils et filles	Sans notice	

La structure du chapitre est tout aussi claire que simple. Partant de ses origines paternelles puis maternelles, il oriente l'attention sur la famille proche, puis sur la cellule familiale de l'auteur. À l'intérieur de chaque partie, les informations, provenant de notices déjà composées, sont bien agencées entre elles par le lien de parenté : les parents puis les enfants. Le tout – nous avons affaire à une autobiographie – est soigneusement encadré par des informations sur la personne de Saḫāwī. Le début du chapitre commente à souhait les divers éléments de la chaîne onomastique le concernant. La fin du chapitre donne des informations sur son foyer.

La famille paternelle

Saḫāwī n'a jamais connu son grand-père paternel. Il ne rapporte à son propos que des informations reçues de la tradition familiale, par son père et sa tante Fāṭima, mais aussi par certains membres de la famille des Bulqīnī. Ce fondateur de la lignée Saḫāwī au Caire s'appelle Abū ʿAbd Allāh Šams al-Dīn Muḥammad b. Abī Bakr b. ʿUṯmān al-Baġdādī. Son caractère réservé, sans doute à l'excès, le fit surnommer Ibn al-Bārid[18]. À son arrivée au Caire, les origines bagdadiennes, si elles sont réelles, sont encore toutes récentes. Car, selon l'*Iršād*, Ibn al-Bārid porte la *nisba* al-Saḫāwī pour être le premier de la famille à être né dans cette petite ville du centre du Delta : Saḫā. C'est son père Abū Bakr, arrière-grand-père de notre auteur, qui vint de Bagdad s'y installer. Les tragiques « événements » (*ḥawādiṯ*) du XIVe siècle eurent fort rapidement raison de cette installation[19].

Vers 791/1389, Ibn al-Bārid arrive au Caire. Jeune et pauvre, il est sans instruction. La sobriété avec laquelle Saḫāwī narre la naissance de son grand-père puis son émigration vers le Caire sans mention aucune de formation, pas même du Coran, est très significative sur ce point. En effet dans le *Ḍaw'*, le donné minimum biographique insiste sur le fait que le personnage grandit dans son lieu de naissance (*naša'a bi-hā*)[20], apprit (*ḥafiẓa, qara'a*) le Coran[21] et lut l'un ou l'autre ouvrage de formation élémentaire (e.g. la *ʿUmda*)[22]. Les cas où Saḫāwī mentionne uniquement l'apprentissage du Coran sont tout aussi rares[23]. Ibn al-Bārid est accompagné de

18. Nous utilisons à dessein ce *laqab* pour désigner commodément le grand-père de Saḫāwī, qui le dénomme naturellement *al-ǧadd*. Saḫāwī détestait ce *laqab*. Il accuse certaines personnes malintentionnées de l'utiliser perfidement à son encontre, *Ḍaw'*, XI, p. 236. Nous n'avons trouvé qu'al-Biqāʿī qui, dans son *Muʿǧam al-ṣaġīr* eut toutes les raisons d'écrire en tête de sa courte notice sur Saḫāwī : « al-šahīr bi-Ibn al-Bārid ». Al-Biqāʿī, *ʿUnwān al-ʿunwān aw al-Muʿǧam al-ṣaġīr*, p. 271 n° 636.

19. Sous la dynastie des Ǧalā'irides/Ǧalāyīrides (740/1339-813/1410), la situation de la ville de Bagdad est des plus catastrophiques. Abū Bakr aura pu fuir une situation économique difficile. Il trouva la peste en Égypte ! Sur le terme *ḥawādiṯ* d'al-Maqrīzī repris par Ibn Taġrī Birdī et pour une lecture suggestive de ces événements ainsi que de leurs conséquences économiques, voir l'ensemble de la première partie (archéologie d'une crise urbaine) de l'ouvrage récent de Julien Loiseau, *Reconstruire la maison du Sultan*, p. 13-139.

20. *Ḍaw'* II, p. 161-162 n° 460.

21. *Ḍaw'* V, p. 317 l. 12-13.

22. *Ḍaw'* VI, p. 80 l. 11.

23. *Ḍaw'* VI, p. 307 n° 1018 et *Ḍaw'* X, p. 333 n° 1263.

sa femme Ḥalīma qui est enceinte. Celle-ci venait d'une famille modeste dont le père vivait du travail du rotin [24].

À l'instar de très nombreux paysans de l'époque, le couple se réfugia donc au Caire et eut le privilège – c'est la première grande chance de Saḫāwī – de pouvoir se mettre au service d'un personnage des plus éminents de son temps : Sirāǧ al-Dīn al-Bulqīnī (m. 805/1403) [25] qui était alors considéré comme le rénovateur de son temps, *muǧaddid al-ʿaṣr* [26]. Al-Bulqīnī avait des biens immeubles en *waqf* pour l'entretien de sa madrasa, dans le quartier de Bahā' al-Dīn Qarāqūš [27]. Ibn al-Bārid s'était entendu avec son maître. Il ne devait rien au *waqf* sinon un peu de basilic qu'il devait déposer tous les vendredis sur la tombe de son fils sise dans la madrasa [28]. Le lien d'affection qui se créa entre les deux hommes, puis entre les deux familles, est une des raisons qui expliquent pourquoi les Saḫāwī purent rester hôtes des Bulqīnī, à Bāb al-Futūḥ, durant plus de quarante ans, jusqu'en 835/1431-1432, année de leur déménagement vers Bāb al-Qanṭara.

Ibn al-Bārid, tout en étant au service de son hôte, se lança dans la filature et le commerce du coton (*al-ġazl*). Son fils ʿAbd al-Raḥmān, père de Saḫāwī, géra l'échoppe familiale située au sein de la *qayṣāriyya* d'Ibn Ǧawšan sur le *mīdān* al-Qamḥ à l'extérieur de la ville fatimide de l'autre côté du Bāb al-Qanṭara. Saḫāwī avait quarante-quatre ans à la mort de son père. Le texte de l'*Iršād* est donc sur ce point directement renseigné par ses propres souvenirs. Nous ne connaissons pas l'intégralité de ce qu'il écrivit de lui dans son *Muʿǧam* auquel il renvoie à la fin de sa notice dans le *Ḍaw'* et dans l'*Iršād*. Mais nous en savons suffisamment pour nous faire une idée de qui fut le premier formateur de Saḫāwī. À n'en pas douter, ʿAbd al-Raḥmān a profité de l'installation et du progrès social de son père. Il a reçu une éducation fort honnête. Il a été formé au *taǧwīd* par le *šayḫ* al-Suʿūdī que Saḫāwī enfant suivit également avec peur

24. Leyde Or. 2366 f. 11v° l. 22.

25. ʿUmar b. Raslān b. Naṣīr, Abū Ḥafṣ, Sirāǧ al-Dīn al-Bulqīnī, juriste chaféite de premier plan. Il naquit à Bulqīna (province d'al-Ġarbiyya) le vendredi 12 šaʿbān 724 (4 août 1324) et mourut au Caire le vendredi 11 ḏu l-qāʿda 805 (2 juin 1403), *Ḍaw'* VI, p. 85-90 n° 286 ; Taqī al-Dīn al-Fāsī, *Ḏayl al-taqyīd* III, p. 215-218 n° 1526 ; al-Maqrīzī *ʿUqūd* II, p. 431-436 n° 740; *id.*, *Sulūk* III/3, p. 1108 ; Ibn Ḥaǧar al-ʿAsqalānī, *al-Maǧmaʿ al-mu'assis* II, p. 294-311 n° 166; *id.*, *Ḏayl al-durar al-kāmina*, p. 132-4 n° 181; *id.*, *Inbā' al-ġumr* II, p. 245-247 n° 21 ; Ibn Qāḍī Šuhba, *Ta'rīḫ* IV, p. 323-328 ; *GAL* II, p. 93, *GALS* II, p. 110 ; Wiet, *Les biographies du Manhal al-safi*, p. 253 n° 1723 ; Gibb, « al-Bulḳīnī », p. 1348-1349 n° 1 ; al-Marʿašlī, *Muʿǧam al-maʿāǧim* I, p. 492-493.

26. Al-Suyūṭī, *Ḥusn al-muḥāḍara* I, p. 304 l. 19, et Landau-Tasseron, « The "Cyclical Reform" » p. 79-117 surtout les pages 92-93.

27. Situé au nord du Caire, entre la première enceinte et les murs de l'enceinte fatimide élargie par Badr al-Ǧamālī, le quartier (*ḥāra*) de Bahā' al-Dīn Qarāqūš abrita la famille d'Ibn al-Bārid pendant plus d'un siècle. Ce quartier est le premier décrit par Maqrīzī dans ses *Ḫiṭaṭ* (Maqrīzī, *Mawāʿiẓ* III, p. 3-4). C'est aussi le premier des quartiers *intra-muros* chez Qalqašandī, *Ṣubḥ* III, p. 356. Aujourd'hui ce quartier est délimité au nord par une récente avenue longeant le mur de Bāb al-Futūḥ, à l'ouest par la rue al-Ǧayš, au sud par la rue Bayn al-Sayāriǧ et enfin à l'est par la rue al-Muʿizz li-Dīn Allāh. Pour le *dār* des Bulqīnī-s, cf. Maqrīzī, *Mawāʿiẓ* III, p. 172. Malheureusement, Maqrīzi ne fait que mentionner cette *madrasa* sans la décrire (*ibid*, IV/2, p. 677). Saḫāwī, à la toute fin de la notice qu'il consacre à Sirāǧ al-Dīn al-Bulqīnī dans le *Ḍaw'*, nous apprend que celui-ci « fut enterré dans sa *madrasa* qu'il avait fait bâtir à proximité de sa demeure dans le quartier de Bahā' al-Dīn », *Ḍaw'* VI, p. 89 l. 28-29.

28. Leyde Or. 2366 f. 10v° l. 1.

et tremblement. Il apprit la *ʿUmda*[29] et le *Minhāǧ*[30] qu'il récita à Ǧalāl al-Dīn al-Bulqīnī puis à de grands *ʿulamāʾ* comme Walī al-Dīn al-ʿIrāqī, ʿIzz al-Dīn Ibn Ǧamāʿa. Il reçut des licences écrites de leur main. Saḫāwī se rappelle que son père était aussi très doué pour le calcul du temps, il se souvient des instruments que son père avait à la maison. Mais rapidement, à la mort d'Ibn al-Bārid, ʿAbd al-Raḥmān prit les affaires du magasin en main, il avait alors vingt ans. Si bien qu'à la naissance de Saḫāwī cela faisait déjà treize années que son père vendait du tissu à *mīdān* al-Qamḥ. ʿAbd al-Raḥmān est donc un commerçant juste assez lettré pour s'occuper honnêtement de la formation de son fils en cherchant des professeurs mais aussi en corrigeant par lui-même les erreurs du petit Muḥammad.

Le frère de ʿAbd al-Raḥmān, Abū Bakr, est, lui, un savant. Mais il meurt en 822/1419-20 de la tuberculose à l'âge de trente ans. Saḫāwī n'a pu le connaître. Seule Fāṭima, l'aînée et sœur de ʿAbd al-Raḥmān, laissera un souvenir ému dans le cœur de Saḫāwī. Nous y reviendrons.

Tous sont redevables de l'accueil de la grande famille de savants que sont les Bulqīnī. Mais l'amitié qui lie les deux familles ne fait pas de celle de Saḫāwī une famille d'éminents savants[31]. Ils sont avant tout des commerçants[32]. Les temps semblent propices aux affaires, les frères de Saḫāwī continuèrent dans la même ligne. C'est pourquoi les Saḫāwī portent également la *nisba* : al-Ġazūlī.

Il manque encore au tableau de la famille paternelle à signaler l'homme « instruit » de la maison durant la jeunesse de Saḫāwī. Ce sera l'occasion de donner un autre aspect de la vie familiale partagée par notre auteur. Badr al-Dīn Ḥusayn b. Aḥmad b. Muḥammad b. Aḥmad b. Muḥammad b. Kāmil al-Qaṭṭī al-Qāhirī al-Azharī, connu sous le surnom de *Faqīh* Ḥusayn, fut le dernier mari de Fāṭima. Il s'était mis à l'école du *šayḫ* Yūsuf al-Ṣaffī[33]. Le *Faqīh* Ḥusayn n'avait d'ailleurs d'envergure que par sa réputation de soufi. Fāṭima tenait à lui pour cette raison. À son mariage, il put venir habiter la maison que les Saḫāwī venaient d'acheter, tellement il était démuni. Il enseignait cependant dans un *maktab* de la rue al-Ḥusayniyya à l'extérieur de Bāb al-Futūḥ. Mais Fāṭima dut lui acheter un office à la *madrasa* al-Barqūqiyya où il put avoir encore un autre *maktab*.

29. *Al-ʿUmda*, titre abrégé d'*al-ʿUmda fī al-aḥkām fī maʿālim al-ḥalāl wa-l-ḥarām ʿan sayyid al-anām Muḥammad ʿalayhi al-ṣalāt wa-l-salām*, ouvrage de *fiqh* chaféite composé par ʿAbd al-Ġanī al-Maqdīsī (m. 600/1023), *GAL* I, p. 356-357, *GALS* I, p. 605-607. Voir Ibn Ḥağar, *al-Maǧmaʿ al-muʾassis* I, p. 410 n. 6, al-Ḥibšī, *Ǧāmiʿ al-šurūḥ* II, p. 1223-1227.

30. *Al-Minhāǧ*, titre abrégé du *Minhāǧ al-ṭālibīn wa-ʿumdat al-muftiyyīn*, ouvrage de *fiqh* chaféite pour les débutants composé par al-Nawawī (m. 677/1278), *GAL* I, p. 394-397 nº 30; *GALS* I, p. 680-686 nº 30; al-Ḥibšī, *Ǧāmiʿ al-šurūḥ* III, p. 1909-1931.

31. Nous devons contredire sur ce point Carl Petry dans son article, ancien il est vrai, sur « al-Sakhāwī », p. 912 (éminente (trad. de *prominent*) famille de *ʿulamāʾ*).

32. Je remercie Khalid Oulad Hammou de m'avoir fait parvenir un exemplaire de sa thèse intitulée *Sakhāwī et les marchands. Recherche sur les gens de commerce au xve siècle dans l'empire mamelouk*, Aix-en-Provence, 2004/2005. Même si je ne partage pas toutes les analyses qu'elle contient, j'ai pu profiter largement du travail précis de lecture du *Ḍaw'* dont elle témoigne.

33. Saḫāwī narre une des nombreuses histoires édifiantes que le *Faqīh* Ḥusayn racontait à propos du *šayḫ* Yūsuf al-Ṣaffī. Chaque fois qu'il le lui demandait, le *šayḫ* lui sortait de sa bouche des dirhams après lui avoir dit qu'il n'avait rien sur lui. Il lui demanda alors : « Ô maître, as-tu dans ta bouche une presse à monnaie ? », *Ḍaw'* X, p. 301 l. 5-6.

Les Saḫāwī sont fidèles à une tradition somme toute familiale mais très nettement régionale : le soufisme prégnant de l'Égypte mamelouke. Tout au long de leur description, Saḫāwī donne de ses parents l'image d'hommes et de femmes au caractère soufi et l'arrivée du *Faqīh* Ḥusayn à la maison renforce cette image d'une famille fortement soufie. On sait Saḫāwī violemment anti-akbarien [34], on le sait également farouche envers un soufisme qui ne critique pas suffisamment la validité des traditions transmises [35]. Mais il était soufi lui-même, comme la plupart des savants de son temps. Il revendique clairement ses initiations (*labs al-ḫirqa*) à de nombreuses voies soufies : « Suhrawardiyya, Qādiriyya, Rifāʿiyya, Qušayriyya, Nuʿmāniyya et d'autres » [36]. Enfin toute la famille est systématiquement enterrée dans le *ḥawš* de la *Ḫānqāh* al-Baybarsiyya dont Ibn Ḥağar fut longtemps le supérieur.

La famille maternelle

ʿAbd al-Raḥmān (chaféite) épousa Āmina (malékite), mère de Saḫāwī, en secondes noces. Elle même venait de perdre son premier mari Aḥmad b. ʿUṯmān al-Qimanī, fils de l'imam prédicateur de la mosquée de Ṣārūğā [37]. Selon la règle édictée par *Coran* II, 234, le remariage dut avoir lieu au moins quatre mois et dix jours après la mort d'al-Qimanī survenue vers 830/1426-7. Saḫāwī, leur premier enfant, est né durant le mois de rabīʿ I 831 / déc. 1427-jan. 1428. Le mariage eut donc lieu vraisemblablement au début de rağab 830 / mai 1427. Cette union était celle d'une famille de petits commerçants avec une famille de petits savants.

Nous sommes plus informés sur la famille paternelle que sur la famille de la mère de Saḫāwī. Paradoxalement d'ailleurs, car le nombre des protagonistes de la famille maternelle est plus élevé que du côté paternel. À cela plusieurs raisons. Tout d'abord le manque pur et simple d'information chez Saḫāwī. ʿAbd al-Wāḥid al-Wīšī, arrière-grand-père, ainsi que Muḥammad al-Ṭūḫī, oncle par alliance, ne sont que mentionnés. Ensuite la mort prématurée des hommes comme : ʿAbd al-Wāhid, un oncle, décédé alors enfant. Aḥmad al-Qimanī, le premier mari d'Āmina, mère de Saḫāwī, était préparé pour être de la lignée des savants mais il meurt prématurément, nous venons de le dire.

Il y a plus. Alors que la notice du *Ḍaw'* sur Ibn al-Bārid, que Saḫāwī n'a pas connu, s'étend sur 35 lignes, celle d'Ibn Nudayba qu'il a bien connu n'en comporte que 13. De la même manière, dans l'*Iršād*, Ibn al-Bārid occupe une place très importante, celle d'Ibn Nudayba est beaucoup

34. Il est l'auteur d'un traité sévère contre les doctrines d'Ibn ʿArabī, *al-Qawl al-munbī ʿan tarğamat Ibn ʿArabī*, dont une première partie a fait l'objet d'une édition par Ḫālid b. al-ʿArabī Mudrik comme thèse de magistère à Riyad (Ğāmiʿat Umm al-Qurā) en 1421-1422/2000-2001. Michel Chodkiewicz, « Le procès posthume d'Ibn ʿArabī » en fait une lecture aussi précise que rigoureuse. Je remercie Claude Gilliot de m'avoir rappelé cette dernière référence.

35. Leyde Or. 2366 f. 22v° l. 25-26.

36. Leyde Or. 2366 f. 20 v° l. 10-f. 22 v° l. 24.

37. Cette mosquée, Gāmiʿ Ṣārūğā ou Gāmiʿ Aḫī Ṣārūğā, est loin de briller par son importance : Loiseau, *Reconstruire* II, p. 522 notice 33.

plus discrète. Il faut dire qu'au chapitre deuxième de l'*Iršād*, nous avons un récit fort suggestif sur la formation que Saḫāwī reçut de son père[38] :

> Il m'interdisait de m'asseoir avec des femmes, y compris celles de la maison, de peur que j'adopte leurs manières ; ni de me plaire à leur verbiage (*haḏayān*) ; ni de fréquenter personne que je ne connaisse d'abord ; ni de ne rien dire devant plus âgé que moi. C'est pourquoi lorsque ma mère se rendait en visite chez ses parents ou chez d'autres personnes, il me permettait rarement d'aller avec elle. Souvent d'ailleurs mon grand-père maternel se fâchait [l'accusant] d'exagérer dans ce sens. Mère restait dure envers [mon père] à cause de cette interdiction qu'il ne levait que très rarement.

Mais ce déficit d'information est compensé par la place que prend la personne d'Ibn Nudayba dans le récit. La structure adoptée par Saḫāwī fait qu'Ibn Nudayba se retrouve au centre du récit des familles des aïeux. Il n'a pas trente ans à la mort d'Ibn al-Bārid vers 818/1415-1416. Une génération les sépare. Saḫāwī a quinze ans à la disparition de son grand-père maternel qu'il a donc bien connu pour avoir profité de son enseignement.

C'est surtout le milieu social qui distingue les deux grands-pères. Ibn al-Bārid est un pauvre rescapé d'un Delta meurtri de peste et de famine, Ibn Nudayba est un savant malékite, portant une *nisba* prestigieuse, ʿUmarī, qui le rattache à la noble ascendance du calife ʿUmar Ibn al-Ḫaṭṭāb. Soufi, il dirige, vers Bāb al-Šaʿriyya, une *zāwiya* où Saḫāwī récita pour la première fois en public le Coran durant les veillées de prières au cours de ramadan appelées *tarāwīḥ*. Il fait partie du groupe social des *ʿulamāʾ*. Son unique fils vivant, ʿAlī, suivait son exemple. Mais à la mort de son père, il prit la voie du grand commerce en voyageant beaucoup. On perdit sa trace vers les années 860/1455-1456.

Ibn Nudayba est donc, dans ce tableau, le seul représentant de sa classe. Le reste de la famille est représenté par des femmes[39] introduites au monde de la science. La propre mère de Saḫāwī reçut de très nombreuses *iǧāza*-s et fut l'élève d'Ibn Ḥaǧar. En décrivant sa famille maternelle Saḫāwī utilise les schèmes d'une description de savant tout en respectant l'itinéraire personnel de son oncle ʿAlī.

Si Ibn al-Bārid est associé au nom d'al-Bulqīnī, Ibn Nudayba est lié au souvenir du déménagement et de l'achat d'une habitation tout proche du maître de l'époque, Ibn Ḥaǧar – c'est la seconde chance de Saḫāwī. C'est en effet grâce à Ibn Nudayba que le père de Saḫāwī sut qu'il y avait une maison à vendre dans le voisinage immédiat de la *madrasa* al-Mankūtimuriyya.

38. Dans cet extrait le père de Saḫāwī et Saḫāwī lui-même sont désignés par le même pronom, *huwa/-hu*. Pour rendre la lecture de ce texte plus aisée nous avons transposé le texte à la première personne du singulier.
39. Saḫāwī ne parle pas dans l'*Iršād* de ʿĀʾiša, sa belle-mère. Celle-ci est morte d'une crise d'hémiplégie causée par l'annonce du décès de sa fille et de Saḫāwī lui-même alors en voyage dans le Ḥiǧāz. Cette rumeur avait été colportée par un voisin, Ṣalāḥ al-Dīn al-Makīnī : *Ḍawʾ* XII, p. 76-77, n° 474.

Alliances matrimoniales

Il nous semble donc, sans extrapoler abusivement à partir des informations éparses que nous avons, que la situation familiale de Saḫāwī avant son mariage était marquée par une alliance matrimoniale tendue. ʿAbd al-Raḥmān fils d'Ibn al-Bārid, veuf, et Āmina fille d'Ibn Nudayba, veuve, unissaient par leur mariage une famille commerçante qui émergeait et une famille de petits savants installés depuis longtemps au Caire. ʿAbd al-Raḥmān, nous l'avons vu, limite les contacts de son fils avec la famille d'Ibn Nudayba. Par contre il ne ménage pas ses efforts pour aider sa tante paternelle, Salmā, pour le bien qu'elle fait avec les orphelines et les veuves du Caire. ʿAbd al-Raḥmān, qui était aussi appelé Ibn al-Bārid, devait être plus attaché à consolider des liens avec le monde des marchands qu'avec celui des savants. Saḫāwī, en ce sens, était voué aux yeux de ʿAbd al-Raḥmān à sa succession au négoce du tissu.

Le mariage de Saḫāwī renforce d'ailleurs la couleur commerçante de l'entourage de notre auteur. Ce mariage eut lieu en 848/1444-1445. Alors que Muḥammad venait d'avoir dix-sept ans, son père le maria à Umm al-Ḫayr qui n'avait alors que douze ans. Umm al-Ḫayr restera l'unique femme de Saḫāwī avec qui elle aura quatorze enfants. Elle survivra à son mari puisqu'elle mourut le 22 ǧumādā I 918 (5 août 1512). Elle s'était entre temps remariée avec un certain Bahā' al-Dīn [40].

Selon nous ce mariage fut possible grâce à deux facteurs. Le premier est purement géographique puisque Umm al-Ḫayr naquit dans une maison voisine de la *madrasa* al-Bulqīniyya, donc non loin de la maison de Saḫāwī. Le second facteur est social. Une alliance existait déjà entre les deux familles puisqu'Ibn Maʿrūf (arbre généalogique n° 35), l'oncle maternel d'Umm al-Ḫayr, avait épousé Salmā, grande tante de Saḫāwī. Nous ne connaissons pas le nom précis de cet Ibn Maʿrūf et sommes astreint à le dénommer Aḫū ʿĀ'iša bint ʿAbd al-Raḥmān b. Muḥammad b. Maʿrūf. Saḫāwī affirme que cette famille était célèbre parmi les marchands (*al-maʿrūfīn bi-l-tiǧāra*) [41], mais nous n'avons trouvé aucune information à son sujet. Elle était surtout « connue » du père de Saḫāwī ! Il allait tous les vendredis visiter les orphelines et les veuves qu'elle accueillait chez elle, entretenant ainsi de bonnes relations avec les Banū Maʿrūf et, par conséquent, avec le père de la future femme de Saḫāwī : Ibn al-Ḫaṭīb al-Umyūṭī [42]. Son mariage, s'étonne Saḫāwī, fut contracté à grand frais [43] !

Saḫāwī a donc grandi dans un double décor. Le premier, paternel, est le plus gros de conséquence. C'est celui du petit commerçant sorti de la misère. Il n'est que de lire le *Ḍaw'* pour s'apercevoir que Saḫāwī profitait d'une documentation fort riche, une des plus riches de son temps – à propos de la vie des marchands. Comment s'en étonner. C'était le monde naturel dans lequel il a toujours vécu. Déjà, tout petit, son père l'emmenait dans un *maktab* près de son lieu de travail sur le *mīdān* al-Qamḥ.

40. Ibn Fahd, *Bulūġ al-qirā* III, p. 1843.
41. Leyde Or. 2366 f. 14 v° l. 5.
42. *Ḍaw'* VI, p. 29 n° 71.
43. Leyde Or. 2366 f. 24 v° l. 25.

Saḫāwī déploie cependant beaucoup d'efforts pour faire paraître l'autre pan du décor familial, celui représenté par son grand-père maternel Ibn Nudayba et par son propre frère Abū Bakr. Les savants environnaient plus la famille qu'ils n'étaient à l'intérieur de celle-ci. C'est surtout l'ombre des Bulqīnī et d'Ibn Ḥağar qui plane sur le ciel de Saḫāwī. Nous pensons donc que la destinée de notre auteur a fait l'objet d'une évolution que nous essaierons de comprendre dans l'étude attenante à notre édition. Comment le jeune Muḥammad en est-il venu à être le savant précis que nous connaissons ? C'est là l'objet du chapitre deuxième de l'autobiographie.

Tante Fāṭima

Il nous a paru important de présenter plus concrètement un personnage de la famille Saḫāwī. Nous avons choisi à dessein celle qui nous fait découvrir un Saḫāwī presque mélancoliquement saisi par le souvenir de sa tante Fāṭima.

Elle était l'aînée des enfants d'Ibn al-Bārid et fut la première des Saḫāwī à naître au Caire dans un des logements du *waqf* des Bulqīnī, selon toute vraisemblance vers 791/1389. Saḫāwī est allusif sur sa formation et parle de sa maîtrise du fil et de l'aiguille. Presque subrepticement, avant d'en arriver à la mort de Fāṭima, il aborde sa présence aux cours publics [44] donnés par les Bulqīnī dans leur *madrasa*. Cela ne concerne pas sa formation d'enfant, mais sa volonté d'adulte, commune à l'époque, d'entendre des enseignements de grands professeurs de *fiqh* et de *ḥadīṯ*.

Il en vient directement à ce qu'il connaît d'elle par expérience personnelle. Il avait vingt-cinq ans à sa mort. Fāṭima s'était plusieurs fois mariée mais avait perdu tous ses époux. À son mariage avec le dernier, le *Faqīh* Ḥusayn, elle revint vivre dans la maison paternelle, avec l'accord de son frère et père de Saḫāwī. Ḥusayn était particulièrement pauvre. Fāṭima avait tenu cependant à épouser ce mystique, qui faisait le bien autour de lui et qui cousait des boutons durant les classes de lecture qu'il donnait aux jeunes enfants de son *maktab* de la rue al-Ḥusayniyya [45].

Voici une traduction du texte de l'*Iršād* concernant Fāṭima. Le texte souligné correspond aux additions apportées par Saḫāwī à la *tarğama* du *Ḍaw'* (XII, 102 n° 643) :

> Fāṭima grandit dans une <u>extrême</u> (*ġāya*) tempérance et discrétion. Elle maîtrisa si bien la broderie, le perlage, et autre occupation du même genre que les jeunes filles du voisinage venaient souvent la voir pour apprendre. Elle eut de nombreux enfants, <u>garçons et filles</u>, mais tous moururent de son vivant. <u>Elle supporta cela, s'en remit à Dieu et ne mit plus au monde</u>.
>
> Elle n'eut pas plus de chance avec ses maris, si bien qu'elle passa pratiquement toute sa vie assistée par mon père. <u>Son dernier mari fut mon précepteur (*faqīhī*) : l'édifiant *šayḫ* Badr al-Dīn Ḥusayn al-Azharī – un des compagnons du *šayḫ* Yūsuf al-Ṣaffī. Malgré sa pauvreté, elle l'aimait beaucoup pour sa piété et le bien qu'il faisait, si bien qu'elle lui acheta un office</u> [46]<u>. Mais en dépit</u>

44. Pour le terme *mī'ād* et sa signification dans un contexte de popularisation de l'enseignement, cf. Berkey, *The Transmission of Knowledge*, p. 206 sq.
45. *Ḍaw'* III, p. 135 n° 540.
46. À la *madrasa* al-Barqūqiyya.

de cela, il se maria à son insu durant un séjour (*muǧāwara*) qu'elle fit seule à La Mecque. Elle en fut extrêmement jalouse.

Elle fit le pèlerinage de nombreuses fois, dont un avec mon père et le dernier durant le séjour dont je viens de parler.

Je ne manque pas de mentionner sa présence aux enseignements publics (*mīʿād*) que donnaient Sirāǧ al-Dīn al-Bulqīnī et ses deux enfants, parce qu'elle habitait près de chez eux et qu'elle était au service de leur maison, elle et sa famille.

Après avoir recommandé qu'on fît autant de bien et de bonnes œuvres que ses moyens le permettaient et après avoir établi en *waqf* ses frusques (*ḫarā'ib*) qu'elle appelait « biens » (*amlāk*), elle mourut en raǧab 857 (juillet 1453). Je pense qu'elle devait avoir soixante-dix ans ou plus. À la grande mosquée d'al-Ḥākim, une foule nombreuse vint pour son enterrement que ʿAlam al-Dīn al-Bulqīnī présida. Elle fut enterrée aux côtés de ses ancêtres dans l'espace (*ḥawš*) réservé à la Ḫānqāh al-Baybarsiyya.

Elle me comblait d'amour – que Dieu lui fasse miséricorde –, de prières et de compassion. Elle ne cessait de me dire : « Ô mon neveu, que Dieu fasse que tu deviennes *imām* de la grande mosquée al-Ḥarām, pour un certain temps ! ». Elle avait fixé un temps précis. Je crois que c'était dix ans. À chaque fois que je me rappelle cette parole et ces prières en ma faveur, je dis « *Raḥmat Allāh ʿalayhā* ! ». Et je me remémore que me voyant, alors que j'étais petit et que je me lavais le visage à partir du menton (*liḥya*), elle me dit : « Commence par le haut de ton visage puis descends ».

Que Dieu lui fasse miséricorde et qu'il la comble de ses bienfaits en prenant de ma part.

Saḫāwī avait vingt-six ans à la mort de sa tante[47]. Il la connaissait fort bien et dans cette notice transparaît la complicité qui devait exister entre eux. Il faut souligner la manière avec laquelle Saḫāwī a travaillé à nouveau frais la notice qu'il lui avait consacrée dans le *Ḍaw'*[48]. Cette notice était écrite dans un style impersonnel et froid, égrainant de simples informations objectives. La comparaison du texte de l'*Iršād* avec la notice source (texte non souligné) montre à souhait qu'en 902/1497, au moment d'écrire l'*Iršād*, le vieux Saḫāwī ne se contente pas de recopier un texte précédemment composé. Il fait un large travail de réécriture. Il se libère du cadre imposé par son dictionnaire biographique. Il laisse parler son cœur en doublant la longueur du texte par des appréciations, des impressions et des émotions fort vivaces.

Il est naturellement tenté d'idéaliser le portrait moral de sa tante. Il la décrivait dans le *Ḍaw'* comme ayant grandi dans « la tempérance » (*ʿiffa*) et « la discrétion » (*ṣiyāna*). Lors de la rédaction de *l'Iršād*, il hyperbolise l'expression par l'ajout du terme *ġāya* (extrémité).

L'information donnée par le *Ḍaw'* « elle eut de nombreux enfants » (*ruziqat ʿiddat awlād*) était sobre. Dans *l'Iršād* Saḫāwī ajoute l'expression « garçons et filles » (*min al-ḏukūr wa-l-ināṯ*). Ce mérisme ajoute à l'expression *ʿiddat awlād* une dimension de totalité qui renforce le tragique de la mort des enfants, indiqué déjà par le fait que « tous moururent de son vivant » (*mātū fī ḥayātihā*). Le thème de la mort des enfants et du deuil des parents est prégnant chez Saḫāwī

47. En raǧab 857 / juillet 1453.
48. *Ḍaw'* XII, p. 102 n°643.

qui perdit ses quatorze enfants. D'ailleurs l'incise « Elle supporta cela et s'en remit à Dieu » (*fa-ṣabarat wa-ḥtasabat*) est typique de la saine réaction qui, selon lui, doit s'imposer à tout musulman[49]. Il s'est très largement exprimé sur ce sujet en 864/1459-1460, dans un recueil des plus complet sur la doctrine islamique relative au deuil des parents[50], à l'occasion du décès de son fils de douze ans, Aḥmad[51]. Le long chapitre deuxième de ce traité, « La Patience » (*Fī al-ṣabr*), illustre la vertu adéquate pour vivre en bon musulman le deuil de ses enfants. À la réécriture de cette notice sur sa tante, Saḫāwī avait devant lui, à La Mecque, l'exemple de sa propre femme qui, tout comme Fāṭima, « ne mit plus au monde » (*wa-mā ḫallafat aḥadan*). Cette incise est donc sans doute chargée de sa propre expérience et de son sentiment douloureux, mais vécu dans la rigueur morale islamique dont Fāṭima devient un des témoins.

À la tragédie de la mort de tous les enfants de Fāṭima se rajoute le drame de ses maris. Nous ne savons pas en quoi celui-ci consista exactement. La lecture immédiate, dans un contexte de peste pandémique, fait penser que tous ses maris sont également morts. Mais la question reste ouverte puisque, comme point d'orgue, Saḫāwī insère le dernier épisode de ces drames matrimoniaux : une blessure sentimentale. Le *Faqīh* Ḥusayn dont il est question fut le professeur de Coran du tout jeune Saḫāwī alors âgé de quatre ans. Après une désastreuse tentative de formation au Coran dans le *maktab* de Šaraf al-Dīn ʿĪsā b. Aḥmad al-Aqfahsī, instituteur (*mu'addib*) mais copiste de métier, le père de Saḫāwī s'était résolu, en catastrophe, à confier son fils à son nouveau beau-frère qui habitait désormais à la maison. Saḫāwī souligne la goujaterie du *Faqīh* Ḥusayn profitant de la générosité de sa femme et qui, à l'occasion d'un long voyage de celle-ci, se permit d'en épouser une autre. C'est bien grâce à l'argent de Fāṭima, qui lui donna l'occasion d'un poste à la Madrasa al-Barqūqiyya, que le *Faqīh* Ḥusayn eut la possibilité matérielle de se marier une seconde fois. Cependant Saḫāwī égratigne moins la mémoire de son *faqīh* qu'il ne souligne la douloureuse jalousie (*ġayra*) de sa tante.

Même l'incise sur le testament de Fāṭima participe à ce constat général d'une vie plongée dans la peine. Par forme d'astéisme, Saḫāwī utilise une tendre ironie en parlant d'une *waqfiyya* de frusques (*wa-waqafat ṭā'ifa min ḫarā'ibihā*) qu'elle appelait « ses biens » (*amlāk*) pour accuser la pauvreté dans laquelle était tombée sa tante tout en découvrant jusqu'au bout sa générosité.

Tout ceci relève de l'hyperbole. Saḫāwī en reprenant la *tarǧama* de sa tante, inculque au récit une dimension moralisante. Il souligne les traits et présente Fāṭima comme une sainte femme admirable puisque, malgré les souffrances psychologiques de tous ordres qu'elle eut à subir, elle est restée dans le bon chemin : supportant, remettant sa vie (ce qu'il en reste) dans les mains de Dieu.

Mais l'ajout le plus significatif de la personnalité de Saḫāwī, selon nous, et qui complète le tableau moral et édifiant de Fāṭima, concerne les deux souvenirs d'ordre personnel qui

49. Sur l'utilisation de *ṣabr* et *iḥtisāb*, cf. Werner Diem, *Epitaphs as Texts*, p. 310 sq.
50. Le titre complet de ce traité est *Irtiyāḥ al-akbād bi-arbāḥ faqd al-awlād* (*La quiétude du cœur par les fruits qu'inspire la perte des enfants*). Dans le manuscrit (paginé) de la main du frère de Saḫāwī, Abū Bakr (Dublin, Chester Beatty 3463), le chapitre deuxième s'étend de p. 48 l.10 à p. 157 l.16. Avner Giladi a présenté ce traité dans un article de 1993 « The Child Was Small… ». Voir également *id.*, « Parents et enfants : un monde de sentiments », où l'auteur fait une lecture très précise de ce traité, encore inédit dans sa totalité.
51. *Ḍaw'* II, p. 120-121, nº 360.

concluent le récit. Le vocabulaire employé pour évoquer son souvenir est affection (*maḥabba*), intercession (*duʿā'*) et tendresse (*šafaqa*). Fāṭima avait près de quarante-cinq ans à la naissance de son neveu Muḥammad. Il est donc presque certain que Fāṭima avait déjà perdu tous ses enfants à cette époque. Rien d'extraordinaire donc à ce qu'elle transférât son affection de mère endeuillée sur son premier neveu. D'autant, rappelons-le, que, vivant désormais de nouveau chez son frère, elle était en contact quotidien avec Saḫāwī. Mais l'amour qu'elle porte à son neveu n'est pas pure affectivité. L'attachement de Fāṭima s'exprime tout ensemble par les trois termes (*maḥabba, duʿā', šafaqa*) où l'intercession est remarquée par sa place centrale.

Elle répétait souvent à son neveu une bénédiction : « Ô mon neveu, que Dieu fasse que tu deviennes *imām* de la grande mosquée al-Ḥarām, pour un certain temps ! » (*ǧaʿalaka Allāh, yā ibn aḫī, imāman bi-l-masǧid al-ḥarām muddat kaḏā* (*sic* !)). Saḫāwī croit se rappeler qu'elle précisait durant dix années. Puis il fait état de son émotion au souvenir de sa tante : « À chaque fois que je me rappelle cette parole et ces prières en ma faveur, je dis *Raḥmat Allāh ʿalayhā* ! » (*kullamā taḏakkartu qawlahā wa-duʿā'ahā lī bi-ḏālika ataraḥḥamu ʿalayhā*) où le verbe *taraḥḥama* signifie cette prière que l'on dit, presque dans un soupir, au souvenir d'un être aimé mais disparu. Saḫāwī confesse son attendrissement à ce souvenir. Et le souvenir suivant souligne cette émotion mais toujours dans un strict cadre religieux, puisqu'il fait allusion ici au rite de l'ablution du visage : « Lorsque j'étais petit, elle me vit me laver le visage en commençant par le menton [52], elle me dit alors : commence par le haut de ton visage puis termine par le bas ! » Mais ce souvenir remonte à l'enfance avant que Saḫāwī n'apprenne par cœur le *Minhāǧ* chez Ibn Asad [53] et que ce geste banal alors exprimé par les mots de Nawawī (*ġasl waǧhihi wa-huwa mā bayna manābit ra'sihi ġāliban wa-muntahā laḥyayhi…*) [54] ne devienne un comportement à caractère religieux.

Le "double" *nasab* de Saḫāwī

La notice de Saḫāwī du *Ḍaw'* est introduite par la chaîne onomastique suivante :

> Muḥammad b. ʿAbd al-Raḥmān b. Muḥammad b. Abī Bakr b. ʿUṯmān b. Muḥammad al-mulaqqab Šams al-Dīn, Abū al-Ḫayr wa-Abū ʿAbd Allāh b. al-Zayn aw al-Ǧalāl Abī al-Faḍl wa-Abī Muḥammad al-Saḫāwī al-aṣl al-Qāhirī al-Šāfiʿī, al-muṣannif, al-māḍī abūhu wa-ǧadduhu wa-yuʿrafu bi-l-Saḫāwī. [55]

Le *nasab*, rappelons-le, désigne l'enchaînement des *ism*-s d'hommes associés les uns aux autres par un lien de paternité-filiation selon le schème *fulān b. fulān*. L'identité de l'individu, homme ou femme, se trouve par conséquent intrinsèquement combinée à la généalogie

52. *Lit.* la barbe (*liḥya*).
53. Saḫāwī, *Ḍaw'* I, p. 227-231 ; *id.*, *Waǧīz* II, p. 211 ; Suyūṭī, *Naẓm*, p. 36, n° 19.
54. Nawawī, *Minhāǧ al-ṭālibīn*, Bāb al-wuḍū'.
55. *Ḍaw'* VIII, p. 2.

patrilinéaire ainsi obtenue. Par le *nasab* le personnage, que désigne le premier *ism*, reçoit non seulement son identité mais également un patrimoine symbolique familial[56].

La patrilinéarité de ce *nasab* est ici renforcée par un doublement de la chaîne des *ism*-s par celle des *laqab*-s et des *kunya*-s. Ce phénomène n'est pas si fréquent et s'observe surtout dans les dictionnaires biographiques d'époque mamelouke pour les notables (*aʿyān*) dont les *tarǧama*-s sont richement documentées. La deuxième chaîne est cependant moins dotée et ne remonte, dans le meilleur des cas, qu'au grand-père. La toute première page du *Ḍaw'* nous fournit un exemple simple. Voici le "double" *nasab* de la septième notice : *Ibrāhīm b. Ibrāhīm b. Muḥammad b. ʿAbd al-Qādir b. Muḥammad b. ʿAbd al-Qādir / al-Muḥibb Abū al-Faḍl b. al-Burhān b. al-Badr Abī ʿAbd Allāh al-Ǧaʿfarī [...].* Le parallélisme des deux chaînes est confirmé par le cas nominatif d'*al-Muḥibb Abū al-Faḍl* qui est donc placé comme attribut (*ḫabar*) du sujet-*nasab* (*mubtada'*).

Pour la chaîne concernant Saḫāwī, le parallélisme est souligné dans le *Ḍaw'* par l'introduction du terme *al-mulaqqab*. Ce "double" *nasab*, distinct dans le *Ḍaw'*, est utilisé autrement dans l'*Iršād* pour servir deux propos complémentaires.

La première forme du *nasab* ouvre le développement dans lequel Saḫāwī énumère les notices des gens de sa famille sans lesquels le simple *nasab* patrilinéaire n'a pas vraiment de consistance : *fa-l-nasab huwa Muḥammad b. ʿAbd al-Raḥmān b. Muḥammad b. Abī Bakr b. ʿUṯmān b. Muḥammad.* La seconde forme, elle, mêlée au *nasab* traditionnel, introduit le second chapitre où il est question de la formation de Saḫāwī dans un contexte social élargi :

> *Fa-kātibuhu wa-huwa kamā ʿulima min al-bāb qablahu Šams al-Dīn Abū al-Ḫayr wa-Abū ʿAbd Allāh Muḥammad b. al-Ǧalāl aw al-Zayn Abī al-Faḍl aw Abī Muḥammad ʿAbd al-Raḥmān b. Muḥammad b. Abī Bakr b. ʿUṯmān b. Muḥammad.*[57]

Le *laqab* et la *kunya* sont là comme marque de parrainage, car reçus durant la jeunesse, pour guider l'apprenti savant qu'est Saḫāwī à la haute destinée que sa formation doit assurer. Ils sont comme une garantie pour participer à l'immense réseau social des hommes de culture. Ibn Ḥaǧar avait reçu par exemple la *kunya* Abū al-Faḍl du cadi de La Mecque Muḥammad b. Aḥmad b. ʿAbd al-ʿAzīz al-ʿAqīlī al-Nuwayrī, pour lui ressembler (*tašbīhan*)[58]. Saḫāwī reçoit

56. Szombathy, « *Nasab*: On the History of a Concept », p. 71-82.
57. Leyde Or. 2366 f. 14 v° l. 27.
58. Al-Saḫāwī, *al-Ǧawāhir wa-l-durar* I, p. 102.

d'Ibn Ḥaǧar la *kunya* Abū al-Ḫayr[59]. C'est aussi le sens qu'il faut donner à un épisode de la vie du père de Saḫāwī dans l'*Iršād*[60] :

> Il arriva une belle histoire qui indique la subtilité d'esprit de mon père. Lorsqu'après une de ces récitations, [Ǧalāl al-Dīn al-Bulqīnī] vint à lui demander son *ism*, celui-ci porta sa main à la bouche pour la baiser puis, baissa pudiquement la tête, car son *ism* était le même que celui du maître. Celui-ci, comprenant l'induction – ce qui est évident – ou connaissant d'avance son *ism*, voulut tout de même vérifier la compréhension [de son geste] et s'empressa de dire : « Dieu m'en est témoin, ton père ne t'a appelé par notre nom que par amour pour nous, et moi, par respect pour toi, je vais t'appeler par mon *laqab* et par ma *kunya* » et il termina (*fa-qāla*) « Ǧalāl al-Dīn Abū al-Faḍl ! »

C'est au cours d'une séance de récitation que ce dialogue est engagé. ʿAbd al-Raḥmān, le père de Saḫāwī, n'a alors que treize ans. Nous sommes bien là à la naissance du réseau de relations que le jeune en formation est en train de tisser. Le geste que fait le jeune ʿAbd al-Raḥmān est très certainement lié à l'expression de louange à Dieu. Il rend gloire à Dieu de ce qu'il porte le même *ism* que son maître. Il en est même confus. À son tour, le maître lui donne son *laqab* et sa *kunya*. Il l'invite ce faisant à persister dans l'effort d'apprentissage afin de lui ressembler comme savant, comme il lui ressemble déjà par son *ism*.

Cette imbrication du *nasab* avec la chaîne des *laqab*-s et des *kunya*-s n'est pas simplement un exercice de savants instruits. Elle est riche de signification. La formation intellectuelle de Saḫāwī, dont il sera question dans le chapitre deux, se fera avant tout par l'insertion, rendue possible par le milieu familial représenté par le *nasab*, dans le monde des savants représenté par le *laqab* et la *kunya*. Tout dans la formation des jeunes de l'époque est strictement interpersonnel et suppose une relation directe (accréditée par *l'iǧāza*), ou indirecte (sollicitée par l'*istidʿā'*), avec un maître. Celui qui introduit l'enfant mâle dans ce réseau et qui le lance dans la course aux relations, c'est le père de famille, ou, en cas de décès, son substitut.

59. Il était généralement admis (*ʿalā al-ǧādda*) de donner, à un enfant prénommé Muḥammad, la *kunya* Abū ʿAbd Allāh. Nous estimons effectivement que 85 % des *kunya*-s Abū ʿAbd Allāh utilisées dans le *Ḍaw'* concernent un personnage dont l'*ism* est Muḥammad, avec également le *laqab* Šams al-Dīn. Il n'était pas rare non plus d'attribuer une ou plusieurs autres *kunya*-s à quelqu'un en signe de reconnaissance, de distinction ou de respect. La singularité de la *kunya* Abū al-Ḫayr donnée à Saḫāwī par Ibn Ḥaǧar suscite l'émerveillement de la mère de Saḫāwī qui lui fait remarquer que son maître rejoint, sans le savoir, la *kunya* attribuée à l'instant de la naissance évoquée par la section du cordon ombilical, « *Innahā al-kunya ḥīna qaṭʿ al-surra* » (Leyde Or. 2366 f. 11r° l. 5). Sur le lien *ism-laqab* : al-Qalqašandī (m. 821/1418), *Ṣubḥ al-aʿšā* V, p. 489. Sur le lien *ism-kunya* : Sublet, *Le voile du nom*, p. 42-45; Schimmel, *Noms de personne en Islam*, p. 14-15.

60. Leyde Or. 2366 f. 12r° l. 25-f. 12 v° l. 1 et autre version dans *Ḍaw'* IV, p. 125 l. 1-3.

Conclusion

Alors que dans une notice biographique de dictionnaire le seul *nasab* suffit à présenter un personnage, la description de la famille de Saḫāwī du premier chapitre de son autobiographie se présente comme un complément nécessaire aux données apportées par le seul *nasab*, fût-il enrichi par des développements sur les différentes *nisba*-s propres au personnage. Saḫāwī juge la traditionnelle généalogie patrilinéaire insuffisante pour donner du *ṣāḥib al-tarǧama* une image complète. Le discours sur soi-même nécessite davantage. Il ajoute donc un très long développement sur sa famille. Son tempérament de traditionniste habitué à ranger, à trier le maximum d'informations sur un sujet donné conduit le vieil homme à organiser la présentation de près de quarante membres de sa famille. Pour cela il réutilise du matériau déjà composé (*Ḍaw'* et *Muʿǧam*) et introduit des souvenirs personnels. Ce travail se fait à La Mecque lors de son tout dernier séjour dans la ville sainte. C'est l'occasion – en a-t-il conscience ? – de prendre du recul sur ce qu'il a appris ou vécu avec les uns et les autres.

L'objectif autobiographique de Saḫāwī, dans l'écriture de son chapitre sur sa famille est, ne l'oublions pas, non seulement de parler de soi-même, mais surtout de faire son propre éloge afin de se donner en exemple. En développant l'*Iršād*, Saḫāwī veut édifier la communauté des étudiants en science du *ḥadīṯ* qu'il juge sévèrement. Saḫāwī était perfectionniste, il ne lâchait rien de ses critiques [61].

La famille n'est donc pas en soi l'objet direct de ce texte. C'est une mise en contexte de soi. Nous avons bien sûr accès à de l'information sur la famille, mais au final Saḫāwī parle de lui-même. Cela ne discrédite pas, selon nous, l'information apportée. Car Saḫāwī est, dans ce cadre, plus prompt à rajouter des éléments plus personnels aux différents portraits qu'il peint que de gauchir l'histoire.

Les très nombreux éléments autobiographiques qu'il nous livre sur sa famille, jusqu'à l'indécence [62], se présentent comme le contexte nécessaire car complémentaire à l'analyse de la chaîne onomastique. Le *nasab* patrilinéaire ne suffisant pas pour atteindre l'identité de sa personne, Saḫāwī établit un premier élargissement du portrait de lui-même par une peinture précise du milieu familial, tant masculin que féminin, dans lequel lui, Muḥammad, a grandi. En intégrant les notices des membres de sa famille qu'il avait autrefois écrites dans le *Ḍaw'*, Saḫāwī les retravaille pour leur donner un lustre apte à capter l'attention de l'étudiant, du lecteur.

61. C'est le sens des paroles que le père de Saḫāwī lui-même lui dira sur son lit de mort : « *Anta tuḥibbu al-ta'annuq wa-la taqnaʿ bi-mā tayassara* » (Tu aimes la perfection et tu ne te satisfais pas de ce qui arrive simplement), Leyde Or. 2366 f. 24v° l. 1. Pour un exemple de la sévérité de Saḫāwī, *Fatḥ al-muġīṯ* I, (préface de l'auteur), p. 5.

62. Saḫāwī s'était occupé du mariage de Qurrat al-ʿAyn, fille d'Abū Bakr décédé en 893/1487-1488. Zayn al-Dīn, son frère, s'efforça, avec sa mère que Saḫāwī ne supportait pas, de casser ce mariage. Le récit de cette mésaventure et des mauvais traitements infligés à Qurrat al-ʿAyn est rapporté avec précision à la fin du chapitre premier de l'*Iršād*. Les deux lignes et demi concernées ont été caviardées sur le manuscrit Ayasofya Ar. 2950 f. 15r° l. 6-8. Heureusement le manuscrit de Leyde a échappé à cette censure.

Dans le deuxième chapitre, sur sa formation, Saḫāwī élargit considérablement son tissu de relations du milieu familial vers le milieu des savants. Il n'est plus alors question de Muḥammad mais de Šams al-Dīn Abū al-Ḫayr Muḥammad. *Laqab* et *kunya* se chargent d'une signification symbolique et donnent à Saḫāwī le statut de savant intégré à la couche sociale des *ʿulamāʾ*.

Cette intégration n'allait pas de soi. Le milieu d'où il venait ne le destinait pas franchement à faire de lui le grand savant qu'il fut. Venant d'un milieu modeste de marchands, son propre mariage l'assignait à une destinée commerçante. Car Ibn Nudayba dans ce décor familial fait figure d'exception. Tout marchand qu'il fût, le père de Saḫāwī aura formé son fils durement et jamais ne l'empêchera de prendre le chemin des études. Nous pensons que s'est jouée là l'influence des Bulqīnī d'une part mais surtout celle d'Ibn Ḥağar. Le prestige de ces deux grands voisins fut déterminant dans l'évolution de la vie du jeune Muḥammad.

Saḫāwī réalisait ainsi d'une certaine manière le vœu de sa tante Fāṭima qui priait Dieu de le voir un jour *imām* d'une des plus prestigieuses mosquées de son temps, à La Mecque.

Ce n'est ni la peste, ni les vicissitudes du temps qui l'empêcheront d'être un traditionniste digne de ce nom. La perte de ses enfants a été une succession de drames personnels, mais chaque fois interprétés dans une dynamique religieuse. Au point que la perte si douloureuse de son fils Aḥmad fut l'occasion de renforcer son désir de faire le pèlerinage. C'est ainsi que commence le chapitre troisième sur les séjours de Saḫāwī dans le Ḥiğāz.

Bibliographie

Instruments de travail

Brockelmann, Carl, *Geschichte der Arabischen Litteratur*, 2 vol., Emil Felber, Weimar-Berlin, 1898-1902.

—, *Geschichte der Arabischen Litteratur (Supplement)*, 2 vol., E.J. Brill, Leyde, 1937-1938.

Encyclopédie de l'Islam, 2e éd., 12 vol., Brill, Leyde, 1960-2007

Gibb, H. A. R., « al-Bulḳīnī », I, p. 1348-1349.

Petry, C., « al-Sakhāwī », VIII, p. 912.

Al-Ḥibšī, ʿAbd Allāh Muḥammad, *Ğāmiʿ al-šurūḥ wa-l-ḥawāšī*, 3 vol., al-Mağmaʿ al-ṯaqāfī, Abou Dhabi, 1425/2004.

Al-Marʿašlī, Yūsuf ʿAbd al-Raḥmān, *Muʿğam al-maʿāğim wa-l-mašyaḫāt wa-l-fahāris wa-l-barāmiğ wa-l-aṯbāt*, 4 vol., Maktabat al-rušd, Riyad, 1423/2002.

Wiet, Gaston, *Les biographies du* Manhal al-safi, *Mémoires présentés à l'Institut d'Égypte XIX*, Ifao, Le Caire, 1932.

Sources

Al-Biqāʿī, *ʿUnwān al-ʿunwān aw al-Muʿǧam al-ṣaġīr*, éd. Ḥasan Ḥabašī, Dār al-Kutub wa-l-waṯā'iq al-qawmiyya, Le Caire, 1424/2003.

Al-Fāsī, *Ḏayl al-taqyīd li-maʿrifat ruwāt al-sunan wa-l-masānīd*, éd. Muḥammad Ṣāliḥ ʿAbd al-ʿAzīz al-Murād, 3 vol., Ǧāmiʿat Umm al-Qurā, La Mecque, 1411/1990.

Ibn Fahd, *Bulūġ al-qirā fī ḏayl itḥāf al-warā bi-aḫbār Umm al-qurā*, éd. Salāḥ al-Dīn b. Ḫalīl Ibrāhīm, ʿAbd al-Raḥmān b. Ḥusayn Abū al-Ḫayūr et ʿAlyān b. ʿAbd al-ʿĀlī al-Muġalladī, 4 vol., Dār al-Qāhira, Le Caire, 1425/2005.

Ibn Ḥaǧar al-ʿAsqalānī, *Ḏayl al-Durar al-kāmina*, éd. ʿAdnān Darwīš, Maʿhad al-maḫṭūṭāt al-ʿarabiyya, Le Caire, 1412/1992.

—, *al-Maǧmaʿ al-mu'assas li-l-muʿǧam al-mufahras*, éd. Yūsuf ʿAbd al-Raḥmān al-Marʿašlī, 4 vol., Dār al-Maʿrifa, Beyrouth, 1413/1992.

—, *Inbā' al-ġumr bi-anbā' al-ʿumr*, éd. Ḥasan Ḥabašī, 4 vol., al-Maǧlis al-aʿlā li-l-šu'ūn al-islāmiyya, Le Caire, 1392/1972.

Ibn Qāḍī Šuhba, *Ta'rīḫ Ibn Qāḍī Šuhba*, éd. ʿAdnān Darwīš, 4 vol., Ifpo, Damas, 1977-1997.

Ibn Ṭūlūn, *al-Fulk al-mašḥūn fī aḥwāl Muḥammad b. Ṭūlūn*, éd. Muḥammad Ḫayr Ramaḍān Yūsuf, Dār Ibn Ḥazm, Beyrouth, 1416/1996.

Al-Maqrīzī, *Durar al-ʿuqūd al-farīda fī tarāǧim al-aʿyān al-mufīda*, éd. Maḥmūd al-Ǧalīlī, 4 vol., Dār al-Ġarb al-islāmī, Beyrouth, 1423/2002.

—, *Kitāb al-sulūk li-maʿrifat duwal al-mulūk*, éd. Muḥammad Muṣṭafā Ziyāda et Saʿīd ʿAbd al-Fattāḥ ʿĀšūr, 12 vol., Dār al-Kutub al-miṣriyya, Le Caire, 1934-1974.

—, *al-Mawāʿiẓ wa-l-iʿtibār fī ḏikr al-ḫiṭaṭ wa-l-āṯār*, éd. Aymān Fu'ād Sayyid, 5 vol., Mu'assasat al-Furqān li-l-turāṯ al-islāmī, Londres, 2002-2004.

Al-Qalqašandī, *Ṣubḥ al-aʿšā fī ṣināʿat al-inšā'*, avec une introd. par Muḥmmad ʿAbd al-Rasūl, 14 vol., al-Mu'assasa al-miṣriyya al-ʿāmma li-l-ta'līf wa-l-tarǧama wa-l-ṭibāʿa wa-l-našr, Le Caire, 1963.

Al-Saḫāwī, *al-Ḍaw' al-lāmiʿ li-ahl al-qarn al-tāsiʿ*, éd. Ḥisām al-Dīn al-Qudsī, 6 vol., Maktabat al-Qudsī, Le Caire, 1933.

—, *al-Ḏayl al-tāmm ʿalā duwal al-islām li-l-Ḏahabī*, éd. Ḥasan Ismāʿīl Marwa, 3 vol., Koweït, Maktabat Dār al-ʿurūba, Dār Ibn al-ʿImād, Beyrouth, 1413/1992.

—, *Fatḥ al-muġīṯ bi-šarḥ Alfiyyat al-ḥadīṯ*, éd. ʿAbd al-Karīm b. ʿAbd Allāh b. ʿAbd al-Raḥmān al-Ḫuḍayr et Muḥammad b. ʿAbd Allāh b. Fahīd Āl Fahīd, 2e éd., 5 vol., Maktabat Dār al-minhāǧ, Riyad, 1428/2007.

—, *al-Ǧawāhir wa-l-durar fī tarǧamat šayḫ al-islām Ibn Ḥaǧar*, éd. Ḥāmid ʿAbd al-Maǧīd, al-Maǧlis al-aʿlā li-l-šu'ūn al-islāmiyya, Le Caire, 1986.

—, *al-Ǧawāhir wa-l-durar fī tarǧamat šayḫ al-islām Ibn Ḥaǧar*, éd. Ibrāhīm Bāǧis ʿAbd al-Maǧīd, 3 vol., Dār Ibn Ḥazm, Beyrouth, 1419/1999.

—, *al-Qawl al-munbī ʿan tarǧamat Ibn ʿArabī*, ta'līf (...) al-Saḫāwī, Taḥqīq wa-dirāsat al-qism al-awwal min bidāyat al-maḫṭūṭ ilā al-lawḥa 130 bā', éd. Ḫālid b. al-ʿArabī Mudrik, 2 vol., Thèse de magistère, Ǧāmiʿat Umm al-Qurā, Riyad, 1421-1422/2000-2001.

—, *al-Tuḥfa al-laṭīfa fī ta'rīḫ al-Madīna al-šarīfa*, éd. Asʿad Ṭarābzūnī al-Ḥusaynī, 3 vol., Dār našr al-ṯaqāfa, Le Caire, 1399/1979.

—, *al-Tuḥfa al-laṭīfa fī ta'rīḫ al-Madīna al-šarīfa*, éd. ʿĀrif Aḥmad al-Ġanī et Ḫālid al-Mullā al-Sūaydī, 4 vol., Dār Kinān, Damas, 1421/2010.

—, *Waǧīz al-kalām fī al-ḏayl ʿalā duwal al-islām*, éd. ʿIṣām Fāris al-Ḥarastānī, Aḥmad al-Ḫaṭīmī et Baššār ʿAwwād Maʿrūf, 4 vol., Mu'assasat al-risāla, Beyrouth, 1416/1995.

Al-Suyūṭī, *Ḥusn al-muḥāḍara fī aḫbār Miṣr wa-l-Qāhira*, 2 vol., Maktabat al-Ḫānǧī, Le Caire, 1428/2007.

—, *Naẓm al-ʿiqyān fī aʿyān al-aʿyān*, éd. Philip K. Hitti, al-Maṭbaʿa al-sūriyya al-amrīkiyya, New York, 1927.

Études

Berkey, Jonathan Porter, *The Transmission of Knowledge in Medieval Cairo : A Social History of Islamic Education*, Princeton University Press, Princeton, 1992.

Chodkiewicz, Michel, « Le procès posthume d'Ibn ʿArabī », dans : Frederick deJong and Bernd Radtre (éd.), *Islamic Mysticism Contested. Thirteen Centuries of Controversies and Polemics*, E.J. Brill, (coll. «Islamic History and Civilization. Studies and Texts», 29), Leyde, 1999, p. 93-123.

Diem, Verner, *The Living and the Dead in Islam. Studies in Arabic Epitaphs*, vol. I, *Epitaphs as Texts*, Harrassowitz, Wiesbaden, 2004.

Giladi, Avner, «"The Child Was Small… Not So the Grief for Him": Sources, Structure, and Content of Al-Sakhawi's Consolation Treatise for Bereaved Parents », *Poetics Today* 14, Summer 1993, 2, Cultural Processes in Muslim and Arab Societies : Medieval and Early Modern Periods (Summer, 1993), p. 367-386.

du Grandlaunay, René, « La liste des autorités de Šams al-Dīn al-Saḫāwī », *Quaderni di Studi Arabi*, nouv. sér. 4, 2009, p. 81-98.

Landau-Tasseron, Ella, « The "Cyclical Reform": a Study of the Mujaddid Tradition », *StudIsl* 70, 1989, p. 79-117.

Little, Donald P., « Historiography of the Ayyūbid and Mamlūk epochs », dans : *The Cambridge History of Egypt, Islamic Egypt, 640-1517*, éd. Carl F. Petry, vol. I, Cambridge University Press, Cambridge, 1998.

Loiseau, Julien, *Reconstruire la Maison du sultan, 1350-1450, Ruine et recomposition de l'ordre urbain au Caire*, 2 vol., Études urbaines 8, Ifao, Le Caire, 2010.

Martel-Thoumian, Bernadette, « Le dictionnaire biographique: un outil historique. Une étude réalisée à partir de l'ouvrage de Saḫāwī : *aḍ-Ḍaw' al-lāmiʿ fī aʿyān al-qarn at-tāsiʿ* », dans : Jacqueline Sublet (éd.), *Cahiers d'onomastique arabe 1988-1992*, CNRS éditions, Paris, 1993, p. 9-38.

Oulad Hammou, Khalid, *Sakhāwī et les marchands. Recherche sur les gens de commerce au XVe siècle dans l'empire mamelouk*, (thèse), Aix-en-Provence, 2004/2005.

Reynolds, Dwight F. (éd.), *Interpreting the Self, Autobiography in the Arabic Literary Tradition*, University of California Press, Berkeley, 2001.

Schimmel, Annemarie, *Noms de personne en Islam*, trad. par Leïle Anvar-Chenderoff, Presses universitaires de France, Paris, 1998.

Sublet, Jacqueline, *Le voile du nom. Essai sur le nom propre arabe*, Presses universitaires de France, Paris, 1991.

Szombathy, Zoltán, « *Nasab*: On the History of a Concept », *The Arabist, Budapest Studies in Arabic* 26-27, 2003, p. 71-82.

Yahya, Osman, « Mission en Turquie : recherches sur les manuscrits du soufisme », *REI* 26, 1958, p. 11-64.

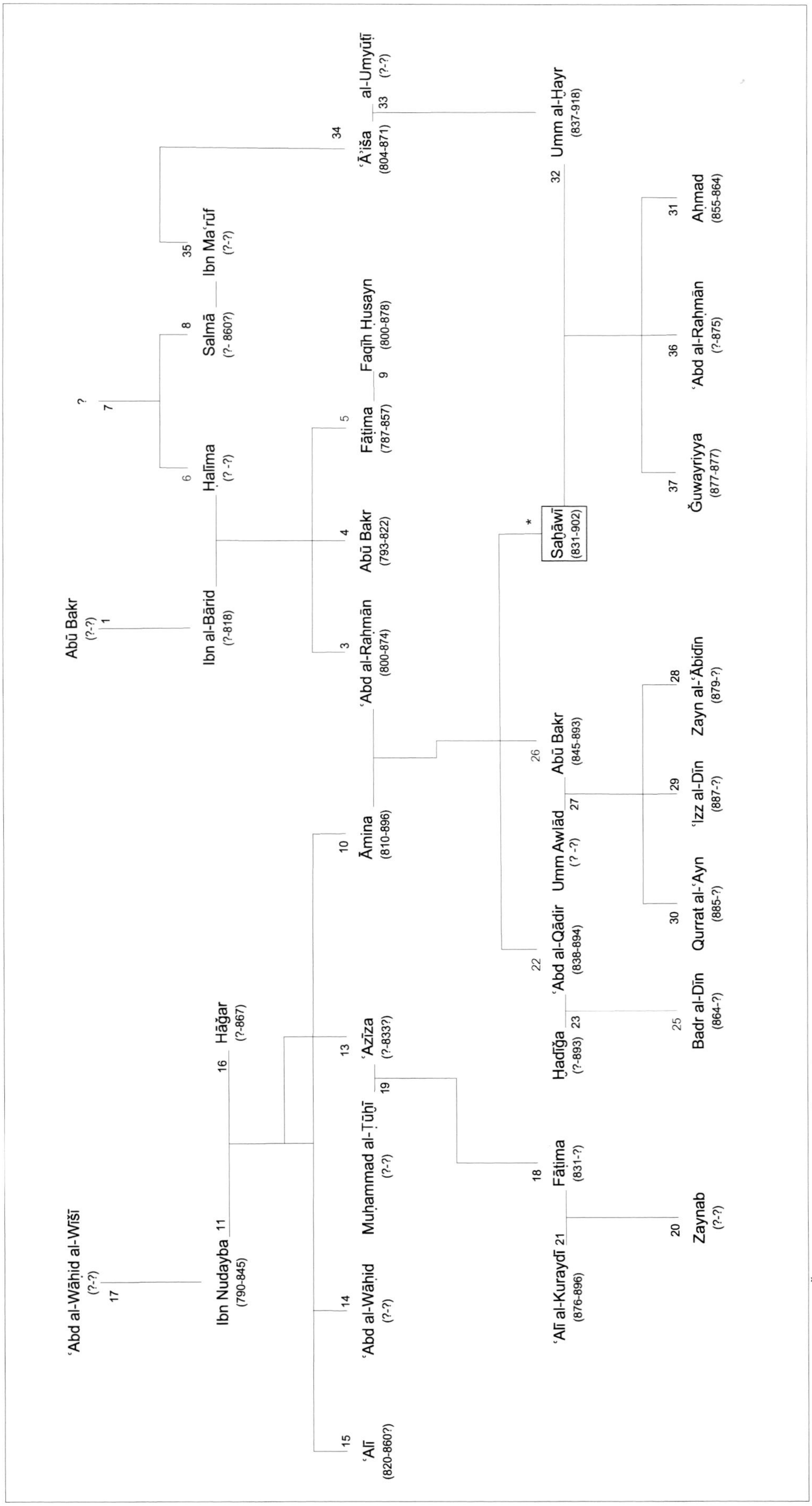

Fig. 1. Arbre généalogique de Šams al-Dīn Muḥammad al-Saḫāwī.

Famille et histoire de l'intime

BRIGITTE FOULON, EMMANUELLE TIXIER DU MESNIL*

Famille princière et poésie : le cas d'al-Muʿtamid Ibn ʿAbbād (1040-1095)

RÉSUMÉ

Rares sont les souverains andalous dont la vie se prêta autant à l'élaboration d'un mythe que celle d'al-Muʿtamid Ibn ʿAbbād, dernier roi ʿabbādide de Séville. Ce mythe, forgé et entretenu par les auteurs andalous, repris et amplifié par l'historiographie des XIXe et XXe siècles, repose sur la personnalité de ce prince, grand combattant tout autant qu'excellent poète, mais aussi sur un destin exceptionnel : il fut le plus glorieux des princes andalous du XIe siècle, mais, démis par les Berbères almoravides à la fin du siècle, il finit sa vie miséreux et en exil. Le destin d'al-Muʿtamid serait sans aucun doute beaucoup moins romanesque si ce roi ne s'était pas trouvé, de surcroît, au centre d'une constellation familiale et amicale aussi complexe que fascinante, au sein de laquelle la pratique de l'art poétique joue un rôle fondamental. Nombreux sont les textes qui abordent ses relations ombrageuses avec son père, le terrible al-Muʿtaḍid, sa passion pour celle qu'il fit reine sous le nom d'Iʿtimād, son attachement pour son compagnon et vizir Ibn ʿAmmār et enfin sa tendresse pour ses enfants, qu'il exprima dans ses poésies composées en exil.

Mots-clés : al-Andalus – poésie arabe – al-Muʿtamid Ibn ʿAbbād

* Brigitte Foulon, université de Paris III, bfoulon14@gmail.com
Emmanuelle Tixier du Mesnil, université de Paris Ouest Nanterre, La Défense, edumesnil@u-paris10.fr

ABSTRACT

Very few are the Andalusian princes whose lives led to the coining of such a myth as that of al-Muʿtamid Ibn ʿAbbād, last Abbadid king of Sevilla. This myth, forged and kept alive by the Andalusian authors, taken up and enhanced by the 19th and 20th century historiographers, lies in the personality of this prince, a great warrior as well as an excellent poet, but also in his outstanding fate : he was the most glorious Andalusian prince of the 11th century, but, dismissed from his duties by the Almoravid Berbers, he ended up his life, destitute and in exile. Al-Muʿtamid Ibn ʿAbbād's fate would no doubt be far less romantic had he not spent his life in the bosom of a family and friendly circle, which was both complex and fascinating and where the art and practice of poetry played a prominent part. Many are the texts that tackle his prickly relationship with his father, the great al-Muʿtaḍid, his passion for the lady he made queen under the name of Iʿtimād, his affection for his companion and vizir, Ibn ʿAmmār, and to finish, the tenderness for his children he expressed in the poems he composed when he was in exile.

Key words: al-Andalus – Arabic poetry – al-Muʿtamid Ibn ʿAbbād

* * *

AMOUR, gloire, beauté… et déchéance. Le portrait d'al-Muʿtamid Ibn ʿAbbād nécessite l'ajout de ce dernier terme à la trilogie bien connue car lui seul permet de rendre compte au mieux du destin tragique de celui qui fut le plus célèbre des princes andalous. Outre le fait qu'il fut l'un des meilleurs poètes de son temps, c'est certainement ce retournement de la fortune qui explique qu'il est plus connu des littéraires que des historiens. À part Reinhard Dozy, au milieu du XIXe siècle, qui voyait en lui le parangon des princes andalous et le pivot de son histoire de la Péninsule, les historiens se sont depuis contentés d'insérer sa geste dans la trame compliquée de l'histoire du XIe siècle. Dans l'article de l'*Encyclopédie de l'islam* qui lui est consacré, Évariste Lévi-Provençal fait un portrait assez plat du prince, évacuant très vite les éléments qualifiés de romanesques pour aller à l'essentiel : le rôle qu'il occupa au cours des épisodes de la Reconquista qui l'opposèrent à Alphonse VI de Castille. Un paragraphe cependant, à la fin de la notice, est consacré à son activité poétique. C'est pourtant par ce biais que nous avons décidé de l'aborder, peut-être pour essayer d'apporter un éclairage nouveau sur ce personnage exceptionnel. Mais aussi parce que les sources poétiques font partie intégrante des documents qui permettent l'écriture de l'histoire. La situation politique qui prévalait à Séville à la fin du XIe siècle y est tout aussi finement retranscrite que dans des notices biographiques ou des traités de géographie. Al-Muʿtamid Ibn ʿAbbād n'est cependant pas un héros isolé et son destin est indissociable d'une constellation familiale et amicale aussi complexe que fascinante. Nombreux sont les textes qui abordent les relations ombrageuses avec son père, le terrible al-Muʿtaḍid, son attachement pour son compagnon et vizir Ibn ʿAmmār, sa passion pour celle qu'il fit reine sous le nom d'Iʿtimād, son amitié sans faille pour le poète Ibn Labbāna, et enfin, sa tendresse pour ses enfants, qu'il exprima dans ses poésies composées en exil. Ce sont les différents éléments qui constituent cette constellation que nous allons tour à tour évoquer, en mettant cependant l'accent sur les rapports tout à la fois politiques et poétiques qui lièrent le père et le fils.

Le père et le fils, deux figures antinomiques

Al-Muʿtamid Ibn ʿAbbād naquit en 431 ou 432 (1040) au sein de la famille princière qui dirigeait Séville depuis deux générations. Son père était le féroce al-Muʿtaḍid, premier véritable souverain de la dynastie ʿabbādide, laquelle s'était imposée à la tête de la principauté de Séville à la faveur de la *fitna* qui vit sombrer le califat omeyyade de Cordoue, dans les premières décennies du XIe siècle. Séville était alors la seconde ville d'al-Andalus par son importance démographique et politique après Cordoue, la capitale du califat, ruinée à l'issue du terrible siège que lui firent subir les Berbères en 1010-1013. L'unité du territoire ayant fait long feu, une vingtaine de principautés, les Taïfas, se disputèrent villes et provinces. Au début des années 1020 s'imposa à la tête de Séville un triumvirat, sorte de conseil viziral, dont la figure dominante était le cadi Muḥammad ibn ʿAbbād. L'essentiel de son activité fut de protéger la ville des convoitises des différents prétendants au califat, quitte à proposer de manière fort originale un candidat : en 1035, le cadi prétendit avoir retrouvé l'Omeyyade Hišām al-Muʾayyad, pourtant disparu en 1013 dans les tourmentes de la *fitna*. Il s'agissait en fait d'un sosie dont peu de gens furent dupes mais qui avait l'avantage de déléguer le pouvoir au cadi, assurant ainsi la légitimité de ce dernier. Le second gouvernant ʿabbādide, fils du cadi, fut ʿAbbād ibn Muḥammad ibn ʿAbbād (433-461/1041-1042 à 1068-1069) qui prit, contrairement à son père, un *laqab*, celui d'al-Muʿtaḍid bi-Llāh [1]. Le souverain sévillan déploya un zèle féroce pour consolider son royaume ; il repoussa considérablement les limites de la principauté de Séville, absorbant les Taïfas voisines qui ne pouvaient se défendre. Il annexa ainsi, dans le Gharb, Mertola, Huelva-Saltès, Niebla et Silves ; ce fut ensuite le tour des petits émirats berbères de Moron, Ronda, Carmona, Arcos, au cours de la décennie 1060. L'ambition d'al-Muʿtaḍid ne se borna pas à ces prises; il entendait devenir le maître de tout le Sud de la Péninsule, ce qui le fit s'attaquer à Cordoue, disputée au souverain de Tolède. Il mourut néanmoins avant d'avoir pris la ville, en 461/1069. C'est à son fils, al-Muʿtamid, notre héros, que revint cette prise glorieuse, à la fin de la même année.

Dans sa *Ḏaḫīra*, Ibn Bassām (m. 542/1147) consacre une notice à chacun des ʿAbbādides ayant occupé le pouvoir à Séville : le cadi Abū al-Qāsim Muḥammad b. ʿAbbād [2], le fondateur de la dynastie, puis son fils al-Muʿtaḍid [3], qui lui succède en 433/1041, et enfin al-Muʿtamid, qui accède au trône en 461/1069 [4]. Néanmoins, ce sont les deux derniers qui retiennent davantage l'attention de l'anthologue. Il apparaît clairement qu'Ibn Bassām, à travers les pages dédiées

1. Ce *laqab* avait été porté par le seizième calife abbasside, Aḥmad b. Abī Aḥmad b. al-Mutawwakil al-Muʿtaḍid bi-Llāh (279-289/892-902). Ce calife avait déployé des efforts considérables pour consolider l'Empire.
2. Ibn Bassām, *al-Ḏaḫīra* II/1, p. 13-23.
3. *Ibid.*, p. 23-41.
4. *Ibid.*, p. 41-81.

à al-Muʿtaḍid et al-Muʿtamid, élabore deux figures antinomiques du prince et qu'il oppose délibérément le père et le fils. Le discours tenu sur al-Muʿtaḍid, qu'il émane d'Ibn Bassām lui-même ou de l'une de ses sources majeures, l'historien Ibn Ḥayyān, est particulièrement négatif. Ainsi, dans les quelques lignes de présentation générale du personnage que nous livre le premier, le terme de *ǧabbār* (« tyran ») n'intervient pas moins de trois fois. L'anthologue présente l'homme comme le « *pivot de la* fitna *broyeuse d'hommes* » (« *quṭb raḥā al-fitna* »), comme « *celui auquel rien ne peut résister et auquel personne, proche ou lointain, ne peut échapper*[5] », un « *tyran [capable] de consolider les affaires tout en étant lui-même détraqué*[6] », un « *lion [capable] de [leur] briser les os du cou, alors qu'il est tapi*[7] », « *se jetant avec une fureur aveugle sur ses ennemis et dont tout homme avisé se gardait*[8] », un « *tyran inspirant la plus grande défiance aux braves*[9] ». Après avoir rappelé que son règne fut inauguré par l'assassinat de son vizir Ḥabīb, l'auteur le décrit comme « *un des plus grands tyrans que le monde ait connus*[10] », « *décrié par tous ceux qui vinrent après lui*[11] » (...) ; « *la guerre qu'il menait était un poison agissant instantanément, une flèche ne manquant jamais sa cible, tandis que la paix [qu'il proclamait] était un état tout aussi détestable et n'apportait aucune sécurité.*[12] »

Ibn Ḥayyān n'est guère plus tendre avec al-Muʿtaḍid, le décrivant comme : « *Lion parmi les rois, flamme de la* fitna, *il fut celui qui [sut] laver l'ignominie et accomplir ses désirs de vengeance, des nouvelles extraordinaires coururent à son sujet, il fut le responsable d'événements abominables, de conflits dévastateurs, il afficha des ambitions élevées et fut l'homme des assauts orgueilleux.*[13] » On sent dans ces lignes tout à la fois l'horreur inspirée par les excès commis et l'admiration ressentie devant la puissance de ce règne.

> « *Au fil du temps,* ajoute Ibn Ḥayyān, *on lui prêta, à propos de son extrême cruauté, de sa [propension à] franchir les limites, du zèle déployé à infliger des châtiments exemplaires, de sa suspicion et de son non-respect de la protection qu'il accordait, des histoires abominables, dont la véracité, la plupart du temps, ne fut pas démontrée (...) Néanmoins, même si l'on ne peut le tenir responsable de tous ces crimes, il est impossible de l'innocenter de ses assauts de violence effroyables et de son extrême cruauté, ainsi que de sa tendance à soupçonner tout un chacun de lui manquer d'obéissance.*[14] »

5. *Ibid.*, p. 24.
6. *Ibid.* : « *ǧabbār abrama al-umūr wa-huwa mutanāqiḍ.* »
7. *Ibid.* : « *asad farasa al-ṭulā wa-huwa rābiḍ.* »
8. *Ibid.*
9. *Ibid.* : « *wa-ǧabbār lā-ta'manuhu al-kumāt.* »
10. *Ibid.* : « *ǧabbār min ǧabābirat al-anām.* »
11. *Ibid.*
12. *Ibid.* « *ḥarbuhu samm lā-yubṭi'u wa-sahm lā yuḫṭi'u, wa-silmuhu šarr ġayr ma'mūn.* »
13. *Ibid.* « *asad al-mulūk, wa-šihāb al-fitna, wa-rāḥiḍ al-ʿār, wa-mudrik al-awtār, wa ḏū al-anbā' al-badīʿa, wa-l-ḥawādiṯ al-šanīʿa, wa-l-waqā'iʿ al-mubīra, wa-l-himam al-ʿaliyya wa-l-saṭwa al-abiyya.* »
14. *Ibid.*, p. 25 : « *fa-laqad ḥumila ʿalayhi ʿalā marr al-ayyām, fī bāb farṭ al-qaswa wa-taǧāwuz al-ḥudūd, wa-l-iblāġ fī al-muṯla wa-l-aḫḏ bi-l-ẓinna, wa-l-iḫfār li-l-ḏimma, ḥikāyāt šanīʿa lam yabdu fī-akṯarihā li-l-ʿālim bi-ṣidqihā dalīlun yaqūmu ʿalayhā (...), wa-mahmā bari'a min maġabbatihā, fa-lam yabra' min faẓāʿat al-saṭwa wa-šiddat al-qaswa, wa-sū' al-ittihām ʿalā al-ṭāʿa.* ».

L'anecdote illustrant peut-être le mieux la cruauté prêtée à al-Muʿtaḍid est celle qui traite du « jardin des têtes » (« *ḥadīqat al-ru'ūs* »), dans lequel le roi exposait les têtes de ses ennemis ; il aimait le soir contempler l'arbre où pendaient ces horribles fruits. Le montrer à ses proches ou à ses hôtes d'un soir lui permettait d'entretenir la crainte et l'obéissance. Il conservait même dans un coffre fermé qui ne fut découvert qu'après la chute de son fils les têtes embaumées de ses plus illustres ennemis [15].

Contrairement à ce qui était le cas pour al-Muʿtaḍid, Ibn Bassām ne se fait guère l'écho de l'activité politique d'al-Muʿtamid, insistant bien davantage sur ses talents poétiques [16]. Al-Muʿtamid fut pourtant, comme son père en son temps, le plus puissant des princes des Taïfas. Parvenu au pouvoir en 1069, à la mort d'al- Muʿtaḍid, il régna sur la principauté de Séville, élargie par son père à une vaste région du Sud de la Péninsule, jusqu'en 1091. Guerroyant sans cesse, déployant à maintes reprises des talents de négociateur, il est présenté par de nombreuses sources comme courageux tout autant qu'intelligent. Al-Andalus cependant vit en cette seconde moitié du XIe siècle une inversion du rapport des forces avec les royaumes chrétiens du Nord. Ceux-ci prélevèrent dès les années 1030-1040 sur les États musulmans divisés des tributs, les *parias*, pour prix de leur intervention ou de leur neutralité dans les conflits entre roitelets andalous. Dès les années 1060, ces mêmes États chrétiens prirent des villes : Coïmbra en 1064, et surtout Tolède en 1085. Al-Muʿtamid de Séville ne démérita pas particulièrement dans ce jeu de dupes qui caractérisait l'arène politique péninsulaire. Il fut tour à tour, au gré des revirements qui caractérisèrent cette histoire, capable de nouer des alliances, mais aussi de s'opposer aux demandes sans cesse plus insolentes d'Alphonse VI de Castille, à l'instar de celle formulée vers 1085 dans laquelle le souverain chrétien demandait à al-Muʿtamid, outre l'énorme somme d'argent habituelle, la possibilité pour sa femme d'accoucher dans la grande-mosquée de Cordoue ! La réponse fut des plus directes : le roi sévillan écrasa un écritoire sur le crâne de l'ambassadeur d'Alphonse VI, le tuant sur le champ. Al-Muʿtamid, contraint dès lors de résister au chrétien sans en avoir les forces, fut obligé, en accord avec d'autres princes andalous dont le célèbre ʿAbd Allāh de Grenade, de solliciter l'aide des Berbères almoravides qui venaient d'unifier sous leur pouvoir la partie Ouest du Maghreb. Al-Ḥimyarī, géographe très postérieur aux événements (il meurt probablement au début du XIVe siècle) mais compilateur averti, relate la réaction des princes andalous :

> *« Certains écrivirent à Ibn ʿAbbād, d'autres vinrent lui parler de vive voix pour le mettre en garde contre les conséquences malheureuses qui pourraient résulter de son projet, et ils lui dirent : « L'exercice de la royauté se traduit toujours par des résultats plus négatifs que positifs, et deux épées ne sauraient être réunies dans un même fourreau ! » À quoi Ibn ʿAbbād fit cette réponse devenue proverbiale : « Mieux vaut mener paître des chameaux que mener paître des pourceaux ! », voulant dire par là qu'être dépossédé par Ibn Tāšfīn, et devenu son prisonnier, faire paître ses chameaux au Sahara, lui paraissait un sort*

15. *Ibid.*, p. 27-28.
16. *Ibid.*, p. 41-42.

préférable à celui qui l'attendrait, une fois mis en déroute par Alphonse, tombé captif entre ses mains et réduit à faire paître ses pourceaux en Castille. Il était de plus réputé pour le soin réfléchi avec lequel il pesait ses décisions.[17] »

C'était effectivement prémonitoire : les Berbères almoravides, commandés par Yūsuf Ibn Tāšfīn, vinrent une première fois dans la Péninsule en 1086 et infligèrent à Alphonse VI, avec l'aide d'al-Muʿtamid, la retentissante défaite de Zallāqa. Après plusieurs campagnes en al-Andalus et sur l'avis de jurisconsultes andalous et orientaux, dont le grand al-Ġazālī, Yūsuf Ibn Tāšfīn décida en 1090 qu'il était licite de démettre les souverains andalous, taxés de compromission avec les pouvoirs chrétiens. À l'issue d'un an de résistance (1090-1091), al-Muʿtamid dut capituler en septembre 1091. « Al-Muʿtamid et sa famille furent déportés après qu'on leur eut enlevé toutes leurs richesses, dont ils ne purent rien emporter, si ce n'est une mule chargée de vivres. Ils montèrent sur un navire et furent débarqués de l'autre côté du Détroit, comme dans un tombeau.[18] »

L'essentiel de la notice d'Ibn Bassām est axé sur les jours précédant la destitution du souverain sévillan[19] et sur son séjour en exil à Aġmāt[20], l'auteur citant non seulement les compositions du roi lui-même durant sa traversée de cette épreuve, mais aussi celles de ses poètes favoris. La figure du père, roi violent et intransigeant, mais volant de victoire en victoire sur ses ennemis, s'oppose ainsi à la figure du fils, courant, lui, à sa perte, roi malheureux, héros tragique de sa propre vie, telles les deux faces d'une même monnaie.

Une continuité dynastique et poétique

Le père et le fils se rapprochent néanmoins sur plusieurs autres plans, dont un, essentiel et constitutif de l'identité ʿabbādide : ils partagent le talent dans l'art poétique. Cet attribut semble d'ailleurs constituer un trait commun à tous les hommes de la lignée puisqu'il est partagé également par le grand-père, le cadi Abū al-Qāsim et par certains fils d'al-Muʿtamid. Leurs relations mêmes sont, dans certaines situations, indissociables de l'expression poétique ; il existe ainsi un scénario de la répétition qui affecte les relations entre pères et fils, et qui se caractérise par la composition de nombreux poèmes d'excuse adressés par les fils à leur père.

Parmi tous les genres abordés par la poésie arabe, celui des poèmes « d'excuse », dénommés en arabe « *iʿtiḏāriyyāt* », pour demeurer assez marginal par rapport, par exemple, au panégyrique ou à la satire, n'en est pas moins un genre cultivé depuis la période préislamique, et qui a offert à la tradition poétique arabe quelques-uns de ses plus beaux fleurons. Al-Nābiġa al-Ḏubyānī[21], poète

17. Lévi-Provençal, *La Péninsule ibérique*, texte arabe p. 84-86 ; trad. p. 104-106. Al-Ḥimyarī reprend le texte d'Ibn ʿIḏārī, tel que présenté dans son *Bayān* IV, voir en particulier les p. 114-121.

18. Abū Muḥammad ʿAbd al-Wāḥid al-Marrūkušī, *Kitāb al-Muʿǧib*, édité par Dozy, *The History of the Almohades*, p. 98 à 101 ; trad. espagnole p. 110-113.

19. *Ibid.*, p. 52-57.

20. *Ibid.*, p. 57-81.

21. Il vécut au VIe siècle apr. J.C.

qui fréquenta les cours des Ġassānides [22] et des Laḫmides [23], lui donna ses lettres de noblesse, et l'ode dans laquelle il tente d'apaiser le courroux du roi d'al-Ḥīra, al-Nuʿmān b. Munḏir [24], figure parmi les plus célèbres de la poésie archaïque, et même comptée par certains transmetteurs au nombre des *Muʿallaqāt*.

On pense également au célèbre poème surnommé « *Burda* [25] », adressé par Kaʿb b. Zuhayr [26] au Prophète. Le poète, peu séduit par la nouvelle religion, avait composé une violente satire à l'adresse de Muḥammad et se trouvait en danger de mort, verser son sang ayant été déclaré « licite » par le Prophète. Dès lors, il n'avait d'autre choix que de tenter de faire amende honorable auprès du nouvel homme fort de Médine. Il composa donc cette ode, commençant par « *Bānat Suʿādu…* » et vint la déclamer devant le prophète lui-même, le visage voilé. Il semble que ce poème lui ait permis d'échapper à la mort. Dans ces cas, le poème d'*iʿtiḏār* représente un enjeu très important, puisqu'il constitue une monnaie d'échange contre la vie sauve, contre une « rédemption », comme l'a bien montré Susanne Pinckney Stetkevych [27] à propos de la *Burda* de Kaʿb.

Al-Muʿtaḍid, déjà, avait composé un poème d'excuse pour son propre père [28], qui débutait par le vers suivant :

Je me suis efforcé de t'obéir, tant en mon for intérieur qu'à la face du monde, mais je n'ai récolté, en guise de récompense, que tes blâmes [29].

C'est également par un poème d'excuse adressé à son père qu'al-Muʿtamid fut propulsé au devant de la scène. L'obtention du pardon paternel était d'autant plus nécessaire qu'al-Muʿtaḍid avait déjà fait exécuter son fils et héritier Ismāʿīl, un frère aîné du futur al-Muʿtamid, en 450/1058, peut-être en raison d'une trahison lors d'une expédition menée contre Cordoue [30].

---

22. Dynastie arabe préislamique, alliée de Byzance. Voir Shahid, «Ghassān».

23. Dynastie arabe préislamique qui régna trois siècles environ, de 300 à 600 de J.-C. environ. Rois semi-indépendants et clients des Sassanides, ils constituent la force dominante dans l'histoire politique, militaire et culturelle des Arabes pendant les trois siècles qui ont précédé la naissance de l'Islam. Voir Shahid, « Lakhmids ».

24. Al-Nuʿmān b. al-Munḏir : dernier roi laḫmide d'al-Ḥīra. Son règne (vers 580-602 de J.-C.) est le plus mémorable après celui de son grand-père al-Munḏir III (m. 554). Voir Shahid, « al-Nuʿman (III) b. al-Mundhir ».

25. Ce nom, qui signifie « manteau », est une allusion à la tradition selon laquelle le Prophète aurait offert au poète son manteau après avoir entendu ce poème et lui avoir pardonné.

26. Voir Basset, « Kaʿb b. Zuhayr ».

27. Pinckney Stetkevych, « Pre-Islamic Panegyric », p. 1-57.

28. Ibn Bassām, al-Ḏaḫīra II/1, p. 31, et Ibn al-Abbār, al-Ḥulla al-Siyarā II, p. 46 : 15 vers.

29. Vers 1 : « *Aṭaʿtuka fī sirrī wa-ǧahriya ǧāhidan fa-lam yaku lī illā l-malāma ṯawābū.* » Nous ignorons malheureusement dans quelles circonstances il fut composé.

30. Ibn Bassām, al-Ḏaḫīra II/1, p. 50. C'est le seul passage où Ibn Bassām fait allusion à ce meurtre. Voir Benabdesselem, *La vie littéraire*, p. 177-178, qui indique que les motifs de ce désaccord entre le père et le fils sont très mal connus. Le *Bayān* a conservé un récit sur cet événement (Ibn ʿIḏārī, al-Bayān III, p. 245-248). Il y avait de glorieux précédents dans l'histoire andalouse puisque tant le premier calife omeyyade de Cordoue, ʿAbd al-Raḥmān III, que le ḥāǧib Ibn Abī ʿĀmir al-Manṣūr, à l'extrême fin du xe siècle, sont réputés avoir tué un de leurs fils de leurs propres mains.

Cette exécution fut pour beaucoup dans la réputation sulfureuse du roi. Il semble pourtant que ces événements aient profondément affecté le souverain, si l'on en croit le récit rapporté par Ibn ʿIḏārī :

> « *Lorsque les vizirs entrèrent chez al-Muʿtaḍid trois jours après la mort de son fils, le visage du roi était si sombre, que tous auraient souhaité ne jamais avoir été témoins de ce spectacle, et qu'ils furent incapables de le saluer et de lui adresser la parole.* [31] »

On comprend d'autant mieux la terreur dont devait être saisi le second fils, Muḥammad, et l'empressement avec lequel il composa ce poème d'excuse dans les circonstances suivantes : en 458/1066, al-Muʿtaḍid avait envoyé en expédition ses deux fils, Muḥammad et Ǧābir, dans le but de secourir des troupes de Malaga qui s'étaient soulevées contre la domination en cette ville du prince ziride de Grenade, Bādīs. Ce dernier écrasa les troupes sévillanes, infligeant une retentissante défaite au jeune prince ʿabbādide. Selon Ibn ʿIḏārī, al-Muʿtamid ne dut d'échapper à la colère de son père qu'à son talent poétique. Quatre notices biographiques d'al-Muʿtamid sur sept traitent de l'épisode de Malaga : il s'agit de celles des *Qalā'id* d'al-Fatḥ Ibn Ḫāqān [32], de la *Ḏaḫīra* d'Ibn Bassām [33], du *Bayān* d'Ibn ʿIḏārī [34] et de la *Ḥulla* d'Ibn al-Abbār [35]. Le prince aurait composé en ces circonstances deux poèmes d'excuse, dont les auteurs font grand cas, notamment parce que ces poèmes renforcent le lien généalogique établi par l'ensemble des biographes entre la dynastie sévillane et celle des Laḫmides d'al-Ḥīra. Le fait que l'auteur du *Bayān* cite un poème d'excuse d'al-Muʿtamid n'est pas anodin, car cet ouvrage historiographique inclut très peu de textes poétiques. Cela confirme que ce poème semble avoir été doté d'un statut singulier dépassant sa seule valeur littéraire. Ibn ʿIḏārī conclut son récit en mentionnant que, à la réception de ce poème, al-Muʿtaḍid accorda son pardon à ses deux fils et les rappela à lui.

Dans la *Ḥulla*, le traitement de l'épisode est cette fois fort différent, puisqu'il intervient dans la partie de la notice d'al-Muʿtamid consacrée au talent poétique hors norme du prince. Dans ce cadre, l'un des poèmes d'excuse est convoqué pour témoigner de ce talent [36]. Il est introduit par une courte présentation [37], qui insiste sur la responsabilité du prince, clairement accusé

31. Ibn ʿIḏārī, *al-Bayān* III, p. 245.
32. Ibn Ḫāqān, *Qalā'id*, p. 20-22, Ibn Ḫāqān cite d'abord deux vers du premier poème d'excuse [mètre *basīṭ maǧzū'*] (les vers 1 et 3, sur un total de cinq vers), qui se trouve aussi dans le *Dīwān* d'al-Muʿtamid, p. 33. Puis il cite onze vers de l'autre poème, qui en comprend 40 [mètre *basīṭ*], donné dans le *Dīwān*, p. 36-38.
33. Ibn Bassām, *al-Ḏaḫīra* II/1, p. 4-50 Seul l'un des deux poèmes est retenu par Ibn Bassām.
34. Ibn ʿIḏārī, *al-Bayān* III, p. 273-275. Le récit de l'épisode prend place dans un chapitre nommé : *Ḏikr duḫūl al-ẓāfir Muḥammad b. ʿAbbād Mālaqatan wa-ḫurūǧihi maflūlan minhā baʿda taqalluṣ al-ẓilāl al-ḥammūdiyya al-ḥassaniyya ʿanhā*. (« Comment Muḥammad b. ʿAbbād après être entré triomphalement à Malaga, à la suite de l'effondrement du pouvoir des Hammudites, fut contraint de s'en retirer, défait. »). Un seul poème est là aussi retenu.
35. Ibn al-Abbār, *al-Ḥulla al-Siyarā* II, p. 56-59. Il présente des extraits des deux poèmes.
36. *Ibid*, p. 56-58. L'autre fragment poétique, composé pour se faire pardonner de son père après cette défaite, est cité à la fin du commentaire sur le premier poème, mais ne fait l'objet d'aucun commentaire (p. 59, cinq vers).
37. « *Voici un poème qu'il composa pour amadouer son père al-Muʿtaḍid, lorsqu'il fit preuve de négligence dans l'affaire de Malaga et que, ses compagnons l'ayant abandonné, il en fut chassé et dut se réfugier à Ronda où*

de négligence. Le poème, quant à lui, est présenté dans une version beaucoup plus longue que celles figurant dans les *Qalā'id* et la *Ḏaḫīra*[38]. Mais, surtout, il est suivi par une anecdote très intéressante, que cette notice est la seule à présenter[39]. Ibn al-Abbār s'appuie sur le témoignage d'Ibn al-Labbāna, ce qui pose d'ailleurs un problème souligné par l'éditeur de l'ouvrage : en effet, le contexte du *ḫabar* semble indiquer que les faits rapportés ne peuvent avoir eu lieu que longtemps après la fin du règne des ʿAbbādides. Voici donc ce que nous dit cette anecdote : un Sévillan qui avait mémorisé ce poème se serait rendu chez des Arabes (Bédouins) vivant dans une contrée lointaine (*ilā aqṣā ḥayy fī al-ʿArab*). Une nuit, lors d'une soirée sous la tente, il se serait remémoré le faste de la dynastie ʿabbādide[40] et aurait déclamé ce poème dans les règles de l'art. Le chef de la tribu, sous le charme, se serait alors enquis du nom de l'auteur de ce texte. Le visiteur lui aurait révélé qu'il s'agissait de l'un des rois d'al-Andalus connu sous le nom d'Ibn ʿAbbād[41]. Le *sayyid* aurait déclaré que ce roi avait sans doute disposé de peu de temps pour les affaires de l'État, une poésie d'une telle qualité ne pouvant être l'œuvre d'un homme ayant d'autres occupations[42]. Le Sévillan l'ayant démenti, en évoquant l'importance du rôle politique du roi, le bédouin, étonné, aurait demandé des informations sur la généalogie de ce roi. L'homme aurait alors révélé l'origine arabe et laḫmide d'al-Muʿtamid[43]. Ivres de fierté, les Bédouins auraient alors manifesté bruyamment leur joie et offert à leur hôte de nombreux chameaux.

Ibn Bassām, dans la *Ḏaḫīra*, classe ce poème dans une rubrique intitulée : « *Fragments extraits des poèmes protocolaires composés dans le style des poèmes adressés à des intimes.*[44] » Ce titre rend compte d'un brouillage entre la sphère des *sulṭāniyyāt*, qui est celle des échanges protocolaires et officiels, et la sphère des *iḫwāniyyāt*, qui est celle des échanges amicaux et intimes. Pourtant, on s'attendrait plutôt à trouver, en ce qui concerne le texte qui nous intéresse, la formulation inverse, à savoir que ce poème soit présenté comme appartenant aux *iḫwāniyyāt*, puisque adressé à son père, mais conçu dans le style solennel et pompeux des *sulṭāniyyāt*. Ibn Bassām présente trois passages de ce poème, qui réunissent 13 vers. C'est un peu plus que la version des *Qalā'id* qui, comportant 11 vers, ne recoupe que partiellement celle d'Ibn Bassām[45]. Or, dans

il séjourna quelque temps menacé par la colère de son père. » (*Wa-lahu yastaʿṭifu abāhu al-Muʿtaḍid, lammā farraṭa fī amri Mālaqa wa-ḫazalahu aṣḥābuhu fa-uḫriǧa minhā wa-laǧa'a ilā Rundā fa-aqāma bihā muddatan taḥta mawǧidat abīhi.* »).

38. 35 vers sont cités dans cette version.

39. *Ibid.*, p. 58-59.

40. *Ibid.* : « *taḏakkara al-dawla al-ʿabbādiyya wa-rawnaqahā.* »

41. *Ibid.* : « *huwa li-malik min mulūk al-Andalus yuʿrafu bi-bni ʿAbbād.* »

42. *Ibid.* : « *fa-miṯlu hāḏā al-šiʿr lā yaqūluhu man šuġila bi-šay'in dūnahu.* »

43. *Ibid.* : « *huwa fī al-ṣamīm min Laḫm wa-l-ḏu'āba min Yaʿrub.* »

44. *Ibid.*, p. 46. « *Mā aḫraǧtuhu min maqṭūʿātihi al-sulṭāniyya allatī aǧrāhā maǧrā al-iḫwāniyyāt* ».

45. Ibn Ḫāqān, *Qalā'id*, p. 21 : il s'agit des vers 1, 3-4, 14, 16 à 21, 23.

le *Dīwān* d'al-Muʿtamid, le même poème renferme 40 vers[46]. C'est cette dernière version, la plus longue, que nous allons examiner, et dont voici le début[47] :

> *Calme ton cœur et ne laisse pas les sombres pensées prendre le dessus sur toi ! En quoi tristesse et frayeur pourraient-elles t'aider ?*
> *Tiens en respect tes paupières, ne les autorise pas à verser des larmes, et supporte [la situation] avec patience, comme tu as toujours su le faire dans les épreuves ;*
> *Si un arrêt du destin a fait obstacle à la réalisation de ton dessein, sache que rien ne peut contrecarrer la volonté divine ;*
> *Si, pour une fois, le destin t'a déçu, [pense à] tous les combats que tu as menés et remportés !*
> *Et si tu demeures interdit par le crime que tu as commis, [sache que] dans ces ténèbres resplendit une pleine lune : les excuses [que tu vas présenter].*

Notons d'abord qu'aucune allusion explicite n'est faite dans le poème aux circonstances l'ayant dicté, puisque ni Malaga, ni les Zirides ne sont nommés. En revanche, et comme le veut la règle du *madīḥ*, al-Muʿtaḍid est nommé explicitement[48], mais ce vers n'est cité ni par Ibn Bassām, ni par Ibn Ḫāqān. Conformément à la tradition des poèmes d'*iʿtiḏār* que nous avons évoquée plus haut, une partie du texte est axée sur le panégyrique du père/roi[49]. Ainsi, al-Muʿtamid gratifie son père du titre de *humām* (« *héros, homme magnanime, brave et généreux* »)[50], puis, dans le vers 11, de celui de *samayḏaʿ*, terme qui, selon les commentateurs, signifie « *al-sayyid al-karīm al-šarīf al-saḫī al-muwaṭṭa' al-aknāf al-šuǧāʿ* », réunissant donc, dans un seul vocable, toutes les vertus arabes traditionnelles, à savoir : la noblesse d'âme, la générosité, le courage et la douceur de caractère. C'est ensuite à la main du souverain d'être évoquée : elle inspire la plus grande crainte, au point de ressembler à une roche, mais sait, dans le même

46. Al-Muʿtamid, *Dīwān*, p. 36-40. Les vers présentés dans Ibn Bassām, *al-Ḏaḫīra* II/1, correspondent, dans le *Dīwān*, aux vers : 1, 3 à 5, 13, 16-17, 20-21, 26 à 30.

47. « *Sakkin fu'ādaka lā taḏhab bika l-fikaru — māḏā yuʿīdu ʿalayka l-baṯṯu wa-l-ḥaḏarū*
Wa-zǧur ǧufūnaka lā tarḍa l-bukā'a lahā — wa-ṣbir fa-qad kunta ʿinda l-ḫaṭbi taṣṭabirū
Wa-in yakun qadarun qad ʿāqa ʿan waṭarin — fa-lā maradda li-mā ya'tī bihi l-qadarū
Wa-in takun ḫaybatun fī d-dahri wāḥidatun — fa-kam ġazawta wa-min ašyāʿika ẓ-ẓafarū
In kunta fī ḥayratin min ǧurmi muǧtarimin — fa-inna ʿuḏraka fī ẓalmā'ihā qamarū. »

48. V. 7 : « *Fawwiḍ ilā-llāhi fī-mā anta ḫā'ifuhu — wa-ṯiq bi-Muʿtaḍidin bi-llāhi yaġtafiru.* » (« *Confie ce que tu crains à Dieu, et accorde ta confiance en la clémence d'al-Muʿtaḍid bi-llāh* »).

49. Il s'agit des vers 11 à 15. Ce passage ne figure dans aucune des deux anthologies non plus.

50. V. 10 : « *... man miṯlu l-humāmi Abī — ʿAmrin, – abīka –, lahu maǧdun wa-muftaḫarū.* »

temps, se montrer généreuse [51]. Le roi est ensuite assimilé à un « *lion tuant les chevaliers comme des proies* [52] » et à un « *chevalier dont les accès de fureur sont craints par les héros* [53] ».

Tout au long du poème, al-Muʿtamid plaide non coupable [54]. Il n'exprime aucun sentiment de repentance, et ne reconnaît aucune responsabilité dans le fiasco qu'il a subi : comme toujours, c'est le *qadar*, le destin, qui est incriminé :

Si un arrêt du destin a fait obstacle à la réalisation de ton dessein, sache que rien ne peut contrecarrer la volonté divine [55].

Le prince relativise la gravité de son échec, en opposant l'issue défavorable de cette campagne avec toutes les autres victoires qu'il a engrangées, valorisation qui relève nettement du *faḫr* (jactance) [56]. Bien plus, il rejette la faute sur les Berbères (dénommés « *qawm* »), qui, en quatre vers [57], sont l'objet d'une attaque violente. De ces quatre vers, fait notable, seul le premier figure dans les deux anthologies :

La faute n'incombe qu'à un groupe plein de vices, envers lesquels tu demeures loyal alors qu'ils trahissent [58].

Des personnes dont le conseil n'est que perfidie, qui [affirment] t'aimer alors qu'en réalité ils te haïssent, et dont la gestion des biens qui leur sont confiés, loin d'être utile, s'avère calamiteuse ;

La haine s'entend dans les paroles qu'ils t'adressent, et l'animosité perce dans les regards qu'ils te lancent ;

Si de leurs propos émane un souffle qui te brûle le cœur, c'est qu'il s'agit là d'étincelles entretenues par le feu de la haine [59].

51. V. 12 : « *Lahu yadun kullu ǧabbārin yuqabbiluhā   law lā nadāhā la-qulnā innahā l-ḥaǧarū.* » (« *Tous les puissants viennent lui baiser la main qui, n'était sa générosité, pourrait être décrite comme une roche* »). C'est encore là un cliché des panégyriques.
52. V. 13 : « *Yā ḍayġaman yaqtulu l-fursāna muftarisan* ».
53. V. 14 : « *wa-fārisan taḥḏaru l-abṭālu ṣawlatahu* ». Le vers 15 insiste quant à lui sur la magnanimité du roi : « *huwa llaḏī lam tašim yumnākā ṣafḥatahu   illā ta'tī murādun wa-nqaḍā waṭarū.* » (« *À peine ta main droite l'a-t-elle touché, que ta requête est satisfaite et tes besoins comblés* ».
54. V. 20, lui aussi présent dans les deux notices que nous examinons :
« *Lam ya'ti ʿabduka ḏanban yastaḥiqqu bihi   ʿatban wa-hā huwa qad nādāka yaʿtaḏiru.* » (« *Ton esclave n'a commis aucune faute méritant ton châtiment…* »).
55. V. 3, qui, lui, figure aussi bien chez Ibn Bassām que chez Ibn Ḫāqān :
« *Wa-in yakun qadarun qad ʿāqa ʿan waṭarin   fa-lā maradda li-mā ya'tī bihi l-qadarū.* »
56. Le vers 4 figure aussi dans les deux notices que nous examinons : « *Wa-in takun ḥaybatun fī d-dahri wāḥidatun fa-kam ġazawta wa-min ašyā'ika ẓ-ẓafarū.* » (« *Si, pour une fois, le destin t'a déçu, [pense à] tous les combats que tu as menés et remportés !* »).
57. V. 21 à 24.
58. V. 21 : « *Mā ḏ-ḏanbu illā ʿalā qawmin ḏawī daġalin   wafā lahum ʿabduka l-maʿhūdu iḏ ġadarū.* ».
59. V. 22 à 24 : « *Qawmun naṣīḥatuhum ġiššun wa-ḥubbuhum   buġḍun, wa-nafʿuhum, - in ṣarrafū -, ḍararū*
Yumayyazu l-buġḍu fī l-alfāẓi in naṭaqū   wa-yuʿrafu l-ḥiqdu fī l-alḥāẓi in naẓarū
In yaḥriqi l-qalba nafaṯun min maqālihim   fa-innamā ḏāka min nāri l-qilā šararū. »

Jouant toujours sur le registre du *faḫr*, il insiste sur sa patience et sa constance (*ṣabr*)[60]. Habilement, il évoque également le prestige de son lignage[61].

Néanmoins, nous sommes frappés par les termes évoquant le rapport du prince avec son père ; celui-ci est en effet présenté comme un rapport maître-esclave. À quatre reprises, al-Muʿtamid emploie des termes sans ambiguïté à ce sujet[62], tandis qu'il qualifie son père de « seigneur »[63]. Le prince ne fait pas appel dans ce texte à la tendresse, à l'affection d'un père, mais à la clémence d'un seigneur impitoyable, qui n'est pas sans rappeler la clémence d'un dieu tout-puissant à l'égard de ses créatures. Le poème témoigne donc de la tension, de la violence même, qui prévalaient entre le prince et son père. Il est, nous semble-t-il, assez rare que le lignage patrilinéaire soit à ce point central dans l'identité même d'un souverain[64]. Peut-être est-ce une caractéristique des princes des Taïfas andalous, parvenus au pouvoir grâce à la *fitna* et dépourvus pour la plupart d'une légitimité ancienne. L'affirmation de l'ancrage au sein d'une lignée, si réduite soit-elle, vise à faire oublier la brièveté de leur histoire.

Enfin débarrassé de l'encombrante et dangereuse figure paternelle, al-Muʿtamid put constituer sa cour à sa guise et s'entourer des proches de son choix. Cette constellation dépasse le cadre des relations de parenté au sens strict ; il serait ainsi difficile d'en exclure Ibn ʿAmmār[65], l'amant, ami et compagnon de toute une vie, rival invétéré d'Iʿtimād, la seule épouse légitime du souverain sévillan.

Le compagnon, Ibn ʿAmmār

Al-Muʿtamid avait été nommé, à 12 ou 13 ans, gouverneur de Silves ; c'est là, d'après certains auteurs, qu'il rencontra Ibn ʿAmmār (422-477/1031-1086), celui que le prince ziride de Grenade, ʿAbd Allāh, appela dans ses Mémoires son âme damnée. Né en 1031 près de Silves, ville de l'actuel Portugal, dans une famille modeste et sans renom, Abū Bakr Muḥammad b. ʿAmmār al-Andalusī al-Mahrī étudia à Cordoue, où il acquit une excellente culture littéraire. Il se mit dès lors en quête d'un mécène auprès duquel il pourrait monnayer son talent poétique. Arrivé à Séville en 1053, il fit tout pour se faire apprécier d'al-Muʿtaḍid, dont il loua de manière particulièrement insistante et intéressée les immenses qualités, mettant à son service son talent de poète. Puis Ibn ʿAmmār ne tarda pas à se lier avec le prince Muḥammad et l'accompagna

60. Le poème renferme quatre occurrences de cette racine : deux au v. 2, deux au vers 9.

61. V. 9 : « *Fa-innaka min qawmin ūlā ǧaladin* »

62. V. 14 : « ʿabdaka » et « qinn », v. 20 : « ʿabduka », et v. 25 : « mamlūkin ».

63. V. 25 : « *mawlāya* ».

64. Il aurait été très intéressant d'approfondir l'analyse de la relation ayant prévalu entre al-Muʿtamid et son père, à travers l'étude d'autres fragments poétiques mettant en lumière la part du stéréotype poétique dans ces textes. L'espace qui nous est ici imparti ne permet malheureusement pas ce développement, que nous tenterons de mener à bien ultérieurement.

65. La spécificité de la relation du roi à Ibn ʿAmmār tient au fait qu'il s'agit d'une relation entre adultes, et que nous ne sommes donc pas ici dans le cas de figure le plus courant, celui des relations entre adultes et éphèbes qui étaient devenue, en al-Andalus, quasiment la norme.

à Silves lorsque celui-ci y fut nommé gouverneur. Très vite, il prit de l'ascendant sur le jeune prince. Des rumeurs commencèrent à courir sur les deux jeunes gens, si bien qu'al-Muʿtaḍid, jugeant l'influence d'Ibn ʿAmmār pernicieuse, rappela son fils à Séville et expulsa son ami du pays. Malgré tous ses efforts, celui-ci ne put revenir dans la capitale ʿabbādide qu'après la mort d'al-Muʿtaḍid, en 1069, et l'accession au pouvoir de son ancien compagnon, devenu al-Muʿtamid. Ibn Ḫāqān a décrit les relations entre Ibn ʿAmmār et al-Muʿtamid comme semblables à celles qui unissaient, chez les Abbassides, le calife Harūn al-Rašīd et Ǧaʿfar le Barmékide. Cependant les deux hommes, pour partager les mêmes plaisirs, ne se trouvaient pas pour autant sur un pied d'égalité. Ibn ʿAmmār, très ambitieux, visait avant tout le pouvoir et subissait de mauvaise grâce les humiliations que lui infligeait le souverain. En outre, il dut céder la première place, dans le cœur du roi, à son épouse Rumaykiyya (Iʿtimād), puis attendre la mort d'Ibn Zaydūn, qui l'exécrait, pour accéder à son tour au vizirat. C'est en cette qualité qu'il dirigea la politique étrangère du royaume. Mais dès 1078, l'amitié unissant les deux hommes se détériora irrémédiablement. En effet Ibn ʿAmmār, s'étant emparé de Murcie pour le compte de son souverain, se proclama gouverneur indépendant de la ville. Chassé, il se réfugia, après bien des péripéties, à Tolède, auprès d'al-Muʾtamin b. Hūd. Capturé à Ségura, lors d'une expédition guerrière, il implora, depuis sa prison, le secours d'al-Muʿtamid, en composant des odes fort émouvantes. Mais les faits qu'on lui reprochait étaient particulièrement graves. Ibn ʿAmmār n'avait pas hésité, grisé par son succès de Murcie, à adresser au roi de Valence un poème dans lequel il revendiquait une généalogie royale. Ayant eu vent de ce texte, al-Muʿtamid avait répliqué par une satire cinglante, dans laquelle il se gaussait des origines modestes et obscures de Ibn ʿAmmār. Ce dernier, touché à vif, répondit par un pamphlet où il s'attaquait directement à la reine Iʿtimād. Il semble que cette composition ait joué un rôle non négligeable dans la tragédie qui scella son destin. Les sources sont prudentes sur ce dernier point, indiquant que ces diatribes lui furent peut-être faussement attribuées par ses ennemis. Ibn ʿAmmār ne fut donc pas sauvé par ses vers déchirants, lesquels ne parvinrent pas à attendrir le roi. Al-Muʿtamid décida de se venger du traître. Il racheta le prisonnier et le fit ramener à Séville chargé de fers et juché sur un âne. Là, Ibn ʿAmmār subit les pires humiliations, avant d'être assassiné dans sa cellule de la main même de son ancien protecteur et amant, en 479/1086.

L'épouse

Sur le plan familial, père et fils se distinguent aussi tous deux par l'attention portée à leur unique épouse légitime [66] : celle d'al-Muʿtaḍid, de condition libre [67], est identifiée comme la fille de Muǧāhid al-ʿĀmirī, et sœur de ʿAlī b. al-Muǧāhid, prince de Dénia [68]. La vigueur sexuelle de ce roi lui assura une nombreuse descendance, estimée par l'anthologue à 20 garçons et 20 filles.

66. *Ibid.*, p. 29 : Ibn Bassām insiste cependant également sur la passion éprouvée par al-Muʿtaḍid pour les femmes (« *ḏā kalaf bi-l-nisāʾ* »), lui prêtant 70 concubines.

67. *Ibid.* : « *ilā ḥurratihi al-ḥaẓiyya ladayhi al-faḍḍa min ḥalāʾilihi...* ».

68. *Ibid.*

Al-Muʿtamid, quant à lui, est associé à son épouse légitime, Rumaykiyya/Iʿtimād, qui semble avoir conservé toute son affection jusqu'à sa mort survenue en exil quelques années avant celle de son époux. On prétendit d'ailleurs que ce fut pour harmoniser son surnom à son nom que le roi choisit, parmi tous les *laqab*-s honorifiques, celui de Muʿtamid[69]. Les anecdotes sont multiples sur cette femme, ancienne esclave que le souverain sévillan avait rencontrée à Silves (ou à Séville), et dont il était tombé éperdument amoureux en raison de sa beauté, de son esprit et de ses talents poétiques. Le récit même de leur rencontre est tout à fait romanesque : alors que le futur al-Muʿtamid improvisait de la poésie en compagnie d'Ibn ʿAmmār près du fleuve, ce dernier ne sut terminer le vers commencé par le prince. Comme il restait silencieux, une très belle jeune fille, qui lavait du linge à proximité, sortit d'un buisson et compléta le poème. Le prince en tomba immédiatement amoureux et malgré l'opposition de son père et la jalousie d'Ibn ʿAmmār, l'affranchit et l'épousa. Ibn Bassām rapporte l'un de ses caprices : elle aurait exigé à Séville, au temps de la splendeur de son époux, d'aller marcher dans la boue. Le prince aurait alors donné l'ordre d'y répandre de l'ambre et de l'eau de rose afin que ce sol fût digne d'être foulé par les pieds de celle que tous appelaient la Grande Princesse[70]. Malgré l'important harem d'al-Muʿtamid et son goût pour « les jeunes filles au teint clair et aux seins pleins et ronds[71] », Iʿtimād resta toute sa vie sa seule véritable reine. Son esprit et son talent poétique contribuèrent à créer une grande complicité au sein de leur couple et ils restèrent unis jusqu'à la mort.

La descendance

Plusieurs des enfants du souverain sont cités par les sources, notamment parce qu'ils furent associés au tragique destin de leur père : ils subirent pour certains la mort lors des combats qui les opposèrent aux Berbères almoravides en 1090-1091 ; d'autres le suivirent en exil à Aġmāt. Dans la *Ḥulla*, Ibn al-Abbār donne des informations assez précises sur la progéniture du roi, en énumérant les noms de neuf fils d'al-Muʿtamid[72] ; outre le prince ʿAbbād Ibn Muḥammad, gouverneur de Cordoue, qui mourut en 467/1075 lors de la prise temporaire de la ville par al-Ma'mūn de Tolède, sont cités :

ʿUbayd Allāh b. Muḥammad *al-Rašīd*, Abū al-Ḥusayn, l'aîné selon Ibn al-Labbāna, qui partit avec son père en exil[73] et eut, selon Ibn al-Abbār, 47 enfants[74].

ʿAbdallāh *al-Muʿtadd* b. Muḥammad, Abū Bakr, le cadet.

Al-Fatḥ b. Muḥammad *al-Ma'mūn*, Abū Naṣr, le 3e, tué également à Cordoue.

69. Voir par exemple Ibn al-Abbār, *al-Ḥulla al-Siyarā* II, p. 62.
70. Ibn Bassām, *al-Ḏaḫīra* II/1, p. 73.
71. Voir les traductions de Brigitte Foulon dans *Al-Andalus. Anthologie*, p. 232.
72. Ibn al-Abbār, *al-Ḥulla al-Siyarā* II, p. 62.
73. *Ibid.*, p. 68-70.
74. *Ibid.*, p. 68.

Yazīd al-Rāḍī Abū Ḫālid, 4e, tué par les Almoravides à Ronda[75]. Il est le ʿAbbādide ayant eu la progéniture la moins prolifique, puisqu'il n'eut que 7 enfants, et fut considéré comme le meilleur poète après son père.

ʿAbbād b. Muḥammad *Sirāǧ al-Dawla*, Abū ʿAmr, tué par Ibn ʿUkāša à Cordoue.

Al-Rabīʿ b. Muḥammad *Tāǧ al-Dawla*, Abū Sulaymān.

Al-Maʿallā b. Muḥammad *Zayn al-Dawla*, Abū Hāšim, tous fils d'Iʿtimād.

Ibn al-Abbār ajoute à cette liste les noms de deux autres fils, ayant vécu dans l'anonymat de leurs talents de copistes :

Yaḥya b. Muḥammad *Šaraf al-Dawla*, Abū Bakr[76].

Ḥakam b. Muḥammad *Ḍuḥr al-Dawla*, Abū al-Makārim[77].

Il est également fait mention des filles du souverain, qui suivirent leurs parents à Aġmāt, près de Marrakech, après que les Almoravides les eurent déposés. C'est alors que le souverain ʿabbādide composa ses plus beaux poèmes, une quarantaine de pièces qui firent sa renommée. Il oppose la magnificence qu'il a connue en al-Andalus à la déchéance de son exil, qu'illustre l'état de dénuement absolu dans lequel doit désormais survivre sa famille, et en particulier ses filles :

Jadis, les fêtes te réjouissaient ; mais comment pourrais-tu jouir d'une fête qui, à Aġmāt, te trouve captif ?

Tu vois tes filles vêtues de guenilles et affamées, contraintes de filer contre salaire, car elles ne possèdent plus rien[78].

Elles sont venues te saluer, les yeux baissés, tristes et brisées.

Foulant la boue des rues de leurs pieds nus, comme si jamais elles n'avaient marché sur un sol recouvert de musc et de camphre[79].

Citons également ce vers très émouvant où il évoque la liberté des oiseaux :

Que Dieu garde les gangas[80] *et leurs petits ! Car les miens sont privés d'eau et d'ombrage*[81] !

75. *Ibid.*, p. 70-75.
76. *Ibid.*, p. 76-77.
77. *Ibid.*, p. 77-78.
78. Comble d'humiliation, c'est la fille de son ancien huissier, ʿArīf, qui donne de la laine à filer à ses filles.
79. Ibn Bassām, *al-Ḏaḫīra* II/1, p. 73 (trad. B. Foulon) :

« *Fī mā maḍā kunta bi-l-aʿyādi masrūran*	*fa-sā'aka l-ʿīdu fī Aġmāta ma'sūrā*
Tarā banātika fī-l-aṭmāri ǧā'iʿatan	*yaġzilna li-n-nāsi mā yamlikna qiṭmīrā*
Barazna naḥwaka li-t-taslīmi ḫāšiʿatan	*abṣāruhunna ḥasīrātin makāsīrā*
Yaṭa'na fī ṭ-ṭīni wa-l-aqdāmu ḥāfiyatun	*ka'annahā lam taṭa' miskan wa-kāfūrā.* ».

80. Oiseau de la péninsule Arabique, très présent dans la poésie, car réputé pour pouvoir parcourir de grandes distances à la recherche d'un point d'eau et pour son sens de l'orientation très développé.
81. Ibn Bassām, *al-Ḏaḫīra* II/1, p. 72 (trad. B. Foulon) : « *A-lā ʿaṣama llāhu l-qaṭā fī firāḫihā fa-inna firāḫī ḫānahā l-mā'u wa-ẓ-ẓillū.* »

Ce bref aperçu de la nébuleuse familiale gravitant autour d'al-Muʿtamid donnera, nous l'espérons, une idée de la façon dont l'image de ce souverain, complexe et riche, fut progressivement élaborée. C'est tout l'intérêt des figures archétypales que d'incarner l'universel et le singulier. Il est tout à la fois la somme de clichés caractérisant les princes arabes (bravoure, talent de poète, noblesse, etc.) et l'expression d'une figure singulière, que les relations avec ses très proches contribuent à rendre originale. Les mentions des liens complexes et ambigus tissés entre al-Muʿtamid et son père vont bien au-delà de ce qu'exige l'établissement d'une généalogie princière. Elles contribuent à nourrir la figure du souverain, bien plus que ne le fait l'habituelle déclinaison des mérites nécessaires à l'exercice du pouvoir. Tout aussi originale est la place accordée à Ibn ʿAmmār, tant la littérature offre peu d'exemples de rois capables de ménager une place à un vizir, ami et amant reconnu ; il est rare qu'elle se fasse l'écho de relations amoureuses entre deux hommes de même âge, relations très éloignées de ce que l'on tolérait alors, l'attrait pour les éphèbes. Et que dire de la figure d'Iʿtimād, ancienne esclave certes, mais également seule épouse légitime du prince et véritable reine de Séville. Dans ce cas également, le portrait étonne car il est tout à fait exceptionnel que la femme légitime, mère des enfants du souverain, sorte de l'ombre protectrice et indifférente à laquelle la cantonnent généralement les sources médiévales. Si les esclaves de prix méritent, comme tout objet de luxe, intérêt et publicité, les épouses, lorsqu'elles ne sont ni régente ni détentrice d'un pouvoir indûment exercé, n'ont aucune existence publique. Comment expliquer le traitement si particulier réservé à la parentèle ou à l'entourage proche d'al-Muʿtamid, ainsi qu'aux relations qu'ils ont nouées ? Plusieurs réponses peuvent être avancées. La première tient à l'exceptionnel destin de ce véritable héros tragique, passant des sommets à une déchéance qui accroît encore sa noblesse. Ce destin singulier exigeait qu'on donne un peu plus de chair au personnage et l'exposé de son intimité familiale y contribue grandement. La deuxième est d'ordre poétique : tous les protagonistes sont liés par une pratique commune de cet art, qui fonde leurs liens et qui les met, même de façon fugace, sur un pied d'égalité poétique qui rend possible leur portrait. Enfin, le roi-poète de Séville est devenu, pour les contemporains comme pour les chroniqueurs postérieurs, l'incarnation du prince andalou et de l'identité arabe de la Péninsule initiée par les Omeyyades et désormais perçue comme menacée, à la veille de la conquête d'al-Andalus par les Berbères almoravides. C'est du moins ce qu'en retint le grand orientaliste néerlandais Reinhard Dozy, père des études andalouses au milieu du XIXe siècle, lorsqu'il écrivit dans son *Histoire des musulmans d'Espagne* : « Al-Muʿtamid eut la chance d'être le dernier prince représentant brillamment une nationalité et une culture intellectuelle qui succombèrent, ou peu s'en faut, sous la domination des envahisseurs. Une sorte de prédilection s'attacha à lui, comme au plus jeune, au dernier-né de cette nombreuse famille de princes poètes qui avaient régné sur l'Andalousie. On le regrettait plus que tout autre, presque à l'exclusion de tout autre, de même que la dernière rose de la saison, les derniers beaux jours de l'automne, les derniers rayons du soleil qui se couche, inspirent les regrets les plus vifs.[82] »

82. Dozy, *Histoire des musulmans d'Espagne* ; extraits reproduits dans Dozy, *Le dernier émir de Séville*, p. 171.

Bibliographie

Outils de travail

Encyclopaedia of Islam, Second Edition, Brill Online, 2013
Basset, R., « Ka'b b. Zuhayr », IV, p. 330.
Shahid, Irfan, «Ghassān», II, p. 1044-1045.
Id., « Lakhmids », V, p. 636-638.
Id., « al-Nuʿman (III) b. al-Mundhir », VIII, p. 121-122.

Sources

Abū Muḥammad ʿAbd al-Wāḥid Al-Marrūkušī, *Kitāb al-Muʿǧib fī talḫīṣ aḫbār al-Maġrib*, texte arabe édité par R. Dozy, *The History of the Almohades by Abdo-'l-Wahid al-Marrekoshi*, Leyde, 1847 ; trad. espagnole par A. Huici Miranda dans *Coleccíon de crónicas àrabes de la Reconquista* IV, Tétouan, 1955.
Ibn al-Abbār, *al-Ḥulla al-Siyarā* II, édition critique de H. Monés, Dār al-maʿārif, Le Caire, 1985 (2e édition).
Ibn Bassām, *al-Ḏaḫīra fī maḥāsin ahl al-Ǧazīra* II/1, éd. I .ʿAbbās, Dār al-Ṯaqāfa, Beyrouth, 1997.
Ibn Ḫāqān, *Qalā'id al-ʿiqyān fī maḥāsin al-aʿyān*, éd. M. al-ʿAnnābī, al-Maktaba al-ʿatīqa, Tunis, 1966.
Ibn ʿIḏārī, *al-Bayān al-muġrib fī aḫbār al-Maġrib*, éd. I. ʿAbbās, Dār al-ṯaqāfa, Beyrouth, 1980.
Al-Muʿtamid, *Dīwān*, éd. T. Ḥusayn, Dār al-kutub wa-l-waṯā'iq al-qawmiyya, Le Caire, 2008.

Études

Benabdesselem, Afif, *La vie littéraire dans l'Espagne musulmane sous les mulūk al-ṭawā'if*, Ifead, Damas, 2001.
Clément, François, *Pouvoir et légitimité en Espagne musulmane à l'époque des Taïfas (ve/xie siècle). L'Imam fictif*, L'Harmattan, Paris, 1997.
Dozy, Reinhard Pieter Anne, *Histoire des musulmans d'Espagne, jusqu'à la conquête de l'Andalousie par les Almoravides (711-1110)*, 4 vol., Leyde, 1861; nouvelle édition revue et mise à jour par E. Lévi-Provençal, Leyde, 3 vol., 1932.
—, *Le dernier émir de Séville*, Édition Milelli, Villepreux, 2009.
Foulon, Brigitte et Texier du Messil, Emmanuelle, *Al-Andalus. Anthologie*, Garnier Flammarion, Paris, 2009.
Lévi-Provençal, Évariste, *La Péninsule ibérique au Moyen Âge d'après le Kitāb al-Rawḍ al-miʿṭār fi-ḫabar al-aqṭār d'Ibn ʿAbd al-Munʿim al-Ḥimyarī*, Leyde, 1938.
Lirola Delgado, Pilar, *Al-Muʿtamid y los Abadíes. El esplendor del reino de Sevilla (s. xi)*, Séville, 2011.
Martinez-Gros, Gabriel, *Identité andalouse*, Sindbad/ Acte Sud, Paris, 1997.
Pinckney Stetkevych, Susanne, « Pre-Islamic Panegyric and the Poetics of Redemption», in Suzanne Pinckney Stetkevych (éd.), *Reorientations/ Arabic and Persian Poetry*, Indiana University Press, 1994.
Viguera Molins, María Jesús, *Los reinos de taifas y las invasiones magrebíes (al-Andalus del XI al XIII)*, Mapfre, Madrid, 1992.
Wasserstein, David, *The Rise and Fall of the Party Kings. Politics and Society in Islamic Spain, 1002-1086*, Princeton University Press, Princeton, 1985.

YOSSEF RAPOPORT*

Ibn Ḥaǧar al-ʿAsqalānī, His Wife, Her Slave-Girl

Romantic Triangles and Polygamy in 15th Century Cairo

RÉSUMÉ

La très riche biographie du fameux savant cairote Ibn Ḥaǧar al-ʿAsqalānī (773-852/1372-1449), telle que la composa son élève al-Saḫāwī, offre un intéressant cas d'étude de l'esclavage domestique dans la société islamique de la fin du Moyen Âge. D'après son biographe, Ibn Ḥaǧar racheta secrètement une esclave qui avait appartenu à sa femme, et eut avec elle un enfant sans en informer son épouse. En s'appuyant sur cette histoire, ainsi que sur un poème d'amour qu'Ibn Ḥaǧar composa pour sa femme, ce cas d'étude souligne l'impact écrasant de l'esclavage féminin sur l'institution du mariage, et ce même à une époque où se renforçaient les attentes monogames et l'intimité conjugale.

Mots-clés : esclavage, mariage, *umm walad*, Le Caire, Mamelouks, poésie, amour, Ibn Ḥaǧar al-ʿAsqalānī

* Yossef Rapoport, Queen Mary University of London, y.rapoport@qmul.ac.uk

This paper has benefited from the comments of the participants in several research seminars, including at the Institute of classical Studies, the University of London School of Advanced Study (March 2012), at the Cambridge Workshop on medieval Islamic Marriage (May 2012), and at the Montpellier workshop which gave rise to this publication. I am especially indebted to Pavel Blazek, Nur Khan, Julien Loiseau, Dominic Rathbone and Adam Sabra. Thomas Bauer has kindly read the final draft of this paper, and his knowledge of Mamluk poetry informed much of the second part of this essay.

ABSTRACT

The detailed biography of the famed Cairene scholar Ibn Ḥağar al-ʿAsqalānī (773-852/1372-1449) by his student al-Saḫāwī is used here as a case-study of domestic slavery in late medieval Muslim society. According to the biography, Ibn Ḥağar clandestinely acquired a slave-girl that had previously belonged to his wife, and had a child with her without his wife's knowledge. Using this account, as well as a love poem Ibn Ḥağar composed to his wife, this case-study demonstrates the overwhelming impact of female slavery on the institution of marriage, even at a period in which monogamous expectations and conjugal intimacy were on the rise.

Keywords: slavery – marriage – *umm walad* – Cairo – Mamluk – poetry – love – Ibn Ḥağar al-ʿAsqalānī

* * *

Introduction

Over the past decade, the history of slavery in Muslim societies has finally received the attention it deserves. While previously the study of slavery in Islam was limited to the military slaves at the top ranks of the political hierarchy, or to the study of the legal aspects of slavery, recent scholarship has shifted the gaze to the majority of slaves who were not members of the elites. One major theme of this recent work is the rejection of the apologetic tone that characterized discourses on Islam and slavery: Clarence-Smith, Toledano and Zilfi all emphasize that slavery in Muslim societies was not necessarily more humane than elsewhere.[1] Islamic slavery, at least in the urban centres of the Middle East, was a service system whereby a slave provided some concrete service for a household. It was also by and large a non-racial and a transitory system, where slaves had reasonable hope of eventually gaining their freedom. It was a different kind of slavery compared to that of the New World, but it was slavery all the same, involving forced capture, and the selling and buying of human beings.

Moreover, this type of service slavery had crucial implications for gender relations. Under most circumstances, male masters had the right not only to labour services of their female slaves, but also to their sexual services. This general right was only curtailed if the female slave was married to someone else, such as another slave; in addition, the prostitution of female slaves was explicitly banned in the Qur'ān. In contrast to the sexual rights of male masters over their female slaves, a female mistress could not enjoy the sexual services of her male slave—an asymmetry

1. Clarence-Smith, *Islam and the Abolition of Slavery*; Toledano, *As if Silent and Absent*; Zilfi, *Women and Slavery*. See also Hanna, "Sources for the Study of Slave Women."

that attracted the attention of jurists since the formative days of Islamic law.[2] The slavery of sexual services therefore worked to reinforce relations of gender, for the free and the unfree. The experience of slavery for females included a legally sanctioned exploitation of their bodies in a manner that was different from the experience of male slaves. Moreover, the sexual rights of male masters over their female slaves affected their wives, and other free women, in fundamental ways. As Zilfi rightly points out, "The traffic in females and the place of women in marriage, or in society generally, cannot be understood without reference to each other".[3]

Most of the recent work on slavery has been based on the rich Ottoman archives, mainly the surviving court records.[4] Far less is known on domestic slavery in the pre-Ottoman period. Given that very few pre-Ottoman court records survive, historians of medieval society are by and large dependent on literary and normative sources, which often tell us little about the actual lives of slaves.[5] However, during the later Middle Ages, more or less corresponding with Mamluk rule in Egypt and Syria (1260-1517), a new genre of semi-autobiographical writing opens for us a unique window to the lives of upper-class urban households and their slaves. Because authors increasingly blur the line between history and autobiography, we have unprecedented access to the domestic. This is most striking in some 15th century works. The example of al-Saḫāwī's extraordinary comprehensive collection of the biographies of contemporary women is well-known.[6] Historians like Ibn Iyās (d. 930/1524) or Ibn Ṭūlūn (d. 953/1546) composed chronicles that are also semi-memoirs. Finally, the so-called chronicles of some late 15th century authors, like al-Biqāʿī (885/1480) or Ibn Ṭawq (d. 915/1509), are, for all practices and purposes, diaries.[7] As Li Guo has shown in his study of al-Biqāʿī's autobiography, the new openness about one's own household, including its free and slave women, offers glimpses into the interactions and tensions within a polygamous upper-class family, where free and slave women vied for the attention of the head of the household.[8]

15th century authors' unusual lack of timidity about women and sexuality offers us another striking case-study of an upper-class household, that of the Cairene traditionist, judge and historian Aḥmad b. ʿAlī Ibn Ḥağar al-ʿAsqalānī (773-852/1372-1449). Ibn Ḥağar, known to this day for his influential commentary on the canonical Hadith collection of al-Buḫārī, has been aptly described by Franz Rosenthal as "One of the greatest, and at the same time, most

2. See Ali, *Marriage and Slavery in Early Islam.*
3. Zilfi, "Thoughts on Women and Slavery," p. 134.
4. See a recent example in Sobers-Khan, "Slaves Without Shackles."
5. Marmon, "Domestic Slavery." For a fresh view on domestic slavery in Mamluk society, see now Sobers-Khan, "Slaves, Wealth and Fear." See also the case studies by Donald Little, based on the Haram legal documents from the court of 14th century Jerusalem: "Six Fourteenth Century;" *id.*, "Two Fourteenth-Century."
6. Al-Saḫāwī, *al-Ḍaw' al-lāmiʿ*; *id.*, *Wağīz al-kalām*. Secondary sources on al-Saḫāwī's collection of women's biographies include, Lutfi, "Al-Saḫāwī's *Kitāb al-Nisā'*;" Musallam, "The Ordering of Muslim Societies;" Roded, *Women in the Islamic Biographical Dictionaries.*
7. Guo, "Al-Biqāʿī's Chronicle;" Ibn Ṭawq, *al-Taʿlīq*. See also Wollina, "Ibn Ṭawq's Taʿlīq".
8. Guo, "Tales of Medieval Cairene Harem."

typical representatives of Muslim religious scholarship".[9] He is revered to this day, especially in Egypt, as one of the eminent Muslim scholars of all times. A recent three-part television show dramatized his life to Egyptian audiences, focusing on his supposedly poor background, piety, and courage in the face of political power.[10] In a 2012 internet video, the Grand Mufti of Egypt, Ali Gomaa, describes Ibn Ḥağar as a scholar of unrivalled memory in the field of Hadith, "second to none" throughout the generations, a man of virtue and piety.[11]

For our purpose here, however, Ibn Ḥağar is of interest as a focus of a case-study on domestic slavery in late medieval Muslim society, not as a renowned jurist and traditionist. Like other 15th century authors, Ibn Ḥağar incorporated many autobiographical details in his rich historical writings. Moreover, his student al-Saḫāwī used this autobiographical material, as well as his long personal acquaintance with Ibn Ḥağar and his family, to compose a full-fledged biography that deals with every aspect of the life of his shaykh.[12] This is not an autobiography, so our access to Ibn Ḥağar's mind-set and emotions is less direct and has to be inferred from his actions. On the other hand, al-Saḫāwī's account has the benefit of taking into account the perspective of other individuals, in particular that of Uns, Ibn Ḥağar's long-standing first wife, and does not have the self-indulgent tone of al-Biqāʿī's narrative. Moreover, Ibn Ḥağar himself has left us a unique love poem he composed to his wife, a poem which has been exquisitely studied by Thomas Bauer.[13] This poem allows us a very rare window into the private passions and contradictions of a medieval Muslim scholar. Most importantly, this case-study as a whole allows us to reflect on the overwhelming impact of female slaves, and the institution of female slavery, on the men and women of medieval Cairo, even at a period in which monogamous expectations and conjugal intimacy were on the rise.

Ibn Ḥağar al-ʿAsqalānī, his Wife and her Slave-Girl

Ibn Ḥağar was born in 773/1372 into the Egyptian mercantile class. His paternal grandfather was a cloth manufacturer in Alexandria and his mother had family links to the Kārimī merchants who monopolized the Red Sea trade to the Yemen and beyond.[14] Both his parents

9. Rosenthal, "Ibn Ḥadjar al-ʿAskalānī;" For other modern biographies of Ibn Ḥağar, see ʿIzz al-Dīn, *Ibn Ḥağar al-ʿAsqalānī Mu'arriḫ^{an}*; ʿAbd al-Munʿim, *Ibn Ḥağar al-ʿAsqalānī*. All three biographies preserve the order of al-Saḫāwī's work, going by topics rather than chronologically.

10. *Ḥayāt al-imām Ibn Ḥağar al-ʿAsqalānī*. The content of this mini-series has been validated by al-Azhar University. For a short extract from the first part of the series, see "La vie de Ibn Hajar al ʿAsqalani," published on 11 Aug 2012 by IslamDocu, http://www.youtube.com/watch?v=ubK_b7hjkRk [accessed 07/11/2012].

11. *Imām Ibn Ḥağar al-ʿAsqalānī*, published on 2 Sept 2012 by Sheikh Ali Gomaa on Youtube, http://www.youtube.com/watch?v=IfUXrMXqLDA [accessed 08/11/2012].

12. Al-Saḫāwī, *al-Ğawāhir wa-l-durar*.

13. Bauer, "Ibn Ḥajar and the Arabic Ghazal".

14. It is reported that Ibn Ḥağar's father briefly served as deputy *qāḍī*. His mother was a sister of Ṣalāḥ al-Dīn Aḥmad al-Ziftāwī, a Kārimī merchant who owned a *qāʿah* in Miṣr (Saḫāwī, *al-Ğawāhir wa-l-durar* 1, p. 107-108, 116; Saḫāwī, *Ḍaw'* 2, p. 184; Ibn Ḥağar, *al-Durar al-kāmina* 3, p. 117). See also ʿAbd al-Munʿim, *Ibn Ḥağar al-ʿAsqalānī*, p. 62.

died when he was a young boy, and Ibn Ḥaǧar was then entrusted to the care of Zakī al-Dīn al-Ḫarrūbī, another merchant with the Red Sea trade, who took him on the pilgrimage to Mecca when Ibn Ḥaǧar was only eleven. Ibn Ḥaǧar minutely recorded his education path in his own works, listing all his teachers and the books which he read with them. He recalls that when he was around 17 he decided to specialize in Hadith, while also taking an interest in history, influenced by his teacher and guardian Ibn al-Qaṭṭān. In his late teens he also started composing poetry; in his own short autobiographical note, he mentions writing poetry when he is about 20, including a *madīḥ*, ode to the Prophet and epigrams (*maqāṭiʿ*).[15]

Then, in Šaʿbān 798/May 1396, when Ibn Ḥaǧar was 24, he married Uns, one of five daughters born to ʿAbd al-Karīm b. Aḥmad.[16] ʿAbd al-Karīm served as head of the *Dīwān al-ǧayš*, effectively Financial Comptroller of the realm, for three years during the 790s/1390s. He died a decade later, in 807/1404, leaving behind only 600 dirhams and a few clothes. The property of Uns' mother, Sārah, was more secure. She was a descendant of a 13th century amir by the name of Mankūtimur, and as such was entitled to live in the house (*qāʿah*) adjacent to the madrasa he established in 698/1298. Uns was born there, at her mother's house, around 780/1378, and was about 18 when she married Ibn Ḥaǧar.[17] Following the marriage, Ibn Ḥaǧar moved into his wife's house, even though he had his own property in Fustat.[18] Uns' parents lived with them, and at least one of her sisters had also a share in the house.[19]

Over the next decade, Ibn Ḥaǧar set out on a number of journeys to the Hijaz, the Yemen, and Syria, journeys which combined commerce and learning, each lasting at least a year.[20] The last trip to the Red Sea, in 807/1404, was disastrous. His ship sank en route, and most of his belongings, including 7,000 gold coins deposited with him by a partner, were lost.[21] Although

15. ʿAbd al-Munʿim, *Ibn Ḥaǧar al-ʿAsqalānī*, p. 60.
16. Saḫāwī, *Al-Ǧawāhir wa-l-durar* 3, p. 1208; Ibn Ḥaǧar al-ʿAsqalānī, *Inbāʿ* 1, p. 394, 513. The matchmaker was Šams al-Dīn Ibn al-Qaṭṭān, one of the executors of the estate of Ibn Ḥaǧar's father (Saḫāwī, *al-Ǧawāhir wa-l-durar* 1, p. 117). Like Ibn Ḥaǧar's father, he also was a client of the Banū Ḫarrūbī. Ibn Ḥaǧar, writing many years later, criticized Ibn al-Qaṭṭān for the way he handled the estate of his father (see *Inbā'* 2, p. 480; Saḫāwī, *Ḍaw'* 9, p. 10; Saḫāwī, *al-Ǧawāhir wa-l-durar* 1, p. 117, 121).
17. On Uns' parents, see Saḫāwī, *al-Ǧawāhir wa-l-durar* 3, p. 1207, 1213; Ibn Ḥaǧar, *Inbā'* (ed. Ḥabašī) 2, p. 307; Ibn Ḥaǧar, *Ḏayl al-durar al-kāminah*, ed. ʿAdnān Darwīš, p. 157-158; al-Saḫāwī, *Ḍaw'* 4, p. 307-308. For details about other relatives of Uns, see ʿIzz al-Dīn, *Ibn Ḥaǧar*, p. 80. On Mankūtimur and his madrasa, see al-Maqrīzī, *al-Mawāʿiẓ wa-l-iʿtibār* 4, p. 238-240.
18. The house remained in his possession until his death, and then was sold (Saḫāwī, *al-Ǧawāhir wa-l-durar* 1, p. 104).
19. On the move to Uns' house, see *ibid.* In his will Ibn Ḥaǧar acknowledged that he owed Faraḥ Ḫātūn, sister of Uns, 100 dinars as unpaid rent on her share in the *qāʿah*, meaning Qāʿat Mankūtimur (*ibid.*, p. 1205). About this sister, see al-Saḫāwī, *Ḍaw'* 7, p. 207.
20. *Al-Ǧawāhir wa-l-durar* 1, p. 146-151. Unlike the pilgrims who made their way to Mecca, Ibn Ḥaǧar went straight to the Yemen. He had some good recommendations, for he was able to meet al-Malik al-Ašraf Ismāʿīl and the local governor of Aden. After he came back to Cairo, he made a long trip to Syria and Palestine.
21. *Al-Ǧawāhir wa-l-durar* 1, p. 151-152. In fact, many of his goods, books and even some of the cash surfaced on the shores of one of the Red Sea islands. But Ibn Ḥaǧar still had to pay an exorbitant sum as what al-Saḫāwī terms 'the customary fee' for salvaged goods.

Ibn Ḥağar continued to invest large sums in the pepper trade until his death[22], the scholarly vocation now took precedence. The introduction to the *Fatḥ al-Bārī*, his famous commentary on Buḫārī's *Ṣaḥīḥ*, was composed during these years. His great biographical dictionaries of the Prophet's companions and of Hadith transmitters—the *Iṣāba*, *Tahḏīb*, and *Lisān al-Mīzān*—are also said to have been conceived at that time.

He then received his first teaching position in the Shayḫūniyya madrasa in Shawwāl 808/ March 1406. His next step up was appointment to the Sultan's judicial council, the Dār al-ʿAdl, in 811/1408-1409. In 812/1409 he was appointed to a position in the madrasa administered by Uns' family, the Mankūtimuriyya. His social and academic position was fully established when he was installed as professor and administrator of the well-endowed al-Ḫānqāh al-Baybarsiyya in July 1410, a position he would keep for four decades.

During these journeys, as far as we know—and we know quite a lot about Ibn Ḥağar—he did not marry another woman, nor did he have children from slave-girls. Uns gave birth to their first daughter, Zayn Ḫātūn, in 802/1399, after three years of marriage. She then continued to give birth to girls: Farḥa was born in 804/1402, Ġāliya in 807/1405, and Rābiʿa in 811/1408. She is said to have had several miscarriage of male fetuses. It is at that time, around 814/1411, that Ibn Ḥağar decided to take a slave concubine. Al-Saḫāwī devotes a section to this slave-girl in his biography of Ibn Ḥağar. The text is one of the most dramatic glimpses we have of the interactions of free wives and female slaves in medieval Islam:

> "As Ibn Ḥağar saw that his wife gave birth to many daughters, he wished to have a son. He could not marry another woman, however, out of deference to his wife (*murāʿāt^{an} li-ḫāṭirihā*), and therefore he chose to take a concubine (*al-tasarrī*). His wife had a beautiful slave-girl (*ğāriya*), apparently of Mongol origins, by the name of Ḫāṣṣ Turk.[23] He has become inclined towards her (*fa-waqaʿa fī ḫāṭirhi al-mayl ilayhā*). His noble mind (*ra'yuhu al-šarīf*) devised to express anger with her for some failing in a household service, and he swore that she would no longer reside in his house. Following his [Ibn Ḥağar's] instructions, Uns told the broker to sell the slave-girl as soon as possible and at any price. He [Ibn Ḥağar] said: any loss you will incur, I will compensate you for it.
>
> Then he sent Šams al-Dīn Ibn al-Ḍiyā' al-Ḥanbalī to buy the slave-girl on his behalf. Ibn Ḥağar put her up somewhere until she had completed her waiting period (*istabra'ahā*), and then had intercourse with her. She gave birth to his son, the *qāḍī* Badr al-Dīn Abū al-Maʿālī Muḥammad, on 18th of Ṣafar 815 (29 May 1412). On the seventh day, Ibn Ḥağar invited his students to his wife's house and slaughtered a lamb for them. Uns was not aware that they were celebrating the *ʿaqīqa* in her own house.
>
> The child lived with his mother, and Ibn Ḥağar used to visit them. But, before the child was weaned, the wife learned about the matter. She—or perhaps her mother[24]—rode there immediately and brought the two [mother and child] to the house, leaving them up in one of the side rooms. When Ibn Ḥağar

22. In his will, Ibn Ḥağar ordered that the money for his testamentary gifts should come from the sale of 20 loads of pepper in Alexandria and 35 loads in Miṣr (*al-Ğawāhir wa-l-durar* 3, p. 1206-1207). About his investments in the production of sugar and in textiles, see *al-Ğawāhir wa-l-durar* 3, p. 984.
23. I follow the reading of her name proposed by Ibrāhīm Bāğis ʿAbd al-Mağīd, the editor of *al-Ğawāhir wa-l-durar*. ʿAbd al-Munʿim is uncertain about the reading (*Ibn Ḥağar*, p. 67). In another place, al-Saḫāwī describes her as a Turkish slave-girl (*Ḍaw'* 7, p. 20).
24. Variant reading: 'and her mother.'

> came home unsuspectingly, she [the wife] questioned him. Ibn Ḥağar did not admit or deny, but his response implied denial. Seeing this, Uns took out the child and his mother. At a loss, Ibn Ḥağar rushed to grab the baby. He took the child, and put him up with a trustworthy woman in Fustat. His mother then followed. She remained there until he married her off to Zayn [al-Dīn] ʿAbd al-Ṣamad, son of Šams al-Dīn al-Zarkašī, who has heard Hadith from us. She stayed married to him until she died[25]".[26]

The dramatic final scene, in which the husband and wife confront each other, has another version in al-Saḫāwī's biography of Ibn Ḥağar. In a section devoted to the wife, Uns, she punishes him by placing a curse on his son's head:

> Our shaykh, God's mercy on him, held her in great regard and respect, especially as she had much desire for him (*ʿaẓīmat al-raġba fīhi*). When he took a concubine, his mother, the Lady Sāra was in rage, but she [Uns] was less so than her mother. I am told that at the time she reprimanded him. He excused himself by his desire for sons. She then prayed to God that his son will not grow up to be a scholar. He [Ibn Ḥağar] was hurt by her words, and feared her invocation of God. He said to her: "You have broken my heart (*aḥraqtī qalbī*)", or something similar. This is what her maternal grandson told me. He also said: she was one of those whose prayers were heard.[27]

Before setting this remarkable story in the context of family life in 15th century Cairo, we need to take account of the literary elements in this account. The text is written by al-Saḫāwī, one of the younger students of Ibn Ḥağar, who could not have been a witness to the events. Al-Saḫāwī was, however, a very close acquaintance of the family. He says that he had several Hadith sessions with Uns, Ibn Ḥağar's wife, and even composed an anthology of Hadith in her honor. His immediate source for this account was Uns and Ibn Ḥağar's grandson Yūsuf, son of their eldest daughter Zayn Ḫātūn. Yūsuf himself was also born after the event, and must have heard the account from his grandmother. The final piece of dialogue, in which the new-born baby is cursed, has an element of prophesying—the son really did not become a scholar—and may be embellished as part of a rivalry between Ibn Ḥağar's descendants. But, despite some dramatization, there seems little doubt about the main events: Ibn Ḥağar did father a child by his wife's slave-girl, and did so stealthily, behind her back. Al-Saḫāwī must have included this story because these facts—the events leading to the birth of Ibn Ḥağar's only surviving son—were well-known to his contemporaries. Even though the work is a very laudatory biography, almost a hagiography, of his illustrious teacher, the event must have been too well-known to be omitted. Rather, al-Saḫāwī chose to report it in a way that would reflect kindly on the shaykh.[28]

25. Variant reading: 'until he died.'
26. *Al-Ğawāhir wa-l-durar* 3, p. 1218-1219.
27. *Ibid.*, p. 1211-1212.
28. Our understanding of the emotional relationship between al-Saḫāwī and his teacher is bound to increase as a result of René de Grandlaunay's study of al-Saḫāwī's unpublished autobiography. Part of Grandlaunay's study is included in this volume of *Annales islamologiques* ("Le milieu familial de Šams al-Dīn al-Saḫāwī. Quelques aspects d'une lecture autobiographique"). A striking feature, as noted by Grandlaunay, is that the structure of al-Saḫāwī's own autobiography mirrors exactly the structure of *al-Ğawāhir wa-l-durar*, the biography he wrote about his shaykh. There seems no doubt that this was a relationship of reverence on

According to al-Saḫāwī's version, Ibn Ḥağar decided to take a concubine because his wife bore him only daughters, and he wanted male sons. This is a common theme in Ottoman biographies and memoirs, where polygyny is often narrated in connection with barrenness or lack of male children; the anecdote is reminiscent of the biblical cycle of the barren Sārah and the slave-girl Hāğar.[29] Obviously, in this case, matters must have been more complex. Were Ibn Ḥağar's desire was for a male son, he could have bought himself a slave-girl in the market; and if his desire was not to offend his wife, it is hard to see why he chose her own slave-girl as a concubine, and why he did so behind her back. He may well have excused himself to his wife by his expressing desire for male children, but he must have been attracted to that particular slave-girl for him to go through the elaborate scheme of feigning anger with a household chore and deceitfully causing the slave's dismissal. As al-Saḫāwī himself cryptically notes, Ibn Ḥağar was attracted to the slave: "he has become inclined towards her (*fa-waqaʿa fī ḫāṭirhi al-mayl ilayhā*)". Besides, his wife Uns was only 32, and there was still time for her, unlike for the biblical Sarah, to bear male sons.

Al-Saḫāwī's text has Ibn Ḥağar following very carefully all the legal requirements before having intercourse with the slave. According to Islamic law, a man has sexual access to the (unmarried) female slave-girl that he owns, but not to the slave-girls of others, including those of his children or his wives. In the text that we have here al-Saḫāwī is at pains to note that Ibn Ḥağar followed the letter of the law. He says that the sexual intercourse only came about after she was his property, in his possession; and also after he waited the obligatory three months to ascertain that she was not already pregnant. Such care with the fine details of the law suggests that this was a matter on which al-Saḫāwī felt he needs to defend his shaykh. We do not know this for certain, but it is likely that some in Cairo would have had their suspicions. Would it not be possible that Ibn Ḥağar had impregnated the slave-girl in his wife's house, when she was still her slave, not his? Why else would he choose that particular slave-girl? Al-Saḫāwī is very keen to exonerate his shaykh from any suspicion of sinful behaviour.

Al-Saḫāwī's version also purposefully blurs the role of the slave-girl, the Turkish or Mongol Ḫāṣṣ Turk. In the text, she appears to be completely passive, handed over like chattel from wife to husband, through the mediation of market brokers and slave-dealers. This, again, cannot be the entire truth. Ḫāṣṣ Turk must have played some part in the clandestine arrangement, as it would not have been difficult for her to inform her former mistress of what had transpired. She could have easily sent a messenger back to the house after she was set up in Ibn Ḥağar's pied-à-terre in the city. Even earlier, one suspects she could have done more—she could insist, for example, that she has not failed in her household chores. And then in the slave market, the scheme depended on Ibn Ḥağar's agent buying her before someone else would. Since literary sources suggest that some slaves were able to reject prospective buyers, it is possible once again to sense some complicity on her part.[30]

al-Saḫāwī's part. At the same time, al-Saḫāwī saw himself first and foremost as a professional traditionist and historian, and famously articulated his commitment to accurate reporting of events in his treatise on historiography (Rosenthal, *A History of Muslim Historiography*).

29. Zilfi, *Women and Slavery*, p. 173.

30. In some cases, slaves may have had some say in the choice of their masters and mistresses. Our sources for this sort of interaction in the marketplace are meager, but the wily slave-girl who navigates the slave market

Her actions (or inaction) could be explained by a reasonable hope of becoming Ibn Ḥağar's concubine. The legal and social implications were significant. Once impregnated by her master, a slave-girl attained the status of *umm walad*, a 'mother of a child', which meant that her child would be free and would inherit from his father. As for herself, even if the child was still-born, she would be guaranteed her freedom at the death of the master, and could not subsequently be sold or transferred. Ottoman records show that this path was not without risks; a master would often deny paternity, and the manumission of the *umm walad* after the master's death depended also on the debts on the master's estate and goodwill on the part of other heirs.[31] Another risk, as happened here to Ḫāṣṣ Turk, was that the concubine, who was still a slave, would be married off to someone else; in such circumstances, her son would be taken away from her and placed with his father's family.

Despite these hazards, it seems highly likely that a slave-girl in an elite household would see access to the master of the house as her chance to better her position in life. The autobiography of another Cairene scholar, al-Biqāʿī, demonstrates how much the status of slave-girls depended on their bearing a child. In 853/1449, al-Biqāʿī purchased an African slave-girl, called Ḥasbiyat Allāh, who claimed to have been a daughter of an African prince. A month later, she stopped menstruating, but did not become pregnant. She developed cravings, chronic fatigue and stomach aches, and was diagnosed with having a false pregnancy, a condition recognized by some of the medical authorities of the time. She gave birth only ten years later, in 863/1459. Remarkably, she was adamant that she was pregnant throughout this period, and reported dreams that confirmed her claim. This false, ten-year pregnancy, which al-Biqāʿī accepted as a medical possibility, must have given her security which she would not have had otherwise. As said above, once pregnant with the master's son, she was not to be sold or transferred. It also allowed her to compete for al-Biqāʿī's attention with other slave-girls and with his divorcée; judging by the number of pages al-Biqāʿī devoted to recording the minutiae of her menstrual cycle, Ḥasbiyat Allāh's long pregnancy meant she was never away from his thoughts.[32]

Yet, the family drama at Ibn Ḥağar's household does not fit with the image of a polygamous harem, where women compete over, and submit to, the authority of the master adult male. It is striking, and perhaps surprising, to see how much Ibn Ḥağar was affected by the monogamous expectations of his wife. While the letter of the law allowed him to have sex with any slave-girl he owned, his wife's disapproval had to be taken into account. Keeping his affair with the slave-girl secret was his way to cope with his wife inevitable objection. And even when his secret was exposed, as Uns confronted him with the irrefutable evidence of the child himself, Ibn Ḥağar hesitated, until at last he is left with no choice but to admit.

is a literary motif that runs through the Arabian Nights story of "the Slave-Girl Anis al-Jalis and Nur al-Din Ali ibn Khaqan." See the version dating to the Mamluk period in *The Arabian Nights: Based on the Text of the Fourteenth-Century Syrian Manuscript Edited by Muhsin Mahdi*, translated by Husain Haddawy, p. 357-360.

31. Zilfi, *Women and Slavery*, p. 110-114, 162-163, 183.

32. Guo, "Tales of a Medieval Cairene Harem," p. 109-113.

The narrative of the story suggests that both Ibn Ḥağar and Uns understood his actions as a betrayal of trust; the picture that emerges is of a man in awe of his wife, and for whom the marriage means far more than the sexual relationship with the slave-girl.

Monogamy and Slavery in 15th Century Cairo

Ibn Ḥağar's awe of his wife could partly be explained by the specific circumstances of their marriage. Financially, we should recall, his wife was a woman of considerable means. Ibn Ḥağar lived at her house for the last twenty years, and was teaching in her family's madrasa. From a legal point of view, she could have asked Ibn Ḥağar for rent, or throw him out of the house. She could have also demanded from Ibn Ḥağar the delivery of support payments; this would have been a significant sum, since in his will he acknowledged owing her 300 gold dinars for undelivered clothing (*kasāwī*).[33] This is a particularly large sum, reflecting the very high status of the couple. But in 15th century Cairo it was not atypical for husbands to owe money to their wives, and annual or daily cash allowances are routinely mentioned in legal literature, chronicles and European travelers' accounts. It was also common for husbands to live in their wives' houses. This arrangement has become so common that one 15th century jurist, Ğalāl al-Dīn al-Suyūṭī, devoted a treatise to the question of husbands paying rent to their wives.[34]

The monogamous expectations of Uns were not merely a by-product of her wealth. Rather, their relationship reflects wider trends in late medieval Cairo. Ibn Ḥağar and Uns were living in a society in which monogamy was increasingly seen as the norm. In contrast with the polygamous structure of elite households during the 13th and 14th centuries, 15th century elite households in Cairo, including even the royal household of the sultans, tended to be monogamous. The number of slave concubines appears to have been in decline, and even those men who did take concubines saw this often as an emotional relationship, and sometimes as an exclusive, monogamous one.[35]

The objection of a wife to a second wife or a concubine was of course not a new phenomenon. Male authors had no illusions about the way women react to a second wife. When a woman watches her husband take a concubine or another wife, says Ibn Qayyim al-Ğawziyya (d. 751/1350), she naturally becomes jealous. Her envy is different and less profound than the virtuous jealousy (*ġayra*) felt by a husband who finds someone in his wife's bed. But it is nonetheless a strong feeling, a result of her unwillingness to share the man with other women, or a sign of her love and affection towards him.[36] Ibn Taymiyya attributed the adulterous affairs of women to their jealousy. Husbands who commit adultery, or are frequent clients of prostitutes, cause their

33. *Al-Ğawāhir wa-l-durar* 3, p. 1204; cited in my *Marriage, Money and Divorce*, p. 62.
34. Rapoport, *Marriage, Money and Divorce*, p. 63; al-Suyūṭī, *al-Ḥāwī* 1, p. 299-309.
35. This argument is developed in my "Women and Gender", p. 28-32.
36. Ibn Qayyim al-Ğawziyya, *Aḫbār al-nisā'*, p. 68. Ibn al-Qayyim is trying to make the point that husbands are more jealous than wives—or at least should be. To illustrate this, he brings examples from India, where widows are burned to preserve their loyalty to their late husbands, and from the animal kingdom, where males fight each other for the favours of females.

wives to retaliate by having affairs of their own.[37] The jealousy of wives was an accepted fact of life, and part of popular lore. According to the narrative sources adopted by late medieval chroniclers, the famous Šağar al-Durr murdered her husband, Sultan ʿIzz al-Dīn Aybak, after learning about his intention to marry another wife.[38]

It is not surprising, therefore, that restrictions on men's ability to contract new marriages or to purchase concubines were common. Clauses against polygamy and concubinage had been inserted in marriage contracts since the early Islamic period. Even the first Abbasid caliphs agreed to the insertion of these clauses in their marriage contracts.[39] Clauses against polygamy and concubinage, as well as other clauses favoring wives, are found in several 8th and 9th century marriage contracts from Egyptian provincial towns.[40] Stipulations against polygamy and concubinage were a standard feature of marriage contracts among the Jewish community of Cairo from the beginning of the 12th century. As in the earlier Muslim contracts, other stipulations were often included.[41] In the later medieval period some brides asked for the delegation of power (*wikāla*), in which the husband allowed his wife to divorce herself should he marry a second wife or purchase a concubine. This method was considered easier, because the wife did not need to ask the *qāḍī* for a judicial divorce.[42] According to another method, the husband took an oath on pain of divorce not to take another wife or a concubine. Were he to violate his oath, divorce followed automatically, not requiring any legal action on the part of the wife. We have several 15th century examples of this form of oath-taking.[43]

While stipulations against polygamy date back to the early Islamic centuries, 15th century Cairo presents a novelty in that wives commonly took for granted a right to a monogamous marriage, and assumed that their husband would need their approval before taking another

37. Ibn Taymiyya, *Mağmūʿ fatāwā* 32, p. 117-121.
38. Since the death of Šağar al-Durr and her husband made possible the rise of the Mamluk Sultans, the story is something of an origins myth. G. Schregle demonstrated that this romantic version was a later embellishment by 14th and 15th century chroniclers (*Die Sultanin von Ägypten*, p. 84-95). Mernissi, on the other hand, has Šağar al-Durr as a hopelessly romantic Medea, who acted out of all-consuming love (*The Forgotten Queens of Islam*, p. 97). Her avowedly feminist version is surely not historically accurate, yet preserves the gist of the later chronicles' narrative.
39. The famous cases are of Umm Mūsā, wife of the Abbasid caliph al-Manṣūr, and Umm Salāma, wife of al-ʿAbbās (see Ahmed, *Women and Gender in Islam*, p. 77; Abbott, *Two Queens of Baghdad*, p. 15, and the sources cited there).
40. Grohmann, *Arabic Papyri* 1: nos. 38, 39, 41; *id.*, "Arabische Papyri," no. 8.
41. Friedman, *Ribūy Nashīm be-Yisrael*, p. 34-41; Goitein, *A Mediterranean Society* 3, p. 147-150; Amir Ashur, "Protecting the Wife's Rights," p. 381-389.
42. It was also possible to allow the wife to divorce any second wife the husband might marry in the future. Since a husband could always divorce his wife at will, there was no practical difference between these two methods of *tawkīl* (Ibn Taymiyya, *Mağmūʿ fatāwā* 33, p. 119, 164; Ibn Qayyim, *Iʿlām al-Muwaqqiʿīn* 3, p. 343, 384).
43. In the 15th century, the Egyptian notary al-Asyuṭī provides a model document for an oath on pain of divorce taken by the husband. In the model, the husband takes it upon himself not to marry a second wife, not to take a concubine, and not to desert his wife (*Ğawāhir al-ʿuqūd* 2, p. 148). In a case put before the late 15th century jurist al-Anṣārī, a husband pledged to divorce any woman he should marry in addition to his wife. Later, the husband asked a Šāfiʿī *qāḍī* to invalidate his oath (*al-Iʿlām*, p. 244). For the use of a divorce oath against polygamy in the 14th century, see Ibn Taymiyya, *Mağmūʿ fatāwā* 33, p. 236.

sexual partner. There are several examples of this, but we can introduce this change with an intriguing case brought before the royal court in 876/1471. A Cairene woman appeared before no lesser an authority than Sultan Qā'itbāy himself in order to complain that her husband had taken a second wife (or, according to another version, a slave concubine). This happened at a time when Qā'itbāy was holding sessions for the petitions of commoners, as part of an experiment with direct royal justice. Ibn Iyās tells us that this particular petition convinced the sultan that the experiment was a waste of time.[44] In any case, the fact that a common woman had the nerve to approach the sultan on the issue of polygamy is surprising: she, at least, must have believed that she had a right to prevent her husband from taking another sexual partner. Another anecdotal evidence concerns the father of the scholar Ḥusayn b. Aḥmad Ibn al-Aṭʿānī (d. 912/1506-1507). The wife of Ḥusayn's father was barren, and gave her husband permission (*aḏanat*) to take a concubine. Ḥusayn, the son of that concubine, carried the family name of his father's wife as a reward for her generosity.[45] The impression is that the husband required the permission of the first wife before taking a concubine.

Another novelty of the 15th century was institutionalization of clandestine marriages (*nikāḥ al-sirr*), a practice well attested in the legal and narrative sources. Al-Asyūṭī provides a model document for this kind of marriage in his manual for notaries. According to the model, a clandestine marriage contract is like any other except that it is never made public. The presence of witnesses is required, but they take it upon themselves to keep the marriage secret (*kitmān al-nikāḥ*). Al-Asyūṭī explains that men have recourse to clandestine marriages when they are taking a second wife.[46] Evidently the secrecy of these marriages was not always well kept, since 15th century chroniclers are able to tell us about them. Abū al-Saʿādāt al-Bulqīnī (d. 890/1485), a chief *qāḍī* in Cairo, was already married to his paternal cousin when he decided to contract a marriage with Saʿādāt bint Badr al-Simirbā'ī, a widow of one of his relatives. Abū al-Saʿādāt married her secretly (*ḫufyat^{an}*), and divorced her before his death.[47]

When the first wife did find out, the man usually had to choose between the two. ʿAzīza bint ʿAlī al-Zayyādī (d. 879/1475), the daughter of a Cairene scholar, married the Meccan scholar ʿAfīf al-Dīn al-Īǧī when he visited Cairo. This marriage was kept secret from his first wife and paternal cousin, Ḥabībat Allāh bint ʿAbd al-Raḥmān, who stayed in Mecca. But when ʿAzīza traveled with her husband to Mecca, Ḥabībat Allāh naturally found out; al-Īǧī had no choice but to divorce the second wife.[48] Al-Biqāʿī's prized marriage to Saʿādāt, the daughter of an important

44. Al-Ṣayrafī, *Inbā'*, p. 391. According to another version, the question was not of a second wife, but of sex with his slave-girl (Ibn Iyās, *Badā'iʿ al-zuhūr* 3, p. 63). Cited in Petry, *Protectors or Praetorians?*, p. 151-155.
45. Al-Ġazzī (d. 1651), *al-Kawākib al-sā'ira* 1, p. 184.
46. He also notes that all schools accept the validity of this marriage, except the Mālikīs (*Ǧawāhir al-ʿuqūd* 2, p. 89).
47. For her biography see al-Saḫāwī, *Ḍaw'* 12, p. 63. Al-Saḫāwī mentions the marriage in Abū al-Saʿādāt's biography, but not its secrecy. Rather, al-Saḫāwī refers to uncertainty regarding the validity of the marriage (*Ḍaw'* 9, p. 99-100).
48. Al-Saḫāwī, *Ḍaw'* 12, p. 82 (no. 505) [second wife]; 12, p. 19 (no. 102) [first wife]. See also Lutfi, "Al-Sakhāwī's *Kitāb al-Nisā',*" p. 114.

Sufi Shaykh, came to an end when her family found out that he had secretly concluded a short term union during an official visit to Syria. His earnest remonstrations that he could not be expected to abstain from sexual intercourse fell on deaf ears.[49] Sometimes—rarely, it seems—the second wife gained the upper hand. Naǧm al-Dīn Ibn Ḥiǧǧī preferred not to consummate his marriage with his young bride and relative, Fāṭima bint ʿAbd al-Raḥmān Ibn al-Bārizī (d. 899/1494), because he had married a second and more mature woman. Al-Saḫāwī tells us that his second wife "took hold of his heart," and convinced him to divorce his cousin.[50]

The practice of clandestine marriages demonstrates quite clearly the monogamous expectations of wives. Was it possible at all to keep such a secret? Perhaps in some cases a clandestine marriage was simply a marriage that, out of respect for the first wife, was not celebrated publicly. Under certain circumstances, secrecy was required for political reasons. But sometimes, as in the case of Ibn Ḥaǧar, a clandestine marriage or a second union was really a secret, and the existence of a second wife or a concubine was successfully concealed from the first wife, at least for a while. In many ways, a secret marriage is the functional equivalent of keeping a lover, one of the most typical male practices in monogamous societies.

The 15th century examples of contracting a secret second union also reflect the fact that polygamy, in its wider sense of simultaneous unions with both wives and slaves, had become less widespread. This was in sharp contrast to earlier periods, such as the 13th century and the first half of the 14th, when members of the military and the civilian elites tended to have many sexual partners simultaneously. Sunqur al-Nūrī (d. 736/1335), a governor in several towns in northern Syria, had as many as 60 concubines (*mawṭūʾāt*). When he died he left 21 children.[51] A similar number of concubines were found in Qawsūn's mansion in Cairo in 742/1341.[52] Karāy al-Manṣūrī, a governor of Damascus, had four wives as well as thirty concubines (*sarārī*).[53] In the 14th century, concubines were also available in large numbers to the civilian elites. In Damascus, again, the jurist Ibrāhīm b. Aḥmad al-Zarʿī (d. 741/1342), made it his habit on Fridays to alternately frequent the slave market and the book market, thus cultivating the pleasures of both body and mind. His association with Turkish slave-girls was such that he learned to speak their language.[54] ʿAbd al-Laṭīf b. ʿAbd al-Muḥsin al-Subkī (d. 788/1386), a nephew of Taqī al-Dīn, was also known to have a weakness for slave-girls. He is said to have had sex with more than one thousand.[55]

49. Guo, "Tales of a Medieval Cairene Harem," p. 105-106.
50. See Saḫāwī, *Ḍawʾ* 12, p. 100 (no. 629), for the second wife, Fāṭima bint Kamāl al-Dīn al-Aḏruʿī; *Ḍawʾ* 12, p. 94 (no. 589) [first wife].
51. Al-Ǧazarī, *Tāʾrīḫ* 3, p. 920.
52. Ibn Qāḍī Šuhba, *Tāʾrīḫ Ibn Qāḍī Šuhba* 2, p. 229.
53. Al-Ṣafadī, *Aʿyān* 4, p. 154.
54. Al-Ṣafadī, *Aʿyān* 1, p. 45; Ibn Ḥaǧar, *Durar* 1, p. 16. Literally, al-Ṣafadī says that his friend combined the pleasure of the pearl with that of the stars (*al-durr wa-l-darārī*).
55. Ibn Ḥaǧar al-ʿAsqalānī, *Inbāʾ al-ġumr* 2, p. 239. In most reports on concubinage among the civilian elite, it is the sexual aspect that is emphasized. To give two more example, Šihāb al-Dīn ʿAbd al-Salām Ibn Abī ʿAṣrūn (d. ca. 631/1234), a Syrian bureaucrat and jurist, had more than twenty concubines. We are told that "his limbs dried up from excessive sexual intercourse" (Sibṭ Ibn al-Ǧawzī, *Mirʾāt al-zamān* 8,

In contrast, the elite households of the 15th century were very often monogamous, including the royal household itself. Sultans now refrained from taking concubines; the royal household of the second half of the 15th century was centred around monogamous and long-lasting marriages. Zaynab bint Badr al-Dīn Ibn Ḫāṣṣbak bore all of Sultan Īnāl's children, and we are told that he never married any other wife. Al-Saḫāwī says that Ināl's monogamy set him apart from previous rulers.[56] Al-Ẓāhir Ḫušqadam (r. 1461-1467) married Šukurbāy al-Aḥmadiyya, a manumitted slave-girl of a previous Sultan, when he was still a junior officer. He had concubines, but did not marry any other wife until her death in 870/1465. He then married Surbāy, one of his concubines, who was also the mother of his eldest daughter.[57] Qā'itbāy (r. 1468-95) was married to Fāṭima bint ʿAlī Ibn Ḫaṣṣ Bak, the daughter of a wealthy local Cairene family, who was his first and only wife.[58] Qā'itbāy had entertained no concubines since their marriage in 1458, and started taking ones only towards the end of his life.[59]

The royal household merely replicated wider trends prevailing among the military elite. Īnāl, Ḫušqadam and Qā'itbāy carried over their monogamous marriages from their days as junior officers. The number of references to military households with large numbers of slave-girls in general, or concubines in particular, dramatically falls in the 15th century. An amir with a large number of concubines was now a rarity.[60] In a study of Syrian amirs endowment deeds from the late 15th and early 16th centuries, M. Winter found no one who had more than one *umm walad*. Interestingly, some of the amirs' wives were their former slave-girls.[61]

The same was true of the civilian elite. In the 15th century, there are no longer references to civilians possessing an extravagant number of concubines, and it seems that no scholar now divided his time between the slave market and book market. Rather, when concubines are mentioned, it seems that they were kept not to supplement or enlarge a household, but rather as a substitute for a wife. ʿAlī b. Naṣr al-Manūfī (d. 896/1491), for example, a poor tailor and mosque attendant (*farrāš*), had three children from a slave-girl.[62]

p. 692). ʿAbdallāh b. Muḥammad al-Qazwīnī (d. 743/1342-1343), kept a constant stock of concubines; he had four slave-girls who bore him children and acquired the status of *ummahāt awlād*, as well as six transient concubines, whom he would exchange in the slave market every now and then (al-Ṣafadī, *Aʿyān* 2, p. 726. See also Ibn Ḥağar, *Durar* 2, p. 294).

56. Al-Saḫāwī, *Ḍaw'* 12, p. 44 (no. 261); Ibn Iyās, *Badā'iʿ* 2, p. 368; 3, p. 156. See also Johnson, "Royal Pilgrims", p. 114-119.

57. Al-Saḫāwī, *Ḍaw'* 12, p. 68 (no. 417); Ibn Iyās, *Badā'iʿ* 2, p. 435. See also Johnson, "Royal Pilgrims," p. 119-121.

58. On Fāṭimam's biography see also Petry, *Twilight*, p. 32; *id.*, "The Estate of al-Khuwand Fāṭima," p. 277-294; Johnson, "Royal Pilgrims," p. 121-123.

59. Ibn Taġrī Birdī and Ibn al-Ṣayrafī, both writing in the 1470s, report that Qā'itbāy had no other wives or concubines (Ibn Taġrī Birdī, *Ḥawādith al-Duhūr* 8, P. 630, 705; Ibn al-Ṣayrafī, *Inbā'*, p. 60). He changed this policy later in his reign. His heir, al-Nāṣir Muḥammad, was born to a concubine in 887/1482-1483. Another concubine bore him a daughter around 885/1480 (Petry, *Twilight*, p. 105; Ibn Iyās, *Badā'iʿ* 3, p. 197, 288).

60. Taġrī Birdī (d. 815/1412), the historian's father, left children from nine different mothers, most of them concubines, during a career that stretched back well into the 14th century. See Ibn Taġrī Birdī, *al-Manhal al-ṣāfī* 4, p. 41-42; 5, p. 368; ʿĀšūr, "Makānat Ibn Taġrī Birdī," p. 422.

61. Winter, "Mamluks and their households," p. 297-316.

62. Al-Saḫāwī, *Ḍaw'* 6, p. 48 (no. 131).

ʿAlī b. ʿAbd al-Qādir al-Ḥasanī (d. 870/1465), a scholar of modest income, never married but took a slave-girl as a concubine.[63] The historian al-Maqrīzī went to buy a concubine when he was single. He ended up purchasing a fifteen-year old slave girl who had been brought up in the royal household. Al-Maqrīzī taught the girl, whom he named Sūl, to read, write and even to compose poetry. There is no indication that she bore him any children. He later manumitted her, and she travelled to Mecca where she died at the age of forty.[64]

A most moving example of the change in attitude towards concubines is the biography of Bulbul (Nightingale), a slave-girl of the Damascene scholar Yūsuf Ibn al-Mibrad. Her biography is known to us from a short work Ibn al-Mibrad composed in her memory, entitled *Laqaṭ al-Sunbul fī Aḫbār al-Bulbul* (Gleanings from the life of the Nightingale).[65] Ibn al-Mibrad depicts Bulbul as a virtuous, modest and learned woman. Even when Ibn al-Mibrad's brother personally invited her to his wedding, she refused to go, claiming that she swore never to leave the house. She refused to wear an expensive *sinǧāb* fur that Ibn al-Mibrad bought her as a gift, citing her master's own legal opinions against the use of this material.[66] We know that Ibn al-Mibrad often read for her, as is mentioned in his surviving autograph manuscripts.[67] Her last act of charity was to leave a bequest for the poor, the money coming from the profits she gained as a spinner. She died in 883/1479, after spending ten years with Ibn al-Mibrad and bearing him a boy and a girl. Bulbul's biography projects her as an exemplary Muslim woman. Her relationship with Ibn al-Mibrad seems to resemble that of a wife; if he also had a free wife at the time, she is not mentioned. It would be easy to forget the difference in legal status, except that Ibn al-Mibrad reminds us that Bulbul was not the name given to her at birth, but that he himself had given her this name when he brought her to his house.

The changes in the attitude to concubines may have been correlated to declining supply of slaves and a rise in prices. The evidence for sale prices of slave-girls is too scanty to allow definitive conclusions, with prices ranging from 15 to 80 gold coins in the 15th century.[68] There are occasional references to the dearth of white concubines in the later 15th century: when

63. *Ibid.*, 5, p. 243.
64. *Ibid.*, 12, p. 66 (no. 404).
65. The manuscript of the work is preserved in the Taymūriyya library in Damascus. Māhir Muḥammad ʿAbd al-Qādir published part of the work in his introduction to Ibn al-Mibrad, *Aḫbār al-nisāʾ*, 17ff.
66. Towards the end of the 15th century, Syrian and Egyptian jurists debated the legality of using this squirrel fur. Naǧm al-Dīn Ibn Qāḍī ʿAǧlūn (d. 876/1472) composed a treatise against the use of this material, while the Cairene al-Suyūṭī allowed it [Sartain, *Jalāl al-Dīn al-Suyūṭī* 1, p. 202 (n. 11); Saḫāwī, *Ḍaw'* 8, p. 97 (no. 197).].
67. See the remarks by ʿAbd al-Raḥmān ibn Sulaymān al-ʿUṯaymīn in his introduction to Ibn al-Mibrad, *al-Ǧawhar*, p. 37.
68. E. Ashtor asserts that there was no increase in the price of male and female slaves, apart from military slaves, during the 15th century. But the basis for this assertion is a single reference from the records of a Venetian consul in Alexandria. In 1419, the consul paid 27 ducats for a Nubian female slave, and part of the amount went towards the transport expenses (Ashtor, *A Social and Economic History*, p. 361). Von Harff, as late as 1497, states that male and female Christian slaves are sold for 15 to 30 ducats (von Harff, *The Pilgrimage*, p. 79). Around the same time, a price of almost 40 dinars is mentioned in a question put to a jurist (al-Anṣārī, *al-Iʿlām*, p. 124). In the dream diary of the Moroccan visitor to Cairo al-Zawawī, a price of 85 dinars is mentioned in the 1450s as the price for top of the market Turkish slave-girl (Katz, *Dreams*, p. 119.)

Burhān al-Dīn Ibn Abī Šarīf, a native of Jerusalem, came to Damascus in 904/1498-1499, he looked for a concubine but had to make do with a black slave-girl (*samrā'*).[69] In view of the prices paid for slaves in 15 century Italian and Anatolian cities, it is likely that prices in Egypt and Syria had gone up.[70] But, ultimately, the change in the structure of elite households was not about money or availability of slave-girls. Sultans could afford to pay for as many slave-girls as they liked, and—returning to our case-study—Ibn Ḥağar could also afford quite a few. What had changed was something more fundamental about marital relations, with men placing more importance on the conjugal bond.

The "Red Sea Ghazal"

Ibn Ḥağar himself chose to express his emotional attachment to his wife by doing something very unusual: he wrote her a love poem. In the rich tradition of the ghazal, the Arabic love poem, addressing one's own wife was a real rarity. Since the emergence of the genre in Abbasid courtly circles, ghazal love poetry was often homoerotic, or otherwise addressed to beloveds who could not be obtained, expressing an ideal of unfulfilled and unconsummated love. Even when the beloved was obtainable, it could not be one's own wife.[71] During the Mamluk period, however, poets chose to somewhat modify the conventions, primarily by showing a growing interest in matters of private life. Because poetry came to be such a common method of communication, scholars—not only professional poets—could talk about their personal circumstances and assume that their peers would be interested. Thus we find elegiac poems on the death of one's own son, daughter or mother, and Ibn Ḥağar's love poem to his wife should be seen in that literary context.[72] This is not the first poem addressed to one's wife in Arabic literature, as we have, for example, the 13th century scholar Abū Šāma composing a few stanzas in praise of his pious, modest and hard-working wife.[73] But Ibn Ḥağar's poem to his wife is a full-scale *ghazal*, much more complex in its form and content.

Because of its innovative approach and unusual subject matter, the "Red Sea Ghazal" by Ibn Ḥağar attracted the attention of Thomas Bauer, who has devoted to it a full-scale study.[74] As noted above, Ibn Ḥağar started to compose poetry in his late teens, and continued to do so all his life. Partly because he is so well known as a Hadith scholar, his Diwan received more attention than other works of Mamluk poets, and it has been now edited and published several times.[75] Ibn Ḥağar's work was distinctive for his frequent and sophisticated use of

69. Ibn Ṭūlūn, *Mufākahat al-ḫillān* 1, p. 212.

70. See Fleet, *European and Islamic Trade*, p. 39-45, 147-149; Inalcik, *An Economic and Social History* 1, p. 284; Ashtor, *A Social and Economic History*, p. 498-504.

71. Bauer, *Liebe und Liebesdichtung*.

72. See Bauer, "Mamluk Literature," p. 105-132; see also *id.*, "Communication and Emotion," p. 63-64.

73. Rapoport, *Marriage, Money and Divorce*, p. 31; see also Lowry, "Time, Form and Self."

74. Bauer, "Ibn Ḥajar and the Arabic Ghazal."

75. I have used *Dīwān šayḫ al-islām Ibn Ḥağar al-ʿAsqalānī*, ed. Firdaws Nūr ʿAlī Ḥusayn. The annotated edition by Šihāb al-Dīn Abū ʿAmr, *Uns al-ḥuğar*, is the one recommended by Bauer.

tawriyya, or double entendre. His Diwan contains the poems he himself selected, divided thematically into seven chapters. Each chapter is devoted to one type of poetry, such as odes for the Prophet Muḥammad, two-line epigrams and *ghazal*, including the "Red Sea Ghazal" addressed to Ibn Ḥağar's wife.

The poem derives its title from the central unifying topic, which is the poet's travelling on a ship that carried him from his home in Cairo to the Hijaz. During this journey, he expresses love and yearning to all that he left behind, including his city Cairo, his home and his wife. The longings of the poet are of course the defining theme of the ghazal genre, but the objects of love here are new, and the modes of expression imaginative. In the first part, the beloved is his home city of Cairo (or, possibly, Egypt as a whole). The lines here are replete with erotic references, and with mention of wine. Then, the second part of the poem contrasts the ship in which he travels and his home, and this leads him to expressions of longing and sincere love to his beloved, which are remarkable and moving: "Ever since I have lost/left you, I don't have anybody in my mind apart from you" (line 28); and asking the wind's breezes to say to her "that I will immovably stick to my love for her (*ʿahd ḥubbihā*), even if I had not come to an end with the hardships of my travels" (line 36).

Bauer concludes that the object of love here must be the wife. He knows this from a line in which the beloved is described as "my spirit that dwells in my home," (line 33) and from that the poet does not want the beloved to learn of his pain, showing that he has no need to show her his love—unusual theme in ghazal poetry. Bauer overlooks here the direct proof that the poem is addressed to Ibn Ḥağar's wife, buried in one of the many double entendres of the poem: "I departed without heart, without sociability (*anas*) and without the sweetness of sleep, since she is my intimacy / my Uns (*unsī*) and towards her are dedicated all my thoughts" (line 37). This is unmistakably a poem for Uns, Ibn Ḥağar's wife. As Bauer insightfully says, we have here a scene of marital bliss, "an expression of the mutual love of a married couple."[76] What may seem unexceptional to us in a largely monogamous society, was, in the context of medieval Islamic family life, truly remarkable. As the wife becomes an object of idealized, romantic love, the poem conveys a sense of exclusivity—"I don't have anybody in my mind apart from you."

This poem was almost certainly written prior to Ibn Ḥağar's secret affair with Uns' slave-girl, which occurred around 814/1411. As far as we know from al-Saḫāwī's biography of Ibn Ḥağar, he traveled to the Hijaz several times in the years following his marriage to Uns, between 1396 and 1404. He did go on the pilgrimage later on, in 815/1413, but he did so together with Uns; it could not be the occasion of a poem of longing. Al-Saḫāwī and Ibn Ḥağar himself also tell us that he composed most of his poetry when he was a young man; at the time of his affair with Ḫāṣṣ Turk he was already about forty. Finally, it is hard—for us at least—to imagine such promises of enduring love to come after, not before, Ibn Ḥağar's infidelity.

Given what we know about Ibn Ḥağar's affair with his wife's slave-girl, the poem also seems to reflect the tension between a monogamous ideal of marriage and the opportunities for polygamous relationships available to men; a slave-girl and her sexuality are always at

76. Bauer, "Ibn Ḥajar and the Arabic Ghazal," p. 45.

the background. In the middle of the poem, when Ibn Ḥağar contrasts his home with the ship on which he travels, he compares the ship to a slave-girl, using another one of his double-entendres: "A slave girl/ship (*ğāriya*) is she, but whosoever penetrates her/enters her belly (*tabaṭṭana fīhā*) becomes her slave, whether he a slave or a free person!" (line 18). Bauer, who is unaware of the romantic drama that will come later in Ibn Ḥağar's life, comments that the ship, in the figure of the slave-girl, represents untamed and dangerous sexuality, a counter-image of the beloved, the poet's wife. Bauer is also startled by the final two difficult lines of the poem, which suddenly express a sense that the union has never fulfilled its promise, lines of such "despair and hopelessness of which we can only hope that his wife never read them."[77]

Can we use the "Red Sea Ghazal" as a window to Ibn Ḥağar's mind and soul? Unlike modern poetry, medieval poetry did not aim to be an expression of individuality, and other poems by Ibn Ḥağar cannot be taken at face value. His Diwan includes a homoerotic ghazal, describing a nocturnal union with a beautiful young man, whose "cheeks are like apple, his eyes the narcissus."[78] He is not the only celebrated Mamluk scholar who composed works with this theme.[79] Nor should we take him seriously when he composes an epigram on his attraction to a *waqqād*, the lamp-lighter in the mosque.[80] Such epigrams on young men whose names or professions are used for the *tawriya*, or double entendres, were a particular fashion of the time.[81]

And yet, we cannot dismiss the emotions in the "Red Sea Ghazal" as conventional and formulaic, in the same way we cannot dismiss the veneration to the Prophet just because the odes in praise of the Prophet have become so conventional. In the '"Red Sea Ghazal", Ibn Ḥağar made the unusual choice of his wife as the object of love, and by giving out her name—Uns—in the poem, and by setting out a realistic and contemporary frame of a journey to the Hijaz, he does individualize his beloved and his love for her in a way that goes beyond convention. It appears that he meant what he said; that he later betrayed that love by taking a concubine does not diminish the effect of that poem. Thanks to the unique literary and narrative sources of the 15th century, like the autobiography of al-Biqāʿī or the love poem of Ibn Ḥağar, we suddenly get insights into the real emotions and insoluble contradictions that characterized the lives of medieval men.[82]

Epilogue

Uns and Ibn Ḥağar continued to be married for the rest of their lives. Unlike other 15th century wives who found out that their husband had secretly taken another wife, Uns did not ask for a divorce, nor did she throw him out of the house—her house. In Ḏū al-Ḥiğğa 815/March-April 1413,

77. *Ibid.*, p. 47.
78. *Dīwān* (ed. Ḥusayn), p. 174-176.
79. Rowson, "Two Homoerotic Narratives," p. 158-191.
80. *Dīwān* (ed. Ḥusayn), p. 266. I thank Thomas Bauer for identifying the *waqqād* as the lamp-lighter rather than the alternative meaning, a bath-attendant.
81. Bauer, "Ibn Ḥajar and the Arabic Ghazal," p. 39.
82. See the comments by Guo, "Tales of a Medieval Cairene Harem," p. 120.

only eight months after the birth of Ḫāṣṣ Turk's child, Ibn Ḥaǧar took Uns with him, for the first time, on the pilgrimage to Mecca. Was he trying to make amends?[83] In 817/1414 Uns gave birth to yet another daughter, Fāṭima, her last child. The baby Fāṭima and the twelve-year-old Ġāliya died in 819/1416. Uns and Ibn Ḥaǧar married off the three remaining daughters. Farḥa married a bureaucrat by the name of Ibn al-Ašqar, but died in 828/1425. Ibn al-Ašqar then married the youngest daughter, Rābiʿa, but four years later she was dead too. The remaining daughter, the first-born Zayn Ḫātūn, married a military official by the name of Šāhīn al-ʿAlāʾī.[84] She died not long after her sisters, in the plague of 833/1430.[85] Now aged 53, Uns' only surviving progeny was Zayn Ḫātūn's five-year-old son Yūsuf. She secured custody over Yūsuf, and took the child with her on the pilgrimage of 834/1431, which she made without her husband. After the pilgrimage rites were over, she stayed in the Hijaz as a religious sojourner.[86]

Ibn Ḥaǧar had by now a meteoric career, culminating in his appointment as chief Šāfiʿī *qāḍī* in 827/1423. After Uns traveled to the Hijaz, the sixty-year-old Ibn Ḥaǧar married another woman, a freed slave-girl of a fellow scholar. He put her up in the al-Baybarsiyya, and she bore him a daughter in Rajab 835/April 1432. It seems, however, that Ibn Ḥaǧar did not develop any great emotional attachment in this relationship. He took an oath to divorce her were the daughter to die, and this happened a year later, while Ibn Ḥaǧar was traveling with the sultan on a campaign in northern Syria.[87] During this trip he met Laylā bint Maḥmūd b. Ṭūǧān, a woman of about forty and a mother of two. They married in her hometown of Aleppo, and Ibn Ḥaǧar divorced her when he left the city. Later, however, he invited her to come to live with him in Cairo. Laylā was installed in the al-Ḫānqāh al-Baybarsiyya with great ceremony. Poetry reveals again the emotions of the elderly Ibn Ḥaǧar, who writes, with his usual double entendre, "I occupy with *ḥadīṯ* to cure myself during the day, but by my nights

83. *Al-Ǧawāhir wa-l-durar* 3, p. 1211. This was the first time Ibn Ḥaǧar had gone on pilgrimage since his last trip to Yemen in 807/1404.

84. According to an anecdote told by al-Saḫāwī, Šāhīn warned Ibn al-Ašqar in jest not to marry his wife and the only remaining daughter, Zayn Ḫātūn, and kill her too. Al-Saḫāwī concludes the anecdote by saying "and everybody laughed" (*wa-ḍaḥika al-ǧamāʿah*), so those present evidently found the joke amusing (al-Saḫāwī, *Ḍaw'* 3, p. 296). The attitude of al-Saḫāwī to child mortality is complex. Al-Saḫāwī composed several treatises for bereaved parents, in which he specifically calls on parents to mourn their sons and daughters equally. See Giladi, "The child was small," p. 367-86; *id.*, *Children of Islam*, p. 92.

85. For the biographies of the daughters, see *al-Ǧawāhir wa-l-durar* 3, p. 1208-1211; al-Saḫāwī, *Ḍaw'* 12, p. 51 (no. 301) [Zayn Ḫātūn]; 12, p. 34 (no. 199) [Rābiʿa]; 12, p. 115 (no. 697) [Farḥa]; 12, p. 85 (no. 521) [Ġāliya]; 12, p. 88 (no. 542) [Fāṭima]. For Ibn Ḥaǧar's reaction to the death of Zayn Ḫātūn, see *Inbā' al-ġumr* (ed. Ḥabašī) 3, p. 445. For Ibn al-Ašqar, see al-Saḫāwī, *Ḍaw'* 8, p. 143.

86. *Al-Ǧawāhir wa-l-durar* 3, p. 1211. For the biography of Yūsuf, see al-Saḫāwī, *Ḍaw'* 10, p. 313.

87. *Al-Ǧawāhir wa-l-durar* 3, p. 1225. She was a manumitted slave-girl of Niẓām al-Dīn Yaḥyā al-Sayramī, shaykh of the al-Ẓāhiriyya. She later married al-Šarīf al-Ǧarawānī (on him, al-Saḫāwī, *Ḍaw'* 7, p. 74). For a short biography of the baby girl, called Āmina, see al-Saḫāwī, *Ḍaw'* 12, p. 3 (no. 10). Al-Saḫāwī mentions that Ibn Ḥaǧar also married the widow of Zayn al-Dīn Abū Bakr al-Amšāṭī, whom I have not been able to identify. Al-Saḫāwī did not know her name, devotes only a line to her, and does not mention any children (*al-Ǧawāhir wa-l-durar* 3, p. 1225). Muḥammad Kamāl al-Dīn ʿIzz al-Dīn concludes that the two women are in fact one and the same (*Ibn Ḥaǧar*, p. 82).

(*layālī*) I long for Laylā."[88] Al-Saḫāwī says that Uns, by then back in Cairo, was angry and jealous.[89] An uncomfortable modus vivendi emerged. Ibn Ḥağar continued to live in Uns' house. He would visit Laylā only on Tuesday and Friday afternoons, and they never had children. When he died, in 852/1449, Laylā inherited a share equal to that of Uns.[90]

Uns did not remarry after the death of her husband. She secured all her property to her grandchild Yūsuf and to the children of her sisters, and died in 867/1462.[91] Laylā died in 881/1476, after remarrying several times.[92] We know next to nothing about Ḫāṣṣ Turk, the Turkish or Mongol slave-girl at the center of this household melodrama. As noted above, she was married off—apparently, still a slave—to a colleague of Ibn Ḥağar, and it seems that the son she bore to Ibn Ḥağar, Badr al-Dīn Muḥammad, grew up with his father's family. Badr al-Dīn, the child cursed by Uns as a baby, never achieved the scholarly pedigree of his father. Ibn Taġrī Birdī said that he was ignorant and rude. He was accused, and acquitted, of embezzling the money of the Tulunid Mosque in Cairo. He died in 869/1465.[93]

Conclusion

The triangular relationship between husband, wife and her slave-girl is not unique to 15th century Cairo. The biblical-qur'ānic Abraham bears Ishmael with Hagar, Sara's handmaiden.[94] Wives complained about their husbands' attraction to their own female slaves in other medieval Islamic societies, as the Andalusi poetess Wallāda (d. 1091) rebukes her beloved: "If you were faithful to our love, you wouldn't have lost your head over my maid".[95] And in her memoirs of her childhood during the waning days of the Ottoman Empire, Leyla Saz accused the young Circassian slave-girls, who were supposed to be servants and companions to the lady of the Harem, of doing everything to win the master's affection, and making the mistress jealous. Her beloved father's pre-occupation with the young slave-girls was, she says,

88. Al-Saḫāwī, *Ḍaw'* 12, p. 123

89. Arabic: *tuqaddu ġubnan*. The exact sense of this idiom escapes me, but al-Saḫāwī uses it often to describe emotions of jealousy and anger (*Ḍaw'* 6, p. 260, l. 2; 8, p. 206, l. 5; 9, p. 134, l. 10).

90. *Al-Ğawāhir wa-l-durar* 3, p. 1225-1227. Al-Saḫāwī cites the letter of invitation sent by Ibn Ḥağar to Laylā. In the letter he praises Laylā for her beauty, intelligence and manners; he promises her that if she comes to Cairo she will be the dearest to his heart. He will put her up in the best of houses, so that she will need nothing. For, as Ibn Ḥağar wrote to her, "the desire of your slave is strong outwardly and inwardly" (*ẓāhir^{an} wa-bāṭin^{an}*). For the love poetry addressed by Ibn Ḥağar to Laylā, see *al-Ğawāhir wa-l-durar* 1, p. 198; *Dīwān*, ed. Ḥusayn. For Ibn Ḥağar's weekly schedule, see also *al-Ğawāhir wa-l-durar* 3, p. 1052, 1187.

91. *Al-Ğawāhir wa-l-durar* 3, p. 1211-1212. After Ibn Ḥağar's death, several suitors asked for her hand, including Ibn Ḥağar's great rival, ʿAlam al-Dīn al-Bulqīnī.

92. For her biography, see al-Saḫāwī, *Ḍaw'* 12, p. 123 (no. 750).

93. Rosenthal, "Ibn Ḥadjar al-ʿAskalānī;" ʿAbd al-Munʿim, *Ibn Ḥağar al-ʿAsqalānī*, p. 23, 70-73; Saḫāwī, *Ḍaw'* 7, p. 20; Ibn Taġrī Birdī, *Nuğūm* 15, p. 533.

94. Firestone, "Abraham."

95. Al-Udhari, *Classical Poems*, p. 188.

"the one venal sin which men permit themselves while still honestly believing that they can do that sort of thing without ceasing to be virtuous."[96]

Did Ibn Ḥağar also believe that he could do "this sort of thing"—having an affair with his wife's slave-girl—while still being virtuous? It would seem that he was not certain about the morality of his actions. Yes, he excused himself to his wife, and perhaps also to himself, by his desire for sons. But by setting his eyes on his wife's slave-girl, the sexual nature of his motivations became apparent to his wife and his contemporaries; it becomes apparent to us too, if we read the story closely enough. Although he was legally entitled to take as many concubines as he wishes, he concluded the second union in secret, fearing his wife's reaction. Other elite households in 15th century Cairo, including those of the sultans, were more monogamous than in previous centuries. They also show evidence of closer emotional attachment between husbands and wives. Ibn Ḥağar himself, earlier in life, expressed this new form of conjugal intimacy by composing a love poem to Uns, a rarity in medieval Arabic literature. Our intimate access to the internal workings of married couples in elite households is in itself novel, and it demonstrates the new sensibilities of the age.

Ibn Ḥağar appears to be a man torn between monogamous expectations and the legal and cultural framework that allowed men to seek alternative sexual partners. The monogamous expectations placed on Ibn Ḥağar were a result of his wife's superior financial and social standing, and of patterns of intimacy between husbands and wives that are apparent in late medieval Cairo. On the other hand, the law—Islamic law—gave men the right to marry a second wife, and to have sexual relations with "those [women] your right hand possesses" [Q 4:3]. Wives could put restrictions on the exercise of these rights, for example by inserting conditions in the marriage contract, but they could not challenge the underlying sexual prerogative of men, grounded in a law articulated by male scholars. Ibn Ḥağar, pulled by conflicting moral and cultural impulses, does not resolve the dilemma, but rather goes behind his wife's back and attempts to lead a double life.

We are inclined to believe that the slave, Ḫāṣṣ Turk, acted in her best interests when hiding her relationship with Ibn Ḥağar from his wife—her mistress. We may even speculate that she had actively sought the sexual attention of the master of the household. Islamic law on slavery, unlike its precedents in the Roman and Greek worlds, granted significant rights to the slave sexual partners of free men. In particular, the offspring of a sexual union between a free man and a slave woman was free and legitimate; the unfolding of the affair between Ibn Ḥağar and Ḫāṣṣ Turk ostensibly revolves around his desire for a male heir. In Roman society too the sexuality of slaves could drive a wedge between husbands and wives, but the offspring would normally be unfree.[97] In Classical Athens, the famous case brought against the slave Neaira clarifies the line that separated the free wives and the un-free sexual consorts: "We have courtesans for pleasure, and concubines for the daily service of our bodies, but wives

96. Zilfi, *Women and Slavery*, p. 169, 198; citing Hanimefendi, *The Imperial Harem*, p. 65, 85.
97. Edmondson, "Slavery and the Roman Family," p. 352-353.

for the production of legitimate offspring."[98] In the Islamic context, however, the stakes were higher. Ḫāṣṣ Turk was not only vying for Ibn Ḥağar's attention, but also for his patrimony.

It is perhaps most difficult to decipher the experience of Uns, the betrayed wife, even though she is almost certainly the ultimate source for al-Saḫāwī's narrative. She was sufficiently wealthy and sufficiently mature to hold her ground against her husband. Her reactions are far from meek. She does not hesitate to confront her husband, and there is no hint that she is somehow ashamed of not bearing him male sons. She could have opted for a divorce, quite common at the time. Yet she does not, and stays in the marriage. Al-Saḫāwī suggests that it was her desire for Ibn Ḥağar that shaped her experience. We can imagine an emotional attachment after 15 years of marriage and the bringing up of four daughters, and the memory of beautiful love poetry written during the long periods of absence. Maybe she considered the fate of the girls, or felt that she had no other options at her age. We should also not dismiss her eventual revenge: placing a curse on the child's head was evidently as painful to Ibn Ḥağar as any material loss.

We happen to know more about Ibn Ḥağar, his wife and her slave-girl than we know about any other romantic triangle in pre-modern Muslim societies. As a case study, it reflects the wider Gordian Knot between female slavery and sexuality, and the centrality of slavery to the history of gender in Islamic culture. But this case also stands out for its particular circumstances of class, age, and individual character, as well as for the sheer intimacy with which we observe our protagonists. The three-part Egyptian television series on the life of Ibn Ḥağar completely avoids all reference to this affair. The wife, here called Anas, makes only a cameo appearance in the last scene of the series, dutifully comforting her mother-in-law.[99] The producers of the show missed an opportunity to examine the impact of slavery on gender relations in Islamic society; their audience also missed out on a really good story.

98. Carey, *Trials from Classical Athens*, p. 209.
99. *Ḥayāt al-imām Ibn Ḥağar al-ʿAsqalānī*.

Bibliography

Primary Sources

The Arabian Nights: Based on the Text of the Fourteenth-Century Syrian Manuscript Edited by Muhsin Mahdi, translated by Husain Haddawy, Knopf, New York, 1992.

Al-Anṣārī, *al-iʿlām wa-l-ihtimām bi-Ǧamʿ Fatāwā Šayḫ al-Islām Abū Yaḥyā Zakariyyā al-Anṣārī*, ed. Aḥmad ʿUbayd, ʿĀlam al-Kutub, Beirut, 1984.

Al-Asyūṭī, *Ǧawāhir al-ʿuqūd wa-muʿīn al-quḍāh wa-l-muwaqqiʿīn wa-l-šuhūd*, 2 vols., Cairo, 1955.

Al-Ǧazarī, *Ta'rīḫ ḥawādiṯ al-zamān wa-anbā'ihi wa-wafayāt al-akābir wa-l-aʿyān min abnā'ihi. Al-maʿrūf bi-Ta'rīḫ Ibn al-Ǧazarī*, ed. ʿUmar ʿAbd al-Salām Tadmurī, 3 vols., al-Maktabah al-ʿAṣriyya, Sayda, 1998.

Al-Ġazzī, Naǧm al-Dīn, *al-Kawākib al-sā'ira bi-aʿyān al-mi'ah al-ʿāširah*, ed. Ǧibrīl Sulaymān Ǧabbūr, 3 vols., Beirut, 1945-1959.

Hanimefendi (Saz), Leyla, *The Imperial Harem of the Sultans: Daily Life at the Çirağan Palace during the 19th Century*, translated from the French by Landon Thomas, PEVA, Istanbul, 1994.

Ibn al-Mibrad, *Aḫbār al-nisā' al-musammā al-Rusā li-l-ṣāliḥāt min al-nisā'*, ed. Māhir Muḥammad ʿAbd al-Qādir, Dār al-Maʿārif, Homs, 1993.

—, *al-Ǧawhar al-munaḍḍad fī ṭabaqāt muta'aḫḫirī aṣḥāb Aḥmad*, Maktabat al-Ḫānǧī, Cairo, 1987.

Ibn Ḥaǧār al-ʿAsqalānī, *Dīwān šayḫ al-islām Ibn Ḥaǧar al-ʿAsqalānī*, ed. Firdaws Nūr ʿAlī Ḥusayn, Dār al-Fikr al-ʿArabī, Cairo, 1996.

—, *Uns al-ḥuǧar fī abyāt Ibn Ḥaǧar*, ed. Šihāb al-Dīn Abū ʿAmr, Beirut, 1998.

—, *Inbā' al-ġumr bi-abnā' al-ʿumr*, ed. Ḥasan Ḥabashī, 3 vols, Laǧnat Iḥyā' al-Turāṯ al-Islāmī, Cairo, 1969.

—, *Inbā' al-ġumr bi-abnā' al-ʿumr*, 3 vols., Beirut, 1967-1975.

—, *al-Durar al-kāmina fī aʿyān al-mi'ah al-ṯāminah*, 4 vols., Dā'irat al-Maʿārif, Hydarabad, 1929-1932.

—, *Ḏayl al-durar al-kāminah*, ed. ʿAdnān Darwīš, Cairo, 1992.

Ibn Iyās, *Badā'iʿ al-zuhūr fī waqā'iʿ al-duhūr*, ed. M. Muṣṭafā, 5 vols., F. Steiner, Wiesbaden, 1975-1992.

Ibn Qāḍī Šuhba, *Ta'rīḫ Ibn Qāḍī Šuhba*, ed. ʿAdnān Darwīš, 3 vols., Damascus, 1977-1994.

Ibn Qayyim al-Ǧawziyya, *Aḫbār al-nisā'*, Dār al-Fikr, Beirut, n.d.

—, *Iʿlām al-muwaqqiʿīn ʿan rabb al-ʿālamīn*, ed. Ṭāhā ʿAbd al-Ra'ūf Saʿd, 4 vols., Dār al-Ǧīl, Beirut, 1964.

Ibn Taġrī Birdī, *al-Manhal al-ṣāfī wa-l-mustawfā baʿd al-wāfī*, ed. Muḥammad Muḥammad Amīn, Al-Hay'ah al-Miṣriyya al-ʿĀmma li-l-Kitāb, Cairo, 1984.

—, *Ḥawādiṯ al-duhūr fī madā al-ayyām wa-l-šuhūr*, ed. W. Popper, Berkeley, 1932.

Ibn Ṭawq, Šihāb al-Dīn Aḥmad, *al-Taʿlīq. Yawmiyyāt Šihāb al-Dīn Aḥmad Ibn Ṭawq (834/1430-915/1509): muḏakkirāt kutibat bi-Dimašq fī awāḫir al-ʿahd al-mamlūkī, 885/1480-908/1502*, ed. Ǧaʿfar al-Muhāǧir, 4 vols., Ifpo, Damas, 2000-2007.

Ibn Taymiyya, *Maǧmūʿ fatāwā šayḫ al-islām Aḥmad b. Taymiyya*, 37 vols., ed. ʿAbd al-Raḥmān b. Muḥammad b. Qāsim and Muḥammad b. ʿAbd al-Raḥmān b. Muḥammad al-ʿĀṣimī al-Naǧdī al-Ḥanbalī, Dār ʿĀlam al-Kutub, Riyadh, 1991, reprint. Originally published, Maṭābiʿ al-Riyāḍ, Riyadh, 1961-1966.

Ibn Ṭūlūn, *Mufākahat al-ḫillān fī ḥawādiṯ al-zamān*, 2 vols., Cairo, 1962-1964.

Al-Maqrīzī, Taqī al-Dīn, *al-Mawāʿiẓ wa-l-iʿtibār fī ḏikr al-ḫiṭaṭ wa-l-āṯār*, ed. Ḫalīl al-Manṣūr, 4 vols., Dār al-Kutub al-ʿIlmiyya, Beirut, 1998.

Al-Ṣafadī, *Aʿyān al-ʿaṣr wa-aʿwān al-naṣr*, ed. ʿAlī Abū Zayd, Nabīl Abū ʿAmaša, Muḥammad al-Mawʿid, Maḥmūd Sālim Muḥammad, 6 vols., Dār al-Fikr, Damascus, 1998.

Al-Saḫāwī, Muḥammad b. ʿAbd al-Raḥmān, *al-Ǧawāhir wa-l-durar fī tarǧamat šayḫ al-islām Ibn Ḥaǧar*, ed. Ibrāhīm Bāǧis ʿAbd al-Maǧīd, Dār Ibn Ḥazm, Beirut, 1999.

—, *al-Ḍaw' al-lāmiʿ li-ahl al-qarn al-tāsiʿ*, ed. Ḥusām al-Qudsī, 12 vols, Maṭbaʿat al-Quds, Cairo, 1934-1936.

—, *Waǧīz al-kalām fī al-ḏayl ʿalā duwal al-islām*, ed. Baššār ʿAwwād Maʿrūf, ʿIṣām Fāris al-Ḥarastānī, Aḥmad al-Ḫutaymī, Mu'assasat al-Risāla, Beirut, 1995.

Al-Ṣayrafī, *Inbāʾ al-haṣr bi-abnāʾ al-ʿaṣr*, ed. Ḥasan Ḥabašī, Dār al-Fikr al-ʿArabī, Cairo, 1970.

Sibṭ Ibn al-Ğawzī, *Mirʾāt al-zamān*, 8 vols., Chicago, 1907.

Al-Suyūṭī, Ğalāl al-Dīn, *al-Ḥāwī li-l-fatāwā*, 2 vols., Cairo, 1325/1933.

Von Harff, Arnold, *The Pilgrimage of the Knight Arnold von Harff*, trans. M. Letts, Hakluyt, London, 1946.

Studies

Ḥayāt al-Imām Ibn Ḥajar al-ʿAsqalānī, Orientica, Egypt, 2009.

Abbott, N., *Two Queens of Baghdad: Mother and Wife of Hārūn al Rashīd*, Chicago University Press, Chicago, 1946.

ʿAbd al-Munʿim, Š.M., *Ibn Ḥağar al-ʿAsqalānī. Muṣannafātuhu wa-dirāsah fī manhağihi wa-mawāridihi fī kitābat al-Iṣābah*, Muʾassasat al-Risāla, Beirut, 1997.

Ahmed, L., *Women and Gender in Islam: Historical Roots of a Modern Debate*, Yale University Press, New Haven, 1992.

Ali, K., *Marriage and Slavery in Early Islam*. Harvard University Press, Harvard, 2010.

Ashtor, E., *A Social and Economic History of the Near East in the Middle Ages*, University of California Press, Berkeley, 1976.

Ashur, A., "Protecting the Wife's Rights in Marriage as Reflected in Pre-Nuptials and Marriage Contracts from the Cairo Genizah and Parallel Arabic Sources," *Religion Compass* 6/8, 2012, p. 381-389.

ʿĀšūr, S.ʿA., "Makānat Ibn Tağrī Birdī bayna Muʾarriḫī Miṣr fī al-Qarn al-Tāsiʿ al-Hiğrī," in S.ʿA. ʿĀšūr (ed.), *Buḥūṯ wa-Dirāsāt fī Taʾrīḫ al-ʿUṣūr al-Wusṭā*, Beirut, 1977.

Bauer, Th., "Communication and Emotion: The Case of Ibn Nubātah's Kindertotenlieder," *MSR* 7, 2003, p. 63-64.

—, "Ibn Ḥajar and the Arabic Ghazal of the Mamluk Age", in T. Bauer and A. Neuwirth eds., *Ghazal as World Literature I: Transformations of a Literary Genre*, Ergon Verlag Würzburg in Kommission, Beirut, 2005, p. 35-55.

—, "Mamluk Literature: Misunderstandings and New Approaches," *MSR* 9/2, 2005, p. 105-132.

—, *Liebe und Liebesdichtung in der arabischen Welt des 9. und 10. Jahrhunderts: eine literatur- und mentalitätsgeschichtliche Studie des arabischen Ġazal*, Harrassowitz, Wiesbaden, 1998.

Carey, C., *Trials from Classical Athens*, Routledge, London, 1997.

Clarence-S., William G., *Islam and the Abolition of Slavery*, Hurst & Company, London, 2006.

Edmondson, J., "Slavery and the Roman Family", in Keith Bradley and Paul Cartledge (eds.), *The Cambridge History of Slavery I: The Ancient Mediterranean World*, Cambridge University Press, Cambridge, 2011.

Firestone, R., "Abraham," in Jane Dammen McAuliffe (ed.), *Encyclopedia of the Qurʾan*, 6 vols., Brill, Leiden, 2001-2006.

Fleet, K., *European and Islamic Trade in the Early Ottoman State: The Merchants of Genoa and Turkey*, Cambridge University Press, Cambridge-New York, 1999.

Friedman, M.A., *Ribūy Nashīm be-Yisrael: Mekōrōt Ḥadashīm mi-Genīzat Kahīr*, Mosad Byalik, Jerusalem, 1986.

Giladi, A., "'The Child was Small… Not So the Grief for Him': Sources, Structure and Content of al-Saḫāwī's Consolation Treatise for Bereaved Parents", *Poetics Today* 14, 1993, p. 367-386.

—, *Children of Islam*, Macmillan, London, 1992.

Goitein, S.D., *A Mediterranean Society. The Jewish Communities of the Arab World as Portrayed in the Documents of the Geniza*, 6 vols., University of California Press, Berkeley, 1967-1993.

Grohmann, A., *Arabic Papyri in the Egyptian Library*, 5 vols., Egyptian Library Press, Cairo, 1934-1962.

Guo, L., "Al-Biqāʿī's Chronicle: A Fifteenth Century Learned Man's Reflection on His Time and World," in Hugh Kennedy (ed.), *The Historiography of Islamic Egypt (c. 950-1800)*, Brill, Leiden, 2001, p. 121-148.

—, "Tales of Medieval Cairene Harem: Domestic Life in al-Biqāʿī's Autobiographical Chronicle," *MSR* IX/1, 2005, p. 101-121.

Hanna, N., "Sources for the Study of Slave Women and Concubines in Ottoman Egypt," in Amira El-Azhary Sonbol (ed.), *Beyond the Exotic: Women's Histories in Islamic Societies*, Syracuse University Press, 2005, p. 119-131.

Inalcik, H., *An Economic and Social History of the Ottoman Empire, 1300-1914*, Cambridge University Press, Cambridge, 1994.

ʿIzz al-Dīn, M. K. al-D., *Ibn Ḥağar al-ʿAsqalānī Muʾarriḫan*, ʿĀlam al-Kutub, Beirut, 1987.

Johnson, K., "Royal Pilgrims: Mamlūk Accounts of the Pilgrimages to Mecca of the Khawand al-Kubrā (Senior Wife of the Sultan)," *StudIsl* 91, 2000, p. 114-119.

Katz, J.G., *Dreams, Sufism, and Sainthood: The Visionary Career of Muhammad al-Zawâwî*, E. J. Brill, Leiden, 1996.

Little, D., "Two Fourteenth-Century Court Records from Jerusalem Concerning the Disposition of Slaves by Minors," *Arabica* 29, 1982, p. 16-49.

—, "Six Fourteenth Century Purchase Deeds for Slaves from al-Ḥaram aš-Šarīf," *Zeitschrift der Deutschen Morgenländischen Gesellschaft* 131/2, 1981, p. 297-337.

Lowry, J.E., "Time, Form and Self: The Autobiography of Abū Shāma", *Edebiyât* (n.s.) 7/2, 1997, p. 313-325.

Lutfi, H., "Al-Saḫāwī's *Kitāb al-Nisāʾ* as a Source for the Social and Economic History of Muslim Women During the Fifteenth Century AD", *Muslim World* 71, 1981, p. 104-124.

Marmon, Sh.E., "Domestic Slavery in the Mamluk Empire: A Preliminary Sketch", in S.E. Marmon (ed.), *Slavery in the Islamic Middle East*, Markus Wiener Publishers, Princeton, NJ, 1999, p. 1-23.

Mernissi, F., *The Forgotten Queens of Islam*, Trans. Mary Jo Lakeland, Polity Press, Cambridge, 1993.

Musallam, B., "The Ordering of Muslim Societies", in F. Robinson (ed.), *The Cambridge Illustrated History of the Islamic World*, Cambridge, 1996, p. 186-197.

Petry, C., "The Estate of al-Khuwand Fāṭima al-Khāṣṣbakiyya: Royal Spouse, Autonomous Investor," in A. Levanoni and M. Winter (eds.), *The Mamluks in Egyptian and Syrian Politics and History*, Brill, Leiden, 2004, p. 277-294.

—, *Protectors or Praetorians? The Last Mamlūk Sultans and Egypt's Waning as a Great Power*, State University of New York, Albany, 1994.

—, *Twilight of Majesty: The Reigns of the Mamlūk Sultans al-Ashraf Qāytbāy and Qanṣūh al-Ghawrī in Egypt*, University of Washington Press, Seattle, 1993.

Rapoport, Y., "Women and Gender in Mamluk Society: An Overview," *MSR* 11/2, 2007, p. 1-45.

—, *Marriage, Money and Divorce in Medieval Islamic Society*, Cambridge University Press, Cambridge and New York, 2005.

Roded, R., *Women in the Islamic Biographical Dictionaries: From Ibn Saʿd to Who's Who*, Lynne Rienner, Boulder, 1994.

Rosenthal, F., "Ibn Ḥadjar al-ʿAsḳalānī," *EI²* III, p. 776-778.

—, *A History of Muslim Historiography, with a translation of "Al-Iʿlān" by Muḥammad ibn ʿabd al-Raḥmān al-Sakhāwī*, Brill, Leiden, 1952.

Rowson, E.K., "Two Homoerotic Narratives from Mamlūk Literature: Al-Ṣafadī's Lawʿat al-Shākī and Ibn Dāniyāl's al-Mutayyam," in J.W. Wright and E.K. Rowson (eds.), *Homoeroticism in Classical Arabic Literature*, Columbia University Press, New York, 1997, p. 158-191.

Sartain, E., *Jalāl-al-Dīn al-Suyūṭī*, 2 vols., Cambridge University Press, Cambridge, 1975.

Schregle G., *Die Sultanin von Ägypten: Šağaret ad-Durr in der arabischen Geschichtsschreibung und Literatur*, Otto Harassowitz, Wiesbaden, 1961.

Sobers-Khan, Nur, "Slaves, Wealth and Fear: An Episode from Late Mamluk-Era Egypt", *Oriens* 37, 2009, p. 155-161.

—, "Slaves without shackles: Forced Labour and Manumission in the Galata Court Registers, 1560-1572," PhD diss., University of Cambridge, 2012.

Toledano E., *As if Silent and Absent: Bonds of Enslavement in the Islamic Middle East*, Yale UP, 2007.

Al-Udhari, A., *Classical Poems by Arab Women*, Saqi Books, London, 1999.

Winter, M., "Mamluks and Their households in Late Mamluk Damascus: A *waqf* Study," in Levanoni and Winter (eds.), *The Mamluks in Egyptian and Syrian Politics and History*, Brill, Leiden-Boston, 2004, p. 297-316.

Wollina, T., "Ibn Ṭawq's Taʿlīq. An Ego-Document for Mamlūk Studies," in Stephan Conermann (ed.), *Ubi sumus? Quo vademus? Mamluk Studies – State of the Art*, V & R Unipress, Bonn University Press, Bonn, 2013, p. 337-362.

Zilfi, M.C., *Women and Slavery in the Late Ottoman Empire: the Design of Difference*, Cambridge University Press, Cambridge, 2010.

Varia

DOMINIQUE BÉNAZETH, ANITA QUILES, EMMANUELLE DELQUE-KOLIČ, CÉCILE LAPEYRIE, AGATHE STROUK, NAÏM VANTHIEGHEM*

Les tissus d'Edfou conservés au musée du Louvre : étude et datations

RÉSUMÉ

Le musée du Louvre a reçu en partage de fouilles onze textiles de Tell Edfou provenant des campagnes menées par Henri Henne entre 1921 et 1924. Rangés avec les tissus coptes dans la réserve du département des antiquités égyptiennes, ils n'avaient jamais été étudiés. Des datations par le radiocarbone effectuées au Laboratoire de mesure carbone 14 sur neuf d'entre eux les placent à l'époque mamelouke, tandis qu'une tapisserie est omeyyade. Ces nouvelles données chronologiques, alliées à la provenance archéologique, redonnent à ces étoffes leur place dans l'histoire du site. La fonction de certains articles (un bonnet, deux bandeaux, un *ṭirāz*) et la variété des techniques représentées (broderie, tissage double-étoffe, tapisserie, assemblage de toiles de lin, de laine et d'une soierie façonnée) ajoutent à l'intérêt de cette identité retrouvée.

Mot-clés : Edfou – partage de fouilles – textile – tapisserie omeyyade – *ṭirāz* fatimide – vêtements mamelouks – musée du Louvre – datation par le radiocarbone

* Dominique Bénazeth, département des antiquités égyptiennes, musée du Louvre, Dominique.Benazeth@louvre.fr

Anita Quiles, Pôle d'archéométrie – Insitut français d'archéologie orientale (Ifao), aquiles@ifao.egnet.net

Emmanuelle Delque-Količ, Laboratoire de mesure du carbone 14, CEA Saclay (CEA/CNRS/IRNS/IRD/ministère de la Culture et de la Communication), emmanuelle.delque-kolic@cea.fr

Cécile Lapeyrie, restauratrice textile, département des antiquités égyptiennes, musée du Louvre, cecile.lapeyrie@louvre.fr

Agathe Strouk, restauratrice textile, ABACA, agathe.strouk@abaca-cr.fr

Naïm Vanthieghem, aspirant du FRS. – FNRS, Centre de papyrologie et d'épigraphie grecque, université libre de Bruxelles (ULB), Naim.Vanthieghem@ulb.ac.be

✦ **ABSTRACT**

Eleven textile pieces found by Henri Henne during his 1921-1924 excavations in Edfu were attributed to the Louvre Museum, where they are now in the Egyptian department. Radiocarbon dating was performed in the Laboratoire de mesure du carbone 14, giving the tapestry to the Umayyad period and eight fragments to the Mamluk period. The fragments belong to clothes, head-dresses and *ṭirāz*. They show a great variety of techniques (embroidery, double cloth, tapestry, and association of different textiles in a bonnet).

Keywords: Edfu – division of archaeological finds – textile – Umayyad tapestry – Fatimid *ṭirāz* – Mamluk clothes – Louvre Museum – radiocarbon dating

* * *

RANGÉES avec les tissus coptes du musée du Louvre, au département des antiquités égyptiennes, onze pièces provenant des fouilles d'Henri Henne à Edfou en 1921-1924 furent inventoriées seulement en 2006 [1], à l'occasion de la restauration du bonnet qui en fait partie.

En 2009, deux fragments furent étudiés par Amandine Mérat [2], qui s'intéressa ensuite aux broderies contenues dans le lot [3]. Plus tard, neuf des onze tissus ont été datés par la méthode du carbone 14 au Laboratoire de mesure du carbone 14 [4] ; par ailleurs, certaines des fibres prélevées ont été caractérisées par la combinaison d'analyses en spectroscopie infrarouge-ATR et par microscopie électronique à balayage (voir tableau I). Le Laboratoire de recherche des monuments historiques (LRMH) a procédé à d'autres identifications [5]. La nature des fibres qui n'ont pas été déterminées par analyse est indiquée d'après leur aspect, ce qui est subjectif [6].

1. Inv. AF 13226 à AF 13236. Le choix de l'inventaire AF (et non de l'inventaire E des entrées) vient de ce que les objets provenant d'Edfou ont été portés, à quelques exceptions près, dans ce registre, qui pourtant est consacré à l'ancien fonds du musée. L'ordre choisi en 2006 a été celui des numéros de fouille inscrits directement sur les étoffes.
2. AF 13232 et AF 13233, à titre d'exercice technique dans l'enseignement de Roberta Cortopassi en master 1, à l'École du Louvre.
3. Dans le cadre de la préparation d'un troisième cycle à l'École du Louvre : « La broderie dans l'Égypte antique, de l'époque romaine à l'époque arabe. Étude technique et iconographique. Influences, échanges et diffusion au sein du bassin méditerranéen et du Proche-Orient ». Voir MÉRAT 2013 et MÉRAT 2014.
4. Laboratoire de mesure du carbone 14 (LMC14), CEA-Saclay (CEA/CNRS/IRD/IRSN/MCC), Bât 450, Porte 4^E^, 91191 Gif-sur-Yvette Cedex, France.
5. Que Dominique de Reyer, du pôle scientifique textile, en soit chaleureusement remerciée.
6. L'exemplaire AF 13235, qui nous paraissait être en laine, ou certaines trames de AF 13232, semblables à du lin, s'avèrent être en coton d'après l'analyse. A. Mérat, qui a travaillé avant la programmation des analyses, a pris de la soie pour de la laine (MÉRAT 2013, p. 134, 136). Il n'a pas été possible d'analyser toutes les fibres présentes dans tous les textiles considérés.

Cécile Lapeyrie a fait les analyses techniques et les interventions de conservation (gommage avec de la gomme en poudre ; dépoussiérage par micro-aspiration ; remise à plat à la vapeur froide, après test de tenue des couleurs le cas échéant ; stockage sur carton neutre ; étiquetage), sauf pour le bonnet, restauré par Agathe Strouk, dont la soierie fut récemment analysée par Chris Verheckent-Lammens [7]. Naïm Vanthieghem a étudié l'inscription du *ṭirāz*.

Contexte archéologique

Des numéros de fouille (compris entre 1415 et 1797) sont inscrits à l'encre noire sur dix des tissus [8]. L'inscription mentionne tantôt Edfou suivi d'un chiffre, tantôt le chiffre seul. De plus, une étiquette de bijoutier portant le même chiffre est attachée aux tissus par un fil rouge. Ce type de numéros apparaît sur bien des objets provenant des fouilles de H. Henne, comme on peut le constater sur la collection du Louvre. Le registre où devraient être consignés ces numéros n'est malheureusement pas connu [9].

Les tissus sont arrivés au musée du Louvre par voie de partage de fouilles [10]. Six d'entre eux furent découverts pendant les campagnes 1923 ou 1924, comme le démontre leur présence sur la planche XVII du rapport de fouilles Henne 1925 (ici, fig. 2). Leur numéro de fouilles est compris entre 1756 et 1797. Le bonnet n'y figure pas, mais son numéro de fouilles (1772) le situe dans la même série. On peut s'interroger sur l'année de trouvaille des tissus numérotés 1415, 1671 et 1696 et de celui qui n'est pas numéroté. Le premier pourrait venir de la première campagne dirigée par H. Henne, en 1921-1922, et correspondre à l'une des deux tapisseries décrites parmi les trouvailles des *sabbāḫīn* [11].

Ces fouilles concernaient la couche supérieure du tell [12], à l'ouest de l'enceinte du temple ptolémaïque dédié au dieu Horus, sur la rive ouest du Nil. Après abandon de l'habitat en cet endroit (pendant ou après le xe siècle de notre ère), un cimetière y avait pris place. H. Henne décrit les tombes installées dans les rues de l'ancienne ville [13] et dans ses constructions ruinées, dans des caves voûtées réemployées ou sur des arasements de parois en briques crues [14]. Les morts étaient déposés dans leur simple linceul ou dans des bières sans couvercle [15]. Un petit tumulus bordé de briques recouvrait parfois la sépulture. Les pl. VI, XII-XVI du rapport

7. Nous la remercions tout particulièrement pour cet examen, mené lors d'un passage au Louvre en juin 2013.
8. Le carré brodé inventorié AF 13236 n'a pas de marque.
9. Nous remercions Nadine Cherpion pour ses recherches dans les archives de l'Ifao.
10. Rutschowscaya, Bénazeth 1999, p. 56. Au moins un des textiles attribués à l'Égypte dans ce partage se trouve au musée d'Art islamique du Caire, un bonnet cité *infra* dans le commentaire de celui du Louvre. Nous remercions Sylvie Denoix pour son aide dans notre tentative de retrouver dans ce musée les tissus attribués en partage à l'Égypte.
11. Henne 1924, p. 4, 35.
12. Secteurs I et II sur le croquis d'ensemble : Henne 1924, pl.VI, fig. 1.
13. Il les nomme « Grande rue des Tombes », « Ruelle des tombes » et « Place des tombes » : Henne 1925, p. 4, 5, pl. XXXII.
14. Henne 1925, p. 12.
15. *Ibid.*, p. 11. Un clou provenant d'une de ces bières est conservé au Louvre : Bénazeth 1992, p. 279.

HENNE 1925 montrent des vues de ce cimetière. Soixante et un corps ont été dénombrés, dans des contextes atypiques, selon l'archéologue [16], et pratiquement sans matériel (quelques bijoux en fer), en dehors des textiles [17]. Ensevelis dans deux à cinq linceuls, les défunts étaient vêtus. Les hommes portaient une chemise, comme les enfants, un caleçon large, une *gallabeyya* avec une ceinture, un bonnet et un turban. Les femmes, un caleçon long et étroit, parfois bleu, une sorte de châle et un mouchoir sur le visage. L'archéologue estime que les étoffes étaient en lin et signale des « débris » en soie.

Les tissus acheminés jusqu'au musée du Louvre sont fragmentaires. Il est difficile d'y reconnaître les vêtements et linceuls aussi succinctement décrits. Seuls les bandeaux de tête et le bonnet d'enfant sont entiers. Les autres broderies pourraient provenir de sortes de foulards, portés à la taille ou autour du cou comme l'attestent des peintures contemporaines en l'absence de réels vêtements conservés de cette époque [18].

Datations par le carbone 14

Les datations par le carbone 14 en spectrométrie de masse par accélérateur (SMA) ont été réalisées au Laboratoire de mesure du carbone 14 [19] sur neuf textiles. Deux campagnes de prélèvements ont été effectuées en novembre 2011 et janvier 2013 sur des fibres de tissu, en utilisant un scalpel stérile et en s'assurant que le prélèvement n'altérait pas l'intégrité des tissus. Afin d'éliminer toutes les contaminations organiques déposées après la mort de l'organisme, un nettoyage mécanique puis un prétraitement chimique à température ambiante ont été appliqués à ces échantillons. Le traitement chimique a consisté en une première attaque acide (HCl, 0,5N) qui a permis d'éliminer les carbonates secondaires présents sur les fibres de tissu, suivi d'une attaque basique (NaOH, 0,1N) pour solubiliser les acides humiques contenus dans les sols, et enfin une seconde attaque acide (HCl, 0,5N) qui a hydrolysé les carbonates formés par le CO_2 atmosphérique, lors de la précédente attaque. Les échantillons ont ensuite été oxydés en gaz carbonique lors d'une combustion sous vide à 900°, en présence d'oxyde de cuivre, puis ils ont été réduits par catalyse au contact de fer et en présence de H_2, pour en extraire le carbone sous forme solide (graphite). Le mélange carbone/fer obtenu a finalement été comprimé sous une pression de 10 bars pour former une pastille de carbone solide. La mesure a été réalisée en spectrométrie de masse par accélérateur sur l'installation ARTEMIS du LMC14. Les résultats obtenus correspondent à l'âge radiocarbone, ils sont exprimés en ^{14}C-BP (*Before Present*). La conversion des âges radiocarbone en âges calendaires a été réalisée

16. HENNE 1924, p. 20, n. 7, 8, p. 41 ; HENNE 1925, p. 11, 13 : toujours couchés sur le côté droit, la tête à l'ouest, tournée vers le sud mais dans des monuments sans parallèle ailleurs.
17. HENNE 1924, p. 20 ; HENNE 1925, p. 13.
18. ELLIS 2001, p. 36.
19. Nous remercions toute l'équipe du LMC14 pour avoir réalisé ces analyses.

grâce au logiciel OxCal 4.2 [20] en utilisant la courbe de calibration IntCal09[21]. Les âges calibrés sont donnés avec un intervalle de confiance de 95,4% (2σ).

Parmi les neuf tissus datés, huit sont contemporains avec des âges compris entre 691 ± 21 ^{14}C-BP et 550 ± 39 ^{14}C-BP (Tableau I). Le tissu AF 13226, daté de 1285 ± 29 ^{14}C-BP, est le plus ancien. Deux fragments du tissu AF 13236 ont été analysés séparément, l'un provient d'un fil brodé (SacA 27214) et le second, de la toile (SacA 27215) ; les âges radiocarbone obtenus sont statistiquement compatibles (583 ± 24 ^{14}C-BP et 638 ± 21 ^{14}C-BP) et il n'est pas possible de conclure si la broderie a été faite consécutivement à la fabrication du tissu ou peu après ; par contre, cette double analyse montre que les différents emplois de l'étoffe se sont faits dans un intervalle de temps court.

La Fig. 1 rassemble les densités d'âge calibrées pour ces neuf tissus. Les huit tissus AF 13228 à AF 13230 et AF 13232 à AF 13236 ont des âges calibrés compris entre 1270 et 1438 calAD (95,4%) et sont d'époque mamelouke. Le fragment de tapisserie AF 13226 est daté d'entre 665 et 776 calAD (95,4%) et a donc été fabriqué durant la dynastie omeyyade.

À titre indicatif, les valeurs des δ^{13}C mesurées par SMA pendant l'analyse sont données Tableau I, colonne 7. Elles informent sur la nature de l'échantillon analysé et sont proposées avec une incertitude de ± 4‰. Ainsi, les fibres d'origine végétale comme le lin ou le coton suivent un métabolisme de photosynthèse en C3[22] et le δ^{13}C attendu est de -25 ± 4‰ ; les valeurs pour les fibres d'origine animale comme la laine sont plus variables et dépendent de l'alimentation de l'animal.

Pour aller plus loin dans la caractérisation des échantillons étudiés, des analyses en spectroscopie infrarouge[23] couplées à des analyses au microscope électronique à balayage [24] ont été réalisées sur trois de ces tissus (AF 13226, AF 13232 et AF 13235) [25]. Les trames du fragment de tapisserie AF 13226 sont en laine. La toile jaune du fragment de double étoffe AF 13235 est en lin ou en coton et sa toile bleue est en coton. Le fragment de toile barrée AF 13232 est en lin mais la trame bleue qui la décore est aussi en coton.

20. Bronk Ramsey 2009.
21. Reimer 2009.
22. Cycle de Calvin Benson.
23. Nous remercions l'équipe du LADIR et en particulier Ludovic Bellot-Gurlet et Céline Paris pour avoir effectués cette étude infrarouge.
24. Nous remercions l'équipe du LAPA et en particulier Stéphanie Leroy et Enrique Vega qui ont réalisé ces analyses au MEB.
25. Les résultats détaillés de cette étude seront présentés dans un prochain article (Quiles *et al.* à paraître).

EDFOU												
				Datations par le radiocarbone (LMC14)								Caractérisation des fibres (IR-ATR/MEB)
Référence Louvre DAE	N° Edfou	Étoffes	Nature	N° cible	mg C	$\delta^{13}C$	Âge radiocarbone 14C-BP			Âge calibré calAD (2σ)	%	
AF 13226	Edfou 1415	fragment de tapisserie	Trame jaune	SacA 31869	1,14	-8,9	1285	±	29	665-776	95,4%	laine
			Trame bleue									laine
AF 13227	Edfou 1671	fragment de *ṭirāz*		*époque fatimide par comparaison*								
AF 13228	Edfou 1696	bandeau de tête	Toile	SacA 27219	1,26	-23,7	691	±	21	1270-1305 1365-1385	78,0% 17,4%	
AF 13229	Edfou 1756	fragment brodé	Toile	SacA 27216	0,11	-9,9	550	±	39	1305-1364 1384-1438	44,3% 51,%	
AF 13230	Edfou 1765	fragment brodé	Toile	SacA 27218	1,59	-22,6	654	±	24	1281-1320 1350-1392	44,3% 51,1%	
AF 13231	Edfou 1772	bonnet		*époque mamélouke par comparaison*								
AF 13232	Edfou 1773	fragment de toile barrée	Toile	SacA 31870	0,81	-25,8	655	±	19	1283-1315 1355-1389	43,8% 51,6%	Lin
			Trame bleue									Coton
AF 13233	Edfou 1780	fragment brodé	Toile	SacA 27217	1,00	-23,2	670	±	34	1271-1324 1346-1394	52,1% 43,3%	
AF 13234	Edfou 1785	bandeau de tête	Toile	SacA 27220	1,15	-22,9	596	±	23	1299-1369 1381-1409	71,5% 23,9%	
AF 13235	Edfou 1797	fragment de double étoffe	Toile jaune	SacA 31868	1,14	-22,8	650	±	19	1284-1318 1353-1390	41,6% 53,8%	Lin/coton
			Toile bleue									Coton
AF 13236	pas de marque	carré brodé	Broderie bleue	SacA 27214	0,40	-25,0	583	±	24	1304-1365 1384-1413	65,9% 29,5%	
			Toile	SacA 27215	0,88	-22,8	638	±	21	1286-1325 1345-1394	39,4% 56,0%	

Tableau I. Résultats des datations par le carbone 14 réalisées sur les tissus d'Edfou de la collection du Louvre. La première colonne indique le numéro d'inventaire du département des antiquités égyptiennes ; la seconde est le numéro Edfou attribué lors des fouilles de H. Henne ; le code laboratoire attribué par le LMC14 aux échantillons datés est donné colonne 5 ; les valeurs de $\delta^{13}C$ obtenues pendant la mesure SMA sont dans la colonne 7 ; les âges radiocarbone sont donnés en ^{14}C-BP dans la colonne 8 et leurs densités calibrées, dans la colonne 9. Enfin, la colonne 10 rassemble les résultats de la caractérisation de certaines des fibres, réalisées par couplage d'analyses IR-ATR et MEB.

Les étoffes

« Les étoffes … sont parfois sinon riches, du moins d'un dessin assez original » ; H. Henne a choisi six photographies pour illustrer son propos [26] : trois broderies [27], une double étoffe [28], une toile barrée [29] et le détail d'un bandeau de tête brodé [30]. Nous les examinerons dans cet ordre et poursuivrons par le second bandeau de tête, par l'énigmatique carré brodé et par le bonnet. Nous terminerons avec le fragment de tapisserie et le *ṭirāz*.

FRAGMENT DE BANDE BRODÉE

(fig. 2, en haut à gauche ; fig. 3, en haut à droite ; fig. 4)

Edfou 1780
Inventaire Louvre AF 13233
8 × 12,8 cm [31]
Henne 1925, pl. XVII, en haut à gauche ; Mérat 2013, p. 133, 134, fig. 7 ; Mérat 2014

Description

Le fragment présente quelques lacunes et une usure partielle du fil brodé. Une lisière simple est conservée ; à l'opposé, le tissu est replié en ourlet simple et fermé au moyen d'une couture au point de surjet (fig. 2). Les deux autres bords sont découpés.

Caractéristiques techniques

Armure : toile. Matière : lin (analyse LRMH). Torsion Z. Réduction chaîne : 18 fils par cm ; réduction trame : 15 coups par cm.

Décor brodé : soie (analyse LRMH), bleue. Faible torsion Z. Point de croix et point de traits. Les points de croix des bordures sont relativement réguliers. Par contre les points de croix qui remplissent les formes géométriques sont irréguliers. L'arrière est propre, il n'y a ni nœuds, ni fils passants d'un motif à l'autre.

Décor

Le décor brodé occupe une bande transversale. Il se compose de motifs disposés en quinconce : un cartouche encadré par deux triangles, eux-mêmes compris entre deux losanges plus petits (fig. 4). Ces figures géométriques sont pleines tandis que le cartouche contient un motif en forme de M entre deux barres. Au départ du décor, du côté de la lisière, le premier cartouche est tronqué et son M est déformé. Dans les quatre cartouches suivants, cette figure est symétriquement distribuée,

26. Henne 1925, p. 13, pl. XVII. Reproduite ici fig. 2.
27. De gauche à droite : Louvre, inv. AF 13233, AF 13230, AF 13229 (détail, photographié sur son envers).
28. Louvre, inv. AF 13235 (photographié du côté des bandes claires).
29. Louvre, inv. AF 13232.
30. Louvre, inv. AF 13234.
31. Toutes les dimensions sont données après restauration.

la pointe étant tournée vers le milieu ou vers les bords de la bande. Dans le dernier cartouche subsistant, le M est inversé. L'ourlet laisse supposer que la bande brodée se poursuivait avant que l'étoffe ne soit coupée et ourlée.

Datation radiocarbone

1271-1324 calAD (52,1%) et 1346-1394 calAD (43,3%) [SacA 27217 : 670 ± 34 ^{14}C-BP, voir *supra*, Tableau I].

Commentaire

Le fragment appartient à une bande de longueur indéterminée, d'une douzaine de centimètres de large, qui pourrait correspondre, dans la description que donne H. Henne du costume masculin, à une ceinture ou à un ruban maintenant le bonnet, plutôt qu'à un turban, qualifié de « large[32] ». Pour trancher entre ces possibilités il nous manque une appréciation de la largeur respective de ces accessoires. L'Ashmolean Museum d'Oxford possède des bandes ourlées à broderies transversales de 10 à 13 cm de large, du XIIIe siècle, publiées comme des fragments d'écharpes ou de ceintures ; la plus longue, bien qu'incomplète, mesure 162 cm de long[33]. D'autres exemples sont conservés en Belgique[34].

■ **FRAGMENT DE BANDE BRODÉE** (fig. 2 et fig. 3, en haut au milieu ; fig. 5)

Edfou 1765
Inventaire Louvre AF 13230
12 × 18 cm
HENNE 1925, pl. XVII, en haut au milieu ; MÉRAT 2013, p. 133, 134, fig. 5 a, 5 b ; MÉRAT 2014

Description

Le fragment présente quelques lacunes. Une lisière simple est conservée ; à l'opposé, le tissu est replié en ourlet simple et fermé au moyen d'une couture au point de surjet (fig. 3, en haut au milieu). Les deux autres bords sont déchirés.

Caractéristiques techniques

Armure : toile. Matière : semble du lin (non analysé). Torsions : filé simple de torsion S assez forte (chaîne) et filé simple de torsion Z (trame). Réduction chaîne : 17 fils par cm ; réduction trame : 12 coups par cm.

32. « La *gallabieh* peut être serrée à la taille par une ceinture ; sur la tête, un bonnet, serré par un ruban, et tout autour un large turban » (HENNE 1925, p. 13).
33. ELLIS 2001, nos 21, 36, 41.
34. Katoen Natie, inv. 1153-01 (DE MOOR 2008, p. 224-225). Musées royaux d'Art et d'Histoire : ERRERA 1905, p. 3, n° 5, ERRERA 1916, p. 196, n° 458 ; nous remercions M. Van Raemdonck, conservateur, pour avoir examiné ce textile avec C. Verhecken-Lammens et D. Bénazeth : toile de lin à deux lisières, de 12 cm de large, avec franges à une extrémité et décor de trois bandes brodées en soie. Voir aussi ERRERA 1916, p. 155, n° 360.

Décor brodé, exécuté avec un double fil : semble du lin (non analysé) teint en bleu superficiellement, d'aspect chiné. Torsion : filé simple de torsion S assez forte. Point de croix. Les points sont réguliers. Le revers présente 4 à 5 nœuds dont la longueur du fil est laissée libre.

Décor

Le décor brodé occupe une bande transversale remplie d'un double zig-zag ; un point orne les triangles ainsi déterminés.

Datation radiocarbone

1281-1320 calAD (44,3%) et 1350-1392 calAD (51,1%) [SacA 27218 : 654 ± 24 ^{14}C-BP, voir *supra*, Tableau I].

Commentaire

L'aspect chiné du décor résulte probablement d'un usage prolongé, qui a atténué la teinture à l'indigo [35]. Comme le précédent, ce tissu appartient à une bande de longueur indéterminée, d'une douzaine de centimètres de large, qui pourrait correspondre à une ceinture ou à un élément de coiffure.

FRAGMENT BRODÉ

(fig. 2, en haut à droite ; fig. 3, en haut à gauche ; fig. 6)

Edfou 1756

Inventaire Louvre AF 13229

9,8 × 26 cm

Henne 1925, pl. XVII, en haut à droite (il s'agit d'un détail, vu sur l'envers) ; Mérat 2013, p. 133-134, fig. 6 ; Mérat 2014.

Description

Une lisière est conservée (en bas du tissu, sur la fig. 3) ; les deux longs bords sont découpés ; le quatrième est déchiré.

Caractéristiques techniques

Armure : toile. Matière : semble du lin (non analysé). Torsion : filé simple de torsion Z. Réduction chaîne : 22 fils par cm ; réduction trame : 20 coups par cm.

Décor brodé : soie (analyse LRMH) bleue. Torsion : fil retors Z de deux bouts de torsion S. Point de traits, point lancé et point tissé. Les points sont très réguliers. Le travail est soigné et pratiquement réversible.

35. Et non pas de l'association d'un fil de lin écru et d'un fil de laine bleu (Mérat 2013, p. 133).

Décor

Le motif couvrant commence à 15 cm de la lisière par une bordure à motifs alternés. Il se compose de losanges disposés de manière à former un réseau étoilé dense et régulier. Des croix et des étoiles occupent les losanges les plus importants. Des croix plus petites se trouvent à certaines intersections et dans la bordure.

Datation radiocarbone

1305-1364 calAD (43,3%) et 1384-1438 calAD (51,1%) [SacA 27216 : 550 ± 39 ^{14}C-BP, voir *supra*, Tableau I].

Commentaire

L'état fragmentaire ne permet pas d'identifier le type de vêtement décrit par H. Henne. Ce pourrait être une chemise, une *gallabeyya*, un châle ou encore une ceinture ou un turban. Une pièce d'ameublement (?) complète présente un réseau de motifs cruciformes dans des losanges ; elle est conservée au musée d'Art islamique du Caire[36]. L'Ashmolean Museum possède un décor presque identique à celui d'Edfou quoique rehaussé de deux autres coloris ; il est daté par le radiocarbone entre la fin du XIIIe siècle et le milieu du XIVe siècle[37].

Un motif du même genre se trouve sur un fragment égyptien d'époque mamelouke conservé dans la collection M. Bouvier. G. Cornu et M. Martiniani-Reber[38] citent d'autres exemples, au Victoria and Albert Museum et aux Musées royaux d'Art et d'Histoire de Bruxelles, soulignant qu'il s'agit d'un groupe de tissus d'époque mamelouke, appartenant sans doute à des bas de robes ou de chemises.

▪ DOUBLE-ÉTOFFE QUADRILLÉE

(fig. 2, au centre ; fig. 3, en bas ; fig. 7)

Edfou 1797[39]
Inventaire Louvre AF 13235
40 × 13 cm
HENNE 1925, pl. XVII, au centre

Description

Le fragment ne présente aucune lisière ; tous ses bords sont découpés et déchirés. Il est réversible, les couleurs étant inversées sur chaque face (fig. 2 et 3).

36. KÜHNEL 1938, pl. IV, fig. 6.
37. ELLIS 2001, n° 34.
38. CORNU *et al.* 1993, p. 288-289, n° 185. Ailleurs (p. 288, n. 2) les auteurs précisent que les dates données dans le catalogue de Bruxelles par I. Errera sont trop anciennes.
39. Le numéro inscrit à même l'étoffe est 1797 tandis que l'étiquette qui lui est accrochée précise 1797 p.

Caractéristiques techniques

Fragment de double-étoffe[40]. Armure : toile pour les deux couches. Dans la partie médiane des zones unies, la trame est renforcée par deux fils passés ensemble. Par ailleurs, de manière accidentelle cette fois, ce sont deux fils de chaîne qui sont pris ensemble en certains endroits. Matière : les fils bleus sont de coton ; les fils jaunes pourraient être de lin ou de coton (caractérisations : voir Tableau I) ; l'analyse par le LRMH précise qu'il s'agit de coton. Torsions : filés simples de torsion Z (chaîne et trame, fils jaunes et fils bleus). Réduction chaîne : 1 fil jaune pour 1 fil bleu (et fil double à intervalle irrégulier), 16 fils de chaque couleur par cm ; découpure de 4 fils (2 de chaque couleur). Réduction trame : 1 coup jaune pour 1 coup bleu, 14 coups par cm (12 coups par cm pour la partie renforcée) ; découpure de 2 coups, un coup de chaque couleur.

Décor

Des bandes unies alternent avec des bandes quadrillées bleu foncé et jaune pâle, de différents modules.

Datation radiocarbone

1284-1318 calAD (41,6%) et 1353-1390 calAD (53,8%) [SacA 31868 : 650 ± 19 ^{14}C-BP, voir *supra*, Tableau I].

Commentaire

La technique de la double étoffe est pratiquée à l'époque mamelouke, pour produire de somptueux textiles, parfois tissés en soie. Ainsi, la collection R. Pfister au Vatican[41] contient un exemplaire très différent de celui d'Edfou par sa matière (soie), son armure (taffetas) sans trames renforcées et ses motifs (géométriques, animaliers et épigraphiques). Un fragment, conservé au Cleveland Museum of Art, fait alterner carrés ornés et médaillons perlés. Il fut tissé en soie dans les tons bleus, en Égypte ou en Syrie, au XIVe siècle[42]. D'autres exemples ont été rassemblés par D. De Jonghe à l'occasion de son étude très approfondie d'une soierie double étoffe à trois chaînes et trois trames de Bruxelles[43]. Mais il existe aussi quelques tissus plus proches de celui d'Edfou. Ils sont en coton de torsion Z et leur décor géométrique simple réside en un quadrillage bleu et blanc, formant quelquefois un réseau étoilé[44]. Selon D. Thompson, cet ornement imiterait des carreaux de revêtements muraux ou des grilles de fenêtres et les étoffes avaient peut-être une place dans l'architecture. En effet, elles pourraient servir à faire des rideaux, leur nature leur

40. Tissu ou partie de tissu, composé de deux couches distinctes tissées l'une au-dessus de l'autre. Ces portions de tissu échangent souvent leurs positions respectives, suivant les exigences du décor (CORNU 1992, p. 434 et vocabulaire technique du Centre international d'étude des textiles anciens, CIETA).
41. BAV 6746 : CORNU 1992, p. 370-371, 582.
42. J.H. Wade Fund 1983.121 (image sur le site internet du musée : www.clevelandart.org).
43. DE JONGHE 1997 [avec coquille à la note 1 : il faut lire ERRERA 1916, p. 200, n° 469].
44. LAMM 1937, p. 160, pl. XX (le textile de la fig. D est particulièrement proche de celui du Louvre). THOMPSON 1985, p. 35-36, fig. 1, 2. CORNU *et al.* 1993, p. 302-304, n° 197-199. Nous remercions C. Verhecken-Lammens de nous avoir signalé l'exemplaire inédit de Katoen Natie, inventaire 1374-05.

donnant un tombé parfait et leur souplesse permettant de les nouer, comme on le voit sur les représentations iconographiques coptes et islamiques. Mais ce type de tissu pouvait également convenir à la confection de vêtements[45].

FRAGMENT DE TOILE BARRÉE (fig. 2, en bas à gauche ; fig. 8)

Edfou 1773
Inventaire Louvre AF 13232
10,5 × 23 cm
Henne 1925, pl. XVII, en bas à gauche

Description

L'étoffe est découpée et déchirée sur les quatre côtés. La toile était sans doute interrompue par une succession de bandes car il en subsiste une et la bordure d'une autre (fig. 2).

Caractéristiques techniques

Armure : toile et louisine 4/4. Matière : lin de couleur naturelle pour la toile et coton pour les trames de décor bleu[46] (caractérisations : voir Tableau I). Chaîne : torsion assez forte S et Z, en alternance d'un fil à l'autre. Trame : filés simples de torsion Z, y compris en décor. Réduction chaîne : 14 fils par cm ; réduction trame : 12 à 14 coups par cm.

Décor : des bandes de toile lâche, où le fil de trame est bleu, alternent avec des lignes de trames serrées, passées en louisine prenant quatre fils de chaîne[47]. Ces dernières sont constituées tantôt par des fils bleus, tantôt par des fils alternativement bleus et écrus, et enfin par des fils verts et écrus. Les lignes colorées sont disposées en symétrie.

Décor

Le passage de certaines trames détermine des lignes continues ou pointillées contrastant avec un fond chiné. Cet effet est complété par l'emploi de deux nuances (bleu délavé et vert d'eau très clair) jouant par endroit avec la chaîne écrue ou avec d'autres trames écrues.

Datation radiocarbone

1283-1315 calAD (43,8%) et 1355-1389 calAD (51,6%) [SacA 31870 : 655 ± 19 ^{14}C-BP, voir *supra*, Tableau I].

Commentaire

Ce textile paraît fort simple mais il ne trouve pas de comparaison. L'association des fils de différente nature (lin et coton) et de différente torsion y est remarquable. L'alternance des fils de chaîne de

45. Cornu *et al.* 1993, p. 302.
46. Les trames de couleur verte n'ont malheureusement pas été analysées.
47. « Louisine » : taffetas (toile) produit par groupes de deux fils ou plus (Vocabulaire technique du CIETA).

torsion S et de torsion Z n'est pas régulière mais elle est assez systématique pour avoir été volontaire. La chaîne a été montée ainsi sur le métier, sans doute dans le but d'équilibrer les tensions dans l'étoffe[48]. Ces tensions auraient pu résulter de l'insertion des trames serrées dans des parties en toile plus lâche.

BANDEAU DE TÊTE

(fig. 2, en bas à droite ; fig. 9-12)

Edfou 1785

Inventaire Louvre AF 13234

7,5 × 55 cm

HENNE 1925, pl. XVII, en bas à droite (détail de la partie centrale) ; BÉNAZETH 2011, p. 13, n. 4 ; MÉRAT 2013, p. 136, n. 20 ; MÉRAT 2014.

Description

Les longs bords sont repliés sur le revers de l'étoffe, sur une largeur de 2,7 cm (fig. 10). Les extrémités, très endommagées, sont amincies par le pliage et la torsion de l'étoffe, témoin de l'ancien nœud qui devait fermer le bandeau. Une agrafe métallique est piquée au milieu du bandeau, ressortant sur la face avant. La forme de cette épingle ou de ce bijou très corrodé n'est plus distincte (fig. 11). En cet endroit, un pli central et bien marqué est intentionnel. Une auréole rosâtre autour de la partie métallique et des taches marron sur la toile sont probablement dues au contact d'un corps.

Caractéristiques techniques

Armure : toile. Matière : semble du lin (non analysé). Torsion : filé simple de torsion S. Réduction chaîne 14 fils par cm ; réduction trame 14 coups par cm. Présence d'une lisière simple sur un long côté.

Décor brodé, de couleur marron, au fil de laine ? (non analysé). Torsion : retors S de deux bouts Z. Point lancé.

Décor

Trois bandes transversales sont disposées symétriquement et s'arrêtent à l'endroit où les bords du tissu sont repliés. Elles contiennent des croisillons serrés (fig. 12), entre deux bordures symétriques faites de lignes et de denticules.

Datation radiocarbone

1299-1369 calAD (71,5%) et 1381-1409 calAD (23,9%) [SacA 27220 : 596 ± 23 ^{14}C-BP, voir *supra*, Tableau I].

48. Nous remercions Marie-Hélène Guelton, chargée des analyses techniques au musée des Tissus de Lyon et secrétaire générale technique du CIETA, qui nous a confortés dans cette observation.

Commentaire

Deborah Thompson a attiré l'attention sur la technique du broché, employée sur des étoffes mameloukes en lin, concurremment à la broderie et donnant un effet similaire[49]. Le bandeau d'Edfou est brodé, comme l'indiquent des nœuds, visibles à l'arrière, et la direction des lancés[50]. La disposition, le style et la couleur marron des motifs rappellent une étoffe en lin et laine de Katoen Natie[51] et un modèle en lin et soie de l'Ashmolean Museum, qui propose un choix de motifs à la clientèle[52]. Ce décor en triple bande était en effet fort prisé sous les Mamelouks. Faut-il voir dans cet objet le « ruban » qui maintenait en place le bonnet masculin[53] ? L'accessoire a été conçu pour enserrer la tête car le décor est disposé intentionnellement dans la partie visible et centrale, ne dépassant pas sur les bords repliés à l'intérieur. Un bandeau funéraire, dont le milieu est brodé au fil de laine, est signalé dans une tombe de Naqlūn (XIIe siècle ou plus tard ?)[54]. Un autre, brodé d'étoiles, fut trouvé sur la tête d'un défunt dans une tombe à voûte d'époque islamique à Gebel Adda (Nubie)[55]. De rares attestations montrent que les bandeaux de tête pouvaient être fabriqués de diverses manières : en *sprang*[56], ou encore en toile de lin ornée d'une tapisserie (récupération d'un *clavus*) ou d'un samit, appliqués sur la partie centrale[57]. Ces exemplaires, mal documentés, pourraient remonter à une période plus ancienne que ceux d'Edfou.

■ BANDEAU DE TÊTE (fig. 13, 14)

Edfou 1696
Inventaire Louvre AF 13228
8,5 cm × 70 cm (largeur d'origine : 7 cm)
BÉNAZETH 2011, p. 13, n. 4 ; MÉRAT 2013, p. 135-136, fig. 8a, 8b ; MÉRAT 2014

Description

Le bandeau est en mauvais état. Effiloché, il présente des lacunes dans la toile et dans les fils de broderie. Il est néanmoins complet dans sa forme. Le lé de tissu étant trop juste, un fragment lui a été ajouté par couture à l'une des extrémités ; son bout est replié. Un des longs bords est constitué

49. THOMPSON 1985, p. 38-39, n. 33-35, fig. 8. On a pu croire que le bandeau AF 13234 était broché (MÉRAT 2013, n. 20) mais il s'agit bien d'une broderie.
50. Des trames brochées seraient perpendiculaires à la lisière et non parallèles comme ici.
51. Inv. 1153-01 (DE MOOR 2008, p. 224-225).
52. ELLIS 2001, p. 36-37, n° 21.
53. HENNE 1925, p. 13 : « sur la tête, un bonnet, *serré par un ruban*, et tout autour un large turban. »
54. CZAJA-SZEWCZAK 2000, p. 141.
55. ELLIS 2001, p. 84. Nous n'avons pas retrouvé cette mention dans les rapports de fouilles de Nicholas B. Millet, le directeur du chantier au début des années 1960. Marianne Ellis, qui ne donne pas de référence, a probablement vu le bandeau en question ou sa photographie.
56. PRITCHARD 2006, p. 142, fig. 6.18 ; LINSCHEID 2004, p. 1367.
57. LINSCHEID 2004 : quatre exemplaires de la nécropole de Crocodilopolis / Arsinoé ; l'un d'eux est publié en couleurs dans FINNEISER *et al.* 2010, p. 79, n° 49.

par la lisière. L'autre bord, découpé, était rabattu sur l'endroit sur une largeur de 1,5 cm[58]. Les extrémités sont torsadées. Leur forme resserrée fut provoquée par le nœud qui fermait le bandeau. Des auréoles brunes viennent vraisemblablement du contexte funéraire (voir la notice précédente).

Caractéristiques techniques

Armure : Toile. Matière : semble du lin (non analysée). Torsion : filé simple de torsion S. Réduction chaîne : 24 à 28 fils par cm ; réduction trame : 25 coups par cm. Présence d'une lisière simple sur les deux parties, qui sont assemblées par une couture au point avant, rabattue au point d'ourlet.

Décor brodé au fil de soie (analyse LRMH) de faible torsion. Fils de plusieurs couleurs, jaune, rouge-orangé, marron foncé et bleu-vert. Point de croix, point de trait et point lancé.

Décor

La partie brodée (22,7 × 3,1 cm) se concentre dans un rectangle, prolongé, de chaque côté, par un petit triangle et un motif cruciforme. La partie centrale contient cinq triangles alternés disposés tête-bêche ; chacun d'eux possède un disque en réserve, formant un fond pour un cœur (?) brodé en rouge ; les disques sont flanqués de deux petits motifs, réservés eux aussi. La bande en zig-zag qui délimite ces triangles est parsemée de fins motifs géométriques (fig. 14).

Datation radiocarbone

1270-1305 calAD (78,0%) et 1365-1385 calAD (17,4%) [SacA 27219 : 691 ± 21 ^{14}C-BP, voir *supra*, Tableau I].

Commentaire

La place du décor brodé montre qu'il a été exécuté pour le bandeau, après l'assemblage des deux parties. Il ne s'agit pas d'un réemploi. Le bandeau funéraire de Naqlūn, cité à la notice précédente, a lui aussi un décor à base de triangles exécutés au point de croix avec des fils marron, bleu et rouge. Les Musées royaux d'Art et d'Histoire de Bruxelles conservent une bande de lin brodée de cinq triangles alignés et tête-bêche, d'un aspect similaire à ceux d'Edfou bien qu'indépendants les uns des autres et de couleurs différentes (rouge et bleu)[59]. Une autre de leurs étoffes fait probablement partie de la même catégorie[60].

58. Il a été remis à plat en 2011 car cet agencement gênait la lecture de la broderie. En revanche, les plis d'usage des extrémités ont été sciemment conservés.

59. Inv. ACO.Tx 1054 : Errera 1905, p. 3, n° 6 et Errera 1916, p. 196, n° 457 ; ces illustrations montrent deux parties différentes de la même bande. Nous remercions M. Van Raemdonck et C. Verhecken-Lammens pour nous avoir montré ce textile ; la broderie occupe une zone de 24 × 3 cm, comparable à celle d'Edfou ; il pourrait s'agir d'un bandeau de tête car la marque de plis est visible le long de chaque bord (la toile a été mise à plat) ; des taches brunes, à une extrémité, pourraient indiquer un contexte funéraire.

60. Inv. ACO.Tx 1059 : Errera 1905, p. 4, n° 7 et Errera 1916, p. 195, n° 456 ; ces photographies anciennes montrent la marque de plis longitudinaux, compatibles avec la fonction de serre-tête. Le textile a été, depuis, mis à plat. Nos remerciements vont encore une fois à nos collègues qui nous ont montré le textile et communiqué sa documentation.

CARRÉ BRODÉ (fig. 15-19)

Sans numéro Edfou
Inventaire Louvre AF 13236
MÉRAT 2013, p. 136-137, fig. 9 a, 9 b ; MÉRAT 2014
36 × 37 cm

Description

Le carré présente une lisière et trois bords ourlés. Usé et froissé, il montre de nombreuses lacunes, des plis, des taches et des auréoles. La broderie se décline en sept petits motifs irrégulièrement répartis et en lignes suivant plus ou moins les bords du carré. Pour certaines lignes, les fils de la broderie ont été retirés, laissant un pointillé de trous d'aiguille très régulier ; d'autres, plus maladroites, sont interrompues.

Caractéristiques techniques

Armure : Toile. Matière : semble du lin (non analysé). Torsion : filé simple de torsion Z. Réduction chaîne 20 fils par cm ; réduction trame : 18 à 22 coups par cm.
Décor brodé en lin ou en laine ? (non analysé) de couleur bleue, teinte superficiellement.
Torsion : retors S de deux bouts Z. Point de trait et point de croix très déformé.

Décor

Les motifs sont disséminés de manière aléatoire : une sorte de svastika à cinq branches occupe un angle du tissu (fig. 16) ; un animal schématique est placé dans l'angle suivant, moins près des bords ; deux motifs du même genre mais orientés différemment sont groupés dans la partie centrale (fig. 17) ; enfin, trois animaux occupent l'angle opposé au premier, tournés encore une fois dans une autre direction (fig. 18, 19). Les cinq figures animalières pourraient représenter des oiseaux à crête ou à aigrette, avec leurs pattes et leur queue éployée. Deux grandes lignes suivent les côtés perpendiculaires à la lisière. Une seule va d'un bord à l'autre. Il en part une ligne perpendiculaire, qui se dirige vers celle d'en face comme pour dessiner un cadre ; mais elle s'arrête au tiers du parcours. Dans la bordure limitée par la ligne complète, s'inscrit une double ligne festonnée irrégulière, dont les extrémités plongent vers le bord ourlé.

Datation radiocarbone [voir supra, Tableau I] :

Toile : 1286-1325 calAD (39,4%) et 1345-1394 calAD (56,0%) [SacA 27215 : 638 ± 21 ^{14}C-BP] ;
fil de la broderie maladroite : 1304-1365 calAD (65,9%) et 1384-1413 calAD (29,5%) [SacA 27214 : 583 ± 24 ^{14}C-BP].
Les deux datations réalisées sur la toile et sur un fil brodé donnent des âges qui coïncident à deux sigmas. En l'état, l'analyse radiocarbone ne permet pas de déterminer si le fil brodé maladroitement est contemporain de la toile ou légèrement postérieur (de l'ordre d'une trentaine d'années). Les différents emplois de l'étoffe se sont donc succédé dans un court laps de temps.

Commentaire

L'analyse radiocarbone conforte en outre l'hypothèse que ce tissu provient, comme les autres, du cimetière mamelouk d'Edfou. Bien qu'il ne porte pas de numéro de fouilles, il a toujours été rangé au Louvre avec les autres, auxquels il s'accorde par sa technique et par le style des motifs brodés.

Son ultime fonction fut peut-être de couvrir la tête d'une défunte car « le visage des femmes était parfois recouvert d'un mouchoir [61] ». En revanche, sa destination première est énigmatique. Serait-ce un objet magique ? Ou bien un exercice de broderie ? Il s'agit de toute évidence d'un réemploi. Trois opérations sont probablement intervenues dans l'ordre suivant : tout d'abord de petits motifs décoraient une étoffe plus grande, exécutés avec soin pour être vus des deux côtés (fig. 16-19). Leur disposition était sans doute alors plus compréhensible qu'aujourd'hui. On rencontre des stylisations du même genre sur des broderies conservées à Bruxelles [62], à Oxford[63], aux États-Unis [64]. Elles sont toutefois plus régulièrement ordonnées sur les étoffes qu'elles décorent, tuniques ou serviettes. Ce pourrait être aussi un échantillon, où plusieurs modèles sont proposés, tel qu'on en voit dans la collection Newberry à Oxford[65]. Dans un deuxième temps, on aurait découpé l'étoffe pour en faire un carré, ne conservant dans le champ que sept petites figures. Des lignes brodées furent exécutées pour souligner la forme du tissu. Elles furent ensuite soigneusement retirées pour une raison inconnue. Aujourd'hui, ce décor n'est discernable qu'à travers des trous de piqûres extrêmement réguliers, qui dessinent une double ligne tout autour du carré, à environ 4 cm des bords [66] ; aucune trace de fil n'y subsiste [67]. Enfin, d'autres lignes furent maladroitement brodées à proximité ou sur l'ancien tracé mais elles ne complètent pas le cadre, comme si le travail avait été interrompu. L'agencement des deux décors successifs rappelle le beau napperon (32,5 × 30 cm) et le mouchoir (25 × 24) mamelouks conservés à l'Ashmolean Museum d'Oxford, où des lignes de broderies, exécutées par des mains plus expertes, suivent le contour de la pièce, se coupant dans les angles. De tels « mouchoirs de manches » (*mandīl kumm*) servaient à envelopper des objets de valeur et à les placer dans les larges manches faisant office de poches [68].

61. HENNE 1925, p. 13.
62. ERRERA 1916, p. 146-147, n° 338-340 (ACO.Tx 1056, ACO.Tx 127) et ACO.Tx 2011, visible à droite sur la photo du n° 460, p. 197.
63. ELLIS 2001, p. 48, n° 30. Cette étoffe a été datée par le radiocarbone de la fin du XIVe ou du XVe siècle.
64. Dumbarton Oaks, acc. n° 69-61C ; The Metropolitan Museum of Art, New York, acc. N° 168.8 : THOMPSON 1985, p. 39, fig. 9, 10.
65. ELLIS 2001, p. 24-25, n°12.
66. Chaque côté était bordé par deux lignes distantes de 3 mm. Ce dispositif longe la lisière à 4,7 cm, les deux bords perpendiculaires à 4 cm et le bord opposé à une distance variant de 3 à 3,5 cm du fait de l'irrégularité de l'ourlet.
67. Le tissu n'a pas été lavé afin de préserver ce témoignage en négatif.
68. ELLIS 2001, p. 38, n° 22 et p. 49, n° 31. L'auteur donne des références à des textes documentaires des XIIe et XIIIe siècles.

▪ **BONNET D'ENFANT** (fig. 20-23)

Edfou 1772

Inventaire Louvre AF 13231

H. 8 ; diam. 15 cm

Bénazeth 2011, 25-26, fig. 14

Le bonnet a fait l'objet d'une restauration par les soins d'Agathe Strouk, en 2007. La notice qui suit est tirée de son rapport de restauration :

Description

Le chapeau se compose d'une bordure en toile de lin à carreaux noirs et bleus sur fond écru et d'une calotte constituée de huit triangles isocèles alternant morceaux de toile de lin à carreaux bleus sur fond écru et pièces de soierie façonnée à dominante bleue. Les motifs décelables sur ces triangles sont des médaillons à décor géométrique (?). Des surpiqûres brodées au fil de soie bleu clair longent le bord des huit triangles, dont la pointe est également agrémentée d'une petite rosace au point de feston.

Le bonnet est entièrement doublé de toiles de laine jaune de différentes épaisseurs, assemblées entre elles par des coutures droites au point arrière : trois morceaux différents pour la bordure, et quatre morceaux pour la calotte (deux de toile épaisse et deux d'une toile plus fine). Enfin, une « tresse » décorative bleue et écrue est fixée le long du bord inférieur (fig. 21).

En volume (après traitement), le tour de tête est de 47 cm à la base de la calotte.

Le textile est dans un état de conservation général très mauvais, présentant avant traitement les altérations caractéristiques d'un état de sortie de fouille (fig. 20) : état fragmentaire ; écrasement total du bonnet avec nombreux plis, causant une perte de lisibilité de la forme générale ; fort empoussièrement ; aspect oxydé et bruni des différentes toiles, jaunissement général, présence de taches brunes dues à des dépôts en surface, ayant rigidifié les fibres ; importante sécheresse des toiles – et plus particulièrement des toiles de lin –, devenues rigides et cassantes, agglomérées par endroits, fortement déformées et effilochées.

Caractéristiques techniques

Bordure	Toile de lin à carreaux noirs et bleus	
	Chaînes :	lin écru, filé Z, 14 fils sur 5,3 mm
		soie noire, organsin, 12 fils sur 1-1,3 mm
		présence d'une lisière simple sur la bordure (le long de la couture)
	Trames :	lin écru, filé Z, 12 coups sur 4/4,5 mm
		soie bleue, organsin, 8 coups sur 2 mm
Calotte	– 4 triangles de toile de lin à carreaux bleus	
	Chaînes :	lin écru, filé Z, 16 fils sur 5,5 mm
		soie bleue, organsin, 12 fils sur 1-1,2 mm
	Trames :	lin écru, filé Z, 12 coups sur 6 mm
		soie bleue, organsin, 7 coups sur 2 mm

– 4 triangles de soierie façonnée à dominante bleue [69]. Présence d'une lisière sur le côté gauche du triangle n° 2 ? Bande de 8 mm (visibles), fils noirs et blancs liés en taffetas (?)

Chaînes : soie, 1 fil blanc / 1 fil bleu clair / 1 fil bleu marine, poil Z, 58 fils au cm

Trames : soie, 1 fil bleu clair / 1 fil blanc, poil Z, 48 fils au cm
soie noire, sans torsion apparente, x fils au cm (*trop dégradée*)

Doublure de la bordure

Toile 1 : toile de laine jaune
Chaîne ou trame : laine jaune, filé Z, 22 fils verticaux / 19 fils horizontaux au cm
Toile 2 : toile de laine jaune
Chaîne ou trame : laine jaune, filé Z, 15 fils verticaux / 16 fils horizontaux au cm
Toile 3 : toile de laine jaune
Chaîne ou trame : laine jaune, filé Z, 21 fils au cm dans les deux sens

Doublure de la calotte

Toile de laine jaune épaisse
Chaîne ou trame : laine jaune, filé Z, 16 fils verticaux / 16-18 fils horizontaux au cm
Toile de laine jaune fine
Chaîne ou trame : laine jaune, filé Z, 21-23 fils verticaux / 24 fils horizontaux au cm

Broderie Surpiqûres au point droit et points de feston au fil de soie bleu clair, fil trame léger S

Tresse décorative

Cordelette S de 2 brins : – brin bleu fait d'un cordonnet de laine, 4 brins S tordus en Z
– brin écru fait d'un cordonnet de lin, x brins S tordus en Z

Coutures d'assemblage

Points de surjet entre le bord et la calotte, et pour fixer la tresse décorative
Points arrière entre les morceaux de doublure de la calotte
Fil employé : fil de lin, cordonnet Z de 2 bouts S

Datation

Ali bey Bahgat, le directeur du Musée arabe du Caire à qui H. Henne avait demandé l'étude d'un bonnet similaire, le plaçait au XIVe ou XVe siècle. Sa conception rejoint d'autres coiffures mameloukes, en étoffe matelassée [70]. Le bonnet du Louvre est donc lui aussi de cette époque.

69. L'état du textile et l'absence d'accès à l'envers rendent très difficile l'analyse technique. Cependant, Chris Verhecken-Lammens en a patiemment retrouvé la construction (voir note 7). C'est une double-étoffe à trois chaînes : 1 fil soie écru ou blanc ; 1 fil soie bleu clair ; 1 fil soie bleu marine. Les 2 trames qui ne sont pas utilisées sur le devant (la première couche) sont liées avec la chaîne de même couleur en taffetas et le résultat est un sergé 4 (trois lie 1). Cette étoffe est comparable à celle décrite par De Jonghe 1997, p. 203, fig. 121 b. Un tissu similaire est conservé à la Fondation Abegg (Otavsky *et al.* 1995, p. 220).

70. Bénazeth 2011, p. 25-27. Une nouvelle référence bibliographique pour des trouvailles à Qasr Ibrîm (Nubie) : Crowfoot 2011, p. 18. Voir encore Atil 1981, p. 234, n° 117. D'autres exemplaires, au Victoria and

Commentaire

Les dimensions indiquent un bonnet d'enfant. Il ressemble fortement à un autre bonnet, trouvé sur un enfant par H. Henne au cours de sa première campagne de fouilles sur le tell d'Edfou [71]. La construction et les dimensions sont similaires. En revanche, les tissus diffèrent par leur matière et leurs décors, avec une majorité de soie rouge et des inscriptions tissées. C'est ce vêtement qu'Ali bey Bahgat avait daté pour l'archéologue. Il fut affecté à son musée après le partage des fouilles [72].

▪ FRAGMENT DE TAPISSERIE (fig. 24, 25)

Edfou 1415
Inventaire Louvre AF 13226
23,2 × 16 cm
Henne 1924, p. 4, 35 (?)
Si l'identification bibliographique est exacte, c'est l'un des premiers textiles trouvé par H. Henne dans sa surveillance des *sabbaḫīn*.

Description

Le fragment est très lacunaire et déformé. Il représente un médaillon contenant un oiseau.

Caractéristiques techniques

Fragment de tapisserie, tissé debout[73], sans envers. Matière : laine (caractérisation : voir Tableau I). Torsion chaîne : retors S de deux bouts Z ; trame : filé simple de torsion Z. Réduction chaîne : 14 fils par cm ; réduction trame : 70 à 80 coups par cm. Les relais sont volontairement restés ouverts dans les zones qui évoquent le plumage (fig. 25).

Décor

Les ailes éployées sont représentées de face, tandis que le corps, la tête et les pattes sont tournés de côté. Le cou, strié bleu et jaune, est serré dans un collier perlé à fond rouge. Les cuisses sont hachurées de la même façon. Le reste du plumage est régulièrement zébré de bleu, jaune et ocre. Le contour du corps est un bandeau clair ponctué de petits pavés ton sur ton. Le médaillon est semé de perles bicolores au cœur ocre ou bleu sur fond jaune, qui s'enlèvent sur l'anneau bleu foncé. Ce dernier est bordé d'un large rinceau, aux tiges jaunes et ramifications bleu-vert, dont l'état détérioré interdit la description.

Albert Museum, sont en cours de publication : Smalley à paraître. M. Van Raemdonck pense que ce type de bonnet pourrait aussi remonter à l'époque ayyoubide (communication orale, avril 2013).

71. Henne 1924, p. 20, 37-39, pl. XVII, XVIII. Mayer 1952, pl. XI.

72. En effet, on en trouve la photographie légendée « *Courtesy of the National Museum of Arab Art* » dans Mayer 1952, pl. XI.

73. Le sens de lecture du motif est le même que celui de la chaîne.

Datation radiocarbone

665-776 calAD (95,4%) [SacA 31869 : 1285 ± 29 ^{14}C-BP, voir *supra*, Tableau I].

Commentaire

Le fragment s'apparente à un groupe de tapisseries en laine d'une grande finesse et de belle qualité d'exécution, qui fut identifié par R. Pfister[74] puis étudié par D. Shepherd[75], E. Kühnel et L. Bellinger[76], A. Lorquin[77], G. Cornu et M. Martiniani-Reber[78], A. Jerusalimskaja[79]. Si R. Pfister voyait des autruches dans les oiseaux du musée de Cluny, les autres volatiles sont identifiés tantôt à un faisan, tantôt à un coq. Ils déploient en effet une queue magnifiquement recourbée en direction de la tête, dont la présence n'est pas décelable sur l'exemplaire du Louvre bien qu'elle soit possible si l'on juge par le rapprochement avec un oiseau de la collection Bouvier[80].

Le décor d'une tapisserie provenant de Fustat[81] est organisé de la même façon. Nous y retrouvons le médaillon perlé entouré d'un rinceau, la gamme chromatique et le plumage, rendu de manière géométrique et barré de bandes rouges à pois blanc. Un médaillon de même provenance[82] présente en outre un cadre à fond sombre, qui le détache du large rinceau extérieur comme sur le tissu du Louvre ; la posture aux ailes éployées est aussi celle de l'oiseau d'Edfou et le contour du corps, épais et festonné, est de la même veine. Cependant les médaillons de Fustat sont « tissés couchés[83] » contrairement à celui d'Edfou et le fond rouge carmin du second fragment diffère fortement des couleurs éteintes de cet exemplaire[84]. Deux autres tapisseries[85], cette fois tissées debout, montrent une gazelle dont le pelage est traité au moyen des mêmes zébrures que le plumage d'Edfou (fig. 25).

74. PFISTER 1936, p. 81-83 ; PFISTER 1938.
75. SHEPHERD 1960.
76. KÜHNEL, BELLINGER 1952, p. 5-6.
77. LORQUIN 1992, p. 257-259.
78. CORNU *et al.* 1993, p. 43-51.
79. *Les Perses Sassanides* 2006, p. 178, qui cite trois autres de ses publications.
80. CORNU *et al.* 1993, illustration p. 46.
81. CORNU *et al.* 1993, p. 43-45, n° 1. Bien qu'acquis chez l'antiquaire cairote Tano comme venant de Fustat, les auteurs proposent une origine iranienne ou iraqienne. Elles datent ce tissu du VIIIe siècle avec un point d'interrogation.
82. CORNU *et al.* 1993, p. 45-46, n° 2. Même remarque sur la provenance mais l'antiquaire était Mohammed Abder-Rahman.
83. Le sens de lecture du motif est perpendiculaire à la chaîne.
84. La tapisserie d'Edfou utilise peu de couleurs : la teinte naturelle de la laine, différentes nuances de bleu tirant sur le vert et un ocre-rouge, terni par l'oxydation. Les exemplaires de comparaison présentent de nombreuses couleurs et ils ont souvent une dominante rouge. Six pièces du Textile Museum de Washington emploient du jaune et du vert : KÜHNEL, BELLINGER 1952, p. 6.
85. CORNU *et al.* 1993, p. 50-51, n° 5. Acquise chez Tano. La photographie donne l'impression d'une bande mais la gazelle figurait au centre d'un médaillon fragmentaire, malencontreusement monté avec un autre morceau. Le second fragment, qui appartient vraisemblablement à la même pièce, est conservé au Vatican dans la collection Pfister (DE JONGHE *et al.* 1999, n° 7440, p. 136-137, 147, fig. 22, ill. LXVII).

R. Pfister avait attiré l'attention sur un fragment à deux médaillons presque complets contenant des couples d'oiseaux aux cous entrelacés[86]. De dimension comparable au médaillon d'Edfou, leur cadre est constitué d'une guirlande végétale placée entre deux raies-de-cœur. Les oiseaux sont vus de profil mais leurs ailes éployées sont de face. L'une d'elles touche le sol car le corps des volatiles est plus incliné que celui d'Edfou. Les ventres sont bordés par une épaisse ligne festonnée tandis que les ailes sont barrées par un bandeau perlé, bleu dans un médaillon et rouge dans l'autre. Une fleur rouge sur fond ocre ou turquoise orne l'arrondi des ailes. Le plumage chatoyant est rendu par des bandes ondulées, bordées et remplies de plusieurs couleurs. Les cous, bien que démesurés, sont traités comme au Louvre avec des rayures bleu et beige ou turquoise (selon les médaillons). Le collier perlé placé à la base du cou est répété sous la tête ; il se prolonge alors en deux rubans de style sassanide. Mais c'est à l'art islamique qu'appartiennent les demi-palmettes silhouettées sur le dos des oiseaux, dans le médaillon inférieur. Comme la tapisserie d'Edfou, celle-ci est sans envers, tissée debout, et ses trames sont d'une extrême finesse. Le fragment devait appartenir à un textile ornemental, dont les rangées de médaillons[87] alternaient avec des fleurons placés dans les intervalles. Une pièce complète, conservée à Cleveland[88], un grand fragment du Textile Museum[89] et un autre, au musée de l'Ermitage[90], témoignent d'une composition semblable, largement attestée aussi dans les soieries.

L'âge du tissu d'Edfou établi par le radiocarbone est en accord avec la pièce du Textile Museum, inscrite au nom d'un calife Marwan, probablement Marwan II, qui régna de 744 à 749[91]. Il est également compatible avec le fragment de l'Ermitage, qu'Anna Jerusalimskaja estime de la deuxième moitié du VIIe-début du VIIIe siècle, et avec les gazelles, placées aux VIIe ou VIIIe siècles[92]. Les autres tapisseries citées en comparaison ont été datées plus tard par les historiens du textile : première moitié du IXe siècle pour la tenture de Cleveland[93] et Xe-XIe siècles pour l'étoffe du musée de Cluny[94].

Une origine orientale a été envisagée sur la base de remarques stylistiques et techniques, comme la torsion S de la chaîne et Z de la trame ou la teinture rouge à la cochenille dite polonaise, relevées sur certaines pièces. Le centre de production supposé serait en Mésopotamie ou en Iran.

86. Conservé au musée national du Moyen Âge Thermes de Cluny, inv. Cl. 22043 : PFISTER 1936, p. 81-82, pl. XXXI ; LORQUIN 1992, p. 258-259, n° 103 et pl. couleur. Nous remercions Madame Bardiès-Fronty de nous avoir montré ce textile.

87. La bordure d'un troisième médaillon se remarque en bas du fragment.

88. Cl. MA 59.48 : SHEPHERD 1960. Huit médaillons perlés contiennent un oiseau aux ailes éployées. Il pourrait s'agir d'une housse de coussin : PAETZ GEN. SCHIECK 2009, p. 131, fig. 16.

89. The Textile Museum, inv. 73.524 : KÜHNEL, BELLINGER 1952, p. 5-6, pl. I.

90. Ce tissu, fabriqué en Égypte ou en Syrie, fut découvert dans une tombe du Caucase : A. Jerusalimskaja, dans *Les Perses Sassanides* 2006, p. 178, n° 128.

91. KÜHNEL, BELLINGER 1952, p. 5.

92. CORNU *et al.* 1993, p. 51 et DE JONGHE *et al.* 1999, n° 7440, p. 137.

93. L'inscription arabe tissée sur cette tenture ne donne ni sa date ni son lieu de fabrication. Par l'analyse de la technique, de l'inscription et du style, D. Shepherd y voit une œuvre égyptienne de la première moitié du IXe siècle.

94. PFISTER 1936, p. 83 (« On pourrait songer à une époque proche des Fatimides ») ; Lorquin p. 259.

La découverte à Edfou d'un fragment rattachable à ce groupe rappelle qu'il comprend d'autres pièces provenant d'Égypte : les trouvailles de Fustat et la gazelle de la collection Bouvier, tous acquis chez des antiquaires cairotes, le fragment de Washington, et encore deux exemplaires inédits conservés au Caire [95]. L'accroissement de ces attestations fera-t-il reconsidérer l'hypothèse d'une production iraqienne ou iranienne importée en Égypte ?

FRAGMENT DE ṬIRĀZ

(fig. 26-30)

Edfou 1671
Inventaire Louvre AF 13227
18,5 × 31 cm
Mérat 2013, p. 137-139, fig. 10 a, 10 b ; Mérat 2014

Description

Très déchiqueté sur les côtés, le fragment a été grossièrement découpé aux ciseaux, sans doute après la fouille, pour ne préserver que l'inscription brodée. Celle-ci est incomplète. Elle se compose d'une ligne écrite dans le style dit « coufique orné », au-dessus de laquelle court un fin bandeau décoratif.

Caractéristiques techniques

Armure : toile. Matière : coton (analyse LRMH). Torsion : filé simple de torsion Z. Réduction chaîne : 16 fils par cm ; réduction trame : 20 coups par cm (ou l'inverse car en l'absence de lisière il est impossible de distinguer la chaîne et la trame). La toile de coton a subi un traitement spécifique de calandrage [96].

Décor épigraphique brodé en soie (analyse LRMH) de couleur bleue. Torsion : filé simple sans torsion appréciable. Point de tige, point de chaînette, point couché (grande inscription) et point de trait (bandeau décoratif).

Décor

La ligne principale en petits caractères coufiques se distingue par des hampes particulièrement étirées sur 11 cm, qui se terminent par des *apices* (fig. 28). La hauteur totale de l'inscription est de 12 cm. Ces dimensions sont remarquables quand on les compare avec celles que l'on rencontre dans les *ṭuruz* contemporains [97]. Un *wāw* décoratif ponctue les mots et, en dessous du texte, deux palmettes – qui se confondent avec les arrondis de certaines lettres mais qui sont en fait parasitaires – ont

95. Musée d'art islamique du Caire, inv. 66 741 et 14 904 (Lorquin 1992, p. 257).
96. Le calandrage est un procédé mécanique d'écrasement, complété par un apprêt, qui donne à l'étoffe un aspect lustré, parcheminé. Pour décrire cet effet, on trouve dans la littérature les expressions « aplati et lustré », « lissé », « glacé », « aspect ciré ». Le calandrage était effectué sur le tissu décoré ; ainsi les lettres brodées sont-elles aplaties elles aussi (Cornu 1992, p. 153, 155).
97. Sur ce point, voir le tableau comparatif dans Niewöhner-Eberhard 2006, p. 201-203.

été ajoutées (fig. 29). Au dessus, le bandeau décoratif limite la zone inscrite ; haut de 0,7 cm, il est composé de motifs géométriques qui imitent des signes d'écriture [98].

Datation

Du fait du calandrage, ce tissu n'a pas été soumis à l'analyse par le radiocarbone. Il est néanmoins possible d'en proposer une datation sur la base de ses caractéristiques techniques et paléographiques. Les toiles de ce type semblent être caractéristiques de *ṭuruz* iraniens et iraqiens des Xᵉ-XIᵉ siècles. Des exemples assez proches de celui d'Edfou ont été tissés dans les ateliers abbassides de Bagdad (Iraq) [99] et de Miṣr (Égypte) [100] au Xᵉ siècle. La découverte à Fustat de linceuls encore en place sur les défunts de la dynastie fatimide a permis de faire d'intéressants constats en matière de datation [101]. Ainsi, les trois *ṭuruz* qui enveloppent le corps de la tombe 49 présentent trois datations différentes. Le premier remonte à 932, le deuxième date de la fin du Xᵉ/début du XIᵉ siècle, et le dernier, enfin, porte le nom d'un calife fatimide (probablement al-Muʿizz). L'élément interpelant dans cette trouvaille est le premier tissu, utilisé à l'état neuf : celui-ci a été conservé avec soin pendant plus de cinquante ans avant de servir à l'ensevelissement. Le linceul d'Edfou a donc pu être utilisé bien après sa production.

Du point de vue paléographique, l'écriture de notre *ṭirāz* peut être rapprochée de l'écriture élancée et fine de plusieurs spécimens contemporains, par exemple dans la collection Katoen Natie, inv. 1516 [102] et dans la collection Bouvier [103].

Inscription

بسم الله الرحمن الرحيم وما توفيقي الا بالله] عليه توكلت وهو رب العرش العظيم وصلى الله على محمد خاتم النبيين [ ]

« Au nom de Dieu, le Clément, le Miséricordieux. Ma réussite ne repose qu'en Dieu. En Lui, je remets ma confiance. Il est le Seigneur du trône exalté. Que Dieu prie pour Muḥammad, le sceau des prophètes … »

Commentaire

Les mots *mā tawfīqī ilā bi-llāh ʿalayhi tawakkaltu* (« Ma réussite ne repose qu'en Dieu. En Lui, je remets ma confiance »), que l'on rencontre régulièrement dans les *ṭuruz* et plus rarement dans les documents [104], se lisent en *Coran* II, 88. La formule *wa-huwa rabb al-ʿarš al-ʿaẓīm* (« Il est le Seigneur

98. On trouve ce type de bandes décoratives dans d'autres *ṭuruz*, comme par exemple dans les tissus MIKB Inv. I. 15/66, KNM Inv. LNS19T et ROM Inv. 963.95.7 (Niewöhner-Eberhard 2006 fig. 46-48).
99. Les toiles sont souvent en coton : Pfister 1936, p. 79-80, pl. XXXII, D3. Exemple assez comparable dans Cornu 1992, p. 154-156, 508 (BAV 6778), et encore p. 131-132, 500 (BAV 6787), p. 134-136, 500 (BAV 6786), p. 151, 153, 507 (BAV 6780), p. 153-154, 508 (BAV 6772), p. 166-168, 512 (BAV 6795), p. 175-177, 516 (BAV 6739 A).
100. Cornu *et al.* 1993, p. 172-174, n° 98.
101. Gayraud 1995, p. 8.
102. De Moor 2008, p. 216-217.
103. Cornu *et al.* 1993, p. 174-175, n° 99.
104. Par exemple dans *P. Vente* 8,1 (367 h./977) et *P. Cair. Arab.* I 68 (459 h./1067).

du trône exalté »), que l'on lit fréquemment dans les *ṭuruz* et plus rarement dans les documents [105], est associée aux mots *ʿalayhi tawakkaltu* (« En Lui, je remets ma confiance ») en *Coran* 9, 129. Enfin, les mots *ḫātim al-nabiyyīn*, qui viennent après la *taṣliya*, se retrouvent en *Coran* 33, 40. Dans les *ṭuruz*, ils sont souvent suivis des mots *wa-ʿalā ālihi ağmaʿīn al-ṭayyibīn al-ʾaḫyār* (« et sur toute sa bonne et excellente famille »).

Conclusion

H. Henne s'interrogeait : « Jusqu'où s'étendait ce cimetière ? Les cadavres trouvés en 1921-1922 et en 1914 en faisaient-ils partie ? Ces questions, comme celles de la date, doivent rester sans réponse, du moins pour l'instant [106]. ». Le temps est venu de préciser cette date.

Isolée dans le lot par sa technique et son aspect, la tapisserie à l'oiseau est le tissu le plus ancien. Il remonte à l'époque omeyyade. On a vu qu'elle fut probablement trouvée hors contexte archéologique. Les autres textiles proviennent des sépultures. La torsion des fils est le plus souvent de sens Z, ce qui est généralement observé à partir de la fin de l'époque fatimide[107]. Par comparaison avec des exemplaires bien attestés, le *ṭirāz*, peut être fatimide et le bonnet, mamelouk. Les broderies, quant à elles, sont fréquemment attestées à l'époque mamelouke [108]. La régularité de leurs toiles dans les proportions de chaînes et de trames est remarquable, une caractéristique sans doute exigée pour broder.

La datation radiocarbone de sept étoffes montre qu'elles furent fabriquées entre le dernier quart du XIIIe siècle et la fin du XIVe siècle tandis que deux autres le furent au XIVe siècle ou au tout début du XVe. Ainsi, la section copte du musée du Louvre conserve neuf tissus de Tell Edfou datés de l'époque mamelouke. Parmi ceux-ci, le bonnet d'enfant est remarquable. Avec la petite tunique de la collection Raymond Weill [109], il est un rare témoin du costume mamelouk, dont il reste si peu de pièces complètes [110].

105. Par exemple dans *P. Chrest. Khoury* II 1,1 (444 h./1052) et *P. Uqlūl* 7, 1 (452 h./1060).
106. HENNE 1925, p. 14.
107. CORNU 1992, p. 364 et M. Van Raemdonck (communication orale).
108. KÜHNEL 1938, p. 87, pl. IV, fig. 6.
109. Inv. E 23518. La tunique fait partie du legs R. Weill, 1950. CORTOPASSI 2003.
110. MAYER 1952, p. 11 ; ATIL 1981, p. 234.

Bibliographie

ATIL, Esin, 1981. *Renaissance of Islam. Art of the Mamluks*, Washington, D. C.

BÉNAZETH, Dominique, 1992. *Musée du Louvre. Département des antiquités égyptiennes. Catalogue des collections. L'art du métal au début de l'ère chrétienne*, Paris.

BÉNAZETH, Dominique, 2011. « Accessoires vestimentaires dans la collection de textiles coptes du musée du Louvre », dans De Moor, Antoine et Fluck, Cäcilia (éd.), *Dress accessories of the 1st millennium AD from Egypt. Proceedings of the 6th conference of the research group "Textiles from the Nile Valley", Antwerp, 2-3 October 2009*, Lannoo Publishers, Tielt, p. 12-33.

DU BOURGUET, Pierre, 1964. *Musée national du Louvre. Catalogue des étoffes coptes* I, Paris.

BRONK RAMSEY, Christopher, 2009. « Bayesian analysis of radiocarbon dates », *Radiocarbon* 51/1, p. 337-360.

CORNU, Georgette, 1992. *Tissus islamiques de la collection Pfister*, Cité du Vatican.

CORNU *et al.*, 1993. CORNU, Georgette, MARTINANI-REBER, Marielle *et al.* (éd.), *Tissus d'Égypte témoins du monde arabe* VIIIe-XVe *siècles. Collection Bouvier*, catalogue de l'exposition au musée d'Art et d'Histoire de Genève puis à l'Institut du monde arabe à Paris, 1993-1994, Genève, Paris.

CORTOPASSI, Roberta, 2003. « Une robe mamlouke au musée du Louvre », *AnIsl* 37, p. 79-89.

CROWFOOT, Elisabeth Grace †, 2011. *Qasr Ibrim : the Textiles from the Cathedral Cemetery*, EES, Londres.

CZAJA-SZEWCZAK, Barbara, 2000. « Textiles from Naqlun, 1999 », *PAM* XI, p. 135-142.

DE JONGHE, Daniël, 1997. « Sur la technologie des soieries double-étoffe à trois chaînes à titre d'exemple d'un tissu de soie bayadère à Bruxelles », *Riggisberger Berichte* 5, p. 195-208.

—, DAEMEN Sonja, RASSART-DEBERGH Marguerite, DE MOOR Antoine, OVERLAET Bruno, 1999. *Ancient Tapestries of the R. Pfister collection in the Vatican library*, Città del Vaticano.

DE MOOR, Antoine, VERHECKEN-LAMMENS, Chris, VERHECKEN, André, 2008. *3500 years of textile art. The collection ART in HeadquARTers*, Tielt.

ELLIS, Marianne, 2001. *Embroideries and samplers from Islamic Egypt*, Oxford.

ERRERA, Isabelle, 1905. *Collection de broderies anciennes*, Bruxelles.

—, 1916. *Collection d'anciennes étoffes égyptiennes*, Bruxelles.

FINNEISER *et al.*, 2010. FINNEISER, Klaus, LINSCHEID, Petra, PEHLIVANIAN, Meliné (éd.), *Georg Schweinfurth. Pionier der Textilarchäologie und Afrikaforscher*, catalogue de l'exposition au Skulpturensammlung und Museum für Byzantinische Kunst Staatliche Museen zu Berlin, Berlin.

GAYRAUD, Roland-Pierre *et al.*, 1995. « Iṣṭabl ʿAntar (Fostat) 1994. Rapport de fouilles », *AnIsl* 29, p. 1-24.

HENNE, Henri, 1924. *Rapport sur les fouilles de Tell-Edfou (1921-1922)*, FIFAO I, Deuxième partie.

—, 1925. *Rapport sur les fouilles de Tell-Edfou (1923 et 1924)*, FIFAO II, Troisième partie.

KÜHNEL, Ernst, 1938. « La tradition copte dans les tissus musulmans », *BSAC* 4, p. 79-89.

—, BELLINGER, Louisa, 1952. *The Textile Museum. Catalogue of Dated Tiraz Fabrics. Umayyad. Abbasid. Fatimid*, Washington D. C.

LAMM, C. J., 1937. *Cotton in Mediaeval Textiles of the Near East*, Paris.

Les Perses Sassanides 2006. *Les Perses Sassanides. Fastes d'un empire oublié (224-642)*, catalogue de l'exposition au musée Cernuschi (Paris, 15 septembre-30 décembre 2006), Paris.

Linscheid, Petra, 2004. « Kopf-Binden im spätantiken bis frühislamischen Ägypten », dans Mat Immerzeel, Jacques Van der Vliet (éd.), *Coptic Studies on the Threshold of a new Millenium* (Proceedings of the Seventh International Congress of Coptic Studies, Leiden, 27 August-2 September 2000), II, Louvain, Paris, Dudley, MA, p. 1365-1371.

Livingstone, Rosanne, 2009. « Late Antique Household Textiles from the Village of Kellis in the Dakhleh Oasis », dans A. De Moor, C. Fluck (éd.), *Clothing the house. Furnishing Textiles of the 1st Millennium AD from Egypt and Neighbouring Countries. Proceedings of the 5th Conference of the Research Group "Textiles from the Nile Valley", Antwerp, 6-7 October 2007*, Lannoo Publishers, Tielt, p. 73-85.

Lorquin Alexandra, 1992. *Les tissus coptes au Musée national du Moyen Âge Thermes de Cluny. Catalogue des étoffes égyptiennes de lin et de laine de l'Antiquité tardive aux premiers siècles de l'Islam*, Paris.

Mayer, Leo Ary, 1952. *Mamluk Costume*, Genève.

Mérat, Amandine, 2013. « Étude technique et iconographique d'un ensemble de broderies égyptiennes antiques conservées au musée du Louvre », dans A. De Moor, C. Fluck, Petra Linscheid (éd.), *Proceedings of the 7th Conference of the Research Group "Textiles from the Nile Valley", Antwerp, 7-9 October 2011*, Lannoo Publishers, Tielt, p. 126-139.

—, 2014. « New researches on Medieval Embroideries from Tell Edfu at the Louvre Museum », *British Museum Studies in Ancient Egypt and Sudan* (revue du British Museum en ligne).

Niewöhner-Eberhard, Elke, 2006. « Die Tiraz-Inschrift aus dem Lüneberger Schatz der goldenen Tafel », dans C. Fluck, Gisela Helmecke (éd.), *Textile Messages. Inscribed Fabrics from Roman to Abbassid Egypt*, (actes du Workshop du groupe d'étude international « Textiles from the Nile Valley », Berlin, 25-26 janvier 2003), *Studies in Textile and Costume History* 4, Leiden – Boston, p. 193-219.

Otavsky Karel, Abbas Muhammad Salim Muhammad, 1995. unter Mitarbeit von Cordula M. Kessler *Mittelalterliche Textiliën I. Ägypten, Persien und Mesopotamien, Spanien und Nordafrika*, Riggisberg.

Paetz gen. Schieck, Annette, 2009. « Late Roman Cushions and the Principles of their Decoration », dans A. De Moor et C. Fluck, (éd.), *Dress Accessories of the 1st Millennium AD from Egypt. Proceedings of the 6th Conference of the Research Group "Textiles from the Nile Valley", Antwerp, 2-3 October 2009*, Lannoo Publishers, Tielt, p. 115-131.

Pfister, Rodolphe, 1936. « Matériaux pour servir au classement des textiles égyptiens postérieurs à la conquête arabe (suite) », *Revue des arts asiatiques* X/2, p. 73-85.

—, 1938. « Coqs sassanides », *Revue des arts asiatiques* XII/1, p. 40-47, pl. XXV-XXVIII.

Pritchard, Frances, 2006. *Clothing Culture : Dress in Egypt in the First Millenium AD. Clothing from Egypt in the collection of the Whitworth Art Gallery*, The University of Manchester.

Quiles, Anita *et al.*, 2014. À paraître.

Reimer Paula J. *et al.*, 2009. « IntCal09 and Marine09 radiocarbon age calibration curves, 0-50,000 years cal BP », *Radiocarbon* 51/4, p. 1111–1150.

Rutschowscaya, Marie-Hélène, Bénazeth, Dominique, 1999. « Apports des fouilles d'Edfou au musée du Louvre », dans Tell-Edfou soixante ans après (actes du colloque franco-polonais, Le Caire – 15 octobre 1996), IFAO Fouilles franco-polonaises 4, Le Caire, p. 55-57.

Shepherd, Dorothy G., 1960. « An Early Ṭirāz from Egypt », *The Bulletin of the Cleveland Museum of Art* XLVII, p. 7-14.

Smalley, Ruiha, à paraître. « Medieval headwear from Egypt in the Victoria and Albert Museum », *British Museum Studies in Ancient Egypt and Sudan*, 22 ou 23 [edited by Elisabeth O'Connell].

Thompson, Deborah, 1985. « Cotton double cloths and embroidered and brocaded linen fabrics from tenth to fourteenth century Egypt : their relation to traditional Coptic and contemporary Islamic style », *Bulletin du CIETA* 61-62, p. 35-49.

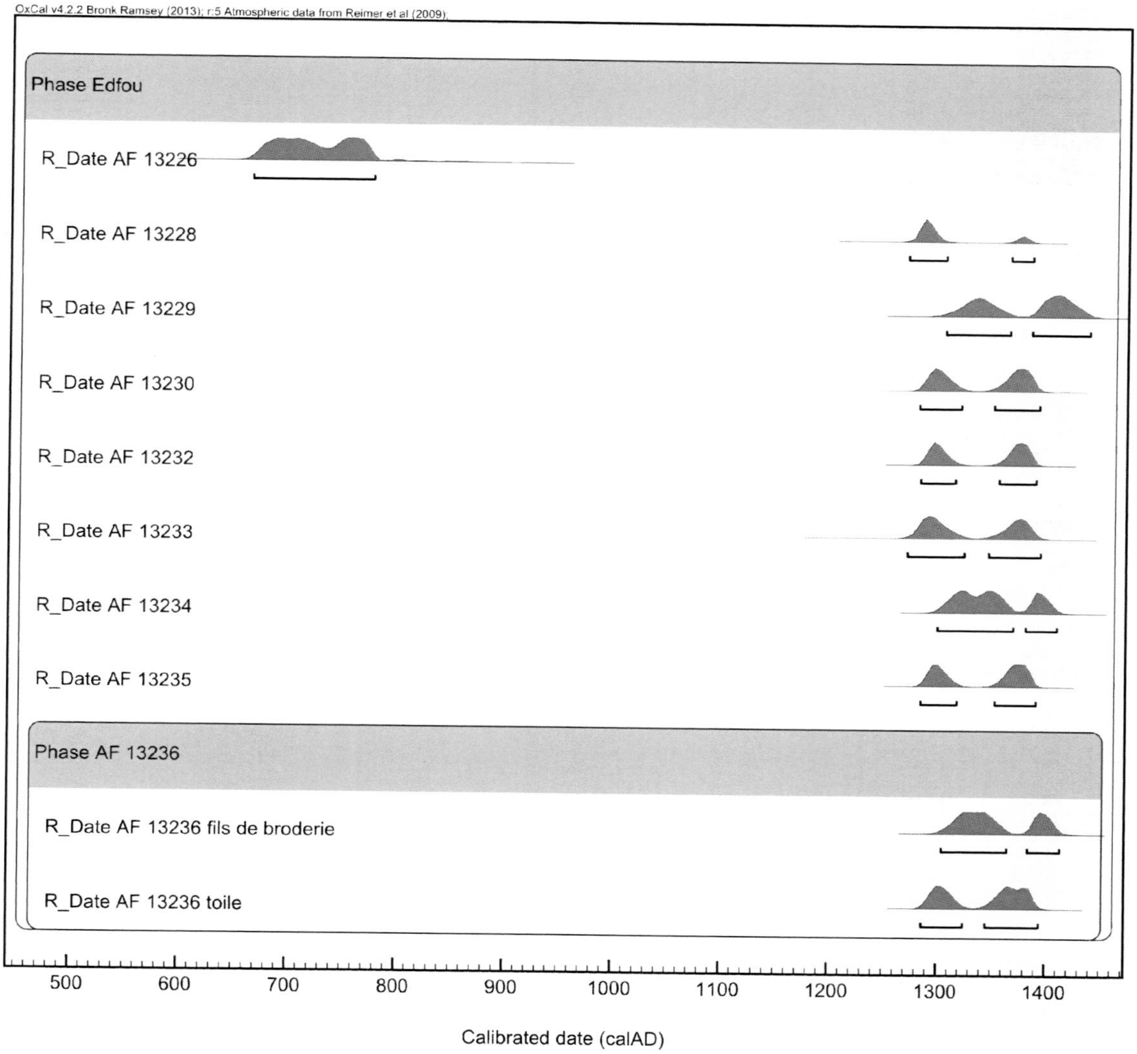

Fig. 1. Résultats calibrés des datations par le carbone 14 réalisées sur neuf fragments de la collection des tissus d'Edfou du département des antiquités égyptiennes du Louvre. Chaque échantillon a été analysé par spectrométrie de masse par accélérateur (SMA) sur l'installation ARTEMIS du LMC14. La toile et la broderie du tissu AF 13236 ont été analysées séparément (phase AF 13236). Huit des neuf tissus étudiés sont contemporains, avec des âges calibrés compris entre 1270 et 1438 calAD (2 σ) ; ils sont d'époque mamelouke. Seul le tissu AF 13226, daté de 665 à 776 calAD (2 σ), est d'époque omeyyade.

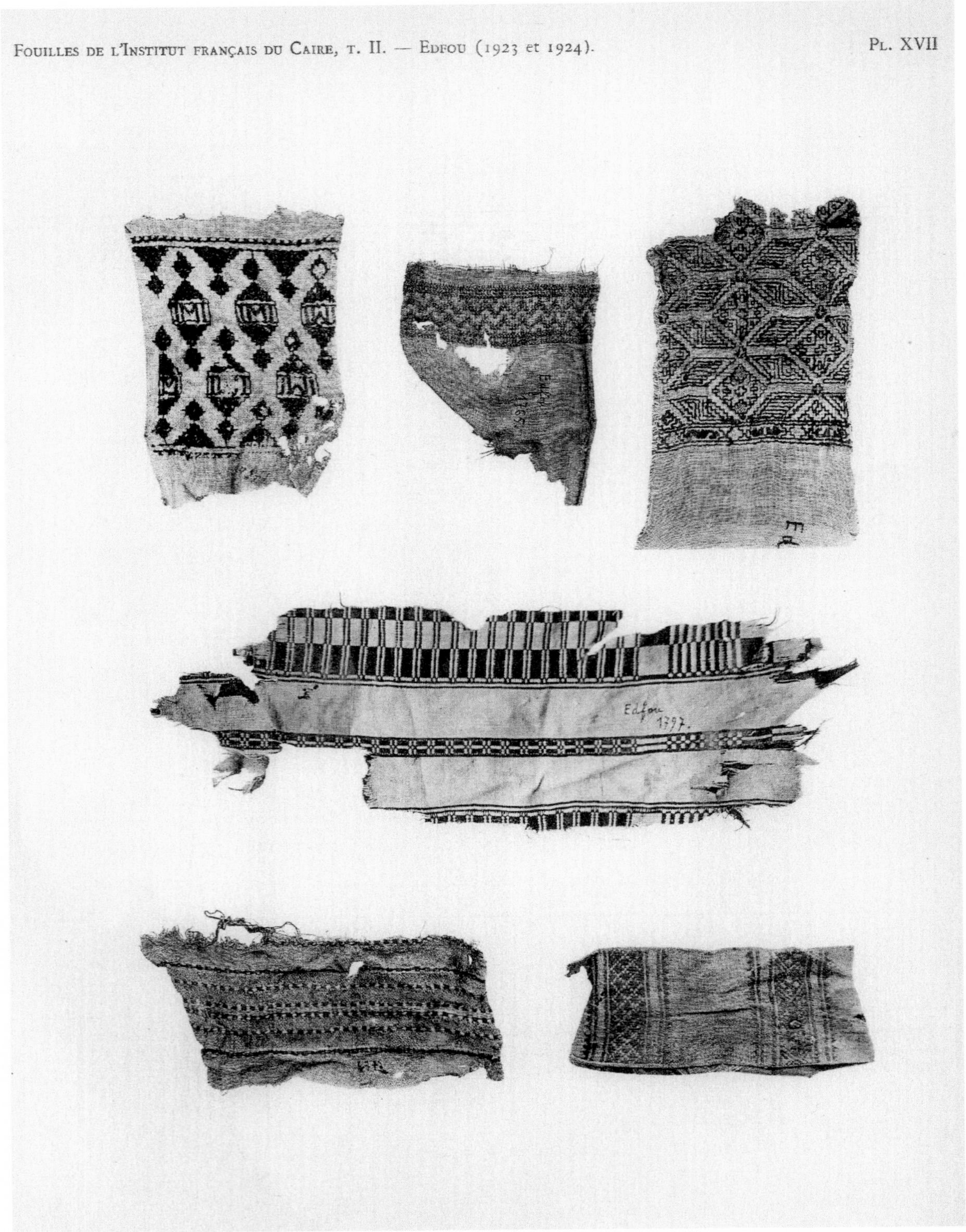
Fouilles de l'Institut français du Caire, t. II. — Edfou (1923 et 1924).
Pl. XVII
Edfou 1397.

Fig. 2. Reproduction de la pl. XVII de Henne 1925.

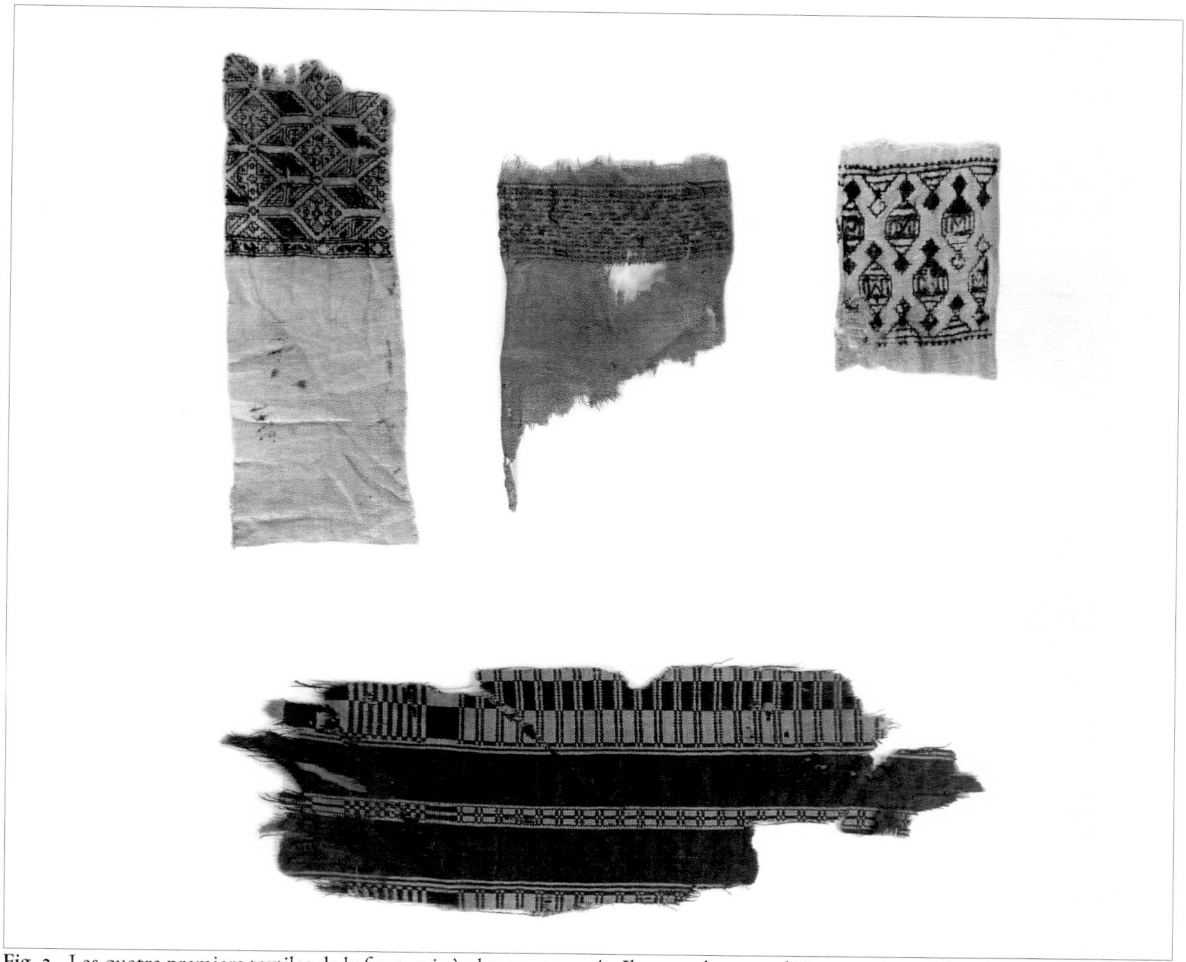

Fig. 3. Les quatre premiers textiles de la fig. 2, mis à plat et retournés. Ils sont photographiés en entier et à la même échelle.
© Musée du Louvre / G. Poncet.

Fig. 4. Détail de la broderie **AF 13233**.
© Musée du Louvre/Cécile Lapeyrie.

Fig. 5. Détail de la broderie **AF 13230**.
© Musée du Louvre/Cécile Lapeyrie.

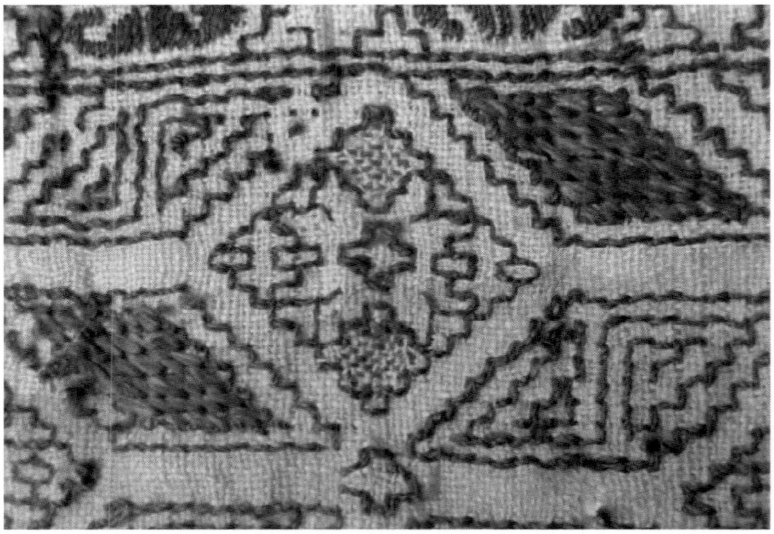

Fig. 6. Détail de la broderie **AF 13229**.
© Musée du Louvre/Cécile Lapeyrie.

Fig. 7. Détail du tissage double étoffe **AF 13235**.
© Musée du Louvre/Cécile Lapeyrie.

Fig. 8. Détail du tissage **AF 13232**.
© Musée du Louvre/Cécile Lapeyrie.

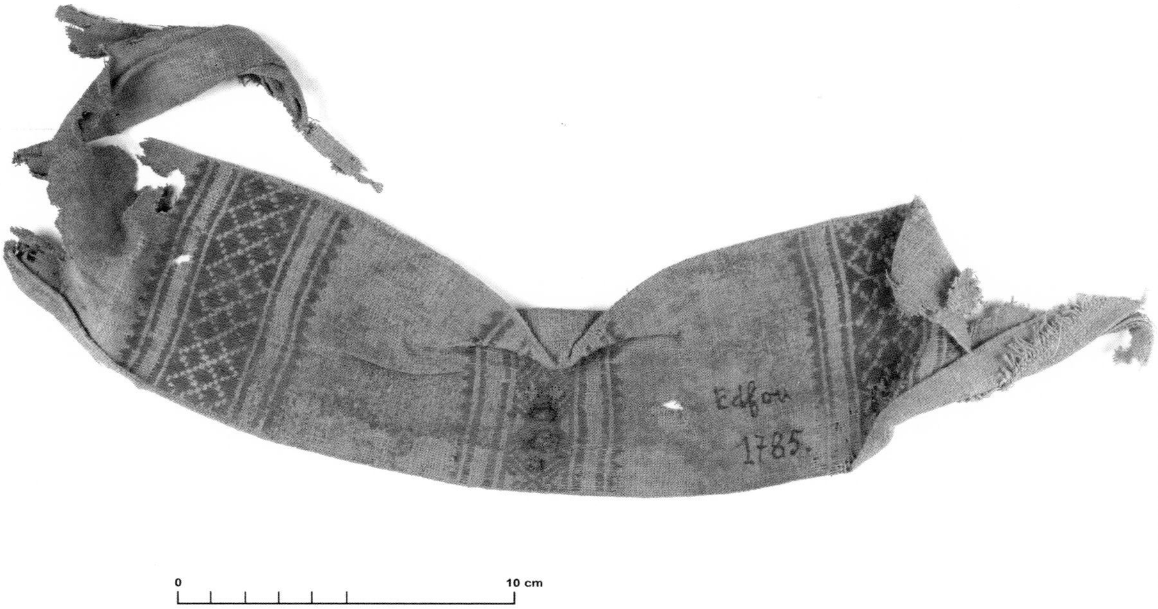

Fig. 9. Bandeau de tête brodé AF 13234. © Musée du Louvre/Christian Décamps.

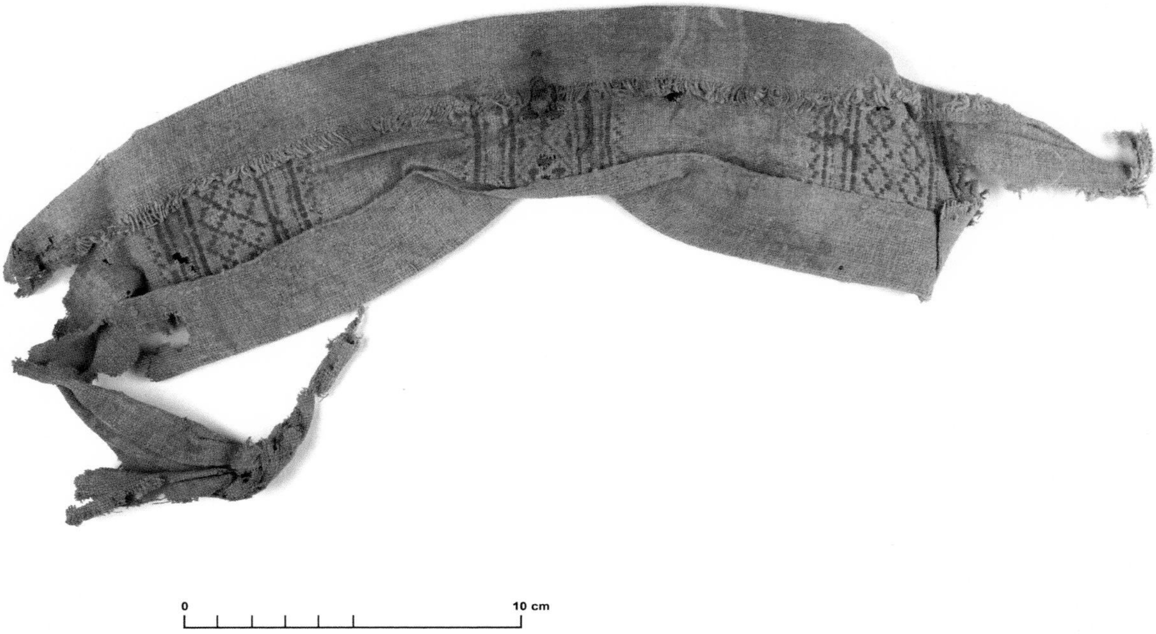

Fig. 10. Bandeau de tête brodé AF 13234, revers. © Musée du Louvre/Christian Décamps.

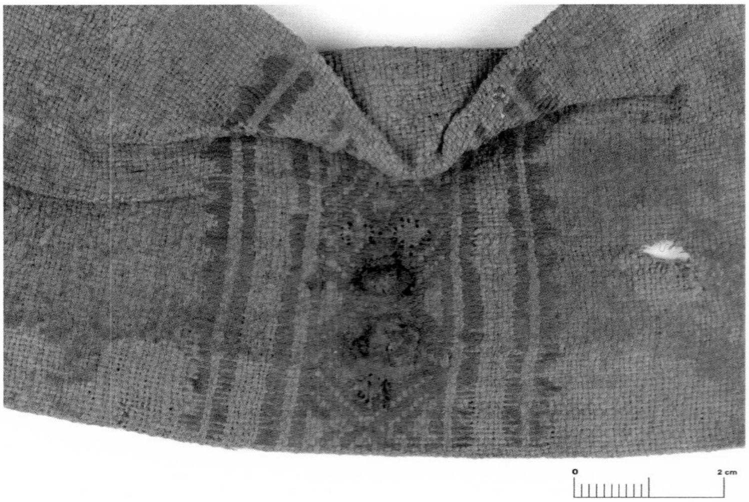

Fig. 11. Partie centrale du bandeau **AF 13234**. © Musée du Louvre/Christian Décamps.

Fig. 12. Détail du décor **AF 13234**. © Musée du Louvre/Christian Décamps.

Fig. 13. Bandeau de tête brodé **AF 13228**. © Musée du Louvre/Christian Décamps.

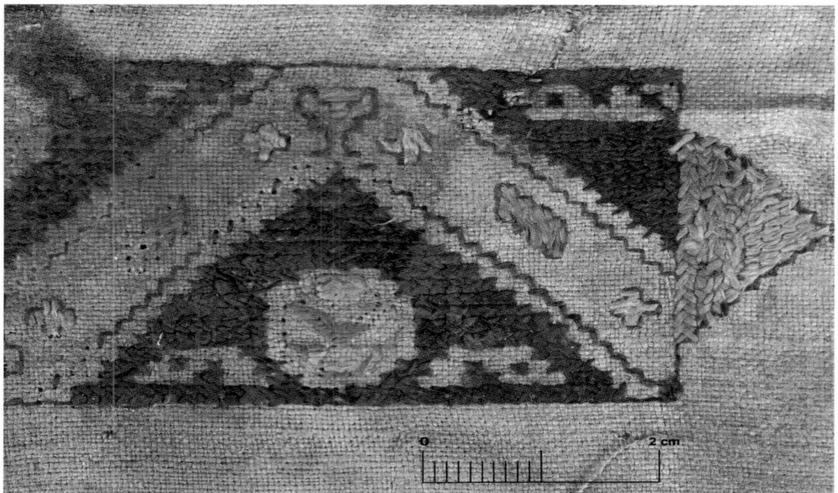

Fig. 14. Détail de la broderie **AF 13228**. © Musée du Louvre/ Christian Décamps.

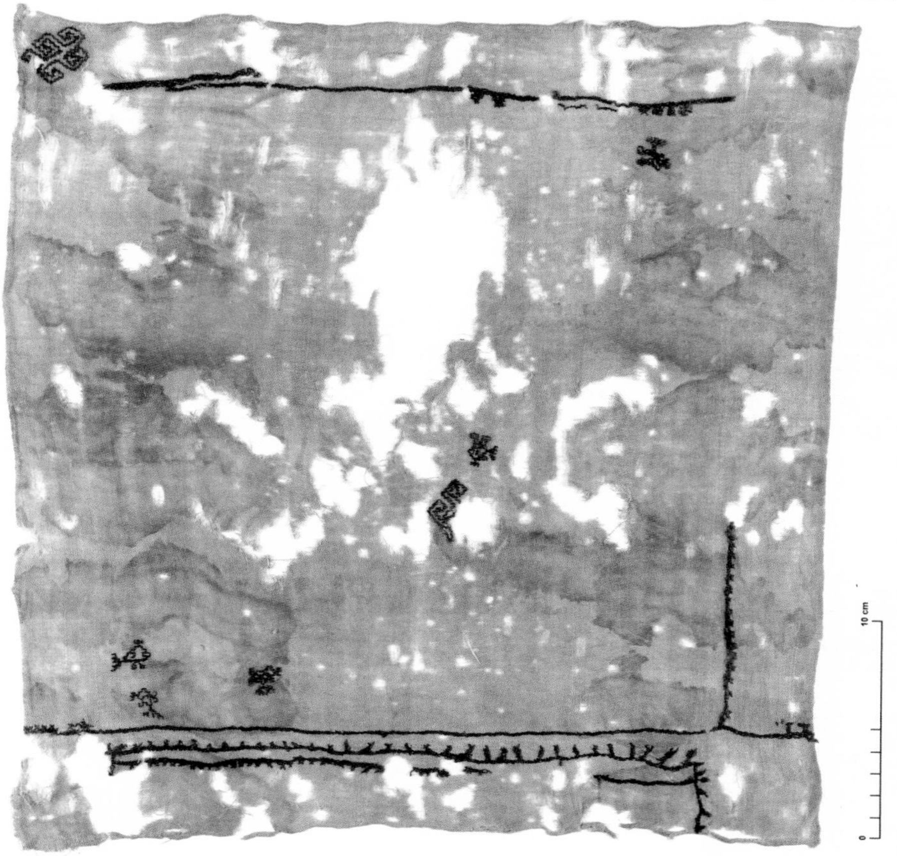

Fig. 15. Carré brodé AF 13236. © Musée du Louvre/Christian Décamps.

Fig. 16. Détail de la broderie AF 13236 : svastika. © Musée du Louvre/Cécile Lapeyrie.

Fig. 17. Détail de la broderie AF 13236 : oiseau (?). © Musée du Louvre/Cécile Lapeyrie.

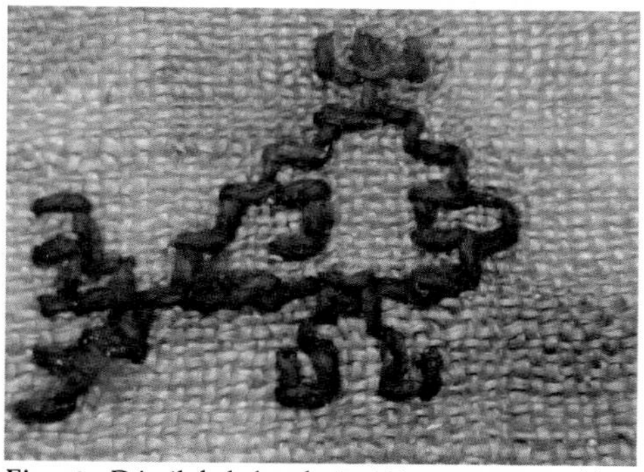

Fig. 18. Détail de la broderie AF 13236 : oiseau (?). © Musée du Louvre/Cécile Lapeyrie.

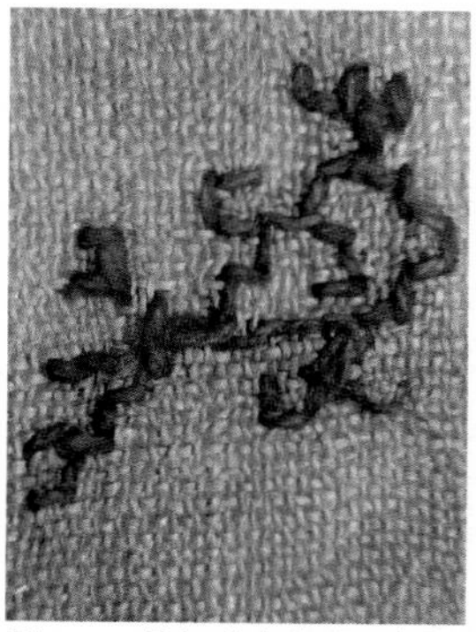

Fig. 19. Détail de la broderie AF 13236 : oiseau (?). © Musée du Louvre/Cécile Lapeyrie.

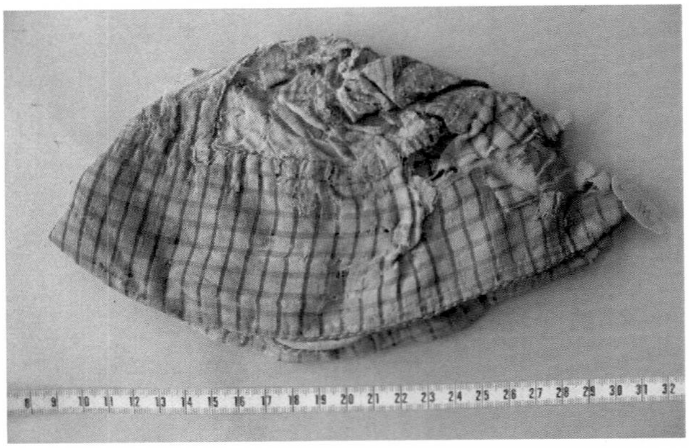

Fig. 20. Bonnet AF 13231 avant restauration.
© Agathe Strouk.

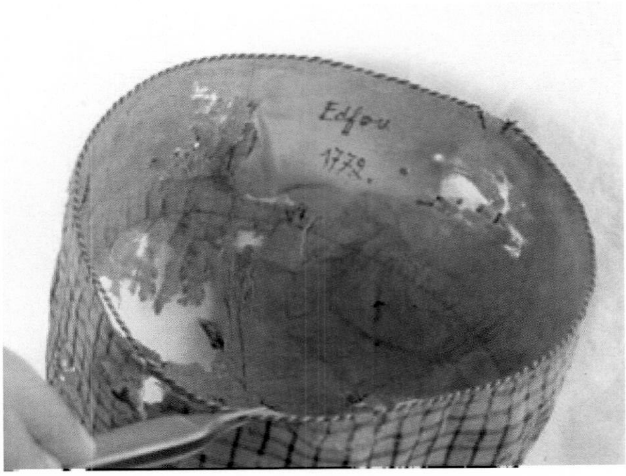

Fig. 21. Intérieur du bonnet AF 13231 en cours de restauration.
© Agathe Strouk.

Fig. 22. Calotte du bonnet AF 13231 après restauration.
© Agathe Strouk.

Fig. 23. Bonnet AF 13231 après restauration.
© Agathe Strouk.

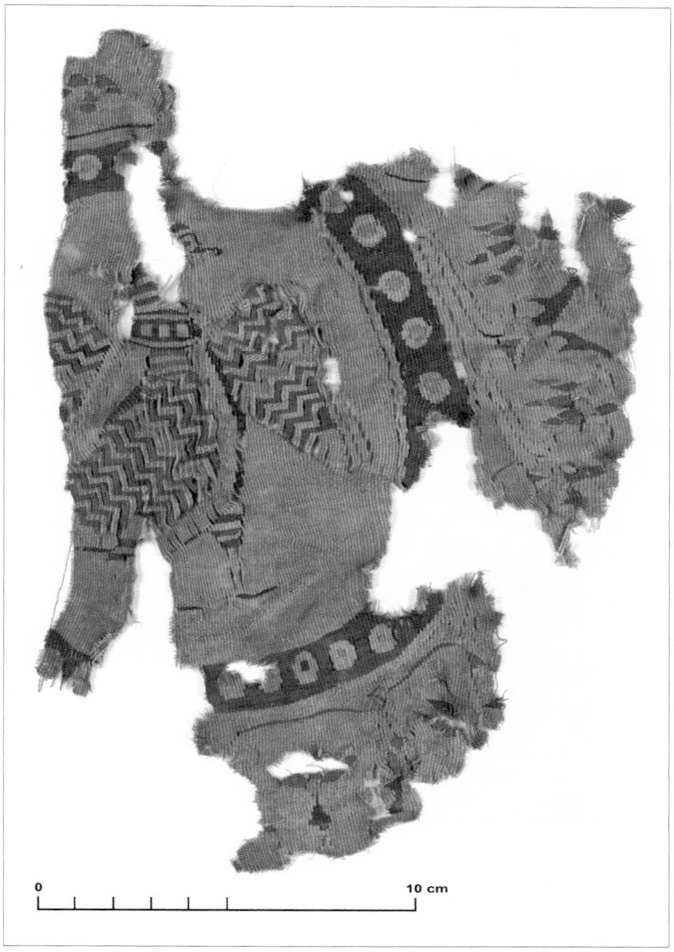

Fig. 24. Fragment de tapisserie AF 13226
© Musée du Louvre/Christian Décamps.

Fig. 25. Détail de la tapisserie AF 13226.
© Musée du Louvre/Cécile Lapeyrie.

Fig. 26. Fragment de *ṭirāz* AF 13227. © Musée du Louvre/Christian Décamps.

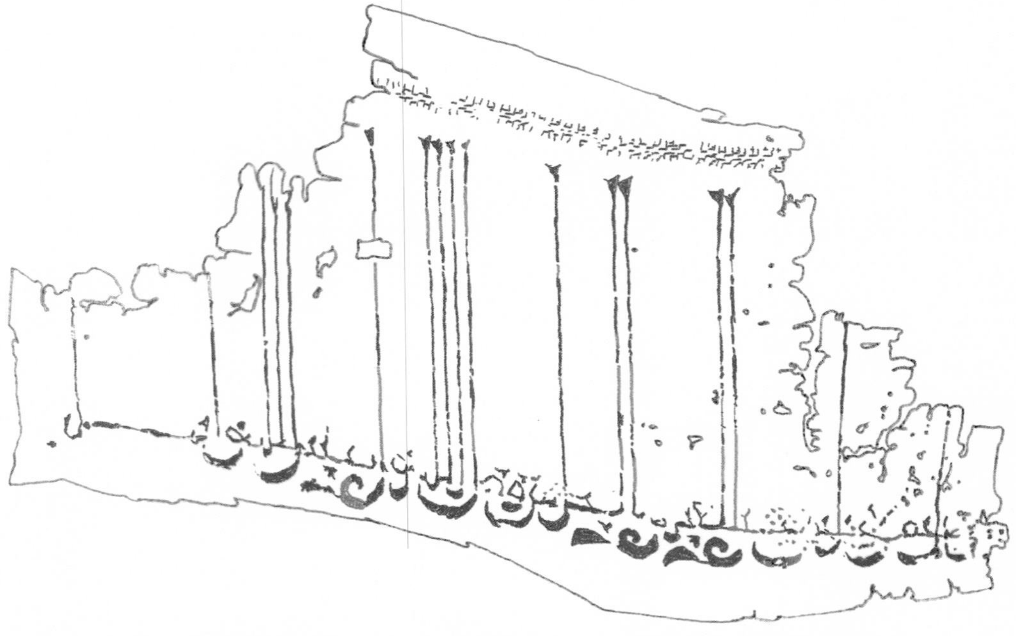

Fig. 27. AF 13227 : Relevé de l'inscription (broderie et trous d'aiguille) par Cécile Lapeyrie.

Fig. 28

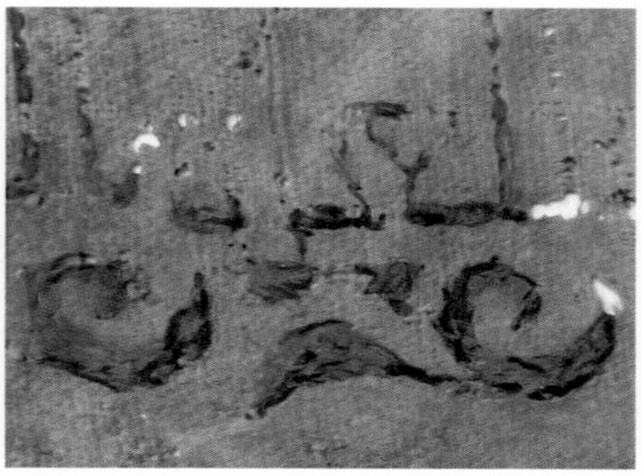

Fig. 29

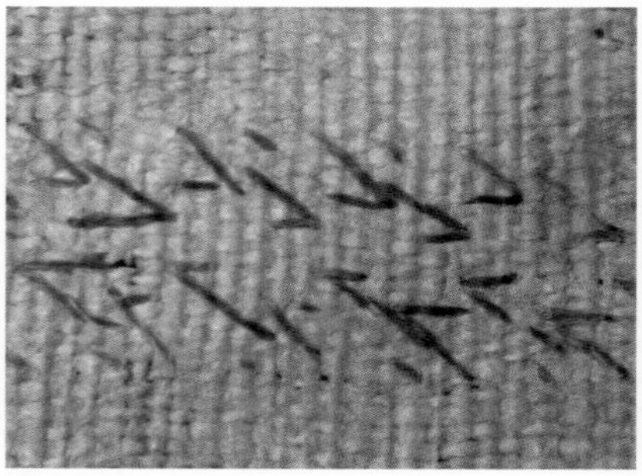

Fig. 30

Figs. 28-30. Détails de la broderie AF13227. © Musée du Louvre/Cécile Lapeyrie.

JULIE BONNÉRIC*

Une archéologie de la lumière en Islam

Conditions d'étude d'un phénomène immatériel dans les mosquées médiévales

✦ **RÉSUMÉ**

Le thème de la lumière se retrouve au fondement des trois grandes religions monothéistes. Principalement abordée comme symbole du divin, la lumière, phénomène immatériel et évanescent, a rarement été étudiée d'un point de vue archéologique. Différentes sources – principalement photométriques, archéologiques et textuelles – invitent cependant à considérer la lumière comme un fait qu'il est possible d'exploiter, à travers l'étude des outils qui la transforment ou la détournent et à travers l'analyse et la collection des références qui la mentionnent et, à l'occasion, en exaltent la signification.

Les mosquées prennent en compte la lumière sous ses trois dimensions : la lumière comme vecteur de la perception, comme organisateur d'espace et comme symbole signifiant. La lumière y est en effet travaillée pour exalter le rapport à Dieu, mais également pour ses vertus fonctionnelles. Le travail architectural de la lumière a pour objectif de procurer un certain confort visuel, comme dans n'importe quel édifice profane. La lumière invite en outre à créer un espace particulier qui en affirme le caractère sacré, contrastant avec l'espace profane qui baigne quant à lui dans une lumière naturelle, brute et uniformément distribuée. La lumière peut concourir à la création d'une architecture « immatérielle » qui va se surimposer à l'architecture concrète des édifices religieux.

Mots-clés : Lumière – lampes – islam – mosquées – archéologie – photométrie

* Julie Bonnéric, chercheur associé à l'Institut français du Proche-Orient (Beyrouth), j.bonneric@ifporient.org

ABSTRACT

Light is foundational for all three monotheistic religions. Mostly studied as a symbol of the divine, light has rarely been addressed archeologically owing to its immaterial and evanescent nature. However, different sources—photometrical, archeological, and textual—point to the possibilities of exploiting light, through objects that transform or redirect it and through references that mention it, and occasionally exalt its signification.

Mosques take light into account in its three dimensions: as a vector of perception, spatial organizer, and significant symbol. In the mosque, light is used both to exalt God and for its functional virtues. The architectural use of light obtains a certain visual comfort, as in any secular construction. Light also helps create a particular space affirming its sacred character, contrasting to natural, raw and uniformly distributed light of secular space. Light can indeed participate in the creation of an immaterial architecture, one that superimposes itself on the concrete architecture of religious edifices.

Keywords: Light – lamps – mosques – islam – archaeology – photometry

* * *

La lumière est un thème universel qu'on retrouve au fondement des trois grandes religions monothéistes. Si ce thème a été fréquemment abordé d'un point de vue théosophique, comme symbole du divin, il l'a rarement été en tant que fait archéologique exploitable. Cette perspective de recherche a été récemment rendue possible grâce à une spécialité de l'optique, la photométrie. Les outils photométriques ont d'abord été employés par les architectes et les ingénieurs qui désiraient évaluer les performances des édifices à construire. Ces méthodes ont ensuite été employées dans une perspective historique, notamment par le Laboratoire des Sciences de l'Habitat (Département Génie Civil et Bâtiment de l'ENTPE, École Nationale des Travaux Publics de l'État), dont le directeur, Marc Fontoynont, a lancé un programme pionnier relatif à l'éclairement d'édifices européens (églises, habitats, etc.) datant d'époques variées [1]. À partir de l'exemple de la cathédrale Saint-Jean de Lyon, Nicolas Reveyron a quant à lui proposé de placer l'éclairement au nombre des problématiques pouvant être abordées par l'archéologie du bâti, discipline dédiée à l'étude archéologique des élévations architecturales [2]. La constitution d'une archéologie globale de la lumière invite à compléter ce projet, centré principalement sur le travail architectural de la lumière naturelle, par une étude de la lumière artificielle produite par les luminaires.

La lumière est un objet d'étude foncièrement équivoque que l'on peut appréhender de nombreuses façons. Au niveau le plus élémentaire, la photométrie visuelle se nourrit de concepts

1. Fontoynont (éd.), *Daylight Performance of Buildings*.
2. Reveyron, « Lumières gothiques », « Espace et lumière », « Nouvelles orientations méthodologiques ».

qui appréhendent la lumière comme *phénomène perçu* : la notion d'« éclairement », par exemple, traduit la quantité de lumière perçue et traitée par l'œil humain. Mais la lumière n'est pas seulement perçue, elle est également *vecteur de la perception* et *organisateur d'espaces* : elle donne à voir, et, ce faisant, contribue à ordonner l'espace en secteurs qui peuvent témoigner d'une gestion motivée soit par des contraintes d'ordre pratique ou fonctionnel, soit par des raisons spirituelles, religieuses ou mystiques. Subissant des distorsions qui la dissimulent ou l'exaltent, la lumière, *référence qui symbolise*, peut alors donner à voir ce qui, précisément, relève de l'invisible, du sacré, de l'immatériel.

Dans l'architecture, la lumière présente un intérêt immédiat, presque intuitif. Elle est en effet une composante essentielle que l'architecte ne peut négliger : comme le souligne Le Corbusier, l'architecture n'est au final que le « jeu savant, correct et magnifique des volumes assemblés sous la lumière [3] ». D'un point de vue esthétique, la lumière et son pendant, l'ombre, contribuent au travail des volumes, tandis que, d'un point de vue pratique, ombre et lumière ordonnent l'espace du bâti ainsi que la manière dont ce dernier va être occupé. L'absence ou la présence de contrastes, mais également la quantité ou la qualité d'éclairement, sont des indices concrets témoignant de la fonction du lieu concerné et participent *de facto* de son identité. Pourtant, si la lumière fait exister l'architecture, l'architecture ne reçoit pas passivement le phénomène lumineux : elle le transforme en l'exaltant, non pas comme réalité purement physique, mais comme un matériau doué de propriétés singulières avec lesquelles l'architecte doit composer. Dans le chemin qu'elle emprunte à travers l'édifice, la lumière gagne ainsi une certaine identité matérielle, identité que Louis Kahn traduisit dans cette belle formule : « La lumière du soleil ne savait pas ce qu'elle était avant de venir frapper un mur [4] ». Ce travail architectural de la lumière se trouve en général subordonné aux fonctions que l'édifice remplit ou au confort visuel de ses occupants. Aussi la gestion de l'éclairage est-elle d'une importance cruciale pour certains artisanats de précision, ou pour l'habitat domestique lui-même : la lumière, vecteur de la perception, est ainsi travaillée pour les possibilités qu'elle offre en matière d'aménagement de l'espace – espace de travail ou espace de vie.

Dans l'architecture religieuse, cette transformation de l'espace architectural par la lumière est également un sujet d'intérêt majeur que les chercheurs se sont employés à mettre en évidence dans de nombreuses architectures – temples pharaoniques [5], grecs ou romains [6], églises gothiques [7], églises byzantines [8], etc. Que la lumière dans les édifices religieux ait fait à ce point l'objet d'un soin particulier n'est pas surprenant. La raison en est double : prenant sa source dans le ciel, la lumière naturelle matérialise souvent le divin. Jouant sur l'appareil oculaire, elle

3. Le Corbusier, *Vers une architecture*, p. 16.
4. Kahn, *Choix de conférences et d'entretiens 1955-1974*, p. 165.
5. Zignani, *Enseignement d'un temple égyptien* ; Zignani et Aubourg, « Espaces, lumières et composition architecturale. »
6. Heilmeyer et Hoepfner , *Licht und architektur.*
7. Soulard, « Une architecture immatérielle. »
8. Stiegemann, *Byzanz : das Licht aus dem Osten.*

peut ainsi contribuer à transformer l'expérience du lieu lui-même en une expérience religieuse, extatique et parfaitement singulière. Ce travail de la lumière invite à créer, dans l'édifice religieux, un espace particulier qui en affirme le caractère sacré, contrastant avec l'espace profane qui, situé devant (*pro*) ou à l'extérieur du bâtiment « consacré » (*fanum*), baigne dans la lumière naturelle, brute et uniformément distribuée. Dans l'édifice religieux, la lumière naturelle peut donc être l'occasion d'un détournement, d'une réduction ou d'une amplification destinés à clore le lieu lui-même en le séparant nettement de l'espace public, pour symboliser un autre espace, immatériel, qui entretient une affinité particulière avec la sphère du divin et du sacré.

La signification symbolique de la lumière – non plus seulement réalité physique, vecteur de la perception ou organisateur d'espace, mais symbole qui donne à voir autre chose – est naturellement attestée dans de nombreux écrits, poétiques, philosophiques et religieux, qu'ils soient juifs, chrétiens ou musulmans[9]. Dans la religion musulmane, le Coran lui-même se trouve assimilé à la lumière (IV, 174 ; V, 15 ; XLII, 52). En effet la Révélation fait sortir les incroyants des ténèbres pour les introduire dans la lumière, comme l'indique à plusieurs reprises le Livre Sacré. Les temps de l'ignorance (*ǧāhiliyya*), assimilés aux ténèbres, englobent par contraste toute l'époque antéislamique. Le « verset de la Lumière » (XXIV, 35) synthétise le message coranique – Allah est lumière et il a éclairé les hommes en leur envoyant le prophète Muḥammad – en ces termes :

« Dieu est la lumière des cieux et de la terre !
Sa lumière est comparable à une niche où se trouve une lampe.
La lampe est dans un verre ;
le verre est semblable à une étoile brillante.

Cette lampe est allumée à un arbre béni :
l'olivier qui ne provient ni de l'Orient, ni de l'Occident,
et dont l'huile est près d'éclairer
sans que le feu la touche.

Lumière sur Lumière !
Dieu guide, vers sa lumière, qui il veut.
Dieu propose aux hommes des paraboles.
Dieu connaît toute chose.

Cette lampe se trouve
dans la maison que Dieu a permis d'élever,
où son nom est invoqué,
où des hommes célèbrent ses louanges
à l'aube et au crépuscule. »

Cette double identification – de la Lumière à Dieu, de la lampe au Prophète – est significative du rôle que joue la lumière dans la société musulmane[10]. La lumière naturelle incarne en effet l'image de la force divine et de sa toute-puissante, et, à ce titre, elle pourra être travaillée en architecture afin de figurer, au sein de l'édifice, la présence divine. Le luminaire est quant à lui fréquemment associé à la personne du Prophète[11]. Plus généralement, il convient de

9. Masson, *L'eau, le feu, la lumière* ; Weightman, « Sacred Landscapes. »
10. Gobillot, « Quelques stéréotypes cosmologiques » *id.*, « Les mystiques musulmans » ; Zine, « L'interprétation symbolique du verset de la lumière. »
11. Coran, XXXIII, 46 ; Bonnéric, « Symboliser et figurer le divin en Islam classique. »

souligner que la lumière se trouve profondément ancrée dans la vie du fidèle, dont elle rythme le quotidien. Le début et la fin du jeûne rituel du mois de *ramaḍān*, par exemple, sont déterminés par le lever et le coucher du soleil, tout comme les moments de la prière sont chaque jour fixés par un système fondé sur la position du soleil.

La lumière est un phénomène immatériel, qui laisse néanmoins des traces architecturales et matérielles. Quels sont les outils permettant d'appréhender la lumière et d'en faire un objet archéologiquement exploitable ? Cet article tentera de mettre en place une méthodologie destinée à promouvoir la lumière, naturelle et artificielle, comme sujet d'étude historique pouvant être abordé de manière globale, à la fois sous ses dimensions fonctionnelles et symboliques. Différentes sources – principalement photométriques, archéologiques et textuelles – invitent en effet à considérer la lumière comme un fait qu'il est possible d'exploiter, soit directement, à travers l'étude des outils qui la transforment ou la détournent, soit indirectement, à travers l'analyse et la collection des références qui la mentionnent et, à l'occasion, en exaltent la signification. L'analyse des sources disponibles sera l'occasion d'établir plusieurs pistes de recherche et hypothèses concernant l'étude du phénomène lumineux au sein des mosquées construites en Égypte et dans le Bilad al-Šam médiévaux. Cette étude couvrira une période qui débute avec les conquêtes arabes, à partir de 634, et se termine avec la fin de la dynastie ayyoubide, aux alentours de 1250 [12]. Une rupture semble se dessiner en effet, à partir du milieu du XIIIe s., dans l'usage qui est fait de la lumière en architecture, rupture qui se traduit par la substitution progressive d'un travail qualitatif à un travail quantitatif de la lumière. À partir de la dynastie mamelouke, les architectes paraissent rechercher un éclairage maximal des édifices, via une pénétration massive de la lumière naturelle et la multiplication des sources de lumière artificielle. L'émergence de dispositifs destinés à accroître la quantité de lumière dans les édifices de cette période pourrait, incidemment, expliquer l'intérêt accru des chercheurs pour la lumière dans l'architecture ottomane. La richesse du travail de la lumière est néanmoins attestée dès les origines de l'Islam, par la grande variété des éléments architecturaux et du mobilier luminaire employés pour moduler, ou exalter, le fait lumineux, ainsi que par le nombre important de références littéraires ou théosophiques à la lumière.

La photométrie, en premier lieu, offre aujourd'hui les outils nécessaires pour étudier la lumière naturelle dans les édifices encore en élévation, et propose en particulier des outils pour quantifier de manière objective l'éclairement. Depuis certaines études photométriques à visée historique et la mise en place de protocoles de mesure spécifiques, la lumière est devenue un fait exploitable : son travail dans les édifices religieux laisse en effet des traces perceptibles

12. Cet article constitue la première publication d'un travail de thèse en cours, réalisé sous la direction de J.-M. Mouton à l'École Pratique des Hautes Études, intitulé : « Lumière et mosquées en Égypte et en Syrie médiévales, des conquêtes arabes à la fin de la dynastie ayyoubide (634-1260) : gestion de l'éclairage et portée symbolique. » Ce sont les lumineux cours d'archéologie du bâti du Pr. Nicolas Reveyron qui ont fait germer en moi l'idée de ce sujet. Toutefois, sa problématisation n'aurait pu se faire sans les conseils avisés du Pr. Jean-Michel Mouton. Enfin, je suis également redevable au Pr. Marc Fontoynont qui m'a initiée aux mystères de la photométrie et m'a prêté le matériel nécessaire à ma première étude photométrique, à Bosra. Que tous trois en soient remerciés.

qu'il est désormais possible d'étudier. Les sources architecturales et photométriques ont donc pour objet la lumière naturelle dont elles étudient la transformation, par filtrage et/ou par coloration, ainsi que la capacité d'éclairement ou la distribution dans les édifices.

Les sources archéologiques représentent quant à elles un point d'entrée privilégié pour l'étude de la lumière artificielle, dont la gestion est généralement assurée par le mobilier luminaire, en céramique, en verre ou en métal. La fonction des luminaires est de nature variée : en plus d'éclairer la nuit ou de suppléer un déficit de lumière naturelle le jour, ils peuvent également avoir pour fonction de mettre en valeur certaines zones ou de renforcer le cérémoniel de célébrations.

Les sources textuelles offrent enfin des informations complémentaires sur le travail de la lumière, aussi bien naturelle qu'artificielle. Elles contribuent à une meilleure connaissance des modalités concrètes de l'éclairage et de la portée symbolique de la lumière. Elles offrent en outre l'occasion d'évaluer le caractère intentionnel du travail de la lumière et son incidence dans le quotidien des musulmans.

L'architecture : travail de la lumière naturelle et fonction de l'édifice

Comme nous le soulignions en introduction, l'intérêt de la lumière en architecture semble évident tant il paraît difficile pour l'architecte de négliger le fait lumineux, phénomène ubiquitaire et omniprésent. La lumière est un phénomène physique inévitable, qui s'impose naturellement dans les édifices. Les architectes ont à leur disposition divers moyens pour travailler l'ambiance lumineuse d'un édifice. Les baies à vitraux[13] ou à transennes[14], les arcades ou les coupoles favorisent la pénétration de la lumière et sa transformation. Divers éléments incidents peuvent également contribuer à moduler ou à rehausser la qualité des ambiances lumineuses, tels les bassins ou les revêtements[15], en mosaïque ou en céramique principalement. Tous ces éléments concourent à faire de la lumière une « architecture immatérielle »[16], qui fait sens au-delà du matériau brut. La lumière génère un second espace, immatériel, qui se surimpose à la matière et la transcende. Elle pourra être utilisée dans les sociétés arabo-musulmanes pour réaménager l'espace, public comme privé, ou pour matérialiser, dans les édifices religieux comme funéraires, l'espace sacré du divin.

En raison de son caractère complexe, la lumière naturelle est un phénomène foncièrement instable et difficile à quantifier. À ce titre, elle a longtemps été mentionnée d'un point de vue subjectif, sur la foi des seules « impressions » de l'observateur. Les progrès de la physique, et de la photométrie en particulier, ont néanmoins contribué à la mise au point de mesures objectives de ce phénomène, dont il est désormais possible de quantifier certaines propriétés, de les comparer entre elles et de prédire leur influence sur les perceptions de l'observateur.

13. Foy, « Le verre à vitre », « L'étude du vitrage », « Les vitrages de couleur. »
14. Creswell, *Early Muslim Architecture.*
15. Porter, *Islamic Tiles* ; Degeorge et Porter, *L'art de la céramique.*
16. Soulard, « Une architecture immatérielle. »

La photométrie présente donc l'avantage de fournir une mesure quantifiée de l'éclairement d'un bâtiment, c'est-à-dire du pourcentage de lumière extérieure diffusée à l'intérieur de l'édifice et perçu par l'occupant. Quoiqu'elles puissent faire l'objet de critiques diverses, les mesures photométriques fournissent toutefois des indications précieuses et relativement inédites dans le champ de l'archéologie. Nous présenterons ici un exemple d'analyse photométrique, reposant sur deux mosquées de la ville de Bosra en Syrie. Les mesures ont été collectées puis analysées selon le protocole d'étude de l'éclairement[17] établi par l'ENTPE[18]. Ces deux études de cas seront l'occasion d'exposer la méthodologie applicable à l'analyse de l'éclairement dans les ouvrages d'architecture et d'évaluer la pertinence du lien entre la fonction du lieu et le travail architectural de la lumière. Il convient de souligner que ces deux études sont le résultat d'un travail préliminaire, dont les conclusions, provisoires, demandent à être complétées, et validées, par les résultats d'études photométriques convergentes réalisées sur d'autres édifices.

Les édifices : une mosquée de quartier et une mosquée du vendredi

La mosquée de Fāṭima, située au nord-est de la ville de Bosra, dans le sud de la Syrie, est une petite mosquée de plan rectangulaire, mesurant 11 × 21 m. Sa construction, caractérisée par des arcs transversaux couverts de dalles horizontales, s'inscrit tout à fait dans la tradition du Hawrān : six arcs surbaissés séparent la pièce en sept travées. Un coup de sabre sur chaque mur longitudinal constitue la trace archéologique d'une construction en deux phases : la première, au nord, est caractérisée par l'agencement irrégulier de ses moellons et par la présence de remplois tandis que la seconde, au sud, est caractérisée par un appareillage régulier et l'absence de remplois[19]. Un minaret a été construit séparément au nord-est de la mosquée. Trois phases successives de construction ont été restituées (fig. 1) : construction d'une mosquée carrée à l'époque ayyoubide (première moitié du XIIIe s.), construction d'un minaret carré à l'époque mamelouk (1306), agrandissement de la mosquée vers le sud au XXe s.[20].

17. Les mesures ont été quantifiées au moyen d'un luxmètre, qui est un appareil de mesure de l'éclairement, équipé d'une cellule photoélectrique permettant de convertir l'énergie du rayonnement en énergie électrique. Un filtre restitue ensuite les valeurs mesurées sur une courbe de réponse identique à celle de l'œil humain standard, afin que la lecture ne se fasse pas en courant électrique. Enfin, la surface de la cellule est également revêtue d'un filtre diffusant, jouant le rôle de correcteur d'incidence. Le plan des mesures est régulier (intervalles réguliers), précis (trame de mesure suffisamment dense) et réaliste (éliminant les obstructions à la lumière, comme les colonnes). Les mesures sont exprimées en Facteur de Lumière du Jour (FLJ), qui est le rapport entre l'éclairement intérieur et l'éclairage extérieur et qui permet d'établir des comparaisons en disposant de mesures indépendantes de l'horaire, de la saison ou encore de la latitude.
18. Fontoynont (éd.), *Daylight Performance of Buildings*.
19. Meinecke et Aalund, *Bosra*.
20. Dentzer-Feydy *et al.*, *Bosra*.

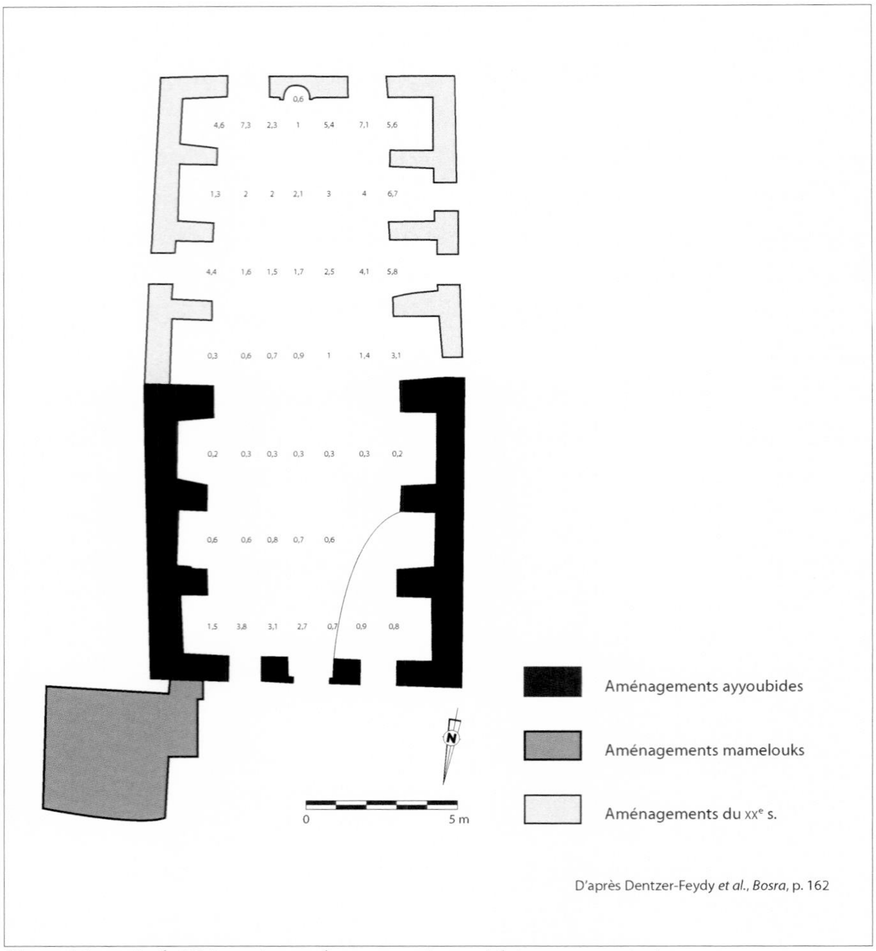

Fig. 1. Mosquée de Fāṭima : étapes de construction et éclairement exprimé en facteur de lumière du jour.

La mosquée de ʿUmar est la mosquée du vendredi de la ville de Bosra. La présence de deux inscriptions omeyyades, ainsi que le type de construction (à cour, à axe médian et à quatre arcades ou *riwāq*) clairement influencé par le modèle de la Grande mosquée de Damas, ont longtemps laissé penser que cette mosquée avait été construite à l'époque omeyyade[21]. Les missions allemandes ont néanmoins permis de réévaluer la datation du bâtiment, les principales phases de construction (fig. 2) se situant respectivement aux époques omeyyade, seldjoukide et ayyoubide (1221-1222). Il est malaisé de déterminer quelles parties de la mosquée datent des périodes omeyyade ou seldjoukide, à l'exception des fenêtres (fenêtres omeyyades en plein cintre), bien qu'elles aient pu être réemployées lors de la reconstruction/rénovation (*taǧdīd*) en 1112-1113. Au contraire, les modifications du XIIIe s. – agrandissement de la mosquée au nord et construction du minaret – sont sans équivoque. C'est probablement à l'époque mamelouke que le toit à deux pentes a laissé place à une couverture plate en poutres de basalte.

21. Creswell, *Early Muslim Architecture*, I/2, p. 489-490.

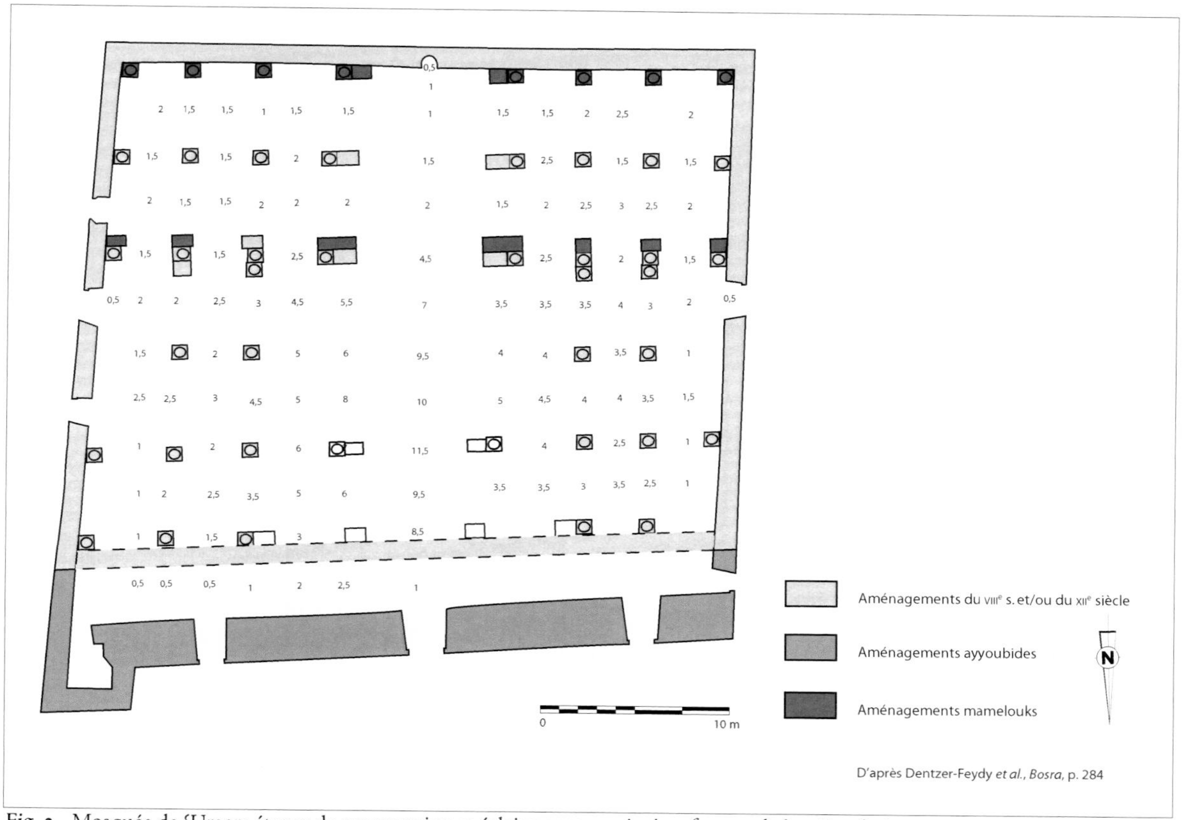

Fig. 2. Mosquée de ʿUmar : étapes de construction et éclairement exprimé en facteur de lumière du jour .

Interprétation des résultats

Les mesures prises à intervalles réguliers sur le plan de ces deux mosquées ont permis de mettre en évidence plusieurs faits d'importance. Dans la salle de prière de la mosquée de Fāṭima, on relève l'existence d'un cheminement lumineux assez contrasté avec le passage de modules lumineux d'intensités variables (fig.1). La zone la plus lumineuse est la partie méridionale de la mosquée (travées I-IV) : c'est elle qui comporte le plus de fenêtres. L'éclairement moyen y est de 3,01 % FLJ. La partie septentrionale (travée V-VII) est au contraire la zone la moins éclairée avec une moyenne de 1 % FLJ. Fait notable, c'est la partie la plus ancienne de la mosquée – la partie nord – qui est actuellement la plus sombre. Cela ne signifie pas nécessairement que la mosquée originelle était aussi sombre puisque des fenêtres pouvaient encadrer le *miḥrāb* dans la façade sud de la première mosquée, façade détruite lors de l'agrandissement. La présence de telles fenêtres aurait contribué à rehausser l'éclairement total du bâtiment originel. Toutefois l'absence de fenêtres latérales dans la partie conservée indique que le bâtiment devait être à l'origine très sombre. L'agrandissement du XXe s. a permis le percement de six fenêtres, lesquelles ont largement contribué à augmenter l'éclairement général de la mosquée. Dans le sens longitudinal, l'axe central de la mosquée – qui conduit au *miḥrāb* – est le plus sombre, puisqu'il n'excède pas 2,68 % FLJ. Cette diminution de la luminosité témoigne du fait qu'il s'agit de la zone la plus éloignée des sources d'éclairement latérales. Pénétrant dans la mosquée, le fidèle entre dans une zone relativement claire (travée VII : 1,95 % FLJ), puis traverse une zone très sombre (travées V et VI : 0,46 % FLJ) avant d'atteindre une zone plus claire qui le conduit vers la partie la plus lumineuse de la mosquée (travée I). Dans cette partie, le *miḥrāb*, figuré par un renfoncement dans la paroi sud, est l'endroit le plus sombre de toute la mosquée.

La cour centrale de la mosquée de ʿUmar, partiellement recouverte d'une toiture moderne, représente la principale source d'éclairement (fig. 2). Cette cour, caractéristique des mosquées du vendredi, favorise la diffusion du flux lumineux dans des proportions bien supérieures aux contributions respectives des baies. La partie sud-est de la cour est la plus lumineuse mais ne culmine qu'à 11,5 % FLJ. Cette distribution est tributaire de la toiture moderne, qui réduit considérablement le flux lumineux et l'oriente vers le sud. La construction de cette toiture a donc contribué à assombrir considérablement la mosquée. Naturellement, les zones les plus éloignées de la cour sont également les plus sombres, puisque l'intensité du flux lumineux diminue avec la distance qu'il parcourt. Il convient de noter que les fenêtres ne suffisent pas toujours à compenser la déperdition de lumière consécutive à l'éloignement de la cour. Ce phénomène s'explique en partie par la hauteur à laquelle sont situées les fenêtres, hauteur qui contribue à la perte d'intensité du flux lumineux. Même dans de faibles proportions, les baies participent néanmoins de l'éclairement de la mosquée : en effet, lorsqu'elles sont partiellement masquées, la zone est significativement moins éclairée, comme en témoigne la différence d'éclairement entre les *riwāq*-s ouest (sans masque extérieur) et est (masque important du *ḥammām* Manǧak).

De même, si l'éclairement de la salle de prière est relativement homogène (éclairement variant de 1,5 à 2,5 % FLJ), on relève que sa partie ouest est plus éclairée que sa partie est. Deux raisons peuvent être invoquées pour expliquer cette différence. D'une part, alors que l'apport lumineux est contrarié à l'est par la présence d'un *ḥammām* en face de la mosquée, la pénétration de la lumière n'est au contraire pas amoindrie à l'ouest puisque l'espace voisin de la mosquée y est vierge de toute construction. Cette répartition résulte d'autre part de la situation des baies : dans la partie ouest, les fenêtres sont plus éloignées de l'angle du bâtiment que dans la partie est, ce qui assure une meilleure diffusion du flux lumineux, qui se répartit sur une surface plus large. Dans la salle de prière, la zone du *miḥrāb* est, comme dans la mosquée de Fāṭima, la plus sombre (1 % FLJ). Toutefois le contraste entre le reste de la salle de prière et la zone du *miḥrāb* est moindre que dans la mosquée de Fāṭima.

Enfin l'axe central nord-sud de la mosquée trace les contours d'un parcours lumineux assez particulier. Tandis que les extrémités nord et sud de cet axe sont assez sombres (1 % FLJ), le centre, qui traverse la cour, reçoit une quantité importante de lumière. L'éclairement de la cour centrale lui-même décroît en progressant vers le sud. Dans la salle de prière, la luminosité chute brutalement (de 4,5 % à 2 % FLJ) pour atteindre son niveau le plus bas dans la zone du *miḥrāb* (0,5 % FLJ).

Contrairement à ce que le plan de la mosquée suggère, l'entrée principale du bâtiment n'est pas située face au *miḥrāb* : en effet l'entrée la plus ancienne de la mosquée de ʿUmar était latérale. Les portes de la façade nord datent, comme cette façade, de l'époque mamelouke[22].

22. Dentzer-Feydy *et al.*, *Bosra*.

Or, il est difficile de déterminer si la façade nord originelle était, ou non, percée de portes et de fenêtres. L'entrée principale de la mosquée était située dans la façade est afin de pouvoir s'introduire dans la mosquée depuis l'un des axes principaux de la ville. L'entrée latérale ouvre sur une zone assez sombre qui gagne en luminosité à mesure que l'on progresse vers la cour centrale. Si l'entrée principale de la mosquée (porte centrale de la façade est) laisse place à un cheminement semblable à celui de l'axe central nord-sud de la mosquée (sombre, lumineux puis sombre à nouveau), ce gradient est toutefois moins lumineux puisque le *riwāq* est (deux travées) est plus large que le *riwāq* nord (une travée) et que la circulation dans la cour est plus réduite. Ce cheminement est également plus progressif : sur l'axe nord-sud de la mosquée, l'éclairement subit une augmentation massive, passant directement de 1 à 8,5 % FLJ, tandis que sur son axe est-ouest, l'éclairement augmente par paliers successifs de 0,5 à 4,5 % FLJ (2 % puis 2,5 %, puis 3,5 %).

Des géographies lumineuses différentes

Les mosquées de Fāṭima et de ʿUmar, dont les fonctions diffèrent puisque l'une est une mosquée de quartier (*masǧid*) tandis que l'autre est une mosquée du vendredi (*ǧāmiʿ*), présentent une structure lumineuse assez différente. En premier lieu, il convient d'insister sur les différences relevées en termes de sources de luminance : dans le cas de la mosquée de Fāṭima, les fenêtres sont les sources principales de luminance, tandis que dans le cas de la mosquée de ʿUmar, la cour est le principal facteur de lumière. Concernant la géographie lumineuse des deux mosquées, on constate que la mosquée de Fāṭima se caractérise par un cheminement lumineux-sombre-lumineux tandis que la mosquée de ʿUmar présente le gradient inverse, sombre-lumineux-sombre. Enfin, on relève un traitement différent de l'éclairement de l'espace le plus sacré de la mosquée, la zone du *miḥrāb* : tandis que dans la mosquée de quartier, le contraste entre le *miḥrāb* et son environnement est très accentué, dans la mosquée du vendredi, en revanche, la zone du *miḥrāb* ne se distingue pas particulièrement du reste de la salle de prière. L'architecture du mur de *qibla* est pourtant la même dans les deux cas : la zone du *miḥrāb* est éclairée par des fenêtres latérales qui encadrent la niche sacrée. Étant donné que le *miḥrāb* n'est pas surmonté d'une fenêtre, la travée sud de la mosquée est plus lumineuse à ses extrémités qu'en son centre où se situe le *miḥrāb*. La zone située devant le *miḥrāb* demeure donc la plus sombre. Toutefois, dans la mosquée de ʿUmar, les conséquences de cet aménagement sont bouleversées par l'existence d'une cour centrale, qui éclaire la salle de prière de manière homogène. Comme nous l'avons déjà souligné, le percement des fenêtres a peu d'influence sur l'éclairement total de l'édifice. Il est toutefois possible de tracer un parallèle entre les *miḥrāb*s de ces deux mosquées : en effet l'éclairement de la niche est quasiment similaire dans les deux bâtiments (0,57 % FLJ dans la mosquée de Fāṭima contre 0,51 % FLJ dans la mosquée de ʿUmar). Du fait même de sa forme – renfoncement concave dans le mur –, le *miḥrāb* est naturellement très sombre. C'est même le point le plus sombre des deux mosquées.

Ces différences invitent naturellement à interroger le rapport que la luminosité d'un bâtiment entretient avec sa fonction : si la mosquée du vendredi – la mosquée de ʿUmar dans le cas présent – est un lieu de prière, elle est également un lieu public d'étude, de lecture ou de débat. Ces fonctions annexes nécessitent de fait un confort visuel important et l'on peut s'attendre à ce que l'éclairement soit rehaussé en conséquence. En revanche la mosquée de quartier – de Fāṭima – ne remplit pas de fonction publique particulière, si ce n'est celle d'oratoire. Quoique cette mosquée joue un rôle social non négligeable, l'accent est avant tout placé sur le rapport individuel à la foi : le fidèle se rend dans la mosquée de Fāṭima pour prier et communier avec Dieu, sans qu'interfèrent d'autres activités secondaires. Cette proximité avec Dieu réclame une ambiance lumineuse particulière, que figure naturellement la semi-obscurité. En revanche, lorsque la prière est collective, comme c'est le cas dans la Grande mosquée, le recueillement ne prime plus et l'obscurité cède alors le pas à des zones d'éclairement intermédiaires.

La différence de traitement de l'ambiance lumineuse entourant le *miḥrāb* nous paraît également constituer un fait notable. Dans la mosquée de ʿUmar, l'espace du *miḥrāb* semble banalisé puisqu'il n'est marqué par aucune variation importante d'éclairement (environ 1 % FLJ d'écart entre le centre de la salle de prière et ses extrémités), tandis que le contraste est particulièrement marqué dans la mosquée de Fāṭima (environ 3 % FLJ). Ce phénomène semble à nouveau pouvoir être associé aux différentes fonctions que remplissent ces deux mosquées. Dans la mosquée du vendredi, la prière est collective : les fidèles prient ensemble, alignés face au mur de *qibla*, et cet alignement signifie leur égalité. Il se pourrait donc que la zone du *miḥrāb* ne soit pas plus éclairée et ne subisse aucun traitement lumineux particulier afin de ne pas mettre en lumière certains fidèles au détriment des autres. L'éclairement de la mosquée de ʿUmar, dans son ensemble, est à ce titre relativement homogène – à l'exception bien entendu de la cour. Au contraire, dans la mosquée de quartier de Fāṭima, les extrémités nord et sud, plus claires, contrastent avec l'espace sombre aménagé au centre. Cet aménagement semble traduire la volonté de réduire l'éblouissement consécutif au passage de l'extérieur vers l'intérieur de la mosquée. La lumière, diffusée dans le sens de la longueur du bâtiment, trace ici les contours d'un cheminement lumineux relativement homogène : les contrastes sont atténués et on parvient progressivement jusqu'à la travée sud, la plus lumineuse ; cette zone est celle de la *qibla*, qui donne l'orientation de la prière vers La Mecque. En revanche la zone du *miḥrāb* est plongée dans une semi-obscurité qui la confine : se trouve ainsi protégé le lieu intime du rapport à Dieu et au divin.

L'analyse de la lumière en architecture est sans doute l'une des problématiques les plus riches de l'archéologie de la lumière. Nos hypothèses, fondées sur deux cas seulement, devront être confrontées, et, le cas échéant, validées, infirmées ou nuancées, par les résultats d'analyses photométriques complémentaires réalisées sur d'autres mosquées. S'ils sont encore exploratoires, les résultats que nous présentons ici n'en soulèvent pas moins des pistes de recherche intéressantes – en particulier pour la question du rapport que la luminosité d'un bâtiment entretient avec sa fonction –, pistes qui mériteraient une analyse approfondie. Cette approche, particulièrement riche pour la connaissance de l'éclairement des mosquées, pourrait en outre s'avérer fructueuse pour l'étude d'autres types de construction. La topographie lumineuse de l'habitat, par exemple, gagnerait à être mise en perspective avec la fonctionnalité des pièces, ou, plus généralement, avec l'occupation de l'espace. La lumière peut en effet contribuer, comme c'est le cas dans certaines maisons contemporaines de Sanaa[23], à hiérarchiser les espaces, en imprimant des distinctions parfois très nettes entre espaces public et privé. L'éclairement des bains répond quant à lui à des exigences tout à fait spécifiques : les petits *oculi* percés dans les coupoles ou les voûtes visaient à disposer d'un éclairage naturel suffisant au confort des usagers, sans que cela n'occasionne une déperdition de chaleur trop importante[24]. Dans l'architecture militaire, le percement de baies est particulièrement problématique puisqu'il fragilise les murs de défense et autorise plus facilement le franchissement d'objets offensifs. Le mobilier luminaire devait donc être particulièrement important dans les fortifications où le bon déroulement de certaines activités stratégiques – surveiller, viser, ou s'équiper – nécessitait de pallier ce manque de lumière naturelle[25]. Dans l'architecture religieuse enfin, les sources photométriques suggèrent que la lumière est à l'occasion utilisée pour circonscrire, au sein même de la mosquée, des modules aux fonctionnalités distinctes. L'éclairement de ces différents modules dépendra alors d'un rapport à la foi qui emprunte, soit au registre de la communion entre fidèles, avec des espaces plus larges et plus clairs, soit au recueillement, avec des espaces semi-obscurs et partiellement clos. L'étude comparative des mosquées syriennes et égyptiennes que nous sommes en train de conduire devrait par ailleurs nous permettre de dresser différents *scenarii* lumineux et d'établir l'existence de constantes entre les mosquées, selon leur fonction, leur datation ou leur doctrine.

L'outil de la photométrie est essentiel car il est le seul à fournir des mesures objectives de l'éclairement. Les données photométriques doivent toutefois être maniées et interprétées avec précaution, à la fois pour des raisons liées à la nature des mesures effectuées, et pour des raisons extérieures à la technique elle-même. Il n'en demeure pas moins que ces mesures sont plus significatives que les impressions subjectives collectées lors d'une visite. Cette objectivité seule peut être le support de comparaisons entre les édifices. Les données photométriques autorisent ainsi l'élaboration d'hypothèses de travail particulièrement riches.

Lors des prises de mesure et, plus tard, lors de leur analyse, certains éléments doivent impérativement être pris en compte. À titre d'exemple, il est nécessaire de prêter attention aux ouvertures ou fermetures de portes et de fenêtres, à la présence de volets, de rideaux, d'appareils de climatisation, ou de masques extérieurs. Dans la mosquée, un secteur réservé aux femmes sera en effet presque systématiquement équipé d'un rideau qui perturbe la diffusion de la lumière et, incidemment, affecte le résultat des relevés photométriques. La mosquée de ʿUmar, qui a connu l'ajout d'un toit au-dessus de la cour, constitue également un bon exemple des difficultés auxquelles les analyses photométriques peuvent se heurter. En outre, le bâtiment étudié – en particulier lorsque ce bâtiment est ancien – n'est jamais conservé dans son intégrité originelle, et peut comporter des modifications récentes qu'il est impératif de prendre en compte pour

23. Bonnenfant, *Sanaa*.
24. Foy, « Le verre à vitre » ; Mossakowska, « Le bain de lumière » ; Creswell, *Early Muslim Architecture*, I, p. 393-394.
25. Creswell, *Early Muslim Architecture*, II, p. 55.

une correction *ad hoc* éventuelle des mesures collectées. La plupart du temps, l'édifice a en effet subi des réaménagements qui peuvent avoir modifié sa géographie lumineuse. Les résultats photométriques doivent donc être réévalués à la lumière de l'histoire du bâti lorsque celle-ci est disponible. Cette restitution est parfois extrêmement difficile à réaliser en cas de reconstruction totale de l'édifice, comme pour la partie sud de la mosquée de Fatima. Un autre problème d'importance est celui de l'intégration du bâtiment à un réseau urbain. Les mosquées, en effet, étaient la plupart du temps situées au centre de l'espace bâti, et elles le sont restées. Or, la restitution des édifices originels voisins de la mosquée, susceptibles de perturber la pénétration de la lumière, est un exercice délicat. De nos jours, les mosquées s'inscrivent dans un parcellaire urbain sensiblement différent de celui de la période médiévale. La présence d'édifices voisins de la mosquée doit naturellement être considérée dans l'analyse des données photométriques. La mosquée de Fāṭima, par exemple, est relativement isolée au sein du parcellaire urbain, tandis que la mosquée de ʿUmar subit l'influence de plusieurs masques urbains.

Enfin les données obtenues après analyse minutieuse doivent être relativisées à la lumière d'un corpus représentatif du type d'édifice étudié. Par ailleurs, les analyses photométriques ne prétendent pas fournir une image parfaite, et inchangée, de l'éclairage d'un édifice. En particulier, la qualité de la lumière naturelle est susceptible de varier au cours des saisons, à la fois en couleur et en intensité. La blancheur d'un soleil d'hiver, par exemple, contraste avec l'éclat des rayons estivaux, tandis que la constance de la lumière du nord contraste avec l'effervescence de la lumière du sud. La lumière est un phénomène variable et mouvant, et c'est là l'une des plus belles propriétés de la lumière : elle se métamorphose en effet au cours de la journée, des saisons et de son orientation.

L'archéologie : lumière artificielle et luminaires

Si les agencements architecturaux constituent un point d'entrée privilégié pour l'étude du travail de la lumière naturelle, l'éclairage d'un bâtiment mobilise toutefois d'autres éléments, qui ne relèvent pas directement du registre architectural : les luminaires contribuent efficacement à pallier le manque de lumière, la nuit en particulier, ou lorsque l'éclairement intérieur est trop faible pour autoriser certaines activités qui requièrent un confort visuel important, comme la lecture ou le tissage. Ils permettent également de mettre en valeur certains emplacements ou d'enrichir le cérémoniel de célébrations religieuses ou politiques. Les luminaires mis au jour sur les chantiers de fouilles représentent donc des indices importants, quoique indirects, de la qualité d'éclairement d'un bâtiment – bâtiment qui peut être aujourd'hui détruit et dont les vestiges ne suffisent pas à retracer la géographie lumineuse.

Les luminaires, source de production artificielle de lumière, fournissent en cela des informations distinctes de celles véhiculées par l'architecture, qui compose principalement avec la lumière naturelle. Si la lumière naturelle s'avère difficile à contrôler après la construction de l'édifice, le mobilier luminaire relève quant à lui d'une maîtrise modulable et plus manifestement intentionnelle de la lumière. L'éclairage des lampes, lanternes et bougeoirs, rythme l'espace en modules lumineux qui peuvent être aisément réorganisés. La diffusion circulaire et maîtrisée de la lumière artificielle, distincte de la diffusion transversale du flux de lumière naturelle, favorise à ce titre la sphère du privé, de l'intime, et le recueillement.

L'étude de l'éclairage artificiel se heurte naturellement à des contraintes d'ordre pratique, liées au caractère éphémère et mobile de son mobilier. Nous disposons toutefois d'un levier pour mener à bien cette étude : la *forme* du luminaire, souvent liée à sa fonction, et le ou les *matériaux* – argile, verre et métal principalement – employés pour sa fabrication. Leur étude conjointe permet en effet de reconstruire *a posteriori* les modulations imprimées au flux de lumière et de reconsidérer la fonction du luminaire au sein de l'édifice. La forme générale et les matériaux de fabrication des luminaires étant relativement homogènes dans le monde arabo-musulman pré-mamelouk, nos analyses préliminaires reposeront à la fois sur du matériel égyptien et proche-oriental, et sur des exemplaires maghrébins et iraniens. Notons que les typologies associées à chacune de ces périodes présentent des différences qui, pour être essentiellement stylistiques, ne sont pas fondamentales du point de vue qui nous intéresse ici : celui de la production de lumière.

Des formes multiples

Les luminaires ont trois fonctions principales, qui, nous le verrons, dépendent très souvent de leur forme. Ils sont employés comme lumière d'appoint pour une activité particulière, visent à travailler qualitativement l'ambiance lumineuse d'un espace clos, ou contribuent à augmenter quantitativement la lumière au sein de l'édifice afin de l'éclairer dans son ensemble.

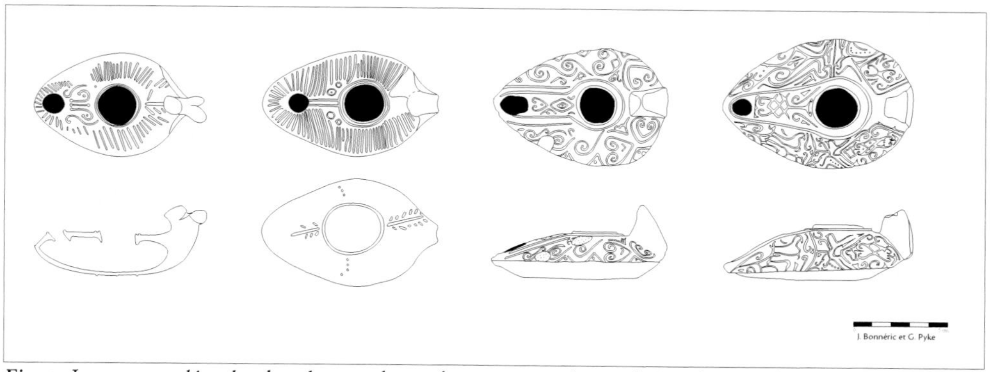

Fig. 3. Lampes moulées : les deux lampes de gauche, provenant du site de Jérash, en Jordanie, sont byzantino-omeyyades tandis que les deux lampes de droite, découvertes à Tinnīs, en Égypte, sont fatimides.

Les bougies et les lampes munies d'un bec (fig. 3), même disposées sur des bougeoirs [26] ou des porte-lampes [27] (fig. 4), et placées à mi-hauteur, ne sont pas destinées à illuminer toute une pièce, mais à circonscrire un espace réduit. Les bougeoirs et les portes-lampes sont des supports conçus pour disposer la lampe et la bougie à la hauteur d'un homme assis. Les lampes à bec et les bougies procurent un éclairage satisfaisant pour des activités qui nécessitent

26. Abu Khalaf M., « Three Candlesticks » ; Rice, « Oldest Dated » ; Demaison, « Le musée des Arts décoratifs. »
27. Bear, *Metalwork* ; Ziffer, *Islamic Metalwork* ; Wiet, *Objets en cuivre*.

un certain confort visuel, comme la lecture par exemple. Le bec de la lampe dispose la flamme en périphérie de l'objet, ce qui atténue l'inconvénient de l'ombre portée des bords de la lampe sans bec. La saillie du bec permet en outre d'orienter la lumière plus facilement et de concentrer ainsi le flux lumineux sur la zone d'intérêt.

D'après Demaison, «Le musée des Arts décoratifs», p. 38. D'après Wiet, *Objets en cuivre*, pl. XXV.

Fig. 4. Bougeoir à base tronconique réalisé en 646/1248-49 par Dā'ūd b. Salāma al-Mawṣilī et porte-lampe tripode égyptien datant des xiie-xiiie s. et signé par Ibn al-Makkī.

Au contraire, les lampes sans bec, qui sont souvent des lampes ouvertes, n'ont pas cette qualité d'éclairement ciblé. La mèche est en effet disposée au centre de la nappe d'huile : de fait, la lumière parcourt une distance plus importante, qui occasionne une diminution de l'intensité du flux lumineux. La lampe sans bec est sans doute employée davantage pour rehausser qualitativement la luminosité générale d'une pièce ou pour favoriser l'éclairage de certaines zones. De la même manière, les lanternes[28], en céramique ou en métal, avaient une fonction presque exclusivement décorative : la perforation de leurs parois étant somme toute assez réduite, leur efficacité lumineuse était en effet probablement limitée (fig. 5).

Les lustres[29], en revanche, permettent de rehausser la quantité générale de lumière dans l'édifice dans la mesure où ils sont précisément équipés de plusieurs lampes en verre (fig. 6). La transparence

28. Allan, *Nishapur. Metalwork* ; Bear, *Metalwork* ; Behrens-Abouseif, *Mamluk and Post-Mamluk Metal Lamps* ; Lane-Poole, *The Art of the Sarcens in Egypt* ; Lester *et al.*, « Fatimid Hoard from Caesarea » ; Marçais et Poinssot, *Objets kairouanais* ; Rice « Studies in Islamic Metal Work, V ».
29. Marçais et Poinssot, *Objets kairouanais*.

du verre annule en effet les ombres portées et autorise la suspension de la lampe qui ne constitue plus un obstacle pour le trajet descendant de la lumière. Destinés à être suspendus, les lustres projettent de fait la lumière dans un volume plus important – souvent la pièce toute entière (fig. 6).

D'après Lane-Pool, *The Art of the Sarcens in Egypt*, fig. 90.

Fig. 5. Lanterne globulaire du Louvre (Dôme du Rocher, XIIe s. ?).

D'après Fremersdorf, *Antikes, Islamisches und Mittelalterliches glas*, pls. 60 et 61.

Fig. 6. Luminaires en verre : lustre et ses lumignons, lampe globulaire, lampe-coupe à anses.

Les lampes en céramique[30] étaient au final, sans doute en raison de leur faible coût de fabrication mais également de leur caractère pratique, les luminaires les plus employés dans les sociétés arabo-musulmanes, comme l'atteste leur abondance sur les sites archéologiques. En effet, contrairement aux lustres ou aux lanternes, les lampes sont aisément transportables. La plupart sont d'ailleurs équipées à cet effet d'anses, dont l'évolution semble refléter une amélioration du système de préhension des lampes tournées. L'anse, de plus en plus grande, gagne ainsi une forme recourbée qui permet une préhension en crochet.

Des matériaux aux potentialités diverses

Le matériau le plus employé dans la fabrication de luminaires est sans aucun doute l'argile, comme l'atteste la présence de lampes en céramique sur tous les types de site exploré, en particulier dans l'habitat ou dans les zones artisanales où elles sont majoritaires, voire exclusives. Les luminaires sont en effet des objets indispensables, d'usage quotidien. Ils sont naturellement employés la nuit afin de pallier l'absence de lumière naturelle, mais aussi le jour, car les baies, souvent petites et peu nombreuses – pour des raisons de construction et également de climat –, laissaient difficilement entrer la lumière du soleil. La lampe, qui représente le luminaire le plus pratique et sans doute le plus employé, est en outre un objet des plus communs. Or, l'argile est le matériau privilégié pour la fabrication d'ustensiles domestiques. Les lampes en céramique étaient donc des luminaires réalisés à moindre coût. Il convient de souligner que l'argile était également employée pour fabriquer des bougeoirs et des lanternes.

En examinant l'évolution des lampes en céramique, il apparaît que celle-ci concorde avec l'histoire générale de la céramique islamique : en effet une céramique non glaçurée laisse place à l'emploi quasi exclusif de la glaçure[31]. Pourtant, si les lampes tendent à être recouvertes de glaçure, la plupart des céramiques communes demeurent quant à elles dénuées de revêtement. En outre les céramiques moulées, qui ne sont pas glaçurées, faisaient déjà l'objet d'un soin particulier, même employées dans un contexte artisanal où la fonctionnalité de l'objet l'emporte largement sur ses qualités esthétiques. Ce phénomène ne nous semble pas fortuit et il témoigne sans doute de la valeur des lampes, ainsi que de l'importance particulière qui leur est accordée. Les lampes ne sont en effet pas de simples ustensiles : elles apportent la lumière, donc la vie, et elles possèdent aussi une symbolique marquée, que traduit dans le Coran l'identification de la lampe au Prophète[32]. Revêtir les lampes de glaçure ou décorer les céramiques moulées est un moyen de les distinguer des autres céramiques communes, de les embellir et de signaler leur spécificité.

L'importance des luminaires aux yeux des musulmans est en outre attestée par une autre pratique. En effet, quoique le verre soit un matériau onéreux, on choisit assez souvent de

30. Hadad « Oil Lamps » ; Kubiak, « Medieval Ceramic Oil Lamps » ; Sodini et Orssaud, « Lampes tournées » ; Da Costa, « Byzantine and Early Islamic Lamps. »
31. Soustiel, *La céramique islamique.*
32. Bonnéric, « Symboliser le divin. »

l'employer pour la fabrication des lampes[33], dans la mesure où il offre de meilleures opportunités au travail de la lumière. Il est toutefois difficile de déterminer si le verre était principalement employé pour la fabrication d'objets luxueux ou d'objets quotidiens. Il est en revanche certain que les plus belles pièces étaient destinées à de très hauts commanditaires. Les pièces de qualité moindre, quoique nécessitant un investissement financier probablement important, sont relativement répandues et on les retrouve parfois en contexte domestique. Le choix du matériau de fabrication ne ressortit donc pas seulement de critères purement économiques. Si le coût de production était sans doute déterminant dans le choix du matériau de fabrication, les potentialités lumineuses des matériaux employés avaient une importance qu'il convient de ne pas négliger : le verre semble souvent utilisé pour la fabrication de lampes parce que les possibilités qu'il offre en matière de travail de la lumière n'ont pas d'équivalent parmi les autres matériaux employés.

En matière d'éclairage, le verre présente un avantage significatif sur les matériaux concurrents en raison de deux caractéristiques principales : il est transparent, et il peut être coloré. Parce qu'il est transparent, le verre laisse filtrer la lumière. Pour les lampes, cette propriété est bénéfique à plusieurs égards. Tout d'abord, la durée de vie de la flamme est plus importante. En effet, la flamme n'est pas disposée de la même manière qu'elle l'est dans les lampes en céramique ou en métal. La mèche peut en outre être placée dans le réservoir de la lampe puisque les parois n'obstruent pas, ou peu, la diffusion lumineuse. Cette disposition particulière protège la flamme du vent, puisqu'elle ne dépasse plus du corps de la lampe. La transparence du verre annule également les ombres portées et autorise la suspension de la lampe que le trajet de la lumière, descendant, n'a donc plus à contourner. Enfin, le verre permet non seulement de filtrer, mais aussi de colorer la lumière, au contraire des matériaux destinés à la seule fabrication de réceptacles, tels la céramique et le métal. Ces derniers ne peuvent en effet filtrer la lumière que lorsqu'ils sont ajourés pour la fabrication de lanternes ou de lustres. Seul le verre, lorsqu'il est teint avec des pigments plus ou moins sophistiqués, filtre la lumière et la colore, produisant ainsi de subtiles variations de couleurs. En raison de ses propriétés de transparence, ce matériau est ainsi celui qui se prête le mieux au travail de la lumière : il joue à la fois le rôle de contenant – pour le combustible destiné à produire la lumière –, et celui de filtre, ou de colorant lumineux ; ce n'est pas le cas des lampes en céramique ou en métal qui, elles, ne diffusent la lumière que dans le volume réduit du trou de mèche, sans la moduler. Les vertus lumineuses du verre ne s'expriment toutefois pleinement que lorsque le luminaire est suspendu dans le vide, la lumière diffusant abondamment tout autour de lui. Cette caractéristique explique pourquoi la majorité des types de lampes en verre étaient destinés à être suspendus (lampes-coupes à anse, lampes à pied tubulaire, lampes globulaires). Une autre raison, d'ordre pratique, justifie encore la suspension fréquente des lampes en verre : particulièrement fragile, le verre a moins de chance d'être brisé lorsqu'il est placé en hauteur, c'est-à-dire hors de portée des occupants.

33. Foy, « Lampes de verre fatimides », « La verrerie islamique », « Un atelier de verrier », « Lampes en verre » ; Goldstein, *Glass* ; Kröger, *Nishapour. Glass*.

Le métal est quant à lui principalement employé pour fabriquer des supports de lampes, puisque, hormis les bougeoirs et les lampes, les luminaires métalliques tels les lustres, les lanternes et les porte-lampes, ne sont pas réellement générateurs de lumière. Le lustre prend le plus souvent la forme d'un *polycandelon* ou couronne de lumière, plateau métallique ajouré de vides circulaires servant à disposer de petites lampes en verre de forme conique. Les porte-lampes comportent, sur un long corps tubulaire, un plateau destiné à recevoir une lampe. Les lanternes, hexagonales ou octogonales, protègent la lampe du vent et permettent de la suspendre. Des perforations dans ses parois laissent passer la lumière et l'affaiblissent plus qu'elles ne la travaillent. Toutefois les luminaires métalliques sont très mal connus et, par conséquent, très mal datés. La refonte des objets, en particulier, explique le nombre restreint de luminaires métalliques connus. Cette carence reflète aussi l'usage sans doute limité du métal dans la fabrication des luminaires : d'une part, il ne permet pas, comme le verre, de travailler la lumière par transparence, d'autre part, son prix élevé est un frein à son emploi comme luminaire quotidien. De fait, les luminaires métalliques sont en général des luminaires luxueux, dont les formes et les décors font l'objet d'un soin particulier qui compense la faiblesse de leur potentiel lumineux. L'aspect esthétique semble en effet l'emporter ici sur l'aspect fonctionnel, comme l'attestent les lampes zoomorphes, dont la confection est extrêmement soignée.

Forme et matériau des luminaires constituent deux facteurs déterminants, à la fois pour la qualité du luminaire et pour sa fonction. Ils offrent des indices concrets de la gestion de la lumière artificielle. Une archéologie de la lumière en Islam ne peut toutefois se satisfaire des connaissances actuelles sur les luminaires islamiques. La lacune la plus importante – dont découlent toutes les problématiques à explorer – s'énonce assez simplement : les luminaires n'ont jamais été étudiés du point de vue de leur fonction, mais seulement en tant qu'éléments de datation (lampes en céramique principalement), ou en tant qu'objets d'art (luminaires en verre et en métal). Cette approche typo-chronologique ou stylistique des lampes, quoique nécessaire, est insuffisante et doit être complétée par une étude fonctionnelle détaillée du mobilier mis au jour.

Cette étude pourrait recevoir le renfort de l'archéologie expérimentale[34], à partir d'analyses et d'outils innovants comme ceux de la photométrie : en reproduisant l'éclairage d'une lampe à partir de fac-similés et en recourant aux outils de mesures photométriques, il doit être possible de tester expérimentalement l'efficacité des luminaires, selon leurs matériaux de fabrication, leur taille et leur forme, ainsi que les mèches et les huiles. Les résultats de ce type d'étude pourraient ainsi fournir des indications précieuses sur la surface éclairée par un luminaire, le rendement des lampes et la consommation du combustible. De telles mesures permettraient en outre de distinguer, sur la foi de leur efficacité, les différents matériaux employés pour l'éclairage.

Naturellement, il est aussi possible d'établir des différences fonctionnelles sans recourir à l'emploi d'outils objectifs. Un affinage des typologies, parallèlement à un affinage chronologique,

34. Wunderlich, « Éclairage antique high-tech. »

constituerait un atout précieux pour mettre en évidence des évolutions dans l'usage des luminaires, reflets probables d'une évolution anthropologique de la lumière. À ce titre, il conviendrait de déterminer si l'évolution des luminaires suit l'évolution générale des techniques ou si cette évolution correspond à des bouleversements dans les mœurs ou dans les habitudes.

Par ailleurs, la question de l'emplacement des luminaires, actuellement difficilement abordable, est une problématique dont le traitement pourrait s'avérer précieux. Ce traitement nécessiterait l'élaboration d'un corpus complet et bien défini, associé à une fouille rigoureusement conduite. Des contraintes d'ordre pratique sont toutefois susceptibles de freiner la réalisation de ce type d'étude : en raison des problématiques abordées et du rendement imposé, les fouilles archéologiques se prêtent rarement, et c'est légitime, à ce genre d'analyse. En outre, rares sont les sites fournissant un mobilier en place. Une cartographie précise du lieu de découverte des luminaires procurerait cependant des informations cruciales pour la détermination de topographies lumineuses. La matière, la forme et la fonction des lampes mises au jour pourraient ainsi être étudiées en relation avec l'emplacement de leur découverte, informations que les sources textuelles et iconographiques pourraient être en mesure de révéler.

Les textes : gestion courante de l'éclairage, portée symbolique et perceptions

Outre l'étude du mobilier luminaire, la constitution d'une archéologie globale de la lumière ne peut faire l'économie d'une étude approfondie des textes médiévaux. Ces textes, profanes ou sacrés, constituent une source d'informations précieuses qui peut s'avérer cruciale pour le traitement de questions aussi variées que la gestion courante de l'éclairage ou la portée symbolique de la lumière. Le plus souvent, cet intérêt se manifeste indirectement : en effet, rares sont les textes médiévaux à avoir étudié la lumière pour elle-même, si ce n'est sous l'angle des sciences physiques et de l'optique [35]. Les types d'ouvrages susceptibles d'enrichir notre documentation sur la lumière sont principalement les textes géographiques, historiques, juridiques, littéraires ainsi que philosophiques et religieux. Ces sources fournissent en effet des informations de nature diverse, purement documentaires –, sur la gestion technique de l'éclairage –, théosophiques – relatives à la portée symbolique de la lumière –, ou anthropologiques – relatives à la manière dont la lumière et l'éclairage des mosquées étaient appréhendés à l'époque étudiée.

Informations documentaires : gestion technique de la lumière

Les textes ont en particulier cet intérêt qu'ils peuvent contribuer à compléter le portrait du paysage lumineux des mosquées fourni par la photométrie et l'archéologie. Aux ouvrages cités plus haut s'ajoutent, bien que leur usage s'avère plus exceptionnel, les traités d'agriculture, de botanique ou de médecine qui sont également susceptibles d'enrichir notre documentation sur la lumière. La difficulté réside ici dans l'éparpillement des informations, souvent délivrées

35. Ibn al-Hayṯam par exemple.

de manière fortuite et occasionnelle. Ces informations peuvent aussi bien concerner la nature des combustibles et des mèches, la forme, le mode de suspension, l'emplacement et la disposition des luminaires, que les horaires d'éclairage, la description de fenêtres et de vitraux, etc.

La question de l'huile d'éclairage est un exemple caractéristique du type d'informations que seuls les textes sont en mesure de procurer. De nombreuses lampes, suspendues aux arcs des salles de prière, éclairent en effet les édifices religieux en terre d'Islam. L'huile étant nécessaire au fonctionnement quotidien des mosquées, des espaces pouvaient être réservés au stockage des lampes et des jarres d'huile [36]. L'alimentation des mosquées en huile était assurée par l'autorité politique [37], ainsi que par les particuliers [38]. L'offrande d'huile pour l'éclairage de la mosquée aurait, d'après le Prophète, la valeur d'une prière dans le lieu le plus saint de l'islam (à l'époque, Jérusalem), prière qui vaut elle-même mille prières [39]. Pour assurer l'alimentation de la mosquée en huile, des oliviers étaient, au xᵉ s. et d'après al-Muqaddasī, plantés dans la cour même de la mosquée d'Acre [40]. Cette importance de l'huile et de l'éclairage dans les lieux saints est la marque d'une perpétuation de la tradition antique d'illumination des édifices sacrés.

L'huile est, à n'en pas douter, le premier des combustibles employés dans les lampes en Islam. Al-Idrīsī confirme indirectement cette suprématie lorsqu'il s'étonne, au xııᵉ s., de l'usage chez les Turcs de l'huile comme cosmétique uniquement, et non comme combustible : « Chez ces peuples l'huile (*duhn min al-zayt*) est employée comme cosmétique, mais pour l'éclairage, dans les lanternes, on fait usage de suif. » [41] L'huile lampante, denrée indispensable, est essentielle pour s'éclairer au quotidien. Le littérateur al-Ǧāḥiz, par exemple, décrit les procédés grotesques employés pour réduire la consommation des lampes. Cette volonté d'épargne serait un indice caractéristique de la ladrerie de certains hommes, sujet de son *Livre des avares* [42]. Si l'économie d'huile est un signe d'avarice, c'est parce que ce matériau est de première nécessité, mais également parce que les huiles lampantes sont peu onéreuses (huiles de qualités inférieures et/ou productions locales). D'après les textes, le choix de l'huile ne se fait pas en fonction d'une propriété particulière et d'un usage propre. Il semblerait en effet que ce choix dépende principalement de contraintes d'ordre économique ou géographique.

À ce jour, aucune analyse n'a encore permis de déterminer la nature des huiles employées comme combustibles dans les lampes islamiques. Les seules informations disponibles sont fournies par les textes [43]. L'huile la plus employée comme combustible est l'huile d'olive (*zayt*), probablement de qualité inférieure. Les textes, toutefois, mentionnent à l'occasion d'autres huiles concurrentes. Bien qu'elle soit certainement employée en terre d'Islam, l'huile de sésame

36. Par exemple : Ibn Rustah, éd. p. 77 et trad. p. 84 ; al-Wanṣarīsī, éd. VIII, p. 441 et trad. p. 312.
37. Par exemple : Ibn Ḥawqal, éd. p. 340 et trad. p. 333 ; Nāṣir-i Ḫusraw, trad. p. 160.
38. Par exemple : al-Wanšarīsī, éd. IX, p. 580 et trad. Lagardère p. 389, al-Wanšarīsī, éd. VII, p. 112 et trad. Lagardère p. 280, etc.
39. Al-Hamaḏānī, éd. p. 96 et trad. p. 118.
40. Al-Muqaddasī, éd. p. 162 et trad. p. 181.
41. Al-Idrīsī, éd., fasc. VI, p. 722 et trad., vol. II, p. 225.
42. Al-Ǧāḥiẓ, éd. p. 21 et trad. p. 28-29.
43. Bonnéric, « Les huiles et leurs usages. »

n'est en revanche jamais évoquée comme huile lampante dans l'état actuel de notre corpus. Le terme de *sīriǧ*, qui désigne parfois l'huile de sésame, est toutefois associé à une racine liée à la fonction d'éclairage (*S.R.Ǧ* que l'on retrouve dans *sirāǧ*, « lampe », et *saraǧa*, « allumer »). L'huile d'argan (*zayt al-arǧān*) paraît particulièrement appréciée en Afrique occidentale, pour l'éclairage en particulier, comme en témoigne al-Idrīsī [44] au XIIe s. Sa production à Sūs et à Aġmāt était déjà soulignée par al-Bakrī au XIe s. : d'après celui-ci, « les habitants ont chez eux une telle abondance de ce fruit qu'ils peuvent, au besoin, se passer de toutes les autres espèces d'huile » [45]. Cette remarque suggère que le choix de l'huile d'éclairage dépend de la production locale disponible : l'huile employée devait être, en général, l'huile la moins onéreuse. La production de certaines huiles plus originales est parfois consacrée à l'éclairage. D'après al-Baġdādī, au XIIe s., « on extrait en Égypte l'huile des semences de rave (*duhn bazr al-fuǧl*), de colza (*al-salǧam*) et de laitue (*al-ḫass*), et l'on s'en sert pour l'entretien des lampes » [46]. L'usage d'une huile de rave et de navet pour l'éclairage était déjà mentionné par un voyageur persan du XIe s., Nāṣir-i Ḫusraw, lors de son passage au Caire : les usagers auraient désignés ces huiles par le terme d'« huile chaude » (*zayt ḥarr*). À cette occasion, il relève en outre que « le sésame est peu abondant en Égypte et l'huile en est chère ; l'huile d'olive se donne à bon marché » [47]. Il semblerait donc que soient favorisées l'huile d'olive en Ifrīqiyya et dans le Bilād al-Šām et l'huile de sésame en Irak, parce qu'elles y étaient produites en grande quantité. Dans les régions productrices d'huiles spécifiques, les huiles d'olive et de sésame sont probablement délaissées, au profit de l'huile d'argan dans la région de Sūs, ou de l'huile de graine de divers raves ou laitues en Égypte. Les médecins ou les agronomes, quant à eux, évoquent à l'occasion l'existence d'huiles destinées à l'éclairage. L'huile de Zakkoum (*duhn zaq(q)ūm al-šāmī*) produirait, d'après Ibn al-Bayṭār [48], une flamme plus importante que les autres huiles. Enfin, lorsqu'ils mentionnent le *katam*, Ibn al-ʿAwwām et Ibn al-Bayṭār signalent que l'huile extraite de la graine de cette sorte de buis (*duhn al-katam*) [49] est également employée pour l'éclairage. Certaines huiles lampantes antiques ne sont pas mentionnées dans les textes. L'huile de ricin (*duhn al-ḫirwaʿ*), par exemple, employée durant l'Antiquité pour l'éclairage [50], est mentionnée par Ibn al-Bayṭār pour l'éclairage, et non pour la cuisine [51], mais le médecin médiéval cite ici en réalité le fameux médecin grec du Ier s., Dioscoride. L'emploi de l'huile de ricin pour l'éclairage ne s'est donc peut-être pas perpétué.

Les sources textuelles fournissent des informations inédites sur les huiles d'éclairage et contribuent, d'une manière qui nous semble cruciale, à rectifier ou réévaluer les données

44. Al-Idrīsī, éd. fasc. III, p. 231 et trad. vol. I, p. 211-212.
45. Al-Bakrī, éd. p. 163 et trad. p. 309.
46. Al-Baġdādī, éd. p. 118 et trad. p. 311.
47. Nāṣir-i Ḫusraw, trad., p. 153-154.
48. Ibn al-Bayṭār, éd. vol. II, p.266 et trad. vol. II, p.214 ; éd. vol. II, p.114 et trad. p.123.
49. Ibn al-Baytar, éd., vol. IV, p. 53 ; non traduit par Leclerc dans sa notice sur le « katam » (III, p. 144-145) ; Ibn al-ʿAwwām, trad. p.79.
50. Brothwell, *Food in Antiquity*, p. 153.
51. Ibn al-Bayṭār, éd. vol. II, p. 53 ; non traduit par Leclerc dans sa notice sur le « ricin » (II, p. 19-20).

matérielles. À titre d'exemple, si les découvertes archéologiques laissent supposer que les hommes, en terre d'Islam, s'éclairaient principalement grâce aux lampes, les sources textuelles mentionnent plus fréquemment l'usage des bougies, en contexte quotidien ou à l'occasion de fêtes. Les textes littéraires comme *les Mille et une nuits*, par exemple, évoquent plus souvent la bougie (*šamʿ* ou *šamʿa*) que la lampe (*sirāǧ*, *miṣbāḥ* ou *qandīl*). Comme la cire ne laisse quasiment jamais de trace archéologique, il n'est pas impossible que notre perception ait été ici faussée par l'absence de donnée exploitable.

Informations théologiques : portée symbolique du thème de la lumière

D'autres types de textes, religieux et philosophiques principalement, représentent des points d'entrée privilégiés pour l'étude symbolique de la lumière : dans le Coran, par exemple, Dieu est lumière et se manifeste comme lumière dans le monde et dans l'Homme (*Coran*, XXIV, 35). Dans les sociétés arabo-musulmanes, la lumière n'est pas seulement une question de construction puisque la lumière, qui a une place centrale dans leur texte fondateur, est aussi signifiante[52]. Le rapport entre lumière et texte sacré peut être de deux natures : rapport exotérique, dont la signification est explicite, ou rapport *ésotérique*, dont la signification est dissimulée. Cette approche double, littérale et symbolique, était déjà celle des philosophes médiévaux : le Coran aurait ainsi une apparence extérieure et une profondeur cachée[53].

Une approche exotérique – Dans le Coran, le champ lexical de la lumière est assez large. La lumière qualifie parfois les astres solaires et lunaires : la lune est comparée à une « lumière » (*nūr*, X, 5 ; LXXI, 6) et le soleil à une « clarté » (*ḍiyā'*, X, 5) ou à un « flambeau » (*sirāǧ*, XXV, 61 ; LXXI, 6). Par ailleurs, le terme de lumière, *nūr*, apparaît fréquemment en relation avec les ténèbres (II, 257 ; V, 16 ; XIV, 1, 5 ; XXXIII, 43 ; LVII, 9 ; LXV, 11) pour signifier le plus souvent le passage « des ténèbres à la lumière » (*min al-ẓulumāt ilā al-nūr*). La lumière est souvent clairement synonyme de vision, et les ténèbres, de cécité (II, 17 ; XIII, 16 ; XXIV, 40 ; XXXV, 19-21). De cette capacité qu'a la lumière de permettre la vue, découle une autre synonymie : la lumière est connaissance puisqu'elle permet de « voir » clairement la vérité du monde. Ainsi les deux livres saints précédant le Coran – la Torah et les Évangiles – sont-ils comparés à « une direction et à une lumière » (*hudā wa nūr* V, 44, 46 ; VI, 91), de même que le livre donné à Moïse est identifié à une « lumière/clarté » (*ḍiyā'*, XXI, 48). Bien entendu, la Révélation reçue par le prophète Muḥammad est elle aussi lumière (*nūr* : IV, 174 ; XLII, 52 ; LXIV, 8). Toutefois la lumière est plus souvent associée à la Révélation qu'au Coran lui-même : « Une lumière et un Livre clair vous sont venus de Dieu. » (*ǧā'akum min Allāh nūr wa-kitāb mubīn*, V, 15 ainsi que VII, 157). Enfin, le Coran réfère explicitement au Prophète comme source de lumière : « Ô toi, le Prophète ! Nous t'avons envoyé comme (…) un brillant luminaire (*sirāǧ munīr*) » (XXXIII, 46).

52. Bonnéric, « Symboliser le divin. »
53. Corbin, *Histoire de la philosophie islamique.*

Au sein du texte sacré, trois versets font précisément référence à la lumière de Dieu (« La terre brillera de la lumière de son Seigneur », XXXIX, 69 ainsi que IX, 32 et LXI, 8) tandis que dans le fameux verset XXIV, 35, Dieu est lui-même lumière. Ce verset (cf. *supra*), qui fait partie de la *sūrat al-nūr*, est communément nommé verset de la lumière (*āyat al-nūr*) et représente sans aucun doute la référence coranique à la lumière la plus importante et la plus connue.

Une approche ésotérique – Ce verset de la lumière a donné lieu à de multiples interprétations métaphoriques et commentaires mystiques [54]. La lumière de Dieu a pu être interprétée comme la lumière originelle donnant vie au monde en le sortant du pur néant, mais aussi comme la lumière de la connaissance religieuse guidant les hommes. Les philosophes, mystiques ou exégètes ont exploité le symbole de la lumière de diverses manières [55]. Nous nous appuierons sur deux exemples : la philosophie prophétique shiʿite et la philosophie orientale de Suhrawardī.

Dans la philosophie prophétique shiʿite, ce thème est particulièrement important car la Lumière y représente l'Intelligence, le Calame, ou l'Esprit, et renvoie à la Réalité prophétique éternelle. Le Prophète énonce, à la première personne, son épiphanie terrestre en ayant recours à l'image de la lumière : « La première chose que Dieu créa fut ma Lumière [56]. » La lumière est souvent attribuée à Muḥammad ainsi qu'à ʿAlī, le second étant la face ésotérique du premier qui, lui, en figure la dimension exotérique. Ainsi, le Prophète aurait-il déclaré : « Moi et ʿAlī, nous sommes une seule et même Lumière » [57]. Cette nature lumineuse s'étend par ailleurs à tous les Imams, considérés comme des épiphanies divines – des théophanies. Les Imams sont en effet ceux qui illuminent le cœur des croyants, tandis que Dieu voile cette lumière aux cœurs enténébrés. L'Imam devient le support du Temple de Lumière dès qu'il est investi et son imamat – sa « divinité » – est constituée de toutes les formes de lumière de ses adeptes.

La philosophie de Suhrawardī, quant à elle entretient un rapport si étroit avec la lumière qu'on estime qu'elle ressuscita « la philosophie ou la théosophie de la Lumière de l'ancienne Perse [58] ». Suhrawardī fonde au XIIe s. une « théosophie orientale » essentiellement articulée autour d'une métaphysique de la lumière et d'un système de hiérarchies angéliques. Dans son *Livre de la sagesse orientale*, il rend compte d'une expérience extatique de Dieu décrit comme « Lumière des Lumières ». Pour ce philosophe iranien, la Lumière est de fait l'origine intérieure de l'acte de présence au monde. Elle est au-delà de l'existence comme de l'essence, qu'elle a toutes deux engendrées. Cette lumière n'est cependant pas indivise, mais multiple : chaque lumière, dépendant de la « Lumière des Lumières », est source, en même temps que reflet ; elle fonde la connaissance et délivre une image de celle-ci que le philosophe peut à l'occasion saisir à travers la pratique de la dialectique platonicienne. Cet emprunt au vocabulaire de la lumière n'est pas nouveau et se trouve ici directement hérité de Platon, qui consacre, dans sa fameuse

54. Philosophes, exégètes ou mystiques comme Ibn Sīnā (M. 1037), al-Ḫasālī (M. 1111), Suhrawardī (M. 1191), Ibn ʿArabī (M. 1240), etc., ou même, plus tardivement, Mullā Sadrā Shīrāzī (m.1640).

55. Zine, « L'interprétation symbolique du verset de la lumière », Gobillot, « Les mystiques musulmans » ; *id.*, « Quelques stéréotypes cosmologiques. »

56. Cité par Corbin, *Histoire de la philosophie islamique*, p. 72.

57. Cité *ibid.*, p. 73.

58. *Ibid.*

allégorie de la Caverne (*La République*, VII), un traitement particulier à la lumière – ou au Soleil, principe de toutes choses – et aux ombres, figures dégradées de cette Lumière souveraine, du Bien ou de Dieu.

Toutefois, si les interprétations théosophiques du verset de la lumière sont riches et abondantes, il n'est pas évident d'évaluer l'impact que ces diverses théories, élaborées par une élite, pouvaient avoir sur l'ensemble de la communauté musulmane. Il paraît donc primordial de déterminer plus avant le rôle que pouvait jouer ce symbole dans la société musulmane médiévale.

Informations anthropologiques : perception de la lumière, matérielle ou symbolique

Les sources écrites offrent l'occasion d'interroger la manière dont était perçue la lumière et de reconsidérer la raison de certains choix d'éclairage. Certaines constantes photométriques, ou archéologiques, nous l'avons vu, peuvent traduire un travail architectural explicite, lui-même influencé par des impératifs d'ordre culturel. Toutefois, les textes seuls sont en mesure de garantir que le travail de la lumière était authentiquement intentionnel, et que les occupants des édifices étudiés avaient une conscience réelle de ce travail. De tels indices ne sont malheureusement pas fréquents. Les exemples qui suivent illustrent le type d'indices anthropologiques que les textes peuvent fournir sur la perception de la lumière par les hommes en terre d'Islam.

Ibn Ǧubayr (m. 1217) témoigne en ces termes du travail extraordinaire effectué dans la Grande mosquée de Damas : « *La* qibla *de cette mosquée bénie, les trois coupoles qui l'avoisinent, l'éclatante lumière qu'y projettent les* claustras *dorées et polychromes, les rayons du soleil qui viennent s'y rejoindre et qui se changent en reflets de diverses couleurs frappant les regards de rayons changeants, tout cela qui s'étend sur tout le mur méridional forme un merveilleux ensemble qui échappe à toute description : nulle expression ne peut rejoindre une partie même de ce qui se forme dans la pensée du visiteur.* »[59] Dans cet extrait de sa *Riḥla*, le voyageur cède à une facilité rhétorique bien connue en nous affirmant qu'il est impossible de décrire avec justesse la profondeur des émotions ressenties. S'il n'exprime pas les sentiments exacts que lui inspire la beauté du lieu, le visiteur reste cependant conscient du rôle que joue la lumière : son travail, effectué au moyen de vitraux notamment, concourt à la beauté du lieu. L'auteur manifeste ici une certaine sensibilité, sinon une certaine compréhension du travail de l'architecte.

Certains témoignages ou anecdotes révèlent par ailleurs que le verset de la lumière avait un sens et une certaine résonnance pour le croyant. Un avare fait explicitement référence, chez le littérateur al-Ǧāḥiz, au verset de la Lumière. Il affirme que « l'huile dans une lampe de verre, « c'est lumière sur lumière (*nūr ʿalā nūr*) », c'est une clarté sur une clarté double (*ḍawʾ ʿalā ḍawʾ muḍāʿaf*). »[60] Dans le verset de la lumière, Dieu est assimilé à la lumière et Son Prophète à une lampe. L'huile d'olive qui alimente cette lampe diffuse la lumière sans même être touchée par le feu (*wa law lam tamsashu nār*). L'huile est donc lumière et, de fait,

59. Ibn Ǧubayr, éd. p. 268 et trad. p. 309.
60. Al-Ǧāḥiz, éd. p. 21 et trad. p. 31.

symbole du divin. Huile et lampe sont deux facettes de la lumière : la première est la lumière de Dieu, et la seconde, la lumière du Prophète. Que l'auteur de cette référence au verset de la lumière soit ici un homme du peuple laisse penser que, pour al-Ǧāḥiz, ce verset était connu et avait, dans une certaine mesure, pénétré les consciences collectives. Pour les hommes du Moyen Âge, au moins à partir du IXe s., l'huile d'éclairage pouvait donc revêtir une fonction symbolique, et pas seulement pratique. Au sein de la mosquée, la symbolique de la lumière, qui traduit la présence du divin dans l'architecture elle-même, pouvait trouver un écho dans la perception du visiteur et transformer ainsi son rapport à l'espace lui-même. Al-Iṣfahānī, par exemple, en témoigne lorsqu'il décrit la *ṣaḫra* au moment du réaménagement ou de la ré-islamisation du Dôme du Rocher, après la reconquête de Jérusalem par Saladin en 1187. La *ṣaḫra* est alors dénudée des éléments chrétiens qui lui avaient été imposés et se trouve remise en valeur grâce à la suspension de lampes. Al-Iṣfahānī, témoin de cet évènement notable, fait le constat suivant : « *les lampes répandirent, au-dessus d'elle [la ṣaḫra], lumière sur lumière* »[61]. Il s'agit là d'une référence manifeste qui reflète le poids de la symbolique de ce verset sur la représentation que les musulmans avaient du monde et de leurs lieux de culte.

Cette référence à la symbolique de la lumière divine est toutefois indirecte, et se fait par l'intermédiaire du verset de la lumière. En revanche, l'allégorie suivante est une assimilation directe de la lumière émise par les lampes à Dieu. Lorsqu'il relate les festivités organisées à La Mecque pour la nuit du milieu de šaʿbān de l'année 1183, Ibn Ǧubayr décrit la célébration de cette fête au moyen de nombreux cierges (*al-šumūʿ*), de torches (*al-mašāʿil*) et de lampes (*al-maṣābīḥ*). D'après lui, « *en ce noble sanctuaire, les lumières mènent vers Celui qui par essence est lumière*[62] ». Les luminaires et la lumière jouent ici un rôle primordial dans l'établissement d'un rapport de communion à Dieu. Dans la mosquée, la lumière semble être une voie d'accès privilégiée au divin puisqu'elle permet de figurer, au sein de l'édifice, la présence divine.

L'ensemble de ces références suggère, d'une part, une conscience du travail architectural de la lumière et de ses effets sur l'ambiance générale de la mosquée, et, d'autre part, laisse penser qu'une lecture symbolique du travail de la lumière n'est pas illégitime. La lumière n'est pas seulement une question d'architecture, elle est également un symbole signifiant pour les musulmans au Moyen Âge. Parce qu'elle incarne l'image du divin et endosse une certaine sacralité, la lumière paraît être un symbole vivant en Islam, non seulement chez les intellectuels, mais également dans la vie quotidienne des musulmans. Les textes théosophiques et profanes sont à ce titre complémentaires des sources architecturales et archéologiques en ce qu'ils introduisent une meilleure compréhension du rapport de l'Islam à la lumière, comme symbole signifiant l'infigurable, c'est-à-dire ce qui fait sens au-delà de ce que la lumière, paradoxalement, donne à voir immédiatement.

61. Al-Isfahānī, éd. p. 65 et trad. p. 55.
62. Ibn Ǧubayr, éd. p. 141 et trad. p. 165.

Conclusion

L'intérêt des sociétés arabo-musulmanes pour la lumière se manifestait au Moyen Âge à travers une pluralité foisonnante de formes et de matériaux (architecture et mobilier luminaire), mais également de références ou de symboles (littéraires ou théosophiques). Nous avons vu que cette pluralité coïncide avec la variété des outils mobilisés pour travailler la lumière, afin de l'exalter, de l'infléchir et de lui donner sens. Ce travail s'effectuait sur toutes les dimensions de la lumière, qu'elle soit comprise comme réalité physique, vecteur de la perception, ou symbole qui donne à voir l'invisible. Si la maîtrise délibérée de la production lumineuse témoigne d'un intérêt majeur pour le phénomène lumineux, cet intérêt, en outre, culmine dans l'usage métaphorique et théosophique du champ lexical de la lumière : non seulement la lumière éclaire, aménage et ordonne l'espace perçu, mais elle symbolise également, c'est-à-dire renvoie à des significations dissimulées ou à des espaces que les yeux ne peuvent percevoir.

Les nombreuses sources sur l'Islam classique qui s'offrent au chercheur – sources architecturales, archéologiques ou textuelles, mais également iconographiques – représentent des voies d'accès privilégiées à ce phénomène ubiquitaire et immatériel qu'est la lumière. Apportant des informations de nature distincte, elles se complètent pour permettre à l'historien et à l'archéologue d'esquisser le portrait de multiples ambiances lumineuses. La lumière devient ainsi un fait archéologique qui peut être étudié dans des contextes divers, dont celui des mosquées médiévales. La mise en perspective de ces différentes approches – photométriques, archéologiques, historiques et anthropologiques – concourt alors, après analyse de ces sources, à la création d'une archéologie globale de la lumière. L'objectif de cet article était d'ouvrir des pistes d'approche de ce phénomène qu'est la lumière et d'établir des méthodes de travail. D'autres éléments, comme la place des sources iconographiques, l'intérêt de l'archéologie expérimentale ou le poids des impératifs techniques – dans les choix architecturaux par exemple –, n'ont toutefois pas été abordés dans le cadre de cet article préliminaire.

Un grand nombre de bâtiments (habitat, bains, mausolées, ...) peuvent se prêter à une étude archéologique de la lumière. Si la mosquée a été convoquée en exemple, c'est parce qu'elle représente un objet d'étude privilégié : elle semble en effet cristalliser, dans la société arabo-musulmane, la plupart des enjeux associés à la question du travail de la lumière. Ce dernier y fait l'objet d'une attention particulière, liée aux fonctions mêmes de la mosquée. En effet, cet édifice n'est pas seulement un lieu où l'on célèbre Dieu, c'est également un espace de vie et de socialisation. La lumière y est donc modulée pour ses vertus fonctionnelles. Elle est, d'autre part, un moyen d'exalter le rapport du fidèle à Dieu et à la foi. En effet, l'architecture sacrée met fréquemment en scène la lumière pour symboliser un autre espace, se soustrayant à la perception naturelle, l'espace du sacré et du divin.

Les mosquées sont précisément les seuls édifices islamiques à prendre en compte la lumière sous ses trois dimensions : la lumière comme vecteur de la perception, comme organisateur d'espace et comme symbole signifiant. Non seulement la lumière éclaire, aménage et ordonne l'espace de la mosquée, mais elle symbolise également, c'est-à-dire renvoie à des significations dissimulées ou à des espaces que les yeux ne peuvent percevoir. C'est à ce titre que la lumière peut devenir un élément structurant de la mosquée et de la vie religieuse du musulman.

Une étude spécifique de la lumière dans les mosquées, parce qu'elle est susceptible de répondre à cette question, devrait contribuer à approfondir notre connaissance du rapport de l'homme à la lumière, à son environnement, et à l'espace du sacré. Dans les mosquées, lieux de culte, mais également espace de vie, de socialisation et d'enseignement, s'exprime en effet pleinement l'universalité du thème de la lumière, si fructueux dans le développement de la culture islamique et pour l'évolution de la pensée arabe du Moyen Âge.

Bibliographie

Sources primaires

La Bible : *Traduction œcuménique de la Bible comprenant l'Ancien et le Nouveau Testament, traduits sur les textes originaux hébreu et grec*, Paris, 2010.

al-Qurʾān : *trad.* D. Masson, *Le Coran*, 2 vol., Paris, 1967.

al-Baġdādī, *Kitāb al-ifāda wa-l-iʿtibār*, éd. ʿAbd Allah al-Šayḫ, *Riḥlat ʿAbd al-Laṭīf al-Baġdādī fī Miṣr*, Le Caire, 1998, trad. S. de Sacy, *Relation de l'Égypte*, Paris, 1810.

al-Bakrī, *Kitāb al-masālik wa-l-mamālik*, éd. et trad. W.M.G. de Slane, *Description de l'Afrique Septentrionale*, Paris, 1858 (rééd. 1965).

al-Ǧāḥiẓ, *Kitāb al-buḫalāʾ*, éd. al-Hāǧirī Ṭ., *Kitāb al-buḫalā li-l-Ǧāḥiẓ*, Le Caire, 1990 ; trad. Pellat Ch., *Le livre des avares de Jâḥiẓ*, Paris, 1997.

al-Hamaḏānī, *Muḫtaṣar Kitāb al-buldān*, éd. M.-J. de Gœje, *B.G.A.*, V, Leyde, 1885, trad. H. Massé, *Abrégé du livre des pays*, Damas, 1973.

Ibn al-ʿAwwām, *Kitāb al-filāḥa*, éd. J.A. Banqueri, *Libro de agricultura*, 2 vol., Madrid, 1802 et 1878, trad. J.J. Clément Mullet, *Le livre de l'agriculture*, rééd., Frankfurt, 2001.

Ibn al-Bayṭār, *Kitāb al-ǧāmiʿ li-mufradāt al-adwiya wa al-aġḏiya*, éd. *Kitāb al-Jāmiʿ li-mufradāt l-adwiya wa l-aghdiya*, 4 vol., Francfort-sur-le-Main, 1996, trad. L. Lecler, *Traité des simples*, 3 vol., Paris, 1991.

Ibn Ǧubayr, *Riḥla*, éd. W. Wright et M.-J. de Gœje, Leyde-Londres, 1907, trad. M. Gaudefroy-Demombynes, *Voyages*, 2 vol., Paris, 1949.

Ibn Ḥawqal, *Kitāb ṣūrat al-arḍ*, éd. J.H. Kramers, *B.G.A.*, II, Leyde, 1939, trad. J.H. Kramers et G. Wiet, *Configuration de la terre*, 2 vol., Beyrouth-Paris, 1964.

Ibn al-Hayṯam, *Kitāb al-manāẓir*, éd. A.H. Sabra, Koweït, 1983, trad. all. J. Baarmann, *ZDMG*, XXXVI, 1882, p. 195-237.

Ibn Rustah, *Kitāb al-aʿlāq al-nafīsa*, éd. M.-J. de Gœje, *B.G.A.*, VII, Leyde, 1891 (rééd. 1967), trad. G. Wiet, *Les atours précieux*, Le Caire, 1955 (Francfort-sur-le-Main, rééd. 2008).

al-Idrīsī, *Kitāb nuzhat al-muštāq fī iḫtirāq al-āfāq*, éd. E. Cerulli, F. Gabrieli, G. Levi Della Vida, L. Petech, G. Tucci, *Opus geographicum*, 6 vol., Naples-Rome, 1978, trad. P.-A. Jaubert, *La géographie d'Édrisi*, Amsterdam, 1975 (réimp. 1836).

al-Iṣfahānī, *al-Fatḥ al-qussī fī al-fatḥ al-qudsī*, éd. C. de Landberg, Leyde, 1888, trad. H. Massé, *Conquête de la Syrie et de la Palestine par Saladin*, Paris, 1972.

al-Muqaddasī, *Aḥsan al-taqāsim fī maʿrifat al-aqālim*, éd. M.-J. de Goeje, *B.G.A.*, III, 2e éd., Leyde, 1906, trad. partielle A. Miquel, *La meilleur répartition pour la connaissance des provinces*, Damas, 1963.

Nāṣir-i Ḫusraw, *Safar-nāma*, éd. et trad. Ch. Scheffer, *Sefer nameh*, Paris, 1881.

al-Wanšarīsī, *Kitāb al-miʿyār al-muġrib wa-l-ǧāmiʿ al-muʿrib ʿan fatāwā ahl Ifrīqiyya wa-l-Andalus wa al-Maġrib*, éd. Rabat, 12 vol., 1981-1982, trad. partielle V. Lagardère, *Histoire et société en Occident musulman au Moyen Âge. Analyse du* Miʿyār *d'al-Wanšarīsī*, Madrid, 1995.

Sources secondaires

Abu Khalaf, M., « Three Candlesticks from the Islamic Museum of Al-Haram Al-Sharif, Jerusalem », *Levant* 20/1, 1988, p. 238-243.

Allan, J. W., *Nishapur. Metalwork of the Early Islamic Period*, New-York, 1982.

Baer, E., *Metalwork in Medieval Islamic Art*, Albany, 1983.

Behrens-Abouseif, D., *Mamluk and Post-Mamluk Petal Lamps*, Le Caire, 1995.

Bonnenfant, P. (éd.), *Sanaa. Architecture domestique et société*, Paris, 1995.

Bonnéric, J., « Les huiles et leurs usages en terre d'Islam à partir du VIIe s. », dans D. Frère et L. Hugot (éd.), *Les huiles parfumées en Méditerranée occidentale et en Gaule (VIIIe siècle av.-VIIe siècle apr. J.-C.)*, Rennes 2012, p. 307-314.

—, « Symboliser et figurer le divin en Islam classique : entre lumière naturelle et lumière artificielle », *Journal Asiatique* 300/2, 2012, p. 761-775.

Brothwell, D. et P., *Food in Antiquity: A Survey of the Diet of Early Peoples*, Londres, 1969.

Corbin, H., *Histoire de la philosophie islamique*, Paris, 1986.

Creswell, K.A.C., *Early Muslim Architecture*, New-York, 1969.

Da Costa, K., « Byzantine and Early Islamic Lamps : Typology and Distribution », dans E. Villeneuve et P. Watson, *La céramique byzantine et proto-islamique en Syrie-Jordanie (IVe-VIIIe siècles apr. J.-C.)*, *BAH* 159, p. 241-257.

Degeorge, G. et Porter, Y., *L'art de la céramique dans l'architecture musulmane*, Paris, 2001.

Demaison, M., « Le Musée des Arts Décoratifs », *Les Arts : revue des musées, collections, expositions* 48, 1905, p. 1-45.

Dentzer-Feydy, J., Vellerien M., Fournet Th., Mukdad R. et A., *Bosra. Aux portes de l'Arabie*, Damas, 2007.

Fontoynont, M. (éd.), *Daylight Performance of Buildings*, Hong Kong, 1999.

Foy, D., « Lampes de verre fatimides à Fostat : le mobilier des fouilles de Istabl ʿAntar », dans Barrucand M. (éd.), *L'Egypte fatimide : son art et son histoire*, Actes du colloque organisé à Paris les 28, 29, 30 mai 1998, Paris, 1999, p. 279-296.

—, « L'héritage antique et byzantin dans la verrerie islamique : exemples d'Istabl ʿAntar-Fostat », *AnIsl* 34, 2000, p. 151-178.

—, « Un atelier de verrier à Beyrouth au début de la conquête islamique », *Syria* 77, 2000, p. 239-290.

—, « L'apport des fouilles d'Istabl ʿAntar [Fostat-Le Caire] à l'étude du vitrage de l'époque omeyyade à l'époque fatimide », dans *De transparentes spéculations : vitres de l'antiquité et du Haut Moyen Âge (Occident-Orient)*, Bavay, 2005, p. 131-137.

—, « De l'autre côté de la Méditerranée : le verre à vitre à la fin de l'antiquité et au début de l'époque islamique », dans *De transparentes spéculations : vitres de l'antiquité et du Haut Moyen Âge (Occident-Orient)*, Bavay, 2005, p. 111-117.

—,« Lampes en verre coniques et à pied tubulaire », dans Chrzanovski L. (éd.), *Lychnological Acts 1 : Actes du 1er Congrès international d'études sur le luminaire antique (Nyon-Genève, 29.IX - 4.X.2003)*, Montagnac, 2005, p.107-113.

—, « Sabra al-Mansûriyya : les vitrages de couleur d'une ville califale », dans *De transparentes spéculations : vitres de l'antiquité et du Haut Moyen Âge (Occident-Orient)*, Bavay, 2005, p. 141-147.

Fremersdorf, F., *Antikes, islamisches und mittelalterliches Glas : sowie kleinere Arbeiten aus Stein, Gagat und verwandten Stoffen in den vatikanischen Sammlungen Roms (Museo Sacro, Museo Profano, Museo Egizio, Antiquarium Romanum)*, Citta del Vaticano, 1975.

Gobillot, G., « Quelques stéréotypes cosmologiques d'origine pythagoricienne chez les penseurs musulmans au Moyen Âge (I) », *RHR* 219/1, 2002, p. 55-87.

—, « Les mystiques musulmans entre Coran et tradition prophétique. À propos de quelques thèmes chrétiens », *RHR* 222/1, 2005, p. 43-87.

Goldstein, S.M., *Glass: From Sasanian Antecedents to European Imitations*, Londres, 2005.

Hadad, S., *Oil Lamps from the Hebrew University Excavations at Bet Shean*, Jérusalem, 2002.

Heilmeyer, W.-D. et Hoepfner, W. (éds.), *Licht und Architektur*, Tübingen, 1990.

Kahn, L., *Choix de conférences et d'entretiens 1955-1974*, Paris, 1996.

Kröger, J., *Nishapour. Glass of the Early Islamic Period*, New-York, 1995.

Kubiak, W. B., « Medieval Ceramic Oil Lamps form Fusṭâṭ », *ArsOr* 8, 1970, p. 1-18.

Lane-Poole, *The Art of the Saracens in Egypt*, Londres, 1886.

Le Corbusier, *Vers une architecture*, Paris, 1924.

Lester, A., Arnon, Y., Polak, R., « The Fatimid Hoard from Caesarea : A Preliminary Report », dans M. Barrucand (éd.), *L'Égypte fatimide : son art et son histoire*, Actes du colloque organisé à Paris les 28, 29, 30 mai 1998, Paris, 1999, p. 233-248.

Marçais, G. et Poinssot, L., *Objets kairouanais, IXe au XIIIe siècle : reliures, verreries, cuivres et bronzes, bijoux*, Tunis, 1952.

Masson, D., *L'eau, le feu, la lumière : d'après la Bible, le Coran et les traditions monothéistes*, Paris, 1985.

Meinecke, M. et Aalund, F., *Bosra. Islamische Kunst und Archäologie*, Orient-Archäologie, 17, Rahden, 2005.

Mossakowska, M., « "Le bain de lumière" : le hammam du gouverneur de la forteresse de Sadr au centre du Sinaï », dans *De transparentes spéculations : vitres de l'antiquité et du Haut Moyen Âge (Occident-Orient)*, Bavay, 2005, p. 139-140.

Porter, V., *Islamic Tiles*, Londres, 1999.

Reveyron, N., « Lumières gothiques. Évolution du voûtement et de l'éclairement dans la cathédrale de Lyon au XIIIe siècle », dans *Mélanges Prache : Pierre, lumière et couleur*, Paris, 1999, p. 165-184.

—, « Espace et lumière. La dynamique de l'éclairement dans l'architecture médiévale », dans Ch. Sapin (éd.) *Archéologie du vitrail et du décor de verre en France*, Auxerre, 2006.

—, « Les nouvelles orientations méthodologiques et thématiques de l'archéologie du bâti en France à la fin du XXe siècle », dans *IVe Congrès d'archéologie médiévale et moderne*, Paris, 2007.

Rice, D.S., « The Oldest Dated 'Mosul' Candlestick AD 1225 », *The Burlington Magazine* 91/561, 1949, p. 334-341.

—, « Studies in Islamic Metal Work, V », *BSOAS* 17, 1955, p. 206-230.

Sodini, J.-P. et Orssaud, D., « Les lampes tournées de Qalʿat Semʿan et leurs parallèles dans le bassin méditerranéen », dans Démians d'Archimbaud G., *La céramique médiévale en Méditerranée, Actes du VIe congrès de l'AIECM2, Aix-en-Provence (13-18 novembre 1995)*, Aix-en-Provence, 1997, p. 63-72.

Soulard, Th., « Une architecture immatérielle », in *Dossiers d'Archéologie*, n° 319, 2007, p. 70-79.

Soustiel, J., *La céramique islamique*, Paris, 1985.

Stiegemann, Ch. (éd.), *Byzanz : das Licht aus dem Osten : Kult and Alltag im Byzantinischen Reich vom 4. bis 15. Jahrhundert : Katalog der Ausstellung im Erzbischöflichen Diözesanmuseum Paderborn*, Paderborn, 2001.

Weightman, B.A., « Sacred Landscapes and the Phenomenon of Light », *GeoRev* 86/1, 1996, p. 59-71.

Wiet, G., *Catalogue général du Musée arabe du Caire. Objets en cuivre*, Le Caire, 1932.

Wunderlich, Ch., « Éclairage antique high-tech », dans L. Chrzanovsky (éd.), *Lumière! L'éclairage dans l'Antiquité*, Lausanne, 2006, p. 40-45.

Zignani, P., *Enseignement d'un temple égyptien : conception architectonique du temple d'Hathor à Dendara*, Lausanne, 2008.

Zignani, P. et Aubourg, E., « Espaces, lumières et composition architecturale au temple d'Hathor à Dendara. Résultats préliminaires », *BIFAO* 100, Le Caire, 2000, p. 47-78.

Ziffer, I., *Islamic Metalwork*, Tel Aviv, 1996.

Zine, M. C., « L'interprétation symbolique du verset de la lumière chez Ibn Sina, Gazali et Ibn ʿArabi et ses implications doctrinales », *Arabica* 56/6, 2009, p. 543-595.

LAHCEN DAAÏF*

Un document juridique mamelouk

Se porter garant de la comparution d'un tiers**

✦ **RÉSUMÉ**

Cette étude se propose de présenter, éditer et analyser un acte juridique mamelouk sur la garantie de la comparution d'un tiers en justice. Cet acte, EG 601, fut enregistré auprès du tribunal hanafite du Fayyoum en l'an 739/1339. Comme il porte sur la garantie d'un tiers, il revêt un intérêt considérable pour la pratique juridique de cette période, qui semble avoir consacré pour la première fois, un formulaire spécifique au *ḍamān* (garantie) et à la *kafāla* (caution) de la personne et des biens ainsi qu'en témoignent les manuels notariaux de cette époque. Sa valeur est d'autant plus grande que les documents mamelouks relatifs à cette forme de garantie sont rares, et plus rares encore les études qui en traitent.

Mots-clés: acte légal mamelouk – pratique juridique – *ḍamān* (garantie) – *kafāla* (caution)

✦ **ABSTRACT**

This paper will present, edit and analyze a Mamluk legal instrument bearing on the guarantee of a third party's appearance in court. This act, EG 601, was recorded before the Hanafi court of Faiyum in the year 739/1339. Since it involves a third-party guarantee, it is

* Lahcen Daaïf, chercheur section arabe, IRHT/CNRS, l.daaif@irht.cnrs.fr.

** Cette étude s'inscrit dans le cadre du projet de recherche européen ERC : ILM «Islamic Law Materialized», dirigé par Ch. Müller (IRHT/CNRS) que je remercie de m'avoir fait partager ses avis sur certains passages, ainsi que D.S. Richards pour ses suggestions.

quite interesting for the study of the legal practice of this period, which seems to have devoted a specific formula for the first time to the *ḍamān* (guarantee) and the *kafāla* (surety-bond) of a person and of goods, as shown by notarial manuals of the period. Its value is all the greater because Mamluk documents related to this forum of guarantee are rare, and studies of them are even rarer.

Keywords: Mamluk legal instrument – legal practice – *ḍamān* (guarantee) – *kafāla* (surety-bond)

* * *

De tous les documents juridiques islamiques antérieurs à l'époque ottomane qui nous sont parvenus, ceux de l'époque mamelouke, en particulier les archives du Ḥaram al-Šarīf[1] et des waqfs du Caire[2], ont inspiré les plus amples études. L'intérêt croissant que cette période continue de susciter est dû à sa riche production littéraire. En effet, celle-ci touche à de vastes domaines de savoir (l'historiographie, la géographie surtout dans son volet topographique (*ḫiṭaṭ*), le droit (*fiqh*), le notariat et la diplomatique) qui sont indispensables à l'étude de la pratique juridique et du système judiciaire. Grâce à ces deux sources distinctes, les documents juridiques d'un côté et les œuvres littéraires de l'autre, il est possible désormais de reconstituer étape par étape le déroulement de la pratique juridique jusque dans ses détails les plus subtils[3].

C'est aussi à la faveur de cette profusion de documents que l'on a pu relever les différences plus ou moins marquantes entre les deux systèmes judiciaires, mamelouk et fatimide, en dépit de nos connaissances lacunaires de ce dernier, eu égard à la rareté des archives et des sources juridiques fatimides[4]. En même temps, on constate une continuité relative entre le système judiciaire mamelouk et celui des Ayyoubides qu'il a supplanté. En témoignent, entre autres, les attestations (*šahādāt*/*išhādāt*) dans lesquelles les formules introductives d'usage qui fixent l'objet de l'acte suffisent parfois à déterminer si le document fut dressé sous les Mamelouks ou sous les Ayyoubides.

1. À titre indicatif, on citera les travaux de Little, *A Catalogue of the Islamic Documents*; « Haram Documents »; « Six Fourteenth-Century Purchase Deeds »; « Two Fourteenth-Century Court Records »; « Documents Related to the Estates »; « A fourteenth-century Jerusalem Court record »; Müller, *Der Kadi und seine Zeugen*.
2. Sur les waqfs du Caire, cf. Amin, *Catalogue des documents d'archives*; Denoix, « Pour une exploration d'ensemble d'un corpus. »
3. La base CALD (Comparing Arabic Legal Documents) du projet ILM est entièrement dédiée aux documents légaux et officiels ainsi qu'aux décrets (*marāsīm*). On notera qu'environ les trois cinquièmes des documents saisis dans CALD (au nombre de 3000 environ) sont d'époque mamelouke.
4. Stern a déjà attiré l'attention sur la rareté des pièces d'archives de la période fatimide, *Fāṭimid Decrees*, p. 3-4. Sur l'institution judiciaire fatimide voir Sayyid, *al-Dawla al-fāṭimiyya*, p. 267-276.

Le document dont nous proposons l'édition et l'analyse est un acte juridique mamelouk tant dans sa structure que dans sa formulation. Il fut enregistré auprès du tribunal ḥanafite du Fayyoum en l'an 739/1339, lors du dernier règne du sultan al-Nāṣir Muḥammad b. Qalāwūn (m. 741/1341)[5]. Comme il porte sur la garantie d'un tiers, il revêt un intérêt considérable pour la pratique juridique de cette période qui consacre un formulaire spécifique au *ḍamān* et à la *kafāla* de la personne, ainsi qu'en témoignent les manuels notariaux de cette époque[6]. Sa valeur est d'autant plus grande que les documents mamelouks relatifs à cette forme de garantie semblent rares et que, de plus, aucun n'a encore été édité[7]. Seuls trois documents conservés au Metropolitan Museum, dressés en 288/901 sur un même papyrus, ont été récemment publiés[8].

Description

Ce document est conservé à l'Ermitage à Saint-Pétersbourg sous le numéro d'inventaire EG 601, dans une collection encore inconnue, qui comporte une soixantaine de pièces rapportées d'Égypte à la fin du XIXe siècle par l'archéologue Vladimir G. Bock, alors conservateur au musée. Parmi elles, quelques-unes revêtent un grand intérêt, comme celle qui fait l'objet de la présente étude. Suite à une mission effectuée en 1985 par Yūsuf Rāġib, le directeur délégué du musée lui envoya les photographies des six documents légaux mamelouks qu'il lui avait demandées et l'autorisa à les publier.

L'acte est rédigé sur un papier qui semble appartenir au type dit oriental couramment utilisé en Égypte à cette époque, avant que le type occidental, qui s'était déjà imposé au Maghreb[9], n'arrive et ne se répande au Proche-Orient arabe quelque temps après la date de ce document : 739/1339[10]. En effet, outre qu'aucun filigrane n'y est visible, on peut juger à l'œil nu de la mauvaise qualité de la feuille qui présente une couleur brunâtre typique du papier oriental.

Sa hauteur, 40 cm, dépasse le double de sa largeur qui est de 18 cm. Hormis une légère déchirure à l'extrémité gauche de la première pliure, quelques menus bouts manquants dans les extrémités des troisième, cinquième, septième et neuvième pliures et un dernier à la fin de l'angle droit du bas, le papier est bien conservé. Le texte, qui occupe presque les deux tiers de la page, comporte treize lignes plus une dernière insérée dans la marge droite de haut en bas, qui précise le lieu où le document fut légalisé. Relativement réguliers, les interlignes font environ 2,2 cm, hormis les deux espaces qui séparent les trois dernières lignes : la première

5. Voir *infra*, note 64.
6. Voir *infra*, note 17.
7. Dans la base CALD, sur les 24 documents mamelouks introduits par la formule de *ḥaḍara ilā/ʿinda šuhūdihi/al-šuhūd*, trois seulement ont été publiés, dont aucun ne concerne la garantie de la personne, voir *infra*, note 27.
8. Sijpesteijn, « Profit Following Responsibility. » Toutefois, dans cet article, les documents ne concernent pas directement le *ḍamān*, mais plutôt sa demande (*ṭalab al-ḍamān*).
9. Sur les deux types de papier, on consultera Muzerelle, *Vocabulaire codicologique*, p. 47 ; sur les filigranes, *ibid.*, p. 35, 54 ; Humbert, « Le manuscrit arabe et ses papiers », p. 64-65 ; Bauden, « The Role of Interpreters. »
10. Humbert, « Le manuscrit arabe et ses papiers », p. 66.

clôt le document et les deux dernières contiennent respectivement les formules d'attestation et les noms des témoins. L'ampleur des marges varie considérablement : la plus grande, celle du bas, comporte trois bandes et celle du haut, qu'on appelait *ṭurra*[11], deux. De même, la marge droite est deux fois plus large que la marge gauche où les fins de lignes touchent presque le bord de la feuille pour empêcher tout ajout frauduleux[12]. L'alignement des débuts et fins de ligne est inégal : les quatre du milieu débordent des deux côtés sur les autres lignes, rendant ainsi le milieu du document plus large.

Le papier conserve nettement la trace de douze plis qui le traversent en bandes horizontales. Ils ont entamé l'encre par endroits, altérant par la suite les derniers mots des trois lignes que nous avons indiquées précédemment (1, 3, 13). Mais pour autant, tout laisse à penser qu'à l'origine, le papier a été roulé dans le sens de la largeur en partant plutôt du bas, selon la coutume qui régnait à cette époque, lettres comprises[13]. En témoignent les bandes que délimitent ces pliures. Comme elles s'élargissent de droite à gauche, notamment vers la fin du papier, elles révèlent que le document ne fut pas plié (*ṭayy*), mais enroulé (*laff*)[14]. Ce n'est donc que par la suite, lors de son rangement, son classement, son archivage temporaire ou son transport que le papier fut progressivement écrasé ou aplati.

Bien que très dense dans les deux premières lignes, comme dans la cinquième où figurent le nom et le titre de l'émir et dans l'avant-dernière, sous l'attestation du deuxième témoin dont le nom est partiellement effacé, la noirceur de l'encre n'a pâli qu'en trois endroits : à la fin de la première, de la troisième et de la treizième ligne.

Comme la majorité des cursives de l'époque mamelouke, l'écriture est dépouillée de toute vocalisation. La *hamza* est toujours omise aussi bien sur les lettres qui en sont habituellement pourvues (*alif*, *wāw* et *yā'*) que sur la ligne (*ʿalā al-saṭr*). Les points diacritiques sont relativement rares ; néanmoins, ils apparaissent sans raison apparente dans huit cas dissemblables : deux fois sur la lettre *fā'* (finale : l. 2 ; médiane : l. 11) et deux autres sur la lettre *nūn* (finale : l. 4 ; médiane : l. 7), puis quatre fois sur la même lettre, le *šīn*, qu'il comporte trois dents distinctes, dans *šuhūd* (l. 2) et *šahr* (l. 9), ou qu'il revête la forme d'un trait horizontal allongé, comme dans *ʿašara* (l. 11) et *šahida* (l. 9).

Dans l'ensemble, on peut distinguer quatre mains différentes : celle du notaire rédacteur (*kātib*), Muḥammad b. Muḥammad al-Ḫaṭīb, qui signe en premier en tant que témoin[15], celles des deux autres témoins, enfin celle du scribe attaché au tribunal ou celle du cadi dans la note insérée dans la marge droite. Au reste, depuis le dernier mot de la quatrième ligne jusqu'au milieu de la sixième, l'écriture, quand bien même serait-elle de la même main, devient si rapide qu'elle dégénère en gribouillis, particulièrement lorsqu'elle renferme, comme dans ce passage, le nom complet du haut fonctionnaire mamelouk précédé de son titre officiel et

11. Qalqašandī, *Subḥ* VI, p. 314.
12. Voir Rāġib, *Actes de vente* II, p. 3-4, § 9.
13. Bauden a traité cette question avec d'amples détails dans son article « The Role of Interpreters », p. 35.
14. Qalqašandī, *Subḥ* VI, p. 352.
15. Voir Rāġib, *Actes de vente* II, p. 9, § 24.

suivi du nom et du titre de son père (et parfois de son grand-père) et finalement de sa *šuhra* : Ibn al-Muhannāwī. À l'intérieur du mot, les lettres qui doivent être séparées sont souvent liées ; en outre, les dernières s'attachent parfois aux premières du mot suivant. Afin d'éviter toute levée de calame et d'assurer une cadence constante et rapide, les ligatures foisonnent tant que les mots se chevauchent. Aussi la *basmala* forme-t-elle un seul bloc[16], la *taṣliya*, à peine trois de deux mots chacun (l. 1), la lunaison, un seul de deux mots renfermant pourtant trois lettres qui ne s'attachent pas (deux *rā'*-s et un *alif*) : *raǧab al-fard* (l. 10), et surtout une ligne presque entière (l. 5) écrite d'une seule traite : *al-aǧall ʿAlā' al-Dīn Abū ʿAlī b. al-amīr al-aǧall al-kabīrī Faḫr al-Dīn* ; et enfin à la marge : *al-ḥanafī bi-Bāb al-Fayyūm*. Une autre caractéristique orthographique de ce document qui favorise une rédaction rapide, consiste dans la suppression de l'*alif maqṣūra* au profit de ligatures superficielles, que ce soit devant l'*alif* de liaison (*waṣliyya*) ou devant le *sīn*, ainsi dans la *taṣliya* : *wa-ṣalla Allāh* au lieu de *ṣallā*, et *ʿala sayyidinā* au lieu de *ʿalā* (l. 1), *ʿala mā ḏakara* au lieu de *ʿalā* (l. 8). Pourtant, cet *alif maqṣūra* est clairement écrit dans la formule introductive à la deuxième ligne : *ilā šuhūdihi* (l. 2). Malgré ces quelques entorses à l'orthographe, dont l'*alif* rétabli de *Ibn* (l. 6) au milieu d'une généalogie comme le veut l'usage à l'époque quand il y a retour à la ligne, aucune erreur, ni glissement de calame ne sont à déplorer dans ce texte. Il n'y a pas non plus de coupe de mot à déplorer dont les premières lettres se trouveraient en fin de ligne et les dernières au début de la suivante, procédé abandonné apparemment depuis des siècles. Enfin, le dos de la feuille est demeuré vierge comme nombre d'actes de la pratique du temps des Mamelouks.

Situation judiciaire

La première partie représentée par Abū ʿAdī b. Ǧamāl al-Dīn Yūsuf b. Muḥammad s'engage à se porter garante et caution (*ḍamina wa kafala*)[17] de Masʿūd b. ʿUmar frère de Ḍabāba auprès de son créancier, l'émir ʿAlā' al-Dīn Abū ʿAlī et à le faire comparaître en justice (*iḥḍār*) si celui-ci lui en fait la demande. Il est donc question d'une *kafāla bi-l-nafs*, qui correspond dans le droit musulman à un cautionnement par lequel la caution (Abū ʿAdī) se porte garante à l'égard du

16. Il convient de rappeler que les manuels notariaux mettent particulièrement l'accent sur l'écriture de la *basmala* qui doit être nette, lisible, voire même calligraphiée, surtout le *ism al-ǧalāla* (Allāh) : Asyūṭī, *Ǧawāhir al-ʿuqūd* I, p. 14 ; Tyan, *Le notariat*, p. 34.

17. Voir Asyūṭī, *Ǧawāhir al-ʿuqūd* II, « *Kitāb al-ḍamān wa-l-kafāla* », p. 181-185 ; Ǧarawānī, *al-Kawkab al-mušriq*, p. 44ق-45ب. En Occident musulman, surtout en al-Andalus, le formulaire de la garantie de la personne distingue entre le *ḍamān* incluant l'objet du litige et le *ḍamān* qui l'exclut, voir Ibn al-ʿAṭṭār, *Waṯā'iq*, pour le premier *ḍamān* (p. 158-159) : *ḍamina fulān li-fulān waǧh/taḥammala fulān li-fulān bi-waǧh fulān [...] wa-lā ḍamāna yalḥaquhu* ; pour le second (p. 154-155), on se sert presque de la même formule qui n'est pas suivie de la clause *wa-lā ḍamāna yalḥaquhu* : *taḥammala fulān [li-fulān] bi-waǧh ǧarīmihi fulān li-yuḥḍirahu iyyāh* ; aussi Ǧazīrī, *Maqṣad*, p. 323. Dans le cas où le garant s'avère dans l'impossibilité d'honorer cet engagement, il est tenu en l'absence de la personne garantie de s'acquitter à sa place de la dette contractée. Pour les différentes garanties en usage dans les actes de vente, voir Rāġib, *Actes de vente* II, p. 93-100.

créancier (ʿAlāʾ al-Dīn) de la comparution en justice du débiteur (Masʿūd b. ʿUmar) [18]. Ainsi, l'engagement de la caution n'inclut pas l'exécution de l'obligation du débiteur (*kafāla bi-māl*). Bien que le document ne spécifie pas l'objet de l'obligation (*dayn*, *ʿayn*) [19] entre les deux antagonistes, on comprend par l'engagement d'Abū ʿAdī en faveur de Masʿūd b. ʿUmar que ce dernier s'est trouvé obligé envers l'émir ʿAlāʾ al-Dīn. Par ailleurs, cela ressort aussi du principe de *ḍamān* en islam, selon lequel seules les dettes (*dayn*) et les obligations susceptibles d'être prises en charge (*ʿayn*) par la caution peuvent faire l'objet d'un cautionnement. En restreignant sa caution seulement à la comparution de Masʿūd (*kafālat al-nafs*), Abū ʿAdī ne peut être considéré comme le codébiteur de ce dernier [20], mais plutôt solidairement responsable. Par conséquent, étant étranger à l'obligation contractée par Masʿūd vis-à-vis de ʿAlāʾ al-Dīn, Abū ʿAdī s'engage unilatéralement [21] en considération de cette obligation avec l'accord du créancier. En effet, contrairement aux autres écoles juridiques, en droit hanafite, l'accord préalable entre la caution et le créancier fait partie des conditions de validité des deux formes de cautionnement, *kafālat al-nafs* et *kafālat al-māl* [22]. Si Abū ʿAdī vient à manquer à son obligation de faire comparaître Masʿūd, il encourt, au terme d'un délai de grâce, la prison par décision du juge [23].

Le document : structure et formulation

Immédiatement après la *basmala* et la *taṣliya*, il est fait mention de la formule d'usage avant d'énoncer le nom complet de la première partie intéressée : s'est présenté devant ses témoins en ce jour dont la date est indiquée [ci-dessous], un tel fils d'un tel « *ḥaḍara ilā/ʿinda šuhūdi-hi yawma tārīḫihi fulān b. fulān* ». Dressé sous les Ayyoubides, cet acte aurait revêtu une forme différente, comme le suggère un document rédigé en 583/1184 à Ašmūnayn et conservé à la bibliothèque nationale d'Autriche (A. Ch. 13380 = PERF 1290) [24] qui s'en rapproche le plus sur

18. « *Ḍamm ḏimmat al-kafīl ilā ḏimmat al-aṣīl fī al-muṭālaba muṭlaqan bi-nafs aw bi-dayn aw bi-ʿayn* » (adjoindre la responsabilité de la caution à celle du débiteur en vue d'une action de revendication d'une personne, d'une dette ou d'une chose déterminée), Ibn ʿĀbidīn, *Radd al-muḥtār* VII, p. 553.

19. Ibn ʿĀbidīn, *Radd al-muḥtār* VII, p. 554.

20. Parce que si c'était le cas, les codébiteurs se porteraient cautions l'un de l'autre et chacun serait tenu pour le tout, cf. Chehata, *Essai d'une théorie générale de l'obligation en droit musulman*, p. 291, 295, 296 et *passim*.

21. Dans la conception des auteurs mālikites, šāfiʿites et ḥanbalites, cf. Linant de Bellefonds, *Traité de droit musulman comparé* I, p. 161.

22. La *kafāla* nécessite l'accord du demandeur, voir Ibn ʿĀbidīn, *Radd al-muḥtār* VII, p. 555 : *tatawaqqaf ʿalā iǧāzat al-ṭālib*. Voir aussi les divers cas juridiques passés en revue par Ibn ʿAbidīn, VII, p. 559-577 ; voir Kāsānī, *Badāʾiʿ al-ṣanāʾiʿ* VII, p. 389 : « Quant au fondement [de la *kafāla*], il consiste dans l'obligation et l'acceptation : l'obligation incombe au garant (*kafīl*) et l'acceptation au demandeur » (*ammā al-rukn fa-huwa al-īǧāb wa-l-qabūl, al-īǧāb min al-kafīl wa-l-qabūl min al-ṭālib*) ; aussi Schacht, *Introduction au droit musulman*, p. 134 ; Linant de Bellefonds, « kafāla », p. 422a-423a.

23. Du point de vue ḥanbalite, la caution sera tenue de la dette du débiteur principal (*al-aṣīl*), cf. Laoust, *Le précis de droit d'Ibn Qudāma*, p. 104 ; du point de vue mālikite, le juge a le choix, en fonction des charges contre la caution, soit de l'emprisonner, soit de l'obliger à régler la dette de l'*aṣīl*, cf. Ibn Farḥūn, *Tabṣirat al-ḥukkām* II, p. 250-251.

24. Thung, *Arabische juristische Urkunden*, p. 149-153.

le plan juridique : au lieu de la formule introductive de « s'est présenté devant » (*ḥaḍara ilā*), le notaire emploie le verbe *aqarra* à l'accompli (a reconnu) suivi du nom de la personne concernée, et en troisième lieu seulement, apparaît la formule de présence différemment exprimée. À la place de *ḥaḍara ilā*, le participe actif de ce verbe introduit la formule de présence avec le changement de la particule *ilā* en *ʿinda* qui s'ensuit, ainsi : *ḥāḍir al-ān ʿinda šuhūdi-hi* : [il] est présent en ce moment auprès de ses témoins instrumentaires. Or, ce dernier acte qui appartient à l'époque ayyoubide se rapproche des actes de reconnaissance (*iqrārāt*), tandis que son pendant mamelouk relève des actes de présence devant témoins (*ḥuḍūr*)[25]. Toutefois, on notera que l'acte ayyoubide a pour objet une reconnaissance de dette (*dayn*) et une garantie des biens (en l'occurrence *qamḥ*, le blé) par un tiers dont le nom n'apparaît qu'ensuite, alors que l'acte présent dressé sous les Mamelouks est entièrement dédié à la garantie de la personne. Malgré la différence de formulation dans l'introduction entre les deux documents, le modèle ayyoubide n'a pas complètement disparu dans le système judiciaire mamelouk[26], spécialement en Syrie comme en témoignent quelques documents du Ḥaram al-Šarīf[27].

Que ce soit un acte de reconnaissance ou de présence devant témoins, le document ayyoubide et le document mamelouk ont été dressés de toute évidence pour porter ce témoignage devant le juge et rédiger par la suite un procès-verbal (*maḥḍar*)[28]. Car, dans l'acte de reconnaissance, le sujet qui reconnaît (*muqirr*) décline son identité puis prend à témoins les *šuhūd* du tribunal[29] ; autrement dit, il établit un *išhād*. Pour notre document, l'objet principal est la garantie de la présence d'un tiers que l'on doit faire venir (*iḥḍār fulān*). À cette tâche, s'engage la première partie Abū ʿAdī, nommée devant témoins : responsabilité lui incombe de ramener une tierce personne, Masʿūd b. ʿUmar, à la deuxième partie intéressée, ʿAlāʾ al-Dīn Abū ʿAlī. En d'autres termes, la première présence (*ḥuḍūr*) devant témoins constitue le cadre juridique général dans lequel s'insère l'objet principal de l'acte qui, lui, consiste en l'engagement de l'intéressé à répondre de la présence d'un tiers, présent sur place, pour un motif que tait le document pour le moment. Par voie de conséquence, nous assistons peut-être à un début de procès. En effet, ce type de document présuppose une suite en fonction de l'issue de la garantie de la personne, soit un autre procès qui nécessitera, à son tour, une seconde présence devant témoins, à savoir la comparution en personne de Masʿūd b. ʿUmar. Ensuite un nouvel acte sera susceptible de

25. C'est ce qui ressort de la disposition des chapitres adoptée par Asyūṭī dans *Ǧawāhir al-ʿuqūd*. Il propose pour la garantie de la personne deux formulaires : un dans le chapitre de l'*iqrār* I, p. 27, l'autre dans celui de *ḍamān* et *kafāla*, I, p. 185.

26. Comme l'atteste le modèle de *ḍamān al-nafs* dans le cadre d'un *iqrār* reproduit par Nuwayrī, *Nihāyat al-arab* IX, p. 7.

27. Particulièrement deux : le numéro 256 (2), déchiffré sur CALD par Müller, catalogué par Little, *A Catalogue*, p. 92, et le numéro 287 publié par Lutfi, « A Study of Six Fourteenth-Century Iqrārs », p. 273. Sur l'histoire et le statut d'archive du Ḥaram al-Šarīf, voir Müller, « The Ḥaram al-Šarīf. »

28. Tyan, *Le notariat*, p. 48.

29. Sur la déposition et les deux grandes étapes de témoignage, on consultera Müller, « Écrire pour établir la preuve en islam », p. 65.

voir le jour, dans lequel le motif qui a présidé à l'établissement de la garantie de personne sera susceptible d'être énoncé.

Cela voudrait-il dire qu'en matière judiciaire, à l'époque mamelouke, tout acte de *šahāda*, quel qu'en soit l'objet, devait forcément avoir lieu à la cour devant le juge ? N'était-il pas possible d'envisager l'établissement de l'acte de témoignage, oralement ou par écrit sans se déplacer au tribunal (*maǧlis al-ḥukm al-ʿazīz*) ?

Le lieu

Comme cela se laisse clairement entendre dans ce document, la présence devant témoins n'a pas lieu obligatoirement au tribunal : elle peut se faire dans un autre lieu, mais en présence de témoins instrumentaires, d'où l'expression *ḥaḍara ilā šuhūdihi*. En considération de cette alternative, l'acte juridique n'a donc pas été établi devant le cadi au tribunal du Fayyoum. Mais il pouvait l'être dans la demeure de la personne pour laquelle il fut dressé, c'est-à-dire le plaideur, en l'occurrence un personnage éminent investi d'une certaine autorité, comme le suggèrent son titre et son lignage : émir fils d'émir ʿAlā' al-Dīn Abū ʿAlī. Il pourrait avoir eu lieu à proximité de la mosquée ou même dans son enceinte, selon une coutume ancienne conforme au droit musulman [30]. Dans la mesure où nous sommes informés de l'identité du notaire rédacteur dont la fonction fait partie du nom : *al-ḫaṭīb* [31], le prédicateur qui prononce le prêche de la prière du vendredi, il est probable aussi que l'acte juridique ait été rédigé dans une mosquée du Fayyoum où il officiait.

Les témoins

Une autre interrogation est suscitée par cette disposition juridique. C'est à propos du statut juridique des témoins signataires : sont-ils des témoins instrumentaires, *šuhūd ʿudūl* ou de simples témoins ordinaires susceptibles d'être récusés par le juge ? Les deux possibilités sont envisageables : d'un côté, l'acte n'étant pas rédigé à la cour, les deux témoins signataires peuvent être deux musulmans dont l'honorabilité est reconnue aussi bien par les parties intéressées que par le notaire rédacteur lui-même. D'un autre côté, si l'on considère que leur présence n'est pas nécessaire lors de la rédaction de l'acte [32], il peut s'agir de témoins instrumentaires attachés à la cour et préalablement désignés par le juge. Dans ce cas, il revient au notaire rédacteur (*al-muwaṯṯiq al-kātib*) ou à l'une des parties intéressées de soumettre l'acte aux témoins instrumentaires, après avoir confirmé son contenu devant eux, afin qu'ils y ap-

30. Concernant les avis juridiques sur la mosquée comme lieu de témoignage, de rédaction et de garantie des actes et des transactions commerciales etc., voir Tyan, *Le notariat*, p. 39-40 ; Rāġib, *Marchands d'étoffes* I, p. 12.
31. Sur cette épithète de prédicateur, voir le chapitre des « titres des maîtres de la plume », Qalqašandī, *Subḥ* V, p. 463.
32. Asyūṭī, *Ǧawāhir al-ʿuqūd* I, p. 8, 9 ; voir aussi Tyan, *Le notariat*, p. 56.

posent la formule du témoignage (*rasm al-šahāda*) [33]. Dans un cas comme dans l'autre, il serait arbitraire de trancher sur le statut des deux témoins signataires à côté du notaire rédacteur en s'appuyant uniquement sur la pratique notariale. Il faut l'avouer : un registre de témoins instrumentaires au sein d'une archive judiciaire mamelouke du Fayyoum aurait levé tout doute au sujet du statut de ces deux *šuhūd* [34].

Jetons un coup d'œil aux ouvrages de *šurūṭ* pour examiner les normes notariales qu'ils dispensent à ce propos. Curieusement, la formule *ḥaḍara ilā šuhūdihi* n'apparaît qu'une fois dans le manuel de notariat de Ǧarawānī (m. après 788/1386), à la 15ᵉ section du 38ᵉ chapitre dédié à la judicature et aux rédactions des *maḥāḍir* qui s'y rattachent (*bi l-qaḍā' wa-lawāzimihi min al-maḥāḍir*), que seul le manuscrit de Berlin « ب » renferme [35]. En revanche, on la rencontre plus souvent dans le *Ǧawāhir al-ʿuqūd* de Asyūṭī quand il est question de porter témoignage contre ou pour une personne devant témoins [36]. Toutefois, l'auteur précise dans le chapitre intitulé « De la judicature et des statuts qui s'y rattachent » que cette expression peut être interchangeable avec la formule *ḥaḍara ilā maǧlis al-ḥukm al-ʿazīz* qui spécifie que l'*išhād* a eu lieu dans le tribunal. Un acte de témoignage qui n'a pas été établi au tribunal et qui s'ouvre par la formule « s'est présenté devant ses témoins » est susceptible par la suite d'être validé par le juge. Pour ce faire, écrit Asyūṭī, il suffit de mentionner à la fin du document en question juste avant la date, qu'il a été enregistré auprès du tribunal par l'adjonction de cette formule « *wa-ḏālika bi-maǧlis al-ḥukm al-ʿazīz al-fulānī* » : et cela [s'est tenu] dans l'honorable cour de justice de tel cadi [37].

C'est ce cas de figure que l'on constate dans le présent document à cette différence près que cette dernière formule y est stipulée, non pas à la fin, mais à la marge droite, après que le cadi ou le scribe de la cour en présence de ce dernier ou de son délégué, a tracé un petit trait vertical du haut vers le bas, le long des trois dernières lignes (les 8, 9 et 10), trait qui s'arrête net avant la ligne de la date. Ainsi, d'une part, l'emplacement de l'indication du lieu du tribunal,

33. Selon Maqrīzī, *Sulūk* I, p. 273, les notaires rédigeaient les actes dans le lieu où ils exerçaient leur profession, avant d'aller les soumettre aux *šuhūd ʿudūl*. Cette pratique née à Damas, qui se répandit ensuite au Caire et dans l'Égypte entière fut réformée par le Qāḍī al-quḍāt Šams al-Dīn Aḥmad b. al-Ḫalīl al-Ḫuwayyī en l'an 635 de l'hégire : il organisa des centres de notariat : *rattaba marākiz al-šuhūd*.

34. Afin de répondre à ce besoin, le projet ILM s'emploie à élaborer dans la base CALD un registre de noms de personnes cités dans les documents saisis, en prenant soin de les répertorier par catégories professionnelles, spécialement les témoins instrumentaires et les juges. Dans son étude sur les documents du Ḥaram al-Šarīf, Ch. Müller a reconstitué un registre d'environ cinquante témoins sur une période de cinq années (793 à 798), *Der Kadi und seine Zeugen*, p. 280-319.

35. Au sous-chapitre relatif aux règles que doit observer le juge et le scribe de la cour dans la rédaction des procès-verbaux, *maḥāḍir* (*adab al-qaḍā' wa-l-maḥāḍir*), la 15ᵉ section est intitulée *maḥḍar islām naṣrānī*, procès-verbal de la conversion d'un chrétien à l'islam. Voir Muḥammad b. ʿAbd al-Munʿim al-Ǧarawānī, *al-Kawkab al-mušriq*, p. 314b. Dans le manuscrit du Caire « ق », figure la formule équivalente : *ḥaḍara maǧlis al-ḥukm al-ʿazīz*, *ibid.*, p. 315a.

36. Asyūṭī, *Ǧawāhir al-ʿuqūd*, dans le chapitre traitant des dons, aumônes etc., I, p. 404, dans celui des testaments, I, p. 463, et surtout, en grand nombre, dans celui des *diyāt*, les prix du sang et des blessures, II, p. 288, 289, 290, etc.

37. Asyūṭī, *Ǧawāhir al-ʿuqūd* II, p. 374.

quoique à la marge, respecte l'ordre suivi dans le manuel notarial qui l'énonce avant la date. D'autre part, la mention du tribunal dans la marge droite s'explique par le fait que les lignes du texte ont été soigneusement comptées. Leur nombre est écrit en toutes lettres après la date, plus exactement à la onzième ligne, rendant impossible l'ajout d'une ligne supplémentaire. Le document fut donc écrit, dans un premier temps, par al-Ḫaṭīb, dans la mosquée où il était le prédicateur ou, dans une moindre mesure, dans la demeure de l'émir, en présence des deux témoins indiqués. Dans un deuxième temps, ce prédicateur ou l'une des deux parties intéressées déposèrent l'acte au tribunal de l'entrée de la ville appelée dans le document Bāb al-Fayyūm.

Analyse

Vers la fin de l'après-midi du lundi 6 rağab de l'an 739/18 janvier 1339, le porteur d'eau dans l'outre de peau dénommé Abū ʿAdī b. Ğamāl al-Dīn Yūsuf b. Muḥammad s'est présenté devant ses témoins pour se porter garant et caution de la personne de Masʿūd b. ʿUmar connu sous le nom du « frère de Ḍabāba ». Abū ʿAdī s'est engagé à faire comparaître ce dernier qui l'autorise à le faire devant l'émir ʿAlāʾ al-Dīn Abū ʿAlī, fils de l'émir al-Kabīrī Faḫr al-Dīn Maḥmūd b. ʿAbd Allāh, connu sous le nom d'Ibn al-Muhannāwī, quand celui-ci lui en formulera la demande, et à tout moment du jour ou de la nuit.

Recto

١. بسم الله الرحمن الرحيم وصلى الله على سيدنا محمد وآله

٢. حضر إلى شهوده يوم تاريخه أبو عدي بن جمال الدين يوسف بن

٣. محمد السقا بالراوية وهو معروف وضمن وكفل وجه

٤. وبدن مسعود بن عمر عرف بأخي ضبابة وإحضاره للأمير

٥. الأجل علاء الدين أبو علي بن الأمير الأجل الكبيري فخر الدين محمود

٦. ابن عبد الله الملكي الناصري والده وهو يعرف بابن المهناوي

٧. وشهوده يعرفونه متى التمس إحضاره منه في ليل أو نهار

٨. أو صباح أو مسا بإذنه له في ذلك على ما ذكر أبو عدي المذكور

٩. وبه شهد عليه في يوم الاثنين بعد العصر سادس شهر

١٠. رجب الفرد سنة تسع وثلاثين وسبعمائة عدد أسطره

١١. عشرة أسطر بهذا السطر خلا البسملة الشريفة

١٢. شهد بذلك كاتبه شهد بذلك شهد بذلك

١٣. محمد بن محمد الخطيب عبد الحي عبد الله ... يوسف بن محمد الـ....وي؟

Marge droite du haut vers le bas, de la ligne 8 à la ligne 11

بمجلس الحكم العزيز الحنفي بباب الفيوم

Traduction

1. Au nom de Dieu, le Clément, le Miséricordieux ! Que Dieu prie sur notre maître Muḥammad et sa famille !
2. S'est présenté devant ses témoins [signataires du document] en ce jour daté, Abū ʿAdī b. Ǧamāl al-Dīn Yūsuf b.
3. Muḥammad, porteur d'eau dans l'outre de peau qui est connu. Il s'est porté garant et caution de la
4. personne [visage et corps] de Masʿūd b. ʿUmar connu sous le nom du frère de Ḍabāba, qu'il se chargera d'amener
5. au noble émir ʿAlā' al-Dīn Abū ʿAlī fils du noble émir al-Kabīrī Faḫr al-Dīn Maḥmūd
6. b. ʿAbd Allāh, dont le père [de ʿAlā' al-Dīn] est al-Malikī al-Nāṣirī connu sous le nom d'Ibn al-Muhannāwī
7. que ses témoins connaissent, quand il [l'émir] lui en fera la demande de nuit ou de jour,
8. matin ou soir, avec la permission [de l'émir] au dire d'Abū ʿAdī susmentionné.
9. Témoignage fut porté de cela pour lui après la prière de l'après-midi, le lundi six du mois
10. de *rağab* l'unique l'an sept cent trente-neuf. Le nombre des lignes [de l'acte]
11. est de dix, cette ligne comprise, à l'exclusion de la noble *basmala.*

12. A témoigné de cela, le rédacteur [de l'acte]

13. Muḥammad b. Muḥammad al-Ḫaṭīb

12. A témoigné de cela

13. ʿAbd al-Ḥayy b. ʿAbd Allāh [......]

12. A témoigné de cela

13. Yūsuf b. Muḥammad al-.....wī

(Marge droite)
Au tribunal ḥanafite à l'entrée du Fayyoum

Commentaire

L. 1 La *basmala* est suivie directement de la *taṣliya* sur la même ligne sans marquer le moindre espace[38]. À l'exception du document présent, les autres actes de la pratique de l'Ermitage (reconnaissance/*iqrār* et location/*iǧāra*) datés pourtant de la même époque et rédigés dans la même localité commencent tous par une simple *basmala* sans *taṣliya*[39].

L. 2 Cette expression de *ḥaḍara ilā šuhūdihi yawma tārīḫihi* : s'est présenté devant ses témoins à la date indiquée (littéralement : le jour de sa date [de l'acte]), est courante dans les actes de la pratique de l'époque mamelouke, notamment ceux qui renferment des témoignages (*šahādāt*) ou des appels à témoins (*išhādāt*).

On retrouve cette formule ailleurs avec de légères variantes de particules : *ʿinda šuhūdihi yawma* au lieu de *ilā šuhūdihi*, ou encore *fī yawm tārīḫihi* sans retrancher la préposition *fī*[40], comme le préconise Asyūṭī dans le *Ǧawāhir*. Dans l'état actuel de nos connaissances, particulièrement enrichies par les données de la base CALD, on peut avancer que les seuls documents antérieurs à l'époque mamelouke dans lesquels figure, du moins partiellement, l'expression *ḥaḍara fī*, sont au nombre de deux et ont été dressés hors de l'Orient arabe. Le premier est une plainte rédigée au tribunal d'Ardabīl en 626/1229[41] : *[ḥaḍara fī] maǧlis al-šarʿ wa-dīwān al-qaḍā'* : s'est présenté à l'assemblée de la loi et la cour de justice ; le second revêt la forme d'une déclaration faite par l'un des gouverneurs des districts de Yārkand : *annahu ḥaḍara maǧlis al-ḥukm* : qu'il s'est présenté à la cour de justice[42].

38. Asyūṭī, *Ǧawāhir al-ʿuqūd* I, p. 14, insiste sur la *taṣliya* immédiatement après la *basmala* sans les séparer par la particule *wāw*. Ǧarawānī aussi en fait un début systématique, *al-Kawkab al-mušriq*, p. 32a (manuscrit du Caire « ق ») ; Tyan, *Le notariat*, p. 51.

39. S'agissant des recommandations faites au scribe attaché à la cour au sujet de la *basmala* et de la *taṣliya*, voir Nuwayrī, *Nihāyat al-arab* IX, p. 7 ; Asyūṭī, *Ǧawāhir al-ʿuqūd* I, p. 14.

40. Dans la base de données CALD, sur les 24 documents mamelouks introduits par cette formule, deux seulement usent de la particule *ʿinda* au lieu de *ilā* : Ḥaram 293 (Richards, « The qasāma », p. 259-261), et Venise 180.9.10 (Bauden, « The Role of Interpreters »), et deux autres du Sinaï emploient *al-šuhūd* au lieu de *šuhūdihi* : Sinaï 081 et Sinaï 291. À l'exception de six documents en cours de déchiffrement dans CALD, dont quatre du Sinaï (Sin 191, Sin 972, Sin 539, Sin 978a), la formule *yawma tārīḫihi* est introduite par la préposition *fī*. Tous les autres documents l'omettent dont une bonne majorité provient des archives du Ḥaram al-Šarīf, comme Ḥaram 636 publié trois fois : deux fois la même année par Little, « Haram Documents », p. 257, et Ṣāliḥiyya, « Min waṯā'iq », p. 78-79, n° 5, puis par Richards « The qasāma », p. 270-272, voir *supra*, note 7.

41. Gronke, *Arabische und persische Privaturkunden*, p. 379-392 : Ardabīl 17. L'éditrice suggère *ḥaḍara fī* dans une lacune en se fondant sur un autre document de la collection d'Ardabīl : Ardabīl 20, ligne 8 (daté de 630/1233) où apparaît la même expression à la suite d'une longue énumération des fonctions et qualités du juge, cf. *ibid.*, p. 415. Si l'on excepte la formule d'introduction *yaqūlu… al-qāḍī* dans ce deuxième document, on peut en conclure que Ardabīl 20 est l'un des premiers documents légaux, comme Ardabīl 17, à avoir utilisé l'expression consacrée *ḥaḍara fī*.

42. Cet acte a d'abord été publié par Huart, « Documents de l'Asie centrale », p. 607-627, puis réédité par Gronke, « The Arabic Yārkand Document », p. 500-501.

L. 3-4 *al-saqqā bi-l-rāwiya*, (pl. *rawāyā*) ou *aṣḥāb al-rawāyā wa-l-qirab*[43] désigne le porteur qui transporte l'eau potable dans des outres de peau chargées sur des bêtes de somme[44] pour le distinguer des porteurs qui utilisaient des récipients en terre cuite portés sur des ânes (*ḥamīr*) et des dromadaires (*ǧimāl*)[45]. Ces hommes formaient l'une des nombreuses corporations de métiers du Caire attestées dans les archives de la *maḥkama al-šarʿiyya*[46] et dans la chronique de Ǧabartī (m. 1240/1825)[47]. Outre la distribution et la vente d'eau, les *saqqā'ūn* avaient pour mission, en leur qualité de brigade d'incendie, d'éteindre le feu partout dans la ville à la demande du gouverneur (*wālī*)[48]. Seuls deux autres documents de la même collection de Saint-Pétersbourg soulignent, par l'adjonction de *rāwiya*, que cette profession était exercée par l'intéressé au moyen d'outres de peau apparemment pour le distinguer des *saqqā'ūn* qui les transportaient eux-mêmes dans des gargoulettes (*qulla*). Le premier tirait l'eau de la source pour la distribuer dans la cité contre une rémunération, le second en achetait pour la revendre en petite quantité. Nul autre document légal dans la base CALD ne fait état de la profession de *saqqā* accolée au terme de *rāwiya*. En revanche, on dénombre plus d'une vingtaine de documents où figure[49] le nom de *saqqā*, dont le plus ancien remonte au IVe/Xe siècle[50].

Wa-ḍamina wa-kafala waǧh wa-badan [...] wa-iḥḍāra-hu : et se porte garant de la personne [du visage et du corps] d'Untel, et s'engage à la ramener à Untel. Formule consacrée dans les actes notariaux de *ḍamān* des biens (*māl*) et de personne (*nafs*). Le *waǧh*, visage qui symbolise l'identité maîtrisée, renvoie à la personne qui fait l'objet du *ḍamān* et dont l'identité doit

43. Sur ce métier, voir Raymond, « Les Porteurs d'eau du Caire », p. 190, 195-196.
44. Fīrūzābādī, *Qāmūs*, p. 1665a ; Kazimirski, *Dictionnaire* I, p. 958b. Sur ce métier pratiqué pendant les voyages de pèlerinage à La Mecque, plusieurs scènes ont été décrites dans les morceaux choisis par Jomier, *Le Maḥmal*, p. 94-95 ; sur les émoluments de l'intendant des porteurs d'eau (*saqqā'ūn*), les chameaux et outres de peau à leur disposition durant le voyage au XVe siècle (tiré d'al-Gazarī, *al-Durar al-farā'id al-munazzama* (*sic*)), p. 114 ; voir aussi Raymond, « Les Porteurs d'eau du Caire », p. 183-202.
45. Il est question de mulets (*biġāl*) et de dromadaires (*ǧimāl*) dans Maqrīzī, *Mawāʿiẓ* III, p. 358, qui cite un passage d'*Aḫbār Miṣr* de Musabbiḥī, tiré des événements de l'an 382 de l'hégire. En 747/1346, à la suite d'une décrue du Nil, le prix d'une *rāwiya* atteignit le dirham, *ibid.* III, p. 594 ; Raymond, « Les Porteurs d'eau du Caire », p. 192.
46. Raymond, *Artisans* II, p. 528. Les manuels traitant de la *ḥisba*, ordre public, en témoignent également, voir les références citées par Raymond, «Les Porteurs d'eau du Caire», p. 189-190.
47. Ǧabartī, *ʿAǧā'ib*, sur le rôle des *saqqā'ūn* qui transportent l'eau à dos de dromadaires en temps de guerre, voir I, p. 81, 83, 109 et IV, p. 54, et à dos d'ânes : IV, p. 104, 187-188 et *passim*. Aussi pour ce même rôle sous les Fatimides, l'année 415/1024, voir le seul volume qui nous soit parvenu des 40 volumes de la *Chronique d'Égypte* d'al-Musabbiḥī, p. 35.
48. Raymond, *Artisans* II, p. 608 ; aussi Maqrīzī, *Mawāʿiẓ* III, p. 90 ; IV, p. 1070.
49. Dont voici quelques-unes : Abū l-ʿAlā' al-Qazzāz b. Mīna al-Saqqā : Grohmann, *Arabic Papyri* I, p. 218-22, 228-36, 242-51, aussi dans les documents du Ḥaram al-Šarīf de Jérusalem qui datent tous du VIIIe/XIVe s., actuellement en cours de déchiffrement par Ch. Müller, et déjà catalogués par Little, *Catalogue*, dont nous citerons à titre indicatif, p. 73 : Ḥaram 126 (Saʿdān b. ʿUṯmān b. Dāwūd al-Maʿarrī al-Saqqā) ; p. 79 : Ḥaram 155 (Yaʿqūb al-Saqqā al-Maġribī) ; p. 228 : Ḥaram 200 (ʿAbd Allāh b. ʿAbd Allāh al-Saqqā), etc.
50. Publié par Dietrich, *Arabische Papyri*, p. 30-32 : Hamburg AP 43.

être certaine lors de sa comparution physique (*badan*) [51]. Bien qu'on la retrouve partiellement dans des actes de vente, tel Ḥaram 320 [52] ou des requêtes (*qiṣṣa*), tel Sinaï 192-2) [53], cette expression introduit fréquemment la formule de présence devant témoins dans les documents de témoignage mamelouks conservés au Ḥaram al-Šarīf : *ḥaḍara ilā*, tels que Ḥaram 488, 596, 712 [54]. Alors qu'Asyūṭī propose deux formules introductives aux documents relatifs à la garantie des personnes et des biens, *ḥaḍara ilā šuhūdihi* [55] et *ḥaḍara bi-ḥuḍūr al-muqirr al-maḏkūr*, Ǧarawānī n'emploie que cette dernière, en qualifiant le garant d'*al-muqarr lahu*, et la personne bénéficiaire de la garantie d'*al-muqirr* : *wa ḥaḍara bi-ḥuḍūr al-muqirr* [56].

Aḫū Ḍabāba, Ḍibāba ضبابة : on peut également lire Ḍabāna, Ḍabāṯa, Ṣabāba et Ṣabāna. Les dictionnaires des noms et surnoms arabes suggèrent six interprétations différentes de cette *nisba* : Ḍabābī [57], Ḍabāṯī, Ḍubāṭa [58], Ḍubābī, Ḍibābī [59] et Ṣubāb [60]. Deux autres possibilités de lecture demeurent : Ḍibyān(a), nom d'une tribu yéménite [61], et Ṣibyāna/Ṣabyāna صبيانة qui dériverait des noms arabes Ṣibyānī ou Ṣabyānī attestés relativement aux enfants [62].

Les *nisba*-s al-Malikī al-Nāṣirī [63] révèlent que la personne concernée est ou était soit un affranchi, soit un serviteur de condition libre, attaché au sultan mamelouk al-Malik al-Nāṣir Nāṣir al-Dīn Muḥammad b. Qalāwūn qui monta trois fois sur le trône. Son dernier règne, le plus long, approcha les trente-deux ans (entre 709/1309 et 741/1341) [64]. Seulement la *nisba* concerne ici Maḥmūd b. ʿAbd Allāh al-Kabīrī Faḫr al-Dīn, c'est-à-dire le père de ʿAlāʾ al-Dīn Abū ʿAlī qui constitue la deuxième partie de l'acte : *al-malikī al-nāṣirī wāliduhu*. La tournure de cette dernière phrase qui révèle le rang supérieur du père en renvoyant à celui-ci par le suffixe *hu*, ne traduit pas un oubli rattrapé, mais vise au contraire par ce procédé à glorifier le rang du père et parallèlement celui du fils.

51. Voir sur les autres termes qui renvoient aux parties visibles du corps, *ra's, raqaba, ʿunuq, rūḥ*, Ibn ʿĀbidīn, *Radd al-muḥtār* VII, p. 559.
52. Little, *Catalogue*, p. 283 : déchiffré par Müller : *wa-ḍamina wa-kafala kullu wāḥidin minhum aṣḥābahu*.
53. Richards, « St Catherine's », p. 172 : *wa-ḍamina wa-kafala wa-ltazama li-man ḏukira amāmahu*.
54. Ils sont tous du VIIIᵉ/XIVᵉ s. : voir Ḥaram 488, Richards, « The qasāma in Mamlūk Society », p. 265-267 ; Ḥaram 596, *ibid.*, p. 279-280 ; Little, *Catalogue*, p. 244 ; Ḥaram 712 : Richards, « The qasāma in Mamlūk », p. 252-256.
55. Asyūṭī, *Ǧawāhir al-ʿuqūd* I, p. 184-185.
56. Ǧarawānī, *al-Kawkab al-mušriq*, p. 44-45 ق et ب ; Nuwayrī, *Nihāyat al-arab* IX, p. 13.
57. Samʿānī, *Ansāb* IV, p. 6 ; Ibn Ḥaǧar, *Tabṣīr* III, p. 853 ; Ibn Mākūlā, *Ikmāl* V, p. 217.
58. Ibn Mākūlā, *Ikmāl* V, p. 218-219 (Ḍubāṭ) ; Samʿānī, *Ansāb* IV, p. 7 (al-Ḍubāṭī) ; Ibn Ḥaǧar, *Tabṣīr* III, p. 853 (Ḍubāṭ), p. 859 (Ḍubāt).
59. Samʿānī, *Ansāb*, al-Ḍibābī, V, p. 6 ; Ibn Ḥaǧar, *Tabṣīr* III, p. 853 (Ḍibāb, al-Ḍibāb).
60. Ibn Mākūlā, *Ikmāl* V, p. 219 (Ṣubāb).
61. Kaḥḥāla, *Qabāʾil* II, p. 663a.
62. Zubayr *et al.*, *Muʿǧam asmāʾ al-ʿArab* II, p. 996b-997a.
63. Richards, *Mamluk Administrative Documents*, p. 20-21 ; Bāšā, *Alqāb*, p. 111-113.
64. Richards, *Mamluk Administrative Documents*, p. 20 ; sur son troisième règne, voir Maqrīzī, *Sulūk* II, p. 72-551. Un ouvrage entier est consacré à la biographie de ce sultan dont n'a survécu que la partie relatant les événements survenus entre 733 et 738 de l'hégire : Yūsufī, *Nuzhat al-nāẓir fī sīrat al-Malik al-Nāṣir*.

L. 5 Le titre d'al-*amīr al-aǧall*[65] suivi ou non d'*al-kabīrī* est réservé aux maîtres de l'épée (*arbāb al-suyūf*), les gens de l'armée de rang moyen ou inférieur et, par extension, à ceux qui dépendaient de l'élite du régime militaire même indirectement. Ce régime s'organise suivant une hiérarchie à trois niveaux principaux, appelés *maǧālis*, sing. *maǧlis* : *al-maǧlis al-ʿālī al-amīrī*, *al-maǧlis al-sāmī* et enfin *maǧlis al-amīr al-aǧall*[66]. Ce dernier est porté d'habitude par des notables ou des personnes influentes, généralement d'origine turque, au service des hauts dignitaires de l'armée[67]. Qalqašandī n'intègre pas le titre d'*al-amīr al-aǧall* dans le dernier *maǧlis* dit *sāmī*, supérieur – sans la *yā' maqṣūra* maintenue orthographiquement sans les deux points de dessous, pour le distinguer du niveau supérieur, *maǧlis sāmiyy* avec *yā'* –, qui relève du troisième degré de la hiérarchie des militaires et autres fonctionnaires puissants de l'État. Néanmoins, Qalqašandī lui assigne le cinquième et dernier degré (*daraǧa*), intitulé degré de l'émir dépourvu d'annexion (*iḍāfa*)[68].

L. 6 Ibn al-Muhannāwī : nous l'avons vocalisé ainsi en le reliant, en tant que nom de relation (*nisba*), à « Muhanna'/Muhannā », seule forme figurant dans les dictionnaires onomastiques de personnes et de peuples qui citent, en outre, la *kunya* d'Abū Muhannā. Muhanna' fut le nom de plusieurs transmetteurs de *ḥadīṯ* aux trois premiers siècles de l'hégire[69]. Dans sa chronique, ʿUmarī (m. 749/1349) évoque un personnage de la tribu de Āl Rabīʿa, du nom de ʿĪsā b. Muhanna' qui secourut, dit-on, Baybars et lui offrit même un cheval pour l'aider dans sa fuite. Une fois au pouvoir, Baybars, reconnaissant, le promut émir. Le fils de celui-ci, Muhanna' b. ʿĪsā, reçut le même titre et obtint de plus grandes largesses encore du successeur de Baybars, al-Manṣūr Qalāwūn (m. 689/1290). Tombé ensuite en disgrâce sous al-Malik al-Ašraf (m. 689/1293), il parvint à regagner son rang sous al-Nāṣir vers la fin de sa vie en 735/1335[70]. Personnage influent, Muhanna' b. ʿĪsā était aussi un riche seigneur qui possédait plusieurs mamelouks, dont certains étaient intégrés au corps de l'armée[71]. On peut dès lors émettre l'hypothèse que Faḫr al-Dīn Maḥmūd al-Kabīrī, le père de ʿAlā' al-Dīn,

65. Sur l'usage que l'on fait de l'épithète *aǧall* en général, voir, Qalqašandī, *Ṣubḥ* VI, p. 6.
66. Pour une division plus homogène où ces trois niveaux de *maǧālis* trouvent leur place au sein d'un ensemble cohérent de titres hiérarchisés, subdivisé en cinq groupes gradués, voir Qalqašandī, *Ṣubḥ* VI, p. 138-144. Le dernier *maǧlis* correspond au *maǧlis al-sāmi* sans *yā'*.
67. Asyūṭī, *Ǧawāhir al-ʿuqūd* II, p. 590-591 : *tuktab li-man taḫallaqa bi-aḫlāq atbāʿ al-Turk [...] wa-waqafa fī ḫidmat arbāb al-waẓā'if min al-Turk* ; Bāšā, *Alqāb*, p. 133-134.
68. Qalqašandī, *Ṣubḥ* VI, p. 146. Aussi Richards, *Mamluk Administrative Documents*, p. 25 ; pour cerner ces divers grades dans le domaine des correspondances (*mukātabāt*), on se reportera aux développements apportés par Müller & Pahlitzsch, « Sultan Baybars I », p. 263-268.
69. Ibn Mākūlā, *Ikmāl* VII, p. 306 ; Ibn Ḥaǧar, *Tabṣīr* IV, p. 1327.
70. Sur ce personnage, voir ʿUmarī, *Masālik al-abṣār*, p. 114-124. Aussi Maqrīzī, *Sulūk* II, p. 39-40, sur son intercession en faveur d'Ibn Taymiyya auprès du sultan Nāṣir al-Dīn Muḥammad qui le libéra en 707 de l'hégire, et p. 87-88 sur son rang auprès du sultan.
71. Parmi ces mamelouks, on compte un officier supérieur en vue du nom de Burluǧī al-Kabīr, en faveur duquel Muhanna' b. ʿĪsā aurait vainement intercédé auprès d'al-Nāṣir Muḥammad b. Qalāwūn, voir ʿUmarī, *Masālik*, p. 121-122.

pourrait faire partie de ces mamelouks de Muhanna' b. ʿĪsā, et avoir par relation (*nisba*) le nom d'al-Muhannāwī, d'où la *šuhra* qui fut léguée à son fils, Ibn al-Muhannāwī[72]. Enfin al-Muhannā et Āl Muhannā renvoient aussi respectivement à une fratrie bédouine (*faḫiḏ*) d'Iraq, et diverses branches (*farʿ*) de tribus iraquiennes[73].

L. 7 *matā iltamasa iḥḍārahu minhu fī layl aw nahār...* : quand il lui demandera de le faire venir de nuit comme de jour... Expression couramment utilisée dans les actes de *ḍamān al-kafāla* de la personne[74]. Par cette clause, le choix est laissé à la deuxième partie. ʿAlā' al-Dīn Abū ʿAlī, de décider du moment de comparution de la personne qui fait l'objet de la garantie.

L. 8 *[wa-ḏālika] bi-iḏnihi lahu fī ḏālika* : [et cela] avec sa permission de le faire. L'autorisation dont le garant (*ḍāmin*), a juridiquement besoin fait l'objet de désaccord entre les écoles juridiques, seuls les hanafites insistent sur l'accord du créancier[75]. Étant donné que l'acte juridique a été enregistré dans un tribunal ḥanafite, le suffixe *hu* dans *bi-iḏnihi* ne saurait renvoyer qu'à la dernière personne mentionnée, à savoir le créancier l'émir ʿAlā' al-Dīn, comme le stipule Ibn ʿĀbidīn « *wa-lā taṣiḥḥu bilā qubūl al-ṭālib fī maǧlis al-ʿaqd* » (et elle ne peut être valide [la *kafāla*] lors de la séance de la rédaction de l'acte sans l'accord du demandeur)[76]. Du point de vue šāfiʿite la caution a besoin de l'autorisation de la personne pour laquelle elle se porte garante, en l'occurrence Masʿūd b. ʿUmar. Ainsi al-Nuwayrī écrit: « *wa in ḥaḍara man yaḍmanu al-waǧh wa-l-badan dūna al-māl fa-lā yaǧūzu illā bi-iḏn al-maḍmūn* » (si celui qui se porte garant du visage et du corps d'un tiers, mais non de ses biens, se présente [devant témoins], cela n'est valide qu'avec l'accord de ce dernier)[77].

L. 10 la date 739 de l'hégire est certaine. Le mot *ṯalāṯīn*, trente, est écrit suivant l'abréviation d'usage dans la plupart des documents mamelouks, où l'on ne conserve que les deux premières lettres : un *ṯā'* dépourvu de points et le *lām al-alif* réduit à un seul *lām* dont la base est tirée exagérément vers le bas.

L. 10-11 *ʿadad asṭurihi ʿašarat asṭur bi-hāḏā al-saṭr ḫalā al-basmala al-šarīfa* : le nombre de ses lignes est de dix, celle-ci comprise, à l'exclusion de la noble *basmala*. Il convient de noter qu'un tel degré de précision dans le comptage des lignes, dans un document légal, où le notaire a pris

72. Le nom de relation (*nisba*) inclut le lien de clientèle entre l'esclave ou le mamelouk et son maître, Sublet, *Le voile du nom*, p. 108.

73. Sur les Āl Muhannā, voir Maqrīzī, *Sulūk* II, p. 350, 407, 525 et *passim* ; sur Abū M(u)hannā et Bayt Muhannā, voir Kaḥḥāla, *Qabā'il* V, p. 241b-242a.

74. Ǧarawānī, *al-Kawkab al-mušriq*, p. 45 ; Asyūṭī, *Ǧawāhir al-ʿuqūd* I, p. 27 ; Nuwayrī, *Nihāyat al-arab* IX, p. 13.

75. Cf. *supra*, note 22 ; Linant de Bellefonds, *Traité de droit musulman comparé* I, p. 162.

76. Excepté Abū Yūsuf al-Qāḍī qui voit dans le cautionnement un acte d'engagement unilatéral ne nécessitant pas l'accord du créancier, cf. Ibn ʿĀbidīn, *Radd al-Muḥtār* VII, p. 555 ; Chehata, *Essai d'une théorie générale de l'obligation*, p. 294.

77. Nuwayrī, *Nihāyat al-arab* IX, p. 1.

soin d'indiquer, en outre, que la *basmala* n'y est pas incluse, n'est attesté dans aucun autre document légal parmi la masse enregistrée à l'heure actuelle dans la base de données CALD. Certes, les manuels notariaux incitent les greffiers (*kuttāb al-ḥukm*) à reporter le nombre des lignes dans le document, surtout quand celui-ci est long, occupant plusieurs feuillets (*darğ*)[78]. Toute mention de la *basmala* dans le corps du texte dans un document légal est déjà une indication qu'il ne remonte pas au-delà de l'époque mamelouke. Quand la *basmala* y est citée, elle est systématiquement précédée de la formule : *maḍmūnuhu baʿda* […] « [voici] son contenu [de l'acte] après la *basmala* », puis suivie de l'épithète *šarīfa*, noble. Force est de constater que la seule exception à cette règle se trouve dans notre document, qui fait mention de la *basmala* pour une tout autre raison, à savoir le signalement du nombre de lignes. Quant au mot *saṭr*, cité au pluriel, *asṭur*, ou au pluriel du pluriel, *suṭūr*, il apparaît dans de rares documents mamelouks. Il ne concerne que deux cas de figure, le premier se rapporte à la validation (*muʿtadd bihi/ṣaḥīḥ fī mawḍiʿihi*), par le scribe, des corrections (*muṣlaḥ*) et ajouts entre les lignes (*mulḥaq bayn asṭurihi*)[79] ou en dehors de la ligne (*muḫrağ*)[80] qu'il a apportés de sa main en les rappelant à la fin de l'acte[81]. Le second cas concerne les actes d'*išhādāt* et d'*isğālāt* établis à l'ordre du juge, dans lesquels la mention du mot *saṭr* au pluriel vise à désigner le vide d'attente que le cadi devait combler par la date inscrite de sa main. Cette mention autographe est évoquée par la formule suivante : *al-maktūb bi-ḫaṭṭihi al-karīm bayna asṭurihi/asṭurihi aʿlāhu* : [la date] écrite de son honorable main entre les lignes [du document] situées en haut[82].

---

78. Nuwayrī le rappelle avec regret, constatant que les notaires ont tendance à négliger ce procédé, *ibid.*, IX, p. 8.

79. Ḥaram 131, déchiffré dans CALD par Müller, cf. Little, *Catalogue*, p. 74. Aussi Sinaï n° 300 déchiffré dans CALD par Daaïf, catalogué par Richards « Documents from Sinai », p. 279-283, et Sinaï n° 262 déchiffré dans CALD par Vanthieghem.

80. Ḥaram 645, déchiffré dans CALD par Müller, voir Little, *Catalogue*, p. 272.

81. Les différents cas de cette pratique qui nécessite du scribe un calame spécial, sont traités par Asyūṭī, *Ğawāhir al-ʿuqūd* I, p. 13.

82. Voir Amīn, *Catalogue* : *waṯīqa* 676 (1 et 6), p. 383-406, n° 4 ; Sinaï n°ˢ 246, 255, 265, 290, 293, 346 et quelques autres documents en cours de déchiffrement par Müller, Daaïf, Vanthieghem et Dridi.

Bibliographie

Papyrologie et diplomatique

Amin, M. M., *Catalogue des documents d'archives du Caire de 239/853 à 922/1516, (depuis le* IIIe/ IXe *siècle jusqu'à la fin de l'époque mamelouke)*, Ifao, Le Caire, 1981.

Bauden, F., « The Role of Interpreters in Alexandria in the Light of an Oath (*qasāma*) Taken in the Year 822 A.H./1419 A.D. » dans *Continuity and Change in the Realms of Islam. Studies in Honour of Professor Urbain Vermeulen*, éd. K. D'Hulster & J. van Steenbergen, Peteers, Leuven, 2008.

Dietrich, A., *Arabische Papyri aus der Hamburger Staats- und Universitätsbibliothek*, Abhandlungen für die Kunde des Morgenlandes, Leipzig, 1937.

Grohmann, A., *Arabic Papyri in the Egyptian library*, Le Caire, 1934-1962, 6 vol.

Gronke, M., *Arabische und persische Privaturkunden des 12. und 13. Jahrhunderts aus Ardabil (Aserbeidschan)*, Klaus Schwarz Verlag, Berlin, 1982.

—, « The Arabic Yārkand document », *BSOS* 49, 1986, p. 454-506.

Huart, Cl., « Documents de l'Asie centrale (Mission Pelliot). Trois actes notariés arabes de Yârkand », *JournAs* 4, 1914, p. 607-627.

Little, D., « Six Fourteenth-Century Purchase Deeds for Slaves from al-Ḥaram aš-Šarīf », *in ZDMG* 131, 1981, p. 297-337.

—, « Two Fourteenth-Century Court Records from Jerusalem Concerning the Disposition of Slaves by Minors », *Arabica* 29, 1982, p. 16-49.

—, *A Catalogue of the Islamic Documents from al-Ḥaram aš-Šarīf in Jerusalem*, Beyrouth, 1984.

—, « Haram Documents Related to the Jews of Late Fourteenth Century Jerusalem », *Journal of Semitic Studies* 30, Manchester, 1985.

—, « Documents Related to the Estates of a Merchant and His Wife in Late Fourteenth-Century Jerusalem », *in MSR* 2, 1998, p. 93-193.

—, « A Fourteenth-Century Jerusalem Court Record of a Divorce Hearing. A Case Study », *in Mamluks and Ottomans. Studies in Honour of Michael Winter*, D. Wasserstein and A. Ayalon (éd.) 1, Londres, 2006, p. 67-85.

Lutfi, H., « A Study of Six Fourteenth-Century Iqrārs from al-Quds Relating to Muslim Women », *JESHO* 26, 1983, p. 246-94.

Müller, Ch., « Écrire pour établir la preuve en islam », dans *Les outils de la pensée*, éd., A. Saito et Y. Nakamura, éditions de la Maison des sciences de l'homme, Paris, 2010, p. 63-97.

—, « The Ḥaram al-Šarīf Collection of Arabic Legal Documents in Jerusalem : a Mamlūk Court Archive ? », *Al-Qanṭara* 32, 2011, p. 435-459.

—, *Der Kadi und seine Zeugen : Studie der mamlukischen Ḥaram-Dokumente aus Jerusalem*, Harrassovitz, Wiesbaden, 2013.

Müller, Ch. & Pahlitzsch, J., « Sultan Baybars I and the Georgians—In the Light of New Documents Related to the Monastery of the Holy Cross in Jerusalem », *Arabica* 51, 2004, p. 258-290.

Rāġib, Y., *Marchands d'étoffes du Fayyoum au* IIIe/ IXe *siècle d'après leurs archives (actes et lettres)*, Ifao, Le Caire, 1982.

—, *Actes de vente d'esclaves et d'animaux d'Égypte médiévale* 2, Ifao, Le Caire, 2006.

Richards, D.S., « Documents from Sinai Concerning Mainly Cairene Property », *JESHO* 38, 1985, p. 225-293.

—, « The qasāma in Mamlūk Society : Some Documents from the Ḥaram Collection in Jerusalem », *AnIsl* 25, 1991, p. 245-284.

—, « St Catherine's Monastery and the Bedouin : Archival Documents of the Fifteenth and Sixteenth Centuries », dans J.-M. Mouton (éd.), *Le Sinaï de la conquête arabe à nos jours*, Ifao, Le Caire, 2001, p. 149-181.

—, *Mamluk Administrative Documents from St Catherine's Monastery*, Association pour la Promotion de l'Histoire et de l'Archéologie Orientales, université de Liège, Peeters, Leuven, Paris, 2011.

Ṣāliḥiyya, M.ʿI., «Min waṭāʾiq al-Ḥaram al-Qudsī al-Šarīf al-mamlūkiyya», *Ḥawliyyāt kulliyyat al-ādāb* VI, *Kuwayt*, 1405/1985.

Sijpesteijn, P.M., «Profit Following Responsibility. A Leaf from the Records of a Third/Ninth Century Tax-Collection Agent», *JJP* 31, 2001, p. 91-132.

Stern, S.M., *Fāṭimid Decrees. Original Documents from the Fāṭimid Chancery*, Faber and Faber, London, 1964.

Thung, M., *Arabische juristische Urkunden aus der Papyrussammlung der oesterreichischen Nationalbibliothek*, Generaldirektion der Oesterreichischen Nationalbibliothek, Leipzig, 2006.

Sources narratives

Asyūṭī (al-), Šams al-Dīn, Ğawāhir al-ʿuqūd wa-muʿīn al-quḍāt wa-l-muwaqqiʿīn wa-l-šuhūd, 2ᵉ éd. Le Caire, s. d., 2 vol.

Fīrūzābādī (al-), Maǧd al-Dīn, al-Qāmūs al-muḥīṭ, 2ᵉ éd., Muʾassasat al-risāla, Beyrouth, 1997/1407.

Ğabartī (al-), ʿAbd al-Raḥmān, ʿA ǧāʾib al-āṯār fī al-tarāǧim wa-l-aḫbār, éd. ʿA.ʿA. ʿAbd al-Raḥīm, Dār al-kutub al-miṣriyya, Le Caire, 1997-1998, 4 vol.

Ğarawānī (al-), Muḥammad b. ʿAbd al-Munʿim, al-Kawkab al-mušriq fīmā yaḥtāǧu ilayhi al-muwaṯṯiq li-ʿālim al-šurūṭ, éd. S. Saghbini, Ebverlag, Berlin, 2010.

Ğazīrī (al-), ʿAlī b. Yaḥyā, al-Maqṣad al-maḥmūd fī talḫīṣ al-ʿuqūd, éd. Asunción Ferreras, Madrid, 1998.

Ibn ʿĀbidīn, Muḥammad Amīn, Radd al-muḥtār ʿalā al-durr al-muḥtār, šarḥ Tanwīr al-abṣār, Dār al-kutub al-ʿilmiyya, Beyrouth, 1415/1994, 10 vol. (+ 2 Takmila).

Ibn al-ʿAṭṭār, Muḥammad b. Aḥmad, Kitāb al-waṯāʾiq wa-l-siǧillāt, éd., P. Chalmeta et F. Corriente, Academia Matritense del Notariado Instituto Hipano-Árabe de Cultura, Madrid, 1983.

Ibn Farḥūn, Abū ʿAbd Allāh Muḥammad, Tabṣirat al-ḥukkām fī uṣūl al-aqḍiyya wa-manāhiǧ al-aḥkām, al-Quds, Le Caire, 2009/1430, 2 t. en 1 vol.

Ibn Ḥaǧar, Šihāb al-Dīn, Tabṣīr al-muntabih fī taḥrīr al-muštabih, éd. M.ʿA. al-Naǧǧār, 1383/1964-1386/1967, 4 vol.

Ibn Mākūlā, Abū Naṣr, al-Ikmāl fī rafʿ al-irtiyāb ʿan al-muʾtalif min al-asmāʾ wa-l-kunā wa-l-ansāb, éd. ʿA. b. Y. al-Muʿallimī, Hyderabad, 1381/1961-1392/1972, 6 vol.

Kāsānī (al-), ʿAlāʾ al-Dīn, Badāʾiʿ al-ṣanāʾiʿ fī tartīb al-šarāʾiʿ, 2ᵉ éd. ʿA. M. Muʿawwaḍ & ʿA.A. ʿAbd al-Mawǧūd, Dār al-kutub al-ʿilmiyya, Beyrouth, 1424/2003, 10 vol.

Maqrīzī (al-), Taqī al-Dīn, Kitāb al-Sulūk li-maʿrifat duwal al-mulūk, éd. M.M. Ziyāda, Maṭbaʿat laǧnat al-taʾlīf, Le Caire, 1956, 2 vol. (3 tomes).

— al-Mawāʿiẓ wa-l-iʿtibār fī ḏikr al-ḫiṭaṭ wa-āṯār, éd., A.F. Sayyid, al-Furqān Islamic Heritage Foundation, London, 2002/1423-2004/1425, 5 vol.

Musabbiḥī (al-), ʿIzz al-Mulk, al-Ğuzʾ al-arbaʿūn min Aḫbār Miṣr, éd. A.F. Sayyid & T. Bianquis, 1978.

Nuwayrī (al-), Šihāb al-Dīn, Nihāyat al-arab fī funūn al-adab, Le Caire, s. d., 33 vol.

Qalqašandī (al-), Šihāb al-Dīn, Ṣubḥ al-Aʿšā fī ṣināʿat al-inšāʾ, Le Caire, 1913-1920 (réimpression 1963), 16 vol.

Samʿānī (al-), Abū Saʿd, al-Ansāb, éd. ʿA.ʿU. al-Bārūdī, Dār al-ǧinān, Beyrouth, 1988/1408, 6 vol.

ʿUmarī (al-), Ibn Faḍl Allāh, Masālik al-abṣār fī mamālik al-amṣār, éd. D. Krawulsky, al-Markaz al-islāmī li-l-buḥūṯ, Beyrouth, 1985.

Yūsufī (al-), ʿImād al-Dīn, Nuzhat al-nāẓir fī sīrat al-Malik al-Nāṣir, éd. A. Ḥuṭayṭ, ʿĀlam al-kutub, Beyrouth, 1406/1986.

Études

Bāšā (al-), Ḥ., al-Alqāb al-islāmiyya fī al-tārīḫ wa-l-waṯāʾiq wa-l-āṯār, Dār al-nahḍa al-ʿarabiyya, Alexandrie, 1978.

Chehata, Ch., Essai d'une théorie générale de l'obligation en droit musulman, Dalloz, Paris, 2005.

Denoix, S., « Pour une exploration d'ensemble d'un corpus. Les waqfs mamelouks du Caire », in Le Waqf dans l'espace islamique, outil de pouvoir socio-politique, R. Deguilhem (éd.), IFD, Damas, 1995, p. 29-44.

Humbert, G., « Le manuscrit arabe et ses papiers », REMMM 99-100, 2002, p. 55-77.

Jomier, J., Le Mahmal et la caravane égyptienne des pèlerins de la Mecque (XIIIᵉ-XXᵉ siècles), IFAO, Le Caire, 1953.

Kaḥḥāla, ʿU.R., Qabāʾil al-ʿArab al-qadīma wa-l-ḥadīṯa, Muʾassasat al-risāla, Beyrouth, 1985/1405, 5 vol.

Kazimirski, B. de, Dictionnaire arabe-français, Librairie arabe du Liban, Beyrouth, 1860, 2 vol.

Laoust, H. Le précis de droit d'Ibn Qudāma, IFD, Beyrouth, 1950.

Linant de Bellefonds, Y., Traité de droit musulman comparé, Mouton & Co., Paris-La Haye, 1965, 3 vol.

—, « Kafāla », EI² IV, p. 422a-423a.

Muzerelle, D., Vocabulaire codicologique. Répertoire méthodique des termes français relatifs aux manuscrits, CEMI, Paris, 1985.

Raymond, A., « Les Porteurs d'eau du Caire », BIFAO 57, 1958, p. 183-202.

— *Artisans et commerçants au Caire au XVIIIᵉ siècle*, IFD, Damas, 1973, 2 vol.

Sayyid, A.F., *al-Dawla al-fāṭimiyya fī Miṣr. Tafsīr ǧadīd*, al-Dār al-miṣriyya al-lubnāniyya, Le Caire, 1992.

Schacht, J., *Introduction au droit musulman*, trad. P. Kempf & A. Tuki, Maisonneuve et Larose, Paris, 1983.

Sublet, J., *Le voile du nom. Essai sur le nom propre arabe*, PUF, Paris, 1991.

Tyan, E., *Le notariat et le régime de la preuve par écrit dans la pratique du droit musulman*, Université de Lyon, Beyrouth, 1945.

Zubayr (al-), M. b., *et al.*, *Muʿǧam asmāʾ al-ʿArab*, Ǧāmiʿat al-Sulṭān Qābūs, Beyrouth, 1411/1991, 2 vol.

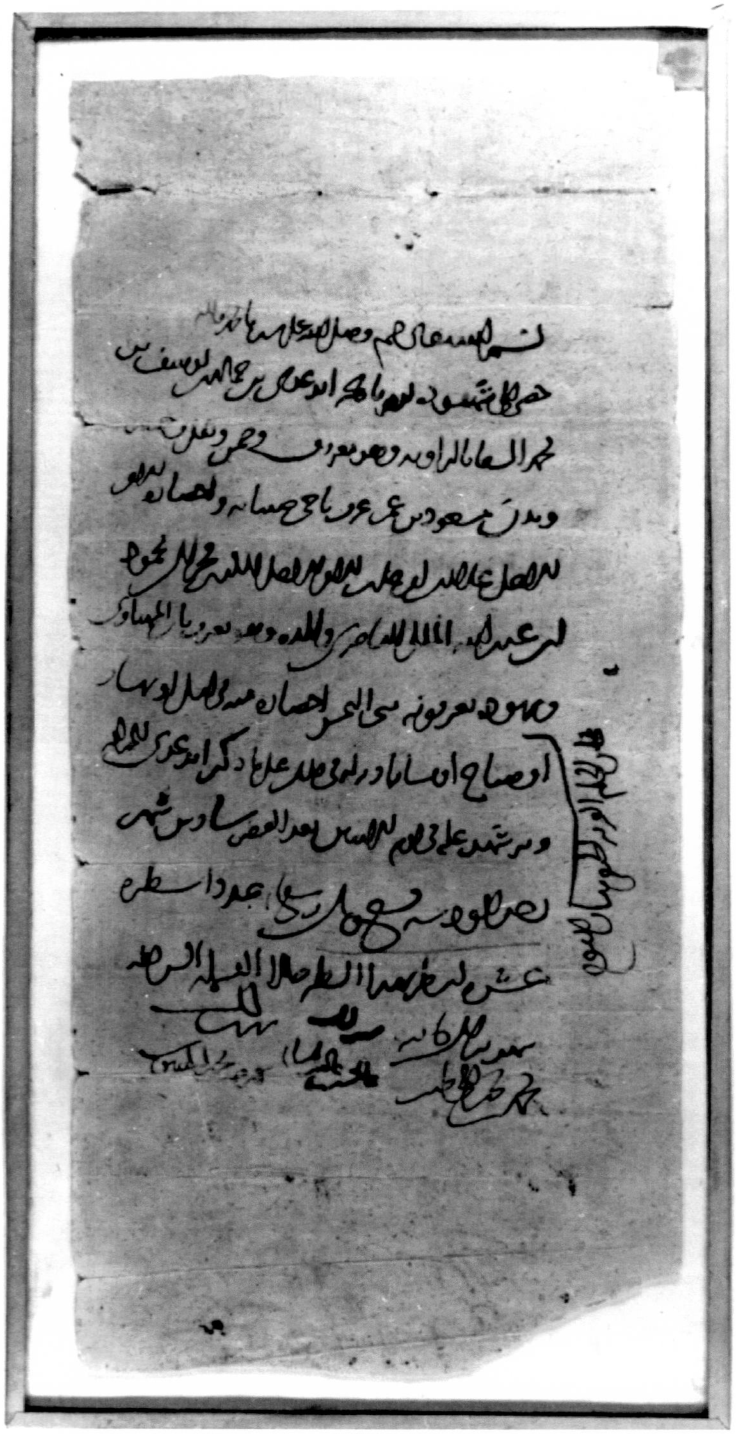

EG 601.

JEAN-FRANÇOIS FAÜ*

Le phénomène de conversions au christianisme puis à l'islam des tribus juives de la péninsule Arabique, v^e^-xiiie siècles

◆ **RÉSUMÉ**

L'étude du phénomène de conversion des communautés juives de la péninsule Arabique à l'époque médiévale demeure un exercice original. Si les mécanismes de la christianisation du IVe siècle diffèrent du processus d'adhésion à l'islam à l'époque de l'hégire, il est cependant possible d'identifier les articulations de ces deux mouvements afin de saisir les conséquences de ces conversions, entre le repli communautaire et l'abandon de l'espace public. Les conversions au christianisme furent douloureuses, imposées et révocables ; celles à l'islam, à l'exception de certaines périodes précises, étaient choisies, proposées et exclusives.

Mots-clés : conversions – judaïsme – christianisme – islam – Aksum – Arabie du Sud – *mawālī*

◆ **ABSTRACT**

The study of the conversions of the Jewish communities of the Arabic peninsula in the medieval era remains an original challenge.

Certainly, the mechanisms of the Christianisation of the IVth century are different of the process of adhesion to Islam at the age of the hegira, but it is however possible to identify

*Jean-François Faü, directeur du département «Culture et patrimoine» de l'université internationale Senghor à Alexandrie et chercheur associé au CFEE d'Addis Abeba (IFRE 23-USR 3137), jffau@yahoo.fr
L'auteur remercie Christian Décobert, directeur de recherche au Centre national de la recherche scientifique, Gérard Dédéyan, professeur émérite d'histoire médiévale à l'université Paul-Valéry de Montpellier 3 et Gérard Nahon, directeur honoraire à l'école pratique des hautes études (Sorbonne) qui ont bien voulu le faire bénéficier de leurs conseils amicaux pour la rédaction de cet article.

the articulations of these two process in order to understand the consequences of these conversions, between the community withdrawal and the desertion of the public space. The conversions to Christianity were painful, imposed and revocable; these of Islam, except some definite periods, were chosen, suggested and exclusive.

Keywords: conversions – Judaism – Christianity – Islam – Aksum – South Arabia – *mawālī*

* * *

Introduction

L'étude du phénomène de conversion des communautés juives de la péninsule Arabique au christianisme, puis à l'islam, constitue un exercice original ouvrant sur différentes grilles de lecture. Certes les mécanismes de la christianisation du VIe siècle différèrent des schémas d'adhésion à l'islam mis en place à partir de l'hégire, mais il est cependant possible d'identifier un certain nombre d'articulations entre les deux processus et d'analyser les conséquences de ces conversions, entre le repli et l'abandon de l'espace public.

Sur la rive orientale de la mer Rouge, le paysage du judaïsme arabique préislamique couvrait un vaste panorama allant du nord du Héjaz [1] jusqu'aux confins du Hadramaout ; son implantation et sa structure obéissaient à la dichotomie des deux Arabies : une centrale et une périphérique [2]. En effet, les principautés juives du Héjaz se différencièrent du royaume ḥimyarite du roi Yūsuf, dit Ḏū Nuwās, (c. 520-525), tant par leur origine que par leur profil économique, politique et social.

Concernant le Héjaz, de nombreuses sources témoignent de la présence de communautés juives dans cette région.

Tout d'abord les inscriptions rupestres, géographiquement localisées dans le nord-ouest de la péninsule, à Madā'in Ṣāliḥ et al-ʿUlā [3], donnent des indications relativement bien datées ; les données sont certes peu nombreuses, mais demeurent cohérentes. Ces inscriptions juives d'Arabie sont datées entre l'an 43 et 346, et aucune ne correspond à la période où le judaïsme commença à acquérir un certain rayonnement dans la péninsule, à partir de la fin du VIe siècle [4]. Cependant, ce petit corpus démontre l'existence, entre le Ier et le IVe siècle, de groupes juifs dans une région

1. Les mots et les noms propres transcrits de l'hébreu, comme Eldad ben Mahali Ha-Dani ou Natana'el Ibn al-Fayyumi, et de l'amharique, comme Ella Aṣbəḥa, suivent respectivement le système adopté par la *Jewish Encyclopedia* et par celui de l'*Encyclopedia Æthiopica*. Les noms de lieux sont translittérés (ex. Wādī al-Qurā, Yaṯrib), sauf Héjaz, Yémen, Aksoum et ceux dont l'orthographe est fixée par l'usage français.
2. Décobert, *Le Prophète et le combattant*, p. 59.
3. Jaussen et Savignac, *Mission archéologique*, p. 437.
4. Robin, « Ḥimyar et Israël », p. 832.

correspondant au plateau de Ḥismā. Il pourrait s'agir des communautés désignées par la *Mishnah*, dont un des traités énonce certaines règles relatives aux conditions de vie dans le désert d'Arabie [5], les mêmes qu'aurait visité Rabbi Akiba [6], une des grandes figures religieuses de la période tanaïque du IIe siècle. Enfin, le récit talmudique précise qu'au Ier siècle, après la destruction du second Temple, 80 000 descendants de *kohenim* seraient partis vers le pays « des ismaélites [7] ».

Puis viennent les sources externes, parmi lesquelles des textes en langue grecque ou syriaque, qui concernent les tribus des grandes oasis centrales du Héjaz. Les récits traditionnels préislamiques, composés de chroniques historiques extérieures à la culture arabe, comme l'*Histoire de l'Église* de l'auteur byzantin Philostorge [8] (c. 370-c. 430) ou l'*Histoire d'Héraclius*, d'un auteur que la tradition arménienne présente sous le nom d'évêque Sébèos [9] (VIIe siècle), attestent une forte présence juive dans cette partie de la péninsule.

Cette population juive bénéficia, tout au long de la Ǧāhiliyya, d'un apport démographique constant grâce à une immigration venant de Palestine, de Mésopotamie et de Perse au moment des persécutions sassanides du Ve siècle[10]. Puis, comme l'a écrit Shelomo Dov Goitein, le prosélytisme exercé auprès des tribus arabes, qui se convertirent totalement ou partiellement au judaïsme, constitua également un autre facteur d'ancrage de la judaïté dans cette région :

> « In Arabia, as elsewhere, Judaism made converts. [11] »

Enfin, les sources musulmanes des premiers siècles de l'islam se sont intéressées au judaïsme en Arabie en relevant son influence dans plusieurs oasis du Héjaz. Ces sources narratives sont composées de chroniques de nature hagiographique, qu'il s'agisse de *maǧāzī*, les « campagnes militaires » de Muḥammad, ou de *siyar* (pl. de *sīra*), les « biographies » du Prophète. Viennent ensuite les monographies concernant l'histoire de Yaṯrib ou celle de Ḫaybar, et, enfin, les chroniques de voyageurs-géographes.

Au moment de l'Hégire, treize tribus juives étaient installées dans des oasis-principautés du Héjaz où elles entretenaient, avec les groupes ou les clans voisins, des liens de clientèle avant tout d'ordre économique ne tenant pas, ou peu, compte de la solidarité religieuse. Ainsi,

5. Newby, *A History of the Jews*, p. 54.
6. Talmud de Babylone, *Moëd*, 26a.
7. Talmud de Jérusalem, *Ta'aniyot*, IV, 60 b.
8. Philostorge, auteur byzantin, fut un disciple de l'arien Eunome. Son *Histoire ecclésiastique*, en douze volumes, couvre la période allant de 300 à 425, et présente le point de vue de l'arianisme sur l'Église au IVe siècle. Elle nous est parvenue d'une part, par un abrégé rédigé par le patriarche byzantin Photios, d'autre part, par d'importants extraits figurant dans la *Suidae*, une encyclopédie de la fin du IXe siècle (Édition *Suidae Lexicon*, 5 volumes, Teubner, 1928-1938), et dans quelques autres textes d'époque byzantine.
9. Selon la tradition arménienne, Sébèos aurait vécu au VIIe siècle et serait l'auteur d'un important ouvrage historique connu sous le titre d'*Histoire d'Héraclius*, traitant des guerres entre Byzance et la Perse, du règne de Maurice à l'accession de Muʿāwiya (591-661) au califat, tout en insistant sur l'échec de la politique byzantine de réunification entre les Églises de Constantinople et et d'Arménie.
10. Widengren, « The Status of the Jews », p. 142, 143.
11. Goitein, « Jews and Arabs », p. 49.

les Banū Ṯaʿlaba, tribu juive des environs de Yaṯrib, étaient liés à des clans locaux non juifs [12] qui pratiquaient l'élevage, l'agriculture et l'artisanat [13]. La notion d'appartenance à la tribu était alors définie par l'affiliation, par la naissance, à un groupe qui pouvait cohabiter avec d'autres éléments tribaux, au sein de la population mêlée d'une oasis [14].

Si les chroniqueurs musulmans comme Ibn Isḥāq (mort en 767), Abū Ǧaʿfar al-Ṭabarī (839-923) ou Yāqūt al-Rūmī (1179-1229) et des théologiens comme Ibn Ḥazm (994-1064) eurent des avis partagés sur la question de l'origine de ces groupes juifs, la majorité d'entre eux s'accorda sur le fait de leur appartenance aux tribus locales, et non à celles de Banū Isrāʾīl [15].

Yāqūt al-Rūmī mentionne la présence de communautés juives dans le Wādī al-Qurā [16], d'autres auteurs, comme al-Ṭabarī, signalent celles des oasis de Fadak, de Taymāʾ, de Ḫaybar et de Yaṯrib. Cette cité, au nord de La Mecque, ne constituait pas un centre urbain, mais plutôt un agrégat de palmeraies, de villages et de forteresses. Deux tribus, les Banū Qurayẓa et les Banū al-Naḍīr, composaient un élément dominant, formant des communautés agricoles sédentaires à forte capacité guerrière. Le chroniqueur al-Wāqidī (745-823) les désigne comme étant les « gens des forteresses », en référence au réseau de maisons fortes que ces clans entretenaient dans le sud de l'oasis [17]. Au nord de l'oasis, les Banū Qaynuqāʿ formaient un autre groupe distinct, réputé pour la qualité de son artisanat, notamment celui de ses orfèvres et de ses forgerons [18]. Ces communautés étaient administrées, suivant un principe de partage du pouvoir, par un chef de clan, qui s'occupait des questions sociales et militaires, et un collège de rabbins concernant les questions juridiques et religieuses [19].

Le judaïsme arabique dépendit, un temps, des autorités rabbiniques de Tibériade, avant de se référer au Talmud de Babylone [20]. Dès le VIe siècle, l'évêque syriaque Siméon de Beith Arsham avait protesté contre l'activité prosélyte des rabbins de Tibériade au sein des communautés du Héjaz [21] :

> « Les juifs de Tibériade envoient des prêtres année après année, saison après saison pour soulever les Ḥimyarites contre les chrétiens. »

Yaṯrib demeurait un centre religieux important doté de synagogues et d'une *bayt al-midrās* (*bet ha-midrash* [22]) qui fonctionnait à la fois comme cours de justice et comme instance législative, et qui fut dirigée par des personnalités du rabbinat arabique, comme Nuʿmān ibn Amrū et al-Ḥariṯ ibn Zayad, dont la notoriété était reconnue dans toute la péninsule [23].

12. Serjeant, « The Sunnah Jāmi'ah », p. 29.
13. Lecker, « The Constitution », et, du même auteur , « People, Tribes and Society ».
14. Donner, *Muhammad*, p. 30.
15. Gil, *Jews in Islamic Countries*, p. 2-19.
16. Yāqūt al-Rūmī, *Muʿǧam al-buldān*, p. 81.
17. Al-Wāqidī, cité par Prémare (de), « Le premier islam », p. 147.
18. Goitein, *juifs et Arabes*, p. 100, 101.
19. Al-Ṭabarī, *La Chronique*, p. 251.
20. Al- Qirqisānī, *Kitāb al-anwār*, p. 135.
21. Ben Sasson, *A History of the Jewish*, p. 358.
22. Voir note 1.
23. Ibn Isḥāq, *Mohammad*, Beyrouth, p. 458.

Les entorses à la Loi mosaïque demeuraient parfois flagrantes, comme l'épisode des mariages mixtes contractés entre des juifs de Yaṯrib et des femmes quraysites polythéistes [24].

Des tribus hadramies, à l'image des Bā ʿAwḍa [25], conservaient dans la tradition orale la légitimité d'une ascendance locale et arabe, celle de Qaḥṭān, l'ancêtre mythique [26]. Par contre Ibn Ḥazm [27] rattache les tribus yéménites judaïsées aux deux grands ascendants Kahlān et Ḥimyar, qui se réclamaient tout deux de la descendance de Saba', l'ancêtre légendaire de cet ensemble tribal. Selon Yaʿqūbī (mort en 897), les Arabes étaient initialement divisés lorsqu'une partie d'entre eux se convertirent au judaïsme. Il établit également une distinction entre les tribus yéménites converties sur place [28], et celles qui, comme les Aws ou les Ḫazraǧ, émigrèrent vers d'autres régions de la péninsule Arabique avant d'embrasser le judaïsme, les excluant ainsi, géographiquement, d'un processus de conversion de groupe.

Pour Shelomo Dov Goitein [29], les tribus juives d'Arabie du Nord étaient formées d'un mélange de juifs venus de Palestine et d'Arabes convertis, à la différence du Yémen, où ce furent essentiellement les membres de la maison royale ḥimyarite et une élite politique qui adoptèrent le judaïsme [30]. Ces Judéo-Arabes appartenaient donc à un vaste ensemble de communautés dispersées dans toute la péninsule Arabique dont les mobiles purement religieux cédèrent souvent le pas aux intérêts politiques et économiques.

Le système d'organisation tribale auquel appartenaient les juifs d'Arabie se caractérisait par une désunion chronique [31] ; les interactions complexes existant entre juifs et non-juifs permettaient cependant de gérer l'équilibre politico-économique de cette région. La tradition arabe de division inter-clanique convenait à une situation d'anarchie tribale générant un type de gestion politique qui reprenait à son compte la volonté d'une majorité fortunée, qu'elle fût juive, chrétienne ou païenne. Al-Ṭabarī décrit des clans ruraux édifiant leur propre système de fortifications, très efficaces dans leurs guerres incessantes avec les tribus voisines [32].

Les chroniques musulmanes font état de la bravoure de chefs des communautés juives arabiques, comme Kaʿb ibn Ašraf, Abū Rāfiʿ ou Marḥab al-Ḥāriṯ, un des chefs des Ḫaybar, et de leurs prouesses guerrières, même si elles se terminèrent invariablement par leur mort lorsqu'ils s'opposaient aux compagnons du Prophète [33].

Le récit hagiographique d'Eldad ben Mahali Ha-Dani, dit Eldad le Danite [34], un voyageur juif du xe siècle, confirme ces témoignages sur le courage des juifs du Héjaz :

24. Al-Kalbī, *Kitāb al-maṯālib*, cité par Michael Lecker dans « Quraẓiyyāt ».
25. Serjeant, « Hūd », p. 171.
26. Tobi, *Jews of Yemen*, p. 17.
27. Ibn Ḥazm, *Ǧamharat ansāb*, p. 475-489.
28. Al-Yaʿqūbī, *Ta'rīḫ* 1, p. 257.
29. Goitein, *juifs et Arabe*, p. 46.
30. Robin, « Ḥimyar et Israël », p. 214.
31. Ibn Hišām , *Al-sīra*, p. 165.
32. Al-Ṭabarī, *La Chronique*, p. 103.
33. *Ibid*, p. 254.
34. Neubaner , « Eldad the Danite », p. 541-544.

« La tribu d'Éphraïm et la moitié de celle de Manasseh se sont installées dans les montagnes prés de la cité de La Mecque, la ville sainte des ismaélites. Ils sont forts et ont un cœur d'acier. Ils sont cavaliers, font des razzias et n'ont aucune pitié pour leurs ennemis. Leur principale source de revenu est la razzia [35]. »

Concernant l'Arabie du Sud, les sources, externes comme internes, attestent le dynamisme du judaïsme qui devint la religion majoritaire du royaume de Ḥimyar pendant 150 ans, à partir de la conversion du roi Abīkarib, à l'initiative prosélyte de deux rabbins [36]. Forte de la domination ḥimyarite sur toute la moitié méridionale de la péninsule, la monarchie sub-arabique put s'imposer comme la puissance régionale incontestée jusque dans les années 380, où un évènement d'une importance capitale pour le royaume de Ḥimyar se produisit : le roi Malkīkarib Yuha'min se convertit au judaïsme avec ses fils « cogérants » Abīkarib Asʿad et Dhara Amar Ayman. *Cujus regio, ejus religio* : la maison royale fut ensuite suivie par les grands lignages princiers et tribaux de Ḥimyar, comme les Banū Hamdān, les Banū Yazān ou les Banū Hasba, qui dominaient alors la région. Ce principe d'adhésion au judaïsme demeurant certainement imparfait, Christian Robin préfère employer l'expression « incliner vers la religion juive [37] ».

Les témoignages de l'archéologie, et plus précisément ceux des gravures textuelles, livrent, pour cette période, un corpus de treize documents rédigés en écriture sabéenne ou en hébreu, identifiés comme étant juifs, et de neuf autres qui sont supposés l'être [38]. Ces textes nous renseignent sur les fondements politiques et religieux du judaïsme sud-arabique, notamment sur le rejet du polythéisme au début des années 380 [39].

Les textes de langue grecque et syriaque font également état de cette conversion du Yémen au judaïsme ; parmi ces auteurs, Procope de Césarée (c. 500-c. 560). Cet historien byzantin, dont l'œuvre constitue un récit détaillé du règne de l'empereur Justinien Ier (527-565), monophysite, en relations avec les princes arabes ghassanides, signale la campagne des Éthiopiens contre les Ḥimyarites « qui étaient tous juifs [40] ».

Plus d'un siècle après l'arrivée de l'islam, les premières chroniques arabes nous éclairent de manière conséquente sur l'état de ces communautés juives du Yémen. Ces sources extérieures apportent le témoignage d'un groupe d'auteurs, comme Al-Ṭabarī ou Yaʿqūbī, qui témoignent d'une présence juive au Yémen pendant les ve et vie siècles en rassemblant les biographies

35. Adler, *Jewish Travellers*, p. 8.
36. Deux rabbins (ou sages, suivant le sens donné à la traduction du mot *ḥibr*) de Yaṯrib auraient persuadé Abīkarib, lors du siège cette oasis, d'embrasser le judaïsme ; voir al-Ṭabarī, *La Chronique*, p. 254.
37. Robin , « Cité, royaumes », p. 53.
38. Robin, « Ḥimyar et Israël », p. 843.
39. *Ibid*, p. 854-858.
40. Procope de Césarée est un historien byzantin du vie siècle (vers 500-560), dont l'œuvre constitue un récit détaillé du règne de l'empereur Justinien, *De Bello persico I*, chap. xx, cité par Cuoq dans *L'Islam en Éthiopie*, p. 19.

des grandes figures du judaïsme sud-arabique, tout en apportant une série de témoignages tardifs sur les événements datant de la période sassanide. Le géographe Našwān ibn Saʿīd al-Ḥimyarī (? -1178) écrivit :

> « Le judaïsme dans la Ǧāhiliyya était la religion de Ḥimyar, Kinda, Banū al-Ḥāriṯ et Kināna [41]. »

À partir de la moitié du IVe siècle, le royaume ḥimyarite comprenait un grand nombre de clans originaires du Héjaz qui commençaient à se mêler aux tribus sud-arabiques, tendant alors à devenir un véritable État binational [42], tout en restant confronté aux problèmes d'une société tribale et hétérogène. En se convertissant au judaïsme, le souverain ḥimyarite manifesta tant sa volonté d'indépendance par rapport à l'influence de l'Abyssinie, l'alliée de Byzance dans la Corne de l'Afrique, que celle de tenter, à partir de 520, d'unifier son peuple dans un même creuset religieux, celui de « tribu d'Israël [43] ». De la fin du IVe au début du Ve siècle, la mention « peuple d'Israël », retrouvée sur certaines inscriptions ḥimyarites, était généralement celle des auteurs de ces textes [44].

Au début du VIe siècle, vers 520, le prétendant au trône, Yūsuf, dit Ḏū Nuwās, prit le pouvoir et abandonna le titre traditionnel des souverains ḥimyarites pour celui de « roi de toutes les tribus [45] », entrainant, par sa politique de persécution contre les chrétiens de son royaume, un conflit ouvert avec le royaume chrétien d'Aksoum.

La lutte pour la suprématie

Dès les premières années du VIe siècle, le christianisme éthiopien s'opposa au judaïsme ḥimyarite, en raison de la lutte entre l'Empire sassanide et celui de Byzance pour le contrôle du commerce sud-arabique [46]. Un premier texte donne le panorama de la période 500-523 : il s'agit du *Livre de Ḥim* [47], récit hagiographique rédigé en syriaque, et dont la table des matières nous renseigne sur les grands moments de cet antagonisme :

> « 1. Récit por[tant sur les juifs et sur] la malignité de leur foi..., en abr[égé].
> « [2. Récit] portant sur les Ḥimyar[ites]... qui ils sont et d'où [ils ont reçu] d'abord le judaïsme.
> « 3. Démonstration portant s[ur] la manière dont le christ[ianisme] commença à être semé dans le pays des [Ḥimyarites] [48]. »

41. Al-Ḥimyarī, «Muntaḫabāt fī aḫbār», p. 103.
42. Robin, « Ḥimyar et Israël », p. 81.
43. *Ibid*, p. 855.
44. *Ibid*, p. 848.
45. Robin, « Cité, royaumes » p. 53.
46. Donner, *Muhammad*, p. 33.
47. *The Book of the Himyarites*, traduct. Moberg.
48. Robin, « Najran vers l'époque », p. 70.

Le texte montre une réalité, celle des premières exactions antijuives, au cours desquelles Yūsuf, qui n'était pas encore Ḏū Nuwās, échappa à la mort. Ces manifestations d'anti-judaïsme avaient probablement commencé dès les années 520, comme le révèle le témoignage d'une des martyres de Naǧrān, en 523 :

> « Ḥayyān est mon père, celui qui a brûlé dans le temps vos synagogues [49]. »

Les sources étudiées présentent un récit assez précis des persécutions antichrétiennes de Naǧrān et de Ẓafār jusqu'au massacre de 523, au cours duquel les troupes de Kāleb Ella Aṣbəḥa (c. 520) défirent celles de Yūsuf Ḏū Nuwās. Cette expédition aksoumite élimina le pouvoir juif et le remplaça par des souverains chrétiens, d'origine tout d'abord ḥimyarite, puis éthiopienne.

Ainsi, une inscription découverte à Qāni', en mai 1834, rapporte qu'un prince, sûrement chrétien, Sumuyafa' Aswa', acheva la construction de la forteresse Mawiyat en 531. Ce texte sabéen relate également la défaite de Yūsuf Ḏū Nuwās et de ses princes face aux armées éthiopiennes :

> « ... les Abyssins ont envoyé leur corps expéditionnaire au pays de Ḥimyar, quand ils ont tué le roi de Ḥimyar et ses barons, Ḥimyarites et Rahbatites [50]. »

Le *Martyre de saint Aréthas* (MgA)[51] constitue une des sources principales du massacre de Naǧrān et de l'expédition éthiopienne de 525. Une des versions arabes de ce texte[52], dans sa variante abrégée (Ar 2) rédigée au XIe siècle[53], mentionne la présence d'un moine éthiopien qui fit tourner l'issue du combat en faveur des Aksoumites.

Le Yémen devint alors officiellement un royaume chrétien[54], de 525 jusqu'au début des années 570, et les juifs, qui dominaient l'Empire ḥimyarite depuis 380, ne comptèrent plus guère ; leur nombre et leur influence déclina, après que les armées de Kāleb Ella Aṣbəḥa en massacrèrent un grand nombre.

Peu de documents s'intéressent au sort des juifs ḥimyarites après la chute du royaume de Yūsuf Ḏū Nuwās. Les principales sources hagiographiques sur le massacre de Naǧrān, et sur l'expédition éthiopienne qui suivit, passent sous silence cette question, probablement parce qu'elles n'étaient pas destinées à une société juive.

49. *Ibid*, p. 75.
50. Sedov, Robin et Ballet, « Qāni', port de l'encens », p. 21-31.
51. Détoraki et Beaucamp, *Le martyre de saint Aréthas*.
52. La Spisa, « Les versions arabes », p. 232. Marina Détoraki précise que les deux premières éditions du *Martyre de saint Aréthas* sont celle de Boissonade, en 1833 et de Carpentier, en 1861, dans « Un hagiographe à l'œuvre, le martyre de saint Aréthas et ses sources», voir Détoraki, *Le martyre de saint Aréthas*, p. 177.
53. Binggeli, « Les versions orientales », p. 163-177.
54. Les règnes d'Aksūm (565-568) et de Masrūq (568-570) sont seulement reconnus par les traditions arabo-islamiques.

Cependant *l'Histoire ecclésiastique* de Jean d'Ephèse (507-585), évêque monophysite de langue syriaque, donne un bref récit du conflit et de son issue pour les juifs ḥimyarites :

> « Quand le roi des Coushites [Ella Aṣbəḥa]… il se mit en route contre le tyran lui-même, il s'en empara et il le tua ; il détruisit aussi ses armées et il extirpa tous les [55]… »

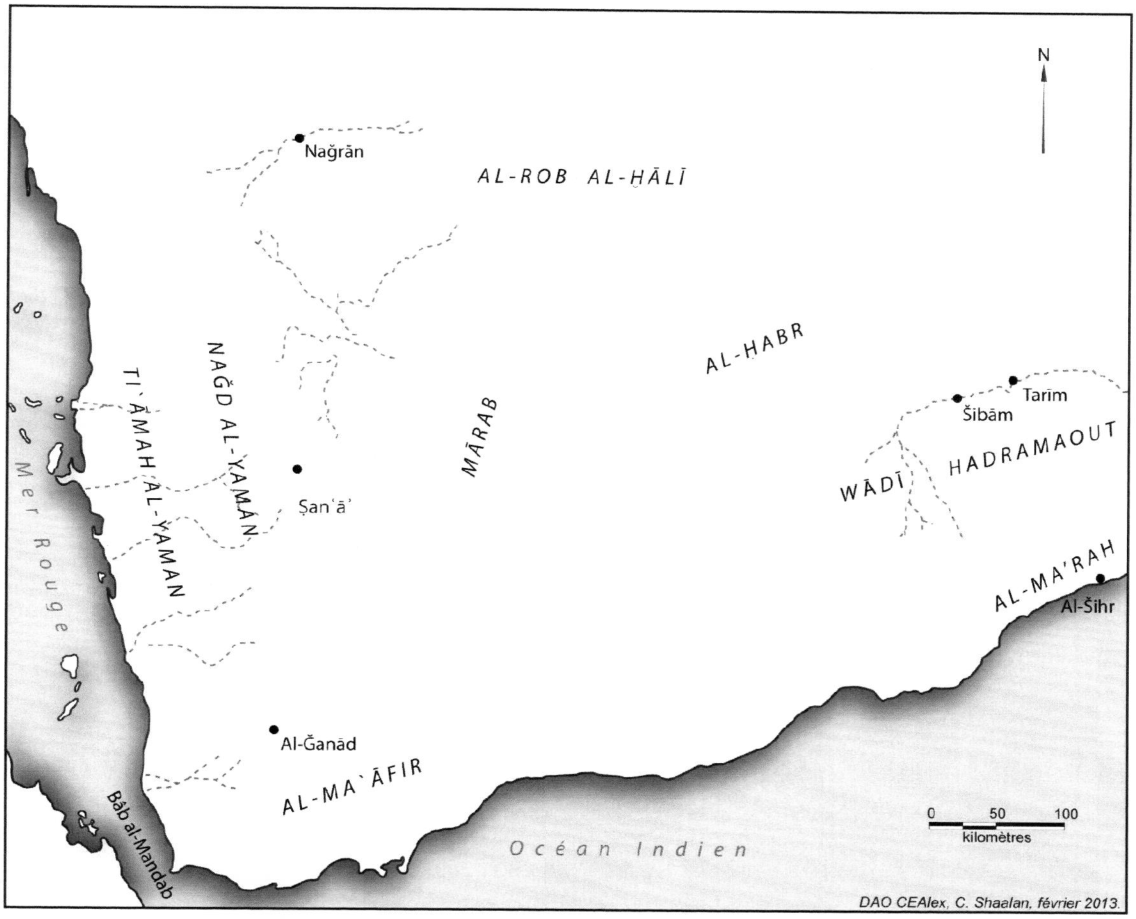

Carte du Yémen et du Hadramaout, au VIIe siècle.

Le *Livre des Ḥimyarites* mentionne brièvement la destruction de la synagogue de Ẓafār et la construction d'églises par Kāleb Ella Aṣbəḥa [56], ainsi que la conversion forcée de la population de la ville au christianisme [57]. Le *Kəbrä Nägäst* [58] peut être considéré comme un apocryphe

55. Détoraki, *juifs et chrétiens*, p. 183.
56. Des inscriptions parcellaires commémorant la construction d'églises furent retrouvées en Arabie du Sud (RIÉ 195 et 191), voir Bausi, « The Massacre of Najran », p. 241, 242.
57. Moberg, The *Book*, p. CI-CII et 3b-4a, et Christides , « The Himyarite-Ethiopian War », p. 115-146.
58. *Kəbrä Nägäst*, chap. 115.

destiné à transmettre, à travers un de ses thèmes concernant les rapports entre le judaïsme et le christianisme éthiopien, la supériorité de la monarchie éthiopienne sur la royauté d'Israël. Ce texte présente, dans un de ses passages relatif au jugement d'Israël, le cas des juifs nağrānī-s qui embrassèrent le christianisme pour éviter d'être massacrés par les Éthiopiens, en précisant que seules les conversions sincères permettent d'être sauvé, par allusion aux néo-convertis qui retournèrent au judaïsme [59]. Cette campagne de violence religieuse dirigée contre les populations juives de Ḥimyar eut comme moteur les nombreuses ordinations de prêtres faites par Grégentius, évêque de Ẓafār arrivé au Yémen en 526 dans les bagages du corps expéditionnaire éthiopien. Mais le *Livre des Ḥimyarites* mentionne de nombreux cas d'individus qui, s'étant convertis pour avoir la vie sauve, continuaient à pratiquer leur religion en secret, pouvant former une communauté de crypto-judaïsants [60].

Conscients du danger qui menaçait directement la survie de leur communauté, les dignitaires de la société juive ḥimyarite acceptèrent le principe d'une dispute publique de quatre jours, sur la question de la Trinité, menée entre l'évêque Grégentius et le rabbin Herban, un *ḥabr* ḥimyarite reconnu pour son savoir [61]. Ce mot d'origine persane, également utilisé dans les académies babyloniennes, désignait un érudit, un enseignant [62] qui devait être un rabbin reconnu pour sa connaissance de la tradition et de la Loi [63]. De nombreux juifs, effrayés par une apparition miraculeuse de Jésus [64] au quatrième jour de la dispute, auraient rejoint l'Église en se faisant baptiser [65]. Les sources byzantines mentionnent le fait que plus de cinq mille juifs auraient alors accepté le christianisme, et que Rabbi Herban aurait été nommé « patricien » au Conseil royal [66]. Ce récit, raconté dans un texte mi-apologétique, mi-légendaire, tend à relever la force de persuasion du christianisme lors de son expansion dans le sud de la péninsule Arabique et le rôle de Grégentius dans la restauration du christianisme, d'abord comme bâtisseur de la cathédrale de Ṣanʿāʾ [67], puis comme saint.

Une source grecque mentionne également une dispute entre des évêques et des juifs à « Taphar », c'est-à-dire Ẓafār, dont la datation demeure incertaine [68]. Ce genre textuel, à forte portée symbolique, se répéta de manière linéaire, un siècle plus tard, en 650, dans l'épisode de la conversion en masse d'al-Ğanad, sur laquelle nous reviendrons.

59. Debié, « Le Kebra Nagast », p. 270.
60. Christides, « The Himyarite-Ethiopian War », p. 127.
61. Grégentius fut canonisé par l'église orthodoxe. Ce prélat serait originaire de Milan ; il devint évêque de la ville d'Aksoum après avoir séjourné à Alexandrie, voir Roger Paret, *Vie de Saint Grégantios*, s.d.
62. Schmitz, « Kaʿb al-Aḥbār ».
63. Twakkal, *Kaʿb al-Aḥbār*, p. 6-8.
64. Cet épisode de la « conversion miraculeuse des juifs de Ḥimyar » est commémoré par l'église orthodoxe le 1er janvier du calendrier julien.
65. *Encyclopedia Æthiopica*, 3 He/N, p. 35.
66. Fiaccadori, « Gregentios and the Land », p. 48-82.
67. Serjeant, *Sana, an Arabian Islamic City*, p. 47.
68. Willliams, *Adversus Judaeos*, p. 141-151.

Un passage des *Acts of Gregentius* précise que le prélat dit à ʿAbraha, le chef victorieux des armées éthiopiennes, cette suggestion :

> « After we try to persuade them [the Jews], if they still do not accept baptism, then proceed against them as your reign in Christ bids you to do (i.e. slay them) [69]. »

Les convertis furent nommés dans le Talmud *mishumadim*, « ceux qui ont abandonné leur foi [70] », à l'encontre desquels les rabbins prirent un certain nombre de mesures. Ainsi, ils appliquèrent les directives des académies de Babylone recommandant d'ignorer le converti qui, en sortant du judaïsme, rejoignait le monde des Gentils. En effet, la réaction du pouvoir rabbinique face à ce phénomène de conversions se plaça sur le terrain tout d'abord religieux, puis juridique : la prière des *minim*, de « malédiction » désignant les déviants, dont faisaient partis les convertis, fut introduite en 825 dans le *Siddur* [71]. Puis, les rabbins de l'académie de Soura, en Mésopotamie, recommandèrent d'exclure les *mishumadim* de la loi du lévirat relative au mariage d'un homme avec sa belle-sœur en cas de veuvage. Par contre, les convertis de force furent désignés dans le Talmud sous le terme d'*anusim* [72], « ceux qu'on a forcés », pour qui la loi judaïque prévoyait un cadre légal, les définissant toujours comme juifs, obligés de transgresser leur religion par des conditions particulières.

Des traditions populaires peuvent également témoigner de cette campagne de conversions forcées. Les juifs hadramis furent soumis, comme leurs coreligionaires du nord du Yémen, à certaines lois restrictives dont les applications varièrent suivant les époques, qu'elles fussent abyssines ou islamiques. Ainsi, la tradition hadramie attribue les tatouages portés par certaines femmes juives à une ordonnance prise par le gouverneur abbasside Maʿn ibn Zā'ida, qui aurait ainsi voulu stigmatiser les membres de communautés coupables d'avoir pris part à une révolte [73]. Que cette tradition soit historique ou non, elle se réfère manifestement à des faits très anciens, et aurait également pu être appliquée aux juifs par les Éthiopiens après la chute du régime de Ḏū Nuwās [74]. Cette pratique est également rapportée par le *Livre des Ḥimyarites*, qui mentionne, au sujet des juifs, au lendemain des massacres de Ẓafār commis par les troupes de Kāleb Ella Aṣbəḥa. [75] :

> « Ils se tatouèrent le signe de la croix sur leurs mains. »

69. Christides, « The Himyarite-Ethiopian War », p. 120.
70. Talmud de Babylone, *Avoda Zara*, 60 s.
71. Le *Siddur* est un livre de prières contenant un ordre d'ensemble des invocations quotidiennes.
72. Talmud de Babylone, *Avoda Zara*, 60 s.
73. Serjeant, « A Judeo-Arab House-Deed », p. 119.
74. *Ibid.*
75. Christides, « The Himyarite-Ethiopian War », p. 127.

Cependant, aucune source fiable ne cite une quelconque émigration ou déportation de juifs de Ḥimyar à la suite à la disparition du royaume de Yūsuf Ḏū Nuwās en 525 [76], et le judaïsme semblait être cantonné à la péninsule, comme l'écrivit le géographe Našwān ibn Saʿīd al-Ḥimyarī (? -1178) :

> « Le judaïsme durant la Ǧāhiliyya était la religion de Ḥimyar, Kinda, Banū al-Ḥāriṯ et Kināna [77]. »

La fracture de l'Hégire

À la naissance de Muḥammad, vers 570, les communautés juives de la péninsule Arabique connaissaient un déclin économique et politique. Le royaume du roi Yūsuf, au Yémen, avait été détruit un demi-siècle auparavant et les tribus juives établies le long de la route de l'encens avaient perdu le contrôle des terres irrigables, à l'exception de certaines palmeraies [78].

En 628, l'islam prenait pied au Yémen, et Bāḏān, le satrape perse de Ḥimyar, alors province sassanide, se convertissait en échange du maintien de sa charge. De même les *abnā'*, les familles perses installées dans le pays, acceptèrent le nouvel ordre, tout comme la plupart des membres des classes dirigeantes [79]. La majorité des tribus arabes de la péninsule adhéraient collectivement et passivement à l'islam après une soumission (*islām*) politique et militaire [80]. Mais après la mort du Prophète, certaines tribus se rétractèrent et leur sécession politique fut interprétée, lors de la *ridda*, comme une apostasie et leur défaite aboutit à un changement politique profond du Yémen.

L'islam représenta une véritable révolution politique et sociale pour l'ancienne classe juive dirigeante qui se trouva confrontée au statut de *ḏimmī*. La période contemporaine de la vie de Muḥammad et de la conquête califale provoqua, pendant tout le premier siècle de l'hégire, une première vague de conversions au sein des communautés juives. Cette islamisation se poursuivit de manière régulière pendant près de six siècles après la mort de Muḥammad [81], tout en composant, dès le VIIe siècle, avec certaines poches de résistance : hauts plateaux yéménites, Hadramaout et golfe Persique. Il y aurait ainsi eu des juifs yéménites parmi les soldats de l'armée de ʿUmar ibn al-Ḫaṭṭāb, lors de la prise de Jérusalem en 638 [82].

Le phénomène global de conversion à l'islam connut une forte croissance de 670 à la fin du IXe siècle, puis déclina jusqu'au XIIe siècle où il rebondit sur la vague des persécutions antijuives.

76. Hirsch, « Note de lecture », p. 369-376.
77. Al-Ḥimyarī, *Muntaḫabāt fī aḫbār*, p. 103
78. Kister, «Al-Hira», p. 145-149.
79. Daghfos, *Le Yémen islamique*.
80. Levtzion, *Conversion to Islam*, p. 8-20.
81. Wasserstein, « Islamisation and the Conversion», p. 53.
82. Goitein, *Palestine Jewry*, p. 11.

Ainsi se dégagent trois profils successifs des juifs convertis à l'islam : les précurseurs, puis les sympathisants, et enfin les victimes [83]. Ces trois profils concernent trois niveaux de cohésion à la nouvelle religion : d'abord celui de la conversion totale, produisant une personnalité religieuse active dont l'attitude de vie est dictée par une adhésion totale à l'esprit et aux principes de l'islam. Puis la conversion formelle correspondant davantage à une attitude sociale, à un mode de vie respectant les devoirs et les obligations de l'islam, qui permet de s'intégrer à la nouvelle communauté. Enfin la conversion forcée, ou dirigée, qui perdure par la menace de sanctions militaires [84].

Les précurseurs et leur signification dans la tradition islamique

Les tribus musulmanes et juives de Médine formaient une structure sociale au travers de laquelle s'organisaient les forces politiques et religieuses de l'oasis ; elles furent considérées, lors de la rédaction, en 622, de la « Constitution de Médine [85] », comme faisant partie du même groupe politique et arabe [86]. Puis, au fur et à mesure des nouveaux besoins, un certains nombre de clauses vinrent s'ajouter à cette charte initiale, formant un corpus de huit documents rassemblés sous le même intitulé. Ibn Isḥāq présente cet accord, véritable acte de naissance de l'islam, comme un *modus vivendi* passé entre deux partis arabes, les *muhāǧirūn* (*muslimūn*) et les *anṣār* auxquels étaient intégrées les tribus juives médinoises [87]. En effet, le texte emploi le mot *yahūd*, les juifs étant considérés comme politiquement subordonnés à la seconde partie contractante [88]. Puis un second accord, plus précis, concernant les juifs, vint s'ajouter au texte initial, essentiellement en ce qui concernait les contributions financières et la mobilisation guerrière, énumérant huit noms de clans. Ainsi les juifs payaient la *nafaqa*, l'impôt de contribution, comme tous les autres membres de la communauté de Médine, et l'idée du principe de *ǧizya* ne figurait pas dans ce document, alors qu'elle existait à la même époque dans le Yémen sous domination sassanide [89]. Cette première communauté médinoise se fondait sur une indifférenciation religieuse entre les partisans du Prophète et les juifs qu'elle incluait [90]. Ce texte semblerait cependant impliquer un nombre limité d'acteurs juifs, clients des Banū ʿAwf, des Banū Sāʿida ou des Banū al-Naǧǧār, et ne constituerait pas un accord global conclu entre les juifs, les *muhāǧirūn* et les *anṣār* [91].

Puis cette vision biconfessionnelle trouva, par la suite, ses limites avec la guerre de conquête et la construction politique de l'État mecquois qui se traduisit, notamment, par l'édit d'expulsion

83. Isaac, « The Yemenite Step ».
84. Gibb, *Studies of the Civilization*, p. 5.
85. Lecker, *The « Constitution of Medina »*.
86. Serjeant, « A Judeo-Arab House-Deed », p. 130.
87. *Ibid*, p. 12.
88. *Ibid*, p. 15.
89. Potts, « The Sassanian Relationship », p. 208.
90. Donner, « From the Believers » , p. 9-53.
91. Barakat, *Muḥammad and the Jews*, p. 39-43 et Montgomery, *Muhamad at Medina*, p. 220-225.

décrété, en 635, par le calife ʿUmar ibn al-Ḫaṭṭāb, suite logique aux mesures de bannissement prises par Muḥammad, notamment après le siège de Ḫaybar qui sonna le glas de la résistance armée des juifs d'Arabie [92].

La question de la datation de la séparation avec le judaïsme reste cependant posée. Les travaux de Patricia Crone et Michaël Cook [93] sur l'origine et la formation de l'islam [94] montrent la complexité de cette chronologie de rupture, qui ne daterait pas du vivant du Prophète, mais lui serait postérieure, se situant entre 660 et 680 [95].

La dimension religieuse de la rupture

Cependant, dès le début de l'Hégire, Muḥammad prit ses distances avec les communautés juives de Médine ; puis il décida, après l'expulsion des Banū Qaynuqāʿ [96], de donner une dimension religieuse à cette rupture [97]. Ainsi, la décision de changement de direction de la *qibla*, annoncée [98] en 624, sembla concrétiser une première ligne de fracture avec le judaïsme. Ibn Isḥāq cite, à ce sujet, la démarche entreprise par une délégation de sept rabbins, conduits par Rifāʿa ibn Qays, qui se seraient rendus immédiatement auprès de Muḥammad pour lui demander des explications sur sa volonté affichée de scission avec ce qui représentait, à leurs yeux, la filiation abrahamique [99]. Cette évolution de la prière permettait d'offrir « un cadre heuristique [100] » à la pratique religieuse tout en en apportant un rituel d'identification au croyant, un nouveau signe de la construction communautaire, installant, de fait, une frontière inter-religieuse.

Ce changement de politique explique également le ralliement à l'islam des plus lettrés et des rabbins de Médine, ʿAbd Allāh ibn Salām et Muḫāyriq, se convertirent avec leurs familles après avoir rencontré le Prophète [101]. Ibn Salām prit le nom de Ṣallā Allāh ʿAlayhi Salām et mourut à Médine en l'an 43 de l'hégire. Ce fut également le cas d'une femme qurayšite, nommée Sarah, qui aurait adopté la religion musulmane après une rencontre avec le Prophète [102].

De même les membres d'une commune juive alliée des Banū Qurayẓa se seraient convertis après avoir écouté les prédications d'un juif syrien concernant la venue d'un prophète ; ils livrèrent leurs maisons fortes et rejoignirent les rangs des compagnons de Muḥammad lors de la bataille des Banū Qurayš [103].

92. « La défaite militaire des juifs d'Arabie mit un terme à la confrontation entre judaïsme et islam », voir Lewis, *Sémites et antisémites*, p. 147-158.
93. Crone et Cook, *Hagarism*, p. 110.
94. Hoyland, *Seeing Islam*, p. 308-312.
95. Crone et Cook , « *Hagarism* », compte-rendu de lecture de Vajda, p. 108-112.
96. Al-Ṭabarī, p. 178-179.
97. Le Coran, S.2, 144 et S.16, 124.
98. *Ibid*, S. 2,144 et 185.
99. Ibn Isḥāq, *Mohammad*, p. 458.
100. Décobert, « La prise de Maryūt », p. 157.
101. Ibn Hišām, *Mahomet*, p. 68, 69.
102. Hirschfeld, « Essai sur l'histoire », p. 169.
103. Ibn Hišām, *Mahomet*, p. 184.

Un juif yéménite, Kaʿb al-Aḥbār, se serait converti en 638, sous le règne du calife ʿUmar, après avoir accompagné celui-ci jusqu'à Jérusalem lors de la conquête de la Palestine. Comme son nom l'indique, il portait le titre de *ḥabr*, mot d'origine persane désignant un érudit, un enseignant, et qui était également utilisé dans les *yeshivot* babyloniennes [104]; il devait donc être un rabbin reconnu pour sa connaissance de la tradition et de la loi [105]. Il serait mort vers 656, à Damas, après avoir soutenu le calife ʿUṯmān ibn ʿAffān dans son conflit contre ʿAlī ibn Abī Ṭālib. L'historiographie musulmane [106] tend à le présenter sous un jour favorable à travers un récit dont le caractère apologétique a été maintes fois souligné [107], bien qu'il fût suspecté d'avoir introduit des éléments de la tradition rabbanite dans la *sunna*, les *isrā'īliyyāt* [108]. Généralement issues des *midrashim*, les *isrā'īliyyāt* se réfèrent à différents éléments exogènes de la littérature de l'Hégire et relatent des points d'interprétation de l'histoire biblique en se rapportant à certaines traditions de la période des patriarches et des prophètes [109].

ʿAbd Allāh ibn Saba' [110], également nommé Ibn al-Sawdā', originaire de Ṣanʿā', se serait converti à l'islam vers 650; selon la tradition sunnite, il aurait prit le parti de ʿAlī en le présentant comme étant l'héritier de Muḥammad. Ibn Saba' répandit également l'idée que le *mahdī*, le messie de l'eschatologie chiite, descendrait de ʿAlī par Fāṭima, et qu'il tomberait des nuages à la fin des temps pour instaurer une ère de justice sur terre.

Un autre yéménite est mentionné par les chroniqueurs arabes: fils d'un juif converti, Wahb ibn Munabbih naquit à Ṣanʿā' vers 655, et donc postérieur d'une génération à ses prédécesseurs; il écrivit un ouvrage qui fit référence en matière de judaïsme dans les milieux lettrés musulmans, *Kitāb al-isrā'īliyyāt* [111].

Dans ces trois exemples, le principe d'adhésion politique fut plus fort que celui de fidélité à la structure religieuse existante.

Al-Ašʿaṯ ibn Qays al-Kinda, chef de la tribu juive des Banū Maʿdīkarib, adopta l'islam vers 630; cette conversion fut celle d'un homme au prestige immense dont les exploits militaires étaient connus dans tout le Hadramaout. Un chroniqueur musulman cite un épisode du conflit qui opposa, quelques années auparavant, les Banū Maʿdīkarib aux Banū Murād, et au cours duquel Qays al-Kinda, le père d'al-Ašʿaṯ, refusa de livrer bataille un jour de *shabbat* en reportant le combat au lendemain [112].

Les chroniques d'al-Ṭabarī [113] font état de nombreux contacts entre les communautés juives et les premiers musulmans. Il cite les principaux chefs de clans: Salām ibn Miškam,

104. Schmitz, « Kaʿb al-Aḥbār ».
105. Twakkal, « Kaʿb al-Aḥbār », p. 6-8.
106. Abel, « Changements politiques ».
107. Perlmann, « Another Kaʿāb », p. 48-50.
108. Albayrak, « Isrā'īliyyāt and Classical Exegetes», p. 39-65.
109. Twakkal, «Kaʿb al-Aḥbār », p. 9, 10.
110. Hodgson, « ʿAbd Allāh ibn Sabaʿ».
111. Abbott, « Wahb b. Munabbih», p. 103-112.
112. Al-Baġdādī, *Kitāb al- muḥbar*, p. 370.
113. Al-Ṭabarī, *Chroniques*, p. 103.

Ibn Aḫṭab, ʿAbd Allāh ibn Ubbay, chef des Banū Qaynuqāʿ, ou Kaʿb ibn Asad, qui aurait prononcé l'anathème contre sa propre communauté à Banū Qurayẓa, ou encore Zabīr, l'ami de Ṯābit, l'un des compagnons de Muḥammad. Ces interférences demeuraient importantes dans une région où les frontières d'affirmation communautaire demeuraient encore floues. Les alliances entre les familles et les clans étaient la règle et l'intérêt général du groupe primait sur les divisions religieuses. Ainsi, l'identité personnelle laissait le pas à l'adhésion identitaire formelle, la solidarité clanique constituant le principal modèle de régulation socio-économique.

Le système politico-religieux mis en place par la révélation de Muḥammad était adapté aux particularismes régionaux qu'il rencontra chronologiquement et géographiquement, passant ainsi d'une orthodoxie originelle liée à une communauté endogène à une hétérodoxie multiple, comme ce fut le cas au Yémen ou en Perse. L'islam ne put exister, dans sa phase de conquête, que lorsque la part des conversions fut suffisamment nombreuse pour lui conférer un caractère dominant et unifié. Fortement liée à un cadre culturel tribal, la nouvelle religion devint rapidement conquérante et elle dut s'accommoder de la présence du judaïsme et du christianisme. Puis, sous la dynastie umayyade, l'islam confirma une phase d'affirmation de sa suprématie.

Ainsi, à partir de 670, le pouvoir califal voulut établir des références islamiques se situant au-dessus et au-delà des autres religions, juive et chrétienne [114]. Dès lors, il devenait urgent d'oblitérer la mémoire d'une première communauté, celle de la « Constitution de Médine », dans laquelle les juifs étaient les bienvenus. Cette volonté d'occulter le régime juridique des origines devait confirmer l'impossibilité, désormais intrinsèque à l'islam, de cohabiter avec le judaïsme, dans le discours mais également dans l'historiographie. C'est pourquoi il fallut mettre en exergue, à la fois le souvenir de l'expulsion des juifs du Héjaz par Muḥammad, et la mémoire du ralliement à l'islam des juifs d'Arabie ; lesquels comptèrent parmi les compagnons du Prophète ou parmi les premiers lettrés de la communauté musulmane. Suivant cette évolution interne à l'islam, la critique postérieure de leurs écrits, les *isrāʾīliyyāt*, correspondit à l'avènement de la dynastie abbasside dont l'orthodoxie rejeta non seulement ces sources, mais également leurs auteurs eux-mêmes [115].

Kaʿb al-Aḥbār devint alors une des figures les plus représentatives de ce moment ambigu de l'histoire de la construction de l'islam. Ainsi, les conversions des précurseurs servirent, très certainement, d'instrumentalisation, tant à la mise à distance du judaïsme comme témoin d'un passé désormais refusé [116] qu'au service d'une politique d'affirmation de supériorité de la religion musulmane.

114. Crone et Hirsh, *God's Caliph*, p. 26.
115. Albayrak, « Isrāʾīliyyāt and Classical Exegetes », p. 39, 40.
116. Cook et Crone, « Hagarism, », p. 110.

Les conversions volontaires et leurs conséquences au niveau communautaire

Le prophète Muḥammad envoya, dans un premier temps, le médinois Mu'az ibn Ǧabal au Yémen avec pour mission de convertir les juifs et les chrétiens à l'islam [117], puis cette tâche fut ensuite confiée à Ziyād ibn Labīd, premier gouverneur musulman du Hadramaout, originaire de l'oasis de Médine, où la communauté juive était importante. Il paraissait ainsi qualifié pour répandre l'islam dans un environnement majoritairement juif.

Le premier *hadith* qui lui fut remis [118] précisait le montant de la *ǧizya*, soit un dinar par an, ou son équivalent en nature, dont l'acquittement constitua, dès le premier siècle de l'islam, un signe d'identification communautaire en installant une frontière entre les musulmans redevables de la *ṣadaqa* et les « protégés » soumis à la *ǧizya* et au *ḫarāǧ* [119]. Dès 630, Muḥammad dépêcha des représentants de l'État mecquois parmi les tribus yéménites, selon deux groupes bien distincts. Un premier, composé de collecteurs d'impôts et de *fuqahā'*, des juristes et des théologiens, et un deuxième, constitué de chefs de clans ou de tribus ayant fait allégeance au Prophète, qui, en retour, donnait une visibilité à la reconnaissance de leur autorité tribale traditionnelle [120].

Puis, au fil des décennies de l'élaboration de l'islam, le précepte de la *ǧizya*, comme celui de la *ṣadaqa*, devint un des piliers de la régulation religieuse, sociale et économique du monde musulman [121]. Un décret du premier imam zaydite du Yémen, al-Hādi Yaḥyā ibn Ḥusayn (898-911) en fixait l'assiette selon la répartition suivante : 48 dirhams *qafla* pour les riches, 24 pour la classe moyenne et 12 pour les pauvres [122].

Le second *hadith* remis à Ziyād ibn Labīd explicitait le fait que ses administrés étaient juifs, en précisant que les exemptions du paiement de la *ǧizya* ne devaient pas être accordées dans le seul but de les attirer vers l'islam [123].

L'épisode de la conversion en masse d'al-Ǧanād en 650, raconté dans un récit mi-apologétique, mi-légendaire [124], tend à relever la force de persuasion de l'islam lors de son expansion dans le sud de la péninsule Arabique. Les membres d'un clan juif hadrami, apparentés aux Banū al-Aswad, auraient adopté la nouvelle religion lors de la prière du premier vendredi du mois de *raǧab*, qui eut lieu dans la mosquée d'al-Ǧanād [125]. Cette conversion se serait vraisemblablement faite à l'issue d'une dispute organisée entre Muʿaz ibn Ǧabal et des rabbins hadramis sur la question de l'accès au Paradis.

117. Al-Balāḏūrī, *Kitāb futūḥ*, p. 97.
118. Al-Ǧādī, *Tabaqāt*, p. 4.
119. Décobert, « La prise de Maryūt », p. 157.
120. Al-Mad'aj, *The Yemen in the Early Islam*, p. 12.
121. Décobert, « La prise de Maryūt », p. 158.
122. Tobi, *Jews of Yemen*, p. 13.
123. Al-Ǧādī, *Ṭabaqāt*, p. 18.
124. Lecker, *Jews and Arabs*, p. 129.
125. La mosquée d'Al-Ǧanād fut construite, avec celle de Ṣanʿā', du vivant de Muḥammad.

Les conversions à l'islam furent certainement nombreuses, comme celle de ce juif vivant dans l'est du Wādī Hadramaout et qui rédigea un poème dédié à Muḥammad :

> « Tu es le prophète que nous attendions,
> la Bible et les prophètes nous annonçaient cette bonne nouvelle [126]. »

Les *mishumadim*

À l'arrivée de l'islam, le judaïsme yéménite se divisait en trois groupes : celui des classes dirigeantes, héritières des familles princières et des maisons aristocratiques du VIe siècle[127], celui des campagnes, des *am ha-aretz* dans le sens de leur définition palestinienne de « peuple de la terre [128] », à la pratique assez élémentaire, et celui des villes, bénéficiaire de l'expansion économique des débuts de l'islam [129].

Les descendants des familles princières de la lignée du roi Yūsuf, dit Ḏū Nuwās, désireux de conserver leur rang et leurs privilèges, furent certainement parmi les premiers à accepter l'islam, formant ainsi une classe intermédiaire entre les conquérants musulmans et la communauté juive. Une des premières conversions volontaires fut celle de Zur'ah Ḏū Yazān en 630, qui reçut, par la suite, la délégation, conduite par Muʿaz ibn Ǧabal [130], envoyée par Muḥammad dans le Hadramaout. Cette conversion des élites semblait obéir à un phénomène d'intérêt, au sens le plus large du terme. Cet effet de valeur donnée à une action accéléra un processus de variation religieuse qui se situait entre la logique communautaire et l'intérêt personnel. Le souci d'ordre et de paix poussa également ces élites à se rallier au dominant, dont elles attendaient une protection contre l'insécurité et les différentes occupations étrangères, qu'elles fussent abyssines ou perses.

À l'image des *daḥāqin* [131], les propriétaires fonciers iraniens, l'aristocratie juive ḥimyarite choisit le chemin de la conversion contre des garanties fiscales [132] et l'assurance du maintien de leur rang social de la part du nouveau pouvoir [133]. La solidarité commune cédait le pas à l'identité personnelle, privant ainsi les groupements juifs d'Arabie d'une partie de leur pouvoir décisionnel, celui de la classe dirigeante de l'aristocratie ḥimyarite ou hadramie, dont les ancêtres avaient adopté, parfois superficiellement, le judaïsme [134].

126. Al-Baġdādī, *Kitāb al- muḥbar*, p. 80.
127. Sedov, Robin et Ballet, « Qāni' », p. 30.
128. Botticine et Eckstein, « From Farmers », p. 8.
129. Goitein, *juifs et Arabes*, p. 100, 101.
130. Al-Ṭabarī, *The Sāsānids*, p. 190, n. 483.
131. Al-Balaḏūrī, *Kitāb futūḥ*, p. 357, 358.
132. *Ibid.*
133. Il est intéressant de considérer, en 1953, le témoignage de R.B. Serjeant concernant un nommé al-Isrā'īl, cheikh d'al-Rawḍa, dans le Hadramaout, et qui s'étonne de voir une ascendance juive aussi clairement affichée par un membre du « pouvoir religieux » ; voir Serjeant, «Hūd », p. 171.
134. Tobi, « Conversion to Islam », p. 577.

Mais ce mouvement d'adhésion ne fut que partiel, comme le montre un décret d'al-Hādi Yaḥyā ibn Ḥusayn [135] qui imposa une taxe foncière aux juifs et aux chrétiens ; un certain nombre de propriétaires fonciers juifs existèrent jusqu'au IXe siècle.

Les conversions volontaires touchèrent également des groupes d'individus d'origine modeste résidants dans les campagnes.

Une problématique mettant en relation les frais éducatifs et le flux des conversions permet de dégager le profil « type » de ce néophyte [136] : il est membre d'une communauté rurale et ses revenus sont si bas qu'il ne peut assurer une instruction religieuse à ses fils. Il s'agit d'un *am ha-aretz,* dont la définition se doubla, à partir du IIIe siècle, d'une seconde signification, celle de *am ha-aretz la Tora,* « d'ignorant de la Tora », c'est-à-dire d'illettré. Ce fut sous l'influence de Rabbi Juda ha-Nassi [137] que se généralisa le besoin d'étudier la Tora afin de donner une éducation religieuse aux jeunes garçons. Selon la tradition rabbinique, un *am ha-aretz* se souciait peu de l'éducation de ses enfants et négligeait les lois de pureté [138]. Dès lors, demeurer illettré devenait un objet de mépris et d'exclusion. Ainsi, la mise en relation du fait religieux et du fait éducatif peut permettre de mieux saisir l'effet déstructurant des conversions sur les communautés rurales à partir du VIIe siècle.

La conversion à l'islam, de laquelle découlait l'accès au savoir [139], pourrait être un effet pervers du système éducatif interne au judaïsme [140] dont le coût de l'éducation était équivalent au revenu mensuel d'un paysan [141].

À l'inverse, les populations urbaines, ou péri-urbaines, se recentrèrent sur leurs communautés et sur les structures éducatives qu'elles finançaient en généralisant la scolarisation des enfants juifs, ce qui constitua probablement une barrière efficace contre le passage d'un groupe religieux à un autre, emboîtant le pas aux stratégies matrimoniales et aux interactions de groupes [142]. Ainsi les communautés juives demeuraient suffisamment structurées pour faire du principe de survie, et de sa transmission par l'éducation des garçons, un fait de cohérence interne. Il est également intéressant de souligner que les différences de taux de paiement des taxes douanières ou commerciales entre juifs et musulmans purent parfois constituer un argument suffisant pour aboutir à une conversion.

Ce processus de conversion contribua fortement à dépeupler les campagnes [143], bon nombre de paysans quittant leurs terres pour aller s'établir en ville en tant que commerçants ou

135. Tobi, *Jews of Yemen*, p. 17.
136. Botticine et Eckstein, « From Farmers »,p. 8-10.
137. Les autorités romaines reconnurent Rabbi Juda ha-Nassi comme chef spirituel de la communauté juive de Palestine vers 170. Il rédigea la Mishna entre 200 et 220.
138. Talmud de Babylone, 22a.
139. Berkey, *The Transmission of Knowledge.*
140. Botticine et Eckstein, « From Farmers », p. 10.
141. *Ibid*, p. 17.
142. Décobert, «La prise de Maryūt», p. 161.
143. Botticine et Eckstein estiment que la population juive de la Mésopotamie, de la Perse et de la péninsule Arabique aurait diminuée de 87% entre le VIIIe et le XVe siècles, voir « From Farmers », p. 24.

artisans. À titre d'exemple, al-Ḥamdānī (932-968) signale l'existence d'une communauté juive de 200 personnes dans la région de Médine ; d'après le géographe, ceux-ci se seraient « autrefois comptés en milliers de personnes [144] ». L'arrivée de l'islam et le mouvement de conversion qui suivit marquèrent une rupture radicale et définitive avec la civilisation ḥimyarite ; la transformation du judaïsme arabique fut alors profonde et irréversible. L'islam, en tant que structure politique, marqua le point de départ d'une urbanisation importante de toutes les populations de la péninsule Arabique, permettant aux juifs de compléter une transition qui les conduisit du statut de rural à celui de citadin.

La période d'autonomie de la société civile allant de l'Hégire, en 622, jusqu'à l'avènement de la dynastie abbasside, en 750, permit la mise en place d'un pouvoir politique, mais également communautaire, qui s'appuya avant tout sur les notables dont le rôle devint alors primordial. L'émergence de cette élite intellectuelle, et non plus uniquement aristocratique et patrimoniale, affirma non seulement un désir de modernisme, mais entérina également une première cassure entre la définition patrimoniale de notable communautaire et celle d'élite [145].

Les conversions individuelles suscitèrent de vives réactions au sein des communautés, surtout lorsqu'il s'agissait de notables. Ce processus d'islamisation obéissait également à plusieurs facteurs, dont les mariages mixtes, les opportunités de contacts humains ou les choix sociaux de certains acteurs. Shelomo Dov Goitein cite de nombreux exemples, comme celui de cette femme juive qui demanda le divorce de son mari, commerçant à Aden et converti à l'islam, afin de pouvoir se remarier. Sa demande fut d'abord adressée au *qāḍī* avant d'être renvoyée devant une cour rabbinique. Les réflexes culturels continuaient à fonctionner bien après la conversion, comme ce couple de convertis qui demandèrent que leur fils fût circoncis selon la tradition juive, au huitième jour, et non selon les principes de la *sunna* [146].

Les *mawālī*

Le califat s'installa, en 661, hors de la péninsule Arabique. Le statut de la *ḏimma* était en cours d'élaboration (il prit sa forme canonique au VIIIe siècle avec la formalisation du droit musulman comme base du système social du califat) et le maintien des non-musulmans dans leurs propres structures communautaires apparaissait comme indispensable au fonctionnement de la société. Dès lors, les conditions de l'adhésion à l'islam se modifièrent. En effet, si le choix des deux premiers califes *rāšidūn* fut dicté par l'ancienneté de leur conversion et les liens familiaux qui les unissaient à Muḥammad, le cadre politico-religieux changea à partir de 644. Le choix controversé de ʿUṯmān ibn ʿAffān comme troisième calife provoqua des divergences qui débouchèrent, à partir de 656, sur la première rupture de la communauté avec la dissidence prêchée par ʿAlī.

144. Al-Ḥamdānī, *Ṣifat ǧazīrat al-ʿArab*, cité par Miquel, p. 86.
145. Faü, *Les juifs de la Péninsule*, p. 8.
146. Goitein, *A Mediterranean Society*, p. 299-311.

Les néo-musulmans furent d'abord des non-Arabes, à l'exemple des Perses, et la propagation de la religion du Coran donna naissance à une troisième catégorie sociale, à mi-chemin entre celle du *ḏimmī* et celle du musulman d'ascendance arabe : le *mawlā*, ou client. Les *mawālī*, qu'ils fussent d'origine juive, chrétienne, samaritaine ou zoroastrienne, furent très tôt victimes de discriminations, et ce pour deux raisons principales : tout d'abord, le fait qu'ils ne fussent pas Arabes, ces derniers voulant protéger leurs privilèges politiques et économiques ; ensuite, le ressentiment qu'éprouvait le vainqueur par rapport au vaincu.

Mais la conversion des juifs de la péninsule compliquait sérieusement les choses. Étant de souche arabe et tribale, ils ne pouvaient pas être assimilés aux *mawālī*, mais aux musulmans d'origine arabe. Cette accession directe à ce qui forma l'aristocratie du monde musulman encouragea bon nombre des membres des communautés juives de la péninsule Arabique à franchir le pas de la conversion.

Ce nombre alla croissant, de génération en génération, du VIIe au XIIe siècle. Le succès de l'islam dans les communautés juives de la péninsule obéissait, certes, à des raisons tactiques, mais également à des motivations d'ordre symbolique. Adhérer au monde des vainqueurs, à celui du *dār al-islām*, ne leur permettait-il pas d'intégrer symboliquement la caste des *kohanim*, des prêtres du Temple descendants d'Aaron, issus de la tribu de Lévi, c'est-à-dire celle des dirigeants ?

La majorité de ces conversions demeurait le fruit d'une démarche personnelle ou familiale [147]. L'explication donnée à ce phénomène peut s'articuler autour de deux points : le premier est l'isolement relatif dans lequel vivaient les communautés yéménites. L'influence des académies iraqiennes toucha certes les élites religieuses du Yémen et du Hadramaout, mais ne fut certainement pas suffisante pour prévenir les individus de l'attrait que présentait l'islam à leurs yeux. Le second concerne la position des académies de Babylone, dont les directives demeuraient assez éloignées des problèmes quotidiens, alors que la *šarīʿa* était en mesure de répondre concrètement au questionnement de la vie de tous les jours.

Un dernier élément à prendre en considération demeure certainement le facteur linguistique. La suprématie de la langue arabe au sein de la société yéménite a permis d'affermir, à partir du VIIIe siècle, une particularité culturelle arabe née d'une fusion bédouine et ḥimyarite [148]. L'arabisation progressive du Yémen a sapé les anciennes structures en introduisant un nouveau système, celui même qui prévalait chez les Bédouins du Héjaz, qui avaient désormais pour eux le pouvoir politique. De plus, le clivage existant entre, d'une part, la langue arabe, devenue au Yémen langue de culture, et l'hébreu d'autre part, langue cultuelle, produisit un effet de rétrécissement communautaire tant religieux que social.

Mais, d'autre part, ce phénomène de repli des communautés sur elles-mêmes et la recherche d'une nouvelle affirmation identitaire encouragea un retour à l'hébreu, qui, au-delà de sa dimension de langue sacrée, devint une langue de témoignage en apparaissant sur les épitaphes et les inscriptions où il suppléa le grec et le sabéen, employés jusque-là. La force de cette nouvelle

147. Wasserstein, « Islamisation and Conversion », p. 49-60.
148. Chelhod, *Arabie du Sud*, p. 43.

identité culturelle yéménite[149] a sûrement constitué un pôle d'attraction important dans les cas de conversions individuelles, dès lors que le néophyte perdait son identité de juif.

Le changement de statut lié à la conversion à l'islam n'allait pas sans problèmes pour celui qui abjurait le judaïsme. Ainsi le nouveau converti perdait la protection de l'Imam car il n'était plus « protégé » et il sortait du pacte de la *ǧizya*. D'un point de vue strictement social, il perdait la confiance de sa communauté d'origine, sans pour autant gagner celle des musulmans, et seul le mariage mixte lui ouvrait la porte de l'intégration et de l'assimilation, qui restait cependant partielle. Dans le Yémen zaydite, un juif converti était souvent désigné sous le nom de *muhtadī*, « guidé[150] » ou de *musilmānī*, « petit musulman [151] ». Malgré le poids de ces préjugés populaires, les conversions demeurèrent une réalité qui laminait peu à peu les communautés juives.

L'État musulman, en organisant une administration capable d'assurer la levée d'une fiscalité nouvelle dans les pays soumis, a contribué à démanteler un certain nombre d'institutions locales qui constituaient des structures phares, comme ce fut le cas des monastères chrétiens en Égypte [152]. La question est de savoir si les rouages institutionnels du judaïsme arabique ont effectivement subi un tel phénomène, ce qui aurait également poussé les juifs à se tourner vers l'islam. La figure du converti tend à montrer que les communautés juives urbaines demeuraient suffisamment structurées par la tradition rabbanite pour faire du principe de son maintien et de sa transmission par l'éducation un fait de cohérence interne. Ce principe ne fut cependant pas suffisant pour protéger l'ensemble des communautés arabiques qui n'avaient plus les moyens intellectuels de se protéger d'une adhésion à une autre tradition religieuse, la tradition islamique. Il révèle, cependant, moins un phénomène de déstructuration au sein des communautés juives arabiques, qu'un phénomène d'ossification de ces structures, leur efficacité devenant obsolète face à l'attirance d'un islam triomphant.

Puis ce processus renforça, par effet de contrecoup, la force du pouvoir rabbinique qui prit conscience de la pérennité d'un nouvel ordre politique régi en termes islamiques en lui donnant cependant les moyens de s'affirmer. Après avoir promulgué une série de mesures destinées à freiner l'ardeur des prosélytes [153], le pouvoir rabbinique fut en mesure d'apporter des réponses aux grandes questions sociales et religieuses qui, dans un premier temps, firent le succès des conversions. Ainsi, au XIIe siècle, Natana'el Ibn al-Fayyumi, sur qui nous reviendrons, affirma ce renouveau en présentant son introduction à une nouvelle philosophie juive, Bustān al-ʿUqūl [154], comme un outil de modernisation du système éducatif en usage dans les *yeshivot*.

L'attrait pour l'islam s'infléchit à partir du XIIe siècle et le judaïsme arabique conserva encore une place importante, représentant la première confession non musulmane, et demeurait encore majoritaire dans certaines régions, comme dans l'oasis de Wādī al-Qurā [155].

149. Crone et Cook, *Hagarism, the Landing*, p. 112.
150. Serjeant, « Omani Naval Activities », p. 83, note 68.
151. Rossi, « Il diritto consuetodinario », p. 136.
152. Décobert, «La prise de Maryūt», p. 159.
153. Tobi, « Conversion to Islam », p. 577.
154. Ibn al-Fayyumi, *Bustān al-ʿUqūl*.
155. Al-Muqaddasī, *Aḥsan al-taqāsīm*, p. 84, 95.

Un philosophe juif du XIIIe siècle dressa, sur un ton humoristique, la liste des motifs non religieux de la conversion à l'islam :

> « Il (le converti) est mû par la peur et l'ambition.
> « Il doit au Trésor une grosse somme d'argent.
> « Il désire échapper à la condition d'opprimé.
> « Il est condamné à une peine de prison.
> « Il tombe amoureux d'une musulmane,
> « Ou bien il a quelques motifs de ce genre[156]. »

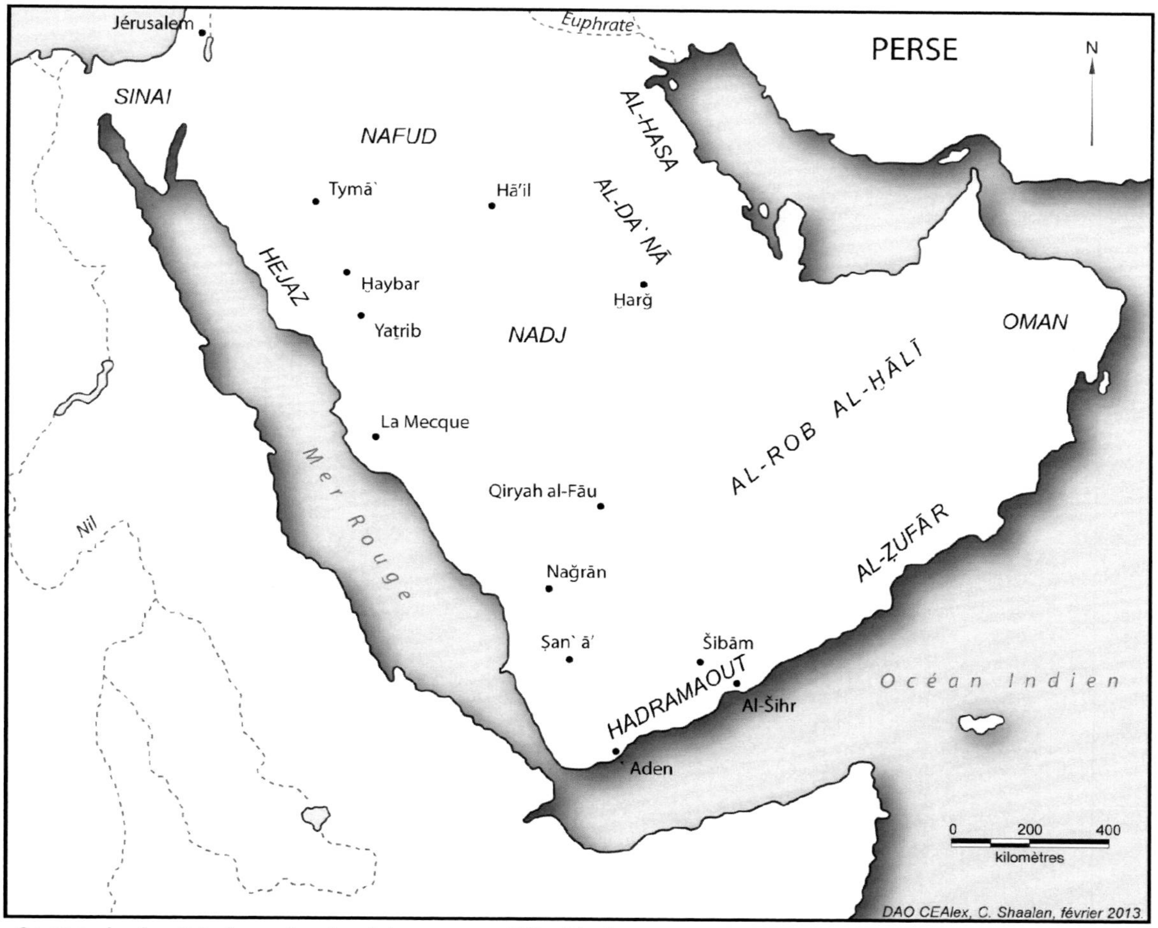

Carte de la Péninsule Arabique, au Xe siècle.

156. Manṣūr, *Ibn Kammuna's Examination*, p. 102.

Les conversions forcées à l'aune des mouvements de messianisme juif [157]

Les conversions forcées constituèrent un aspect original de la réalité yéménite. Le chroniqueur Ibn Aʿṯam rapporte que, sous le califat de ʿAlī, un groupe d'apostats de la région de Ṣanʿā', membres de la tribu juive des Qaws et convertis dans un premier temps à l'islam, revint ensuite au judaïsme :

> « Les Qaws de Ṣanʿā' adoptèrent le judaïsme après qu'ils eurent reconnu le Coran et accepté l'islam. Il [ʿAlī] les tua tous et fit brûler leurs corps dans un bûcher [158]. »

L'analyse des persécutions et des conversions forcées subséquentes nous amène à considérer la délicate question des mouvements messianiques du judaïsme sub-arabique. L'intensification de certains courants de la mystique juive représentait un danger pour les autorités musulmanes car les idées de syncrétisme religieux liées à une perspective eschatologique brouillaient les frontières religieuses. Le pouvoir califal réagit en réaffirmant le plus fermement possible la distinction entre les religions et en imposant l'absolue supériorité de l'islam. Une des voies classiques de l'application de cette politique de contrôle passait par la discrimination religieuse, appliquée aux *ḏimmī*-s les plus nombreux, les chrétiens, et par la persécution, suivie de l'obligation violente, mais ponctuelle, de la conversion, appliquée aux petites communautés de *ḏimmī*-s, dont les juifs.

Ce messianisme constitua une particularité du judaïsme oriental en général et arabique en particulier, au même titre que les conversions forcées, les deux étant souvent complémentaires, comme ce fut le cas sous l'administration du gouverneur ayyubide d'al-Muʿizz Ismāʿīl, dans les dernières années du XIIe siècle. Cette utopie messianique semblait cependant être en relation avec une demande populaire de renouveau religieux, entretenue par des campagnes de prédications, notamment en 968, en 1068, en 1107 et en 1186. Ces prédications furent en général le fruit du travail de petites sectes juives apparues au Moyen-Orient à partir du VIIe siècle. Chaque mouvement messianique mit invariablement en scène des individus charismatiques, ayant une personnalité suffisante pour défier l'autorité rabbinique, et, au-dessus d'elle, celle du pouvoir princier. Cette tension entre les tenants de la tradition et de l'ordre communautaire, et les révolutionnaires de la prédication messianique demeura une constante de ces mouvements populaires dont l'émotion était entretenue par la diffusion régulière de contes légendaires mettant en scène des catastrophes apocalyptiques.

157. La prétention juive à la messianité post-exilitique correspond à des mouvements religieux non reconnus par les religions abrahamiques, ou une de leurs composantes.
158. Ibn Aʿṯam, *Kitāb al- futūḥ*, p. 71.

Ce fut précisément cet élément populaire que voulut combattre Maïmonide en formulant une doctrine eschatologique qui rejetait tout élément d'utopie populaire, notamment en insistant sur des assertions anti-apocalyptiques qui étaient avant tout destinées à atténuer la dynamique sociale de ces mouvements spontanés de messianisme [159].

L'émergence des groupes hétérodoxes juifs orientaux

La déshérence sociale des classes pauvres, la misère, la ferveur religieuse mais également l'influence d'un milieu ambiant zaydite qui vivait dans l'attente du retour du *mahdī al-muntaẓar*, le messie attendu de l'eschatologie chiite, peuvent expliquer les différents mouvements messianiques qui touchèrent et déstabilisèrent la communauté juive yéménite. Ce désir de changement se nourrissait également de la tradition messianique de l'islam, celle du mahdisme. Les juifs étaient réceptifs aux images et idées apocalyptiques développées par le chiisme, mais ce phénomène ne fut pas à sens unique, les musulmans étant, à leur tour, attirés par ceux qui, parmi les juifs, se proclamaient messies. Les juifs yéménites vivaient dans l'attente de la venue du Messie, mais leurs croyances relatives à la conception du messianisme demeuraient généralement assez contradictoires et variaient fréquemment.

La chronologie du messianisme juif en Arabie montre une pérennité intéressante.

Dès la période de l'hégire, un juif du Héjaz nommé Ibn Sayyād se proclama « apôtre de Dieu » tout en prônant le mysticisme [160] et fut présenté par les sources musulmanes comme l'incarnation du *daǧǧāl*, du « faux messie ». La tradition musulmane [161] relate sa rencontre avec Muḥammad dans une palmeraie, à proximité de la forteresse des Banū Maabā, où le Prophète était en pleine méditation. Le Coran fait référence à ces courants mystiques [162] dont la pérennité constituait une réalité de la vie du judaïsme arabe au VIIe siècle. David Halperin relie Ibn Sayyād à un courant mystique hérétique du judaïsme présent dans le Héjaz au VIIe siècle [163].

Au VIIe siècle, un juif nommé Haggabar ibn Tsa'hār annonça sur le marché de Yaṯrib la venue prochaine du messie Yocha'a al-Akhbari qui allait se révéler au-delà du fleuve Sambatyon : le promis monterait un âne blanc lors de sa prochaine venue et ferait cesser les autres cultes pour répandre le message de la Bible sur terre [164].

Un passage de la relation de voyage de Nāsir-i-Khosrō [165] (1004-1074[?]) mentionne la région de Yamāma comme étant la patrie d'un Messie qui y prêcha vers 1035.

Puis, à partir du XIIe siècle les deux communautés, juive et musulmane, furent régulièrement agitées par de nouveaux soubresauts messianiques.

159. Leaman, *Maïmonide*.
160. Helperin, « The Ibn Sayyad », p. 213-225.
161. *Ibid.*
162. Le Coran S, 2 , 78, 79 et 80.
163. Helperin, « The Ibn Sayyad », p. 213-225.
164. Adler, « Obadia », p. 133.
165. Nāsir-i Khosrō, *Safer nāmeh*, p. 224.

Les chroniques syriaques mentionnent, en 1153, un homme d'origine yéménite qui portait le nom de Mabarqā, surnommé Abū al-Ḥarb, qui se proclama roi :

> « Il y eut en Palestine un homme appelé Tamīn et surnommé Abou al-Ḥarb, un yéménite qui prit le nom de Mabarqā, et qui se proclama roi. Trente mille affamés et dénudés se joignirent à lui. Son visage était couvert d'un voile [166]. »

Ce prédicateur affirmait la vérité de la révélation coranique et l'amalgame avec le judaïsme, affirmant que la véracité de ses affirmations était citée dans la Bible ; il fut exécuté sur ordre de l'imam.

La proximité de l'Iran facilita également, à partir de l'arrivée de l'islam, la diffusion des écrits de plusieurs messies perses. Ainsi la communauté de Bayhān, dans le sud du Yémen, restait convaincue que le Messie était déjà venu, rendant ainsi plausible l'hypothèse d'une influence des idées d'Isḥāq ibn Yaʿqūb Abū ʿĪsā al-Iṣfahānī, fondateur d'un mouvement dissident en Perse au VIIIe siècle, après la conversion à l'islam des juifs de Ḥirā' [167]. Ce tailleur, originaire d'Iṣfahān, que certains de ses disciples présentaient comme analphabète, vécut entre 680 et 705, sous le règne du calife ʿAbd al-Malik ibn Marwān. Ses prédictions sortirent rapidement des limites de la Perse. Abū ʿĪsā se présentait comme le dernier des cinq précurseurs du Messie [168], tout en reconnaissant le don de prophétie à Jésus et à Muḥammad. Il soutenait que chacun avait été envoyé par Dieu à son peuple respectif et il recommandait à ses disciples la lecture du Coran et des Évangiles, ainsi que l'étude de leurs commentaires.

> « Il disait que les musulmans, comme les chrétiens, doivent chacun pratiquer leur religion à laquelle ils ont désormais adhéré, tout comme les juifs doivent pratiquer la religion qu'ils professent maintenant. Cela veut dire probablement que toutes les religions sont authentiques et aucune n'est meilleure que l'autre [169]. »

Un des disciples d'Abū ʿĪsā se nommait Yudġān. Il vécut, dans la première moitié du VIIIe siècle, à Hamadan, où il connut un important succès populaire :

> « Yudġān prétendait être également un prophète. Ses disciples affirmèrent qu'il était le Messie et qu'il n'est pas mort ; ils attendaient son retour d'un moment à l'autre. Les Yudġānites interdisent la viande et les boissons alcoolisées et observent la pratique de très nombreuses prières et jeûnes. Ils déclarent que les *shabbats* et les jours de fête ne sont plus obligatoires, mais doivent être respectés comme jours du souvenir. Certains caraïtes partagent cette opinion [170]. »

166. *Chronique*, traduite par Chabot, , p. 103.
167. Gil, *Jews*, p. 511.
168. Talmud de Babylone, *Soukka*, 52b.
169. Al-Qirqisānī, « Account to the Jewish », p. 382.
170. *Ibid*, p. 383.

Ces groupes hétérodoxes réformateurs étaient souvent marqués par une accentuation restrictive du mode de vie quotidien, notamment en ce qui concerne l'alimentation et les règles de mariage. Mais la pauvreté intellectuelle des chefs de ces mouvements contribua à réduire leur influence, et, excepté les caraïtes, aucune de ces hérésies n'a survécu à la mort de son fondateur. La disparition de ces sectes juives s'est accomplie soit par une élimination physique, comme celle d'Abū ʿĪsā al-Iṣfahānī, soit par une assimilation progressive aux théories rabbanites ou caraïtes. L'effort intellectuel incomparable qui s'est déployé autour de l'étude talmudique a fini par s'imposer à tous ceux qui, parmi les dissidents, s'étaient peu à peu éloignés du judaïsme.

Deux facteurs se sont conjugués pour réduire, puis effacer l'influence des sectes juives des premiers siècles de l'islam : le premier est constitué par le rôle fondamental joué par l'exilarque dans la consolidation de l'autorité rabbinique, dans le contexte particulier de l'arrivée au pouvoir de l'islam triomphant de la période rassulide. L'exilarque avait réussi à mettre fin aux querelles internes du rabbanisme qui devint le judaïsme officiel auprès des autorités musulmanes, éliminant ainsi *de facto* le caraïsme. En effet, l'islam a reconnu officiellement deux courants du judaïsme - le rabbanisme et le samaritanisme - et a toujours ignoré les caraïtes en tant que communauté représentative. Le rôle spirituel de l'exilarque était renforcé par sa position politique de garant de la communauté auprès de l'autorité califale puisqu'il avait le droit de dispenser du paiement de la *ǧizya* ceux qu'il jugeait incapable de s'en acquitter.

Le second facteur d'affaiblissement de ces sectes [171] juives fut l'effet de fuite en avant vers une zone de non-droit théologique, dont l'attente messianique était renforcée par l'abondance des images mises en scène par les prophètes, et en particulier Isaïe : descriptions apocalyptiques de séismes, de déluges, de fournaises et de désolation ; Israël n'étant pas épargné, mais purifié.

La conséquence immédiate de ces mouvements déstabilisateurs de l'ordre social fut la persécution ouverte et l'obligation, brève ou définitive, de la conversion. En effet, en sortant du cadre strict de la *ḏimma*, le judaïsme sud-arabique s'exposa à la réaction du pouvoir califal [172] ; la répression toucha les communautés de manière inégale et déboucha sur une politique de conversion forcée dont la chronologie yéménite, jusqu'au XIIIe siècle demeure, cependant, assez succincte :

– 1172 : l'imam ʿAbd al-Nabī ibn Mahdī mit en place une politique de conversions forcées des juifs du Yémen. Il fut influencé par un de ses conseillers, Samuel ibn ʿAbbās, un juif converti à l'islam et auteur d'un certain nombre de polémiques contre le judaïsme. L'imam entendait ainsi lutter contre un mouvement messianique mené par un illuminé qui se proclamait « roi d'Israël », semant le désarroi dans la communauté juive sanʿānite. Les sources arabes ne font que peu de références à ʿAbd al-Nabī ibn Mahdī qui se faisait fort de convertir, par la force s'il le fallait, les juifs à l'islam [173].

171. Alobaidi, *Le commentaire des psaumes*, p. 82-84.
172. Lewis, *Sémites et antisémites*, p. 147-158.
173. Ibn Furāt, *Tārīḫ*, p. 198 et Cassel, *Yeman*, p. 164.

Le manifeste eschatologique de Maimonide

Conscients du danger que représentait ce genre de manifestation pour la survie de leur communauté, les dignitaires, sous la conduite de Jacob ibn Natan'el al-Fayyumi, se tournèrent vers celui qui faisait référence en matière de législation talmudique, Moïse Maïmonide qui leur envoya une réponse connue sous le nom d'*Iggeret Teman*, « Épître au Yémen [174] ». Maïmonide entretenait des contacts avec le Yémen, puisqu'il avait déjà reçu, avant la rédaction de son épître, un don de 100 dinars de la part de la communauté de ʿAden.

L'« Épître au Yémen » fut écrite en arabe par Maïmonide, au Caire, en 1172, et s'adressait directement aux juifs yéménites, en leur donnant les arguments théologiques pour se protéger de toute agitation messianique.

Le texte de Maïmonide se réfère au climat de ferveur messianique qui régnait au Yémen, où ces mouvements [175] entretenaient paradoxalement une contradiction dans leurs approches respectives d'un messianisme à tendance réaliste, ou au contraire, apocalyptique, intégrant parfois ce dualisme dans le même message.

La mise en garde de Maïmonide contre la tentation de l'hérésie s'adressait directement aux adeptes de ce messianisme :

> « Ils pensent que le Yémen est le lieu de la révélation comme leur a dit celui qui l'introduit en erreur [176] ».

Mais tout se passait comme si, face à l'urgence de la situation des juifs du Yémen, piégés entre l'apostasie et le martyre, Maïmonide, conscient de son rôle de guide spirituel, laissait de côté ses convictions philosophiques. Il tenta alors de trouver une solution pragmatique qui permettrait de sauver cette communauté des représailles éventuelles du pouvoir politique et de la soustraire à la tentation de suivre le premier pseudo-messie venu. Ainsi, au-delà de l'idée du messianisme, Maïmonide développa ensuite, dans l'« Épître sur l'astrologie [177] », le thème de la survie de la communauté yéménite, qui passe par la neutralisation de ce prétendu sauveur.

Un Messie se manifesta à la même époque, plus au nord, sur les hauts plateaux yéménites. Il réforma les prières et le rituel, prêchant l'aumône en organisant d'immenses campagnes de charité au cours desquelles les adeptes partageaient tous leurs biens. Son écho fut tel que de nombreux musulmans se joignirent à lui. Devant l'agitation provoquée, l'imam le fit arrêter. Convoqué devant le *dīwān*, il maintint ses affirmations messianiques et proclama que si l'on tentait de le tuer, il ressusciterait aussitôt ; amusé, l'imam tenta l'expérience et le fit décapiter.

174. Maïmonide, *Épîtres*.
175. Klorman, « Jewish and Muslim », p. 301-333.
176. Maïmonide, *Épîtres*, p. 98.
177. Kraemer, *Maimonides*, p. 428.

Maïmonide préconisa que cet imposteur fût enfermé avec le maximum de publicité auprès des musulmans afin de sauver la communauté de représailles qu'un tel débordement à l'ordre public ne manquerait de provoquer [178].

Un autre Messie apparut ultérieurement dans le Hadramaout, prêchant une sorte de syncrétisme entre judaïsme et islam, proclamant que la Bible avait prédit sa venue comme Messie. Moïse Maïmonide reporta également cet épisode messianique dans « l'Épître sur l'astrologie [179] », en citant la présence d'un personnage dans le Hadramaout prétendant être le messager du Messie qui devait apparaître au Yémen, alors que dans « l'Épître au Yémen », Maïmonide présente l'homme en question comme étant lui-même le Messie. Cette ambiguïté entre les deux textes est confirmée par un autre passage de « l'Épître sur l'astrologie » dans laquelle Maïmonide précise que des musulmans commencèrent à suivre ce « messager [180] ». L'homme fut finalement arrêté par les troupes califales et exécuté, laissant derrière lui la légende de son retour après le miracle de sa résurrection. La proximité de l'eschatologie chiʿite avec la doctrine du retour du *mahdī al-muntaẓar* est ici palpable.

Moïse Maïmonide dénonça, dans son « Épître au Yémen [181] », les persécutions et la campagne de conversion forcée qui fit suite au mouvement messianique :

> « Vraiment, ce que tu rappelles à propos de celui qui règne sur le Yémen, qui a décrété la persécution contre Israël et a obligé toutes les localités sous sa souveraineté d'abandonner leur religion est une nouvelle qui nous a fait blêmir [182] ».

Il tenta de minimiser le nombre des convertis : « Tu m'as dit qu'un petit nombre écartait ce doute (de la conversion [n.d.l]) [183] », tout en conseillant aux juifs menacés de mort de fuir vers des terres plus accueillantes.

Maïmonide prit une position pragmatique face au phénomène de conversion forcée. Témoin en son temps des violences exercées par les Almohades sur les juifs d'Espagne musulmane, il expliquait qu'il n'y avait ni honte, ni disgrâce à se convertir sous la contrainte, car il préférait voir un juif converti pratiquant en secret sa religion qu'un bon croyant mort. Pour lui, la force du croyant est de refuser [184] la loi du dominant tout en affichant une pratique extérieure. Maïmonide restait persuadé, à l'aune de sa propre expérience, que ces conversions forcées n'étaient pas le résultat d'un certain arbitraire politique de quelques dynasties musulmanes, mais demeuraient intrinsèques à leurs principes religieux. Se référant volontiers à son propre passé et aux destructions des communautés juives d'Andalousie et du Maghreb par les Almohades,

178. *Ibid.*
179. *Ibid*, p. 427, 428.
180. *Ibid.*
181. *Ibid*, p. 235.
182. Maïmonide, Épîtres , p. 53.
183. *Ibid*, p. 75.
184. Kraemer, *Maimonides* , p. 156.

il considérait les événements du Yémen comme une possible période de transition entre le statut de *ḏimmī* et l'assimilation [185] à la religion de la puissance dominante.

Maïmonide considéra les *anusim* comme faisant toujours parti intégrante du judaïsme [186], s'opposant sur ce point aux *psikot*, les directives religieuses, prises plus d'un siècle auparavant par les écoles talmudiques rhénanes [187], qui condamnaient indifféremment les *mishumadim* et les *anusim* au *herem*, à l'anathème. La prise de position de Natan'el ibn al-Fayyumi [188] est également révélatrice d'un certain pragmatisme en matière de conversions forcées : il jugeait que la récitation de la *šahāda*, la profession de foi, ne liait pas son auteur à l'islam qui avait été envoyée par Dieu « uniquement pour les Arabes [189] ».

Ces deux autorités officielles du judaïsme entérinaient ainsi l'idée d'une crypto-appartenance au judaïsme, d'une distinction entre l'adhésion officielle et l'appartenance privée. En effet, en présence d'un régime de communauté restreinte, encore suffisamment structuré, la crypto-appartenance religieuse demeurait possible, du moins à court terme. Mais l'existence, dans la péninsule Arabique, d'une ou plusieurs communautés crypto-judaïsantes, telles qu'elles existèrent dans l'Andalousie almohade décrite par Maïmonide, ne peut pas, à l'heure actuelle, être vérifiée par les sources connues [190].

De la persécution à la conciliation

– 1198 : Al-Muʿizz Ismāʿīl, ordonna une conversion forcée des juifs et des chrétiens de la péninsule [191]. Il restait convaincu que le succès de sa politique de contrôle du pouvoir devait passer par la stricte application de l'édit d'expulsion promulgué par Muḥammad à l'encontre des juifs du Héjaz. Saladin, puis la dynastie ayyoubide, affirmèrent leur opposition à cette perception de la *šarīʿa* en réactivant les mesures discriminatoires établies par le calife al-Ḥakīm (996-1021) qui imposèrent notamment les signes particuliers aux *ḏimmī*-s.

Al-Muʿizz Ismāʿīl s'autoproclama calife en 1197 et prit, très rapidement, des mesures de conversions forcées à l'encontre des communautés juives yéménites.

L'épisode de la conversion forcée de 1198 est rapporté dans deux lettres de marchands juifs d'Aden. Un premier courrier [192], daté de 1198, ne mentionne pas le mouvement messianique qui secoua le sud du Yémen à cette période, en s'attardant sur la brutalité et la rapidité

185. *Ibid*, p. 241.Talmud de Babylone , 52b. Kraemer, *Maimonides*, p. 99-100. Levine, *The Bustan*, p. VIII. Kraemer, *Maimonides*, p. 92-94. Bates, *Yemen and its Conquest*, p. 304.
186. Kraemer, *Maimonides*, p. 99-100.
187. Plus précisément l'école talmudique de Rabbi Salomon Izhaki, davantage connu sous l'acronyme de Rachi de Troyes (1040-1105), auteur d'une exégèse de la Bible, et qui décréta un certain nombre de *psikot* lors des massacres anti-juifs inhérents à la 1re croisade, en 1095.
188. Natan'el ibn al-Fayyumi était le fils de Jacob ibn Natan'el al-Fayyumi.
189. Levine, *The Bustan al-Ukul*, p. 73.
190. Kraemer, *Maimonides*, p. 62-94.
191. Bates, « Yemen and its Conquest», p. 304.
192. Goitein, *Letters of Medieval*, n°43-45.

de la persécution qui y fit suite. L'ordre fut donné aux juifs adénites d'embrasser l'islam sous peine d'être exécutés. Ce document précise que les communautés du nord du Yémen, celles des montagnes, avaient déjà apostasié. Maḍmūn ibn Dāwūd, le chef de la communauté, se convertit à l'islam, sous la menace de mort, le 25 août 1198.

Le vendredi 27 août 1198, le crieur public de la ville communiqua le message suivant :

> « À tous les juifs !
> Quiconque se présentera en retard
> À l'audience du *dīwān* de cet après-midi sera exécuté ! [193] »

L'ensemble de la communauté se présenta à l'audience, ses membres prononcèrent la profession de foi qui faisait d'eux des musulmans, puis le calife proclama que toute tentative d'apostasie serait punie de mort. Quelques-uns, parmi les plus religieux, refusèrent cette conversion et furent décapités.

Un second courrier [194], daté du mois de juillet 1202, émanant de Maḍmūn ibn Dāwūd, le chef de la communauté adénite, précise que les juifs purent revenir à la religion de leurs pères après l'assassinat du pseudo-calife. Il indique également que la fête de Pentecôte s'était déroulée de façon correcte, cette précision n'aurait eu aucun sens dans une période normale. L'auteur n'indique à aucun moment le changement de religion, ce qui pourrait signifier que la communauté adénite pratiqua un crypto-judaïsme pendant les quatre années de règne d'al- Muʿizz Ismāʿīl.

Maḍmūn ibn Dāwūd demanda audience au sultan Sayf al-Dīn Sunqūr, régent d'al-Malik al-Nāṣir Ayyūb, successeur d'al-Muʿizz Ismāʿīl, pour demander l'annulation du décret de conversion. Le jugement du tribunal religieux fut favorable à la requête de Ben David et autorisa officiellement l'ensemble de la communauté juive du Yémen à retourner au judaïsme. Le calife accorda également sa protection aux juifs étrangers de passage à ʿAden en interdisant que l'on puisse porter atteinte à leur vie. Il leur demanda de payer le tiers du montant de la *ǧizya* bien que cette mesure fût illégale car la capitation n'était redevable que sur son lieu de résidence.

Le fait d'avoir porté le différend devant le tribunal religieux, et non devant le tribunal administratif, permit à Ben David d'exposer sa requête à ses compatriotes musulmans qui en composaient les membres. Car, à la différence du tribunal administratif qui était composé d'officiers de justice issus des troupes étrangères, syriens pour la plupart, le tribunal religieux, qu'il fût musulman ou juif, était composé de notables locaux [195].

Cette période confuse, durant laquelle l'agressivité de la propagande musulmane se heurta à une forte attente messianique des communautés juives du Yémen, se termina avec la disparition du sultan d'al- Muʿizz Ismāʿīl, en 1201.

193. Goitein, « Letters », nº 43.
194. Goitein, « From the Mediterranean ».
195. *Ibid*, note 9.

Ce fut trois siècles plus tard, au XVIe siècle, que le processus de conversion devint irréversible. Un manuscrit de Dar al-maḫṭūṭāt, *à* Ṣan'ā', décrit un mouvement messianique qui réapparut à Bayhān [196] vers 1495. Cette chronique hagiographique met en scène un mystérieux personnage, nommé Yahūdī, qui enflamma le Wādī Hadramaout, et qui fut suivi par un bon nombre de juifs et de musulmans [197] :

> « Dans le royaume est apparu un juif qui a effrayé la population de cette région. Le sultan partit à sa rencontre. Ce juif montait des chevaux de race, était entouré d'une escorte armée et n'avait pas peur de la nuit. Il dénigrait le Coran et défiait les musulmans, et nombreux furent ceux qui l'accompagnaient en réfutant les principes de l'islam. Mais, grâce à une ruse, le sultan le captura et le fit exécuter [198]. »

La répression menée fut terrible. Elle engendra une campagne de conversions forcées et d'expulsions au sein des communautés juives du Hadramaout [199], qui aboutirent, au bout de quelques mois, à la disparition du judaïsme dans cette région. Rabbi Zacharia az-Zaihirir, un rabbin-voyageur yéménite du début du XVIe siècle [200], témoigna que seuls quelques îlots communautaires, comme celui de Ḥabbān [201], existaient encore.

Conclusion

Les divers processus de conversion des communautés juives de la péninsule Arabique modifièrent de manière significative le tableau religieux de cette région jusqu'à la fin du XIIIe siècle [202], redéfinissant les frontières identitaires entre individus et communautés.

Les conversions au christianisme furent brutales, imposées et révocables ; celles à l'islam, à l'exception de conversions forcées de 1198, étaient choisies, proposées et exclusives. La religion musulmane fut alors en mesure d'offrir à ses néophytes un point d'ancrage social, économique, culturel et politique dans le monde extérieur de la tribu, celui du *dār al-islām*.

Ainsi, une grande partie de la population juive se tourna vers le Coran, non seulement parmi les anciennes classes dirigeantes, perméables aux nouvelles idées, mais également parmi les couches les plus modestes de la société sub-arabique.

L'arrivée d'un nouvel ordre social composé d'opportunités de contacts humains et d'interactions économiques semble avoir favorisé le processus d'adhésion à l'islam. La majorité des conversions forcées ou dirigées perdurèrent essentiellement par la menace de sanctions militaires de la part du pouvoir califal.

196. Serjeant, « Material », p. 294.
197. Goitein, «Ha-mashiah ».
198. « Al-Laṭā'if as-suniyya », p. 62.
199. Habshush, « Qôrôt Yisra'el », p. 248, 249.
200. Az-Zaihiri, *Sefer Hammusar*, p. 220.
201. Serjeant, « A Judeo-Arab House-Deed », p. 117-131.
202. Botticini et Eckstein, « From Farmers to Merchants », p. 24.

Il ne faut pas, toutefois, écarter les critères d'ordre purement subjectifs correspondant à des mobiles religieux sincères, et laisser en suspens la question de la survie de groupes de néo-convertis restés fidèles à un judaïsme privé, tel que le décrit Maïmonide[203].

Bibliographie

Références religieuses

La Bible, texte hébraïque d'après la version massorétique, traduit sous la direction du Grand Rabbin Zadoc Khan, Tel Aviv, 1994.

Talmud de Babylone, traduit par Moïse Gabrielle, Jérusalem, 1975.

Talmud de Jérusalem, traduit par Moïse Schwab, Paris, 1969.

Le Coran, traduit par Denise Masson, Beyrouth, 1980.

Sources

«Al-Laṭā'if al-suniyya fī aḫbār al-Mamālīk al-yamaniyya», ms. 2560, Dār al-maḫṭūṭāt, Ṣan'ā'.

Al-Baġdādī, Muḥammad *ibn Sa'd ibn* Ḥabīb, *Kitāb al-muḥbar*, Hyderabad, 1942.

Al-Balāḏūrī, Ahmad ibn Yaḥyā, *Kitāb futūḥ al buldān*, Beyrouth, 1987.

Chronique de Michel le Syrien, traduite par Jean Baptiste Chabot, tome III, Bruxelles, 1963.

Ibn al Fayyumi, *Bustān al-'Uqūl*, traduit par D. Lurine, New Yourk, 1966.

Ibn Furāt, Assad, *Tārīḫ IV*, Le Caire, 1904.

Al-Ǧādī, 'Umar ibn 'Alī, *Ṭabaqāt fuqāha' al-Yaman*, Le Caire, 1957.

Ibn Ḥazm, Abū Muḥammad 'Alī, *Ǧamharat ansāb al-'Arab*, Le Caire, 1962.

Al-Ḥimyarī, Našwān ibn Sa'īd, «Muntaḫabāt fī aḫbār al-Yaman», *Mašrū' al-kitāb* 8/3, Ṣan'ā', 1981.

Ibn Hišām, Abū Muḥammad 'Abd al-Malik, *Al-sīra al-nabawiyya*, Le Caire, 1937.

Ibn Isḥāq, Ibn Yasār Muḥammad, *Al-sīra al-nabawīyya*, Le Caire, 1937.

Kəbrä Nägäst : deux traductions, celle de Gérard Colin, *La gloire des rois (Kəbrä Nägäst). Épopée nationale de l'Éthiopie*, Genève, 2002, et celle de Robert Beylot, *La gloire des rois ou l'histoire de Salomon et de la reine de Saba*, Brépols, 2008.

Manṣūr, Saad b., *Ibn Kammuna's Examination of the Inquiries into the three Faiths*, Berkeley, 1967.

Al-Mas'ūdī, Abū al-Ḥasan 'Alī, *Murūǧ al-ḏahab wa ma'ādin al-ǧawhar*, Le Caire, 1998.

Ibn al-Muǧāwir, Muḥammad, *Tārīkh al-Mustabṣir* I, Leyde, 1954.

Al-Muqāddasī, Muḥammad ibn Ahmad Šams al-Dīn, *Aḥsan al-taqāsīm fī ma'rifat al-aqālīm*, Le Caire, 1988.

Nāsir-i Khosrō, *Safer nāmeh*, 8e édition, Téhéran, 2005.

Al-Nīsābūrī, Abū al-Ḥusayn, *Al-Ṭabaqāt*, 2 vol., Riyāḍ, 1991.

Al-Qirqisānī, Ya'qūb, *Kitāb al-anwār wa-l-marāqib*, édit. Nemoy, New York, 1939-1943.

Al-Ṭabarī, Muḥammad ibn Yazīd al-Imām abū Ǧa'far, *Chronique* II, Paris, 1983.

Al-Tamīmī, al-'Arab, *Kitāb al miḥan*, Beyrouth, 1963.

Al-Ya'qūbī, Aḥmad Abū, *Ta'rīḫ*, Beyrouth, 1960.

Yāqūt al-Rūmī, ibn 'Abd Allāh, *Mu'ǧam al-buldān* IV, Le Caire, 1956.

Al-Zūviri, Maḥǧūb, *Tāvūs-e-yamāni*, Téhéran, 2001.

203. Kraemer, *Maimonides*, p. 110.

Études

Abbink, Jan, «The Irrevocable Past : History and Image of the Beta Isra'el », *Cahiers d'études africaines*, v. 34, cahier 136, Ehess, Paris, 1994.

Abbott, Nabia, « Wahb b. Munabbih , A Review Article », *JNES* 36, Chicago, 1977, p. 103-112.

Abel, Armand, « Changements politiques et littérature eschatologique dans le monde musulman », *StuIsl* 2, Paris,1954, p. 23-43.

Adler, Nathan, « Obadia le prosélyte », *REJ* 69, Paris, 1879, p. 133-141.

—, *Jewish Travellers*, Londres, 1930.

Albayrak, Ismail, « Isrā'īliyyāt and Classical Exegetes' Comments on the Calf with a Hollow Sound Q. 20 , 83-98/7 , 147-155 with Special Reference to Ibn ʿAṭiyya», *JSS* 47/1, Manchester, 2002, p. 39-65.

Alobaidi, Joseph, *Le commentaire des psaumes par le qaraïte Salmon ben Yeruham*, Bern, 1996.

Barakat, Ahmed, *Muḥammad and the Jews, A Reaxamination*, New Delhi, 1979.

Bates, Mary, *Yemen and its Conquest by the Ayyubids of Egypt*, thèse de l'université de Chicago, 1975.

Beaucamp, Joëlle, Briquel-Chatonnet, Françoise et Robin, Christian Julien, *Juifs et chrétiens en Arabie aux* v*e et* vi*e siècles : Regards croisés sur les sources*, Centre de recherche d'histoire et de civilisation de Byzance, *Monographies* 32, Paris, 2012.

Ben Sasson, Haim Hilel, *A History of the Jewish People*, Harvard, 1969.

Berkey, Jonathan, *The Transmission of Knowledge in Medieval Cairo, A Social History of Islamic Education*, Princeton, 1992.

Botticine, Maristella et Eckstein, Zvi, « From Farmers to Merchants, Volontary Conversions and Diaspora: « A Human Capital Interpretation of Jewish History », *JEL* 27, Pittsburg, 2005, p. 885-926.

Cahen, Claude, « Le commerce musulman dans l'océan Indien au Moyen Âge », dans *Sociétés et compagnies de commerce en Orient et dans l'océan Indien*, Paris, 1970.

Cassel, Henry, *Yemen, its Early Medieval History*, Londres, 1892.

Chelhod, Joseph, *Arabie du Sud* 3, Paris, 1997.

Christides, Vassilios, « The Himyarite-Ethiopian War and the Ethiopian Occupation of South Arabia in the Acts of Gregentius (ca. 53 A.D.) », *AnEt*, v. 9, Paris, année 1972, p. 115-146.

Cook, Michaël et Crone, Patricia, *Hagarism, the Landing of the Islamic World*, Londres, 1977.

Crone, Patricia et Hind, Martin, *God's Caliph*, Cambridge University Press, 1986.

Cuoq, Joseph, *L'islam en Éthiopie, des origines au* xvi*e siècle*, Paris, 1981.

Daghfos, Radhi, *Le Yémen islamique, des origines jusqu'à l'avènement des dynasties autonomes (*viii*e-*ix*e siècles)*, 2 volumes, Tunis, 1995.

Décobert, Christian, *Le Prophète et le combattant*, Paris, 1991.

—, « Conversion, tradition et institution », *Archives des sciences sociales et des religions* 116, Paris, 2001, p. 67-90.

—, « La prise de Maryūt par les Arabes, conquête et conversions religieuses », dans *Alexandrie médiévale* 3, Ifao, Le Caire, 2008.

Dennet, Daniel, *Conversion and the Poll Tax in the Early Islam*, Delhi, 1950.

Détoraki, Marina et Beaucamp, Joëlle (éd. et trad.), appendice sur les versions orientales par André Binggeli, *Le martyre de saint Aréthas et de ses compagnons (BHG166)*, Centre de recherche et de civilisation de Byzance, *Monographies* 27, Paris, 2007.

Derat, Marie-Laure, *Le domaine des rois éthiopiens (1270-1527)*, Paris, 2003.

Donner, Fred, « From the Believers to Muslim : Confessionnal Self-Identity in the Early Islamic Community », *Al-Abḥāth* 50-51, 2002-2003, p. 9-53.

—, *Muhammad and the Believers, at the Origins of Islam*, Harvard, 2012.

Doresse, Jean, *Au pays de la reine de Saba. L'Éthiopie antique et moderne*, Paris, 1956.

Faü, Jean-François, *Les juifs dans la péninsule Arabique, du* vii*e au* xiv*e siècle*, Paris, 2008.

Fiaccadori, Gianfranco, « Gregentios and the Land of the Homerites », *Life and Works of Saint Gregentios, Archbishop of Taphar*, Berlin-New York, 2006.

Garcia-Arnal, Mercedes, *Conversions islamiques*, Paris, 2001.

Gibb , Hamilton, Alexander, Rosskeen, *Studies of th Civilization of Islam*, London, 1962.

Gil, Moshe, *Jews in Islamic Countries in the Middle Age*, Leyde, 2004.

Goitein, Shelomo Dov, «Ha-Mashiah mi-Behān », *Ha'ares* 17, 1950, p. 23-36.

—, « Newlight on the beginnings of the Kārim merchants », *JESHO* 1/2, Leyde, 1958, p. 175-184.
—, « Evidence of the Muslim Poll Tax from Non-Muslim Sources, a Geniza Study», *JESHO* 6, Leyde, 1963, p. 278-295.
—, *Arabia and the Arabs from Bronze Age to the coming of Islam*, Londres et New York, 2001.
—, *Letters of Medieval Jewish Traders*, Princeton, 1974.
—, *From the Land of Sheba*, New York, 1973.
—, « From the Mediterranean to India », *Speculum*, *JMRS* 29, n° 2/1, Durham-NC, avril 1954, p. 181-197.
—, *A Mediterranean Society*, Los Angeles, 1971.
—, *Palestine Jewry in Early Islamic and Crusader Times*, Jérusalem, 1980.
Graetz, Heinrich, *A History of the Jews* 3, Philadelphie, 1967.
Habshush, Haim, « Qôrôt Yisra'el be-Têman », *Sefûnôt*, v.2, Jérusalem, 1958, p. 246-286.
Hailé, Getachew, « *Ras* ʿAmdu : His and his Ancestors' Role in Ethiopian History», *Proceedings of the XV*[th] *Internatioanal Conference of Ethiopian Studies*, 206, Wiesbaden, 2006.
Helperin, David, « The Ibn Sayyâd Traditions and the Legends of al-Dajjal », *JAOS* 96, New Haven, 1976, p. 213-225.
Hirsch, Bernard, « Note de lecture, de Joseph Halévy à Flavius Josèphe », *AE* 16, Paris, 2000, p. 369-376.
Hirschfeld, Hartweg, « Essai sur l'histoire des Juifs de Médine », *REJ* 7, Paris,1883, p. 167-193.
Hodgson, Marshall Goodwin Simms, « ʿAbd Allāh ibn Sabaʿ » *EI*, seconde édition, Brill online,©2010.
Hoyland, Robert, « Seeing Islam as Others saw it. A survey and Evaluation of Christian, Jewish and Zoroastrian Writings on early Islam », *Studies in Late Antiquity and Early Islam*, 13, Princeton, 1997, p. XVIII, 872.
Isaac, Ephraïm, « The Yemenite step, Judaism and Islam in Yemen », *Midstream*, nov-dec. 2003, p. 46-48.
Jaussen, Antonin et Savignac, Raphaël, *Mission archéologique en Arabie* 1, Ifao, le Caire, 1997.
JES III/ 2, Addis Abeba, Juillet 1965.
Kaplan, Steven, « Eldad Ha- Dānī », dans *EncÆth* 2, Wiesbaden, 2005, p. 252.
—, « Falāshā' Religion : Ancient Judaism or Evolving Ethiopian Tradition ? A Review Article », *JQR* 74/1, Philadelphie,1988, p. 49-65.
Kay, Henry, *Yaman, its Early Medieval History*, Farnborough, 1968.
Kister, Meir, «Al-Hira», *Arabica* 15, 1968, p. 143-169.
Klorman, Eraqi, «Jewish and Muslim Messianism in Yemen », *AJSS* 24/2, Cambridge, 1999, p. 201-228.
Kobishanov, Yuri, *Axum*, Londres, 1979.
Kraemer, Joel, *Maïmonides* , New York, 2004.
Leaman, Oliver, *Moses Maïmonide*, AUC Press, Le Caire, 1990.
Lecker, Michael, « Muslims, Jews and Pagans, Studies on Early Islamic Medina », *Islamic History and Civilisation, Studies and Texts* 13, Leyde, 1995.
—, «Jews and Arabs in pre and early Islamic Arabia », Ashgate, 1999.
—, « The " Constitution of Medina ". Muḥammad's First Legal Document », *Studies in Late Antiquity and Early Islam*, Princeton, 2004.
—, *People, tribes and Society in Arabia Around the Time of Muḥammad*, Aldershot, Ashgate, Variorum, 2005.
—, « Hūd and other Pre-Islamic prophets of Ḥaḍramawt », *Le Museon* 67, 1954, p. 171-175 ; réédition dans *Studies in Arabian History and Civilisation*, Variorum, Londres, 1981.
—, « Quraẓiyyāt : On three survivors from the Qurayẓa massacre », dans *From Jāhiliyya to Islam*, Jérusalem, 6-10 juillet 2003.
Levtzion, Nehemie, *Conversion to Islam*, NewYork et Londres, 1979.
Lewis, Bernard, *Sémitisme et Antisémitisme*, Paris, 1987.
al-Mad'aj, Abd al Muhsin, *The Yemen in the Early Islam, 9-233/630-847, A Political History*, Université de Durham, 1988.
Maïmonide, Moïse, *Épîtres*, traduit de l'hébreu par J. de Hulster, Paris, 1983.
Margariti, Roxani, *Aden & the Indian Ocean Trade*, University of North Carolina, 2007.
—, « Martyre de S. Aréthas et ses compagnons », traduction de J. Beaucamp, dans *Le Martyre de saint Aréthas et de ses compagnons (BHG 166)*, Monographies 27, Paris, 2007.
al-Mawardī, Abū al-Hasan ʿAlī ibn Ḥabīb, *Les statuts gouvernementaux*, traduit de l'arabe par Edmond Fagnan, Alger, 1925.
Meissner, Renate, « Dhimmah and Juwārah : jewish-muslim relations in East South Yemen », *Tema* 7, Netanya, 2001, s.p.
Miquel, André, *La géographie humaine du monde musulman* 4, Paris, 1988.
Moberg, Axel (éd. et trad.), *The book of the Himyarites, Fragments of a Hitherto Unknown Syriac Work* (Skrifter utgivna av Kunl.Humanistiska Vetenskapssamfundeeti Lund, VII), Lund, 1924.

Montgomery, Watt, *Muhamad at Medina*, Oxford, 1994.
Neubaner, Adheler, « Eldad the Danite », *JQR* 3, Leyde, 1891, p. 8-16.
Newby, Gordon Darnell, *A History of the Jews of Arabia*, University of South Carolina, 1988.
Paret, Roger, *Vie de Saint Grégantios*, Paris, s.d.
Perlman, Shmuel, « Another Kaāb al-Ahbār Story », *JQR* 14, Philadelphie, 1954, p. 48-50.
Potts, Daniel, « The Sassanian Relationship with South Arabia, Literary, Epigraphic and Oral Historical Perspectives», *StudIr*, v. 37, n° 2, Louvain, 2008.
Prémare, (de) Alfred Louis, « Le premier islam et les juifs d'Arabie », *Les Juifs dans l'Histoire*, Paris, 2011, p. 197-213.
Robin, Christian Julien, « Cité, royaumes et empires de l'Arabie avant l'islam », *RMMM* 61, Aix-en-Provence, 1991, p. 45-54.
—, « Ḥimyar et Israël » dans *Académie des inscriptions et belles-lettres*, Comptes-rendus des séances de l'année 2004, 148e année, n° 2, p. 315-339.
Rossi, Ettore, « Il diritto consuetodinario delle tribù arabe del Yemen », *RSO* 23, Rome, 1948, p. 136-143.
Saad ben Manṣūr, *Ibn Kammuna's Examination of the Inquiries into the Three Faiths*, Berkeley, 1967.
Saphir, Ya'akov, *Even Saphir* 2, Mayence, 1874.
Sayyid, Ayman Fu'ād, *Sources de l'histoire du Yémen à l'époque musulmane*, Ifao, Le Caire, 1974.
Schmitz, M., « Kaʿb al-Aḥbār », *EI*, seconde édition, Brill online, © 2010.
Sedov, Alexander et Robin, Christian Julien, « Qānī', port de l'encens », *Hadramawt, la vallée inspirée*, Bruxelles, 1997.
Sellassié, Sergew Hable, *Ancient and Medieval Ethiopian History to 1270*, Addis Abeba, 1972.
Serjeant, Robert Bertram, « A Judeo-Arab House-Deed from Habbān », *JRAS*, oct. 1953, Leyde, p. 117-131.
—, « The Sunnah Jāmi'ah Pact with the Yathrib Jews, and the Tahrīm of Yathrib : Analysis and Translation of the Document Comprised in the So-Called *Constitution of Medina* », *BSOAS* 61/1, Londres, 1978, p. 1-42.
—, « Hūd and Other Pre-Islamic Prophets of Ḥaḍramawt », *Le Museon* 67, 1954, p. 171-175 ; réédition dans *Studies in Arabian History and Civilisation, Variorum*, Londres, 1981, p. 121-179.
—, « Omani Naval Activities off the Southern Arabian Coast in the Late 11th/17th Century from Yemeni Chronicles», *The Journal of Oman Studies*, v. 6, part. 1, Mascate, 1983, p. 77-89.
—, «Material for South Arabian History», *BSOAS* 13, Londres, 1950, p. 292-295.
—, *Sana, an Arabian Islamic City*, Londres, 1983.
Tillier, Mathieu (sous la direction de), *Les débuts du monde musulman (VIIe-Xe siècle). De Muhammad aux dynasties autonomes*, Paris, 2011.
Tobi, Yosef, *Jews of Yemen, Studies in their History and Culture*, Leyde, 1999.
—, « Conversion to Islam among Yemenite Jews under Zaydi Rule », *The Legacy of Islamic Antisemitism*, New York, 2007.
Twakkal, Abd Alfatah, *Kaʿb al-Aḥbār and the Isrā'iliyyāt in the Tafsīr Literature*, Institute of Islamic Studies, Mc Gill University, Montreal, 2007.
Volkoff, Oleg, *D'où vient le reine de Saba ?*, Ifao, Le Caire, 1971.
Wasserstein, David, « Islamisation and Conversion of the Jews », *Conversions islamiques*, Paris, 2001.
Widengren, Geo, « The Status of the Jews in the Sassanian Empire », *IrAnt* 1, Leyde, 1961, p. 142-143.
Willliams, Arthur Lukyn, *Adversus Judaeos, a Bird's-Eye View of Christian Apologiae until the Rennaissance*, Cambridge, 2012.
Yule, Paul Alan, «Zafar, Capital of Himyar, Rehabilitation of a 'Decadent' Society, Excavations of the Ruprecht-Karls-Universität Heidelberg 1998–2010 in the Highlands of the Yemen», *Abhandlungen Deutsche Orient-Gesellschaft*, Wiesbaden, 2013.

ANDRÉ JACCARINI, CHRISTIAN GAUBERT*

Le programme *Mogador* en linguistique formelle arabe et ses applications dans le domaine de la recherche et du filtrage sémantique

RÉSUMÉ

Développer une approche nouvelle du traitement automatique de l'arabe fondée sur une modélisation originale de la grammaire arabe donnant la priorité aux mots-outils (redéfinis) est l'ambition du programme MOGADOR. Échappant au système de dérivation, ces mots-outils redéfinis induisent des attentes syntaxiques voire sémantiques contraignant localement et/ou globalement la phrase. Forts de nos développements algorithmiques et applicatifs en analyse morphologique, en dictionnaires électroniques et en démonstrateurs dans le domaine de l'analyse de corpus et de la recherche d'informations, nous projetons, par des développements théoriques, la construction de nouveaux analyseurs et des mises en œuvre concrètes, de rendre possibles de nouvelles méthodes de filtrage à complexité maîtrisée. Ces filtres pourront être couplés à des moteurs de recherche, dopant ces derniers par des analyses linguistiques qui sont devenues nécessaires depuis l'explosion du Web en langue arabe.

Mots-clés : Linguistique arabe – automates – analyseurs – tokens arabes – optimisation de parseur – moteur de recherche – linguistique de corpus

* Avec la participation de Claude Audebert, Joseph Dichy et Samir Zardan.

André Jaccarini, Maison méditerranéenne des sciences de l'Homme (MMSH), CNRS : USR3125 – Aix-Marseille Université – AMU, andre.jaccarini@gmail.com, jaccarini@mmsh.univ-aix.fr
Christian Gaubert, Institut français d'archéologie orientale du Caire (IFAO), cgaubert@ifao.egnet.net

✦ **ABSTRACT**

The MOGADOR project aims at devolopping a new approach to Arabic Natural Language Processing, by designing software tools based on an original description of Arabic grammar that gives top priority to its tool-words (in a redefined definition). These tool-words, that do not derivate from the standard morphological system, trigger off expectations at both syntactic and semantic levels, and thus constrain the sentence either locally or globally. Based on our theoretical and algorithmic work in morphological analysis, electronic dictionaries and proof software in corpora analysis and Information Retrieval, we plan to make available a new generation of filters featuring limited complexity. We propose steps in both theoretical and software fields, with the design of new parsers and software proof tools. These filters could be embedded in search tools boosting them with the results of new linguistic analysis, which have become essential considering the recent boom of the Arabic Web.

Keywords: Arabic linguistics – automata – parsers – arabic tokens – parser optimization – search engine – corpus linguistics

* * *

Le programme *Mogador*[1] est né de deux nécessités :

1– celle de créer en France une convergence entre deux des pôles de recherche les plus importants sur le traitement automatique de l'arabe : celui de l'équipe SILAT[2] d'une part, et de l'autre, celui de l'équipe TALA[3] ;

2– celle de mettre à disposition sur la Toile, les outils et ressources issues de cette convergence, grâce, notamment aux possibilités offertes par l'IFAO et la MMSH.

La convergence entre ces deux pôles est, tout autant que la mise en commun d'une expérience considérable et du résultat de nombreux travaux, la rencontre entre deux approches qui couraient le risque de demeurer parallèles : celle de la construction d'automates d'analyse de l'arabe non-voyellé d'un très haut niveau de performance (TALA – IFAO/MMSH) et celle de la réalisation d'une base de données de l'arabe, faisant référence (SILAT et DIINAR). C'est de la nécessité de donner à ces travaux le développement commun et la possibilité de réaliser des applications communes qu'est né le projet *Mogador*.

1. Mogador pour Modélisation des grammaires arabes, des données et des outils de recherche. Les normes bibliographiques adoptées sont celles en cours dans les revues de linguistique formelle et automatique.
2. « Systèmes d'information, Ingénierie, Linguistique de l'arabe et Terminologie» du laboratoire ICAR (UMR 5191, CNRS/Lyon 2, ENS-Lyon et IFE). Cette équipe est commune à l'université Lyon 2 et à l'ENSSIB (http ://silat.univ-lyon2.fr – même site que pour DIINAR)
3. « Traitement par automates de la langue arabe », MMSH – Aix-en-Provence (http ://mmsh.univ-aix.fr) et IFAO – Le Caire (http ://www.ifao.egnet.net/2012-tala/).

Nous décrivons ci-dessous la logique du programme *Mogador*, ses principaux enjeux théoriques ainsi que les recherches appliquées qui en découlent, ses différents aspects ainsi que les perspectives de recherche théorique qu'il induit. Ces dernières étant interdépendantes, les tâches qu'impliqueront leurs réalisations se trouveront nécessairement imbriquées et en interaction profonde. La plupart des développements devront ainsi être menés en parallèle. Les axes de recherche les plus importants sont énumérés dans cet article. Nous exposerons leurs raisons d'être ainsi que la hiérarchisation des tâches associées et les rétroactions devant exister entre elles.

La construction du modèle théorique se fait en mettant en œuvre, grâce au logiciel évolutif *Kawâkib*, des boucles de rétroaction *contrôlées* entre grammaires et corpus. Ce logiciel nous permet également d'affiner les filtres sémantiques que nous nous proposons de construire pour le projet de bibliothèques numériques BibMed (voir § 7).

Mais avant d'exposer les différents aspects théoriques, expérimentaux et applicatifs du programme, les différentes tâches induites et la logique de leurs articulations, il est nécessaire de préciser le point de vue épistémologique adopté.

La langue arabe : un champ d'étude privilégié du point de vue de la linguistique théorique et algorithmique

Ces travaux relèvent à la fois de la linguistique théorique et algorithmique et de l'informatique textuelle.

Il n'est pas inutile de rappeler que la linguistique algorithmique est une discipline théorique établissant le lien entre la linguistique théorique et la théorie de la calculabilité – laquelle a pour origine et fondement la machine de Turing, la théorie des fonctions récursives de Gödel et le lambda calcul inventé par Alonzo Church, dont les co-extensivités (ou équivalences) furent établies avant l'invention de l'ordinateur. Elle considère la langue sous l'angle d'un calcul et s'attache à en étudier la structure, la complexité intrinsèque et surtout la *spécificité*. Elle a donc comme première ambition épistémologique de répondre à la question de savoir si dans l'univers des calculs celui qui représente la langue peut se *distinguer* – donc se reconnaître parmi d'autres – ou tout au moins si ce dernier possède certaines caractéristiques qui permettraient de rattacher la langue à des familles ou catégories de calcul, pour autant qu'on ait réussi à hiérarchiser ces derniers, et à en déterminer la nature [4].

4. Par exemple la hiérarchie de Schutzenberger des grammaires formelles, établies à la fin des années 50, en coopération avec Chomsky, fournit, sans être la seule possible, une première illustration de l'idée du lien entre régularités de la langue et calculs ainsi que celle de hiérarchie de ces derniers ; en outre la théorie du parsing (linguistique) qui en a découlé met en évidence la nécessité de considérer la question de la complexité de ces calculs non seulement comme pertinente sur le plan théorique mais relevant également des fondements même du modèle. En effet, la difficulté de mettre au point des analyseurs pour les grammaires universelles sans contraintes (correspondant au mode de fonctionnement le moins contraint d'une machine de Turing) ainsi que les explosions combinatoires – en plus de l'ambiguïté – qu'elle peut provoquer a eu pour conséquence, indépendamment du fait de l'apparition de formalismes concurrents – dont HPSG qui est une technique de représentation bien formalisée et opératoire (unification des traits) des connaissances linguistiques – de

La langue arabe présente pour la linguistique théorique un intérêt privilégié. Dans la mesure où cette dernière s'intéresse aux questions de typologie des langues, aux systèmes et aux structures, elle ne peut qu'accorder une place de tout premier plan à l'étude de l'organisation du système morphologique et morphosyntaxique arabe, lequel présente une stabilité remarquable. À plusieurs normalisations près[5], il est aisé de constater que la *grammaticalité* des phrases arabes n'est que faiblement affectée par l'opération de permutation des racines. Il a été remarqué, à plusieurs reprises, que cette propriété structurale de l'arabe a déjà été entrevue par les premiers théoriciens de la langue : les grammairiens arabes qui ont organisé leurs lexiques en privilégiant les racines, lesquelles, aujourd'hui encore, constituent les entrées principales de la plupart des dictionnaires. Cette « propriété » trouve une expression algébrique naturelle, qui nous conduit à considérer un objet abstrait : le « langage quotient » – appelé aussi langage sous-jacent ou langage squelette – L/RAC. Ce langage est qualifié de « semi formel » (de manière duale « semi naturel ») dans la mesure où il est directement obtenu, par projection, à partir d'un langage naturel et que son lexique (vocabulaire terminal) est de taille très réduite, ce dernier se limitant aux graphèmes de l'arabe (incluant ou non les signes diacritiques qui dénotent les voyelles brèves, les géminations, etc.) et un ensemble de 300 mots « figés » échappant au système de dérivation morphologique : les « tokens »[6]. Cette possible économie descriptive constitue une spécificité forte de la langue arabe[7]. Sur le plan

focaliser l'attention sur l'analyse correspondant au modèle proposé, et non pas seulement sur le résultat de cette analyse. Le *comportement* même du programme correspondant à l'analyseur devient ainsi un critère privilégié pour l'acceptation ou le rejet du modèle. Associé à d'autres critères importants – comme par exemple la pertinence linguistique, les ambiguïtés de divers niveaux qu'il convient de hiérarchiser, les silences, etc., – et moyennant la donnée d'une norme que l'on définit selon ses besoins, c'est-à-dire d'une fonction qui *intègre* tous les critères et leur confère des poids reflétant un ordre de priorité, il est alors possible d'associer à la grammaire une *valeur*. Une hiérarchie est ainsi induite sur les grammaires, laquelle dépend de la norme retenue. Ainsi, dans tous les cas, la classification des différents modèles proposés dépendra du comportement de l'analyseur, ce qui rend nécessaire la transparence de ce dernier et sa *spécification* mathématique afin de permettre sa minimisation ainsi qu'une évaluation du déroulement du programme sous-jacent voire même un contrôle de son flux.

5. Signalons, par exemple, la possibilité du passage par transduction finie du système morphologique de base (ou « morphologie saine ») au système général – qui inclut le sous-ensemble de lexèmes ne dérivant pas de racines tri-consonantiques : des racines constituées de triplets contenant au moins une semi-voyelle (*alif, wāw, yā'*) dite aussi « morphologie non saine » (*muʿtalla*) ou de bilitères, de quadrilitères (pures ou avec répétitions de symboles radicaux : double bilitères ou dérivant de trilitères), etc., ainsi que des lexèmes produits par *application* de règles de lissage phonologique.

6. Les « tokens arabes » se définissent formellement comme étant les éléments invariants de l'homomorphisme de projection du langage L (la langue arabe) sur son squelette, ou langage quotient, L/RAC (voir note 7).

7. Les schèmes – ou « patterns » : moules « pré-définis » dans lesquels se coule tout lexème arabe normalisé, à l'exception des « tokens » – constituent des classes d'équivalence compatibles avec l'opération de concaténation, ce qui en fait des classes de congruence. La congruence ainsi induite par la partition du lexique en schèmes, considérés ici comme des classes de mots (définition en extension), *achevées* – voir à ce propos la notion de lexique potentiel évoquée par [Cohen 1970] et celle de clôture du lexique* (ci-dessous) – étant compatible avec la congruence syntaxique – ce qui signifie que tout schème se trouve nécessairement contenu dans une « catégorie syntaxique », au sens de Bloomfield (linguistique distributionnelle) – il est alors possible

algorithmique et computationnel elle se traduit également par la possibilité de construire des parseurs de l'arabe pouvant fonctionner sans lexique (« principe du dictionnaire vide »)[8]. La validité et la pertinence de ce principe ont été établies dès les années 90. L'étude linguistique et formelle du langage L/RAC est à mettre, naturellement, en liaison avec les notions, essentielles en linguistique théorique, de « grammaticalisation » et de « grammaticalité ». Sous cet éclairage la langue arabe – qui est un excellent représentant du système sémitique – apparaît, en première analyse, comme un cas d'« extrême grammaticalisation ». Sa morphosyntaxe (voire sa sémantique si l'on se restreint à des sous-parties de son système) présente un tel niveau de régularité qu'elle se trouve être plus facilement formalisable et spécifiable algébriquement que d'autres langues. Si de telles problématiques relèvent essentiellement de la linguistique théorique, la discussion du statut ontologique de l'objet L/RAC relève, elle, aussi bien de la linguistique théorique que de la philosophie du langage et bien entendu de la linguistique arabe.

de définir un langage quotient que l'on note L/RAC, obtenu par projection en réduisant toutes les racines à un seul représentant.
On notera qu'il est possible de faire correspondre aux définitions en extension des schèmes, que l'on considère alors comme des classes – achevées ou « closes » – de lexèmes, des définitions en inten(s)ion . À chaque classe achevée de lexèmes, il est en effet possible de faire correspondre un opérateur – une lambda expression par exemple – qui, lorsqu'il se trouve appliqué à un triplet valide ne violant pas les règles de compatibilité phonologique de Greenberg, produit alors un lexème. En se situant sous cet angle, le « schème » peut donc être vu comme un opérateur abstrait en *attente* de son évaluation. La prise en compte de ces opérateurs – pouvant être enrichis de nouveaux traits et attributs par adjonction de « sous opérateurs » – et de leurs composition au sein de la phrase, est possible indépendamment de leurs évaluation. Cette dernière peut ainsi, théoriquement, être – momentanément – différée en fonction du contexte et les conditions relatives à l'*ordre d'application* explicitement spécifiées. Cette dernière remarque, relative à l'« application » de l'opérateur, est à mettre en liaison avec ce que l'on appelle dans le domaine de la sémantique des langages applicatifs (voir aussi les langages fonctionnels en informatique) l'« évaluation paresseuse » ou encore avec ce que l'on appelle en théorie de la compilation les « semi-interpréteurs ». Notons enfin que la définition en « extension » évoquée plus haut correspond au point de vue « structural », la définition en « inten(s)ion » correspond à un point de vue algorithmique et « effectif ». L'étude de la dualité « Structure/Calcul » dans la langue relève de la linguistique théorique. La facilité avec laquelle on peut établir une correspondance *réciproque* entre ces deux aspects est, selon nous, une spécificité profonde de l'arabe – voir du système sémitique.
* L'ensemble SC des classes (de congruence) de mots correspondant aux schèmes, auxquelles nous avons fait référence dans la note précédente, peut se définir formellement comme étant « l'ensemble des plus petites classes non vides de la clôture du lexique closes par rapport à l'opération de permutation de racines ». La clôture du lexique est le plus petit ensemble contenant le lexique et clos par opération de permutation de racines et peut se définir par une propriété de point fixe de la fonction croissante d'élargissement progressif du lexique, occasionné par chaque permutation. On peut trouver le détail de la construction dans la rubrique Bibliographie du site http://automatesarabes.net, réf. 1 : *Approche algorithmique de la grammaire arabe.* Chapitre 1 : *Système morphologique et monoïde syntaxique.*
8. Ce qui ne signifie pas naturellement qu'ils ne peuvent interagir avec des lexiques ou d'autres parseurs s'appuyant sur des données lexicales riches (ceux, par exemple, mis au point par l'équipe de Lyon) : ils sont modulaires et paramétrables. Autrement dit, ils peuvent fonctionner sous différentes options allant du lexique vide au lexique maximal.

De l'explicitation – algébrique – de la structure morphosyntaxique de l'arabe, il est possible de déduire des algorithmes optimisés[9]. À l'inverse, l'optimisation et la minimisation des programmes de traitement de l'arabe peuvent révéler des propriétés structurelles de l'arabe.

Ainsi, la langue arabe se trouve être un champ d'étude privilégié pour saisir le lien entre la linguistique de type structural et la linguistique algorithmique [Jaccarini *et alii* 2010]. Au-delà de son champ d'application, naturel, qu'est l'informatique textuelle, l'approche algorithmique de la grammaire de l'arabe nous amène naturellement à nous interroger sur ce que sont fondamentalement la grammaire d'une langue et une règle de grammaire : simple expression d'une régularité de la langue ou bien spécification – et mise en œuvre – du « programme » associé à cette régularité, ainsi que sur le *lien* entre ces deux derniers aspects[10].

L'explicitation formelle des structures arabes ainsi que l'étude de la nature des programmes qui peuvent leur être associés, représentent donc des enjeux importants pour la théorie linguistique. Quant aux retombées pratiques dans le domaine, devenu vital aujourd'hui, de la recherche d'information et des moteurs de recherche opérant sur des textes électroniques de taille importante, dans lequel nous pensons être en mesure d'apporter quelques contributions significatives[11], elles ne devraient pas occulter le travail théorique et expérimental de construction du modèle.

Le programme *Mogador* s'appuie sur des travaux réalisés ou en voie de réalisation. Ce programme comporte plusieurs volets. Il s'agit d'un effort de synthèse – et de convergence – de différentes recherches sur la modélisation de l'arabe.

Construction d'un modèle théorique original de la langue arabe : « la grammaire des tokens »

On « tend » vers le modèle théorique – lequel n'est jamais figé – par approximations successives, grâce à la méthode expérimentale de rétroaction continue (feedback) qui ne peut être mise en œuvre que grâce à l'ordinateur. Le logiciel Web *Kawâkib*, lequel s'enrichira

9. On peut noter par exemple qu'au monoïde de transition d'un langage (isomorphe au monoïde syntaxique) est associé un automate déterministe minimal pouvant reconnaître ce langage. L'automate peut être produit à son tour par un transducteur minimalisé. Un calcul de ce type est explicité dans *Modélisation linguistique et théorie des automates. Méthode de variation des grammaires en vue de l'obtention de l'algorithme optimal. Application à l'arabe* (voir ref. 2 dans la rubrique Bibliographie du site http://automatesarabes.net la section 2, du chapitre en ligne *Monoïde de transition et invariance* qui s'intitule : *Un programme de calcul du monoïde syntaxique*). L'exemple traité concerne la syntaxe mais la méthode en question peut être appliquée naturellement à la morphologie. On peut également y trouver, en annexe, la démonstration des principaux théorèmes établissant explicitement les liens entre les notions de monoïde syntaxique, de congruence syntaxique et la notion classique d'automate.

10. Étant donné qu'il n'existe pas toujours une correspondance *a priori* entre l'expression d'une « régularité » et un programme. Toutes les définitions ne sont pas forcément « effectives », c'est à dire correspondant à un procédé mécaniquement effectuable. Quand bien même le seraient-elles, encore faudrait-il se soucier du fait de savoir si le procédé en question ne représente pas un niveau de *complexité* prohibitif.

11. Projet BibMed piloté par la MMSH (voir §7).

d'un langage de programmation linguistique, SYGAL, a pour première tâche d'assurer cette rétroaction. Le langage SYGAL doit ensuite permettre de renforcer le contrôle sur le flux des opérations effectuées lors de la mise en œuvre des boucles de rétroaction. À ce niveau ce sont les rétroactions entre la grammaire et le corpus qui nous intéressent (linguistique de corpus).

Ces rétroactions continues – et plus ou moins contrôlées – seront aussi nécessaires pour d'autres tâches, comme celle qui consiste à déterminer des critères en vue de la construction des opérateurs de filtrage sémantique.

Nous cherchons à construire une grammaire fondée sur les mots outils appelée « Grammaire des tokens » ; ces derniers sont décrits comme des opérateurs linguistiques ou, de manière duale, comme des révélateurs de structures. Cette grammaire est aussi désignée par le terme « Grammaire des attentes » [Audebert, Jaccarini 1986, 1988, 1994] dans la mesure où chaque « token » induit des contraintes plus fortes et plus spécifiques sur son environnement, ce qui, dans une optique de décodage de la phrase arabe, se traduit par des *attentes* particulières.

Ces tokens présentent une large intersection avec ce que les linguistes désignent par le terme *mots outils*.

Cette tâche a donc pour but la mise au point d'opérateurs associés à des tokens. Elle implique un travail linguistique de fond suivi d'une phase de modélisation. L'ampleur du travail nécessite de définir des priorités et nous proposons une couverture des tokens en opérant des choix.

On étudie, en premier lieu, les catégories qui induisent les plus hautes attentes sur la structure de la phrase.

La part sémantique de chaque token sera parallèlement étudiée et pourra ainsi être mise en relation avec la définition de critères discriminants lorsqu'on cherchera à en tirer parti sur le plan applicatif dans le domaine du moissonnage et du filtrage d'informations.

Avant d'aborder la phase de modélisation et la description formelle de l'opérateur associé il faut décrire de manière détaillée et méthodique le statut linguistique de l'élément considéré, ses relations avec les autres éléments de la phrase, les contraintes plus ou moins fortes sur son environnement et la portée de son influence. Cette étude doit être systématique ; il faut, par exemple, étudier sa classe de congruence, les conséquences qu'entraînerait son effacement ou son remplacement par un autre élément ou séquence de mots, la modification de la vocalisation, etc., afin de proposer une *hiérarchisation* en termes de *globalité* et de *localité*. Cette étude a déjà été esquissée mais doit être reprise de manière plus formelle et étendue à une échelle plus vaste. Leurs poids sémantiques doivent aussi être considérés en liaison étroite avec le contexte de leurs occurrences. Ce n'est qu'à partir de cette description structurée que pourront alors être dégagés de grands principes de hiérarchisation. À cette « grammaire des tokens » sera associée une base de données (voir ci-dessous), dont pourront être extraits les éléments nécessaires aux définitions des familles d'opérateurs associées à l'élément considéré.

La construction des opérateurs[12] ne peut se faire de manière anarchique sous peine de donner lieu à des configurations inextricables et susciter de redoutables problèmes de complexité. L'étude de leur hiérarchisation est donc essentielle et cette hiérarchisation doit être liée, autant que faire se peut, à une hiérarchisation linguistique, d'où l'importance de cette tâche.

La base de connaissances DIINAR

La base de connaissances linguistiques, DIINAR (Lyon, IRSIT-Tunis) contient des ressources linguistiques considérables qui ont été accumulées, pendant près de vingt ans, grâce au travail de recherche des équipes concernées ; elle est appelée à s'enrichir. La nécessité de son élargissement et de son optimisation, en plus du souci de synthèse et de convergence, sur les plans aussi bien théorique que pratique, évoquée plus haut, nous conduit à réfléchir à la logique d'une nouvelle architecture ; la structure visée devant pouvoir contenir aussi bien les « spécifications » des opérateurs linguistiques issues de la « grammaires des tokens » et les diverses ressources linguistiques (programmes et données) déjà contenues dans *Kawâkib*, que les « spécifications » linguistiques structurées extraites de DIINAR.

Le travail d'homogénéisation de nos ressources est donc prioritaire, qui nous permettra dans un deuxième temps de les partager.

La prise en compte des contextes linguistiques doit se faire en tenant compte de critères sémantiques fins [Dichy 2005, 2007]. En partant des informations déjà incluses dans DIINAR.1 et optimisées, la deuxième étape consiste à concevoir et construire des interfaces de saisie et de consultation des données, en provenance, soit d'Internet ou d'analyses de corpus textuels [Anizi, Dichy 2009, 2011], soit par apprentissage artificiel à partir d'un processus de fouille de données [Raheel 2010]. Cette étape suppose un travail de modélisation très soignée des données de l'arabe, et un travail en collaboration avec d'autres linguistes travaillant, quant à eux, exclusivement en linguistique, qui expérimenteront les interfaces. Cette approche inclut une modélisation des données linguistiques selon la méthodologie des spécificateurs présentée dans [Dichy 1997]. Elle tient également compte des particules du discours et de leur utilisation en contexte (ce qui rejoint la problématique de l'interaction).

La troisième étape consistera à relever le défi informatique qui est celui de la gestion de la grande masse d'informations générées par la base de connaissances. Ce travail se fera en interaction avec l'équipe TALA.

12. Dans la rubrique *Mogador* du site http://automatesarabes.net sont décrites quelques pistes possibles que nous projetons d'explorer pour dégager des principes linguistiques de hiérarchisation des tokens en tant qu'opérateurs en considérant leurs intersections avec des opérateurs tels que peut les définir par exemple [Harris 1970, 1988]. Cette exploration en vue de dégager des principes linguistiques de « caractérisation » en termes de *localité* et *globalité* n'est pas exclusive d'autres recherches et méthodologies. Par exemple, les méthodes s'inspirant des calculs de connexité syntaxique ([Bar-Hillel 1953], calcul de Lambek [Lambek 1958], etc.) qui peuvent être généralisées (voir [Desclés 1990]) ou encore la définition de classes hiérarchisées et ouvertes de lambda-expressions peuvent apporter un éclairage intéressant pour ce qui est de l'effort de précision des notions de localité et de globalité.

Complémentarités des programmes TALA (automates arabes) et SILAT (base DIINAR). Construction de nouvelles bases de ressources linguistiques et conception de leurs langages d'interrogation

Le constat de la dispersion et de la disparité des efforts actuels[13] en linguistique formelle ainsi qu'en TAL arabe a amené les partenaires de ce projet à chercher à intégrer dans une seule structure logique, ouverte et accessible, les ressources linguistiques que chacune des deux équipes possède et qu'elle y déposera. Sur le plan pratique, c'est de cette structure que l'on pourra extraire des outils permettant d'enrichir et affiner les fonctions des moteurs de recherche. En effet, la structuration de la famille des langues sémitiques à laquelle appartient l'arabe permet de dégager à moindre coût des applications originales et performantes.

L'interactivité nécessaire entre les équipes et les disciplines est assurée par le logiciel participatif *Kawâkib*. Mis à disposition des partenaires et lieu d'expérimentation du projet, ce logiciel est appelé à évoluer.

La « Grammaire des tokens » vise à construire une représentation de la grammaire arabe sous la forme d'une structure d'opérateurs fondamentaux susceptibles de se combiner entre eux. Cette même structure devra aussi pouvoir s'interfacer avec la base de connaissances DIINAR qui est appelée à s'accroître. Le modèle doit être bien formalisé en sorte que l'interrogation de la structure permette de réaliser facilement la synthèse de nouveaux opérateurs à partir de ceux qui existent déjà.

L'étude de la cohérence et de l'homogénéisation des informations provenant de ces deux sources doit naturellement être menée. Il nous faut donc avant tout organiser nos données, nos connaissances linguistiques et les spécifications de nos programmes linguistiques (DIINAR, « Grammaire des tokens », *Kawâkib*) en un ensemble cohérent de relations en sorte que l'on puisse les introduire aisément dans une base linguistique, ouverte et interfaçable avec d'autres bases de connaissances. Il importe également que cette structure soit interrogeable selon plusieurs modes afin que la synthèse d'opérateurs linguistiques – automates, transducteurs, ou autres types de programmes structurés – soit possible. Cette base de connaissance contiendra donc des descriptions linguistiques comportant à la fois des données statiques et des spécifications de programmes : les opérateurs.

L'intégration dans la même base relationnelle des ressources de SILAT et de TALA, éventuellement reformatées, ne sera donc possible que si la phase préalable d'homogénéisation est menée à bien. Par ailleurs l'étude de la structure logique de cette base, en liaison avec celle de ses langages d'interrogation, qui doivent permettre de spécifier toutes les opérations effectuables sur les relations (algèbre relationnelle), ainsi que sur les opérateurs, doit être menée au niveau théorique afin que les choix que nous aurons à effectuer, une fois dépassé le stade de l'expérimentation et de la validation des opérateurs fondamentaux les plus significatifs, ne nous conduisent pas à une impasse ou bien à une situation telle que la synthèse de nouveaux

13. Ce constat ne doit naturellement pas être considéré comme une remise en question du bien fondé d'autres approches.

opérateurs représente une complexité ingérable. Il faut aussi prévoir la possibilité de l'automatisation – complète ou assistée – de cette synthèse (voir ci-dessous le langage SYGAL).

Cette étude sera couplée avec celle de l'interfaçage de l'analyseur – à lexique minimal et fondé sur les tokens – contenu dans *Kawâkib* et la nouvelle base où se trouveront intégrés les éléments provenant de DIINAR.

Il serait également intéressant de se donner la possibilité de mener des études *comparatives* sur la structure des différents types d'analyseurs, morphologiques et syntaxiques. Ces études pourraient également porter sur leurs modes de fonctionnement et les différentes mesures possibles de la complexité intrinsèque des programmes sous-jacents aux analyseurs – ce qui implique la possibilité de la définition de normes *variant* en fonction des objectifs à atteindre. Ces études permettront de concevoir la création d'une famille ascendante d'analyseurs modulables ayant la possibilité de fonctionner sous différentes options allant du lexique minimal – réduit aux seuls mots outils – jusqu'aux lexiques très riches – et structurés – de DIINAR.

Comme il a été déjà précisé en début d'article, le cas limite que représente le fonctionnement de l'analyseur selon le principe du dictionnaire vide constitue un outil précieux pour l'étude de la structure optimale des bases lexicales en raison de l'interdépendance de la construction du lexique et de celle de l'analyseur. Rappelons également que la recherche du meilleur équilibre entre lexique et grammaire est capitale dans toute construction de modèle linguistique. La complémentarité des approches des analyseurs opérant avec et sans lexique sera ainsi mise en évidence.

En conclusion, ces recherches développent d'une part (groupe TALA) une approche minimale : très faible recours au lexique, grammaire de surface, utilisation de la valeur des structurants de la proposition (les tokens), lesquels constituent les invariants du système morphologique induisant des attentes syntaxiques et sémantiques dont la formalisation conduit à une base d'opérateurs qu'il convient d'organiser. D'autre part (groupe SILAT/DIINAR) elles s'intéressent à la constitution et surtout la structuration de lexiques riches ; ce deuxième aspect semblant contredire le premier. Mais en fait, la première approche intéresse aussi le linguiste pour la confection de lexiques informatiques, lesquels doivent contenir des informations cohérentes et non redondantes ; où les catégories et les traits définis doivent être en accord avec les grammaires pour lesquelles ces lexiques ont été conçus. Les programmes développés dans le cadre de l'approche minimale peuvent alors être utilisés comme outils, en ce sens qu'ils permettront de bien faire apparaître les limites de la grammaire ; ils feront ressortir les spécificités de chaque forme par rapport au système général des régularités .

Le logiciel Web *Kawâkib*/Octala

Le projet TALA dispose d'un outil en ligne, *Kawâkib*, qui permet déjà d'affiner rétroactivement la grammaire des tokens, et un travail de défrichage dans le domaine de l'Information Retrieval arabe et de la recherche de critères discriminants optimaux [Audebert *et al.* 2010] (voir § 7). L'ambition de cette tâche est de hisser ce développement pour mettre à disposition de l'équipe de recherche un outil puissant, associé à un corpus conséquent dans sa variété sur lequel peuvent être testées les hypothèses linguistiques.

Cet outil collaboratif Web constitue naturellement une pièce indispensable et essentielle dans la construction du dispositif ainsi qu'au niveau de l'*organisation* du travail scientifique. *Kawâkib* a en effet pour première fonction d'assurer le « feedback » que l'on retrouve à plusieurs niveaux[14].

Notons également que plusieurs fonctionnalités nouvelles viennent d'y être ajoutées qui permettent de mieux hiérarchiser les niveaux d'ambiguïtés produites par le parseur morphographémique, lesquelles peuvent affecter aussi bien le découpage en lexèmes (segmentation du mot graphique) que la détermination de la racine et des schèmes, l'étiquetage morpho-syntaxique, les marques de genre et de nombre, etc. Ces ambiguïtés de différents ordres peuvent en effet, si elles se combinent dans le désordre, provoquer des explosions combinatoires susceptibles de saturer rapidement le processeur syntaxique. Il est donc nécessaire de procéder à leur pondération et d'étudier soigneusement leur incidence, qui varie très inégalement selon leur nature, sur le flux de l'analyse du segment textuel traité. La mise en œuvre de ces nouvelles fonctionnalités permet déjà d'envisager à l'étape suivante le développement d'interfaces appropriées facilitant la recherche de nouveaux algorithmes de tri et réduction d'ambiguïtés (avec d'éventuelles interactions avec des lexiques appropriés) des formes morphographiques en vue d'un traitement syntaxique plus efficace.

Le modèle d'un logiciel Web a été adopté car il permet, au prix d'un effort raisonnable de conception et de développement, de déployer instantanément un logiciel sans installation particulière et ceci quel que soit le poste de l'utilisateur (système ou processeur), et notre équipe dispersée géographiquement a pu profiter pleinement de cet avantage. À terme, ce modèle offre par ailleurs une réelle visibilité sur le Web.

Sur le plan du développement, l'outil actuel a été développé en langage Java et le site Web de l'application utilise la technique AJAX (requêtes HTTP asynchrones et Javascript) pour un rendu interactif optimal. Il est mû par un serveur open source Java Tomcat et la bibliothèque AJAX DWR. Ce socle de développement sera maintenu et renforcé par le recours à une base de données qui enregistrera les opérateurs constitués, les critères mis au point et leurs résultats statistiques, et permettra de lancer des tâches de fond comme le re-calcul des critères sur un lot de textes. Le site est actuellement couplé à un corpus d'essai de près de 200 000 mots formé entre autres d'articles de presse, de littérature et d'études historiques publiées à l'Ifao.

À partir de ces ressources s'est constitué un environnement de traitement, que nous nous proposons de développer systématiquement pour atteindre la masse critique qui permettra d'en faire un outil de recherche particulièrement original et créatif pour répondre aux nombreux défis du traitement automatique de l'arabe.

14. Il assure, par exemple, la mise en œuvre de boucles de rétroaction opérant entre la grammaire des tokens en cours de construction et le corpus de même que celles qui interviennent lors de la mise au point d'opérateurs de fouille textuelle et de filtres dans le domaine de l'extraction d'information dans les réseaux de bibliothèques numériques.

Nous cherchons à développer les axes suivants :

1. Analyseurs

A1– Un nouveau moteur d'analyse sera développé qui fonctionnera en parallèle avec celui existant et s'y substituera lorsqu'il sera stable et aura prouvé de meilleures performances. La structure informatique des automates analysés fera l'objet d'un soin particulier car elle est fondamentale pour l'extensibilité de l'analyseur.

A2– La prise en compte d'augmentations dans le modèle et d'association à d'autres programmes, dont la complexité n'est pas bornée *a priori*, pour parvenir à des analyseurs plus puissants mais dont la complexité demeure contrôlable, sera une priorité. Seront examinées les solutions déjà disponibles notamment en open source, tout en gardant comme critères de choix les contraintes propres à notre projet qui exige une maîtrise parfaite du fonctionnement des analyseurs.

A3– Un ensemble complet d'opérations sur les automates (union, factorisation, minimisation, etc.) sera développé ou amélioré sur la base des développements existants ; ces fonctions constitueront un des socles du langage SYGAL d'automatisation des synthèses d'opérateurs.

A4– Une modélisation plus fine des expressions régulières employant les automates développés, incluant notamment des conditions, back-references, etc., sera entreprise qui viendra également enrichir le langage SYGAL.

2. SYGAL

Le micro langage de manipulation d'opérateurs SYGAL fait l'objet d'une tâche propre. Un de ses piliers est la constitution d'une boîte à outils de manipulation de base d'automates (unions, minimisations, transformée déterministe, etc.). Puis, à partir de la définition de l'enchaînement de tâches nécessaires à la recherche linguistique (synthèse de nouveaux opérateurs, élaboration de critères complexes nécessitant des calculs pourcentages et autres statistiques, etc.) les besoins en éléments de langage structuré émergeront. C'est alors qu'une recherche spécifique sera engagée pour donner les bases formelles nécessaires à ce langage.

D'autres points de développement concernent les données linguistiques, la gestion du corpus, le calcul des critères.

La nécessité de la création d'un langage de manipulation de transducteurs arabes. Le métalangage SYGAL

Perspective à long terme de développement d'un surlangage approprié

Ce module se libèrera progressivement de son contexte initial (*Kawâkib*/Octala) pour s'autonomiser dans une tâche qui consiste à définir un langage en vue de générer des applications linguistiques arabes. Nous montrons que la création d'un tel langage est à moyen terme une *nécessité* pour les études de linguistique formelle arabe.

Le *contrôle* des boucles de rétroaction, entre d'une part le corpus et d'autre part les grammaires et lexiques, constitue le fondement de l'approche expérimentale qui est la nôtre (linguistique de corpus). L'outil évolutif *Kawâkib*/Octala permet de réaliser ce *feedback* de manière de plus en plus souple. Il nous permet déjà d'effectuer certaines expérimentations linguistiques et de synthétiser de nouveaux opérateurs selon nos besoins. Cette expérimentation est nécessaire afin d'atteindre nos objectifs dont les plus importants sont à ce stade :

1. la création d'une base relationnelle de connaissances ;
2. l'extraction et le filtrage dans le corpus arabe de BibMed.

Outre ses ressources linguistiques propres, qui sont importantes (bibliothèques d'automates arabes et fonctionnalités diverses), le logiciel *Kawâkib* se développe dans la perspective de l'émergence d'un processeur *généralisé* de grammaires arabes nous permettant de les construire de manière de plus en plus interactive et d'en synthétiser de nouvelles à partir de celles déjà existantes.

Au stade actuel il est possible d'y effectuer un certain nombre d'opérations dans un ordre déterminé afin de monter des expériences. En ce qui concerne par exemple l'IR et la classification des textes un travail a été initié qui consiste à appliquer certaines fonctionnalités à des textes ou portions de textes, à recueillir les résultats (des pourcentages par exemple) et en fonction de ces résultats poursuivre d'autres opérations en vue de confirmer, rejeter ou tout simplement modifier et affiner certaines hypothèses que l'on a émises *a priori* sur la nature de ces textes. Or toutes ces opérations de *feedback* manuel sont actuellement effectuées séparément et cette manipulation peut être assez lourde.

Toutefois il est possible – et nécessaire – de *raccorder* toutes ces opérations et de les *prévoir* dans un enchaînement d'actions, lequel constituerait alors un *programme* ; cet enchaînement d'actions pouvant être soumis à des conditions ; c'est-à-dire que l'on pourrait définir des structures de contrôle, qui réaliseraient des « déroutements » conditionnels de la suite d'actions à exécuter. La perspective théorique d'aboutir, si besoin est, à un véritable langage « Turing complet » n'étant pas absurde, il serait alors possible de parler de véritable « programmation linguistique ». Notre travail expérimental de recherche linguistique apparaîtrait alors comme un travail de définition de procédures dans un métalangage de programmation linguistique. Mais il est important d'attirer l'attention sur le fait qu'il n'est pas nécessaire d'atteindre pleinement cet objectif pour réaliser au plus tôt le travail d'enchaînement, lequel, pour se limiter au seul domaine du moissonnage et du filtrage des textes (moteur de recherche), se révèle déjà comme une nécessité étant donné la taille des corpus et le nombre croissant des opérations indispensables pour mener à bien les expériences faites afin de dégager des critères linguistiques discriminants.

La description de cette tâche d'une grande ampleur fera l'objet d'un exposé indépendant. On trouvera dans le site http://automatesarabes.net sous la rubrique « Vers un **Sy**stème de **G**énération d'**A**pplications **L**inguistiques » quelques éléments permettant de s'en faire une idée plus précise.

Interrogation de la base de connaissance linguistique avec le langage SYGAL

Le langage SYGAL sera un langage qui opérera sur des automates, des transducteurs arabes et plus généralement sur des spécifications de programmes structurés ainsi que sur des données linguistiques spécifiques à la langue arabe. Il sera spécialement dédié à la linguistique arabe. L'ambition est non seulement de pouvoir définir des procédures linéaires mais de véritables programmes (qui pourront s'affranchir d'un ordre strictement linéaire) dont l'objectif sera de synthétiser des grammaires arabes, de nouveaux opérateurs de recherches, etc.

Étant donné ce qui a été exposé plus haut, il est essentiel que ce langage contienne aussi toutes les fonctionnalités d'un langage complet d'interrogation d'une base relationnelle. Ainsi son domaine sémantique devra être défini en sorte d'inclure toutes les opérations que l'on peut effectuer sur les relations de la base (algèbre relationnelle). On devrait ainsi avoir la possibilité de spécifier non seulement des successions d'opérations conditionnelles sur des descriptions linguistiques formalisées et des automates opérant sur des échantillons variés de textes arabes mais d'interagir également en mode continu avec la base. Les programmes qui seront définis dans SYGAL y feront constamment appel.

Des allers retours féconds entre recherche fondamentale et applications : « Information Retrieval » avec l'outil *Kawâkib*

Le but de cette tâche est de permettre le passage en production d'outils de traitement automatique de l'arabe spécialisés dans l'Information Retrievial et fondés sur une approche minimale, dans le contexte d'une bibliothèque numérique arabe en constitution. Cette dernière comporte des textes moissonnés par le système BibMed issu du Réseau d'Excellence RAMSES2 et développé à la MMSH dans le cadre de son projet de Cité Numérique.

Information Retrievial avec l'outil Kawâkib

Un axe majeur de cette collaboration est la caractérisation des textes à travers l'élaboration de critères de classement et de filtrage des textes. La méthode suivie ne pose pas de caractérisation *a priori* mais tente, par un aller-retour « feedback » constant entre l'expérimentation de nouveaux opérateurs – représentés par des automates – et leur évaluation sur corpus, de trouver des mesures linguistiques discriminantes. Certains de ces opérateurs seront des combinaisons de nombreuses opérations, combinaisons opératoires rendues possibles par les outils d'automatisation définis aux § 5 et 6.

Le but est de dégager des critères optimaux, entièrement automatisables et aboutissant à des valeurs numériques, pour obtenir une « radiographie » d'un texte et permettre l'attribution de catégories et, dans le meilleur des cas, de caractériser linguistiquement les textes [Audebert 2010].

Les premiers résultats de cette démarche ont été publiés dans [Audebert *et alii* 2011a, 2011b]. Nous résumons ici ces résultats, obtenus sur des échantillons de textes issus de notre corpus (200 000 mots). À partir de 4 critères de complexité variable TOK, TMP, RAC, DET et en normalisant ces résultats relativement au corpus, on est en mesure de représenter, sous forme de radar (fig. 1), la variété des résultats de ces critères. Des tendances se forment et nous avons sélectionné ici six cas différenciés : textes philosophiques, textes littéraires à divers niveaux de temporalité, études historiques richement ou faiblement argumentées, textes de presse à faible argumentation. Ce n'est naturellement qu'un regroupement partiel qui demande à être fortement étayé par de nombreuses expériences. Il conviendra aussi de montrer l'indépendance des critères entre eux. Mais il est déjà possible, quoiqu'à un stade embryonnaire, de positionner des textes relativement les uns aux autres et d'en relever les similitudes linguistiques, ce qui ne manque pas d'intérêt pour une pré-classification des textes à tout venant dans une bibliothèque virtuelle.

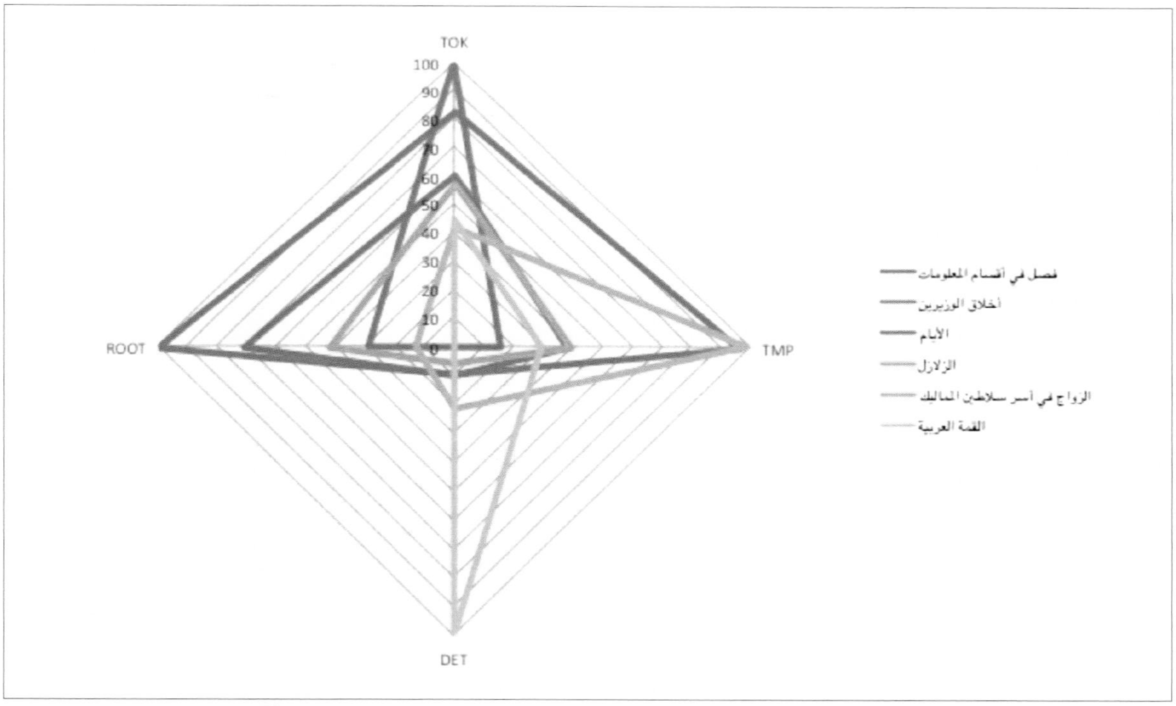

Fig. 1. Situation de six textes arabes vis-à-vis de quatre critères.

D'autres outils peuvent contribuer au classement, qui ont été testés [Audebert *et alii* 2009]. D'autres critères restent à élaborer, notamment à travers l'exploitation de la source majeure d'information linguistique que constituent les tokens et leur environnement.

Collaborations et construction d'un outil de filtrage

Le lieu d'expérimentation et de mise au point des critères est le logiciel *Kawâkib*/Octala décrit au § 5. Le rôle des documentalistes sera ici de fournir une expertise pour l'évaluation des critères proposés au regard des textes moissonnés.

Il est indispensable pour les acteurs de cette tâche de disposer d'un outil Web collaboratif commun dans lequel pourront être consignés les résultats et les remarques des équipes de développement et des équipes d'évaluation, et ceci pour chaque version des critères développés.

Une grille d'évaluation pourra être mise en place, qui permettrait de noter par exemple un critère par sa pertinence pour la classification, et refléter des notions telles la précision, le rappel (ou sensibilité et spécificité au sens statistique) et le F-score. La dépendance des critères entre eux doit être évaluée. Des modèles statistiques pourront alors être mis en œuvre, par l'emploi de logiciels statistiques éprouvés (le langage open source R par exemple) dont les résultats pourront être versés automatiquement dans la base de donnée gérant corpus et critères.

Parallèlement à l'évaluation des critères au fur et à mesure de leur développement, le portage des fonctions mises en œuvre dans le filtrage fera l'objet d'une étude de faisabilité suivie d'une phase d'exécution, cette dernière pouvant comporter des développements informatiques complémentaires.

Les compétences de SILAT dans le domaine de la classification automatique [Raheel 2010] seront particulièrement utiles et sollicitées à ce stade.

Conclusion

De l'ensemble de cette activité de recherche, d'expérimentation et de développement d'applications dans le domaine du filtrage sémantique, se dégage naturellement l'idée d'un *surlangage* grâce auquel il serait possible de *spécifier* formellement nos multiples tâches dont notamment celle de recherche dans le domaine de la linguistique de corpus. Un grand nombre d'éléments de ce langage ont déjà été testés en ayant recours à des langages informatiques de différentes natures (C, Java, Lisp, etc.). Ce développement sera de nature à renforcer considérablement nos possibilités d'expérimentation puisqu'il deviendrait ainsi théoriquement possible non seulement de concevoir des expériences beaucoup plus complexes et longues à effectuer, irréalisables même de manière semi-automatique, mais aussi de contrôler logiquement leur enchaînement et d'évaluer, autant que cela est possible, leur possibilité de convergence vers le but recherché. Cette possible automatisation ouvre aussi le champ à la recherche d'optimum, ce qui relève de la logique de l'organisation du travail en recherche linguistique. Le feedback entre les différentes composantes qui constitue le fondement même de la méthode expérimentale adoptée, pourra ainsi être contrôlé, grâce au langage SYGAL, par programmes.

Par ailleurs il n'est pas superflu de rappeler que le champ d'expérimentation et d'applications que nous offre le projet BibMed de la MMSH constitue non seulement un atout dans le domaine de la « valorisation » mais suscite en retour des questionnements essentiels dans le domaine de la linguistique textuelle et la linguistique de corpus. Cet effet de retour concerne naturellement toutes les composantes de ce projet : il intéresse tout autant les constructeurs de grammaires que ceux de lexiques structurés.

On trouvera dans le site susmentionné une description des principales fonctionnalités du logiciel *Kawâkib*/Octala actuellement disponibles qui sont appelées à s'enrichir ainsi qu'une liste des principales commandes opérant sur les automates (sans piles de mémoire). On peut également y trouver quelques « schémas » de *métaprogrammes* SYGAL.

Ce projet engage plusieurs partenaires de différentes spécialités et l'articulation des nombreuses tâches et programmes envisagés (fig. 2) n'est pas le moindre défi à relever.

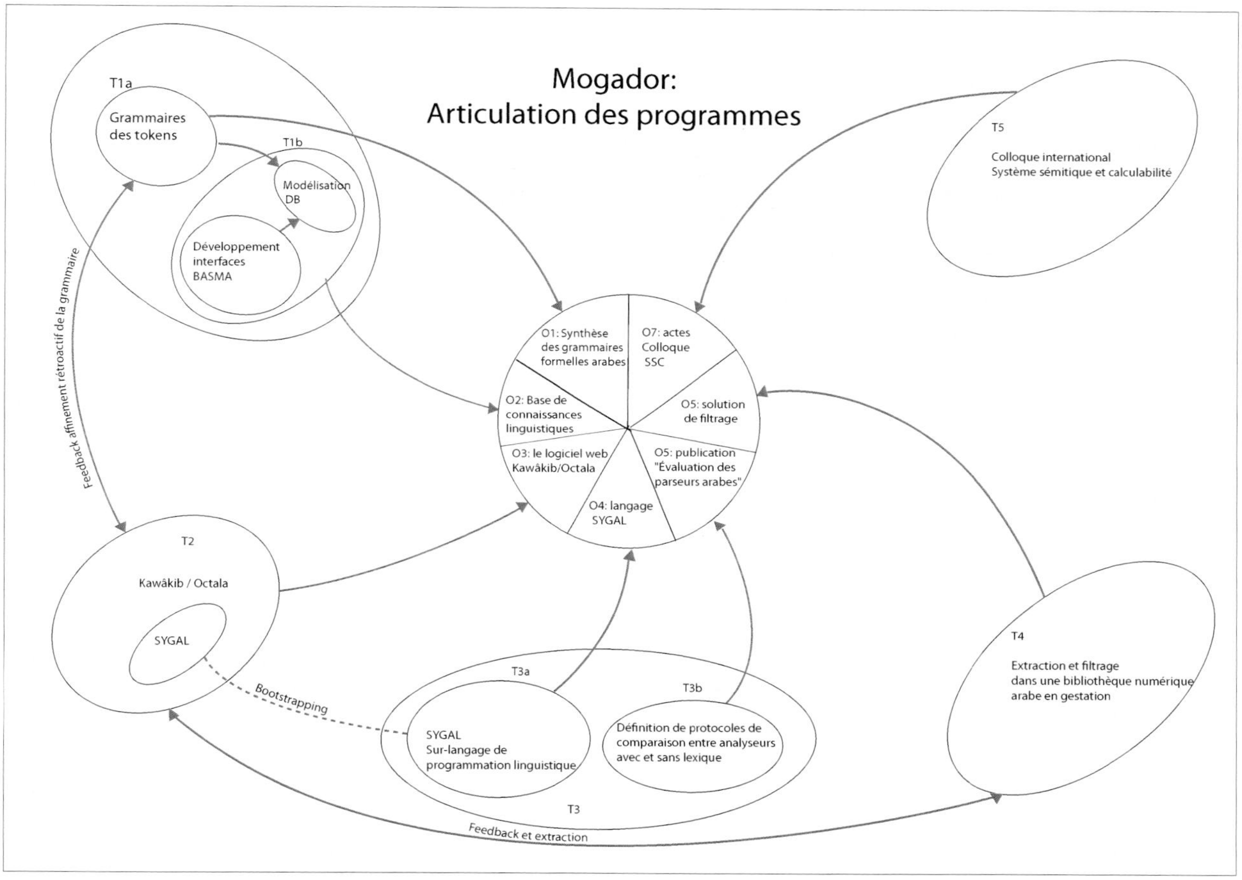

Fig. 2. Articulation des programmes.

Les flèches bidirectionnelles indiquent une rétroaction continue (feedback) entre les différents programmes. Les flèches en pointillés désigne du bootstrapping (le bootstrap est un petit programme d'amorçage qui permet d'en lancer un plus gros : un programme qui se complexifie – s'enrichit lui-même – en fonctionnant).

T1 : Construction de la grammaire des « tokens » (MMSH/IFAO).

T1a : Modélisation logico-grammaticale fondée sur le paradigme relationnel, implémentée dans la base de données T1b.

T1b : Modélisation et implémentation d'une base relationnelle (DB) recevant les ressources de SILAT (ICAR-Lyon) et celles issues de TALA (MMSH-IFAO).

T2 : Le logiciel Kawâkib/Octala assure le « feedback » entre les différentes composantes ; on y crée un sur-langage d'enchaînement des tâches et de manipulation de grammaires : Sygal (Système de génération d'applications linguistiques).

T3 : Le programme Sygal (MMSH-IFAO) s'autonomise pour constituer un programme d'étude et de recherche indépendant.

T4 : Projet BibMed/Octala pour la caractérisation des textes et l'amélioration des filtres sémantiques dans les moteurs de recherche (MMSH-IFAO).

T5 : Organisation d'un colloque international ayant pour thème : « Système sémitique, calculabilité et complexité. »

Bibliographie

ANIZI M., DICHY J., 2009. « Assessing Word-form Based Search for Information in Arabic : Towards a New Type of Lexical Resource, » in : Khalid Choukri and Bente Maegaard, *Proceedings of the Second International Conference on Arabic Language Resources and Tools*, 22-23 April 2009, Cairo, Egypt, The MEDAR Consortium. http ://www.elda.org/medar-conference/pdf/75.pdf.

—2011. « Improving Information Retrieval in Arabic through a Multi-agent Approach and a Rich Lexical Resource, » in Haton, Jean-Paul, Sidhom, Sahbi, Ghenima, Malek, Benzakour, Khalid, *Information Systems and Economic Intelligence, 4th International Conference – SIIE' 2011*, Marrakech – Feb. 17th-19th.

AUDEBERT C., GAUBERT CH., JACCARINI A., 2009. « Minimal Ressources for Arabic Parsing/ an Interactive Method for the Construction of Evolutive Automata, » in : Khalid Choukri and Bente Maegaard, *Proceedings of the Second International Conference on Arabic Language Resources and Tools*, 22-23 April 2009, Cairo, Egypt, The MEDAR Consortium. http ://www.elda.org/medar-conference/pdf/37.pdf.

— 2010. « Linguistique arabe. Programme de traitement par automates de la langue arabe (Tala) », *AnIsl* 44, p. 1-60.

— 2011a. « A Flexible Software Geared Towards Arabic Texts I.R And Evaluation : Kawâkib », ALTIC 2011, (Alexandria, Egypt), à paraître dans ALTIC' 2011 (http ://www.altec-center.org/conference/).

— 2011b. « Arabic Information Retrieval : How to Get Good Results at a Lower Cost ? », Proceedings of the ESOLEC' 2011 conference, Ayn Shams, Cairo.

AUDEBERT Cl., JACCARINI A., 1986. « À la recherche du *khabar*, outils en vue de l'établissement d'un programme d'enseignement assisté par ordinateur », *AnIsl* 22, p. 217-256.

— 1988. « De la reconnaissance des mots-outil et des tokens », *AnIsl* 24, p. 269-293.

— 1994. « Méthode de variation de grammaire et algorithme morphologique », *BEO* XLVI, p. 77-97.

BAR-HILLEL Y., 1953, « A Quasi-Arithmetical Notation for Syntactic Description », *Langage* 29, n° 1, p. 47-58.

COHEN D., 1970. *Études de linguistique sémitique et arabe*, Mouton.

DESCLÉS J.-P., 1990. *Langages applicatifs, langues naturelles et cognition*, Hermes.

DICHY J., 1997. « Pour une lexicomatique de l'arabe : l'unité lexicale simple et l'inventaire fini des spécificateurs du domaine du mot », *Meta* 42, printemps 1997, Presses de l'Université de Montréal, Québec, p. 291-306.

— 2005. « Spécificateurs engendrés par les traits [± ANIMÉ], [± HUMAIN], [± CONCRET] et structures d'arguments en arabe et en français », in : Henri Béjoint et François Maniez (éd.), *De la mesure dans les termes*, en hommage à Philippe Thoiron, Presses Universitaires de Lyon, p. 151-181.

— 2007. « *Fa'ula, fa'ila, fa'ala* : dispersion et régularités sémantiques dans les trois schèmes simples du verbe arabe », in Everhard Ditters and Harald Motzki (eds.), *Approaches to Arabic Linguistics, Presented to Kees Versteegh on his Sixtieth Birthday*, Brill, Leiden, p. 313-365.

HARRIS Z.S., 1970. Papers in structural and Transformational Linguistics, Formal Linguistics Series, Vol. 1, Humanities Press, New York.

— 1988. *La langue et l'information*, [Trad. par Amr Helmy Ibrahim et Claire Martinot de *Language and Information*, avec une introduction sur l'œuvre de Harris par Amr Ibrahim], CRL, Paris.

JACCARINI A., GAUBERT CH., AUDEBERT C., 2010. « Structures and Procedures in Arabic Language, » *Proceedings of LREC' 2010*, Valetta, Malta http ://www.medar.info/report-ws-malta.pdf .

LAMBEK J., 1958. « The Mathematics of Sentence Structure », Amer. Math. Monthly 65/3, p. 154-170.

RAHEEL S., 2010. *L'apprentissage artificiel pour la fouille de données multilingues : application à la classification automatique des documents arabes*, Thèse de doct., ENSSIB/Univ. Lyon 2.

Bibliographies complémentaires :

http ://automatesarabes.net et http ://silat.univ-lyon2.fr ainsi que dans le dossier des *AnIsl* 44 .

MANUEL SARTORI*

Ibn al-Ḥāǧib et la flexion désinentielle : croyant pas pratiquant[1]

✦ **RÉSUMÉ**

Cet article tend à montrer comment, concernant le statut de l'*iʿrāb* (flexion désinentielle, casuelle comme modale), Ibn al-Ḥāǧib (m. 646/1249), dans l'auto-commentaire qu'il fait de sa *Kāfiya fī al-naḥw* (« le Précis de syntaxe »), et même s'il croit explicitement en l'*iʿrāb* comme partie intégrante de sa tradition grammaticale, n'en fait néanmoins plus aucun cas lors des explications qu'il donne de certains phénomènes grammaticaux. Bien au contraire il n'a alors manifestement plus en tête que le phénomène concurrent de la flexion au moyen des voyelles brèves, la pause (*waqf*), dès lors posée comme seule existante au détriment de la flexion désinentielle, ce dont témoigne une analyse du discours infraverbal d'Ibn al-Ḥāǧib en contradiction avec sa déclaration verbale explicite de croyance en l'*iʿrāb*.

Mots-clés : construction verbale – croyance – dogme grammatical – flexion désinentielle – Ibn al-Ḥāǧib – *Imlāʾ ʿalā al-Kāfiya* – impératif – *iʿrāb* – passif vocalique – pause – phénomène pausal – Quṭrub – Raḍī al-Dīn al-Astarābāḏī – redondance – voyelles brèves

* Manuel Sartori, Institut d'Études Politiques d'Aix-en-Provence / IREMAM UMR 7310 (CNRS), manuel.sartori@gmail.com

1. Nous remercions pour leurs commentaires et remarques les professeurs Jean-Patrick Guillaume et Kees Versteegh qui nous ont permis d'affiner nos propres vues sur la question.

✦ **ABSTRACT**

This article aims to show how, on the status of *iʿrāb* (inflectional ending, case markers as mood markers), Ibn al-Ḥāğib (d. 646/1249), in the self-commentary he made of his own *Kāfiya fī al-naḥw* ("The Precis of the syntax"), and even if he explicitly believes in *iʿrāb* as part of his grammatical tradition, does not any more when explaining some grammatical phenomena. On the contrary he obviously only has in mind the concurrent phenomenon of the inflection ending, namely the pause (*waqf*), thenceforward put as the only existing at the expense of the inflection ending. That is what shows the analysis of the infraverbal speech of Ibn al-Ḥāğib which contradicts his explicit verbal declaration of belief in *iʿrāb*.

keywords: belief – case markers – grammatical dogma – Ibn al-Ḥāğib – *Imlāʾ ʿalā al-Kāfiya* – imperative – inflectional ending – *iʿrāb* – mood markers – pausal form – pause – Quṭrub – Raḍī al-Dīn al-Astarābāḏī – redundancy – short vowels – verb construction – vocalic passive

* * *

L'ARABE est souvent présenté comme une langue flexionnelle où la déclinaison en cas et modes joue un rôle primordial. Tout concourt à faire de l'*iʿrāb* [2] (flexion) le centre des attentions grammaticales à tel point que la science en jeu, *ʿilm al-naḥw*, peut aussi être appelée *ʿilm al-iʿrāb* (« la science de l'*iʿrāb* » [3]), ce que note Guillaume pour qui la tradition grammaticale arabe « a toujours accordé une place centrale à ce qu'elle appelle l'*iʿrāb* » [4]. Il en va de même d'Ibn al-Ḥāğib (désormais IḤ, m. 646/1249 [5]) qui, pour les besoins de son épitomé *al-Kāfiya fī al-naḥw* (« le Précis de syntaxe »), reprend la structuration du *Mufaṣṣal* (« Capitulaire ») de Zamaḫšarī (m. 538/1144) dont « l'exposé du *naḥw*2 [...] est infiniment mieux organisé

2. Sur lequel on consultera principalement Fleisch, « Iʿrāb », p. 1248-1250.
3. *Ibid.*, p. 1248.
4. Guillaume, « Les discussions », p. 44. Nous tenons ici à remercier le rapporteur du présent article et à signaler qu'*iʿrāb* doit s'entendre de deux manières : l'*iʿrāb*$_1$ est théorique, conçu comme un outil conceptuel, et dès lors abstrait, construit par et pour les grammairiens à des fins théorétiques où il est l'équivalent de l'analyse grammaticale et sert donc à déterminer la fonction d'un mot dans une phrase. Du fait que l'*iʿrāb*$_1$ est indissociable, dans la perspective de la tradition grammaticale arabe de *iʿrāb*$_2$, il indique donc la possibilité, réelle ou virtuelle, pour un mot de subir tel ou tel marquage par le passage d'un cas à l'autre ou d'un mode à l'autre, ce qui affecte l'ensemble des mots, même ceux dits inflexibles qui ont alors un *maḥall min al-iʿrāb*, i.e. une place du point de vue de l'analyse syntaxique ; l'*iʿrāb*$_2$ est, lui, pratique ou concret dans la mesure où il *serait* – ou pas et nous insistons car c'est là tout le débat qu'entretient cet article – la réalisation concrète (ou *a minima* théorique, virtuelle, mais morphologiquement contrariée) du marquage désinentiel découlant de l'*iʿrāb*$_1$, à savoir l'analyse grammaticale.
5. Nous suivons ici l'usage orientaliste en donnant, pour les années comme pour les siècles, la date hégirienne puis la date chrétienne.

[...] qu'en aucun autre ouvrage antérieur [...] articulé qu'il est sur les « parties du discours » [...] : les noms (*al-'asmā'*), les verbes (*al-'afʿāl*) et les particules (*al-ḥurūf*), le nombre et la hiérarchie desdites parties ayant eux-mêmes leur logique [...] et la section consacrée aux noms étant alors organisée sur leur flexion : *al-marfūʿāt, al-manṣūbāt, al-maǧrūrāt*, etc... » [6] Si nous ajoutons à cela la grande dichotomie, elle aussi présente chez IḤ et établie par Sībawayhi (m. ca. 180/796) entre le nom flexible (*muʿrab*, participe passif du verbe *aʿraba* dont le nom d'action est *iʿrāb*) et le nom inflexible (*mabnī*) ainsi que les divergences concernant ces deux catégories parmi les Arabes et de manière subséquente les grammairiens arabes [7], on aura vite fait de se rendre compte de la qualité de pivot conceptuel que peut jouer l'*iʿrāb* dans la grammaire arabe.

Ce dernier est pour ʿUkbarī (m. 616/1219) ce qui différencie les fonctions syntaxiques des mots [8]. Il est défini par al-Sayyid al-Šarīf al-Ǧurǧānī (m. 816/1413) comme « la différence explicite ou implicite de la fin de la *kalima* [9] du fait de la différence des régissants » (*iḫtilāf āḫir al-kalima bi-ḫtilāf al-ʿawāmil lafẓan aw taqdīran* [10]). Pour IḤ, l'*iʿrāb* est un peu plus que cela puisqu'il s'agit de « ce du fait de quoi la finale varie pour indiquer les sens visés par lui » (*al-iʿrāb mā iḫtalafa āḫiruhu bihi li-yadulla ʿalā al-maʿānī al-muʿtawara ʿalayhi* [11]). L'*iʿrāb* n'est donc pas chez lui la simple résultante d'une action, le changement résultatif de la finale, mais la raison même de ce changement, cette façon de voir étant selon lui meilleure que de définir l'*iʿrāb* comme la variation de la finale (cf. f° 4a/17 [12]). Ce qu'il y a de sûr c'est que l'*iʿrāb*, pour IḤ, n'a pas seulement une raison d'être phonétique comme le pense Quṭrub (m. 206/821), pour qui « il n'intervient pas en raison d'une cause [sémantique] mais que pour alléger la langue [métonymie pour la prononciation] » (*lam yadḫul li-ʿilla wa-innamā daḫala taḫfīfan ʿalā al-lisān*) [13].

Pilier de la religion grammaticale (à part pour Quṭrub donc en première analyse [14]), l'*iʿrāb* est incontournable. Mais n'est-il pas justement vénéré comme un dogme, pour reprendre le terme de Corriente [15], c'est-à-dire respecté dans les dires et déclarations verbales mais dépassé

6. Larcher, « Quand, en arabe », p. 132-134.
7. Cf. Baalbaki, « *'Iʿrāb* and *Binā'* », p. 17-33.
8. Cf. ʿUkbarī, *Masā'il*, p. 79-80. C'est ce que souligne aussi Mubarrad (m. 285/898) dans son *Muqtaḍab*, ainsi que le note Guillaume, « Les discussions », p. 44 que l'on consultera par ailleurs pour toutes les discussions des grammairiens autour de la valeur à accorder aux marques d'*iʿrāb*. Sur l'identification de l'*iʿrāb* à la marque flexionnelle finale ou bien plutôt à la commutativité flexionnelle de la finale, i.e. sur le fait de concevoir l'*iʿrāb* comme *lafẓī* ou *maʿnawī*, voir Versteegh, « The Development of Argumentation », notamment p. 153-156. Quant aux raisons invoquées de telle réalisation phonétique pour tel cas/mode cf. entre autres Bohas, « Quelques aspects », p. 205 sq.
9. Sur les raisons de l'emploi de ce terme à l'exclusion d'autres, cf. Larcher, « What is a *kalima* ? », et sur le concept de *kalima* de manière plus générale on consultera, outre ce dernier, Levin, « The Medieval Arabic Term *kalima* » ; *id.*, « Kalima », et Owens, « The Syntactic Basis ».
10. Ǧurǧānī, *Taʿrīfāt*, p. 35.
11. Ibn al-Ḥāǧib, *Kāfiya*, p. 61.
12. Cf. note 18.
13. Cf. ʿUkbarī, *Masā'il*, p. 71 et Versteegh, « A Dissenting Grammarian », p. 181.
14. Ainsi que pour l'École dite de Koufa qui raisonnait, elle, en termes de *mugāwara* (« voisinage ») phonique (cf. Dévényi, « *Muǧāwara* »).
15. Corriente, « On the Functional Yield », p. 21.

et remis en cause dans les faits et déclarations infraverbales ? C'est ce que nous allons essayer de montrer ici en lisant entre les lignes d'IḤ dans son auto-commentaire, et marginalement à partir de Raḍī al-Dīn al-Astarābāḏī (désormais RDA, m. 686/1287 ou plus sûrement 688/1289[16]), pour rejoindre les analyses et les arguments mettant à jour que l'*iʿrāb* ne pourrait avoir, peu ou prou, de valeur qu'euphonique[17]. En tenant de la vision grammaticale traditionnelle, IḤ croit en l'*iʿrāb* et nous y insistons. Il vient néanmoins prouver, nous le verrons, à son corps défendant et de manière infraverbale, que ce dernier n'existe pas en termes de réalisation concrète dans la langue mais n'existe que théoriquement, ou, *a minima* qu'il n'est qu'une possibilité, qu'une *flexibilité* en puissance (cf. *infra*). En ce sens il vient, malgré lui, étayer les tenants du second courant de pensée (arabisant principalement mais pas uniquement) selon lequel l'*iʿrāb* n'est pas une réalité linguistique mais seulement un outil conceptuel grammatical. Pratiquement, nous soupèserons la fidélité d'IḤ dans sa croyance en l'existence, la pertinence et la réalisation effective de l'*iʿrāb* à partir de son auto-commentaire de la *Kāfiya*, le *Imlāʾ ʿalā al-Kāfiya* (« le Commentaire dicté du Précis »)[18].

Un *credo* : oui l'*iʿrāb* existe ! oui il est pertinent !

Sans même évoquer les lignes où l'*iʿrāb* est textuellement invoqué comme une réalité intangible de la langue arabe et de sa grammaire, au premier rang desquelles l'ensemble de la partie qui en traite expressément (cf. *maʿnā al-iʿrāb fī al-ism*, « le sens de la flexion concernant le nom »[19]), force est de constater qu'IḤ y croit. Ainsi, dans la partie consacrée à la flexion,

16. Cf. Weipert, « al-Astarābāḏī », p. 118 et Fleisch, « Note sur al-Astarābādhī ».
17. Sur la critique de la position pro-*iʿrāb* on se réfèrera principalement à Corriente, « On the Functional Yield » ; *id.*, « Again on the Functional Yield » ; Versteegh, « A Dissenting Grammarian » ; Molina Rueda, « El *iʿrāb* » ; Owens, « Case and Proto-Arabic (Part I) » ; *id.*, « Case and Proto-Arabic (Part II) ». Quant à la critique de la vue historiciste (de Fück ou de Blau) d'une langue arabe qui serait passée d'un état synthétique et flexionnel à un état analytique et non flexionnel, cf. Corriente, « On the Functional Yield », p. 24 sq., mais aussi Larcher, « Les origines ».
18. Ibn Ḥāğib est en effet l'auteur à la fois du texte de base (*matn*) dit *al-Kāfiya fī al-naḥw*, épitomé qu'il tire du *Mufaṣṣal* de Zamaḫšarī, mais aussi du commentaire de ce même texte de base, *al-Imlāʾ ʿalā al-Kāfiya*, d'où sa dénomination par nous d'auto-commentaire. Cet auto-commentaire connaît désormais une édition critique, fruit d'un travail de doctorat, qui devrait être publiée prochainement (cf. Ibn al-Ḥāğib, *Imlāʾ*). Dans les lignes qui suivent, la foliotation indiquée est celle de cette édition critique qui reprend celle du manuscrit de Damas du *Imlāʾ ʿalā al-Kāfiya*, manuscrit vraisemblablement daté du IXᵉ/XVᵉ siècle dont le Professeur Pierre Larcher a bien voulu nous donner les microfiches. L'édition quant à elle est le fruit de la collation de ce manuscrit de la bibliothèque nationale de Damas (N°8776) aux manuscrits du Chester Beatty de Dublin (N°5289) daté du VIIIᵉ/XIVᵉ, de la British Library de Londres (N°Or.4823) daté en son colophon de 717/1317, ainsi que d'une ancienne édition imprimée d'Istanbul (1311/1894) dont les sources manuscrites ne sont pas connues et considérée pour cette raison comme un manuscrit. Par ailleurs, dans la suite de cet article, "D" renvoie au manuscrit de l'auto-commentaire d'IḤ de la bibliothèque nationale syrienne de Damas, "Dn" à celui du Chester Beatty de Dublin, "L" à celui de la British Library de Londres et "I" à l'édition imprimée de ce texte à Istanbul (1311/1894). Les chiffres qui suivent ces lettres capitales renvoient, eux, respectivement au folio ou à la page, séparés par une barre fractionnaire du numéro de la ligne.
19. Ibn al-Ḥāğib, *Imlāʾ*, fᵒˢ 3b/16 sq.

et plus précisément à la flexion par les voyelles longues, le *wāw* pour le nominatif, le *alif* pour l'accusatif et le *yā'* pour le génitif, IḤ note que :

> « [5a/11] quant au duel et au pluriel, ils y sont quelque peu irréguliers. Le duel est irrégulier au nominatif [12] et à l'accusatif, et le pluriel spécialement à l'accusatif. La cause de cela est que tous deux, s'ils avaient suivi [13] la règle, il aurait fallu dire au duel, *"ḍāribāni"* à l'accusatif et au pluriel *"ḍāribāna"*, et si l'on avait dit cela, cela aurait conduit à l'ambiguïté [14] entre eux deux au moment de l'annexion puisque tu aurais dit *"ra'aytu ḍāribā Zaydin"* (« j'ai vu les (deux) frappeurs de Zayd ») dans les deux cas » (*wa-ammā al-muṯannā wa-l-maǧmūʿ fa-ḫūlifa bihimā fī baʿḍ ḏālika fa-l-muṯannā ḫūlifa bihi fī al-rafʿ* [12] *wa-l-naṣb wa-l-maǧmūʿ ḫūlifa bihi fī al-naṣb ḫāṣṣatan wa-ʿilla ḏālika annahumā law ǧariyā* [13] *ʿalā al-qiyās la-waǧaba an yuqāla fī al-taṯniya "ḍāribāni" fī al-naṣb wa-fī al-ǧamʿ "ḍāribāna" wa-law qīla ḏālika la-addā ilā al-labs* [14] *baynahumā ʿinda al-iḍāfa li-annaka kunta taqūlu "ra'aytu ḍāribā Zaydin" fīhimā ǧamīʿan*).

Le premier enseignement, évident, de ce passage est qu'IḤ croit en la pertinence de la flexion. Il y croit puisqu'il ne peut concevoir, en les émettant, des formes théoriques telles que le duel et le pluriel accusatifs de *ḍārib* qui auraient le même ductus, formés des mêmes articulations (*ḍ-ā-r-b-ā-n*), sans immédiatement les distinguer sur une base désinentielle. Selon lui en effet, l'ambiguïté apparaissant « au moment de l'annexion », il est alors implicite qu'existe à l'état absolu une différence entre les deux formes, différence reposant alors sur la seule vocalisation du *nūn* final (en *i* au duel et en *a* au pluriel). Cela revient bien à croire en l'existence, la pertinence et la réalisation effective de la flexion.

Ainsi, pour éviter toute ambiguïté dans ce cas, l'arabe aurait choisi la flexion régime pour le duel et le pluriel, le *yā'* permettant la réalisation à l'oral pour le premier d'une diphtongue. Cette dernière étant absente du pluriel, nulle ambiguïté ne subsiste (*ḍāribay Zaydin* vs *ḍāribī Zaydin*). Mais, là encore, s'il semble justifier la flexion dans son existence, force est de reconnaître que la condition de sa performance est réduite au cadre oral. À l'écrit en effet, et au contraire, la plus grande confusion règne puisque dans les deux cas on a bien une seule graphie: *ḍ-ā-r-b-ī* et *z-ī-d*.

Autre indice textuel d'une croyance en l'existence, en la pertinence et en la réalisation effective de l'*iʿrāb*, lorsqu'IḤ dit au sujet d'un énoncé ne laissant aucun doute sur les fonctions syntaxiques des éléments en jeu :

> « Ne [57b/19] vois-tu pas que tu dis *akala Zaydun ḫubzan* (« Zayd a mangé du pain ») et qu'il est alors nécessaire de mettre *Zayd* au nominatif et *ḫubz* à l'accusatif et ce même si le contexte [20] sémantique indique que celui qui mange c'est *Zayd* et celui qui est mangé c'est le *ḫubz* (« pain ») ? (*a-lā* [57b/19] *tarā annaka taqūlu "akala Zaydun ḫubzan" fa-lā budda min rafʿ "Zayd" wa-naṣb "ḫubz" wa-in kānat al-qarīna* [20] *al-maʿnawiyya tadullu ʿalā anna al-ākil "Zayd" wa-l-ma'kūl al-"ḫubz"*).

À ne se référer qu'aux déclarations explicites qui précèdent, l'*iʿrāb* a bien pour IḤ tout à la fois une existence réelle et une raison d'être effective qui repose sur sa pertinence sémantique.

Une première crise de foi : la pertinence de l'*iʿrāb*

Le pendant de l'existence d'une flexion pertinente est normalement la libre occurrence des éléments syntaxiques dans l'énoncé, ces derniers étant justement repérés et identifiés grâce à la flexion. C'est ainsi le cas dans les langues à flexion comme le latin et le grec anciens. Néanmoins, comme c'est le cas en arabe, il peut y avoir, même si la flexion est perçue comme pertinente, des cas où, notamment pour des raisons morpho-phonologiques, celle-ci est empêchée et où donc l'ordre syntaxique se substitue à cette dernière défaillante. IḤ, comme d'autres avant lui, entrevoit cette possibilité avec les exemples classiquement convoqués pour l'occasion : *Mūsā*, *ʿĪsā*, *al-kummaṯrā*, etc. (cf. f°s 14a/9 et sq.)

Ainsi le sujet est-il nécessairement antéposé par rapport à l'objet du verbe lorsque la flexion est empêchée s'il y a risque de confusion entre lui et le complément en l'absence de contexte levant cette ambiguïté comme dans *ḍaraba Mūsā ʿĪsā* (« Moussa a frappé Issa » et non l'inverse) [20]. Par contre si le contexte lève l'ambiguïté, cette antéposition n'a rien de nécessaire comme *akramat Salmā Mūsā* et *akramat Mūsā Salmā* (« Salma a honoré Moussa ») ou *akala Yaḥyā l-kummaṯrā* et *akala l-kummaṯrā Yaḥyā* (« Yaḥyā a mangé la poire »), dans la mesure où l'inverse n'est, normalement, pas possible. Or, ces exemples généralement rappelés par les grammairiens arabes sont finalement révélateurs d'une réalité : en rappelant que l'ordre Verbe-Objet-Sujet est théoriquement autorisé, ils soulignent qu'il n'est donc que théorique.

Par ailleurs la liste des contraintes pesant sur l'ordre syntaxique de l'énoncé ne s'arrête pas là. IḤ énonce ainsi d'autres cas où le sujet doit être cette fois-ci postposé par rapport au complément (cf. f°s 14b/4 et sq.) [21], de même qu'il rappelle les cas où le thème de la phrase nominale doit ou non être obligatoirement antéposé par rapport à son propos logique (ce qui implique à rebours l'antéposition obligatoire ou non de ce dernier par rapport au premier). Une langue flexionnelle, dont la caractéristique devrait être le libre ordonnancement des éléments syntaxiques, et qui connaît autant de cas particuliers requérant un ordre syntaxique fixe, ne semble pas être si flexionnelle que cela. Néanmoins IḤ ne fait encore que préciser ces cas de contrainte syntaxique.

Certains éléments (cf. f°s 18a/8 et sq.) de la langue se doivent d'être en tête de proposition (comme les particules d'interrogation, d'optation, les opérateurs de la conditionnelle, etc.) car ils modifient le sens de l'énoncé. Là, RDA développe un argument intéressant pour qui réfute la pertinence de la flexion en arabe. Il dit : « Parce que l'auditeur construit l'énoncé qui n'est pas

20. Les autres cas d'antéposition obligatoire du sujet par rapport à l'objet du verbe sont lorsque le sujet est un pronom joint comme *akramtu Zaydan* (« j'ai honoré Zayd ») et lorsque l'objet est restreint par *illā* ou *innamā* comme *mā ḍaraba Zaydun illā ʿAmran* (« Zayd n'a frappé que ʿAmr ») et *innamā ḍaraba Zaydun ʿAmran* (« Zayd n'a frappé que ʿAmr »).

21. Et nous ne parlerons pas ici du conflit de rection (*tanāzuʿ*). Les cas où le complément est nécessairement antéposé par rapport au sujet sont lorsqu'un pronom objet est suffixé au sujet (comme dans *ḍaraba Zaydan ġulāmu-hu*), lorsque le sujet est restreint par *illā* ou *inna-mā* (comme dans *mā akrama Zaydan illā ʿAmrun* et *inna-mā akrama Zaydan ʿAmrun*) et lorsque l'objet est un pronom suffixe et que le sujet est un nom explicite (comme dans *akramaka ʿAmrun*).

précédé de modificateur selon son sens de base, mais s'il était possible [et cela ne l'est justement pas] que vienne après lui [l'énoncé] ce qui le modifie, l'auditeur ne comprendrait pas, lorsqu'il entendrait ce modificateur, s'il renvoie à ce qui le précède ou bien s'il modifie ce qui va suivre dans l'énoncé, et alors pour cela son esprit serait rendu confus » (*li-anna al-sāmiʿ yabnī al-kalām al-laḏī lam yuṣaddar bi-l-muġayyir ʿalā aṣlihi fa-law ǧuwwiza an yaǧīʾa baʿdahu mā yuġayyiruhu lam yadri al-sāmiʿ iḏā samiʿa bi-ḏālika al-muġayyir a-huwa rāǧiʿ ilā mā qablahu bi-l-taġyīr aw muġayyir li-mā sa-yaǧīʾu baʿdahu min al-kalām fa-yatašawwašu li-ḏālika ḏihnuhu*[22]). Si la flexion était pertinente, la position des parties du discours serait libre, tel qu'en latin ou grec anciens, et nulle confusion ne serait à attendre de cette liberté, à moins bien sûr, qu'elle n'existe pas... Voir sur cette question Corriente et Larcher[23], ce qui rejoint ce qu'indique Molina Rueda à propos de Ibrāhīm Anīs qui, dans *Min asrār al-luġa*, défend à partir de Quṭrub l'idée que « ce qui définit les significations de sujet, de complément, etc., dans le discours arabe, ce n'est pas l'*iʿrāb*, mais la distribution des mots, la structure de la phrase et les interrelations entre les éléments qui la composent »[24].

Une autre preuve du peu de poids implicitement accordé par IḤ à la flexion et du peu de liberté laissé selon lui aux éléments de la langue qui, si l'arabe avait réellement été flexionnel, auraient été libres, est à trouver à propos des particules semblables aux verbes (*al-ḥurūf al-mušabbaha bi-l-fiʿl*, f°s 107a/15 et sq.) qui, comme d'autres particules, se trouvent en tête de proposition. IḤ, concernant l'ensemble de ces particules à qui est réservée la tête de proposition, écrit :

> « [107b/6] ... Ne vois-tu pas que si par impossible avait été permise la postposition de semblables à celles-ci [les particules qui méritent la tête de proposition [25]], alors quand [7] le locuteur dit *Zaydun qāʾimun* (« Zayd est debout ») l'auditeur ne comprend pas s'il s'agit d'une affirmation ou bien d'une négation, d'une comparaison, d'une optation ou [8] d'un espoir probable ? Et que lorsqu'il dit dès le début *inna*, *mā*, *ka-anna*, *layta* ou *laʿalla*, il lui est expliqué de quelle [9] section il s'agit et qu'alors son esprit se libère pour autre chose ? » (*a-lā tarā annahu law ǧāza taʾḫīr amṯāl hāḏihi fa-iḏā* [7] *qāla al-mutakallim "Zaydun qāʾimun" lam yadri al-sāmiʿ iṯbāt huwa am nafy am tašbīh am tamannin am* [8] *taraǧǧin wa-iḏā qāla min awwal al-amr "inna" aw "mā" aw "ka-anna" aw "layta" aw "laʿalla" tabayyana lahu min ayy* [9] *qism huwa fa-yatafarraġu bāluhu li-ġayrihi*).

22. Astarābāḏī, *ŠK* I, p. 228.
23. Corriente, « On the Functional Yield », p. 29, 31, 38 et 42 ; Larcher, « Moyen arabe », p. 585 sq. ; *id.*, « Arabe Préislamique ».
24. *Para él, lo que delimita los significados de sujeto, complemento, etc., en la discurso árabe, no es el iʿrāb, sino la distribución de las palabras, la estructura de la frase y las relaciones mutuas entre los elementos que la conforman*, Molina Rueda, « El *iʿrāb* », p. 72.
25. Il s'agit, parmi les particules semblables au verbe, de *inna*, *ka-anna*, *layta* et *laʿalla*, et *mā* qui ressemble à *laysa*.

L'argument avancé ici est donc encore une fois principalement et uniquement positionnel, ce qui vient une fois encore ruiner l'hypothèse d'une langue à flexion pertinente, car dans ce cas on aurait pu avoir par exemple **Zaydan qā'imun ka-anna*.

Un autre exemple sera trouvé ailleurs au sujet du propos logique de *kāna* et consorts (cf. f°s 39b/13 et sq.). IḤ dit le concernant :

> « [39b/16] Dire "il précède lorsque défini" est une manière de le spécifier par rapport au propos logique du thème [simple, hors cas de *kāna*] car le propos logique du thème ne précède pas [17] lorsque défini tandis que celui-ci précède. La raison de cela est que la règle quant à l'inclination du propos logique du thème à l'antéposition, lorsque qu'il est [18] défini, n'a aucune pertinence et que ceci ici, lorsqu'il est conjecturé comme étant antéposé, se met à l'accusatif de sorte que soit précisée l'intention du locuteur par sa mise à l'accusatif » ([39b/16] *qawluhu "wa-yataqaddamu maʿrifatan" taḫṣīṣ lahu ʿan ḫabar al-mubtada' li-anna ḫabar al-mubtada' lā yataqaddamu* [17] *maʿrifatan wa-hāḏā yataqaddamu wa-sabab ḏālika anna al-ḥukm ʿalā ḫabar al-mubtada' bi-l-taqaddum iḏā kāna* [18] *maʿrifatan lā waǧha lahu wa-hāḏā hahunā iḏā quddira mutaqaddiman intaṣaba fa-yataʿayyanu qaṣd al-mutakallim bi-naṣbihi*).

Ce que dit ici le texte c'est que le propos logique de *kāna* et consorts peut plus librement être antéposé par rapport à leur nom logique, même si ce dernier est déterminé ou indéterminé spécifié, que ce n'est le cas du propos logique du thème. La raison invoquée est celle de la réalisation effective de la flexion sur l'un des deux composants de la phrase nominale de base, réalisation qui lève l'ambiguïté quant aux fonctions de ces deux composants. Ainsi, *kāna l-munṭaliq Zaydun* ne laisse aucun doute sur le fait que *al-muṭaliq(a)* est bien le propos logique du nom logique de *kāna*. Idem avec *kāna Zaydan al-munṭaliq*. De même la présence de la flexion permettra dans ces cas de distinguer entre *kāna hāḏā Zaydun* (où *hāḏā* est propos logique antéposé et *Zaydun* nom logique) et *kāna Zaydun haḏā* (où il n'y a pas d'antéposition de l'un sur l'autre). RDA comme Ğāmī (m. 898/1492) précisent qu'en cas d'empêchement de la flexion, l'antéposition n'est alors plus possible et l'on dira *kāna l-fatā hāḏā* et non *kāna hāḏā l-fatā* si *hāḏā* doit être propos logique[26].

Une remarque s'impose alors, évidente : s'il est insisté ici sur le fait que cette ambiguïté est levée par la réalisation effective (*lafẓiyyan* chez Ğāmī[27]) de la flexion chez l'un des deux au moins (*yakfī ẓuhūr iʿrāb aḥadihimā* chez RDA[28]), cela vient bien une nouvelle fois prouver le caractère *a contrario* exceptionnel (et donc artificiel), et à tout le moins non *nécessaire*, de la réalisation de la flexion. Il n'est en effet fait appel à celle-ci que dans des cas perçus comme non naturels (puisque là encore, s'ils l'étaient, il serait moins question d'antéposition/postposition) ou exceptionnels (cas de la négation absolue par exemple) pour lever une ambiguïté sinon justement *inexistante* (nous soulignons et insistons). L'arabe, dont le caractère positionnel semble

26. Cf. Astarābāḏī, *ŠK* II, p. 175, et Ğāmī, *ŠMĞ* I, p. 414-415.
27. Ğāmī, *ŠMĞ* I, p. 415.
28. Astarābāḏī, *ŠK* II, p. 175.

alors patent, se caractérise en effet par des éléments qui s'organisent en fonction de leur rôle sémantique et ne permutent pas librement dans le langage naturel[29]. Voire, c'est aussi le cas du langage non naturel comme le langage poétique[30]. En ce sens donc, et malgré sa déclaration de croyance dans le *credo* flexionnel, IḤ nie implicitement la pertinence de l'*iʿrāb*.

Notons donc que ceci rejoint une nouvelle fois Corriente[31] pour qui d'une part l'*iʿrāb* est largement redondant puisque l'ordre des mots n'est pas vraiment libre et pour qui d'autre part la prononciation à la pause représente la suppression de l'*iʿrāb*. Or, la forme pausale est la forme que les enfants mémorisent comme forme de base dans le processus naturel d'apprentissage d'une langue. Il s'agit donc là de la forme naturelle d'expression, la forme fléchie étant, elle, la forme forcée d'un langage non naturel (ce que sont poésie, Coran et langages officiels).

L'apostasie d'Ibn al-Ḥāǧib : la forme pausale

Au-delà de cet aspect redondant de la flexion, continuons de lire entre les lignes, puisque rien n'est alors affirmé tel quel, mais susurré, chuchoté à nos oreilles comme s'il n'osait se l'avouer à lui-même : IḤ est un apostat. Ses déclarations verbales de croyance en la flexion et en sa pertinence sont peu à peu balayées par des positions infraverbales où se dessine la dénégation de l'*iʿrāb*, dénégation fondée essentiellement sur des phénomènes liés à la forme pausale[32].

Ainsi, concernant le complément de cause et de conséquence (*mafʿūl lahu*), IḤ écrit ceci :

> « la condition de son accusatif [31b/1] est la supposition du *lām* car lorsqu'il est présent sa rection est obligatoire puisque les articulations du génitif ne s'annulent pas » (*wa-šarṭuhu* [31b/1] *taqdīr al-lām li-annahā iḏā wuǧidat waǧaba iʿmāluhā li-anna ḥurūf al-ǧarr lā tulġā*).

Ce que veut donc dire ici l'auteur, comme le précise RDA, c'est que la supposition du *lām* est la condition de mise à l'accusatif du complément de conséquence, pas la condition pour le nom d'être complément de conséquence. En cela, « *li-l-samni* (« pour le beurre de conserve ») et *li-ikrāmika al-zā'ira* (« pour la façon que tu as d'honorer le visiteur ») lorsque tu dis *ǧi'tuka li-l-samni wa-li-ikrāmika al-zā'ira* sont chez lui [IḤ] des compléments de conséquence » (*"li-l-samni" wa-"li-ikrāmika al-zā'ira" fī qawlika "ǧi'tu li-l-samni wa-li-ikrāmika l-zā'ira" ʿindahu mafʿūl lahu*[33]). Ce faisant, l'importance de la sacro-sainte flexion se fait bien moindre dans la perspective d'IḤ qui privilégie donc l'aspect sémantique à l'aspect syntaxico-flexionnel. RDA, tout

29. Cf. Corriente, « On the Functional Yield » ; Molina Rueda, « El *iʿrāb* » ; Larcher, « Arabe Préislamique » et *id.*, « Les origines », notamment p. 120 et 124, pour qui « En grec et en latin, c'est la déclinaison qui permet de construire la phrase ; en arabe, c'est la construction de la phrase qui permet de restituer la déclinaison… ».
30. Cf. Larcher, « Moyen arabe », et notamment p. 586 sq.
31. Corriente, « On the Functional Yield » et *id.*, « Again on the Functional Yield ».
32. Quṭrub note justement que « la seule raison pour laquelle les Arabes usent de flexion dans leurs discours est que la forme pausale d'un mot doit se terminer sur une consonne quiescente en raison de la pause » (cf. Versteegh, « A Dissenting Grammarian », p. 171).
33. Astarābāḏī, *ŠK* II, p. 31-32.

en reconnaissant ici que l'auteur a raison d'un point de vue sémantique (*min ḥaytu al-luġa*[34]), note que cela vient à l'encontre de l'emploi terminologique en usage qui veut qu'en arabe le complément (de conséquence en l'occurrence) n'est qu'à l'accusatif[35].

Tout ceci n'est pourtant rien comparé à la charge lancée entre les lignes contre la réalisation effective de la flexion lorsqu'il est sujet de la construction verbale, notamment de l'impératif et du passif.

La construction de l'impératif

La construction de l'impératif est tout à fait instructive sur cette question de la défiance à l'égard de la flexion désinentielle et, dans le cas d'espèce, modale. L'impératif arabe (*amr*) se forme à partir de l'inaccompli apocopé (*muḍāriʿ maǧzūm*) qui se caractérise par l'amuïssement de la finale et par l'élision du *nūn* de l'indicatif pour les cinq personnes qui en sont pourvues (*al-afʿāl al-ḫamsa*). Cette caractéristique vocalique va permettre de mettre en lumière la défiance dont il est question. En effet, concernant l'impératif d'un verbe triconsonantique simple (par opposition au quadrilitère qui peut être soit triconsonantique augmenté ou quadriconsonantique simple), dont l'initiale radicale n'est pas quiescente et de type *qatala-yaqtulu* (dont la médiane est à l'inaccompli vocalisée en *u*), voici ce que dit IḤ à propos de l'impératif *(u)qtul* (« tue ! ») formé d'une *hamza* de liaison (*hamzat waṣl*) et du radical verbal pour justifier la vocalisation en *u* de la *hamza* :

> « [94a/20] … S'ils [i.e. les Arabes] avaient dit *aqtul* il se serait confondu avec l'inaccompli et s'ils avaient dit *iqtul* cela aurait été jugé [21] lourd » (*law qālū "aqtul" la-ltabasa bi-l-muḍāriʿ wa-law qālū "iqtul" la-kāna* [21] *mustaṯqalan*).

Ce qu'avance alors le texte sans le dire expressément, c'est que l'*iʿrāb* n'est pas, à défaut d'être utile, utilisé… En effet, le simple fait de dire qu'il y aurait eu ici ambiguïté vient bien prouver la généralisation de la forme pausale sans laquelle cette ambiguïté n'existerait justement pas. On a donc bien, dans l'esprit d'IḤ, un inaccompli pausal réellement réalisé et utilisé, *aqtul* (« je tue »), en lieu et place d'une forme entièrement fléchie (*aqtulu*) non usitée. C'est cet inaccompli pausal qui commande la formation de l'impératif de sorte qu'indicatif et impératif ne soient pas confondus, puisque si l'indicatif avait été réalisé avec sa pleine vocalisation, *aqtulu* (« je tue ») aurait été distingué de **aqtul* (« *tue ! ») qui aurait alors pu être utilisé pour l'impératif.

On pourrait nous opposer que l'inaccompli dont il est question et avec lequel la forme impérative théorique **aqtul* serait en situation d'ambiguïté n'est pas l'inaccompli indicatif en sa forme pausale mais l'inaccompli apocopé dont procède justement l'impératif. Ici l'ambiguïté

34. *Ibid.*, p. 32.
35. RDA propose alors de définir le complément de conséquence comme « le nom d'action dont le *lām* est supposé et par lequel est expliquée une action avec laquelle il partage sujet et temps [de réalisation] » (*al-maṣdar al-muqaddar bi-l-lām al-muʿallal bihi ḥadaṯ šārakahu fī al-fāʿil wa-l-zamān*, Astarābāḏī, ŠK II, p. 32).

résiderait donc entre la première personne du singulier de l'inaccompli apocopé, *aqtul*, et l'impératif théorique de deuxième personne masculin singulier, **aqtul*, avec lequel il se confond et ce serait bien cette ambiguïté qui motiverait la formation de l'impératif en *uqtul*. Or, si l'impératif **aqtul* peut être confondu avec un inaccompli, ce ne peut être qu'avec l'inaccompli indicatif *aqtulu* en sa forme pausale *aqtul* pour la simple raison que les deux autres inaccomplis (subjonctif (*manṣūb*) et apocopé) représentent des formes liées. Particulièrement pour l'apocopé, ce dernier n'apparaît que dans le champ d'une particule qui en commande le mode (qu'il s'agisse de la négation du passé avec *lam* ou des énoncés conditionnels en *in* et consorts), tandis que l'impératif peut rester libre. Il n'y a donc concrètement pas possibilité de confondre l'impératif **aqtul* avec l'inaccompli apocopé *aqtul* qui, pour exister, nécessite une particule justifiant son mode (*lam aqtul* « je n'ai pas tué », *in yaqtulhum aqtul Baššāra* « s'il les tue, je tuerai Bachar »).

Par conséquent cela vient prouver le non emploi de la flexion, casuelle ou modale, par les locuteurs arabes, et cela selon un texte de grammaire du VIIe/XIIIe ne venant certes pas enregistrer les nouveautés grammaticales de l'arabe, mais en édicter les règles perçues comme immuables. En effet, si l'impératif se construit tel qu'il se construit, les principes qui en régissent la construction sont logiquement antérieurs au mythe du *fasād al-luġa*, la corruption de la langue avec laquelle l'*iʿrāb* aurait été abandonné[36]. L'"abandon" de l'*iʿrāb* n'en est alors plus un, ni même une faute par corruption de la langue, et si existence de l'*iʿrāb* il doit y avoir[37], celui-ci prend alors racine dans d'autres considérations (prosodiques notamment[38]).

Nous retrouvons la même logique à l'œuvre dans l'explication de la construction de l'impératif du verbe triconsonantique simple dont la médiane à l'inaccompli n'est pas en *u*. La logique est encore plus limpide puisque cette fois-ci la confusion ne met pas en jeu un inaccompli dont on aurait pu dire qu'il était lui-même apocopé, mais un accompli[39]. Voici donc ce que dit IḤ de la formation de l'impératif de *ḍaraba-yaḍribu* dont la forme canonique est *iḍrib* (« frappe ! ») et de la vocalisation de la *hamza* de l'impératif :

36. Cf. Fück, *Arabīya* ou Blau, *A Handbook* entre autres pour qui, réfléchissant à partir d'une langue à flexion comme l'allemand, le trait saillant du Neuarabisch est la disparition progressive de la flexion et en contrepartie l'ordre moins libre des mots en opposition à l'Altarabisch fléchi.
37. Sans même aller jusqu'à dire avec Owens que ce ne sont pas les dialectes qui ont perdu la flexion, mais l'arabe classique qui l'a gagnée, cf. Owens, « Case and Proto-Arabic (Part I) » et *id.*, « Case and Proto-Arabic (Part II) », ce que disait aussi Gruntfest, « From the History », en signalant que selon deux orientalistes, Johann Davis Michaelis (1717-1791) et Johan Gottfried Hasse (1759-1806), l'*iʿrāb* (nominal pour le premier, nominal et verbal pour le second) était une création des grammairiens arabes sous l'influence du grec.
38. Cf. Kahle, *The Cairo Geniza*, p. 145, n. 1, Versteegh, « A Dissenting Grammarian », Molina Rueda, « El *iʿrāb* », et Larcher, « Arabe Préislamique ». Notons par ailleurs que l'on retrouve sous le calame d'IḤ la même logique de confusion entre inaccompli et impératif avec **uʿlam*, forme théorique de l'impératif à la deuxième personne masculin singulier de *ʿalima-yaʿlamu* dont la forme canonique est *iʿlam*, et *uʿlam*, inaccompli passif à la forme pausale de la première personne de *uʿlima-yuʿlamu* (cf. f° 94b/1).
39. Sur la forme pausale de l'accompli arabe comparé à l'hébreu, cf. Levin, « The Correspondence ». Ce dernier entrevoit aussi la question de l'inaccompli, mais se restreint à l'apocopé quand nous soulignons justement le phénomène pausal dans l'ensemble de l'inaccompli, indicatif compris.

> « [94a/21] Et ils [i.e. les Arabes] la vocalisèrent en *i* ailleurs, parce que s'ils avaient vocalisé en *u* un exemple comme *uḍrib* il se serait confondu avec l'accompli quadrilitère [94b/1] de ce dont le sujet n'est pas mentionné » (*wa-kasarūhā fī-mā sawāhu li-annahum law ḍammū fī miṯl "uḍrib" la-ltabasa bi-l-māḍī al-rubāʿī* [94b/1] *li-mā lam yusamma fāʿiluhu*).

Ce que dit IḤ, c'est qu'alors **uḍrib*, forme théorique de l'impératif à la deuxième personne masculin singulier de *ḍaraba-yaḍribu*, se serait confondu avec *uḍriba*, accompli passif à la troisième personne du masculin singulier du verbe de forme augmentée IV en grammaire orientaliste *aḍraba-yuḍribu*. Or, une nouvelle fois, pour qu'ambiguïté il puisse y avoir, il est nécessaire de réfléchir à partir d'une forme pausale de *uḍriba*, donc *uḍrib*… Ceci permet au moins d'avancer l'importance d'un trait très bien enregistré par la grammaire arabe, la pause et, par retour, la réfutation de l'importance des phénomènes de flexion désinentielle, qu'elle soit casuelle ou modale[40].

La construction du passif des verbes V et VI

Enfin, concernant cette fois la formation du passif des verbes de forme augmentée V et VI en grammaire orientaliste (respectivement *tafaʿʿala* et *tafāʿala*), le raisonnement d'IḤ n'est pas différent de celui qui précède, venant encore une fois en désaccord avec le *credo* flexionnel puisqu'il écrit :

> « [95a/10] … De même vocalisèrent-ils en *u* ce qui est après le *tāʾ* dans *taʿallama* et *taǧāhala* puisque s'ils s'étaient [11] contentés de la voyelle d'inflexion en *u* (*ḍamm*[41]) du *tāʾ* et qu'ils avaient dit *tuʿallima* et *tuǧāhila*, alors *tuʿallima* se serait confondu avec la forme de l'inaccompli de *ʿallamta* [12] et *tuǧāhila* se serait confondu avec la forme de l'inaccompli de *ǧāhalta* » (*wa-kaḏālika ḍammū mā baʿda al-tāʾ fī miṯl "taʿallama" wa-"taǧāhala" li-annahum law* [11] *iqtaṣarū ʿalā ḍamm al-tāʾ fa-qālū "tuʿallima" wa-"tuǧāhila" la-ltabasa "tuʿallima" bi-ṣīġat muḍāriʿ "ʿallamta"* [12] *wa-la-ltabasa "tuǧāhila" bi-ṣīġat muḍāriʿ "ǧāhalta"*).

Il s'agit donc de *tuʿallimu* (2e pers. masc. sing. inaccompli actif) avec qui le passif théorique **tuʿallima* (3e pers. masc. sing. accompli passif) se confondrait et de *tuǧāhilu* (2e pers. masc. sing. inaccompli passif) avec qui le passif théorique **tuǧāhila* (3e pers. masc. sing. accompli inactif) se confondrait. Or, cette ambiguïté servant de raison invoquée à la construction du passif selon les règles connues à des fins contrastives repose une nouvelle fois sur le phénomène de

40. On retrouve une fois encore la même logique à l'œuvre lorsqu'IḤ explique la confusion entre **aʿlam*, forme théorique de l'impératif à la deuxième personne masculin singulier de *ʿalima-yaʿlamu* dont la forme canonique est *iʿlam*, et *aʿlam*, accompli actif à la forme pausale de la troisième personne masculin singulier du verbe augmenté *aʿlama-yuʿlimu* (cf. f° 94b/1-2).

41. *ḍamm* : « voyelle d'inflexion en *u* » ou « inflexibilité en *u* » pour IḤ (cf. Ibn al-Ḥāǧib, *Imlāʾ*, f° 54b/3-8) qui la distingue de *ḍamma* : « voyelle de flexion en *u* » au contraire de RDA qui précise que pour lui il s'agit d'un nom générique pour le flexible et l'inflexible (cf. Astarābāḏī, *ŠK* III, p. 4).

pause, ce qu'énonce en toutes lettres RDA. Ce dernier écrit en effet : « Et si ce qui suit le *tā'* n'avait pas été vocalisé en *u*, ceci aussi concernant ce dont l'initiale est un *tā'*-augment, comme *takallama* [forme orientaliste augmentée V du triconsonantique], *taǧāhala* [forme orientaliste augmentée VI du triconsonantique] et *tadaḥraǧa* [forme orientaliste augmentée II du quadriconsonantique notée II4], il y aurait eu ambiguïté à la pause avec la forme de l'inaccompli dont il est le résultatif comme *tukallimu*, *tuǧāhilu* et *tudaḥriǧu*[42] » (*wa-law lam yuḍamm mā baʿda al-tā' ayḍan fī-mā awwaluhu tā' zā'ida wa-huwa naḥwu "takallama" wa-"taǧāhala" wa-"tadaḥraǧa" la-ltabasa fī ḥāl al-waqf bi-ṣīġat muḍāriʿ mā huwa muṭāwiʿ lahu naḥwu "tukallimu" wa-"tuǧāhilu" wa-"tudaḥriǧu"*[43]). La pause est donc un phénomène perçu comme 1) généralisé et 2) au moins aussi ancien que la langue arabe elle-même (dans l'hypothèse réaliste où le passif n'est pas de création plus récente que l'actif…) qui 3) justifie la construction du passif tel que nous le connaissons. Cela vient donc une nouvelle fois attester du peu d'importance de la flexion désinentielle et modale (dans le cas qui nous occupe), *même aux fondements de la langue arabe*.

L'amuïssement : IḤ et RDA enfoncent le clou

Cette possibilité de pause est si forte qu'elle s'applique à des réalités plus larges que celles qu'on aurait pu entrevoir en fait. Ainsi, au sujet d'un participe actif masculin singulier et du même participe actif masculin pluriel cette fois, voici ce que dit IḤ :

> « [57b/9] … sa prononciation [10] est la même : tu dis *anā ḍāribun* et *naḥnu ḍāribūna*, *anta ḍāribun* et *antum ḍāribūna*, *huwa ḍāribun* et *hum ḍāribūna* » ([57b/9] … *wa-lafẓuhu* [10] *wāḥid : taqūlu "anā ḍāribun" wa-"naḥnu ḍāribūna" wa-"anta ḍāribun" wa-"antum ḍāribūna" wa-"huwa ḍāribun" wa-"hum ḍāribūna"*).

La prononciation de *ḍāribun* et de *ḍāribūna* est donc la même, à savoir [dˤaːribun]. Il est intéressant de voir ici qu'implicitement la dernière voyelle de *ḍāribūna* n'est pas réalisée, le mot étant prononcé à la pause, mais que donc le glide *wāw* n'est lui-même pas réalisé, pour cause de rencontre de deux quiescences.

On trouve d'autres exemples de cette généralisation de la lecture pausale dans le manuscrit même puisque là où il s'agissait d'écrire *yawmān(i)*, ce que font L 323/9, L 324/8 et I 81/25, I 82/5, le manuscrit de Damas présente, lui, au même endroit *yawman* (D 71a/3, D 71a/14), i.e. le singulier indéterminé au cas accusatif en lieu et place d'un duel nominatif. La raison ne peut en être alors que la suivante : le copiste du manuscrit de Damas, Bahrāwī [44], lit ou entend *yawman* – et non *yawmāni*, et, du fait de la prononciation, écrit *yawman*, ce qui vient attester de la généralisation du phénomène de pause. Un autre exemple, celui de *ha'ulā'i* d'où, dans la grande majorité des cas dans le manuscrit de Damas, la *hamza* finale est élidée sans être

42. Les formes passives canoniques sont donc *tuʿullima*, *tuǧūhila* et *tuduḥriǧa*.
43. Astarābāḏī, *ŠK* IV, p. 133.
44. Dont nous ne savons rien.

remplacée par un *yā'* par phénomène de *scriptio plena*, ce qui vient prouver une prononciation en [hɑːwlɑː] et non en [hɑːwlɑːʔi] ou [hɑːwlɑːj], marquant là encore le phénomène pausal, même dans des cas de mots dits "figés" (*mabniyyāt*)[45].

À propos des régissants de l'apocopé cette fois, RDA introduit une réflexion intéressante pour qui pense que la flexion n'est pas première[46]. Il dit en effet que n'était l'accord de l'ensemble des grammairiens, ce qu'on nomme l'inaccompli apocopé devrait être considéré comme inflexible. La raison : le fait que la rection (ici des particules de l'apocopé) n'apparaît pas sur le verbe, ni explicitement ni virtuellement et ce « puisque l'*origine* prototypique[47] (nous soulignons) de toute composante du discours, qu'il s'agisse d'un nom, d'un verbe ou d'une particule, est d'être amuïe en finale, et qu'en conséquence nul besoin d'explication pour l'inflexibilité en *muette* » (*wa-ḏālika li-anna aṣl kull kalima isman aw fiʿlan aw ḥarfan an takūna sākina al-āḫir wa-min ṯamma lā tuṭlabu al-ʿilla li-l-binā' ʿalā al-sukūn*[48]). Outre le fait qu'il faille alors entendre que concernant les verbes, ce qui a plutôt une action régissante *in fine*, ce sont les régissants de l'indicatif (*rawāfiʿ*) et ceux du subjonctif (*nawāṣib*) et non ceux de l'apocopé (*ǧawāzim*), et s'il faut entendre que *yamši* est la forme infléchie et première ayant pour pendant deux formes fléchies, l'une à l'indicatif (*yamšī*) et l'autre au subjonctif (*yamšiya*), il faut surtout en tirer une conclusion mécréante : il n'y a pas à l'origine de vocalisation des finales, mais bien alors généralisation totale de la pause. Ceci rejoint alors ce que remarquent notamment Kahle[49], Owens[50] et Molina Rueda[51] pour qui la flexion désinentielle n'est ou peut n'être qu'euphonique (en rejoignant Quṭrub), mais encore qu'elle ne représente pas une perte par rapport à un état plus ancien de la langue mais bien un gain, un rajout fait à la langue naturelle qui en est, elle,

45. Notons un autre cas, celui de *an yakūnº* (D 50a/3) où la pause est marquée par un *sukūn* en lieu et place de la classique *fatḥa*, et ce en milieu d'énoncé.

46. Lui pour qui pourtant « le nominatif est la marque des constituants fondamentaux de la relation prédicative (*ʿumad*), et l'accusatif celui des autres constituants (*faḍalāt*) » (Kouloughli, « Une théorie opérationnaliste », p. 41).

47. Nous choisissons ici de traduire *aṣl* par "origine", même s'il peut aussi l'être, aux côtés de son acception technique et graphique traditionnelle de "base", par "représentation abstraite" ou "forme/représentation sous-jacente" (cf. Bohas, « Quelques aspects », p. 205 ; Bohas et Guillaume, *Études des théories*, p. 28, 59, 242, 271). Sur ce terme technique chez Sībawayhi, on se reportera à Baalbaki, « A Contribution ».

48. Astarābāḏī, *ŠK* IV, p. 4.

49. Cf. Kahle, *The Cairo Geniza*, p. 145, n. 1 et *id.*, « The Arabic Readers », p. 67-69. Dans ce dernier, Kahle traite exclusivement des lectures coraniques. Il note en effet, à partir du *Tamhīd fī maʿrifat al-taǧwīd* de Ḥasan b. Muḥammad Abū ʿAlī al-Mālikī (m. 438/1046), et plus précisément de la seconde partie, chap. VI, l'existence de 122 traditions, dont 31 attribuées au Prophète lui-même, traditions exhortant les lecteurs à réciter le Coran *avec l'iʿrāb*, ce qui devait donc supposer, comme le souligne Kahle, qu'il devait y avoir des gens pour le réciter sans… Sur l'acception technique grammaticale et/ou sémantique du terme *iʿrāb* dans un contexte coranique voir Gilliot, *Exégèse*, p. 191 sq.

50. Cf. Owens, « Case and Proto-Arabic (Part I) », et *id.*, « Case and Proto-Arabic (Part II) ».

51. Cf. Molina Rueda, « El *iʿrāb* ».

dépourvue (selon les vues d'Owens[52]). La pause n'est plus alors une "possibilité" mais une règle connaissant des exceptions : les vocalisations désinentielles pour des raisons prosodiques d'euphonie[53]. L'*iʿrāb* n'est dès lors même plus une réalité effectivement réalisée.

lā budda min al-iʿrāb…

Dans ce cadre, avec désormais à l'esprit l'importance de la pause pour l'arabe et sa phonologie, il faut noter les implications d'ordre grammatical de celle-ci. Ainsi, l'assertion « *lā budda min al-iʿrāb* » prend un autre sens que le simple « nul échappatoire à la flexion » comme si cette dernière était impérieuse et nécessaire. Non, *lā budda min al-iʿrāb*, dans un tel contexte de défiance implicite (chez IḤ tout autant que chez RDA pour ne citer qu'eux), prend un sens beaucoup plus nuancé et, de fait, plus adéquat avec leur science et intelligence de l'arabe et de sa grammaire. *Lā budda min al-iʿrāb* signifie alors la possibilité, tout à fait arabe, de la réalisation

52. Mais aussi de Kahle et de Carl Vollers dans son *Volkssprache und Schriftsprache im alten Arabien* (cf Kahle, « The Arabic Readers », p. 65-66) pour qui « le Coran aurait été primitivement composé dans la langue maternelle de Muḥammad, le dialecte de La Mecque, dépourvu de flexion externe » (Gilliot, *Exégèse*, p. 191).

53. Voir sur cette question de la pause al-Ani, « The Linguistic », qui, en en traitant, indique, lui, sa croyance en l'existence, la réalisation effective souhaitée et la pertinence de la flexion. Pour lui, on dit ainsi *fī madrasati l-madīna(h)* et non *fī madrasat_al-madīna* (« dans l'école de la ville »), même en arabe standard, laissant accroire à rebours que c'était le cas *avant*, c'est-à-dire en arabe classique ou post-classique. Symptomatique est à cet égard la conclusion de cet article où l'arabe est présenté comme une langue à flexion réalisée dont les derniers stades d'évolution s'affranchissent (reprenant ainsi les conceptions de Joshua Blau, notamment Blau, *A Handbook*), ce changement menant au non respect des règles et en particulier de l'*iʿrāb*, assimilé donc à une règle *concrètement réalisée* de l'arabe classique : « Il est intéressant de mentionner que les règles de *waqf* ne sont pas toujours respectées par les lecteurs et les locuteurs de l'arabe standard moderne. La langue arabe est passée pendant un temps par des processus de changement. Certains lecteurs et locuteurs n'utilisent pas *al-ḥarakāta-l-'iʿrābiyyah* 'les voyelles flexionnelles'. La déclaration souvent entendue qui affirme *sakkin taslam* (« amuïs et tu seras sauf ! ») reflète un état de choses du changement en cours de la langue arabe. Par conséquent, les règles du *waqf* décrites ci-dessus, lorsqu'on les considère, devraient être utilisées comme lignes directrices et ne doivent pas être appliquées d'une manière rigoureuse et stricte » (*it is worthwhile to mention that the rules of waqf are not always adhered to by readers and speakers of Modern Standard Arabic. The Arabic language for sometime has been going through processes of change. Some readers and speakers are not using the* al-ḥarakāta-l-'iʿrābiyyah *'case endings'. The often heard statement that states* sakkin taslam *'use* sukūn *and you will be safe' reflects the state of affairs of the on going change of the Arabic language. Therefore the rules of* waqf *outlined above when considered should be used as guidelines not to be applied in a rigorous and strict manner,* al-Ani, « The Linguistic », p. 253). Nous prenons le contrepied pour dire qu'au contraire, l'*iʿrāb*, s'il existe *pour les grammairiens*, n'est le plus généralement pas réalisé, la pause primant partout où il est possible qu'elle s'applique, respectant ainsi à la fois le fameux *iǧzim taslam* mais aussi ce que disent du phénomène tant IḤ et RDA pour ne citer qu'eux au détour de leurs déclarations verbales et/ou infraverbales sur le sujet. C'est la pause qui est la règle, la flexion réalisée l'exception… On pourrait même dire que si l'*iʿrāb* est bien arabe son actualisation, elle, ne l'est pas *réellement*, mais serait plutôt étrangère comme une sorte d'hypercorrection, à l'instar des prénoms africains d'origine arabe prononcés avec leur flexion casuelle au nominatif, comme nous l'ont rappelé Nafissatou (Nafīsa) Diallo ou Amadou (Aḥmad) Toumani Touré, pratique proprement étrangère au monde arabe.

de la pause, contrairement aux cas relativement exceptionnels d'inflexibilité marquée comme dans le cas de la négation absolue (*lā budda* et *lā aḥada* et non *lā budd* et *lā aḥad*).

Aussi, dire d'un nom qu'il lui faut un *iʿrāb*, si c'est bien affirmer du point de vue de l'analyse grammaticale qu'il lui faut une identité syntaxique, une fonction, partagée entre qualité d'agent, de complément direct ou de complément indirect, ce n'est pas tant insister sur l'actualisation phonétique de la flexion en finale du mot qu'insister sur sa *flexibilité*, c'est-à-dire *in fine* sur la possibilité, très arabe et soulignée par RDA (cf. *supra*), de réaliser la pause en finale des noms (comme *ġayr*), des verbes (comme *faʿal* ou *yafʿal*) et des particules (comme *taḥt*), voire *a contrario* insister sur la possibilité de fléchir les mots, ceux-ci ne l'étant justement pas dans l'usage réel.

Conclusion

Notons pour conclure avec Molina Rueda que « Si "*iʿrāb*" s'entend dans son sens le plus général de "arabiser, prononcer le mot de la manière des Arabes purs[54]", il est clair qu'il ne réfère pas exclusivement aux désinences casuelles, mais bien plus à l'ensemble des procédures qui permettent d'adapter l'expression à l'utilisation des "Arabes"[55] ». Cette dernière note que la reconnaissance, par les grammairiens arabes, du caractère euphonique de l'*iʿrāb*, certes aux côtés de sa primauté syntaxique affichée par eux, prouve que Quṭrub n'était pas *in fine* le seul à *penser* l'*iʿrāb* comme trait *aussi* phonologique[56].

Si l'on ne peut que reconnaître l'existence de traces graphiques indéniables d'une flexion externe[57], nous avons donc montré, ne concernant que la flexion désinentielle au moyen des voyelles brèves, qu'à côté de cette reconnaissance d'ordre phonologique, explicite pour Quṭrub ou implicite pour d'autres, la non croyance en la flexion prenait, chez IḤ (et RDA) tout au moins, d'autres formes sur d'autres fondements. Reconnaissant de manière infraverbale la redondance implicite de l'*iʿrāb* pour cause de non liberté des éléments syntaxiques du discours, IḤ fait en outre de la pause, de sa généralisation et de l'ambiguïté qui en découle entre formes théoriques et formes avérées dans la langue, un élément qui vient ruiner jusqu'au fondement même de la flexion, celle-ci n'ayant tout bonnement plus de place dans son raisonnement. Ce dernier semble en effet bien, en réfléchissant d'autres points grammaticaux, ne penser qu'en termes de pause, invalidant ainsi au moins partiellement la thèse d'une flexion désinentielle première et

54. Citation de Fleisch, « Iʿrāb », p. 1250.

55. *Si "iʿrāb" se entiende en su sentido más general de "arabizar, pronunciar la palabra a la manera de los árabes puros", está claro que no se refiere exclusivamente a las desinencias casuales, sino más bien al conjunto de procedimientos que permiten adaptar la expresión al uso de "los árabes",* Molina Rueda, « El *iʿrāb* », p. 74.

56. Notons au passage que si l'*iʿrāb* était d'une si grande nécessité et d'un si grand secours sémantique, Zubaydī (m. 379/989) n'aurait pas écrit, même s'il précise immédiatement après « ainsi que des rênes et le critère pour les significations diverses qui y sont », que Dieu « a fait de l'*iʿrāb* une parure pour la langue » (*wa-ǧaʿala al-iʿrāb ḥalyan li-l-lisān wa-zimāman wa-faḍlan li-mā iḫtalafa min maʿānīhi*, Zubaydī, *Ṭabaqāt*, p. 11 et Langhade, « Mentalité grammairienne », p. 106 pour la traduction), « parure » n'étant jamais qu'un élément justement non nécessaire.

57. Il s'agit du pluriel masculin sain en *-ūna* au nominatif et *-īna* au cas régime, du duel en *-āni* au nominatif et en *-ayni* au cas régime et enfin des six noms, en *-ū* au nominatif, *-ā* à l'accusatif et *-ī* au génitif.

omniprésente. Il existe donc chez lui un même aveu implicite de non réalisation effective de l'*iʿrāb* et donc, *in fine*, de sa non pertinence sémantique[58]. Aussi, si l'on ne peut conclure à l'inexistence de l'*iʿrāb*, puisque après tout même s'il ne devait s'agir que d'un construit, une idée ne cesse d'exister en dépit de sa non actualisation, il est possible de conclure, à partir d'une lecture attentive du *Imlāʾ ʿalā al-Kāfiya* d'IḤ, à sa non pertinence, puisque redondante, ainsi qu'à sa non réalisation effective. En ce sens l'*iʿrāb*, manifestation abstraite permettant aux professionnels que sont les grammairiens d'énoncer une théorie de la phrase, serait bien un dogme…[59]

Bibliographie

Sources primaires

Astarābāḏī, Raḍī al-Dīn (Al-), *ŠK* = Muḥammad b. al-Ḥasan Naǧm al-Dīn Raḍī al-Dīn al-Astarābāḏī, *Šarḥ Kāfiyat Ibn al-Ḥāǧib*, éd. Émile Badīʿ Yaʿqūb, Dār al-kutub al-ʿilmiyya, Beyrouth, 5 tomes, 1998.

Ǧāmī (al-), *ŠMǦ* = ʿAbd al-Raḥmān b. Aḥmad Nūr al-Dīn al-Ǧāmī, *Šarḥ mulā Ǧāmī dit al-Fawāʾiḍ al-ḍiyāʾiyya suivi des gloses marginales et commentaires de ʿAlī Riḍā ʿUṯmān al-Dūlalī al-Qayṣirī dit Dūlūzādah*, éd. Aḥmad ʿAzzū ʿInāya et ʿAlī Muḥammad Muṣṭafā, Dār iḥyāʾ al-turāṯ al-ʿarabī, Beyrouth, 1re éd., 2 tomes, 2009.

Ǧurǧānī (al-), *Taʿrīfāt* = ʿAlī b. Muḥammad b. ʿAlī al-Sayyid al-Šarīf al-Ḥusaynī al-Ǧurǧānī al-Ḥanafī, *al-Taʿrīfāt*, Éd. Muḥammad Bāsil ʿUyūn al-Sūd, Dār al-kutub al-ʿilmiyya, Beyrouth, 2e éd., 2003.

Ibn al-Ḥāǧib, *Kāfiya* = *al-Kāfiya fī al-naḥw*, éd. Ṭāriq Naǧm ʿAbd Allāh, Maktabat dār al-wafāʾ, Silsilat maktabat Ibn al-Ḥāǧib, 3, Jeddah, 1986.

—, *Imlāʾ* = ʿUṯmān b. ʿUmar b. Abī Bakr b. Yūnus Abū ʿAmr Ǧamāl al-Dīn Ibn al-Ḥāǧib al-Miṣrī al-Dimašqī al-Mālikī, *al-Imlāʾ ʿalā l-Kāfiya fī*

58. Remarquons un cas symptomatique de non pertinence de la flexion avec *ʿalā ḥikāyatu-hu* (L 308/4) où la vocalisation n'est pas celle attendue, en *i* du fait de la préposition. Cela rejoint l'interrogation que pose Pierre Larcher qui indique justement que lorsque Muqaddasī (m. 380/990) parle de *laḥn* (« solécisme »), ce qui présuppose *iʿrāb*, ce dernier dit que ce *laḥn* n'est pas considéré comme une faute au IVe/Xe siècle. *Quid* alors de la réalité de l'*iʿrāb* ? (cf. Larcher, « Que nous apprend », p. 53-69).

59. Citons à cet égard un passage des *Masāʾil ḫilāfiyya fī al-naḥw* de ʿUkbarī où l'auteur précise que l'*iʿrāb* ne relève que du domaine vocalique sans relever à proprement parler du domaine sémantique : « Ne vois-tu pas que, lorsque tu dis à un *quidam* : distingue entre le sujet, le complément d'objet direct et le complément adnominal dans *ḍaraba Zayd ġulām ʿAmr*, et lorsqu'il vocalise en *u* en premier, en *a* en second et en *i* en troisième, la distinction t'advient au moyen de ses prononciations, pas par le biais du sens car toi, tu peux comprendre ce sens sans prononciation [des finales], ce qui indique donc que l'*iʿrāb* est la prononciation de la voyelle brève » (*a-lā tarā annaka iḏā qulta li-insān : ifriq bayn al-fāʿil wa-l-mafʿūl wa-l-muḍāf ilayhi fī naḥw qawlika : "ḍaraba Zayd ġulām ʿAmr" fa-innahu iḏā ḍamma awwalan wa-fataḥa ṯāniyan wa-kasara ṯāliṯan ḥaṣala laka al-farqu bi-alfāẓihi lā min ṭarīq al-maʿnā fa-innaka anta qad tudriku hāḏā al-maʿnā bi-ġayr lafẓ fa-dalla ʿalā anna al-iʿrāb huwa lafẓ al-ḥaraka*, ʿUkbarī, *Masāʾil*, p. 80). Sur cette même absence de lien de cause à effet entre sémantique et voyelles de flexion, cf. Versteegh, « A Dissenting Grammarian », p.171, 184 ainsi que Zaǧǧāǧī comme le note Guillaume, « Les discussions », p. 48. On se reportera par ailleurs, concernant cette question de l'utilité des cas et de leur capacité signifiante, à Kouloughli, « Une théorie opérationnaliste », p. 35-42.

l-naḥw, éd. Manuel Sartori, travail de doctorat sous la direction de Pierre Larcher, [inédit], 2012.

Zubaydī (al-), *Ṭabaqāt* = Muḥammad b. al-Ḥasan b. ʿUbayd Allāh b. Muḏaḥḥiğ Abū Bakr al-Zubaydī al-Andalusī al-Išbilī, *Ṭabaqāt al-naḥwiyyīn wa-l-luġawiyyīn*, éd. Muḥammad Abū al-Faḍl Ibrāhīm, Dār al-maʿārif, Le Caire, 2e éd., 1973.

ʿUkbarī (al-), *Masāʾil* = ʿAbd Allāh b. al-Ḥusayn b. ʿAbd Allāh Abū al-Baqāʾ Muḥibb al-Dīn al-ʿUkbarī al-Baġdādī, *Masāʾil ḫilāfiyya fī al-naḥw*, éd. ʿAbd Al-Fattāḥ Salīm, Maktabat al-ādāb, Le Caire, 3e éd., 2007.

Sources secondaires

al-Ani, Salman H., « The Linguistic Analysis and Rules of Pause in Arabic », dans Everhard Ditters et Harald Motzki (éd.), *Approaches to Arabic Linguistics: Presented to Kees Versteegh on the Occasion of His Sixtieth Birthday*, E. J. Brill, Leyde, 2007, p. 247-254.

Baalbaki, Ramzi, « A Contribution to the Study of Technical Terms in Early Arabic Grammar: the term *aṣl* in Sībawayhi's *Kitāb* », dans A. K. Irvine, R. B. Serjeant et G. R. Smith (éd.), *A Miscellany of Middle Eastern Articles in Memoriam Thomas Muir Johnstone 1924-83, Professor of Arabic in the University of London, 1970-1982.*, Longman, Harlow, 1988, p. 163-177.

—, « *'Iʿrāb* and *Bināʾ* from Linguistics Reality to Grammatical Theory », dans Kees Versteegh et Michael G. Carter (éd.), *Studies in the History of Arabic Grammar II, Proceedings of the 2nd Symposium on the History of Arabic Grammar, Nijmegen, 27 April-1 May 1987*, J. Benjamins, Amsterdam, 1990, p. 17-33.

Blau, Joshua, *A Handbook of Early Middle Arabic*, Max Schloessinger Memorial Foundation, Hebrew University of Jerusalem, Jérusalem, 2002.

Bohas, Georges, « Quelques aspects de l'argumentation et de l'explication chez les grammairiens arabes », *Arabica* 28, 1981, p. 204-221.

Bohas, Georges et Guillaume, Jean-Patrick, *Études des théories des grammairiens arabes*, Presses de l'Institut français de Damas, Damas, 1984.

Corriente, Federico C., « On the Functional Yield of Some Synthethic Devices in Arabic and Semitic Morphology », *JQR* 62/1, 1971, p. 20-50.

—, « Again on the Functional Yield of Some Synthetic Devices in Arabic and Semitic Morphology (A Reply to J. Blau) », *JQR* 64/2, 1973, p. 154-163.

Dévényi, Kinga, « *Muǧāwara*: a Crack in the Building of *iʿrāb* », *QSA* 5-6, 1988, p. 196-207.

Fleisch, Henri, « Note sur al-Astarābādhī », *HistLing* 1/2, 1974, p. 165-168.

—, « Iʿrāb », dans B. Lewis, V. L. Ménage, Ch. Pellat et † J. Schacht (éd.), *EncIsl (EI²)* III, E.J. Brill-Luzac & Co., Leyde-Londres, new edition, 13 tomes, 1986, p. 1248-1250.

Fück, Johann, [1950], *Arabīya. Untersuchungen zur arabischen Sprach- und Stilgeschichte, Abhandlunge der Sächsischen Akademie der Wissenschaften zu Leipzig, Philologisch-historische Klasse. Band 45. Helft I.*, Berlin, tr. fr. : J. Föck, *ʿArabīya. Recherches sur l'histoire de la langue et du style arabe*, Didier Paris, 1955.

Gilliot, Claude, *Exégèse, langue et théologie en Islam. L'exégèse coranique de Tabarī*, J. Vrin, Paris, 1990.

Gruntfest, Yaakov, « From the History of Semitic Linguistics in Europe: an Early Theory of Redundancy of Arabic Case-Endings », dans Kinga Dévényi et Tamás Iványi (éd.), *Proceedings of the Colloquium on Arabic Grammar, The Arabist*, Budapest Studies in Arabic 3-4, Budapest, 1991, p. 195-200.

Guillaume, Jean-Patrick, « Les discussions des grammairiens arabes à propos du sens des marques d'*iʿrāb* », *HEL* 20/2, 1998, p. 43-62.

Kahle, Paul, « The Arabic Readers of the Koran », *JNES* 8/2, 1949, p. 65-71.

—, [1947], *The Cairo Geniza*, Basil Blackwell, Oxford, 1959, 2nd ed.

Kouloughli, Djamel Eddine, « Une théorie opérationnaliste des cas de l'arabe est-elle possible ? », *HEL* 20/2, 1998, p. 35-42.

Langhade, Jacques, « Mentalité grammairienne et mentalité logicienne au IVe siècle », *ZAL* 15, 1985, p. 104-117.

Larcher, Pierre, « Quand, en arabe, on parlait de l'arabe… Essai sur la méthodologie de l'histoire des "métalangages arabes" (I) », *Arabica* 35, 1988, p. 117-142.

—, « Moyen arabe et arabe moyen », *Arabica* 48/4, 2001, p. 578-609.

—, « Arabe Préislamique – Arabe Coranique – Arabe Classique. Un *continuum* ? », *Die dunklen Anfänge: neue Forschungen zur Entstehung und frühen Geschichte des Islam. Karl-Heinz Ohlig, Gerd-R. Puin (Hg.). 2. Auflage*, Schiler, Berlin, 2006a, p. 248-265.

—, « Que nous apprend vraiment Muqaddasī de la situation de l'arabe au IVe/Xe siècle ? », *AnIsl* 40, 2006b, p. 53-69.

—, « Les origines de la grammaire arabe, selon la tradition : description, interprétation, discussion », dans Everhard Ditters et Harald Motzki (éd.), *Approaches to Arabic Linguistics, Presented to Kees Versteegh on the Occasion of His Sixtieth Birthday*, E. J. Brill, Leyde, 2007, p. 113-134.

—, « What is a *kalima* ? 'Astarābāḏī's Answer », version écrite de la communication au Primo Incontro di Linguistica Araba, Universita di Roma 3, 1-3 mars 2007, dans Giuliano Lancioni et Lidia Bettini (éd.), *The Word in Arabic, coll. "Studies in Semitic Languages and Linguistics"*, Brill, Leyde, 2011, p. 33-48.

Levin, Aryeh, « The Medieval Arabic Term *kalima* and the Modern Linguistic Term Morphem: Similarities and Differences », *Studies in Islamic History and Civilization in Honour of Professor David Ayalon*, E. J. Brill – Cana, Leyde – Jerusalem, 1986, p. 423-446.

—, « Kalima », dans Kees Versteegh, Mushira Eid, Alaa Elgibali, Manfred Woidich et Andrzej Zaborski (éd.), *Encyclopedia of Arabic Language and Linguistics*, E. J. Brill, Leyde, 2007, p. 545-548.

Levin, Saul, « The Correspondence Between Hebrew and Arabic Pausal Verb-Forms », *ZDMG* 131, 1981, p. 229-233.

Molina Rueda, Beatriz, « El *iʿrāb* en la lengua árabe: una interpretación de orden fonético », *Homenaje al Prof. Darío Cabanelas Rodríguez, O.F.M., con motivo de su LXX aniversario I*, Universidad de Granada, departamento de estudios semíticos, Grenade, 1987, p. 69-75.

Owens, Jonathan, « The Syntactic Basis of Arabic Word Classification », *Arabica* 36, 1989, p. 211-234.

—, « Case and Proto-Arabic (Part I) », *BSOAS* 61/1, 1998a, p. 51-73.

—, « Case and Proto-Arabic (Part II) », *BSOAS* 61/2, 1998b, p. 215-227.

Versteegh, C. H. M., « A Dissenting Grammarian: Quṭrub on Declension », dans Cornelius Henricus Maria Versteegh, Konrad Koerner et Hans-Josef Niederehe (éd.), *The History of Linguistics in the Near East, Amsterdam Studies in the Theory and History of Linguistic Science III – Studies in the History of Linguistics Volume 28*, J. Benjamins, Amsterdam, 1983, p. 167-193.

Versteegh, Kees, « The Development of Argumentation in Arabic Grammar: The Declension of the Dual and the Plural », *ZAL* 15, 1985, p. 152-173.

Weipert, Reinhard, « al-Astarābāḏī, Raḍī al-Dīn », *EncIsl (EI3)*, E. J. Brill, Leyde, 2009, p. 118.

DIFFUSION
Ventes directes et par correspondance

Au Caire
à l'IFAO,
37 rue al-Cheikh Ali Youssef (Mounira)
[B.P. Qasr al-'Ayni n° 11562]
11441 Le Caire (R.A.E.)
Fax: (20.2) 27 94 46 35
Tél.: (20.2) 27 97 16 00
http://www.ifao.egnet.net
Section Diffusion Vente →
Tél.: (20.2) 27 97 16 22
e-mail: ventes@ifao.egnet.net

En France
Vente en librairies
Diffusion: AFPU
Distribution: SODIS

Ministère de l'Enseignement supérieur et de la Recherche, Paris – Publication de l'Institut français d'archéologie orientale.
Dépôt légal : 2e semestre 2014 ; numéros d'éditeur et d'imprimeur 1097/1302

جيهان أحمد عمران*

وثائق الخزينة العامرة الإرسالية

في النصف الثاني من القرن الثاني عشر الهجري / الثامن عشر الميلادي

- الملخص

يتناول البحث دراسة العناصر الداخلية لخمس وثائق للخزينة الإرسالية العامرة المدونة بسجلات الديوان العالي بدار الوثائق القومية والتي تنحصر تواريخها في النصف الثاني من القرن ق١٢هـ/ ١٨م في الفترة (٥ ربيع الثاني ١١٥٤هـ) إلى (٦ شعبان ١١٨١هـ) والتي توضح رؤية تفصيلية عن مجلس انعقاد الديوان العالي لتسليم الخزينة إلى سردار الخزينة لإرسالها إلى السلطان العثماني في إسطنبول. وذلك من خلال الحاضرين للمجلس من كبار موظفي الديوان والروزنامجي المسؤول عن إملاء بيانات الخزينة والباشا العثماني المطلوب في زمن ولايته الخزينة والسنة الخراجية الواجب عنها إرسالها، مع بيان مبلغ إجمالي الخزينة بالأكياس المصرية، والمصروفات التي أنفقت منه موضحا بالجداول أوجه هذه المصروفات والمبلغ النقدي لكل منها، ثم تحديد المبلغ الباقي من الخزينة والمرسل إلى الباب العالي سواء المرسل منه نقداً أو على هيئة قطع من البُقج، أو على هيئة وصولات ذلك المبلغ الذي يتم تسليمه إلى سردار الخزينة خلال انعقاد المجلس وتعهده بتسلمه إلى الباب العالي وإحضار ما يشهد له بوصوله، كما يتضمن البحث نشر لإحدى وثائق الدراسة.

الكلمات المفتاحية : الوثائق العثمانية - وثائق الخزينة - الديوان العالي

* جيهان أحمد عمران ، أستاذ مساعد بكليه الآداب، جامعة القاهرة، jehanomran@gmail.com

✦ **ABSTRACT**

Jehan Ahmad Omran

Documents of the Treasury Sent to the Ottoman Sultan in the Second Half of the Twelfth Century H. / Eighteenth Century AD

The present study attempts to explore the internal characteristics of the treasury registers sent to the Ottoman Sultan in the second half of the twelfth century H. which are currently kept in the National Archives of Egypt. The registers, dating back to the period between 5 Rabīʿ II 1154 H. and 6 Šāʿbān 1181 H., give a detailed view of the procedures of holding al-Dīwān al-ʿālī (the administrative body in Egypt under the Ottoman rule). During the meeting, revenues are handed to the treasury Sirdar (the military official in charge of the treasury) who in turn sends them to the Ottoman Sultan. Members of the Dīwān include the Dīwān high officials, the Rūznāmǧī (the official in charge of registering the treasury revenues), the Ottoman Pasha (the Ottoman ruler of Egypt) who has to send the registers detailing the gross revenues calculated in Egyptian sacks (each equivalent to 2500 Egyptian silver coins), the expenses and the remainder to be sent whether in cash or *Buqǧas* (small bundles) or receipts. The Sirdar hands in the registers to the Ottoman Sultan and brings what confirms its being handed in. The study also includes a sample document.

Keywords: Ottoman Documents - Treasury Documents – al-Dīwān al-ʿālī

المقدمة

حرص باشوات مصر خلال فترة الحكم العثماني للبلاد على إرسال الخزينة العامرة إلى إسطنبول وهي ما تبقى من إيرادات المال الميري بعد إنفاق كل ما قرر السلطان العثماني إنفاقه منها، وقد بدأ باشوات مصر إرسالها بصورة منتظمة سنوياً منذ صدور قانون نامه مصر سنة (٩٣١هـ/ ١٥٢٥م) زمن السلطان سليمان القانوني١٢ شوال ٩٢٦- ٢٠ صفر ٩٧٤) الذي شهد عصره توسعات عسكرية كبيرة وإزدياد حاجة الخزينة السلطانية لإيرادات جديدة لمواجهة مصروفاتها، إلى أن وصل الصدر الأعظم إبراهيم باشا[1] والذي أمضى ثلاثة أشهر في القاهرة من (٧ جمادى الآخر ٩٣١) إلى (٢٢ شعبان ٩٣١) قضاها في سن القوانين وإعادة تنظيم مصر إدارياً ومالياً بما فيه مصلحة الرعية والخزينة، وفي تخصيص جزء من إيراداتها للخزينة السلطانية، وذلك من خلال قانون نامه والذي حوى تنظيم أحوال طائفة العمال والمباشرين أمام ناظر الأموال لضبط الحسابات المالية، وعدم التقصير في دفع خراج الأراضي لتحصيل الأموال السلطانية، وأن يعمل ناظر الأموال بما يراه أولى وأنفع في تحصيلها.[2]

وقد اعتمد إبراهيم باشا ما حسبه له ناظر الأموال - الدفتردار - فقرر أن يكون المبلغ الواجب دفعه للباب العالي من مصر عبارة عن ٨٠,٠٠٠ بندقيا مع خصم ما يلزم لمصاريف الإدارة[3]. هذا بالإضافة إلى ما حواه قانون نامه من تنظيم إجراءات نقل الغلال السلطانية المرسلة من العنابر الأميرية إلى إسطنبول، وأن يوجه أمير الأمراء في مصر اهتمامه بشؤون الخزينة بجانب أحوال الرعية[4].

أما عن السنوات السابقة لصدور قانون نامه ومنذ الفتح العثماني لمصر سنة ٩٢٣هـ نطرح حولها تساؤلاً هو هل كان خلال تلك السنوات توجد خزينة إرسالية مفروضة على مصر، ومرسل من إيراداتها إلى السلطان العثماني؟

وعن ذلك نرجع إلى كتابات ابن إياس[5]، والتي تبين أن الأمير خايربك المعين في ولاية مصر من قبل السلطان سليم في الفترة من (١٣ شعبان ٩٢٣) إلى (١٤ ذي القعدة ٩٢٨) قد حرص على إرسال تقدِمة في موكب حافل من مصر إلى إسطنبول يصحبها الدوادار - الأمير جانم الحمزاوي - وبصحبته مجموعة من الأمراء وأرباب الدولة والتي كانت تحوي أحمالاً من الهدايا والتحف التي تصلح للملوك، وهذه التقدِمة قد تم إرسالها في عدة سنوات بدايتها سنة ٩٢٤هـ والتي كانت تضم أحمالاً عليها مال من خراج مصر عن سنة ٩٢٣- وكما ذكر ابن اياس لم يعلم ما قدر ذلك - ثم أُرسلت تقدمة سنة ٩٢٦، وأخرى سنة ٩٢٧ قدرت بمبلغ يزيد عن ٢٠٠,٠٠٠ دينار. وبعد وفاة السلطان سليم حرص خايربك على استمرار إرسال هذه التقدِمة لابنه السلطان سليمان سنة ٩٢٨. هذا بجانب إيرادات الثغور المصرية التي خصصت لخزائن السلطان العثماني مضافاً لهذا - كما ذكر ابن اياس - الباقي من متحصل أجرة أشغال الناس بالمحاكم عن المجالس القضائية، والتي كانت توضع في صندوق برسم السلطان

١. ابن الوكيل، تحفة الأحباب، ص ١٠٩-١١٠.
٢. قانون نامه الذي أصدره السلطان القانوني لحكم مصر، ص ١-٧، ٤١-٤٤، ٥١-٥٨.
٣. أمين سامي، تقويم النيل، جـ ٢، ص ١٧ .
٤. قانون نامه، المصدر السابق، ص ٧٣.
٥. ابن اياس، بدائع الزهور، جـ ٥، ص ٢٦١، ٣٣٠، ٣٣١، ٣٨١، ٤١٠، ٤٣١، ٤٦٩.

سليمان ببيت المال – وإن كُتب في هامش أصل نص ابن اياس وبخط غير خط المؤلف أن ما كان يحصل من المحاكم كان يعطى للقاضي وللنواب وليس للسلطان العثماني.

يضاف لهذا ما سرده ابن زنبل[٦] في روايته عن سؤال الأمير خايربك للسلطان سليم فيما يتبقى من المال الميري فقال «المال الذي يتجمد ما أفعل به؟» فأجابه.. «إعط العساكر جوامكهم بالتمام من غير إسراف، وما بقي ضعه في بيت مال المسلمين لوقت الإحتياج إليه» وهذا يوضح لنا أن الأموال الموضوعة في بيت المال كانت تحت تصرف السلطان العثماني حتى يتمكن من الأخذ منها وقت الإحتياج.

فمن خلال كتابات كل من ابن اياس وابن زنبل نجد أن البدايات الأولى لإرسال الخزينة المفروضة على مصر كانت موجودة قبل صدور قانون نامه ولكنها لم تكن بصورة رسمية من قبل الباب العالي، ولم تحوِ في طياتها تحديداً لمقدار نقديتها، بل كانت تترك إلى اجتهاد وولاء والي مصر للسلطان ومدى حرصه على إرسال الهدايا والأموال من خراج مصر له حتى يضمن رضائه واستمرار بقائه في الولاية. ومن جانب آخر نجد حرص السلطان العثماني على قبول هذه التقدمة، وما يتم تحصيله من إيرادات مصر والمرسل للخزائن السلطانية لسد احتياجات الدولة العثمانية.

وقد كان إرسال أول خزينة إرسالية من مصر بعد صدور قانون نامه في عهد الوزير سليمان باشا الخادم الذي تولى ولاية مصر من (٢٢ شعبان ٩٣١/ ١٤ يونيه ١٥٢٤) إلى (٢ رجب ٩٤١/ ٧ يناير ١٥٣٥) والذي نُفذت النظم التي سنها الصدر الأعظم إبراهيم باشا بدقة في عهده. وظل مبلغ الإرسالية يرسل من إيرادات الخزينة المصرية إلى الدولة العثمانية طوال فترة العصر العثماني لمصر والذي كان بمثابة قيمة الإتاوة المفروضة على مصر للباب العالي[٧]. وخلال ق١٢هـ/ ١٨م ومع ازدياد نفوذ القوى المملوكية وتدخلها في شؤون الخزينة السلطانية، ومع ضعف الدولة العثمانية أصبح كبار الأمراء المماليك في مصر يقررون إرسال الخزينة أو عدم إرسالها للباب العالي حسب أهوائهم متعذرين بأعذار مختلفة. وقد أشار حسين أفندي الروزنامجي في إجابته عن خزنة السلطان بأن الباقي منه – بعد استقطاع ما يخصص لأمير الحاج وشريف مكة – فتارة تصرف في العمارات بحسب الإحتياج وتارة ترسل إلى السلطان العثماني[٨].

إلى أن توقف إرسال الخزينة في عهد الأمير علي بك الكبير (١١٨١هـ-١٧٦٧م/ ١١٨٦هـ-١٧٧٢م) الذي رفض إرسالها – وكما أشار استيف[٩]. ابتداءاً من سنة ١١٨٢هـ/ ١٧٦٨م وخلال السنوات ١١٨٣، ١١٨٤، ١١٨٥ بعد أن تمكن علي بك الكبير من طرد الباشا العثماني من الولاية ولم يسمح للباشوات العثمانيين بدخول مصر وذلك لحاجته الملحة إلى المال للصرف على الحروب والأعمال الداخلية. فكان آخر إرسال للخزينة سنة ١١٨١هـ[١٠] إلى أن أعاد الأمير محمد بك أبو الذهب (١١٨٧هـ-١٧٧٣م/ ١١٨٩هـ-١٧٧٥م) الإلتزام بدفع الخزينة وبادر بإرسالها عن السنوات الأربع التي امتنع سيده علي بك عن إرسالها[١١].

٦. ابن زنبل، آخرة المماليك، ص ٢٩٠.
٧. عمر طوسون، كتاب مالية مصر، ص ١١٥.
٨. حسين أفندي الروزنامجي، «مصر عند مفرق الطرق»، ص ١٥.
٩. استيف، «النظام المالي والإداري»، مج٥، جـ ٢، ص ٢٥٦-٢٦١.
١٠. الجبرتي، عجائب الآثار، جـ٣، ص ٣١٤.
١١. محمد رفعت رمضان، علي بك الكبير، ص ٨٧.

ثم واصل مراد بك وإبراهيم بك إرسال الخزينة سنة ١٢٠٥هـ واللذان حصلا من السلطان العثماني على خفض قيمة الخزينة وأدخلا السندات والأوراق التي تبين كل النفقات صحيحة كانت أم زائفة ضمن الأموال المرسلة والتي يريان ضرورة تحمل الخزينة لها[١٢].

وقد استمر إرسال مبلغ الخزينة المفروض على مصر في عهد الأسرة العلوية فأرسل محمد علي باشا سنة ١٨٣٣م مبلغا ضئيلا من إيرادات مصر قدر بمبلغ ١٢,٠٠٠ كيس مصري ومبلغاً آخر سنة ١٨٤١م بعد صدور فرمان يقضي بأن يؤول عرش مصر إلى أكبر أفراد الأسرة العلوية سناً. وفي هذه السنة تم تحديد المبلغ المرسل بمقدار ٨٠,٠٠٠ كيس عثماني. وفي سنة ١٨٦٦ تزايد المبلغ إلى ١٥٠,٠٠٠ كيس عثماني في عهد الخديوي إسماعيل والذي سعى إلى إصدار فرمان بأن يؤول العرش إلى أكبر أنجاله، ونجح في مسعاه واشترطت تركيا لذلك زيادة الجزية السنوية – كما ذكر الرافعي – من مبلغ ٤٠٠ ألف جنيه عثماني إلى ٧٥٠ ألف (٦٨١,٤٨٦ جنيه مصرى) – أي إلى ما يقرب الضعف، وهي زيادة تحملتها مصر بإستمرار من ذلك الحين إلى سنة ١٩١٤ وهي السنة التي زالت فيها السيادة العثمانية عن مصر، ولكن مصر تحملت هذه المبالغ بعد زوال هذه السيادة لأن الحكومة الخديوية قبلت تحويل الجزية إلى دائني تركيا وتعهدت بدفع أقساط ديونهم السنوية خصما من الجزية حتى سنة ١٩٥٥[١٣].

وكانت الخزينة ترسل من مصر إلى إسطنبول براً عن طريق الشام في احتفالية مهيبة[١٤] وضع ترتيباتها السلطان سليمان القانوني من خلال اختياره لواحد من الأربعة والعشرين بك في مصر يكون حاملا للقب «أمير أو صنجق الخزنة»[١٥]. تُسلم إليه الخزينة في موكب ضخم لسفرها وتسليمها إلى السلطان العثماني، ويتم تأمين هذا الموكب ببعثة عسكرية من قادة الفرق السبعة حتى وصولها سالمة، وذلك بعد أن ينتهي الروزنامجي من تجهيز المسكوكات – النقدية – والتي يتم فحصها وعدّها ووزنها بواسطة الصرافين والوزانين ووضعها في الصناديق المعدّة لها، وبعد الإنتهاء من تجهيز الدفاتر المالية التي تحوي البيانات المفصلة للخزينة يُخبر الباشا العثماني بانتهاء الحساب الختامي لإجمالي مبلغ الخزينة، وبعد تحديد المصروفات المستقطعة منها والمبلغ الباقي المرسل يعقد الديوان العالي اجتماعاً في صيوان أمير الخزنة يحضره الباشا وكتخداه وقاضي القضاة وموظفي المالية من الدفتردار والروزنامجي، وكبار موظفي الديوان وقادة الفرق العسكرية، وفي هذا الإجتماع يتم تسليم الخزينة إلى أميرها ويوقع الباشا والروزنامجي على الدفاتر المبينة بيانات الخزينة، وأثناء وضع صناديق نقدية الخزينة على ظهور الإبل المعدّة لحملها يخلع الباشا على أمير الخزنة خلعة من الفراء الأسود الفاخر، وأخرى على الروزنامجي أقل قيمة وتوزع القفاطين على قادة الحرس ويتم الإعلان ليلة يوم سفر الخزينة عن هذا الإحتفال بواسطة ألعاب نارية وإطلاق المدافع حتى لحظة رحيل أمير الخزينة للسفر.

١٢. استيف،«النظام المالي والإداري»، ص ٢٦١.

١٣. عبد الرحمن الرافعي، عصر إسماعيل، جـ١، ص ٨٠.

وبالرجوع إلى مفردات خزينة مصر سنة ١٨٧١-١٨٧٢ في عهد إسماعيل نجد أن ما تم تخصيصه من مصروفات لجزية الاستانة مبلغ ٦٥٨,٣٣٥ جنيه مصري.

١٤. أوليا جلبي، سياحتنامه مصر، ص ٥٢١-٢٥٢، استيف، «النظام المالي والإداري»، ص ٢٦٠-٢٦١.

١٥. الصنجق رتبة تمنح لشخص ما ويسمى في هذه الحالة «بك» ويمنح مرتبا سنويا وقد أوجد السلطان سليم الأول بمصر حين غزاها ٢٤ صنجقاً يتولون وظائف الدولة العامة وحكم الولايات. انظر: ابن الوكيل، تحفة الأحباب، ص ١٢٢.

وقد ظلت هذه الاحتفالية الرسمية لسفر الخزينة قائمة طوال العصر العثماني وإلى سنة ١١٨٠هـ/ ١٧٦٧م، وكما أشار الجبرتي «وهي آخر خزينة رأيناها سافرت إلى اسلامبول على الوضع القديم»[١٦] حيث أُبطل الإحتفال بإرسال الخزينة لما أصاب الدولة العثمانية من الوهن. ومن خلال وثائق محاضر جلسات الديوان العالي نجد أن آخر وثيقة تحوي اجتماع الديوان بالعادلية[١٧] لإرسال الخزينة مؤرخة في ٦ شعبان ١١٨١هـ، ولم ترد بعد هذا التاريخ وثائق تشير لاجتماع الديوان لإرسال الخزينة في سجل الديوان العالي في الفترة من (١١٧٧هـ/ ١٧٦٣م) إلى (١٢١٩هـ/ ١٨٠٤م).

وهنا تطرح تساؤلاً عن الكيفية التي كانت تُرسل بها الخزينة وخاصة بعد الوضع القديم الذي أشار إليه الجبرتي. هذا التساؤل قد أجاب عليه «استيف»[١٨] بأن الفترة السابقة لمجيء الحملة الفرنسية على مصر كانت مبالغ الخزينة لا ترسل إلى الباب العالي إلا إذا أرسل أحد الأغوات لتحصيلها، والذي كان يبعث مرة واحدة كل ثلاث سنوات لتحصيل المبالغ النقدية التي تراكمت عن هذه المدة، ولم يكن يصحب قدومه أو رحيله أي ضجيج ويتسلم من الباشا المبلغ المرسل في حضور قاضي القضاة على أن يتخذ الأغا بنفسه الوسائل التي تناسبه لتأمين عودته إلى إسطنبول[١٩].

وبجانب ما أشار إليه «استيف» عن كيفية إرسال الخزينة بعد عام ١١٨١هـ، ربما تكون هناك وسيلة أخرى وهي من خلال إبراء ذمة باشوات مصر عن المال المتأخر عليهم لجهة الميري، وذلك بدفعة للباب العالي كخزينة إرسالية لتسديد المبالغ المفروضة على الخزينة المصرية للسلطان العثماني، وهي ما وجدناه من خلال وثائق محاسبة الباشا العثماني المقيدة في محاضر جلسات الديوان العالي من سنة ١١٩٢هـ إلى ١٢٠٥هـ[٢٠] حيث تضمنت نصوصها إبراء ذمة الباشا الذي انتهت مدة ولايته لمصر وبعد محاسبته خلال اجتماع منعقد للديوان العالي بمكان سكنه وبإملاء الروزنامجي محدداً ما دخل في عهدة الباشا من المال الميري، و ما تبقى عليه لجهة ديوان الروزنامة والمكتتب به

١٦. الجبرتي، عجائب الآثار، حـ٣، ص ٣١٤.
١٧. العادلية هي أول محطة يستريح بها الخارجون من مصر إلى الشام والحجاز بطريق البر ويمثل مكانها اليوم المنطقة المحيطة بقبة العادل طومان باي (أثر رقم ٢ بتاريخ ٩٠٦هـ/ ١٥٠١م) لهذا سميت بالعادلية وكان السلطان العادل قد أقام بجوار القبة مجموعة إنشائية عظيمة تضم خانقاه للصوفية ومسجد وسبيل وخان عظيم به ٢٠٠ غرفة وسواقي وغيرها من المباني اندثر جميعها وبقيت القبة للآن وهي الواقعة على يسار المار في طريق صلاح سالم. انظر: ابن الوكيل، تحفة الأحباب، ص ١٢٢.
١٨. استيف، «النظام المالي والإداري»، ص ٢٦١.
١٩. عمر طوسون، كتاب مالية مصر، ص ١١٤.
٢٠. الوثائق التي تم الرجوع إليها عن محاسبة الباشا العثماني بالسجل رقم ٢ الديوان العالي وهي ما يلي:
- وثيقة رقم ٣٠٣، ص ٢١١- ٢١٢، ت ٢٨ جمادى الثاني ١١٩٢ (محاسبة عزت محمد باشا ١١٩٠-١١٩١).
- وثيقة رقم ٣٦٢، ص ٥٤٣-٥٤٤، ت ٢٩ شعبان ١١٩٦ (محاسبة محمد باشا ١١٩٥-١١٩٦).
- وثيقة رقم ٤٠٤، ص ٢٣٠-٢٣١، ت٢٧ صفر ١٢٠١ (محاسبة محمد باشا ١٢٠٠-١٢٠١) الذي تأخر في عهدته لجهة الميري مبلغ (٩٥٥) كيس و (٤,٧٥٩) نصف فضة بموجب تمسك ذمة عليه فتعهد محمد باشا بدفع هذا المبلغ للدولة العلية عن إرسالية الخزينة العامرة عن سنتي ١١٩٨ و١١٩٩ الخراجيتين لإبراء ذمته لجهة الميري.
- وثيقة رقم ٤١٧، ص ٢٥٥-٢٥٦، ت ١٣ شوال ١٢٠٥ (محاسبة إسماعيل باشا ١٢٠٣-١٢٠٥).
(لم تستطع الباحثة ضبط أرقام صفحات الوثائق جيداً لعدم ضبط ترقيم صفحات السجل).
وقد أشار «ابن الوكيل» عن محاسبة ولاة مصر نواب ال عثمان منهم من كان يدفع ما ظهر عليه من مال بغير حق قبل سفره إلى الديار الرومية مثل ما قام به الوزير إبراهيم باشا (١٠٨١-١٠٨٣هـ) ومن كان عليه أموالاً للأبواب السلطانية ولم يدفعها فيتم حبسه إلى أن يكتب عليه حجة بمعرفة الأمراء والصناجق والأغوات بالمبلغ النقدي ليؤديه للأبواب السلطانية كما حدث إلى ملك إبراهيم باشا (١٠٧١-١٠٧٤هـ) انظر: ابن الوكيل، تحفة الأحباب، ص ١٤٢، ١٥٠.

تمسك يحمل اسمه وختمه، وذلك عن عشور أصناف بهار، وحلوان قرى، وخلع عساكر وغير ذلك عن المدة الخراجية لفترة ولايته[٢١] يرد بنص الوثيقة تعهد من الباشا وإعتراف شرعي بدفع المبلغ المتأخر في ذمته إلى الدولة العليه عن إرسالية الخزينة العامرة وذلك عن بعض السنوات الخراجية المطلوب دفعها للخزينة لإبراء ذمته لجهة الميري من المال المتبقى عليها.

يتناول البحث دراسة تشمل على العناصر الداخلية لخمس وثائق للخزينة الإرسالية[٢٢] العامرة المدونة بسجلات الديوان العالي[٢٣] بدار الوثائق القومية والتي تنحصر تواريخها في ق١٢هـ/ ١٨م في الفترة من (٥ ربيع الثاني هـ/ ٢٠ يونيو ١٧٢١م) إلى (٦ شعبان ١١٨١هـ/ ٢٨ ديسمبر ١٧٦٧م) وتوضح رؤية تفصيلية عن انعقاد مجلس الديوان العالي لتسليم الخزنة العامرة إلى سردار الخزينة لإرسالها إلى السلطان العثماني في إسطنبول، وذلك من خلال الحاضرين لهذا المجلس من كبار موظفي الديوان والروزنامجي المسؤول عن إملاء بيانات الخزينة من الدفاتر المالية، وتحديد اسم الباشا العثماني المطلوبة في زمنه الخزينة، والسنة الخراجية الواجب إرسالها مع بيان مبلغ إجمالي الخزينة والمصروفات المستقطعة منه، وتحديد المبلغ الباقي من الخزينة سواء المرسل منه نقداً أو المرسل على هيئة وصولات لبعض الوزراء والأمراء المماليك والذي يتم تسليمه إلى سردار الخزينة خلال مجلس الديوان وفي حضور قادة الفرق العسكرية وتعهده بحمل الخزينة وحفظها وحراستها إلى أن يسلمها إلى من له ولاية تسلمها في إسطنبول، وأن يحضر سردار الخزينة ما يثبت بوصولها إلى الباب العالي.

ويتضمن البحث دراسة الأجزاء الداخلية للوثائق مع نشر نموذج منها تم اختياره لاحتوائه على ما يبين إرسال خزينتين معاً لسنتي ١١٧٦ و ١١٧٧ الخراجيتين المرسلتين سنة ١١٧٩ الهجرية، كما يحوي تفصيلاً دقيقاً للمفردات التي يتكون منها إجمالي مبلغ خزينة الإرساليتين بالإضافة إلى المصروفات المستقطعة من إجمالي المبلغ.

٢١. لمزيد من التفاصيل عن إيرادات الباشا العثماني وعوائده كما رتبها السلطان سليم انظر إجابة حسين أفندي الروزنامجي عن ذلك : محمد شفيق غربال، محمد علي الكبير، ص ٤٧.

٢٢. وثائق الدراسة هي ما يلي:
- الديوان العالي، سجل ١، وثيقة رقم ١٢، ص ٦-٧، ت ٥ ربيع الثاني ١١٥٤هـ/ ٢٠ يونيو ١٧٤١م
- الديوان العالي، سجل ١، وثيقة رقم ٥٦١، ص ٢٦٧، ت ١٨ جمادى الأول ١١٥٦هـ/ ١٠ يوليو ١٧٤٣م.
- الديوان العالي، سجل ١، وثيقة رقم ٦٦٥، ص ٣٠٧-٣٠٨، ت ١٨ جمادى الآخر ١١٥٧هـ/ ٢٩ يوليو ١٧٤٤م.
- الديوان العالي، سجل ٢،وثيقة رقم ٧٣، ص ٤٩-٥٠، ت ٣ رجب ١١٧٩هـ/ ١٦ ديسمبر ١٧٦٥م.
- الديوان العالي، سجل ٢، وثيقة رقم ١٥٢، ص ١١٢-١١٣-١١٤، ت ٦ شعبان ١١٨١هـ/ ٢٨ ديسمبر ١٧٦٧م.

٢٣. ما تبقى الآن من سجلات محاضر جلسات الديوان العالي يرجع إلى ق ١٨م فقط وهما:
- سجل رقم ١ من سنة (١١٥٤هـ/ ١٧٤١م) إلى (١١٥٧هـ/ ١٧٤٤م).
- سجل رقم ٢ من سنة (١١٧٧هـ/ ١٧٦٣م) إلى (١٢١٩هـ/ ١٨٠٤م).

دراسة الأجزاء الداخلية للوثائق

افتتاحية الوثائق

بدأت وثائق الدراسة بالمكان الذي عُقد فيه المجلس الشرعي لإرسال الخزينة إلى الباب العالي بالعادلية بمصر وبالتحديد في صيوان صاري عسكر الخزينة. وكما ورد في العبارة التالية «هو أنه بمجلس الشرع الشريف ومحفل الدين المنيف صانه المولى اللطيف عن التبديل والتحريف المعقود بالعادلية بمصر المحمية بصيوان صاري عسكر الخزينة العامرة»[٢٤].

الحاضرون المجلس الشرعي

كان يتشكل مجلس حضور إرسال الخزينة من أعضاء الديوان العالي وعلى رأسهم الباشا العثماني أو كتخداه باعتباره المسؤول عن تسليم أموال الخزينة إلى صاري عسكر لإرسالها إلى إستانبول وذلك في وجود قاضي القضاة أو نائبة بالإضافة إلى مجموعة من كبار موظفي الدولة الوارد ذكر أسمائهم من قابجي باشا، ودفتردار مصر، وسردار الخزينة، وشهر حوالة، والروزنامجي وبعض معاونيه من ثاني خليفة وكسدار وشاجرت الروزنامة. هذا بجانب حضور مجموعة من كبار الأمراء المماليك مثل زعيم مصر وحضور رؤساء الفرق العسكرية وبعض موظفي الديوان من الترجمان وكاتب الحوالة.

وذلك كما ورد في عبارة:

«لدى مولانا النائب بحضرة... وغيرهم ممن يطول ذكرهم»[٢٥].

«بمعرفة ... الوزير ومولانا قاضي الديوان... بحضرة... كل من ... وغيرهم ممن يطول ذكرهم دام توقيرهم أمين»[٢٦]

إملاء بيانات الخزينة

خلال انعقاد مجلس الديوان يتم املاء بيانات الخزينة الإرسالية بمعرفة الروزنامجي باعتباره رئيس وكبير أفندية الخزينة والمسؤول عن إدارة مالية مصر وتحصيل الأموال الأميرية وصرفها في مصارفها، فيقوم بتقديم البيانات المطلوبة عن تشهيل الخزينة المرسلة للباب العالي من واقع دفاتره المالية[٢٧].

٢٤. سجل ٢، وثيقة رقم ١٥٢، ص ١١٢، ت ٦ شعبان ١١٨١.
٢٥. سجل ١، وثيقة رقم ١٢، ص ٦، ت ٥ ربيع ثاني ١١٥٤.
٢٦. سجل ١، وثيقة رقم ٦٦٥، ص ٣٠٧، ت ١٨ جماد آخر ١١٥٧.
٢٧. لمزيد من التفاصيل عن مهام الروزنامجي انظر: حسين أفندي الروزنامجي، مصر عند مفرق الطرق، ص ٢٥- ٢٦.

ويتضح ذلك من خلال العبارة التالية:

«بعد أن تحرر بإملاء فخر أرباب الأقلام عمدة أصحاب الأرقام الفخام الأمير... الرزنامجي بالديوان العالي حالاً... التحرير والإملاء والبيان المرعيات»[٢٨].

وعندما يتقرر إرسال إرسالتيين معاً يقوم الروزنامجي بإملاء بيانات الإرسالية الثانية بعد الانتهاء من الإرسالية الأولى، وكما ورد في إرساليتي سنة ١١٧٦، ١١٧٧ الخراجيتين حيث تم إرسالهما معاً سنة ١١٧٩، وأيضاً إرساليتي سنة ١١٧٨، ١١٧٩ الخراجيتين سنة ١١٨١.

وكما ورد في العبارة التالية:

«بعد أن تحرر بإملاء فخر أرباب الأرقام... الأمير... الرزنامجي... وتحرر أيضاً بإملاء... الرزنامجي... الإملاء والبيان المرعيين»[٢٩].

ومن أسماء الروزنامجية الواردة في وثائق الدراسة كل من:

- عبد الله أفندي الذي أملى بيانات إرسالية سنة ١١٥٢ الخراجية المرسلة في سنة ١١٥٤هـ[٣٠].
- إبراهيم أفندي الذي أملى بيانات كل من إرسالية سنة ١١٥٤ الخراجية المرسلة في سنة ١١٥٦هـ.[٣١] وإرسالية سنة ١١٥٥ الخراجية المرسلة في سنة ١١٥٧هـ[٣٢].
- إسماعيل أفندي الذي أملى بيانات إرسالية سنة ١١٧٦ و ١١٧٧ الخراجيين المرسلتين سنة ١١٧٩هـ[٣٣]، وأيضاً بيانات إرساليتي سنة ١١٧٨ و ١١٧٩ الخراجيتين المرسلتين سنة ١١٨١هـ[٣٤].

الخزينة الإرسالية

وردت الإشارة إلى الأموال المرسلة إلى السلطان العثماني في إسطنبول بوثائق الدراسة بعبارة «الخزينة العامرة الإرسالية إلى الأبواب الشريفة الخنكارية خلد الله ملك مليكها إلى يوم الدين»[٣٥] أو «أن مال الخزينة الإرسالية لطرف السلطنة العلية»[٣٦].

٢٨. سجل ٢، وثيقة رقم ٦٦٥، ص ٣٠٧- ٣٠٨، ت ١٨ جماد آخر ١١٥٧.
٢٩. سجل ٢، وثيقة رقم ٧٣، ص ٤٩- ٥٠ ت ٣ رجب ١١٧٩ ورقم ١٥٢، ص ١١٢- ١١٣- ١١٤، ت ٦ شعبان ١١٨١.
٣٠. سجل ١،وثيقة رقم ١٢، ص ٦، ٧ ت ٥ ربيع ثاني ١١٥٤.
٣١. سجل ١، وثيقة رقم٥٦١، ص ٢٦٧، ت ١٨ جماد أول ١١٥٦.
٣٢. سجل ١، وثيقة رقم ٦٦٥، ص ٣٠٧، ت ١٨ جماد آخر ١١٥٧.
٣٣. سجل ١، وثيقة رقم٧٣، ص ٤٩- ٥٠، ت ٣ رجب ١١٧٩.
٣٤. سجل ٢، وثيقة رقم ١٥٢، ص ١١٢- ١١٣- ١١٤، ت ٦ شعبان ١١٨١.
٣٥. سجل ٢، وثيقة رقم ٢، ص ٦- ٧، ت ٥ ربيع ثاني ١١٥٤، ورقم ٥٦١،ص ٢٦٧، ت ١٨ جماد آخر ١١٥٦.
٣٦. سجل ٢، وثيقة رقم ٧٣، ص ٤٩، ت ٣ رجب ١١٧٩، ورقم ١٥٢، ص ١١٢، ت ٦ شعبان ١١٨١.

ثم وردت عبارات موضحة اسم الباشا العثماني المطلوبة في زمنه الإرسالية مع تحديد السنة الخراجية الواجبة عنها وذلك فيما يلى:

«المطلوبة في زمن تصرف مولانا الوزير ... محافظ مصر المحروسة سابقاً (المشار إليه) ([٣٧]) الواجب سنة... الخراجية»[٣٨].

وتشير أن ربط الخزينة الإرسالية بالشهور القبطية التي تبدأ من شهر توت (وهو يعادل شهر سبتمبر الميلادي) قد تم في ولاية إبراهيم باشا الوزير (١٠٨١-١٠٨٣هـ) [٣٩].

وفيما يلي جدول يبين من واقع الوثائق اسم كل من الباشا العثماني المطلوبة في زمنه الإرسالية واسم الباشا المرسلة في ولايته، والسنة الخراجية الواجب عنها الإرسال، والسنة الهجرية التي تم فيها إرسال الخزينة إلى الباب العالي.

الباشا المطلوبة في زمنه الإرسالية	الباشا المرسل في ولايته الإرسالية	السنة الخراجية	السنة الهجرية
سليمان باشا (١١٥٢-١١٥٣)	علي باشا (١١٥٣-١١٥٤)	١١٥٢	١١٥٤
يحيى باشا (١١٥٤-١١٥٦)	يحيى باشا	١١٥٤	١١٥٦
يحيى باشا	محمد باشا (١١٥٧-١١٥٩)	١١٥٥	١١٥٧
حسن باشا (١١٧٧-١١٧٩)	حمزة باشا (١١٧٩-١١٨٠)	١١٧٦ ١١٧٧	١١٧٩
حسن باشا حمزة باشا (١١٧٩-١١٨٠)	محمد باشا (١١٨١-١١٨٢)	١١٧٨ ١١٧٩	١١٨١

٣٧. سجل ٢، وثيقة رقم ١٥٢، ص ١١٢، ت ٦ شعبان ١١٨١.
٣٨. سجل ١، وثيقة رقم ٢، ص ٦- ٧، ت ٥ ربيع ثاني ١١٥٤.
٣٩. ابن الوكيل، تحفة الأحباب، ص ١٤٩.

مبلغ إجمالي الخزينة الإرسالية

قد ورد في وثائق الدراسة تحديد لمبلغ إجمالي الخزينة بالأكياس المصرية التي عبرة كل كيس خمسة وعشرين ألف نصف فضة وما يمكن أن يزيد عليها من أنصاف الفضة[٤٠]. كما ورد في عبارة: «جملتها من الأكياس المصرية التي عبرة كل كيس منها خمسة وعشرون ألف نصف فضة.. كيسا و (زيادة على ذلك) [٤١]... نصفاً فضة»[٤٢].

وعند صدور خط شريف من السلطان العثماني بإضافة مال جديد لزيادة المبلغ الإجمالي للخزينة يرد بنص الوثيقة المبلغ المحدد لهذا المضاف الجديد وسنة الإضافة، وكما ورد بنص الوثيقة مضاف جديد سنة ١١٥٥، ثم يرد إجمالي مبلغ الإرسالية مضافا إليه مبلغ المضاف الجديد. وكما ورد في النص التالي:

«جملتها من الأكياس المصرية... يضاف إلى ذلك مضاف مال جديد سنة (١١٥٥) ورد موجب خط همايون وقدره... كيساً و ... نصف فضة يكون جميعاً من الأكياس الموصوفة... كيس و ... نصفاً فضة»[٤٣].

والمال المضاف الجديد يقصد به تلك الزيادات التي كانت تفرض على أهم مصادر الدخل في مصر من أراضي وجمارك وكشوفية مناصب لمواجهة النقص الذي كان يظهر في إيرادات الخزينة الإرسالية. ونشير أن أول مضاف عرف في مصر كان مضافاً سنة ١٠٧٤هـ/ ١٦٦٤م خلال ولاية إبراهيم باشا (١٠٧١-١٠٧٤هـ) [٤٤] وكان أبرز تلك المضافات خلال ق١٢هـ مضاف سنة ١١٠٧هـ/ ١٦٩٥م أثناء ولاية إسماعيل باشا (١١٠٧-١١٠٩هـ) ومضاف سنة ١١٥٥هـ/ ١٧٤٢م أثناء ولاية يحيى باشا (١١٥٤-١١٥٦هـ) ومضاف سنة ١١٧٤هـ/ ١٧٦٠م لعله يكون أثناء ولاية مصطفى باشا (١١٧٣-١١٧٤هـ) أو أحمد باشا كامل (١١٧٤-١١٧٥هـ). وقد كان مقدار هذه الزيادة بإضافة مضاف صيفي بقيمة ألف نصف فضة على كل كيس نقدي يحوي خمسة وعشرين ألف نصف فضة من إيراد مصر لتكملة كسر الخزينة العامرة[٤٥].

ونشير إلى أن فرض هذه المضافات كان بمثابة نوع من الضرائب الإضافية على موارد مصر كالأراضي التي شكلت عبء على الفلاح المصري حتى عم تعبير «مال السلطان يخرج من بين الظفر واللحم»[٤٦] وما ذكره الرحاله التركي أوليا جلبي عن الأموال السلطانية التي تتكون من الدماء وتحصل بالدماء[٤٧].

٤٠. نصف فضة: نقد مصري قليل الثمن واختلف سعره باختلاف السنوات وقد عرف العثمانيون هذه العملة المصرية باسم "البارة" ونظراً لتضاؤل قيمة الأنصاف كانت توضع في أكياس تيسيراً لإجراءات العدد في عمليات البيع والشراء أو عند تحصيل الأموال الحكومية وكانت قيمة الكيس المصري ٢٥,٠٠٠ نصف فضة كما أن الألف قطعة من هذه الأنصاف كان يوضع في قراطيس ورقية وعرفت بعض الأنصاف الفضية بلفظ "ديواني" أي الكاملة انظر: أحمد السيد الصاوي، نقود مصر العثمانية، ص ٨٤-٨٨.

٤١. سجل ٢، وثيقة رقم ٧٣، ص ٤٩، ت ٣ رجب ١١٧٩.

٤٢. سجل ١، وثيقة رقم ١٢، ص ٦، ت ٥ ربيع ثاني ١١٥٤.

٤٣. سجل ١، وثيقة رقم ٦٦٥، ص ٣٠٧، ت ٨ جماد آخر ١١٥٧.

٤٤. إبراهيم باشا كان يعرف في مصر بشيطان إبراهيم وفي اسطنبول بملك إبراهيم باشا انظر: ابن الوكيل، تحفة الأحباب، ص ١٤٢-١٤٣.

٤٥. لمزيد من التفاصيل عن المضاف الجديد انظر: الدمرداشي، كتاب الدرة المصانة، ١٩٨٩، ص ٢٦، ٢٨؛ عبد الرحيم عبد الرحمن، الريف المصري، ص ١٢٧-١٢٨؛ ليلى عبد اللطيف، الإدارة في مصر، ص ٣٦٢.

٤٦. عبد الرحيم عبد الرحمن، الريف المصري، ص ١٢٧.

٤٧. أوليا جلبي، سياحتنامه مصر، ص ٥٢٢.

وفيما يلي جدول يوضح المبلغ الإجمالي للإرسالية في كل سنة من السنوات الخراجية الواردة في وثائق الدراسة، وما أضيف إليه من مال مضاف جديد محدداً سنة المضاف ومبلغه النقدي.

السنة الخراجية	إجمالي مبلغ الخزينة	
	نصف فضة	كيس
١١٥٢	١٩,٠٥٥	١٢٦٨
١١٥٤	١٩,٠٥٥	١٢٦٨
١١٥٥ + مضاف سنة ١١٥٥ ——— الإجمالي	١٩,٠٥٥ + ١٢,٨٩٣ ——— ٦,٩٤٨	١٢٦٨ + ١٤٦ ——— ١٤١٥
١١٧٦	٨,٥٩٠	١٨٠٢
١١٧٧	٣,٨٥٢	١٧٣٢
١١٧٨	٣,٥٢٨	١٨٥٢
١١٧٩	٧,٤٢٧	١٠٠٧

وبالرجوع إلى بعض دفاتر الروزنامة المتاحة بدار الوثائق المدون بها واردات ومصاريف الخزينة المصرية خلال ق١٢هـ والمدون بها أيضاً إجمالي مبلغ الإرسالية وبالتحديد دفتر واردات الخزينة لسنة ١١١١هـ[٤٨]، ودفتر مصاريف خزينة مصر لسنة ١١٣٦هـ[٤٩]، نجد أن إجمالي مبلغ الخزينة المدون في هذين الدفترين هو نفس الإجمالي المذكور في وثائق الدراسة خلال سنوات الإرسالية ١١٥٢، ١١٥٤، ١١٥٥ فربما كان مبلغ الخزينة بنفس مقداره خلال النصف الأول من ق ١٢هـ وهو (١٢٦٨) كيس وكسور (١٩,٠٥٥) نصف فضة إلا أنه سنة ١١٥٥ تم إضافة مضاف جديد لزيادة مبلغ الخزينة بمقدار (١٤٦) كيس وكسور (١٢,٨٩٣) نصف فضة، أما النصف الثاني من ق١٢هـ تعرض مبلغ الخزينة للزيادة والنقصان – وكما يتضح من وثائق الدراسة – كان أعلاها سنة ١١٧٨ وأدناها سنة ١١٧٩.

ونشير أن السنوات الأولى من العصر العثماني قد شهدت تعفف السلاطين العثمانيين عن قبول أي زيادة في الأموال المرسلة إليهم من الخزينة المصرية، ويتضح ذلك من رواية ابن زنبل الرمال عن ضبط الأموال المرسلة إلى إسطنبول بعد صدور قانون نامه مصر وحرص السلطان سليمان القانوني على ألا يزيد المال المرسل عن ثمانية أحمال، وعندما

٤٨. دفتر واردات إلى الخزينة العامرة من أقلام ١١١١هـ محاسبة (كود ١٤٤٣٧-٣٠٠١) انظر: لوحة رقم (١).
٤٩. دفتر إيرادات ومصاريف مصر في زمان دستور محمد باشا من أول توت الواقعة في ٢٠ الحجة ١١٣٦ محاسبة (كود ٠١٤٤٣٩-٣٠٠١) انظر: لوحة رقم (٢).

وصل عددها إلى إثنى عشر في عهد خسرو باشا والي مصر (٩٤١هـ/ ١٥٣٥م-٩٤٣هـ/ ١٥٣٦م) لم يقبل السلطان سليمان الأربعة أحمال الزائدة وأبقاها على باب الديوان مدة شهر خشية أن تكون قد أُخذت من اربابها بالظلم، ولم يدخلها في خزانته وأمر بصرفها في أمور أخرى[٥٠].

مفردات الخزينة الإرسالية ومبلغ كل منها

ورد في بعض وثائق الدراسة وخاصة التي ترجع لأواخر ق١٢هـ/ ١٨م عن مال الخزينة في السنوات ١١٧٦، ١١٧٧، ١١٧٨ الخراجية تحديداً للمفردات التي تتكون منها هذه الأموال، وهذا التحديد يمكن أن نعتبره نموذجاً أكثر تطوراً وتفصيلاً في صياغة نص الوثيقة عن تلك الفترة التي سبقتها ولم يرد بها تدوين لعناصر مفردات إجمالي الخزينة في نص الوثيقة حيث اكتفى فيها بإجمالي الخزينة فقط وهذا التفصيل يعطي لنا صورة أكثر دقة وتوضيحاً لموارد وعناصر الإيرادات التي تكونت منها الخزينة العامرة – وفقاً لنصوص الوثائق – عن هذه الفترة وبالتحديد في السنوات ١١٧٦، ١١٧٧، ١١٧٨ الخراجية.

هذا التحديد لمفردات الخزينة قد ورد أكثر تفصيلا في سنتي ١١٧٦، ١١٧٧ الخراجيتين[٥١] على النحو التالى: «عن ثمن معتاد قديم ومستجد» وهو ما يمثل المقدار المحصل والمقرر للسلطان العثماني من المال الميري في مصر، ويليه مال المضاف الجديد محدداً سنة اضافته يلي ذلك الفائض المتبقى من بعض إيرادات ومصروفات مالية مصر عن السنة الخراجية المرسل عنها، وهو ما تبقى من «مال الجوالي» وهي عبارة عن الأموال التي قد فرضت على أهل الذمة والتي كانت تخصص إيراداتها لمصاريف متعددة في مصر والباقي كان لمصلحة الباشا العثماني وظل ذلك إلى أن وضع السلطان محمود الأول سنة ١١٤٧هـ/ ١٧٣٥م نظاما جعل من خلاله فائض أموال الجوالي لمصلحة الخزينة السلطانية[٥٢]. هذا بجانب ما تبقى من مصروفات فرقة جوليان. إضافة إلى ما تبقى مما كان مخصصا لأجرة السفن والأحمال لنقل غلال الحرمين مع تحديد السنة المتبقى عنها هذا المال. مضافا لهذه المفردات ما كان يرسل للخزينة السلطانية من أموال مرتجعة كالتي كانت في ذمم بعض الباشوات المتوفين – مع تحديد اسم الباشا – والتي اعتبرت جزءاً من عناصر إرسالية سنة ١١٧٦ الخراجية دون سنة ١١٧٧ الخراجية.

أما خزينة إرسالية سنة ١١٧٨ الخراجية[٥٣] فقد جاءت عناصر مفرداتها مجملة في عنصرين: الأول عن «معتاد ومستجد ومضاف» دون تحديد سنة مال المضاف – وإن كان من المرجح أنه مضاف سنة ١١٧٤ – والثاني يشتمل على «مرتجع نولون وأجره شتران غلال الحرمين» محدداً السنة المطلوب عنها.

٥٠. ابن زنبل، آخرة المماليك، ص ٢٩١.
٥١. سجل ٢، وثيقة رقم ٧٣، ص ٤٩- ٥٠، ت ٣ رجب ١١٧٩.
٥٢. عبد الحميد سليمان، تاريخ الموانئ المصرية، ص ٢٠٢-٢٠٣.
٥٣. سجل ٢، وثيقة رقم ١٥٢، ص ١١٢- ١١٣- ١١٤، ت ٦ شعبان ١١٨١.

ويتضح ذلك من خلال النصين التاليين:

«إن مال الخزينة الإرسالية لطرف السلطنة العلية... عن معتاد ومستجد ومضاف جديد في سنة (١١٧٤) وبقية مصرف جوليان وبقية النولون وأجره شتران غلال الحرمين عن سنة (١١٧٤) ومال الجوالي عن سنة (١١٧٦) ومرتجع ذمة المرحوم أبو بكر باشا محافظ مصر»[٥٤].

«إن مال الخزينة الإرسالية لطرف السلطنة العلية ... عن معتاد قديم ومستجد ومضاف وعن مرتجع نولون وأجرة شتران غلال الحرمين الشريفين إلى غاية سنة (١١٧٩)»[٥٥].

وقد ورد بنص الوثائق تحديد مبلغ كل عنصر من عناصر مفردات الخزينة بعد تحديد إجمالي مبلغ الخزينة وفيما يلي جدول يبين المبلغ المخصص لعناصر الإرسالية الواردة تفصيلاً وإجمالاً في وثائق الدراسة.

عناصر الإرسالية	سنة ١١٧٦ الخراجية		سنة ١١٧٧ الخراجية		سنة ١١٧٨ الخراجية	
	نصف فضة	كيس	نصف فضة	كيس	نصف فضة	كيس
ثمن معتاد وقديم ومستجد	٦,٩٤٨	١٤١٥	٦,٩٤٨	١٤١٥	٢١,٧٤٢	١٥٦٩
مضاف جديد سنة ١١٧٤	–	١٥٠	–	١٥٠		
بقية مصرف جوليان	١٤,٧٩٤	٤	١٤,٧٩٤	٤[٥٦]		
مال الجوالي	١٧,١١٠	٦٢[٥٧]	١٧,١١٠	٦٢[٥٨]		
بقية النولون وأجرة شتران غلال الحرمين	١٩,٧٣٨	١٣٧[٥٩]	١٥,٠٠٠	٩٩[٦٠]	٦,٧٨٦	٢٨٢[٦١]
مرتجع ذمة أبو بكر باشا	–	٣٢				
إجمالي (مبلغ الخزينة)	٨,٥٩٠	١٨٠٢	٣,٨٥٢	١٧٣٢	٣,٥٢٨	١٨٥٢

ومن خلال عناصر مفردات الخزينة الواردة في بعض وثائق الدراسة نجد أن أحد عناصرها كان مبلغ «مضاف جديد» والذي أصبح يشكل جزءاً أساسياً من عناصر الخزينة في أواخر النصف الثاني من ق ١٢هـ/ ١٨م بمقداره الثابت (١٥٠) كيس عن مضاف سنة ١١٧٤ بعد أن كان هذا المضاف مضافاً لإجمالي مبلغ الخزينة كما ورد في إرسالية سنة ١١٥٥ الخراجية والتي أضيف إلى إجمالي مبلغها «مضاف جديد سنة ١١٥٥» بمقدار (١٤٦) كيس وكسور (١٢,٨٩٣) نصف فضة.

٥٤. الصيغة الخاصة بمفردات خزينة سنة ١١٧٦ سجل ٢، وثيقة رقم ٧٣، ص ٤٩- ٥٠، ت ٥ رجب ١١٧٩.
٥٥. الصيغة الخاصة بمفردات خزينة سنة ١١٧٨، سجل ٢، وثيقة رقم ١٥٢، ص ١١٢- ١١٣-١١٤، ت ٦ شعبان ١١٨١.
٥٦. عن سنة ١١٧٧.
٥٧. عن سنة ١١٧٦.
٥٨. عن سنة ١١٧٦.
٥٩. عن سنة ١١٧٤.
٦٠. عن سنة ١١٧٥.
٦١. عن سنة ١١٧٩.

ومما سبق يتضح أن هذا النوع من الضرائب الجديدة والمفروضة على مصادر الدخل لإكمال العجز في الخزينة الإرسالية قد أصبح بمرور السنوات خلال ق١٢هـ/١٨م جزءاً أساسياً من المال السلطاني مما انعكس سلباً على الفلاح المصري والملتزمين وأثقل كاهلهم بالأعباء المالية وذلك بجانب المال الميري المفروض عليهم مما دفع الفلاحين إلى هجر قراهم وعجز الملتزمين عن سداد أموالهم الأميرية وضياع هيبتهم لدى الإدارة مما كان سبباً في انهيار نظام الإلتزام في نهاية ق ١٨م[٦٢].

أما عن «بقية مصرف جوليان»[٦٣] والذي شكل أحد عناصر خزينة إرساليتي ١١٧٦، ١١٧٧ الخراجيتين – وكما توضح الوثائق – أنه كان مبلغاً مضافاً إلى المبلغ الباقي من الخزينة الإرسالية خلال سنوات ١١٥٢، ١١٥٥،١١٥٤ الخراجية وبنفس مقداره النقدي (٤) أكياس و (١٤,٧٩٤) نصف فضة ثم أصبح بمرور السنوات جزءاً من عناصر الخزينة.

المصروفات

ورد بوثائق الدراسة تفصيل دقيق لأوجه المصروفات التي أُنفقت من إجمالي مبلغ الخزينة والتي وردت بعد العبارات التي تؤكد إنها أُنفقت بناءاً على أوامر وفرمانات وخطوط شريفة من السلطان العثماني، أو من خلال أوامر وبيورلديات الباشا العثماني في مصر مع تحديد إجمالي مبلغ المصروفات.

ويتضح ذلك من العبارة التالية:

«منها المصاريف بموجب خطوط همايون شريفة وأوامر منيفة وفرمانات وبيورلديات حضرة مولانا.. كيس وكسور.. نصفاً فضة بيان ذلك ما هو ... وما هو ... باقي المصاريف المذكورة أعلاه».[٦٤]

وقد أوضح كل من حسين أفندي الروزنامجي واستيف[٦٥] عن مصروفات الخزينة الإرسالية أن ما تقرر إنفاقه من مبلغ الخزينة هو ما أمرت الحكومة العثمانية بخصم نفقة إضافية منه كالزيادة في مقررات الحج والحرمين، وهذا ما وجدناه بوضوح في وثائق الدراسة عن تلك الزيادات التي رصدت في ما يخص الحرمين من مساعدات لأمير الحاج وكسوة شريفة وشراء الشمع والسفن، ونقل الغلال وغيرها من الاحتياجات «بموجب خط شريف»[٦٦].

٦٢. لمزيد من التفاصيل عن أحوال الفلاح والملتزمين في ق ١٨م انظر: عبد الرحيم عبد الرحمن، الريف المصري، ص ١٣٩-١٤٣.

٦٣. فرقة جوليان: كان أفراد هذه الفرقة من الفرسان الذين اشتركوا مع السلطان سليم الأول في فتح مصر وكانت مهمتهم توطيد الأمن في الأقاليم، وإذا عرض إحلال مكان أحد عن هذه الطائفة – أو سائر الطوائف الأخرى – فينبغي ذكر سبب الإبدال ورقم البلوك بالشرح والتفصيل. وأن الأشخاص الذين يرسلون مكان هؤلاء ينبغي تسجيلهم في دفاتر الأبواب العالية كل في مكان محلوله وفي نفس بلوكه. انظر: قانون نامه، الذي أصدره السلطان القانوني، ص ٩-١٢.

٦٤. سجل ١، وثيقة رقم ١٢، ص ٦- ٧، ت ٥ ربيع ثاني ١١٥٤ ورقم ١٥٦، ص ٢٦٧، ت ١٨ جماد آخر ١١٥٦.

٦٥. حسين أفندي الروزنامجي، «مصر عند مفترق الطرق»، ص ١٥؛ استيف، «النظام المالي و الإداري»، ص ٢٥٧-٢٥٩.

٦٦. سجل ٢، وثيقة رقم ٧٣، ص ٤٩-٥٠، ت ٣ رجب ١١٧٩.

وأحياناً يكون ما يتم إنفاقه بأمر من الباشا العثماني من أجل تسديد عجز في الأبواب المقررة للخزينة الميري أو لمواجهة طلب في انفاقات ملحة وغير متوقعة والتي يقرر الباشا أنها تقع على عاتق السلطان العثماني، وكما ورد في ما خصص لدية عربان حرب «بموجب بيولدي حسين باشا»[٦٧].

كما أشار كل من حسين أفندي واستيف أن استقطاع هذه المصروفات من الخزينة لم يكن قاصراً على سلطة السلطان أو الباشا العثماني بل كان أيضاً للبكوات المماليك وشيخ البلد دوراً في ق١٨م وذلك من خلال وضع أيديهم على الأموال المقررة للخزينة السلطانية متعذرين بأعذار مختلفة، وكذلك بقوة سلطتهم في استصدار فرمانات من السلطان العثماني للإنفاق على مصروفات لمنفعتهم الخاصة، وتحميل الخزينة الإرسالية العديد من الإنفاقات التي كانت تخصم من المال الميري. ويتضح ذلك من خلال ما رصدته لنا الوثائق عن تلك المصروفات المتعددة التي خصصت للسدود والجسور والقناطر وكذلك في شراء السفن والخلع والذخيرة وإيجار السفن المطلوبة لنقل الغلال المرسلة إلى الحرمين وغيرها من أوجه المصروفات التي اختلفت من إرسالية لأخرى.

وفيما يلي جدول يوضح جملة مبلغ المصروفات الواردة في كل سنة من السنوات الخراجية المستقطعة من إجمالي مبلغ الخزينة.

السنة الخراجية	إجمالي مبلغ المصروفات	
	نصف فضة	كيس
١١٥٢	٤,٨٧٥	٥٩٨
١١٥٤	١٦,٤٢٧	٧٦٦
١١٥٥	٨,٧٤٣	٦٣٩
١١٧٦	١٤,٩٩٧	١٣٨٣
١١٧٧	٢٢,٣٣٧	١٠١٩
١١٧٨	٢٤,٦١٥	٨٧٣
١١٧٩	١٣,١٩٩	١٦٨

أوجه المصروفات المتنوعة والتكلفة المخصصة لكل منها

من خلال أوجه المصروفات المتنوعة والتي تم استقطاعها من إجمالي مبلغ الخزينة عن السنوات الخراجية الواردة بوثائق الدراسة نجد أنها تنقسم إلى مصروفات دائمة في جميع السنوات – عدا سنة ١١٧٩[٦٨] – وأخرى غير دائمة وثالثها مصروفات وردت في عام واحد فقط ونتناول كل من هذه المصروفات على حده.

٦٧. سجل ٢، وثيقة رقم ١٥٢، ص ١١٢– ١١٣– ١١٤، ت ٦ شعبان ١١٨١.
٦٨. إن المصاريف الواردة في إرسالية سنة ١١٧٩ الخراجية لم يزد عددها عن خمسة عناصر فقط.

المصروفات الدائمة

وهي عبارة عن المصروفات التي كانت تنفق في أوجه متعددة مثل المرتبات التي كانت تصرف لعساكر جمليان محافظين مكة والمدينة، وساليانات قابودان بندر السويس[٦٩] وكذلك في الإنعامات كالتي كانت تمنح لشيخ الحرم النبوي وأمير ينبع، وكذلك التي كانت تنفق أيضاً في المساعدات كالتي خصصت للكسوة الشريفة، ولأمير الحاج[٧٠]، وكذلك لشراء شمع سكندري للحرمين، ولأجرة نقل غلال الحرمين هذا بالإضافة إلى ما خصص للكلار السلطاني عن ثمن سكر وأرز وعدس[٧١]. وكذلك لشراء مواد بياض «اسبوتي»[٧٢] للسفن وما كان يخصص لتعمير قلعة مويلح(٧٣) لراحة الحجاج، وفي تنظيف السواقي الميري[٧٤] بمصر القديمة لجريان الماء ووصولها إلى القلعة.

وفيما يلي جدول يوضح المصروفات الدائمة في سنوات الإرسالية ومبلغ كل منها.

٦٩. ساليانات قابودان بندر السويس: المرتبات السنوية التي كانت تصرف من الخزينة إلى قبودان ميناء السويس المسؤول على حماية شاطئ البحر الأحمر والذي كان عليه تقديم مائتي سفينة لحمل الغلال المسافرة بين السويس وموانئ الحجاز، وكان يحصل على مبالغ إضافية من الخزينة لهذا الغرض بجانب ما يحصل عليه من مرتب سنوي من خزينة مصر ومرتبات عينية وعليق. انظر: الدمرداشي، كتاب الدرة المصانة، ص ٤٧.

٧٠. مساعدة أمير الحاج: مبلغ بمثابة إعانة تعطى لأمير الحاج في ازدياد بسبب ارتفاع الأسعار الذي كان يطرد عاماً بعد عام. انظر: الرشيدي، حسن الصفا والابتهاج، ص ٢٣.

٧١. الكلار السلطاني: تلك الامدادات السنوية التي كانت ترسلها مصر إلى السلطنة العثمانية، وتسمى مون ومواد من الخزينة الإرسالية إلى المطابخ العامرة والكلار السلطاني باسطنبول، والتي كانت من اختصاص موظف يسمى «وكيل الخرج السلطاني» مرسل من اسطنبول وفي ق١٨م تولى هذه الوظيفة الدفتردار ويقوم بتجميع الأرز والعدس والسكر وغيرها كضرائب على الأراضي الزراعية من المنتجين أو يقوم بشرائها بتمويل من الخزينة المصرية أو من ميزانية الإرسالية ومن أهم المنتجات المرسلة للسلطان من مصر الأرز والعدس والسكر وغيرها مثل الأشربة والقهوة والصقور. فقد كان يتم جمع ١٥٠,٠٠٠ أردب أرز و ٢٠٠٠ قفص سكر و ٢٠٠,٠٠٠ أردب عدس.

لمزيد من التفاصيل عن الامدادات المرسلة إلى الكلار السلطاني انظر دانيال كريسيليوس وحمزة عبد العزيز، «شحنة غلال مصرية»، ص ١١-٢٥.

٧٢. اسبوتي: لعلها تكون من الكلمة «سباتي» الإيطالية لون ألوان ورق اللعب وهو ما يسمى بالانكليزية «Spade» وبالفرنسية «pique»، انظر: انيس فريحة، معجم الألفاظ العامية، ص ٧٩.

٧٣. قلعة مويلح: تقع على شاطئ البحر الأحمر إلى الجنوب من المويلح وهي قلعة حصينة أنشأها السلطان سليم يحرسها بعض الجند الانكشارية لحمايتها وحراسة طريق الحاج وكانت الخزينة المصرية في العصر العثماني تتكفل بتغطية مصروفات رجال الحرس لتلك القلعة. كما كانت تخصص لها مبالغ من الخزينة الإرسالية لشراء مؤن وامدادات، انظر: الرشيدي، حسن الصفا و الإبتهاج، ص ٤٢.

٧٤. السواقي الميري بمصر القديمة: وهي السواقي السلطانية التي كانت تخدم الحكام ورجال الدولة وهي سواقي حكومية ذات ملكية عامة وليست ملكاً لحاكم معين أو ورثة وكان يخصص لها من الأموال السلطانية سنويا لمزيد من التفاصيل، انظر: أوليا چلبي، سياحتنامه مصر، ص ٤٠١-٤٠٢؛ جيهان أحمد عمران، «وثيقة كشف على السواقي والمجرى السلطاني»، ص ١.

م	المصروفات الدائمة	١١٥٢		١١٥٤		١١٥٥		١١٧٦		١١٧٧		١١٧٨	
		نصف فضة	كيس	نصف فضة	كيس	نصف فضة	كيس	نصف فضة	كيس	نصف فضة	كيس	نصف فضة	كيس
١	عساكر جمليان محافظين مكة وجده	١٦,٥٢١	٢٢	١٦,٥٢١	٢٢	١٦,٥٢١	٢٢	١٦,٥٢١	٢٢	١٦,٥٢١	٢٢	١٦,٥٢١	٢٢
٢	الكلار العامرة عن ثمن أرز وسكر وعدس	٦٥	٦٦	٦٥	٦٦	٦٥	٦٦	٦٥	٦٦	٦٥	٦٦	٦٥	٦٦
٣	ساليانات قبودان بندر سويس	-	١٦	-	١٦	-	١٦	-	١٦	-	١٦	-	١٦
٤	إنعام شيخ الحرم النبوي	-	٨	-	٨	-	٨	-	٨	-	٨	-	٨
٥	إنعام شريف عبد المعين أمير ينبع	٥,٠٠٠	٧	٥,٠٠٠	٧	٥,٠٠٠	٧	٥,٠٠٠	٧	٥,٠٠٠	٧	٥,٠٠٠	٧
٦	مساعدة كسوة شريفة مع زيادة أسعار	-	٤	٢٠,٠٠٠	٤	٣,٤٩٠	٦	٥,٩٥٠	٨	٦,٠٧٤	٨	٢٢,٠٤٥	٩
٧	مساعدة أمير الحاج الشريف	-	٥٠	-	١٣٠	-	١٥٠	-	١٦٠	-	١٩٠	-	٤٠٠
٨	زيادة أجرة شتران غلال الحرمين	٢٣,٩٣٤	٩	٢٣,٩٣٤	٩	٢٣,٩٣٤	٩	٥,٠٥٣	٣١	٥,٠٥٣	٣١	-	-
٩	زيادة شمع سكندري إلى الحرمين	٥,٠٠٠	١	٨,٠٠٦	١	١٨,٩٦١	٢	١٠,٦٢٣	٢	١٠,٦٢٣	٢	١٠,٦٢٣	٢
١٠	بهاي اسبوتي بياض مع مصاريف	٢٤,٢٢٠	١٤	٨,٦٢٠	٢٠	-	-	٥,٣٥٠	٢٨	٥,٣٥٠	٢٨	٥,٣٥٠	٢٨
١١	مهمات تعمير ومصاريف قلعة مويلح	١١,٨٧٦	٢٨	٧,٤٤٢	٧	٩,٠٣٩	١٣	٥,٤٤٠	٧	٥,٤٤٠	٧	٥,٤٤٠	٧
١٢	في تنظيف سواقي ميري در مصر قديمة	٤,٠٠٠	-	٤,٠٠٠	-	٤,٠٠٠	-	٤,٠٠٠	-	٤,٠٠٠	-	٤,٠٠٠	-

ومن خلال تتبعنا للمبالغ المخصصة لهذه المصروفات الدائمة نجد أن العديد من تلك المبالغ ظل ثابتاً خلال سنوات الإرسالية مثل ما خصص لعساكر جمليان مكة وجدة، وللكلار السلطاني، ومرتبات در بندر سويس وإنعام كل من شيخ الحرم النبوي وأمير ينبع. ومنها ما زاد مبلغه من عام لآخر نتيجة لزيادة الأسعار كالمصروفات التي خصصت للكسوة الشريفة والتي كانت تعد في مصر وتصنع في أبهى أشكالها فزاد المبلغ المخصص لها من (٤) أكياس سنة ١١٥٢ إلى (٩) أكياس سنة ١١٧٨. وأيضاً زادت مساعدات أمير الحاج من (٥٠) كيساً إلى (٤٠٠) كيس هذا بالإضافة إلى الزيادة التي خصصت لأجرة نقل غلال الحرمين، ولشراء الشمع السكندري.

هذه المصروفات وما طرأ على بعضها من زيادة سنوية تُعطي لنا دلالة على سخاء العطاءات التي كانت تمنحها الدولة العثمانية للحرمين وعدم التقصير نحو الأماكن المقدسة. ويتضح ذلك من خلال مقارنة بين مخصصات الكلار السلطاني وثبات مقدارها خلال الأعوام من ١١٥٢ إلى ١١٧٨ في حين نجد تزايد ما خصص لمصروفات الحرمين بشكل ملحوظ ومستمر يواكب زيادة الأسعار والاستهلاك.

وأخيراً نرصد ملاحظاتنا فيما خصص من إنفاقات لتعمير قلعة مويلح لخدمة الحجاج والتي اختلفت نقديتها من عام لآخر وإن كان أعلاها سنة ١١٥٢ (٢٨) كيساً ثم تباين المبلغ بين (١٣) و (٧) أكياس تبعاً لإحتياج القلعة من مهمات وتعمير.

المصروفات غير الدائمة

هي تلك المصروفات الواردة بوثائق الدراسة بصورة غير دائمة خلال سنوات الإرسالية منها ما ورد في أكثر من ثلاث سنوات ومنها ما ورد في سنتين فقط وقد تباين المبلغ المخصص لها زيادة ونقصاناً من إرسالية لأخرى ويتضح ذلك فيما يلي:

من المصروفات التي زاد المبلغ المخصص لها: ما صرف في تعمير سفاين در بندر سويس الواردة في السنوات ١١٥٢، ١١٥٤، ١١٥٥ والتي زاد مبلغها من (٩) إلى (٥٠) كيساً وكذلك زيادة ما خصص لتعمير قلعتي عجرود[٧٥] ونخل[٧٦] في السنوات ١١٥٤، ١١٥٥، ١١٧٦ من (٣) إلى (٩) إلى (١٢) كيساً.

ومن المصروفات التي انخفض المبلغ المخصص لها: ما صرف في جراية سفن لأهالي الحرمين وعربان حرب[٧٧] خلال السنوات ١١٥٢ ومن سنة ١١٧٦ إلى ١١٧٩ والتي نقص مبلغها من (٢٨) كيساً إلى كيس واحد بعدما كانت زيادته في بعض السنوات السابقة تصل إلى (١٦٩) كيساً.

٧٥. قلعة عجرود: في الطريق بين السويس والقاهرة. وقد أصلح بناؤها سليم الأول وأعيد تجديدها عام ١٠٠٥هـ. وكانت الخزينة المصرية في العصر العثماني تتكفل بتغطية مصروفات رجال الحرس لتلك القلعة. انظر الرشيدي، حسن الصفا و الإبتهاج، ص ٢١.

٧٦. قلعة نخل: وهي قلعة حصينة مربعة الشكل مبنية بالحجر النحيت ذات أبراج أنشأها السلطان الغوري وقد اعتنى السلاطين العثمانيون ونوابهم بتلك القلعة ونخل محطة هامة من محطات الحاج المصري. انظر: سميرة فهمي علي عمر، إمارة الحج، ص ١١٤.

٧٧. عربان حرب: قبيلة عربية كبيرة تتفرع إلى عدة بطون وديرة هذه القبيلة ببطونها في المنطقة الممتدة من الحمرة شمالاً وشرقاً وغرباً إلى عسفان محطة قريبة من مكة. انظر : الدمرداشي، كتاب الدرة المصانة، ص ٢٥٩.

وكذلك انخفاض ما خصص لتنزيل قرية البيضاء والعكريشة بولاية البحيرة[٧٨] من (٤) أكياس إلى كيسين وأيضاً انخفض المبلغ المخصص لزيادة أسعار حنطة جوليان في السنوات ١١٥٢، ١١٧٦، ١١٧٨ من (٧) أكياس إلى (٤) أكياس، وكذلك ما خصص لتعمير ترعة الإسكندرية الوارد في سنتي ١١٥٤، ١١٥٥ من (٥٠) كيساً إلى (٨) أكياس.

ومن المصروفات التي ظل مبلغها ثابتاً: ما خصص لكل من أجرة أحمال زيت الحرمين ولتنزيل كشوفية حاكم جده خلال السنوات من ١١٧٦ إلى ١١٧٨ وكذلك ما خصص لمعتاد أمير الحاج سنتي ١١٧٦ و ١١٧٧، وما خصص لتعويض كشوفية وزير ضرب خاناه[٧٩] في سنتي ١١٧٨، ١١٧٩.

وفيما يلي جدول يبين المصروفات غير الدائمة والمبلغ المخصص لكل منها.

٧٨. تنزيل قرية البيضاء والعكريشة: تنزيل ترد في حسابات الروزنامة بمعنى تخفيض الضرائب وهي تلك الضرائب الخاصة بقرية البيضاء من ضواحي الإسكندرية. والعكريشة من توابع ناحية الكريون بالبحيرة ووردت في تاريخ سنة ١٢٢٨هـ باسم العكريش وفي تاريخ سنة ١٢٦٠ باسمها الحالي، انظر: ليلى عبد اللطيف، الإدارة في مصر ص ٤٤٣؛ محمد رمزي، القاموس الجغرافي، ص ٣١٨، ٤٢٣.

٧٩. كشوفية وزير: ضريبة سنوية يدفعها أرباب المناصب في مصر للخزينة نظير تعيينهم في مناصبهم وإيراداتهم منها: انظر: ليلى عبد اللطيف، الإدارة في مصر، ص ٤٥٤.

م	المصروفات غير الدائمة	١١٥٢		١١٥٤		١١٥٥		١١٧٦		١١٧٧		١١٧٨		١١٧٩	
		نصف فضة	كيس	نصف فضة	كيس	نصف فضة	كيس	نصف فضة	كيس	نصف فضة	كيس	نصف فضة	كيس	نصف فضة	كيس
١	نولون جراية أهالي الحرمين وعربان حرب	٢٢,٤٨١	٢٨					٢٣,٩٥٠	١٦٩	١٨,٥٢٥	١٣٧	٢٤,٢٧٥	١	١٥,٠٠٠	١
٢	تنزيل قرية البيضاء والعكريشة بالبحيرة							٢٠,٩٤٢	٤	١٠,٤٧١	٢	١٠,٤٧١	٢	١٠,٤٧١	٢
٣	أجرة أحمال زيت الحرمين							٨,١٥٠	-	٨,١٥٠	-	٨,١٥٠	-		
٤	تنزيل كشوفية حاكم جده							٥,٣٨٠	٣	٥,٣٨٠	٣	٥,٣٨٠	٣		
٥	تعمير سفاين بندر سويس	٩,٧٢٠	٩	٢٠,٨٤٥	٥٠	٢٠,٦٥٠	٤٣								
٦	تعمير قلعة عجرود			٢٢,٠١٥	٣	٢,٠٠٠	-	١١,٨٥٢	١٢						
٧	تعمير قلعة نخل			٢٢,٠١٥	٣	١٧,٠١٥	٣	٢٤,٦٩٥	٧						
٨	زيادة أسعار حنطة جوليان	٩,٠٠٠	٧					٢١,١٢٥	١			١٨,١٨٦	١		
٩	مهمات بيرق محفل شريف					٦,٧٤٨	١	٢,١٠٠	-						
١٠	تعمير ترعة در إسكندرية			٨,٤٦٥	٥٠	٣,٠٥٠	٨								
١١	تعمير عمارة سد إسكندرية							-	١٧٢	٢١,٤٢٠	٩٥				
١٢	تعمير ممر المجراه مصر القديم							٥,١١٢	٧			١٣,٢٢٠	٣		
١٣	تعمير ساقية مصنع بالرميلة					١٥,٥٠٠	-	٢٢,٥٢٠	-						
١٤	ثمن فتيل مصري							٢٠,١٢٥	١			١٨,١٨٦	١		
١٥	ثمن معتاد أمير الحاج							-	٤٠٠	-	٤٠٠				
١٦	تعويض كشوفية وزير حضرة ضرب خاناه											١٢,٥٠٠	٣٤	١٢,٥٠٠	٣٤

مصروفات لمدة عام واحد

وهي تلك المصروفات التي ورد ذكرها في إرسالية واحدة فقط، ولم يتم تكرارها منها ما خصص لإنعامات بعض الأشراف ولأهالي الحرمين ولشراء سفن[٨٠] نقل الغلال، ولأحمال الحرمين، ولركوب أمير مكة، ولشراء حنطة وأرز وذخيرة لوالي جدة، وكذلك ما خصص في تعمير قلعة المدينة المنورة[٨١]، وعين مكة، وتعمير سدود بالإسكندرية وأبو قير، وتعمير أود كل من قلعة عجرود وعكامين ودلاه[٨٢] قلعة مصر. وكذلك تعمير محلات وحلزون بسواقي ومجرى المياه بمصر القديمة وبعرب اليسار[٨٣]، وتعمير جوامع ومحلات في السرايا العامره وجسور بولاية الفيوم وقناطر بالغربية، وفي تعمير أبواب عزبان[٨٤] ومحروق[٨٥] والناصرية. هذا بجانب ما خصص من مبالغ لدفع ديون بعض الباشوات وكذلك دفع دية لعربان حرب، وما خصص من ودائع بالروزنامة لشراء سفن لوقف الخاسكية جديدة وقديمة[٨٦]، أو لتبقى تحت حساب تعمير سدود.

ويتضح ذلك من خلال جدول موضحا المصروفات التي وردت في كل سنة من السنوات الخراجية للخزينة ولم يتم تكرارها في سنة أخرى.

المصروفات التي أُنفقت لمدة عام واحد	المبلغ النقدي	
	نصف فضة	كيس
سنة ١١٥٢ الخراجية		
- سفينة أحمدي برسم نقل غلال الحرمين	-	٨٥
- أجرة سفينة ملاكي براي ركوب عبد الله اغا أمير مكة	-	٤
- مهمات تعمير وترميم قلعة المدينة المنورة	٢٣,٦١٤	٦٩
- إعلام قاضي عسكر وباقجه قاضي عسكر أفندي	٣,٧٧٠	٢٣

٨٠. شراء سفن: قد أخذت البحرية المصرية تفقد الكثير من نشاطها وقوتها في النصف الثاني من ق ١٨م لضعف الدولة العثمانية من جهة ولاشتغال الولاة في الاضطرابات والأحداث الداخلية التي أوجدتها طوائف الجنود من جهة أخرى أدى ذلك إلى إهمال الصناعة فعز وجود العمال المتخصصون في صناعة السفن حتى أن السلطان كان يرسل من عنده السفائن تارة لنقل مال خراج مصر إلى الاستانة وتارة لحراسة المراكب التجارية التي تنقل إليها البضائع والحاصلات، انظر: سعاد ماهر، البحرية في مصر الإسلامية، ص ١٤١-١٤٢.

٨١. قلعة المدينة المنورة: هي قلعة الينبع، وقد انشئت لحماية ولراحة الحجاج وكانت مصر هي المختصة بتزويد هذه القلعة بالجند من فرقة المتفرقة، أنظر: الرشيدي، حسن الصفا و الإبتهاج، ص ٤٤.

٨٢. عكامين: أشخاص وظيفتهم وضع الأحمال وقيادتها والمحافظة عليها وإنزالها، والدلاه جنود الكشافة يجندون محليا وتدفع روايتهم من الإيرادات المحلية، انظر: سميرة فهمي، إمارة الحج، ص ١١٤.

٨٣. عرب اليسار: هي المنطقة إلى الجنوب الشرقي للقلعة وكان بها سواقي تأخذ منها الماء، أنظر: عبد الغني، أوضح الإشارات، ص ١٢٤.

٨٤. باب عزب: أحد أبواب قلعة القاهرة وكان يعرف قديماً بباب الإصطبل أو باب السلسلة أو باب الميدان ثم عرف بباب العزب نسبة إلى أوجاق طائفة عزبان ولا يزال موجوداً غير مستعمل بجوار باب القلعة العمومي وقد أشار اندريه ريمون إلى أن باب تعني معسكر فرقة. انظر: أندريه ريمون، فصول من التاريخ الاجتماعي، ص ١٥٨.

٨٥. باب المحروق: أحد أبواب القاهرة في سورها الشرقي انشأه السلطان صلاح الدين الأيوبي ٥٦٩هـ/ ١١٧٤م وكان يعرف بباب القراطين، انظر: الجبرتي، مظهر التقديس، ص ٢٤٣؛ جومار، وصف مدينة القاهرة، ص ١٦٥.

٨٦. وقف الخاسكية: لقد وجد بالعصر العثماني ما كان يعرف بوقف الخاسكية والخاسكية القديمة وبوقف الخاسكية المستجدة. وكان لكل وقف من هذه الأوقاف صرته الخاصة يتسلمها أمير الحج كل عام، والقديم يبدو أنه يرجع إلى العصر المملوكي ثم أقر في العصر العثماني. أما عن وقف الخاسكية المستجدة فقد استحدث في العصر العثماني ويرجع تأسيسه إلى سنة ١٠٨٩هـ/ ١٦٧٨. انظر: سميرة فهمي، إمارة الحج، ص ٣٥٣-٣٥٦.

المصروفات التي أُنفقت لمدة عام واحد	المبلغ النقدي	
	نصف فضة	كيس
– مهمات تعمير غليون ميري المعروفة بغزاله در بندر إسكندرية	٧,٠٠٠	١
– مهمات تعمير و ترميم دار ساحل بحر سفينة در بندر إسكندرية	–	٨
– مهمات تعمير محلات ميري دار اندرون قلعة ومجرى سواقي قلعة مستحفظان	١٣,٦٧٤	٢
– وديعة بالروزنامة در تحت بهاي قطع سفاين براي وقف خاسكية جديد وقديم	–	١٣٠
سنة ١١٥٤ الخراجية		
– ثمن بهاي خلعة اغا مباشر وسردارات سفرليات	١٧,٧٠٠	٩
– ماهو في مصرف سفينة برشيد در بندر رشيد	١٨,٩٠٠	٢
– تعمير سد إسكندرية دفعة أولى	١٨,٣٠٠	٥٨
– تعمير باب عزبان در قلعة مصر	٢٣,٧٠٠	٣
– مهمات تعمير سرايا مع ديوان قايتباي	٧,٤٠٠	٢٣
– تعمير مجره در قديم سبع كمرات	١١,٦٥٣	٣٠
– ماهو في تعمير قنطرة بركة الازبكية	١٨,٤٩٥	١
– تعمير جسر شرقي در ولاية فيوم أولى وثاني	١٢,٣٥١	١١٣
– وديعة بالرزنامة تحت مهمات تعمر سد إسكندرية دفعة ثاني تحت الحساب	–	١٢٠
سنة ١١٥٥ الخراجية		
– نولون غلال حرمين دار سفاين ملاكي أبو الفرج والجزايرلي	–	٦
– مهمات وثمن ذخيرة عساكر سفرليات	١١,١١٥	١٢٩
– مهمات تعمير وترميم سفينة محمودي الميري	–	٥٠٠
– أجرة كشف سد إسكندرية	٦,٠٠٠	–
– تعمير أودعكامين ودلاه قلعة مصر	٢٥٠	–
– تعمير قناطر الماء در قلعة المنصورة	١٤,٩٠٠	–
– تعمير أبواب باب محروق	٦,٥٠٠	–
– تعمير باب وصول الناصرية	٩,٦٠٣	–
– تعمير مجراه المياه بعرب اليسار	١٠,٠٠٠	–
مهمات جسر غربي در ولاية الفيوم	٩,٠٠٠	٨٧
سنة ١١٧٦ الخراجية		
– بهاي سفينتين نقل غلال الحرمين	–	١٤٥
– نولون أحمال الحرمين	١,٥٠٠	١
– مهمات تعمير عين مكة المكرمة	–	٦٤
– ماهو في تعمير أود قلعة عجرود	٩,٨٦٥	١
– مهمات تعمير مراكز الحسينية	١٨,٠٧٥	١
– أجرة كشف جرف عزق	٥,٢٠٠	–

المصروفات التي أُنفقت لمدة عام واحد	المبلغ النقدي	
	نصف فضة	كيس
سنة ١١٧٧ الخراجية		
– إنعام باسم شريف محمد بر موجب خط شريف	١٥,٠٠٠	١
– ثمن حنطة وارز وأجرة شتران ونولون صالح باشا والي جده	١٧,٢٩٣	١٤
– ثمن حنطة جداوية	١٢,٠٠٠	٤
– مهمات تعمير حلزوني سواقي در مصر القديمة	٦,٤٢٥	٢
سنة ١١٧٨ الخراجية		
– مهمات تعمير سد أبو قير بموجب خط همايون	٥,٠٠٠	١٢١
– دين المرحوم أحمد باشا	٢١,٣٨٩	١٠٢
– دية عربان حرب مقتولين برموجب بيورلدي حسين باشا	–	٣٠
سنة ١١٧٩ الخراجية		
– بهاي ذخيرة ومهمات براي أحمد باشا والي جده	٢١,١٦٠	٤٧
– مهمات تعمير جامع وبعض محلات في السرايا العامرة	١٢,٥٠٠	٢٨
– مهمات تعمير قنطرة ويش بالغربية	٢,٠٣٩	٥٦

الباقي من مبلغ الخزينة

بعد أن ورد في الوثائق تحديد إجمالي كل من مبلغ جملة الإرسالية ومبلغ المصاريف المستقطعة منها جاء تحديد المبلغ الباقي من الخزينة المقرر إرساله إلى السلطان العثماني بصحبة سردار الخزينة كما ورد في النص التالي :

«وصبح الباقي بعد المصاريف المذكورة وقدرة... كيساً وزيادة (وكسور) [٨٧] نصفاً فضة»[٨٨].

وعند إرسال خزينتين معاً عن سنتين خراجيتين يحدد المبلغ الباقي من مال خزينة كل سنة على حدة ثم يبين المبلغ الإجمالي لهما وكما ورد في النص التالي :

«صار الباقي بعد ذلك من مال خزينة سنة (١١٧٦) المذكورة... كيساً و ... نصف فضة... وصار الباقي بعد ذلك من مال خزينة سنة (١١٧٧) المذكورة ... كيساً وكسور ... نصفاً فضة مضاف ذلك لباقي مال خزينة سنة (١١٧٦) المذكورة المعين أعلاه يصير جملة الإرسالية عن باقي مال خزينة (١١٧٦) وباقي مال خزينة (١١٧٧) المذكورتين... كيساً و ... أنصاف فضة»[٨٩].

٨٧. سجل ١، وثيقة رقم ٥٦١، ص ٢٦٧، ت ١٨ جماد أول ١١٥٦.
٨٨. سجل ١، وثيقة رقم ١٢، ص ٦- ٧، ت ٥ ربيع ثاني ١١٥٤.
٨٩. سجل ٢، وثيقة رقم ٧٣، ص ٤٩- ٥٠، ت ٣ رجب ١١٧٩.

إضافة مبالغ لنقدية المبلغ الباقي

ورد في بعض سنوات الإرسالية ١١٥٢، ١١٥٤، ١١٥٥ إضافة نقدية إلى المبلغ الباقي من جملة الإرسالية وهو ما تبقى من مصرف جوليان والذي قدر بمبلغ (٤) أكياس مصرية وكسور (١٤,٧٩٤) نصف فضة، وتبين وثائق الدراسة أنه خلال السنوات الأولى من ق١٢هـ كان ما يتبقى من مصاريف فرقة جوليان العسكرية يرسل إلى السلطان العثماني مضافاً إلى المبلغ الباقي من الخزينة إلا أنه بمرور السنوات أصبح عنصراً من عناصر الخزينة كما وجدنا في عناصر إرساليتي ١١٧٦، ١١٧٧ الخراجيتين.

وفيما يلي جدول يبين المبلغ الباقي من الخزينة والمرسل إلى الباب العالي وما قد أضيف إليه من بقية مصرف جوليان في السنوات ١١٥٢، ١١٥٤، ١١٥٥.

السنة الخراجية	إجمالي مبلغ الخزينة	
	نصف فضة	كيس
١١٥٢ + بقية مصرف جوليان	١٤,١٨٠ + ١٤,٧٩٤	٩٧٠ + ٤
الإجمالى	٣,٩٧٤	٩٧٥
١١٥٤ + بقية مصرف جوليان	٢,٦٢٨ + ١٤,٧٩٢	٥٠٢ + ٤
الإجمالى	١٧,٤٢٠	٥٠٦
١١٥٥ + بقية مصرف جوليان	٢٣,٢٠٥ + ١٤,٧٩٤	٧٧٥ + ٤
الإجمالى	١٢,٩٩٩	٧٨٠
١١٧٦	١٨,٥٩٣	٤١٨
١١٧٧	٦,٥١٥	٧١٢
١١٧٨	٣,٩١٣	٩٧٨
١١٧٩	١٩,٢٢٨	٩٣٨

عناصر المبلغ الباقي من الخزينة

يتضح من وثائق الدراسة أن المبلغ المتبقى من إجمالي الخزينة الإرسالية والمرسل إلى الباب العالي كان مكوناً من مجموعة عناصر وهي نقدية من الأكياس المصرية، قطع من البُقج، تمسكات، وكشوفية كبيرة مُقدراً المبلغ النقدي لكل عنصر منها بالإضافة إلى المبالغ التي قد توجد في ذمم بعض الأمراء من موظفي الدولة السابقين.

ويتضح ذلك من النص التالى:

«ليكون جملة الإرسالية للأبواب الشريفة الخنكارية صحبة سردار الخزينة المذكورة من الأكياس... نقداً وبوقجة... ما هو نقدية... وما هو بوقجة... (وما هو عن تمسك... حضرة الوزير)[٩٠] وما هو بموجب ... كشوفية كبير... (وما هو بذمة...)[٩١] باقي الإرسالية المذكورة»[٩٢].

ونتناول دراسة كل عنصر من عناصر مبلغ باقي الإرسالية

النقدية

قد ورد مبلغ النقدية مقدراً بالأكياس المصرية وكسور أنصاف الفضة مع بيان ما يعاوضه من الدنانير الزر محبوب والفضة الجديدة والريال الحجر الآبي طاقة وما يعادل كل منهم بأنصاف الفضة مبينا حساب قطعة الدينار والريال من أنصاف الفضة.

ويتضح ذلك من النص التالي:

«ما هو نقدية ... كيساً و ... نصف فضة بمعاوضة... ذهباً زر محبوب يعدلها ... كيسا مصرية بحساب المحبوب ... وفضة عددية جديدة ... كيس و ... نصف فضة ... و... ريالا بطاقة يعدلها ... كيس و ... نصف فضة بحساب الريال... نصف فضة»[٩٣].

وفيما يلي جدول يبين المبلغ النقدي من الأكياس المصرية وما يعاوضه من عملات ذهبية وفضية وما يعادلها من أنصاف الفضة.

٩٠. سجل ١، وثيقة رقم ١٢، ص ٦- ٧، ت٥ ربيع ثاني ١١٥٤، وسجل ٢، وثيقة رقم٧٣،ص ٤٩،ت٣ رجب ١١٧٩.
٩١. سجل ٢، وثيقة رقم ٦٦٥، ص ٣٠٧، ت ١٨ جماد آخر ١١٥٧.
٩٢. سجل ١، وثيقة رقم ٥٦١، ص ٢٦٧، ت ١٨ جماد أول ١١٥٦.
٩٣. سجل ٢، وثيقة رقم ١٥٢، ص ١١٢- ١١٣- ١١٤، ت ٦ شعبان ١١٨١.

السنة الخراجية	مبلغ النقدية المرسل		معاوضة المبلغ	ما يعادل الدنانير والفضة بأنصاف الفضة	
	نصف فضة	كيس	بالدنانير والفضة	نصف فضة	كيس
١١٥٢	٢٣,٩٤٥	٢٤٤	* الدنانير زر محبوب ٤٨,٣٩٩	٢٣,٩٤٥	٢١٢
			الفضة العددية الجديدة ٨,٠٠٠	-	٣٢
١١٥٤	٢٠,٧٢٤	١٧١	- الدنانير زر محبوب ٣٢,٢٣٣	٢٠,٧٢٤	١٤١
			- الفضة الجديدة العددية	-	٣٠
١١٥٥	٢٢,٨٠٦	١٢٢	- الدنانير زر محبوب ٢٠,١١٦	٢٢,٨٠٦	٩٢
			الفضة الجديدة العددية	-	٣٠
١١٧٦	١٩,٦٣١	٣٨٤	- الدنانير زر محبوب ٧٣,٨١٤	١٩,٥٤٠	٣٢٤
١١٧٧			- الفضة الجديدة العددية	٩١	٦٠
١١٧٨	١,٧٦٩	١٠٢٠	- الدنانير زر محبوب ١٠٠,٠٠٠	-	٤٤٠
			الفضة الجديدة العددية	٣٢	١٢٠
١١٧٩			** الريال الحجر الابى طاقة ٣٩,٤١	١,٧٣٧	٤٦٠

* بحساب الدينار يعادل ١١٠ نصف فضة وأحياناً بزيادة ٩٤ كما في سنة ١١٥٤ وبزيادة ٤٦ كما في سنة ١١٥٥.

** بحساب الريال الحجر الآبي طاقة ٢٨,٥ نصف فضة.

صناديق نقدية الخزينة

وبعد حساب النقدية المرسلة إلى الباب العالي ورد عدد صناديق الأكياس المصرية لتسليمها إلى سردار الخزينة كما جاء في عبارة «ضمن ... صندوقاً»[٩٤]، والتي يتراوح عددها خلال سنوات الإرسالية من (١٧) إل (١٥٩) صندوقاً وأحياناً يرد تحديد أعداد الصناديق الموضوع فيها الأكياس المعاوضة للدنانير الزر محبوب والتي يتراوح عددها من (٢) إلى (٨) صناديق وأعداد صناديق الأكياس المعاوضة للفضة الجديدة والتي يتراوح عددها من (١٥) إلى (٣٠) صندوقاً.

وكما ورد في النص التالي:

«ما هو بمعاوضة... دينار زر محبوب ... كيساً و ... نصف فضة ضمن ... صناديق وماهو فضة جديدة عددية... كيساً و ... ضمن ... صندوقاً»[٩٥].

وقد وجه السلطان سليمان القانوني سنة ٩٣١هـ/ ١٥٢٥م نظره إلى جميع التفصيلات الخاصة بسفر الخزينة حتى أنه حدد المبالغ التي ينبغي أن تتحملها الخزينة لمصروفات النقل وشراء الصناديق والحقائب وكذلك شراء

٩٤. سجل ١، وثيقة رقم ١٢، ص ٦- ٧، ت ٥ ربيع ثاني ١١٥٤،سجل ٢، وثيقة رقم ١٥٢، ص ١١٢- ١١٣- ١١٤، ت ٦ شعبان ١١٨١.

٩٥. سجل١، وثيقة رقم ٥٦١، ص ٥٦٧، ت ١٨ جماد أول ١١٥٦.

الجلود والسجاجيد اللازمة لتغطية الصناديق[٩٦]. وقد أفاض الرحالة التركي أوليا چلبي[٩٧] في وصف هذه الصناديق المصنوعة من خشب الصنوبر والتي أُعدت في ديوان الغوري بالقلعة، لتودع بها الأكياس النقدية – كل صندوق يحوي ثلاثة أكياس – ثم تسمر ويكسي الصندوق من الداخل والخارج باللبود[٩٨]. وتلف بجلد البقر وتربط بالحبال الإفرنجية ثم تغطى ببسط قرمزية ثم تحمل لتنقل من ديوان القلعة إلى ديوان السراي بواسطة بغال يقودها الانكشارية في موكب ضخم ينزل من القلعة إلى العادلية مكان وجود خيمة سردار الخزينة وتكوم الخزينة حيث تعد بواسطة العدادين وبواسطة المقيد وشيوخ البلوكات السبعة ثم يتم صف الصناديق في سلسلة تمرر من حلقة موضوعة على كل صندوق ثم يجمع طرفي السلسلة وتغلق بقفل ثم تغطى الصناديق ببسط حمراء وتمكث بالعادلية ثلاثة أيام تحت الحراسة حتى يحين وقت السفر.

البُقج[٩٩]

هي صرر القماش التي توضع فيها الملابس والمنسوجات اللازمة والمرسلة للقصر السلطاني من الموردين التجاريين بموجب تمسكات، وتعتبر إحدى عناصر باقي الخزينة الوارد ذكرها في جميع سنوات الإرسالية ما عدا سنتي ١١٧٦ و ١١٧٧ الخراجيتين. وقد ورد في وثائق الدراسة عدد قطع البُقج والذي يتراوح من (٢٠) إلى (٤١) قطعة مبيناً قيمتها بالأكياس المصرية.

كما ورد في النص التالي:

«ما هو بوقجه بموجب تمسكات بارز خان (البازر كانات)[١٠٠] عدتها ... قطعة .. كيس وكسور ... نصف فضة»[١٠١].

- وقد وردت أعداد البُقج المرسلة وقيمتها النقدية في سنوات الإرسالية كما يلي:
- سنة ١١٥٢ الخراجية تم إرسال ٤١ قطعة قيمتها (٢٥٥) كيس و (٨٨٧) نصف فضة.
- سنة ١١٥٤ الخراجية تم إرسال ٣١ قطعة قيمتها (٣٣١) كيس و (١٦,٣١٨) نصف فضة.
- سنة ١١٥٥ الخراجية تم إرسال بقج ولم يرد ذكر عددها قيمته (١٨١) كيس و(١٦,٩١٩) نصف فضة.
- سنتي ١١٧٨ و ١١٧٩ الخراجيتين تم إرسال ٢٠ قطعة قيمتها (١٠٠) كيس.

٩٦. قد خصص السلطان سليمان القانوني مبلغ ٥٠,٠٠٠ نصف فضة لنقل الخزنة و ٩,٧٥٧ نصف فضة لشراء جلود و ٥,١٣٤ نصف فضة لشراء سجاجيد و ١١,٤٢٣ نصف فضة للصناديق. لمزيد من التفاصيل، انظر :استيف، «النظام المالي و الإداري»، ص ٢٦٠.

٩٧. أوليا جلبي، سياحتنامه مصر، ص ٥٢٢-٥٢٤.

٩٨. اللبود قطع من الصوف الخشن، انظر : جومار، وصف مدينة القاهرة، ص ٢٥٨.

٩٩. بوقجة: في التركية العثمانية بوغجة قطعة من القماش على شكل صرة توضع فيها الملابس.
انظر: أحمد فؤاد متولي، الألفاظ التركية، ص ٤٧.

١٠٠. سجل ٢، وثيقة رقم ١٥٢، ص ١١٢-١١٣، ت ٦ شعبان ١١٨١.

١٠١. سجل ١، وثيقة رقم١٢، ص ٦-٧، ت ٥ ربيع ثاني ١١٥٤،رقم ٥٦١، ص ٢٦٧، ت ١٨ جماد أول ١١٥٦.
بازركان: كلمة فارسية تعني المشتغل بالمسائل التجارية ومنها بازركان باشي أي كبير الموردين للمنسوجات اللازمة للقصر السلطاني، انظر: ليلى عبد اللطيف، الإدارة في مصر، ص ٤٤١.

التمسكات

هي الإيصالات الواجبة عن وزراء مصر والمرسلة إلى الباب العالي خلال السنوات ١١٥٢، ١١٧٦، ١١٧٧، ١١٧٨، ١١٧٩ الخراجية باعتبارها جزء من مبلغ باقي الخزينة الإرسالية. وقد جاء في نص الوثيقة اسم الوزير والسنة الواجب عنها التمسك وقيمته النقدية. ويتضح ذلك من النصوص التالية:

«ما هو عن تمسك حضرة الوزير ... محافظ مصر سابقاً... كيساً وكسور... نصف فضة»[١٠٢]. «ضمن ذلك برموجب تمسك حضرة مولانا الوزير... عن السنتين المذكورتين... كيس و .... نصفاً فضة ماهو برموجب تمسك سنة... المذكورة... كيس و ... نصف فضة من ذلك وماهو برموجب تمسك سنة ... المذكورة... كيس و ... نصفاً فضة من ذلك»[١٠٣].

وبالإضافة لتمسكات باشوات مصر فقد ورد تمسك عن أحد باشوات ولاية جدة – أحمد باشا – عن سنتي ١١٧٨ و ١١٧٩ تلك الولاية التي اعتبرت صنجقية منفصلة تابعة للإدارة العثمانية عُهد بإدارتها باشا عثماني وخلال ق١٨م أصبح باشوات جدة يُختارون في الغالب من البكوات المماليك المشهورين في مصر والذين يراد إبعادهم عن مركز السلطة في القاهرة بسعي من منافسيهم من البكوات الآخرين لدى السلطان[١٠٤].

وكما ورد في النص التالى:

«ضمن ذلك بموجب تمسك...حضرة الوزير السيد أحمد باشا والي جدة... كيساً»[١٠٥].

أما عن تمسكات الوزراء الواجبة عن السنوات الخراجية وقيمتها النقدية الواردة في وثائق الدراسة ما يلي:

- تمسك سليمان باشا عن سنة ١١٥٢ قيمته (١٧١) كيس و (٢٣,٧٧٢) نصف فضة.
- وتمسك كتخدا حسن باشا عن سنة ١١٧٦ قيمته (٣٦٨) كيس و (١,٨١٥) نصف فضة وعن سنة ١١٧٧ قيمته (٣٧٨) كيس و (٣,٦٥٢) نصف فضة وعن سنة ١١٧٨ قيمته (٣٦١) كيس و (٣,٩٢٧) نصف فضة.
- تمسك حمزة باشا عن سنة ١١٧٩ قيمته (٢٥٥) كيس و (١٧,٤٤٥) نصف فضة.
- تمسك أحمد باشا عن سنة ١١٧٩ قيمته (٨٠ كيس).

الكشوفية الكبيرة

هي ضريبة فرضت على كبار الموظفين في الإدارة العثمانية في مصر منذ ق ١٦م مقابل تعيينهم في مناصبهم وإيراداتهم منها. وكان إيراد هذه الضريبة حتى سنة ١٦٧٠م مخصص لباشا مصر، إلى أن أدخل إبراهيم باشا والي مصر (١٠٨١-١٠٨٤هـ) تعديلات على النظام الإداري والمالي وتحولت إيرادات المناصب إلى الخزينة السلطانية

١٠٢. سجل ١، وثيقة رقم ١٢، ص ٦- ٧، ت ٥ ربيع ثاني ١١٥٤.
١٠٣. سجل ٢، وثيقة رقم ٧٣، ص ٤٩- ٥٠، ت ٣ رجب ١١٧٩.
١٠٤. الرشيدي، حسن الصفا والإبتهاج، ص ٣٤.
١٠٥. سجل ٢، وثيقة رقم ١٥٢، ص ١١٢- ١١٣- ١١٤، ت ٦ شعبان ١١٨١.

وأصبحت جزء من إيراداتها الدائمة، وقد عُرفت باسم الكشوفية الكبيرة تميزاً عما فرض على الموظفين من ضرائب كانت تدفع لمصلحة الباشا العثماني وعرفت بـ «الكشوفية الصغيرة»[١٠٦].

وقد ورد بوثائق الدراسة ضريبة كشوفية على حاكم جدة كأحد عناصر باقي الخزينة المرسلة عن السنوات ١١٥٢، ١١٥٤، ١١٥٥ الخراجية، وذلك بما في ذمته أو بالدفتر أو بموجب تحويل عليه محدداً قيمته النقدية، والتي وردت بوثائق الدراسة ثابتة ولم تتغير بمبلغ (٣) أكياس و (٥,٣٨٠) نصف فضة.

وكما ورد في النص التالي:

«ماهو بدفتر (بذمة)[١٠٧] (بموجب تحويل)[١٠٨] على حاكم جدة عن كشوفية كبير عن واجب السنة المذكورة... أكياس و ... نصفاً فضة»[١٠٩].

وتبين وثائق الدراسة أن ضريبة الكشوفية الكبيرة قد ورد ذكرها خلال السنوات الأولى من النصف الأول من ق١٢هـ، ولم ترد في الفترة من سنة ١١٧٦ إلى ١١٧٩ كأحد عناصر الخزينة ويمكن تعليل ذلك نتيجة سيطرة الأمراء المماليك على أهم المناصب في الجهاز الإداري في مصر وبالتالي إمتناعهم عن سداد ضريبة الكشوفية الكبيرة للخزينة السلطانية.

ما في ذمم الأمراء المماليك

قد ورد في إحدى سنوات الإرسالية عن سنة ١١٥٥ الخراجية[١١٠] وكأحد عناصر باقي الخزينة ماهو في ذمم بعض الأمراء المماليك من مبالغ نقدية منها ما جاء في ذمة أمير حاج سابق وهو عثمان بك تابع ذو الفقار بلفيا[١١١] بمبلغ قدر بـ (٣٢٩) كيس وكسور (٢٤,٣٥٣) نصف فضة عن مال قرى كل من إمارة الحاج والطرانة[١١٢] ومال دين ديوان[١١٣]، وأيضاً ما ورد في ذمم بعض الأمراء الحكام والكشاف السابقين لبعض الولايات وهي جرجا، والبحيرة، والشرقية، والفيوم، وكتخدا عزبان وأتباع أمير الحاج عثمان بك والتي قدرت مبالغهم جميعاً بمبلغ (١٤٢) كيس وكسور (١٨,٥٤١) نصف فضة.

١٠٦. محمد شفيق غربال، محمد علي الكبير، ص ٤٧؛ ليلى عبد اللطيف، الإدارة في مصر، ص ٣٢٥.
١٠٧. سجل ١، وثيقة رقم ٥٦١، ص ٢٦٧، ت ١٨ جماد أول ١١٥٦.
١٠٨. سجل ١، وثيقة رقم ٦٦٥، ص ٣٠٧- ٣٠٨، ت ١٨ جماد آخر ١١٥٧.
١٠٩. سجل ١، وثيقة رقم ١٢، ص ٦- ٧، ت ٥ ربيع ثاني ١١٥٤.
١١٠. سجل ١، وثيقة رقم ٦٦٥، ص ٣٠٧- ٣٠٨، ت ١٨ جماد أول ١١٥٧.
١١١. عثمان بك: من أشهر الأمراء المماليك الفقارية وطلع أمير للحاج سنوات متعددة وكان يحسن التصرف مع الحجاج وقد أحرز كل النفوذ والسلطة بين إمراء المماليك. انظر: الجبرتي، عجائب الآثار حـ١ ص ٢٣٢؛ الرشيدي، حسن الصفا والإبتهاج، ص ٢١٦.
١١٢. قرى إمارة الحاج والطرانة: قرى إمارة الحاج هي مجموعة القرى التي تم تحويل أوقافها لأمراء الحج كتمويل لهم على أن يتم تسديد خراجها للخزينة المصرية وقرى الطرانة هي مقاطعة إحدى قرى مركز كوم حمادة محافظة البحيرة – وردت بالوثيقة الترانة – كانت تعطى كالتزام دائم لأمراء الحاج مقابل أن يدفعوا خراجها للخزينة المصرية. انظر: سميرة فهمي، إمارة الحج، ص ١١١، ١٥٧.
١١٣. دين ديوان: إحدى المصروفات التي يقدمها الباشا العثماني للخزينة السلطانية وهي ما يقوم بسداده من التزامات عن أشخاص آخرين ولم يعودوا قادرين للقيام بها أو أولئك الذين استطاعوا بسبب سيطرتهم على الإدارة فرض تلك الإلتزامات على الباشا. ويبدو من سياق الوثيقة أنها كانت تقدم من قبل كبار الأمراء المماليك، انظر: ليلى عبد اللطيف، الإدارة في مصر، ص ١٠١-١٠٦.

ويتضح ذلك من النص التالي:

«ماهو بذمة... مير الحاج سابقا عن مال قرا ميرت الحاج وعن مال قرا الترانة ودين ديوان... كيساً و ... نصف فضة وما هو بذمة ... حاكم ولاية جرجا سابقاً و ... حاكم ولاية البحيرة سابقاً و ... حاكم ولاية الشرقية سابقاً و ... كاشف البحيرة سابقا و ... كاشف الفيوم سابقاً و ... كتخدا عزبان سابقاً وأتباع الأمير ... المذكور ... كيس و ... نصفاً فضة باقي مبلغ الخزينة العامرة»[١١٤].

تسجيل مفردات الخزينة بدفاتر الروزنامة

بعد إنتهاء الروزنامجي من إملاء بيانات الخزينة الإرسالية من الدفاتر المالية يرد بنص الوثيقة عبارة تؤكد أن هذه البيانات مقيدة إجمالاً وتفصيلاً في دفاتر الروزنامة المشمولة بختم الباشا العثماني المرسل في زمن ولايته الإرسالية والحاضر انعقاد تسليم الخزينة إلى السردار.

ويتضح ذلك من العبارات التالية:

«على الحكم المعين بدفتر الرزنامة المعين به الاجمال والتفصيل على الحكم المشروح المشمول بختم مولانا الوزير... محافظ مصر حالاً المشار إليه أعلاه»[١١٥].

«المعين مفردات ذلك بالدفتر المخرج من دفتر الرزنامة العامرة المشمول بختم حضرة مولانا الوزير... المومى إليه»[١١٦].

التصرف القانونى

الإشهاد على تسلم الخزينة

خلال اجتماع مجلس الديوان العالي يقوم كتخدا الباشا العثماني بتسليم الخزينة إلى قائد القوة العسكرية المسؤول عن حملها إلى السلطان العثماني والذي ورد ذكره في الوثائق «سردار» أو «صاري عسكر» الخزينة ذلك القائد الذي كان يتم اختياره – كما أقر السلطان سليمان القانوني ٩٣١هـ/ ١٥٢٥م – من بين الأربعة والعشرين بيك ويحمل لقب أمير أو صنجق الخزنة[١١٧]. وعملية الإشهاد على تسلم الخزينة للبيك المسؤول عن إرسالها هي بمثابة التصرف القانوني الوارد في الوثيقة ذلك التصرف الذي يتضح من صيغ إشهاد سردار الخزينة على نفسه وهو بأكمل الأوصاف الشرعية بما قبضه وتسلمه من عناصر الخزينة المرسلة، والتي تم تجهيزها خلال اجتماع الديوان وبما استلمه من المبالغ النقدية المقدرة بالأكياس المصرية والموضوعة في الصناديق المخصصة لها، وقطع البُقج البازركانات، وتمسكات باشوات

١١٤. سجل ١، وثيقة رقم ٦٦٥،ص ٣٠٧- ٣٠٨، ت ١٨ جماد آخر ١١٥٧.
١١٥. سجل ٢، وثيقة رقم ٧٣، ص ٤٩- ٥٠، ت ٣ رجب ١١٧٩، ورقم ١٥٢، ص ١١٢- ١١٣- ١١٤، ت ٦ شعبان ١١٨١.
١١٦. سجل ٢، وثيقة رقم ١٢، ص ٦- ٧، ت ٥ ربيع ثاني ١١٥٤.
١١٧. حسين أفندي الروزنامجي، «مصر عند مفرق الطرق»، ص ١٥.

مصر والتحويلات المطلوبة من حكام جدة هذا بالإضافة إلى ما يحمله من دفتر إجمال الخزينة والمدون به مفرداتها المشمولة بختم الباشا العثماني.

ويتضح ذلك من النصوص التالية:

«اشهد على نفسه... صاري عسكر الخزينة العامرة حالاً المشار إليه شهوده الاشهاد الشرعي وهو بأكمل الأوصاف المعتبرة شرعاً أنه قبض وتسلم ووصل إليه مبلغ النقدية المعين أعلاه وتمسك الوزير... وتمسك الوزير... وتمسك الوزير... وبوقجه البارزكانات... قطعة ودفتر إجمال الخزينة المذكورة المعين ذلك بأعاليه على يد حضرة كتخدا مولانا الوزير المشار إليه أعلاه قبضاً وتسلماً ووصولاً رسمياً بتمام ذلك وكماله بالمجلس»[١١٨].

«اشهد على نفسه... سردار الخزينة العامرة حالاً المذكور أعلاه شهوده الاشهاد الشرعي وهو بأكمل الأوصاف المعتبرة شرعاً أنه قبض وتسلم ووصل إليه مبلغ النقدية المعينة أعلاه والتمسكات الشاهدة... المذكورة قبضاً وتسلماً ووصولاً شرعيات»[١١٩].

وعن أسماء سردارات الخزينة الوارد ذكرهم في وثائق الدراسة ما يلى:

- الأمير محمد بك درويش بن إسماعيل الشهير بالدالي المسؤول عن خزينة سنة ١١٥٢ الخراجية المرسلة سنة ١١٥٤هـ.
- الأمير حسن بك المسؤول عن خزينة سنة ١١٥٤ الخراجية المرسلة سنة ١١٥٦هـ.
- الأمير إسماعيل بك المسؤول عن خزينة سنة ١١٥٥ الخراجية المرسلة سنة ١١٥٧هـ.
- الأمير عثمان بك(١٢٠) المسؤول عن سفر أربع خزائن هم خزينة سنتي ١١٧٦، ١١٧٧ الخراجيتين المرسلتين سنة ١١٧٩ وخزينة سنتي ١١٧٨، ١١٧٩ الخراجيتين المرسلتين سنة ١١٨١هـ.

التعهد بحفظ وحراسة الخزينة.

بعد تسليم الخزينة إلى السردار وإشهاده على وصولها إليه، ترد بنص الوثيقة عبارات تعهديه بحفظ وحراسة الخزينة وذلك من خلال تعهد سردار الخزينة بحملها والمحافظة عليها خلال رحلة السفر حتى وصولها وتسليمها إلى الباب العالي[١٢١]، أو من خلال عبارات تحوي إشهاد كل من سردار الخزينة وقادة الفرق العسكرية السبع على حفظ وحراسة الخزينة.

١١٨. سجل ٢، وثيقة رقم ١٥٢، ص ١١٢- ١١٣- ١١٤، ت ٦ شعبان ١١٨١.

١١٩. سجل ١، وثيقة رقم ٦٦٥، ص ٣٠٧- ٣٠٨، ت ١٨ جماد آخر ١١٥٧.

١٢٠. هو الأمير عثمان بك أبي سيف الذي سافر بالخزينة ومات بالروم، انظر: الجبرتي، عجائب الآثار، حـ١، ص ٣١٤.

١٢١. قد وصف الرحالة التركي أوليا چلبي سفر الخزينة منذ وجودها بالعادلية حيث يكلف رئيس شرطة مدينة قليوب بحراسة الخزينة يساعده في ذلك الإنكشارية. وفي يوم قيام أمير الخزينة للسفر يصدر الأمر إلى كاشف القليوبية بإيصال الخزانة إلى كاشف الشرقية وحراستها بثلاثة آلاف جندي من جنوده حتى الخانكة ومنها إلى كاشف الشرقية ببلبيس ويعود إلى الباشا حاملاً حجة شرعية منه بأنه أوصل إليه الخزينة وسلمها سالمة كاملة ثم يأتي كاشف الشرقية حاملاً حجة شرعية بإيصالها، إلى باشا غزه فيطمئن الوزير لأنه سلم الخزينة إلى أميرها سالمة تامة إلى حدود الشام. انظر: أوليا چلبي، سياحتنامه مصر، ص ٥٢٥.

وكما ورد في العبارات التالية:

«وعليه حمل ذلك (حفظ ذلك وصونه)[١٢٢] وغفره ومحافظته»[١٢٣]

«شهد الأمير... والسردارية السبع المذكورين حفظ ذلك وحراسته حكم المعتاد»[١٢٤].

التعهد بإحضار ما يشهد بوصول الخزينة

بعد أن يتسلم السردار الخزينة، وبعد تعهده بحراستها وحفظها خلال سفره إلى الباب العالي يتعهد أيضاً بتسليمها لمن له ولاية تسلم ذلك وبإحضار ما يشهد له بوصولها إلى السلطان العثماني في إسطنبول.

وكما ورد في العبارة التالية:

«(وتسليمه لمن له ولاية تسلم ذلك)[١٢٥] وإحضار ما يشهد له بوصول ذلك حكم المعتاد باعترافه بذلك الإحاطة الشرعية»[١٢٦].

تصديق سردارات الفرق العسكرية

ورد بنص الوثائق تصديق واعتراف من قادة – سردارات – الفرق العسكرية المتوجهين صحبة سردار الخزينة على حراسة وحماية الإرسالية أثناء طريقها إلى الباب العالي وهذه الفرق هي «متفرقة وجاويشان وجمليان وتفكجيان وجراكسه ومستحفظان وعزبان».

وكما ورد في النص التالي:

«واقع ذلك بحضور السردارية السبع المتوجهين صحبة مير اللوى المذكور أعلاه وهم... واطلاعهم ومباشرتهم لذلك بأن عليهم (غفر ذلك)[١٢٧] والمحافظة حكم المعتاد وباعترافهم بذلك الاعتراف الشرعي المقبول منهم بالطريق الشرعي»[١٢٨].

١٢٢. سجل ١، وثيقة رقم ٦٦٥، ص ٣٠٧- ٣٠٨، ت ١٨ جماد آخر ١١٥٧.
١٢٣. سجل ٢، وثيقة رقم ٧٣، ص ٤٩ - ٥٠، ت ٣ رجب ١١٧٩، ورقم ١٥٢، ص ١١٢ - ١١٣ -١١٤، ت ٦ شعبان ١١٨١.
١٢٤. سجل ١، وثيقة رقم ٥٦١، ص ٢٦٧، ت ١٨ جماد أول ١١٥٦.
١٢٥. سجل ١، وثيقة رقم ٥٦١، ص ٢٦٧، ت ١٨ جماد أول ١١٥٦.
١٢٦. سجل ٢، وثيقة رقم ٧٣، ص ٤٩ - ٥٠، ت ٣ رجب ١١٧٩، ورقم ١٥٢، ص ١١٢ - ١١٣ - ١١٤، ت ٦ شعبان ١١٨١.
١٢٧. سجل ١، وثيقة رقم ٦٦٥، ص ٣٠٧- ٣٠٨، ت ١٨ جماد آخر ١١٥٧.
١٢٨. سجل ٢، وثيقة رقم ٧٣، ص ٤٩ - ٥٠، ت ٣ رجب ١١٧٩.

الفقرات الختامية

صيغ تنفيذية توثيقية

وهي تلك الصيغ التي تفيد إثبات صحة التصرف القانوني لدى قاضي القضاة وتنفيذه وإتمام الشكليات والإجراءات اللازمة وبيان ما أتبع من وسائل ليصبح للوثيقة القيمة الإثباتية والحجية القانونية[١٢٩]. وكما ورد في وثائق الدراسة من الصيغة التالية.

«ثبت الإشهاد بذلك لدى مولانا أفندي المومى إليه شهادة شهوده (وصدوره بين يديه)[١٣٠] ثبوتاً شرعياً تاماً معتبراً محرراً مرعياً»[١٣١].

التاريخ

يعتبر التاريخ الزمني عنصراً أساسياً ولازماً لصلاحية الوثيقة وسريانها[١٣٢]، وقد ورد تاريخ تحرير الوثائق في محاضر جلسات الديوان العالي بعد عبارة «تحريراً فى» أو «به شهد وحرر في».

الشهود

ورد في نهاية الوثيقة وبعد التاريخ اسم شاهدين بعد كلمة «الشيخ» ويُعتبران شاهدان تدوين الوثيقة في السجل، وهما أيضاً من موظفي الديوان العالي ومن أسماء الشهود الواردة في وثائق الدراسة كل من عبد العظيم العليمي، وعلى الوزيري، وعلى الحنفي، وإبراهيم السلموني، ومحمد الأحمدي.

نشر الوثيقة

وثيقة رقم ٧٣ صفحة ٤٩ و ٥٠ بتاريخ ٣ رجب ١١٧٩هـ بالسجل رقم (٢) الديوان العالي (لوحة رقم ٣)

(١) بالعادلية بمصر المحمية بمعرفة سيدنا ومولانا المعظم المشير المفخم الدستور المكرم ممهد بنيان الدولة (٢) والإقبال مشيد أركان السعادة والإجلال صاحب السعادة وساحب أذيال السيادة مولانا الوزير (٣) حمزة باشا يزد الله له من الخيرات ما شاء محافظ مصر المحمية دامت سعادته السنية بين يدي (٤) سيدنا ومولانا فخر علما الإسلام أبلغ بلغا الأنام معتمد السادة الموالي الأعزة الكرام الناظر في الاحكام الشرعية (٥) خلافة وقائم مقام يومئذ مصر المحمية الموقع خطه الكريم أعلاه دام علاه بحضرة كل من فخر الأماجد (٦) والأعاظم مستجمع أنواع المحامد والأكارم مولانا محمد اغا كتخدا حضرة مولانا الوزير المشار إليه أعلاه (٧) وفخر الأماجد المكرمين علي اغا شهر

١٢٩. لمزيد من التفاصيل عن الفقرات الختامية انظر: سلوى علي ميلاد، الوثيقة القانونية، ص ٣٢.
١٣٠. سجل ١، وثيقة رقم ١٢، ص ٦- ٧، ت ٥ ربيع ثاني ١١٥٤.
١٣١. سجل ٢، وثيقة رقم ٦٦٥، ص ٣٠٧- ٣٠٨، ت ١٨ جماد آخر ١١٥٧.
١٣٢. عن قيمة التاريخ بالنسبة للوثيقة، انظر: سلوى علي ميلاد، الوثيقة القانونية، ص ٣٨.

حوالة بمصر حالاً وقدوة الأمراء الكرام كبير الكبراء الفخام وصاحب القدر (٨) والمجد والإحتشام المقر الكريم العالي الأمير خليل بيك القازدغلي ودفتردار مصر حالاً وقدوة الأمراء العظام (٩) المقر العالي حايزرتب المعالي الأمير عثمان بيك سردار الخزينة العامرة حالاً وكل من فخر الأعيان (١٠) كمال ذوي الشأن الأمير سليمان اغا كتخدا جاويشان حالاً القازدغلي وفخر أرباب الأقلام العظام (١١) عمدة أصحاب الأرقام الفخام الأمير اسماعيل أفندي الرزنامجي بالديوان العالي وفخر الاعيان الكرام (١٢) الأمير أحمد اغا متفرقة باش حالاً وفخر الأماثل والأقران الأمير سلميان اغا ترجمان الديوان العالي حالاً وفخر (١٣) أقرانه العظام علي أفندي كسدار الرزنامة حالاً وفخر الأماجد العظام الأمير حسن أفندي كاتب حوالة (١٤) جاويشان بالديوان العالي حالاً وغيرهم ممن يطول ذكرهم فيه دام توقيرهم بعد أن تحرر بإملاء فخر أرباب الأقلام (١٥) العظام عمدة أصحاب الأرقام الفخام الأمير إسماعيل أفندي الرزنامجي المومى إليه أعلاه إن (١٦) مال الخزينة الإرسالية لطرف السلطنة العلية المطلوبة من تصرف مولانا الوزير المعظم المشير (١٧) المفخم الدستور المكرم مولانا الوزير كتخدا حسن باش محافظ مصر المحروسة سابقاً عن واجب سنة ست (١٨) وسبعين ومائة وألف الخراجية عن معتاد ومستجد ومضاف جديد في سنة أربع وسبعين ومائة وألف (١٩) وبقية مصرف جوليان وبقية النولون وأجره شتران غلال الحرمين عن سنه أربع وسبعين (٢٠) ومائه وألف ومال الجوالي عن سنة ست وسبعين ومائة وألف ومرتجع ذمة المرحوم أبو بكر باشا (٢١) محافظ مصر كان جملة ذلك من الأكياس المصرية التي عبرة كل كيس منها خمسة وعشرون ألف نصف (٢٢) فضة ألف كيس وثمانمائة كيس وكيسان اثنان وثمانية آلاف نصف وخمسمائة (٢٣) نصف وتسعون نصفاً فضة وذلك على ما يبين فيه ماهو مال الخزينة الإرسالية من سنة ست (٢٤) وسبعين ومائه وألف المذكورة ثمن معتاد وقديم ومستجد ألف كيس وأربعمائة كيس وخمسة عشر كيساً وستة (٢٥) آلاف نصف وتسعمائة نصف وثمانية وأربعون نصفاً فضة من ذلك وماهو مضاف جديد في سنة (٢٦) أربع وسبعين ومائه وألف مائة كيس وخمسين كيساً من ذلك وماهو بقية مصرف جوليان اربعة أكياس (٢٧) وأربعة عشر ألف نصف وسبعمائة نصف وأربعة وتسعون نصفاً فضة من ذلك وما هو بقية النولون (٢٨) وأجره شتران غلال الحرمين عن سنة أربع وسبعين ومائة وألف مائة كيس وسبعة وثلاثون (٢٩) كيساً وتسعة عشر ألف نصف وسبعماية نصف وثمانية وثلاثون نصفاً فضة من ذلك وما هو مال الجوالي (٣٠) عن سنة ست وسبعين ومائة وألف المذكورة اثنان وستون كيساً وسبعة عشر ألف نصف ومائة نصف (٣١) وعشرة أنصاف فضة من ذلك وما هو مرتجع ذمة المرحوم أبو بكر باشا المذكور اثنان وثلاثون كيساً (٣٢) باقي ذلك منها أن المصاريف برموجب خطوط شريفة وأوامر منيفة وفرمانات وزراء عظام عن السنة المذكورة (٣٣) من الأكياس الموصوفة ألف كيس وثلاثمائة كيس وثلاثة وثمانون كيساً وأربعة عشر ألف نصف وتسعمائة نصف (٣٤) وسبعة وتسعون نصفاً فضة بيان ذلك ماهو في مهمات عساكر محافظين جدة المعمورة اثنان (٣٥) وعشرون كيساً وستة عشر ألف نصف وخمسمائة نصف واحد وعشرون نصفاً فضة من ذلك وماهو في مهمات كلار (٣٦) عامرة شهرياري ستة وستون كيساً وخمسة وستون نصفاً فضه من ذلك وما هو إنعام شيخ الحرم النبوي (٣٧) ثمانية أكياس من ذلك وماهو إنعام أمير ينبع سبعة أكياس وخمسة آلاف نصف فضة من ذلك وما هو ثمن (٣٨) سليانية قبودان در بندر السويس ستة عشر كيساً من ذلك وماهو في مهمات جماعة متفرقة محافظين قلعة (٣٩) مويلح سبعة أكياس وخمسة آلاف نصف وأربعمائة نصف

وأربعون نصفاً فضة من ذلك وماهو في زيادة (٤٠) مهمات كسوة شريفة مع زيادة أسعار ثمانية أكياس وخمسة آلاف نصف وتسعمائة نصف وخمسون (٤١) نصفاً فضة من ذلك وما هو في زيادة أسعار شمع حرمين شريفين كيسان اثنان وعشرة آلاف نصف (٤٢) وستمائة نصف وثلاثة وعشرون نصفاً فضة من ذلك وما هو عن بهاي استوبي واستلوبلوا (٤٣) ثمانية وعشرون كيساً وخمسة آلاف نصف وثلاثمائة نصف وخمسون نصفاً فضة من ذلك وما هو ثمن (٤٤) معتاد أمير الحاج أربعمائة كيس من ذلك وما هو عن مساعدة مير الحاج إنعام بموجب خط (٤٥) شريف مائة كيس وتسعون كيساً من ذلك وما هو في مهمات تنظيف سواقي مصر قديم أربعة (٤٦) آلاف نصف فضة من ذلك وماهو في زيادة أسعار حنطة جوليان أربعة أكياس واثنا عشر ألف (٤٧) نصف فضة من ذلك وما هو في أجره أحمال زيت الحرمين ثمانية آلاف نصف ومائة نصف وخمسون (٤٨) نصفاً فضة من ذلك وماهو في مهمات تعمير قلعة عجرود اثنا عشر كيساً واحد عشر ألف نصف (٤٩) ثمانمائة نصف واثنان وخمسون نصفاً فضة من ذلك وماهو في مهمات تعمير محفل شريف (٥٠) ألف نصف اثنان ومائة نصف واحدة فضة من ذلك وما هو في مهمات تعمير قلعة نخل سبعة (٥١) أكياس وأربعة وعشرون ألف نصف وستمائة نصف وخمسة وتسعون نصفاً فضة من ذلك وما هو (٥٢) في مهمات تعمير ممر المجراة در مصر القديمة سبعة أكياس وخمسة آلاف نصف ومايه نصف واحدة (٥٣) واثنا عشر نصفاً فضة من ذلك وما هو في زيادة أجرة نقل غلال الحرمين احد وثلاثون كيساً وخمسة (٥٤) آلاف نصف وثلاثة وخمسون نصفاً فضة من ذلك وما هو عن نولون جراية أهالي الحرمين الشريفين (٥٥) مائة كيس وتسعة وستون كيساً وثلاثة وعشرون ألف نصف وتسعمائة نصف وخمسون (٥٦) نصفاً فضة من ذلك وما هو عن بهاي سفينتين برسم نقل غلال الحرمين مائة كيس وخمسة (٥٧) وأربعون كيساً من ذلك وما هو في مهمات تعمير سد كبير اسكندرية تسليم أحمد أفندي الحسيني في خصوص (٥٨) ذلك مايه كيس واحدة واثنان وسبعون كيساً من ذلك وما هو عن نولون أحمال الحرمين كيساً واحداً وألف (٥٩) نصف واحد وخمسمائة نصف فضة من ذلك وما هو عن ثمن فتيل مصري كيساً واحداً وعشرون (٦٠) ألف نصف ومائة نصف و خمسة وعشرون نصفاً فضة من ذلك وماهو في أجرة قدم كشف جرف (٦١) عزق خمسة آلاف نصف فضة ومايتا نصف اثنتان فضة من ذلك وماهو عن تنزيل مال قرية البيضاء (٦٢) والعكريشة در ولاية بحيرة كيسان اثنان وعشرة آلاف نصف وأربعمائة نصف وأحد وسبعون (٦٣) نصف فضة من ذلك وماهو عن تنزيل كشوفية حاكم جدة ثلاثة أكياس وخمسة آلاف نصف وثلاثمائة (٦٤) نصفاً وثمانون نصف فضة من ذلك وماهو في مهمات تعمير سواقي عرب اليسار اثنان وعشرون (٦٥) ألف نصف وخمسمائة نصف وعشرون نصفاً فضة من ذلك وماهو في مهمات تعمير مراكز الحسينية (٦٦) كيساً واحداً وثمانية عشر ألف نصف وخمسة وسبعون نصفاً فضة من ذلك وماهو في مهمات تعمير (٦٧) عين مكة المكرمة أربعة وستون كيساً من ذلك و ماهو في مهمات تعمير اود قلعة عجرود كيساً واحداً (٦٨) وتسعة آلاف نصف وثمانمائة نصف وخمسة وستون نصفاً فضة باقي ذلك وصار الباقي بعد (٦٩) المصاريف المذكورة من مال خزينة سنة ست وسبعين ومائة وألف أربعمائة كيس وثمانية (٧٠) عشر كيساً وثمانية عشر ألف نصف وخمسمائة نصف وثلاثة تسعون ألف نصف فضة (٧١) وتحرر ايضاً بإملاء إسماعيل أفندي الروزنامجي (٧٢) أن مال الخزينة الإرسالية لطرف السلطنة العلية المطلوبة من زمن تصرف مولانا الوزير المعظم كتخدا (٧٣) حسن باشا محافظ مصر المحروسة سابقاً المشار

إليه أعلاه عن واجب سنة سبع وسبعين ومائة وألف الخراجية عن معتاد قديم (٧٤) ومستجد ومضاف جديد في سنة أربع وسبعين ومائة وألف وبقية مصرف جوليان ومال الجوالي عن سنة سبع وسبعين (٧٥) مائة وألف وبقية النولون وأجره شتران غلال الحرمين عن سنة خمس وسبعين ومائة وألف جملة ذلك من (٧٦) الأكياس المصرية التي عبرة كل كيس منها خمسة وعشرون ألف نصف فضة ألف كيس وسبعمائة كيس واثنان وثلاثون كيساً (٧٧) وثلاثة آلاف نصف وثمانمائة نصف واثنان وخمسون نصفاً فضة وذلك على ما يبين فيه ماهو مال الخزينة العامرة (٧٨) الإرسالية عن سنة سبع وسبعين ومائة وألف المذكورة عن معتاد وقديم ومستجد ألف كيس وأربعمائة كيس وخمسة عشر (٧٩) كيساً وستة آلاف نصف وتسعمائة نصف وثمانية وأربعون نصفاً فضة من ذلك وماهو مضاف جديد في سنة (٨٠) أربع وسبعين ومائة وألف مائة كيس وخمسون كيساً من ذلك وماهو بقية مصرف جوليان اربعة أكياس (٨١) وأربعة عشر ألف نصف وسبعمائة نصف وأربعة وتسعون نصفاً فضة من ذلك وماهو مال الجوالي عن سنة سبع (٨٢) وسبعين ومائة وألف اثنان وستون كيساً وسبعة عشر ألف نصف و مائة نصف وعشرة أنصاف فضة من ذلك (٨٣) وما هو بقية النولون وأجرة شتران غلال الحرمين عن سنة خمس وسبعين ومائة وألف تسعة وتسعون كيساً (٨٤) وخمسة عشر ألف نصف فضة باقي ذلك منها المصاريف برموجب خطوط شريفة وأوامر منيفة وفرمانات وزير (٨٥) عظام عن سنة سبع وسبعين ومائة وألف المذكورة من الأكياس الموصوفة ألف كيس وتسعة عشر كيساً واثنان وعشرون (٨٦) ألف نصف وثلاثمائة نصف وسبعة وثلاثون نصفاً فضة بيان ذلك ماهو في مهمات عساكر محافظين جدة المعمورة (٨٧) اثنان وعشرون كيساً وستة عشر ألف نصف وخمسمائة نصف واحد وعشرون نصفاً فضة من ذلك وماهو في مهمات (٨٨) كلار عامرة شهرياري ستة وستون كيساً وخمسة وستون نصفاً فضة من ذلك وماهو عن سليانه قابودان (٨٩) در بندر سويس ستة عشر كيساً من ذلك وماهو إنعام شيخ الحرم النبوي ثمانية أكياس من ذلك وما هو إنعام (٩٠) أمير ينبع سبعة أكياس وخمسة آلاف نصف فضة من ذلك وماهو في مهمات جماعة متفرقة محافظين (٩١) قلعة مويلح سبعة أكياس وخمسة آلاف نصف وأربعمائة نصف وأربعون نصفاً فضة من ذلك وما هو في زيادة مهمات (٩٢) كسوة شريفة مع زيادة أسعار ثمانية أكياس وستة آلاف نصف وأربعة وسبعون نصفاً فضة (٩٣) من ذلك وماهو في زيادة أسعار ثمن شمع الحرمين كيسان اثنان وعشرة آلاف نصف وستمائة نصف (٩٤) وثلاثة وعشرون نصفاً فضة من ذلك وماهو ثمن بهاي واستوبي مع استابلوا ثمانية وعشرون كيساً وخمسة (٩٥) آلاف نصف وثلاثمائة نصف وخمسون نصفاً فضة من ذلك وما هو عن معتاد أمير الحاج أربعمائة كيس من (٩٦) ذلك وماهو عن مساعدة أمير الحاج إنعام بموجب خط شريف مائة كيس وستون كيساً من ذلك وماهو (٩٧) في مهمات تنظيف سواقي در مصر القديمة أربعة ألف نصف فضة من ذلك وماهو في زيادة أجرة (٩٨) شتران غلال الحرمين أحد وثلاثون كيساً وخمسة آلاف نصف وثلاثة وخمسون نصفاً فضة من ذلك (٩٩) وما هو ثمن نولون جراية أهالي الحرمين مائة كيس وسبعة وثلاثون كيساً وثمانية عشر ألف نصف وخمسمائة (١٠٠) نصف وخمسة وعشرون نصفاً فضة من ذلك وماهو في مهمات تعمير حلزون سواقي در مصر القديمة (١٠١) كيسان اثنان وستة آلاف نصف وأربعمائة نصف وخمسة وعشرون نصفاً فضة من ذلك وماهو عن زيادة (١٠٢) أجرة شتران زيت الحرمين ثمانية آلاف نصف ومائة نصف وخمسون نصفاً من ذلك وما هو (١٠٣) في مهمات تكميل عمارة سد سكندرية تسليم أحمد أفندي أمين العمارة

المذكور أعلاه خمسة وتسعون (١٠٤) كيساً واحد وعشرون ألف نصف و أربعمائة نصف وعشرون نصفاً فضة من ذلك وما هو في زيادة ثمن حنطة (١٠٥) جداوية أربعة أكياس واثنا عشر ألف نصف فضة من ذلك وماهو في إنعام باسم شريف محمد... بموجب (١٠٦) خط شريف كيساً واحداً وخمسة عشر ألف نصف فضة من ذلك و ماهو عن ثمن حنطة وارز وأجرة وشتران (١٠٧) ونولون المذكورين باسم صالح باشا والي جده بموجب خط شريف أربعة عشر كيساً وسبعة عشر ألف نصف و (١٠٨) مايتا نصف ثنتان وثلاثة وتسعون نصفاً فضة من ذلك وماهو عن تنزيل مال قرية البيضاء والعكريشة (١٠٩) در ولاية بحيرة كيسان اثنان وعشرة آلاف نصف وأربعمائة نصف واحد وسبعون نصفاً فضة من ذلك (١١٠) وماهو تنزيل كشوفية حاكم جدة ثلاثة أكياس وخمسة آلاف نصف وثلاثمائة نصف وثمانون نصف (١١١) فضة باقي ذلك وصار الباقي بعد المصاريف المذكور من مال خزينة سنة سبع وسبعين ومائة وألف (١١٢) المذكورة سبعمائة كيس واثنا عشر كيساً وستة آلاف نصف وخمسمائة نصف وخمسة عشر نصفاً فضة (١١٣) مضاف ذلك لباقي مال خزينة سنة ست وسبعين ومائة وألف المذكورة المعين أعلاه يصير جملة الإرسالية (١١٤) عن باقي مال خزينة سنة ست وسبعين ومائة وألف وباقي مال خزينة سنة سبع وسبعين ومائة وألف (١١٥) المذكورتين ألف كيس واحد ومائة كيس واحد وثلاثون كيساً ومائة نصف وثمانية أنصاف فضة (١١٦) ضمن ذلك برموجب تمسكي حضرة مولانا الوزير كتخدا حسن باشا المشار إليه عن السنتين المذكورتين (١١٧) سبعمائة كيس وستة وأربعون كيساً وخمسة آلاف نصف وأربعمائة نصف وسبعة وسبعون نصفاً فضة (١١٨) ماهو برموجب تمسك سنة ست وسبعين ومائة وألف المذكورة ثلاثمائة كيس وثمانية وستون كيساً (١١٩) وألف نصف وثمانمائة نصف وخمسة عشر نصفاً فضة من ذلك وماهو برموجب تمسك سنة سبع (١٢٠) وسبعين ومائة وألف المذكورة ثلاثمائة كيس وثمانية وسبعون كيساً وثلاثة ألاف نصف وستمائة (١٢١) نصف واثنان وستون نصفاً فضة باقي ذلك وماهو لازم الإرسال عن بقية إرسالية الخزينة (١٢٢) المذكورة عن سنة ست وسبعين ومائة وألف وسنة سبع وسبعين ومائة وألف المذكورتين (١٢٣) أعلاه نقدية صحبة مير اللواء سردار الخزينة المشار إليه أعلاه ثلاثمائة كيس وأربعة وثمانين (١٢٤) كيساً وتسعة عشر ألف نصف وستمائة واحد وثلاثون نصفاً فضة ماهو نقدية سنة ست (١٢٥) وسبعين ومائة ألف المذكورة خمسون كيساً وستة عشر ألف نصف وسبعمائة نصف وثمانية وسبعون (١٢٦) نصفاً فضة من ذلك وماهو نقدية سنة سبع وسبعين ومائة وألف المذكورة ثلاثمائة كيس وأربعة (١٢٧) وثلاثون كيساً وألفا نصف اثنان وثمانمائة نصف وثلاثة وخمسون نصفاً فضة باقي ذلك (١٢٨) من نقدية بمعاوضة ثلاثة وسبعون ألف دينار وثمانمائة دينار وأربعة عشر ديناراً محبوب بحساب (١٢٩) المحبوب مائة نصف وعشرة أنصاف فضة يعدلها ثلاثمائة كيس وأربعة وعشرون كيساً وتسعة (١٣٠) عشر ألف وخمسمائة نصف وأربعون نصفاً فضة ضمن ثمانية صناديق وفضة (١٣١) جديدة عددية ستون كيساً واحد وتسعون نصفاً فضة ضمن ثلاثون صندوقاً على أن (١٣٢) المعين بدفتر الرزنامة المعين به الإجمال والتفصيل على الحكم المشروح المشمول بختم حضرة مولانا (١٣٣) الوزير حمزة باشا المشار إليه أعلاه الإملاء والبيان المرعيين أشهد على نفسه قدوة الأمراء (١٣٤) الكرام المقر العالي الأمير عثمان بيك سردار الخزينة العامرة المشار إليه شهوده الاشهاد (١٣٥) الشرعي وهو بأكمل الأوصاف المعتبرة شرعاً أنه قبض وتسلم ووصل إليه مبلغ النقدية المعين أعلاه (١٣٦) والتمسكين ودفتر إجمال الخزينة المرقومة المذكورين أعلاه

على يد كتخدا مولانا الوزير المشار (١٣٧) إليه أعلاه قبضاً وتسلماً ووصولاً شرعيات بتمام ذلك وكماله بالمجلس وعليه حمل ذلك وغفره ومحافظته(١٣٨) وتسليمه لمن له ولاية تسلم ذلك وإحضار ما يشهد له بوصول ذلك حكم المعتاد باعترافه بذلك الإحاطة (١٣٩) الشرعية واقع ذلك بحضور كل من السردارية السبع المتوجهين صحبة الخزينة المذكورة أعلاه هم كل من (١٤٠) فخر الأماثل والأقران الأمير يوسف اغا بلفيا سردار متفرقة والأمير إسماعيل اغا سردار جاويشان والأمير الحاج (١٤١) حسن جوربجي سردار جمليان والأمير علي جوربجي سردار تفكجيان والأمير محمد جوربجي سردار جراكسة والأمير... (١٤٢) جاويش قازدغلي سردار مستحفظان والأمير أحمد جاويش سردار عزبان واطلاعهم على ذلك وبأن عليهم (١٤٣) غفر ذلك والمحافظة حكم المعتاد باعترافهم بذلك الاعتراف الشرعي وثبت الإشهاد بذلك لدى مولانا أفندي المومى إليه (١٤٤) وصدوره بين يديه ثبوتاً شرعياً تحريراً في ثالث شهر رجب سنة تسع وسبعين مائة وألف.

الشيخ محمد الاحمدي والشيخ ابراهيم السلموني

المصادر والمراجع

أولاً: الوثائق غير المنشورة

الديوان العالي، سجل رقم ١، وثيقة رقم ١٢، ص ٦-٧، بتاريخ ٥ ربيع الثاني ١١٥٤.

—، سجل رقم ١، وثيقة رقم ٥٦١، ص ٢٦٧، بتاريخ ١٨ جمادى الأول ١١٥٦.

—، سجل رقم ١، وثيقة رقم ٦٦٥ ص ٣٠٧-٣٠٨، بتاريخ ١٨ جمادى الآخر ١١٥٧.

—، سجل رقم ٢، وثيقة رقم ٧٣ ص ٤٩-٥٠، بتاريخ ٣ رجب ١١٧٩.

—، سجل رقم ٢، وثيقة رقم ١٥٢، ص ١١٢-١١٣-١١٤، بتاريخ ٦ شعبان ١١٨١.

—، سجل رقم ٢، وثيقة رقم ٣٠٣، ص ٢١١-٢١٢، بتاريخ ٢٨ جمادى الثاني ١١٩٢.

—، سجل رقم ٢، وثيقة رقم ٣٦٢، ص ٥٤٣-٥٤٤، بتاريخ ٢٩ شعبان١١٩٦.

—، سجل رقم ٢، وثيقة رقم ٤٠٤، ص ٢٣٠-٢٣١، بتاريخ ٢٧ صفر ١٢٠١.

—، سجل رقم ٢، وثيقة رقم ٤١٧، ص ٢٥٥-٢٥٦، بتاريخ ١٣ شوال ١٢٠٥.

دفتر واردات الخزينة من أقلام ١١١١ محاسبة (كود ٠١٤٤٣٧-٣٠٠١) دار الوثائق القومية.

دفتر ايرادات ومصاريف مصر في زمان محمد باشا ١١٣٦ محاسبة (كود ٠١٤٤٣٩-٣٠٠١) دار الوثائق القومية.

الوثائق المنشورة

قانون نامه الذي أصدره السلطان القانوني لحكم مصر، ترجمة وقدم له أحمد فؤاد متولي، مكتبة الأنجلو، القاهرة، ١٩٨٦.

ثانياً: المصادر العربية والمعربة

ابن اياس (أبو البركات محمد بن أحمد ت ٩٣٠هـ)، بدائع الزهور في وقائع الدهور، تحقيق محمد مصطفى، ٥ أجزاء، الهيئة المصرية العامة للكتاب، القاهرة، ١٩٨٤.

ابن زنبل (أحمد الرمال ١٠٦٥هـ)، آخره المماليك أو واقعة السلطان الغوري مع سليم العثماني، تحقيق عبد المنعم عامر، قدم لها عبد الرحمن الشيخ، ط٢، الهيئة المصرية العامة للكتاب، القاهرة، ١٩٩٨.

ابن الوكيل (يوسف الملواني، ت ١١٣١هـ)، تحفة الأحباب بمن ملك مصر من الملوك والنواب، تحقيق محمد الششتاوي، ط١، دار الآفاق العربية، القاهرة، ١٩٩٩.

استيف، «النظام المالي والإداري في مصر العثمانية»، وصف مصر الحياة الاقتصادية في مصر في القرن الثامن عشر، علماء الحملة الفرنسية، ترجمة زهير الشايب، المجلد الخامس، الجزء الثاني، مكتبة مدبولي، القاهرة، ١٩٨٠.

أوليا چلبي، سياحتنامه مصر، ترجمة محمد علي عوني، تحقيق عبد الوهاب عزام وأحمد السعيد سلميان، دار الكتب والوثائق القومية، القاهرة، ٢٠٠٥.

الجبرتي (عبد الرحمن بن حسن برهان الدين ت ١٢٤٠هـ)، عجائب الآثار في التراجم والاخبار، ٤ أجزاء، مطبعة النوار المحمدية، القاهرة، ١٩٨٦.

—، مظهر التقديس بزوال دولة الفرنسيس، تحقيق عبد الرحيم عبد الرحمن عبد الرحيم، دار الكتب والوثائق القومية، القاهرة، ١٩٩٨.

جومار، وصف مدينة القاهرة وقلعة الجبل، نقله عن الفرنسية وقدم له وعلق عليه أيمن فؤاد السيد، مكتبة الخانجي، القاهرة، ١٩٨٨.

حسين أفندي الروزنامجي، «مصر عند مفرق الطرق ١٧٩٨-١٨٠٠ ترتيب الديار المصرية في عهد الدولة العثمانية»، تحقيق محمد شفيق غربال، مجلة كلية الآداب، جامعة القاهرة، المجلد الرابع، الجزء الأول، القاهرة، مايو ١٩٣٦، ص ١-٦٩.

الدمرداشي (أحمد كتخدا عزبان ١١٦٩هـ)، كتاب الدرة المصانة، تحقيق عبد الرحيم عبد الرحمن عبد الرحيم، المعهد العلمي الفرنسي للآثار الشرقية، القاهرة، المجلد ٢٨، ١٩٨٩.

الرشيدي (أحمد)، حسن الصفا والابتهاج بذكر من ولي إمارة الحاج، تحقيق ليلى عبد اللطيف أحمد، مكتبة الخانجي، مصر، ١٩٨٠.

عبد الغني (أحمد شلبي ت ١١٥٠ هـ)، أوضح الاشارات فيمن تولى مصر القاهرة من الوزراء والباشات الملقب بالتاريخ العيني، تحقيق عبد الرحيم عبد الرحمن عبد الرحيم، الخانجي، القاهرة، ١٩٧٨.

مصطفى بن الحاج ابراهيم (تابع حسن اغا عزبان الدمرداشي ت ١١٥٠هـ)، تاريخ وقائع مصر القاهرة المحروسة كنانة الله في أرضه، تحقيق صلاح أحمد هريدي علي، ط٢، دار الكتب والوثائق القومية، القاهرة، ٢٠٠١.

ثالثاً: المراجع العربية والمعربة

أحمد السيد الصاوي، نقود مصر العثمانية، مركز الحضارة العربية، القاهرة، ٢٠٠١.

أحمد فؤاد متولي، الألفاظ التركية في اللهجات العربية وفي لغة الكتابة، دار الزهراء، القاهرة، ١٩٩١.

أمين سامي، تقويم النيل، ط٢، ٣ أجزاء، دار الكتب والوثائق القومية، القاهرة، ٢٠٠٣.

أندريه ريمون، فصول من التاريخ الاجتماعي للقاهرة العثمانية، ترجمة زهير الشايب، مكتبة مدبولي، القاهرة، ١٩٧٤.

أنيس فريحة، معجم الألفاظ العامية، بيروت، لبنان، ١٩٧٣ .

جيهان أحمد عمران، «وثيقة كشف على السواقي والمجرى السلطاني دراسة وثائقية»، حوليات اسلامية ٤٠، القاهرة، ٢٠٠٦، ص ١-٣٣.

دانيال كريسيليوس وحمزة عبد العزيز،» شحنة غلال مصرية إلى الكلار السلطاني باستانبول ١٧٦٣»، المؤرخ المصري دراسات وبحوث في التاريخ والحضارة ١٠، القاهرة، يناير ١٩٩٣، ص ١١-٤٧.

سعاد ماهر، البحرية في مصر الإسلامية وآثارها الباقية، وزارة الثقافة، دار الكاتب العربي للطباعة والنشر، ١٩٦٧.

سلوى علي ميلاد، الوثيقة القانونية ماهيتها اجزاؤها أهميتها، كلية الآداب بني سويف، جامعة القاهرة، [د.ت].

سميرة فهمي علي عمر، امارة الحج في مصر العثمانية ٩٢٣-١٢١٣هـ/ ١٥١٧-١٧٩٨م. الهيئة المصرية العامة للكتاب، القاهرة، ٢٠٠١ (تاريخ المصريين ٢٠٨).

عبد الحميد حامد سليمان، تاريخ الموانئ المصرية في العصر العثماني، الهيئة المصرية العامة للكتاب، القاهرة، ١٩٩٥ (تاريخ المصريين ٨٩).

عبد الرحمن الرافعي، عصر إسماعيل، ط٢، جزءان، دار المعارف، القاهرة، ١٩٨٢.

عبد الرحيم عبد الرحمن عبد الرحيم، الريف المصري في القرن الثامن عشر، مكتبة مدبولي، القاهرة، ١٩٨٦.

عمر طوسون، كتاب مالية مصر من عهد الفراعنة إلى الآن، مطبعة صلاح الدين، الإسكندرية، ١٩٣١.

ليلى عبد اللطيف أحمد، الإدارة في مصر في العصر العثماني، جامعة عين شمس، القاهرة، ١٩٧٨.

—، دراسات في تاريخ ومؤرخي مصر والشام إبان العصر العثماني، الخانجي، القاهرة، ١٩٨٠.

محمد رفعت رمضان، علي بك الكبير، دار الفكر العربي، القاهرة، ١٩٥١.

محمد رمزي، القاموس الجغرافي للبلاد المصرية من عهد قدماء المصريين إلى سنة ١٩٤٥، ٤ أجزاء، الهيئة المصرية العامة للكتاب، القاهرة، ١٩٩٤.

محمد شفيق غربال، محمد علي الكبير، تصدير محمد صابر عرب، دار الكتب والوثائق القومية، القاهرة، ٢٠١٠.

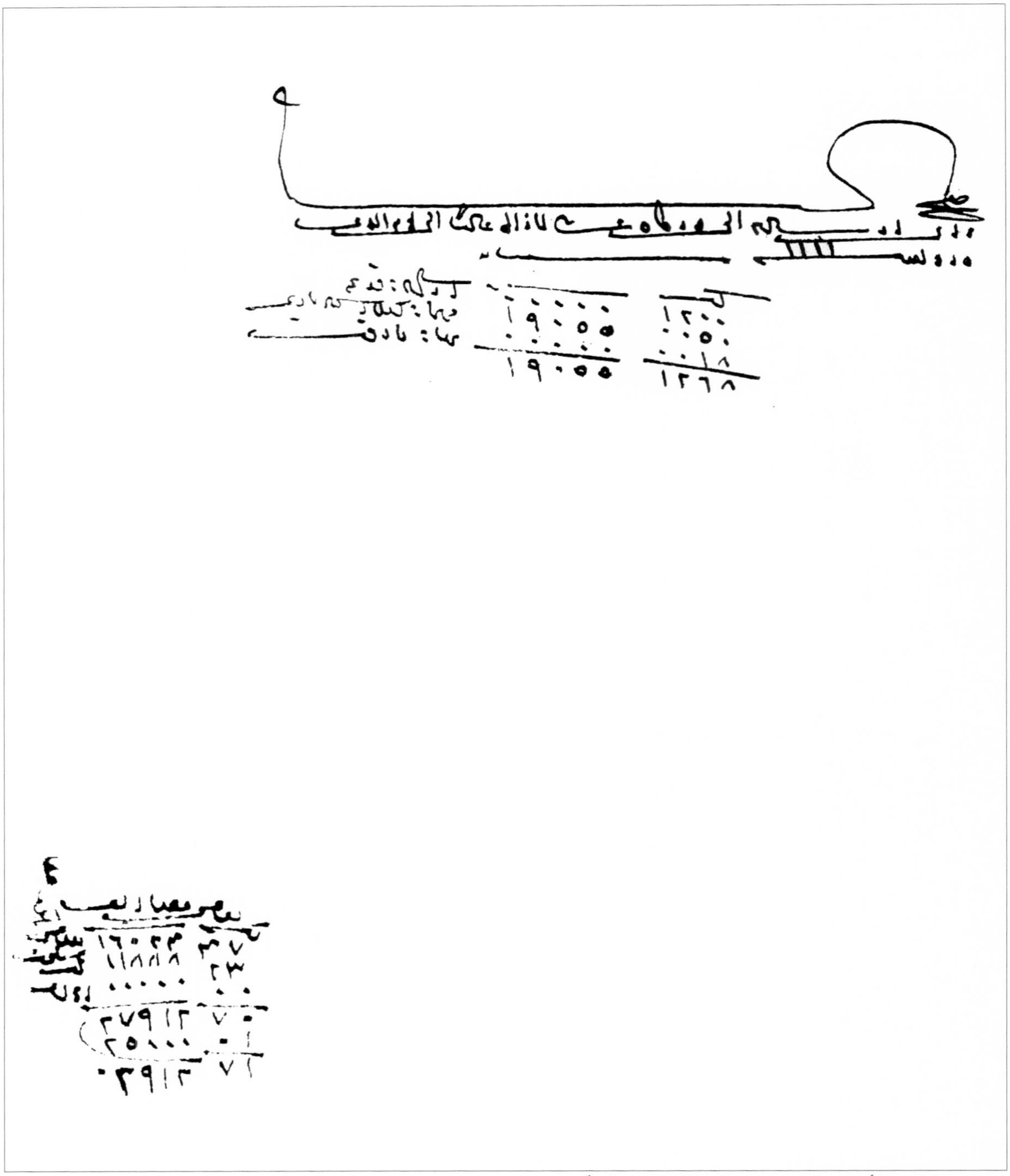

لوحة ١. الصفحة الأخيرة من دفتر واردات إلى الخزينة العامرة من أقلام ١١١١هـ محاسبة.

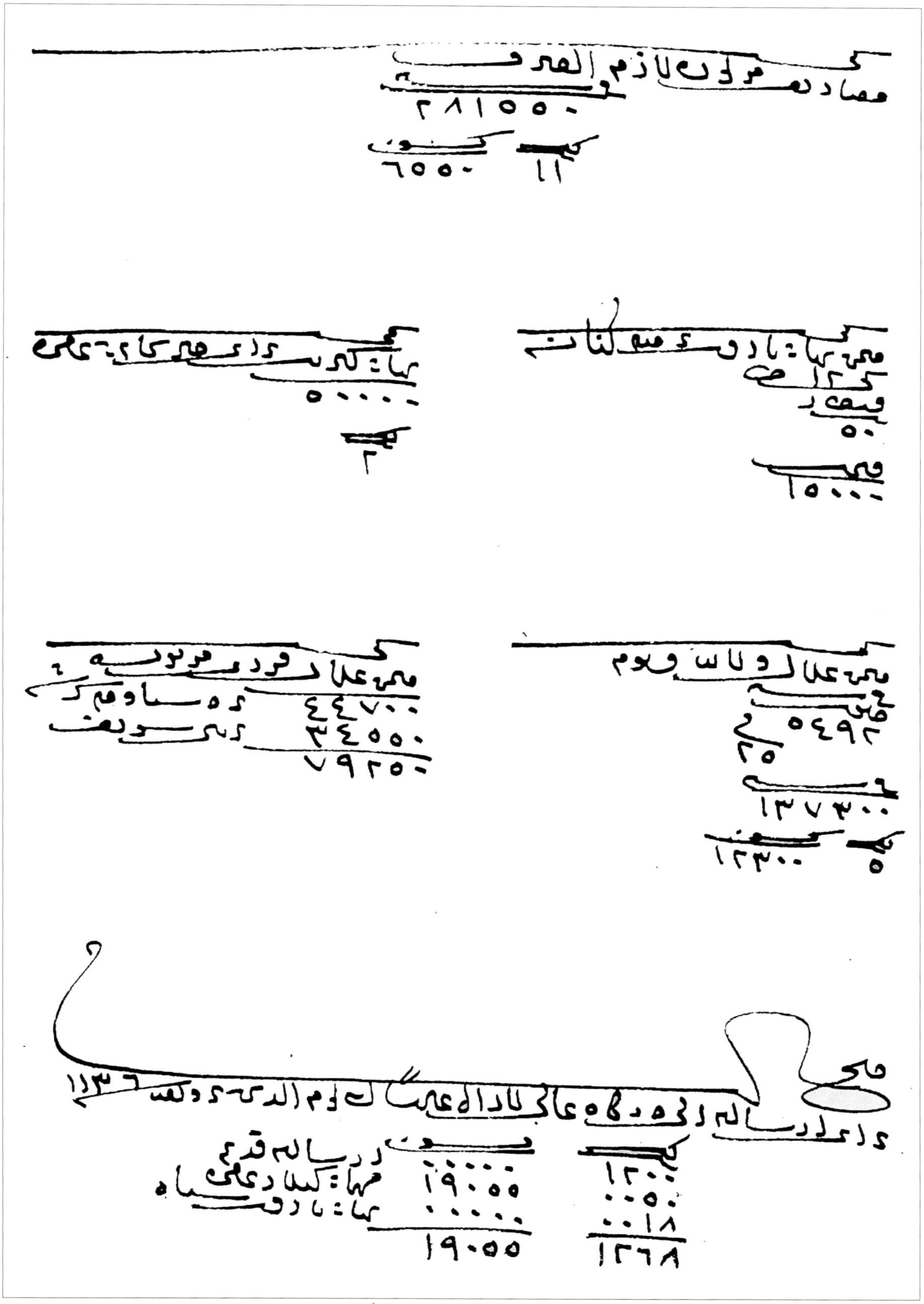

لوحة ٢. الصفحة الأخيرة من دفتر إيرادات ومصاريف خزينة مصر في زمان حضرة وزير صدرا أعظم محمد باشا، محافظ مصر، سنة ١١٣٦ محاسبة.

لوحة رقم ٣. وثيقة رقم ٧٣ صفحة ٤٩ و٥٠ بتاريخ ٣ رجب ١١٧٩هـ الديوان العالي سجل رقم (٢) (صفحة رقم ٤٩).

تابع لوحة ٣. الديون العالي سجل رقم (٢) (صفحة رقم ٥٠).